Sozialpolitik und Sozialstaat

Herausgegeben von
A. Evers, Gießen, Deutschland
R. G. Heinze, Bochum, Deutschland
S. Leibfried., Bremen, Deutschland
L. Leisering, Bielefeld, Deutschland
T. Olk, Halle-Wittenberg, Deutschland
I. Ostner, Göttingen, Deutschland

Uwe Schwarze

Sozialhilfe in Schweden und Deutschland

Lebenslaufpolitik zwischen modernisierter Kommunalverwaltung und aktivierendem Wohlfahrtsstaat

 Springer VS

Uwe Schwarze
Hildesheim, Deutschland

ISBN 978-3-531-14643-0   ISBN 978-3-531-18827-0 (eBook)
DOI 10.1007/978-3-531-18827-0

Die Deutsche Nationalbibliothek verzeichnet diese Publikation in der Deutschen National-
bibliografie; detaillierte bibliografische Daten sind im Internet über http://dnb.d-nb.de
abrufbar.

Springer VS

Einbandentwurf: KünkelLopka GmbH, Heidelberg

Gedruckt auf säurefreiem und chlorfrei gebleichtem Papier

Springer VS ist eine Marke von Springer DE. Springer DE ist Teil der Fachverlagsgruppe
Springer Science+Business Media
www.springer-vs.de

Inhaltsverzeichnis

Danksagung 13

Einleitung:
Zeit und Handeln als grundlegende Variablen einer „aktivierenden
Sozialpolitik" 15

Teil I:
Theoretische Grundlagen und sozialpolitische Leitbilder 35

1. Stand der Forschung und forschungsleitende Hypothesen 35
1.1   Die Sozialhilfe als wohlfahrtsstaatliche Institution 41
1.1.1   Die neuere Institutionentheorie in der schwedischen und skandinavi-
        schen Armuts- und Wohlfahrtsstaatsforschung 62
1.1.2   Wohlfahrtsstaatliche Institutionen zwischen Kontinuität und Wandel .. 66
1.1.3   Zusammenfassung: Neuere Institutionentheorie und dynamische
        Armutsforschung 70
1.2   Soziale Interventionen – ein theoretisches Konzept zur Entwicklung
        der Sozialhilfe als aktive personenbezogene soziale Dienstleistung 82
1.2.1   Die rechtliche Interventionsform und Recht als Steuerungsinstrument
        in der Sozialhilfe 92
1.2.2   Die ökonomische Interventionsform in der Sozialhilfe 96
1.2.3   Die ökologische Interventionsform in der Sozialhilfe 101
1.2.4   Die pädagogische Interventionsform in der Sozialhilfe 104
1.2.5   Die Prävention als besondere verlaufs- und handlungsbezogene
        Interventionsform 111
1.2.6   Zusammenfassung: Würdigung und Grenzen einer Theorie sozialer
        Interventionen 114
1.3   Die Sozialhilfe als personenbezogene soziale Dienstleistung:
        Theorie und Konzept einer Koproduktion 123
1.3.1   Koproduktion im gesellschaftlichen Kontext: Strukturwandel
        sozialer Dienstleistungen 131
1.3.2   Koproduktion in der Sozialhilfe: Bedingungen und
        Voraussetzungen 136
1.3.3   Die Verbindung personenbezogener Dienstleistung und monetärer
        Transferleistung als ein zentrales Problem der Sozialhilfe 143

1.3.4   Koordination von Koproduktion in der Leistungserbringung
         wohlfahrtsstaatlicher Institutionen – Theoriedefizit für die
         Sozilhilfe? 149
1.3.5   Zusammenfassung: „Koproduktion" im Verlauf sozialer
         Interventionen als zentrale Variable der Dienstleistungsqualität 157
1.4   Lebenslauftheoretische Grundlagen sozialer Dienststungen: Institutio-
         nelle Zeit, Interventionszeit und Zeitmuster der Koproduktion 163
1.4.1   Die institutionelle Zeit, institutionell definierte Verlaufsmuster
         und institutionelle Verlaufserwartungen zum Sozialhilfebezug 174
1.4.2   Die „neue Zeitökonomie" und Risiken einer „Beschleunigung"
         sozialer Interventionen im Zeitverlauf 181
1.4.3   Zusammenfassung: Das „koordinierte Timing" sozialer Inter-
         ventionen in unterschiedlichen Lebenslaufregimes 184

**2. Die international vergleichende Wohlfahrtsstaatsforschung:
Befunde und Diskurse zu Reformstrategien in Sozialhilfe und
Grundsicherung** 189
2.1   Diskurs zum Leitbild einer „aktivierenden Sozialpolitik" in
         Deutschland und Schweden 199
2.1.1   Ursprünge und internationaler Trend: Vom Leitbild zur Praxis
         einer „aktivierenden Sozialpolitik" in Europa 202
2.1.2   Das Leitbild einer „aktivierenden Sozialpolitik" in Schweden: Von
         traditioneller Arbeitslinie zur „Aktivierungslinie" der 1990er Jahre 234
2.1.3   Zusammenfassung: Die Sozialhilfe als soziale Dienstleistung
         zwischen aktivierender Arbeitsmarktpolitik und aktiver
         Sozialverwaltung 256

**3. Wohlfahrtsstaaten im Wandel: Zentralstaatliche Regelreform
und Modernisierung des öffentlichen Sektors** 265
3.1   Sozialhilfe und Grundsicherung im institutionellen Arrangement
         des deutschen Sozialstaats: Entwicklungen und Reformen seit 1990 ... 269
3.2   Sozialhilfe als Verwaltungshandeln: Neue Steuerung sozialer Dienste
         politisch, betriebswirtschaftlich oder sozialberuflich definiert 281
3.3   Die Sozialhilfe im Wohlfahrtsstaat Schweden: Soziale Interventionen
         zwischen Reform des öffentlichen Sektors und Wandel
         sozialer Dienste 301
3.4   Verwaltungsreform in Schweden – seit den 1980er Jahren gegenüber
         Deutschland im deutlichen „Modernisierungsvorsprung" 317

3.5   Die schwedische Sozialhilfe im institutionellen Arrangement der
        Sozialarbeit zwischen Kommunalpolitik und zentralstaatlicher
        Regulierung 334

Teil II:
4. Methoden der Untersuchung 351
4.1   Das problemzentrierte Experteninterview 352
4.2   Die explorative teilnehmende Beobachtung 353
4.3   Auswahl der Expertenstichprobe für die Fallstudie 354
4.4   Der modular abgestimmte Interviewleitfaden 358
4.5   Die Auswertung der Experteninterviews 361
4.6   Die Dokumenten- und Aktenanalyse 365

Teil III:
5. Fallstudie: Sozialhilfe in Göteborg im Kontrast zu Bremen 367
5.1   Göteborg: Stadtentwicklung, sozioökonomische Strukturdaten
        und institutionelle Arrangements 368
5.2   Kommunalpolitik und Kommunalfinanzen: Ausgangslagen und
        Bedingungen einer lokalen Reformpolitik seit den 1990er Jahren 375
5.3   Die Entwicklung von Sozialhilfeausgaben und Sozialhilfebezug:
        Göteborg und Bremen im Vergleich 385
5.4   Modernisierung von Verwaltung und Sozialdienst: Grundlagen
        und Instrumente einer „aktivierenden Sozialpolitik" 394
5.4.1   Die Organisation der Sozialhilfe: Möglichkeiten und Grenzen einer
        bedarfs- und arbeitsmarktorientierten Spezialisierung 399
5.4.2   Personal, Personalpolitik und Strategien einer Professionalisierung 414
5.4.3   Leitbilder, Leitideen und institutionelle Normen der Sozialhilfe
        in der Perspektive von „Zeit" und „Handeln" 446
5.4.4   Die normativen und rechtlichen Grundlagen einer „aktivierenden
        Sozialhilfe" zwischen alten und neuen Leitbildern 450
5.4.5   Verbindung „alter" und „neuer" Leitbilder durch Novellierung
        des Sozialdienstgesetzes 460
5.4.6   „Ausgabensenkung": Kommunalpolitisches Leitbild in einer
        sozialarbeiterisch geprägten Dienstleistungsorientierung der
        Sozialhilfe 472
5.4.7   Zur Divergenz institutioneller Normen und Leitbilder: Die
        Sozialhilfe als materielle Existenzsicherung und als vorübergehende
        Hilfe 481

5.4.8   Leitbild einer „Hilfe zur Selbstversorgung" zwischen
         arbeitsmarktpoliti- scher Aktivierung und ganzheitlichem
         Lebenslaufbezug der Sozialhilfe... 499
5.4.9   „Lebensbegleitendes Lernen" – ein neues Leitbild in der Sozialhilfe? . 507
5.5   Wege in die Sozialhilfe: Soziale Interventionen und sozialberufliche
         Handlungsformen in den praktischen Verlaufs- und
         Handlungsbezügen... 514
5.5.1   Interventionsformen vor dem Sozialhilfebezug: Aktive und passive
         Strategien der Prävention und Armutsvermeidung............................ 515
5.5.2   Praxis einer aktiven Vermeidung von Sozialhilfebezug im
         kommunalen Sozialdienst.. 527
5.5.3   Erstkontakt und Zugangssteuerung bei Wegen in die Sozialhilfe........ 543
5.5.4   Prognosen im Erstkontakt – ein Steuerungsinstrument von Wegen in,
         durch und aus der Sozialhilfe?... 556
5.5.5   Varianten der Bewilligung und Zahlbarmachung zwischen
         passiver Bedürftigkeitsprüfung und aktiver Bedarfsermittlung............ 563
5.6   Wege durch den Sozialhilfebezug: Niveau der materiellen Existenz-
         sicherung, Lohnabstandsgebot und monetäre Anreizsysteme.............. 602

6. Wege aus dem Sozialhilfebezug: Die Sozialhilfe als „aktivierender
Sozialdienst" zwischen Spezialisierung, Kooperation und Koproduktion... 619
6.1   „Job-ready"? Rahmen und Anforderungen einer lokalen gruppen-
         und bedarfsorientierten „aktivierenden Sozialpolitik" am
         Arbeitsmarkt... 626
6.1.1   Junge Arbeitslose im Sozialhilfebezug... 631
6.1.2   Einwanderer: Wege aus der Sozialhilfe zwischen defizitärer
         Integrationspolitik und aktiver Arbeitsmarktpolitik........................ 637
6.1.3   Allein Erziehende in der Sozialhilfe – eine vernachlässigte Zielgruppe
         der neuen „Aktivierungs- und Kompetenzlinie"?............................ 650
6.1.4   Resümee: Multifunktionale und heterogene Anforderungen an eine
         Sozialhilfe zur Aktivierung und Stabilisierung von
         Erwerbsbiografien.. 657
6.2   Arbeitsmarktpolitische Maßnahmen: Entwicklung und Merkmale der
         neuen „Aktivierungs- und Kompetenzlinie" für Wege aus der
         Sozialhilfe... 663
6.2.1   Überblick: Maßnahmen einer lokalen Beschäftigungs-,
         Qualifizierungs- und Bildungspolitik und ihre Relevanz für Wege
         aus der Sozialhilfe.. 672

6.2.2   Das kommunale arbeitsmarktpolitische Programm „VESTTID" als
        Einstieg in die neue „Aktivierungs- und Kompetenzlinie" in
        Göteborg.. 680
6.3   „Samverkan": Neue Steuerungsressource in der relationalen Ebene
        wohlfahrtsstaatlicher Institutionen und sozialer Interventionen........... 705
6.3.1   Soziales Zusammenwirken (Social Samverkan) – ein typisch schwedi-
        sches Verständnis von Sozialpolitik in der historischen Entwicklung.. 705
6.3.2   Das Projekt FRISAM als freiwilliges Zusammenwirken von kommu-
        nalem Sozialdienst, Arbeitsverwaltung und Gesundheitsdiensten........ 714
6.3.3   Das Projekt „DELTA-Arbeitsmarktplatz" ab 1999: Koproduktion
        sozialer Interventionen oder Spezialisierung der nächsten
        Generation?.. 726

Teil IV:
7. Profile einer „aktivierenden" Lebenslaufpolitik im kommunalisierten
Wohlfahrtsstaat: Zwei ausgewählte Sozialhilferegimes im Kontrast............ 769

8. Schlussbemerkung.. 793

Bibliographie.. 801

Anhang.. 835

9

Tabellenverzeichnis

Tabelle 1: Leitbilder als institutionentheoretische Kategorien in der Sozialhilfe..... 74

Tabelle 2: Institutionentheoretische Ebenen zur Analyse der Sozialhilfe
in verschiedenen Wohlfahrtsstaaten....... 79

Tabelle 3: Soziale Interventionsformen in der Sozialhilfe im Überblick....... 119

Tabelle 4: Institutionelles Zusammenwirken im „Fördern und Fordern"....... 156

Tabelle 5: Variablen der Koproduktion sozialer Interventionen
in der Sozialhilfe....... 159

Tabelle 6: Idealtypisches Modell zu Abfolgen sozialer Interventionen in unterschiedlichen wohlfahrtsstaatlichen Arrangements....... 187

Tabelle 7: Institutionelle Arrangements des schwedischen Wohlfahrtsstaates
im Wandel....... 305

Tabelle 8: Auswahl der Stichprobe für die Expertenbefragung....... 357

Tabelle 9: Ausgaben und Empfänger in der Sozialhilfe der Stadt
Göteborg (1991-2002)....... 386

Tabelle 10:Ausgaben und Emfpänger von Sozialhilfe in der Stadt
Bremen (1990-2002)....... 386

Tabelle 11:Empfängerstruktur in der Sozialhilfe in Göteborg in den Jahren
zwischen 2000 und 2010....... 389

Tabelle 12:Strukturmerkmale der Kommunalverwaltung im Ländervergleich....... 398

Tabelle 13:Institutionelle Rahmendaten sozialberuflichen Handelns in der
Sozialhilfe – Göteborg und Bremen im Vergleich....... 422

Tabelle 14:Normativ-rechtliche Grundlagen der Sozialhilfe in Göteborg....... 451

Tabelle 15:Institutionelle Normen und Leitbilder der schwedischen Sozialhilfe
im Wandel des Sozialdienstgesetzes....... 470

Tabelle 16:Niveau Kindergeld in Schweden und Deutschland im Vergleich....... 525

Tabelle 17:Sozialhilfebedarfsermittlung und Varianten der Bewilligung und
Zahlbarmachung in der Verlaufs- und Handlungsperspektive....... 596

Tabelle 18:Leistungsniveau und Regelsätze der Sozialhilfe – Schweden und
Deutschland im Vergleich (Stand: 2002)....... 606

Tabelle 19:Kommunale Arbeitsmarktpolitik in der Sozialhilfe – Göteborg
und Bremen im Kontrast (1996-2000)....... 698

Tabelle 20:Das Projekt „FRISAM" im Überblick –Wohlfahrtsstaatliche
Institutionen und soziale Interventionen in Lebenslaufperspektive.... 716

Tabelle 21:Rechtsgrundlagen und Regelungstypen eines „sozialen Zusammenwirkens" (SOCSAM) wohlfahrtsstaatlicher Institutionen.............. 730

Tabelle 22:„Alte" und „neue" Grundprinzipien und Merkmale der
(Ko-)Produktion sozialer Dienste im Projekt „DELTA"..................... 739

Tabelle 23:Profile wohlfahrtsstaatlicher *und* kommunaler Lebenslaufpolitik
in der Sozialhilfe (Deutschland und Schweden im Vergleich)............. 784

Danksagung

Die Motivation zu diesem Band geht auf ein langjähriges Interesse an den wohl-fahrtsstaatlichen Entwicklungen in Schweden zurück. Durch zahlreiche Reisen und Forschungsaufenthalte wurde Schweden inzwischen zu einer „zweiten Heimat". Erst die Verbindung des persönlichen Interesses für dieses Land mit Erfahrungen aus meiner mehrjährigen beruflichen Tätigkeit in Sozialverwaltung und Sozialarbeit in Deutschland ermöglichte diese Untersuchung.

Ideen und Vorschläge zu den Fragestellungen erhielt ich vor allem von Professor Lutz Leisering (PhD), dem ich für seine Anregungen, vielfältigen Hinweise und stets konstruktive Kritik wie auch für seine Geduld herzlich danke. Professor Dr. Stephan Leibfried erklärte sich ebenfalls zur Begleitung des Dissertationsvorhabens bereit, aus dem dieser Band resultiert. Er unterstützte mich ebenso wie Professor Dr. Rudolph Bauer, der mir im Rahmen eines Kolloquiums an der Universität Bremen wertvolle Anregungen gab. Auch ihnen beiden möchte ich an dieser Stelle herzlich danken.

Die Untersuchung wäre nicht möglich gewesen ohne die spontane, freundliche und offene Hilfs- und Auskunftsbereitschaft zahlreicher Wissenschaftler in Schweden und Deutschland. Mein besonderer Dank gilt dabei Professor Tapio Salonen, ohne dessen Unterstützung der Abschluss des Bandes nicht möglich gewesen wäre. Hilfreich war dabei besonders ein dreimonatiger Aufenthalt als Gastwissenschaftler an der Universität Växjö/Schweden. Ich danke ebenso Lena Persson, Håkan Johansson; Rickard Ulmestig und Peter Dellgran, die mir bei Literaturrecherchen wertvolle Hinweise gaben. Bernhard Hilkert gilt ein Dank für den intensiven Erfahrungs- und Informationsaustausch, der in zahlreichen Gesprächen und Diskussionen zu wertvollen Anregungen für die Untersuchung führte. Johanna von Daak danke ich für die Unterstützung bei den Korrektur- und Formatierungsarbeiten.

Ein ganz besonderer Dank gilt schließlich den Interviewpartnern in den Sozialverwaltungen und Organisationen in Deutschland und Schweden. Nur durch ihre Bereitschaft, als Experten ihres beruflichen Alltags umfassend Auskunft zu geben, war diese Studie überhaupt möglich.

Mein größter Dank gilt schließlich meiner lieben Partnerin Andrea und unserer Tochter Lynn, die mich immer wieder ermunterten, die Arbeit fortzusetzen und mit diesem Band abzuschließen.

Dabei ist die zeitlich verzögerte Veröffentlichung dieses Bandes ganz wesentlich auch der hohen Reformdynamik speziell der deutschen Sozialpolitik geschuldet, die mit der Einführung einer „Neuen Steuerung" seit Ende der 1990er Jahre und den „Hartz-Gesetzen" seit 2003-2005 fortlaufend zu Aktualisierungen und Überarbeitungen zwang. Auch und gerade die Sozialwissenschaft ist in diese Dynamiken eingebunden.

Einleitung: Zeit und Handeln als grundlegende Variablen einer „aktivierenden Sozialpolitik"

Die westlichen Wohlfahrtsstaaten befinden sich im Wandel.[1] Je nach wirtschafts-, sozial- und ordnungspolitischer Ideologie und Orientierung wird vom „Umbau" oder auch vom „Abbau" gesprochen.[2] Der Wandel in den Leistungsvoraussetzungen und den Leistungsniveaus unterschiedlicher Wohlfahrtsstaaten ist in der Literatur meist grundsätzlich unbestritten. Die Reformvorschläge und -programme zur Bewältigung der seit den 1970er Jahren vielfach beschriebenen wohlfahrtsstaatlichen Krise unterscheiden sich jedoch sehr weitgehend. Übereinstimmend kann allerdings beobachtet werden, dass im Mittelpunkt der Diskussion zu den Reformen des Wohlfahrtsstaates vor allem fiskalpolitische Motive, Begründungen und Argumente stehen. Die wohlfahrtsstaatliche Debatte war und ist in hohem Maße immer auch eine fiskal- und ordnungspolitische Debatte, hinter der die fachpolitische Debatte allzu oft zurücksteht. Die Reformdiskurse und -perspektiven drehen sich somit vor allem um das sozialpolitisch knapp gewordene Gut Geld, dass in der Regel als *das* zentrale Steuerungsinstrument sozialer Interventionen betrachtet wird. Dies gilt um so mehr, wenn es um den Bereich der Sozialhilfe geht. Weitgehende Übereinstimmung besteht aber zugleich in der Annahme, dass Geld als sozialpolitisches Steuerungs- und Interventionsinstrument in Form öffentlich finanzierter wohlfahrtsstaatlicher Leistungen in Zukunft in geringerem Maße zur Verfügung stehen wird als bisher. Die anhaltende Krise der öffentlichen Finanzen bringt dies direkt zum Ausdruck. Neben finanzpolitischen Faktoren sind aber auch fachpolitische Aspekte hinsichtlich der Möglichkeiten und Grenzen monetärer Steuerungsinstrumente und Interventionsformen zu beachten.

---

[1] In dieser Untersuchung wird durchgängig der Begriff des Wohlfahrtsstaates (Schwedisch: *Välfärdstat*) oder in Anlehnung an Kaufmann (1997: 21-26) der Begriff des „wohlfahrtsstaatlichen Arrangements" verwendet. Der Schwerpunkt der Untersuchung liegt vor allem in der Analyse *institutioneller Arrangements* und der sich darin vollziehenden *sozialen Interventionen* in zwei ausgewählten Wohlfahrtsstaaten. Der Begriff des „wohlfahrtsstaatlichen" oder „institutionellen Arrangements" ist dabei analytisch passender für die Untersuchung, weil mit diesen Begriffen weniger direkt auf den Zentralstaat als Hauptakteur der Finanzierung und Erbringung sozialer Leistungen und Dienste Bezug genommen wird, sondern gerade auch die lokale bzw. kommunale Ebene wohlfahrtsstaatlicher Arrangements, Leistungen und Interventionen stärker einbezogen wird.
[2] Zur Umbauthese vgl. vor allem Pierson (1996 und 2001).

Feststellbar ist allgemein, dass vor dem Hintergrund historisch einmalig hoher Sozialetats in den 1990er Jahren – weitgehend unabhängig von politischer Ausrichtung und Mehrheitsverhältnissen – in vielen westlichen Wohlfahrtsstaaten eine wirtschafts- und sozialpolitische Phase eingeleitet oder fortgeführt wurde, in der es vor allem darum ging, die Sozialleistungsquote entweder zu reduzieren – keinesfalls aber weiter ansteigen zu lassen. In Deutschland und in Schweden zeigt sich dabei seit Mitte der 1990er Jahre eine leicht rückläufige Entwicklung in der Sozialleistungsquote.[3] Allerdings ist die Entwicklung in Deutschland im Zusammenhang mit den nach 1990 über die Sozialversicherung mit finanzierten besonderen einigungsbedingten Lasten zu sehen. Im Verlauf der 1990er Jahre wirkten neben Wirtschafts- und Finanzkrisen, Entwicklungen der Globalisierung, der demografische Wandel, Migration und politische Umbrüche in Osteuropa weitere vielfältige Einflüsse auf Wohlfahrtsstaaten wie Deutschland und Schweden ein. Neben den genannten Entwicklungen ist auch ein sozialer und kultureller Wandel erkennbar, wie er in den Veränderungen und in der Pluralisierung der Lebensformen und Lebenslagen seinen Ausdruck findet. Ferner wird ein Veralten der institutionellen und organisatorischen Arrangements diagnostiziert, was mit dazu beiträgt, dass die aus den skizzierten Entwicklungen resultierenden sozialen Probleme wohlfahrtsstaatlich immer schwieriger zu bewältigen scheinen. Im Ergebnis stellen sich seit Anfang/Mitte der 1990er Jahre auch neue Herausforderungen an Reformen und an die Anpassung der wohlfahrtsstaatlichen Arrangements und damit auch an die Gestaltung sozialer Interventionen, um die es in dieser Untersuchung geht.[4]

Der Untersuchung liegt dabei die *Eingangsthese* zu Grunde, dass mit dem wohlfahrtsstaatlichen Wandel *sowohl* ein *Abbau*, ebenso aber auch ein *Umbau* verbunden ist, und dass gleichzeitig ein bereichsbezogener *Ausbau* erfolgt. Der *Abbau* bezieht sich vorrangig auf die Leistungsvoraussetzungen und Leistungsniveaus, insbesondere im *monetären* Bereich sozialer Risikobearbeitung. Er zeigt sich dabei vor allem in der Einschränkung sozialer Teilhabe*rechte*. Die *Abbauthese* lässt sich allerdings *nicht* durchgängig für alle Bereiche wohlfahrtsstaatlicher Leistungen gleichermaßen

---

[3] In Deutschland und Schweden ist die Sozialleistungsquote seit den 1960er Jahren gestiegen. Sie lag damals in Deutschland bei rd. 18 % und in Schweden noch bei rd. 11 %. Während sie in Deutschland erst Anfang der 1990er Jahre unter anderem verbunden mit den über die Sozialversicherung finanzierten einigungsbedingten Ausgaben deutlich anstieg, war in Schweden bereits Ende der 1980er Jahre ein deutlicher Anstieg auf über 25 % erkennbar. Die Quote erreichte in der Krise der schwedischen Wirtschaft und der Staatsfinanzen Anfang der 1990er einen Wert von über 30 %. Vgl. Kaufmann (2000: 195). Die Ausgaben für Soziale Sicherung in % des Bruttoinlandsproduktes betrugen in Deutschland im Jahre 1990 zunächst noch 25,4 %, stiegen 1996 auf 30 % an und sind danach mit 29,3 % im Jahre 1998 leicht gesunken. Im Jahr 2008 lag der Wert bei 27,8 %. In Schweden beliefen sich die Sozialausgaben im Jahre 1990 auf 33,1 %, stiegen im Jahre 1996 auf 38,6 % an, und sind seit dem auf 33,3 % in 1998 gesunken und lagen im Jahr 2008 bei 29.4 %. (vgl. Eurostat 2000 u. 2011.)

[4] Zu den Herausforderungen des deutschen Sozialstaates vgl. Kaufmann (1997).

bestätigen. In einzelnen Bereichen, etwa in der Familienpolitik in Schweden und Deutschland oder in Form der Pflegeversicherung in Deutschland fand seit Mitte der 1990er Jahre durchaus auch ein *Ausbau* in den monetären Leistungsniveaus und in anderen sozialen Interventionsformen statt. Zudem zeigt sich, dass insbesondere die *personenbezogenen sozialen Dienste* einen Bedeutungszuwachs in den wohlfahrtsstaatlichen Arrangements erfahren haben und ebenfalls ausgebaut wurden.[5] Gerade vor dem Hintergrund dieser zum Teil heterogenen und bereichsspezifisch auch gegenläufigen Entwicklungen in den Reformen des Wohlfahrtsstaates bietet es sich an, die *Sozialhilfe und Grundsicherung* als in besonderer Weise monetäre *und* personenbezogene Form sozialer Interventionen genauer zu untersuchen. Diese Analyse erfolgt in Form einer Kontrastierung der Reformentwicklungen in zwei ausgewählten Wohlfahrtsstaaten.

Ein *Umbau* wohlfahrtsstaatlicher Arrangements ist vor allem in der normativen und institutionellen Ebene, in den Interventionsformen sowie in den Neuformierung der Akteure und ihrer Relationen zueinander zu sehen. Der *Kern der Untersuchung* bezieht sich somit vom Gegenstand her und in den Fragestellungen zu den Merkmalen und Formen sozialer Interventionen in der Sozialhilfe und Grundsicherung auf die Analyse eines *Umbaus* und damit des Wandels wohlfahrtsstaatlicher Arrangements seit Anfang der 1990er Jahre bis 2004. Zugleich müssen die Entwicklungen eines *Sozialabbaus* wie auch die eines *Ausbaus* sozialer Leistungen und Dienste in die Analysen mit einbezogen werden, um möglichst genaue Aussagen über die *typischen Interventionsmuster* in der Sozialhilfe der beiden Wohlfahrtsstaaten vornehmen zu können. Dabei wird davon ausgegangen, dass die wohlfahrtsstaatliche Institution der Sozialhilfe und entsprechende soziale Interventionen sich seit Beginn der 1990er Jahre besonders unter dem Einfluss von Konzepten der Verwaltungsmodernisierung wie dem New Public Management sowie durch das Leitbild und durch Programme einer „aktivierenden Sozialpolitik" verändert haben.

---

[5] So stieg der Anteil der in sozialen Dienstleistungsberufen *in Deutschland* sozialversicherungspflichtig Beschäftigten von 3 % im Jahre 1950 auf 5 % im Jahre 1970 und auf 12,6 % im Jahr 2004. In Gesamtdeutschland waren 1997 rd. 1,9 Mio. Erwerbspersonen im Bereich der Sozialen Dienste tätig (vgl. Bäcker u.a. 2000: 355 und 2008: 518 f.). Spezieller bezogen auf die Sozialarbeit ist für *Deutschland* seit 1977 durchgängig ein Anstieg der Zahl der sozialversicherungspflichtig beschäftigten Sozialarbeiter/-pädagogen von rd. 20.000 (1977) auf rd. 68.000 Stellen in 1995 zu verzeichnen. Jüngste Schätzungen gehen mit Stand 2010 von rd. 140.000 Sozialarbeiterstellen in Deutschland aus (vgl. Bundesanstalt für Arbeit 1997: 105 und Maier/Spatscheck 2010: 431). Für die Sozialarbeit (Socionomer und Kuratorer) *in Schweden*, die im Bereich der Sozialhilfe und anderer sozialer Dienste die entscheidende Berufsgruppe bilden, weisen Billquist/Framme/Rönnmark (1995: 43) darauf hin, dass nach einem Ausbau der Anzahl der Stellen bis Anfang der 1990er Jahre eine kurze Phase des Stellenrückgangs eintrat. Seit Mitte/Ende der 1990er Jahre ist wieder ein Stellenanstieg zu verzeichnen. Von Dellgran/Höjer (2000: 19) wird für Schweden im Jahre 1998/99 ein Wert von 28.000 berufstätigen Sozialarbeitern genannt, wobei „Socionomer", „Socialsekreterare" und „Kuratorer" *(Fürsorger)* zusammengefasst wurden.

So ist für diese Untersuchung ein Ansatz weiterführend, in dem Umbau und Abbau sowie auch ein möglicher Ausbau *nicht* als sich in der wohlfahrtsstaatlichen Entwicklung einander ausschließende Pole verstanden werden. Sinnvoll ist ein Ansatz, der berücksichtigt, dass ein Ab- oder Rückbau, wie auch der Ausbau wohlfahrtsstaatlicher Leistungen stets auf bestimmte Bereiche bezogen ist. Diese Entwicklungen sind immer auch als Teilentwicklungen größerer Veränderungsprozesse zu sehen. Vor allem diese dann eher grundsätzlichen Reformpfade und Entwicklungen einzelner Wohlfahrtsstaaten können zutreffend und eher optimistisch im Sinne eines Umbaus wohlfahrtsstaatlicher Arrangements verstanden werden, innerhalb dessen dann sowohl Abbau- als auch Ausbauphasen oder -bereiche möglich sind.[6] In diesem Verständnis werden Reformen und Entwicklungspfade wohlfahrtsstaatlicher Arrangements und sozialer Interventionen am Beispiel von Sozialhilfe und Grundsicherung untersucht.

Vor dem Hintergrund der skizzierten soziologisch und politikwissenschaftlich formulierten Umbauthese zu den wohlfahrtsstaatlichen Entwicklungen wird eine besondere Fokussierung vorgenommen. Der Blick wird einmal gerade *nicht* im Schwerpunkt auf die sozioökonomischen, fiskalischen und quantitativen Entwicklungen und Variablen einer wohlfahrtsstaatlichen Reform gelenkt. Vielmehr wird in einem eher *qualitativen Ansatz* und ausgehend von Biografieforschung und neueren lebenslauftheoretischen Ansätzen der Blick vor allem auf *zwei Variablen* gerichtet, die neben Geld für soziale Interventionen und ihre Wirksamkeit von zentraler Bedeutung sind. In den Diskursen um eine Reform wohlfahrtsstaatlicher Arrangements werden diese beiden Variablen zumeist direkt *nicht* benannt bzw. nicht in den Vordergrund der Analysen gerückt. Zugleich sind sie aber für eine Neugestaltung wohlfahrtsstaatlicher Arrangements und sozialer Interventionen von besonderer Bedeutung. Bei den beiden Hauptkategorien, die in dieser Untersuchung im Mittelpunkt stehen, handelt es sich um die Variablen *„Zeit"* und *„Handeln"*. Genauer werden sie in dieser stark auf wohlfahrtsstaatliche Institutionen und soziale Interventionen bezogenen Untersuchung verstanden als *institutionelle Zeit- und Handlungsmuster* oder auch als *institutionelle Zeit- und Handlungsorientierungen*. Wie zu zeigen sein wird, kommt beiden Kategorien in westlichen Wohlfahrtsstaaten vor allem steuerungs- und interventionstheoretisch – aber auch ganz praktisch – in den Reformansätzen einer *„Verwaltungsmodernisierung"* und einer *„aktivierenden Sozialpolitik„* seit Anfang der 1990er Jahre eine enorme Bedeutung zu. Die Bedeutung der Variablen Zeit und Handeln in sozialpolitischen Reformen und Programmen zeigt sich beispielhaft im Rentensystem. In der Rentenreform 2001 mit Einführung der „Riester-Rente" in Deutschland und ebenso in einer Neugestaltung des Systems

---

[6] In diesem Sinne ist die Umbauthese von Pierson (1996 und 2001) zu verstehen. Die Umbauthese wurde von Leisering/Hilkert (2001: 10) bereits auf die deutsche Sozialhilfe bezogen.

der Alterssicherung in Schweden ab 1999 bildeten etwa die Bemessungsgrundlagen der für die Rentenniveaus *maßgeblichen Beitragszeiten* sowie die Variable der *Lebensarbeitszeit* zentrale Steuerungsvariablen. Mit Einführung bzw. Ausbau der staatlich geförderten privaten Alterssicherung sollen in der Alterssicherung in beiden Wohlfahrtsstaaten die „Eigenverantwortung" gestärkt und die Eigenaktivitäten der Bürger zur sozialen Absicherung gefördert werden. Damit ist zugleich die Handlungsperspektive direkt angesprochen. In der Arbeitsmarktpolitik lässt sich in den vergangenen Jahren gruppenbezogen eine besonders intensive und aktive Politik für *Langzeitarbeitsl*ose erkennen, die mit vielfältigen Programmen von Kommunen, Regionen, Nationalstaaten oder auch der EU, sowie programmatisch über die OECD ausgebaut wurde. Dabei geht es meist auch darum, die *Vermittlungszeiten* und damit auch die *Dauer der Arbeitslosigkeit* möglichst zu verkürzen und *Eigenaktivitäten* der Erwerbslosen zu *fördern und/oder zu fordern*. Ähnlich lässt sich anhand aktueller Reformvorschläge zum Gesundheitssystem sowohl in Deutschland als auch in Schweden eine Orientierung feststellen, die neben der *Prävention* und Anreizsetzungen zur Krankheitsvermeidung auch auf eine Verkürzung von Behandlungs- und Therapie*zeiten* ausgerichtet ist. In der Folge dieser stark auf „Zeit" und „Handeln" bezogenen Reformstrategien werden schließlich geringere Ausgaben des Wohlfahrtsstaates und eine Absenkung der Sozialleistungsquote erwartet.[7]

„Zeit" und „Handeln" bilden enorm wichtige Variablen für die Ausgestaltung und Effekte sozialer Interventionen. Steuerungstheoretisch ist in den oben beschriebenen Ansätzen eines Umbaus der sozialen Sicherungssysteme zudem die Zielsetzung enthalten, beim Bürger, bei Organisationen, Sozialleistungsträgern, Verwaltungen und weiteren Akteuren ein höheres Maß an „Selbststeuerung" in der Vermeidung und in der Bearbeitung sozialer Probleme zu erreichen. Auch insofern deuten sich in den Dimensionen „Zeit" und „Handeln" für verschiedenste Bereiche des Wohlfahrtsstaates grundlegende Veränderungen in den sozialen Interventionen an.

Diese Entwicklungen, wonach die Zeit-/Verlaufs- und Handlungsperspektive und damit auch eine Lebenslaufperspektive in wohlfahrtsstaatlichen Reformen und Programmen an Bedeutung gewinnen, wurden *für die Sozialhilfe und Sozialhilfeverwaltung* empirisch unter Anwendung eines institutionentheoretischen Ansatzes bisher *kaum* untersucht. Dies gilt für die deutsche wie auch für die schwedische Sozialhilfe. Auch ländervergleichende Studien der Armutsforschung weisen eine solche Perspektive bisher nicht auf. Die deutsche und die schwedische Sozialhilfe stehen

---

[7] Die Reformen der Alterssicherung in Deutschland, Großbritannien und Schweden wurden im Rahmen eines DFG-Projekts von Leisering u.a. in Form von Länderberichten genauer untersucht. Vgl. Berner (2009) für Deutschland und Schwarze (2006) bezogen auf Schweden. Zu veränderten „Gesundheitskonzepten" in der deutschen Sozialpolitik vgl. Marstedt/Milles/Müller (1999). Auf die Entwicklungen der Arbeitsmarktpolitik wird im weiteren Verlauf näher eingegangen.

somit in dieser Studie zugleich *exemplarisch* als Sozialleistungssysteme, für die ein Wandel wohlfahrtsstaatlicher Institutionen *und* sozialer Interventionen im Blick auf die Variablen „Zeit" und „Handeln" erstmals empirisch näher betrachtet werden. Ein „Umbau" der Sozialhilfe kann sich dabei offen wie auch *organisations- und verwaltungsintern* vollziehen. Innerhalb von Sozialhilfe, Sozialverwaltung und sozialen Diensten wirken seit Beginn/Mitte der 1990er Jahre etwa Konzepte des New Public Management oder in der deutschen Variante einer „Neuen Steuerung", sowie Instrumente des Qualitätsmanagements neben zentralstaatlich verfassten gesetzlichen Änderungen auf die Formen sozialer Interventionen ein. Diese Einflüsse, Reformansätze und Entwicklungen wurden daher unter dem Stichwort bzw. der Programmatik einer „Verwaltungsmodernisierung" mit in die Untersuchung einbezogen. Verwaltungs*interne* Veränderungen können dabei beträchtliche Außenwirkungen entfalten. Dies gilt um so mehr, da die Kontakt- und Interaktionsmuster zwischen Sozialverwaltung und Bürgerseit Anfang/Mitte der 1990er Jahre zugleich durch Leitbild und Programme einer „aktivierenden Sozialpolitik" grundlegend verändert werden sollen.

Die Prozesse einer Verwaltungsmodernisierung und das Leitbild wie die Programme einer „aktivierenden Sozialpolitik" bilden demnach *zwei Reformpfade*, die gerade in Sozialhilfe und Grundsicherung nicht isoliert voneinander zu sehen sind, wie dies allzu häufig geschieht. Vielmehr sind die Einflüsse beider Entwicklungslinien und der unterschiedlichen Instrumente in hohem Maße aufeinander bezogen bzw. in den vielfältigen Wechselwirkungen genauer zu betrachten. Beide Reformpfade bedeuten und bewirken jeweils spezifische Veränderungen, die sich in den Formen und Mustern der institutionellen Risikobearbeitung und sozialer Interventionen in den Problembereichen von Erwerbslosigkeit und Armut vor allem in den Variablen „Zeit" und „Handeln" ausdrücken dürften.

In diesem auf die Sozialhilfe und Grundsicherung als wohlfahrtsstaatliche Institution und damit auch stark auf die Sozial- und Arbeitsverwaltung bezogenen Untersuchungsansatz bilden bisher vorliegende *Befunde der dynamischen Armutsforschung* zu Dauer und Verlauf von Armutskarrieren einen zentralen Ausgangs- und Bezugspunkt. In diesem Ansatz wurde nicht nur der *Anstieg der Empfängerzahlen und der Ausgaben in der Sozialhilfe* untersucht, wie er in Deutschland und Schweden bis Mitte/Ende der 1990er Jahre vor allem infolge der Massenarbeitslosigkeit zu verzeichnen war. Es wurde ferner die *„objektive Dauer"* von Sozialhilfebezug untersucht und detaillierte Befunde zu Verlaufsmustern und den Entwicklungen von Sozialhilfekarrieren vorgelegt. Zuletzt fand auch die *„subjektive Zeit der Armut"* aus Perspektive der Leistungsempfänger eine genauere Beachtung. Zusammenfassend ergaben die Befunde, dass Sozialhilfebeziehende in ihrem Bewältigungshandeln meist sehr viel *aktiver* sind, um Wege aus dem Sozialhilfebezug zu erschließen als vielfach angenommen wurde. Die dynamische Armutsforschung belegte damit erstmals empirisch das *Bild „aktiver Klienten"*, die ganz überwiegend nur kurzfristig oder periodisch im Sozialhilfebezug stehen. Zugleich wurde deutlich, dass das Armutsrisiko als zeitlich begrenzte Risikolage im Lebensverlauf weiter als erwartet in Bevölkerungsgruppen und Schichten hineinreicht, die ansonsten über mittlere oder auch höhere Einkommen verfügen.[8]

Im Anschluss an den Ansatz und die Befunde der dynamischen Armutsforschung wird in dieser Untersuchung nunmehr die *„institutionelle Zeit"* genauer untersucht. Neben den bisherigen Befunden zum „aktiven Klienten" stellt sich im Kontext von Modernisierung und neuen Steuerungsinstrumenten in der Sozialverwaltung, verbunden mit dem Leitbild und Praxis einer „aktivierenden Sozialpolitik" die Frage nach einer *„aktiven Verwaltung"* und einem *„aktivierenden Sozialdienst"*. Zu untersuchen ist demnach, ob und in welchen Formen Sozialverwaltung und soziale Dienste im Bereich der Sozialhilfe und Grundsicherung in den beiden ausgewählten Wohlfahrtsstaaten die zumeist aktiven Klienten in ihrem Bewältigungshandeln und in der Risikobearbeitung des Problems Armut unterstützen und „aktivieren", um so Wege aus dem Sozialhilfebezug zu ermöglichen und institutionell zu fördern. Auch die Frage, ob und in welchen Formen aktives Bewältigungshandeln der Sozialhilfebeziehenden institutionell von Sozialverwaltung und Sozialdienst erwartet oder „in Rechnung gestellt" werden, ist zu beachten. Genau hierin kommen dann die Merkmale und Formen sozialer Interventionen in ihrem jeweiligen Zeit-, Verlaufs-, und Handlungsbezug genauer zum Ausdruck. Die in bisherigen Studien vernachlässigte *„institutionelle Zeit"* und möglicherweise darauf hin konzipierte und bezogene besondere institutionelle Arrangements finden damit erstmals eine genauere Beachtung. Dies geschieht empirisch im Vergleich zweier Städte in zwei ausgewählten Wohlfahrtsstaaten.

In Form einer *umfassenden Fallstudie* zur Praxis und den Reformen der Sozialhilfe in *Göteborg/Schweden* werden die hierzu gefundenen Ergebnisse mit Befunden zur Sozialhilfe und Grundsicherung in *Bremen/Deutschland* kontrastiert. Die *empirische Ausgangsfrage* wurde folgendermaßen formuliert:

---

[8] Auf einige ausgewählte Veröffentlichungen zur dynamischen Armutsforschung sei an dieser Stelle hingewiesen: Bezogen auf die Sozialhilfe in *Deutschland* sind beispielsweise die Arbeiten von Andreß (1994), Buhr (1995), Ludwig (1996), Hübinger (1996), und zusammenfassend von Leisering/Leibfried (1999) zu nennen. Für die Armutsforschung in *Schweden* wurde der dynamische Ansatz durch Arbeiten von Salonen (1993 und 1998) und Gustafsson (1998 und 2000) entwickelt bzw. umgesetzt. In aktuelleren Untersuchungen werden für die deutsche Sozialhilfe Ergebnisse zur „subjektive Zeit" und zu den subjektiven Bewertungen von Übergängen aus dem Sozialhilfebezug in Erwerbsarbeit oder in Qualifizierungsmaßnahmen vorgelegt, so etwa von Hagen/Niemann (2001). Einzelne Studien, etwa von Rentzsch/Olk (2002) gehen in einer Langzeitperspektive der Frage nach, wie die Verlaufsmuster und die Armutssituation sich *nach* Beendigung des Sozialhilfebezugs für die ehemaligen Sozialhilfebeziehenden darstellen.

Lässt sich im Rahmen einer „Verwaltungsmodernisierung" und unter dem Einfluss des Leitbildes und der Programme einer „aktivierenden Sozialpolitik" empirisch eine Entwicklung von der traditionellen eher passiven Sozialverwaltung hin zu einem aktivierenden Sozialdienst feststellen, und in welchen Merkmalen und Formen zeigen sich die sozialen Interventionen unter besonderer Berücksichtigung der Variablen Zeit und Handeln in den beiden ausgewählten Wohlfahrtsstaaten am Beispiel von Sozialhilfe/Grundsicherung in zwei Großstädten?

Wie angedeutet, sind mit den Merkmalen und Formen sozialer Interventionen zugleich immer auch *Fragen der Steuerung* wohlfahrtsstaatlicher Abläufe und Leistungen verbunden. So geht es beim „Umbau" des Wohlfahrtsstaates sowohl in Deutschland als auch in Schweden meist explizit – oft auch implizit – um die Frage einer Neubestimmung in den Relationen öffentlicher, marktmäßiger und privater Akteure, Dienste und Leistungen. In den Sozialwissenschaften wird die „Krise des Wohlfahrtsstaates" in diesem Zusammenhang auch als eine *„Steuerungskrise"* von Politik, Staat und Verwaltung gesehen.[9] Meist wird von einer vorhandenen und durch eine „Modernisierung" der Sozialverwaltung sowie durch „aktivierender policies" zu verbessernde *Selbststeuerungsfähigkeit* der öffentlichen, intermediären, privaten Akteure und der Individuen ausgegangen. Auch in diesen steuerungs- und interventionstheoretischen Perspektiven und in ganz praktischen Zusammenhängen bilden die Variablen *Zeit* und *Handeln* stets wichtige *Interventions- und Steuerungsgrößen*. Die *zentralen Thesen* lauten in diesem Zusammenhang:

Seit den 1990er Jahren kommt es in der deutschen und in der schwedischen Sozialhilfe/Grundsicherung zu einer je spezifischen Neuformierung sozialer Interventionen. Vor allem in der Zeit-/Verlaufs- und in der Handlungsperspektive wird die institutionelle Risikobearbeitung zeit- und handlungsbezogen „aktiver" konzipiert und umgestaltet. Durch Veränderungen im Verlaufs- und Handlungsbezug sozialer Interventionen gewinnen zugleich lebenslauf- und personenbezogene Perspektiven in Sozialhilfe/Grundsicherungssystemen ergänzend zu eher monetär und fiskalpolitisch motivierten policies an Bedeutung. Ferner verändern sich in einer Steuerungsperspektive die Interaktionen und Formen des Zusammenwirkens verschiedener wohlfahrtsstaatlicher Institutionen und Akteure in ihren verlaufs- und handlungsbezogen mehr oder weniger gut aufeinander abgestimmten Leistungen.

Im System der Sozialhilfe/Grundsicherung werden die bisher thesenförmig beschriebenen Entwicklungen und der Wandel sozialer Interventionen einerseits im Bereich der monetären Transferleistungen erkennbar. Der Wandel in den Formen

---

[9] Für den deutschen Wohlfahrtsstaat beschreibt Kaufmann (1999) wesentliche Fragen der Steuerung. Zu grundlegenden Problemen der Steuerung im schwedischen Wohlfahrtsstaat vgl. Rothstein (1994).

sozialer Interventionen zeigt sich aber mehr noch im Ausbau, in der Neugestaltung sowie in veränderten Steuerungsformen der *personenbezogenen Anteile* von Sozialhilfe/Grundsicherung. In Deutschland ist dabei eine „Wiederentdeckung" der persönlichen Hilfe zu diagnostizieren. Nicht allein die Interaktionsformen zwischen Sozialverwaltung und „aktiven" wie auch „passiven" Bürgern wandeln sich, sondern auch im *Verhältnis wohlfahrtsstaatlicher Institutionen zu- und untereinander* werden Neuerungen erkennbar. Eine Neuformierung der institutionellen Arrangements sowohl hinsichtlich der sozialen Interventionsformen und der Interaktionsmuster zwischen Verwaltung und Bürger als auch in den Interaktionen und Schnittstellen wohlfahrtsstaatlicher Institutionen untereinander kennzeichnet den „Umbau". Ziel ist es, das *Zusammenwirken* zwischen kommunaler Sozialhilfe, zentralstaatlicher Arbeitsmarktpolitik, Einrichtungen des Gesundheitssektors und weiterer Akteuren, wie intermediären und privatrechtlich tätigen Beratungs- und Vermittlungseinrichtungen zu verbessern. Zu erwarten ist, dass sich neben einer Reihe ähnlicher Entwicklungen für die beiden ausgewählten *„Lebenslaufregimes"* sowohl in den Ausgangs- und Rahmenbedingungen als auch in den Merkmalen und Formen sozialer Interventionen deutliche und durchaus regimetypische Unterschiede zeigen.[10] Bezogen auf Bremen bzw. Deutschland beziehen sich die *empirischen* Befunde allerdings noch auf die Zeit vor den „Hartz-Gesetzen", also vor Inkrafttreten des SGB II und des SGB XII ab dem Jahr 2005.

Im Bereich von Sozialhilfe/Grundsicherung wird deutlich, dass sich neue Herausforderungen für den Wohlfahrtsstaat stellen, die sich gerade in der kommunalen Ebene und in einem nachrangigen Sozialleistungssystem besonders komprimiert abbilden. Die Armenhilfe wird in Deutschland und in Schweden gleichermaßen im rechtlichen und institutionellen Arrangement als *nachrangig verantwortliche* und damit auch *nachrangig wirksame* wohlfahrtsstaatliche Institution verstanden. Dies ist für die Möglichkeiten, Grenzen und Merkmale sozialer Interventionen konstitutiv. Herausforderungen einer „Modernisierung" des institutionellen Gefüges von Sozialhilfe und Grundsicherung liegen damit auch in den *Relationen zwischen Zentralstaat und Kommunen*, wie sie sich im Bereich der Sozialpolitik und insbesondere in Programmen zur Bekämpfung von Arbeitslosigkeit und Armut historisch entwickelt haben. Zu klären ist, ob und in welchen Formen sich in diesen Arrangements in Deutschland und in Schweden in jüngster Zeit Veränderungen ergeben haben und wie diese sich auf die Gestaltung sozialer Interventionen auswirken. Schlagworte wie etwa die „Dezentralisierung" des Wohlfahrtsstaates oder Befunde, wonach die Kommunen zum „Wohlfahrtsstaat in der Reserve" werden, verweisen auf die Probleme der Gestaltung institutioneller Arrangements. Sie deuten zugleich Kon-

---

[10] Zum Begriff und Konzept der „Lebenslaufregimes" vgl. Leisering/Leibfried (1999).

flikte im institutionellen Arrangement an, die sich verschärft haben und sich auf soziale Interventionen und die Steuerbarkeit sozialer Dienste auswirken dürften. Auch in der Behandlung der zuletzt formulierten Fragen begrenzt sich die Untersuchung im Wesentlichen auf den Zeitraum zwischen 1990 und 2004. Die erhobenen Daten in Form von Expertenbefragungen und in Form von Dokumenten stammen aus den Jahren 1999 und 2000.[11] Einige wichtige historische Bezüge in der Entwicklung der beiden Wohlfahrtsstaaten, insbesondere der Sozialhilfe und Sozialverwaltung werden ergänzend für die Zeit vor 1990 mit dargestellt. Die Instrumente und Einflüsse einer „Verwaltungsmodernisierung", „ältere" und „neuere" Merkmale und Formen sozialer Interventionen wie auch die Frage der *Pfadabhängigkeit* bzw. der *Pfadabweichungen* in den wohlfahrtsstaatlichen Entwicklungen können nur dann einer Analyse zugeführt werden, wenn die Untersuchung auch historisch angelegt ist.[12]

Wie bisherige ländervergleichende Studien der Wohlfahrtsstaatsforschung zeigen, werden Sozialpolitik und Wohlfahrtsstaat in den beiden hier ausgewählten Ländern sowohl historisch wie auch aktuell in je besonderer Weise verstanden und Wohlfahrtsstaatlichkeit wird entsprechend unterschiedlich definiert. Auch insoweit sind spezifische historische, soziokulturelle und institutionelle Kontexte des jeweiligen Landes stets mit zu beachten. Beispielsweise schließt das umfassende schwedische Verständnis von Sozialpolitik als „Wohlfahrtspolitik" *(Välfärdspolitik)* über das bisher in Deutschland übliche Verständnis von Sozialpolitik hinausgehend auch das *Bildungswesen und die Bildungspolitik* weitgehend mit ein. Hierin liegt bereits ein wichtiger Unterschied, der in der Analyse sozialer Interventionen zu beachten ist. Zu erwarten ist, dass dieses unterschiedliche Verständnis von Wohlfahrtsstaatlichkeit sich auch auf die Ausgestaltung und Praxis einer „aktivierender Sozialpolitik" zur Bekämpfung von Arbeitslosigkeit und Armut auswirkt. Es könnte etwa in je spezifisch erweiterten Formen des Zusammenwirkens von Institutionen und Akteuren der Sozialpolitik und der verschiedenen sozialen Diensten einen Ausdruck finden. Nach bisher vorliegenden Befunden ist ferner zu beachten, dass sich die „Verwaltungskultur" und die Rechtstradition in Schweden und in Deutschland

---

[11] Mit früheren Studien zu Einkommensarmut und Sozialhilfe in Schweden und einer Analyse zu den Interaktionsmustern von Sozialhilfe und ihrer Klientel in Bremen (Schwarze 1993 und 1994) sowie Wilking (2005) liegen Befunde von Anfang der 1990er Jahre vor, die retrospektive Vergleiche ermöglichen. Damit war auch die Möglichkeit gegeben, einen Wandel der Interventionsformen in der Sozialhilfe über den Zeitraum der 1990er Jahre empirisch näher zu untersuchen.

[12] Eine grundlegend theoretische Studie zum Begriff und analytischen Konzept der „Pfadabhängigkeit" liegt von Ackermann (2001) vor. Diese Studie ist eher wirtschaftswissenschaftlich ausgerichtet, geht aber auf Institutionen und Pfadabhängigkeit bei institutionellen Reformen ein. Zu Pfadabhängigkeit in der wohlfahrtsstaatlichen Entwicklung vgl. Pierson (2001).

zum Teil beträchtlich unterscheiden, was ebenfalls die Merkmale und Formen sozialer Interventionen spezifisch prägen dürfte.[13]

Somit ist die Tradition und Praxis schwedischer „Verwaltungs- und Rechtskultur" für die Sozialverwaltung und Sozialhilfe mit herauszuarbeiten. Ein Vorgehen, dass primär die deutsche sozialstaatliche Tradition, Geschichte und Systematik des Rechts- und Verwaltungssystems als Ausgangspunkte der Analyse wählen würde, wäre unzureichend. So kommt aktuell der Bildungspolitik in der Interventionsperspektive und in den Dimensionen Zeit und Handeln eine sozialpolitisch und lebenslauftheoretisch besondere Bedeutung zu, wenn es um die Gestaltung von Übergängen aus Schule und Ausbildung in den Arbeitsmarkt geht.[14] Zusammenhänge von Sozialpolitik und Bildungspolitik werden besonders am *Leitbild des „lebensbegleitenden Lernen"* erkennbar, dass interessanterweise nahezu parallel zum Leitbild einer „aktivierenden Sozialpolitik" und der „Verwaltungsmodernisierung" im Verlauf der 1990er Jahre in Deutschland und in Schweden an Bedeutung gewonnen hat. Auch die möglicherweise unterschiedlichen Gewichtungen und Konfigurationen in den Leitbildern spielen für die Ausgestaltung sozialer Interventionen eine Rolle und sind in einer soziologischen Studie näher zu beachten.

Direkt angesprochen sind in diesen Zusammenhängen nicht nur unterschiedliche Bezüge und Definitionen von Sozial- oder Wohlfahrtspolitik in unterschiedlichen Wohlfahrtsstaaten, sondern auch die *Schnittstellenprobleme*, die sich im Verlauf der 1990er Jahre etwa in der Überlagerung von Problemen der Massenarbeitslosigkeit, des Sozialhilfebezugs, der Integration von Einwanderern, und Defiziten im Bildungswesens zeigen. Öffentliche Verwaltung hat in diesen Bezügen vor allem und gerade auch eine *koordinierende Funktion* zu erfüllen, um die sozialen Interventionen möglichst wirksam zu gestalten. Probleme, wie die massenhafte Erwerbslosigkeit verbunden mit hohen Sozialhilfebezugsquoten verweisen gerade bei jugendlichen Hilfebeziehenden, und ähnlich bei Einwanderern auf vorgelagerte Probleme und Defizite in der Bildungspolitik, die es koordiniert zu lösen gilt. Zu erwarten wäre in den empirischen Ergebnissen etwa, dass in Schweden durch eine stärkere integrative Anbindung von Bildungspolitik und Sozialpolitik auf lokaler Ebene

---

[13] Zu Begriff und Konzept der „Verwaltungskultur" im internationalen Vergleich sei auf Jann (1983 und 2000) verwiesen. Die Konzepte einer „Modernisierung" des öffentlichen Sektors werden für Skandinavien vergleichend zu Deutschland von Riegler/Naschold (1997) bis Mitte der 1990er Jahre dargestellt.

[14] Zu Schnittstellen von Bildungs- und Sozialpolitik im deutschen Sozialstaat vgl. früh Allmendinger (1999) und Allmendinger/Leibfried (2002), die als typisch für das schwedische Lebenslaufregime ein sowohl hohes Investitionsniveau im Bereich der Sozialpolitik wie auch in der Bildungspolitik ermitteln. Dagegen erscheint das deutsche Lebenslaufregime die anhaltend niedrigen Investitionen in die Bildungspolitik zu kultivieren und zugleich höhere Investitionen im Bereich der Sozialpolitik vorzunehmen. Insofern unterscheiden sich beide Wohlfahrtsstaaten in der Verflechtung von Bildungs- und Sozialpolitik sehr deutlich. Allmendinger/Leibfried zeigen zudem, dass sich aus den „PISA-Studien" detaillierte Überlegungen zu den Verschränkungen von Sozial- und Bildungspolitik ableiten lassen.

nicht nur die Ursachen von Sozialhilfebezug und die Verläufe von Sozialhilfekarrieren von denen in Deutschland abweichen, sondern dass auch das Leitbild vom „lebensbegleitenden Lernen" in Programmen der Sozial- und Arbeitsmarktpolitik von größerer Relevanz ist als in Deutschland. Nach wie vor gelten Bildungspolitik und Sozialpolitik in Deutschland als relativ strikt getrennte gesellschaftspolitische Sektoren.[15]

Die Sozialpolitik in Deutschland lässt sich vor allem bezogen auf ihre Praxis sowie in ihrer Ausrichtung und sozialpolitischen Zielsetzung der jeweiligen Maßnahmen von anderen Politikfeldern abgrenzen. Sie kann dabei präziser normativ und rechtlich vor allem mit dem SGB hergeleitet und bestimmt werden als die umfassender definierte Wohlfahrtspolitik in Schweden. Sozialpolitik in Deutschland lässt sich auch in hohem Maße von ihren gesellschaftlichen Funktionen her bestimmen. Dass Sozialpolitik jedoch nicht bzw. nicht mehr allein „zur Sicherung eines verwertbaren Bestandes von Arbeitskräften in der spezifischen Form der Lohnarbeit" dient,[16] wird am Beispiel von Sozialhilfe/Grundsicherung für Deutschland und Schweden besonders deutlich. Gerade diese erfüllen inzwischen, ähnlich wie etwa das Elterngeld oder Kindergeld vor allem auch eine familien- und bevölkerungspolitische Funktion. Auch in dieser funktionalen Hinsicht zeigen sich „Schnittmengen" sozialer Interventionen in den Variablen „Zeit" und „Handeln", die länderspezifisch funktionsbezogen unterschiedlich ausgestaltet und geprägt sein können. Darüber hinausgehend weist die Sozialhilfe/Grundsicherung in beiden Wohlfahrtsstaaten einen beträchtlichen kulturellen Nutzen und entsprechende Funktionen auf, in dem sie grundlegende Teilhaberechte und -chancen sichert.[17]

Weiterhin liegt die Funktion und Leistung von Sozialpolitik vor allem und gerade auch in einer „Verknüpfung von Leistungen unterschiedlicher funktionaler Teilsysteme der Gesellschaft im Hinblick auf die Lebensbedingungen der Bevölkerung". Ihre Funktion „für das Ganze" bleibt dabei zugleich relativ diffus bzw. vielschichtig.[18] Im Zusammenhang mit dieser Verknüpfungsleistung der Sozialpolitik kommt der Sozialhilfe/Grundsicherung als ein auf Lebenslagen und ebenso auf Lebensläufe im Sinne von „Armutskarrieren" bezogenes Leistungssystem, wiederum anschließend an die

---

[15] Auch Kaufmann (1997: 23) stellt fest, dass sich im Falle des deutschen Sozialstaates dessen Aktivitäten vor allem im Arbeits- und Sozialrecht äußern, wohingegen im skandinavischen Raum die Bildungspolitik mit zur Sozialpolitik gerechnet wird, was ihr der Sache nach auch entspricht.

[16] Diese eingeschränkte Funktionsbestimmung nehmen nach Kaufmann (1982: 54 f. und 1997: 27-48) Mitte der 1970er Jahre etwa Leonhardt/Offe (1977: 100) vor. Eine erweiterte Funktionsbestimmung findet sich bei Sachße/Tennstedt (1980: 14). Vor allem Kaufmann definiert Sozialpolitik als „multifunktional" und betont die Teilhabe-Funktion stark. Ferner bezieht er kulturelle Dimensionen sozialpolitischer Leistungen funktionstheoretisch mit ein.

[17] Zu Konzept und Entwicklung sozialer Bürgerrechte als Teilhaberechten vgl. Marshall (1950).

[18] Die Verknüpfungsleistung von Sozialpolitik wird von Kaufmann (1982: 54) genauer dargestellt. Diese Funktionsbestimmung wurde bisher aber noch nicht speziell auf die Sozialhilfe übertragen.

Befunde der dynamischen Armutsforschung eine besondere Rolle zu. Die Sozialhilfe kann in diesem Zusammenhang auch verstanden werden als *das* nachrangige Sozialleistungssystem, dass die *„Rest-Verknüpfungsleistungen" in und an unterschiedlichsten Schnittstellen wohlfahrtsstaatlicher Institutionen und Arrangements* zu erbringen hat, die vom vorrangigen System der Sozialversicherung und des Wohlfahrts*staates* nicht wirksam erbracht werden. Diese Verknüpfungsfunktion der Sozialhilfe verweist in einer Verlaufs- und Handlungsperspektive weitergehend auf entsprechende *Kopplungs-, Brücken-, und Überbrückungsfunktionen,* die im Rahmen der Sozialhilfe geleistet werden. In diesem Sinne können zum Beispiel die im Verlauf der 1990er Jahre in Deutschland und in Schweden im Kontext von Sozialhilfepolitik ausgeweiteten lokalen arbeitsmarktpolitischen Maßnahmen oder auch soziale Beratungs- und Vermittlungsleistungen nicht nur *situativ* das Bewältigungshandeln *(Coping)* von Sozialhilfebeziehenden „aktiv" fördern und unterstützen. Sie können ebenso *perspektivisch* auf den weiteren Lebensverlauf bezogen in Übergängen und Statuspassagen sowie im Bewältigungshandeln zu multiplen Problemlagen „verknüpfend" und vor allem dadurch „aktivierend" wirken. Als Voraussetzung und Bedingung für solche komplex ausgerichteten und verbunden gestalteten Interventionsformen bedarf es allerdings entsprechender institutioneller Arrangements und insoweit „modernisierter" Sozialverwaltungen und sozialer Dienste.

Eine weitere Besonderheit der Sozialhilfe im Vergleich zu anderen Sozialleistungen liegt sowohl in Deutschland als auch in Schweden darin, dass sie eine Verknüpfung von monetären *und* personenbezogenen Leistungen – zum Teil sogar *gleichzeitig* – beinhaltet. Diese weitere Verknüpfungsleistung wurde aber nicht nur *innerhalb* der Sozialhilfe, sondern im Verlauf der 1990er Jahre verstärkt auch *zwischen* der Sozialhilfe und sozialhilfe*externen* gesellschaftlichen Teilsystemen und Institutionen intensiviert. Beispielsweise wurden die Schnittstellen und Kopplungen im institutionellen Arrangement von Sozialhilfe und Arbeitsmarktpolitik verändert. In Schweden wurden auch die Kopplungen und Vernetzungen der Sozialhilfe mit Gesundheitsdiensten offenbar zum Teil neu gestaltet. Ebenso sind beispielsweise durch die Einrichtung und Förderung von Schuldnerberatung und Verbraucherinsolvenzverfahren neue Verknüpfungsleistungen der Sozialhilfe mit sozialhilfeexternen Bereichen und Akteuren in beiden Ländern entstanden, die bis in den Finanzdienstleistungssektor reichen. Erst solche spezifischen Verknüpfungsleistungen und eine persönliche Hilfe innerhalb der Sozialhilfe ermöglichen den *gleichzeitigen* institutionellen Zugang zur Bearbeitung von materiellen *und* immateriellen Problemen. In diesem Arrangement und in veränderten Schnittstellen sind aus der Sozialhilfe heraus institutionell dann nicht nur gestaltende Einflüsse auf den Verlauf von Sozialhilfekarrieren möglich, sondern auch auf den Verlauf von Erwerbsbiografien, von Schuldenbiografien und Gesundheitsbiografien. Gerade in ihrem Einfluss an den institutionellen Schnittstellen und auf Übergänge sowie auf krisenhafte Verläufe und Phasen des Lebenslaufs zeigt sich für die 1990er Jahre, dass die Verknüpfungsfunktion von Sozialhilfe/bzw. Grundsicherungsleistungen ausgeweitet und aufgewertet wurde. Dies gilt jedenfalls für Deutschland, ist für Schweden ähnlich zu erwarten und genauer zu untersuchen. In ihren zwar nachrangigen, aber um so vielfältigeren Brücken und Schnittstellen zu anderen vorrangigen wohlfahrtsstaatlichen Institutionen und Akteuren ist es die Sozialhilfe, die für von Armut betroffene Bürger grundlegende Teilhaberechte und -chancen in der Arbeits-, Dienstleistungs-, und Konsumgesellschaft wesentlich mit gestaltet und sichert. *Lebenslauftheoretisch* und *handlungstheoretisch* dürften sich die hier eingangs skizzierten Verknüpfungs- und Brückenfunktionen sowie die jeweiligen Zeit-/Verlaufs und Handlungsbezüge sozialer Interventionen in den institutionellen Schnittstellen in den beiden „Lebenslaufregimes" vermutlich eher unterschiedlich zeigen.

Theoretisch und empirisch ist unter anderem auch der Frage nachzugehen, ob und in welchen Formen bezogen auf die Schnittstellen und das Zusammenwirken verschiedener wohlfahrtsstaatlicher Institutionen und sozialer Interventionen diese in den Variablen „Zeit" und „Handeln" bereits konvergent entwickelt bzw. systematisch aufeinander bezogen und untereinander abgestimmt sind. Es stellt sich die Frage nach den Grenzen dieser Verknüpfungsleistungen und eines institutionellen Zusammenwirkens etwa von Sozialhilfe/Grundsicherung und Arbeitsmarktpolitik. Den bisherigen Befunden nach ist eher davon auszugehen, dass sich die sozialen Interventionen in der Verlaufs- und Handlungsperspektive meist noch als ungenau aufeinander abgestimmt, von Dissonanzen geprägt und durch institutionell unterschiedlich gestaltete *Abfolge* und *Taktfrequenze* bestimmt zeigen.[19] Konkret bilden möglichst genau *abgestimmte zeitliche Abfolgen und Taktmuster sozialer Interventionen* eine, wenn nicht *die* wesentliche Herausforderung in der Bearbeitung von zum Teil sehr komplexen materiellen und immateriellen Problemlagen. Dies gilt um so mehr in Verbindung mit dem programmatischen Anspruch einer „aktivierenden Sozialpolitik" und des darin enthaltenen *Interventionsmodells eines „Förderns und Forderns"*. Sowohl in der Sozialhilfe, in der Arbeitsvermittlung und -beratung, wie auch in weiteren sozialen Diensten ist *die Frage des „Timings"*, der Abfolgen und der untereinander abgestimmten „Taktfrequenz" eines „Förderns und Forderns" im Verlauf von

---

[19] Als Reformansätze, die auf die Defizite im institutionellen Zusammenwirken *in Deutschland* verweisen und diese beheben sollen, sind etwa die Zusammenführung von Arbeitslosenhilfe und Sozialhilfe zu nennen, die beispielsweise früh von Hartmann (2000) thematisiert wurde. Auch die frühen Projekte einer Zusammenarbeit von Arbeitsämtern und Sozialämtern, wie sie im Rahmen des Bundesprogramms „MoZArT" gefördert wurden, versuchten diese Koordinationsprobleme zu lösen. *In Schweden* finden sich unter dem Stichwort „Social Samverkan" (SOCSAM) neue Arrangements eines *sozialen Zusammenwirkens* oder auch in Projekten eines *„freiwilligen Zusammenwirkens"* (FRISAM) vergleichbare Projekte, in denen Sozialhilfe, Arbeitsverwaltung und soziale Dienste enger zusammenwirken und Dienste möglichst „verknüpft" anbieten. Vgl. Socialdepartementet (1999).

Armutskarrieren zentral. Zugespitzt lässt sich etwa fragen: Steht das „Fördern" vor dem „Fordern" oder wird in der institutionellen Problembearbeitung „gefordert", bevor oder ohne dass zuvor „gefördert" wird? Welche wohlfahrtsstaatliche Institution fördert und/oder fordert bezogen auf welche „aktiven" oder „passiven" Bürger in welchen Verlaufsmustern und Verlaufsphasen sozialer Interventionen oder eines Leistungsbezugs wann, was und in welchen Formen? Erfolgt die Einführung des sozialpolitisch prominenten Konzepts eines „Förderns und Forderns" und damit auch eine *Neuformierung von Rechten und Pflichten* im Wohlfahrtsstaat in einer systematisch zwischen den verschiedenen Institutionen, Akteuren und Leistungssystemen abgestimmten Vorgehensweise oder weiterhin und evtl. sogar zunehmend unkoordiniert und segmentiert? Wo zeigen sich in den Perspektiven des Verlaufs und in der Handlungsperspektive die Möglichkeiten und Grenzen institutionell derart verknüpft entwickelter sozialer Interventionen?

Die hier einführend beschriebenen aktuellen wohlfahrtsstaatlichen Entwicklungen und Reformstrategien sowie die formulierten Fragen und Thesen deuten die Komplexität sozialer Interventionen bereits an, wenn sie in der Zeit-/Verlaufsperspektive und in ihren Handlungsbezügen, sowie bezogen auf die Schnittstellen wohlfahrtsstaatlicher Institutionen und der entsprechenden Organisationen betrachtet werden. Eine solche Perspektive wird bisher nur selten eingenommen und die Sozialstaatsforschung steht hinsichtlich der empirischen Untersuchung sozialer Interventionen, die in diesen Variablen und Zusammenhängen eingebettet zu betrachten sind, erst am Anfang. Die eingangs aufgeworfenen Fragen werden hier *exemplarisch* für die Sozialhilfe und auch ausgehend von der Perspektive zur Sozialhilfe als wohlfahrtsstaatliche Institution empirisch untersucht. Ebenso könnte die Arbeitsmarktpolitik oder ein anderer Bereich der sozialen Dienste und Leistungen als Ausgangspunkt gewählt werden. Auch wenn hier die Sozialhilfe als begrenzter Gegenstand und als Ausgangs- und Bezugspunkt der Untersuchung gewählt ist, besteht ein Anliegen darin, die Zeit-/Verlaufs- und Handlungsperspektive sowie die Interaktionen zwischen wohlfahrtsstaatlichen Institutionen und den jeweiligen Organisationen im Bezug auf die Formen und Muster sozialer Interventionen generell stärker in den Mittelpunkt des sozialwissenschaftlichen und sozialpolitischen Interesses zu rücken. Ausgangsüberlegung ist dabei, dass diese Dimensionen – neben monetären Transferleistungen und den Rechtsgrundlagen – enorm wichtige Variablen in der Steuerung, im Verlauf, in den Wirkungen sowie bezogen auf die Qualitäten wohlfahrtsstaatlicher Leistungen und Dienste bilden.

Es kann in dieser Untersuchung *keine* umfassende Darstellung des Verständnisses und der Definition von Sozialpolitik für Deutschland und Schweden erfolgen. Das jeweils spezifische Verständnis, die Bezüge, Inhalte, Grundprinzipien und die Möglichkeiten und Grenzen von Sozialpolitik in Deutschland und Schweden werden allerdings rahmend vermittelt. So werden typische Begriffe stets zweisprachig bzw. in Übersetzung mit dargestellt und genauer erläutert. Vor allem im empirischen Teil finden sich zahlreiche Textauszüge und Belegstellen in originalsprachlicher Version *und* übersetzt, so dass auch insoweit die Besonderheiten der schwedischen Wohlfahrtspolitik und Sozialverwaltung vermittelt werden. Die unterschiedlichen „wohlfahrtsstaatliche Kulturen", aber auch Gemeinsamkeiten zeigen sich dann nicht zuletzt in den Ergebnissen der gefundenen Formen und Muster sozialer Interventionen. Das deutsche wie auch das schwedische „Lebenslaufregime" wird so ausgehend von der Sozialhilfe in den „typischen" Interventionsformen genauer erkennbar. Am Ende der Untersuchung steht eine Typologie zu den Interventionsformen und den Grundmustern der „Lebenslaufpolitik" in zwei ausgewählten Wohlfahrtsstaaten.

Die Untersuchung ist folgendermaßen gegliedert: Im *ersten Kapitel* werden neben dem Stand der Forschung *vier forschungsleitende Hypothesen* zur Entwicklung der Sozialhilfe, der institutionellen Arrangements und der Merkmale und Formen sozialer Interventionen seit den 1990er Jahren für Deutschland und Schweden formuliert. Im Anschluss daran wird ein theoretisch und analytisch tragfähiges Konzept vorgestellt, mit dem der Wandel wohlfahrtsstaatlicher Institutionen – hier für die Sozialhilfe und ihre Verwaltung – in den sozialen Interventionsmustern empirisch untersucht werden kann. Der Untersuchungsgegenstand, also die *Sozialhilfe als wohlfahrtsstaatliche Institution in ihren Interventionsformen* wird genauer dargestellt. Der Begriff und vorliegende theoretische Konzepte zu *wohlfahrtsstaatlichen Institutionen* werden in den wesentlichen soziologischen und sozialwissenschaftlichen Verwendungszusammenhängen hergeleitet, um die zentralen institutionentheoretischen Kategorien der Analyse zu bestimmen. An die bisherigen Grundlagen einer *Theorie sozialer Interventionen* von Kaufmann (1982 und 1999) anschließend, wird dieser Ansatz um die bisher vernachlässigte Zeit- und Handlungsperspektive erweitert und genauer auf die Sozialhilfe bezogen. Besondere Anregungen bietet in diesem Zusammenhang die dynamische Armutsforschung, deren Befunde und theoretische Grundlagen mit dem Begriff und Konzept der *„Lebenslaufpolitik"* von Leisering/Leibfried (1999) die Möglichkeit bieten, „Zeit" und „Handeln" als Variablen interventionstheoretisch *und* institutionentheoretisch einzubeziehen. Erweitert werden diese theoretischen Grundlagen um wichtige Befunde zu den Voraussetzungen und Bedingungen in der Erbringung personenbezogener sozialer Dienstleistungen. Der Begriff und das Konzept sowie die Bedingungen einer *Koproduktion im Erbringungsprozess personenbezogener Dienstleistungen* werden dabei als theoretisch weiterführend in die Untersuchung einbezogen, und in Verbindung mit der Zeit- und Handlungsperspektive genauer auf die Sozialhilfe/Grundsicherung übertragen. Abschließend werden im ersten Kapitel der Studie die *„institutionelle Zeit"* und *soziales Handeln* im Kontext von sozialen Interventionen im Wohlfahrtsstaat als theoretische und empirisch besonders relevante Kategorien der Analyse genauer bestimmt.

30

Im *zweiten Kapitel* schließt eine Darstellung zentraler Ansätze und Befunde der international vergleichenden Wohlfahrtsstaatsforschung an. Vor allem der Diskurs zum *Leitbild einer „aktivierenden Sozialpolitik"*, verbunden mit dem Leitbild eines *„aktivierenden"* oder *„befähigenden Staates"* (Gilbert/Gilbert 1989) wird bezogen auf Deutschland und Schweden für die 1990er Jahre dargestellt, und hinsichtlich seiner Bedeutung für die Sozialhilfe und in den Wirkungen auf die mit ihr verbundenen sozialen Interventionen untersucht. Die wesentlichen Merkmale, wie sie sich aus dem Stand der Forschung herleiten lassen, werden mit den zuvor entwickelten theoretischen Grundlagen verbunden betrachtet und unter Berücksichtigung der Dimensionen „Zeit" und „Handeln" für den Analyserahmen resümiert. Ausgehend von bisher vorliegenden Befunden zur *Sozialhilfe in der international vergleichenden Wohlfahrtsstaatsforschung* wird gefragt, ob und inwieweit eine *international vergleichende Verwaltungsforschung* ähnlich entwickelt ist. Geklärt wird, wie sich nach bisherigen Befunden der Stand, die Instrumente, Konzepte und die Merkmale einer *Modernisierung des öffentlichen Sektors* im Bereich der Sozialverwaltung, sozialer Dienste und in der Sozialhilfe in Deutschland und Schweden im Vergleich darstellen.

Im *dritten Kapitel* geht es darum, die historischen Entwicklungen von Sozialhilfe und Sozialverwaltung in den beiden ausgewählten wohlfahrtsstaatlichen Arrangements als Hintergrund von Reformstrategien und eines möglichen Wandels der Interventionsformen kurz zu resümieren. Grundmerkmale, Strukturprinzipien und *nationale* Reformstrategien für die Sozialhilfe/Grundsicherung und Sozialverwaltung sowie für die lokale Arbeitsmarktpolitik und personenbezogene soziale Dienste werden auf der Grundlage bisherig vorliegender Befunde vorgestellt. Stets ausgehend von und fokussierend auf den im normativen und institutionellen Arrangement angesiedelten *nachrangigen* Bereich der *lokalen* Sozialpolitik, Sozialverwaltung und Sozialhilfe werden rahmend die Entwicklung des *vorrangigen* wohlfahrtsstaatlichen Bereichs mit einbezogen. Der Blick ist dabei auf die länderspezifischen Besonderheiten des *lokalen Wohlfahrtsstaates* gerichtet. Sozialhilfe ist in beiden Ländern wesentlich kommunale Aufgabe und die vergleichende Wohlfahrtsstaatsforschung vernachlässigt bisher diese Ebene wie auch die Ebene der Relationen von Zentralstaat und Kommunen zueinander, obwohl soziale Interventionen gerade im Zusammenspiel dieser Ebenen beeinflusst werden. Die Notwendigkeit neben der Fokussierung auf die lokalen Arrangements die wohlfahrts*staatliche* Ebene und die *institutionellen Relationen* genauer zu berücksichtigen, ergibt sich zudem aus den veränderten Formen einer Zusammen*arbeit* oder des Zusammen*wirkens* von kommunaler Sozialhilfe und zentralstaatlicher Arbeitsmarktpolitik der jüngsten Zeit. Für beide Wohlfahrtsstaaten sind diese Reformstrategien jeweils besonders erkennbar.

Im *vierten Kapitel* werden die *Datengrundlagen* und alle *methodischen Aspekte* der Untersuchung behandelt. Die Methode des qualitativen und problemzentrierten Experteninterviews und die weiteren eingesetzten Erhebungsinstrumente der teilnehmenden Beobachtung und die Dokumentenanalyse werden in ihrer Anwendung und im Vorgehen für die Untersuchung dargestellt. Die Stichprobe umfasste insgesamt 48 Experteninterviews. Zentrale Probleme der Datenerhebung werden kurz reflektiert und die Auswertungsschritte genauer beschrieben. Die vorliegende Studie ist dabei als *qualitative Untersuchung* zu verstehen. Sie bezieht jedoch quantitative Daten mit ein und in einzelnen Untersuchungszusammenhängen, vor allem im Rahmen der späteren Fallstudie, werden auch originär erhobene quantitative Daten mit vorgelegt.

Das *fünfte* und *sechste Kapitel* bilden mit einer umfassenden *empirischen Fallstudie* den Kern der Untersuchung. Die Fallstudie bezieht sich detailliert auf Merkmale und Formen sozialer Interventionen im Rahmen der Sozialhilfe am Beispiel der *schwedischen Stadt Göteborg*. Unter Berücksichtigung früherer Befunde wird in der Fallstudie auch die Frage eines möglichen Wandels der Sozialhilfe seit den 1990er Jahren untersucht. Vorliegende quantitative und mit der Expertenbefragung erweiterte qualitative Daten zur Sozialhilfe *in Bremen* bilden dann die Grundlage, um in der Darstellung der Befunde zur Fallstudie Göteborg *kursorisch* eine *Kontrastierung* mit ausgewählten Ergebnissen zu Formen und Merkmalen sozialer Intervention in Bremen vorzunehmen. Sowohl aus arbeitsökonomischen Gründen wie aus Gründen der Darstellung erwies es sich als zweckmäßig, die Fallstudie Göteborg in den Mittelpunkt zu rücken und umfassender darzustellen, und die Befunde zu Bremen kursorisch mit einzubeziehen. So war es möglich, einen komparativen Ansatz beizubehalten und die Befunde zugleich unmittelbar und nicht in getrennten Kapiteln oder nur zusammenfassend aufeinander zu beziehen. Für die Fallstudie Göteborg wurde in der Darstellung ein systematisches Vorgehen gewählt, welches den *zeit-/verlaufsbezogenen und handlungsbezogenen Ansatz* der Untersuchung direkt einbezieht. Die Formen und Muster sozialer Interventionen werden dabei zunächst in Kapitel 5 für die *Wege in*, danach für *Wege durch*, sowie im Schwerpunkt in Kapitel 6 bezogen auf *Wege aus*, und ergänzend auch hinsichtlich sozialer Interventionen *nach* Abschluss des Sozialhilfebezugs untersucht. Den Schwerpunkt des sechsten Kapitels bilden dabei Analysen zu arbeitsmarktpolitischen Maßnahmen und zum Zusammenwirken der wohlfahrtsstaatlichen Institutionen, soweit sie die Förderung von Wegen aus dem Sozialhilfebezug zum Ziel haben.

Im *siebten Kapitel* werden die Ergebnisse der Fallstudie und bisher vorliegende Befunde zu den Formen und Merkmalen sozialer Intervention der Sozialhilfe und ihre Steuerung in Göteborg bezogen auf Schweden, und für Bremen bezogen auf Deutschland resümiert, und hinsichtlich ihrer Generalisierbarkeit und entsprechender Vergleichbarkeit geprüft. Im Ergebnis werden die eingangs formulierten Fragen und Hypothesen aufgenommen und in diesem Kapitel die Ähnlichkeiten, parallele Entwicklungen, mögliche Konvergenzen sowie die grundlegenden Unterschiede im Bereich sozialer Interventionen für die beiden Wohlfahrtsstaaten im Überblick zusammengefasst. Wesentlicher Bezugspunkt bildet dabei die Lebenslauftheorie und die Frage nach Merkmalen und Formen einer „aktivierenden Sozialpolitik" im lokalen Wohlfahrtsstaat. Vor dem Hintergrund des Leitbildes und der Programme einer „aktivierenden Sozialpolitik" und unter Berücksichtigung relevanter Konzepte und Instrumente einer Modernisierung der öffentlichen Verwaltung werden die Interventionsmuster im Fokus auf die Variablen „Zeit" und „Handeln" idealtypisch für die Sozialhilfe zusammengefasst.

Im *Schlusskapitel* werden die wichtigsten Ergebnisse der Untersuchung im Kontext weiterer aktueller Befunde aus der vergleichenden Wohlfahrtsstaatsforschung und aus der vergleichenden Verwaltungsforschung unter dem Aspekt eines „policy-learning" resümiert. Die zentralen Ergebnisse sowie die sich daraus ergebenden Perspektiven sowohl für die weitere Forschung wie auch für die weitere Entwicklung von Sozialhilfe und Grundsicherung zu einer modernen, lebenslagen- und lebenslaufbezogenen sozialen Dienstleistung werden kurz skizziert.

Teil 1: Theoretische Grundlagen und sozialpolitische Leitbilder

„Die viel beredete „Krise" des Wohlfahrtsstaates ist vor allem eine
Krise der bisherigen Denkmittel, eine Mentalitätskrise (...)"
(Niklas Luhmann 1987: 105)

1. Stand der Forschung und forschungsleitende Hypothesen

Der Band bezieht sich theoretisch und empirisch ausdrücklich auf die *Sozialhilfe als wohlfahrtsstaatliche Institution,* die in ihrem Wandel seit Anfang der 1990er Jahre untersucht wird. In Schweden umfasst die Sozialhilfe monetäre *und* personenbezogene Leistungen, die im Sozialdienstgesetz *(Socialtjänstlagen SoL)* geregelt sind und auf kommunaler Ebene finanziert und erbracht werden. Bezogen auf Deutschland ist der Gegenstand insoweit genauer einzugrenzen als hier ausgehend von den rechtlichen Grundlagen unter der Sozialhilfe die *Hilfe zum Lebensunterhalt* nach Abschnitt 1 und 2 des früheren Bundessozialhilfegesetzes (BSHG) verstanden wird. Da mit den „Hartz-Gesetzen" ab 1. Januar 2005 in Deutschland zahlreiche Regelungen der früheren Sozialhilfe in die Regelungen der Grundsicherung in das SGB II (Grundsicherung für erwerbsfähige Arbeitslose) und in das SGB XII (Grundsicherung für dauerhaft Erwerbsunfähige und Ältere) übergegangen sind, bezieht sich diese Studie insoweit auch auf diese Rechtsbereiche und auf die jeweiligen institutionellen Arrangements.

Die Definition des Gegenstandes der Forschung erfolgt in dieser Untersuchung jedoch nicht primär rechtlich, sondern vor allem *soziologisch.* Der hier gewählte theoretisch eher breitere Ansatz, die Sozialhilfe und ihre Verwaltung als wohlfahrtsstaatliche Institution zu verstehen, wurde bewusst gewählt. Die Untersuchung ist damit explizit *nicht* bzw. nicht ausschließlich auf die Sozialhilfeverwaltung als *Organisation* begrenzt und geht auch über die ihr zu Grunde liegenden rechtlichen Regelwerke und die Organisationsformen deutlich hinaus. Insofern grenzt sich die Studie von organisationssoziologischen Untersuchungen oder rein verwaltungswissenschaftlichen Analysen ab. Die rechtlichen und organisationalen Dimensionen werden hier jedoch mit einbezogen, um zugleich um wesentliche soziologische Kategorien und institutionentheoretische Ebenen erweitert zu werden. Dies geschieht etwa, indem beispielsweise neue Leitbilder und gesellschaftspolitische Orientierungsmuster sowie die Interaktionen zwischen verschiedenen wohlfahrtsstaatlichen Institutionen und Akteuren in Form neuer Kooperationen besondere Aufmerksamkeit finden. Ebenso sind die über Organisationen hinausgehenden hierarchischen Gefüge im Wohlfahrtsstaat, etwa zwischen Zentralstaat und Kommunen mit in die Analyse einbezogen. Den *theoretischen und empirischen Kern* bildet die sozialwissenschaftliche Untersuchung der Grundformen sozialer Interventionen der *lokalen* Sozialhilfe in *zwei Wohlfahrtsstaaten*. In dieser *doppelten Ausrichtung auf die lokale Praxis und ihre wohlfahrtsstaatliche Rahmung* ist der konkrete theoretische und praktische Bezug auf einzelne Verwaltungen oder Organisationen unumgänglich, wie er in Form einer Fallstudie und in der Berücksichtigung spezifisch lokaler Befunde vorgenommen wird.

Im weiteren Vorgehen sind theoretische und empirische Befunde der Organisationssoziologie, der Verwaltungswissenschaft und angrenzender Disziplinen demnach durchaus mit zu berücksichtigen. Diese Befunde sind bezogen auf die Untersuchung der Sozialhilfe in einem möglichen Wandel von Institutionen und Interventionsformen empirisch zu überprüfen.[20] Um den interventions- und institutionentheoretisch geleiteten Zugang der Studie zu erläutern, bedarf es einführend einer Klärung des zentralen Begriffs der *wohlfahrtsstaatlichen Institution*, der auch in der Lebenslaufforschung Verwendung findet.[21] Zunächst sind in diesem Zusammenhang aber die für die Forschung *leitenden Hypothesen* voran zu stellen. Sie bilden neben den bereits formulierten Fragen den Ausgangspunkt der Studie und lassen sich institutionentheoretisch verschiedenen analytische Ebenen zuordnen. Zugleich bestehen jeweils auch Überschneidungen der Ebenen. Zu analytischen Zwecken ist allerdings die Unterscheidung sinnvoll. Forschungsleitend waren die folgenden vier Hypothesen zur Entwicklung der wohlfahrtsstaatlichen Institution Sozialhilfe seit Anfang der 1990 Jahre in den beiden Wohlfahrtsstaaten:

1. Hypothese in einer historischen Ebene zum Wandel wohlfahrtsstaatlicher Institutionen und sozialer Interventionsformen
Sowohl in Deutschland als auch in Schweden sind im Verlauf der 1990er Jahre die Dimensionen der Lebenslage und des Lebenslaufs zu zunehmend wichtigen Dimensionen in den „policies" der Sozialhilfe und ihrer Verwaltung geworden. Die Leistungen und Interventionen der Sozialhilfe erfuhren grundlegende Veränderungen, die einen Wandel der Institution durch Öffnung beinhalten. Es lässt sich eine

---

[20] Die Schwierigkeiten einer theoretischen bzw. analytischen Abgrenzung der verschiedenen Ebenen und Begriffe von Institutionen und Organisationen werden beispielsweise in einem Beitrag von Jaeggi (1974) deutlich, sowie von Korte/Schäfers (1992: 9-110) oder auch von Lepsius (1997: 61) genauer behandelt. Weiterhin deutet Kaufmann (1982: 60 f.) diese unterschiedlichen Ebenen an. Er bezieht in seiner grundlegenden Arbeit zur Theorie sozialer Interventionen die *institutionelle Ebene* und die *individuelle Ebene* neben den Ebenen der *Gesellschaft*, der *Organisationen* und der *Interaktionen* ausdrücklich mit ein, grenzt sie aber analytisch voneinander ab.
[21] Grundlegende theoretische Überlegungen bezogen auf Institutionen und Lebensläufe im Wandel finden sich bei Leisering/Müller/Schumann (2001: 11-26).

normative, organisationale, professionale, konzeptuelle und praktische Öffnung der Sozialhilfe in der institutionelle Bearbeitung auch anderer Risiken und gegenüber anderen Institutionen und Akteuren feststellen. Die institutionellen Risikobearbeitungsmuster reichen dabei zunehmend über rein wirtschaftliche Probleme hinaus und beinhalten in verstärktem Maße auch pädagogische und auf psychosoziale Probleme bezogene Interventionsmuster. Ein Wandel in den Interventionsformen und eine institutionelle Öffnung finden ihren besonderen Ausdruck dabei vor allem auch in der stärkeren Beachtung der Variablen „Zeit" und „Handeln". Dabei zeigt sich der Wandel der wohlfahrtsstaatlichen Institution Sozialhilfe in Deutschland und Schweden jedoch unterschiedlich. Diese Unterschiede sind nicht allein, aber doch in hohem Maße mit länderspezifisch geprägten historisch besonderen Ausgangslagen, je besonderen sozioökonomischen Rahmenbedingungen und unterschiedlichen Ideologien und Vorstellungen von Sozialpolitik, sowie durch eine bisher weitgehend „pfadtreue" je nationale wohlfahrtsstaatliche Entwicklung erklärbar.

2. Hypothese in einer rahmenden Ebene der Sozialpolitik- und Wohlfahrtsstaatsforschung
Die Sozialpolitik in Deutschland und Schweden ist in ihren Reformen der Sozialhilfe seit Mitte der 1990er Jahre beeinflusst vom *impliziten* und *expliziten Leitbild* einer „aktivierenden Sozialpolitik". In der *organisationalen Ebene* zeichnet sich dieses Leitbild unter anderem auch in den Bemühungen einer „Verwaltungsmodernisierung" ab. In der *normativen Ebene* wurden sowohl das deutsche Sozialhilferecht- und Grundsicherung 1996 und 2005 als auch das schwedische Sozialdienstgesetz im Jahre 1998 „reformiert". Das Grundprinzip und die Regelungen einer „Hilfe zur Selbsthilfe" wurden in beiden Ländern konkretisiert und gestärkt. In der *professionalen bzw. sozialberuflichen Ebene* lassen sich neue Konzepte der Beratung und neue Maßnahmen einer Vermittlung in den Arbeitsmarkt erkennen. Dem Leitbild einer „aktivierenden Sozialpolitik" liegt ferner die *Annahme der Steuerbarkeit sozialer Interventionen* zu Grunde. Neben Entwicklungen und Zielsetzungen einer weiteren *„Standardisierbarkeit"* von Leistungen und Eingriffen, die erkennbar sind, findet sich auch eine *zunehmende Ausdifferenzierung* in der institutionellen Problembearbeitung, sowohl der beteiligten Akteure als auch der Interventionsformen und -muster. Anspruch und Ziel „moderner" sozialer Dienstleistungen im Verständnis einer „aktivierenden Sozialpolitik" sind auch in diesen Entwicklungen meist in besonderer Weise *auf die Variablen „Zeit" und „Handeln" bezogen*. Dies gilt sowohl *innerhalb* der Sozialhilfe und ihrer Verwaltung als auch in ihrem *externen* Bezug auf bestimmte Verlaufsmuster von Armutskarrieren sowie bezogen auf die Handlungsvoraussetzungen, -ressourcen, und -orientierungen der Bürger und anderer Akteure.

3. Hypothese auf der Ebene einer soziologischen und verwaltungswissenschaftlichen Analyse zur "Dienstleistungs- und Verwaltungskultur"

Hinsichtlich *sozioökonomischer Ausgangslagen* und *Herausforderungen* für eine „aktive" und „aktivierende" Sozialhilfepolitik sowie für eine „Verwaltungsmodernisierung" zeigen sich für die 1990er Jahre in Deutschland und Schweden ebenfalls einige *deutliche Parallelen,* etwa in Form der Massenarbeitslosigkeit und der Krise der öffentlichen Haushalte. Bezogen auf eine „Modernisierung" der öffentlichen Dienstleistungsproduktion sind für die beiden Wohlfahrtsstaaten allerdings Anfang der 1990er Jahre *je spezifische Ausgangslagen* feststellbar. Insbesondere in den *Steuerungskonzepten* der öffentlichen Verwaltung und in der jeweiligen *„Dienstleistungs- und Verwaltungskultur"* sind deutliche Unterschiede erkennbar.[22] Steuerungskonzepte des New Public Management (NPM) wurden in Schweden bereits im Verlauf der 1980er Jahre eingeführt. Auch eine verbreitete „Zielsteuerung" sowie die frühe Umgestaltung von Finanzausgleichssystemen zwischen Zentralstaat und Kommunen bilden deutliche Unterschiede zu Deutschland. In Deutschland wurden die Instrumente der aktiven Arbeitsmarktpolitik vor allem auf lokaler Ebene im Verlauf der krisenhaften 1990er Jahre aber offenbar früher den Herausforderungen für die Sozialhilfe angepasst als in Schweden. Weniger öffentlichkeitswirksame *fachpolitische* Diskurse und *sozialhilfeinterne* Reformkonzepte im engeren Sinne bleiben in beiden Ländern lange Zeit nachrangig. Zugleich sind die Bemühungen einer „aktivierenden Sozialpolitik" und einer „Verwaltungsmodernisierung" in beiden Wohlfahrtsstaaten in hohem Maße *extern beeinflusst,* etwa durch neue und international thematisierte Verwaltungs- und Managementkonzepte, durch Rechts- und Normsetzungen im Zusammenhang der europäischen Integration oder auch durch Empfehlungen etwa der OECD zu den Formen und Zielgruppen einer „aktivierenden" Arbeitsmarktpolitik. Beide „Dienstleistungs- und Verwaltungskulturen" erweisen sich in ihrer Entwicklung unter den vielfältigen externen und internen Einflüssen im Bereich der Sozialhilfe und sozialer Dienste bisher aber dennoch als weitgehend *pfadtreu* oder *pfadabhängig.* Dies müsste sich dann auch empirisch unter anderem in den Formen sozialer Interventionen sowie in den institutionellen Zeit- und Handlungsmustern zeigen,so etwa in den neueren Konzepten, Programmen, Organisationsformen und im sozialberuflichen Handeln. So setzt etwa die *deutsche* Kommunalverwaltung seit Mitte der 1990er Jahre vielerorts mit dem Konzept der „Neuen Steuerung" vorrangig auf betriebs- bzw. verwaltungswirtschaftlich geprägte Reformstrategien, mit denen veränderte Zeit-/Verlaufs- und Handlungsbezüge sozialer Interventionen verbunden sind. Dem gegenüber setzte eine „Verwaltungsmodernisierung" *in Schweden* zeitlich nicht nur früher ein, sondern Reformstra-

---

[22] Diese wurden von Jann (1983) mit einer „kooperativen Kontaktkultur" für Schweden und einer „formalisierten Regelungskultur" für Deutschland ermittelt.

tegien sind dort stärker *auch* von sozial- und organisationswissenschaftlichen Steue-rungs- und Interventionskonzepten geprägt. Zumindest *theoretisch* ist nicht auszu-schließen, dass die unterschiedlichen „Dienstleistungs- und Verwaltungskulturen" in den Wirkungen sozialer Interventionen nicht nur unterschiedliche, sondern ebenso ähnliche Ergebnisse erzielen können. Ausschließen lässt sich ferner nicht, dass sich in einzelnen Bereichen, etwa der normativen, organisationalen oder sozi-alberuflichen Ebene die beiden „Dienstleistungskulturen" nicht nur ähneln, son-dern sich unter dem Einfluss international lancierter Leitbilder und Konzepte ei-nander annähern, und sich damit von den national, historisch und kulturell gepräg-ten Pfaden wohlfahrtsstaatlicher Entwicklung tendenziell lösen.

4. Hypothese auf einer komparativen Ebene des Städte- und Wohlfahrtsstaatsvergleichs
Im Anschluss an frühe Arbeiten von Titmuss (1967), der zwischen *universellen* und *residualen* wohlfahrtsstaatlichen Leistungssystemen unterschied, und im Anschluss an die vergleichenden Studien von Esping-Andersen (1990) wird heute zumeist zwischen *drei Typen* „wohlfahrtsstaatlicher Regimes" unterschieden. Neben dem *„liberalen Regimetyp"* der sich vor allem im angelsächsischen Raum entwickelt hat, wird das deutsche System als *„konservativ-korporatistischer Wohlfahrtsstaat"* oder als *„bismarcksches Regime"* bezeichnet. Der schwedische Wohlfahrtsstaat gilt als Syno-nym für den *„sozialdemokratischen Regimetyp"* und wird meist in den Wirkungen einer De-Kommodifizierung und im Abbau von Statusdifferenzen sowie in seiner Um-verteilungsfunktion als den beiden anderen Typen überlegen beschrieben.[23] In der bisherigen vergleichenden Forschung und den Typologien zu Entwicklung und Merkmalen von Wohlfahrtsstaaten wurden allerdings die Bereiche der „Verwal-tungs- und Dienstleistungskultur", sowie die typischen Merkmale und Formen sozialer Interventionen und ihre Steuerung vernachlässigt. Die international ver-gleichende Wohlfahrtsstaatsforschung ist in ihren Befunden überwiegend auf den Kernbereich der „Arbeiterpolitik" im Sinne der Sozialversicherung bezogen. Erst im Verlauf der 1990er Jahre erhielt auch die „Armenpolitik" und die Sozialhilfe eine vergleichende Aufmerksamkeit.[24] Im Ländervergleich zwischen Deutschland

---

[23] Zur Typologie von „Wohlfahrtsregimes" vgl. grundlegend Titmuss (1967 und 1972), sowie Esping-Andersen (1990), deutschsprachig Lessenich/Ostner (1998) und zusammenfassend vor allem Schmidt (1998: 215 ff.). Die zumeist auf drei „welfare regimes" begrenzte Typologie wurde von Leibfried (1990) auf *vier* Regimetypen erweitert, in dem die südeuropäischen oder als „lateinische Randstaaten" bezeichneten Länder mit einbezogen und als „rudimentäre Wohlfahrtsregime" typisiert wurden. Kaufmann (2001: 806 ff.) beschreibt neben den verschiedenen Typen und Ansätzen des Wohlfahrt-staatsvergleichs genauer die Probleme einer vergleichenden Wohlfahrtsstaatsforschung und gibt einen Überblick zu bisherigen Studien, die als *„institutionelle Vergleiche"* von Wohlfahrtsstaaten konzipiert sind.

[24] Hier sei bereits auf einige Studien hingewiesen, die spezieller auf die Sozialhilfe im Ländervergleich eingehen: Lødemel/Schulte (1992), Fridberg u.a. (1993), Ploug/Kvist (1994), Eardley u.a. (1996), Ditch u.a. (1997), Saraceno u.a. (1998), Gustafsson (2000), Heikkilä/Keskitalo (2001) und Behrendt (2002a).

und Schweden zeigen sich für die *Sozialhilfe*, ihre Grundprinzipien und ihre Form der kommunalen Verwaltung in den Merkmalen einige Parallelen. Erst in den Details werden die Unterschiede deutlicher. So weisen beide Systeme Gemeinsamkeiten in ihrer protestantischen Prägung im Sinne von „Fürsorge" *(Omsorg)* auf, die vor allem im Vergleich zu südeuropäischen Wohlfahrtsstaaten zum Tragen kommen. Auch die kommunale Selbstverwaltung und die kommunale Zuständigkeit sind beispielsweise in Deutschland und Schweden im Bereich der Sozialhilfe etwa im Vergleich mit angelsächsischen oder südeuropäischen Ländern stark ausgeprägt. Auch wenn inzwischen Studien zur Sozialhilfe im Ländervergleich vorliegen, mangelt es in der Wohlfahrtsstaatsforschung weiterhin an einer auf die Armenpolitik ausgerichteten Perspektive und vor allem die kommunale bzw. lokale Ebene des Wohlfahrtsstaates wird in der Forschung bislang vernachlässigt. Ferner finden die Entwicklung, Rolle und Funktion von Sozialarbeit und sozialen Diensten, sowie ihre Bedeutung und Stellung in wohlfahrtsstaatlichen Arrangements in vergleichenden Studien kaum Aufmerksamkeit. Die angedeuteten Unterschiede in der „Dienstleistung-, Verwaltungs- und Steuerungskultur" des deutschen und des schwedischen Wohlfahrtsstaates sind empirisch vergleichend bisher nur dünn belegt. Im Ergebnis einer institutionenbezogenen vergleichenden Untersuchung zur Sozialhilfe ist zu erwarten, dass eine *„sozialdemokratisch-versorgende Dienstleistungskultur"* mit möglicherweise typischen Zeit- und Handlungsbezügen in den sozialen Interventionen sich von einer *„konservativ-korporatistischen Regelungskultur"* mit ebenfalls typischen Zeit- und Handlungsbezügen unterscheidet. Bei zugleich einigen ähnlichen wie auch unterschiedlichen Merkmalen der beiden „Armutsregimes" können die weiteren wohlfahrtsstaatlichen Entwicklungen und Reformpfade in verschiedenster Hinsicht „gebrochen" sein. Beide Wohlfahrtsstaaten können theoretisch in der Bedeutung und im Einsatz bestimmter Steuerungsinstrumente und in den Merkmalen und Formen sozialer Interventionen etwa „systeminterne Brüche", Abweichungen oder untypische Verwerfungen aufweisen und sie könnten sich insoweit in Teilpfaden wohlfahrtsstaatlicher Entwicklungen tendenziell auch einander annähern oder aber weiter voneinander entfernen. Diese denkbaren Brüche, Abweichungen und Verwerfungen, die bei einem Wandel der institutioneller Arrangements erkennbar sein müssten, sowie spezifische Merkmalskombinationen in den sozialen Interventionen verweisen dabei auf besonders interessante Bereiche künftiger komparativer Wohlfahrtsstaatsforschung. In den Folgerungen zu den Ergebnissen der vorliegenden Untersuchung sind diese Aspekte daher genauer wieder aufzunehmen.

Die gebildeten Hypothesen verweisen darauf, dass es in der Untersuchung nur am Rande um die Wirkungen wohlfahrtsstaatlicher Leistungen und sozialer Interventionen geht. Vielmehr stehen vor allem die *vor* der Effektentfaltung liegenden Strukturmerkmale und Konfigurationen in den institutionellen Arrangements im

Zentrum des Interesses, welche die Steuerungsprozesse in Sozialverwaltung und sozialen Diensten sowie die Interventionsmuster in den Variablen „Zeit" und „Handeln" wesentlich beeinflussen. Um diese in einem möglichen Wandel zu untersuchen, wurde eine kontrastierende Vorgehensweise bezogen auf *zwei Städte* in *zwei unterschiedlichen Wohlfahrtsstaaten* und ebenso eine *historisch bezogene Vorgehensweise* ab Anfang der 1990 Jahre gewählt. Dabei bildet die Institutionentheorie, auf die nachfolgend genauer eingegangen wird, neben den theoretischen Grundlagen zu sozialen Interventionen und zur Produktion sozialer Dienstleistungen, ergänzt um lebenslauftheoretische Bezüge, eine wesentliche theoretische Grundlage.

1.1 Die Sozialhilfe als wohlfahrtsstaatliche Institution

Für die vergleichende Wohlfahrtsstaatsforschung lässt sich einführend sagen, dass der Begriff der wohlfahrtsstaatlichen Institution zwar Verwendung findet, dass aber ein entsprechender institutionentheoretisch begründeter Untersuchungsansatz in den theoretischen Grundlagen oft nicht explizit hergeleitet wird. Außerdem steht die vergleichende Forschung zu und über *einzelne* wohlfahrtsstaatliche Institutionen noch deutlich hinter einer empirischen auf den Wohlfahrts*staat*, seine Entwicklung, seine Grundprinzipien und generellen Merkmale ausgerichteten Forschung zurück. Daneben ist eine Sozialindikatorenforschung inzwischen recht weit entwickelt. Die bisherige vergleichende Wohlfahrtsstaatsforschung fokussiert stark auf Fragen der sozialen Ungleichheit und auf die Wirkungen von Sozialpolitik.[25] Sie fokussiert hingegen kaum auf die Formen und Muster sozialer Interventionen innerhalb der institutionellen Arrangements. Bereits in diesen Befunden liegen Gründe, sich institutionentheoretisch genauer der Sozialhilfe und ihrer jeweiligen institutionellen Arrangements und Interventionsformen zu nähern.

Eine erste Herleitung des allgemeinen Begriffs der *„Institution"* dient hier vor allem der begrifflichen, theoretischen und konzeptuellen Klarheit für das weitere Vorgehen der Arbeit und leitet über zum Begriff der *„wohlfahrtsstaatlichen Institution(en)"*. Der Begriff der Institution und die *Institutionentheorie* sind in der Soziologie zwar nicht einheitlich, aber dafür inzwischen umfassend definiert bzw. entwickelt. Die wesentlichen und für die Untersuchung einschlägigen Ansätze werden zunächst im Stand der Forschung zusammenfassend vorgestellt. Dabei muss die Beschäftigung mit Begriff und Theorie der Institution nicht nur angesichts einer dazu vorliegenden umfangreichen und vielfältigen Literatur hier zwangsläufig un-

---

[25] So beispielsweise die Feststellung von Flora/Noll (1999) bezogen auf die Sozialberichterstattung und Sozialstaatsbeobachtung in empirischen Analysen der Soziologie.

vollständig bleiben.[26] Dennoch ist aber eine genauere theoretische Bestimmung der Sozialhilfe als „wohlfahrtsstaatliche Institution" möglich, die unter anderem auch angesichts aktueller Reformstrategien der Vernetzung und des Zusammenwirkens verschiedenster Ebenen, Organisationen und Akteure im Wohlfahrtsstaat notwendig erscheint.

Im Ergebnis werden *sechs institutionentheoretische Ebenen* herausgestellt, die *erweitert um die Zeit- und Handlungsperspektive* für die Untersuchung sozialer Interventionen und Dienstleistungsmuster in der Sozialhilfe zentral sind. Die theoretischen Grundlagen insoweit bereits zusammenfassend, handelt es sich um die folgenden *sechs Ebenen,* die für eine Untersuchung wohlfahrtsstaatlicher Institutionen zentrale Kategorien bilden: erstens um *Leitideen und Leitbilder,* zweitens um *Normen und Gesetze,* drittens um *Organisationen und Organisationsformen,* viertens um *Professionen bzw. Sozialberufe,* fünftens um *Interaktionen und Kontaktmuster* zu den Bürgern, und schließlich sechstens um *Relationen* wohlfahrtsstaatlicher Institutionen *zur Umwelt und zu anderen Institutionen.*

Diese sechs institutionentheoretisch zu unterscheidenden Ebenen lassen sich aus der Historie und in den verschiedenen theoretischen Grundlagen und Zusammenhängen, die mit dem Begriff der „Institution" verbunden sind, für die empirische Analyse operationalisieren und nutzen. Aus welchen theoretischen Grundlagen diese Systematik herzuleiten ist, wird im Folgenden nachgezeichnet.

Nähert man sich dem Begriff der Institution über soziologische Nachschlagewerke und Lexika, so bieten diese bereits vielfältige Definitions- und Erklärungsvarianten.[27] Feststellen läßt sich in dieser Vorgehensweise, dass der Begriff lexikalisch

---

[26] Zur genaueren Beschäftigung mit dem Begriff und der Theorie der Institution sei an dieser Stelle exemplarisch auf folgende Arbeiten verwiesen: Im Überblick für die Soziologie Schelsky (1970) und Rehberg (1973), eher historisch Schülein (1987), interdisziplinär angelegt und mit sehr umfangreichen Literaturangaben Schmalz-Bruns (1989) sowie Esser (2000). Zu politischen Institutionen vgl. Nedelmann (1996). Der Stand der Forschung zur Institutionentheorie findet sich bei Rehberg (1994) und Göhler (1997). Speziell bezogen auf die deutsche Sozialverwaltung wurde bisher von Roth (1999) eine erste theoretisch genauer ausformulierte institutionenbezogene Studie vorgelegt. Dietl (1993) untersucht theoretisch die Zusammenhänge von „Institutionen und Zeit". Im Zusammenhang bisher vorliegender allgemein institutionentheoretischer Studien ist auffällig, dass der Begriff der *„sozial-* oder *wohlfahrtsstaatlichen Institution"* im Grunde *keine* besondere Aufmerksamkeit fand. Ausnahme bildet ein Band von Lessenich (2003). In den übrigen Studien werden aber zugleich – meist zur Veranschaulichung – etwa die Rentenversicherung, die Krankenversicherung oder auch die Arbeitslosenversicherung und Einrichtungen des Gesundheitswesen explizit als Institutionen bezeichnet.

[27] Zum Begriff der Institution in soziologischen Lexika vgl. zum Beispiel Willke (1987: 162), der dem Begriff eine *„große Vergangenheit und eine unsichere Zukunft"* attestiert. Weitere Definitionen und Erklärungen bieten Schäfers u.a. (1989), Korte/Schäfers (1992), Lepsius (1990 u. 1997) und Reinhold u.a. (1997) sowie umfassend Esser (2000). Wenige neuere Beiträge zum Begriff der Institution berücksichtigen die Befunde zur Individualisierung und stellen darüber Bezüge zur Zeit- und Lebenslaufperspektive her, gehen ferner genauer auf das deutsche Sozialstaasmodell ein, wie etwa Lessenich (2003).

bisher eher selten explizit auch auf Einrichtungen des Wohlfahrtsstaates bezogen wird. Weiterführend ist in diesem Zusammenhang eine soziologisch und historisch ausgerichtete Betrachtungsweise, in der die Verwendungszusammenhänge und Bedeutungsinhalte des Institutionenbegriffs genauer nachvollziehbar sind.

In der deutschen Soziologie fand der Institutionenbegriff zunächst lange Zeit keine theoretische oder definitorische Aufmerksamkeit. Anders hingegen in der frühen französischen und amerikanischen Soziologie, deren Denker und Traditionen den Begriff und die Theorie der Institutionen wesentlich geprägt haben. Nachdem bereits Emile Durkheim (1858-1917) dem Begriff der Institution in der empirischen Soziologie einen zentralen Stellenwert zuwies, wurde der Begriff später von Maurice Hauriou (1925) vor allem für die *Rechtssoziologie* genauer entwickelt. In seiner „Theorie der Institution und der Gründung" stellt Hauriou die *Bedeutung des Rechts* bei der Bildung von Institutionen besonders heraus: „*Institutionen entstehen, leben und sterben nach den Regeln des Rechts".*[28] Als normative Kategorie bildet die *Leitidee* das Vitalprinzip einer sozialen Institution und am Beispiel des Krankenhauses wurde bereits von Hauriou als *Zweck* der Institution die „Heilung" und als *Leitidee* die „*Wohlfahrt"* genannt. Insoweit wurde der Institutionenbegriff bereits in den Jahren nach 1920 in einem engeren Sinne durchaus als „*soziale Institution"* verstanden und explizit auf Einrichtungen des Sozial- und Gesundheitswesens bezogen.

Schon in den Studien von Hauriou lassen sich somit direkte sozialpolitische Bezüge seiner Begriffsdefinition erkennen, wobei der Wohlfahrtsstaat damals erst in Grundzügen seiner heutigen Arrangements entwickelt war.

Trotz erster theoretischer und empirischer Befunde galt in der Soziologie auch weiterhin, dass Begriff und Konzept der Institution vor allem für die empirische Forschung wenig Anklang und Verwendung fanden. So war etwa die marxistisch orientierte Soziologie eher auf Klassen- und Herrschaftsverhältnisse bezogen und der Institutionenbegriff war ihr weitgehend fremd. Auch von Max Weber wurde der Begriff der Institution nicht näher definiert und fand bei ihm nur sparsam Verwendung. Allerdings stellte sich anschließend an Weber (1964) und dem von

---

[28] Zit. Hauriou (1925) nach Schülein (1987: 83). Vor allem Schülein (1987) bietet einen umfassenden Überblick über die historische Entwicklung des Institutionenbegriffs und der Institutionentheorie. Zur Entwicklung einer rechtssoziologischen Theorie der Institution im Anschluss an die Grundlagen von Hauriou (1925) vgl. auch Schnur (1968), und vor allem Jennings (1968: 99-117), der das Verhältnis zwischen einer Theorie der Institution und dem öffentlichem Recht untersucht. Der Staat wird etwa von Jennings (1968: 103) als „*Aggregat von Institutionen"* beschrieben, der mit Hilfe eben dieser Institutionen nicht nur die Bürger, sondern auch die Institutionen selbst „überwachen" müsse. Für die schwedische sozialwissenschaftliche Forschung bieten Brorström/Siverbo (2001: 21-44) einen Überblick über die historische Entwicklung und Ansätze einer Institutionentheorie, sind dabei jedoch stärker auf die Wirtschaftswissenschaften bezogen. Die in diesem Kontext international erkennbare Entwicklung zu einem „*neuen Institutionalismus"* behandeln aus soziologischer Sicht etwa Peters (1999) und im Überblick Hasse/Krücken (1999).

ihm geprägten *Begriff des „sozialen Handelns"* schon früh die Frage nach der Möglichkeit und den Formen sozialen Handelns von und in Institutionen. Wenn auch der Begriff der Institution bei Weber nur gelegentlich und eher beiläufig vorkommt, handeln seine Werke in weiten Teilen von „Institutionalisierungen", was etwa in seinen Analysen zu den Merkmalen legaler bürokratischer Herrschaft, wie der Hierarchie, der Regelorientierung, den Prinzipien der Unpersönlichkeit und der Aktenmäßigkeit usw. im Verwaltungshandeln deutlich wird.[29] Diese Bezüge auf soziales Handeln und Institutionen sind insofern nicht überraschend, als Webers Verständnis der Soziologie vor allem das Verständnis einer „verstehenden Soziologie" war, die das soziale Handeln ins Zentrum rückt. Institutionentheoretisch lassen sich damit zwar nur indirekte Bezüge zum Werk von Weber herstellen, aber seine Untersuchungen zum sozialen Handeln im Rahmen „sinnanalytischer Typenbildung" bilden einen auch für diese Untersuchung bedeutsamen Zusammenhang. So ist etwa die theoretische *Frage nach der Handlungsfähigkeit von sozialen Institutionen* angesprochen, soweit soziale oder sozialpolitische Interventionen auch als „soziales Handeln" zu verstehen sind.[30]

Über die gesamte Geschichte der Theorieentwicklung ist die Frage des Verhältnisses zwischen Institutionen und sozialem wie individuellem Handeln eine bis heute theoretisch und empirisch weitgehend unbefriedigend beantwortete Frage geblieben. Es zeigt sich eine deutliche Lücke in der Verbindung institutionentheoretischer und handlungstheoretischer Grundlagen. So lässt sich vielleicht am überzeugendsten formulieren, dass in einer dualen und reziproken Kausalität zwischen Individuen und Strukturen durch Institutionen eine Verbindung individuellen Handelns mit den stärker formalen Elementen sozialen Lebens erfolgt.[31] Wie allerdings diese Verknüpfungsleistungen, etwa im Falle sozialer Interventionen der Sozialhilfe oder anderer wohlfahrtsstaatlicher Institutionen genauer bestimmt sind, ist weder theoretisch noch empirisch bisher hinreichend geklärt.

Nach dem II. Weltkrieg wurde der Institutionenbegriff als *„soziale Institution"* vom amerikanischen Soziologen J.O. Hertzler in seinem Werk „Social Institutions"

---

[29] Zur Relevanz des Werkes von Max Weber für die Institutionentheorie vgl. Schülein (1987: 38 und 87), sowie Schmalz-Bruns (1989: 58) und Lepsius (1997: 63-65). Vor allem Schmalz-Bruns untersucht die Bezüge von Institutionentheorie und Handlungstheorie genauer.

[30] Zu diesen Aspekten vgl. Weber (1922: 7 u.14).

[31] Vgl. hierzu auch Peters (1999: 35): *"that institutions cannot really escape a means of linking individuals with the more formal elements of social life".* Die praktische Bedeutung dieser theoretisch grundlegenden Formulierung zeigt sich für die Sozialpolitikforschung aktuell am Beispiel der Programme unter dem Stichwort „linking welfare to work". Auch in der Lebenslaufperspektive wird die Frage gestellt, wie und wodurch Lebensläufe einzelner Individuen institutionell aneinander gekoppelt oder auch entkoppelt werden und welche Rolle und Funktionen wohlfahrtsstaatlichen Institutionen dabei zukommt. Vgl. Born/Krüger (2001). Für die Sozialhilfe/Grundsicherung wurde diesen Fragen noch nicht genauer nachgegangen.

(1946) genauer ausformuliert und für die Soziologie definiert. Die zentralen Merkmale sozialer Institutionen wurden von ihm in einer „working definition" folgendermaßen beschrieben:

> „*Social institutions are purposive, regulatory and consequently primary cultural configurations, formed unconsciously and/or deliberately, to satisfy individual wants and social needs bound up with the efficent operation of any plurality of persons. They consist of codes, rules and ideologies, unwritten and written, and essential symbolic organizational and material implementations. They evidence themselves socially in standardized and uniform practises and observances, and individually in attitudes and habitual behaviour of persons. They are sustained and enforced by public opinion, acting both informally and formally, through specially devised agencies.*" (Hertzler 1946: 4)

Diese komplexe, jedoch ebenso konkrete Definition aus der US-amerikanischen Soziologie der 1940er Jahre steht in engem Zusammenhang mit einem Grundverständnis der damaligen Soziologie, wonach diese stärker empirischen Fragestellungen nachgehen sollte. Bereits aus diesem Verwendungszusammenhang ergeben sich keine Probleme, die von Hertzler 1946 entwickelten theoretischen Merkmale einer sozialen Institution auf das Sozialleistungssystem der heutigen Sozialhilfe oder Grundsicherung und ihrer Verwaltung zu beziehen. Einzelne der von ihm entwickelten Merkmale und Ebenen des Institutionenbegriffs, etwa die *regulative Ebene*, der Bezug auf *individuelle und soziale Bedürfnisse*, die Frage der *Standardisierung* und der *Handlungsbezug* finden als theoretische Grundlagen für die Untersuchung der Sozialhilfe in zwei Wohlfahrtsstaaten daher im weiteren Verlauf ihre Berücksichtigung.

Die Arbeit von Hertzler bildete in diesem Verständnis für längere Zeit einen erreichten Schlusspunkt in einer soziologischen Theorie zu Institutionen. Am Ende stand schließlich die folgende Beobachtung: "*Social institutions are the most deeply entrenched and most vitally important elements of social organization*" (Hertzler 1946: 23). In der Arbeit Hertzlers waren bereits neben dem *Verhältnis von Institutionen und Individuen*, Beziehungen der Institutionen zu ihrer Umwelt, sowie ein *Wandel von Institutionen* und die *Möglichkeiten und Grenzen der Steuerung* wichtige Themen. Auch insofern ergeben sich theoretische Anbindungen an die von ihm bereits vorgelegten Befunde zur Bildung und zu den definitorischen Merkmalen sozialer Institutionen.

Der Institutionenbegriff wurde in den dann folgenden Jahren auch von Parsons (1951 u. 1964) verwendet, erhält allerdings nicht mehr die zentrale Bedeutung wie zuvor bei Hertzler. Parsons führt den Begriff der *„relationalen Institutionen"* ein. Hiermit sind die Rolle und der Status sozialer Institutionen in bezug auf größere soziale Gesamtsysteme angemessener zu bestimmen. In Abgrenzung hierzu nennt er außerdem *„regulative Institutionen"*, die für die Anpassung der Handelnden an die Systembedingungen sorgen. Darüber hinaus definiert er *„kulturelle Institutionen"*, die vor allem eine Internalisierung systemspezifischer Wertemuster gewährleisten.[32] Auch diese verschiedenen theoretischen Differenzierungen können für eine Analyse der Sozialhilfe bzw. sozialer Interventionen und ihrer spezifischen Einbettung in institutionelle Arrangements hilfreich sein. In dieser Untersuchung wird insbesondere die *relationale Perspektive* wohlfahrtsstaatlicher Institutionen genauere Beachtung finden. In der Handlungsebene finden ebenso die regulative Ebene, und im Wohlfahrtsstaatsvergleich auch die kulturelle Ebene eine Berücksichtigung.

Die Unterscheidungen von Parsons sind aktuell in konkreten Zusammenhängen auf die Sozialhilfe als Institution beziehbar. Die Sozialhilfe und ihre Verwaltung weisen beispielsweise insofern *relationale Funktionen* bezogen auf das Gesamtsystem wohlfahrtsstaatlicher Sicherung auf, als sie normativ-rechtlich vom Zentralstaat geregelt ist, die Leistungen jedoch von den Kommunen erbracht werden. Ferner ist die Sozialhilfe relational in ihren Bezügen zu anderen, größeren Teilsystemen, wie dem Arbeitsmarkt wesentlich mit bestimmt. Diesen allgemein-relationalen Bezügen kommt im Rahmen dieser Untersuchung eine eher rahmende Bedeutung zu. Vor allem werden die *regulativen Funktionen* untersucht, wie sie etwa in Regelungen zu Mitwirkungspflichten der Leistungsbezieher und in der Relation von Rechten und Pflichten – gerade auch im Zusammenhang mit einem Leitbild der „aktivierenden Sozialpolitik" – in der Sozialhilfe institutionell verankert sind und seit Anfang der 1990er Jahre verändert wurden. Fragen indirekt regulativer Wirkungen und Funktionen sind zum Beispiel durch die Höhe des Sozialhilfeniveaus in Relation zur Höhe unterer Lohnniveaus am Arbeitsmarkt und umgekehrt mit berührt. Schließlich werden über die Sozialhilfe gesellschaftspolitische und moralische und normative Wertemuster vermittelt. Dies geschieht beispielsweise über die Vermittlung des Arbeitsethos oder auch durch sozialhilferechtlich geregelte Unterhaltsverpflichtungen, die bestimmte familiale und geschlechtsspezifische Unterstützungsmuster mit beeinflussen bzw. vorsehen. Diese moralischen, normativen und rechtlich verankerten Wertemuster und weitere Orientierungsmuster beinhalten immer auch regimespezifisch gestaltete sozialpolitische und kulturell bestimmte Muster einer „Lebenslaufpolitik". Angedeutet sei an dieser Stelle bereits, dass etwa die Unterhaltspflichten im deutschen Sozialhilferecht früher (BSHF,SGB II u. SGB XII) – abgeleitet über das bürgerliche Recht – zwischen erwachsenen Kindern und Eltern, sowie umgekehrt, wesentlich weiter reichen als in Schweden. Im Kontext des schwedischen Sozialhilferechts endet die Unterhaltspflicht von Eltern und Kindern mit der Volljährigkeit. Die schwedische Sozialhilfe scheint in den typischen Verlaufsmustern sowie in den Handlungsbezügen sozialer Interventionen damit weniger familial- und haushaltsbezogen und stärker individuell bezo-

---

32 Vgl. Parsons (1951: 19) und Schülein (1987: 71). Zum Begriff der Institution bei Parsons vgl. auch Hodgson (1988: 123), sowie Dietl (1993: 43-44) und Weinert (1997: 71).

gen als die deutsche Sozialhilfe. Diese und ähnliche Muster einer „Lebenslaufpolitik" für die beiden Wohlfahrtsstaaten genauer zu bestimmen, ist ein Ziel der Studie. Unter Bezugnahme auf die institutionentheoretische Systematik von Parsons (1951) lässt sich ferner darauf hinweisen, dass bestimmte „Selbsthilfe-Wertemuster" wiederum in ihren besonderen Bezügen auf Individuen, Familie, Haushalt und Märkte ebenfalls über Sozialhilfe/Grundsicherung gesellschaftlich normiert und sozialpolitisch vermittelt werden. Auch insoweit kann der von Parsons theoretisch geprägte Institutionenbegriff in verschiedenen Ebenen wichtige Anregungen für eine sozialwissenschaftliche Analyse der Sozialhilfe bieten, auch wenn ein direkter Bezug zu Begriff oder Theorie „wohlfahrtsstaatlicher Institutionen" in den 1950er Jahren noch kaum entwickelt war.

Die Institutionentheorie und -analyse wurde schließlich stark durch den kulturanthropologischen Ansatz beeinflusst, wie er von Malinowski (1951 und 1975) vertreten wurde. Malinowski behandelt unter anderem die Frage, ob und inwieweit Institutionen die Funktion der Befriedigung individueller und/oder sozialer Bedürfnisse erfüllen bzw. erfüllen können. Diese Frage lässt sich durchaus auf wohlfahrtsstaatliche Institutionen wie die Sozialhilfe und ihre Interventionsformen übertragen, dient diese doch ihren rechtlichen Regelungen nach zur Sicherung des soziokulturellen Existenzminimums. Ob und inwieweit diese Funktion in den beiden ausgewählten Wohlfahrtsstaaten allerdings tatsächlich unter geänderten sozioökonomischen Bedingungen der 1990er Jahre auch weiterhin erfüllt wird, ist dann genauer zu klären.

Der Begriff der Institutionen wurde in der US-amerikanischen und kanadischen Soziologie soziologisch unter anderem auch von Goffman (1661 und 1963) stark geprägt. In seinen empirischen Studien untersucht Goffman etwa die *Karrieren* von Psychiatriepatienten in *totalen Institutionen* (Anstalten). Goffman fokussiert in seinen Analysen stark auf die Stigmatisierungsprozesse solcher Institutionen. Seinen Befunden nach beeinflussen vor allem auch informelle Prozesse in hohem Maße die Wege durch bzw. auch den Verbleib in totalen Institutionen. In diesem Verständnis von Institutionen und in dem von Goffman mit entwickelten Ansatz des „labeling approach" ist zwar die Zeit- und Handlungsperspektive durchaus enthalten. Ludwig (1996) weist aber darauf hin, dass mit einem Verständnis „totaler Institutionen" zugleich ein theoretisches Karrieremodell verbunden ist, welches als deterministisch zu bezeichnen ist. Für die Untersuchung von Sozialhilfe- und Armutskarrieren und der Sozialverwaltung ist der Karrierebegriff und damit auch das Verständnis von Institutionen demnach um ein kontingentes Karrieremodell zu erweitern. Nach diesem kontingenten Karrieremodell sind Sozialhilfe-/Armutskarrieren zunächst grundsätzlich offen und werden nicht nur von *einer*

„totalen Institution", sondern von verschiedensten Institutionen, Milieus und Sozialwelten in ihrem Verlauf beeinflusst.[33]

In der US-amerikanischen Literatur ist unter anderem im Anschluss an die Arbeiten von Goffman der Begriff der *social welfare institutions* sehr verbreitet.[34] Der Begriff enthält explizit den Bezug von sozialer Wohlfahrt und Institutionen. Dabei ist der Begriff zwar in erster Linie – jedoch nicht ausschließlich – auf öffentlich-rechtliche bzw. staatliche Einrichtungen bezogen. Intermediäre und private Initiativen einer Bearbeitung sozialer Probleme sind demnach mit einbezogen, wobei genauer zu klären ist, ob und inwieweit sie staatlich beeinflusst, reguliert oder „gesteuert" sind. Der Begriff der „social welfare institutions" weist eine starke Nähe zum Begriff der wohlfahrtsstaatlichen Institutionen auf. Er fand und findet aber vor allem im Kontext der Sozialarbeit Verwendung und ist offenbar nicht so „offen" in den wohlfahrtsstaatlichen Bezügen. Häufig standen die *professionale Ebene* und die *sozialberuflichen Handlungsformen und -strategien* im Vordergrund der Studien, die sich mit social welfare institutions beschäftigten.

Ähnlich wie in der US-amerikanischen Soziologie bei Goffman wurde in der *französischen Soziologie* der Begriff der Institution von Michel Foucault (1977) verwendet. In seinen stärker historisch ausgerichteten Studien sind ebenfalls die zentralen Merkmale „totaler Institutionen" herausgearbeitet und Formen sozialer Intervention werden als *soziale Kontrolle* oder als *soziale Disziplinierung* genauer untersucht. Soweit der Begriff der Institution nicht nur bezogen auf Gefängnisse, sondern auch bezogen auf Einrichtungen der Psychiatrie oder auf Krankenhäuser und ähnliche Institutionen oder Teil-Institutionen Anwendung findet, dürfte er dann auch für die Sozialhilfe als „wohlfahrtsstaatliche Institution" dem Grunde nach anwendbar sein. Die Studien von Foucault sind dabei vor allem durch einen macht- und herrschaftstheoretischen Grundansatz und weniger von einem analytisch offeneren handlungstheoretischen Ansatz geprägt. Individuen erscheinen ebenfalls primär als „Insassen" und insofern auch meist als „passive Opfer". Sie werden nur begrenzt als „aktive Subjekte" mit entsprechenden Handlungsvoraussetzungen und -potentialen betrachtet. Sowohl die Zeit- als auch die Handlungsperspektive, somit insgesamt eine dynamische Perspektive in Fragen der Ausübung und im Umgang mit Macht- und Herrschaft von Institutionen stehen bei Foucault hinter eher starren Variablen, wie Architektur, Räumen, Recht, Disziplin, Hierarchie usw. zurück. Insoweit würde auch eine Analyse der Sozialhilfe, die sich ausschließlich an Studien

---

[33] Vgl. hierzu Ludwig (1996: 18-84), die den Ansatz einer empirischen Analyse des Verlaufs von Patientenkarrieren von Gerhardt (1986) für die Armutsforschung nutzbar machte.

[34] Zum Begriff der „social welfare institutions" und seinem Verwendungszusammenhang vgl. beispielsweise Zastrow (1978) oder Federico (1980). Bei Federico (1980: 210-213) findet sich bezogen auf das Arrangement von sozialen Diensten neben einer Unterscheidung zwischen „Institution" und „Organisation" auch ein Ansatz, die Lebenslaufperspektive rahmend mit einzubeziehen.

zur „sozialen Kontrolle" und zur „sozialen Disziplinierung" orientiert, deutlich zu kurz greifen. Gleichwohl bieten die Studien von Goffman und Foucault in verschiedenster Hinsicht wichtige theoretische Anregungen, wie Untersuchungen zur Geschichte der Armenfürsorge bereits gezeigt haben.[35]

Im *deutschprachigen Raum* wurde der Institutionenbegriff im Anschluss an die amerikanischen und französischen Studien in den Jahren zwischen 1960 und 1970 zunächst durch Arnold Gehlen (1961) in seiner anthropologischen Forschung stark beeinflusst. Von ihm wurden etwa kollektive bzw. gesellschaftlich sanktionierte Verhaltensmuster als Institutionen bezeichnet. Gehlen unterschied später bezogen auf Institutionen, dass diese nicht nur notwendig *repressive* sondern auch *„produktive Qualitäten"* aufweisen. Als Institutionen wurden von ihm genannt: der Staat, die Familie, sowie die „wirtschaftlichen und rechtlichen Gewalten", aber auch berufliche Institutionen, Behörden, Fabriken usw.[36] Wie zuvor die meisten anderen Autoren legt auch Gehlen keine konkrete definitorische oder inhaltlich präzisierte Begriffsbestimmung und Theorie der Institutionen vor, so dass sich ein Bezug zu Einrichtungen des Wohlfahrtsstaates über seine Studien eher indirekt herstellen lässt. Ihn beschäftigten die handlungstheoretische Frage und die Relationen individuellen Verhaltens, individueller Handlungen und der Bildung von Institutionen. Beispielsweise formulierte er dazu:

> *„Die Formen, in denen die Menschen miteinander leben oder arbeiten, in denen sich die Herrschaft ausgestaltet oder der Kontakt mit dem Übersinnlichen – sie alle gerinnen zu Gestalten eigenen Gewichts, den Institutionen, die schließlich den Individuen gegenüber etwas wie eine Selbstmacht gewinnen, so dass man das Verhalten des einzelnen in der Regel ziemlich sicher voraussagen kann, wenn man seine Stellung in dem System der Gesellschaft kennt, wenn man weiß, von welchen Institutionen er eingefasst ist."* [37]

Auch bei Gehlen kommt damit vor allem die *normative Kraft* von Institutionen bezogen auf das individuelle Handeln stark zum Ausdruck. Diese normative Kraft kann sich durch gesellschaftliche Leitbilder, Organisationen, Verbände, berufliche Strukturen und soziale Interventionen manifestieren und verändern. Die Bedeutung der Zeit und die Verlaufsperspektive als zentrale Variablen für die Wirkung der normativen Kräfte von Institutionen wäre daran anschließend im Zusammenhang mit Einrichtungen des Wohlfahrtsstaates genauer zu untersuchen.

Mit den Prozessen einer Institutionalisierung aus einer eher wissenssoziologischen und handlungstheoretisch geleiteten Perspektive beschäftigen sich in der deutschen Soziologie Berger/Luckmann (1970: 49-98) genauer. Ihre Fragestellun-

---

[35] Zur Politik der sozialen Sicherheit und der darin stets eingebundene Elemente der *„sozialen Disziplinierung"* in der deutschen Armenfürsorge vgl. den Sammelband von Sachße/Tennstedt (1986).
[36] Vgl. Gehlen (1961: 69 ff.).
[37] Zit. Gehlen (1961: 71).

gen sind von grundsätzlicher Art, in dem etwa die Ursprünge von Institutionalisierungen und die Entstehung sowie einige Merkmale von Institutionen theoretisch genauer behandelt werden. So wird etwa das *Gesetz als Institution* verstanden, worüber bestimmte Verhaltens- und Handlungsweisen detailliert postulierbar sind. Direkte Bezüge zu wohlfahrtsstaatlichen Entwicklungen finden sich in ihrer Untersuchung *nicht*. Auch sie thematisieren Aspekte der sozialen Kontrolle genauer.[38] So wird beispielsweise von ihnen formuliert, dass Institutionen dem Individuum gegenüber den *Anspruch auf Autorität* stellen, und die *Definitionsmacht* zu Situationen und Problemen bei den Institutionen und nicht beim Individuum liegt. Auch der Befund, wonach individuelles Verhalten um so voraussagbarer und kontrollierbarer ist, je mehr Verhaltensweisen institutionalisiert sind, ist beispielsweise im Kontext von Instrumenten wie der *Hilfeplanung*, dem *Casemanagement* und bei *Prognoseverfahren*, die im Rahmen aktueller Reformen zumindest in der deutschen Sozialhilfepraxis an Bedeutung gewinnen, relevant für die weitere empirische Untersuchung dieser sozialberuflichen Handlungsformen.

Für eine empirische Untersuchung wohlfahrtsstaatlicher Institutionen und der jeweiligen Interventionsformen besonders bedeutsam ist außerdem der Hinweis von Berger/Luckmann (1970), dass bei Behauptungen zur *„Logik von Institutionen"* größte Vorsicht geboten ist:

> *„Die Logik steckt nicht in den Institutionen und ihrer äußeren Funktionalität, sondern in der Art, in der über sie reflektiert wird: Anders ausgedrückt: das reflektierende Bewusstsein überlagert die institutionale Ordnung mit seiner eigenen Logik."* (Berger/Luckmann 1970: 68-69)

Theoretisch genauer zu klären wäre allerdings die Frage, ob und inwieweit sich institutionen-*interne Logiken* und institutionen*externe* Reflexion einander bedingen bzw. in bestimmten Wechselbeziehungen stehen? Im weiteren Verlauf der Untersuchung und vor allem bei der Analyse, Deutung und der Generalisierung der aus den Expertenbefragungen gewonnenen Daten und Befunde gilt dem Hinweis von Berger/Luckmann somit eine besondere Beachtung, da die befragten Experten der Sozialhilfe über die verwaltungsinternen Abläufe und „Logiken" im Zusammenhang mit den Formen sozialer Interventionen genau berichten.

Die neuere Diskussion zur Institutionentheorie in der deutschen Soziologie ist unter anderem im Zusammenhang mit dem Ansatz einer verstärkten *Institutionenberatung* zu sehen. Erste theoretische und empirische Überlegungen wurden dazu bereits von Fürstenau (1964) vorgelegt. Darin wird den Sozialwissenschaften explizit eine beratende Funktion hinsichtlich der Entwicklung und Veränderung von Institutionen zugeschrieben. Solche Beratungsfunktionen sind seit den 1990er

---

[38] Vgl. Berger/Luckmann (1970: 58 ff.).

Jahre für die Sozialhilfe und allgemeiner für die Kommunalverwaltung im Zusammenhang mit den Reformstrategien einer „Verwaltungsmodernisierung" bzw. speziell mit der Einführung neuer Steuerungskonzepte vielerorts erkennbar. Sie werden jedoch kaum explizit in Form sozialwissenschaftlicher Analysen erfasst oder in ihren Wirkungen untersucht. Sowohl für die deutsche Sozialhilfe und sozialen Dienste wie auch in Schweden werden etwa im Kontext von Konzepten einer „Neuen Steuerung" und/oder des Qualitätsmanagements *externe* Beratungsleistungen von Kommunen eingekauft. Besonders im Rahmen von Vergleichsringen deutscher Großstädte unter dem Stichwort des „Benchmarking" entfalten die Beratungs- und Moderationsleistungen privatrechtlicher Akteure oder Institute beträchtliche Wirkungen im öffentlichen Leistungssystem der Sozialhilfe.[39] Diese Beratungs- und Moderationsleistungen sind unter dem Stichwort der Institutionenberatung zu sehen und bei der Frage nach einem Wandel und den Merkmalen sozialer Interventionen mit zu beachten.[40] Fürstenau merkt zur Institutionenberatung bereits 1964 folgendes an:

> *„Daher sind Sozialwissenschaftler und leitendes Personal von Institutionen seit längerem mit dem Problem beschäftigt, wie Institutionen auf dem Wege eines geplanten, kontrollierten Wandels zu dem Institutionenziel und den Fähigkeiten sowie den Interessen des Personals von besseren, angemessenen und elastischen Strukturen der Arbeitsorganisation finden können."* (Fürstenau 1964: 204)

Auch wenn Fürstenau selbst darauf hinweist, dass einer Institutionenberatung enge Grenzen gesetzt sind, ist bezogen auf dieses bereits früh entwickelte sozialwissenschaftliche Verständnis einer Beratung von Institutionen im Prozess ihrer „Modernisierung" festzustellen, dass eine Institutionentheorie für die Sozialpolitik- und Organisationsberatung die Chance beinhaltet, diese eben ausdrücklich *nicht* auf „eng" gefasste Formen und Grenzen einer primär betriebswirtschaftlich konzipierten oder auch rein auf die Mikroebene bezogenen soziologischen *Organisations-* und *Unternehmens*beratung zu begrenzen. Vielmehr ist sie „breiter" und als explizit auf *Institutionen und institutionelle Arrangements* bezogene sozialwissenschaftlich konzipierte Form der Beratung definiert. Ein solcher Ansatz kann vor allem bei sozialen

---

[39] Sowohl in Deutschland als auch in Schweden bieten private, „halb-private" und öffentliche Dienstleistungsagenturen und Beratungsunternehmen beispielsweise Konzepte und Beratungsleistungen für ein „Qualitätsmanagement" in den sozialen Diensten inklusive der Sozialhilfe den Kommunen an. In Göteborg kamen konkret Konzepte des „Swedish Institute for Quality" (SIQ) zur Anwendung. Die Stadt Bremen beteiligt sich seit Mitte der 1990er Jahre am Vergleichsring der 16 großen deutschen Großstädte, der von der Agentur „con_sens" in Hamburg geleitet bzw. moderiert wird.

[40] So ließe sich im Anschluss an Leisering (2001) hinsichtlich der für die Sozialhilfe prägenden „Wissenskulturen" genauer fragen, ob die sozialen Interventionen der Sozialhilfe im Einfluss dieser externen Beratungsleistungen tendenziell stärker von einer sozialwissenschaftlich geprägten Wissenskultur oder zunehmend von einer betriebs- und verwaltungswirtschaftlichen Wissenskultur geprägt werden.

Reformen nützlich sein, weil damit weitergehende Bezüge auch auf die Gesellschaft, zu anderen Institutionen und den Individuen hergestellt werden, als dies eine Unternehmens- und/oder Organisationsberatung im engeren Sinne bisher meist zu leisten vermag.

Neben der Handlungsperspektive kommt schließlich in den 1970er Jahren und 1980er Jahren in Studien zum Begriff und zur Theorie der Institution auch der *Prozessperspektive* eine stärkere Bedeutung zu. So findet sich etwa in einer Untersuchung von Lau (1978: 50) explizit ein *Zeitbezug* in der Darstellung des Institutionenbegriffs. Lau beschreibt zudem die soziale und subjektive Funktion von Institutionen. Ihre soziale Leistung besteht demnach vor allem darin, spezifische Beziehungen zu generieren und zu stabilisieren, wobei Institutionen sich zugleich selbst reproduzieren:

> *„Indem Institutionen durch die Koordination von räumlichen, zeitlichen, materialen und personalen Typen das Handeln möglich machen, werden sie zugleich aktualisiert und ständig neu reproduziert."* (Lau 1987: 155)

Damit ist ein verstehend-interaktionistischer Ansatz in der Institutionentheorie angesprochen, der für die empirische Armutsforschung und bezogen auf Sozialhilfe und Sozialverwaltung als wohlfahrtsstaatliche Institution relevant ist. Innerhalb von Sozialhilfe und Sozialverwaltung sind schließlich ebenso spezifische räumliche, materielle, personale und vor allem auch *zeitliche Typen bzw. Muster sozialen und individuellen Handelns* vorfindbar, die etwa durch das Leitbild einer „aktivierenden Sozialhilfe" und im Rahmen einer „Verwaltungsmodernisierung" generalisiert, verändert und ständig neu reproduziert werden. Dies zu reflektieren ist für eine empirische Untersuchung zu sozialen Interventionen im Kontext der Sozialhilfe von theoretisch grundlegender Bedeutung.

Hinsichtlich handlungstheoretischer Grundlagen bietet schließlich die *Systemtheorie* einzelne eher kritische Anregungen zum Institutionenbegriff. Dieser wird systemtheoretisch nur selten behandelt oder verwendet. Von Luhmann wird der Begriff der Institution entsprechend eindeutig vom Begriff der sozialen Systeme unterschieden:

> *„Soziale Systeme bestehen aus faktischen Handlungen verschiedener Personen, die durch Sinn aufeinander bezogen und durch diesen Sinnzusammenhang abgrenzbar sind gegenüber einer Umwelt, die nicht zum System gehört. Soziale Systeme sind also empirisch aufweisbare Handlungszusammenhänge, nicht nur Muster, Normenkomplexe, Typen, wie der Institutionsbegriff sie meinte."* [41]

---

[41] Zit. Luhmann (1970: 28). Zum Institutionenbegriff in den frühen Arbeiten von Luhmann, etwa zur Institutionalisierung und zur Rechtssoziologie vgl. auch Rehberg (1973: 253).

Auch Luhmann verweist damit auf die Frage der theoretischen Zusammenhänge von Institutionen und sozialem Handeln. Der Begriff der Institutionen findet bei Luhmann (1987) selbst in einem direkt auf die Evolution und Rationalität des Wohlfahrtsstaates bezogenen Beitrag *keine* Verwendung, sondern in diesem Zusammenhang wird der Terminus der „ausdifferenzierten Funktionssysteme" verwendet.[42] Die Verwendung dieses Begriffs und die Analyse ausdifferenzierter Funktionssysteme wie sie sich innerhalb bzw. in Form institutioneller Arrangements vorfinden lassen, dürfte sich allerdings mit der Verwendung des Institutionenbegriffs nicht zwingend ausschließen. Gleichwohl definiert Luhmann im Resümee den Begriff der Institution und vor allem auch Prozesse einer Institutionalisierung sogar ausdrücklich *nicht* als Gegenstandsbereich der Soziologie.

Dem gegenüber vertritt Schelsky (1970: 10) die Auffassung, dass die Institutionentheorie durchaus *als Teil* einer Systemtheorie zu verstehen ist, womit eine theoretische Brücke zwischen der Systemtheorie und der Institutionentheorie gebildet wäre. Schelsky schließt an die früheren theoretischen Arbeiten von Malinowski (1951) an. Danach ist der Begriff der Institution dem Begriff des sozialen Systems vorzuziehen, weil der Abstraktionsgrad des Institutionenbegriffs geringer ist als der des sozialen Systems. Daher ist nach Schelsky (1970: 11) ein institutionentheoretischer Ansatz für manche soziologischen Erkenntnisabsichten sogar besser geeignet. Vor allem gilt dies für eine *empirische Untersuchung*, die unter anderem auf institutionelle Arrangements, sowie auf Interventions- und Interaktionsmuster zwischen Institutionen und Individuen fokussiert. Auch Schelsky weist auf die besondere Bedeutung von *Leitbildern* und *Normen* im Zusammenhang mit der Entwicklung und Gestalt von Institutionen hin. Allgemein nennt er explizit den *Staat als eine Institution*, spricht ferner etwa auch von *professionellen Institutionen*. Er thematisiert weiterhin die Frage der Stabilität bzw. der Veränderbarkeit und des Wandels von Institutionen, die unter anderem in Abhängigkeit von veränderten Bedürfnissen zu sehen ist. Sozialer Wandel besteht also institutionentheoretisch darin, dass die Institutionen jeweils höchsten Grades neue Bedürfnisse produzieren, die ihre institutionelle Erfüllung verlangen und damit immer neue bzw. ausdifferenzierte Formen der Institutionen, und damit wiederum neue Bedürfnisse aus sich hervortreiben.[43] Theoretisch wird hiermit von Schelsky das Problemfeld angesprochen, wonach vom Wohlfahrtsstaat bzw. durch dessen Institutionen und Leistungen nicht nur soziale Probleme bearbeitet werden, sondern zugleich immer auch neue Bedürfnisse und Erwartungen gefördert bzw. bewirkt werden. In einigen

---

[42] Auch bei Willke (1994 und 1999) finden die Begriffe „Institution" oder „wohlfahrtsstaatliche Institutionen" in der Systemtheorie weder interventions- noch steuerungstheoretisch nennenswerte Berücksichtigung. Theoretisch wäre genauer zu klären, ob Systemtheorie und Institutionentheorie sich tatsächlich in dieser Weise einander ausschließen.

[43] Vgl. Schelsky (1970: 20).

Zusammenhängen ist der Wohlfahrtsstaat selbst sogar als „Mit-Verursacher" für soziale Probleme bzw. selbst als „Problemerzeuger" zu sehen.[44] Bedürfnisse und Institutionen sind demnach in vielfacher Hinsicht verflochten. Ein Wandel wohlfahrtsstaatlicher Institutionen und Bedürfnisse bleibt in seinen neuen Elementen damit immer auch den bisherigen Institutions- und Kulturstrukturen, sowie bisher üblichen Bedürfnis- und Interventionsmustern verhaftet. Diese theoretischen Grundlagen sind etwa im Zusammenhang mit der *Debatte um eine Pfadabhängigkeit (path dependency)* in der Entwicklung von Institutionen und wohlfahrtsstaatlicher Arrangements relevant. Im Zusammenhang mit den Reformstrategien seit Anfang der 1990er Jahre lassen sich diese Aspekte für Sozialhilfe/Grundsicherung und Sozialverwaltung rahmend mit betrachten.[45]

Die institutionentheoretischen Grundlagen, wonach der Wohlfahrtsstaat durch seine institutionellen Arrangements und Interventionen möglicherweise selbst zur „Mit-Verursachung" bestimmter Probleme beiträgt, werden ferner im Zusammenhang mit der These zur Abhängigkeit von sozialen Leistungen bzw. einer zu befürchteten „Passivierung" der Leistungsbezieher sehr konkret. Weder mit der Einführung neuer Leitbilder noch im Kontext der Entwicklungen einer „Verwaltungsmodernisierung" ist zu erwarten, dass durch veränderte Steuerungs- und Interventionskonzepte in Sozialhilfe und sozialen Diensten die traditionellen und sozialberuflich geprägten Interventions- und Handlungsformen sowie bestehendebürokratische und informelle Strukturen unmittelbar und vollständig abgelöst werden. Nach den institutionentheoretischen Grundlagen, etwa von Schelsky (1970), ist vielmehr zu erwarten, dass „alte" und „neue" Leitbilder, Formen sozialer Intervention, Instrumente der sozialpolitischen und administrativen Steuerung sowie entsprechende institutionelle Arrangements sich zunächst einmal infolge einer „Modernisierung" überlagern. „Tradition" und „Moderne" der Sozialhilfe, der sozialen Dienste und ihrer Verwaltung bleiben auch nach weit reichenden Reformen meist weiterhin eng ineinander verflochten. Dieser „mix" von traditionellen und modernen institutionellen Arrangements dürfte sich jedoch in unterschiedlichen Wohlfahrtsstaaten wiederum unterscheiden.

Einen weiteren grundlegenden Beitrag für eine institutionentheoretisch ausgerichtete sozialwissenschaftliche Forschung zur Sozialpolitik bietet Lepsius (1990). Er leitet den Begriff der Institution vor allem als *„institutionelle Differenzierung"* und im Zusammenhang mit der *Institutionalisierung von „inter-institutionellen Konflikten"* her. Historisch sind solche Konflikte etwa zwischen Staat und Kirche oder zwischen

---

[44] Vgl. dazu genauer Leisering/Voges (1992) und Leibfried/Leisering (1995: 268ff.).
[45] Zur These der Pfadabhängigkeit in der Entwicklung von grundlegenden wohlfahrtsstaatlichen Arrangements und Programmen sei auf Pierson (2001) verwiesen. Spezieller wurde diese These von Wood (2001) bezogen auf die deutsche, britische und schwedische Arbeitsmarktpolitik untersucht.

Klasseninteressen auch im Zusammenhang mit der Entwicklung des Wohlfahrtsstaates deutlich erkennbar. Allgemein trifft Lepsius eine für die aktuelle wohlfahrtsstaatliche Entwicklung höchst relevante theoretische Feststellung, die sich auch auf die „Modernisierung" von Sozialverwaltung und sozialen Dienstleistungen beziehen lässt. So formuliert er hinsichtlich der Reform- und Leistungsziele:

> „*Rentabilitätsprinzip und Prinzip der sozialen Sicherheit stehen sich als institutionalisierte Zielsysteme gegenüber (...)*".[46]

In der Perspektive auf die *Institutionalisierungen von Zielkonflikten* wird von ihm der Bezug zur historischen Entwicklung, der Herausbildung, Ausgestaltung, Modernisierung und zu den Möglichkeiten und Grenzen des Wandels wohlfahrtsstaatlicher Institutionen hergestellt. Für eine Beachtung der wesentlichen Zielkonflikte, wie sie nicht nur in einer Entwicklung von Grundsicherungssystemen zu einer „bürgerorientierten sozialen Dienstleistung" eingebunden sind, sondern auch alltäglich die Interventionsformen und -muster wesentlich mit prägen, bietet der institutionentheoretische Beitrag von Lepsius wichtige theoretische Hinweise.

Überträgt man die von Lepsius gewählte makrosoziologische theoretische Perspektive genauer auf die Sozialhilfe und ihre Verwaltung, so stellen sich institutionentheoretisch etwa folgende Fragen: Ob und inwieweit lassen sich stark fiskalpolitisch geleitete Prinzipien der Wirtschaftlichkeit, wie sie in neuen *verwaltungs- und betriebswirtschaftlich* geprägten Steuerungsmodellen verankert sind, mit den Zielen und Interventionsmustern von eher *fachlich und professsional* ausgerichteten Reformkonzepten, etwa einer Qualitätsentwicklung der sozialen Dienste vereinbaren? Wie und in welcher Weise werden die sozialen Interventionen von diesen Zielkonflikten in den beiden ausgewählten wohlfahrtsstaatlichen Arrangements genau berührt und beeinflusst? Welche Rationalitäten und Routinen entwickeln sich und welche werden bestimmend für neuere Formen sozialer Intervention?[47]

---

[46] Zit. Lepsius (1990: 59). Diese institutionen- und zugleich konflikttheoretische Überlegung ist nicht nur im Zusammenhang von „Globalisierung" und „Ökonomisierung" als einflussreiche Rahmenbedingungen heutiger Sozialpolitik und Sozialarbeit zu sehen. Ebenso relevant sind die Überlegungen bezogen auf eine bisher eher betriebswirtschaftliche Ausrichtung in den Ansätzen der „Verwaltungsmodernisierung", wie sie mit dem KGST-Modell einer „Neuen Steuerung" (KGST 1995) für die deutsche Sozialhilfe an Bedeutung erhielt. Auch in Schweden zeigen sich diese Entwicklungen unter Begriffen und Konzepten einer *„Ekonomistyrning"*, oder als *„Marknadsstyrning"*. Allgemeiner wird auf den schwedischen Sozialdienst bezogen ebenfalls ein Modell der „neuen Steuerung" *(nya styrsystemen)* beschrieben. Vgl. Socialstyrelsen (1995a).

[47] Zu Routinen und Routinisierungen von und in Institutionen vgl. Hodgson (1988: 130-134). Danach sind Routinen besonders komplex und eben *nicht* als einfache Handlungsabläufe oder Handlungsformen einzelner Individuen oder von Institutionen zu verstehen, auch wenn sie für eine Reduzierung von Komplexität für Anwender funktional sind. Neben den formellen bilden vor allem die informel-

In seinem theoretischen Beitrag stellt Lepsius zur „Modernisierungspolitik" und einem damit verbundenem Wandel von Institutionen auf makrosoziologischer Ebene weiter fest:

> *„Die Art einer solchen Konfliktinstitutionalisierung bestimmt den Grad der Isolierung und Autonomisierung verschiedener Handlungsziele und damit zugleich ihre gesamtgesellschaftliche Wirkung. Modernisierungspolitik ist die bewußte Gestaltung von Prozessen der institutionellen Differenzierung und ihrer gegenseitigen Vermittlung oder umgekehrt auch von Prozessen der Entdifferenzierung und institutionellen Fusion."* (Lepsius 1990: 61)

Die Reformansätze und Maßnahmen einer „Verwaltungsmodernisierung" und einer „aktivierenden Sozialpolitik" erscheinen in dieser soziologischen und institutionentheoretischen Perspektive in einem deutlich erweiterten Beobachtungszusammenhang. Zu berücksichtigen sind diese theoretischen Grundlagen etwa bei der Analyse der Möglichkeiten und Grenzen einer *Vernetzung* und einer *Koproduktion*, wie sie im Zusammenwirken von kommunaler Sozialhilfe und zentralstaatlicher Arbeitsmarktpolitik zur Förderung und Erschließung von Wegen aus dem Sozialhilfebezug konzeptionell enthalten sind. Fragen und Probleme der „Isolierung", einer „Autonomisierung" und der institutionellen Differenzierung stellen sich in diesen Reformzusammenhängen unmittelbar und vor allem hinsichtlich der Handlungsziele und -orientierungen der Sozialhilfe und insofern auf die Interventionsformen bezogen. Für empirische Analysen und vor allem für die Deutung und theoretische Generalisierung der Ergebnisse können die von Lepsius formulierten institutionentheoretischen Grundlagen somit nützlich sein.

Weitergehend lassen sich für die empirische Untersuchung aus den theoretischen Überlegungen von Lepsius (1990) bestimmte Merkmale herleiten, die wohlfahrtsstaatliche Institutionen und die sich durch sie vollziehenden Risikobearbeitungsmuster grundlegend kennzeichnen. Für die Herausbildung von Institutionen, die Lepsius auch als *„verfahrensmäßig präzisierte Vermittlung und Aufrechterhaltung unterschiedlicher Handlungsorientierungen und Rationalitätskriterien"* beschreibt, nennt er die folgenden *vier Allokationsprobleme:*[48]

---

len Informationen und Informationsvermittlungsprozesse meist sehr komplexe Vorgänge in Institutionen.

[48] Vgl. Lepsius (1990: 6). Vor allem der von Lepsius gewählte *Begriff der Handlungsorientierungen*, die über Institutionen vermittelt und aufrecht erhalten werden, aber auch in den Institutionen und sozialen Interventionsformen ihren Ausdruck finden, ist operationalisierbar und mit der Zeit- und Verlaufsperspektive zu verbinden. Neben „Handlungsorientierungen und -rationalitäten" weisen Institutionen *spezifische „Zeitorientierungen"* auf, die theoretisch meist vernachlässigt werden. Es wird insoweit im weiteren Verlauf entweder von „Zeit- und Handlungsorientierungen" sowie entsprechender *Rationalitäten*, oder aber von *„zeit- und verlaufsbezogenen Handlungsorientierungen"* der wohlfahrtsstaatlichen Institution Sozialhilfe gesprochen.

- Kompetenzallokation,
- Ressourcenallokation,
- Legitimitätsallokation,
- Kontrollallokation.

Es stellt sich die Frage, ob und inwieweit sich diese Systematisierung auch für eine Untersuchung der Sozialhilfe/Grundsicherung und ihrer Verwaltung, verstanden als wohlfahrtsstaatliche Institution, anwenden lässt?[49]

Die Frage nach der *Kompetenzallokation* stellt sich vor allem bezogen auf *Verantwortungs- und Steuerungsprobleme*, zum Beispiel in der Aufgabenverteilung zwischen Zentralstaat und kommunaler Sozialverwaltung oder auch zwischen intermediären und privaten Akteuren.[50] Wer verfügt über welche für die Erbringung der sozialen Dienste und Leistungen erforderlichen Kompetenzen und kann diese auch zur Geltung bringen? Wie die international vergleichende Wohlfahrtsstaatsforschung zeigt, ist die Frage des institutionellen Arrangements, etwa in den Verantwortlichkeiten und der Finanzierung wohlfahrtsstaatlicher Leistungen zwischen Zentralstaat, Teilstaaten/Ländern, Regionen und Kommunen eine wichtige Ebene hinsichtlich der Ausgestaltung sozialer Interventionen. Wie autonom ist etwa die deutsche im Vergleich zur schwedischen kommunalen Sozialverwaltung vor dem Hintergrund historisch entwickelter und unterschiedlich ausgeprägter Selbstverwaltungsgrade? Die Kompetenzallokation ist aber auch bezogen auf andere Zusammenhänge in der Sozialhilfe zu beachten, etwa in Form verwaltungs*interner* Kompetenz- und Zuständigkeitsregelungen. So können in der Interventionsperspektive die mit dem Individualisierungsgrundsatz und Ermessensregelungen in der Sozialhilfe sowohl in Deutschland als auch in Schweden durchaus gegebenen Gestaltungsfreiräumen unterschiedliche Nutzungsgrade aufweisen. Gerade durch die sich im Rahmen von Verwaltungsreformen, durch Experimentierklauseln oder auch in Form von Modellprojekten ergebenden Gestaltungsfreiräume wurden die Kompetenzallokationen seit Mitte der 1990er Jahre verändert und damit zu einer wichtigen Untersuchungsgröße. Auch zwischen unterschiedlichen Sozialberufen bzw. Profes-

---

[49] Die von Lepsius (1990) genannten vier Allokationsbereiche entsprechen in gewisser Weise der staats- und verfassungsrechtlichen Unterscheidung von Exekutive (Kompetenzallokation), Legislative (Legitimitätsallokation), und Judikative (Kontrollallokation), allerdings ergänzt um das Feld der Ressourcenallokation.

[50] Weniger soziologisch, eher staats- und verfassungsrechtlich wird die Frage einer „neuen" Verantwortungsteilung im Kontext von „Verwaltungsmodernisierung" und „aktivierender Sozialpolitik" vor allem von Schuppert (1998) für den deutschen Sozialstaat behandelt. Die lokale bzw. kommunale Perspektive und die besonderen Anforderungen und Strukturbedingungen der sozialen Dienste finden bei Schuppert jedoch keine nähere Beachtung.

sionen mit je spezifischen verlaufsbezogenen Handlungsformen können Konflikte in der Kompetenz- und Zuständigkeitsebene auftreten. Ferner werden Interventionskompetenzen durch die neuen Formen der Zusammenarbeit, Vernetzungsstrategien und durch Ansätze einer „Koproduktion" der Akteure und Organisationen zu einer zentralen Untersuchungsgröße, in dem Verantwortungsbereiche, Aufgaben und Kompetenzen verändert bzw. neu verteilt und untereinander abgestimmt werden müssen. Mit dem Ansatz einer Fallstudie und der Kontrastierung zweier Wohlfahrtsstädte in zwei Wohlfahrtsstaaten lässt sich „ideal" nach den jeweiligen Kompetenzallokationen und ihrer Verteilung in den jeweiligen institutionellen Arrangements und Hierarchieebenen fragen, um zu theoretisch geleiteten und zugleich detailliert empirischen Befunden zu gelangen, die sowohl die kommunale Ebene wie die zentralstaatliche Ebene und föderale Besonderheiten abbilden.

Ebenso lässt sich die Frage der *Ressourcenallokation* unmittelbar bezogen auf die Mittel zur Zielerreichung etwa im Zusammenhang einer „aktivierenden Sozialpolitik" sehen und auf die Sozialhilfe als Untersuchungsgegenstand übertragen. So lässt sich für Deutschland und Schweden kontrastierend fragen, welche institutionellen bzw. administrativen Ebenen und Akteure verfügen jeweils über welche Ressourcen oder erschließen diese, um Wege aus dem Sozialhilfebezug möglichst aktiv und „aktivierend" zu fördern? Inwieweit prägen etwa Ressourcenverteilung und -verwendung, sowie besondere ressourcenorientierte Zielvorgaben die jeweiligen Formen und Muster sozialer Intervention, wiederum vor allem in der Verlaufs- und Handlungsperspektive?

Die Probleme der *Legitimitätsallokation* stellen sich für die Sozialhilfe etwa unter der Frage nach den Rechtfertigungen und Begründungen für institutionelle und funktionale Differenzierungen in den vielfältigen und zugleich verbundenen sozialen Interventionen der verschiedenen Organisationen, Akteure, Professionen und Institutionen. Sowohl innerhalb wie außerhalb von Organisation und Verwaltung der Sozialhilfe differenzieren sich (sozial)berufliche Handlungsformen, wie Verwaltung, Information, Vermittlung, Beratung, Betreuung, Coaching usw. auch in fachlicher und methodischer Hinsicht weiter aus.[51] Auch mit einer funktionalen Aufteilung zwischen Verwaltungsdienst und Sozialarbeit/-dienst oder in einen Innen- und Außendienst, sowie mit der Gründung von kommunalen Eigenbetrieben für arbeitsmarktpolitische Maßnahmen, oder im Einkauf von Dienstleistungen externer privatrechtlich und gewinnorientiert arbeitender Vermittlungsagenturen sind Legitimitätsprobleme verbunden. Probleme stellen sich insbesondere dann, wenn öffentlich-rechtliche Pflichtaufgaben oder hoheitliche Aufgaben, die im Rahmen

---

[51] Zu den Begriffen und Konzepten der inzwischen ausdifferenzierten Handlungsformen in der deutschen Sozialhilfe vgl. MASQT (2000) und Reis (2002b). Ein Überblick zu „Methoden" in der schwedischen Sozialhilfe liegt mit Beiträgen von Bergmark/Lundström (1998) und Bergmark (2000a) vor.

der Sozialhilfe rechtlich genau definiert sind und per Verwaltungsakt zu erbringen sind, „ausgelagert" und tendenziell „privatisiert" werden sollen.[52] Genau diese Entwicklungen lassen sich in der Ebene der Legitimitätsallokation kontrastierend für Deutschland und Schweden institutionentheoretisch geleitet im Bereich sozialer Interventionen der Sozialhilfe empirisch näher untersuchen.

Durch die *Kontrollallokation* sind vor allem die Bestimmung und Verteilung der Anwendung von Sanktionen geregelt. (Lepsius 1990: 61) Wie schon angemerkt, greift ein nur einseitiges Verständnis der Sozialhilfe als Instanz sozialer Kontrolle und sozialer Disziplinierung zu kurz.[53] Dennoch stellt sich im Kontext mit dem Leitbild einer „aktivierenden Sozialpolitik" etwa bezogen auf ein Interventionsmodell des „Förderns und Forderns" bei aktiven arbeitsmarktpolitischen Maßnahmen die Frage, wann genau welche Organisationen, Akteure, Professionen usw. unter welchen Voraussetzungen und in welchen Konstellationen im institutionellen Arrangement über welche Kontroll- und Sanktionsmacht und -berechtigung verfügen. Sollen etwa im Falle der Ablehnung einer zumutbaren Erwerbstätigkeit durch Sozialhilfebeziehende die dann möglicherweise folgenden Sanktionen ausschließlich und in „letzter Instanz" verwaltungsmäßig durch Fachkräfte der wirtschaftlichen Sozialhilfe per einseitigem Verwaltungsakt entschieden werden, oder werden auch professional anders geprägte Wissensbestände und Kompetenzen bei Sanktionsentscheidungen berücksichtigt und in welchen Formen geschieht dies genau? Welche Rolle und Funktion nehmen etwa Sozialarbeiter/-berater der inzwischen ausdifferenzierten Facheinrichtungen, Vermittlungsagenturen und Beratungsdienste in einem dialogisch und koproduktiv gestalteten Leistungserbringungsprozess in Konfliktfällen und im Vorfeld möglicher Sanktionen für die Ausgestaltung sozialer Intervention tatsächlich ein? Wie werden diese Funktionen durch die aktuellen Reformstrategien verändert? Wie können verfassungsrechtlich eingebundene und insoweit bereits begrenzte Kontroll- und Sanktionsinstrumente so gestaltet werden,

---

[52] So ist die *schwedische Sozialhilfe* rechtlich als „Behördenfunktion" *(myndighetsfunktion/-utövning)* definiert, was beinhaltet, dass rechtlich sehr enge Grenzen hinsichtlich einer Auslagerung oder „Privatisierung" gesetzt sind (vgl. Socialstyrelsen 1995a: 44-46). In Kap. 2, § 5 SoL in der Fassung vom 01.01.2002 ist explizit geregelt, dass die sozialen Aufgaben und Leistungen, die von der Kommune im Rahmen der „Behördenfunktion" zu erbringen sind, nicht anderen Trägern übertragen bzw. „privatisiert" werden dürfen. Allerdings sind im Verlauf der 1990er Jahre einzelne Kommunen, wie Stockholm während einer bürgerlichen Ratsmehrheit durchaus dazu übergegangen, Teilbereiche der Planung Leistungen der Arbeitsvermittlung in der Sozialhilfe an behördenexterne Träger auszulagern bzw. dort einzukaufen. Für die schwedische Fachdebatte zeigen sich damit ähnliche institutionalisierte Zielkonflikte in der Legitimitätsallokation wie in der deutschen Reformdebatte.

[53] Vor allem De Swaan (1988: 267-275) zeigt mit einer historischen Untersuchung zum „sorgenden Staat", dass wohlfahrtsstaatliche Institutionen gerade im Zwischenbereich von „Hilfe" und „Kontrolle" vielfach diffuse und komplexe Vermittlungsleistungen von sozialen Werten, Normen, sowie von Handlungs- und Bewältigungskompetenzen leisten, die er auch als *Protoprofessionalisierung* bezeichnet.

dass sie nicht „inflationär" zur Anwendung kommen? Inwieweit lassen sich Kontroll- und Sanktionsmacht, etwa über den Einkauf von Leistungen und Diensten privatrechtlich tätiger Arbeitsvermittlungsagenturen durch die kommunale Sozialpolitik und -verwaltung „privatisieren"? Werden durch solche Reformstrategien die bisherigen *fachlichen Standards in den sozialberuflichen Handlungsformen,* wie der Sozialberatung tendenziell eher abgesenkt oder angehoben? Im Rahmen dieser Untersuchung interessiert dann vor allem, wie einerseits die *Verläufe und Verlaufsmuster sozialer Interventionen* und andererseits die *Zeitpunkte, Häufigkeiten und Intensitäten von Kontrollen und Sanktionen* im Interventionskonzept des „Förderns und Forderns" genau gestaltet und institutionell koordiniert werden. Das theoretisch benannte Problemfeld der Kontrollallokationen bildet somit unter Beachtung der Verlaufs- und Handlungsperspektive einen wichtigen empirischen Untersuchungsbereich.

Es zeigt sich bereits auf einer theoretischen Ebene, dass gerade ein institutionentheoretisch geleiteter Untersuchungsansatz geeignet ist, die komplexen normativ-rechtlichen, organisationalen, professionalen, inter-institutionellen und interaktionalen Verflechtungen und damit einen möglichen Wandel wohlfahrtsstaatlicher Institutionen in den Kernvariablen sozialer Intervention zu erfassen. Zwar können im Rahmen dieser Studie nicht alle vier von Lepsius (1990) theoretisch angesprochenen Allokationen gleichermaßen intensiv Beachtung finden. Durchgängig kommt ihnen aber eine systematisierende Funktion zu und sie sind als operationalisierbare analytische Kategorien für die empirische Auswertung miteinzubeziehen.

Neben den Befunden von Lepsius (1990) finden sich weitere theoretische Studien, die auf die Herausbildung, Entwicklung und auf die *Institutionalisierung* des modernen Wohlfahrtsstaates fokussieren und direkt oder indirekt auch auf Merkmale wohlfahrtsstaatlicher Interventionen bezogen sind. In einer historisch begründeten theoretischen Vorgehensweise untersucht beispielsweise auch Rieger (1992) genauer die Herausbildung moderner wohlfahrtsstaatlicher Einrichtungen. Er nennt als eine – wenn auch nicht einzige -Voraussetzung die funktional definierte soziale Gruppe als Träger bestimmter Einrichtungen. Historisch sieht er zutreffend das *kommunale Fürsorgewesen als Ausgangspunkt für die Differenzierung in moderne Einrichtungen des Wohlfahrtsstaates* (Rieger 1992: 44). Wohlfahrtsstaatliche Institutionen und ihre Leistungen erbringen nach Rieger, ähnlich wie nach Kaufmann (1982: 54) eine besondere *Verknüpfungsleistung* zwischen Staat und Gesellschaft. Zu ergänzen ist dieser grundlegende theoretische Befund um den Hinweis, dass vor allem *zeit- und verlaufsbezogen, wie auch handlungsbezogen Verknüpfungsleistungen vom Wohlfahrtsstaat bezogen auf Individuen und ihre Lebensverläufe erbracht werden.* Weiterhin finden sich *zwischen verschiedensten wohlfahrtsstaatlichen Institutionen,* etwa dem Arbeitsmarkt bzw. der Arbeitsmarktpolitik und der Sozialhilfe sowie dem Bildungswesen und dem Gesundheitssektor usw. spezifische Verknüpfungsleistungen. Im Zusammenhang mit jüngsten Reformen findet vor allem dieser inter-institutionelle und inter-organisationale Bereich politische und sozialwissenschaftliche Beachtung. Theoretisch besonders zu beachten ist weiterhin die von Rieger (1992: 236 ff.) formulierte Hypothese, wonach das *Konfliktpotential* einer wohlfahrtsstaatlichen Einrichtung um so größer ist, je stärker ihre institutionelle Eigenständigkeit ausgeprägt ist. Auf die Sozialhilfe übertragen lässt sich fragen, ob diese gerade aufgrund ihrer in der kommunalen Selbstverwaltung verankerten und rechtlich wie fiskalpolitisch geregelten *Autonomie verbunden mit der Nachrangigkeit* im Vergleich zu anderen Sozialleistungssystem und wohlfahrtsstaatlichen Institutionen ein besonders hohes Konfliktpotential aufweist, und wie sich dieses im internationalen Vergleich zeigt. Ebenso lässt sich im Anschluss an die theoretischen Überlegungen von Rieger (1992) die Stabilität wohlfahrtsstaatlicher Institutionen etwa in der Frage nach einem *Institutionenwandel* untersuchen. Dazu besteht theoretisch die Annahme, das wohlfahrtsstaatliche Einrichtungen um so stabiler sind, je heterogener die Interessen- und Wertlagen sind, die durch die Art der Institutionenbildung positiv privilegiert sind. Oder umgekehrt; wohlfahrtsstaatliche Einrichtungen sind relativ instabil, wenn sie auf die Bedürfnisse und Interessen nur *einer* Gruppe der Bevölkerung zugeschnitten sind. Sie stabilisieren sich durch die Erweiterung ihres Aufgaben- und Klientenkreises. Bezogen auf die Sozialhilfe bedeutet dies, dass durch die empirisch dokumentierten Entwicklungen einer sozialen Entgrenzung des Problems Armut, von dem zumindest zeitweise auch Angehörige der sogenannten Mittelschicht betroffen sind,[54] sowie durch rechtlich neu definierte Aufgaben und Zuständigkeiten der Sozialhilfe, wie etwa in der Arbeitsvermittlung und in der Beratung bei privater Überschuldung, die Stabilität der Sozialhilfe als wohlfahrtsstaatliche Institution insgesamt erhalten bleibt und sogar gestärkt wird. Dass die Sozialhilfe in Deutschland und Schweden nicht nur infolge der Auswirkungen der Massenarbeitslosigkeit im Verlauf der 1990er Jahre in diese Richtung verändert und gruppen- sowie schichtenbezogen „geöffnet" wurde, sondern dass bereits bisherige und weitere „Reformen" auch künftig in diese Richtung weisen, und die Sozialhilfe eben nicht ein alternatives Modell der „universellen Grundsicherung" abgelöst werden soll, lässt sich demnach bereits aus den theoretischen Grundüberlegungen zur Stabilität von Institutionen ableiten. Theoretisch offen ist zunächst, ob auch Grenzen dieser Stabilisierung eintreten, wenn die Sozialhilfe auf immer heterogenere Bedürfnis- und Interessenlagen sowie auf ausgeweitete Aufgaben und Zuständigkeiten hin entwickelt wird. Die theoretisch hergeleiteten Hypothesen der Stabilität bzw. Instabilität wohlfahrtsstaatlicher Institutionen können hier empirisch im Vergleich der Sozialhilfe für Deutschland und Schweden nur rahmend mit Beach-

---

[54] Zur sozialen Entgrenzung des Problems Einkommensarmut vgl. Beck (1986: 143-160), Hübinger (1996), der von „prekärem Wohlstand" spricht, sowie Leibfried/Leisering (1995: 338 ff.).

tung finden. Ein möglicherweise feststellbarer Wandel oder auch eine Kontinuität in den Interventionsformen und -mustern könnte sich aber teilweise so institutionentheoretisch erklären lassen. Insofern bietet auch Rieger (1990) einige wichtige theoretische Grundlagen zur Entwicklung und Institutionalisierung des Wohlfahrtsstaates allgemein, die ebenso spezieller für den Leistungsbereich der Sozialhilfe im Vergleich zu beachten sind.

1.1.1 Die neuere Institutionentheorie in der schwedischen und skandinavischen Armuts- und Wohlfahrtsstaatsforschung

In den *skandinavischen Sozialwissenschaften* findet sich der Institutionenbegriff in der Wohlfahrtsstaatsforschung häufiger. Der Begriff wird aber nur vereinzelt genauer soziologisch und in seiner historischen Entwicklung hergeleitet.[55] Wie in Deutschland wird auch in Schweden bisher ein explizit institutionentheoretisch geleiteter Untersuchungsansatz nur selten auf Analysen zur Sozialhilfe und Sozialverwaltung bezogen. Meistens werden institutionentheoretische Ansätze in allgemeineren Kontexten zur Analyse wohlfahrtsstaatlicher Entwicklungen verwendet.

So wird in skandinavischen Studien der vergleichenden Wohlfahrtsstaatsforschung, vor allem von Esping-Andersen (1990 und 1998) bezogen auf mögliche Erklärungsansätze zur wohlfahrtsstaatlichen Entwicklung zwischen dem *systemisch-strukturalistischen* und einem *institutionalistischen* und stärker *akteurszentrierten Ansatz* unterschieden.[56] Dieser Band ist eher dem institutionalistischen und akteurszentrierten Ansatz einer vergleichenden Forschung zur Sozialpolitik zuzuordnen.

---

[55] In einem schwedischen Lehrbuch zur Organisationssoziologie wird von Stern (1999: 77) der Begriff der Institution aus dem schwedischen Wörterbuch (1990) folgendermaßen zitiert: *„Institution: 1. Eine gesellschaftliche Einrichtung für bestimmte Typen von Dienstleistungen und Aufträgen. 2. Eine traditionelle, zugleich etablierte Einrichtung oder eine Gewohnheit/Sitte innerhalb einer größeren Gruppe, oft innerhalb der Gesellschaft. "* Theoriebeiträge liegen allgemein auf Institutionen und Organisationen bezogen von Stern (1999) vor, sowie von Brorström/Siverbo (2001) oder zum universitären Bildungswesen von Lane (1990). Die Studien enthalten weitere Zusammenfassungen zur Begriffs- und Theorieentwicklung sowie zu neueren institutionentheoretischen Ansätzen der Organisationstheorie *(Nyinstitutionell organisationsteori)*. Institutionentheoretische Ansätze erfahren in Schweden seit den 1990er Jahren eine Aufmerksamkeit, etwa bei der Untersuchung des Wandels im öffentlichen Sektor, insbesondere auch der Kommunalpolitik, wie beispielsweise Befunde von Jacobson (1994) belegen. In der generellen Analyse wohlfahrtsstaatlicher Entwicklungen untersuchte vor allem Rothstein (1998) die moralische und politische Logik des schwedischen Wohlfahrtsstaates in seiner Entwicklung unter institutionentheoretisch geleiteten Fragestellungen. Dabei bildete die Frage nach dem universellen versus selektiven Charakter des schwedischen wohlfahrtsstaatlichen Arrangements unter Aspekten der Steuerung und Intervention ein Hauptinteresse.

[56] Insoweit ist für die komparative Wohlfahrtsstaatsforschung ein institutionenbezogener Ansatz formuliert, der beispielsweise von Kaufmann (2001: 208 ff.) zusammenfassend dargestellt wird. Vorausset-

Eine weitere, ebenfalls über rein organisationssoziologische Vorgehensweisen hinausgehende theoretische Arbeit, die mit dem Titel *„Rediscovering Institutions"* zum Ausdruck bringt, dass es sich um eine Wiederentdeckung des institutionenbezogenen Forschungsansatzes für die Politikwissenschaften handelt, liegt von March/Olsen (1989) vor. Ihrem Ansatz entsprechend werden beispielsweise auch *bürokratische Agenturen*, Gesetzgebungsinstanzen und das Gerichtswesen als Institutionen verstanden. Diese staatlichen Institutionen rahmen und beeinflussen Werte, Normen, Interessen, Glauben und Handlungen der Individuen und sozialer Gruppen, und sie definieren so soziale Identitäten und kollektive Zugehörigkeiten.[57]

Vor allem *Normen* und *Regeln* sowie *institutionelle Routinen* werden als besondere Merkmale politischer und bürokratischer Institutionen von March/Olsen (1989) genauer behandelt. Theoretisch und empirisch ist von einem *„Katechismus von Erwartungen"* auszugehen, die bezogen auf die innerhalb der Institutionen tätigen Professionen wie auch in den Relationen zu Individuen und Akteuren außerhalb der Institutionen bestehen und diese beeinflussen. March/Olsen gehen selbst auf die Variablen Zeit und Handeln in diesem Zusammenhang nicht weiter ein. Die von ihnen theoretisch hergeleiteten vielfältigen und *institutionalisierten Erwartungsmuster* müssten aber beispielsweise als *Erwartungsmuster zu typischen Verläufen von Armutskarrieren* oder auch als *Erwartungsmuster hinsichtlich der Formen des Bewältigungshandelns* während des Sozialhilfebezugs empirisch feststellbar sein. Solche Erwartungsmuster finden sich nicht nur in den Rechtsgrundlagen der Sozialhilfe sondern auch im Kontext der in der Sozialhilfe tätigen Professionen und in den sozialberuflichen Handlungsformen. Diese Erwartungen und Erwartungsmuster können etwa in der Zeit- und Handlungsdimension als institutionalisierte Erwartungen eines „aktiven" Bewältigungshandelns in bestimmten Formen und innerhalb bestimmter Zeiträume normiert sein oder „praktiziert" werden. Sie sind zumeist in Leitbildern und in den Funktionen und Funktionszuschreibungen der Sozialhilfe verankert. Diesen gilt somit eine besondere empirische Aufmerksamkeit.

Institutionen *regeln* nach March/Olsen (1989: 23) ferner auch explizit *Rechte und Pflichten*. Diese theoretische Feststellung ist in der Sozialhilfe, verbunden mit dem Leitbild und der Praxis einer „aktivierenden Sozialpolitik", von besonderer Aktualität. Hinsichtlich eines Wandels von Institutionen lässt sich ferner zwischen einem *intentionalen Wandel* und einem *nicht-intentionalen Wandel* unterscheiden. Es ist weitgehend ungeklärt, inwieweit die „Reformen" und die Strategien einer Modernisierung in der Sozialhilfe und ihrer Verwaltung schon allein vor dem Hintergrund der Viel-

---

zung für das Gelingen solcher vergleichenden Arbeiten ist nach Kaufmann eine klare Problemstellung, die sich aus dem Zusammenhang zwischen sozialen Problemlagen und institutionellen Zusammenhängen ergibt. Rechtsvergleichenden Studien kommt hier eine besondere Bedeutung zu.

[57] Zit. March/Olsen (1989: 17).

zahl der daran beteiligten Ebenen und Akteure als intentional oder nicht-intentional bezeichenbar sind, und ob für die Sozialhilfe ein intentionaler Wandel überhaupt möglich ist. Parallel zu Studien von March/Olsen wurden von Brunsson (1989) sowie von Brunsson/Olsen (1993) institutionentheoretisch geleitete Befunde zu den Reformen des öffentlichen Sektors in Skandinavien vorgelegt. Brunsson wählte weniger die Implementationsperspektive als Ausgangspunkt, sondern stellte die Legitimationsperspektive politischer Programme und wohlfahrtsstaatlicher Reformen in den Vordergrund. Zentral ist der Hinweis, dass zwischen Programmatik (*„talk"*) und tatsächlichem staatlichen oder verwaltungsmäßigem Handeln, also den sozialen Interventionen selbst und den Effekten (*„action"*) zu unterscheiden ist. In und zwischen den beiden Ebenen können sich Diskrepanzen finden. Leitbilder und Normen können sich je nach Ebene multipel, heterogen und zum Teil widersprüchlich in ihren Deutungen und in der Umsetzung zeigen. Bezogen auf die Reformen des öffentlichen Sektors in Schweden wurde ermittelt, dass dort die staatlichen Behörden wie auch die Kommunalverwaltung sozusagen permanent neue Reformen erwarten und diese als völlig legitim betrachtet werden. Dies scheint in Deutschland so ausgeprägt nicht der Fall. In vielen schwedischen Organisationen gilt demnach – anders als das in Deutschland – dass eine „Verwaltungsmodernisierung" gewissermaßen selbst zur Routine geworden ist und einen fortdauernden Prozess darstellt.[58] Diese Befunde sind für Entwicklungen in Sozialverwaltung und Sozialhilfe bei ländervergleichenden Analysen mit zu beachten.

Auch Peters (1999: 17 ff.) bestätigt, dass in den vergangenen Jahren vor allem in Studien aus den Wirtschaftswissenschaften und der Politikwissenschaft international vergleichend in vielen Ländern ein neuer Institutionalismus entwickelt wurde, der von ihm als *normativer Institutionalismus* bezeichnet wird. Im theoretischen Konzept bildet dabei meist das *kollektive Handeln in und von Institutionen* einen Fokus. Ähnlich stellen Brorström/Siverbo (2001) die Theorieentwicklung dar und betrachten vor allem die Studien von North (1990) als einflussreich für die Ausformulierung neuerer institutionentheoretischer Grundlagen. North fragt unter anderem nach der *Effektivität bestimmter institutioneller Arrangements* und arbeitet heraus, dass dieser Perspektive bisher zu wenig Aufmerksamkeit zukam. Im Befund lässt sich dies fraglos auf die Sozialhilfe übertragen, wo mit den Instrumenten des New Public Management und des Qualitätsmanagements der Fokus verwaltungsintern zunehmend auf die Fragen der Effektivität gerichtet wird. Sozialwissenschaftlich ist aber nur aufwendig zu klären, und wohl deshalb bisher nicht näher untersucht, ob dieses Instrumente sich tatsächlich als „effektiver" erweisen oder welche institutionellen Arrangements und Steuerungssysteme als besonders „effektiv" gelten.

---

[58] Vgl. auch Hasse/Krücken (1990: 30).

Spezieller in *verwaltungswissenschaftlichen Studien* bezieht sich neben Jacobson (1994) beispielsweise Brorström (1999) ebenfalls auf institutionentheoretische Ansätze. Im Rahmen seiner Studien wurde das „Phänomen" der Institutionen und ihres Wandels sozusagen exemplarisch im Verwaltungs- und Politikbereich der Kommunen und kommunaler Einrichtungen empirisch untersucht. Ein Befund ist etwa, dass hinsichtlich eines Wandels der schwedischen Kommunen und der Kommunalverwaltung im Ländervergleich mit Finnland für die 1990er Jahre eine sehr viel ausgeprägtere Dynamik im Wandel der finnischen Kommunen und ihrer *policies* feststellbar ist als das für schwedische Kommunen gilt. Danach sind schwedische Kommunen und Kommunalverwaltungen im Vergleich zu finnischen eher als *„veränderungsresistent"* zu betrachten.[59] An diese Befunde zur *Dynamik des Wandels von Institutionen* lässt sich konkret für den Bereich der kommunalen Sozialhilfe anschließen. Der allgemeine Befund einer möglicherweise „veränderungsresistenten" schwedischen Kommunalverwaltung kann – enger auf die Sozialverwaltung bezogen – für eine Kontrastierung der deutschen und der schwedischen Sozialhilfeverwaltung aufgenommen werden. Vergleichbare empirische Befunde zur Dynamik und den Formen des Umbaus der deutschen kommunalen Sozialverwaltung liegen teilweise schon vor.[60]

Weniger eindeutig und nicht immer *explizit* institutionentheoretisch hergeleitet gibt es in Schweden mehrere aktuelle, zum Teil eher rechtssoziologisch geleitete sowie insgesamt tendenziell stark anwendungsbezogene empirische Studien zur Sozialhilfe als Institution und Organisation.[61]

Im Resümee findet aber bisher auch in Skandinavien und spezieller in Schweden ein *explizit* institutionen*theoretisch* hergeleiteter Forschungsansatz zur Untersuchung *der Sozialhilfe und ihrer Verwaltung* nur begrenzt Anwendung. Ein institutionentheoretischer Ansatz ist in dort aber relativ verbreitet, wenn es um die Untersuchung des öffentlichen Sektors und der Kommunalverwaltung *in allgemeineren Bezügen* geht. Dieser institutionentheoretische Ansatz ist seit einigen Jahren somit nicht nur in der allgemeineren Wohlfahrtsstaatsforschung, etwa von Rothstein (1994 und 1998) vorzufinden, sondern mit Studien zur Kommunalverwaltung und Kommunalpolitik, in Schweden bereits eingeführt. Zudem scheint der Ansatz an Bedeutung zu gewinnen. Dabei lassen sich aus einer eher breiter ange-

---

[59] Vgl. Brorström (1999: 30).

[60] Zu nennen ist zum Beispiel eine empirische Studie von Roth (1999), die sich speziell auf die Sozialhilfe bezieht. Ferner liegen von Leisering/Hilkert (2001) und Berner/Leisering (2003) Befunde zu den Strategien des Umbaus im lokalen deutschen Sozialstaat vor.

[61] Hingewiesen sei an dieser Stelle auf Studien von Byberg (1998 und 2002), Johansson (1998), Mosesson/Jönsson (1998), Billquist (1999), Salonen (1997 und 1999), sowie Hydén (2000). Vor allem die rechtssoziologische Untersuchung von Johansson (2001) ist aufschlussreich für die Entwicklungen einer „aktivierenden Sozialhilfe" im Verlauf der 1990er Jahre.

legten und tendenziell makrosoziologisch vorgehenden Wohlfahrtsstaatsforschung einzelne theoretische Grundlagen für die Untersuchung kommunaler Sozialverwaltungen und sozialer Dienstleistungen übertragen, so etwa aus den Studien von March/Olsen (1989). Die bisherigen theoretischen Grundlagen sind allerdings um spezifisch verwaltungs- bzw. kommunalwissenschaftlich bezogene Theorieansätze und analytische Ebenen der Meso- und Mikroebene zu ergänzen. Eine institutionentheoretische Perspektive zur Sozialhilfe hat ferner die relevanten Untersuchungskategorien „Zeit" und „Handeln" genauer als in bisherigen Studien geschehen mit einzubeziehen. Nur so können Muster sozialer Interventionen, die in spezifische institutionelle Arrangements eingebunden sind und durch diese geprägt werden, empirisch näher bestimmt werden.

1.1.2 Wohlfahrtsstaatliche Institutionen zwischen Kontinuität und Wandel

Im empirischen Teil der Untersuchung geht es unter anderem darum, die Praxis einer „aktivierenden Sozialpolitik" und Entwicklungen der „Verwaltungsmodernisierung" in ihren Merkmalen und den Instrumenten zu untersuchen. Die „Modernisierung" des öffentlichen Sektors und die Einführung neuer sozialpolitischer Leitbilder verweisen dabei direkt auf Fragen nach einem Wandel der wohlfahrtsstaatlichen Arrangements und Institutionen.

Die Literatur vermittelt zumindest einen allgemeinen Eindruck, wonach die Dynamik des sozialen und institutionellen Wandels in Schweden im Verlauf der 1990er Jahre ausgeprägter erscheint als in Deutschland. Während für die deutsche Gesellschaft, Wirtschaft und Sozialpolitik – trotz der Ereignisse der deutschen Vereinigung – vielfach Befunde einer Stagnation kennzeichnend sind und in Politik und Öffentlichkeit häufig von einem „Reformstau" gesprochen wird, werden für Schweden, mit Bezug auf die massive wirtschaftliche und fiskalpolitische Krise der 1990er Jahre ein gesellschaftlicher Wandel und zum Teil weitreichende Veränderungen in der Wirtschaft und in der Sozialpolitik als offenkundig erkennbar beschrieben.[62] Einige grundlegende theoretische Überlegungen zum Wandel von Institutionen und damit zum Wandel von „Lebenslaufregimes" sind daher zu berücksichtigen.

Wie bereits in der bisherigen Darstellung institutionentheoretischer Grundlagen erkennbar wurde, findet der Wandel von Institutionen in zahlreichen theoreti-

---

[62] Studien von Ahrne/Roman/Franzén (1996) oder deutschsprachig von Riegler/Schneider (1999) bilden zwei Beispiele dafür, dass ein gesellschaftlicher, politischer und institutioneller Wandel bezogen auf den schwedischen Wohlfahrtsstaat explizit thematisiert wird.

schen Beiträgen besondere Aufmerksamkeit.[63] Institutionen selbst gelten dabei in den Sozialwissenschaften zumeist als:

„Hort der Stabilität in der Vielfalt sozialer Aktionen und Beziehungen. Sie sichern Kontinuität in der Abfolge der Situationen. Wenn Institutionen selbst sich wandeln, so handelt es sich um gravierende Veränderungen, die für sozialen Wandel in besonderem Maße bedeutsam sind." (Göhler 1997: 21)

Gerade die Stabilität sowie eine im Zusammenhang mit der Analyse der wohlfahrtsstaatlichen Entwicklung formulierte „Pfadabhängigkeit" (Pierson 2001) gelten oft als besondere Merkmale von Institutionen. Die Perspektive sozialwissenschaftlicher Forschung bezieht sich zugleich auf die Beschreibung und Typisierung unterschiedlicher Grade des Wandels von Institutionen. So wird beispielsweise von Lepsius (1997: 65) zwischen einem „revolutionären" und einem „schleichenden" Institutionenwandel unterschieden. Lepsius stellt weiterhin theoretisch fest, dass sich Institutionenwandel zumeist aus einer Kumulation von kleinen Veränderungen ergibt. Institutionenwandel ist *als Vorgang* zu sehen. Er lässt sich *in der Wahrnehmung der Beteiligten* untersuchen, und in seinen *Wirkungen* unterscheiden.[64] Dabei lassen sich bestimmte institutionelle Arrangements oder auch institutionelle Konfigurationen festlegen. Ein Wandel kann so anhand der Veränderung vorher festgelegter Bestimmungsfaktoren durchaus „gemessen" werden. Es kommt dabei darauf an, die *Kontinuitäten* und den *Wandel* bestimmter Merkmale *im Zeitverlauf* zu untersuchen. So kann beispielsweise in der Sozialhilfe die Kontinuität oder der Wandel im Hinblick auf eine Veränderung von Leitideen, Normen, Organisationsformen, Rationalitätskriterien und Interventionsmustern, sowie anhand von Relationalitäten in den institutionellen Arrangements ermittelt und gedeutet werden. Auch veränderte Steuerungsformen und -instrumente können Indizien für einen Institutionenwandel sein. Wie Göhler (1997: 27) feststellt, sind vom Wandel meist nicht nur einzelne isoliert zu betrachtende Institutionen, sondern oft ganze *Institutionensysteme* und *institutionelle Konfigurationen* erfasst. Für einen Wohlfahrtsstaat kann somit auch der als typisch geltende „welfare-mix" als institutionelle Konfiguration verstanden und hinsichtlich seiner Entwicklungen untersucht werden.[65]

Die Untersuchung des Wandels einer wohlfahrtsstaatlichen Institution wie der Sozialhilfe muss demnach den Blick immer auch historisch auf *Kontinuitäten* mit ausrichten. Ferner müssen in diesem Kontext andere Institutionen in ihren *Schnitt-*

---

[63] Zum Wandel von Institutionen vgl. theoretisch March/Olsen (1989: 134), Dietl (1993: 39-84), Göhler (1997: 7-120) und Lepsius (1997), im Überblick zum Stand der Theorie ferner Peters (1999).

[64] Zu dieser Systematisierung vgl. Göhler (1997: 21-56) und Lepsius (1997: 57-69).

[65] Vgl. Vogel (1999), der begrifflich ebenfalls von *„institutionellen Konfigurationen"* spricht und dazu den europäischen „welfare-mix" vergleichend für vierzehn Wohlfahrtsstaaten auf der Basis von Längsschnittdaten untersucht.

stellen zur Sozialhilfe mit beachtet werden. Wandel und Kontinuität werden zwar an der Veränderung institutioneller Arrangements erkennbar, die Veränderungen müssen dabei aber nicht in allen Merkmalen bzw. Kriterien gleichermaßen stark ausgeprägt sein. Denkbar ist etwa, dass in einem Merkmalsbereich, etwa der normativen und rechtlichen Ebene beträchtliche Veränderungen erkennbar sind, allerdings zugleich auf der organisationalen und/oder professionalen Ebene erkennbar keine oder nur geringfügig Veränderungen stattfinden.

Wandel und Kontinuität lassen sich auch in der Veränderung bzw. Nicht-Veränderung der Interventions- und Interaktionsmuster wohlfahrtsstaatlicher Institutionen ablesen. Theoretisch denkbar ist zum Beispiel, dass seit Anfang/Mitte der 1990er Jahre auf normativer, rechtlicher, organisationaler, professionaler und interaktionaler Ebene *die Zeit- und Handlungsbezüge sozialer Interventionen* in der Sozialhilfe *vollständig* oder *teilweise* neu formiert wurden. Diese Ebenen und Faktoren bilden ausgehend von der Institutionentheorie hier die zentralen Untersuchungskategorien. Zur Deutung der Kriterien und einer möglichen Bewertung des Wandels von Institutionen wird theoretisch ferner festgestellt:

> *„Institutionenwandel liegt vor, wenn sich die institutionelle Konfiguration in maßgebenden Faktoren verändert. Er ist danach zu bestimmen, welche der Faktoren sich verändern und welche einigermaßen unverändert bleiben, bemisst sich also an der Verteilung von Wandel und Kontinuität in den Bestimmungsfaktoren der institutionellen Konfiguration."* (Göhler, 1997: 26)

Zu unterscheiden ist den theoretischen Grundlagen außerdem zwischen einem *Stukturwandel*, der tiefergreifend und weitreichend die institutionellen Konfigurationen und Arrangements berührt, und einem *Funktionswandel* von Institutionen, der in den Veränderungen weniger gewichtig und weitreichend ist. So lässt sich für die Sozialhilfe, kommunale Sozialverwaltung und soziale Dienste sowie hinsichtlich der Veränderungen, die sich in diesen Bereichen sozialer Interventionen seit Mitte der 1990er Jahre vollziehen, auch die Frage nach einem Strukturwandel oder einem Funktionswandel stellen. Dieser kann sich in verschiedenen Wohlfahrtsstaaten unterschiedlich oder ähnlich zeigen. Denkbar wäre etwa, dass gravierenden Veränderungen der Sozialhilfe und Arbeitsmarktpolitik in Deutschland, die tendenziell eher einem Strukturwandel entsprechen könnten, ganz andere Veränderungen in der schwedischen Sozialhilfe im Sinne eines Funktionswandels gegenüber stehen. Unter anderem auf Grund einer längeren Tradition in der Einführung von Instrumenten des New Public Management, einer grundsätzlich stärkeren Einbindung der Sozialhilfe in die Sozialarbeit als personenbezogene Dienstleistung, und aufgrund einer institutionalisierten aktiven Arbeitsmarktpolitik könnte ein Wandel der Sozialhilfe im Schweden der 1990er Jahre tendenziell eher einem Funktionswandel entsprechen. Zugleich ist aber sehr offen zu fragen, ob und in welchen Merkmalen im Wohlfahrtsstaat Schweden und speziell in der Sozialhilfe überhaupt ein Wandel wohlfahrtsstaatlicher Institutionen und sozialer Interventionen seit Anfang der 1990er Jahre erkennbar ist.

Erweitern lässt sich dieser theoretische Analyserahmen noch um den Aspekt, ob und inwieweit ein Wandel der Institutionen *kontrolliert* bzw. *kontrollierbar* und damit gegebenenfalls auch *intentional steuerbar*, oder aber *unkontrolliert* und nur begrenzt intentional steuerbar verläuft.[66] Dieser durchaus wichtige Aspekt kann allerdings hier nur angedeutet und nicht weiter vertieft werden.

Für die Sozialhilfe ist in der Frage nach einem Wandel der Institution neben der Untersuchung von Ansätzen und Instrumenten einer „Verwaltungsmodernisierung" ebenso die Frage nach den Formen und der Umsetzung einer *„aktivierenden Sozialpolitik"* zentral. Allgemein stellt Lepsius (1997: 65) bezogen auf den „Umbau" des Sozialstaats fest, dass nicht der „Abbau" von Leitideen der sozialen Sicherheit und der Gleichartigkeit der Lebensverhältnisse zur Debatte steht, sondern vielmehr die *neuen Institutionalisierungsformen von Leitideen* einen zentralen Untersuchungsgegenstand bilden. Damit ist die Frage aufgeworfen, wie sich diese neuen bzw. veränderten Institutionalisierungsformen für die Sozialhilfe, etwa in Form neuer Leitbilder konkret zeigen. So können sich Leitbilder in ihren Institutionalisierungsformen und in ihren Konfigurationen, etwa das Leitbild einer „aktiven Verwaltung" oder ein Leitbild der Sozialhilfe als „personenbezogene soziale Dienstleistung" empirisch in ihrer Entwicklung in den beiden Wohlfahrtsstaaten seit Anfang der 1990er Jahre unterschiedlich oder aber auch ähnlich zeigen.

Nach bisher vorliegenden Befunden wird etwa von Roth (1999: 31) bezogen auf die deutsche Sozialhilfe als wohlfahrtsstaatliche Institution darauf hingewiesen, dass sich auch und vor allem die Verwaltungsorganisationen durch Kontinuität und durch ein Beharrungsvermögen ihrer Strukturen über lange Zeiträume hinweg auszeichnen. Dies gilt meist auch unter verschiedenen Umweltbedingungen oder veränderten funktionalen Anforderungen. Diesem *„Beharrungsvermögen öffentlicher Sozialverwaltung"* steht aktuell jedoch – zumindest auf die deutsche Sozialhilfe bezogen – die These einer besonderen Reformdynamik entgegen. Eher optimistische Befunde sehen den Wandel in der Steuerung, Verwaltung und Praxis der Sozialämter als *„kleine Revolution"* bzw. sprechen von einem *„verborgenen Umbau"*, oder einem *Paradigmenwechsel* der sich im lokalen Sozialstaat seit Mitte der 1990er Jahre vollzogen hat.[67] Es scheint als stünden diese Hypothesen und Befunde den theoretischen

---

[66] So behandelte Parsons (1964) die Entwicklungen im Nachkriegsdeutschland institutionentheoretisch, in dem er explizit die Fragen und Probleme eines kontrollierten Wandels von Institutionen (*the problem of controlled institutional change*) und Fragen der institutionellen Struktur (*institutional structure*) bezogen auf die westdeutsche Gesellschaft aufwarf.

[67] Vgl. zusammenfassend Leisering/Buhr/Gangl (1997) und Leisering/Hilkert (2001). Insbesondere im Zusammenhang mit der Einführung des KGST-Modells einer „Neuen Steuerung" wird in Deutschland häufiger von einem „Paradigmenwechsel" oder von einer „Revolution" gesprochen, wie Reichard

Grundlagen der Institutionentheorie tendenziell entgegen, wonach wohlfahrtsstaatliche Institutionen in hohem Maße auf Stabilität, Beharrungsvermögen und Pfadtreue in ihren Entwicklungen sowie auf Dauer angelegt sind. Zugleich gilt theoretisch aber auch, dass dennoch ein Wandel in verschiedensten Graden, Bereichen und Varianten möglich ist. Genau dieser „kleine" oder auch ein „verborgener" und dabei in den Ergebnissen und in der Summe durchaus „größerer" Wandel lässt sich unter anderem damit erklären, dass Institutionen eben gerade aufgrund ihrer oft trägen, und meist nur teil-dynamischen Veränderungsprozesse zu besonderer Stabilität und damit zu dauerhaftem Bestand gelangen können.

Der Wandel der Sozialhilfe und der Sozialverwaltung in ihren Interventionsformen ist unter Berücksichtigung dieser theoretischen Grundlagen in der Fragestellung nach Veränderung sowie Kontinuitäten genauer zu untersuchen. Die jeweiligen Interventionsformen und -muster in ihren Zeit- und Handlungsbezügen sind dabei als Kategorien für die „Messbarkeit" von Wandel in das Zentrum der Analyse zu stellen. Die „Modernisierung" der Sozialverwaltung und der sozialen Dienste, sowie Reformen und Programme einer „aktivierenden Sozialpolitik" können also als allgemeine Ausdrucksmerkmale und erste Indizien für einen möglichen Wandel wohlfahrtsstaatlicher Institutionen verstanden werden.[68] Genauere soziologisch definierte Merkmale eines Institutionenwandels sind schließlich als *Wandel in den Merkmalen sozialer Interventionen* zu erfassen, da erst diese einen Aufschluss über den Wandel von Institutionen *im Verhältnis zu den Individuen* ermöglichen und damit Aussagen zu Varianten einer „Lebenslaufpolitik" in verschiedenen Wohlfahrtsstaaten zulassen.

1.1.3 Zusammenfassung: Neuere Institutionentheorie und dynamische Armutsforschung

In neueren Definitionen des Institutionenbegriffs wird unter anderem handlungstheoretisch das Merkmal der Bedürfnisbefriedigung als ein zentrales Funktions-

---

(1992) früh anmerkte und zugleich mit Blick auf die internationalen Entwicklungen relativierte. Für *Schweden* stellen empirische Untersuchungen von Blom (1998) und Byberg (1998 und 2002) weitreichende Veränderungen in den Organisationsformen und in den sozialberuflichen Handlungsmustern der kommunalen Sozialdienste und der Sozialhilfe fest. Es wurde jedoch dort weder eine „Revolution" noch eine Art Paradigmenwechsel im Zusammenhang mit dem New Public Management explizit beschrieben. Die Reformentwicklungen wurden zumeist sachlich-kritisch begleitet und beschrieben, so rückblickend Montin (2002: 10-15).

[68] Der hier gewählte theoretische Ansatz entspricht insoweit etwa dem institutionenbezogenen Ansatz von Brorström (1999 und 2001), der die Entwicklung schwedischer Kommunen und der schwedischen Kommunalverwaltung unter dem Blickpunkt des Wandels von Institutionen untersuchte. Allerdings liegt dem Ansatz von Brorström keine explizit interventionstheoretische und lebenslauftheoretische Perspektive zu Grunde.

merkmal von Institutionen gesehen. In diesem Verständnis lässt sich der Institutionenbegriff zusammenfassend auf die Sozialhilfe als wohlfahrtsstaatliche Institution beziehen. Beispielsweise wird formuliert:

„Institutionen sind auf die Bedürfnisse bzw. die Bedürfnisbefriedigung der einzelnen wie auf die Erfordernisse der Gesellschaft bzw. einzelner Subsysteme zugleich gerichtet. Sie stellen eine Resultante, aber auch die Steuerungsinstanz des Handelns dar." [69]

Diese stärker handlungs- und zugleich steuerungstheoretisch geprägte Definition enthält zudem explizit nicht nur die Frage nach Kontinuitäten, sondern deutet daneben die Dynamiken von Institutionen und ihren Entwicklungen an, wie sie in sozialen Interventionen ihren Ausdruck finden. In dieser Untersuchung wird die Sozialhilfe in einem sowohl handlungstheoretischen, steuerungstheoretischen und interventionstheoretischen Grundverständnis als wohlfahrtsstaatliche Institution verstanden. Sie ist dabei spezifisch eingebunden in national(staatlich) geprägte institutionelle Arrangements, die sich mehr oder weniger deutlich unterscheiden. Die Bedürfnisbefriedigung ist als ein wichtiges, allerdings nicht als einziges Funktionsmerkmal zu sehen, wie die theoretischen Grundlagen zum Problembereich sozialer Kontrolle und sozialer Disziplinierung verdeutlichen, oder wie auch die kulturell bezogenen Funktionen der Sozialhilfe aufzeigen.

Im *Verhältnis von Institution und Handeln* stellt sich die soziologisch und theoretisch zwar sehr abstrakte und zugleich interessante Frage, ob Institutionen tatsächlich handlungsunabhängig existieren (können), oder ob Institutionen durchaus als Handlungssysteme zu verstehen sind, denen allerdings kein Subjektcharakter zukommt? Wie ist etwa das „Verwaltungshandeln" oder wie sind andere professional und sozialberuflich geprägte Handlungsformen und -muster in der Sozialhilfe unter Berücksichtigung der Zeit- bzw. Verlaufsperspektive in einem auf Institutionen bezogenen Ansatz theoretisch überzeugend zu definieren und zugleich als konkrete Grundlagen für eine empirische Untersuchung zu entwickeln?

Eine Studie zur Sozialhilfe, die der Frage nach typischen Mustern und den Designs der institutionellen Risikobearbeitung nachgeht und typische Interventionsformen bei der Förderung und Erschließung von Wegen aus dem Sozialhilfebezug untersucht, und die zudem die Wege in die, durch die und nach der Sozialhilfe ebenfalls mit beachtet, kann nicht allein *institutionentheoretisch*, sondern muss auch *handlungstheoretisch* geleitet sein. Dies gilt schon deshalb, weil die neuere Institutionentheorie aufzeigt, dass zwischen einer nach außen über Leitbilder und politische Rhetorik gerichteten Ebene (*„talk"*) und dem tatsächlichen Verwaltungshandeln (*„action"*) zu unterscheiden ist.[70] Einige zentrale theoretischen Verbindun-

---

[69] Vgl. Lipp (1998).
[70] Vgl. Brunsson (1989: 135ff.).

gen und gemeinsame Bezugspunkte von Institutionentheorie und Handlungstheorie wurden bereits mit dargestellt. Genauer werden sie in den folgenden Kapiteln zu den Grundlagen einer Theorie sozialer Intervention, dem theoretischen Konzept der Koproduktion sozialer Dienstleistungen und im Zusammenhang mit dem lebenslauftheoretischen Ansatz aufgezeigt.

Soll untersucht werden, ob und inwieweit die Sozialhilfe als wohlfahrtsstaatliche Institution auch die Handlungsvoraussetzungen, -ressourcen und -optionen sowie die Formen und Muster des mehr oder weniger aktiven bzw. passiven Bewältigungshandelns *(Coping)* der Sozialhilfebeziehenden in der Gestaltung von Interventionsformen mit berücksichtigt oder gewissermaßen „in Rechnung stellt", ist der institutionentheoretische Ansatz ohnehin in hohem Maße mit der Handlungstheorie als verbunden anzusehen. *Einen* wesentlichen Beitrag zu dieser notwendigen Verbindung von Institutionentheorie und Handlungstheorie leistet die Biografieforschung. So wird mit dem *Begriff der „Armuts- oder Sozialhilfekarriere"* und mit dem *Konzept der Lebenslaufpolitik* (Leisering/Leibfried 1999) theoretisch eine Brücke zwischen den Analysen zum biografisch geprägten Bewältigungshandeln von Individuen einerseits und den strukturellen Rahmenbedingungen und Einflüssen sozialer Interventionen und wohlfahrtsstaatlicher Institutionen andererseits ermöglicht. Auf theoretische Grundlagen der Biografieforschung und auf die dynamische Armutsforschung wird in Kapitel 1.4 genauer eingegangen.

Hinsichtlich der institutionentheoretischen Grundlagen ergibt sich an dieser Stelle die abschließende Frage nach den *analytischen Kerndimensionen*, die sich für eine Untersuchung von Sozialhilfe und Sozialverwaltung bisher ableiten lassen. In diesem Zusammenhang ist auf die Studie von Roth (1999) zu verweisen, von dem bereits institutionentheoretisch geleitet die historische Entwicklung der kommunalen Sozialverwaltung in Deutschland für die Zeit von der Weimarer Republik bis Mitte der 1990er Jahre empirisch untersucht wurde. Die Sozialverwaltung wird dabei als Institution *und* Organisation verstanden, wobei jedoch der institutionentheoretische Ansatz bestimmend ist. Die Kategorie der *Leitgedanken* in der Entwicklung und im Wandel der Sozialhilfe bildeten für Roth eine wichtige Kategorie. Daneben fanden die *Organisation*, die *Aufgabenverteilung* und auch die *Rechtsentwicklung*, sowie „*Mythen*" als institutionentheoretische Kategorien für die Analyse von Kontinuitäten und Wandel der kommunalen Sozialverwaltung vertiefte Aufmerksamkeit. So verweist etwa das *Leitbild der „Hilfe zur Selbsthilfe"*, wie es von Roth auch historisch als konstitutiv in und für die deutsche Sozialhilfe herausgearbeitet wurde, ebenfalls auf handlungstheoretische Dimensionen. Ob und in welchen Formen allerdings verbunden mit dem Konzept einer „Hilfe zur Selbsthilfe" quasi direkt auch handlungsbezogen ein *„people processing"* (Roth 1999: 34) entwickelt ist und zur Anwendung kommt, ist in hohem Maße davon abhängig, ob und in welchem Grad die Sozialhilfe auf eine rein monetäre Zahlungsfunktion beschränkt konzipiert ist, oder aber auch in den Elementen einer „persönlichen Hilfe" als wohlfahrtsstaatliche Institution und als Organisation entwickelt ist.

Neuere *Leitbilder* oder auch *Leitideen* sehen beispielsweise vor, die Kommunalverwaltung insgesamt wie auch die Sozialhilfe im Verlauf eines Modernisierungsprozesses zu einem „Dienstleistungsunternehmen" oder auch zu „Dienstleistungszentren" etwa auf Stadtteilebene zu entwickeln. Eine solche *Dienstleistungsorientierung* wurde im Verlauf der 1990er Jahre vielerorts explizit für die deutsche Sozialhilfe konzipiert. Sie scheint zugleich für die schwedische Sozialhilfe zumindest semantisch und im fachlichen Verständnis bereits seit den 1980er Jahren zu bestehen.[71] Daneben ist das neue *Leitbild* einer *„aktivierenden Sozialpolitik"* nicht nur als eine institutionentheoretische Kategorie, sondern zugleich als Indiz für einen Wandel von Institution(en) und sozialer Interventionen zu verstehen. Leitbilder oder Leitideen sind somit als eine zentrale Kategorie der Analyse in dem vergleichenden Untersuchungsansatz einzubeziehen. Dazu gilt theoretisch:

> *„In Leitideen kommen vor allem 'die symbolisch vermittelten gesellschaftlichen Orientierungs- und Regelungsleistungen einer Institution zum Ausdruck, sozusagen, das, was über die konkret fassbare Organisation hinaus reicht und den Kern der Institution ausmacht."* (Rehberg 1994: 56)

Auch insoweit ist naheliegend, die Sozialhilfe aufgrund des gewählten Gegenstandes und der Forschungsfragen im Fortgang der Untersuchung vorrangig als wohlfahrtsstaatliche Institution und in zweiter Linie als Organisation zu verstehen. Leitbilder und Leitideen sind dabei jedoch nicht an sich, sondern stets in der Differenz zu anderen, möglicherweise älteren oder parallelen Leitbildern, und vor dem Hintergrund der zu Grunde liegenden Machtbeziehungen und Auseinandersetzungen etwa zwischen Politik, Verwaltung und Professionen konkret rekonstruierbar. Ferner sind Leitideen und Leitbilder vor allem für gesellschaftliche *Orientierungs- und Regelungsleistungen* bedeutsam. Sie weisen damit theoretisch bereits einen *Zeit-/Verlaufsbezug* sowie einen *Handlungsbezug* auf. Konkret ist für die empirische Untersuchung zur Sozialhilfe zu erwarten, dass sich in der Frage nach Leitbildern genau diese Orientierungs- und Regelungsleistungen über Expertenbefragungen sowie in Dokumenten besonders gut erschliessen lassen. Die jeweils institutionell geprägten und wirksamen Zeit-/Verlaufs- und Handlungsorientierungen und entsprechend geprägte soziale Interventionen dürften somit über die Kategorie und die Analyse von Leitbildern bzw. Leitideen zumindest teilweise rekonstruierbar sein. Dabei lassen sich aus den bisherigen Grundlagen der Institutionentheorie

---

[71] Zur Dienstleistungsstrategie und einer „Dienstleistungsorientierung" in der deutschen Sozialhilfe vgl. Bartelheimer (2001) und Reis (2002b). Zur schwedischen Sozialhilfe in ihrer rechtlichen Einbettung in das Sozialdienstgesetz (SoL) sowie dem integrierten Ansatz einer Sozialhilfe im Sozialdienst vgl. Schwarze (1993).

genauer *vier Ebenen von Leitbildern* für eine empirische Untersuchung unterscheiden, die in der folgenden Tabelle im Überblick und mit Beispielen dargestellt sind.[72]

Tabelle 1:	
Leitbilder als institutionentheoretische Kategorien in der Sozialhilfe	
1. Sozialpolitische Leitbilder:	• *„Aktivierung"* • *„Lebenslanges Lernen"* • *„Existenzsicherung über Erwerbsarbeit"*
2. Normativ-rechtliche Leitideen:	• *„Hilfe zur Selbsthilfe"* • *„Bedarfsdeckung"* • *„Bedarfsgerechtigkeit"* • *„Nachrangigkeit"*
3. Leitbilder und Leitideen von Organisationen und Verwaltungen, meist mit *internem* Bezug, zum Teil auch mit *externem* Bezug:	a) Interne Leitbilder: • *„Kosten senken"* • *„Effizienz"* b) Leitbilder mit externen Bezügen: • *„Bürgernähe"* • *„Kundenorientierung",* • *„Effektivität"* ...
4. Professional geprägte, meist extern bezogene Leitbilder oder Leitideen:	• *„Ganzheitliche Hilfe"* • Sozialhilfe als *„Dienstleistung",* • *„Qualität"* in der Sozialhilfe ...

Es handelt sich bei den in Abbildung 1 genannten Beispielen um eine erste Auswahl bisher im Kontext der Sozialhilfe häufig anzutreffender Leitbilder und Leitideen. Die Auswahl wäre erweiterbar und dient an dieser Stelle zunächst nur zur Veranschaulichung der institutionen-theoretischen Kategorien. Für die vier ge-

---

[72] Roth (1999: 38) unterscheidet außerdem zwischen „bürokratischen" und „professionellen" Leitbildern, wobei allerdings für die deutsche Sozialhilfe, verstanden als „Verwaltungshandeln" auch idealtypisch die Grenzen zwischen „Bürokratie" und „Profession" nur schwer festzulegen sein dürften. Anders hingegen in Schweden, wo professional die Sozialhilfe stärker von der Sozialarbeit geprägt ist, die sich in ihren sozialberuflichen Handlungsformen und im Selbstverständnis deutlicher gegenüber Verwaltung und „Bürokratie" abgrenzen lässt. Diese Fragen sind emirisch genauer zu klären. Zu Begriff und Merkmalen von Leitbildern im Kontext von Verwaltungsreformen vgl. auch Blanke u.a. (1998: 141-149). Danach sind Leitbilder mit einer Leitidee (Vision), mit einem Handlungsauftrag und mit bestimmten Handlungsgrundsätzen verbunden zu betrachten.

74

nannten Ebenen, in denen sich Leitideen und Leitbilder zuordnen lassen, kann weitergehend noch in *explizite* und *implizite Leitideen* unterschieden werden. Diese Unterscheidungen sind im Detail jedoch erst später auf der Basis der empirisch vorliegenden Befunde für Deutschland und Schweden genauer vorzunehmen. Im weiteren Vorgehen und vor allem in der Analyse der empirischen Daten sind für jede Ebene und bezogen auf einzelne Leitideen und Leitbilder die mit ihnen verbundenen spezifischen zeit- und handlungsbezogene Orientierungsmuster und Rationalitätskriterien zu ermitteln.

Eine *zweite zentrale Kategorie* der Institutionenanalyse bildet die *Organisation.* Die kommunale Sozialverwaltung, Sozialhilfe und soziale Dienste befinden sich in der *organisationalen Ebene* betrachtet in beiden hier ausgewählten Wohlfahrtsstaaten seit den 1980er Jahren in einem Prozess der *Ausdifferenzierung* und *Spezialisierung.*[73] In diesem Kontext sind Sozialhilfe und Sozialverwaltung als wohlfahrtsstaatliche Institution und als lokale Verwaltung heute in den wenigsten Fällen noch als *eine* organisatorische Einheit zu verstehen, sondern die Sozialhilfe in ihrer Organisation und in den Interventionen setzt sich in aller Regel aus verschiedenen Teil-Verwaltungen, Teil-Organisationen und damit auch aus Teil-Interventionen zusammen, Sie ist nur als komplexes institutionelles Arrangement und Netzwerk zu verstehen. Neben der wirtschaftlichen Hilfe bestehen in beiden Wohlfahrtsstaaten weitere sowohl rechtlich, sozialberuflich wie auch organisational mit der wirtschaftlichen Sozialhilfe verknüpfte *personenbezogene* soziale Dienste, Beratungs- und Vermittlungsdienste sowie verwaltungsexterne Organisationen. Diese ausdifferenzierten organisatorischen Teilsysteme finden sich beispielsweise in Form von arbeitsmarktpolitischen Maßnahmen und Projekten oder als Beratungsstellen und sind der Sozialhilfe in unterschiedlichsten Formen angegliedert oder zugeordnet.[74] Die Sozialhilfe als wohlfahrtsstaatliche Institution ist zudem nicht nur *lokal* und *vertikal,* sondern auch *horizontal* im Verhältnis zwischen Stadtteil, Kommunen, Land, Nationalstaat bis in die Ebene der Europäischen Union (EU), die beispielsweise Mittel

---

[73] Theoretisch und historisch wurde eine Ausdifferenzierung der Formen des Helfens im gesellschaftlichen Wandel von Luhmann (1973) beschrieben.

[74] Zur Organisation der Sozialverwaltung *in Deutschland* vgl. Trube (2001), der auch neuere Organisationsformen sowohl in ihren rechtlichen Rahmenbedingungen als auch hinsichtlich neuer Steuerungsformen darstellt. Ein vergleichbares Handbuch zur Organisation zur Sozialverwaltung in Schweden liegt bisher nicht vor. Zur Organisation von Sozialhilfe und Sozialdienst in Schweden bietet Billquist (1999), am Beispiel der Stadt Göteborg einen Überblick. Für beide Wohlfahrtsstaaten gilt der Befund, dass sich die Organisationsformen der kommunalen Sozialverwaltung und Sozialdienste insbesondere in den Großstädten inzwischen unter dem Einfluss des New Public Management, durch Beteiligung an Modellprojekten, durch unterschiedliche fachliche, politische Konzeptionen und Ideologien als *zunehmend heterogen* erweisen. Es scheint zumindest problematisch, bezogen auf die nationalen wohlfahrtsstaatlichen Arrangements weiterhin von „*der einen*" oder von „*einer typischen*" Organisationsform der kommunalen Sozialverwaltung und sozialer Dienste in Deutschland oder Schweden zu sprechen.

für arbeitsmarktbezogene Projekte bereitstellt, organisational als *Mehr-Ebenen-System* verschränkt und zugleich ausdifferenziert gestaltet. Entsprechend vielschichtig sind die Formen und Muster sozialer Interventionen durch dieses organisationale Geflecht beeinflusst. Mit einfachen, auf *eine* Organisationsform oder *eine* organisationale Ebene ausgerichteten Untersuchungsansätzen ist diesem erkennbaren Wandel wohlfahrtsstaatlicher Institutionen und Organisationen kaum zu entsprechen. Auch deshalb wird im weiteren Verlauf der Studie weder theoretisch noch forschungspraktisch von *einer* „Organisation" der Sozialhilfeverwaltung im engeren Sinne zu sprechen sein. Verwendet wird daher der Begriff der „organisationalen Ebene", mit dem Netzwerkstrukturen und beteiligte Organisationen ergänzend erfassbar sind. Ausgehend vom institutionentheoretischen Grundansatz bildet somit die organisationale Ebene *eine* Untersuchungsdimension, um die Sozialhilfe in zwei Städten und zugleich für zwei Wohlfahrtsstaaten in den organisatorischen Veränderungen empirisch mit zu untersuchen.

Als weitere, *dritte institutionentheoretische Kategorie* ist die *Ebene der Normen und Regelwerke* zu berücksichtigen. Welche Bedeutung gerade Normen, Regeln und dem Recht sowohl institutionentheoretisch wie auch bei der Bildung und im Wandel von Institutionen zukommt, wurde in der Soziologie früh erkannt. Wiederum in Abgrenzung der Begriffe *Institution* und *Organisation* lässt sich bezogen auf die Sozialhilfe und Sozialverwaltung feststellen, dass diese nicht nur soziale Probleme wie Armut, Arbeitslosigkeit, Überschuldung institutionell bearbeiten, sondern dass darüber auch gesellschaftliche und politische Entwicklungen zumindest teilweise antizipiert werden.[75] So ist von der *wohlfahrtsstaatlichen Institution* Sozialhilfe vor allem zu sprechen, je mehr im Rahmen der Sozialhilfe die ihr zu Grunde liegenden *Regeln* in gleichzeitig geregelter werdendem Austausch mit ihrer Umwelt formell und informell für soziale Interventionen definiert werden. Dieser Austausch mit der sozialen Umwelt und den Bürgern geschieht nach bestimmten *Normen* und nach *gesetzlich vorgegebenen Regeln*. Soziale Interventionen sind in unterschiedlichster Weise in Recht und Gesetz eingebunden bzw. entsprechend in ihren Formen und Mustern gestaltet. Über rechtliche Grundlagen können beispielsweise *bestimmte auf die Dauer bzw. Beendigung des Sozialhilfebezugs bezogene Normsetzungen* erfolgen. Daneben sind *informelle* gesellschaftliche Normen und Regeln in den Interventionen und Interaktionen zwischen Sozialdienst bzw. Verwaltung und den Bürgern wirksam. Erkennbar ist etwa, dass der Sozialhilfebezug von allein Erziehenden mit mehreren

---

[75] So verweist auch Lepsius (1997: 61) auf die Notwendigkeit, *Institutionen* und *Organisationen* klar zu unterscheiden. Innerhalb einer Organisation kann eine Institution dominant sein, oder es können auch mehrere Institutionen darin Geltung beanspruchen. Dies zeichnet sich empirisch für neuere Formen der „Sozialbüros" oder für „Job-Center" ab, in denen monetäre Sozialhilfe, Arbeitsvermittlung, Sozialberatung und andere Leistungen organisatorisch „aus einer Hand" angeboten werden, wobei zugleich mehrere Trägerorganisationen beteiligt sind.

Kindern in Deutschland durchaus länger gesellschaftlich akzeptabel erscheint als das in Schweden bei einem hohem Versorgungsgrad mit Einrichtungen der Kinderbetreuung und einer hohen Frauenerwerbsquote der Fall ist. In beiden Wohlfahrtsstaaten ist dann beispielsweise auch zu erwarten, dass etwa der Sozialhilfebezug von jungen alleinstehenden männlichen Arbeitslosen weniger gesellschaftliche und politische Akzeptanz findet als das bezogen auf andere Empfängergruppen gilt. Die normative und rechtliche Ebene enthält somit *Akzeptanzmuster, die wiederum direkt oder indirekt auf die Bezugsdauer der Sozialhilfe und auf Muster einer „Lebenslaufpolitik" ausgerichtet sind.*

Schließlich ergibt sich als *vierte Ebene* aus den institutionentheoretischen Grundlagen, dass auch die innerhalb von wohlfahrtsstaatlichen Institutionen und Organisationen tätigen *Professionen* und damit eine *professionale Ebene* als Untersuchungskategorien zu beachten sind. Allerdings zeigen die institutionentheoretischen Grundlagen auch, dass dieser Ebene zumeist keine zentrale Bedeutung beigemessen wird. Es scheint insoweit eine theoretische Lücke zwischen professionstheoretischen Grundlagen und der bisherigen Institutionentheorie zu bestehen. Da die professionale bzw. (sozial)berufliche Ebene sozusagen sowohl aus der Institutionentheorie als auch der Handlungstheorie abzuleiten ist und soziale Interventionen in der Sozialhilfe und in sozialen Diensten wesentlich professional und personal geprägt werden, ist die Ebene für die weitere empirische Untersuchung ebenfalls zentral. Vor allem die Tatsache, dass die deutsche und die schwedische Sozialhilfe von unterschiedlichen Berufsgruppen bzw. „Professionen" sowie von spezifischen „Verwaltungs- oder Dienstleistungskulturen" geprägt werden, erfordert in dieser Ebene eine genauere Aufmerksamkeit. Während in Deutschland das Verwaltungswissen und die Rechtswissenschaft bisher die Sozialhilfe in ihrer Praxis wesentlich prägen, gilt in Schweden eher die Sozialarbeit als dominante Profession und Disziplin. Dies ist hinsichtlich der möglicherweise dadurch besonders geprägten sozialen Interventionen empirisch genauer zu untersuchen.

Über die professionale Ebene ist auch die *Kategorie der Interaktionen* als *fünfte Ebene* der Analyse angesprochen. Wie die bisher dargestellten institutionentheoretischen Grundlagen zeigen, werden Institutionen zwar in ihrem Wandel wahrgenommen und häufig dazu untersucht. Insoweit findet sich auch eine dynamische Sichtweise. Die Interaktionsmuster zwischen Individuen und Institutionen werden allerdings all zu oft von vornherein nicht nur einseitig machttheoretisch im Sinne von sozialer Kontrolle und sozialer Disziplinierung verstanden, sondern in ihrer dynamischen, auf Verlaufsmuster und auf Lebensläufe bezogenen Perspektive nur selten genauer beachtet.

Schließlich ist als *sechste Ebene* die Perspektive der *Relationen zur sozialen Umwelt* und der *Interaktionen zwischen (wohlfahrtsstaatlichen) Institutionen* zu nennen. Gerade die Relationen und Interaktionen zwischen verschiedenen Institutionen finden bisher theoretisch kaum und empirisch noch seltener eine genauere Betrachtung. Auf der Basis dazu bisher spärlich vorliegender Literatur und damit vor allem auf Grundlage der empirischen Daten sind diese Kategorien für die Sozialhilfe und Sozialverwaltung erst noch genauer zu bestimmen. Aktuelle sozialpolitische Reformansätze zielen in beiden Wohlfahrtsstaaten seit Mitte der 1990er Jahre auf eine bessere Vernetzung, auf ein optimiertes Zusammenwirken und zum Teil auf eine grundlegend *veränderte Schnittstellenpolitik* der wohlfahrtsstaatlichen Institutionen und Akteure. Verbunden sind damit steuerungstheoretisch und interventionstheoretisch zumeist hohe Erwartungen, etwa hinsichtlich der Nutzung von Synergieeffekten, verbesserter Wirkungsgrade und möglichst guter Qualität der sozialen Dienste und Leistungen. Nicht zuletzt werden fiskalpolitisch und ökonomisch eine Reduzierung der Sozialausgaben über eine veränderte Schnittstellenpolitik und präziserer Interaktionen zwischen wohlfahrtsstaatlichen Institutionen und ihren Organisationen erwartet.

Um die theoretischen Grundlagen und den Begriff der „wohlfahrtsstaatlichen Institution" für die empirische Untersuchung von Sozialhilfe und Sozialverwaltung operationalisierbar zu machen, sind neben den bereits in Tabelle 1 genannten vier Ebenen der Leitideen bzw. Leitbilder zusammenfassend die genannten *sechs Hauptkategorien* von besonderer Relevanz. Diese sechs Kategorien einer Institutionenanalyse zur Sozialhilfe lassen sich zugleich soziologisch auch der Makro, Meso- und Mikroperspektive zuordnen, wie die folgende Tabelle 2 zeigt. [76]

---

[76] Die Unterscheidung in die drei Ebenen der gesellschaftlichen und politischen Ebene, der Ebene von Verwaltungen und Sozialdiensten und der Ebene der Individuen bzw. Bürger entspricht weitgehend der von Luhmann für die Soziologie systemtheoretisch entwickelten Unterscheidung zwischen Sozialsystemen des Typs *Gesellschaft*, des Typs der *Organisation* und *Interaktionssystemen*. Vgl. Luhmann (1975: 10-20). Auch in diesem Zusammenhang werden *Institutionen* von Luhmann nicht behandelt. Von Korte/Schäfers (1992) werden in einer Einführung zu den Hauptbegriffen der Soziologie vier der hier genannten sechs zentralen Strukturmerkmale von Institutionen genannt. Oft werden die professionale Ebene und die relationale Ebene zwischen Institutionen/Organisationen vernachlässigt.

Tabelle 2:		
Institutionentheoretische Ebenen zur Analyse der Sozialhilfe in verschiedenen Wohlfahrtsstaaten		
Politische und Gesellschaftliche Ebene: *(Makroebene)*	*1. Leitideen und Leitbilder (siehe Tabelle 1)* *2. Normen und Regelwerke (BSHG, SoI...)*	*6. Relationen* *zur* *sozialen*
Ebene von Sozialverwaltung bzw. Sozialdienst: *(Mesoebene)*	*3. Organisation/en bzw. organisationale Ebene* *4. Professionale Ebene und Sozialberufe*	*Umwelt* *und* *zu* *anderen*
Individuen bzw. Bürger als Leistungsbezieher und andere Adressaten *(Mikroebene)*	*5. Interaktionen und Kontaktmuster*	*Institutionen*

Neben den hergeleiteten sechs Ebenen nimmt die *Steuerungsebene,* die in gewisser Weise „quer" alle sechs Ebenen berührt, für die Ausgestaltung sozialer Interventionen eine wichtige Bedeutung ein. Die Programme und Strategien einer „Verwaltungsmodernisierung" und das Leitbild einer „aktivierenden Sozialpolitik" stehen in allen sechs genannten institutionentheoretischen Ebenen zumeist in direktem Bezug zur Steuerungsebene. Am Beispiel der Diskussion um die Instrumente des New Public Management bzw. um das Modell einer „Neuen Steuerung" in der deutschen Sozialverwaltung (KGST 1995) lassen sich diese Zusammenhänge und Einflüsse später noch genauer aufzeigen. Welche Bedeutung allerdings innerhalb der sechs institutionentheoretisch definierten Ebenen dann genau der Steuerungsebene für die Gestalt sozialer Interventionen zukommt und inwieweit dadurch auch die institutionellen Arrangements geprägt werden, wird erst erkennbar, wenn die sechs Kategorien in der Steuerungsperspektive *und* in der Interventionsperspektive gleichermaßen Berücksichtigung finden.

Zusammenfassend sei noch angemerkt, dass sich auch der *Wandel von wohlfahrtsstaatlichen Institutionen,* anhand der hier genannten sechs Ebenen bzw. Strukturmerkmale genauer und systematisch untersuchen lässt. Selbst in Studien zum

Wandel des Wohlfahrtsstaates und seiner Institutionen bleiben der zu Grunde liegende Institutionenbegriff und die Variablen bzw. Kategorien, an denen ein Wandel gemessen und erkennbar wird, oft unklar. Ausnahmen bilden nach den bisherigen Analysen vor allem der allgemeine institutionentheoretische Ansatz von Lepsius (1990) und eine direkt auf die Entwicklung des Wohlfahrtsstaates und seiner Institutionen bezogene Studie von Rieger (1992) sowie die institutionentheoretisch geleitete historische Studie von Roth (1999). Dabei liegt der Schwerpunkt bisheriger Analysen vor allem auf den Ebenen der Leitbilder, der Institutionalisierung von Normen und Regeln, sowie auf konflikt- und machttheoretische Fragestellungen. Die professionale, interaktionale und relationale Ebene, sowie entsprechende Institutionalisierungen und ein insoweit „messbarer" Wandel wohlfahrtsstaatlicher Institutionen wurden bisher tendenziell vernachlässigt. Dies ist bezogen auf den Gegenstand der Sozialhilfe vor dem Hintergrund neuerer Organisations- und Steuerungsformen, veränderter sozialberuflicher Handlungsformen sowie unter Berücksichtigung der Befunde der dynamischen Armutsforschung und der Individualisierungsthese zu den Mustern des Bewältigungshandelns von Armutskarrieren kritisch zu sehen.[77] Vor allem mangelt es an institutionenbezogenen empirischen Daten und Befunden.

Im Ergebnis lässt sich mit einem Befund von Junge (1996: 728) auch feststellen, dass der Status des Institutionenbegriffs in der Soziologie vor allem im aktuellen Zusammenhang von gesellschaftlicher Modernisierung und im Kontext der Individualisierungsthese bisher nicht hinreichend geklärt ist. Zutreffend ist der Stand der theoretischen Debatte demnach folgendermaßen zusammenzufassen:

> *„Im Rahmen der Entfaltung der Individualisierungsthese fand bisher keine explizite Auseinandersetzung mit der Institutionentheorie statt. Das ist nicht unproblematisch, weil die Individualisierungsthese auf eine neue Konzeption des Verhältnisses von Individuum und Institution zielt."* [78]

Die „Modernisierung" des öffentlichen Sektors und das Leitbild einer „aktivierenden Sozialpolitik" zielen in wesentlichen Bereichen auf die von Junge soziologisch angesprochene *neue Konzeption im Verhältnis von Individuum und Institution*. Allerdings ist dieses Verhältnis nicht bzw. nicht ausschließlich situativ oder punktuell zu sehen, sondern dynamisch und insoweit lebenslauftheoretisch zu betrachten. Diese neue Konzeption lässt sich institutionentheoretisch möglicherweise in allen sechs zuvor entwickelten Kategorien erkennen und für die jeweils damit verbundenen Formen und Muster sozialer Interventionen herausarbeiten. Empirisch müsste

---

[77] Zit. Junge (1996: 738). Zur Individualisierungsthese vgl. grundlegend Beck (1986). Zur dynamischen Armutsforschung vgl. zusammenfassend Leisering/Leibfried (1999).

[78] Von Junge (1996) wird explizit eine Klärung des Begriffs der Institution im Kontext theoretischer Fragen vorgenommen, die sich aus der Individualisierungsthese von Beck (1986) ergeben.

demnach diese „neue Konzeption im Verhältnis von Individuum und Institution" für die Sozialhilfe und Sozialverwaltung vor allem in der interaktionalen, professionalen und der relationalen Ebene in den neueren Programmen und in einer veränderten Sozialhilfepraxis sowohl auf der Ebene des Zentralstaates wie in den Kommunen seit Anfang/Mitte der 1990er Jahre genauer zu ermitteln sein.

Insoweit zielt die vorliegende Untersuchung zur Sozialhilfe theoretisch und empirisch auf zentrale und aktuelle soziologische Fragestellungen. Anschließend an die These und die Befunde zur Individualisierung sozialer Probleme und ihrer institutionellen Risikobearbeitung lässt sich auch am Beispiel der Sozialhilfe eine *theoretische Lücke* zwischen den institutionentheoretischen Grundlagen und Kategorien einerseits und den interventionstheoretischen und auf Individualisierungsprozesse, Lebenslagen und Lebensläufe sowie auf das Bewältigungshandeln der Individuen bezogenen Ansätzen andererseits erkennen. Dieses Theoriedefizit wurde von Junge (1996) genauer thematisiert. Institutionen werden zum einen als *Handlungsregulation durch wohlfahrtsstaatliche Steuerungsmechanismen* verstanden und zum anderen wird *Reflexivität* als ein Element moderner Gesellschaften und darüber selbst als „Institution" definiert. Der Institutionenbegriff wird so nicht nur „unschärfer". Er ist nach Junge (1996: 744) zudem *subjekttheoretisch* erst noch genauer „aufzuladen". Ergänzen lässt sich weitergehend, dass der Institutionenbegriff und die Institutionentheorie auch *interventionstheoretisch* und *lebenslauftheoretisch* erst noch zu erweitern sind.

Wohlfahrtsstaatliche Institutionen sind direkt oder indirekt auf eine Regulierung von Lebensverhältnissen und Lebensläufen bezogen und rahmen diese gewissermaßen kontinuierlich. Dies geschieht allerdings in unterschiedlichen Formen und in unterschiedlicher Intensität. Die aufgezeigte Theorielücke zwischen Institutionentheorie und Handlungstheorie ist zuletzt insofern weiter geschlossen worden, als der lebenslauftheoretische Ansatz mit Beiträgen zur Steuerung Wohlfahrtsstaatlicher Risikobearbeitung verbunden wurde.[79] So nennt beispielsweise Leisering (1998) in diesem Zusammenhang *„ältere kollektive Institutionen"*, die von einer *direktiven Handlungssteuerung* geprägt sind, und unterscheidet diese von *„neuere"*, *als "sekundär" bezeichneten Institutionen,* die bereits von Beck (1986) beschrieben wurden. Diese heutigen, sekundären Institutionen „steuern" soziales Handeln demnach eher *indirekt* – jedoch dabei nicht weniger wirksam.[80] Der Wohlfahrtsstaat ist also insoweit als Institution zu verstehen, als etwa durch *Rechte und Pflichten,* durch *Organisationen,* Sozialbürokratie, und damit auch durch *Professionen,* sowie durch Sozialleistungen im Rahmen von *Interaktionen* individuelles Handeln der Adressaten

---

[79] Vgl. Leisering (1998), Leisering/Leibfried (1999) und Leisering/Müller/Schumann (2001), die stärker lebenslauftheoretisch geleitet die Frage nach dem Wandel von Institutionen behandeln.

[80] Vgl. Leisering (1998: 66).

direkt oder indirekt beeinflusst und damit „gesteuert" wird. Dies wiederum ge-schieht eingebunden in bestimmte institutionelle Relationen, *Relationalitäten* und Arrangements, die national und lokal genauer zu betrachten sind. Es lässt sich ferner beobachten, dass – mit dem Prozess der Individualisierung verbunden – zunehmend auch *Eigenaktivitäten* und *Formen der Selbststeuerung* der Adressaten sozia-ler Interventionen und Leistungen institutionell „in Rechnung gestellt" werden bzw. in den Steuerungszielen und Interventionsformen genauer als bisher mit be-dacht werden. Dies geschieht *zeit- und verlaufsbezogen* in spezifischen Formen, Mus-tern und Varianten, wie mit Befunden der dynamischen Armutsforschung bereits erkennbar wurde.

Die im folgenden Kapitel dargestellten theoretischen Grundlagen zu sozialen Interventionen und ihrer Steuerung schließen an die zuvor beschriebenen Zusam-menhänge an. Zugriffe, Einflüsse und Effekte des Wohlfahrtsstaates und seiner Einrichtungen auf bzw. bei den Individuen und in ihren Lebensläufen erfolgen in diesem Verständnis weniger *direktiv*, sondern in modernen Gesellschaften *in der Regel* in *non-direktiven* Formen. Der moderne Wohlfahrtsstaat gibt beispielsweise in der Sozialhilfe zwar einerseits normativ-rechtlich starke und genau ausformulierte Handlungsanweisungen und institutionalisierte Erwartungen zur Bewältigung von Armutslagen vor, ebenso erfolgen durch ihn aber vor allem auch „schwache" und rahmende Strukturierungsleistungen, die individuelle Handlungsmöglichkeiten nicht oder nicht ausschließlich einschränken, sondern ebenso erweitern können. Institutionell werden in diesen Interventionsformen ebenfalls Teilhabechancen eröffnet, allerdings nicht so sehr in einem Sinne, dass direkte Ergebnisse gesteuert werden, so Leisering (1998: 68). Im Effekt werden eher Handlungsoptionen und -fähigkeiten der Individuen erweitert, wobei das Handeln der Individuen durchaus ihnen selbst zugerechnet wird. Die empirische Frage ist, ob und wie genau soziale Interventionen diese theoretisch formulierten Merkmale aufweisen und wie sich ihre Ausgestaltung in verschiedenen Wohlfahrtsstaaten zeigt.

1.2 Soziale Interventionen – ein theoretisches Konzept zur Entwicklung der Sozialhilfe als aktive personenbezogene soziale Dienstleistung

Nachdem die theoretischen Grundlagen zum Begriff der wohlfahrtsstaatlichen Institution bezogen auf die Sozialhilfe genauer entwickelt wurden und damit erste zentrale Untersuchungskategorien festgelegt sind, werden nun die Interventions-, sowie die Handlungs- und Interaktionsebene genauer theoretisch betrachtet. Als zentral für die Untersuchung erweisen sich dabei der Begriff und das theoretisch bereits entwickelte Konzept der *„sozialpolitischen Intervention"* bzw. der *„sozialen Inter-*

vention". [81] Die hierzu vorliegenden theoretischen Grundlagen sind vor allem daraufhin zu untersuchen ob und inwieweit sie vor dem Hintergrund aktueller Reformstrategien und neuer Leitbilder zur Entwicklung einer „aktiven" Sozialverwaltung und „aktiver" Sozialdienste beitragen können, und ob und inwieweit in den bisherigen theoretischen Grundlagen auch *personen*bezogene sowie *lebenslauf*bezogene Interventionsformen mit berücksichtigt werden. Bezugspunkt der theoretischen Überlegungen bildet damit die Frage nach den Möglichkeiten und Grenzen zur Entwicklung der Sozialhilfe zu einer „aktiven" und „personenbezogenen sozialen Dienstleistung".[82] Die theoretischen Grundlagen müssen sich somit für eine Analyse zur Sozialhilfe als monetäre *und* persönliche Hilfe eignen. Sie sollten ferner einen Beitrag leisten, um die durch Prozesse einer „Verwaltungsmodernisierung" und die unter dem Einfluss des Leitbildes einer „aktivierenden Sozialpolitik" möglicherweise bereits veränderten sozialen Dienste und Leistungen sozialwissenschaftlich erfassen und empirisch untersuchen zu können.

Betrachtet man die Entstehung und den Verwendungszusammenhang des Interventionsbegriffes, so wird erkennbar, dass dieser soziologisch im Sinne von „social interventions" dem angloamerikanischen Raum entstammt und in der US-amerikanischen sozialwissenschaftlichen Forschung zur Sozialpolitik und vor allem zur Sozialarbeit bereits in den 1960er Jahren verbreitet war und bis heute verbreitet ist.[83] Für die *deutsche soziologische Forschung zum Wohlfahrtsstaat* wurden Grundlagen einer Theorie sozialer Interventionen vor allem von Kaufmann (1982) entwickelt.[84]

---

[81] Zum Begriff der sozialen Intervention vgl. Kaufmann (2002: 107).

[82] Zu Begriff und Etymologie der *personenbezogenen sozialen Dienstleistung* vgl. vor allem Bauer (2001). Anders als von Bauer (2001: 14), der unter dem Hinweis darauf, dass es sich um einen *bestimmten* begrifflichen Sachverhalt handelt, Soziale Dienstleistungen in der Großschreibung behandelt, wird hier jedoch die Kleinschreibung bevorzugt. Der Sachverhalt und die Bezüge sozialer Dienstleistungen sind – jedenfalls in Deutschland – insofern unbestimmt, als beispielsweise die Sozialhilfe mit ihren Leistungen einer „persönlichen Hilfe" zwar einerseits unter die „personenbezogenen *sozialen Dienste*" subsumiert werden kann. Gerade die Leistungen der Sozialhilfe, ähnlich wie Leistungen der Gesetzlichen Krankenversicherung, beinhalten aber ebenso tendenziell „unpersönliche" monetäre Hilfen und Sachleistungen. *Innerhalb* des Leistungssystems der Sozialhilfe oder etwa der Krankenkassen sind die besonderen *personenbezogenen sozialen Dienstleistungen* und *sozialberufliche Handlungsformen integriert* und verbunden organisiert, so etwa Beratung, Vermittlung oder spezialisierte soziale Dienste, wie die Schuldnerberatung, Lebensberatung, Gesundheitsberatung usw. Begrifflich sind diese institutionellen Arrangements und sozialberuflichen Handlungsformen demnach nicht so klar zu typisieren und zu definieren, wie es zunächst scheint. Von einzelnen Autoren wird zudem der allgemeine Begriff der Dienstleistung in theoretischer und analytischer Hinsicht bezogen auf soziale Dienste sogar generell als problematisch gesehen. Vgl. Oevermann (2000).

[83] Zu Geschichte und Verwendung des Begriffs „social intervention" in US-amerikanischen Studien der Sozialpolitik und Sozialarbeit vgl. Loewenberg/Dolgoff (1972: 10).

[84] Der erste Beitrag von Kaufmann zu den Grundlagen einer Theorie sozialer Interventionen stammt aus 1982. Der Beitrag wurde von Kaufmann (1999 und 2002) theoretisch überarbeitet und aktualisiert. Auch von anderen Autoren, etwa von Leibfried/Tennstedt (1985: 18 u. 76 ff.) wird der Interventions-

Auf diese Grundlagen wird hier vorrangig Bezug genommen. Sie werden genauer auf das Untersuchungsfeld der Sozialhilfe und die Sozialverwaltung übertragen.[85] Für die *schwedische Forschung zum Wohlfahrtsstaat* findet sich der Begriff sozialer Interventionen etwa bei Rothstein (1994: 94-98). Dieser unterscheidet in einer Klärung des Interventionsbegriffs zwischen *regulierenden* und *interventionistischen* Maßnahmetypen des Wohlfahrtsstaates. Beide Maßnahmetypen können entweder eher *statisch* oder *dynamisch* konzipiert werden, womit erste Bezüge zur Zeit- und Handlungsperspektive angesprochen sind. Diese Bezüge sind zu beachten. Hinsichtlich der Sozialhilfe werden von Rothstein in seiner Untersuchung zur Entwicklung und den Steuerungsmöglichkeiten des schwedischen Wohlfahrtsstaates die *bedürftigkeitsgeprüften Sozialleistungen ausdrücklich als interventionistische Maßnahmen definiert* und nicht den regulierenden Maßnahmen zugeordnet.[86]

Der Interventionsbegriff wurde einerseits sozialwissenschaftlich von Kaufmann (1982) oder auch bezogen auf den schwedischen Wohlfahrtsstaat von Rothstein (1994) in breitere wohlfahrtsstaatliche Zusammenhänge und Bezüge gestellt und entsprechend entwickelt, andererseits ist der Begriff sozialer Interventionen auch im Bereich der Sozialarbeit und sozialer Dienstleistungen sehr verbreitet. Eine genauere Herleitung des Begriffs und Konzepts verbunden mit einer *Übertragung auf die Sozialhilfe* ist bisher weder in Deutschland noch in Schweden vorgenommen worden. Dieses theoretische Defizit ist kurz näher zu betrachten.

Der Begriff und das Konzept der sozial*politischen* Intervention wurden in der deutschen Sozialpolitikforschung von Kaufmann (1982) stark eingebunden in steuerungstheoretische Überlegungen entwickelt und war zunächst vor allem auf staatliche Interventionen der Sozialpolitik bezogen. In späteren Beiträgen wird der Interventionsbegriff von Kaufmann (1999 und 2002) weiter gefasst und in den Bezügen offener formuliert, und es wird von *„sozialer Intervention"* gesprochen. Eine theoretische Unterscheidung der Begriffe der sozialpolitischen und der sozialen

---

begriff verwendet und beispielsweise hinsichtlich der Trennung von „Arbeiterpolitik" (Sozialversicherung) und „Armenpolitik" (Fürsorge/Sozialhilfe) von einer „polaren Struktur" sozialpolitischer Interventionen gesprochen.

[85] Der Begriff der sozialen Intervention ist auch in Deutschland verbreiteter als zumeist angenommen. Auffällig ist, dass er in sehr verschiedenen Kontexten der Sozialpolitik, aber auch in anderen Politikbereichen Verwendung findet.

[86] Neben dem allgemeiner auf den Wohlfahrtsstaat bezogenen Beitrag von Rothstein (1994) findet sich auf die *schwedische Sozialarbeit* bezogen beispielsweise bei Mosesson (1998) eine allgemeine Erläuterung des Interventionsbegriffs. Unter Intervention versteht Mosesson (1998: 239) im Feld der Sozialarbeit relativ offen definiert solche *„Eingriffe oder Einflüsse in das Alltagsleben der Menschen, die sowohl positive Entwicklungen als auch negative Beeinträchtigungen bewirken können"*. Als wichtige Grundvoraussetzungen für Interventionen in der Sozialarbeit nennt er, dass ein Motiv vorliegt, dass bestimmtes Wissen zum Inter-ventionsfeld der eigentlichen Intervention vorausgeht, und dass auch das Handeln und damit die Art der Intervention zeitlich bereits vor der eigentlichen Intervention bestimmt wird.

Intervention erfolgt nicht genauer. Unter Berücksichtigung von Beiträgen zur Abgrenzung zwischen Sozialpolitik und Sozialarbeit lässt sich folgern, dass der Begriff der *sozialen Intervention* wesentlich weiter gefasste Interventionsbereiche und Interventionsebenen im Wohlfahrtsstaat berührt als das mit dem Begriff der sozial*politischen* Interventionen gegeben ist. Soziale Interventionen können sowohl die Bereiche der Sozialpolitik als auch die Sozialverwaltung und die Sozialarbeit umfassen.[87] Mit dem Begriff der sozialen Intervention werden in seinem offeneren Definitions- und Bedeutungszusammenhang zumindest optional auch nicht-staatliche Interventionen einbezogen.[88]

In dieser Untersuchung wird der *soziologische Begriff der sozialen Intervention* verwendet, womit zunächst einmal relativ breit verstanden vielfältige Interventionsformen der Sozialhilfe und ihrer Verwaltung und weiterer Akteure erfassbar sind. So sind neben wohlfahrts*staatlichen* Interventionen auch die *kommunalen* und die *intermediär* erbrachten Leistungen, Dienste und Eingriffe potentiell mit einbezogen, wie sie etwa von der freien Wohlfahrtspflege oder auch von nicht-staatlichen Organisationen bzw. privatrechtlichen Anbietern sozialer Dienstleistungen erbracht werden können. Exemplarisch sind Leistungen und Handlungsformen von Arbeitsvermittlungsagenturen oder Beratungsstellen zu nennen, die theoretisch und analytisch über den Begriff der sozialen Intervention mit erfasst sind. Gerade in dieser analytischen Offenheit kann der Begriff der sozialen Intervention für die international vergleichende Forschung sinnvoll Verwendung finden. So ist es in nur in einem solchen offeneren theoretischen Ansatz auch möglich, den bisher skizzierten wohlfahrts(staats)- und verwaltungskulturellen Unterschieden zwischen Deutschland und Schweden gerecht zu werden. Für *Schweden* ist im Bereich der Sozialhilfe und sozialer Dienste nach bisherigen Studien empirisch ein eher eng gefasstes institutionelles Arrangement in Form nahezu ausschließlich *öffentlich-rechtlich* verfasster *staatlicher und kommunaler* Organisationen, Behörden und Akteure

---

[87] Zur Relation von Sozialpolitik und Sozialarbeit vgl. etwa Kaufmann (1972). In seiner überarbeiteten Version des früheren Beitrages (1982) geht Kaufmann (2002: 121) genauer auf die unterschiedlichen Bezüge des Begriffs der sozialen Intervention ein. Danach ist der Begriff wesentlich *soziologisch* zu verstehen. Mit dem Begriff der sozialen Intervention wird zugleich den unterschiedlichen Formen der *sozialarbeiterischen* Intervention im Detail *keine* differenziertere Beachtung geschenkt. Sozialarbeiterische Interventionen können jedoch unter dem Oberbegriff der sozialen Interventionen subsumiert werden.

[88] Als Beispiel *nicht-staatlicher sozialer Intervention* seien hier *Selbstverpflichtungen* relevanter Akteure zur Lösung oder Bearbeitung sozialer Probleme genannt. So kann beispielsweise eine Selbstverpflichtungen, wie die Empfehlung des Zentralausschusses des Deutschen Kreditgewerbes (ZKA) vom Juni 1995, wonach jedem Sozialhilfebeziehenden auch im Falle einer Überschuldung und bei Kontenpfändungen weiterhin ein Girokonto auf Guthabenbasis und damit die Teilnahme an alltäglichen Wirtschaftsabläufen ermöglicht werden soll, zwar als „soziale Intervention", jedoch kaum als „wohlfahrtsstaatliche sozialpolitische Intervention" betrachtet werden. Über Selbstverpflichtungen kann demnach durchaus eine soziale, ökonomische und kulturelle Teilhabe ermöglicht werden, ohne dass es sich dabei direkt um wohlfahrtsstaatlich definierte Teilhaberechte oder Schutzrechte handelt.

bei einem gleichzeitig *weit gefassten Verständnis von Wohlfahrtspolitik (välfärdspolitik)* zu erwarten. Demgegenüber ist für die Sozialhilfe und für soziale Dienste in Deutschland eine *korporatistische und subsidiäre Struktur* in Form des ausgeprägteren intermediären Sektors bei einem *gleichzeitig enger gefassten Verständnis von Sozialpolitik* kennzeichnend. Die jeweiligen Interventionsformen können daher in ihren „typischen" Merkmalen nur auf der Basis eines theoretischen Untersuchungsansatzes ermittelt werden, in dem soziale Interventionen theoretisch als über rein staatliche bzw. öffentliche sozialpolitische Interventionen hinausgehend verstanden werden. Vorschnelle theoretische und analytische Engführungen gilt es zu vermeiden.

Soziale Interventionen sind als Interventionen im Sinne von *Eingriffen*, aber auch als *Leistungen* zu verstehen, die sich eben gerade *nicht* im Sinne eines *technischen* Subjekt-Objekt-Verhältnisses vollziehen, sondern die im Kern stets auf einen *sozialen Zusammenhang* bezogen sind. Dieser soziale Zusammenhang soll durch Eingriffe und/oder Leistungen verändert werden.[89] Zugleich wird davon ausgegangen, dass der entsprechende soziale Zusammenhang auch auf entsprechende Interventionen reagieren kann bzw. reagieren wird.[90] Der Interventionsbegriff ermöglicht es, komplexere Rekonstruktionen der in Frage stehenden Zusammenhänge vorzunehmen. Dem Interventionsbegriff liegt somit *nicht* die Perspektive zu Grunde wonach etwa ein bestimmter operativer Eingriff, eine wirtschaftliche Leistung oder eine Bera-

---

[89] Beispielsweise wird im deutschen Verwaltungsrecht und in der Verwaltungswissenschaft zwischen der *Leistungs*verwaltung und der *Eingriffs*verwaltung unterschieden. Vgl. zum Beispiel Loeser (1994: 60-61) und Wolff/Bachof/Stober (1999: 54-59 und 313-316). Dabei bleibt aber meist der *soziale Zusammenhang* derart verwaltungsmäßig definierter Interventionen unberücksichtigt. Auch insofern bietet sich der Begriff der *sozialen Intervention* für eine soziologische Untersuchung der Sozialhilfe eher an als etwa der Begriff des *Verwaltungshandelns*. Diese Begriffswahl ist für eine ländervergleichende Untersuchung auch deshalb entscheidend, weil die Einbettung sozialer Interventionen als „Verwaltungshandeln" in der schwedischen Sozialhilfe *nicht* in gleicher Weise besteht wie für die deutsche Sozialhilfe. Die schwedische Sozialhilfe ist stärker durch sozialarbeiterische Handlungsformen geprägt und teilweise entsprechend anders definiert ist als sich das über den Begriff des Verwaltungshandelns soziologisch erfassen ließe.

[90] Vgl. dazu Kaufmann (1999: 923). Auch systemtheoretisch ist eine Interventionstheorie entwickelt worden. Interventionen werden beispielsweise von Willke (1994: 16) sehr abstrakt *„als Basisoperation jeder Form der Beeinflussung komplexer Systeme"* verstanden, wobei unklar bleibt, ob es sich um *intentional* bzw. ziel-/ergebnisbezogene Beeinflussungen handeln muss, oder ob auch *nicht-intentionale*, mehr oder weniger beliebige Beeinflussungen als Interventionen zu verstehen sind. Generell ist der systemtheoretische Ansatz von erheblicher Skepsis hinsichtlich des Gelingens von Interventionen gekennzeichnet, in dem die *„Unwahrscheinlichkeit gelingender Intervention zum Normalfall"* postuliert wird (Willke 1999: 4). Zugleich scheinen abstrakte Formulierungen, wie etwa: *„Intervention sei das Bewirken eines bedeutsamen Unterschiedes"*(Willke 1999: 12) für eine empirische Studie zu den Interventionsformen der Sozialhilfe kaum weiterführend und auch kaum operationalisierbar. Der Beitrag der Systemtheorie liegt vor allem darin, die Komplexität sozialer Interventionen besonders hervorzuheben und auf die *Kommunikation* als eine zentrale Kategorie von Interventionen aufmerksam zu machen. Bei Willke (1999) finden sich eine Reihe von theoretischen Systematisierungen, mit denen die komplexen Prozesse und unterschiedlichen Ebenen verschiedener Interventionsformen veranschaulicht werden.

tung einzelfallbezogen intendierte Wirkungen erzielt, sondern eine Perspektive, die es erlaubt, auch die *Eigenarten* und das *Umfeld* der Intervention, die *Kontextbedingungen*, die Reaktionen beteiligter Akteure, *Mehrstufigkeiten* und *Prozesse* mit in den Blick zu nehmen. Zum Begriff der sozialen Intervention lässt sich *allgemein* hinsichtlich seiner Bedeutung für die Untersuchung zunächst formulieren:

> *„Soziale Intervention ist somit ein analytisches Grundkonzept zur sozialwissenschaftlichen Rekonstruktion intentionaler Eingriffe in soziale Zusammenhänge. Es hängt von der Reichweite der unterstellten Zusammenhänge ab, wie komplex das Interventionsgeschehen zu rekonstruieren ist."* (Kaufmann 1999: 924)

Ausgehend vom Konzept sozialer Bürgerrechte, wie es von T.H. Marshall (1950) entwickelt wurde, wird der Begriff der sozialen Teilhabe für den Ansatz einer Theorie sozialer Interventionen als zentral gesehen.[91] Im Verständnis, dass Sozialpolitik über eine reine Kompensation hinausgeht und auf soziale Teilhabe ausgerichtet ist, werden vier Dimensionen sozialer Teilhabe und damit zugleich *vier Dimensionen sozialer Interventionen* formuliert. Diese Dimensionen sind auch in der Sozialhilfe vorzufinden, wenn diese *nicht* ausschließlich auf ihre monetäre Transferfunktion reduziert gesehen wird, sondern die mit ihr verbundenen und rechtlich vorgesehenen weiteren Aufgaben und Funktionen mit beachtet werden, etwa die „persönliche Hilfe" oder die finanzielle und infrastrukturelle Förderung von Beratungseinrichtungen.[92] Es handelt sich um die folgenden vier Dimensionen:

- Teilhabe-*Rechte*, welche auf die Verbesserung des rechtlichen Status von Personen, etwa die Sicherstellung eines Rechtsanspruchs auf Sozialhilfe bezogen sind und/oder sich auf soziale Schutzrechte wie etwa den Pfändungsschutz von Sozialleistungen beziehen.

- *Materielle* Teilhabe, die auf die Einkommensverhältnisse von Personen fokussiert, was im Rahmen der Sozialhilfe durch die monetären Trans-

---

[91] Wie bereits an anderer Stelle angedeutet, grenzt Kaufmann (1999: 933) sozialpolitische Analysen im Verständnis des Konzepts der Teilhabe von Analysen ab, die Sozialpolitik im Wesentlichen als Kompensation verstehen.

[92] Eine interessante und für Ländervergleiche systematisierend wirkende Frage ist die, ob und inwieweit ein wohlfahrtsstaatliches Regime zum Beispiel im Bereich der Sozialhilfe oder in anderen Politikbereichen *besondere Merkmale* einer auf *„Kompensation"* und/oder auf *„Teilhabe"* ausgerichteten Sozialpolitik aufweist. Auch die Frage, ob sich in neueren Reformen und Entwicklungen etwa der Sozialhilfe in einzelnen Wohlfahrtsstaaten Pfade weg von einer auf Teilhabe bezogenen Sozialpolitik hin zu einer auf Kompensation ausgerichteten Politik erkennen lassen, kann genauer untersucht werden. Diese Fragen sollen rahmend mit Aufmerksamkeit erhalten. Vor allem ist die Frage einer Sozialpolitik im Verständnis und in der Zielsetzung der *Problemvermeidung* und *Prävention* genauer als bisher für die Sozialhilfe mit zu beachten, wenn die Zeit-/Verlaufs- und Handlungsperspektive im Zentrum stehen.

ferleistungen unterschiedlichster Art etwa in Form einmaliger, zeitlich begrenzter oder längerfristiger Leistungen erfolgt.

- Teilhabe in Form von *Gelegenheiten und Zugängen,* womit vor allem die Verbesserung der materiellen und sozialen Umwelt von Personen oder Personengruppen gemeint ist, etwa die Versorgung mit Sozialberatungsstellen und der Zugang hierzu.

- Teilhabe im Sinne einer Verbesserung der *Handlungskompetenzen von Personen.* So stellen die *im Laufe eines Lebens* erworbenen Fähigkeiten und Motivationen ein kaum verlierbares Vermögen der Individuen dar, dass sie aus zurückliegenden Prozessen sozialer Teilhabe, insbesondere in Familie, Schule und Beruf akkumuliert haben und *im Lebensverlauf immer wieder anwenden können.*

Die für die Untersuchung als zentral gewählten Kategorien *Zeit und Handeln* sind in allen vier Teilhabe-Ebenen in unterschiedlichem Maße enthalten, wenn auch bisher nicht genauer theoretisch ausformuliert. Besonders deutlich werden die Zeit- und Handlungsperspektive dabei in einer ausdrücklich auf den Lebenslauf bezogenen Teilhabedimension über die individuellen Handlungskompetenzen erkennbar. Dies bedeutet theoretisch etwa, dass eine Erweiterung der „persönlichen Hilfen" im Rahmen der Sozialhilfe über neue bzw. veränderte Konzepte einer individuellen Kompetenzvermittlung zugleich eine Stärkung des Lebenslaufbezugs und des Handlungsbezugs impliziert. Für Sozialhilfe und Arbeitsmarktpolitik in Deutschland sind entsprechende Reformstrategien erkennbar, für die schwedische Sozialhilfe sind sie genauer zu prüfen.

Kaufmann (1999) unterscheidet *zwei weitere Ebenen,* die dem Konzept sozialer Interventionen vorausgehend zu Grunde liegen. Hierbei handelt es sich um die *Handlungsprogramme* im engeren Sinne und um die *Steuerungsmechanismen,* welche sich vor allem auf die *„Methoden"* beziehen, mit deren Hilfe die Ziele und Wirkungen sozialer Interventionen erreicht werden sollen. Bleibt der Methodenbegriff auch unklar, so rechnen etwa die eher traditionellen Steuerungsinstrumente Recht und Geld, durch die die Sozialhilfe bislang vor allem geprägt ist, zu den Steuerungsmechanismen. Daneben finden sich aber weitere Steuerungsinstrumenten wie Information und Wissen, die sich auch in den Möglichkeiten und Zusammenhängen ihrer Anwendung deutlich von den Instrumenten Recht und Geld unterscheiden und aktuell in der Planung und Ausgestaltung sozialer Interventionen an Bedeutung gewinnen.[93] Dass neben genannten Variablen und der Dimension des (Sozi-

---

[93] Nach Kaufmann (1999: 932) wurde die Unterscheidung zwischen Handlungsprogrammen und Steuerungsmechanismen von Windhoff-Héritier (1980: 42 ff.) übernommen. Auf die wachsende Bedeutung von Wissen als Steuerungsmedium geht Willke (1994: 231-332) genauer ein. Für die deutsche Sozial-

al)Raums etwa auch die „Zeit" ein relevantes Steuerungsinstrument bildet, wurde bisher nicht genauer herausgearbeitet. Dagegen ist die Handlungsperspektive bereits über *Handlungsprogramme* benannt, die stärker die direkte Programmebene und vor allem die intentionale Ebene sozialer Interventionen in den jeweiligen institutionellen Arrangements berühren.

Eine weitere nützliche Systematisierung lässt sich in der Frage nach der *dominierenden Intention sozialer Interventionen* vornehmen. Zu diesen dominierenden Intentionen können beispielsweise gehören:

- *Einkommensumverteilung*, als eine klassische Intention monetärer Transferleistungen wie etwa der Sozialhilfe.

- *Verhaltensregulierung*, etwa die Förderung der Arbeitsmotivation von arbeitslosen Sozialhilfebeziehender, oder auch professional die Aktivierung oder Begrenzung von Gestaltungsfreiräumen sozialberuflichen Handelns der in der Sozialverwaltung Beschäftigten. Vor allem Wissen und Informationen sind für solche intentional ausgerichteten verhaltensbezogenen Interventionen von besonderer Relevanz.

- *Ordnung von Entscheidungsprozessen*, wie etwa die Verteilung von Verantwortung und Zuständigkeiten, zum Beispiel zwischen Sozialverwaltung und Sozialarbeit, Innendienst und Außendienst, oder auch zwischen Sozialverwaltung und Arbeitsverwaltung.[94]

- *Bereitstellung von sozialen Diensten*, etwa durch die finanzielle oder personelle Förderung von Arbeitsvermittlung/-beratung oder beispielsweise von Schuldnerberatung, die personenbezogene Hilfen bei Wegen aus dem Sozialhilfebezug leisten. In diesen Zusammenhängen bilden Informationen, Wissen und Kompetenzen neben Geld und Recht zusätzliche besonders wichtige Steuerungsgrößen.

Die Ebenen der Handlungsprogramme und der Steuerungsmechanismen stehen in der Praxis sozialer Interventionen immer in einem engen Zusammenhang, können aber analytisch getrennt voneinander betrachtet werden. Erkennbar wird bereits in diesen theoretischen Kontexten, dass auch die Sozialhilfe in ihren zum Teil vielfältigen Intentionen sowie in den Handlungsprogrammen und Steuerungsmechanis-

---

hilfe wurde der Einsatz wissensbasierter Informationssysteme von Leisering/Hilkert (2001) bereits untersucht und empirisch ein Bedeutungszuwachs dieser Steuerungsinstrumente ermittelt. Für die schwedische Sozialhilfe liegen vergleichbare Studien bisher nicht vor.

[94] Hier zeigt sich ein Zusammenhang, der im vorigen Kapitel mit Bezügen zu Lepsius (1990) bereits institutionentheoretisch als Kompetenzallokation beschrieben wurde.

men ein äußerst komplexes Leistungssystem des modernen Wohlfahrtsstaates ist. In diesen Zusammenhängen wurde allgemeiner für den Wohlfahrtsstaat bereits in zahlreichen Studien von einer „Steuerungskrise" gesprochen. [95] Soziale Interventionen im Rahmen der Sozialhilfe sind somit über einfache theoretische Ansätze etwa der Vorstellung einseitig verlaufender Staatsinterventionen im Verhältnis zwischen wohlfahrtsstaatlichen Institutionen und den Bürgern nicht angemessen zu untersuchen.

Als *Wirkungsfeld* sozialer Interventionen werden in bisherigen Beiträgen vor allem *Lebenslagen* genannt. [96] Häufig sind soziale Interventionen dabei in ihrem Lebenslagenbezug zugleich auf rechtlich genau typisierte Zielgruppen ausgerichtet. Die dabei besonders zu definierenden *Risiken und Belastungen* resultieren aus bestimmten Lebenslagen, die von Betroffenen in unterschiedlicher Weise wahrgenommen und im Lebensverlauf auch unterschiedlich bewältigt werden können. Bereits insofern sind hohe Anforderungen an eine möglichst differenzierte Ausgestaltung sozialer Interventionen gerade in der Verlaufs- und Handlungsperspektive gestellt. Soziale Interventionen wirken darüber hinaus auf „störende Ereignisse", oder „kritische Lebensereignisse", wie Unfall, Erkrankung, Arbeitsplatzverlust, Lernversagen usw. In ihrem *Lebens*lagenbezug und ihrer Ausrichtung auf „kritische *Lebensereignisse"* ist theoretisch bereits ein Bezug auf *Lebensverläufe* bzw. bestimmte *Phasen* oder *Übergänge* im Lebensverlauf mit gegeben. Die Zeit- und Handlungsperspektive sozialer Interventionen ist somit in den bisherigen theoretischen Grundlagen zwar enthalten, wurde selten in den Mittelpunkt gestellt. Typische *Zeitmuster, Dauern, Episoden, Häufigkeiten , Frequenzen* oder auch das möglichst *genaue „Timing"* sozialer Interventionen sind hinsichtlich ihrer Wirkungen und Wirksamkeit vermutlich von hoher Bedeutung. Bisher war demnach weniger der Lebens*lauf*bezug, sondern stärker der Lebens*lagen*bezug für die Entwicklung theoretischer Grundlagen sozialer Interventionen prägend. Beide Perspektiven schließen sich allerdings nicht aus, sondern sind gewissermaßen verbunden betrachtet zu berücksichtigen.

---

[95] Auf die Krise des Wohlfahrtsstaates als *Steuerungskrise* und auf die Grenzen sozialpolitischer und staatlicher Steuerung verweisen zum Beispiel Beiträge von Kaufmann/Majone/Ostrom (1986) oder Mayntz (1997: 187) und mit kommunalpolitischem Bezug Föst (1997: 7 f.). Zur Komplexität von Interventionen und ihrer Steuerung aus systemtheoretischer Perspektive vgl. Willke (1999).

[96] Zu den Wirkungsfeldern sozialer Interventionen vgl. neben Kaufmann (1982 und 1999) beispielsweise Badura/Pfaff (1989) und Hurrelmann (1990). Der Begriff und das Konzept der Lebenslage wurden von Gerhard Weisser erstmals 1952 vorgestellt, gewannen jedoch erst später Aufmerksamkeit in der Forschung zur Sozialpolitik. Zum Lebenslagenkonzept im Detail siehe Weisser (1972). Zum Lebenslagenkonzept in der dynamischen Armutsforschung Ludwig (1996: 59-69). Von Kaufmann (1982 und 1999) wurde das Konzept der Lebenslage interventionstheoretisch konkretisiert, in dem der Lebenslagenbezug mit den vier Dimensionen des rechtlichen Status, der verfügbaren monetären Ressourcen, der zugänglichen Gelegenheiten und der erworbenen Kompetenzen genauer verbunden wurde. Diese Ansätze sind um *lebenslaufbezogene* theoretische Grundlagen zu erweitern.

90

Innerhalb des bisher dominierenden Lebenslagenbezugs und verbunden mit dem Teilhabe-Konzept finden sich *zwei weitere Kategorien,* nach denen soziale Interventionen für eine Untersuchung zur Sozialhilfe theoretisch und empirisch genauer zu bestimmen sind. Unterschieden wird in den bisherigen Theorieansätzen zumeist zwischen: [97]

- *Verhältniszentrierten Interventionen,*
- *Verhaltenszentrierte Interventionen*

Während sich die verhältniszentrierten Interventionen auf die strukturellen, gesellschaftlichen und politischen Rahmenbedingungen beziehen, und auf die Beeinflussung bzw. Veränderung dieser Verhältnisse abzielen, sind verhaltenszentrierte Interventionen entweder gruppenbezogen oder individuell auf die direkte Beeinflussung des Verhaltens ausgerichtet. Im Kontext der Beiträge zum Leitbild und zu Programmen einer „aktivierenden Sozialpolitik" besteht meist die These, dass verhaltenszentrierte Interventionen seit einigen Jahren etwa über „Workfare-Programme" in sozialpolitischen und fachlichen Konzepten eine stärkere Beachtung finden. Dies ist empirisch genauer zu prüfen. Die deutsche Grundsicherung wie auch die schwedische Sozialhilfe ist zwar als monetäre Transferleistung nach wie vor in hohem Maße auf die Behebung unzulänglicher materieller Verhältnisse und auf Vermeidung entsprechender Negativfolgen konzipiert. Zugleich finden sich aber seit den 1990er Jahren neben einer Ausweitung der Eingliederungsmaßnahmen in den Arbeitsmarkt auch eine besondere Förderung der personenbezogenen Sozialberatung. Diese Maßnahmen sind zwar auch verhältniszentriert auf strukturelle Gegebenheiten und auf die Lebenslagen bezogen, zugleich beziehen sie sich aber primär auf individuelles Verhalten und auf die Bewältigungsstrategien von Personen in bestimmten kritischen Lebensphasen. Im Kontext dieser theoretischen Unterscheidungen ist der Frage nachzugehen, ob und inwiefern sich in den beiden ausgewählten Ländern ähnliche oder auch unterschiedliche Gewichtungen der genannten Interventionsformen finden. Es ist davon auszugehen, dass in der Sozialhilfe ein *„typischer Interventionsmix"* mit je besonderen zeit- und verlaufsbezogenen institutionalisierten Verlaufs- und Handlungserwartungen und je besonderen zeit-

---

[97] Zur Unterscheidung zwischen verhältniszentrierten und verhaltenszentrierten sozialen Interventionen siehe im Detail Kaufmann (1999: 925 f.). Von Willke (1999: 211) liegt eine erweiterte Interventionsmatrix vor. Danach ist zu unterscheiden in: a) Einwirkungen auf *Handlungsabläufe,* die der verhaltenszentrierten Intervention ähnlich sind, b) Einwirkungen auf *Kommunikationsregeln,* c) Einwirkungen auf *Selbstbilder des Systems,* und d) Einwirkungen auf *Kontexte des Systems,* die der Kontextsteuerung entsprechen.

und verlaufsbezogenen Interventionsmustern für die beiden wohlfahrtsstaatlichen Arrangements erkennbar ist.

Die bisher zusammengefassten Elemente einer Theorie sozialer Intervention lassen sich gegenstandsbezogen genauer auf die Sozialhilfe als wohlfahrtsstaatliche Institution beziehen. Verbunden mit theoretischen Ansätzen aus der Lebenslaufforschung lässt sich in einem besonderen Fokus auf die Zeit- und Handlungsperspektive konkret fragen:

Wann sind welche Interventionsformen bezogen auf welche Lebensphasen, Armutskarrieren und -verläufe bei welchen sozialpolitischen Risiken und Strukturbedingungen, die im Zusammenhang mit dem Bezug von Sozialhilfe stehen, adäquat einsetzbar und in den intendierten Wirkungen besonders vielversprechend oder eben weniger vielversprechend? Wie zeigen sich diese Interventionsformen und -muster in der deutschen und in der schwedischen Sozialhilfe in ihren jeweiligen Merkmalen und Konstellationen?

Es geht dabei präziser formuliert nicht um die Interventionen selbst oder um ihre direkten oder indirekten Effekte, sondern um die *Formen* und *Muster* sowie um die *Merkmalskombinationen in den Zeit- und Handlungsbezügen* sozialer Interventionen in der Sozialhilfe. Die für die empirische Untersuchung aus der Interventionstheorie hergeleiteten Fragen werden für die Sozialhilfe nachfolgend noch genauer veranschaulicht. Die zuvor genannten unterschiedlichen Dimensionen und Ebenen sozialer Interventionen, teilweise bereits verbunden mit den institutionentheoretisch abgeleiteten Kategorien, finden dabei ebenfalls Berücksichtigung.

1.2.1 Die rechtliche Interventionsform und Recht als Steuerungsinstrument in der Sozialhilfe

In dieser Interventionsform fungiert vor allem das Recht als Steuerungsinstrument. Die rechtliche Interventionsform ist allerdings nicht mit dem Einsatz von Recht als Steuerungsinstrument zu verwechseln. So ist nicht so sehr das Leistungsrecht der Sozialhilfe in seinen Details, sondern vielmehr der *Tatbestand des Rechtsanspruchs* – etwa im Unterschied zur früheren Fürsorge oder zu Almosen – als die eigentliche rechtliche Interventionsform zu sehen. Darüber hinaus lassen sich auch im Sozialrecht gewährleistete *Schutzrechte*, etwa die Vorschriften des Pfändungsschutzes, der Arbeitsschutz oder auch der Kündigungsschutz usw. als elementare rechtliche Interventionsformen nennen.[98] Der rechtlichen Interventionsform kommt bezogen

---

[98] Der Pfändungsschutz von Sozialleistungen leitete sich – jedenfalls bis zu den Änderungen über das „Pfändungsschutzkonto 2010/2011 – im deutschen Sozialrecht aus § 55 f. SGB I her. Im schwedischen Recht ist der Pfändungsschutz laufender Transferleistungen der Sozialhilfe nicht sozialrechtlich

auf die Sozialhilfe in ihrer Intention einer materiellen Existenzsicherung vor allem historisch gesehen eine zentrale Funktion zu. So ist die Sozialhilfe sowohl in Deutschland als auch in Schweden heute als Leistungssystem konzipiert, auf die ein *Rechtsanspruch* besteht. Allerdings beschränkt sich dieser nicht allein auf die monetäre Ebene, sondern sowohl das deutsche als auch das schwedische Sozialhilferecht sehen explizit auch einen *Rechtsanspruch auf „persönliche Hilfen"* vor.[99] Dieser Rechtsanspruch auf persönliche Hilfen ist allerdings in den Regelungen sehr viel weniger eindeutig normiert und lässt sich zudem weniger präzise 'standardisieren' als das für monetäre Transferleistungen gilt.

Das Recht weist in der Steuerungs- und Interventionsperspektive insofern bereits typische Grenzen auf und in den vergangenen beiden Jahrzehnten wurden diese Steuerungs- und Interventionsgrenzen in zahlreichen Studien thematisiert.[100] Die Steuerungswirkungen des Rechts sind in erheblichem Maße von der *Normkonformität* und *Mitwirkungsbereitschaft* der durch die Rechtsnormen betroffenen Individuen, Organisationen und Akteure abhängig. Es zeigen sich zum Beispiel *„Grenzen der Folgebereitschaft"*, die etwa im Zusammenhang mit Programmen einer „Aktivierung in Arbeit" und der Frage nach der Relation von Rechten und Pflichten in beiden Wohlfahrtsstaaten eine besondere Aktualität erhalten. Daneben stoßen allzu weitgehende Versuche einer rechtlichen Steuerung auch an *Grenzen der praktischen Handhabbarkeit*. Seit den 1990er Jahren wurden diese Befunde und Risiken im Zusammenhang mit einer zunehmenden Verrechtlichung, Überregulierung und Unübersichtlichkeit der rechtlichen Regelungen und Vorschriften auch des Sozialrechts in Deutschland häufiger thematisiert. Das deutsche Grundsicherungs- und Sozialhilferecht wurde in Form des früheren BSHG im Verlauf der 1990er Jahre bereits in Teilbereichen, wie den „Hilfen zur Arbeit" nach §§ 18 ff. BSHG, kom-

---

im Sozialdienstgesetz geregelt, sondern beruht auf zivilrechtlichen Regelungen des Pfändungsgesetzes *(Utmätningsbalken)* von 1981.

[99] Bereits im *deutschen Bundessozialhilfegesetz (BSHG)* war ein allgemein formulierter Rechtsanspruch auf „persönliche Hilfe", etwa in Form der Information, Beratung und Betreuung vor allem mit den Regelungen der §§ 8 und 17 BSHG normativ gesichert, blieb aber in der Rechtspraxis unpräzise. Daran hat sich mit den Neuregelungen in §§ 16 u. 16a SGB II und mit den §§ 8 und 11 SGB XII (Beratung, Unterstützung, Aktivierung) auch seit den „Hartz-Gesetzen" von 2005 wenig verändert. In dem mit Jahresbeginn 2002 neu gefassten *schwedischen Sozialdienstgesetz (SoL)* finden sich im Kontext des früheren § 5 SoL (bis 31.12.2001) und ab 01.01.2002 in Kapitel 4 *(Rätten till bistånd)*, sowie in den entsprechenden Ausführungsbestimmungen und Kommentaren ebenfalls rechtliche Regelungen, wonach die Kommunen zu personenbezogenen sozialen Dienstleistungen *(övrigt bistånd)* auch innerhalb der Sozialhilfe verpflichtet sind. Vgl. Norström/Thunved (1999: 42-50). Dabei bleibt ein Rechtsanspruch auf „persönliche Hilfen" insgesamt aber ähnlich vage formuliert wie in Deutschland.

[100] Zur Steuerung wohlfahrtsstaatlicher Abläufe durch Recht vgl. Kaufmann (1988), der weitere Untersuchungen in die Analysen einbezieht, die sich mit den Grenzen einer Steuerung durch Recht befassen. In diesem Zusammenhang ist auf Studien von Teubner/Willke (1984), Voigt (1985 und 1986) hinzuweisen. Grenzen der Steuerbarkeit durch Recht wurden ferner von Mayntz (1997) untersucht.

plexer gestaltet und ist über die „Hartz-Gesetze" seit 2005 mit einem stärker an Zielgruppen und auf „Aktivierung" ausgerichteten neuen System des SGB II und des SGB XII wesentlich differenzierter und komplexer geworden.

In Schweden dreht sich die Debatte bezogen auf das Sozialdienstgesetz (SoL) seit über 20 Jahren darum, ob auch für die Sozialhilfe der Charakter des bisherigen *zielorientierten Rahmengesetzes* beibehalten werden soll, oder aber alternativ ein spezielles und *detailliertes Regelwerk* etwa ein „Sozialhilfegesetz" den Aufgaben und Zielen eher entspricht.[101] Bisher wurde das Prinzip einer zielorientierten Rahmengesetzgebung im Geltungsbereich des SoL in Schweden beibehalten. Das Sozialdienstgesetz bildet dabei sowohl die Rechtsgrundlage für die Sozialhilfe wie auch für die Jugendhilfe, die Altenhilfe und andere kommunale soziale Dienste.

Im *Bereich der personenbezogenen sozialen Dienstleistungen* zeigen sich die Grenzen der Normierung und einer rechtlichen Steuerung besonders deutlich. So ist etwa für die Bildung von *Vertrauen,* dass als zentrale Grundlage und Voraussetzung für „persönliche Hilfen" etwa in Form der Sozialberatung gilt, einerseits ein rechtlich geschützter und andererseits zugleich auch ein weitgehend offener bzw. regelungsfreier Raum erforderlich.[102] Ferner gilt für personenbezogene Dienstleistungen, dass sie rechtlich nur begrenzt standardisierbar sind.[103] In der Sozialhilfe werden

---

[101] Die historische Entwicklung des schwedischen Rechtssystems und eine Darstellung typischer Merkmale der schwedischen Rechtsordnung finden sich bei Nygren (1998). Neben einer beginnenden Rezeption des kontinentaleuropäischen römischen Rechts um 1300 sieht Nyrgren ferner um 1900 einen starken Einfluss des deutschen Rechtssystems auf das schwedische System. Gleichwohl bildet die Rahmengesetzgebung bis heute im Ländervergleich eine schwedische Besonderheit. Seit der Mitgliedschaft Schwedens in der Europäischen Union ist ein weiterer starker kontinentaleuropäischer Einfluss auf das schwedische Rechtssystem zu verzeichnen. Nygren spricht insgesamt von einer Anpassung der schwedischen Rechtsordnung an Europa *(Europaanpassningen).* Die europäische Ebene hat sowohl direkt als auch indirekt Regelungseinfluss auf diese Rechtsbereiche. So wurde beispielsweise 1989 von Schweden die Konvention des Europarates über die lokale Selbstverwaltung ratifiziert. Zwar ist das Subsidiaritätsprinzip im protestantisch geprägten Schweden deutlich geringer ausgeprägt als in mittel- oder südeuropäischen Ländern. Mit Unterzeichnung der Europakonvention über die kommunale Selbstverwaltung hat sich Schweden jedoch verpflichtet, öffentliche Aufgaben und Verantwortlichkeiten soweit wie möglich zu „dezentralisieren" so Petersson (1998: 91).

[102] Es sei an dieser Stelle auf die grundlegende soziologische Untersuchung von Luhmann (1968) hingewiesen. Vertrauen gilt Luhman als ein Mechanismus der Reduktion sozialer Komplexität. Das Verhältnis von Vertrauen, Zeit und auch Handeln wird von ihm theoretisch genauer untersucht. Einführend in die Zusammenhänge von *Vertrauen und Zeit* formuliert Luhmann (1968: 7): *„Wer Vertrauen erweist nimmt Zukunft vorweg".* Damit ist die Lebenslaufperspektive angesprochen. In der Sozialhilfe ist etwa das Vertrauen daraufhin institutionalisiert, dass der oder die Sozialhilfebeziehende in Zukunft möglichst eine Lebensplanung realisiert, die geeignet ist, den Sozialhilfebezug (möglichst bald) wieder zu beenden. Einen Überblick über Studien und theoretische Beiträge zum Vertrauen als Thema in der Soziologie bietet ferner Endress (2002).

[103] Auf das Problemfeld und die Unterscheidung standardisierbarer und nicht-standardisierbarer Dienstleistungen weist beispielsweise Oevermann (2000) kritisch hin. Theoretisch ausgeblendet bleibt allerdings eine mittlere Ebene, die zwischen standardisierbaren und nicht-standardisierbaren Dienstleis-

94

diese und weitere Probleme unmittelbar ersichtlich. Wenn etwa detaillierte rechtliche Regelungen die Vorlage genauester Verwendungsnachweise bei einmaligen monetären Leistungen vorsehen oder auch eine bestimmte Anzahl an schriftlichen Nachweisen über die Arbeitssuche einfordern, kommt damit nicht nur das Element des „institutionalisierten Misstrauens" gegenüber dem Bürger zum Ausdruck, sondern im Ergebnis können die personenbezogenen Hilfen in ihren Interaktionsverläufen und in ihrer Wirksamkeit insgesamt dadurch negativ beeinflusst werden. Es stellt sich dabei nicht nur das Problem der Einhaltung detaillierter Rechtsnormen sondern auch das Problem der Kontrolle und der Sanktion bei Nicht-Einhaltung rechtlicher Regelungen. All zu weit gehende und vor allem all zu detaillierte rechtliche Normierungen sozialer Verhältnisse, Interaktionen und Einzeltatbestände können somit gerade im Bereich personenbezogener sozialer Dienste dysfunktionale Nebeneffekte zur Folge haben.[104] Wenn institutionalisiertes Misstrauen, Formen sozialer Kontrolle und sozialer Disziplinierung über rechtliche Regelungen all zu bestimmende Größen werden, besteht für die in solche Regelungsmuster eingebundenen persönlichen Hilfen und auch für pädagogische Interventionen das Risiko, rechtlich negativ überlagert zu werden. Die Relationen zwischen rechtlichen Regelungsformen und personenbezogenen Interventionsformen müssen demnach gerade für die Sozialhilfe als monetäre Transferleistung *und* persönliche Hilfe sehr genau abgestimmt sein. Dies gilt insbesondere dann, wenn die historisch gewachsene enge Kopplung von ökonomischer und pädagogischer Intervention für die Grundsicherung/Sozialhilfe auch in Zukunft erhalten bleibt.

Das Steuerungsinstrument Recht bietet aber auch *Vorteile*. Es ermöglicht einen hohen Grad an Generalisierbarkeit bestimmter Tat- und Entscheidungsbestände. Diese Generalisierbarkeit lässt sich im Bereich der Sozialhilfe etwa am Regelsatzsystem der deutschen Sozialhilfe und am Beispiel der seit 1998 in Schweden ähnlich gesetzlich festgelegten national einheitlichen Regelsätze *(Riksnorm)* erkennen. Zuvor variierten die Leistungsniveaus der schwedischen Sozialhilfe zwischen den Kommunen zum Teil beträchtlich. Seit den 1990er Jahren sind in anderen Leistungsbereichen standardisierte Verfahren eingeführt wurden, so etwa in Deutschland im Rahmen der Pauschalierung einmaliger Leistungen. In beiden Wohlfahrtsstaaten wurden beispielsweise detaillierte Kategoriensystemen für die Regelung des Zugangs zu arbeitsmarktpolitischen Maßnahmen entwickelt, die in Form lokaler

---

tungen liegt und die sich prägnant mit dem Begriff der *„teil-standardisierbaren Dienstleistungen"* fassen lässt. Die Sozialhilfe ist vermutlich am ehesten diesen „teil-standardisierbaren Dienstleistungen" zuzurechnen.

[104] Aufgrund der *„zielorientierten Rahmengesetzgebung" (målinriktad ramlagstiftning)* unterliegt die schwedische Sozialhilfe in geringerem Grad einer detaillierten Verrechtlichung und Verregelung als die deutsche Sozialhilfe. Sie müsste für pädagogische Interventionsformen damit größere Gestaltungsfreiräume bieten.

Richtlinien ebenfalls detaillierte Regelungsmuster bilden. Entgegen dem für die deutsche wie schwedische Sozialhilfe grundlegenden Prinzip der Individualisierung wurden also entsprechende Einzeltatbestände durch rechtliche Regelungen und interne Richtlinien stärker generalisiert. Ob dies für beide Wohlfahrtsstaaten allerdings in gleichem Maße, in ähnlichen Bereichen und in ähnlichen Formen erfolgte, ist zu untersuchen. In beiden Sozialhilferegimes ist im Rahmen jüngster Reformen aber zugleich eine Intention erkennbar, etwa über *Experimentierklauseln* und Modellprojekte die Interventionsformen insgesamt „offener" zu gestalteten. Die Reformstrategien weisen demnach auch *konfligierende Zielsetzungen* auf. Einerseits werden mit der Sozialhilfe möglichst ausdifferenzierte Interventionen angestrebt, um die multiplen Probleme über verschiedene Interventionsformen wirksam zu bearbeiten. Zugleich sollen rechtlich weiterhin möglichst standardisierbare und generalisierbare Entscheidungs- und Verfahrensabläufe gesichert bzw. neu aufgebaut werden. Diese Entwicklungen sind mit einer Neujustierung der verschiedenen Interventionsformen und -muster verbunden. Insgesamt bildet sich mit den Reformen der vergangenen Jahre möglicherweise im Vergleich zu den 1970er und 1980er Jahren in beiden Wohlfahrtsstaaten ein veränderter „Interventionsmix" heraus, der empirisch erst noch zu bestimmen ist. Auch von daher können die rechtliche Interventionsform und rechtliche Regelungsmuster in der Analyse zwar idealtypisch isoliert gesehen werden, sie stehen aber praktisch immer in Wechselbeziehungen mit und zu den übrigen Interventionsformen und den jeweiligen Steuerungsinstrumenten.

1.2.2 Die ökonomische Interventionsform in der Sozialhilfe

Ökonomische Interventionen wirken durch die Beeinflussung der Einkommensverteilung. Hierunter fallen nicht nur monetäre Leistungen sondern auch Sachleistungen, die etwa in der deutschen Sozialhilfe durchaus vorkommen, in der schwedischen Sozialhilfe aber weniger oder gar nicht üblich sind. Die Grundsicherung/Sozialhilfe als wirtschaftliche „Hilfe zum Lebensunterhalt" ist somit vor allem als unmittelbare ökonomische Interventionsform zu sehen. Diese ist in Deutschland in besonders hohem Maße mit rechtlichen Regelungen und detailliert geregelten Verfahren verbunden. Beispiele bieten etwa die detaillierten gesetzlichen Normsetzungen zu einmaligen Leistungen, Mehrbedarfen und Freibeträgen sowie zu den Mitwirkungspflichten in der deutschen Sozialhilfe, die in der schwedischen Rahmengesetzgebung weniger detailliert geregelt sind. Dabei scheinen die monetären Transferleistungen der schwedischen Sozialhilfe zugleich rechtlich in mindestens ebenso hohem Grad wie in Deutschland als Teilhaberechte institutionalisiert und zugleich in den Niveaus großzügiger gestaltet. In beiden Wohlfahrtsstaaten zeigen sich somit bereits unterschiedliche Grundvoraussetzungen und Anforderungen – nicht nur für die Ausgestaltung ökonomischer Interventionen – sondern auch hinsichtlich der Bedarfe einer „Verwaltungsmodernisierung", einer Vereinfachung rechtlicher Regelungsmuster und in der Förderung „aktivierender" Instrumente und Handlungsformen in der Sozialhilfe.

Auch ökonomische Interventionen sind an bestimmte Bedingungen und Voraussetzungen gebunden. So ist eine wesentliche Voraussetzung dafür, dass Anspruchsberechtigte ihre monetären Ansprüche auf Sozialhilfe tatsächlich geltend machen, dass sie die Ansprüche und Anspruchsrechte auch kennen. Als Interventions- und Steuerungsproblem sind in diesem Kontext vor allem die *Dunkelzifferproblematik* und die *Zugangs- und Filterungsprozesse* zu nennen, die in der Sozialhilfe in besonderer Weise zu beobachten sind.[105] *Information* und *Aufklärung* sind somit als vorausgehende und begleitende Interventionsformen von zentraler Bedeutung für den Zugang zu monetären Transferleistungen.

Im Zusammenhang ökonomischer Interventionsformen stellt sich außerdem die Frage nach der *Einhaltung der Zweckbindung* ökonomischer Leistungen. Werden zur Einhaltung der Zweckbindung etwa die Kontrollelemente ausgeweitet, führt dies, wie bereits angedeutet, zu einer Veränderung der Kontaktmuster. Dies kann sich negativ auf die Interaktionsverläufe auswirken. Das gilt insbesondere bei personenbezogenen sozialen Dienstleistungen. Zudem erfordern detaillierte Kontrollen zur Sicherung der Zweckbindung ökonomischer Leistungen einen erhöhten administrativen Aufwand. Theoretisch und empirisch stellt sich somit die Frage, ob bzw. inwieweit durch eine Erhöhung der Selektivitätskriterien bei ökonomischen Interventionen auch eine Verbesserung der Effektivität, dass heißt der Verteilungswirkung und der Armutsbekämpfung erreicht wird. Nach Kaufmann (1982: 72ff.) ist zu bezweifeln, dass durch eine formale und an verhaltensbezogene Kriterien ausgerichtete Zweckbindung ökonomischer Leistungen die angestrebte Effektivität tatsächlich erreicht werden kann. Ebenso dürften Ziele einer Verwaltungsreform wie „Effizienz" und „Bürgernähe" durch detaillierte Zweckbindungsregelungen und -vorgaben negativ beeinflusst werden.

Für die Sozialhilfe sind diese Fragen unter anderem vor dem Hintergrund der Einführung neuer Steuerungsmodelle, insbesondere betriebswirtschaftlich geprägter detaillierter Controllingverfahren außerordentlich aktuell. Auch differenzierte Beratungsleistungen eines „Förderns und Forderns" und arbeitsmarktpolitische Projekte, die in höherem Maße als noch in den 1980er Jahren, einer „Kosten-Nutzen-Bewertung" unterzogen werden, werden indirekt und zum Teil auch direkt über Einzelfallabrechnungsmodelle zwischen Kommunen und Organisationen der

---

[105] Vgl. Kaufmann (1982: 74). Zu den Zugangs- und Filterungsprozessen in der Sozialhilfe liegt eine frühe Arbeit von Leibfried (1976) vor, die nach wie vor aktuell ist.

Arbeitsvermittlung oder der Schuldnerberatung gesteuert. Hiermit bilden sich ebenfalls veränderte ökonomische Interventionsformen ab. Die Tendenzen und Risiken einer „Ökonomisierung" sozialer Dienstleistungen sind im Kontext der deutschen Reformdebatten vielfach beschrieben. In Schweden finden sich möglicherweise ähnliche oder aber auch völlig andere Entwicklungen.

Ein zentrales Steuerungsproblem, dass sich generell in Verbindung mit monetären Interventionsformen zeigt, aber in der kommunal finanzierten Sozialhilfe infolge der Finanzkrise der öffentlichen Haushalte seit Anfang der 1990er Jahre in besonderer Weise auftritt, ist das *Problem der Mittelaufbringung*. Dieses Problem wird in seiner Bedeutung für die Gestaltung sozialer Interventionen daran erkennbar, dass neue Steuerungsinstrumente, etwa aus dem *Neuen Steuerungsmodell der KGST* (1995 und 1997) in Deutschland, oder auch Ansätze einer „ökonomischen Steuerung" *(Ekonomistyrning)* und die Einführung von Wettbewerbselementen *(Marknadsorientering)* für soziale Dienste in Schweden, in den Motiven und Zielen immer auch auf eine Konsolidierung der öffentlichen Haushalte, auf eine verbesserte Mittelaufbringung, sowie auf einen optimierten Ressourceneinsatz fokussieren.[106] Die Ausgangslagen und die Finanzsituation deutscher und schwedischer Kommunen waren und sind dabei aber seit Anfang der 1990er Jahre sehr unterschiedlich. Für deutsche Kommunen stellt sich in diesem Zusammenhang die Situation aus unterschiedlichsten Gründen im Ländervergleich kritischer dar, was anhand der Fallstudie für Göteborg im Kontrast zu Bremen genauer untersucht wird.[107] Neben neuen eher lokalen und intern-administrativen Strategien, begrenzte Mittel möglichst „effektiv, effizient und kundenorientiert" zu verwenden (KGST 1995), spielt beim Problem der Mittelaufbringung institutionentheoretisch die *Verantwortungsteilung* unter den hierarchischen Ebenen im jeweiligen wohlfahrtsstaatlichen Arrangements sowie unter den beteiligten Akteuren eine wichtige Rolle.

---

[106] Zum Modell einer „Neuen Steuerung" für die *deutsche Sozialhilfe* vgl. grundlegend KGST (1995 und 1997), eher kritisch Kühn (1995), Trube (1996) und Reis (1997a) sowie Strunk (1999). Zu ersten Entwicklungen und Modellen einer „Marktorientierung" *(Marknadsorientering) in der schwedischen Individuen- und Familienhilfe* (IOF), die auch die Sozialhilfe mit umfasst, vgl. Blom (1998). Zu allgemein auf den schwedischen Sozialdienst bezogen Entwicklungen einer „ökonomischen Steuerung" vgl. Socialstyrelsen (1995a).

[107] Die Finanzsituation der öffentlichen Haushalte *in Deutschland* verschlechterte sich sowohl auf Bundesebene wie auf kommunaler Ebene seit Anfang der 1990er Jahre zusehends. Für die deutschen Kommunen entstand spätestens 2002/2003 infolge rückläufiger Gewerbesteuereinnahmen eine massive Krise. *In Schweden* konnte demgegenüber der Staatshaushalt Ende der 1990er Jahre weitgehend ausgeglichen werden. Die schwedischen Kommunen verfügen mit ihrer eigenen Steuerhoheit und einem direkten Zugriff auf die Einkommenssteuer zudem über eine „breitere" und insgesamt gesichertere Einnahmebasis als das für die deutschen Kommunen in ihrer Abhängigkeit von der Gewerbesteuer und von Ausgleichszahlungen des Bundes und der Länder gilt. Im Bereich der Ausgaben für die Sozialhilfe war in beiden Ländern bis 1997/1998 ein Anstieg zu verzeichnen und seit 1998 ist entweder eine Stagnation oder eine Verminderung der Sozialhilfeausgaben feststellbar.

Institutionentheoretisch wurden diese Zusammenhänge im vorigen Kapitel bereits als Probleme der Kompetenzallokation angedeutet. In beiden hier ausgewählten Wohlfahrtsstaaten liegt die Finanzierungsverantwortung für die Sozialhilfe wesentlich auf kommunaler Ebene. Dabei ist die Sozialhilfe *in Deutschland* in den Regelungskompetenzen auch länderspezifisch im föderalen System eingebunden. *In Schweden* dagegen werden die sozialen Dienste und auch die Sozialhilfe im Kontext einer sehr ausgeprägten kommunalen Selbstverwaltung stärker noch als in Deutschland als weitgehend autonome und lokale Handlungs- und Politikfelder gesehen. Die Ebene der Bundesländer oder Regionalverwaltungen *(län/landstig)* spielt im Bereich der Sozialhilfe dort kaum eine Rolle. Auch von daher ergeben sich unterschiedliche Ausgangslagen und Rahmenbedingungen, sowohl in den rechtlichen Regelungskompetenzen und -mustern, und mehr noch für ökonomische Interventionsformen und für die Mittelaufbringung. In beiden Ländern zeigen sich in unterschiedlichem Grade *ökonomische Leistungsgrenzen des Wohlfahrtsstaates* in der Sozialhilfe besonders deutlich, die durch Kompetenzallokationen in den institutionellen Arrangements und durch Politikverflechtungen geprägt werden.[108]

Neben der grundsätzlichen Frage nach der Verantwortungs- und Kompetenzverteilung für die Mittelaufbringung und für die Leistungen der Sozialhilfe stellt sich die Frage, ob die Mittel für politisch intendierte Zwecke lokal auch so verwendet werden, wie es auf der zentralen oder auf anderen föderalen Ebenen vorgesehen ist. Interventions- und steuerungstheoretisch sind in diesen Kontexten wiederum eher „enge" und rigide Zweckbindungen denkbar, wie sie etwa im Finanzausgleichssystem zwischen Bund, Ländern und Kommunen in Deutschland verankert sind. Oder aber es findet sich ein eher offenes und in vielen Bereichen inzwischen *nicht* mehr zweck-, sondern eher zielorientiert gestaltetes System des Finanzausgleichs und staatlicher Förderung wie im schwedischen „*Statsbidrags- och utjämningssssystem*". Das Finanzausgleichssystem und das Fördersystem im Verhältnis zwischen dem schwedischem Zentralstaat und den Kommunen wurde dort im Verlauf der 1980er und 1990er Jahre bereits den sich neu stellenden Herausforderungen angepasst. Gleichwohl ist das Verhältnis zwischen Staat und Kommunen auch in Schweden nicht konfliktfrei wenn es um Kompetenzen, Regelungsmacht und Finanzierungsfragen wohlfahrtsstaatlicher Leistungen geht. Im Ergebnis der Entwicklungen seit den 1990er Jahren wurde jedoch in Schweden das Instrument einer Zielsteuerung *(målstyrningen)* bei der Vergabe staatliche Zuschüsse auch im Bereich der Sozialhilfe und lokaler Arbeitsmarktpolitik erweitert und die Instru-

---

[108] Zur Einbettung der deutschen Sozialhilfe im Finanzausgleich zwischen Bund, Ländern und Gemeinden vgl. beispielsweise den Sammelband von Kitterer (1990), sowie Föst (1997) und Takeda (1999). Zur Theorie und Empirie einer Politikverflechtung im kooperativen Föderalismus Deutschlands vgl. grundlegend Scharpf u.a. (1976).

mente einer früheren Detailsteuerung *(detaljstyrningen)* und geregelter Zweckbindungen wurden verringert.[109] Anders als in Schweden steht eine echte Reform des deutschen Finanzausgleichssystems nach wie vor aus. Im Verlauf der 1990er Jahre erfolgte in Schweden aber auch – wiederum offenbar deutlich weitergehend als in Deutschland – eine *„Dezentralisierung"* und *„Kommunalisierung"* ehemals zentralstaatlicher Aufgaben. So übernahmen schwedische Kommunen neue bzw. erweiterte Aufgaben im Gesundheitssektor, im Bildungswesen und in der Arbeitsmarktpolitik.

Auch fiskalpolitisch ist in beiden Wohlfahrtsstaaten eine Verlagerung der öffentlichen Kosten der Arbeitslosigkeit von der zentralstaatlichen Ebene auf die kommunale Ebene feststellbar. Vor allem die Kürzungspolitik im vorrangigen Bereich sozialer Sicherung, die im Verlauf der 1990er Jahre in beiden Wohlfahrtsstaaten zu verzeichnen war, führte zu einer Ausgabensteigerung in der kommunalen Sozialhilfe und damit zu lokalen Problemen einer ökonomischen Steuerung und Intervention. Damit sind auf kommunaler Ebene wie auch auf zentralstaatlicher Ebene die ökonomischen Leistungsgrenzen und Verteilungskonflikte im Zusammenhang ökonomischer Interventionen zunächst skizziert.

Am Beispiel der Untersuchung der Interventionsmuster in Projekten der lokalen Arbeitsmarkt- und Beschäftigungspolitik für Sozialhilfebeziehende dürften die im Zusammenhang mit der ökonomischen Interventionsform beschriebenen Veränderungen und die je besonderen Arrangements und Probleme in der empirischen Untersuchung weitergehend erkennbar werden. Genau in diesen Aufgaben- und Problemfeldern treffen eine bislang weitgehend dominante *zentralstaatliche* Verantwortung für die Arbeitsmarktpolitik und die *kommunale* Verantwortung für die Sozialhilfe in beiden Wohlfahrtsstaaten aufeinander, so dass sich die Verantwortungsbereiche, Kompetenzen und Interessen von „Arbeiterpolitik" und „Armenpolitik" in Projekten der lokalen Arbeitsmarktpolitik sowohl in fiskalpolitischer bzw. ökonomischer Hinsicht und ebenso in der Perspektive der hierarchischen Machtverteilung überlagern. Neue Organisationsformen des Zusammenwirkens wohlfahrtsstaatlicher Institutionen, etwa in Form des „Job-Centers", deuten in der Perspektive der Problembearbeitung dabei an, *dass ökonomische Interventionen verschiedenster Leistungssysteme und Organisationen institutionell enger miteinander verknüpft werden.* In diesen Zusammenhängen müssten sich demnach im Bereich der

---

[109] Zum Aufbau schwedischer Staatsorgane und der schwedischen Verwaltung sowie zum System des Finanzausgleichs zwischen Zentralstaat und Kommunen *(Statsbidrag och utjämningssystem)* vgl. im Überblick Halvarson u.a. (2000: 150-156). Danach verringerte sich zwischen 1990 und 1996 im Zuge der Sanierung des Staatshaushaltes das Niveau staatlicher Zuschüsse an die Kommunen und Regionalverwaltungen um insgesamt etwa 45 Mrd. SEK. Von 1996 bis 2006 war dann aber ein Anstieg bei den staatlichen Ausgleichszahlungen und Zuschüssen an Kommunen und Regionalverwaltungen zu verzeichnen und zwar in Höhe von insgesamt rd. 52 Mrd. SEK für den gesamten Zeitraum.

ökonomischen Interventionsformen empirisch eine Reihe veränderter Merkmale für die Leistungserbringungsprozesse beider Wohlfahrtsstaaten vorfinden lassen.

1.2.3 Die ökologische Interventionsform in der Sozialhilfe

Zunächst scheint es wenig ertragreich, die ökologische Interventionsform im Zusammenhang mit der Sozialhilfe als wichtige theoretische Kategorie grundlegend mit einzubeziehen. Ökologische Interventionsformen spielen seit den 1990er Jahren im Kontext der Sozialhilfe vor allem rahmend – zum Teil aber auch direkt – für eine Erschließung und Förderung von Wegen aus dem Sozialhilfebezug eine wichtige Rolle. Im Anschluss an das theoretische Konzept der Teilhabe geht es bei der ökologischen Interventionsform um die *Verteilung räumlich gebundener Teilhabemöglickeiten*, wie sie *durch Planung von Raumnutzungen und Schaffung von Infrastruktur* gestaltet werden können.[110] Als Akteure in diesem Bereich sind vorrangig die Länder und die Kommunen zu nennen, wenn beispielsweise durch die Einrichtung von Schulen oder Kindertagesstätten sowie durch den Ausbau arbeitsmarktbezogener Projekte auf die Gestaltung der sozialen Umwelt und Infrastruktur Einfluss genommen wird. Meistens erfolgen diese infrastrukturellen und umweltbezogenen Interventionen auf der Grundlage zuvor zentralstaatlich erlassener Gesetze. Zu berücksichtigen ist also, dass etwa die Bildungspolitik, der Versorgungsgrad mit sozialen Einrichtungen und arbeitsmarktpolitische Maßnahmen, auch wenn sie nicht direkt dem Regelungs- und Aufgabenbereich der Sozialhilfe angehören, in einer Lebenslaufperspektive wichtige Interventionsgrößen zur Gestaltung von Wegen in, durch, aus und nach dem Sozialhilfebezug bilden. Insofern spielen ökologische Interventionsformen dann auch bezogen auf typische Verlaufsmuster des Sozialhilfebezugs eine wichtige Rolle. Dies zeigt sich beispielsweise, wenn allein Erziehende aufgrund fehlender Angebote an Einrichtungen der Kinderbetreuung keine Erwerbstätigkeit aufnehmen können oder wenn es lokal an bildungspolitischer Infrastruktur für junge arbeitslose Einwanderer fehlt.

Für ökologische Interventionen gilt, dass die Implementationsstrukturen dieser Maßnahmen meist besonders komplex sind. Es können auch hier Probleme einer angemessenen Steuerung der Inanspruchnahme von infrastrukturell bereit gestellten Einrichtungen und Leistungen auftreten. Bezogen auf die Sozialhilfe sind für Wege aus dem Bezug beispielsweise bei allein Erziehenden nicht nur die Einrichtung von Kinderbetreuungseinrichtungen, sondern auch der *Zugang* zu und die *Nutzungsdauer* in solchen Angeboten zentrale Variablen ökologischer Intervention. In unterschiedlichen wohlfahrtsstaatlichen Arrangements sind diese Interventions-

---

[110] Vgl. Kaufmann (1982: 75 f.).

101

und Steuerungsgrößen zum Teil sehr unterschiedlich – oder aber auch ähnlich konzipiert.[111] Diese Variablen ökologischer Interventionen können zum Teil direkt über die Sozialhilfe gestaltet werden, wenn es um die Festlegung der Zugangskriterien und -kategorien geht, oder aber sie sind sozialhilfe*extern* geregelt. Erkennbar ist jedenfalls, dass die Reformstrategien in beiden Ländern auch auf die Frage der Kinderbetreuungseinrichtungen bezogen sind. Ferner wurden arbeitsmarkt- und beschäftigungspolitische Projekte in Deutschland und in Schweden seit den 1990er Jahren im Kontext hoher Empfängerzahlen und Ausgaben in der Sozialhilfe kommunal stark ausgeweitet.[112] In Deutschland ist ferner eine besondere Förderung der Ganztagsbetreuungseinrichtungen für Kinder angestrebt. Probleme der Bildungspolitik, der Arbeitslosigkeit und der Armut sollen in diesem Vorgehen dann gewissermaßen über ökologische und infrastrukturell bezogene Interventionen bearbeitet bzw. gelöst werden. Ziel ist es, in der Kinderbetreuung annähernd einen Versorgungsgrad zu erreichen, wie er in anderen Wohlfahrtsstaaten, so auch Schweden bereits seit den 1970er Jahren realisiert wurde.[113]

Ein weiteres besonderes Problemfeld ökologischer Interventionen lässt sich in der *Handlungsdimension* erkennen. Empirische Studien verweisen darauf, dass in der Regel die weniger bedürftigen Teile einer berechtigten Gruppe zugleich über die besseren Handlungsvoraussetzungen und -kompetenzen verfügen, um sich einen Zugang zu den genannten Einrichtungen oder Leistungen zu erschließen.[114] Die Zugangs- und Nutzerchancen derjenigen Adressaten und Gruppen mit vergleichsweise niedrigen Handlungsressourcen und -kompetenzen können somit geringer sein und Teilhabemöglichkeiten negativ beeinflussen, wenn sie nicht institutionell

---

[111] Die Maßnahmen der deutschen „Hilfe zur Arbeit" nach dem BSHG waren zumeist auf eine Dauer von 12 Monaten angelegt. Ähnlich die „Arbeitsgelegenheiten" gemäß § 16 d SGB II („Ein- Euro-Jobs"). Arbeitsmarktpolitische Maßnahmen im Kontext schwedischer Aktivierungsprogramme sind zumeist von kürzerer Dauer, oft mit Laufzeiten von 3 oder 6 Monaten versehen. Insofern deuten sich verlaufsbezogen bereits unterschiedliche Interventionsmuster an.

[112] Vgl. für Schweden Svenska Kommunförbundet (1999) und für Deutschland die Studie des Deutschen Städtetages (1999).

[113] Die „rot-grüne" Bundesregierung beschloss für die Legislaturperiode 2002 bis 2006 einen Ausbau der Bundesförderung für Kinderbetreuungseinrichtungen. Während in Schweden beispielsweise 48 % der unter Dreijährigen eine öffentliche oder private Kinderbebreuungseinrichtung besuchen, liegt der Anteil in Deutschland bei rd. 10 %, so Daten der OECD (Employment Outlook 2001).

[114] So spricht Ludwig (1996: 283) in den Ergebnissen ihrer qualitativen empirischen Untersuchung zum Verlauf von Armutskarrieren in diesem Zusammenhang von einem *„Sozialhilfeparadoxon"*. Dies meint, dass infolge institutionell wirksamer Selektionsprozesse genau für diejenigen Personen, die von multiplen Problemlagen und Langzeitbezug betroffen sind, tendenziell die geringsten *Zugangschancen* zu sozialen Hilfen bestehen. Über verändert konzipierte ökologische Interventionen etwa durch entsprechende problembezogene arbeitsmarkt- oder bildungspolitische Projekte könnten diese Zugänge verändert gesteuert werden und Risiken einer Verfestigung von Armutskarrieren könnte präventiv begegnet werden.

in besondere Weise gesteuert und unterstützt werden. Hinzu kommt, dass dienstleistende Einrichtungen häufig selbst Strategien und eine spezifische Selektivität entwickeln, der zufolge vor allem solche Personen oder Gruppen in die Interventionen oder Leistungsbereiche aufgenommen werden, bei denen die erwarteten oder angestrebten „Erfolge" relativ leicht zu erzielen sind. Solche Aspekte einer infrastrukturellen und ökologischen Intervention und entsprechende Selektionsprozesse dürften auch im Kontext neuerer Programme eines verbesserten Zusammenwirkens wohlfahrtsstaatlicher Institutionen und Organisationen bedeutsam sein. Dabei ist es das Ziel, eben durch ein verbessertes Zusammenwirken, Negativ-Selektionsprozesse entweder auszuschließen oder aber auf- und untereinander abgestimmt möglichst gering zu halten. Eine Perspektive, die nur ein verbessertes Zusammenwirken von Grundsicherung und Arbeitsvermittlung in den Mittelpunkt rückt, greift jedenfalls dann zu kurz, wenn zur institutionellen Bearbeitung *multipler* Probleme andere relevante Organisationen und Akteure nicht ebenso mit einbezogen werden, etwa die Vermittlungs- und Beratungsdienste freier Träger oder auch die Träger von Kinderbetreuungseinrichtungen, sowie Träger bildungspolitischer Maßnahmen. Neben damit verbundenen Verteilungskämpfen in der Implementation ökologischer Interventionen gilt generell die *Selektivität als besonderes Steuerungsproblem.* Außerdem besteht ein Risiko von *Versorgungsdisparitäten* innerhalb der Kommunen oder einzelner Stadtteile. Diese Steuerungsprobleme ökologischer Interventionen zeigen sich beispielsweise, wenn im Rahmen von dezentraler Budgetverantwortung einzelne Stadtteile aufgrund besonderer soziodemographischer und struktureller Gegebenheiten sozusagen fiskalpolitisch überfordert werden.[115] Empirisch sind also die sozialräumlich und geografisch bedingten Zugangschancen und -muster zu kommunaler Infrastruktur, etwa zu Einrichtungen der Kinderbetreuung, zu arbeitsmarktbezogenen Projekten oder zu sozialen Beratungsstellen für die beiden ausgewählten Wohlfahrtsstaaten vergleichend mit zu beachten. Auch in diesem Zusammenhang sind Aussagen und Befunde zu erwarten, die „typische" Formen und Merkmale sozialer Interventionen belegen und bisherige Erkenntnisse erweitern. Theoretisch ist die ökologische Interventionsform für die empirische Untersuchung der Sozialhilfe auch deshalb zwingend mit einzubeziehen, weil sie bisher häufig in ihrer Bedeutung vernachlässigt wird. Die Sozialhilfe wird oft noch immer all zu isoliert und abgekoppelt von anderen öffentlichen Diensten und Leistungen wie der Infrastruktur- und Beschäftigungspolitik gesehen. In diesem Be-

---

[115] An dieser Stelle sei angemerkt, dass nach den vorliegenden Befunden der *Dezentralisierungsgrad* sozialer Dienstleistungen in den Organisationen und Stadtteilen in schwedischen Kommunalverwaltungen ausgeprägter ist als in Deutschland. So ist etwa die Autonomie von Stadtteilverwaltungen und Projekten auch hinsichtlich der Entscheidungen über die eigenen Budgets offenbar in Schweden stärker entwickelt als das bisher in Deutschland. Zu Reformen des öffentlichen Sektors in Skandinavien vgl. Riegler/Naschold (1997).

reich deuten jedoch veränderte Orientierungsmuster an und ein Bedeutungszuwachs ökologischer Interventionsformen ist im Kontext einer aktiven Beschäftigungs- und Sozialhilfepolitik in beiden Wohlfahrtsstaaten erkennbar.

1.2.4 Die pädagogische Interventionsform in der Sozialhilfe

Häufig wird die Sozialhilfe allgemein und vor allem auch in der politischen Diskussion als klassischer Fall einer rein ökonomischen Transferleistung gesehen. Dass sie sowohl in Schweden als auch in Deutschland bereits in ihrer Historie schon immer auch stark entwickelte Elemente einer pädagogischen Intervention enthielt, ist in sozialwissenschaftlichen und historischen Arbeiten jedoch umfassend belegt.[116] In den Jahren zwischen 1960 bis Mitte der 1980er Jahre weitgehend in den Hintergrund geraten, wurde die „persönliche Hilfe" als Kernelement der Sozialhilfe in der deutschen Fachdebatte im Verlauf der 1990er Jahre gewissermaßen wiederentdeckt. Verbunden mit dem Leitbild einer „aktivierenden Sozialpolitik" spiegelt sich diese Entwicklung im Element des „Förderns und Forderns" direkt wieder. Mit einer Aufwertung der „persönlichen Hilfe" sollen dabei sowohl der Problemlösungsbezug als auch die Dienstleistungsorientierung in der deutschen Sozialhilfe verbessert werden. Die schwedische Sozialhilfe scheint aufgrund der starken Stellung und des starken professionalen Einflusses der Sozialarbeit auf die Fachdiskurse und Reformstrategien schon seit den 1980er Jahren tendenziell eher personenbezogen und pädagogisch konzipiert zu sein als das für die deutsche Sozialhilfe gilt. Neben den strukturellen Entwicklungen in der Sozialhilfe zum „monetären Massengeschäft", wie sie seit den 1980er und 1990er Jahren in Deutschland – aber auch in Schweden – durchaus ähnlich verliefen, lässt sich auch professional durch den stärker von Verwaltungsfachkräften und Juristen geprägten Einfluss auf die deutsche Sozialhilfe erklären, dass diese lange Zeit als nahezu rein ökonomische

---

[116] Zur historischen Entwicklung der *deutschen* Armenfürsorge und der seit 1962 mit dem Bundessozialhilfegesetz geregelten Sozialhilfe vgl. beispielsweise Leibfried/Tennstedt (1985), Dießenbacher (1986), Sachße (1986), Sachße/Tennstedt (1986), André (1994), Kühn (1994), sowie Roth (1999). Erzieherische und disziplinierende Interventionen kommen in der früheren Armenfürsorge, nicht nur in der polizeilichen und ordnungsrechtlichen Disziplinierung von Bettlern zum Ausdruck. Im 19. Jahrhundert finden sie sich diffuser beispielsweise auch im kirchlich-diakonisch geprägten Konzept der „inneren Mission" von Johann-Hinrich Wichern (1808-1881). Zu neueren Reformansätzen in der deutschen Sozialhilfe, die auf eine Stärkung der „persönlichen Hilfen" und der Beratung setzen, vgl. beispielsweise Jacobs (2001) und Reis (2002b). Die historische Entwicklung der *schwedischen* Armenfürsorge und Sozialhilfe ist ebenfalls umfassend untersucht und dokumentiert, beispielsweise von Mattsson u.a. (1984), Gustafsson (1985), Halleröd (1991), und spezieller für die Stadt Göteborg von Johansson (1975) und Jordansson (1998). Aktueller liegen auch professionstheoretisch geleitete Beiträge unter anderem von Salonen (2000a) und Petersson (2001) vor.

und juristisch detailliert verregelte Interventionsform galt. Sowohl neuere Konzepte einer „Verwaltungsmodernisierung", die den Dienstleistungsaspekt stark betonen sowie das normative Leitbild einer „Hilfe zur Selbsthilfe", das im Rahmen der Programme einer „aktivierenden Sozialpolitik" im Zentrum steht, beinhalten jedoch die Förderung pädagogischer Interventionen in der Sozialhilfe. Ungeklärt ist bisher, ob und inwieweit diese Reformstrategien in den beiden hier ausgewählten Wohlfahrtsstaaten seit Anfang der 1990er Jahre bis in die Details der Programme hinein ähnlich oder unterschiedlich entwickelt sind.

Historisch und institutionell lassen sich eher unterschiedliche Stellenwerte und Einbindungen pädagogischer Interventionsformen in der deutschen und schwedischen Sozialhilfe erkennen. Vor allem professional und sozialberuflich sind Elemente einer „persönlichen Hilfe" unterschiedlich geprägt und entwickelt, in dem unterschiedliche Berufsgruppen mit unterschiedlicher Ausbildung, Sozialisation, unterschiedlichen „Wissenskulturen" und in möglicherweise unterschiedlichen Zeit- und Handlungsorientierungen „persönliche" und pädagogische Hilfe leisten. Aktuell gilt in beiden Wohlfahrtsstaaten außerdem. dass die Konzepte, „Methoden" und Instrumente pädagogischer Interventionsmuster selbst von weitreichenden Veränderungen berührt sind und insoweit einem je besonderen Wandel unterliegen.[117] Ressourcenorientierung, „Kunden- oder Bürgerorientierung", Qualitätsentwicklung, Hilfeplanung, Casemanagement und Fallmanagement, sowie Elemente des Empowerment bilden die zentralen Stichworte dieser eher sozialberuflich geprägten Reformstrategien. Dabei ist empirisch ungeklärt, ob sich diese Ansätze in der deutschen und schwedischen Sozialhilfe und Sozialarbeit ähnlich vorfinden.

Neben fiskalpolitischen Motiven sind dabei in den Reformkonzepten auch *Zielsetzungen einer Wirksamkeitssteigerung* und des stärkeren Problembezugs der Grundsicherung/ Sozialhilfe zentral für die Förderung oder Neugestaltung pädagogischen Interventionsform, was vor allem für die deutsche Sozialhilfe, möglicherweise ähnlich, für die schwedische Sozialhilfe gilt. Zur *Effektivität* pädagogischer Interventionsformen wird in den theoretischen Grundlagen folgende allgemeine Feststellung getroffen:

> „*Defizitäre Kompetenzen sind eine Hauptursache persistierender Formen sozialer Schwäche. Die Entwicklung sozialer Kompetenzen und von Humanvermögen ist daher wahrscheinlich die effektivste Form präventiver Wohlfahrtspolitik.*" (Kaufmann 1999: 938)

---

[117] So wurde bereits mit einem Beschluss der 77. Konferenz der Länderminister für Arbeit und Soziales (77. ASMK) vom 7./8. November 2001 eine Strukturreform der deutschen Sozialhilfe und eine Stärkung der „aktivierenden Leistungen" eingeleitet. Neben dem Hinweis auf die Sozialhilfe als im Einzelfall komplexe soziale Dienstleistung wurden in diesem Beschluss unter anderem Konzeptionen der „Hilfen aus einer Hand", Verwaltungsvereinfachung, gezielte Erstberatung und Stärkung der Selbsthilfepotentiale der Sozialhilfebeziehenden als Zielsetzungen der künftigen Reform(en) genannt. Zu den Reformvorschlägen vgl auch Reis (2002a u. 2002b).

Unter pädagogische Interventionen werden daher in dieser Untersuchung vor allem Interventionen verstanden, die der *Kompetenzvermittlung,* der *Vermittlung von Informationen* und *Wissen* sowie der *Ausbildung des „Humanvermögens"* dienen. Als typische, jedoch nicht als einzige *sozialberufliche Handlungsformen* in der Sozialhilfe sind in diesem Zusammenhang somit die Information, Vermittlung, die Beratung und Betreuung zu nennen.

Neben der Ebene der Kompetenzvermittlung als *handlungstheoretische Dimension* sozialer Interventionen rückt die *zeitliche Perspektive* unter dem Gesichtspunkt der Effektivität mit dem Hinweis auf *präventive* Formen der Wohlfahrtspolitik ins Zentrum. Die Annahme, wonach die vorhandenen und zu entwickelnden Kompetenzen und Ressourcen der Adressaten sozialer Interventionen den zentralen Ausgangs- und Orientierungspunkt für effektivste Formen einer präventiv ausgerichteten Wohlfahrtspolitik bilden, deckt sich mit bisherigen empirischen Befunden der dynamischen Armutsforschung. Wie bereits angemerkt, sind danach die Aktivitätspotentiale der Sozialhilfebeziehenden ausgeprägter als bisher oft angenommen. Sie sind je nach strukturellen Gegebenheiten und biografisch geprägten Bewältigungsmustern zum Teil beträchtlich.[118] Es gilt daher, diese Ressourcen der Sozialhilfebeziehenden im Rahmen von „Selbststeuerungsvarianten" und Kompetenzvermittlung institutionell aktiv zu fördern und zu nutzen. Dabei sind aber sozial disziplinierende Modelle pädagogischer Intervention möglichst zu vermeiden und stattdessen die Elemente einer „Koproduktion" sozialer Dienstleistungen stärker zur Geltung zu bringen. Die empirischen Befunde stützen die Theorie, wonach pädagogische Interventionsformen, die individuell oder gruppenbezogen auf die Förderung von Kompetenzen und auf eine aktive Unterstützung des Bewältigungshandelns ausgerichtet sind, besonders wirksam sind. Dies ist so, weil die Interventionen auf vorhandene Aktivitätspotentiale und beträchtliche eigene Ressourcen der Individuen und Gruppen aufbauen können. Dementsprechend scheint sozialberuflich gesehen ein Einsatz von qualifizierten pädagogischen Fachkräften in der Grundsicherung/Sozialhilfe folgerichtig. Folgerichtig scheint dann auch die Einführung „neuerer" methodischer Ansätze aus der Sozialarbeit. Diese betonen etwa

---

[118] Die Ergebnisse der deutschen dynamischen Armutsforschung belegen, dass die Handlungspotentiale und – aktivitäten von Sozialhilfebeziehenden bisher meist als zu gering eingeschätzt wurden. Weitergehend arbeiten Hagen/Niemann (2001: 99) heraus, dass die Wirksamkeit der Sozialhilfe im Sinne der Beendigung des Bezugs aus *subjektiver Perspektive* der Betroffenen nicht immer auch als „Erfolg" gewertet wird, und ergänzend zu den eigenen Aktivitäten der Betroffenen in solchen Fällen auch eine *nachgehende institutionelle Hilfe,* etwa in Form sozialer Beratung zu leisten wäre. Bereits Buhr (1995) und Ludwig (1996) wiesen nach, dass einzelne besondere „Problemgruppen" über nur geringe Handlungsvoraussetzungen und -ressourcen verfügen, so dass das Risiko verfestigter Armutskarrieren in diesen Fällen stark ausgeprägt ist. Auch sie folgerten, dass diese verfestigten Armutskarrieren in ihrem weiteren Verlauf jedoch durch *differenzierte kompetenzvermittelnde Hilfen* positiv beeinflusst werden könnten.

im Verständnis des Empowerment besonders eine „klienten- und ressourcenorientierte" Vorgehensweise, oder sie beinhalten mit dem Ansatz des Casemanagement die Nutzung von Ressourcen-Netzwerken zur Vermittlung und zum Erwerb von Kompetenzen.[119] Diese Reformelemente verweisen zumindest für die deutsche Sozialhilfe auf deutliche Veränderungen im Bereich pädagogischer Interventionen. Möglicherweise wurden ähnliche Entwicklungen in Schweden bereits vollzogen. In beiden Wohlfahrtsstaaten ist jedoch mit pädagogischen Interventionsformen unter dem Einfluss gegenwärtiger Reformstrategien in der Sozialhilfe auf die Dimension eines *„people processing"* verwiesen, in dem die Möglichkeiten und Optionen zur Bewältigung der Armutslage verbessert werden sollen. Dabei zeigen international vergleichende Studien etwa zur Verbreitung des „Workfare-Modells", dass die Elemente eines „people processing" je nach Traditionen der nationalen wohlfahrtsstaatlichen Arrangements und je nach Programm-schwerpunkten sehr unterschiedlich gestaltet sein können.[120] Auch in diesem Kontext sind die Merkmale und Formen pädagogischer Interventionen genauer vergleichend zu betrachten.

Pädagogische Intervention beinhalten vereinfacht formuliert die Arbeit am und vor allem *mit* den Menschen. In den theoretischen Grundlagen wird erkennbar, dass diese auch für pädagogische Interventionen bisher noch stark vom Modell *einseitig* zu erbringender Leistungen und Dienste der wohlfahrtsstaatlichen Institutionen und Organisationen ausgehen. Prägend für die Konzepte und Praxis pädagogischer Interventionen scheint somit zumindest implizit meist weiterhin das Bild eines „Versorgungs- und Interventionsstaates" zu sein, auch wenn explizit von dieser Vorstellung bereits Abschied genommen wurde. Eine auf *Partizipation* und *Koproduktion* gründende und entsprechend ausgerichtete Perspektive sozialer Interventionen ist gerade im Fall der pädagogischen Interventionsformen *für die Sozialhilfe* noch kaum theoretisch entwickelt und noch weniger praktisch erprobt, einge-

---

[119] Zum Empowerment vgl. etwa Herriger (1997).

[120] Lødemel/Trickey (2000: 295-336) unterscheiden in einer ländervergleichenden Studie zu „Workfare-Programmen" zwischen Ansätzen eines Human Resource Development (HRD) und eines Labour Market Attachment (LMA). Die *deutsche „Hilfe zur Arbeit"* nach dem früheren BSHG ist keinem der beiden Ansätze klar zuzuordnen, sondern bildete offenbar eine besondere Mischvariante. Mit Einführung des neuen SGB II könnte sich dies seit 2005 verändert haben und eher in Richtung „LMA-Typ" gehen. Schweden wurde nicht in den Ländervergleich einbezogen. Für *Schweden* dürfte jedoch gelten, dass über die zentrale Stellung der aktiven Arbeitsmarktpolitik der „LMA-Ansatz" bestimmend ist. Genauer zu prüfen wäre, ob der „HRD-Ansatz" in der schwedischen Sozialhilfe im Verlauf der 1990er Jahre eine Aufwertung erfahren hat und tendenziell auch dort Mischsysteme entstehen. Zu prüfen wäre auch genauer, ob sich in Deutschland und in Schweden jeweils gruppenbezogene besondere Ansätze finden. Die idealtypische Unterscheidung von Lødemel/Trickey (2000) könnte aufgrund der Reformen der vergangenen Jahre insbesondere in der lokalen Arbeitsmarktpolitik nur noch begrenzt tragfähig sein, wenn Sozialhilfe und Arbeitsmarktpolitik in ihren Interventionsformen praktisch immer enger miteinander verknüpft werden, wie das für Deutschland erkennbar ist.

führt und evaluiert.[121] *Steuerungsprobleme der pädagogischen Intervention* liegen daher vor allem in der *personalen* und *interaktiven Ebene,* also primär in der *Qualität der Interaktion.* Lernprozesse zur Verbesserung der Handlungskompetenzen der in den beteiligten Institutionen und Organisationen beschäftigten Mitarbeiter wie auch der Sozialhilfebeziehenden selbst setzen interpersonelle Kommunikation voraus. Diese interpersonelle Kommunikation ist in der öffentlichen Sozialverwaltung ganz überwiegen stark formalisiert und verregelt. Dies gilt in Deutschland offenbar in höherem Masse oder zumindest „verwaltungskulturell" anders als in Schweden. Wie institutionentheoretisch bereits dargestellt wurde, werden die Ebene der *Interaktionsmuster* und die *professionalen Handlungsformen* als relevante Kategorien sozialer Intervention im weiteren Verlauf mit beachtet. Auch in dieser professionalen Ebene finden sich Reformstrategien, die durch „Professionalisierung" die pädagogischen Interventionen und sozialberuflichen Handlungsformen beeinflussen. Ob und in welchen Formen sich solche Entwicklungen etwa im Bereich der Aus- und Weiterbildung von Fachkräften der Sozialhilfe in Deutschland und Schweden zeigen, und ob je spezifische Professionalisierungsstrategien entwickelt sind, erfordert eine empirische Aufmerksamkeit.

Es wird deutlich, dass für die wirksame Erbringung pädagogischer Interventionen *als Voraussetzung* – insbesondere in der Sozialhilfe – ein *kombinierter Einsatz und kombinierte Wirkungen* rechtlicher, ökonomischer und ökologischer Interventionen gegeben sein müssen, um Zugänge und Teilhabechancen in der Inanspruchnahme und Wirksamkeit personenbezogener sozialer Dienstleistungen auch tatsächlich sicherzustellen. So stellt sich vor dem Hintergrund des Leitbildes eines „aktivierenden Sozialpolitik" und dem damit verbundenen Interventions- und Handlungsmodell eines „Förderns und Forderns" zum Beispiel lebenslauf- und interventionstheoretisch die Frage nach *Prioritäten verschiedener Interventionsformen im Zeitverlauf.* Es ist bisher weitgehend ungeklärt, wann und unter welchen Bedingungen im Verlauf typischer Armutskarrieren welche der bisher genannten Interventionsformen in welcher Dauer, in welchen Konstellationen und Kombinationen die erwünschten Wirkungen entfalten bzw. entfalten können.

Im Verständnis einer *indirekten Steuerung,* wie sie von Leisering u.a. (2001) im Zusammenhang mit Befunden der Lebenslaufforschung beschrieben wurde, sieht zuvor bereits Kaufmann (1982: 83) eher *mittelbare Maßnahmen* in Form der Kompetenzvermittlung als wirksamere Interventionen an und präferiert diese gegenüber *unmittelbar und individuell verhaltensbezogene Interventionen,* wie sie durch die Steuerungsinstrumente Recht und Geld geprägt sind. Nun gelten pädagogische Interventionen auf den ersten Blick oft auch als eher *unmittelbare* Maßnahmen, zumindest wenn sie als einseitig vom Staat zu leistende und nicht „koproduktiv" von Staat und Bürger

---

[121] Ausnahme bildet die Studie zu „Modell-Sozialbüros" in Nordrhein-Westfalen (vgl. MAQST 2000).

zu entwickelnde Leistungen verstanden werden. Beispiele für eher *mittelbare pädagogische Interventionen* finden sich aber ebenfalls in der Sozialhilfe. Diese weisen einen hohen Angebots- und Freiwilligkeitscharakter auf, sind für alle Beteiligten gestaltungsoffener, rechtlich weniger verregelt und der unmittelbare Zusammenhang zwischen monetärer Transferleistung und diesen weiteren „freiwilligen" Angeboten ist eher gering entwickelt. So bilden Angebote zur beruflichen Qualifizierung oder Bildungsangebote für besondere Problemgruppen am Arbeitsmarkt, soziale Beratungsdienste oder auch stadtteilbezogene Projekte, die eher unverbindlich zur Mitwirkung „einladen", solche mittelbaren pädagogischen Interventionsformen ab. Gerade im Rahmen solcher Projekte und Angebote kann die Erweiterung von Handlungsressourcen und -kompetenzen der Betroffenen auch untereinander gefördert werden. Langfristig verbesserte Teilhabechancen können so ermöglicht werden.

Geht es um *Untersuchung von Wirkungen und Wirksamkeit pädagogischer Interventionen*, sind einfache *handlungstheoretische Modelle* in aller Regel unzureichend. In diesen einfachen Untersuchungsmodellen werden die Ziele meist als bekannt und gegeben betrachtet, der Kontext wird als konstant gesehen und nur die Tauglichkeit der Maßnahmen zur Zielerreichung gilt meist als problematisch.[122] Werden soziale und insbesondere pädagogische Interventionen hingegen als *Handlungs- und Leistungsketten* verstanden, zeigt sich in diesem besonderen Verlaufs- und Handlungsbezug eine hohe Komplexität und es stellen sich enorme Anforderungen einer Koordination.[123] Diese komplexen Interventionssysteme in Form der Handlungs- oder Leistungsketten bilden sich seit Anfang der 1990er Jahre unter verschiedenen Einflüssen auch für die Sozialhilfe heraus. Durch neuere sozialwissenschaftliche Forschungen werden sie konkreter empirisch erkennbar. Prägend für die Entwicklung dieser Interventionsformen und sozialberuflichen Handlungsmuster sind neben Elementen des „New Public Management" und dem Leitbild der „aktivierenden Sozialpolitik" die bereits skizzierten handlungstheoretischen Modelle der Sozialarbeit, wie das Casemanagement, Fallmanagement und die Hilfeplanung.

---

[122] Vgl. Kaufmann (1999: 926).

[123] In der Praxis der *deutschen Sozialhilfe* zeichnen sich inzwischen genau diese komplexen Handlungs- und Leistungsketten ab, wie sie früh Reis (1997b) darstellt. Schon Kaufmann (1988: 76) wies auf die besonderen *Probleme der Koordination solcher Handlungs- und Leistungsketten* hin. Für die *schwedische Sozialhilfe* liegen vergleichbare theoretische Ansätze bisher offenbar nicht vor, was nicht bedeutet, dass sie in der Praxis der Sozialhilfe dort nicht vorzufinden wären. In den Sozialdiensten in Schweden finden neben der *Ziel- und Ergebnissteuerung* auch variabel und prozessual gestaltete Interventionen unter gleichzeitiger Beteiligung mehrerer Behörden und Organisationen eine besondere Aufmerksamkeit. Begrifflich werden diese Ansätze unter Stichworten wie dem „Samverkan" *(Zusammenwirken)* oder als netzwerkbasierte Verwaltung konzeptionell entwickelt. Sie beinhalten ebenfalls komplexere Interventionen, die in Form von institutionell verknüpften „Handlungs- und Leistungsketten" gestaltet werden.

Soziale Interventionen, die als Handlungs- oder Leistungsketten konzipiert sind und entsprechend verstanden werden, erfordern neben der Bestimmung klarer Handlungs- und Leistungskriterien ferner eine weitergehende *Steuerung durch Wirksamkeitsanalysen und Ergebnisbewertungen.* Allerdings sind entsprechende Evaluationen besonders anspruchsvoll. In der Sozialhilfe ist beispielsweise die mit der pädagogischen Intervention häufig verbundene Zielsetzung einer *„Hilfe zur Selbsthilfe"* vor allem *im Zeitverlauf* nur mit hohem Aufwand zu evaluieren. Zugleich sind oft die immateriellen personenbezogenen oder pädagogischen Intentionen meist mit materiellen Zielsetzungen, etwa einer Reduktion des personellen und monetären Ressourceneinsatzes verbunden. Es besteht gerade in der Sozialhilfe als zugleich persönliche *und* monetäre Leistungsvariante des Wohlfahrtsstaates das Risiko all zu einseitig quantitativ und rein monetär bezogener Wirkungsanalysen. Eine gründliche Untersuchung und Klärung der Wirksamkeitsbedingungen pädagogischer Interventionen ist daher zwingend notwendig. Es ist zu vermeiden, dass das Argument der Förderung und Stärkung von Selbsthilfepotentialen der Adressaten durch pädagogische Interventionen nicht zur bloßen Legitimation für den Abbau sozialer Leistungen verkommt.[124]

Hier kann und soll es *nicht* um die Wirkungsanalyse sozialpolitischer Programme im Rahmen der Sozialhilfe gehen. Dennoch muss eine institutionenbezogene Studie zu typischen Interventionsformen und -mustern in der deutschen und schwedischen Sozialhilfe die den jeweiligen Interventionen zu Grunde liegenden handlungstheoretischen Modelle mit beachten. Diese werden mit neuen Steuerungsmodellen des New Public Management, etwa über neue Controllingsysteme, Formen einer „Markt- oder Wettbewerbssteuerung" und/oder im Rahmen von Instrumenten des Qualitätsmanagements für die sozialen Dienste in beiden Wohlfahrtsstaaten seit Anfang/Mitte der 1990er Jahre offenbar verändert.

Neuere Konzepte in der Evaluationsforschung verstehen den Gegenstand, beispielsweise also hier die institutionellen Hilfen zur Förderung von Wegen aus dem Sozialhilfebezug nicht vorrangig als Veränderung unterstellter Zielvariablen, sondern Interventionen und ihre Wirkungen werden als *mehrstufig konzipierte Prozesse* und *im Zusammenhang mit den implizit gegebenen Erfolgsbedingungen* betrachtet. Eine *Prozesswirkung* wird nicht mehr im Sinne einer Kausalhypothese unterstellt, sondern als Modell der Wirkungsweise hypothetisch konstruiert und anschließend empirisch untersucht.[125] Auch insoweit ist die Zeit- und Verlaufsperspektive bereits in den bisherigen Elementen einer Theorie sozialer Interventionen zumindest hinsichtlich der Evaluation pädagogischer Leistungen mit enthalten. Ob und inwieweit

---

[124] Auf diese Risiken, die in beiden ausgewählten Wohlfahrtsstaaten aktuell sind, weist bereits Kaufmann (1982: 83 ff.) zutreffend hin.
[125] Vgl. Kaufmann (1999: 927).

solche Ansätze der Wirkungsanalyse auch in der Sozialhilfe und der Sozialverwaltung bei *pädagogischen* Interventionsformen beispielsweise im Rahmen von Controllingsystemen oder im Rahmen der Qualitätsentwicklung tatsächlich zur Anwendung kommen, ist empirisch weitgehend offen.

1.2.5 Die Prävention als besondere verlaufs- und handlungsbezogene Interventionsform

Neben der bisherigen Klärung und analytischen Eingrenzung des zu untersuchenden sozialen Zusammenhangs von Interventionen ist in den genannten vier Interventionsformen übergreifend in einer *zeit-/verlaufs- und handlungsbezogenen Perspektive* vor allem die Prävention als besondere Form der sozialen Intervention theoretisch genauer zu betrachten. Für die beiden hier ausgewählten Wohlfahrtsstaaten zeichnet sich im Bereich der Sozialhilfe ab, dass seit Mitte der 1990er Jahre sozialpolitische Maßnahmen stärker auch auf eine *Vermeidung von Sozialhilfebezug* hin konzipiert werden.[126] Zu klären ist den theoretischen Grundlagen nach, ob diese Vermeidungsstrategien dabei eher *verhältnisbezogen* ansetzen, wie dies etwa durch eine „armutsfeste" Ausgestaltung des der Sozialhilfe vorrangigen Bereichs sozialer Leistungen und Dienste erfolgen kann. Oder aber es zeigt sich, dass Prävention und Vermeidungsstrategien in der Sozialhilfepolitik vorrangig *verhaltensbezogen* konzipiert sind und dabei vor allem individuell und/oder auf bestimmte Gruppen ausgerichtet sind. Ferner sind Kombinationen beider Strategien mit unterschiedlichen Gewichtungen denkbar.

Mit *Prävention* ist die institutionelle Vermeidung möglicher Risiken wie etwa Erwerbslosigkeit, Armut oder Überschuldung gemeint. *Intervention* beinhaltet dagegen die institutionelle Behandlung bzw. Bearbeitung möglicher oder bereits eingetretener Risiken. Mit Blick auf die in dieser Untersuchung zentralen Kategorien *Zeit* und *Handeln* lässt sich als Merkmal der Prävention herausstellen, dass sie darauf gerichtet ist, die *Intervention zeitlich möglichst weit vor den Eintritt potentieller Risiken* zu legen. Prävention meint nicht etwa *keine Intervention*, sondern genau genommen meint sie eine *besonders frühzeitige Form der sozialen Intervention*, etwa in Form struktureller Veränderungen oder auch im Rahmen pädagogischer Handlungsformen der

---

[126] Die hier angesprochene *„Vermeidung von Sozialhilfebezug"* ist nicht zu verwechseln mit einer *„Vermeidung von Armut"*. Die angedeuteten präventiven Strategien, insbesondere die repressive Sozialhilfepraxis kann durchaus einerseits eine Vermeidung von Sozialhilfebezug beinhalten, zugleich aber eine Verschärfung von Armutslagen bewirken. Ebenso kann eine Vermeidung von Sozialhilfebezug auch die Vermeidung einer Armutslage bedeuten, wenn etwa vorrangige und den Niveaus nach höhere Leistungsansprüche im Rahmen einer systematischen „Eingangsberatung" erschlossen werden. Präventionsstrategien sind zunächst in einem sehr weiten Sinne zu verstehen und werden später empirisch näher untersucht.

Sozialarbeit. Prävention ist theoretisch und analytisch somit als Unterfall sozialer Intervention zu sehen und kann in allen anderen bereits genannten Interventionsformen als Grundmuster vorkommen.[127] Sie kann auch als Querschnittsaufgabe verstanden werden, die auf alle anderen Interventionsformen systematisch übertragbar ist.

In der Zeit- und Handlungsperspektive beinhaltet gerade die Prävention erhebliche Variationsmöglichkeiten in den *Qualitäten, Intensitäten* und im *Ressourceneinsatz* verschiedenster Formen der sozialen Interventionen *im Zeitverlauf,* abhängig davon wie und in welchen sozialen und institutionellen Zusammenhängen und Bezügen sie genau gestaltet sind. Solche *Wechselwirkungen* sind bisher theoretisch und auch empirisch kaum herausgearbeitet worden. Aktuell stellt sich für die Sozialhilfe/Grundsicherung etwa die Frage, ob im Rahmen präventiver Maßnahmen zwar *kurzfristig* eine höhere Beratungsintensität und auch ein höherer Mittel- und Personaleinsatz erforderlich ist, der aber zugleich *mittel- und langfristig* eben infolge von präventiven Hilfen geringere Interventionsbedarfe und Ressourcen erforderlich werden lässt.[128] Praxisbeispiele für präventiv und zugleich „investiv" konzipierte Interventionsformen finden sich etwa auch in Varianten einer möglichst frühzeitig einsetzenden Beratung bei potenziell arbeitslosen leistungsberechtig zu Möglichkeiten und Angeboten der beruflichen Qualifizierung und Integration. Im Rahmen von Datenaustauschsystemen und präventiver Beratung für potenziell von Wohnungsverlust bedrohte Personen bildeten sich in der deutschen Sozialhilfe im Verlauf der 1990er Jahre ebenfalls institutionalisierte Strategien der Armutsvermeidung ab. Über frühzeitig vermittelte soziale Hilfen können in diesen Fällen Miet-

---

[127] Zu dieser Definition vgl. Kaufmann (1999: 925). Weitergehende und ausdifferenzierte Modelle der Prävention unterscheiden in der Gesundheitspolitik zwischen *primärer, sekundärer und tertiärer Prävention.* Vgl. Bäcker u.a. (2000: 36-39). Solche differenzierten Konzepte einer Prävention sind in der Armenpolitik und in der Sozialhilfe bisher allenfalls in Ansätzen konzipiert. Erste Modelle und Projekte der „Armutsprävention" werden für Deutschland von Piorkowsky (2001) dargestellt. Diese Modelle sind in hohem Maße auf individuelle oder gruppenbezogene Kompetenzvermittlung ausgerichtet und damit pädagogischen Interventionen zuzuordnen.

[128] Empirisch wurden erste Konzepte und Instrumente einer „Ausweg-/-stiegsberatung" für Sozialhilfeempfänger *in Deutschland* zum Beispiel von Burmann u.a. (2000) untersucht. Die Analysen bleiben dabei nahe an den administrativen Konzepten und sind institutionen- und interventionstheoretisch nicht weitergehend entwickelt. Die Autoren kommen im Vergleich von Modell-Sozialämtern, die eine „Ausstiegsberatung" praktizieren mit Sozialämtern, die diese nicht eingeführt haben, unter anderem zu folgenden Ergebnissen: In den Modell-Sozialämtern ist es in höherem Umfang gelungen, die Sozialhilfebeziehenden zu „aktivieren", wobei der Zeitraum des Leistungsbezugs und der Beratung durchschnittlich um 3 Monaten niedriger lag als bei herkömmlichen Sozialämtern. Zugleich waren die Anzahl der Beratungskontakte und der Zeitaufwand in der Beratung in den Modell-Sozialämtern aber wesentlich größer. Für die Sozialhilfe *in Schweden* finden sich bei Byberg (1998) ebenfalls Befunde, wonach eine strategisch konzipierte und professional für die Sozialhilfe entwickelt „ganzheitliche" Beratung insgesamt gesehen zu kürzeren Bezugszeiten beiträgt und ausgabensenkend wirkt.

schulden beglichen werden oder aber alternative Wohnmöglichkeiten angeboten werden, so dass Obdachlosigkeit vermieden wird. Intention solcher Ansätze ist es, ausgabenintensive soziale (Folge-)Probleme und eine Verfestigung von Armutskarrieren durch frühzeitig wirksam einsetzende Präventionsmaßnahmen zu vermeiden. Pädagogische Interventionen, etwa in Form einer präventiven „Ausweg- oder Ausstiegsberatung" vor oder zu Beginn eines Sozialhilfebezugs, oder auch eine präventiv ausgerichtete Schuldner- und Wohnungslosenberatung erfordern dabei eine umfassendere Situationsanalyse, benötigen Zeit sowie besondere personelle Ressourcen und entsprechende professionelle Kompetenzen. Diese stehen in der Praxis der bisher überwiegend passiven, antragsabhängigen und häufig immer noch auf die reine Auszahlung monetärer Transferleistungen ausgerichteten *deutschen* Sozialhilfeverwaltung längst noch nicht flächendeckend zur Verfügung. Ob und inwieweit sich in Schweden ähnliche Ansätze und ähnliche Defizite finden, ist zu untersuchen. Der Ausbau von Prävention beinhaltet dabei theoretisch immer auch einen Schritt hin zu einer „aktiven" und in verschiedenster Hinsicht auch „aktivierenden" Sozialhilfepraxis mit besonderen Zeit- und Handlungsbezügen.

Hinsichtlich der *Grenzen und besonderer Probleme präventiver Interventionsformen*, insbesondere auch präventiv-pädagogischer Interventionen, ist für die Sozialhilfe zu nennen, dass der Beginn und das Ende der präventiven Intervention meist an die rein formalen Voraussetzungen der wirtschaftlichen Hilfe bzw. einer solchen Beantragung gekoppelt sind. Theoretisch denkbar ist allerdings, dass zeitlich bereits weit *vor* Eintritt wirtschaftlicher Krisen oder auch weit *nach* Beendigung einer Sozialhilfekarriere pädagogische und ökologische Interventionen von hohem Nutzen sein können, um Armutsrisiken zu vermeiden. Über entsprechende institutionelle Arrangements wären sowohl frühzeitige wie auch nachgehende Intervention möglich. So können kritische Lebensverläufe im Nachgang zum Sozialhilfebezug durch Formen tertiärer Prävention und einer dem Sozialhilfebezug nachgehenden Beratung und Unterstützung stabilisiert werden, damit es nicht zum erneuten Bezug kommt. Als praktische Instrumente haben dabei *Prognosen* oder Instrumentarien wie das *„Profiling"* zum voraussichtlichen Verlauf von Sozialhilfekarrieren inzwischen vielerorts eine Verbreitung erlangt. Im empirischen Teil wird daher auf diese zeit- und verlaufsbezogenen Instrumente genauer einzugehen sein.

Zu beachten ist, dass einer entwickelten Prävention in der Sozialhilfe zumindest theoretisch zugleich grundlegende wohlfahrtsstaatliche Strukturprinzipien und normative Regelungen entgegen stehen. So sehen das Prinzip der Subsidiarität und das die Sozialhilfe prägende Prinzip der Nachrangigkeit vor, dass die Sozialhilfe stets als „letzte Variante" im System der sozialen Sicherung eintritt. Dies gilt als Grundsatz in Deutschland wie in Schweden. Insofern scheinen in beiden Wohlfahrtsstaaten schon besondere Reformschritte erforderlich, um präventive Interventionsformen in der Sozialhilfe tatsächlich strukturell und institutionell auszubauen.

1.2.6 Zusammenfassung: Würdigung und Grenzen einer Theorie sozialer Interventionen

Bei den bisher vorgestellten Elementen einer Theorie sozialer Interventionen handelt es sich um ein grundlegendes analytisches Konzept, mit dem verschiedene Interventionsformen idealtypisch zu beschreiben und zu untersuchen sind. Real sind soziale Interventionen in der Regel als komplex ineinander verbundene Leistungen und Dienste wohlfahrtsstaatlicher Institutionen und Organisationen vorzufinden. Entsprechend sind wohlfahrtsstaatliche Leistungen und Dienste oder sozialberuflich spezifisch entwickelte Handlungsformen nicht per se als „reine" Formen rechtlicher, ökonomischer, ökologischer oder pädagogischer Interventionen zu sehen. Deutlich wird dies in der Perspektive von „Verwaltungshandeln" und pädagogischen Interventionen, die im Bereich der Sozialhilfe und der Sozialarbeit besondere Mischvarianten sozialberuflichen Handelns bilden. Sie werden oft aber idealtypisch oder professional voneinander getrennt gesehen und untersucht.

Zeitlich und handlungstheoretisch betrachtet zeigt sich: In einzelnen Problembereichen und Sachlagen sowie bezogen auf typische Verlaufsmuster von „Armutskarrieren" können unterschiedlichste Interventionsformen in unterschiedlichen Phasen und zu verschiedenen Zeitpunkten je nach ihrer Gestaltung wirksam, sinnvoll und in der Praxis entsprechend üblich sein. Sie können sich aber auch als nicht konvergent, als sich gegenseitig blockierend und unzureichend oder gar nicht aufeinander abgestimmt erweisen. In diesen Zusammenhängen deuten sich *Fragen des möglichst präzisen „Timings"* und der *Wechselwirkungen sozialer Interventionen* verschiedener Institutionen, Organisationen und Professionen an, die je nach Problemkonstellation, Bezugsdauer oder Interventionsdauer genauer zu betrachten sind.

In einer Perspektive auf *Langzeitbezug* in der Sozialhilfe und auf *verschiedene Phasen solcher Armutskarrieren,* die häufig mit multiplen Problemlagen einhergehen, wird erkennbar, dass es in einer Abfolge oder prozessual wiederum idealtypisch gesehen zunächst vorrangig um die Sicherstellung bzw. Vermittlung des Rechtsanspruchs auf Sozialhilfe als *rechtliche* Interventionsform geht. Hieran kann sich die Auszahlung *monetärer* Transferleistungen als *ökonomische* Interventionsform anschließen, und entweder vorher, zeitgleich oder zeitlich später ist auch ein *Zugang* zu einer Sozialberatung, gesichert durch *ökologische* Interventionsformen denkbar. Die dann einsetzende soziale Beratung kann schließlich als *pädagogische* Interventionsform verstanden werden. Weiterhin ist denkbar, dass die pädagogische Interventionsform sogar über die eigentliche Bezugsdauer der materiellen Transferleistungen andauert oder andauern muss, um die immateriellen Probleme zu lösen. Denkbar

114

ist ferner, dass über einen dezidierten Rechtsanspruch auf „persönliche Hilfen" der monetäre Leistungsbezug im Rahmen von frühzeitiger Beratung vermieden werden kann. Nur in der Verlaufsperspektive und in der Handlungsperspektive erschließen sich diese komplexen Interventionsmuster, die zudem relational in Schnittstellen wohlfahrtsstaatlicher Institutionen eingebunden sind. In Fällen des *Kurzzeitbezugs* und bei einfachen Problemkonstellationen stellen sich daneben dann wieder völlig andere Anforderungen an die Gestaltung sozialer Interventionen im Zeitverlauf. Gerade die Sozialhilfe/Grundsicherung muss daher entsprechend breit gefasste und hier näher zu untersuchende Interventionsvarianten vorhalten.

Die Bedeutung und der Wirkungszusammenhang der einzelnen Interventions-formen ist lebenslagen- und lebenslaufabhängig sehr unterschiedlich. Dies wird bei der *rechtlichen Interventionsform* im Sinne der Gewährleistung und Erlangung von Teilhaberechten etwa für *ältere* Menschen mit geringen Renteneinkünften oder für Familien mit mehreren Kindern und geringem Erwerbseinkommen in der Sozial-hilfe anschaulich. So sind die Ängste und Schamgefühle, die stigmatisierende Sozi-alhilfe überhaupt zu beantragen, bei Älteren und Erwerbstätigen meist wesentlich ausgeprägter als bei anderen Gruppen.[129] Ganz anders stellt sich die rechtliche Intervention in ihrer Bedeutung und im Wirkungszusammenhang für junge allein-stehende Arbeitslose dar, für die ein Antrag auf Sozialhilfe/Grundsicherung inzwi-schen zumeist als selbstverständliche Bewältigungsstrategie gilt, um eine materielle Krisensituation zu überwinden. Die *ökonomische Interventionsform*, etwa in Form der ausschließlichen Zahlung von Geldleistungen kann bei *Kurzzeitbezug* in der Sozial-hilfe *die* zentrale, einzig erforderliche und genau passende Interventionsform sein.

---

[129] In *Deutschland* wurde unter anderem vor diesem Hintergrund zum 1. Januar 2003 das Gesetz über eine bedarfsorientierte Grundsicherung im Alter und bei Erwerbsminderung (GSiG) eingeführt, das ab 2005 in die Grundsicherung für Ältere und dauerhaft Erwerbsunfähige nach SGB XII mündete. Diese Gesetz beinhalten eine besondere Sozialhilfe für Ältere und für Personen mit *dauerhafter* Erwerbsmin-derung, in der unter anderem die Unterhaltspflicht von Eltern/Kindern zu Gunsten der Leistungsbe-rechtigten – großzügiger als in der früheren Hilfe zum Lebensunterhalt nach dem BSHG geregelt ist. Allerdings tritt diese Grundsicherung weiterhin nur *auf Antrag* ein. Wie die Sozialhilfe wird sie über Steuern finanziert und von den kommunalen Sozialämtern zur Auszahlung gebracht. Den Kommunen wird allerdings der Großteil dieser Grundsicherung vom Zentralstaat erstattet. Die erwünschten bzw. notwendigen Effekte einer Entstigmatisierung sind eher als begrenzt einzuschätzen. Den Rentenversi-cherungsträgern obliegt die wichtige Aufgabe, über die Leistungen der Grundsicherung zu informie-ren. In *Schweden* wurde bereits zum 1. Januar 1999 eine umfassende Reform der Alterssicherungssyste-me durchgeführt. Mit dem Gesetz über die garantierte Grundrente *(Lag om Garantipension)* wurde eine neue Grundrente für ältere Menschen eingeführt, die die frühere Volksrente *(Folkpension)* abgelöst hat. Anders als in Deutschland ist damit in Schweden eine Grundsicherung für ältere Menschen *inner-halb* des Systems staatlicher Alterssicherung und nicht im System der Sozialhilfe angesiedelt. Seit 2003 besteht neben der Grundrente *(Garantipension)* ergänzend eine neue Form staatlicher steuerfinanzierter Grundsicherung in Form der Sozialhilfe für Ältere *(Äldreförsörjningsstöd)*, um diejenigen abzusichern, die keinen Anspruch auf Grundrente haben, wobei es sich häufig um (ältere) Einwanderer handelt.

Ganz anders ist sie dann bei *Langzeitbezug* und multiplen Problemlagen um *pädagogische Interventionsformen* zu ergänzen, da eine isolierte monetäre Hilfe sich möglicherweise sonst zur Dauerintervention ausweitet, wenn die multiplen sozialen Probleme nicht auch ökologisch und pädagogisch eine Bearbeitung finden. *Ökologische Interventionsformen* können wiederum in ganz anderen spezifischen Lebenslagen und Phasen der Armut von besonderer Bedeutung sein, etwa in dem rahmend zur Sozialhilfe der Zugang und die Infrastruktur mit Kinderbetreuungs-/Hortplätzen gesichert ist, um seitens der Sozialpolitik auch allein Erziehenden aktiv Wege aus dem Sozialhilfebezug zu ermöglichen. Auch an diesen Beispielen ist erkennbar, dass soziale Interventionen in ihrem *„Timing"* und *in ihrer institutionellen Abstimmung* auf besonders zu definierende Lebenslagen, Lebensphasen und Bewältigungsstrategien möglichst genau „passen" müssen. In ihrer *institutionellen Verknüpfung* sind sie dabei sowohl in der Planung, in ihrer Einführung und in der Umsetzung wie auch in der Analyse ihrer Wirkungen von enormer Komplexität gekennzeichnet.

Bezogen auf eine Theorie sozialer Interventionen, die für Sozialpolitik, Sozialverwaltung und für Sozialarbeit von beträchtlicher Tragweite und Bedeutung ist, wird in bisherigen sozialwissenschaftlichen Befunden zwischen einem „Steuerungs- und Interventions*optimismus"* und einem „Steuerungs- und Interventions*pessimismus"* unterschieden.[130] In Kenntnis der Komplexität sozialer Probleme und sozialer Interventionen in der Verlaufs- und Handlungsperspektive, und ebenso im Wissen darum, dass es oft aber auch nur einfachste rein materielle Bedarfe sind, die eher simpler Interventionen in Form monetärer Leistungen bedürfen, gilt es in den theoretischen Ansätzen genauer als bisher verlaufsbezogen, handlungsbezogen und problem- wie ressourcenbezogen zu differenzieren. Insofern sind generelle Bewertungen zu den Möglichkeiten und Grenzen verschiedener sozialer Interventionen und ihrer Steuerung problematisch. Es scheint eine mittlere Position zwischen Optimismus und Pessimismus weiterführend, in der soziale Interventionen selbst zunächst einmal optimistisch ausgerichtet werden, ihre Effekte und die Wirksamkeit hinsichtlich der intendierten Ziele allerdings mit Skepsis und Sorgfalt betrachtet werden müssen.

Die Position eines Steuerungs- und Interventionsoptimismus lässt sich am Beispiel naiver Vorstellungen zu ökonomischen Formen der reinen Marktsteuerung verdeutlichen, in denen die nicht intendierten Wirkungen etwa von Benchmarking- oder Wettbewerbsmodellen ignoriert oder vernachlässigt werden. Ebenso verweisen rein staatsinterventionistisch konzipierte Ansätze primär rechtlicher und ökonomischer Interventionen auf einen naiven Glauben an den steuerbaren Erfolg sozialer Interventionen. Die Steuerungs- und Interventionsskepsis wird beispielsweise von Vertretern systemtheoretischer Ansätze verdeutlicht, in dem die Risiken

---

[130] Vgl. Kaufmann (1999).

der Kontrolle, Beherrschbarkeit und Machtausübung im Zusammenhang mit sozialen Interventionen besondere Aufmerksamkeit erfahren.[131] Besondere Risiken für die Steuerung und die Wirksamkeit sozialpolitischer Maßnahmen sind mit sozialen Interventionen insbesondere dann verbunden, wenn diese sehr stark *strukturverändernd* ausgerichtet sind. Um diese Risiken zu vermeiden, ist – wie theoretisch und anhand verschiedener Beispiele angedeutet – eine Ausrichtung sozialer Interventionen vor allem auf die *handlungsbedingenden Verhältnisse* im Sinne einer *Kontextsteuerung* sinnvoll:

> „(...) In der Regel geht es ja bei Interventionen nicht darum, die Strukturen anderer Systeme zu verändern, sondern lediglich darum, andere Systeme zu bestimmten Verhaltensmodifikationen zu veranlassen, die aus der Perspektive ihrer Systemstruktur durchaus peripher sein können. Eben deshalb bieten Interventionen in die handlungsbedingenden Verhältnisse (Kontextsteuerung) in der Regel günstigere Erfolgsaussichten als direkt verhaltensbeeinflussende Interventionen. Ernst zu nehmen ist die Warnung, dass strukturverändernde Interventionsabsichten mit kontraintuitiven Effekten rechnen müssen.“ (Kaufmann 1999: 929)

Auf die deutsche und schwedische Sozialhilfe übertragen stellt sich demnach die Frage, ob soziale Interventionen, wenn sie im Rahmen einer „Verwaltungsmodernisierung" sowie im Rahmen des Leitbildes einer „aktivierenden Sozialpolitik" einen Wandel erfahren, eher als *strukturverändernde Interventionen* mit entsprechend ausgeprägteren Risiken für negative Effekte konzipiert sind, oder ob sie im Sinne einer *Kontextsteuerung* primär auf die handlungsbedingenden Verhältnisse rekurieren und damit in den Nebeneffekten auch weniger risikoreich sind. Möglicherweise finden sich in diesem Zusammenhang in Deutschland und Schweden empirische Merkmale, die auf je spezifische Kombinationen in Interventions- und Steuerungsvarianten der Sozialhilfe verweisen.

Die hier beispielhaft für die Sozialhilfe dargestellten Sach- und Problemzusammenhänge, die genannten gesetzlichen Regelungen und die zur Veranschaulichung genannten Reformansätze in den beiden Wohlfahrtsstaaten zeigen, dass die bisherigen Grundlagen einer Theorie sozialer Intervention zumindest *theoretisch* in ihrer ganzen Breite auf den Untersuchungsgegenstand der Sozialhilfe, der Sozialverwaltung und der Sozialarbeit anwendbar sind. Die vorgestellten theoretischen Grundlagen scheinen dabei nicht nur für diese Untersuchung operationalisierbar, sondern dürften generell sowohl für die Praxis der Sozialhilfe in einzelnen Wohlfahrtsstaaten, wie auch für eine vergleichende Forschung zur Sozialpolitik weiterführend sein.

---

[131] Auf den systemtheoretischen Ansatz einer Interventionstheorie sowie einer Steuerungstheorie von Willke (1994 und 1999) sei an dieser Stelle erneut verwiesen. Einzelne darin enthaltene theoretische Überlegungen, etwa zum Problem der Koordination spezialisierter Dienstleistungsbereiche, werden im Verlauf der empirischen Untersuchung noch genauer einbezogen.

In der folgenden Tabelle 3 sind die bisher ermittelten theoretischen Grundlagen der Interventionstheorie im Überblick zusammengefasst und genauer auf die Sozialhilfe bezogen. Dabei werden die Arbeitsmarktpolitik und einzelne Handlungsformen sozialer Dienste in ihren Wechselbeziehungen exemplarisch mit berücksichtigt und in die tabellarische Übersicht einbezogen. Erkennbar ist, dass soziale Interventionen auch und vor allem in der Sozialhilfe in *komplexe Mehrebenensysteme* eingebunden sind. Mit dieser Einbindung in das Arrangement verschiedener wohlfahrtsstaatlicher Institutionen sind hohe Anforderungen an eine Steuerung der Leistungen vor allem in der Verlaufsperspektive verbunden. Neben der *Zeit-/Verlaufs- und Handlungsperspektive* sind also die *interinstitutionellen Dimensionen sozialer Interventionen* besonders zu beachten. Diese leiten sich aus den historisch und kulturell sowie politisch geprägten wohlfahrtsstaatlichen Arrangements her und Reformstrategien seit Anfang/Mitte der 1990er Jahre verweisen auf veränderte *Relationalitäten der wohlfahrtsstaatlicher Institutionen* zu- und untereinander. Die *Prävention* als besonders frühzeitige und *handlungsaktive* Form der sozialen Intervention sowie die Perspektive der *Koproduktion* in der Erbringung sozialer Dienste und Leistungen können dabei „als quer liegend" verstanden werden. Die Tabelle bzw. die nicht ausgefüllten Felder sind als „offene" Forschungsfelder zu verstehen, die im Rahmen der empirischen Untersuchung zur Sozialhilfe in Deutschland und Schweden dann genauer auszufüllen sind.

Tabelle 3:

Soziale Interventionsformen in der Sozialhilfe im Überblick

Institutionelle Arrangements und biografischer Bezug sozialer Interventionen und ihre Steuerung	Rechtliche Interventionen	Ökonomische Interventionen	Pädagogische Interventionen	Ökologische Interventionen
Arbeitsmarktpolitik: (Erwerbsbiografie) • *Kontextsteuerung* • *Verhaltenssteuerung*		*P r ä v e n t i o n*		
Sozialhilfe und Sozial- verwaltung (Sozialhilfebiografie): • *Kontextsteuerung* • *Verhaltenssteuerung*		*u n d* *K o p r o d u k t i o n*		
Soziale Dienste und Soziale Arbeit, im Falle von Sucht- oder Schuldnerbiografien: • *Kontextsteuerung* • *Verhaltenssteuerung*		*("quer liegend")*		
Verlaufs- und Handlungsperspektive:	Dauer, Intensität, Frequenzen u. „Timing"... der Interventionen	Dauer, Intensität, Frequenzen u. „Timing"... der Interventionen	Dauer, Intensität,. Frequenzen u. „Timing"... der Interventionen	Dauer, Intensität, Frequenzen u. „Timing"... der Interventionen

Im Zusammenhang mit den inter-institutionellen Interaktionen und Relationen ist an dieser Stelle exemplarisch darauf hinzuweisen, dass die Sozialhilfe in den beiden hier ausgewählten Wohlfahrtsstaaten stets in hohem Maße auch von Entscheidungen und Interventionsmustern im vorgelagerten Sozialleistungssystem, etwa der Arbeitsmarktpolitik beeinflusst wird. Ein Ausbau oder Umbau, wie auch ein Abbau von Leistungen, etwa in der Arbeitslosenversicherung wirken immer – meist zeitlich versetzt – auf die Sozialhilfe zurück. Auch Neuregelungen interner Verfahren und Verwaltungsabläufe anderer Institutionen, beispielsweise schnelle oder langsame Bearbeitungsdauern bei Anträgen auf Leistungen der Arbeitslosenversicherung, zügige oder eher langsame Vermittlungsverfahren und -erfolge, Wartezeiten bei Sozialberatungsstellen, sowie veränderte sozialberufliche Handlungsformen sozialer Dienste beeinflussen häufig direkt oder indirekt die Sozialhilfe. Dies gilt für sie in besonderer Weise, weil sie als *nachrangiges* Leistungssystem konzipiert ist. Solche Wechselwirkungen sozialer Interventionen sind vor allem bei Armuts- und Sozialhilfekarrieren zu beachten, die über längere Zeiträume andauern und von multiplen Problemlagen gekennzeichnet sind. Die Wechselwirkungen und Schnittstellen sozialer Interventionen im Wohlfahrtsstaat spielen aber auch für kurzzeitigen Bezug eine wichtige Rolle, wie frühere Befunde zu den „Wartefällen" auf vorrangige Leistungen oder zu „Überbrückern" im Sozialhilfebezug gezeigt haben.[132]

In dieser relationalen Ebenen sind somit für die Gestaltung sozialer Interventionen besondere Anforderungen gestellt, wenn explizit das Zusammenwirken *(Samverkan)* und die Kooperationsformen an den Schnittstellen von Sozialhilfepolitik, Arbeitsmarktpolitik, Bildungspolitik und sozialen Diensten verbessert werden sollen. Diese Reformstrategien und Zielsetzungen werden seit Mitte der 1990er Jahre in beiden Wohlfahrtsstaaten im Bereich der Sozialhilfe und der lokalen Arbeitsmarktpolitik, aber auch institutionell darüber hinausgehend verfolgt. Reformen dieser Art wirken auf die Muster und Konfigurationen sozialer Interventionen ein, die oft über Jahrzehnte in den einzelnen bisher seperiert agierenden wohlfahrtsstaatlichen Organisationen entwickelt wurden und in hohem Maße routinisiert ablaufen. Soweit die Veränderung institutioneller Arrangements die Kontakte zu den Bürgern berühren, erfordern diese Reformstrategien, dass die bisher seperiert entwickelten Interventionsformen und -muster je spezifisch neu gewichtet und unter veränderten Bedingungen und sozialen Zusammenhängen sowohl zeitlich als auch in ihren Handlungsbezügen neu und präziser aufeinander bezogen und abgestimmt werden. Es ergeben sich zum Teil sogar *völlig neue relationale Steuerungs- und Interventionsdimensionen,* die theoretisch kaum behandelt und empirisch erst wenig untersucht sind. In vergleichenden Studien der Wohlfahrtsstaatsforschung haben diese relationalen, dynamischen und flexiblen Entwicklungen institutioneller Arrangements und sozialer Interventionen bisher ebenfalls kaum Beachtung gefunden. Dieser sich andeutende Wandel ist in den Merkmalen genauer zu bestimmen.

Zusammenfassend bietet sich das theoretische Konzept sozialer Interventionen unter Ergänzung der zeitlichen, handlungstheoretischen und relationalen Perspektive für *Länder vergleichende empirische Untersuchungen* somit aus einer Reihe von Gründen an. Mit der Fokussierung auf die Frage nach typischen Interventionsformen und -mustern wird empirisch ein explizit *soziologischer Zugang* zu den Handlungsformen und Leistungsmerkmalen der Sozialhilfe ermöglicht. Dieser geht über bisherige Ansätze eher quantitativ ausgerichteter vergleichender Studien hinaus. Besondere *qualitative* Merkmale und Merkmalskombinationen in den Interventionsformen und Steuerungsinstrumenten der Sozialhilfe können so vergleichend untersucht werden. Die auf das Lebenslagenkonzept und im Verständnis von Teilhabe

---

[132] Vgl. empirisch dazu genauer Buhr (1995) und Ludwig (1996), sowie Leibfried/Leisering (1995).

beruhenden Elemente einer „Theorie sozialer Intervention" beziehen zudem die sozialen, politischen und administrativen Kontextbedingungen stets mit ein. In diesem theoretischen Ansatz wird ein konkretes auf die Praxis bezogenes, zugleich aber auch ein für die Wohlfahrtsstaatsforschung notwendiges breites sozialwissenschaftliches Fenster geöffnet. Klassische organisationssoziologische Ansätze oder bisher eher „enge" Ansätze einer Evaluationsforschung in der Sozialarbeit und -verwaltung lassen sich damit soziologisch erweitern.

Die vorliegenden Ansätze einer Theorie sozialer Interventionen bilden im Ergebnis einen wesentlichen Kern der theoretischen Grundlagen dieser Untersuchung. Die Theorie sozialer Interventionen ist dabei institutionentheoretisch und lebenslauftheoretisch zu erweitern. Theoretisch besonders zu beachten ist auch, dass nach Kaufmann (1999: 926) der „Erfolg" sozialer Interventionen nicht allein von den ihr zu Grunde liegenden Technologien, also bezogen auf die Sozialhilfe etwa von bestimmten rechtlichen Regelungen, Organisationsformen, Vermittlungs- und Beratungskonzepten, Qualifikationen des Personals und ähnlichen Faktoren abhängig ist, sondern stets auch vom *sozialen Kontext der Anwendung* derartiger Maßnahmen beeinflusst wird. Gerade im Falle der Sozialhilfe, bei ihrer historischen Einbettung in die Traditionen und institutionellen Pfade der Armenfürsorge mit bis heute in Deutschland und Schweden wirksamen Effekten der Stigmatisierung, und bei einer ausgeprägten Reformdynamik seit Anfang der 1990er Jahre ist der soziale Kontext mit entscheidend für ihre Wirkungen und Wirksamkeit.

Ob und inwieweit sich Bürger und Sozialverwaltung bzw. Sozialdienst infolge der skizzierten Reformen und Veränderungen in den Kontakt- und Interaktionsmustern eher mit *Vertrauen* oder im *institutionalisierten Misstrauen* begegnen, wenn es um bestimmte Eingriffe, Leistungen oder um die Mitwirkungsbereitschaft und Partizipation im Prozess der Leistungserbringung geht, hängt ebenfalls entscheidend von sozialen Kontexten der unterschiedlichsten sozialen Interventionsformen und ihren Kombinationen im institutionellen Arrangement ab. Genau genommen lassen sich Wirkungen und Wirksamkeiten oder gar „Erfolge" sozialer Interventionen, sowohl institutionentheoretisch wie auch systemtheoretisch betrachtet, inzwischen kaum noch *einer* einzigen wohlfahrtsstaatlichen Institution, *einem* Akteur oder *einer* Organisation zuordnen. Sie lassen sich vielmehr nur in der Berücksichtigung der Interaktionen und Interventionen verschiedenster Institutionen, Akteure und Systeme wirksam entwickeln und erkennen. Dies wiederum bedeutet auch, dass verschiedene Bereiche der Sozialpolitik, verschiedene Leitbilder, Norm- und Rechtssysteme, Organisationen, Professionen, sozialberufliche Handlungsformen usw. berührt sind, wenn es um die Ausgestaltung und Wirksamkeit sozialer Interventionen in der Erschließung von Wegen aus Arbeitslosigkeit und Armut geht.

Die Sozialhilfe ist in diesen theoretischen Kontexten und vor dem Hintergrund der politisch und rechtlich seit Ende der 1990er Jahre neu belebten Leitgedanken einer „*Hilfe zur Selbsthilfe*" und einer „*Aktivierung*" nicht mehr isoliert als *einseitig* vom Wohlfahrts*staat* erbrachte rein materielle Leistung zu sehen. Vielmehr stehen die Leistungen der Sozialhilfe in vielschichtigen Wechselbeziehungen im komplexen *System einer Koproduktion* zwischen verschiedensten sozialen Diensten und den Bürgern, in materieller *und* persönlicher Hinsicht. Soziale Interventionen lassen sich dabei in den mit ihr verbundenen Intentionen und Situationsdefinitionen genauer unterscheiden. Die jeweiligen Intentionen und institutionell eingebundenen Beziehungskontexte und Variablen einer Koproduktion sozialer Dienste und Leistungen wurden sowohl in Deutschland als auch in Schweden nur selten berücksichtigt.

In der Theorie und in der Praxis ist erkennbar, dass neben diesen Variablen der Relationalität und der Koproduktion *die Bürger selbst* als wesentlich am Interventions- und Produktionsprozess sozialer Leistungen beteiligte Akteure, und damit als entscheidende „Steuerungsvariable" bisher in der Sozialhilfe eher am Rande, sprich als Objekte und daher meist verkürzt betrachtet wurden. Soweit sie einbezogen werden, geschieht dies wesentlich in den Definitionen und Anforderungen, wie sie über Mitwirkungs*pflichten primär* rechtlich geregelt sind. Vor allem ökologische und pädagogische Variablen einer Koproduktion und Partizipation am Leistungserbringungsprozess blieben bisher für die Sozialhilfepraxis weitgehend unbeachtet – jedenfalls in Deutschland. Auch die biografisch geprägten bzw. erworbenen Handlungsressourcen und -optionen sowie die Grenzen und Hemmnisse des Bewältigungshandelns der Individuen oder Gruppen im Verlauf typischer Armutskarrieren erst in einer Perspektive der Koproduktion theoretisch und empirisch berücksichtigt, die über rein rechtlich definierte Mitwirkungspflichten hinausweist.

Soziale Interventionen wurden lange Zeit – bis in die 1980er Jahre hinein – in hohem Maße *staatszentriert* und damit als eine *hierarchisch einseitig* verlaufende Beeinflussung oder Gestaltung von Lebensverhältnissen, Lebenslagen und Lebensläufen gedacht und konzipiert. Sowohl in der Sozialpolitik wie auch innerhalb der Sozialverwaltung und in der Sozialarbeit wurden soziale Interventionen von der Grundvorstellung überwiegend als *passiv-einseitige Leistungserbringung* für und am Bürger verstanden, *ohne* dessen aktive Beteiligung und Einbeziehung in die bestimmenden Interventions- bzw. Handlungsmuster hinreichend zu berücksichtigen. Bisher war *in der Sozialhilfe* ein solches theoretisch entwickeltes auf ein interaktives, partizipatives und koproduktives Verhältnis zwischen Staat/Verwaltung und den Bürger bezogenes Interventionsmodell, das auch weitere Akteure und die soziale Umwelt mit berücksichtigt, kaum von Bedeutung. Eine modernisierte Verwaltung und das Leitbild einer „aktivierenden Sozialpolitik" zielen allerdings in der Sozialhilfe auf den Bürger als „aktiven Mitproduzenten" sozialer Dienstleistungen. Eine empirische Frage, ist, ob und in welchen Interventionsmustern sich ein solches Verständnis in der Sozialhilfe nicht nur reduziert auf die rechtlich eng eingebundenen und formal durch Verwaltungsverfahren definierten Mitwirkungspflichten zeigt, sondern ob weitergehende koproduktive und partizipative Elemente vorfindbar sind Auf diese Dimensionen sozialer Interventionen, die seit Ende der 1990er Jahre für die deutsche Sozialhilfe in ersten Ansätzen explizit im *Verständnis einer „Koproduktion"* konzipiert sind, sich ähnlich in der schwedischen Sozialarbeit mit der Nutzer- und Bürgerbeteiligung abbilden, wird in zentralen theoretischen Grundlagen im folgenden Kapitel genauer eingegangen.

> *„Der Bürger darf nicht mehr länger nur als Sozialuntertan des Staates gelten, sondern er muss vielmehr als Mitprodu-zent sozialer Leistungen in diese einbezogen werden."*
> (Zit. Badura/Gross 1976: 305)

1.3 Die Sozialhilfe als personenbezogene soziale Dienstleistung: Theorie und Konzept einer Koproduktion

Bei sozialen Interventionen, die eine rein passive und monetäre Transferleistung beinhalten, ist die Variable der Koproduktion meist nur von geringer Bedeutung. So beschränkt sich eine Koproduktion bei monetären Transferleistungen in aller Regel auf eine verfahrensmäßige und an den rechtlich geregelten Leistungsvoraussetzungen bezogene Mitwirkung und Mitwirkungspflicht des Leistungsberechtigten bei der Beantragung der Geldleistung und in der Benachrichtigung über eingetretene Änderungen der wirtschaftlichen oder persönlichen Verhältnisse. Im Zeit- und Handlungsverlauf reduziert sich eine Mitwirkung des Bürgers nach der Antragstellung in aller Regel auf den periodischen Empfang der monetären Transferleistungen bzw. auf die Schaffung und den Erhalt der Gelegenheiten zum Bezug der beantragten und schließlich gezahlten Sozialleistung, etwa in der Bereithaltung einer Bankverbindung.[133] Diese Kontextbedingungen verweisen theoretisch auf eine *Koproduktion in rechtlicher Hinsicht* und auf eine *Koproduktion bei ökonomischen Interventionsformen*, wie sie etwa beim Nachweis zweckentsprechender Verwendung von einmaligen Leistungen vorkommen. Diese beiden Dimensionen einer Koprodukti-

---

[133] Dass bereits in dieser einfachsten Dimension der Erbringung monetärer Leistungen Probleme einer Koproduktion sowie soziale Ungleichheiten auftreten, zeigen die Befunde der deutschen Schuldnerberatung. Danach wird überschuldeten Personen von Kreditinstituten häufig das Girokonto gekündigt, sobald bei der Bank eine Kontenpfändungen eingeht. Vielfach herrscht dann die Praxis vor, diesem Personenkreis, zu dem häufig Sozialhilfebeziehende gehören, im Anschluss an die Kontenkündigung auch kein Girokonto zu gewähren, das ausschließlich auf Guthabenbasis geführt wird. In diesen Fällen sind Grundvoraussetzungen einer alltäglichen Teilhabe am Wirtschaftsgeschehen nicht gegeben und damit einfachste Bedingungen und institutionelle Erwartungen einer Koproduktion nicht vorhanden.

123

on sind durchaus zu unterscheiden. Sie bildeten in der deutschen Sozialhilfe zumindest bis Ende der 1980er Jahre die zentralen Variablen der entsprechend passiv und stark bürokratisch ausgerichteten Interaktionsprozesse im Kontakt zwischen Sozialämtern und Bürgern.[134]

Völlig anders und sehr viel komplexer stellt sich die Variable der Koproduktion aber verbunden mit Konzepten einer „aktiven" und „aktivierenden" Sozialhilfe dar, wie sie seit einigen Jahren in der Entwicklung sind. Dies gilt vor allem, wenn pädagogische Interventionsformen in der Sozialhilfe, etwa im Rahmen einer persönlichen Hilfe ausgeprägt sind oder stärker Beachtung finden sollen. Das theoretische Konzept der Koproduktion wird spätestens dann höchst relevant, wenn die Sozialhilfe ausdrücklich als „personenbezogene soziale" Dienstleistung verstanden wird, oder wie in Schweden, von Sozialarbeitern im Arrangement eines primär personenbezogenen Sozialdienstes *(Socialtjänst)* erbracht wird. Anders als im deutschen wohlfahrtsstaatlichen Arrangement gilt die Sozialhilfe dort seit 1982 rechtlich, organisational und professional als integriertes Aufgabenfeld und wird begrifflich explizit als „Sozialdienst" verstanden. Neben der Sozialhilfe sind nahezu alle übrigen personenbezogenen sozialen Dienstleistungen der lokalen Ebene in den Grundprinzipien ihrer Leistungserbringung im schwedischen Sozialdienstgesetz geregelt. Schon insoweit bestehen in Schweden für die Sozialhilfe völlig andere Rahmenbedingungen einer Koproduktion als in Deutschland, wo erst seit wenigen Jahren eine offensivere Fachdebatte und Reformstrategien erkennbar werden, die dazu beitragen, die Formen der „persönlichen Hilfen" und die Dienstleistungsbestandteile der Sozialhilfe stärker in den Vordergrund zu rücken.[135]

---

[134] Die Prozesse des „Verstehens und der Verständigung" in Gesprächen in deutschen Sozialämtern wurden von Wenzel (1984) empirisch untersucht und mit dem Befund abgeschlossen, dass vor allem „einseitig-direktive" und weniger „dialogische" Kommunikationsmuster bestimmend waren. Für die 1980er Jahre untersuchten beispielsweise auch Hartmann (1985) und Krieger u.a. (1989) die bürokratisch geprägten Interaktions- und Kontaktmuster der deutschen Armutsverwaltung. Die ebenfalls als „bürokratisch" bezeichneten Strukturen und einseitig-hierarchisch geprägten Interaktionsmuster der *schwedischen Sozialhilfe* wurden von Sunesson (1981) untersucht. Auch Salonen (1995) stellt fest, dass die schwedische Sozialhilfepraxis heute in hohem Maße auch verwaltungsmäßig geprägt ist. Historisch spielte für die Entwicklung ihrer sozialberuflichen Handlungsformen eine zeitweise starke Orientierung an psychologischen sowie an medizinischen Handlungsmustern und Wissensbeständen ebenfalls eine Rolle.

[135] Zur Debatte um die Entwicklung der deutschen Sozialhilfe zu einer „personenbezogenen sozialen Dienstleistung" vgl. Bartelheimer (2001), Reis (2002b), und eher juristisch Spindler (2002). Unter dem allgemeineren Begriff der „Sozialen Dienste" werden bisher zumeist all jene persönlichen Hilfen und Unterstützungsleistungen verstanden, die bei den unterschiedlichsten sozialen Problem- und Konfliktlagen erbracht werden, wenn finanzielle Transferleistungen allein nicht ausreichen. So etwa die Definition von Bäcker u.a. (1995: 5). Zum Begriff, Merkmalen und Entwicklungen der sozialen Dienste *in Deutschland* vgl. Bäcker u.a. (2000, Bd. II, S. 132-399). Für Schweden bieten Elmér u.a. (2000: 165-224) einen Überblick über Geschichte, Entwicklung und Definitionen des Sozialdienstes. Für beide Wohl-

Die beschriebenen Entwicklungen und der Umbau der Sozialhilfe zu einer sozialen Dienstleistung sind im deutschen Zusammenhang immer auch verbunden mit den Bemühungen einer „Verwaltungsmodernisierung" und der Förderung des „Dienstleistungscharakters" in der Kommunalverwaltung. Auch das Leitbild einer „aktivierenden Sozialpolitik" spielt in den Strategien und Instrumenten, eine aktive Sozialverwaltung aufzubauen, eine Rolle. Im Prozess der „Modernisierung" von Sozialverwaltung und kommunalen Sozialdiensten stellen sich somit vor allem in Deutschland, möglicherweise aber auch in Schweden veränderte Anforderungen an die künftige Ausgestaltung „koproduktiver Elemente" in der Leistungserbringung des öffentlichen Sektors. Bezogen auf diese Entwicklungen in den sozialen Diensten ist daher von einer *Koproduktion in personenbezogenen und pädagogischen Interventionsformen* zu sprechen.

Innerhalb der deutschen wie auch der schwedischen Fachdiskussion zur *Sozialhilfe* liegen zu diesen Aspekten bisher kaum *theoretische* Grundlagen vor. Daher sind an dieser Stelle zunächst allgemeinere Befunde sozialwissenschaftlicher Forschung zu den Produktionsbedingungen personenbezogener sozialer Dienstleistungen einzubeziehen.

Seit langem wird eine Unterscheidung zwischen monetären Transferleistungen und persönlichen Hilfen in der Geschichte und Praxis der Armenfürsorge und der späteren Sozialhilfe vorgenommen.[136] In *Deutschland* wurde diese Unterscheidung auch 1962 mit Inkrafttreten des Bundessozialhilfegesetzes fortgeschrieben und rechtlich normiert. In den Formen der Sozialhilfe wird bis heute zwischen der persönlichen und der materiellen Hilfe rechtlich eindeutig unterschieden. Dass *beide Formen* mit dem deutschen BSHG sowie seit 2005 mit dem SGB II und dem SGB XII *in einem* gesetzlichen Regelwerk geregelt sind und somit auch rechtlich eng verbunden sind, ist zumindest theoretisch nicht zwingend. Theoretisch denkbar ist auch, die monetären und die persönlichen Formen der Sozialhilfe/Grundsicherung in zwei völlig verschiedenen gesetzlichen Regelwerken genauer zu bestimmen.

Getrennte Regelwerke würden möglicherweise den jeweils besonderen Strukturmerkmalen und Zielen der unterschiedlichen Interventionsformen eher entsprechen und vor allem in den Variablen und Voraussetzungen einer Koproduktion sozialer Dienstleistungen würde eine duale Variante möglicherweise günstiger wirken als dass mit einem beide Leistungsbereiche gemeinsam regelnden und so aneinander koppelnden Gesetzeswerk möglich ist. Die duale Regelungsvariante zu

---

fahrtsstaaten gilt, dass im Verlauf der vergangen 20 Jahre die sozialen Dienste auch während der fortlaufend thematisierten Krise des Wohlfahrtsstaates eine „Wachstumsbranche" bildeten.

[136] Zur historischen Entwicklung der Armenfürsorge *in Europa* vgl. Geremek (1991), speziell zur Entwicklung *in Deutschland* vgl. vor allem Sachße (1986). Zu frühen Formen der „Pädagogisierung" in der deutschen Armenhilfe des Mittelalters vgl. Sachße/Tennstedt (1983: 45-48). Zur Historie der Armenfürsorge *in Schweden* vgl. auch Halleröd (1991), Åström (2000), sowie Salonen (1995 und 2000a).

monetären Transferleistungen einerseits und den personenbezogenen und pädagogischen Leistungen der Sozialhilfe andererseits wurde historisch allerdings weder in Deutschland noch in Schweden gewählt.

Im *deutschen* Sozialhilferecht hieß es zu den Formen der Sozialhilfe in § 8 BSHG bis Ende 2004 zugleich einfach und scheinbar klar: *„Formen der Sozialhilfe sind persönliche Hilfe, Geldleistungen oder Sachleistungen".* Die persönliche Hilfe war – juristisch interpretiert – eindeutig *vor* der materiellen Hilfe genannt. Sie konnte von einfacher Information, Beratung bis zur intensiven sozialpädagogischen Betreuung unterschiedlichste Formen und Intensität aufweisen. Im Rahmen des seit 2005 geltenden SGB II wird die persönliche Hilfe im Kern mit §§ 16 ff. SGB II eng mit der Eingliederungshilfe in den Arbeitsmarkt verbunden verstanden. Die ebenfalls seit 2005 geltenden neuen Regelungen des § 8 SGB XII betonen allgemein eine *„gebotene Beratung und Unterstützung"* und mit § 11 SGB XII finden sich allgemeine Regelungen zu *„Beratung, Unterstützung und Aktivierung".* Nicht nur juristisch sondern auch interventionstheoretisch wäre dann aber genauer zu definieren, was in der Verwaltungspraxis und in der institutionellen Risikobearbeitung der deutschen Sozialhilfe und Grundsicherung unter „persönlicher Hilfe" zu verstehen ist. Vor allem ist zu klären, wie die „persönlichen Hilfen" konkret ausgestaltet sind, wann sie einsetzen und wie lange sie andauern, ob etwa ein Rechtsanspruch auf diese Hilfeform besteht usw. Auch zur Frage, wie sich in den neueren Maßnahmen eine „aktivierende" persönliche Hilfe im *Zeit- und Handlungsverlauf* darstellt und wie diese in den Abstimmungen, im „Timing" sowie in den Wechselwirkungen der beteiligten Akteure genau zu gestalten ist, liegen bisher kaum Befunde vor. So ist das theoretische Gerüst zur Sozialhilfe/Grundsicherung als „personenbezogene soziale Dienstleistung" und zu den Formen pädagogischer Interventionen in Deutschland bisher nur sehr dünn entwickelt. Auch die empirische Datenlage hierzu ist als extrem unbefriedigend zu bezeichnen. Dies gilt besonders, wenn die Variable der *Koproduktion in der Verlaufsperspektive* eine genauere Beachtung findet.

Eine theoretische Übereinstimmung besteht in der Fachliteratur bisher darin, dass Formen der persönlichen Hilfe in der deutschen Sozialhilfepraxis unterentwickelt sind.[137] Die bisher vorliegenden theoretischen Grundlagen zur Koproduktion

---

[137] Das allgemeine Defizit hinsichtlich der *„persönlichen Hilfe"* in der *deutschen Sozialhilfe* wurde bereits Ende der 1970er Jahre von Grunow/Hegner (1978) ermittelt. Weitere lokale empirische Befunde zu Mängeln und einer Vernachlässigung der persönlichen Hilfe liegen mit Studien von Hartmann (1985), Münder (1988) und Stumpfögger/Wiethoff (1989), Ringbeck (1993), Schwarze (1994 und 2001) und Harrach u.a. (2000) vor. Es mangelt an *repräsentativen* empirischen Befunde zur Sozialhilfe/Grundsicherung in ihrer Funktion als „persönliche Hilfe". Zur neueren sozialpolitischen Programmatik einer „aktivierenden Beratung" vgl. Hoffmann (2002). Gemeinsam ist den bisherigen Befunden mit Ausnahme der Studien von Reis (1997a und 1997b sowie 2002b), dass sie nur begrenzt theoretisch geleitet sind. Auch die Beratungspraxis im Kontext von SGB II weist in den seit 2005

sozialer Dienstleistungen in der *deutschen* Fachdiskussion gehen auf Beiträge aus den 1970er und 1980er Jahren zurück. Sie gewinnen für die Sozialhilfe zuletzt an Bedeutung.[138] Vor allem von Reis (1997b und 2002b) wurde die Perspektive einer Koproduktion bezogen auf die Sozialhilfe als Dienstleistung bereits teilweise übertragen und in den aktuellen Reformzusammenhang gestellt. Dabei wird der Ansatz einer lebenslagenorientierten Beratung theoretisch einbezogen. Mit diesen Grundlagen wird das bisher meist einseitig staatsinterventionistische und in Deutschland in hohem Maße über das Verwaltungsrecht geprägte Verständnis der Sozialhilfe als monetäre Transferleistung im Sinne der traditionellen Unterscheidung in Leistungs- und Eingriffsverwaltung um stärker sozialwissenschaftliche, ökonomische und sozialpädagogische Perspektiven erweitert. Gerade in dieser theoretischen Erweiterung liegt ein besonderer Vorteil des Konzepts der Koproduktion. Dieser theoretische Ansatz bleibt insgesamt offener für die unterschiedlichen Wissenskulturen und Disziplinen, die für die Bearbeitung sozialer Probleme im Rahmen der Sozialhilfe von Bedeutung sein können.[139]

Wie bereits angedeutet, kennt auch die *Sozialhilfe in Schweden* in ihren rechtlichen Grundlagen neben monetären Transferleistungen unter den individuell bezogenen Leistungen nach Kap. 4, § 1 des Sozialdienstgesetzes *(SoL)* ebenfalls *persönliche Hilfen*. Diese werden begrifflich dem Bereich der „sonstigen Hilfen" *(annat bistånd)* zugeordnet. Solche sonstigen personenbezogenen sozialen Leistungen können in Form von Gesprächen *(samtal)*, Beratung *(rådgivning)*, Unterstützung *(stöd)* sowie als behandelnde und therapeutische Interventionen *(behandling och terapi)* erfolgen.[140] Insofern stellt sich auch für die schwedische Sozialhilfe die Frage nach dem theoretischen Verständnis und den Grundvoraussetzungen sozialer Dienstleistungen. Dabei gilt, dass *empirische* Befunde zu den Interaktionsbedingungen und -

---

gegründeten „Job-Center" in Deutschland deutliche Elemente einer bürokratischen und auf Abwehr von Leistungen ausgerichteten Interaktion auf, so eine Studie von Hielscher/Ochs (2009).

[138] Ein Überblick über die Ursprünge und früheren Befunde zum Konzept einer „individuellen Koproduktion" in der öffentlichen Verwaltung bietet Wirth (1991). Während Badura/Gross (1976) und Wirth (1982) sich eher grundlegend theoretisch den Fragen einer Koproduktion im Erbringungsprozess personenbezogener sozialer Dienste widmen, geht Wolff (1983) der „Produktion von Fürsorglichkeit" am konkreten Beispiel der Neuorganisation der Sozialen Dienste in einer Großstadt nach und stellt den „Produktcharakter" sozialer Hilfen genauer dar.

[139] Zu Begriff und Konzept der „Wissenskulturen" siehe Leisering (2001).

[140] Zu den bis Ende 2001 geltenden Regelungen der materiellen und immateriellen Leistungen der schwedischen Sozialhilfe nach § 5 SoL vgl. Norström/Thunved (1999: 42). Darin werden die Leistungen einer persönlichen Hilfe *(annat bistånd)* im Kommentar im Überblick aus juristischer Sicht erläutert. Mit den Neuregelungen des SoL zum 1. Januar 2002 war im Kern eine Modernisierung der Begriffe und eine veränderte Systematik und Einteilung in Kapitel verbunden. Die rechtlichen Regelungen auch hinsichtlich „persönlicher Hilfen" blieben aber in ihren Inhalten unverändert.

prozessen der dortigen Sozialhilfe durchaus vorliegen.[141] Die direktere Einbindung der wirtschaftlichen Sozialhilfe in das institutionelle Arrangement der schwedischen Sozialarbeit führte mit dazu, dass die Sozialhilfe als selektiv gestaltetes Leistungssystem seit Ende der 1990er Jahre auch in der Wissenschaft und Forschung zur Sozialarbeit eine stärkere Aufmerksamkeit erhielt. *Theoretische* Grundlagen liegen aber auch für die schwedische Sozialhilfe in ihren Varianten einer „persönlichen Hilfe" und zur Dimension einer „Koproduktion" bisher kaum vor.

So findet der Begriff der Koproduktion in theoretischen schwedischen Beiträgen oder auch in Konzepten zur Sozialhilfe, die auf ein neues Verständnis im Kontakt und in der Leistungserbringung zwischen Staat und Bürger ausgerichtet sind, bisher keine direkte Aufmerksamkeit.[142] Eine Erklärung für dieses theoretische und „methodische" Defizit könnte darin liegen, dass das Verhältnis zwischen Bürger und Staat in Schweden historisch weniger konfliktreich verlaufen ist als es in der deutschen Geschichte der Fall war, so dass sich Fragen und Probleme im Verhältnis von Staat, Verwaltung und Bürger im schwedischen Wohlfahrtsstaat generell etwas anders gelagert stellen als das für das deutsche wohlfahrtsstaatliche Arrangement gilt. So findet sich häufiger der Befund, dass schwedische Bürger gegenüber Staat und Behörden vergleichsweise wenig Misstrauen entwickeln. Zugleich wurden Institutionen demokratischer Kontrolle etwa in Form von Ombudsmännern/-frauen, Verbraucherschutz, Nutzerbeteiligung und lokale Demokratie parallel zum und im Wohlfahrtsstaat relativ stark entwickelt. Diese Instrumente und Einrichtungen bilden wichtige Einflussgrößen in der Gestaltung der Strukturbedingungen einer Dienstleistungsproduktion auch im Bereich der sozialen Dienste.

Für die Sozialhilfe könnte somit ebenfalls gelten, dass in Schweden die Bürger stärker von sich aus in die Fähigkeiten einer eher einseitig und versorgend konzi-

---

[141] Beispielsweise wurden von Hydén u.a. (1995) für 11 Kommunen die Kontaktmuster und Entscheidungsvariablen in der Leistungserbringung der Sozialhilfe empirisch untersucht. Stärker auf die Organisation der Sozialhilfe bezogen, liegen Studien von Byberg (1998 und 2002) vor. Die Organisation und Interaktionen zwischen Sozialdienst und Bürger untersuchte für Göteborg Billquist (1999). In den Befunden kommt stets zum Ausdruck, dass die Organisationsformen und die Interaktionsformen und die Gewährungspraxis der schwedischen Sozialhilfe *extrem heterogen* sind. Von Olsson (1993) wird allgemeiner für die Sozialarbeit professionstheoretisch von einer „naiven Theorie" gesprochen, die als Grundlage die Kontaktmuster und Interaktionen zwischen Professionellen der Sozialdienste und Bürgern wesentlich beeinflusst und sich in der Regel von den theoretischen und empirischen Grundlagen der Arbeit, wie sie in Ausbildung und Studium vermittelt werden deutlich unterscheidet. Dies bedeutet, dass die Praxis und auch die Konzeptentwicklung der Sozialhilfe wenig theoriegeleitet sind bzw. relativ „naiven Vorstellungen" zu den Möglichkeiten und Wirkungen sozialer Interventionen folgen.

[142] In einer empirischen Studie zum Wandel der Steuerungsformen *(Styrningsformer)* im kommunalen öffentlichen Sektor von Wallenberg (1997: 48 f.) wird zwar nicht begrifflich, jedoch konzeptionell für die „kommunale Dienstleistungs*produktion*" *(kommunal tjänsteproduktion)* die theoretische Perspektive einer Koproduktion kurz skizziert und im Zusammenhang von Modellen der *"Nutzer- bzw. Kundensteuerung" (Brukar- och Kundstyrningen)* als wichtige Dimension behandelt.

pierten Leistungserbringung durch den Staat vertrauen als in Deutschland. Dies würde bedeuten, dass zugleich koproduktive Elemente im schwedischen wohlfahrtsstaatlichen Arrangement weniger deutlich entwickelt wären. Die bisherigen Befunde der vergleichenden Wohlfahrtsstaatsforschung bestätigen einerseits, dass das schwedische „Lebenslaufregime" generell von einer als selbstverständlich angesehenen einseitig wohlfahrts*staats*zentrierten Form der Produktion und Leistungserbringung sozialer Dienste geprägt ist.[143] Zugleich zeigt sich andererseits, dass in der Literatur sowohl der *Qualitätsdiskurs*, in dem es um die Einführung von Instrumenten des Qualitätsmanagement geht, wie auch der *Demokratiediskurs*, der eine Stärkung des Bürger- und Nutzereinflusses auf die Leistungserbringungsprozesse des öffentlichen Sektors beinhaltet, seit Mitte der 1990er Jahre stark hervorgetreten sind.[144] Ob und wie sich diese Zusammenhänge nicht nur generell in der öffentlichen Verwaltung darstellen, sondern genauer für die *Sozialhilfe* vorzufinden sind, ist zu untersuchen.

Auch historische Studien widmen sich bisher dem Aspekt der Koproduktion der individuellen und kollektiven Güter „Wohlfahrt" und „sozialer Sicherheit" aus einer explizit soziologischen Perspektive nicht näher oder theoretisch eher einseitig. Zumeist wird das Verhältnis zwischen Staat und Bürger in schwedischen Studien durchaus zutreffend, jedoch analytisch unzureichend in macht- und herrschafts- sowie demokratietheoretisch geprägten Ansätzen und in der Fokussierung auf „Rechte und Pflichten" untersucht. Sozialkritische Arbeiten, etwa der Rechtssoziologie und in der „Sozialarbeitswissenschaft" fokussieren besonders auf die Aspekte *sozialer Kontrolle und sozialer Disziplinierung*. Andere Theoriebereiche und „Wissenskulturen", die den Blick auf soziale Interventionen erweitern könnten und mit einem entsprechend weiter gefassten Verständnis koproduktiver Leistungserbringung verbunden sind, werden tendenziell vernachlässigt.

Bezieht man die aktuellen Reformansätze ein, so deutet sich an, dass eine „Modernisierung" des öffentlichen Sektors und der sozialen Dienstleistungen unter

---

[143] In der aktuelleren *deutschsprachigen* Literatur zur Sozialarbeit und zu Entwicklungen der Sozialdienste in Schweden kann auf einen Beitrag von Otte/Dietrich-Antskog (1997) verwiesen werden. Den Zielkonflikt sozialer Dienste zwischen Wohlfahrt und Kontrolle untersucht für die 1980er Jahre in Schweden auch Gould (1988). Die historische Entwicklung der sozialen Dienste wird im Überblick von Horgby (1998) dargestellt. Auch Henningsen (1986: 367-377) stellt das grundsätzlich positivere Klima zwischen Bürger und Staat in Schweden im Kontext der Entwicklung des Wohlfahrtsstaates zur „Dienstleistungsdemokratie" heraus. Er verweist aber ebenso auf kritische Elemente etwa in Form einer traditionell im Vergleich zu Deutschland geringer ausgeprägten Stellung rechtlicher Kontrollinstanzen wie dem Fehlen eines Verfassungsgerichtes in Schweden. Misstrauen und Kritik der Bevölkerung gegenüber Instrumenten und Verfahren eines „Überwachungsstaates" gelten in Schweden im Vergleich zu Deutschland zumeist als geringer ausgeprägt.

[144] Zu Instrumenten des Total Quality Management in Skandinavien vgl. Naschold (1997) und Wegener (1998: 343).

dem Leitbild und Einfluss einer „aktivierenden Sozialpolitik" seit Anfang/Mitte der 1990er Jahre meistens auch die Aktivierung von *personalen Ressourcen* im öffentlichen Sektor vorsieht. Sie beinhaltet ferner *strukturell, personen- und gruppenbezogen eine Aktivierung von individuellen und materiellen Ressourcen der Bürger.* Diese Reformstrategien hätten in ihrem Vorfeld und begleitend eine verstärkte Forschung und Theorieentwicklung zu den Leistungsmerkmalen und Leistungsvoraussetzungen auch im Bereich der Sozialhilfe erwarten lassen dürfen. Dies ist allenfalls teilweise zu beobachten. Auch insoweit scheinen die neueren Programme einer „aktivierenden Sozialpolitik" im Bereich der Sozialhilfe sowohl in Deutschland wie auch in Schweden weniger auf theoretisch und wissenschaftlich fundierte Grundlagen als vielmehr auf ideologisch geprägte Annahmen und Konzepte zu beruhen. Zugleich ist aber auffällig, dass der Begriff der Koproduktion in Beiträgen zum Leitbild und Programmen einer „aktivierenden Sozialpolitik" vor allem in Deutschland häufiger allgemein Verwendung findet.[145]

Es ist daher notwendig, den verschiedenen Aspekten der Koproduktion im Kontext der Interventionsformen innerhalb der Sozialhilfe eine besondere theoretische und empirische Aufmerksamkeit zu schenken. Zu klären ist beispielsweise, ob und inwieweit eine „persönliche Hilfe" innerhalb der deutschen und schwedischen Sozialhilfe überhaupt die Merkmale einer koproduktiv erbringbaren personenbezogenen sozialen Dienstleistung aufweist bzw. aufweisen kann. Zu prüfen ist weiterhin, welche theoretischen Grundüberlegungen sich bezogen auf eine *Koproduktion im Zeitverlauf und in der Handlungsperspektive* speziell für die Sozialhilfe herleiten lassen. Im Kontext veränderter Relationen und Interaktionen zwischen wohlfahrtsstaatlichen Institutionen und Organisationen stellt sich auch die Frage nach theoretischen Grundlagen koproduktiv gestalteter Interventionsmuster *mehrerer Institutionen im Kontakt zum Bürger,* und hier vor allem dann wiederum *im Zeitverlauf.* Koproduktion ist dann nicht mehr nur zweidimensional auf Sozialamt und Bürger bezogen, sondern beinhaltet mehrere Dimensionen und Akteure, die an der Leistungserbringung beteiligt sind. Rahmend ist die Frage nach theoretischen Grundlagen einer *koproduktiv ausgerichteten Steuerung* gemeinsamer oder segmentierter Interventionen der Institutionen und Organisationen im Zeitverlauf zu beachten. Es geht beispielsweise um die Instrumente einer Steuerung von Beratungsverläufen, wenn die sozialen Interventionen von verschiedenen wohlfahrtsstaatlichen Institutionen, etwa der Sozialhilfe, der Arbeitsberatung und der Schuldnerberatung in bestimmter Weise *zeitgleich, zeitnah* oder *im „Timing" zeitlich spezifisch aufeinander abgestimmt* erfolgen sollen. Nicht alle diese Fragen können hier gleichermaßen behandelt werden und sie dienen an dieser Stelle eher der theoretischen Erläuterung des

---

[145] Beispielsweise bei Schulze-Böing (1998 und 2000), Olk (2000b), Reis (2002b).

Gegenstandes. Grundlegende Variablen und Merkmale einer Koproduktion in der deutschen und schwedischen Sozialhilfe werden empirisch jedoch behandelt.

1.3.1 Koproduktion im gesellschaftlichen Kontext: Strukturwandel sozialer Dienstleistungen

Vor allem außerhalb des direkten Untersuchungszusammenhangs der Sozialhilfe gilt, dass spätestens Ende der 1970er Jahre in sozialwissenschaftlichen Befunden auf einen *Strukturwandel sozialer Dienstleistungen* aufmerksam gemacht wurde. Nach diesen Befunden kommt *personenbezogenen sozialen Dienstleistungen* und *pädagogischen Interventionen* in Zukunft eine wachsende Bedeutung zu.[146] Dieser Strukturwandel und ein Ausbau personenbezogener sozialer Dienste hat sich in den 1980er Jahren – und auch in den 1990er Jahren in Deutschland wie in Schweden – bestätigt und trotz einer Finanzkrise der öffentlichen Haushalte in den vergangenen Jahren weiter fortgesetzt. Als maßgebliche Einflüsse für diese Entwicklungen gelten zumeist drei Hauptfaktoren:[147]

- *Sozioökonomische Entwicklungen:* Hierunter sind die Zunahme von Morbidität, insbesondere im Bereich psychischer und psychosozialer Erkrankungen, gestiegene Bedarfe an Pflegeleistungen aufgrund einer veränderten Altersstruktur in der Gesellschaft, der Anstieg der Massenarbeitslosigkeit und die verbreitete Armut mit den entsprechenden Folgen sozialer Exklusion und Benachteiligung zu nennen. Diese vielschichtigen sozioökonomischen Entwicklungen führten zu einem weiteren Ausbau der personenbezogenen sozialen Dienste bzw. zwangen teilweise dazu, um die sozialen Probleme zu bearbeiten.

- *Neuartige und veränderte Problem- und Risikolagen:* Neben einer Individualisierung von Lebenslagen und ihren Folgen, sowie der Massenarbeitslosigkeit können auch ganz neue, zum Teil sehr komplexe multiple soziale Probleme genannt werden: Zum Beispiel nahmen Suchterkrankungen oder auch die private Überschuldung im Verlauf der 1980er und 1990er Jahre deutlich zu. Bei der Überschuldung privater Haushalte handelt es sich um ein relativ neues soziales Problem, dass in verschiedenster Hinsicht mit Massenarbeitslosigkeit und Sozialhilfebezug, aber auch mit verändertem Konsumverhalten, sowie verbunden mit einem Wandel im Finanzdienstleistungssektor einhergeht. Die institutionelle Bearbeitung solcher und anderer zumeist komplexer und zugleich individua-

---

[146] Zu diesem bereits Anfang der 1980er Jahre erkannten Strukturwandel sozialer Dienste in Deutschland vgl. z.B. Kaufmann (1979), Wirth (1982), sowie Bauer (2001). Für Schweden vgl. im Überblick Elmér u.a. (2000: 165 ff.).
[147] Vgl. Wirth (1982).

lisierter Problemlagen erfolgt ebenfalls im Rahmen personenbezogener Beratungsdienste. Diese Dienstleistungen werden in Deutschland wie in Schweden teilweise aus Mitteln der Sozialhilfe direkt gefördert oder organisational bzw. sozialberuflich im Rahmen der Sozialhilfe mit erbracht.

- *Veränderte und gewachsene immaterielle soziale Bedürfnisse und Erwartungen der Adressaten sozialer Dienste:* Auch bei den Bürgern und Adressaten sozialer Dienste und sozialer Interventionen sind veränderte Erwartungshaltungen hinsichtlich der Leistungsformen und -niveaus des Wohlfahrtsstaates festzustellen. Häufig gehen diese Erwartungshaltungen über rein materielle Leistungen hinaus und Bereiche der Information, Vermittlung, Beratung und allgemeine Serviceleistungen werden in besonderer Weise nachgefragt. Beispiele finden sich etwa in der Lotsenfunktion der Sozialhilfe oder auch der Krankenkassen,[148] in der Nachfrage nach Arbeitsvermittlungsdiensten, sowie in der Schuldnerberatung oder in der allgemeinen Sozial- und Lebensberatung. Von Sozialämtern werden diese personen-, informations- und kompetenzbezogenen Dienstleistungen teilweise direkt mit angeboten oder vermittelt. Daneben ist eine Entwicklung zu einem generell verbesserten „Service" und einem veränderten Dienstleistungsverständnis erkennbar. In Form von Terminvergaben, flexibler Sprechzeiten, verbesserter Erreichbarkeit, Angeboten im Internet angenehmerer Atmosphäre im Amt usw. kommt diese neue Dienstleistungsorientierung zum Ausdruck.[149] Sie wird von den Bürgern in der Informations- und Dienstleistungsgesellschaft zugleich erwartet. Ob und inwieweit allerdings die Erwartungen in der Sozialhilfe in befriedigender Weise erfüllt werden, wäre empirisch zu untersuchen.

In *Schweden* setzte mit der Reformdebatte um „totalitäre Tendenzen" im Wohlfahrtsstaat in den späten 1960er Jahren ein Strukturwandel der sozialen Dienste ein.[150] Die Grundprinzipien für soziale Interventionen im Rahmen der Sozialdienste wurden mit Begriffen und Regelungen zur Freiwilligkeit, Rechtmäßigkeit, Ganzheitlichkeit, sozialen Nähe, Demokratie und Partizipation im Verlauf der 1970er Jahre neu bestimmt und gingen in das Sozialdienstgesetz ein. Nach Inkrafttreten des Sozialdienstgesetzes 1982 war auf diesen Grundlagen bereits eine *allgemeine Dienstleistungsorientierung* formuliert. Für die schwedische Sozialhilfe kam diese dann in den 1980er Jahren mit Bemühungen um eine Entstigmatisierung und konkret mit Konzepten einer vereinfachten Antragstellung und Bewilligung monetärer

---

[148] Zur „Lotsenfunktion" bei deutschen Krankenkassen vgl. Niedermeier (1999 und 2000). Zur Lotsenfunktion in der deutschen Sozialhilfe vgl. Schwarze (2001).

[149] Zu einem Praxisbeispiel entsprechender Verwaltungsmodernisierung , vgl. Freytag (2000).

[150] Die „totalitären Tendenzen" des schwedischen Wohlfahrtsstaates wurden von Huntford (1973) beschrieben oder auch mit Blick auf die Formen sozialer Kontrolle von Gould (1988).

Transferleistungen im „SOFT-Modell" und im „EGT-Modell" zum Ausdruck.[151] Eine allgemeine Dienstleistungsorientierung konnte sich demnach im Gegensatz zur deutschen Sozialhilfe im schwedischen Sozialdienst und auch in der schwedischen Sozialhilfe bereits seit Anfang der 1980er Jahre entfalten. Sie wurde jedoch im Verlauf der 1990er Jahre im Kontext der wirtschaftlichen und fiskalpolitischen Krise und unter dem Einfluss neuer Programme und Leitbilder *im Bereich der Sozialhilfe* zumindest teilweise wieder reorganisiert oder nicht fortgeführt.[152]

In *Deutschland* fanden zwar Modelle der „bürgernahen Sozialverwaltung" oder auch die Neuorganisation der Sozialen Dienste in den 1970er und 1980er Jahren fachpolitisch Aufmerksamkeit und praktische Umsetzung. Für die deutsche Sozialhilfe gilt aber, dass sie unter anderem auf Grund ihrer professionspolitisch im Grunde isolierten Stellung *zwischen* Verwaltung und Sozialarbeit von den Reformen der öffentlichen Verwaltung wie auch von neueren Ansätzen sozialberuflichen Handelns der Sozialarbeit zunächst wenig berührt wurde. Erst im Verlauf der 1990er Jahre wurde explizit eine „Dienstleistungsorientierung" in der deutschen Sozialhilfe entwickelt. Dabei scheint die Dienstleistungsorientierung in der deutschen Sozialhilfe bisher weniger in normativ-rechtlichen Regelungen eingebunden als in Schweden. Die seit Ende der 1990er geführte Debatte um die deutsche Sozialhilfe als personenbezogene soziale Dienstleistung scheint stärker sozialwissenschaftlich und fachpolitisch hergeleitet und explizit als Reformziel für die Sozialhilfe auch fachlich begründet. In dieser dezidiert fachpolitisch geprägten Form lässt sich aktuell für die schwedische Sozialhilfe in ihrer Einbindung in den Sozialdienst ein explizit geführter Diskurs zur Sozialhilfe als Dienstleistung kaum erkennen. Die theoretischen, strukturellen wie praktischen Voraussetzungen und Anforderungen in der Entwicklung einer koproduktiven Leistungserbringung sind somit für die Sozialhilfe in beiden Ländern ebenfalls unterschiedlich.

Für die Untersuchung der Bedingungen und Barrieren einer Inanspruchnahme und einer Koproduktion sozialer Dienstleistungen bietet vor allem Wirth (1982

---

[151] Während das „SOFT-Modell" die Bearbeitung und Auszahlung der wirtschaftlichen Sozialhilfe über die Versicherungskassen beinhaltete, womit beträchtliche Entstigmatisierungseffekte und Verwaltungsvereinfachungen sowie eine „Normalisierung" der Sozialhilfe in Relation zu anderen monetären Sozialleistungen verbunden waren, wurde im „EGT-Modell" die monetäre Sozialhilfe weiterhin von den kommunalen Sozialbüros bearbeitet. Das vereinfachte Antrags- und Bearbeitungsverfahren wurde nicht mehr von Sozialarbeitern sondern von verwaltungsmäßig ausgebildeten „EGT-Assistenten" durchgeführt. Beide Modelle beinhalteten tendenziell geringere Formen sozialer Kontrolle und eine Stärkung des Dienstleistungscharakters der monetären Sozialhilfe. Die Sozialhilfe wurde mit den Modellen tendenziell „entpädagogisiert" und „entpsychologisiert", in dem die Sozialarbeit ausschließlich in Fällen besonderer sozialer Probleme hinzugezogen wurde. Zum „SOFT-System" und dem Dienstleistungsaspekt vgl. Gould (1988: 42 ff.), zum „SOFT-Modell" und zum „EGT-Modell" vgl. Hultgren/Norrinder (1991) und Schwarze (1993).

[152] Vgl. beispielsweise Johansson (2001).

und 1991) einige grundlegende theoretische Überlegungen. Demnach erfordern soziale Dienstleistungen gerade dann, wenn sie personenbezogen sind, mindestens zwei Voraussetzungen:

- Das *Angebot* der sozialen Dienstleistung muss bereit gestellt werden, insbesondere und umso mehr in Zeiten einer angespannten Finanzlage der öffentlichen Haushalte.
- Die *Nachfrage* nach den sozialen Dienstleistungen seitens der Adressaten muss gegeben sein, bzw. potentielle Nutzer und Adressaten müssen zur Nachfrage mobilisiert werden und auch *Zugang* zu den bereit gestellten Leistungen und Diensten erhalten.

Diese grundlegenden theoretischen Überlegungen mögen zunächst trivial erscheinen. Für die monetäre wie auch auf die persönliche Sozialhilfe in beiden ausgewählten Wohlfahrtsstaaten treffen auf den ersten Blick die genannten Voraussetzungen auch zu. So werden Formen der persönlichen Hilfe in beiden Wohlfahrtsstaaten im Rahmen der Sozialhilfe angeboten, und sie werden – zumindest von einem Teil der Sozialhilfebeziehenden auch nachgefragt. In beiden Ländern besteht dabei ein vielfältiges kommunales Angebot personenbezogener sozialer Dienstleistungen und Hilfen, das sozialhilfeintern organisiert ist, ihr angegliedert ist, oder anderweitig der Sozialhilfe „zuarbeitet". Seit Anfang der 1990er Jahre wurden diese Bereiche wie die kommunalen arbeitsmarktpolitischen Maßnahmen oder soziale Beratungsdienste stark ausgeweitet. Arbeitsmarktbezogene Beratungs- und Vermittlungsdienste finden sich sowohl in Schweden wie in Deutschland inzwischen in hohem Maße kommunal mit dem Sozialdienst und/oder mit der Sozialhilfe verbunden organisiert. Auch die Schuldnerberatung bildet als regelrecht „expandierte" personenbezogene soziale Dienstleistung einen Beleg dafür, dass persönliche Hilfen gefördert wurden die auf koproduktive Elemente zwischen wohlfahrtsstaatlichen Institutionen und den Bürgern setzen.[153]

---

[153] Daten vom Deutschen Städtetag (1999a) belegten *für Deutschland* für den Bereich der früheren „Hilfen zur Arbeit" von 1990 bis 1998 einen deutlichen Anstieg dieser Maßnahmen. Nach den Daten des Deutschen Städtetages erhielten im Jahre 1998 rund 300.000 Sozialhilfebeziehende im Rahmen der §§ 18 ff. BSHG eine Beschäftigung. Seit der Neuregelung durch die „Hartz-Gesetze" sind in den Jahren 2005 bis 2009 jährlich allein rund 300.000 Langzeitarbeitslos aus dem Leistungsbezug des SGB II im Rahmen von „Arbeitsgelegenheiten" nach § 16d SGB II („Ein-Euro-Jobs") arbeitsmarktpolitisch „aktiviert" worden. In *Schweden* herrschte 1990 noch nahezu Vollbeschäftigung und bis Mitte der 1990er Jahre wurde die aktive Arbeitsmarktpolitik als primär zentralstaatliche Aufgabe gesehen. Bei Arbeitslosenquoten von 10 bis 12 % Mitte der 1990er Jahre wurden jedoch 1998 rd. 80.000 bis 90.000 Arbeitslose bereits in kommunalen arbeitsmarktpolitischen Maßnahmen beschäftigt oder qualifiziert. Vgl. Svenska Kommunförbundet (1999). Auch Daten von Salonen/Angelin (2000) belegen diesen

Hinsichtlich des Ausbaus im Angebot der personenbezogenen sozialen Dienste ist allerdings genauer zu prüfen, ob und in welchem Umfang im Verlauf der
1990er Jahre neben einem absoluten und *quantitativen* auch ein *qualitativer* Ausbau *in
Relation zur Nachfrage* erfolgt ist. Zu prüfen wäre ferner, ob im Bereich der Sozialhilfe mit steigender Nachfrage tatsächlich auch personell Aufstockungen erfolgt sind,
und ob die erforderlichen Qualifizierungsmaßnahmen zur Verbesserung der „persönlichen Hilfen" ebenfalls durchgeführt wurden. Auch die Frage, ob und wie die
Fallzahlen je Mitarbeiter unter Berücksichtigung der Einführung compu-
terunterstützter Systeme in der Sozialhilfe/Grundsicherung so gestaltet wurden,
dass die personenbezogenen Leistungsbereiche innerhalb der Sozialhilfe tatsächlich
der Nachfrage und dem Bedarf entsprechend gefördert und ausgebaut wurden,
bildet einen wichtigen Bereich der Analyse von Leistungsbedingungen und -
voraussetzungen der „persönlichen Hilfen".

Diese und andere Fragen stellen sich bezogen auf die deutsche wie auch auf
die schwedische Sozialhilfe. Nur in ihrer empirischen Klärung kann die theoretische Überlegung von Angebot und Nachfrage damit beantwortet werden. Es
scheint auch bei dem skizzierten Ausbau an personenbezogenen sozialen Diensten
die *These* naheliegend, dass *innerhalb* der Sozialhilfe/Grundsicherung allenfalls ein
Teil-Angebot persönlicher Hilfen bereit gestellt wird. Es finden sich verschiedenste
Aufgabenfelder einer „persönlichen Hilfen" die – jedenfalls in Deutschland – im
Grunde über §§ 16 bzw. 16a SGB II oder § 11 SGB XII als Soll-Leistungen zu
erbringen sind, jedoch nicht hinreichend geleistet werden. Obwohl im Verlauf der
1990er Jahre stark ausgebaut, deckt das Angebot personenbezogener sozialer
Dienste demnach nicht die Nachfrage und noch weniger die vorhandenen Bedarfe.
Der Produktionsprozess ist demnach wesentlich von einer *Angebotslücke* bzw. von
einem *Nachfrageüberhang* nach persönlichen Hilfen bestimmt. Im Bereich der Arbeitsberatung und -vermittlung gilt dies ebenso wie etwa in der deutschen Schuld-

---

deutlichen Anstieg arbeitsmarktpolitischer Maßnahmen in kommunaler Trägerschaft, in denen häufig
auch der kommunale Sozialdienst mit Vermittlungs- und Beratungsfunktionen beteiligt wurde. Die
Zahl der *Schuldnerberatungsstellen* betrug *in Deutschland* im Jahre 1989 noch 432 Stellen. Je nach Definition lag die Zahl der spezialisierten Schuldnerberatungsstellen in Deutschland dann Ende der 1990er
Jahre zwischen 600 und 1.400 Stellen. Viele davon werden im Rahmen des Grundsicherungsrechts
kommunal gefördert, sind aber in Trägerschaft der Wohlfahrtsverbände. Die kommunale Förderung
geschieht u.a. mit der Zielsetzung, bei überschuldeten Leistungsempfängern mit Beratung der Schuldnerberatung den Sozialhilfebezug zu vermeiden oder zu beenden. Teilweise sind Schuldnerberatungsstellen auch direkt den Sozialämtern zugeordnet oder angegliedert. Zur Entwicklung der Schuldnerberatung in Deutschland vgl. Schwarze (1999b: 69-99). Für die *schwedische Schuldnerberatung* lässt sich seit
Anfang der 1990er Jahre ein Anstieg von nur wenigen Stellen, die zunächst beim kommunalen
Konsumentverket in den Großstädten angesiedelt waren, auf inzwischen mindestens rd. 300 Stellen feststellen. Der Anstieg war vor allem infolge der Einführung des Schuldensanierungsgesetzes zum 1. Juli
1994 zu verzeichnen. Die schwedischen Schuldnerberatungsstellen stehen fast ausschließlich in Trägerschaft der kommunalen Sozialdienste.

nerberatung. Auch in den sozialen Diensten gilt somit theoretisch, dass die Quantität und Qualität der Angebote genauer in Relation zur Nachfrage und den Bedarfen zu bestimmen sind, was allerdings praktisch nur selten geschieht. Angesichts von Massenarbeitslosigkeit kam es im Verlauf der 1980er und vor allem in den 1990er Jahren zu entsprechend erweiterten Beratungs- und Vermittlungsbedarfen, auch in der Sozialhilfe. Infolge zunehmender Armut, Überschuldung und psychosozialer Folgeprobleme steht demnach die hohe Nachfrage nach personenbezogenen sozialen Dienstleistungen außer Frage, auch wenn sie genauer quantitativ und qualitativ zu beziffern ist. Dies gilt vor allem, wenn es sich um multiple Problemlagen handelt, die von wohlfahrtsstaatlichen Institutionen zu bearbeiten sind. Für die Sozialhilfe/Grundsicherung ist außerdem zu beachten, dass aufgrund ihrer nachrangigen Stellung im wohlfahrtsstaatlichen Arrangement die Bedingungen und Voraussetzungen einer Koproduktion in besonderer Weise durch diese nachrangige Stellung beeinflusst werden. Damit verbunden werden auch die strukturellen und institutionellen Bedingungen und Voraussetzungen einer Koproduktion im Kontext der Sozialhilfe ebenfalls oft als „nachrangig" betrachtet und sind entsprechend defizitär gestaltet. Hierauf wird in normativ-rechtlicher und in organisationaler Hinsicht im Rahmen der Fallstudie und im Kontrast der beiden Wohlfahrtsstaaten empirisch genauer einzugehen sein.

1.3.2 Koproduktion in der Sozialhilfe: Bedingungen und Voraussetzungen

Die Besonderheit sozialer Dienste in Abgrenzung etwa zu rein monetären Transferleistungen besteht in ihrer *Personenbezogenheit* und in der *immateriellen Form,* in der sie erbracht werden. Für die Erbringung personenbezogener sozialer Dienste ist dann vor allem die *Präsenz des Leistungsempfängers* notwendig, damit in direktem persönlichen Kontakt sachlich, räumlich und zeitlich die spezifischen Präferenzen deutlich gemacht werden können und auf die Eigenart des Problems und der Bedürfnisse genau eingegangen werden kann.[154] Es handelt sich somit um eine kommunikative Beziehung. Das bedeutet auch, dass die Interaktion und damit die Leistungserbringung personenbezogener sozialer Dienste sich nicht bzw. nur begrenzt standardisieren lassen, worauf bereits hingewiesen wurde.

Auch die persönliche Hilfe im Rahmen der Sozialhilfe, beispielsweise in der Handlungsform der Beratung ist somit zunächst als immaterielles Gut oder als *"immaterielles Produkt"* zu sehen, welches *vor allem in ihrem interaktiven und kommuni-*

---

[154] Die Ausführungen gehen ebenfalls zurück auf frühere Beiträge zu den Bedingungen und Voraussetzungen personenbezogener sozialer Dienstleistungen von Badura/Gross (1976) und Wirth (1982 und 1991), sowie Bauer (2001: 77-84) und Reis (1997 und 2002).

kativen Vorgang besteht, ohne zunächst sichtbare Spuren zu hinterlassen. Hauptmerkmal ist zugleich, dass bei der personenbezogenen Form der Leistungserbringung *die Produktion und der Konsum zeitlich sehr weitgehend zusammenfallen.* Der Nutzeffekt der Leistung kann sich hingegen in der *Zeit- und Handlungsperspektive* betrachtet – dann nicht nur *während* des Produktionsprozesses ergeben, sondern personenbezogene Interventionen und Leistungen können auch *lange nach* der eigentlichen Leistungserbringung – etwa nach einem Beratungsgespräch – noch Wirkungen entfalten. Diese *Langzeit-Effekte* sind allerdings empirisch nur mit hohem Aufwand zu untersuchen. Die neueren Instrumenten und Ressourcen, die im Rahmen einer „Verwaltungsmodernisierung" über neue Controllingsysteme zur Verfügung stehen, sowie Instrumente des Qualitätsmanagements für soziale Dienste beziehen sich hingegen ganz überwiegend auf die *kurzzeitigen Effekte und Wirksamkeiten* sozialer Interventionen.[155] Langzeit-Effekte personenbezogener sozialer Dienstleistungen in Bereichen wie der sozialen Beratung und Betreuung sind wegen ihrer aufwendigen Verfahren von den Akteuren meist nicht selbst zu erfassen und zu dokumentieren. Auch insoweit ist die zeit- und verlaufsbezogene Perspektive im Zusammenhang der Untersuchung von Instrumenten einer „Verwaltungsmodernisierung" oder im Qualitätsmanagement von erheblicher Relevanz.

Beispielsweise kann in der Sozialhilfepraxis der Hinweis auf eine Qualifikationsmaßnahme eines Bildungsträgers oder die bloße Information über die Möglichkeit eines Schuldensanierungsverfahrens, die ein Mitarbeiter in einem Sozialamt im Rahmen der Beratung an Leistungsbezieher vermittelt, auch Wochen, Monate oder gar Jahre nach dem eigentlichen Kontakt mit dem Sozialamt für den Betroffenen noch von Relevanz sein und Wirkungen hinsichtlich des Bewältigungshandelns zur Überwindung einer Armutslage entfalten. Wirkungen personenbezogener sozialer Dienste sind also *zeitlich* oft nicht unmittelbar erkennbar bzw. erfassbar. Der Erbringungsvorgang und die Wirkung/en personenbezogener sozialer Dienstleistungen liegen zeitlich zum Teil beträchtlich auseinander. In der Ebene einer Koproduktion ist damit auf die Notwendigkeit von „feed-back-Systemen" und zeitlich möglichst „offen" konstruierten Controllingverfahren und Evaluationen verwiesen.

Ein weiteres handlungstheoretisch relevantes Merkmal ist, dass Bürger die soziale Dienstleistung von einer mehr oder weniger *anonymen Institution* und nur selten von einem bestimmten, persönlich bekannten Produzenten erhalten.[156] Es ist aber davon auszugehen ist, dass der Grad der Unpersönlichkeit sowohl im *Zeitverlauf* sozialer Interventionen und Kontakte abnimmt und auch je nach unterschiedlichs-

---

[155] Zu den Instrumenten eines Qualitätsmanagements vgl. früh Oppen (1995), Müller-Kohlenberg/ Münstermann (2000), sowie speziell für die Sozialhilfe Trube (2001: 220 ff.).

[156] Die „Unpersönlichkeit" wurde bereits von Max Weber (1964) im Kontext seiner Studien zu den Merkmalen legaler bürokratischer Herrschaft als ein zentrales Merkmal beschrieben.

ten sozialberuflichen Handlungsformen variiert. Gerade die persönliche Hilfe etwa in Form von Beratung und Betreuung setzt ein gewisses Maß an Vertrauen und persönlicher Interaktion voraus, um wirksam zu sein. Kernelement der Produktion personenbezogener sozialer Dienstleistungen ist neben dieser persönlichen Kommunikation zugleich die *Kooperation* von Produzent und Konsument in der Leistungserbringung. Damit kommt der personalen und professionalen Ebene, wie sie institutionentheoretisch bereits dargestellt wurden, für einen gelungenen Produktionsprozess eine zentrale Bedeutung zu. So wird bezogen auf die Merkmale personenbezogener sozialer Dienstleistungen formuliert:

> *„(...) Ohne die mehr oder weniger aktive Beteiligung des Klienten während dieses Kommunikationsprozesses ist eine erfolgreiche Leistungserbringung in der Regel undenkbar. Der Klient muss mitmachen, indem er zum Beispiel seine Probleme möglichst exakt darstellt, indem er sich „treatment-konform" verhält oder indem er Informationen aufnimmt, verarbeitet und in Handeln umsetzt, um das jeweilige Ziel der Leistungserbringung erreichen zu können."*[157]

In dieser Zusammenfassung kommen sowohl das *„aktive Handeln"* des Bürgers wie auch die *Verlaufsdimension* in der Leistungserbringung und im Aspekt der Zielerreichung zum Ausdruck. Diese Kategorien werden allerdings theoretisch dann nicht genauer bestimmt. Es bleibt offen, wann genau, und inwieweit die Leistungserbringer aktives Handeln der Bürger bei der Leistungserbringung erwarten bzw. erwarten können oder gar „in Rechnung stellen" können. Dies kann im Falle der Sozialhilfe etwa *vor, während* und auch unterschiedlich lange *nach* einem Beratungskontakt zwischen Sozialamt und Bürger der Fall sein und ist zudem von den jeweiligen Handlungsressourcen des Bürgers abhängig.

Die Frage, ob und inwiefern die Erbringung anderer, etwa monetärer oder sächlicher Leistungen von kooperativen Verhaltensweisen im Produktionsprozess

---

[157] Zit. Wirth (1982: 17), von dem offenbar im Kontext der Sozialarbeit bewusst der *Klientenbegriff* verwendet wurde. An dieser Stelle sei angemerkt, dass in dieser Untersuchung der Klientenbegriff möglichst vermieden wird. Stattdessen finden der Begriff des Bürgers, des Individuums oder des Adressaten, oder aber Begriffe wie Leistungsberechtigte/-empfänger Verwendung. Angemerkt sei, dass in der Perspektive einer Koproduktion sozialer Dienstleistungen dem *Klienten* handlungstheoretisch die schwächsten Optionen bzw. Ressourcen zur Verfügung stehen, nämlich die der aktiven oder aber passiven Mitwirkung, der Anpassung oder des Kontaktabbruchs. Demgegenüber stehen einem *Kunden* deutlich erweiterte Ressourcen und Optionen, insbesondere die der Wahlmöglichkeit und der Kaufkraft zur Verfügung. In einer handlungstheoretisch „mittleren" Position befindet sich der *Nutzer*. Demgegenüber betont der Begriff des *Bürgers* vor allem den rechtlichen Status im Sinne des Sozialbürgers und zielt direkter auf das Verhältnis von Staat und Bürgern. Zu den Begriffen, ihrer Herkunft, den Bedeutungszusammenhängen und ihren Überlagerungen liegt ein interessanter schwedischsprachiger Beitrag von Salonen (1998a: 45-55) vor. Salonen verdeutlicht, dass Individuen im Verhältnis zu wohlfahrtsstaatlichen Institutionen gerade *nicht* durchgängig in *einer* Rolle zu sehen sind, etwa der des Bürgers, des Kunden, Klienten, Nutzer usw., sondern dass diese Rollen je nach Problemzusammenhang, Ressourcen- und Machtverteilung auch unterschiedlich ausgeprägt im Alltag *nebeneinander* bestehen und sich überlagern.

einer persönlichen Hilfe abhängig gemacht werden können, ohne dass dadurch die personenbezogene soziale Dienstleistung als solche in ihrer Wirksamkeit in Frage steht oder negativ beeinträchtigt wird, stellt sich für die Sozialhilfe in besonderer Weise, da sie genau diese enge Kopplung von monetärer, sächlicher und persönlicher Hilfe beinhaltet.

In der Zeit-/Verlaufsdimension bleibt auch zu klären, welche institutionellen zeit- und verlaufsbezogenen Orientierungsmuster und Handlungserwartungen sich im Prozess einer koproduktiv gestalteten Leistungserbringung der Sozialhilfe genau zeigen. Wann genau, wie lange und in welchen Variablen kann eine Institution wie die Sozialhilfe mit ihrer einerseits normativen Ausrichtung an den Grundsätzen einer individuellen und bedarfsdeckenden Hilfe zugleich standardisiert eine Mitwirkung und Koproduktion in der Leistungserbringung der persönlichen Hilfen erwarten? Theoretisch ist anzunehmen, dass personenbezogene soziale Dienste und pädagogische Interventionen generell durch längerfristige und intensivere kommunikative Beziehungen und Interaktionsverläufe gekennzeichnet sind. Im Lebenslagen- und im Lebenslaufbezug weisen sie damit auch *weiter gefasste und länger gestaltete zeitliche Orientierungsmuster* auf als das bei rein materiellen Transferleistungen der Sozialhilfe und ihrem Grundcharakter einer zeitlich vorübergehenden Hilfe in materiellen Notlagen der Fall ist. Grundsätzlich ist damit denkbar, dass eine persönliche Hilfe etwa in Form der Beratung auch nach Ende der Bezugsdauer materieller Leistungen weiter andauert. An den aktuellen Entwicklungen und Reformstrategien in der Sozialhilfe zeigt sich, dass gerade durch Information, Bildung, Beratung und somit durch personenbezogene soziale Dienstleistungen die Bezugsdauer materieller Transferleistungen wie auch die gesamte Interaktionsdauer möglichst verkürzt werden soll. Dies kann bei enger Bindung materieller und persönlicher Hilfen dazu führen, dass zugleich der Zugang zu bzw. der Fortbestand von persönlichen Hilfen beendet wird, wenn der Weg aus der materiellen Hilfe institutionell geebnet ist, auch wenn im persönlichen Bereich weiterhin ein Hilfe- und Beratungsbedarf besteht. Im Kontext des Leitbildes und der Programme einer „aktivierenden Sozialpolitik" ist theoretisch und empirisch genauer zu fragen, ob beispielsweise eine „aktive(re)" und „koproduktive(re)" Beteiligung des Bürgers im Falle *kurzzeitiger* materieller und persönlicher Hilfen gleichermaßen institutionell erwartbar und zu gestalten ist, als bei Armutskarrieren von *längerer Dauer,* die mit *multiplen Problemen* einhergehen. In welchen Relationen stehen die Variablen „Zeit" und „Handeln" im Prozess und im Verständnis einer Koproduktion je nach Verlaufsmuster und Problemzusammenhang typischer Armutskarrieren in der Sozialhilfe genau? Kann etwa bei Langzeitbezug in der Sozialhilfe generell mit längerer Bezugsdauer auch ein um so *„aktiveres"* Bewältigungshandeln institutionell erwartet oder eingefordert werden? Oder sind mit um so längerer Bezugsdauer bei multiplen Problemen auch die Erwartungsmuster der Institution auf ein *weniger „aktives"*

Bewältigungshandeln und auf geringere Mitwirkungs- und Beteiligungsmöglichkeiten von Leistungsberechtigten ausgerichtet bzw. entsprechend flexibel auszurichten? Wie sind die Programme einer „aktivierenden Sozialpolitik" mit Blick auf die im Zeitverlauf entweder abnehmenden oder auch ansteigenden „Aktivierungsressourcen" der Individuen in Deutschland und Schweden auf lokaler Ebene genau gestaltet? Ist empirisch sowohl auf Seiten der Sozialverwaltung und der sozialen Dienste wie auch bei den Leistungsbeziehenden eine „abnehmende Aktivierungskurve" im Zeitverlauf typisch, die beinhaltet, dass institutionelle Aktivitäten, Handlungsanforderungen und -erwartungen *bei Langzeitbezug* ebenfalls tendenziell abnehmen, oder setzt eine institutionelle Risikobearbeitung verbunden mit besonderen Erfordernissen einer Koproduktion vorrangig bei Langzeitbezug ein?[158]

Das theoretische Verständnis einer Koproduktion geht im Zeitverlauf von einigermaßen *gleichmäßig* sowie den individuellen Problemerfordernissen angepassten „Aktivierungsbemühungen" aus. Zudem beinhaltet eine Koproduktion gerade in der Verlaufsperspektive personenbezogener sozialer Interventionen zwischen Sozialdienst und Bürger ferner die Vorstellung von einigermaßen *symmetrisch* gestalteten kommunikativen Kontakt- und Beziehungsmustern. Generell ist die Frage zu klären, ob und inwieweit diese Symmetrie im institutionellen Arrangement der Sozialhilfe überhaupt gegeben bzw. möglich ist.

Hinsichtlich einer Verbesserung personenbezogener Dienste und einer Optimierung ihrer Wirkungen gilt, dass unter anderem die „Aktivierung" der Kooperationsfähigkeiten und -bereitschaft des Bürgers hierzu beiträgt. Es geht somit auch in einem pädagogischen Sinne um die Steigerung der kooperativen und koproduktiven Kompetenzen und Fähigkeiten der sozialen Dienstleister wie auch der Nachfrager. Im Rahmen eines solchen Verständnisses und entsprechender Zielsetzungen pädagogischer Interventionsformen, die als Kompetenzvermittlung und -erweiterung zu sehen sind, ist schließlich die Stärkung des Sozialbürgers selbst in den theoretischen Grundlagen ebenfalls mit enthalten. Schon Badura/Gross (1976: 271) sprechen in diesem Zusammenhang von einer „*aktiven Sozialpolitik*", die sie von einer meist üblichen „*reaktiven Sozialpolitik*" unterscheiden.

Im Ergebnis gilt gerade für die Sozialhilfe, der Bürger muss sich in Relation zur Institution, zu Verwaltung und zu den sozialen Diensten sowie dem dort beschäftigten Fachpersonal – mehr oder weniger aktiv – selbst am Produktionsprozess beteiligen, aber auch beteiligen können.[159] Vor allem die Beteiligungsvoraussetzungen und -bedingungen sind mit entscheidend für die Qualität und Wirkung

---

[158] Eine empirische Analyse von Anfang der 1990er Jahre ergab für die Sozialhilfepraxis der Stadt Bremen, dass „Langzeit- und Dauerbezieher" von den Beschäftigten der Sozialämter hinsichtlich einer „Aktivierung" zumeist „vergessen" wurden oder aber als „aussichtslose Fälle" galten. Vgl. Schwarze (1994) und ähnlich Trube (2001: 38)
[159] Vgl. Badura/Gross (1976: 69).

sozialer Dienstleistungen. In der *deutschen* Sozialhilfe/Grundsicherung sind diese Bedingungen zumeist normativ-rechtlich in Form der Mitwirkungspflichten, etwa nach dem früheren § 1 Abs. 2 BSHG geregelt. Ähnlich gilt dies seit 2005 in den Regelungen zur Zusammenarbeit nach § 1 SGB XII auch weiterhin und in der Grundsicherung für Arbeitslose sind im § 31 SGB II Regelungen zur Pflichtverletzung mit Blick auf Mitwirkungserfordernisse enthalten.

In der *schwedischen* Sozialhilfe ist seit dem 1. Januar 2002 in Kap. 4, §§ 4 und 5 SoL (bis 31.12.2001 in § 6 SoL) neben der Verpflichtung, sich dem Arbeitsmarkt zur Verfügung zu stellen, weiter allgemein geregelt, dass Sozialhilfebeziehende auch selbst dazu beitragen müssen, den Sozialhilfebezug wieder zu beenden. Die Regelungen zu den Pflichten einer Teilnahme an arbeitsmarktpolitischen Maßnahmen, Qualifizierungsmaßnahmen oder Praktika sind zudem speziell bezogen auf junge Arbeitslose seit 1998 sehr genau rechtlich definiert. Ähnlich wie in Deutschland wurden diese und andere formal und rechtlich geregelten Mitwirkungserfordernisse im Verlauf der 1990er Jahre in Schweden ebenfalls konkretisiert und tendenziell verschärft.[160] Damit wurden auch die Bedingungen und Voraussetzungen einer Koproduktion nicht nur in rechtlicher Hinsicht sondern in den daraus resultierenden Effekten im gesamten Leistungserbringungsprozess der Sozialhilfe/Grundsicherung verändert.

Über rechtlich definierte und standardisierte Mitwirkungserfordernisse und -bedingungen hinausgehend, die in verschiedenen Wohlfahrtsstaaten unterschiedlich gestaltet sein können, finden sich in den Handlungsformen, Interaktions- und Kontaktmustern weitere und deutlich *geringer formalisierte Mitwirkungs- und Beteiligungselemente*, die in der Erbringung einer persönlichen Hilfe von Bedeutung sind. Dies kann etwa die Mitteilungs*bereitschaft* des Antragstellers sein, den Mitarbeitern in Sozialämtern gegenüber genauer die besonderen Ursachen und Auslöser seiner Armutssituation wie Erkrankungen, Trennung, familiäre Probleme usw. zu berichten und ggfls. über materielle Leistungen hinausgehende Hilfeerwartungen zum Ausdruck zu bringen, oder persönliche Hilfen in diesen Problembereichen direkt einzufordern. Die Professionellen können dann in einer „Lotsenfunktion" über entsprechende Fachberatungsangebote und Hilfen informieren und ggf. dorthin vermitteln. Möglicherweise verfügt der professionelle Helfer je nach Ausbildung und Qualifikation aber auch selbst über die erforderlichen Kompetenzen und Aufgabenverantwortung, um eine aktive persönliche Hilfe zeitnah und direkt umfassend oder in Teilen zu leisten. Auch weniger formalisierte und nur begrenzt standardisierbare Mitwirkungsformen und -möglichkeiten der Bürger sowie die daraufhin möglichen Deutungen und sozialen Interventionen können von hoher

---

[160] Zu Mitwirkungspflichten in der *schwedischen Sozialhilfe* vgl. bis Ende des Jahres 2001 Norström/Thunved (1999: 50-76) sowie die Untersuchung von Johansson (2001).

Relevanz bei der Erschließung von Wegen aus dem Sozialhilfebezug sein. Diese kaum rechtlich verregelten koproduktiven Elemente sozialer Interventionen werden in der deutschen wie auch in der schwedischen Sozialhilfe bisher theoretisch und empirisch weitgehend vernachlässigt.

Im Zusammenhang mit neueren Ansätzen, wonach die Sozialhilfe/Grundsicherung explizit als personenbezogene soziale Dienstleistung verstanden wird bzw. entsprechend entwickelt werden soll, ist weiterhin zu beachten, dass bei Formen der persönlichen Hilfe der Produzent, also das Sozialamt und das dort tätige Fachpersonal nicht völlig autonom und einseitig über die Faktoreneinsätze der zu erbringenden Dienstleistung entscheiden können, wie dies etwa das Bild vom Versorgungs- oder Interventionsstaat assoziiert, was weder für den schwedischen noch für den deutschen Wohlfahrtsstaat passend ist. Vielmehr *muss der „Produktionsfaktor Bürger" im Zeitverlauf sozialer Interventionen von Leistung zu Leistung als eigenverantwortlich und als Subjekt immer wieder erneut einbezogen und gegebenenfalls auch jeweils situativ oder periodisch je nach Problemlage/n und Lebensphase neu mobilisiert werden.* Dies gilt in besonderem Maße für sozialberufliche Handlungsformen wie Beratung, Betreuung und Therapie, wenn sie auf eine längere Dauer ausgerichtet sind bzw. zur Bewältigung und Überwindung der Probleme, wie etwa einer beruflichen Orientierung, Sucht, Überschuldung usw. entsprechend erforderlich sind. Auch ist eine Koproduktion und damit auch eine „Aktivierung" nicht situationsbezogen oder statisch zu sehen, sondern prozessual und dynamisch zu begreifen und zu konzipieren, wie das etwa mit dem Verständnis von Leistungsketten angedeutet ist.

Für persönliche Hilfen und pädagogische Interventionen gilt außerdem, dass der Bürger bzw. Nachfrager in der Regel *nicht* gezwungen werden kann, sich physisch oder psychisch an der Leistungserbringung zu beteiligen, wenn nicht die Wirksamkeit der personenbezogenen Dienstleistung selbst gefährdet werden soll. Das Zwangselement steht im Widerspruch zu Kernmerkmalen einer personenbezogenen sozialen Hilfe. Wirksame soziale Beratung beruht im Kern auf dem *Prinzip der Freiwilligkeit.* Auch deshalb ist die Qualität der personenbezogenen Dienstleistung, etwa einer Beratung in hohem Maße mitbedingt durch den Kooperations*rahmen,* die Kooperations*willigkeit* des Bürgers, aber auch durch seine Kooperations*fähigkeit.*[161] Wie Badura/Gross (1976: 69) bereits feststellen, heißt Verbesserung der

---

[161] Die Frage der Kooperations*fähigkeit* der Bürger stellt sich etwa im Kontext von Beratungskontakten und -methoden, die im Verständnis einer Koproduktion die Erledigung alltäglicher Angelegenheiten durch den Bürger als all zu selbstverständlichste Voraussetzung ansehen. Das Ausfüllen von Anträgen oder auch der Schriftwechsel mit Behörden oder Arbeitgebern bilden Beispiele, wo den Bürgern im (falschen) pädagogischen Verständnis seiner „Aktivierung" diese Aufgaben generell selbst überlassen oder übertragen werden. Bei einer Quote von immer noch 4 % funktionalen Analphabeten in Deutschland und etwa 300.000 bis 500.000 Personen mit Lese- und Schreibschwierigkeiten bei insgesamt rd. 9 Mio. Einwohnern in Schweden (vgl. Socialstyrelsen 1999: 95) ist allerdings zu beachten,

Erbringung persönlicher Dienstleistungen immer auch Verbesserung der Kooperation zwischen den beteiligten Produzenten, also hier den Sozialämtern und den Bürgern. Gerade Zwangselemente und ihre Ausweitung sind theoretisch demnach für eine Qualitätssteigerung wenig geeignet. Auch insoweit ergeben sich direkte theoretische Bezüge zum Leitbild einer „aktivierenden Sozialpolitik", da mit der Programmatik des „Förderns und Forderns" meist eine Neujustierung von Rechten und Pflichten verbunden ist. Interventionstheoretisch und handlungstheoretisch besteht durchaus das Risiko, dass „fördernde" und „fordernde" Elemente im Erbringungsprozess personenbezogener Dienstleistungen in der Sozialhilfe zeitlich so angeordnet werden, dass tendenziell zunehmend Zwangsberatungskonstellationen entstehen oder begünstigt werden. Wirksame persönliche Hilfe, etwa in Form der Beratung, die auf *Freiwilligkeit* und *Ergebnisoffenheit* beruht, ist dann nur noch eingeschränkt möglich. Grundlegende Voraussetzung für wirksame pädagogische Interventionen ist eben in der Regel, dass die Individuen aus eigener Motivation heraus die angebotene Dienstleistung nachfragen und wahrnehmen und an der Erbringung und Umsetzung selbstmotiviert mitwirken können. Ob und wie diese Bedingungen unter dem Einfluss aktueller Reformstrategien und neuer Leitbilder gegeben sind bzw. verändert werden, ist empirisch vergleichend genauer zu klären.

1.3.3 Die Verbindung personenbezogener Dienstleistung und monetärer Transferleistung als ein zentrales Problem der Sozialhilfe

Die Besonderheit der deutschen wie auch der schwedischen Sozialhilfe/Grundsicherung als materielle *und* immaterielle Leistung liegt darin, dass materielle und immaterielle Leistungen in vielen Fällen in sehr enger Weise institutionell miteinander verbunden erbracht werden. Theoretisch und analytisch ist daher zunächst grundsätzlich offen zu halten, ob die Sozialhilfe auch und gerade vor dem Hintergrund der skizzierten Entwicklungen in den 1990er Jahren und der aktuellen Reformvorschläge damit überhaupt die zentralen Merkmale einer personenbezogenen sozialen Dienstleistung erfüllt. Diese Frage stellt sich wiederum zunächst gleichermaßen für beide Wohlfahrtsstaaten.

In der deutschen wie in der schwedischen Sozialhilfe sind die Kopplungen monetärer und persönlicher Hilfen normativ-rechtlich durch *ein* entsprechendes Leistungsgesetz, wenn auch unterschiedlichen Charakters geregelt. Wie schon angedeutet, sind abweichend hiervon theoretisch allerdings alternative Varianten

---

dass schon von daher längst nicht alle Bürger über die gleichen Kooperations*fähigkeiten* und *-voraussetzungen* verfügen. Kooperations*willigkeit* und Kooperations*fähigkeit* sowie die Kooperations*voraussetzungen* sind daher sehr genau zu unterscheiden.

einer Grundsicherung möglich, in denen monetäre Transferleistung und die Erbringung persönlicher Hilfen normativ-rechtlich, fiskalisch, organisational, professional und interaktional völlig voneinander getrennt sind.[162] Monetäre Transferleistungen der Mindest- oder Grundsicherung könnten beispielsweise in Deutschland als Negativsteuer über die Steuer-/Finanzverwaltung erbracht werden oder in Schweden dem „SOFT-Modell" *(Socialförsäkringstillägg)* entsprechend als monetärer Sozialversicherungszuschuss über die Versicherungskassen gezahlt werden. Die beratenden und persönlichen Hilfen könnten völlig getrennt davon weiterhin vom kommunalen Sozialdienst angeboten werden. Ein solches Modell bedeutet konkret die Stärkung der *Prinzipien der Freiwilligkeit* in der Inanspruchnahme immaterieller sozialer Dienstleistungen. Auch die *Ergebnisoffenheit* etwa von Beratung wäre weitgehend unabhängig vom Verlauf und den Mitwirkungsregeln beim Erhalt der monetären Leistung weitergehend als in heutigen Modellen gewährleistet. Den theoretischen Grundlagen nach wären mit einer institutionellen Trennung von materieller und immaterieller sozialer Hilfe insgesamt günstigere Rahmenbedingungen einer Kooperation und Koproduktion im Leistungserbringungsprozess für beide Interventionsformen zu erwarten. Damit verbunden wäre vermutlich auch ein Qualitätsgewinn. Andererseits ginge mit einem Modell der monetären Grundsicherung oder einer sehr vereinfachten und standardisierten materiellen Hilfe außerhalb des institutionellen Kontextes der Sozialhilfe der für die „ganzheitliche" Problembearbeitung wichtige direkte institutionelle Kontakt zur Person des Sozialhilfebeziehenden weitgehend verloren. Dieser ist aber für personenbezogene Sozialdienste fundamental wichtig. Die Möglichkeit sowohl präventiv, wie auch sozial kontrollierend und disziplinierend einzugreifen wären deutlich reduziert im Vergleich zur heutigen Variante einer gekoppelten materiellen und immateriellen Sozialhilfe.

Unter Berücksichtigung des besonderen *doppelten Leistungscharakters* der Sozialhilfe kann der theoretischen Feststellung von Badura/Gross (1976: 74), wonach Fürsorge oder Sozialhilfe, soweit sie Geld- oder Einkommensleistungen sind – *nicht* als soziale Dienste zu bezeichnen sind, in dieser allgemeinen Aussage zwar zugestimmt werden. Ob die Sozialhilfe, soweit sie persönliche Hilfen erbringt, in ihren Merkmalen dann aber doch als personenbezogener sozialer Dienst gelten kann bzw. muss, ist genauer davon abhängig, ob und inwieweit die rein monetären Transferzahlungen und personenbezogenen Interventionen in ihrem *Zeit- und Handlungsbezug* im jeweiligen institutionellen Arrangement zusammenfallen oder

---

[162] Beispielsweise schlägt Oevermann (2000: 73) in einem professionstheoretischen Beitrag zur deutschen Sozialhilfe in letzter Konsequenz eine Trennung von „rechtspflegerischen" und „therapeutischen" Aufgabenfeldern in der Praxis von Sozialarbeit und Sozialverwaltung vor, da die jeweiligen professionalen Merkmale und Grundvoraussetzungen wirksamer Dienstleistungen zu unterschiedlich sind und zum Teil im direkten Widerspruch zueinander stehen. Zu Entwicklungen in Schweden vgl. im Überblick Johansson (2001: 16 ff.).

auch nicht. Steuerungstheoretisch bestehen – wie hier nur angedeutet werden kann – verschiedene Varianten, die enge Verbindung von monetärer und persönlicher Hilfe weitgehend und zugleich differenziert, etwa nach Verlaufstypen des Sozialhilfebezugs verändert zu gestalten und tendenziell zu entkoppeln. Diese Entkopplung kann teilweise, etwa rechtlich, organisational, professional oder im Interaktionsverlauf erfolgen oder sie kann umfassend in allen institutionellen Dimensionen vorgenommen werden.

Die Verbindung sozialer Leistungen materieller und immaterieller Art für bestimmte Leistungsbezieher wie Wohnungslose, Straffällige, Suchtkranke und andere Gruppen, die von *multiplen Problemlagen* betroffen sind und deshalb häufig auch im *Langzeitbezug* stehen, ist heute sowohl in Deutschland als auch in Schweden meist derart eng gestaltet, dass eine umfassende institutionelle Entkopplung beider Leistungsbereiche in ihren Folgen zunächst als extrem unsicher und nur schwer kalkulierbar anzusehen ist. Dabei gilt, dass die Sozialhilfe in diesen integrierten Problembearbeitungsvarianten in ihrer monetären Leistung bei bestimmten Problemlagen und -konstellationen oft *per se* auch eine psychosoziale Stabilisierungsfunktion mit erfüllt. Die monetäre Transferleistung ist in dieser Existenzsicherungs- und pschosozialen Stabilisierungsfunktion damit bereits zu Formen der persönlichen Hilfe tendenziell hin offen und sie ist insoweit theoretisch als Teilelement „ganzheitlicher" oder lebenslagenbezogener sozialer Interventionen zu verstehen und eben nicht isoliert zu betrachten.

Eine Trennung von monetärer und personenbezogener Hilfe ist zwar institutionell wie auch idealtypisch möglich. Hierdurch werden aber zugleich komplexe Wechselbeziehungen beider Leistungsbereiche vernachlässigt. In diesen Zusammenhängen ist daher nur eine differenziertere Unterscheidung weiterführend, nach der die Sozialhilfe in der *Verlaufs und Handlungsperspektive* und *problem- oder lebenslagenbezogen* vor allem dann als personenbezogener sozialer Dienst zu definieren ist, wenn es um *längerfristige* institutionelle Bearbeitung *multipler* sozialer Probleme geht.

Völlig anders ist die Sozialhilfe in ihren Merkmalen, Bedingungen und Voraussetzungen einer Koproduktion zu sehen, wenn sie als massenhaft in Anspruch genommene *rein* monetäre Leistung fungiert. Dies ist beispielsweise der Fall, wenn kurzzeitig Erwerbslose ausschließlich materielle Versorgungsbedarfe über die Sozialhilfe als „Wartefälle" oder als „Überbrücker" abdecken. In diesen Fällen relativ einfacher materieller Probleme ist die Sozialhilfe im Sinne von Badura/Gross (1976) zu sehen, wonach sie die Merkmale (personenbezogener) sozialer Dienste *nicht* wirklich erfüllt, und auch nicht erfüllen muss. Eine Definition als personenbezogene soziale Dienstleistung scheint im Kontext kurzfristiger vorrangig monetärer Überbrückungshilfen nicht angebracht, selbst wenn einfache beratende oder pädagogische Elemente mit der monetären Leistungsgewährung verbunden sind. Werden allerdings im Leistungserbringungsprozess und im institutionellen Arrangement die Zugänge zur persönlichen Hilfe institutionell aktiv und offen gestaltet, wie sich das im Kontext einer „aktivierenden Sozialpolitik", einer aktiven „Lotsenfunktion" und im Rahmen einer neuen Dienstleistungsorientierung für die Sozialhilfe in beiden Wohlfahrtsstaaten durchaus andeutet, dann ist auch die Sozialhilfe möglicherweise theoretisch in ihren Merkmalen verändert zu bestimmen und rückt zunehmend in den Merkmalsbereich personenbezogener sozialer Dienste. Entsprechend einzuhalten sind dann auch die spezifische Bedingungen und Voraussetzungen einer Koproduktion.

Die Sozialhilfe weist demnach *theoretisch* als wohlfahrtsstaatliche Institution und in ihren Interventionsformen mindestens einen *doppelten* eher sogar einen *multiplen Charakter* auf, der hinsichtlich der Bedingungen und Voraussetzungen einer Koproduktion stets zu berücksichtigen ist. Dabei sind die multiplen Funktionen mit einer einfachen Polarität oder Idealtypik von „Hilfe" im Sinne der materiellen Transferleistungen und „Kontrolle" im Sinne personenbezogener und/oder pädagogischer Interventionen wiederum nur unzureichend theoretisch beschrieben. Vielmehr ergeben sich auch bei der rein monetären Transferleistung sowohl Hilfe- als auch Kontrollelemente. Ebenso sind bei den verbundenen monetären *und* persönlichen Hilfen sehr häufig beide Elemente enthalten, und schließlich ist auch eine rein persönliche Hilfe *und* Kontrolle völlig unabhängig von materiellem Leistungsbezug theoretisch möglich. Zudem *können sich in der Verlaufsperspektive die Leistungsformen auch einander abwechseln, zeitweise überlagern sowie in den Schwerpunkten und Kopplungen jeweils verschieben.* Es sind also vielfältige Kombinationen und Varianten der Verbindung von monetärer Transferleistungen und/oder persönlichen Hilfe möglich, mit denen meist in irgendeiner Form auch Kontrollelemente verbunden sind, etwa im Rahmen der Zugangsregelungen und der Bedürftigkeitsprüfung. Kontrollelemente sind allerdings an dieser Stelle nicht mit Sanktionen und weitergehenden Disziplinierungen gleichzusetzen. Auch in dieser Hinsicht ist genauer zu differenzieren.

Im Kontext der hier theoretisch skizzierten verschiedenen Varianten und Kopplungen von monetären Leistungen, persönlichen Hilfen und kontrollierenden Eingriffen wird schließlich in der Literatur hinsichtlich des Merkmals der Kooperation in der Erbringung sozialer Dienstleistungen formuliert, dass es von Vorteil für den Produktionsprozess und für die Wirksamkeit sozialer Interventionen sein dürfte, wenn eine *direkte* Kopplung von Leistungen des Sozialamtes und der Gegenleistung des Bürgers entfällt (Badura/Gross (1976: 82). In diesem Zusammenhang gilt folgender theoretischer Grundsatz, der im Fachdiskurs um eine „aktivierende Sozialpolitik" und die Relationen von Rechten und Pflichten oft vernachlässigt wird: „*Der personenbezogene soziale Dienst kennt keine finanziellen Restriktionen.*"

Diese wichtige theoretische Grundüberlegung und die für die Interventions- und Handlungsformen wohlfahrtsstaatlicher Institutionen damit verbundenen

Konsequenzen sind bereits mit den rechtlichen Regelungen und mehr noch in der Praxis der heutigen Sozialhilfe/Grundsicherung in beiden Wohlfahrtsstaaten durchbrochen. Sowohl die deutsche wie auch die schwedische Sozialhilfe ist gegenwärtig in ihren Varianten einer persönlichen Hilfe in Fällen fehlender Mitwirkung und Kooperation durch den Bürger mit direkt verhaltensbezogenen Restriktionen, etwa in Form der Kürzung oder auch der Einstellung der monetären Sozialhilfe gekoppelt. Dies gilt insbesondere, wenn es um Leistungsangebote im Kontext arbeitsmarktpolitischer Maßnahmen und der vermittelnden „Hilfen in Arbeit" geht, oder auch bei Zweckbindungsregelungen einmaliger Leistungen. Teilweise finden sich in der deutschen Sozialhilfe eine Praxis sowie ein Risiko, etwa über „Hilfepläne" oder „Hilfevereinbarungen" die (weitere) Zahlung monetärer Transferleistungen etwa von der Bereitschaft zur Kontaktaufnahme und der Teilnahme am Prozess bestimmter Beratungsleistungen direkt abhängig zu machen. Dies kann etwa die Aufforderung zu regelmäßigen Kontakten zur Arbeitsberatung- und -vermittlung sein oder im Falle einer Überschuldung, etwa bei darlehnsweiser Mietschuldenübernahme im Rahmen des SGB II, oder SGB XII beinhalten, dass der überschuldete Bürger aufgefordert ist, eine Schuldnerberatung aufzusuchen. In solchen Fällen sind Zwangskonstellationen und finanzielle Restriktionen offenkundig mit personenbezogenen sozialen Dienstleistungen verbunden, so dass die Bedingungen und Voraussetzungen einer Koproduktion negativ beeinträchtigt werden. Zur Verbreitung und Häufigkeit solcher Konstellationen liegen bisher kaum empirische Befunde vor.

Angedeutet ist mit den theoretischen Grundlagen und mit den genannten Beispielen, dass die mit Leitbild und Programmen einer „aktivierenden Sozialpolitik" verbundenen Neujustierungen von Rechten und Pflichten, Hilfen und Kontrollen, sowie die meist intensivierten Kopplungen von monetärer und persönlicher Hilfe im Zeitverlauf systeminterne Widersprüche und Zielkonflikte im multiplen Leistungssystem der Sozialhilfe begünstigen. Die Zielkonflikte und Risiken einer eng verbundenen monetären Transferleistung *und* persönlichen Hilfe scheinen sich zumindest im deutschen System auch nach den „Hartz- Gesetzen" mit dem SGB II und dem SGB XII ab 2005 eher zu verstärken als dass sie vermindert würden. Tendenziell entstehen seit dem häufiger Beratungskontakte in Zwangskonstellationen, etwa in der Schuldnerberatung oder auch in der Suchtkrankenhilfe. Dieser Eindruck ergibt sich nach bisherigen Befunden auch für die schwedische Sozialhilfe, ist jedoch im Rahmen der Fallstudie zu prüfen.

Vor dem Hintergrund der bisherigen theoretischen Überlegungen zur Koproduktion als Bedingung und Merkmal personenbezogener sozialer Dienstleistungen sind demnach die Verbindungen von monetärer und persönlicher Sozialhilfe im deutschen und im schwedischen wohlfahrtsstaatlichen Arrangement genauer zu betrachten. Empirisch ist auch zu klären, inwieweit die Erbringung monetärer

Transferleistungen mit den jüngsten Reformstrategien jeweils neu oder verändert, und dem jeweiligen Lebenslaufregime nach in typischer Weise an Beteiligungs- und Handlungsmuster der Koproduktion gekoppelt wurden.

Es stellt sich in diesem Zusammenhang weiter die Frage nach besonderen *verknüpfenden Funktionen*, die typischerweise und sehr spezifisch in den jeweiligen *institutionellen Zeit- und Handlungsmustern und -orientierungen* der Sozialhilfe enthalten sind und eben gerade in der Kopplung monetärer Transferleistungen und personenbezogener sozialer Dienstleistung ihren Ausdruck finden. Wie zeigen sich interventions- und handlungstheoretisch die einerseits *monetär* bezogenen koproduktiven Abläufe und andererseits die *personenbezogenen* koproduktiven Abläufe genau? In welchen Abfolgen, Konfigurationen und in welchen Abhängigkeiten sind die Interventionsformen in der deutschen bzw. schwedischen Sozialhilfe jeweils zueinander konzipiert? Auch hierzu könnte die empirische Untersuchung erste Befunde liefern und für die Analyse der Sozialhilfe als personenbezogene soziale Dienstleistung aufschlussreich sein. Auch bei in Deutschland und Schweden ähnlich rechtlich definierten Grundprinzipien lassen bestimmte *sozialberufliche Handlungsformen und -muster,* etwa des überwiegend verwaltungsmäßig qualifizierten und sozialisierten Personals in *deutschen* Sozialämtern und der eher sozialarbeiterisch ausgebildeten und sozialisierten Beschäftigten in den *schwedischen* Sozialbüros beträchtliche Unterschiede erwarten. So müsste etwa der von Wirth (1982) für die Sozialdienste formulierte strukturelle Widerspruch zwischen einer auf Außenwirkung ausgerichteten *Klientenorientierung* einerseits und einer innenbezogenen *bürokratischen Orientierung* andererseits in den Bedingungen und Mustern der Koproduktion jeweils spezifisch erkennbar werden.

Wie bereits angemerkt, wird die Nachfrage nach monetären Sozialleistungen stärker als noch in den 1970er und 1980er Jahren seit den 1990er Jahren und bis heute ergänzt und teilweise auch überlagert um gestiegene Bedarfe und Nachfragen nach nicht-monetären bzw. direkt personenbezogenen Diensten.[163] Somit kann für die Sozialhilfe in beiden Wohlfahrtsstaaten eine Abkehr von der bisherigen Einseitigkeit vorwiegend monetärer Transferleistungen verbunden mit einer Stärkung und Förderung personenbezogener Hilfen grundsätzlich eine angemessene Reformstrategie sein, die den Bedarfen und der Nachfrage entspricht. Eine solche Reformstrategie beinhaltet aber bei ohnehin schon massenhafter Inanspruchnahme der Sozialhilfe und einer finanzpolitischen Krise der Kommunen zugleich das Risiko einer weiteren und zusätzlichen institutionellen Überforderung der kommu-

---

[163] So formuliert beispielsweise auch Hanesch (2000), dass Sozialdienstleister in einem gegenläufigen Prozess einerseits von einer Zunahme sozialen Bedarfs und entsprechender Nachfrage der Dienste, andererseits von restriktiver werdenden finanziellen Ressourcen eingebunden sind. Die Folge ist ein „Creaming the poor-Effekt", der sich in Form sozialer Ausgrenzungsprozesse vollzieht, die sozusagen innerhalb der Programme sozialer Integration vor sich gehen.

nalen Sozialhilfe. Dies gilt in finanzieller Hinsicht und mehr noch im personalen und fachlichen Bereich. In der Folge institutioneller Überforderungen ergeben sich weitere Negativeffekte in den Möglichkeiten, die Leistungen „koproduktiv" zu erbringen. Zumindest in der deutschen Sozialpolitik haben sich bisher meist Reformstrategien durchgesetzt, die eher auf schematische Einkommenshilfen oder monetäre Anreizprogramme setzen als auf eine *qualitative* Verbesserung wie sie eine fachlich und professionale Ausrichtung als personenbezogene soziale Dienstleistung beinhaltet. Ob sich diese Ausrichtung empirisch erkennen lässt oder weiterhin monetäre Anreizprogramme und schematische Einkommenshilfen die Reformstrategie abbilden, ist zu untersuchen. Künftige Sozialhilfereformen in Deutschland müssten jedenfalls eine Stärkung personenbezogener und koproduktiver Elemente vorsehen, dabei die Niveaus der monetären Transferleistungen mindestens erhalten, und sie dürften nicht zu neuen Überforderungen der Kommunen im Wohlfahrtsstaat führen. Möglicherweise bietet die schwedische Sozialhilfe dazu Anregungen.

1.3.4 Koordination von Koproduktion in der Leistungserbringung wohlfahrtsstaatlicher Institutionen – Theoriedefizit für die Sozialhilfe?

Wie bereits angedeutet, stellt sich das Erfordernis der Kooperation und einer Koproduktion nicht nur zwischen *einer* Organisation oder *einem* sozialen Dienst wie dem Sozialamt einer Stadt und dem Bürger, der Sozialhilfe beantragt oder bezieht, sondern es stellt sich auch hinsichtlich weiterer für die Förderung und Erschließung von Wegen aus dem Sozialhilfebezug relevanter Institutionen, Organisationen und Dienstleister. Bereits Badura/Gross (1976: 86) merken in ihrem grundlegenden Beitrag an, dass die Abstimmung sozialer Interventionen und Leistungen verschiedenster Institutionen, Organisationen und Akteure untereinander bislang in keiner Weise systematisch durchdacht ist. Für die Sozialhilfe/Grundsicherung gilt diese Feststellung im Grunde bis heute, wobei seit Ende der 1990er Jahre in Deutschland und Schweden die neueren Programme einer „aktivierenden Sozialpolitik" und Modelle einer „Verwaltungsmodernisierung" die Dimension des „Zusammenwirkens" der verschiedenen institutionellen Ebenen, organisatorischen Bereiche und der verschiedensten Akteure im Leistungserbringungsprozess stärker beachten. Gerade in diesem Bereich setzen neuere Reformstrategien an, unteranderem die Einrichtung der Job-Center, verbunden mit der Zusammenführung von Arbeitslosen- und Sozialhilfe in Deutschland oder mit besonders weitreichenden organisatorischen Veränderungen im schwedischen Sozialdienst an.

Im Kontext von Programmen zur aktiven Förderung und Erschließung von Wegen aus dem Sozialhilfebezug stellen sich besondere Anforderungen einer „koordinierten Koproduktion" vor allem an den Schnittstellen zur Arbeitsmarktpolitik, zur Bildungspolitik und im Zusammenwirken mit sozialen Beratungsdiensten freier Träger. Ähnlich gilt dies auch für Schnittstellen der Sozialhilfe zur Gesundheitspolitik, die bisher noch oft vernachlässigt werden.[164] Die seit Mitte der 1990er Jahre in beiden Wohlfahrtsstaaten erkennbaren Veränderungen in der Gestaltung und Abstimmung sozialer Interventionen verschiedenster Institutionen erfordern einige weitergehende theoretische Vorüberlegungen.[165]

Sowohl die deutsche wie auch die schwedische Sozialhilfe bilden administrativ und fiskalpolitisch einen Kernbereich der sozialen Dienste im lokalen Wohlfahrtsstaat. Zugleich ist die Sozialhilfe – in Deutschland bisher offenbar stärker als in Schweden – in vielfältiger Weise mit verwaltungs*externen* Akteuren und Diensten, etwa Beratungsstellen der Wohlfahrtsverbände, der Arbeitsverwaltung, privaten Arbeitsvermittlungsdiensten usw. in unterschiedlichsten Formen etwa durch Kooperationsverträge, Leistungsvereinbarungen oder Kontrakte, aber eben auch informell im sozialberuflichen Alltagshandeln verbunden. Den bisherigen Befunden nach ist zu erwarten, dass die Unterschiede in den beiden wohlfahrtsstaatlichen Arrangements hinsichtlich der Anbindung und der Schnittstellen der Sozialhilfe zu Leistungsbereichen anderer wohlfahrtsstaatlicher Institutionen und Organisationen aufgrund der Trägervielfalt in Deutschland stärker ausgeprägt sind als in Schweden.[166] Bei einer in Schweden ganz überwiegend kommunalen bzw. öffentlichen Trägerschaft der sozialen Dienste ergeben sich schon von daher in beiden Wohlfahrtsstaaten *sehr unterschiedliche Anforderungen und Möglichkeiten in der „Vernetzung"* im Zusammenwirken der relevanten Akteure, um Wege aus dem Sozialhilfebezug aktiv zu fördern. Die Befunde zur Dominanz öffentlicher Trägerschaft sind im Rahmen der Fallstudie Göteborg empirisch somit zu prüfen, zumal in Schweden seit Anfang der 1990er Jahre Privatisierungsstrategien und Veränderungen der

---

[164] Beispielsweise verweisen in Deutschland auch Vorschläge für eine Organisationsreform des Allgemeinen Sozialdienstes und Modelle eines „Kommunalen Sozialen Dienstes", in dem Jugendhilfe, Sozialhilfe und Gesundheitshilfe zielgruppen- und problem*übergreifend* zusammengeführt werden, auf bisherige Koordinationsprobleme. Vgl. Van Santen/Zink (2003).

[165] Exemplarisch für diese Reformstrategie steht neben dem bereits genannten bundespolitischen Programm MoZArT *in Deutschland* die Zusammenlegung von Arbeitslosenhilfe und Sozialhilfe. Vgl. Hartmann (2000) und eher kritisch Buestrich (2003). Zur in den Reformstrategien ständig neu formulierten Rolle der Kommunen vgl. Schönig (2003). *In Schweden* kommen die Reformstrategien des verbesserten Zusammenwirkens *(Samverkan)* in Form einer inzwischen umfangreichen Literatur zum Ausdruck. Die bisherigen Studien sind dabei eher empirisch und nur begrenzt theoretisch ausgerichtet. Vgl. Danermark/Kullberg (1999), Socialdepartementet (1999), Socialstyrelsen (1999 und 2001a u. 2001b), Danermark (2000), Stenberg (2000), Svenska Kommunförbundet (2000). Auch dort ist die Rolle der Kommunen in der künftigen Arbeitsmarktpolitik bisher eher diffus und nicht abschließend definiert.

[166] Zu Trägerstruktur und Dominanz öffentlicher Anbieter in Schweden vgl. Otte/Dietrich-Antskog (1997: 117).

Trägerstruktur sozialer Dienstleistungen erkennbar werden.[167] Die Frage ist, ob sich diese Strategien auch im Bereich der kommunalen Sozialhilfe bzw. in den mit ihr im Zusammenhang stehenden sozialen Interventionen zeigen und was dies ggf. hinsichtlich einer „koordinierten Koproduktion" personenbezogener sozialer Dienstleistungen und in den Interventionsformen bedeutet.

Zumindest teilweise ist in einer zunehmenden *Spezialisierung und Differenzierung* sozialer Dienstleistungen ein zentraler Faktor zu sehen, der zu Schnittstellen- und Abstimmungsproblemen zwischen den beteiligten Organisationen, Behörden und Akteuren führt. Theoretisch gilt, dass jede Spezialisierung und Differenzierung stets neue Probleme für eine wirksame Kooperation und Koproduktion mit sich bringt.[168] Die hiermit verbundenen Probleme der Kooperation und Anforderungen an eine integrativ wirkende Organisation der sozialen Dienste wurden am Beispiel der Neuorganisation der Sozialen Dienste (NOSD), beispielsweise in Berlin in den 1970er Jahren oder auch für Bremen in den 1980er Jahren bereits untersucht. Lebenslauftheoretisch betrachtet wurde in Bremen Anfang der 1980er Jahre eine Organisationsform gewählt, die mit der Unterscheidung in Kinder, Jugendliche, Erwachsenen ohne minderjährige Kinder und ältere Menschen vorrangig an Altersgruppen- und Lebensphasen ausgerichtet war. [169] Mit der Neuorganisation sollte auch erreicht werden, Doppel- und Mehrfachbetreuungen zu vermeiden, einer Segmentierung der Dienste entgegenzuwirken, und die „ganzheitliche Problemsicht" zu erhalten. Ähnliche Probleme, Lösungsansätze und Zielsetzungen von Organisationsreformen finden sich seit den 1980er Jahren auch in der schwedi-

---

[167] Zu Privatisierungsstrategien im schwedischen Sozialdienst vgl. Beiträge im Sammelband von Riegler/Naschold (1997). Montin (2002: 115) führt aus, dass 1993 in Schweden lediglich rd. 6 % der „Wohlfahrtsdienste" *(Väfärdstjänster)* im Sozial- und Gesundheitssektor in privater Regie erbracht wurden. Dieser Anteil ist im Jahr 2000 auf rd. 13 % angestiegen. Die Sozialhilfe und soziale Beratungsdienste werden jedoch im Kontext dieses Privatisierungsdiskurses nicht ausgewiesen.

[168] Vgl. Badura/Gross (1976: 277). Aus systemtheoretischer Perspektive werden die grundlegenden Probleme der Koordination genauer von Willke (1994: 87-108) dargestellt. Die Feststellung von Willke (1994: 104), wonach Koordination der Logik der Differenzierung widerspricht, ist für die Sozialhilfe und die aktiven und möglichst integriert organisierten Maßnahmen zur Förderung von Wegen aus dem Sozialhilfebezug zentral, denn Zielsetzung der Programme ist meist, diese Wege möglichst differenziert oder „passgenau" zu gestalten, zugleich hierfür koordinierte Leistungserbringungsprozesse (inter-) institutionell zu ermöglichen.

[169] Vgl. beispielsweise Badura/Gross (1976), sowie zur Neuorganisation der Sozialen Dienste in Berlin Anfang der 1980er Jahre die Studie von Wolff (1983). Die damalige Neuorganisation der Sozialen Dienste in Bremen wurde von Bronke/Hoppensack/Kriebisch (1987) und von Kühn (1994: 96 ff.) dargestellt. Nach der Neuorganisation der sozialen Dienste Anfang der 1980er Jahre wurde in Bremen während der Erhebungsphase eine weiter Neuorganisation eingeleitet, die grundsätzlich an der früheren Alters- und Zielgruppenorientierung festhielt, jedoch mit der Einrichtung von 12 Sozialzentren insgesamt integrativer wirkende Organisationsformen und Problembearbeitung ermöglichen soll.

schen kommunalen Sozialverwaltung.[170] Eine Reihe dieser Probleme bestehen bis heute und sind Folge einer weiteren Ausdifferenzierung der Leistungen der Sozialhilfe sowohl in Deutschland wie in Schweden. Teilweise haben sich die Kooperations- und Vernetzungsprobleme im Zusammenhang mit den zu bearbeitenden multiplen Problemlagen, etwa von Arbeitslosigkeit, Armut, Überschuldung, Sucht usw. sogar weiter verschärft. In der Sozialhilfe und den Sozialdiensten in Deutschland sind im Verlauf der 1990er Jahre vielfältige Strategien erkennbar, um den Anforderungen einer Koordination und Kooperation sozialer Hilfen zu entsprechen. Weitere Organisationsreformen, die oft mit Dezentralisierungsstrategien verbunden sind, Modellprojekte, wie die Einrichtung von „Sozialbüros" in Nordrhein-Westfalen und Instrumente wie das Casemanagement, Fallkonferenzen und eine verbesserte Hilfe- oder Gesamtplanung der Leistungserbringungsprozesse bilden diese Strategien ab. Ob sich in der schwedischen Sozialhilfe ähnliche oder auch völlig andere Reformstrategien und Interventionsmodelle finden, ist am Beispiel der Fallstudie zu Göteborg zu klären.

Neben den institutionentheoretischen Ansätzen und system- und steuerungstheoretischen Grundlagen bietet sich zur Analyse der Probleme und Reformstrategien einer „koordinierten Kooperation" von Leistungen der Sozialhilfe vor allem auch die *Netzwerktheorie* an.[171] So kommt Hild (1997) in einer Studie zu den Netzwerken lokaler Arbeitsmarktpolitik zum Ergebnis, dass lokale Netzwerke in der deutschen Arbeitsmarktpolitik, in denen auch Sozialhilfeträger beteiligt sind, durchaus als eigenständige Koordinationsmodi zu verstehen sind.[172] Ihre Handlungspotentiale und Effizienz hängt dabei von *zwei wesentlichen Dimensionen* ab: Erstens, von den *institutionellen Vorgaben*, also der rechtlichen, inhaltlichen und professionalen Gestaltung der Programme einer „aktivierenden Sozialhilfe", die im Rahmen der weiteren hier auf der Basis institutionentheoretisch entwickelter Katego-

---

[170] Zu Organisationsreformen der Sozialdienste *in Schweden* vgl. beispielsweise Billquist/Gustafson (2002). Zur Organisation des Sozialhilfe im Gesamtarrangement kommunaler Sozialdienste und in der Individuen und Familienhilfe (IOF) vgl. ferner Byberg (1998) und Billquist (1999).

[171] Für *Deutschland* liegt für verschiedene Arbeitsfelder ein Sammelband von Bauer/Otto (2005) vor. Die theoretischen Grundlagen sind auf die Sozialhilfe übertragbar. Der Prozess der Leistungserbringung und die Ausgestaltung und Abstimmung von sozialen Interventionen in „netzwerkbasierten Sozialdiensten" sind so genauer unter Berücksichtigung der Netzwerktheorie zu untersuchen. Für *Schweden* stellt Montin (2002) in den gegenwärtigen Reformbemühungen der Kommunalverwaltungen ein starkes Vertrauen auf „netzwerkbasierte Verwaltungsorganisationen" fest. Stenberg (2000) verwendete den Ansatz der Netzwerktheorie, um am Beispiel Stockholms im Stadtteil Nacka ein entsprechendes sozialpolitisches Projekt empirisch zu untersuchen.

[172] Während Hild (1997) tatsächlich gegebene *eigenständige Koordinations- und Handlungsmodi* für Netzwerke einer lokalen Arbeitsmarktpolitik definiert und entsprechend theoretisch berücksichtigt, wird von Stenberg (2000: 20) in einer organisationssoziologisch und -psychologisch ausgerichteten Studie eher diffus von *„imaginären Organisationen"* gesprochen, die sich im Zusammenwirken verschiedenster Institutionen und Organisationen wie Sozialhilfe, Arbeitsverwaltung und Gesundheitsdiensten (ab)bilden.

rien genau untersucht werden. Zweitens, von den *Handlungsressourcen*, von den Verhandlungen und der Einigung der dezentralen und an Netzwerken beteiligten Akteure. Die Entscheidungs- und Verantwortungsstrukturen bei der Gestaltung sozialer Interventionen unter mehreren beteiligten Institutionen, Organisationen und Akteure im Netzwerk sind somit entsprechend genau zu untersuchen. Generell gilt weiter, *dass Zweckprogramme eher die für eine Netzwerksteuerung erforderlichen Gestaltungsfreiräume und Flexibilität ermöglichen* als das für Konditionalprogramme gilt. Dies würde erwarten lassen, dass etwa die zielorientierte Rahmengesetzgebung und die verbreitete Ziel- und Ergebnissteuerung in der schwedischen Sozialhilfe wesentlich günstigere Rahmenbedingungen für ein Zusammenwirken verschiedenster Institutionen und Organisationen bietet als das mit einer Detailgesetzgebung wie dem deutschen BSHG und der „Feinsteuerung" deutschen Verwaltungshandelns der Fall ist. Zu beachten ist demnach, dass auch Netzwerke nur unter bestimmten Akteurskonstellationen und bestimmten institutionellen Handlungs- und Kontextbedingungen ein „effizientes Zusammenwirken" und eine „effiziente Leistungserbringung" ermöglichen können und sehr unterschiedliche Voraussetzungen für eine Koproduktion mit dem Bürger im Leistungsprozess beinhalten. So kann es auch zu einem *Netzwerkversagen* kommen.[173] Dieses Risiko ist wesentlich von den Bedingungen und Voraussetzungen einer Koproduktion im Netzwerk und im Zusammenwirken abhängig. Weitere Risiken liegen in einer *interorganisationalen Bürokratisierung*, die sich mit Projekten des Zusammenwirkens von Institutionen und einer netzwerkbasierten Verwaltung verstärken und bisherige „einfache" Formen der Bürokratisierung sozialer Dienstleistungen eben durch das Zusammenwirken noch zusätzlich erweitern.[174] Diese Aspekte und möglichen Probleme sind in der Perspektive der Koproduktion bei der Gestaltungs sozialer Interventionen zur Förderung und Erschließung von Wegen aus dem Sozialhilfebezug somit ebenfalls zu beachten.

Im Ergebnis ist auffällig, dass bisherige *theoretische* Grundlagen zur Koordination und Kooperation, zu Netzwerken und zum Zusammenwirken von Behörden und sozialen Diensten die Ebene der *Koproduktion* und sozialer Interventionen weitgehend vernachlässigen. Die Befunde sind eher akteursbezogen und gehen primär auf die Organisationsformen ein. Sie beachten die Veränderungen in den Interaktionen zwischen den Teilorganisationen der Netzwerke und den Bürgern meist nicht näher. Im Ansatz des Zusammenwirkens von Institutionen oder in Netzwerken der Verwaltung erweist sich aber das dadurch veränderte Verhältnis zu Individuen oder Gruppen, die als Bürger und Koproduzenten sozialer Dienste und Leistungen im Kontakt zu den Einrichtungen stehen, als besonders komplex. Die

---

[173] Vgl. Hild (1997: 217).
[174] Auf Risiken einer *„interorganizational bureaucratization"* weist bereits Grunow (1991) hin.

Interventionen und die Variablen einer Koproduktion sind in diesen Organisationsformen um ein mehrfaches komplexer als sich die Interaktions- und Koproduktionsprozesse von nur *einer* Dienstleistungsorganisation gegenüber den Bürgern erweisen. Dies gilt insbesondere, wenn die *Zeit-/Verlaufs- und Handlungsperspektive* in den Mittelpunkt sozialer Interventionen rückt. So deutet etwa die Frage nach dem *möglichst präzisen „Timing"* von und in den Leistungserbringungsprozessen und in sozialen Interventionen, die zwischen und unter den beteiligten Institutionen, Organisationen und Akteuren möglichst präzise abgestimmt und aufeinander bezogen werden müssen, die Komplexität an.

In der Perspektive sozialer Interventionen und insbesondere bei pädagogischen Interventionen wie längerandauernder sozialer Beratung und Betreuung stellen sich in der Zeitperspektive konkrete Fragen, wann setzen im Verlauf einer Arbeitslosen- und Sozialhilfekarriere in einem Netzwerk oder im institutionellen Zusammenwirken von verschiedenen sozialen Diensten welche *fördernden* Elemente ein? Wann und in welcher Form werden etwa Mitwirkungspflichten institutionell jeweils *eingefordert? Im Idealfall geschieht beides gleichzeitig oder genau abgestimmt auf die zu bearbeitenden Problemlagen und unter Berücksichtigung der Ressourcen aller Beteiligten in einem koproduktiven und symmetrischen Interaktionsmuster aller Beteiligten.* Die Leistungen und Dienste mehrerer wohlfahrtsstaatlicher Institutionen stehen idealtypisch gesehen in ihrem Verlaufs- und Handlungsbezug in Übereinstimmung mit den insgesamt gegebenen Ressourcen, den Bedarfen und den Erwartungen nicht nur der Bürger sondern auch der übrigen beteiligten Akteure und Organisationen. Diese optimale Variante sozialer Interventionen dürfte in der Praxis aber eher die Ausnahme als die Regel sein. Je nach Einzelfall, Situation, Karriereverlauf, Bedarfen, Rahmenbedingungen und anderen Faktoren sind die „fördernden" und „fordernden" Elemente im sozialberuflichen Handeln der beteiligten Organisationen und Professionen und in der *Takt- oder Ablauffolge* unterschiedlich präzise aufeinander bezogen. Dies gilt etwa für eine soziale Beratung innerhalb der Sozialhilfe genauso wie in der Arbeitsverwaltung oder bei sozialen Dienstleistungen freier Träger. Im Zusammenhang mit dem Leitbild und Programmen einer „aktivierenden Sozialpolitik" stellt sich dann sogar *interinstitutionell* die Frage: Steht bei Armutskarrieren verbunden mit multiplen Problemlagen das *„Fördern"* zeitlich *vor* dem *„Fordern"* oder wird institutionell *„gefordert"* bevor *„gefördert"* wurde? Wird bezogen auf die Erwerbsbiografie möglicherweise von der Arbeitsverwaltung zeitlich früher und intensiver die Aufnahme einer Beschäftigung gefordert als im *Grundsicherungsamt.* Im Falle einer mit der Arbeitslosigkeit verbundenen Schuldnerkarriere kann ferner in Entschuldungsverfahren in Deutschland vom *Insolvenzgericht* als einem weiteren beteiligten Akteur ebenfalls die Aufnahme einer zumutbaren Beschäftigung vom Schuldner gefordert werden. Dies geschieht meist nicht näher abgestimmt mit den übrigen Akteuren und sozialen Diensten und ohne dass etwa „fördernde" Hilfen irgendeine

Beachtung finden, selbst wenn sie notwendig wären. Handlungstheoretisch lässt sich fragen, ob pädagogische Interventionen in Form sozialer Beratung, deren Kernelemente Freiwilligkeit und Ergebnisoffenheit sind, professional in Projekten des Zusammenwirkens überhaupt als sozialberufliche Handlungsformen oder als „Methoden" unter- und aufeinander abgestimmt und wechselseitig entsprechend verstanden werden? In der Verlaufsperspektive gilt auch in diesen Zusammenhängen, dass diese Fragen bei kurzzeitig Arbeitslosen und bei kurzzeitigem Sozialhilfebezug bzw. bei rein monetären Problemen kaum eine Rolle spielen, dass sie jedoch bezogen auf Langzeitarbeitslose und in der institutionellen Bearbeitung multipler Problemlagen zentrale Bereiche für „koproduktive" und wirksame Leistungserbringungsprozesse bilden

Die folgende Tabelle 4 veranschaulicht exemplarisch die Probleme der Abstimmung, der Abfolge und des „Timings" einer „aktivierenden Sozialpolitik" im Zusammenwirken verschiedener wohlfahrtsstaatlicher Institutionen in der Zeit-/ und Verlaufsperspektive. Es wurden exemplarisch nur *drei Organisationen bezogen auf nur drei Teilbiografien* zur Veranschaulichung gewählt. Beispielsweise werden die Anforderungen und Prozesse einer „koordinierten Koproduktion" noch komplexer, wenn auch die Gesundheitsbiografie mit einbezogen wird und Einrichtungen der beruflichen Rehabilitation mit an Projekten eines netzwerkbasierten Sozialdienstes beteiligt sind. Dies ist in neueren Projekten des „freiwilligen" oder des „sozialen" Zusammenwirkens (FRISAM und SOCSAM) in Schweden bereits Praxis. Theoretisch zu beachten ist, dass schon eine mangelnde Abstimmung und besondere Abfolgen sozialer Interventionen im Rahmen *einer* Institution bezogen auf die Interventionsprozesse anderer Institutionen mit Negativeffekten verbunden sein können.

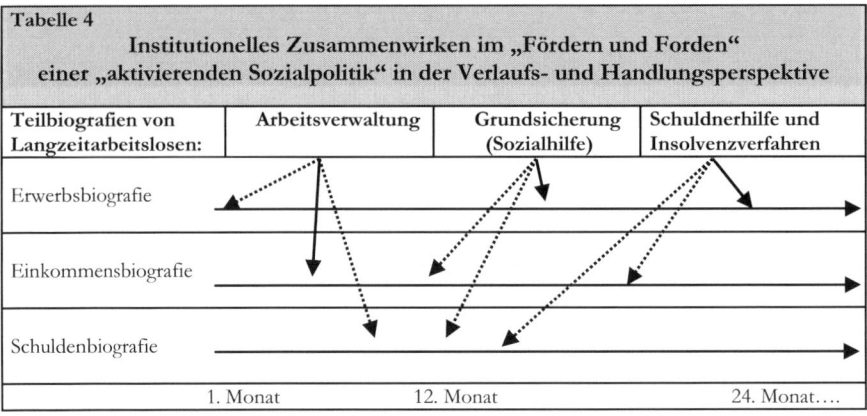

Tabelle 4
Institutionelles Zusammenwirken im „Fördern und Forden"
einer „aktivierenden Sozialpolitik" in der Verlaufs- und Handlungsperspektive

Teilbiografien von Langzeitarbeitslosen:	Arbeitsverwaltung	Grundsicherung (Sozialhilfe)	Schuldnerhilfe und Insolvenzverfahren
Erwerbsbiografie			
Einkommensbiografie			
Schuldenbiografie			
	1. Monat	12. Monat	24. Monat....

Legende zu Tabelle 4:

Personenbezogene „fördernde" Elemente und monetäre Transferleistungen = ·········▶

„Fordernde" Elemente, etwa die Aufforderung zur Arbeit = ⟶

Zum Ausdruck kommt, wie wichtig es ist, die Relationalitäten und Wechselwirkungen sozialer Interventionen stärker als bisher mit zu beachten. Ganz besonders in diesem Bereich zeigen sich theoretische Defizite für eine Reformstrategie in der lokalen Politik zur Bekämpfung von Armut und Arbeitslosigkeit. Die obige Abbildung vermittelt dabei beispielhaft für die *deutsche* Sozialhilfe/Grundsicherung, dass fördernde und fordernde Interventionen der verschiedenen sozialen Dienste im Zeitverlauf sowie in ihren biografischen Bezügen sehr unterschiedlich gestaltet sein können. So bieten die hier genannten drei sozialen Dienste und Organisationen Arbeitsvermittlung, Sozialhilfe/Grundsicherung und Schuldnerhilfe bzw. das Insolvenzverfahren jeweils spezifische personenbezogene und fördernde Hilfen an, die im Idealfall aufeinander abgestimmt und im „Timing" entweder gleichzeitig oder je nach Problemverlauf in einer spezifischen und untereinander abgestimmten Abfolge einsetzen und erbracht werden können. Im Bereich „fordernder" Elemente, etwa der Aufforderung zur Annahme einer „zumutbaren Beschäftigung" kann diese Aufforderung von den wohlfahrtsstaatlichen Institutionen bzw. ihren Organisationen und Professionen zeitgleich unter einheitlichen Definitionskriterien dessen, was als „zumutbare Beschäftigung" gilt erfolgen. Oder aber – wie bisher empirisch durchaus oft der Fall – es können von den hier drei genannten sozialen Dienste jeweils zeitlich versetzt und völlig unkoordiniert im Verlauf einer Arbeitslosen- und Armutskarriere, die Aufforderungen zur Annahme unterschiedlich definierter „zumutbarer Beschäftigungen" oder arbeitsmarktpolitischer Maßnahmen an den Grundsicherung beziehenden, überschuldeten Arbeitslosen ergehen.

Die Funktion des Schaubildes ist an dieser Stelle zunächst nur, die Komplexität sozialer Interventionen im Anspruch und Ziel einer „Koproduktion" *im Zeitverlauf* und in den Koordinationsbedarfen untereinander zu veranschaulichen. Entsprechend dem hier von der Biografieforschung ausgehenden Modell lassen sich solche Verlaufsmuster sozialer Interventionen, bei Bedarf noch erweitert um die Gesundheitsbiografie und um die Interventionen bzw. Leistungen der Gesundheitsdienste und der Krankenversicherung auch empirisch in ihren Gestaltungsmustern genauer untersuchen.

Zu erwarten ist in diesem Kontext ferner, dass auch ein Leitbild der „aktivierenden Sozialpolitik" oder konkreter etwa einer „aktivierenden Beratung" von den unterschiedlichen wohlfahrtsstaatlichen Institutionen nicht nur unterschiedlich interpretiert und rezipiert wird, sondern in je spezifischer Weise auf die bisherigen institutionellen Leitbilder, Orientierungs- und Handlungsmuster, sowie auf bereits bestehende Interventionskonzepte bezogen und mit diesen verknüpft wird. Auch insofern dürfte die besondere Beachtung der Zeit-/Verlaufsperspektive sowie der Handlungsperspektive im Zusammenhang der Anforderungen und Probleme einer koordinierten Koproduktion im multiplen Leistungserbringungsprozess der Sozialhilfe weiterführend sein – für die empirische Analyse und im Rahmen einer Generalisierung auch in theoretischer und konzeptioneller Hinsicht.

Im Ergebnis mangelt es bisher an theoretischen Grundlagen, zur *Koordination im Zeitverlauf* und zu den Interventions*formen* in ihrem Wechselspiel. Dabei gilt es zugleich, die *Dimension der koproduktiven Leistungserbringung sozialer Interventionen* und ihre Voraussetzung in der Relation *aller* Beteiligten möglichst weitgehend mit zu berücksichtigen.

1.3.5 Zusammenfassung: „Koproduktion" im Verlauf sozialer Interventionen als zentrale Variable der Dienstleistungsqualität

Im Resümee zu den theoretischen Grundlagen, die bisher zu den Leistungsvoraussetzungen, -bedingungen und zur Inanspruchnahme sozialer Dienste vorliegen, mangelt es weniger an Beiträgen und Analysen zur Inanspruchnahme*quantität*. Diese liegen in Form von Empfänger- oder Nutzungsdaten auch in Längsschnittuntersuchungen bereits vor, etwa mit genannten Befunden der dynamischen Armutsforschung. Vor allem mangelt es bisher an theoretischen Beiträgen und empirischen Befunden zur Dienstleistungs*qualität* und zur Inanspruchnahme*qualität*. Diese Diagnose, die bereits von Wirth (1982: 46) allgemein auf soziale Dienste bezogen wurde, lässt sich auf die Sozialhilfe in den beiden hier ausgewählten Wohlfahrtsstaaten übertragen. Die Qualität sozialer Dienste und Leistungen wird in hohem Maße durch die verschiedenen Bereiche und Variablen einer Kooperation

157

und Koproduktion mit bestimmt. Sie bemisst sich auch und vor allem an den Möglichkeiten, Merkmalen und Grenzen einer *Beteiligung der Bürger am gesamten Prozess der Leistungserbringung*. Neben den Kooperationsfähigkeiten, -voraussetzungen und -möglichkeiten ist die Kooperationsbereitschaft zu einer *aktiven* und/oder *passiven* Mitwirkung am Produktionsprozess und am Ergebnis sozialer Leistungen entscheidend. Auch diese Faktoren können durch wohlfahrtsstaatliche Institutionen und durch spezifische Arrangements sowie in unterschiedlichsten Interventionsformen begünstigt oder gehemmt und damit auch gesteuert werden. In den Konzepten und Instrumenten einer „Verwaltungsmodernisierung", insbesondere auch im Zusammenhang mit Ansätzen der *Qualitätsentwicklung* und Instrumenten der *Bürger-/Nutzerbeteiligung* erfahren die Perspektiven der Koproduzenten sozialer Dienstleistungen und ihre Qualität inzwischen zunehmend Aufmerksamkeit.[175] Es ist daher empirisch genauer zu klären, in welchen Formen soziale Interventionen in der deutschen und schwedischen Sozialhilfe in den Dimensionen einer möglichst „koordinierten Koproduktion" und der Leistungsqualität von einem Wandel gekennzeichnet sind.

Die bisherigen theoretischen Befunde zur Gestaltung sozialer Interventionen und ihrer Steuerung lassen sich ergänzt um die Zeit- und Verlaufsperspektive der dynamischen Armutsforschung mit den theoretischen Grundlagen zur Koproduktion sozialer Dienstleistungen für eine Untersuchung der Sozialhilfe und der Sozialverwaltung in zwei ausgewählten Wohlfahrtsstaaten operationalisierbar zusammenfassen. In der folgenden Tabelle 5 ist die Variable der Koproduktion für die Sozialhilfe mit den Grundlagen einer Theorie sozialer Interventionen und mit der lebenslauftheoretisch hergeleiteten Zeit- und Handlungsperspektive gerahmt bzw. verbunden dargestellt.

Veranschaulicht wird, dass eine Koproduktion personenbezogener sozialer Dienstleistungen sich auf sehr verschiedenen Ebenen vollzieht und als Variable in unterschiedlichen Interventionsformen in unterschiedlicher Weise für die Wirksamkeit und Qualität sozialer Interventionen von Bedeutung ist. Koproduktion wird dabei mehr oder weniger direkt und indirekt gerahmt und geprägt, einerseits von den Handlungsressourcen und -voraussetzungen und den Handlungsformen der Beteiligten, andererseits von den Formen und der Dauer sowie vom „Timing" sozialer Interventionen und auch in den Relationen und Interaktionen verschiedener Institutionen und Akteure zu- und untereinander.

---

[175] Zum Konzept bzw. ersten Ansätzen eines „Qualitätsmangements" in der deutsche Sozialhilfe vgl. Trube (2001: 220 ff.). Der Qualitätsdiskurs findet sich auch in der schwedischen Sozialhilfe. Vgl. Socialstyrelsen (1995b) und Westlund (1995). Die Ebene der „Koproduktion" bildet bisher aber in beiden Sozialhilferegimes kaum einen Bezugspunkt in der Qualitätsentwicklung.

Tabelle 5:

Variablen der Koproduktion sozialer Interventionen in der Sozialhilfe		
K o p r o d u k t i o n	• Koproduktion in *rechtlichen* Interventionsformen	*K o p r o d u k t i o n*
i n d e r	• Koproduktion in *ökonomischen/monetären* Interventionsformen	*r e l a t i o n a l* *z w i s c h e n*
H a n d l u n g s -	• Koproduktion in *ökologischen/infrastrukturellen* Interventionsformen	*w o h l f a h r t s -*
p e r s p e k t i v e	• Koproduktion in *personenbezogen/pädagogischen* Interventionsformen	*s t a a t l i c h e n* *I n s t i t u t i o n e n*
K o p r o d u k t i o n i n d e r Z e i t - u n d V e r l a u f s p e r s p e k t i v e		

Durch einzelne Instrumente einer „Verwaltungsmodernisierung" und spezielle Instrumente des Qualitätsmanagements *können* koproduktive Effekte sozialer Interventionen gefördert werden.[176] So können etwa mit Instrumenten der Bürgerbeteiligung und über Nutzerbefragungen, die auch in der Sozialhilfe und ihr angrenzenden sozialen Diensten denkbar sind, aber in Deutschland bisher noch kaum üblich sind, koproduktive Einflüsse auf die Interventionskonzepte aktiv ermöglicht werden. Zeitlich gesehen sind diese Instrumente und Beteiligungsformen nicht nur im Nachgang einer Dienstleistungsproduktion möglich, sondern ebenso *vor* und *während* des Erbringungsprozesses sozialer Dienste. Sie können beispielsweise auch durchgehend im Verlauf eines Beratungskontaktes erfolgen, wobei dann allerdings die „Methoden" sozialer Beratung entsprechend daraufhin anzupassen sind.

Programmatisch sehen neuere policies einer „aktivierenden Sozialpolitik" in der Sozialhilfe meist eine Förderung koproduktiver Elemente explizit mit vor. Unter Koproduktion wird in der Regel die „aktive" Einbeziehung des Leistungsbeziehenden und seiner Ressourcen in die Planung und Umsetzung der Interventionen und Leistungen verstanden, womit dann auch dem normierten Grundsatz der „Hilfe zur Selbsthilfe" besser entsprochen werden soll. Auffällig ist allerdings, dass der Diskurs einer „aktivierenden Sozialpolitik" bisher im Bereich der deutschen

---

[176] So beschreiben Schedler/Proeller (2000) neben Konzepten des Qualitätsmanagements im öffentlichen Sektor weitere Strategien und Instrumente, um die „Kunden" bzw. „Bürger" in die Leistungen öffentlicher Verwaltung aktiv mit einzubeziehen. Die Möglichkeiten, die Bürger an der Planung und im Leistungserbringungsprozess stärker zu beteiligen, reichen von Anhörungsverfahren im obrigkeitsstaatlichen Verwaltungshandeln bis zu Modellen autonomer Selbststeuerung von Projekten und Stadtteileinrichtungen, oder Projekten der Bürgerbeteiligung, Bürgerbefragung und Bürgeraktivierung.

Grundsicherung und der lokalen Arbeitsmarktpolitik in hohem Maße auf die *rechtliche* Ebene einer Koproduktion im Verständnis von Rechten und Pflichten fokussiert. Ferner sind die *monetären* Ressourcen in Form von Einkommen, Vermögen und Unterhaltsansprüchen stark einbezogen. Die Variablen einer Koproduktion in den pädagogischen und ökologischen Interventionsformen werden häufig noch randständig oder gar nicht beachtet. Auch wenn „Methoden" wie das „Asessment" und Handlungsformen wie das „Casemanagement", die Hilfeplanung oder eine „strategische Sachbearbeitung" die Verlaufs- und Handlungsperspektive inzwischen durchaus mit im Leistungserbringungsprozess beachten, stehen fachspezifisch für die Sozialhilfe entwickelte Modelle einer koproduktiven Leistungserbringung nach wie vor am Anfang ihrer Entwicklung. Vor allem empirische Daten zu diesen Bereichen einer Koproduktion und den seit Mitte der 1990er Jahre neu in die deutsche Sozialhilfe/Grundsicherung eingeführten Handlungsformen und Instrumenten liegen bisher kaum vor. Dieser Entwicklungsstand gilt im Wesentlichen für Deutschland und ist für Schweden vergleichend mit zu untersuchen.

Hinsichtlich der Qualität der Inanspruchnahme sozialer Dienste allgemein und speziell der Sozialhilfe lässt sich vor allem in der rechtlichen Interventionsform aber auch in anderen Interventionsformen genauer fragen, welche Bedingungen und Faktoren der Leistungserbringung bewirken „konformes" oder „inkonformes" Verhalten von Individuen und welche Bedingungen und Faktoren bewirken beim Bürger eine (Nicht-)Bereitschaft zur weiteren Mitwirkung oder Inanspruchnahme möglicher Leistungen oder Angebote? Ist eine „aktive" Mitwirkung und weitere Inanspruchnahme im Leistungserbringungsprozess einer persönlichen Hilfe wie bei Angeboten der Arbeitsberatung und -vermittlung oder im Verlauf einer Schuldnerberatung auch dann noch institutionell weiterhin erwünscht bzw. wird sie gefördert, wenn die akute materielle Krise bereits behoben ist, etwa nachdem eine erste provisorische oder vorübergehende Beschäftigungsmöglichkeit erschlossen wurde? Oder aber lassen sich eher Arrangements und Interventionsformen erkennen, nach denen in solchen Verlaufsphasen von Armutskarrieren die institutionellen Angebote einer persönlichen Hilfe tendenziell „passiv" oder gar restriktiv gestaltet werden?

In diesen explizit auf Armutskarrieren und verlaufsbezogenen Fragestellungen, die hinsichtlich der Verhaltenskonformität eben nicht nur rein normativ-rechtlich zu sehen sind, wie dies im „Workfare- und Aktivierungsdiskurs" mit Thesen und Befunden zur Verschiebung von Rechten und Pflichten erkennbar wird, zeigen sich die generell hohen Anforderungen an die Ausgestaltung sozialer Interventionen, insbesondere pädagogischer Art und im Zeitverlauf, wenn Mitwirkung und Koproduktion ernsthaft ermöglicht und im gesamten Produktionsprozess auch über rechtliche und materielle Dimensionen hinausgehend gefördert werden sollen. Neben Zeit spielen Variablen wie Freiwilligkeit, Vertrauen und Ergebnisoffenheit für wirksame personenbezogene und pädagogische Interventionen als Bedingungen und Voraussetzungen ihrer Qualität und Wirksamkeit eine besondere Rolle.

Nach den bisherigen theoretischen Grundlagen sind in einer Verlaufsperspektive verschiedene *Stadien oder Phasen* der Inanspruchnahme sozialer Dienste zu unterscheiden. Der Antragsteller oder Nachfrager einer sozialen Dienstleistung wird zum „Klienten" oder zum Sozialhilfebeziehenden über eine *erste Entscheidungsphase*, in der ein Antrag gestellt oder ein Anliegen vom Sozialdienst entgegengenommen wird. Es folgt eine *Bewerbungsphase*, in der die Definitionen der institutionell möglicherweise zu bearbeitenden Probleme und eine erste institutionelle Akzeptanz der Probleme stattfinden. Aber eben *nicht* erst „am Ende", wie bisherige theoretische Beiträge oft nahelegen, steht eine „Klienten- oder Sozialhilfekarriere", die kurzzeitig oder über längere Zeiträume andauern kann, von Kontinuität geprägt sein kann, oder aber auch unterbrochen werden kann und von Diskontinuitäten gekennzeichnet ist. Tatsächlich beginnt die „Sozialhilfekarriere" sozusagen unmittelbar mit, oder noch vor dem Erstkontakt zum Sozialamt und sie steht *im Zentrum des eigentlichen Leistungserbringungsprozesses.* Im Anschluss an eine Sozialhilfekarriere schließt sich zudem noch die Phase der Bewältigung des Problems an. Auch ein Abbruch des Kontakts zwischen Sozialdienst und Bürger ist aus verschiedensten Gründen möglich, ohne dass es zu einer wirksamen Problembearbeitung kommt. Eine weitere Variante, nämlich der *Fortbestand des persönlichen Kontakts ohne bzw. ohne ausreichende Problembearbeitung, sowie nach einer Problembearbeitung und -bewältigung der monetären Krise* bleibt im Kontext der Sozialhilfe theoretisch ebenfalls oft unbeachtet. Gerade diese Interventionsvarianten können jedoch für die Sozialhilfe aufgrund der grundsätzlich engen Verbindung monetärer und persönlicher Hilfen insbesondere bei multiplen Problemlagen und Langzeitbezug monetärer Leistungen von erheblicher Bedeutung sein. Dies ist etwa der Fall, wenn es um die Zielsetzungen einer „aktivierenden Sozialpolitik" im Sinne einer Aktivierung von Selbsthilfepotentialen durch Angebote der sozialen Beratung unabhängig von einem fortlaufenden oder durchgängigen Bezug monetärer Transferleistungen sowie um nachgehende Hilfen und um Stabilisierungsfunktionen einer nachhaltig wirksamen Hilfe zur Vermeidung eines erneuten Sozialhilfebezugs geht.

Handlungstheoretisch wird in der Perspektive einer Koproduktion deutlich, die von Armut betroffenen und Sozialhilfe beziehenden Personen müssen immer auch selbst im Prozess der Dienstleistung zur Bewältigung der Probleme beitragen, in dem sie ihre Probleme frühzeitig und angemessen definieren, und sie müssen gegebenenfalls auch zur Nutzung ergänzender Dienstleistungen, etwa pädagogischer Interventionen im Rahmen sozialer Beratung motiviert sein. Zugleich müssen institutionell und administrativ die Voraussetzungen für diese weitreichende Mitwirkung am Produktionsprozess so günstig wie möglich gestaltet werden. Dabei gilt sowohl in der institutionellen wie auch in der individuellen Perspektive bezogen auf die bisherigen Formen und Muster sozialer Interventionen meist die grundlegende Feststellung: *„Man hat sich bislang hauptsächlich auf die Entscheidung einer Person anstatt auf den Entscheidungsprozess konzentriert". (Wirth 1982: 55)* In der angesprochenen prozessualen Perspektive wird die Bedeutung der Dimensionen Zeit und Handeln als zentrale Kategorien nicht nur der Intervention sondern auch der Koproduktion angedeutet. Sie wird dann aber nicht genauer entwickelt, weder allgemein für die sozialen Dienstleistungen noch speziell für die Sozialhilfe.

Im Kontext der aktuellen Reformstrategien und -diskurse besteht das Risiko, die Variablen der Koproduktion sozialer Dienste all zu einseitig auf die Bürger und damit auf die Handlungsbereitschaft und Handlungsfähigkeiten der Leistungsberechtigten zur Inanspruchnahme sozialer Dienste zu beziehen. Eine Fokussierung auf rechtliche Regelungsmuster und auf die Gestaltung von Rechten und Pflichten, wie sie gegenwärtig erkennbar ist, bedeutet meist, Koproduktion institutionalisiert primär rechtlich und damit formalisiert und standardisiert einzufordern bzw. zu regeln. Koproduktion lässt sich aber in der rechtlichen Ebene allein eben *nicht* aktiv und umfassend sowie verlaufsbezogen institutionell fördern. Ebenso werden über die wohlfahrtsstaatliche Institution der Sozialhilfe und über ihre Verwaltung selbst der strukturelle Handlungsrahmen und die individuellen Handlungsbereitschaft(en) und -fähigkeiten der Individuen durch die Ausgestaltung der policies gewissermaßen auch ökologisch, professional, interaktional sowie pädagogisch und monetär gefördert oder beeinträchtigt.

Handlungstheoretisch gilt dabei weiterhin, dass vor und während des Prozesses der Leistungserbringung stets *Selektionen* erfolgen, und dass bezogen auf die Sozialverwaltung und Sozialdienste zwischen „passiv" und „aktiv" vorgenommenen Selektionen unterschieden werden kann. Diese Unterscheidung lässt sich etwa auf eine aktive und passive Bedarfsermittlung im Rahmen der Sozialhilfe oder aber auch auf aktive und passive Strategien einer Armutsvermeidung hinsichtlich bestimmter Problemlagen und Gruppen übertragen. In den Selektionsprozessen werden nach den bisherigen theoretischen Grundlagen und empirischen Befunden – aus genauer zu betrachtenden Gründen – zumeist Angehörige der „Mittelschicht" eher zu „Klienten" oder „Nutzern" sozialer Dienste als Angehörige der „Unterschicht". Dies geschieht, obwohl die Institutionen, von der die jeweiligen sozialen Dienste angeboten werden, zumeist antreten, um Hilfen bei der Problembewältigung für Angehörige der „Unterschicht" zu leisten. Diese Zielsetzung gilt für die Sozialhilfe, für Arbeitsvermittlungsdienste und Beratungsangebote in besonderer Weise. Wenn es zutrifft, dass im Zusammenhang mit dem Leitbild einer „aktivierenden Sozialpolitik" und einer „aktiven Sozialverwaltung" die Elemente einer Koproduktion – in welchen Formen auch immer – nicht nur eine Veränderung sondern eine Stärkung erfahren, dann ist die These naheliegend, wonach auch veränderte Selektionsprozesse zu beobachten sein müssten. Dabei gilt es durch die

Gestaltung der institutionellen Arrangements und der sozialen Interventionen sowie in den Bedingungen und Voraussetzungen der Koproduktion sozialer Dienstleistungen Prozesse einer „Negativ-Selektion" und einer sozialen Exklusion möglichst zu vermeiden bzw. auszuschließen. Zielsetzung ist es, die *sozioökomomischen* und *soziokulturellen* sowie die sozial*rechtlichen* Teilhabe und die Teilhabechancen der Bürger zu verbessern. Ob bzw. wie die Bedingungen und Voraussetzungen einer Koproduktion in den besonderen Formen und Merkmalen sozialer Interventionen sich für die deutsche und schwedische Sozialhilfe hierzu verhalten, ist im Rahmen der Fallstudie zu untersuchen.

> *„Die Zukunft ist offen. Sie lässt sich mit keinem noch so ausgeklügelten System einfangen."*
> (Zit. Dietl 1993: 30)

1.4 Lebenslauftheoretische Grundlagen sozialer Dienstleistungen: Institutionelle Zeit, Interventionszeit und Zeitmuster der Koproduktion

Dass der Lebenslauf in westlichen Wohlfahrtsstaaten nicht ausschließlich individuell, über Erwerbsarbeit sowie über die Familie bestimmt und beeinflusst wird, sondern dass auch der Staat in einem umfassenderen Sinne als Struktur- und Taktgeber des Lebensverlaufs wirkt, wurde bereits im Rahmen der Biografieforschung und der dynamischen Armutsforschung untersucht. In diesem Zusammenhang wurde der *Begriff der Lebenslaufpolitik* geprägt.[177] Die drei Kernbereiche wohlfahrtsstaatlicher Lebenslaufregimes bilden dabei das Bildungssystem, die Alterssicherung und die soziale Risikobearbeitung, zu der die Sozialhilfe und die sozialen Dienste zu rechnen sind. Die Strukturierungsleistungen bezogen auf den Lebenslauf werden nach den bisherigen Befunden der Biografieforschung bereichsspezifisch in unterschiedlicher Weise und unterschiedlich intensiv erbracht. Während das Bildungssystem und die Alterssicherung einen stärker ausgeprägten und „formenden

---

[177] Wesentliche Grundlagen für die Lebenslaufforschung wurden von Kohli (1985) vorgelegt, der darauf hinwies, dass die Menschen in modernen Wohlfahrtsstaaten nicht nur ein längeres Leben planen können als früher bzw. in anderen Gesellschaftsformen, sondern den Menschen *durch wohlfahrtsstaatliche Sicherungssysteme auch Zeitvorgaben* vermittelt werden. Diese theoretischen Grundlagen waren später für den Ansatz der dynamischen Armutsforschung mit impulsgebend. Zusammenfassend vgl. Leibfried/Leisering u.a. (1995: 23 ff.). Die grundlegenden lebenslauftheoretischen Überlegungen und Begriffe gehen auf die US-amerikanische Soziologie, vor allem auf Elder (1974) zurück, der etwa Begriffe wie „Verlauf", „Übergang", „Wendepunkte des Lebenslaufs", den Ereignisbegriff oder auch den Begriff der „Sequenz" im Lebensverlauf wesentlich geprägt hat. Vgl. zusammenfassend Sackmann/Wingens (2001).

Zugriff" auf die zeitliche Ordnung des Lebenslaufs insgesamt nehmen, gilt beispielsweise für die Kranken- und Arbeitslosenversicherung sowie für die Sozialhilfe und sozialen Dienste, dass sie vor allem *Überbrückungsleistungen in krisenhaften Lebensepisoden* erbringen.[178] Das Bildungssystem und die Alterssicherung wirken demnach auch über *längere* Zeiträume auf den Lebenslauf ein, wohlfahrtsstaatliche Leistungen wie die der Arbeitslosenversicherung oder der Sozialhilfe sowie die sozialen Dienste wirken dagegen ganz überwiegend in eher *kürzeren Zeiträumen* oder in einzelnen oder mehreren *Episoden* auf den Lebenslauf gestaltend oder rahmend ein. Dies wiederum geschieht durch unterschiedliche soziale Interventionen, wie sie bereits theoretisch dargestellt wurden.

Die Sozialhilfe gilt somit lebenslauftheoretisch – und ebenso ihren Leitideen und rechtlichen Regelungen nach – als ein *situationsbezogenes Leistungssystem*, dass hinsichtlich der Leistungsvoraussetzungen und -ansprüche den Lebensverlauf kaum oder gar nicht bilanziert, sondern primär eine bedarfsorientierte Unterstützung gewährt. Gleichzeitig leistet die Sozialhilfe/Grundsicherung individuell oder gruppenbezogen aber eine wichtige überbrückende Hilfen, die oft *Übergänge* von einer Lebensphase oder Statuspassage in eine andere ermöglicht und fördert. Insoweit kommt der Sozialhilfe durchaus eine lebenslaufbezogene und auch Lebensläufe gestaltende Funktion zu.[179]

Im Kontext der Individualisierungsthese, die von Beck (1986) formuliert wurde, stellt Rothstein (1994: 33ff.) konkreter für den öffentlichen Sektor und soziale Dienstleistungen in Schweden fest, dass einerseits die Entscheidungen und Beschlüsse öffentlicher Einrichtungen und Behörden eher und häufiger vom Bürger in Frage gestellt werden als früher, und dass zugleich die Bürger und Adressaten heute kompetenter in der Formulierung ihrer Anliegen sind, wenn es um die Planung und Gestaltung ihres Alltags und ihre Lebenslaufs geht. Damit wird das Bild

---

[178] Mit den theoretischen Grundlagen zu Begriff und Konzept der „wohlfahrtsstaatlichen Institution" wurde bereits angedeutet, dass ein verlaufs- und handlungsbezogener Untersuchungsansatz zur empirischen Analyse der institutionellen Risikobearbeitung des Problems Armut bisher noch kaum vorliegt. Während in der Arbeitsmarktpolitik, im Bildungssystem und in der Alterssicherung sozialpolitische Rahmungen, Gestaltungsleistungen und Bilanzierungen von Lebensläufen deutlich erkennbar sind, so Allmendinger (1995: 180f.), werden die Institutionen des sozialen Risikomanagements und der Krisenintervention bisher in der Lebenslaufforschung vergleichsweise wenig beachtet. Vgl. Buhr (1995), Ludwig (1996) und Leisering/Leibfried (1999).

[179] Auch in der Sozialarbeit und bezogen auf ihre typischen Handlungsformen finden biografiebezogene Ansätze inzwischen Aufmerksamkeit. Vgl. Roer/Maurer-Hein (2002). Insbesondere im Konzept des Empowerment finden sich vielfältige Bezüge, nach denen sozialarbeiterische Interventionen zum einen *als Prozess* und im *Grundmuster der Koproduktion* verstanden werden. Angebote und Leistungen sind möglichst so zu gestalten, dass sie *auf den Lebenslauf und auf die biografisch entwickelten Stärken und Ressourcen* der von sozialen Problemen betroffenen Menschen bezogen sind und eigene Potentiale zur Problemlösung mit Hilfe struktureller und sozialarbeiterischer Ressourcen fördern. Vgl. Herriger (1997: 97 ff.).

164

des eigenverantwortlichen, aktiven und den individuellen Lebenslauf gestaltenden Bürgers formuliert. Dieser ist nicht mehr nur Objekt, sondern vor allem Subjekt und damit aktiv Beteiligter an Entscheidungen wohlfahrtsstaatlicher Institutionen über seine Lebensplanung und seinen Lebenslauf.

Für den schwedischen Wohlfahrtsstaat gilt allgemein, dass die ganz überwiegend steuerfinanzierten und über die öffentlich-rechtlichen Versicherungskassen erbrachten Sozialleistungen wie auch die kommunalen sozialen Dienste bereits ausgehend von frühen Konzepten der 1930er und 1940er Jahre möglichst als „standardisierte Einheitslösungen" universell für alle Bürger gestaltet wurden.[180] Anders als im selektiven deutschen Sozialstaat oder im angelsächsischen welfarestate sollte das Prinzip selektiver wohlfahrtsstaatlicher Leistungen verbunden mit Bedürftigkeitsprüfungen im schwedischen Modell so weit wie möglich die Ausnahme sein.[181] Die Bedürftigkeitsprüfung war aber auch in Schweden durchgängig typisch für die Sozialhilfe, die insoweit ein Sondersystem im universell gestalteten schwedischen Modell bildete. In den 1990er Jahren zeigte sich, dass sozialpolitische Leistungen zunehmend im Erfordernis stehen, jeweils individuellen Situationen oder bestimmten Lebenslagen im Lebensverlauf möglichst „passgenau" zu entsprechen bzw. hierauf abgestimmt zu werden. Steuerungs- und interventionstheoretisch sowie praktisch stellt sich seit dem die Frage, welche Folgerungen sich über den mit der Individualisierungsthese skizzierten gesellschaftlichen Wandel für die sozialen Interventionen in einem traditionell universalistisch gestaltetem System der „Staatsbürgerversorgung" ergeben. Vor dem Hintergrund zunehmend *entstandardisierter und individualisierter Lebensläufe* besteht die Aufgabe darin, stärker *situationsbezogen* und ebenso *lebenlaufbezogen* spezifische Bedarfe im Rahmen sozialer Interventionen in einem möglichst hohen Maße individuell zugeschnitten abzudecken, die Leistungen und Dienste aber zugleich weiterhin in den Grundstrukturen möglichst universell und standardisiert bereitzustellen. Konkret auf die Sozialhilfe/Grundsicherung bezogen heißt dies etwa, dass eine soziale Beratung oder ein arbeitsmarktpolitisches Vermittlungsangebot – einerseits als Standardleistung einer inzwischen stärker lokal verorteten aktiven Sozial- und Beschäftigungspolitik bereitzuhalten sind. Dabei müssen die sozialen Dienste und Leistungen zugleich aber den je individuellen Situationen, Ressourcen, Fähigkeiten und Grenzen sowie der je besonderen Einpassung in individuelle Lebensverläufe und den biografisch geprägten Mustern des Bewältigungshandeln möglichst weitgehend entsprechen. Grundsätzlich bietet sowohl die schwedische wie auch die deutsche Sozialhilfe hierzu aufgrund des selektiven Charakters verbunden mit normativen Leitlinien wie der Individualisierung und dem Bedarfsdeckungsgrundsatz günstige Voraussetzungen.

---

[180] Vgl. Rothstein (1994: 33).
[181] Zur universellen und selektiven wohlfahrtsstaatlichen Arrangements vgl. Titmuss (1969).

Eine wohlfahrtsstaatliche Rahmung und Regulierung von Lebensläufen und/oder „Karrieren" geschieht selten *direkt*, sondern in sehr viel höherem Grade *indirekt* über verschiedene Steuerungsmedien.[182] In den theoretischen Grundlagen sozialer Interventionen wurden bereits Recht, Geld, Wissen und Kompetenzen sowie Gelegenheiten und Zugänge als zentrale Steuerungsgrößen genannt. Deutlich wurde in den bisherigen theoretischen Grundlagen ferner, dass die Sozialhilfe eben *nicht* als ausschließlich rechtlich und monetär gestaltetes Leistungssystem zu verstehen ist, sondern dass die Sozialhilfe theoretisch umfassender einen multiplen Leistungscharakter aufweist und damit auch multifunktional zu sehen ist. Diese multiplen Funktionen und verschiedenen Interventionsformen sind praktisch vor allem in Fällen des *längerfristigen Sozialhilfebezugs und multipler Problemlagen* nicht nur auf die Einkommensbiografie, sondern auf weitere Teilbiografien bezogen. Im Anschluss an das Konzept der Lebenslage von Weisser (1972) lässt sich der Lebenslauf theoretisch und idealtypisch in *unterschiedliche Teilbiografien* gliedern, was die vielfältigen und komplexen Interventionsbezüge und -variablen der Sozialhilfe und der mit ihr verbundenen weiteren sozialen Dienste und Hilfen veranschaulicht. In der Lebenslagen- und Lebenslaufperspektive lassen sich folgende Teilbiografien idealtypisch unterscheiden:

- Familienbiografie
- Bildungsbiografie
- Erwerbsbiografie
- Einkommensbiografie
- Schuldnerbiographie
- Gesundheitsbiografie
- und ggf. andere mehr...

Erst in einer längerfristigen Betrachtung der einzelnen Teilbiografien und Teilkarrieren und vor allem dann in ihren Wechselbeziehungen, Abhängigkeiten und Einflüssen untereinander werden Abweichungen von „Normalbiografien" sowie Brüche, Diskontinuitäten, Sequenzen, Übergänge, Wendepunkte und besonders kritische Phasen im Lebensverlauf genauer erkennbar.[183] Dass die Lebensläufe in modernen westlichen Gesellschaften nur selten „linear" und individuell oder instituti-

---

[182] Zum „indirekter Steuerung" vgl. Leisering/Müller/Schumann (20001) und Kaufmann (1986).

[183] Zu diesem Verfahren der analytischen Bildung von Teilbiografien bezogen auf den Verlauf von Sozialhilfekarrieren vgl. Ludwig (1996: 161 ff.). Zur Untersuchung von Schuldnerkarrieren vgl. Schwarze (1999b und 2002c).

onell „planbar" verlaufen, wurde nicht nur mit den Befunden der dynamischen Armutsforschung bestätigt.[184]

Das Vorgehen der Unterscheidung von *Teilbiografien bzw. Teilkarrieren* bildet die *vielfältigen Wechselwirkungen* in Teilbereichen und in den Verlaufsmustern sozialer Probleme und darüber auch die Wechselwirkungen sozialer Interventionen verschiedenster Institutionen genauer ab. Dies gilt auch für die Wechselwirkungen und Effekte sozialer Interventionen und sozialberuflicher Handlungsformen sowie des individuellen Bewältigungshandelns im Zeitverlauf. Beispielsweise werden die Zusammenhänge zwischen Arbeitslosigkeit, Einkommensverlust, Krankheit und weiteren sozialen Problemen besser erkennbar, woraus sich Folgerungen für die Gestaltung sozialpolitischer Programme und sozialer Interventionen sowohl im vorrangigen Bereich wie auch im nachrangigen System der Sozialhilfe und im Bereich der sozialen Dienste ableiten lassen.

Für die Sozialhilfe gilt, dass sie bis Mitte/Ende der 1990er Jahre in Deutschland und Schweden zumindest zeitweise für eine zunehmend größere Bevölkerungsgruppe sowohl in ihren monetären wie auch in den ökologischen, pädagogischen und persönlichen Leistungen durch die normative Ausrichtung als *„Hilfe zur Selbsthilfe"* und im Verständnis der Leistungen als *soziokulturelles Existenzminimum* verschiedene Ressourcen vermittelt hat. Dies gilt nicht nur im Bereich der materiellen Lebenserhaltung. Sie wirkte auch als Hilfe zur *aktiven Lebensgestaltung* in verschiedensten Lebensbereichen und „Teilkarrieren" Einzelner wie ganzer Gruppen.

In der Verlaufsperspektive dieses umfassenden Ressourcenangebotes und der Vermittlung solcher Ressourcen ist die Sozialhilfe in Deutschland und Schweden dabei grundsätzlich zeitlich offen bzw. unbegrenzt konzipiert. Sie enthält also keine direkten Timelimits, wie sie etwa mit der „Welfare-Reform" von 1996 in den USA eingeführt wurden.[185] Zugleich gilt, dass der Bezug von Sozialhilfe in Deutschland und Schweden in der überwiegenden Zahl der Fälle eher *kurzfristiger* Natur ist. Genauer zu beachten sind in einer Lebenslaufperspektive allerdings die möglichen Rück- und Wechselwirkungen, die über die materiellen und persönlichen Leistungen der Sozialhilfe sowie über mögliche Defizite ihrer Leistungs- und Interventionsbereiche auch bei nur kurzzeitigem Bezug entstehen können und den Verlauf von „Teilkarrieren" bei multiplen sozialen Problemen beeinflussen können. So können beispielsweise die Varianten der monetären Transferleistung und ihre Niveaus oder bestimmte sozialberufliche Handlungsformen in der Sozialhilfe im Zeitverlauf Rückwirkungen etwa in der Erwerbsbiografie, der Gesundheitsbiogra-

---

[184] Die „Krise des Normalarbeitsverhältnisses" wurde bereits von Mückenberger (1985) thematisiert.

[185] Zum Sozialhilfesystem in den USA vgl. Gebhardt (1999) und Hanesch (2001) sowie Grell (2008). Neben der lebenszeitlichen Begrenzung sozialhilfeähnlicher Leistungen auf insgesamt fünf Jahre wird in den neueren Programmen in verschiedenen Bundesstaaten der USA unter anderem eine *sofortige* Arbeitsvermittlung als Hauptstrategie der Armutsbekämpfung formuliert.

fie, der Familienbiografie, einer Schuldenbiografie beinhalten und diese Teilkarrieren in ihrem Verlauf mehr positiv oder auch negativ beeinflussen. In diesen Perspektiven teilbiografischer Wechselwirkungen zeigen sich besondere Anforderungen an die Gestaltung sozialer Interventionen im.

Um die mit der Sozialhilfe verbundenen sozialen Interventionen und die ihnen „eingelagerten" Lebenslaufbezüge im Sinne von Zeit- und Handlungsorientierungen und -strukturen genauer zu untersuchen, lässt sich an weitere Systematisierungen anschließen, die im Rahmen der Biografieforschung bereits vorgelegt wurden. Diese Befunde werden bisher nur selten auf einzelne wohlfahrtsstaatliche Institutionen übertragen, obgleich sie für sozialpolitische Leistungssysteme und ihre Ausgestaltung sehr aufschlussreich sind. Beispielsweise werden in der Biografieforschung neben den Teilbiografien oder „Teilkarrieren" auch *verschiedene Zeitebenen* unterschieden, die in ihrer Bedeutung für die Sozialhilfe näher betrachtet werden:[186]

- *„Sozialtypische Erwartungen bzw. Regelungen für die zeitlichen Strukturen von Leben und Arbeiten"*, etwa in Form der Alterstypisierungen, normativ geregelter Formen der Einteilung und Nutzung von Zeit, wie Arbeitszeitregelungen, Freizeitregelungen und andere Erwartungen und Regelungen mehr.

- *Typisierte Sequenzialisierungen von Lebensereignissen,* wie etwa Heirat, Nachkommenschaft, das Verlassen erwachsener Kinder aus dem elterlichen Haushalt.

- *Sozialstrukturell verankerte bzw. induzierte Zeitorientierungen,* die etwa *über das Sozialleistungssystem* oder auch über private Versicherungen vorgenommen werden. Beispiele bilden hier der „Generationenvertrag" in der Alterssicherung oder auch Regelungsmuster von Lebensversicherungen, die etwa Risiken für Männer und Frauen zeitlich unterschiedlich strukturiert absichern.

- *Sozialstrukturell sedimentierte Zeitschematisierungen,* die etwa mit „knappen Ressourcen" verbunden sind. So wirken knappe Ressourcen in Form knapper Finanzmittel sozialstrukturell auf die Gestaltungsmöglichkeiten der Ressourcenverteilung insoweit ein, dass in der Verlaufsperspektive auch Unterscheidungen vorgenommen werden, von denen bestimmte Bevölkerungsgruppen oder -schichten stärker und andere weniger stark berührt sind.

---

[186] Vgl. Voges (1987: 127).

Die Sozialhilfe beinhaltet einerseits selbst die genannten Zeitebenen und entsprechende zeitliche Muster. Sie wirkt andererseits als wohlfahrtsstaatliche Institution und in ihren sozialen Interventionen zugleich mehr oder weniger intensiv auf die genannten Zeitebenen ein. So wirkt die Sozialhilfe im Bereich der meist normativ formulierten *sozialtypischen Erwartungen* und in den Regelungen *für die zeitlichen Strukturen von Leben und Arbeiten* durchaus weitreichend mit, in dem das Leitbild der Erwerbsarbeit und des Vorrangs einer Selbstversorgung durch Erwerbsarbeit einen zentralen Stellenwert in den Normen und in der Gewährungspraxis einnehmen. Aktuell werden mit dem Leitbild einer „aktivierenden Sozialpolitik" bestimmte sozialtypische Erwartungen, etwa die des *„aktiven Bewältigungshandelns"* und ebenso die genannte *„aktive" Erwerbsorientierung* zusätzlich unterstützt. Neben solchen einerseits allgemein rahmenden, im Einzelfall auch direkt und weitreichend in die Strukturierungen und Planungen von Lebensläufen einwirkenden institutionellen Erwartungsmustern sind differenzierter Normierungen mit der Sozialhilfe verbunden, die ebenfalls sozialtypische Erwartungen in den zeitlichen Strukturen von Leben und Arbeiten enthalten. Beispielsweise sind für die schwedische Sozialhilfe sogenannte Handlungspläne (*Handlingsplaner)* zu nennen, über die der konkrete Tages- und Arbeitsablauf von jungen arbeitslosen Sozialhilfebeziehenden in arbeitsmarktpolitischen Maßnahmen direkt reguliert wird. Entsprechende Muster sozialer Interventionen werden genauer zu untersuchen sein.

Ebenso ist ein Bezug und Einfluss der Sozialhilfe zu sehen, der sich in Form *sozialstrukturell verankerter bzw. induzierter Zeitorientierungen* ausdrückt, wobei auch hier im Verständnis der Lebenslauftheorie die Dimension der *sozialstrukturell verankerten und induzierten Handlungsorientierungen* zu ergänzen ist. Die Sozialhilfe beinhaltet explizite und implizite Formen und Muster sozialer Interventionen, die beispielsweise auf die Aufnahme einer (Vollzeit-)Beschäftigung, Ausbildung oder auf die Teilnahme an Qualifizierungsmaßnahmen *innerhalb bestimmter Zeiträume oder -fristen* des Sozialhilfebezugs abzielen. Diese Fristen können sich aus rechtlichen Regelungen oder auch aus „Armortisationsberechnungen" herleiten, wie teilweise bereits bei den Beschäftigungsmaßnahmen nach § 19 BSHG in der deutschen „Hilfe zur Arbeit", oder seit 2005 bei arbeitsmarktpolitischen Programmen nach dem SGB II und/oder SGB III. Sie können Grundsicherungs*intern* geregelt und gestaltet sein, oder aber wie in Schweden, auch sozialhilfe*extern*, etwa im Rahmen arbeitsmarktpolitischer Programme und Beschäftigungsgarantien, die aber direkt auf die Sozialhilfepraxis für Arbeitslose einwirken. Neben arbeitsmarktpolitischen Programmen beinhalten auch Angebote sozialer Hilfen wie Beratungsdienstleistungen und sozialberufliche Handlungsformen wie die Hilfeplanung und das Casemanagement zum Teil weitergehende rechtlich und/oder verfahrensmäßig normierte zeitliche Befristungen, Handlungserwartungen oder allgemeine sozialstrukturell verankerte Zeitorientierungen. Fristenregelungen im Rahmen eines fünf oder sechsjährigen

Schuldensanierungsverfahrens, zeitliche Vorgaben, die etwa über lokale Projekte an das Bewältigungshandeln von Sozialhilfebeziehenden vermittelt werden, bilden weitere Beispiele. Diese hier als *institutionelle Zeit- und Handlungsorientierungen* sowie als *institutionelle Erwartungsmuster* bezeichneten Kategorien bilden einen Kern der empirischen Analyse. So ist etwa in Mustern sozialer Interventionen zu untersuchen, *innerhalb welcher Zeiträume welche Ziele des Hilfeprozesses* wie etwa eine Einmündung von arbeitslosen und/oder überschuldeten Sozialhilfebeziehenden in den Arbeitsmarkt und/oder in ein Entschuldungsverfahren seitens der beteiligten wohlfahrtsstaatlichen Institutionen und Akteure als erreichbar gelten. In der empirischen Untersuchung geht es darum, die in der deutschen und in der schwedischen Sozialhilfe und in ihren sozialen Interventionen in Leistungsketten eingebundenen typischen sozialstrukturell und institutionell induzierten Zeit- und Handlungsorientierungen herauszuarbeiten.

Es wird dabei davon ausgegangen, dass die Sozialhilfe sozusagen *institutionalisiert* vielfältige *biografische Schemata* enthält, die durch die Ausgestaltung der sozialen Interventionen mit beeinflussbar und gestaltbar sind. Auf einer allgemeinen Ebene drückt bereits die Vorstellung vom „Normalarbeitsverhältnis" biografische Schemata aus. Die Sozialhilfe/Grundsicherung bildet in diesem theoretischen Verständnis eine *Vermittlungsagentur*. Die *subjektiven Lebenspläne* der Sozialhilfebeziehenden mit ihren *subjektiven Prioritätssetzungen* werden im Rahmen sozialer Interventionen mit den sozial*strukturell* verankerten und induzierten sowie *institutionell* normierten und vermittelten Zeit- und Handlungsorientierungen verbunden. Individuelle Lebensplanungen und Handlungsmuster werden institutionell beeinflusst und geprägt. Dies geschieht zwar auch im Zusammenhang der Regelungen und Praxis einer *monetären* Sozialhilfe. Vor allem sind solche Interventionsbezüge aber im Rahmen *persönlicher* Hilfen und pädagogischer Interventionen zu erwarten.

In der Theorie und in der empirischen Analyse von institutionellen Zeit- und Handlungsorientierungen, wie sie in den sozialen Interventionen eingebunden sind, sind *zwei weitere Ebenen* zu unterscheiden. In modernen Gesellschaften muss im Rahmen sozialer Hilfen *mindestens zweimal* institutionell entschieden werden:[187] So muss einerseits über das *Programm*, in diesem Fall in Form der Sozialhilfe oder in Form arbeitsmarktpolitischer Maßnahmen entschieden werden. Andererseits ist immer auch über den *Einzelfall* zu entscheiden. Auf beiden Ebenen finden sich Zeit- und Handlungsorientierungen institutionell verankert. In aller Regel fallen auch die Entscheidungsmuster zur zeit- und handlungsbezogenen Ausgestaltung sozialer Interventionen nicht zusammen, sondern liegen auf *mindestens zwei unterschiedlichen institutionellen Ebenen*, der politisch-administrativen Ebene (policy-Ebene)

---

[187] Zu diesen mindestens doppelten Entscheidungsebenen des „Helfens" in ausdifferenzierten modernen Gesellschaften vgl. Luhmann (1973).

einerseits und der Ebene der „street-level-buerocrats" (Lipsky 1980) andererseits, also der Ebene von Beschäftigen in den Sozialbüros/-ämtern. Diese Doppelstruktur der Entscheidung über soziale Hilfen beinhaltet das Risiko, dass die Formen und Muster sozialer Interventionen von mindestens zwei – oder mehreren institutionellen Ebenen – nicht nur übereinstimmend, sondern auch abweichend oder sogar völlig konträr zueinander gestaltet und beeinflusst werden können. Diese Abweichungen und mögliche Zielkonflikte können für die Zeit- und Verlaufsperspektive wie auch für die Handlungsdimensionen ebenfalls unterschiedliche Zeit- und Handlungsorientierungen sowie unterschiedliche verlaufs- und handlungsbezogene Erwartungen der Institution in den verschiedenen Ebenen beinhalten.

Im Kontext einer „aktivierenden Sozialpolitik" und einer möglichst aktiven Sozialverwaltung sind demnach die sozialen Zeit- und Handlungsorientierungen zunächst auf der *Programm Eebene* zu untersuchen und sie sind auf der *individuell bezogene Entscheidungsebene* der Sachbearbeitung in der Sozialhilfe und in den sozialberuflichen Handlungsformen sozialer Dienste zu untersuchen. Welche Formen und Muster sozialer Interventionen zeigen sich dabei, um die sozialgesetzlich normierten und programmatisch konzipierten *sozialen* Zeitstrukturen und detaillierten Zeit- und Handlungsvorgaben der Institution möglichst kongruent bzw. „passgenau" mit den *individuellen Zeitvorstellungen, individuellen Lebensplänen*, sowie den *Bedürfnis- und Handlungsoptionen* der Armen und Langzeitarbeitslosen zu verbinden bzw. in Übereinstimmung zu bringen. Ferner gilt es, diese Übereinstimmungen dann *im Interventions- und Leistungsverlauf auch aktiv bzw. dynamisch zu gestalten und flexibel veränderten Bedingungen anzupassen*, um zugleich Wege aus Arbeitslosigkeit und Sozialhilfebezug *möglichst schnell bzw. „zeitnah"* zu fördern. Die Verlaufsperspektive zeigt erst, welch anspruchsvolles Unterfangen eine so verstandene „aktivierenden Sozialpolitik" in der öffentlichen Dienstleistungsproduktion beinhaltet.

Es stellen sich etwa Fragen danach, welche *Zeithorizonte* – mit Bezügen zur Vergangenheit und zur Zukunft – die Sozialhilfe/ Grundsicherung als wohlfahrtsstaatliche Institution den Individuen bezogen auf ihre eigenen Lebensplanungen und Zeithorizonte belässt oder ermöglicht. Werden bezogen auf Gruppen oder besondere Lebenslagen etwa bei allein Erziehenden, bei Kurzzeit- oder Langzeiterwerbslosen, oder bei Einwanderern in der jeweiligen Berücksichtigung besonderer biografisch geprägter Muster des Bewältigungshandelns von Armutskarrieren und entsprechender Ressourcen im Rahmen von Einzelfallorientierung und Bedarfsorientierung *differenzierte Zeithorizonte* institutionell beachtet, berücksichtigt oder „in Rechnung gestellt"? Wie sind die institutionell geprägten Zeithorizonte und die normierten Zeit- und Handlungsorientierungen in der Ausgestaltung der Formen und Muster sozialer Interventionen jeweils genau auf typische Armuts- und Sozialhilfekarrieren und entsprechende Muster des Bewältigungshandelns der Individuen ausgerichtet? Sind die in arbeitsmarktpolitischen Programmen der 1990er Jahre häufig formulierten Ansprüche einer „Passgenauigkeit" und „Zielgenauigkeit" der Maßnahmen tatsächlich realistisch? Ist die Sozialhilfe in ihren institutionellen Arrangements in normativer, rechtlicher, organisationaler, professionaler, interaktionaler und relationaler Hinsicht tatsächlich entsprechend differenziert und flexibel gestaltet, um eine solche „Pass- und Zielgenauigkeit" in der Ausformung sozialer Interventionen verlaufs- und handlungsbezogen zu erreichen?

In welch hohem Maße die genannten Fragestellungen für die Sozialhilfe/Grundsicherung von Bedeutung sind, lässt sich genauer am Beispiel des Leitbildes und der Zielsetzung einer *„Hilfe zur Selbsthilfe"* veranschaulichen. Dieses Prinzip oder Leitbild war bis Ende 2004 ausdrücklich in § 1 Abs. 2 BSHG im deutschen Sozialhilferecht normiert und ist mit § 1 SGB XII und der Zielsetzung einer möglichst raschen Unabhängigkeit von Leistungen der Grundsicherung auch weiterhin von zentraler Bedeutung. Ähnlich wie im deutschen Sozialrecht ist es mit dem Grundsatz einer *„Hilfe zum selbständigen Leben"* *(självständigt liv)* in Kap. 4, § 1 SoL für die schwedische Sozialhilfe rechtlich verankert. Dieses Leitbild und Prinzip weist sowohl direkte als auch indirekte Zeit- und Handlungsbezüge sowie bestimmte institutionelle Erwartungen auf. Im weiteren Sinne ist mit der Zielsetzung einer „Hilfe zur Selbsthilfe" schließlich auch ein Lebenslaufbezug verbunden, denn es geht in den auf eine Initiierung und Förderung der Selbsthilfepotentiale und der Selbststeuerungspotentiale fokussierenden Leitbildern und Zielsetzungen sozialer Interventionen darum, den *„Lauf des Lebens"* idealtypisch betrachtet, möglichst weitgehend unabhängig von wohlfahrtsstaatlichen Leistungen und Diensten zu ermöglichen. Der Lebenslauf soll idealtypisch gesehen, möglichst weitgehend unter der Regie und Nutzung der Ressourcen des Marktes, der Familie und der Individuen selbst (ver)laufen und entsprechend in diesem Sinne aktiv gestaltet werden. Auch wenn und in dem der Wohlfahrtsstaat im Rahmen der Sozialhilfe grundsätzlich nur vorübergehend oder zeitlich begrenzt unter Wahrung des Prinzips der Nachrangigkeit eintritt, so soll der (weitere) Lebenslauf so bald wie möglich wieder unabhängig von Einflüssen der Sozialhilfe ermöglicht werden. Die Sozialhilfe weist in der Zeitdimension eher einen indirekten und in vielen Fällen begrenzten Bezug zum Lebenslauf in seiner Gesamtlaufzeit auf, mit der *Dimension des Handelns* verbunden betrachtet ist mit Leitbild und Programmen einer „Hilfe zur Selbsthilfe" jedoch ein besonders ausgeprägter und direkter Bezug zu Variablen der Lebensplanung und der Lebenslaufgestaltung enthalten. Wenn die Sozialhilfe in der Norm und in der Praxis einer „Hilfe zur Selbsthilfe" und in den persönlichen Hilfen ausgebaut bzw. gestärkt werden soll, wie mit Reformen in Deutschland seit den 1990er Jahren geschehen, so ist davon auszugehen, dass mit dem intensivierten Personenbezug auch der Lebenslagen- und Lebenslaufbezug gestärkt worden ist.

Dass sich dabei in den Anforderungen einer „Hilfe zur Selbsthilfe" zugleich besondere Anforderungen in den Bedingungen und Formen sozialer Interventionen stellen, wurde unabhängig von der Sozialhilfe allgemein interventionstheoretisch bereits beschrieben.[188] So kann bereits mit der programmatisch formulierten Absicht einer „Hilfe zur Selbsthilfe" die Möglichkeit und der Erfolg der sozialen Intervention selbst in Frage stehen. Dieses Risiko besteht, in dem bei Leistungsberechtigten durch eine entsprechend explizit formulierte verlaufs- und handlungsbezogene Programmatik unmittelbar Ängste, Vorbehalte und Misstrauen gegenüber den Maßnahmen institutionell begünstigt werden. Auch die in den jeweiligen Sozialleistungssystemen und sozialen Diensten tätigen Professionellen können sich in der Erreichung hoher programmatischer Ziele wie einer „Hilfe zur Selbsthilfe" oder einer „Hilfe zur Selbstversorgung" professional überfordert sehen, wenn die programmatisch gesetzten Ziele in formal bestimmten oder erwarteten Zeitrahmen für bestimmte soziale Gruppen objektiv bzw. aufgrund struktureller Rahmenbedingungen nicht realisierbar sind.

Soziale Zeitmuster und Zeitstrukturen, soweit sie über wohlfahrtsstaatliche Institutionen vermittelt werden, variieren nicht nur in Abhängigkeit von den mit ihnen verbundenen oder auf sie bezogenen Leitbildern, sondern sie variieren auch organisationsspezifisch.[189] Zu ergänzen ist, dass sie ferner institutionenspezifisch variieren. Soziale Zeitmuster, Handlungserwartungen und biografische Schemata und Zeitstrukturen dürften sich demnach in den Interventionsbereichen von Krankenversicherung, Arbeitsmarktpolitik und -verwaltung und Sozialhilfe/ Grundsicherung sowie sozialen Diensten unterschiedlich ausgeprägt und normiert zeigen. Professional werden die institutionellen Zeit- und Handlungsorientierungen und -muster demnach ebenfalls variantenreich über die jeweiligen Instrumente, „Methoden" und sozialberuflichen Handlungsformen, wie etwa der Beratung den Bürgern vermittelt. Unter den aktuellen Zielsetzungen und in Modellen einer intensivierten Vernetzung und Koproduktion sind sie entsprechend schwer aufeinander abzustimmen und zu beziehen, was bereits behandelt wurde. Dabei gilt der *Grundsatz*, dass *eine relativ stabile Zeitstruktur umso wichtiger wird, je vielfältiger und flexibler die Handlungsmöglichkeiten des Einzelnen sowie der beteiligten Akteure sind.* [190] Für soziale Interventionen bedeutet dies in einer verbundenen Betrachtung der Dimensionen Zeit- und Handeln, dass es generell auf ein *„Gleichgewicht zwischen Beschleunigung und Behutsamkeit"* ankommt. Dies gilt insbesondere im „Timing" der sozialen Leistun-

---

[188] Vgl. Willke (1999: 116).
[189] Vgl. Voges (1987: 137).
[190] Geißler (1998: 135) formuliert zur „modernen Zeitpolitik", dass das soziale Leben zerfallen würde, wenn es nicht hinreichend regelmäßig und zuverlässig organisiert wäre. Seine allgemeinen Überlegungen zur „Relation von Beschleunigung und Behutsamkeit" im modernen Leben sind meist auf Individuen bezogen, bieten aber auch Hinweise auf institutionelle Einflüsse. Die Zeitstrukturen im Wandel einer „beschleunigten Gesellschaft" untersucht soziologisch umfassend Rosa (2005).

gen und Dienste der relevanten Organisationen und Akteure wie auch der Bürger selbst ankommt, um die erwünschten Effekte zu erzielen.

In der Biografieforschung wurde feststellt, dass soziale Zeitstrukturen zum Beispiel durch die jeweilige Arbeitsorganisation oder auch durch die jeweiligen Organisationsstrukturen von sozialen Einrichtungen den individuellen Zeithorizont der Individuen präformieren.[191] Dies dürfte auch bezogen auf die Sozialhilfe und die mit ihr vernetzt oder verbunden agierenden wohlfahrtsstaatlichen Organisationen und Akteure gelten. Es ist beispielsweise davon auszugehen, dass im Falle des Sozialhilfebezugs oder der Arbeitslosigkeit und dadurch veränderter *„Strukturen der Alltagszeit"* von den betroffenen Personen bestimmte Strategien eingesetzt werden, um bei einer veränderten Organisation des Alltags, wie sie infolge von Arbeitslosigkeit und Armut eintritt, mit den neuen präskriptiven Zeitstrukturen eine *„modifizierte Kontinuität des Lebensstils und des Zeithorizontes"* aufrechterhalten zu können. In diesem Zusammenhang ist zu fragen, ob solche verlaufs- und handlungsbezogenen Aspekte überhaupt in irgendeiner Form Berücksichtigung bei der Gestaltung der Formen und Muster sozialer Interventionen und in der lokalen Praxis der Sozialhilfe finden. Konkret wird das Erfordernis modifizierter Kontinuität des Lebensstils und der Zeithorizonte bei Regelungen, Deutungen und Auslegungen von Zumutbarkeitskriterien in der Erwerbstätigkeit, die etwa einen Umzug, Trennung von der Familie oder besonders flexible Arbeitszeitregelungen beinhalten. Diese veränderten Lebensbedingungen und „Lebensstile" wie auch Veränderungen in der Lebensplanung können also durchaus im Rahmen der Sozialhilfe in der Zielsetzung einer „Hilfe zur Selbsthilfe" institutionell erwartet oder gar gefordert werden. Damit angedeutet ist ferner die Ebene der „institutionellen Zeit", beispielsweise in Form *institutionell definierter Verlaufsmuster und Verlaufserwartungen,* die in der Sozialhilfe durchaus vielfältig und auf unterschiedlichen Ebenen entwickelt sind und die sozialen Interventionen mit beeinflussen, wie nachfolgend genauer behandelt wird.

1.4.1 Die institutionelle Zeit, institutionell definierte Verlaufsmuster und institutionelle Verlaufserwartungen zum Sozialhilfebezug

Wie die bisherigen theoretischen Grundlagen zeigen, wurde in der Armutsforschung und auch in der Theorie sozialer Interventionen und der Koproduktion meist weitgehend vernachlässigt, dass eine wohlfahrtsstaatliche Institution wie die Sozialhilfe – neben anderen Institutionen – selbst zeitlich spezifische Handlungsorientierungen und zeitliche Strukturierungsleistungen für die Gesellschaft, soziale

---

[191] Vgl. Voges (1987).

Gruppen, Organisationen und Individuen enthält und vermittelt.[192] Begrifflich spricht etwa Luckmann (1986: 163) zur Beschreibung dieser Zusammenhänge von *„biografischen Schemata"*. Diese beinhalten, dass individuelle Lebensläufe in mehr oder weniger verpflichtende Formen gestaltet oder sequenziert werden. Dabei dienen sowohl die Verwaltungsverfahren und Interaktionsmuster etwa im Kontakt zwischen der Sozialverwaltung und den Bürgern wie auch biografische Schemata dazu, bestimmte *Handlungsverläufe zeitlich zu gliedern*. Auf der Ebene der Institutionen können so durch abstrakte soziale Zeitkategorien komplexe soziale Interaktionen organisiert, normiert und aktiv an Individuen vermittelt werden. Über die wohlfahrtsstaatliche Institution der Sozialhilfe und ihrer Verwaltung dürften diese zeitlichen Gliederungsleistungen etwa in einer „neuen Steuerung", in sozialberuflichen Handlungsformen wie der Hilfeplanung oder im Casemanagement erkennbar werden, mit denen versucht wird, die zum Teil komplexen Leistungs- und Handlungsketten der sozialen Dienste und der Sozialhilfe sowie die Ziele und Zielformulierungen von Institutionen und Individuen möglichst koproduktiv aufeinander und abzustimmen.[193]

Dabei gilt grundsätzlich, dass wohlfahrtsstaatliche Normen und rechtliche Regelungen den Individuen in der Lebenslaufperspektive ebenso bestimmte Handlungsoptionen ermöglichen wie auch behindern oder gar verunmöglichen können. Wohlfahrtsstaaten nehmen damit nicht nur Einfluss auf die Zeitstrukturen und zeitbezogene Orientierungen sondern auch direkt oder indirekt Einfluss auf die individuellen Handlungsoptionen. Vorliegende Befunde verweisen auch in diesem Zusammenhang eher darauf, dass der Wohlfahrtsstaat nicht generell abgebaut, sondern dass er sich vor allem in seinen Zeit- und Handlungsbezügen und in der entsprechenden Gestaltung der sozialen Interventionen wandelt. Dies gilt für Deutschland und Schweden. Erwartet wird, dass der Wohlfahrtsstaat in Zukunft weniger als „Produzent" und Leistungserbringer, sondern vor allem als „Sicherer", „Gewährleister" und auch als „Förderer" eines *„Einkommens- und Dienstleistungs-Mixes"* fungiert, in dem sich verschiedenste Einkommensarten und Dienstleistungen im Zeitverlauf einander überlagern, ergänzen, abwechseln, aber auch ausschließen. Als sicher gilt diesen Befunden nach weiterhin, dass weder in der Höhe noch in der Art der Leistungen künftig eine „Rundum-Versorgung auf unbegrenzte Zeit" durch den Wohlfahrtsstaat ermöglicht oder zugelassen wird. Dabei weist der auf Erwerbsarbeit und Sozialversicherung zentrierte deutsche Wohlfahrtsstaat in diesem Kontext in der Zeit- und Handlungsperspektive *drei Kernelemente* auf, von

---

[192] Die Begriffe der „Handlungsorientierungen" und der „zeitlichen Orientierungen" finden sich beispielsweise auch in einem Sammelband zur Biografieforschung von Fürstenberg/Mörth (1986: 30).

[193] Zu den sozialberuflichen Handlungsformen der Hilfeplanung und des Casemanagements im Kontext der deutschen Sozialhilfe vgl. grundlegend Jacobs (1996b) Kuntz (1999a u. 199b), MASQT (2000: 93 ff.), sowie Trube (2001).

denen zu prüfen ist, ob sie in ihrer verlaufs- und handlungstheoretischen sowie in ihrer praktischen Ausgestaltung auch im schwedischen Wohlfahrtsstaat in dieser Form gelten. Die folgenden institutionell definierten Verlaufs- und Handlungserwartungen sind dabei im deutschen Sozialstaat lebenslauftheoretisch betrachtet vor allem prägend und unmittelbar erkennbar:[194]

- Als Grundprinzip gilt: „*Erst* (lohn)arbeiten, *dann* soziale Hilfe".

- Die Höhe der sozialstaatlichen Transferleistungen aus der Sozialversicherung steht in Abhängigkeit vom Einkommensstatus auf dem Arbeitsmarkt und auch von der *Dauer* der Beschäftigung am Arbeitsmarkt. Dies gilt für etwa für das Arbeitslosengeld oder für Rentenleistungen, jedoch nicht für die deutsche Sozialhilfe.

- Nicht nur Kontinuität in der Erwerbsarbeit und in der Lohnarbeitsbereitschaft wird honoriert, sondern diese Erwerbsarbeitsbereitschaft ist möglichst auch kontinuierlich zu dokumentieren, worüber die Leistungsberechtigung nachgewiesen wird. Die gilt vor allem bei Arbeitslosen. In der Zeitperspektive gilt dabei normativ und rechtlich bisher meist der Grundsatz, *je länger arbeitslos, je deutlicher sind die Nachweise zu erbringen* und je höherschwelliger liegen die Zugangs- und Anspruchsvoraussetzungen auf bzw. zu sozialen Leistungen.

Im Kontext der Programme und Maßnahmen einer „aktivierenden Sozialpolitik" ist in diesen Perspektiven weiter zu fragen, wie das Primat von Erwerbstätigkeit und Arbeitszeit genau in welchen zeitlichen und handlungsbezogenen Strukturen in den beiden Wohlfahrtsstaaten und speziell über die Sozialhilfe vermittelt, „gefördert" und „gefordert" wird. Dies kann sich in beiden Lebenslaufregimes durchaus unterschiedlich zeigen, beispielsweise daran, ob für allein Erziehende die Erwerbsarbeit(szeit) und Kinderbetreuung(szeit) im Rahmen der Sozialhilfe/ Grundsicherung in ähnlichen oder unterschiedlich institutionell definierten Verlaufserwartungen gefördert oder gefordert werden. Weitere Beispiele solcher Rahmungen, Sequenzierungen und institutionell vorgegebener Zeit- und Handlungsstrukturen bilden die politisch-rechtlichen Vorgaben zu Erwerbsverpflichtungen, -erwartungen oder -begrenzungen etwa bei Einwanderern oder Asylbewerbern, die in Deutschland und Schweden sehr unterschiedlich gestaltet sein können. Auch institutionelle Normen und rechtliche Regelungen, wonach während Ausbildungs- und Studienphase das Leistungssystem der Sozialhilfe grundsätzlich nicht eintritt, bilden mehr oder weniger direkt enthaltene sozial normierte Zeitmuster und -vorgaben

---

[194] Zu diesen Analysen vgl. beispielsweise Bleses/Vobruba (2000).

sowie soziale Handlungserwartungen zum Lebensverlauf ab.[195] Danach wird die Bildungsphase gewöhnlich im Alter zwischen 20 und 30 Jahren einerseits normativ als abgeschlossen angesehen, zugleich wurde in beiden Wohlfahrtsstaaten im Verlauf der 1990er Jahre das Leitbild des „lebenslangen" oder des „lebensbegleitenden Lernerns" politisch stark lanciert. Ob und wie über Sozialhilfe und kommunale Arbeitsmarktpolitik solche sozialen Zeitmuster, Verlaufserwartungen und institutionell normierte biografischen Schemata in Zeiten der Massenarbeitslosigkeit und unter Berücksichtigung des Erfordernisses eines „lebensbegleitenden Lernens" im Rahmen sozialer Interventionen vermittelt werden, ist zu untersuchen.

Die skizzierten Beispiele zeigen, dass mit der Sozialhilfe/Grundsicherung immer auch der Lebenslauf und damit die Zeit- *und* die Handlungsebene in unterschiedlichsten Zusammenhängen sozialer Interventionen wenn auch unterschiedlich intensiv und weitreichend angesprochen sind. In diesem Zusammenhang lässt sich begrifflich und konzeptuell auf eine weitere Unterscheidung der Biografieforschung zurückgreifen. In der *Perspektive auf die „institutionelle Zeit"* lassen sich dabei die folgende *drei Ebenen* unterscheiden:[196]

- *Zeitvorgaben* für das Bewältigungshandeln (Coping) im Verlauf von Armuts- und Sozialhilfekarrieren. Beispiel bildet hier im Zusammenhang mit den arbeitsmarktpolitischen Programmen einer „aktivierenden Sozialpolitik" die Vorgabe, etwa arbeitslosen Sozialhilfebeziehenden *unmittelbar mit Antragsannahme* möglichst in Beschäftigungsverhältnisse auf dem „ersten Arbeitsmarkt" zu vermitteln. Die schwedische Sozialhilfe wird beispielsweise im Kontext der Programme zur Bekämpfung der Jugendarbeitslosigkeit seit 1998 von Regelungen beeinflusst, wonach Kommunen spätestens nach 100 Tagen verpflichtet sind, jungen Arbeitslosen eine Beschäftigung, ein Praktikum oder eine Qualifizierung zu vermitteln. Entsprechend werden die institutionell gestellten zeitlichen Anforderungen an das Bewältigungshandeln von jugendlichen Arbeitslosen in der Sozialhilfe in den Interaktionen und im sozialberuflichen Handeln umgesetzt.

- *Zeitverwendung*, als Muster von Handlungsinhalten und Handlungssequenzen. Hier bilden etwa Vorgaben, wonach innerhalb bestimmter Zeiträume eine bestimmte Anzahl von Bewerbungen von Arbeitslosen zu verfassen und potenti-

---

[195] Der bisherige § 26 BSHG bezog sich direkt auf Leistungsansprüche für Auszubildende und Studierende. Soweit dem Grunde nach Ansprüche auf Leistungen der Ausbildungsförderung bestanden bzw. bestehen, gilt, dass diese Gruppen keinen Anspruch auf Leistungen der Sozialhilfe/Grundsicherung haben. In diesem Grundsatz ist auch im SGB II und im SGB XII nach 2005 keine Änderung eingetreten. Im Grundsatz ähnlich gibt es auch im schwedischen Sozialhilferecht entsprechende Regelungen, wonach Auszubildende und Studierende vorrangig die Leistungen der Ausbildungsförderung beziehen und während Ausbildungs- oder Studienphasen grundsätzlich keinen Anspruch auf Sozialhilfe haben.

[196] Zu der Unterscheidung vgl. Fürstenberg (1986: 27).

ellen Arbeitgebern einzureichen ist, ein klassisches Beispiel aus der deutschen Sozialhilfepraxis. Oder die Frage, ob während der Teilnahme an einer mehrmonatigen arbeitsmarktpolitischen Maßnahme *weiterhin* Bewerbungsbemühungen institutionell erwartet werden oder aber auch aktiv unterstützt werden, bildet ein Beispiel aus der schwedischen lokalen Arbeitsmarktpolitik.

- *Zeitliche Koordinierungen und Koordinierungsleistungen,* auch aus intersubjektiver Sicht. Hiermit ist die bereits behandelte Ebene der Abstimmung aufeinander folgender Handlungen im Interventionszusammenhang verschiedenster organisatorischer Bereiche und Institutionen angesprochen. Zugleich werden aber institutionell von den Sozialhilfebeziehenden bestimmte zeitliche Koordinationsleistungen erwartet. Beispielsweise kann erwartet werden, *vor* und *begleitend* zur Teilnahme an einer arbeitsmarktpolitischen Maßnahme eine Schuldenregulierung vorzubereiten oder einzuleiten oder etwa im Falle von Sucht eine Therapie zu beginnen.

Es ist erkennbar, dass die genannten Systematisierungen und Kategorien, wie sie in der Biografieforschung entwickelt wurden und durch die Zeit- und Handlungsperspektive in den Mittelpunkt sozialwissenschaftlicher Untersuchungen gerückt werden, können für die Analyse der Formen und Muster sozialer Interventionen auch im Bereich der Sozialhilfe und der sozialen Dienste einen beträchtlichen analytischen Nutzen bieten.

Im Zusammenhang mit institutionell definierten Verlaufsmustern der Sozialhilfe und den Verlaufserwartungen, nach denen die deutsche wie auch die schwedische Sozialhilfe normativ eben nicht als rentenähnliche Dauerleistung sondern als vorübergehende Hilfe in Krisensituationen definiert wird, spielt schließlich das *Instrument der Prognose* eine wichtige Rolle. Theoretisch stellt sich generell die Frage, ob Lebensläufe oder auch Sozialhilfekarrieren im modernen Wohlfahrtsstaat grundsätzlich von einer „offenen Zukunft" gekennzeichnet sind, oder aber ob und inwieweit die individuelle Zukunft einerseits biografisch geprägt und zugleich wohlfahrtsstaatlich bereits „vordefiniert" ist.[197] Differenzierter anmerken lässt sich, dass die Zukunft und die Verlaufsmuster aufgrund der biografisch je besonders geprägten Bewältigungsressourcen sowie aufgrund struktureller Rahmenbedingungen für bestimmte Empfängergruppen der Sozialhilfe als weniger „offen" und für andere stärker als „offen" zu bezeichnen sind. Hierauf verweisen jedenfalls die Befunde der dynamischen Armutsforschung. Über die Befunde sind zugleich aber

---

[197] So ist nach dem theoretischen Befund von Dietl (1993: 159 ff.) die Zukunft generell als „offen" anzusehen. Von Dietl wurden in einer eher ökonomischen Perspektive unter Berücksichtigung soziologischer Befunde die Zusammenhänge und *Relationen von Institutionen und Zeit* genauer theoretisch untersucht.

nur begrenzt Rückschlüsse auf die Planbarkeit, Steuerbarkeit und Standardisierbarkeit sozialer Interventionen im Lebenslaufbezug möglich. Erkennbar ist, dass neben diesen Aspekten aber die Frage der *Prognostizierbarkeit* zum Verlauf von Armutskarrieren in den vergangenen Jahren zu einer wichtigen Dimension in der Entwicklung neuer Instrumente für Sozialhilfepraxis und Sozialverwaltung wurde.

In der *deutschen Sozialhilfepraxis* spielen implizite und auch explizite *Prognosen* über die voraussichtliche oder zu erwartende Dauer des Sozialhilfebezugs bereits auf der Grundlage einiger rechtlicher Regelungen seit längerem eine Rolle.[198] Bis Mitte der 1990er Jahre waren die Prognoseverfahren kein zentrales, theoretisch oder praktisch systematisch entwickeltes Instrument, dass „breite" Anwendung fand – weder in der deutschen noch in der schwedischen Sozialhilfe. Erst seit wenigen Jahren deuten Begriffe wie das „Profiling" und in kommunaler Arbeitsmarktpolitik und Arbeitsvermittlung heute übliche Diagnose- und Hilfeplanungsverfahren darauf hin, dass Prognosen als Instrument der Sozialhilfepraxis von Relevanz sind, auch wenn nicht explizit von „Prognoseverfahren" gesprochen wird.[199]

Anders als in praktisch bezogenen Handlungskonzepten meist angenommen, beinhaltet eine Prognose jedoch meist *keine einfache* Übertragung von Diagnose- und Erklärungsschemata in die Zukunft, sondern an sie ist auch und vor allem das Erfordernis gestellt, zu prüfen, ob und inwieweit von einer *Konstanz der Rahmenbe-*

---

[198] Bereits über den früheren § 15 BSHG waren im *deutschen Sozialhilferecht* Prognosen vorgesehen. In Fällen wo die laufende Hilfe zum Lebensunterhalt *„nur für kurze Dauer"* gewährt wurde, konnte diese Hilfe darlehnsweise gewährt werden. Unter „kurzer Dauer" wird in diesem im Sozialrecht ein Zeitraum von *maximal 6 Monaten* verstanden. Vgl. hierzu LPK-BSHG (1998: 251). Auch der frühere § 30 BSHG, der die Hilfe zum Aufbau oder zur Sicherung der Lebensgrundlage, etwa in Form einer finanziellen Unterstützung von Kleingewerbetreibenden vorsah, verlangte explizit eine Prognose, ob beispielsweise ein Gewerbetreibender über das Gewerbe seinen Lebensunterhalt „auf Dauer" sicherstellen kann. Ferner fanden sich im Zusammenhang mit den Programmen der „Hilfen zur Arbeit" nach §§ 18 ff. BSHG implizit und explizit Prognosen über die Chancen des Zugangs zum und der Integration am Arbeitsmarkt. Im Zusammenhang mit der Grundsicherung für Ältere und dauerhaft Erwerbsgeminderte ist nach dem SGB XII aktuell hinsichtlich der Frage der „Dauerhaftigkeit" ebenfalls eine Definition vorzunehmen und es sind Prognosen zu stellen. Meist sind diese Prognoseverfahren etwa in Form von Kategorienschemata entwickelt, die verwaltungsintern für die Sozialhilfepraxis eine hohe Bedeutung haben können. Verwaltungsrechtlich stellt sich in Deutschland der Zusammenhang von Sozialhilfe und Prognoseverfahren in der Frage nach sogenannten *„Dauerverwaltungsakten"* verdichtet dar. Gemäß § 48 SGB X ist ein Dauerverwaltungakt, der sich zur Leistungsbewilligung etwa in der Formulierung *„bis auf weiteres"* ausdrückt, im Bereich der Sozialhilfe trotz ihres vorübergehenden Charakters zulässig. Aus Gründen der Rechtsklarheit wird allerdings gefordert, im Bewilligungsbescheid eine zeitliche Begrenzung zur Leistungsbewilligung anzugeben, womit im Grunde Prognosen verbunden sind. Vgl. Gutachten des Deutschen Vereins für öffentliche und private Fürsorge vom 09. Juli 2002 (G1/2002), abgedruckt im NDV, Ausg. 2/2003, S. 74 ff. Zu untersuchen ist, ob sich für die *schwedische Sozialhilfe* ähnliche juristische Regelungen hinsichtlich der Bedeutung von Prognosen zeigen.

[199] Zu Diagnose- und Hilfeplanungsverfahren in der deutschen Sozialhilfe vgl. Trube (2001: 50 ff.).

dingungen während des Prognosezeitraumes ausgegangen werden kann, oder ob und in welcher Hinsicht diese Konstanz nicht zu erwarten ist. Hierbei handelt sich um eine in der professionalen Perspektive anspruchsvolle Aufgabe, die besondere Qualifikationen und Kompetenzen und entsprechende Informations- und Wissensbestände in der Sozialhilfepraxis zur Voraussetzung hat. Für die deutsche Sozialhilfe kann im Kontext aktuell eingeführter sozialberuflicher Handlungsformen wie dem Casemanagement und der Hilfeplanung von ersten Prognoseelementen gesprochen werden. Genauer zu untersuchen wäre aber, ob und inwieweit diese Prognoseelemente und erste entsprechende Verfahren für die Praxis auch theoretisch reflektiert werden. So scheint zumindest fraglich, ob etwa die Veränderlichkeiten und Unwägbarkeiten struktureller Rahmenbedingungen während des Prognosezeitraumes in sozialberuflich oder sozialarbeiterisch geprägten primär auf den einzelnen Bürger bezogene Handlungsformen hinreichend beachtet werden.

Zu beachten ist weiterhin, dass nach den theoretischen Befunden eindeutig zwischen *Prognosen* und *Erwartungen* zu unterscheiden ist. Während Prognosen sich als richtig oder falsch bzw. zutreffend oder weniger zutreffend erweisen können, werden Erwartungen entweder erfüllt, teilweise erfüllt oder nicht erfüllt bzw. enttäuscht. Im Gegensatz zu Prognosen, die als *aktiv* eingesetzte und entwickelte Instrumente im Vorfeld und im Zusammenhang sozialer Interventionen zur Anwendung kommen können, weisen Erwartungen eher das Merkmal *passiver* Handlungen oder passiv-abwartend gestalteter Interventionsmuster auf. Erwartungen zeichnen sich ferner vorrangig durch ihren subjektiven Charakter aus, sind meist direkt personengebunden und weniger instrumentell entwickelt als Prognoseverfahren.[200]

Theoretisch und empirisch stellt sich also die Frage, ob und inwieweit im Kontext einer „aktivierenden Sozialpolitik" institutionalisiert tatsächlich Prognosen erstellt werden, welche Bezugsgrößen und Kriterien etwaigen Prognoseverfahren zu Grunde liegen, und wie sie praktisch in den sozialpolitischen Programmen und sozialberuflichen Handlungsmustern in der Sozialhilfe zur Anwendung kommen. Möglicherweise handelt es sich bei diesen Verfahrensweisen auch um *individuell oder gruppenbezogene Erwartungsmuster*, die jeweils professional bzw. sozialberuflich geprägt zum möglichen Verlauf von Armutskarrieren gebildet werden, jedoch nicht um ausgereifte Instrumente einer aktiven und verlaufsbezogenen Gestaltung sozialer Interventionen und sozialberuflichen Handelns.

Im Kontext von Prognosen ist ebenfalls die Perspektive der Koproduktion und der Beteiligung der Leistungsberechtigten etwa an Prozessen der Zielfindung und Zielfestlegung sozialer Dienstleistungen bedeutsam. Zu fragen ist, ob die sozialberuflich entwickelten Prognosen über den erwarteten weiteren Verlauf einer Arbeitslosen-, Sozialhilfe- oder Schuldnerkarriere gemeinsam mit dem Bürger

---

[200] In Anlehnung an Dietl (1993: 159).

entwickelt werden und die Prognosen für den Bürger transparent und in den Kriterien nachvollziehbar gestaltet werden? Sind die Verfahren und Instrumente so gestaltet, dass sich die sozialberuflich oder administrativ entwickelten Prognosen möglichst mit den individuellen Erwartungen und Planungen an die Zukunft und den weiteren Lebensverlauf abstimmen lassen? Auch dies sind relevante Perspektiven, die in der Ausgestaltung sozialer Interventionen im Kontext von Sozialhilfe und sozialen Diensten von Bedeutung sind, da sie die Wirksamkeit der Interventionen wesentlich mit beeinflussen.

Neben den bisher genannten Ebenen kommt schließlich der *Interventionszeit* im engeren Sinne eine zentrale Bedeutung in der Gestaltung sozialer Interventionen zu. Zu beachten ist dabei, dass die Interventionszeit in der Sozialhilfe nicht mit der *Dauer des Sozialhilfebezugs* identisch sein muss. Dies gilt vor allem dann, wenn etwa eine persönliche Hilfe zeitlich bereits *vor* der monetären Sozialhilfezahlung erfolgt oder aber die persönliche Hilfe auch länger andauert als der monetäre Leistungsbezug. In diesem Zusammenhang sind schließlich typische Verlaufsmuster im Sozialhilfebezug erkennbar, die nicht nur durch sozialhilfeexterne Faktoren sondern auch sozialhilfeintern beeinflusst und gestaltet werden können. Diese Verlaufsmuster sind demnach nicht ausschließlich über den Bezug monetärer Leistungen zu erfassen, sondern auch im Kontext anderer Interventionsformen zu beachten, wenn die Sozialhilfe in ihrem Gesamtspektrum sozialer, rechtlicher, monetärer, persönlicher und infrastruktureller Leistungen und Funktionen Berücksichtigung finden soll. Auf die Interventionszeit in der Sozialhilfe wird in einigen theoretischen Grundlagen, insbesondere im Kontext einer sich verändernden „Zeitökonomie" unter dem Einfluss neuer Steuerungssysteme sowie hinsichtlich der Anforderungen des „koordinierten Timings" sozialer Interventionen verschiedener Institutionen und Organisationen an ihren Schnittstellen nachfolgend genauer eingegangen.

1.4.2 Die „neue Zeitökonomie" und Risiken einer „Beschleunigung" sozialer Interventionen im Zeitverlauf

Die Kategorie Zeit wurde in der dynamischen Armutsforschung bisher vor allem als Dauer des Bezugs von Sozialhilfe in Form der *monetären Transferleistung* verstanden und damit auch als Dauer sozialer Interventionen im Sinne ökonomischer Interventionen untersucht. Die *weiteren Formen sozialer Intervention* und ihrer jeweiligen Konfigurationen standen nicht im Zentrum vorliegender Studien. In einer Verlaufsperspektive ist dabei zunächst theoretisch zu beachten, dass Interventionen selbst ein „eigenes Schicksal" aufweisen und meistens entsprechend den Eigengesetzen ihrer Gestaltung und entsprechend der strukturellen Gegebenheiten sehr spezifisch verlaufen. Soziale Interventionen gehorchen je nach Form und

Gestaltung nur begrenzt ihren Autoren oder Urhebern.[201] In der Zeit- und Handlungsperspektive ist für die Untersuchung der Formen und Muster sozialer Interventionen in der Sozialhilfe somit zu beachten, dass bestimmte Zeit- und Handlungsorientierungen und -strukturen, die zunächst auf einer politischen, programmatischen und gesetzlichen Ebene gestaltet und normiert werden, sich im Verlauf der Programmeinführung, -umsetzung und schließlich auf der professionalen und interaktionalen Ebene sowie in der relationalen Ebene verschiedener Institutionen im Kontakt zum Bürger und untereinander verändern können. Am Ende können die sozialen Interventionen in der Entscheidung des Einzelfalles, wie bereits in anderen Kontexten ausgeführt, auch vollständig anders aussehen als das programmatisch oder konzeptionell eigentlich intendiert war. Bei einfachen *monetären* Transferleistungen sind diese Risiken noch relativ kontrollierbar und etwa im Rahmen detaillierter Gesetzgebung zu beeinflussen. Im Bereich der *pädagogischen* Interventionen, wie sie im Rahmen von sozialer Beratung erfolgen, können sich aufgrund nicht vorhersehbarer und nicht direkt steuerbarer Einflüsse im Zeitverlauf, etwa nach Abschluss einer Beratung im Rahmen der Sozialhilfe, dann auch weitere Eigengesetzmäßigkeiten entfalten, die vom Urheber der Intervention, etwa einem Berater des Sozialdienstes gar nicht intendiert waren und auch nicht erwartet wurden. Noch weniger sind die Verläufe und Effekte von *Prävention* in allen relevanten Dimensionen planbar, steuerbar oder „messbar". Die „Planbarkeit" und „Berechenbarkeit" sowie die „Standardisierbarket" sozialer Interventionen *im Zeitverlauf* ist somit begrenzt und variiert je nach Art der Interventionen zum Teil beträchtlich. Zugleich ist erkennbar, dass mit neueren Steuerungsinstrumenten, die im Zusammenhang des New Public Management stärker betriebs- oder verwaltungswirtschaftlich konzipiert sind, oder auch in sozialberuflichen Handlungsformen wie der Hilfeplanung und dem Casemanagement meist implizit von einer beträchtlichen Planbarkeit und Steuerbarkeit nicht nur monetärer Transferleistungen, sondern gerade auch pädagogischer Interventionen und ganzer Lebensläufe ausgegangen wird. Es deutet sich damit eine veränderte Zeitökonomie für Programme und Praxis sozialer Dienstleistungen an. In der Literatur fanden diese veränderten Zeitstrukturen und eine neue Zeitökonomie in den sozialen Diensten im Verlauf der 1990er Jahre nur eine gewisse Aufmerksamkeit. Zugleich wurden die Befunde bislang kaum explizit auf die Sozialhilfe/ Grundsicherung bezogen. Zu den aktuellen Entwicklungen sozialer Dienste wird in diesen Kontexten allgemein beschrieben, dass es im Verlauf einer „Ökonomisierung" der Sozialarbeit zu einem stärkeren „Druck der Zeitökonomie" kommt. Danach sind ehemals *längerfristig* und relativ *verlässliche* Kontakt- und Interaktionsmuster zwischen sozialen Diensten und Bürgern seit den 1990er Jahren im Zuge des wohlfahrtsstaatlichen Umbaus durch

---

[201] Vgl. Willke (1999: 117).

zunehmend *kurzfristige* Serviceleistungen geprägt oder abgelöst worden.[202] Die Wirkungen und „Erfolge" sozialer Dienste, insbesondere pädagogischer Leistungen sollen dabei möglichst frühzeitig erkennbar und betriebswirtschaftlich nachweisbar sein. Hierzu dienen neue Controllingverfahren aber auch stärker verlaufsbezogene Evaluationen. So kommen in Schweden seit Anfang der 1990er Jahre häufiger sogenannte „*Flödesstudier*" im Bereich sozialer Dienste zur Anwendung, die den Verlauf der Problembearbeitung und den Verbleib der Bürger etwa am Arbeitsmarkt oder im Hilfesystem genauer dokumentieren.

Der kritische Einwand im Kontext der Entwicklungen einer neuen Zeitökonomie in der Sozialarbeit, der auch für die Sozialhilfe ernst zu nehmen ist, fokussiert darauf, dass die *Zeitstrukturen der Bürger bzw. der Leistungsempfänger* möglicherweise in vielen Fällen einer anderen Logik gehorchen als der neuen Zeit- und Handlungslogik, wie sie durch einen veränderten (politischen) Druck der Zeitökonomie unter anderem im Rahmen von „Verwaltungsmodernisierung" und „aktivierender Sozialpolitik" zur Geltung kommt. In einer Perspektive auf eine möglichst nachhaltige Wirksamkeit sozialer Interventionen ist schließlich zu beachten, dass es im Verständnis der Koproduktion bei der Erbringung personenbezogener sozialer Dienstleistungen zugleich auch darum geht, den Bürgern primär ihre eigenen Ressourcen herausbilden zu lassen und sie genau darin aktiv institutionell zu unterstützen und zu fördern. Insofern sind die jeweiligen Zeit- und Handlungsmuster und die Zeit- und Handlungsorientierungen von sozialen Diensten wie der Sozialhilfe und die der Bürger möglichst *synchron* aufeinander abzustimmen. So ist bei pädagogischen und kompetenzvermittelnden Formen sozialer Interventionen in den Bildungs- und Förderungsprozessen neben qualifiziertem Personal insbesondere „Zeit" ein entscheidender Faktor für eine nachhaltige Wirksamkeit. Oftmals benötigen Langzeitarbeitslose oder arbeitslose Einwanderer mehr Zeit als ihnen institutionell zugestanden wird, um nachhaltig stabile Wege aus der Arbeitslosigkeit und dem Sozialhilfebezug für sich zu erschließen. Empirische Ergebnisse liegen zu diesen Hypothesen, theoretischen Überlegungen und praktischen Zusammenhängen im Detail bisher kaum vor. Im internationalen Vergleich sind vorliegende Befunde stets in Abhängigkeit zu den jeweiligen wohlfahrtsstaatlicher Arrangements und der darin wirksamen „Zeitökonomien und –rationalitäten" zu sehen. Es deutet

---

[202] Beispielsweise schlägt Reheis (1997) in der Kritik einer „Beschleunigung" und „Ökonomisierung" der Sozialarbeit eine „Entschleunigung in der Sozialen Arbeit" vor, die mit Konzepten einer „Ökologie der Zeit" zu verbinden sei. Die „Ökologie der Zeit" wird jedoch als Konzept nicht genauer dargestellt. Für sozialberufliche Handlungsmuster der Sozialarbeit belegt eine empirische Studie von Nagel (1992), dass Sozialarbeiterinnen und Sozialarbeiter bereits 3 Jahre nach Abschluss ihres Studiums in ihrem sozialberuflichen Alltagshandeln Anfang der 1990er Jahre ein Grundkonzept praktizierten, das als „Krisenmanagement" bezeichnet wurde und damit eher auf kurzfristige Effekte und weniger die langfristigen Interventions- und Integrationsperspektiven bezogen war.

sich jedenfalls eine Entwicklung und ein Risiko an, wonach im Rahmen einer „Modernisierung" des öffentlichen Sektors und im Zusammenhang mit Programmen einer „aktivierenden Sozialpolitik" eine „Beschleunigung" sozialer Interventionen und eine Verkürzung und Befristung der Interventionsdauern eintritt. Zwar scheint es so, dass über die hier skizzierten Reformstrategien einer „neuen Zeitökonomie" die Wirksamkeit und Rationalität wohlfahrtsstaatlicher Leistungen und Dienste – *kurzfristig* betrachtet – weiter steigerbar ist. *Langfristig* gesehen können mit den Reformstrategien aber bezogen auf bestimmte Verlaufstypen und Problemkonstellationen negative bzw. kontraproduktive Effekte sowohl in der institutionellen Risikobearbeitung wie auch in der individuellen Problembewältigung verbunden sein, die bisher kaum gesehen oder aber unterschätzt werden.

1.4.3 Zusammenfassung: Das „koordinierte Timing" sozialer Interventionen in unterschiedlichen Lebenslaufregimes

Zusammenfassend ist festzustellen, dass in den theoretischen Grundlagen zur Gestaltung sozialer Interventionen und zu ihrem Lebenslaufbezug für diese institutionenbezogene Untersuchung *vier Hauptebenen* einer „Lebenslaufpolitik" in der Sozialhilfe zu unterscheiden sind, die sich aus den behandelten theoretischen Grundlagen ableiten lassen und jeweils auch erweitert werden können. Zum einen bildet die *Dauer des Sozialhilfebezugs* eine wichtige analytische Ebene, die im Rahmen der dynamischen Armutsforschung – auch ländervergleichend – inzwischen untersucht wurde. Daneben ist die *Dauer der sozialen Interventionen* selbst zu nennen. Diese „Interventionszeit" und die typischen Verlaufsmuster sozialer Interventionen müssen aufgrund des sowohl in Deutschland wie auch in Schweden multiplen Leistungscharakters und der vielfältigen Interventionsformen der Sozialhilfe von der Bezugsdauer materieller Transferleistungen unterschieden werden. Zumindest theoretisch – vermutlich aber auch praktisch ist die Interventionszeit, etwa von pädagogischen Interventionen nicht immer identisch mit der Dauer des monetären Leistungsbezugs. Hierin liegt eine für die Untersuchung der Sozialhilfe als Lebenslaufpolitik wichtige Differenzierung, die bisher im Rahmen der dynamischen Armutsforschung zwar rahmend mit beachtet wurde, jedoch institutionenbezogen nicht untersucht ist.

Als stärker von der Institution her gedachte Ebenen sind die institutionell gesetzten *Zeitmuster, Sequenzierungen und die institutionellen Verlaufserwartungen* zu nennen, die mit der Sozialhilfe und den jeweiligen Interventionsformen verbunden sind. Diese sind in Leitbildern, rechtlichen Normen, in sozialberuflichen Handlungsformen, sowie in den neueren Steuerungsinstrumenten institutionell verankert und bilden sich in den beispielsweise über Expertenaussagen oder über Dokumente zu erschließenden Zeit- und Handlungsorientierungen der deutschen und schwedischen Sozialhilfe ab. Dabei kommt in der Lebenslaufperspektive dem *Instrument der Prognose* eine besondere Bedeutung zu. Soziale Interventionen sind verlaufsbezogen jedoch nicht nur im Vorfeld des Sozialhilfebezugs etwa im Rahmen von *Prävention* oder mit Instrumenten wie der Prognose möglich. Sie sind ebenso in einer *biografischen Rückschau* und der Berücksichtigung der biografisch erworbenen Ressourcen und Fähigkeiten gestaltbar. Ferner sind sie *nachgehend*, etwa im Rahmen einer „Nachbetreuung" oder „Nachsorge" möglich. Auch dazu müssten sich entsprechende institutionelle Zeit- und Handlungsorientierungen und -schemata normativ, rechtlich, organisational, professional und/oder interaktional finden lassen. So ist zu untersuchen, ob und inwieweit die Sozialhilfe in ihrem multiplen Leistungscharakter etwa eine Weiterführung der persönlichen Hilfe und pädagogischer Interventionsformen im Rahmen koproduktiv gestalteter Leistungserbringungsprozesse auch dann zulässt oder gar aktiv unterstützt, wenn monetäre Transferleistungen *noch nicht, gar nicht* oder *nicht mehr* erbracht werden. Damit würde sich eine spezifische Variante der Lebenslaufpolitik abzeichnen, die ebenfalls mit dem Sozialhilfebezug allein nicht „messbar" bzw. nicht zu erfassen ist.

Eine bisher nicht nur allgemein interventionstheoretisch sondern auch im Rahmen der dynamischen Armutsforschung vernachlässigte Ebene ist außerdem die des *Interventionszeitpunktes* oder auch mehrerer in bestimmten Varianten aufeinander abzustimmender Interventionszeitpunkte und des *„richtigen Timings"* sozialer Interventionen im Lebens(ver)lauf und/oder im Verlauf von Armuts- und Sozialhilfekarrieren.[203] Wie bereits in Kapitel 1.3.4 zur Koproduktion sozialer Dienstleistungen in Relation zum Bürger wie auch in Relation verschiedener Institutionen oder Organisationen und Professionen angedeutet, wird das „richtige" oder möglichst präzise untereinander abgestimmte „Timing" der jeweiligen Leistungen und Eingriffe um so schwerer steuerbar, je größer die Zahl der am Leistungserbringungsprozess beteiligten Akteure und Individuen ist. In der Bearbeitung multipler sozialer Probleme und bei sehr heterogenen Akteursstrukturen stellen sich je nach „Dienstleistungs- oder Verwaltungskultur" um so höhere Anforderungen.

In der Lebenslaufforschung lag der Schwerpunkt sozialwissenschaftlicher Forschung bisher auf der Untersuchung der individuellen bzw. der subjektiven Zeit und auf die soziale Zeit, weniger auf Dimensionen und Variablen der „institutionellen Zeit", die hier im Zentrum steht. So stellt Luckmann (1986) in diesem Zusam-

---

[203] Vor allem Elder (1998) weist auf die zentrale Rolle des „Timings" von Übergängen im Zusammenhang mit dem weiteren Verlauf einer Biografie hin. So kann es etwa zu „Offtime-Übergängen" kommen, die mit Asynchronitäten von Verläufen und negativen Folgen verbunden sind. Vgl. Sackmann/Wingens (2001: 20).

menhang bereits allgemein fest, dass wechselseitiges gesellschaftliches Handeln notwendigerweise auch *zeitlich koordiniert* werden muss. Weiter formuliert er dazu: *„Es bedarf einer genauen zeitlichen Koordination in verschiedenen Graden für die Verlaufsform verschiedener Arten sozialer Interaktion."* (Luckmann 1986: 154)

Institutionentheoretisch und interventionstheoretisch zu ergänzen ist, dass auch und gerade bei sozialen Interventionen ein komplexer Bedarf an zeitlicher Koordination im Prozess einer Koproduktion sozialer Hilfen und Dienste erforderlich ist, um möglichst „nachhaltige" Effekte zu erzielen. Es bedarf also nicht nur einer Synchronisierung der Leistungserbringung sozialer Dienste in der Handlungsebene zwischen der öffentlichen Verwaltung und den Bürgern, wenn es um eine koproduktive Erschließung von Wegen aus dem Sozialhilfebezug geht. Ebenso bedarf es institutionell synchron aufeinander, sowie auf den bisherigen Lebensverlauf des Bürgers und ggfls. seiner Familie abgestimmte Zeitmuster und Zeitorientierungen, um im Ergebnis ein „präzises Timing" der sozialen Interventionen zu erreichen. Besonders komplex und verbunden mit dem *Risiko einer „gleichzeitigen Ungleichzeitigkeit"* werden diese Anforderungen, wenn zur Bearbeitung multipler Problemlagen verschiedenste Organisationen und Akteure beteiligt sind. Bei neuen Formen des Zusammenwirkens von Arbeitsämtern, Sozialämtern, dem Bildungssystem, den Gesundheitsdiensten oder auch mit Einführung einer „Grundsicherung im Alter" und der Gestaltung der „Übergänge" aus Arbeitslosigkeit, Krankheit oder Armut in das Erwerbsleben oder in die Alterssicherung geht es immer auch um ein *Zusammenwirken unterschiedlichster Ebenen des lebenszeitlichen Regelsystems* im Wohlfahrtsstaat. Wie ähnlich oder wie unterschiedlich diese Regelsysteme im Vergleich verschiedener wohlfahrtsstaatlicher Arrangements sein können, in der Perspektive der Abfolgen und des „Timings" interventions- und lebenslauftheoretisch für die nachrangige Sozialhilfe in ihren vielfältigen Interventionsformen genauer veranschaulichen.

Überleitend zur vergleichenden Wohlfahrtsstaatsforschung lässt sich fragen, ob und wie genau im Rahmen einer „Modernisierung" des öffentlichen Sektors und der sozialen Dienste und unter dem Einfluss des Leitbildes einer „aktivierenden Sozialpolitik" im Verhältnis wohlfahrtsstaatlicher Institutionen zum Bürger die neue Programmatik des „Förderns und Forderns" bzw. das Verhältnis von Rechten und Pflichten im Zeitverlauf und im „Timing" ausgestaltet sind. Gibt es idealtypisch betrachtet wohlfahrtsstaatliche Arrangements, die im „Timing" tendenziell das „Fördern *vor* dem Fordern" anordnen oder finden sich wohlfahrtsstaatliche Arrangements, die typischerweise zunächst vom Bürger „fordern" noch *bevor* staatlich „gefördert" wurde? Ist ein wohlfahrtsstaatliches Arrangement mit sozialen Interventionsformen erkennbar, in dem das „Fördern und Fordern" *zeitgleich im Verständnis von Koproduktion* und einer *weitestgehend symmetrischen Interaktionen* zwischen staatlichen Institutionen und Bürgern gewissermaßen dem „Ideal des dritten Weges" entsprechend praktiziert wird? In der folgenden Tabelle 6 sind die Verlaufsperspektive und das „Timing" sozialer Interventionen als Ausgangspunkte für eine idealtypische Betrachtung wohlfahrtsstaatlicher Lebenslaufregimes in der Perspektive der Sozialhilfe gewählt worden. Dabei lässt sich das deutsche Sozialhilfesystem (noch) nicht eindeutig zuordnen, wohingegen das schwedische System sich vorläufig unter Berücksichtigung der Reformen seit den 1990er Jahren zwischen dem *„traditionellen sozialdemokratischen Regimetyp"* und dem sich möglicherweise neu formierenden Regimetyp eines *„aktiv-aktivierenden Wohlfahrtsstaates"* einordnen lässt. Wesentliche Anstöße für eine veränderte Lebenslaufpolitik kommen offenbar aber auch vom dritten Regimetyp, der als "Workfare-State" bezeichnet wird und vom US-amerikanischen System der Sozialhilfe verkörpert wird. Deutlich wird, dass sich über die Gestaltung sozialer Interventionen im Zeitverlauf und in der Handlungsdimension spezifische Formen einer Lebenslaufpolitik erkennen lassen.

Tabelle 6:

Idealtypisches Modell zu Abfolgen sozialer Interventionen in unterschiedlichen wohlfahrtsstaatlichen Arrangements

Abfolgen und „Timing" sozialer Interventionen in der Verlaufsperspektive	Wohlfahrtsstaatlicher Regimetyp:
• *Vorrang* der materiellen Sicherungsfunktion, in Form der Sozialhilfe auf hohem Niveau – *daran anschließend und begleitend* umfassende „fördende" Maßnahmen mit Tendenz zur „Überförderung" und „Rundgang" im System sozialer Dienstleistungen („Passivierung").	• *Regimetyp: „Versorgungsstaat" bzw. traditionell sozialdemokratischer Wohlfahrtsstaat* mit dem Primat einer aktiven Vollbeschäftigungspolitik und einer ausgeprägten „Arbeitslinie" bzw. einem „institutionalisierten Recht auf Arbeit" und besonders ausgebautem öffentlichen Sektor personenbezogener sozialer Dienstleistungen.
• *Tendenzielle Gleichzeitigkeit* von materieller Grundsicherung sowie „fördernder" und „fordernder" Maßnahmen" auf hohem Niveau. Sicherungsfunktion und Aktivierungsfunktion möglichst im Zeit- und Handlungsbezug gleich gewichtet.	• *Regimetyp: Ideal des „Dritten Weges" bzw. Idealmodell eines „aktiv-aktivierenden Wohlfahrtsstaates",* [204] der auf ein Gleichgewicht von „Fördern und Fordern" in der aktiven Arbeitsmarktpolitik setzt und auf (neue) Balance von Rechten und Pflichten ausgerichtet ist. Wohlfahrtsmix aus öffentlichen und privaten personenbezogenen sozialen Dienstleistungen.
• *Vorrang* der „fordernden" Maßnahmen, etwa der Pflicht zur Arbeitsaufnahme und Teilnahme an aktivierenden Maßnahmen – *nur daran anschließend* u. direkt davon abhängig folgt Rechtsanspruch auf materielle Grundsicherung im Rahmen d. Sozialhilfe.	• *Regimetyp :"Workfare-Modell",* nach US-amerikanischem Vorbild. Fragmente in lokalen arbeitsmarktpolitischen Projekten seit Anfang der 1990er Jahre in deutschen und schwedischen Kommunen erkennbar. Individuelle Pflichten werden in Relation zu sozia-

---

[204] Zum Begriff und zum Regimetyp des „aktiv-aktivierenden Staates" vgl. Leisering/Hilkert (2000: 29).

Tendenzielle Vernachlässigung der materiellen Sicherungsfunktion und stark „kontrollierende" soziale Förderung und soziale Dienste.	len Rechten programmatisch neu und stärker betont.

Die Tabelle lässt erkennen, dass die Zeit- und Handlungsperspektive sowohl für die Untersuchung sozialer Interventionsmuster Anregungen bietet als auch kategorial für die Typisierung von wohlfahrtsstaatlichen Arrangements in verschiedenster Hinsicht relevant ist. Das Ziel der weiteren empirischen Untersuchung ist es, die lebenslauftheoretischen Dimensionen zu Verlaufsmustern, Zeitstrukturierungen, Abfolgen und zum „Timing" sozialer Interventionen genauer aufzuschlüsseln. Zunächst ist im folgenden Kapitel ein Überblick über den Stand der international vergleichenden Wohlfahrtsstaatsforschung zu geben.

2. Die international vergleichende Wohlfahrtsstaatsforschung: Befunde und Diskurse zu Reformstrategien in Sozialhilfe und Grundsicherung

Nachdem die Sozialhilfe zunächst in der international vergleichenden Wohlfahrts-staats- und Sozialpolitikforschung vernachlässigt wurde, liegen inzwischen sowohl zu ihrer Entwicklung in verschiedenen Wohlfahrtsstaaten als auch zur Struktur und zum Verlauf des Sozialhilfebezugs in verschiedenen Ländern einzelne vergleichen-de Studien vor. Diese Forschungslinie hat sich vor allem in den 1990er Jahren entwickelt, was unter anderem mit der Zunahme von Armutsproblemen und der gestiegenen Bedeutung der Sozialhilfe im Gesamtarrangement westlicher Wohl-fahrtsstaaten zu erklären ist. In der bisherigen Forschung blieb allerdings die Per-spektive auf Reformdiskurse sowie auf die Sozialverwaltung und auf die sozialen Dienstleistungen eher randständig. Üblich waren zunächst meist Länderberichte. Systematische Vergleiche und Kontrastierungen über die jeweiligen Länderberichte hinausgehend blieben zumeist auf den gesamten Wohlfahrtsstaat, seine Grundprin-zipien und Entwicklungspfade bezogen. Die Sozialhilfe und die institutionellen Arrangements der Armenpolitik blieben weitgehend unbeachtet.[205]

Die Reformdiskurse und der Wandel institutioneller Arrangements im Bereich der Sozialhilfe und der kommunalen Sozialpolitik wurden während der gesamten Phase, in der sich die ländervergleichende Wohlfahrtsstaatsforschung entwickelte, also seit Ende der 1960er Jahre eher vernachlässigt. Bis heute besteht ein beträcht-licher Forschungsbedarf in den genannten Bereichen.[206]

---

[205] Ein Beispiel für die Form der „Länderberichte" bilden frühere Studien zu einzelnen Wohlfahrtsstaa-ten und ihre Geschichte von Flora (1986), in denen auch die Sozialhilfe mit abgebildet wurde. Von der Forschergruppe um Flora wurde die Geschichte für acht westeuropäische Wohlfahrtsstaaten nach dem II. Weltkrieg dargestellt, darunter auch Deutschland und Schweden. Die beiden Bände enthalten unter anderem statistische Daten zur Entwicklung der Armenfürsorge bzw. der Sozialhilfe für den Zeitraum zwischen 1900 und 1980. In den folgenden Jahren wurden ebenfalls für acht ausgewählte europäische Länder mit einem Sammelband von Ploug/Kvist (1994) Länderberichte zu den wohl-fahrtsstaatlichen Entwicklungen, darunter teilweise auch zur Sozialhilfe in Deutschland und Schweden vorgelegt. Die Verwaltung der Armut und die institutionellen Arrangements – vor allem auf lokaler Ebene – wurden in diesen Länderberichten aber kaum näher betrachtet.

[206] Ausnahme bildet für die 1970er Jahre eine Studie von Wilson (1979) zur schwedischen Sozialverwal-tung. Anfang der 1990er Jahre untersuchten Lødemel/Schulte (1992) die institutionellen Arrange-ments der Sozialhilfe und ihrer Verwaltung in einer ersten ländervergleichenden Perspektive näher.

Erste systematisierende komparative Ansätze zur Sozialhilfe in verschiedenen europäischen Wohlfahrtsstaaten wurden unter Bezug auf die frühen Studien zu Strukturmerkmalen westlicher Wohlfahrtsstaaten von Titmuss (1967 u. 1969) und später dann anschließend an die Typologie der „Wohlfahrtsregime" von Esping-Andersen (1990) entwickelt. So formulierte damals Schulte (1991: 560), dass bezogen auf die „Armutsregimes" eine eigenständige Typologie – unabhängig bzw. ergänzend zu den wohlfahrtsstaatlichen Regimetypen erst noch zu entwickeln sei. Von Leibfried (1990) wurde in diesem Kontext eine Erweiterung in der Unterscheidung von selektiv oder universell ausgerichteten Wohlfahrtsstaaten nach Titmuss (1969) und eine Erweiterung der „Drei-Welten-Lehre" von Esping-Andersen (1990) angeregt. Vorgeschlagen wurde eine auf *vier wohlfahrtsstaatliche Regimetypen* erweiterte Systematik, in der die Bedeutung des Rechts auf Arbeit, die Entwicklung und Rolle eines Sozialhilfesystems, sowie die Perspektiven einer Grundeinkommensdebatte als Ausgangspunkte und Kriterien für die Typenbildung gewählt wurden. Neben dem skandinavischen, dem bismarckschen und dem angelsächsischen Wohlfahrtsstaat führte Leibfried (1990) den rudimentär entwickelten „lateinischen Wohlfahrtsstaat" mit ein, dessen Sozialhilfesystem sich erst noch im Aufbau befand. In dieser erweiterten Perspektive erscheinen dann das institutionelle Arrangement der deutschen und der schwedischen Sozialhilfe längst nicht mehr so unterschiedlich. Ferner erschienen historisch gesehen die Einflüsse des Protestantismus und des Katholizismus auf die Arrangements von Wohlfahrtsstaaten und der Fürsorge/Sozialarbeit in einem stärkeren Licht. Auffällig ist in den bisherigen Typologien auch, dass sie – mit Ausnahme von Titmuss (1969) – *begrifflich* immer stark an geographischen und politisch-historischen – selten jedoch an institutionellen Kategorien oder an Kategorien sozialer Interventionen entlang entwickelt wurden. Es bestätigt sich im Grunde, dass Formen und Muster sozialer Interventionen im engeren Sinne bisher *nicht* als Ausgangs- und Bezugspunkte für eine vergleichende Sozialpolitikforschung gewählt wurden – jedenfalls für Bereiche der Sozialhilfe und sozialer Dienste und nicht bezogen auf den lokalen Wohlfahrtsstaat.

Genauer auf die Institution der Sozialhilfe und der Sozialverwaltung in verschiedenen Wohlfahrtsstaaten eingehend fragen Lødemel/Schulte (1992) nach den *„tasks and responsibilities between the central state and local municipalities, the extent of discretion and the role of social work"*. Im Ergebnis ihrer Forschung bildeten sie ebenfalls vier Typen von „Sozialhilfe-Regimes", wobei das schwedische, finnische und dänische System jeweils als „residuales" Sozialhilfesystem bezeichnet wurde, da es

---

Begrenzt auf die vier skandinavischen Wohlfahrtsstaaten fanden mit einer Studie von Julkunen (1993) die Sozialhilfe in ihren Organisationsformen und die sozialarbeiterischen Handlungsformen vergleichend anhand von Fallstudien zu den vier Hauptstädten Helsinki, Stockholm, Oslo und Kopenhagen erste Aufmerksamkeit. Die Studie enthält unter anderem Befunde zur Kooperation der Sozialämter mit anderen wohlfahrtsstaatlichen Einrichtungen.

im Gesamtarrangement des sozialdemokratischen Wohlfahrtsstaates eine randständige Bedeutung aufweist. Das deutsche „Sozialhilfe-Regime" wurde hingegen als „differenziertes System" typisiert, weil es im Gesamtsystem des bismarckschen Sozialstaates stark integriert ist.

Die bisher umfassendste Untersuchung von Systemen der Sozialhilfe im internationalen Vergleich wurde mit Unterstützung der OECD von Eardley u.a. (1996) vorgelegt. Es wurden insgesamt 24 Länder in ihren Regelungsmustern und Leistungssystemen zur Existenzsicherung untersucht, darunter auch Deutschland, die USA und alle skandinavischen Länder. Die Datengrundlage bildeten Informationen offizieller Experten aus Ministerien oder Regierungsorganisationen und unabhängige Experten aus Universitäten und Forschungseinrichtungen. Der Vergleich bezog sich auf die Regelungen und Leistungsniveaus im Jahr 1992. Die neueren Reformdiskurse etwa zum Leitbild einer „aktivierenden Sozialpolitik" und der sich seit den 1990er Jahren durch den „Umbau" des Wohlfahrtsstaates abzeichnende Wandel konnten nur begrenzt mit berücksichtigt werden. Ferner haben gesetzliche Änderungen etwa im Rahmen der „Sozialhilfereform" von 1996 und die „Hartz-Gesetze" ab 2005 in Deutschland sowie wesentliche Änderungen im schwedischen Sozialdienstgesetz und in der schwedischen Arbeitsmarktpolitik seit 1996 dazu beigetragen, dass die Befunde kaum noch aktuell sind. Bestimmte Diskurse wurden von Eardley u.a. (1996) auch nicht angedeutet, obwohl sie sich bereits abzeichneten, etwa Verwaltungsreformen und die wachsende Bedeutung der kommunalen Arbeitsmarktpolitik. Der Studie selbst liegt eine sehr breite Definition von „Sozialhilfe" zu Grunde, die für das US-amerikanische System etwa auch Steuerleistungen mit einbezieht. Die Untersuchung bietet insofern weniger Tiefenschärfe, um die Parallelen und Unterschiede des deutschen und des schwedischen Sozialhilfesystems genauer zu ermitteln. Wie Buhr (1997: 385) bereits feststellt, wurden Befunde der dynamischen Armutsforschung zur Dauer des Sozialhilfebezugs in Deutschland teilweise mißverständlich dargestellt. Insgesamt wurden in der Studie – ähnlich den früheren Länderberichten – relativ formal Sozialhilfequoten und einige zentrale rechtliche Regelungen und institutionelle Kategorien vergleichend für die 24 Länder gegenübergestellt. Darin werden weniger die Parallelen und Ähnlichkeiten, sondern einige Unterschiede zwischen dem deutschen und dem schwedischen Sozialhilfesystem deutlich. Zu nennen sind die in Deutschland weiterreichende Unterhaltsverpflichtungen zwischen Eltern und erwachsenen Kindern, eine in Schweden offenbar „strenger" durchgeführte Bedürftigkeitsprüfung und ein in Schweden ebenfalls intensiverer Datenabgleich der Sozialhilfe mit anderen Behörden. Während in Deutschland bis Ende 2004 einmalige Leistungen etwa für Bekleidung, Möbel und Hausrat über zusätzliche einmalige Beihilfen abgedeckt waren, sind diese Posten in Schweden in den Regelsätzen mit enthalten und damit pauschaliert. Bezogen auf Arbeitspflicht und Arbeitsanreize wird die schwedische

Sozialhilfe – anders als das deutsche System als „sehr restriktiv" bezeichnet. Für beide Länder gilt ein Lohnabstandsgebot, wobei allerdings in Schweden die Sozialhilfe für Ehepaare mit zwei Kindern 1992 in Relation zu den durchschnittlich verfügbaren Erwerbseinkommen höher lag als in Deutschland. Überraschend ist die Einstufung des schwedischen Sozialhilfesystems durch die Autoren. Im Ergebnis kamen sie zu *acht unterschiedlichen „Sozialhilfe-Regimes"*. Das Sozialhilfesystem in Schweden wurde, ähnlich wie bereits von Lødemel/Schulte (1992), als „residual" eingestuft, da es im Kontext der aktiven Vollbeschäftigungspolitik und eines ansonsten „universell" ausgerichteten Wohlfahrtsstaates nur eine randständige Bedeutung habe. Dabei wurde das Leistungsniveau der schwedischen Sozialhilfe als relativ hoch bewertet und der Grad der „discretion", also der Ermessens- und Gestaltungsspielraum als moderat bezeichnet. Das Sozialhilfesystem in Deutschland wurde einem Wohlfahrtsstaatstyp mit *„integrierter Mindestsicherung"* zugeordnet und überraschenderweise zusammen mit Ländern wie England, Irland und Kanada einer Gruppe zugeordnet. Als herausragende Merkmale dieses Typs wurden die zentralstaatliche Regelung der Sozialhilfe, vergleichsweise geringe Ermessensspielräume in der Ausführungspraxis und eine ausgeprägte Erwartungssicherheit für die Bürger genannt. Für die schwedische Sozialhilfe gelten dabei im Vergleich zu Deutschland das Ermessen und die Erwartungssicherheit als geringer ausgeprägt.[207]

Die ähnlich wie die von Lødemel/Schulte (1992) vorgenommene Zuordnung kann aber hinterfragt werden. Bereits Buhr (1997) sieht die Zuordnungen mit dem Hinweis kritisch, dass etwa die geringeren Empfängerzahlen der Sozialhilfe in Deutschland kein Kriterium für eine gemeinsame Zuordnung mit dem englischen System bilden könne, und dass die schwedische Sozialhilfe im universell gestalteten Wohlfahrtsstaat weniger residual sei als angenommen.[208] Zu beachten ist auch, dass in beiden Ländern die Sozialhilfe und die Sozialarbeit in der Nachkriegszeit eine wenn auch hinsichtlich der Bedeutung der „freien Wohlfahrtspflege" unterschiedlich ausgeprägte Institutionalisierung auf hohem Niveau erfahren haben, so dass sie sich von anderen sozialen Dienstleistungen in dieser Hinsicht kaum unterscheiden

---

[207] Vgl. Eardley (1996).

[208] In der deutschsprachigen Literatur stellen Schwarze (1993) und Buhr (1999) heraus, dass die Sozialhilfe in Schweden die ihr vielfach zugeschriebene residuale Stellung so absolut nicht hat. Diese Befunde lassen sich auch mit Studien von Rothstein (1994: 33) bekräftigen. Danach ist das schwedische System der sozialen Sicherung sowohl in dem Charakter der Steuerfinanzierung als auch in den über die Versicherungskassen „produzierten" Leistungen, wie auch in den sozialen Diensten und Serviceleistungen der Kommunen generell dem Grundmuster möglichst „standardisierter Einheitslösungen" verpflichtet und entsprechend konzipiert. Dass etwa das Niveau der Sozialhilfe im internationalen Vergleich besonders hoch ist, ein Regelsatzsystem besteht, das auch besondere Leistungen weitgehend pauschaliert mit abdeckt, sowie der Verzicht auf Unterhaltspflichten und -überprüfungen und andere Merkmale sprechen zumindest im deutsch-schwedischen Vergleich eher für den Befund einer „standardisierten Einheitslösung" auch im Bereich der schwedischen Sozialhilfe.

dürften. Unter Einbeziehung der Entwicklungen in den 1990er Jahren verstärkte sich der Befund, dass die schwedische Sozialhilfe ihrer Stellung nach und in ihren Merkmalen so marginal nicht ist. Die hohe Arbeitslosigkeit in Schweden führte seit den 1990er Jahren dazu, dass die Sozialhilfe – ähnlich wie die deutsche Sozialhilfe – zu einer „Massenleistung" wurde. Ihre randständige oder besondere Stellung im Wohlfahrtsstaat hat sie seit dem tendenziell verloren. Ferner kann im Kontext der Reformen von 1998, mit denen über eine heute national einheitliche „Riksnorm" das Leistungsniveau der Sozialhilfe weiter standardisiert wurde. Die Zuordnung von Eardley u.a. (1996) dürfte sich somit inzwischen relativiert haben.

Inzwischen teilweise nicht mehr aktuell und in Teilbefunden kritisch zu sehen, ermöglicht die Einteilung in „Sozialhilfe-Regimes" wie sie von Eardley u.a. (1996) vorgenommen wurde oder zuvor ähnlich von Lødemel/Schulte (1992) entwickelt wurde, zusammenfassend einen ersten Zugang zu einer Wohlfahrtsstaatstypologie „von unten", wie sie Leibfried (1990)angeregt hat. Eine solche Typisierung geht stärker von den Regulierungsmustern und Arrangements zur Existenzsicherung und zur Armutsbekämpfung aus und rückt nicht so sehr die Kernbereiche des auf Erwerbsarbeit ausgerichteten Sozialversicherungsstaates in den Mittelpunkt. An diesen Ansatz lässt sich institutionentheoretisch und interventionstheoretisch geleitet mit weiteren empirischen Studien anknüpfen.

Mit einer aktuelleren und ähnlich umfassenden Untersuchung zu Leistungen der monetären Existenzsicherung auf lokaler Ebene wurde im Rahmen eines von der EU geförderten Projekts unter dem Titel „ESOPO" die Sozialhilfe in sechs europäischen Wohlfahrtsstaaten *am Beispiel von 13 Städten* untersucht, darunter auch *Bremen* in Deutschland und *Göteborg* in Schweden.[209] Damit wurden erstmals umfassende und international vergleichbare statistische Längsschnittdaten zur Empfänger- und Verlaufsstruktur der Sozialhilfe ausgewertet und zugleich die lokalen institutionellen Arrangements der Sozialpolitik in ihren Merkmalen mit erfasst. Auch wenn die Befunde aus den einzelnen Städten und Ländern im Bericht relativ isoliert nebeneinander stehen und wenig aufeinander bezogen wurden, ergab die Studie für Bremen/Deutschland und Göteborg/Schweden mit Stand der 1990er Jahre unerwartet ähnliche Ergebnisse zur Empfänger- und Verlaufsstruktur in der Sozialhilfe. Ferner wurden ähnliche institutionelle Arrangements und Strukturmerkmale der deutschen und der schwedischen Sozialhilfe erkennbar. Jedenfalls scheinen beide Systeme nach den ESOPO-Befunden näher beieinander zu liegen als die Befunde von Eardley u.a. (1996) zuvor nahelegten. Beispielsweise ist in beiden Wohlfahrtsstaaten die Sozialhilfe in ihrer Ausführung eine kommunale Angelegenheit und wird auch jeweils ganz überwiegend kommunal finanziert. Das Prinzip der Individualisierung gilt in beiden Systemen und für beide „Sozialhilfe-Regimes" wurde

---

[209] Vgl. Saraceno u.a. (1998).

eine „strikte administrative Regulierung" als weiteres Merkmal ermittelt. Die in der Unterhaltspflicht von Familienangehörigen in Deutschland weitergehenden Regelungen und die in Deutschland starke Stellung des „dritten Sektors" wurden als wichtige Unterschiede beider Systeme bestätigt. Weiterhin wurde die schwedische Sozialhilfe als in ihrem Leistungsniveau großzügiger bewertet. In generösen Regelungen der deutschen Sozialhilfe speziell für allein Erziehende wurden wichtige Unterschiede gesehen. Zudem galten die arbeitsmarktpolitischen Maßnahmen und Programme in Schweden im Vergleich zu denen in Deutschland als dynamischer.[210]

Die bereits früher ermittelten Merkmale des deutschen und des schwedischen „Sozialhilfe-Regimes" traten mit dieser Studie deutlicher hervor. Genauere oder differenzierte Typenbildungen auf der Basis grundlegender Merkmale von „Sozialhilfe- oder Armutsregimes" wurden zunächst nicht weiter verfolgt, da sie meist unbefriedigend blieben. Ferner beeinflusste ab Mitte/Ende der 1990er Jahre der *Diskurs um den „aktivierenden Wohlfahrtsstaat"* die Fachdiskurse zur Sozialhilfe. In den theoretischen Bezügen ausgehend von einer früheren US-amerikanischen Untersuchung zum „Enabling State" von Gilbert/Gilbert (1989) sowie intensiviert und „europäisiert" mit dem Regierungsprogramm von „New Labour" unter Tony Blair in Großbritannien wurde ein Diskurs zwischen „Workfare und Welfare" weitgehend bestimmend. Die Frage nach den Möglichkeiten und Grenzen einer „aktivierenden Sozialpolitik" wurde für die Reformdebatte der Sozialhilfe und der immer stärker mit ihr verknüpften (lokalen) Arbeitsmarktpolitik zentral. Die Reformstrategien von „New Labour" in Großbritannien und die dortigen neueren policies einer „aktiven Sozialhilfepolitik" wurden beispielsweise von Leisering/Hilkert (1999) untersucht und mit den Reformstrategien in der deutschen Sozialhilfe kontrastiert. Skizziert wurde gewissermaßen ein „Idealtyp" des „aktiv-aktivierenden Wohlfahrtsstaates", der sich im Verlauf der 1990er Jahre zwischen dem neoliberalen Staat konservativer Prägung und dem passiven Versorgungsstaat traditionell sozialdemokratischer Prägung abzeichnet und vor allem auf aktive und „fördernde" soziale Dienstleistungen mit Angebotscharakter sowie auf Bildung und Qualifizierung setzt. Zwar nicht explizit formuliert, so rückten aber dennoch theoretisch die wohlfahrtsstaatliche Institution der Sozialhilfe und die sozialen Interventionsformen bereits stärker in den Mittelpunkt des Interesses. Die dazu parallel laufende „Workfare-Debatte" verweist ebenfalls auf den Wandel des Forschungsgegenstandes und -interesses und wurde von Lødemel/Trickey (2000) in einer international vergleichenden Perspektive genauer aufgearbeitet. Mit ihrer Studie wurden vor allem definitorische Klärungen geleistet. Die Frage nach einem „neuen Kontrakt für die Sozialhilfe" *(„a new contract for social assistance")* bildete mit der in mehreren europäischen Ländern beabsichtigten Neujustierung von „Rechten und Pflichten"

---

[210] Vgl. Saraceno u.a. (1998: 91 u. 117).

und mit der „Dependency-These" zunehmend den Fokus der politischen wie auch der forschenden Perspektive. Die Sozialhilfe und Sozialhilfebezug werden seither stärker in Relation zu den mehr oder weniger „aktiven" und „aktivierenden" policies, insbesondere in der Arbeitsmarktpolitik in den einzelnen Wohlfahrtsstaaten gesehen. Zuletzt belegte dies eine ländervergleichende Untersuchung für sieben europäische Wohlfahrtsstaaten von Heikkilä/Keskitalo (2001). Darin wurden unter anderem erneut das Merkmal der „Generösität", das Niveau der monetären Sozialhilfe, ihre „Zielgruppen", Organisations- und Kooperationsformen, Sanktionsformen, sowie Merkmale arbeitsmarktpolitischer Maßnahmen und *erstmals auch Reformschritte* in der Sozialhilfe mit Stand Ende der 1990er Jahre vergleichend untersucht und tabellarisch gegenübergestellt. Im Ergebnis decken sich die Befunde mit einer Typologie, die zwischen dem skandinavischen bzw. sozialdemokratischen, dem konservativen und einem südeuropäischen residualen Wohlfahrtsstaatsmodell unterscheidet. Deutschland und Schweden wurden dabei hinsichtlich der Merkmale ihrer Armutspolitik und des Sozialhilfeniveaus folgendermaßen bestimmt: In beiden Wohlfahrtsstaaten besteht ein eindeutiger Rechtsanspruch auf Sozialhilfe, wobei die *schwedische Sozialhilfe* stärker *individuell* ausgerichtet ist und die *deutsche Sozialhilfe* in ihrer Konstruktion stärker *familienbezogen* und *subsidiär* gestaltet ist. Weder die deutsche noch die schwedische Sozialhilfe kennt zeitliche Befristungen in Form der US-amerikanischen „Timelimits". In beiden Armutsregimes bestehen zum Teil starke Variationen in der kommunalen Gewährungspraxis und beide Sozialhilfesysteme werden in ihrem Leistungsniveau als „relativ hoch" (Deutschland) bzw. als „generös" (Schweden) bezeichnet. Das deutsche System wird trotz der ermittelten Übereinstimmungen bzw. vieler ähnlicher Strukturmerkmale jedoch als „konservativ" und das schwedische System als „sozialdemokratisch" typisiert.[211] Wenn sich allerdings die beiden Sozialhilfesysteme so ähnlich sind, scheint zugleich die Typisierung, in der zwischen „konservativem" und „sozialdemokratischem" institutionellen Arrangement in der Tradition von Esping-Andersen (1990) unterschieden wird, wenig überzeugend. Auch im Ergebnis dieser Befunde deutet sich eher an, dass es für die Sozialhilfe, Sozialverwaltung und Sozialdienste im Grunde eines Vorgehens bedarf, in dem zwar die bisherigen Typologien *rahmend* mit beachtet werden, jedoch nicht die dominante Bezugsgröße bilden. Vielmehr scheinen *bereichsbezogen* die je besonderen Formen und Muster sozialer Interventionen und ihrer Steuerung als Ausgangs- und Bezugspunkte einer Typisierung von Armutsoder Sozialhilferegimes weiterführend. So stellten im Rahmen des zuletzt genannten Forschungsprojekts auch Puide/Minas (2001: 61) dezidiert fest, dass die Theorie wohlfahrtsstaatlicher Regimes, etwa von Titmuss (1969) oder Esping-Andersen (1990) „zu breit" angelegt ist, um für die Analyse von Armutsregimes und Sozial-

---

[211] Vgl. Kazepov/Sabatinelli (2001: 105).

hilfebezug, etwa hinsichtlich der Erklärung typischer Bezugsmuster und bestimmter Formen der Gewährungspraxis in der Sozialhilfe wirklich von Nutzen zu sein. Im Rahmen dieser Studie wurden *beträchtliche Abweichungen und heterogene Strukturen* im Sozialhilfebezug wie auch in der Praxis der Sozialhilfe *innerhalb einzelner wohlfahrtsstaatlicher Regimes* wie beispielsweise für Schweden ermittelt. Diese Befunde lassen es zum Teil als fragwürdig erscheinen, von „einem typischen" schwedischen „Sozialhilfe-Regime" zu sprechen und machen auch Zuordnungen zu vorliegenden Typologien schwierig. Es wurden einerseits sehr weitgehende Übereinstimmungen in den Empfängerstrukturen und Bezugsdauern der untersuchten Städte, unter anderem für Göteborg und Bremen festgestellt, obwohl diese Städte unterschiedlichen Wohlfahrtsstaatstypen oder „Sozialhilfe-Regimes" zuzuordnen wären. Andererseits wurden große Unterschiede in den Befunden zur Empfänger- und Verlaufsstruktur in der Sozialhilfe von Städten ermittelt, die geografisch und in den Merkmalen der bisherigen Wohlfahrtsstaatsforschung alle dem skandinavischen bzw. sozialdemokratischen Wohlfahrtsstaatsmodell zuzuordnen sind, wie etwa Kopenhagen und Göteborg. Auch für die arbeitsmarktpolitischen Programme und die „Hilfen zur Arbeit" in der deutschen Sozialhilfe wurden ähnlich heterogene Entwicklungen und policies ermittelt, die eindeutige Zuordnungen und Typisierungen nach allgemeinen Merkmalen schwierig machen.[212] Danach sind in Deutschland beispielsweise sowohl Kommunen vorzufinden, in denen im Rahmen der früheren Maßnahmen nach §§ 18 ff. BSHG und der jetzigen „Arbeitsgelegenheiten" nach § 16d ff. SGB II durchaus ähnlich dem „Workfare-Konzept" arbeitsmarktpolitische Programme im Sinne von „Arbeitspflicht" gestaltet sind und in hohem Maße mit Zwangs- und Sanktionselementen verbunden praktiziert werden. Ebenso finden sich Kommunen, in denen „Hilfen zur Arbeit" bzw. „Arbeitsgelegenheiten" eher als sozialpädagogische Instrumente verstanden werden, und wo Elemente der Freiwilligkeit und der Angebotscharakter zentrale Merkmale bilden. Die Programme und Praxis in diesen Kommunen entsprechen tendenziell eher dem Ideal eines „aktiv-aktivierenden Wohlfahrtsstaates" oder auch den Merkmalen eines „sozialdemokratischen" institutionellen Arrangements, dass allerdings um „aktivierende" Instrumente ergänzt ist.

Die zuletzt genannten Befunde fordern demnach dazu auf, die Einordnung und Typenbildung differenzierter vorzunehmen und diese anhand einiger zentraler Variablen und Kriterien vor allem *bereichsbezogen* für die Sozialhilfe und in ihren Schnittstellen zur Arbeitsmarktpolitik zu entwickeln. Die bisherigen Forschungsansätze und der Stand der vergleichenden Wohlfahrtsstaatsforschung zur Sozialhilfe ergeben zusammenfassend ein Bild, nach dem die Sozialhilfe und Armenpolitik in der vorherrschenden Typenlehre nur randständig bleiben bzw. zumeist nicht als

---

[212] Vgl. Voges/Jacobs/Trickey (2000).

Ausgangs- und Bezugspunkt der Typologien bilden. Ferner erweisen sich Zuordnungen einzelner Wohlfahrtsstaaten zu den bisher gebildeten Regimetypen teilweise als schwierig, wenn von der Sozialhilfe und Armenpolitik ausgegangen wird. [213] Erkennbar werden einerseits erhebliche Unterschiede zwischen den jeweils nationalen „Sozialhilfe-Regimes", etwa zwischen Deutschland und Schweden. Die bisherigen Befunde zu den Unterschieden in den nationalen „Sozialhilfe-Regimes" in westlichen Wohlfahrtsstaaten treffen zwar generell zu, sind aber bezogen auf die deutsche und schwedische Sozialhilfe mit Vorsicht zu verwenden. So sind das deutsche und das schwedische wohlfahrtsstaatliche Arrangement nach den bisherigen Ergebnissen und in den Typenbildungen stets unterschiedlichen Regimetypen zugeordnet worden. Diese Zuordnungen relativieren sich jedoch, sobald der Blick auf den lokalen Wohlfahrtsstaat und auf die lokale Praxis von Sozialhilfe und Arbeitsmarktpolitik gelenkt wird, da sich dort zum Teil beträchtliche Abweichungen in den zuvor als „typisch" und regime-spezifisch bezeichneten nationalen Maßnahmen und Strukturmerkmalen zeigen. *Lokal* können etwa die Sozialhilfe, soziale Dienste und die Arbeitsmarktpolitik in Großstädten in einem als „sozialdemokratisch" bezeichneten wohlfahrtsstaatlichen Arrangement durchaus weitgehend auch typische Merkmale eines „liberalen" oder eines „konservativen" wohlfahrtsstaatlichen Arrangements aufweisen. Ebenso können *lokal* in einer Großstadt in einem „bismarckschen Sozialstaat" die typischerweise als „sozialdemokratisch" bezeichneten Regimemerkmale ausgeprägt sein. Weiterhin liegt das Bild des „aktiv-aktivierenden Wohlfahrtsstaates" gewissermaßen „quer" zu den bisherigen Typologien, so dass es auch denkbar ist, dass gerade auf lokaler Ebene dieser Typ aufgrund der Reformdynamik seit den 1990er Jahren zunehmend stärker konturiert vorzufinden ist, selbst wenn das nationale wohlfahrtsstaatliche Arrangement eigentlich einem anderen Typ zuzuordnen ist.

Im Ergebnis muss die bisherige auf das (nationale) wohlfahrts*staatliche* Arrangement bezogene Typenlehre aus einer armutspolitischen und auf die Sozialhilfe, Sozialverwaltung und soziale Dienste fokussierenden Forschungsperspektive demnach nicht zwingend auch für diese Bereiche des wohlfahrtsstaatlichen Leistungssystems anwendbar oder übertragbar sein. Neben dem Blick auf Unterschiede darf die Frage nach Gemeinsamkeiten in den wohlfahrtsstaatlichen Arrangements nicht vernachlässigt werden. Für die empirische Untersuchung der wohlfahrtsstaatlichen Institution und sozialer Interventionsmuster der Sozialhilfe sind daher möglichst durchgehend beide Perspektiven einzunehmen, um zu klären, ob das deutsche und das schwedische armutspolitische Arrangement einem Regimetyp oder unterschiedlichen Wohlfahrtsstaatstypen zuzuordnen ist. Begleitet wird die Untersuchung von der These, dass sich das „bismarcksche" eher selektiv und das „sozial-

---

[213] So auch der Befund von Heikkilä/Keskitalo (2001).

demokratische" eher universell ausgerichtete wohlfahrtsstaatliche Arrangement im Bereich der (kommunalen) Sozialhilfe, der Sozialverwaltung und der sozialen Diensten sehr viel ähnlicher sind, als die bisher vorliegenden allgemeinen Befunde zu den Regimetypen erwarten lassen.

Neuere Studien regen in diesem Kontext dazu an, neben den historischen und institutionell gewachsenen eher statischen Merkmalen und Kategorien wohlfahrtsstaatlicher Arrangements, und neben der Auswertung und dem Vergleich statistischer Daten, etwa zu Armut und Sozialhilfebezug, den Blick künftig stärker auch auf *„typische" Strategien innerhalb der sozialpolitischen Programme und der jeweiligen wohlfahrtsstaatlichen Entwicklung* zu richten.[214] So kommt beispielsweise Behrendt (2002a u. 2002b) in einer vergleichenden Untersuchung zur Sozialhilfe und ihren institutionellen Rahmenbedingungen für Deutschland, Schweden und Großbritannien zu dem Befund, dass einerseits das jeweilige institutionelle Design armutspolitischer Programme und die institutionellen Bedingungen des Wohlfahrtsstaates charakteristische Ausprägungen aufweisen und wichtige Faktoren für die „Effektivität" der Armutsbekämpfung bilden, dass sich aber zugleich in einer genaueren Betrachtung der kommunalen Ebene die *Strategien der Armutsbekämpfung* wie auch die *Reformstrategien* sowohl *lokal* wie auch *national als teilweise sehr heterogen* erweisen. So werden beispielsweise für Schweden in den „strategischen Reformen" seit Ende der 1990er Jahre gegenläufige Trends beschrieben. Einerseits wurden die Gestaltungs- und Ermessensfreiräume der Kommunen und der Professionellen im Zusammenhang mit der Einführung „aktivierender policies" im Bereich der Sozialhilfe und der Arbeitsmarktpolitik erweitert, so dass Merkmale eines *selektiven* wohlfahrtsstaatlichen Arrangements verstärkt wurden. Gleichzeitig wurden etwa mit der Einführung der nationalen „Riksnorm" oder auch in den Verwaltungs- und Entscheidungsverfahren und in den Handlungsformen der Sozialarbeit deutliche Tendenzen einer Standardisierung und Rationalisierung ermittelt, wie sie für ein *universelles* wohlfahrtsstaatliches Arrangement typisch sind. Reformstrategien lassen sich vermutlich in einer Perspektive auf die wohlfahrtsstaatliche Institution der Sozialhilfe und in der Perspektive sozialer Interventionen, die nicht ausschließlich auf die *monetäre* Transferleistung der Sozialhilfe und soziale Rechte fokussiert, sondern die Ebene der Koproduktion, die Prävention und die pädagogischen sowie die ökologischen Interventionsformen weitergehend als bisher untersuchen. Hinsichtlich der aktuellen Strategien der Armutsbekämpfung kommt in den westlichen Wohlfahrtsstaaten dem Leitbild einer „aktivierenden Sozialpolitik" eine zentrale Bedeutung zu.

---

[214] Diese Forschungsperspektive zur Analyse aktueller *Strategien* in der Armutsbekämpfung bilden sich in Studien von Bradshaw/Terrum (1997) und in den Beiträgen eines Sammelbandes von Kautto u.a. (1999) ab. Anschließend an die ländervergleichenden Befunde des ESOPO-Projekts von Saraceno u.a. (1998) gehen auch Mingione u.a. (2002) auf den Aspekt von „local welfare systems" genauer ein.

Daher wird dieser Diskurs genauer nachgezeichnet und in seinen Merkmalen und Einflüssen für den deutschen und für den schwedischen Wohlfahrtsstaat der 1990er Jahre untersucht.

2.1 Diskurs zum Leitbild einer „aktivierenden Sozialpolitik" in Deutschland und Schweden

Im Vorfeld der empirischen Untersuchung ist in einer Nachzeichnung des Diskurses einer aktivierenden Sozialpolitik zu klären, welche theoretischen Implikationen mit dem Leitbild verbunden sind und wie und in welchen Zusammenhängen es für die Sozialhilfe und bezogen auf ihre Schnittstellen zur Arbeitsmarkt- und Beschäftigungspolitik sowie zur Bildungspolitik seit den 1990er Jahren, bedeutsam und fachpolitisch thematisiert wurde. Im Untersuchungsansatz wird dabei von der *Hypothese* ausgegangen, dass mit dem Leitbild eines „aktivierenden Wohlfahrtsstaates" gerade für die Sozialhilfe wichtige Veränderungen in den institutionellen Arrangements, in den Steuerungsinstrumenten und in Interventionsformen verbunden sind, die zu einem Wandel von Wohlfahrtsstaatlichkeit beitragen.

Einleitend ist eine *Begriffsklärung* notwendig. Im weiteren Untersuchungsverlauf wird auf den Begriff des *„aktivierenden Wohlfahrtsstaates"* bewusst verzichtet und stattdessen der Begriff der *„aktivierenden Sozialpolitik"* verwendet. Theoretisch und konzeptionell wird damit der Blick deutlich weniger in einem hierarchisch ausgerichteten und staatszentrierten Verständnis angesetzt. Weiterhin scheint das Verständnis einer „aktivierenden Sozialpolitik" dem Gegenstand auch deshalb angemessener, weil damit der ganzen Breite institutioneller Arrangements und sozialer Interventionen von der zentralstaatlichen Ebene, über die föderalen Strukturen und insbesondere schließlich dem lokalen Wohlfahrtsstaat und einem Wohlfahrtsmix möglichst weitgehend entsprochen werden kann. Begriff und Verständnis einer „aktivierenden Sozialpolitik" sind zudem in der besonderen Offenheit für die Untersuchung institutioneller Relationalitäten und Wechselwirkungen sowie neuerer koproduktiver Interventionsformen in dem hier interventions- und lebenslauftheoretisch geleiteten Untersuchungsansatz passender. Soweit der Begriff des „aktivierenden Wohlfahrtsstaates" dennoch Verwendung findet, geschieht dies hier im Rückgriff auf seine Verbreitung in bisherigen Studien.

In der Debatte um Leitbild und Praxis einer „aktivierenden Sozialpolitik" ist bisher *in Deutschland* – mit wenigen Ausnahmen – eine eher *statische* und zumeist auch *staatszentrierte* Sichtweise vorherrschend. So wurden Konzepte und Leitbilder einer „aktiven Gesellschaft", eines „aktivierenden Staates" und „aktiver Individuen" bisher im allgemeinen politischen und im fachpolitischen Diskurs kaum mit einem lebenslauftheoretischen Ansatz verbunden betrachtet.[215] Auch die zuvor in Kapitel 1.3 theoretisch behandelte Dimension der Koproduktion bleibt im Leitbild einer „aktivierenden Sozialpolitik" in ihrer Bedeutung für veränderte Interaktionsbedingungen und -dynamiken bisher zumeist vage. Der Begriff der Koproduktion ist aber im deutschen Diskurszusammenhang häufiger als ein Schlüsselbegriff zu erkennen.[216] Dass eine dynamische und auf den Lebenslauf bezogene „Aktivierungsperspektive" sowohl im deutschen wie auch im schwedischen Fachdiskurs bisher eher die Ausnahme bildet, ist um so überraschender als doch die Ergebnisse der dynamischen Armutsforschung gezeigt haben, dass die Bezieher sozialer Leistungen hinsichtlich der Erschließung von Wegen aus dem Sozialhilfebezug in der Regel deutlich aktiver sind als zumeist angenommen wird. Bezieher von Sozialhilfe sind – insbesondere in den ersten beiden Jahren des Sozialhilfebezugs – in durchaus hohem Maße als „aktive Bürger" handlungsfähig und in der Regel *keine* passiven Versorgungsempfänger. Die meisten Leistungsbezieher finden zudem meist in Eigenregie relativ kurzfristig Möglichkeiten, den Sozialhilfebezug zu beenden, so dass das in Öffentlichkeit und Medien verbreitete Bild des „passiven" oder gar „passivierten" Empfängers von Sozialleistungen empirisch so allgemein nicht bestätigt ist.[217] Zugespitzt lässt sich beobachten, dass einerseits die empirischen Befunde ein hohes Aktivierungspotential und verbreitete Eigenaktivitäten von Arbeitslosen und Sozialhilfebeziehenden zur Bewältigung ihrer Armutslage belegen, dass aber zugleich seit Anfang/Mitte der 1990er Jahre die Reformstrategien in der deutschen wie auch in der schwedischen Sozialpolitik darauf ausgerichtet sind, eine (weitere) Aktivierung der Arbeitslosen und Sozialhilfebeziehenden zu bewirken. Im Rahmen nationaler Programme und vielerorts auch kommunal konzipierter „aktivierender policies" wurden „neue" bzw. veränderte Interventionsmuster für die Sozialhilfe, die Arbeitsmarktpolitik und für die sozialen Dienste zur Förderung von Wegen aus Arbeitslosigkeit und Sozialhilfebezug eingeführt.[218] In beiden Wohlfahrtsstaaten ist damit ein Trend zur *Aktivierung von zumeist ohnehin aktiven Leistungs-*

---

[215] Erste Ansätze bezogen auf die Sozialhilfe und Sozialarbeit in Deutschland bieten Beiträge von Olk (2000a u. 2000b), Leisering u.a. (2001) und Schwarze (2001).

[216] So etwa bei Schulze-Böing (1998 u. 2000) oder bei Olk (2000a), der das Leitbild einer „aktivierenden Sozialpolitik" explizit auf Lebensläufe, Lebenslagen und auf Formen einer „Lebenspolitik" bezieht und ausdrücklich auch die Koproduktion als Dimension einer „aktivierenden Sozialpolitik" einbezieht. Der Beitrag von Olk ist somit als theoretische Grundlage mit zu berücksichtigen.

[217] Vgl. zusammenfassend *für Deutschland* Leisering/Leibfried (1999), Buhr u.a. (1998), sowie *für Schweden* Voges (1999) und Gustafsson (2000).

[218] *In Schweden* bilden die *„Utvecklingsgaranti"* von 1998 und die *„Aktivitetsgaranti"* von 2002 entsprechende rechtliche Änderungen in der nationalen Arbeitsmarktpolitik ab und auf kommunaler Ebene finden sich seit Mitte der 1990er Jahre zahlreiche Programme in Eigenregie der Kommunen. *In Deutschland* bilden etwa das „Job-AQTIV-Gesetz" vom Januar 2002, das Programm MoZArT zur Zusammenarbeit von Sozial- und Arbeitsämtern und ab 2005 die „Hartz- Gesetze" diese Entwicklungen ab.

beziehern in der Sozialhilfe erkennbar. In Deutschland ist ferner eine *„Aktivierung"* *der bisher eher „passiv" und bürokratisch verfassten Sozialverwaltung und Sozialdienste* mit den Reformstrategien intendiert. Letztgenannte Strategie finden ihren Ausdruck in Deutschland auf nationaler Ebene in zahlreichen rechtlichen Änderungen, mit dem Umbau der Bundesanstalt zur Arbeit zu einer „flexibler agierenden" Bundesagentur für Arbeit, ferner mit der Einrichtung von Job-Centren sowie in der Zusammenlegung von Arbeitslosenhilfe und Sozialhilfe ab 2005. Über diese Maßnahmen, die primär der Arbeitsmarktpolitik zuzuordnen sind, wird die bereits seit Anfang der 1990er Jahre ohnehin aktive und auch „aktivierende" kommunale Sozialhilfe/Grundsicherung direkt berührt.

Es kann in den Reformansätzen grundsätzlich von einer der *„doppelten Aktivierungsstrategie"* gesprochen werden, die einerseits auf die sozialen Dienstleistungen und die Sozialverwaltung und andererseits auf die Bürger bezogen ist. Diese doppelte Aktivierungsstrategie kann dabei in beiden Wohlfahrtsstaaten in unterschiedlichen Gewichtungen und Merkmalen ausgeprägt sein. Im günstigsten Fall würden eine „aktive" Sozialverwaltung, „aktive" Sozialdienste und die ebenso „aktiven" Bezieher von Sozialhilfe in den Interventionsformen und in den Elementen einer Koproduktion ideal aufeinander bezogen sein und vorhandene monetäre, zeitliche, räumlich-infrastrukturelle und handlungsmäßige Ressourcen optimal zur Problembearbeitung nutzen können. Mit diesen hier bewusst und gewissermaßen idealtypisch dargestellten Zielsetzungen, wie sie mit dem Leitbild einer „aktivierenden Sozialpolitik" verbunden sind, sind insbesondere in der Zeit- und Handlungsperspektive weitreichende Veränderungen für die Ausgestaltung wohlfahrtsstaatlicher Leistungen und für die Interaktionen zwischen Staat und Bürger zu erwarten.

Verbunden ist damit die Frage, *welche Muster oder welcher Typ einer „Lebenslaufpolitik" steht hinter dem Leitbild einer „aktivierenden Sozialpolitik"?* Berücksichtigen die Programme einer „aktivierenden Sozialpolitik" die bereits skizzierten in höchstem Maße dynamischen Verlaufsmuster von Armutskarrieren in der Ausgestaltung sozialer Interventionen? Lassen sich im Rahmen einer Nachzeichnung des Diskurses in einer Kontrastierung ausgehend von der Sozialhilfe bereits ein *„typisch deutsches"* und ein *„typisch schwedisches Aktivierungsregime"* erkennen? Werden soziale Rechte und Pflichten – in der Verlaufs- und Handlungsperspektive betrachtet – tatsächlich in ihren Relationen zueinander verändert und wenn ja, in welchen Formen lässt sich dies im Diskurs für die beiden Wohlfahrtsstaaten feststellen? Diesen Fragen wird anhand des bisher *in der Literatur* geführten Diskurses nachgegangen. Dabei wird auch kurz auf die historische Entwicklung und die Ursprünge des Leitbildes einzugehen sein.

2.1.1 Ursprünge und internationaler Trend: Vom Leitbild zur Praxis einer „aktivierenden Sozialpolitik" in Europa

Die herausragende Bedeutung und Rolle von Leitbildern in der Entwicklung und im Wandel von Institutionen wurde institutionentheoretisch im ersten Kapitel bereits veranschaulicht. Obwohl das Leitbild einer „aktivierenden Sozialpolitik" erst im Verlauf der 1990er Jahre aktuell wurde, ist festzustellen, dass Ideen und Vorstellungen einer „aktiven Gesellschaft" und eines „aktiven Staates" so neu *nicht* sind und vielfältige Wurzeln aufweisen. Das Leitbild mag historisch noch weiter zurück reichen, als an dieser Stelle untersucht werden kann. Aber bereits 1967 erschien im englischsprachigen Original eine Studie von Etzioni (1975) mit dem Titel *„die aktive Gesellschaft"*. Diese Studie kann als ein frühes theoretisches Fundament des heutigen Diskurses gesehen werden, in dem eine „aktive Orientierung" der Gesellschaft, der Individuen und politischer Prozesse als solche genauer beschrieben sind. In der Wohlfahrtsstaatsforschung erfuhr ferner die Studie von Gilbert/Gilbert (1989) zum *„Enabling State"* international eine starke Aufmerksamkeit.[219] Mit dem theoretischen Ansatz wird der Staat in sozialpolitischen Zusammenhängen stärker in der Rolle eines „Befähigers" und weniger als Leistungsproduzent und Transferzahler gesehen, womit ein grundlegender Wandel im Verständnis von Wohlfahrtsstaatlichkeit angedeutet ist. Im Verlauf der 1990er Jahre fand außerdem im Vorfeld der US-amerikanischen Reformen des dortigen Sozialhilfesystems von 1996 die „Dependency-These" eine starke Aufmerksamkeit, indem sie ein Motiv bildete für die Einführung von „Timelimits" und für die seit dem zu beobachtende Stärkung des „Workfare-Ansatzes".[220] Diese Reformstrategien erwiesen sich in ihren Grundzügen nicht nur in den USA sondern auch in anderen westlichen Wohlfahrtsstaaten, unter anderem in Deutschland und zumindest teilweise auch in Schweden als politisch mehrheitsfähig. Die „Dependency-These" beinhaltet in der Zeitperspektive, dass davon ausgegangen wird, dass vor allem ein länger andauernder Sozialleistungsbezug – insbesondere bei Arbeitslosen – zu Abhängigkeitsmustern führt und „passive" Verhaltensmuster bei den Leistungsbeziehenden begünstigt. Das daran anschließende Konzept eines *„Work for your welfare" (Workfare)* zielt deshalb im Kern darauf, wohlfahrtsstaatliche Tansferleistungen nur noch im Falle einer Gegenleistung, in aller Regel der Aufnahme einer

---

[219] Der „Enabling State" wird grundlegend von Gilbert/Gilbert (1989 und 1992) dargestellt. Sie verweisen auf eine seit Mitte der 1980er Jahre entwickelte sozialpolitische Philosophie, die in einem internationalen Trend unter anderem stärker auf eine „Steuerung durch Anreize" setzt.

[220] Zur *„Dependency-These"* und der Debatte darum in den USA vgl. Fraser/Gordon (1994) und im internationalen Kontext Lødemel/Trickey (2001: 144 f.). Zum Begriff einer „Sozialhilfeabhängigkeit" *(Socialbidragsberoende) in Schweden* vgl. kritisch Sunesson (1991).

Beschäftigung, zu zahlen.[221] Dieser Ansatz bildet einen weiteren theoretischen und ideologischen Ausgangspunkte des Diskurses einer „aktivierenden Sozialpolitik".

Einige seiner Wurzeln findet der Diskurs damit in US-amerikanischen sozialwissenschaftlichen Beiträgen und in dortigen sozialpolitischen Konzepten. Diese waren und sind entsprechend auf die dortigen kulturellen und sozioökonomischen Strukturbedingungen sowie auf die dortigen institutionellen Rahmenbedingungen bezogen. Damit sind die theoretischen Ansätze und sozialpolitischen Programme möglicherweise nicht direkt und nicht ohne ein Risiko „institutioneller Verwerfungen" oder „Brüche" auf europäische Wohlfahrtsstaaten zu übertragen. Dennoch lassen sich international beträchtliche Diffusionsprozesse erkennen.[222]

Nicht unmittelbar im Zusammenhang der US-amerikanisch geprägten Dependency-These und mit dem Workfare-Konzept verbunden, diese jedoch zusätzlich bekräftigend und unterstützend, setzte Anfang der 1990er Jahre international eine Debatte um das Verhältnis von individuellen Rechten und Pflichten ein. Dieser Diskurs wurde vor allem in den westlichen Wohlfahrtsstaaten geführt. Als Impulsgeber und Akteure spielten sowohl die UNO als auch die OECD und die EU eine wichtige Rolle. Vor allem im Kontext der Diskussion um eine noch zu entwickelnde „allgemeinen Erklärung über die Menschenpflichten" wurden entsprechende Neuorientierungen auch in sozialpolitische und arbeitsmarktpolitische Zusammenhänge gestellt. Elemente daraus wurden in Empfehlungen und neuere Programme der OECD und der EU eingeführt.[223]

Die aus diesen Zusammenhängen entwickelten Konzepte und *Begriffe* einer „aktivierenden Sozialpolitik", eines „aktivierenden Staates" oder auch eines „aktivierenden Wohlfahrtsstaates" wie sie in Deutschland gebräuchlich sind, oder ähnlich in Schweden die Begriffe „Aktivering" und „Aktiveringsprogram" sind jedoch viel stärker europäische Sprachschöpfungen als zumeist angenommen. Der Diskurs um aktivierende Elemente einer Sozialpolitik wurde in den USA vor allem mit Begriffen wie „enabling", „dependency" oder „workfare" eingeleitet und geführt. Semantisch deuten sich damit bereits Unterschiede im Diskurs und im Verständnis einer „aktivierenden Sozialpolitik" in den USA, Deutschland und Schweden an.

---

[221] Zur Diskussion sozialer Dienstleistungen in den Reformstrategien zwischen „Welfare und Workfare" sowohl in den USA als auch in verschiedenen europäischen Ländern vgl. Stelzer-Orthofer (2001). Zum „Workfare-Konzept" vgl. grundlegend Lødelmel/Trickey (2000).

[222] Die Diffusionsprozesse und die Einflüsse von „Workfare-Konzepten" auf die Arbeitsmarkt- und Sozialpolitik in Schweden wurden für die 1990er Jahre etwa von Giertz (1998: 206), von Kildal (2000), von Harrysson/Petersson (2000b) und von Salonen (2000) genauer herausgearbeitet.

[223] Mitte der 1990er Jahre gründete eine Gruppe namhafter ehemaliger Staatsoberhäupter den *„InterAction Council"* und erarbeitete einen Entwurf für eine „allgemeine Erklärung der Menschenpflichten". Der Entwurf wurde der UNO zur Verabschiedung übergeben, um damit die „allgemeine Erklärung der Menschenrechte" zu ergänzen. Vgl. Helmut Schmidt, in: Die Zeit, Nr. 41, vom 3. Okt. 1997, S. 17.

Durchaus üblich, theoretisch zudem anders verankert, und in Europa insgesamt seltener verwendet wurde und wird ferner der Begriff des *„Empowerment"*, mit dem seit einigen Jahren speziell in der Sozialarbeit ebenfalls in einem internationalen Trend veränderte Interventionskonzepte beschrieben werden. Sie beinhalten in einer Kritik der bisher in der Sozialarbeit meist dominierenden Defizit- und Problemorientierung im Kern eine stärkere Berücksichtigung und Förderung individueller wie struktureller Ressourcen sowie eine aktive Förderung und Partizipation der Bürger in der Leistungserbringung sozialer Dienste.[224] Damit sind unmittelbar in den sozialberuflichen Handlungsmustern „aktivierende Elemente" angesprochen, die ebenfalls in den Diskurs. Bisher werden diese Einflüsse im deutschen und schwedischen Diskurs zumeist nicht unmittelbar im Zusammenhang mit dem Leitbild gesehen. Für die konkrete Praxis und Umsetzung einer „aktivierenden Sozialpolitik" kann sich der Ansatz des Empowerment jedoch in hohem Maße als funktional erweisen.

Es zeichnen sich damit *unterschiedliche Diskursebenen* ab, die für die Analyse einer „aktivierenden Sozialpolitik" zu beachten sind. Während die Reformstrategien zum „aktivierenden Staat" vor allem auf den öffentlichen Sektor und eine „Verwaltungsmodernisierung" zielen, sind „Dependency-These" und „Workfare-Konzept(e)" vorrangig auf den Bereich der Erwerbsarbeit und auf die Arbeitsmarktpolitik bezogen. Der Ansatz des Empowerment bezieht sich vor allem auf den Bereich der Sozialarbeit und auf eine Veränderung sozialberuflicher Handlungsformen.

Es deutet sich zugleich an, dass nicht *ein* in sich schlüssiges oder homogenes Konzept einer „aktivierenden Sozialpolitik" für den bisherigen Diskurs und die Programmentwicklung in verschiedenen Wohlfahrtsstaaten bestimmend ist, sondern dass sich verschiedenste Leitbilder, Diskurse und Handlungsmodelle in den Reformstrategien des überlagern, die unter dem eher diffusen Oberbegriff einer „aktivierenden Sozialpolitik" subsumierbar sind. Schon die historisch, kulturell und institutionell unterschiedlich zu verortenden Ausgangs- und Bezugspunkte wie auch die begriffliche Vielfalt des Leitbildes verweisen hierauf.

1. Das internationale Leitbild einer „aktivierenden Sozialpolitik" und die skandinavische Tradition aktiver Arbeitsmarktpolitik

Bezogen auf die europäische Debatte um die Entwicklung eines „aktivierenden Wohlfahrtsstaates" spielt vor allem die Formulierung des *„Dritten Weges"* in Großbritannien unter dem Einfluss der Studien von Anthony Giddens (1999 und 2001) eine besondere Rolle. Im Vorfeld der Vorschläge von Giddens zeigte bereits Ulrich Beck (1986) für die Risikogesellschaft im Kontext der Befunde zur Individualisie-

---

[224] Für Details zum Empowerment in der Sozialarbeit vgl. Herriger (1997).

rung ein widersprüchliches Doppelgesicht institutionen-abhängiger Individuallagen auf. Beck machte darauf aufmerksam, dass Biografien zunehmend selbstreflexiv werden und dass auch von daher ein *aktives Handlungsmodell des Alltags* gefordert sei, in dem das Ich das Zentrum bildet (Beck 1986: 217). Die Vorstellung einer in hohem Maße selbstreflexiven Gesellschaft, selbstreflexiver Institutionen und Individuen enthält implizit immer auch das Bild von einem hohen Maß an Aktivität und von einer dynamisch sich verändernden Gesellschaft, sowie veränderter und flexibler Institutionen und Individuen. In diesem Zusammenhang ist darauf zu verweisen, dass in Programmen einer „aktivierenden Sozialpolitik" die Prozesse einer „Individualisierung" und einer „Aktivierung" vielfach Hand in Hand gehen. Auch die sozialen Rechte sind zumeist als Individualrechte konzipiert. Auf diese Zusammenhänge bezogen formuliert Giddens eher allgemein:

> *„Wir müssen unser Leben heute aktiver gestalten als frühere Generationen, und wir müssen bewusster Verantwortung für die Folgen unserer Handlungen und der von uns gewählten Lebensformen übernehmen. (...) Heute besteht die Aufgabe darin, ein neues Gleichgewicht zwischen individueller und staatlicher Verantwortung herzustellen."* (Giddens 1999: 50)

Ein Leitbild der „aktivierenden Sozialpolitik" wird damit programmatisch umfassend sowohl bezogen auf „aktive" und „aktivierende" staatliche Interventionen wie auch bezogen auf individuell „aktives" Handeln formuliert. Seit Mitte der 1990er Jahre wurde diese Programmatik zu einem Leitbild einer in Europa als „modern-sozialdemokratisch" verstandenen Linie der Sozialpolitik. Wie Giddens formuliert, bildeten Programme wie „Arbeit statt Sozialhilfe" für den „Dritten Weg" in Großbritannien ein Hauptmerkmal der New-Labour-Politik seit dem Regierungsantritt von Tony Blair 1997. Dem so entwickelten Leitbild und der konkreten britischen Praxis kam in Europa zumindest ideologisch – etwa für die deutschen Reformstrategien nach 1998 – eine gewisse Vorbildfunktion zu. Neuere Befunde zeigen aber auch, dass die Grundelemente der britischen Programme unter dem Stichwort „Arbeit statt Sozialleistungen" bereits vor 1997 – also noch unter der konservativen Regierung – eingeführt wurden. Auch in diesen britischen Kontexten zeigt sich, dass der von New Labour postulierte „New Deal" so „neu" dann in den einzelnen Instrumenten nicht war.[225]

Der Diskurs um eine „aktivierende Sozialpolitik" wird von Giddens (1999: 50) zugleich eng an den Begriff der Verantwortung und an die Empfehlung zur Ent-

---

[225] Zu Details der britischen Programme und zur Vorbildfunktion bezogen auf die deutschen Reformstrategien Ende der 1990er Jahre vgl. Leisering/Hilkert (2000) sowie Walker (2001). Walker verweist in seinen Schlussfolgerungen auf das Erfordernis möglichst dynamisch angelegter bzw. dezidiert auf den Lebenslauf und die Erwerbskarrieren bezogener arbeitsmarktpolitischer Maßnahmen, die „proactive" und präventiv gestaltet sind, um in einer sich fortlaufend wandelnden Erwerbsgesellschaft Übergänge zu unterstützen.

wicklung einer veränderten „Verantwortungs*teilung*" zwischen Staat und Individuen geknüpft. Interessanterweise wird hingegen die Perspektive einer (aktiven) staatlichen „Verantwortungs*übernahme*" nicht weiter beachtet. Im Kern geht auch in diesem Diskurszusammenhang, der stärker in der Staatswissenschaft und im Staatsrecht entwickelt wird, ebenfalls um die Frage einer Neuformierung des Verhältnisses von individuellen Rechten und den Pflichten bei Inanspruchnahme sozialstaatlicher Leistungen einerseits, andererseits aber auch um eine neue Verantwortungsteilung zwischen staatlichen, intermediären und privaten Akteuren und Sphären.[226] Insoweit ist dieser Diskurs wiederum stärker auf eine insgesamt „aktive Gesellschaft" bezogen, auch wenn zumeist die Frage sozialer Teilhaberechte in Relation zu Pflichten im Verständnis einer Verantwortungsteilung auf das Verhältnis zwischen Staat und Bürger reduziert wird.

Im Zusammenhang mit den britischen Einflüssen und Reformstrategien stellt sich die interessante Frage, ob und inwieweit die dortigen „aktivierenden policies" ihre Wurzeln ausschließlich oder vorwiegend in den früheren US-amerikanischen Beiträgen und in den Konzepten des „Workfare" haben. Erweitern lässt sich diese Frage dahingehend, ob und in welchen Teilen sie auch auf europäische Einflüsse, etwa auf die langjährigen Erfahrungen einer aktiven Arbeitsmarktpolitik in den skandinavischen Wohlfahrtsstaaten, insbesondere dann in Schweden zurückgehen. So sieht Giddens (2001: 39) durchaus einige Wurzeln der britischen Reformstrategien in der aktiven Arbeitsmarktpolitik des „schwedischen Modells" verankert. Zudem findet sich begrifflich eine Parallele, denn das „schwedische Modell" wurde bereits in den 1970er Jahren vielfach als der „dritter Weg" zwischen einem Kapitalismus US-amerikanischer Prägung und dem Staatssozialismus sowjetischer Prägung bezeichnet. Allerdings liegen im Bereich einer Neuformierung von Rechten und Pflichten, wie sie von „New Labour" in Großbritannien seit 1997 vorgenommen wurde, im Vergleich zum traditionellen „dritten Weg" des sozialdemokratischen Wohlfahrtsstaates der 1970er Jahre beträchtliche Unterschiede. Nach der Feststellung von Giddens (1999: 80 ff.) neigte die Sozialdemokratie „alten Stils" dazu, soziale Rechte als unbedingte Ansprüche und weitgehend losgelöst von Pflichten zu verstehen, und sie sozialpolitisch immer weiter auszuweiten. Für den sozialdemokratischen Wohlfahrtsstaat ergebe sich somit ebenfalls ein besonderer Reformbedarf, der mit dem neueren Konzept eines „dritten Weges" und dem Leitbild wie mit Programmen einer „aktivierenden Sozialpolitik" abgedeckt werden könne. Von Giddens wurde somit eine Vorbildfunktion oder Orientierungshilfe mit den von „New Labour" in Großbritannien Ende der 1990er Jahre entwickelten Leitbildern formuliert, die auch für das schwedische wohlfahrtsstaatliche Arrange-

---

[226] Vgl. Schuppert (1998).

ment relevant sei und auch für den deutschen Sozialstaat Anregungen für einen „Umbau" biete.

Es sprechen allerdings auch Befunde dafür, die Ursprünge des Leitbildes und der Praxis einer „aktivierenden Sozialpolitik" generell und unabhängig von „New Labour" stärker im skandinavisch-sozialdemokratischen wohlfahrtsstaatlichen Arrangement zu verorten, wobei für die 1990er Jahre zugleich die Initiatorenrolle einer „Modernisierung" anfänglich bei der OECD lag. Diese Fragen wurden beispielsweise von Kildal (2000) untersucht. Es wird dargestellt, dass bereits 1981 die OECD in der Publikation „The Welfare State in Crisis" unter anderem auf zu schwach entwickelte Arbeitsanreize in den Sozialleistungssystemen westlicher Wohlfahrtsstaaten hinwies. Kildal (2000: 9-13) stellt in diesen Zusammenhängen die skandinavische aktive Arbeitsmarktpolitik und das „Workfare-Konzept" nach US-amerikanischer Prägung im Sinne des Grundsatzes *„Work for your Welfare"*, zutreffend als zwei grundsätzlich unterschiedliche sozialpolitische Modelle dar. Diese Unterschiede zwischen dem Ansatz einer „aktiven Arbeitsmarkt- und Vollbeschäftigungspolitik" und dem „Work for your Welfare" als Programm für Arbeitslose in den USA seien 1996 mit der Welfare-Reform und den dort eingeführten „Timelimits" noch erweitert worden, so dass auch in diesem Kontext nicht von einem irgendwie bereits international annähernd einheitlichen Leitbild einer „aktivierenden Sozialpolitik" in den Schnittstellen von Sozialhilfe und Arbeitsmarktpolitik gesprochen werden kann. Eher stehen sich mindestens zwei grundlegend unterschiedliche Modelle im Bereich von Sozialhilfe- und Arbeitsmarktpolitik gegenüber.

Im britischen Diskurszusammenhang wurde schließlich ein Einwand formuliert, wonach der unter „New Labour" eingeleitete bzw. fortgeführte „dritte Weg" letztlich auch die in den 1970er Jahren bereits für das schwedische wohlfahrtsstaatliche Arrangement diagnostizierten *autoritären Tendenzen* im Verständnis einer „aktivierenden Sozialpolitik" beibehalten würde oder diese noch verstärkt würden. Vor allem von Dahrendorf wurde darauf hingewiesen, dass neuere „aktivierende policies" häufig die Freiheit des Einzelnen durch Kontrollen und pädagogische Bevormundungen eher begrenzen und kaum erweitern würden.[227] Empirisch ist dieser Einwand für Schweden und Deutschland ernst zu nehmen und zu prüfen.

Dass die seit je her *aktive skandinavische Arbeitsmarktpolitik* historisch betrachtet wichtige Einflüsse auf die Ausformung des Leitbildes einer „aktivierenden Sozialpolitik" sowohl in den USA als auch in Großbritannien hatte, steht weitgehend außer Frage. Dabei wurden allerdings ursprünglich die Akzente stärker strukturell und wirtschaftspolitisch sowie auf berufliche Qualifizierung ausgerichtet. Im ursprünglichen Ansatz einer aktiven Arbeitsmarkt- und Vollbeschäftigungspolitik

---

[227] Die Einwände Dahrendorfs zum „Dritten Weg" wurden von (Giddens 2001: 9ff.) zusammengefasst.

stand somit weniger der einzelne Arbeitslose in seiner Pflicht, auch gering entlohnte Beschäftigungen anzunehmen im Zentrum der schwedischen „Arbeitslinie", sondern ein Arbeitsethos verbunden mit dem politischen Konzept den Strukturwandel von Wirtschaft und Arbeitsmarkt durch Investitionsprogramme und Qualifizierung möglichst strukturell und präventiv zu bewältigen.[228] Wie in diesen historischen und politisch-ideologischen Zusammenhängen speziell die deutschen Diskurs- und Reformansätze der 1990er Jahre in Relation zum angloamerikanischen „Workfare-Ansatz" wie auch im Verhältnis zur schwedischen Variante der „aktiven Arbeitsmarktpolitik" zu sehen sind, ist genauer zu untersuchen.

Das *deutsche Sozialhilferecht* stellte bereits mit den direkt darin geregelten „Hilfen zur Arbeit" nach §§ 18 ff. BSHG im internationalen Vergleich eine Besonderheit dar. Dies gilt nicht nur in rechtlicher sondern auch in organisationaler und professionaler Hinsicht. Damit waren für deutsche Kommunen bereits seit Inkrafttreten des BSHG im Jahre 1962 grundsätzlich Möglichkeiten gegeben, aktive und „aktivierende" Arbeitsvermittlungshilfen zu leisten bzw. arbeitslosen Sozialhilfebeziehenden in verschiedenen Varianten eine Beschäftigung anzubieten oder zuzuweisen. Diese Instrumente blieben aber auch in der international vergleichenden Forschung lange unbeachtet, zumal sie in Deutschland selbst erst mit dem Anstieg des arbeitslosbedingten Sozialhilfebezugs seit den 1980er Jahren von den Kommunen intensiver genutzt wurden. Auf die besonders lange historische Tradition einer *„aktiven Arbeitshilfe"*, die so *innerhalb der Sozialhilfesysteme* in anderen Wohlfahrtsstaaten kaum vorzufinden ist, und die eine Zuordnung des deutschen Systems in Typologien schwierig macht, weisen auch Lødemel/Trickey (2000: 331) hin. Die Instrumente der deutschen „Hilfen zur Arbeit" nach dem BSHG unterschieden sich ferner in ihrem eher sozialpädagogischen und ursprünglich stärker ausgeprägten rehabilitativen Ansatz nicht nur vom angloamerikanischen „Workfare-Konzept", sondern auch von der aktiven schwedischen Arbeitsmarktpolitik, die bis in die 1990er Jahre fast ausschließlich zentralstaatlich verantwortet und realisiert wurde. Erst im Verlauf der 1990er Jahre wurden in Schweden auch kommunale Maßnahmen einer „aktivierenden Arbeitshilfe" im Rahmen von Sozialdienst und Sozialhilfe bzw. an ihren Schnittstellen zur aktiven Arbeitsmarktpolitik stärker entwickelt. Insofern ist eine erste Annäherung in den deutschen und schwedischen Reformstrategien erkennbar. Gleichzeitig ist aber mit der Einführung bzw. mit der Stär-

---

[228] So stellt etwa Salonen (2000b) fest, dass die Einflüsse, die die US-amerikanische „Workfare-Debatte" geprägt haben, durchaus auch auf Programme der skandinavischen aktiven Arbeitsmarktpolitik aus den 1940er Jahren zurückgehen. Harrysson/Petersson (2000: 7) stellen besonders heraus, dass die aktive Arbeitsmarktpolitik in Schweden ursprünglich keine direkte *Anbindung an „means-tested benefits"* wie der Sozialhilfe aufwies und sich auch insofern vom „Workfare-Ansatz" unterscheidet. Zudem sehen sie „Workfare" stets mit *Kontrolle* verbunden, die in einer aktiven Arbeitsmarktpolitik des schwedischen Wohlfahrtsstaates nicht bzw. deutlich geringer ausgeprägt war.

kung von „Workfare-Elementen" und einer besonderen Betonung der „Arbeits-pflicht" in den aktuellen Reformstrategien auch eine Annäherung des deutschen Systems wie der schwedischen Reformstrategien an angloamerikanische Reform-konzepte erkennbar. Festzuhalten ist also, dass sich die Debatte um eine „aktivie-rende Sozialpolitik" aus *unterschiedlichsten* nationalstaatlichen, institutionellen und normativen Traditionen historisch über einen durchaus längeren Zeitraum entwi-ckelt hat. Auch aufgrund dieser *heterogenen Grundstruktur des Leitbildes* bleiben Versu-che einer Systematisierung der internationalen Trends zu einer „aktivierenden Sozialpolitik" bisher meist eher unbefriedigend.

2. Diskurs einer „aktivierenden Sozialpolitik" und Typenlehre wohlfahrtsstaatlicher Regimes
In der international vergleichenden Wohlfahrtsstaatsforschung fanden Fragen nach eher „aktiven", „aktivierenden", „passiven" oder gar „passivierenden" Formen sozialer Interventionen im Bereich der Sozialhilfe bisher explizit nur in ersten An-sätzen eine Aufmerksamkeit. Trotz einzelner früher Hinweise auf diese Perspektive wurde sozialwissenschaftlich der Frage nach einer „institutionalisierten Aktivie-rung" im Gegensatz zu einer „institutionalisierten Passivität" bisher im Vergleich unterschiedlicher wohlfahrtsstaatlicher Regime nicht genauer und systematisch nachgegangen.[229] Die Aktivierungsinstrumente, Aktivierungsbezüge, Akti-vierungsformen, Aktivierungseffekte bleiben im Vergleich unterschiedlicher Wohl-fahrtsstaaten speziell für die Sozialhilfe bisher weitgehend im Dunkeln.

Ausgehend von der Wohlfahrtsstaatsforschung ist eine Lesart zum Leitbild ei-ner „aktivierenden Sozialpolitik" denkbar, wonach gerade die *Institutionalisierung sozialer Rechte*, wie sie von T. H. Marshall (1950) beschrieben wurde, oder auch der *Grad der De-Kommodifizierung* nach Esping-Andersen (1990), also die Möglichkeiten der materiellen Absicherung unabhängig vom Arbeitsmarkt, eine Teilhabe und Teilhabevoraussetzungen sichern und damit erst die Möglichkeiten und Vorausset-zungen zu aktivem Handeln und zu einer aktiven Problembewältigung durch die Bürger geben. Insbesondere die *Erwartungssicherheit* sozialer Leistungen oder Diens-te in kritischen Lebensphasen und in materiellen Notlagen schafft und ermöglicht demnach eine Aktivierung von Ressourcen und Chancen im Lebensverlauf.

---

[229] Von Leibfried (1977) liegt ein früher Beitrag vor, der mit dem Befund der *„passiven Institutionalisierung"* bezogen auf die *deutsche Sozialhilfe* bereits die Frage der passiven versus aktiven Sozialverwaltung in vergleichender Perspektive zu den USA behandelt. Leider wurde dieser institutionen- und verwal-tungsbezogene Ansatz danach nicht weiter verfolgt. Die Dimension der „aktiven" versus einer „passi-ven" Variante der Sozialpolitik findet sich zuvor eher indirekt auch bei Titmuss (1969 und 1972) in seiner Unterscheidung zwischen universellen und selektiven Wohlfahrtsstaaten und wurde konkreter von Leibfried (1990) in einer armutspolitischen Fokussierung in der Bildung einer „Vierer-Typologie" zu westlichen Wohlfahrtsstaaten berücksichtigt. In der Untersuchung von Leisering/Hilkert (1999: 29) zu den britischen Reformen in der Sozialhilfepolitik nach 1997 ist die Perspektive auf „aktive" versus „passive" Formen institutioneller Risikobearbeitung ebenfalls enthalten.

Daneben ist in der vergleichenden Wohlfahrtsstaatsforschung ein Deutungsmuster erkennbar, wonach bezogen auf wohlfahrtsstaatliche Arrangements, in
denen soziale Teilhabe-, Anspruchs- und Schutzrechte sehr weit entwickelt und in
hohem Maße institutionalisiert sind, zugleich davon ausgegangen wird, es mangele
in diesen Wohlfahrtsstaaten zum einen an einer Institutionalisierung von Mitwirkungsanforderungen und sozialen Pflichten. Zum anderen werden für wohlfahrtsstaatliche Arrangements diesen Typs, meist als sozialdemokratischer Regimetyp
bezeichnet, die Risiken einer institutionell geförderten oder begünstigten Passivität
der Bürger in der Problembearbeitung und -bewältigung sowie Risiken einer „Sozialleistungsabhängigkeit" als vergleichsweise ausgeprägt angesehen. Insbesondere
das schwedische wohlfahrtsstaatliche Arrangement wird besonders häufig unter
diesen Prämissen hinsichtlich der Effekte sozialer Interventionen – zumeist negativ
bewertet. Allerdings sind zugleich die institutionellen Arrangements und insbesondere die rechtlichen Regelungen sowie die sozialberuflichen Handlungsformen und
Interaktionen zwischen Sozialdiensten und Bürgern ländervergleichend *im Detail*
bisher kaum näher untersucht worden. Vergleichbare empirische Daten zu diesen
grundlegenden Fragen liegen bisher nur selten vor. Dennoch ist eine Kritik des
schwedischen wohlfahrtsstaatlichen Arrangements, wonach es sich dabei um einen
die Bürger „bevormundenden Versorgungsstaat" handele, der „ineffektiv" und
„innovationshemmend" sei, und die Bürger wie auch die Wirtschaft letztlich durch
all zu großzügige Leistungen und Dienste „passiviere" und gerade nicht „aktiviere",
nicht nur unter Vertretern neoliberaler Reformstrategien verbreitet.[230] Die schwedische Gesellschaft und der schwedische Wohlfahrtsstaat können aber ebenso und
vor allem auch nach der im Vergleich zu Deutschland durchaus gelungenen Bewältigung der ökonomischen und fiskalpolitischen Krise Anfang/Mitte der 1990er
Jahre als enorm anpassungsfähig, innovativ, flexibel, an Ressourcen orientiert, und
im Bereich der Arbeitsmarktpolitik und in den sozialen Dienstleistungen mit ihrem
hohem Standard als „aktiv" sowie hinsichtlich der Nutzung von Ressourcen und
der Rationalisierungspotentiale als besonders „aktivierend" bezeichnet werden.
Ferner gelten die staatlichen Institutionen als transparent und demokratisch. Instrumente der Partizipation und Bürgerbeteiligung gelten im internationalen Vergleich als besonders weit entwickelt. Ob und welche dieser sehr unterschiedlichen
und zum Teil konträren Deutungsmuster und Bilder zum schwedischen wohlfahrtsstaatlichen Arrangement allgemein und speziell dann zur Sozialhilfe, Sozialverwaltung und Sozialdiensten und der Frage nach Mustern sozialer Interventionen
nun zutreffen, dürfte die Untersuchung im Ergebnis genauer zeigen. Einmal mehr
bestätigt sich aus der vergleichenden Wohlfahrtsstaatsforschung zunächst, dass das

---

[230] So zusammengefasst Befunde von Zänker (1998) zum schwedischen Wohlfahrtsstaat.

Leitbild einer „aktivierenden Sozialpolitik" auf extrem heterogene und empirisch bisher nur ungenügend abgesicherte Deutungen beruht.

3. Die Dependency-These: empirisch nicht belegt und daher ein kritisches Element im Diskurs einer „aktivierenden Sozialpolitik"

Es wurde bereits allgemein angesprochen, dass die *Dependency-These* in hohem Maße mit dem Diskurs einer „aktivierenden Sozialpolitik" verbunden zu betrachten ist. Obwohl den empirischen Befunden nach Sozialhilfebezug meist von kurzer oder mittlerer Dauer ist und ein mehrjähriger Leistungsbezug eben nicht die Regel ist, halten sich die These und das Bild im Sinne von „einmal arm – immer arm" hartnäckig.[231] Es drängt sich der Eindruck auf, dass die These von der „Sozialhilfe- oder Sozialleistungsabhängigkeit" sowohl allgemein sozialpolitisch als auch fachpolitisch auch dazu dient, im Zusammenhang mit den Reformstrategien bezogen auf die Sozialhilfe ideologisch einen Paradigmenwechsel in den Interventionsmustern einzuleiten.[232]

Ein Verständnis des Sozialhilfebezugs als „Abhängigkeit" von staatlichen Leistungen beinhaltet in der *Zeit- und Handlungsperspektive* betrachtet meist implizit, dass es sich um (zu) lange Bezugsdauern handelt und seitens des Sozialhilfebeziehenden (zu) wenige oder aber keine wirksamen Aktivitäten zur Beendigung des Leistungsbezugs bzw. der Abhängigkeit erfolgen. Damit verbunden sind ganz überwiegend *negative Konnotationen*, die auch in dem Begriff einer Sozialleistungsabhängigkeit stets enthalten sind. „Abhängigkeit" wird als Gegenpol zu „Unabhängigkeit" und damit verbundener Selbständigkeit und wirksamer Selbsthilfe verstanden.

Begriffe wie *„Sozialhilfeabhängigkeit"* oder *„Sozialleistungsabhängigkeit"* finden sich in allen bisher genannten Wohlfahrtsstaaten und ihre Verwendung erfolgt seit einigen Jahren entweder zunehmend unreflektiert oder gezielt ideologisch geprägt

---

[231] Auch Zwick (1994) belegt mit Befunden für Anfang der 1990er Jahre, dass die These „einmal arm – immer arm" empirisch so allgemein nicht zutrifft.

[232] Als besonders negatives Beispiel im Versuch, diesen Paradigmenwechsel *in Deutschland* einzuleiten bzw. zu forcieren und angelehnt an das US-amerikanische Modell im Bundesstaat Wisconsin mit dem „Workfare-Prinzip" der *Sozialhilfeabhängigkeit* entgegenzuwirken, ist die Gesetzesinitiative der Landesregierung in Hessen vom 24. Januar 2002 zu nennen. Unter dem Titel „Offensiv-Gesetz" (Optimal fördern und fordern – engagierter Service in Vermittlungsagenturen) wurde bereits vor den „Hartz-Gesetzen" die Einrichtung von Job-Centren, die Zusammenführung von Sozial- und Arbeitslosenhilfe und die Einführung verbindlicher Eingliederungspläne vorgeschlagen. Der Entwurf enthielt auch Vorschläge, die Aufgabe der Antragsbearbeitung und der Zahlbarmachung der Sozialhilfe den Vermittlungsagenturen zu übertragen. Kritisch dazu Hanesch (2001). *In Schweden* wurden ähnliche sozialpolitische „Vorstöße" zumeist ebenfalls lokal und von neoliberal-konservativen politischen Vertretern eingeleitet. So wurde unter einer bürgerlichen Ratsmehrheit in Stockholm in 2002 beispielsweise vorgeschlagen, einen städtischen „Socialbidragsgeneral" einzusetzen, unter dessen Führung im Rahmen von Projekten, die an das „Workfare-Konzept" angelehnt sein sollten, eine Ausgabenreduzierung und ein Rückgang der Zahl der Leistungsbeziehenden erreicht werden sollte.

und programmatisch mit bestimmten Zielsetzungen verbunden.[233] Selbst Giddens (1997: 203) spricht nicht etwa neutral von *Sozialleistungsbezug* sondern verwendet den Begriff der „Sozialstaatsabhängigkeit". Es bleibt aber weitgehend unklar, was unter einer Sozialstaatsabhängigkeit etwa in der Zeit- und Handlungsperspektive zu verstehen ist und ob sich diese „Sozialstaatsabhängigkeit" auf bestimmte – etwa rein monetäre – Interventions- oder Leistungsformen bezieht oder ob auch personenbezogene und ökologische Interventionen mit in den „Abhängigkeitsbegriff" einbezogen werden. In einer Lebenslaufperspektive ist generell festzuhalten, dass wohl die meisten Menschen in westlichen Wohlfahrtsstaaten im Verlauf ihres Lebens zeitweise oder auch über längere Zeiträume als „sozialstaatsabhängig" zu bezeichnen sind. Die Vorstellung, wonach vor allem mit dem Sozialhilfebezug ausgeprägte Risiken eine „Abhängigkeit" und einer „Passivierung" verbunden sind, bildet ein Hauptmotiv, um die Sozialhilfe und soziale Dienstleistungen künftig „aktiver" und „aktivierend" zu gestalten. Warum allerdings gerade die Sozialhilfe zu besonderen „Abhängigkeitsmustern" und „Passivierungen" führt und etwa Wohngeldleistungen, oder gar das Kindergeld nicht so sehr mit diesen Risiken verbunden betrachtet werden, scheint ideologischer Natur und/oder ausschließlich fiskalpolitisch begründet, ist jedenfalls in der Sache nicht unmittelbar nachvollziehbar.

Es sei daher aus den zuvor genannten kritischen Überlegungen heraus ausdrücklich darauf hingewiesen, dass in dieser Untersuchung der Begriff der „Sozialhilfeabhängigkeit" bewusst *nicht* verwendet wird. Um die skizzierten negativen Assoziationen, die insbesondere in der Zeit- und Handlungsperspektive mit dem Abhängigkeitsbegriff verbunden sind, zu vermeiden, wird neutral von *Sozialhilfebezug* oder *Sozialleistungsbezug* gesprochen. Im Kontext personenbezogener sozialer Dienste wird im weiteren Fortgang der Untersuchung wie schon bisher von der „Inanspruchnahme" sozialer Dienste oder von der „Dienstleistungsproduktion" gesprochen. Zugleich findet die Frage hier besonderer Beachtung, ob und in welchen Formen bestimmte soziale Interventionen „Abhängigkeitsmuster" sowie Formen einer „passiven" Risikobearbeitung vermeiden helfen oder eher begünstigen.

In der Diskussion des Leitbildes einer „aktivierenden Sozialpolitik" ist bezogen auf die „Dependency-These" zu beachten, dass die Vorstellungen und gesellschaft-

---

[233] Auch in der *deutschen* Fachliteratur findet der Begriff „Sozialhilfeabhängigkeit" inzwischen verbreitet Verwendung, etwa in Veröffentlichungen der Bertelsmann-Stiftung (1999: 8ff.). In Publikationen des Deutschen Landkreistages, des Deutschen Städtetages und des Deutschen Städte- und Gemeindebundes ist der Begriff ebenfalls verbreitet. Für *Schweden* gilt, dass ebenfalls sowohl in den Medien, in Politik, aber auch in Fachpublikationen der Begriff einer „Sozialhilfeabhängigkeit" *(socialbidragsberoende)* häufig verwendet wird. Kritisch setzt sich beispielsweise Sunesson (1991) mit der Verwendung des Begriffs und seinen Implikationen für die schwedische Fachdebatte auseinander. Ein Beispiel für eine einseitige und wenig reflektierende Verwendung des „Abhängigkeits-Begriffs" im wissenschaftlichen Kontext bildet ein Beitrag von Einerhand/Eriksson/Leuvensteijn (2001).

lichen Orientierungsmuster, wonach das Verhältnis zwischen Wohlfahrtsstaat und Bürgern von einer grundsätzlich sehr ausgeprägten individuellen Eigenverantwortung und Unabhängigkeit der Bürger geprägt ist, in den USA eine völlig andere historische und kulturelle Verankerung aufweist als das für europäische Wohlfahrtsstaaten gilt. Die Autonomie, Eigenverantwortung und Unabhängigkeit des einzelnen Bürgers genießen seit je her in den USA einen besonders hohen Stellenwert und damit sind dort Leitbilder oder Programme eines „befähigenden Staates" *(Enabling State)* oder einer „aktivierenden Sozialpolitik" und einer „Aktivierung" des Einzelnen direkter und problemloser anschlussfähig als etwa im bismarckschen oder im sozialdemokratischen Wohlfahrtsstaat. Damit treffen auch die Abhängigkeitsthese und ebenso das Leitbild und der Diskurs einer „aktivierenden Sozialpolitik" auf völlig unterschiedliche soziale und wohlfahrtskulturelle sowie ganz anders geformte institutionelle Ausgangslagen und Rahmenbedingungen in den verschiedenen Wohlfahrtsstaaten. In diesen Punkten, sind das deutsche und das schwedische wohlfahrtsstaatliche Arrangement in Relation zur US-amerikanischen Gesellschaft und den dortigen Formen der Wohlfahrtsstaatlichkeit relativ ähnlich. Zugleich sind die angedeuteten gesellschaftlichen und institutionellen Kontextbedingungen und Bezüge einer „aktivierenden Sozialpolitik" auch im deutsch-schwedischen Vergleich in der empirischen Studie zu beachten. Im Bezug auf die „Dependency-These" und hinsichtlich des Begriffs der „Sozialhilfeabhängigkeit" ist zu prüfen, ob und in welchen Zeit- und Handlungsbezügen sie sich normativ, rechtlich, organisational, professional und interaktional in Mustern sozialen Interventionen vorfinden lassen oder diese prägen.

4. Die „aktivierende Sozialpolitik" als „arbeitsmarktpolitischer Diskurs"

Es lässt sich feststellen, dass das Leitbild und der Diskurs einer „aktivierenden Sozialpolitik" im internationalen Diskussionszusammenhang in besonders hohem Maße auf den Arbeitsmarkt und die Arbeitsmarktpolitik bezogen ist. Dabei hat vor allem die OECD wichtige Impulse für die Einführung aktivierender arbeitsmarktpolitischer Programme in westlichen Wohlfahrtsstaaten gegeben. Reformansätze, die sich auf einen Umbau der Sozialhilfe zu einer „aktiven" und „aktivierenden" sozialen Dienstleistung beziehen, sind meist ebenfalls stark von einer erwerbs- und arbeitsmarktbezogenen Perspektive geprägt. Dies ist im Kontext arbeitslosbedingten Sozialhilfebezugs zwar nachvollziehbar. Sowohl in Deutschland als auch in Schweden ist Arbeitslosigkeit jedoch nicht allein Hauptursache des gestiegenen Sozialhilfebezugs. Auch Scheidung/ Trennung, Krankheit, private Überschuldung, Defizite im Familienlastenausgleich verbunden mit einer Kürzungspolitik im vorrangigen Leistungssystem des Wohlfahrtsstaates spielen als Ursachengefüge eine wichtige Rolle. Denkbar wäre demnach auch, dass der Diskurs und die Programme einer „aktivierenden Sozialpolitik" nicht allein bzw. nicht vorrangig von arbeitsmarktpolitische Sichtweisen bestimmt wird, sondern ebenso auf den Bereich der personenbezogenen sozialen Dienste ausgerichtet ist. Es besteht ein gewisses Risiko,wonach das Leitbild und Programme einer „aktivierenden Sozialpolitik" gerade im Bereich der Sozialhilfe, soweit sie sich auf multiple Probleme beziehen, in den sozialen Interventionen und in ihren Problembezügen all zu sehr vom arbeitsmarktbezogenen Reformdiskurs überlagert und bestimmt werden. Die Dominanz der „Workfare-Debatte" in den vergangenen Jahren blockiert in gewisser Weise eine stärker *bildungspolitische* und *bildungsorientierte* sowie eine *offenere* auf *Lebenslagen-* und auf *personal wie biografisch gebildete Ressourcen* bezogene Ausrichtung einer „aktivierenden Sozialpolitik". Diese könnte in der Bearbeitung sozialer Probleme und in der Armutsbekämpfung langfristig sogar wirksamer und weiterführend sein als das mit kurzfristig aus dem „Workfare-Konzept" abgeleiteten und an schnellen Erfolgen ausgerichtete Leitbildern und Programmen eventuell möglich ist.

In einer auf den *Arbeitsmarkt* bezogenen „aktivierenden Sozialpolitik" lässt sich nach bisherigen Befunden feststellen, dass zumindest auf bestimmte Gruppen bezogen nicht mehr nur rein nationalstaatlich gesetzte politische Impulse für die Ausweitung des Leitbildes und entsprechender arbeitsmarktpolitischer Programme bestimmend waren. Vielmehr wurden und werden vor allem bezogen auf *junge Arbeitslose* und *Langzeitarbeitslose* in hohem Maße über die OECD und/oder über die EU vielfältige Programmempfehlungen und Richtlinien erlassen. Auch insoweit ist der Diskurs stark von einer *internationalen Ebene* aus forciert worden und kaum als national wohlfahrtsstaatlicher Diskurs zu erschließen oder zu verstehen. So wurde den nationalen Regierungen bereits 1995 – also noch bevor die Sozialdemokratie in Deutschland, Großbritannien und Schweden wieder zur Regierungspartei wurde – in Studien und Empfehlungen der OECD zu einer stärker „aktivierenden Arbeitsmarktpolitik" geraten.[234]

Bezogen auf die Impulse, Entwicklungen und hinsichtlich der Bedeutung und Ausrichtung des Leitbildes einer „aktivierenden Sozialpolitik", wie sie von internationalen Institutionen und Organisationen formuliert wurde, stellen Hanesch/ Baltzer (2001: 6) rückblickend zum Beispiel zusammenfassend wörtlich folgendes fest:

> *„During the nineties, the concept of the activating welfare state played a key role in the social policy discourse of the member states of the European Union. Influenced by recommendations of the European Commission and the OECD, the call for a shift from "passive" to "active" measures within the social protection system has become more and more popular. Instead of offering cash transfers to people out of work, the transition of the recipients into paid employment should be assisted through various measures. The social protection of the unemployed was become the favoured field of practical experiences with activation policies. Up to now, there ist no common defintiton of activation (...)."*

---

[234] Vgl. hierzu Drøpping u.a. (1999: 142). Auch Hanesch u.a. (2001: 123) weisen auf die besondere Bedeutung der Europäischen Union und mehr noch der OECD im Zusammenhang des Wandels von früher „passiven" zu nunmehr „aktiven" policies in der Arbeitsmarkt- und Sozialhilfepolitik hin.

Diese Entwicklungen und Hintergründe gelten sowohl für die Leitbildformulierung in Deutschland wie auch in Schweden. Festzuhalten ist, dass eine einheitliche Definition dessen, was unter einer „aktivierenden Politik" am Arbeitsmarkt genau zu verstehen ist, offenbar bisher nicht entwickelt wurde oder aber nicht möglich ist. Auf die skandinavischen Wohlfahrtsstaaten bezogen stellen bisherige Untersuchungen ebenfalls fest, dass der Diskurs um „aktivierende policies" dort ebenso stark *extern geleitet* ist – vor allem über die OECD. Diese internationalen Trends und Impulse haben die nationalen policies und Traditionen beeinflusst und international seit den 1990er Jahren zu mehr oder weniger ähnlichen Reformstrategien in der Arbeitsmarktpolitik geführt. Diese Tendenzen müssten sich also am Ende der empirischen Untersuchung auch für Deutschland und Schweden in der aktiven Arbeitsmarktpolitik für Sozialhilfebeziehende zeigen. Sie sind aber zugleich in ihrer Einbindung in bisherige Traditionen und Entwicklungspfade der je internationalen wohlfahrtsstaatlichen Arrangements zu sehen.

So traf etwa das von der OECD Mitte der 1990er Jahre forcierte Leitbild einer „aktivierenden Arbeitsmarktpolitik" auf die in *Schweden* historisch bereits sehr stark entwickelte „Arbeitslinie" *(Arbetslinje)*, die sowohl als „Arbeitsethos" wie auch im politischen Primat der Vollbeschäftigung ihren Ausdruck findet.[235] Lange galt in der vergleichenden Wohlfahrtsstaatsforschung das „Recht auf Arbeit" gerade am Beispiel Schwedens als im Rahmen der Vollbeschäftigungspolitik institutionalisiert. Die ebenfalls im „schwedischen Modell" seit seiner Gründung in den 1930er Jahren verankerten normativen und rechtlichen Regelungen eines „Arbeitsethos", die im Grunde einer Arbeitsverpflichtung gleichkamen, fanden meist kaum weitergehende Beachtung, solange die Vollbeschäftigung staatlich garantiert war. Im Falle des Bezugs von Leistungen der Armenpflege bzw. bei Sozialhilfebezugs galt aber für Arbeitsfähige seit je her die Verpflichtung, jede zumutbare Arbeit oder Beschäftigung annehmen zu müssen.[236] In der aktiven Arbeitsmarktpolitik und den Reformstrategien lässt sich für Schweden seit Anfang/Mitte der 1990er Jahre neben einer stärkeren Ausdifferenzierung der Programme in Form einer „*Gruppenpolitik*",

---

[235] Zu Historie und zum Begriff der „*Arbetslinje" in Schweden* vgl. zum Beispiel auch Furåker (1997) und Johansson (2001: 38 ff.). Zur Bedeutung der aktiven schwedischen Arbeitsmarktpolitik und einer solidarischen Lohnpolitik in den Grundkonzepten vgl. Meidner/Hedborg (1984). Jüngere Entwicklungen in der schwedischen Arbeitsmarktpolitik wurden von Jochem (1998), Meidner (1999), Johannesson (1999) sowie von Kvist (2001) und Anderson (2001) untersucht.

[236] Bis zum ausgehenden 19. Jahrhundert waren Armenpflege und Arbeitsmarktpolitik in Schweden in kommunaler Zuständigkeit sehr weitgehend miteinander verbunden. Auch nach Aufbau der nationalen wohlfahrtsstaatlichen Politik und der aktiven Arbeitsmarktpolitik bildeten etwa die sogenannten Bereitschafts- oder Notstandsarbeiten („*Beredskapsarbete"*) für Schweden auch nach den 1930er Jahren einen Bereich der „Arbeitshilfen", an dem die Kommunen beteiligt waren. In wirtschaftlichen und arbeitsmarktpolitischen Krisenzeiten kamen diese Maßnahmen verstärkt zum Einsatz, um Arbeitslose zu beschäftigen. Für Details vgl. Elmér u.a. (2000: 68-72).

die speziell auf junge Arbeitslose, Langzeitarbeitslose, Ältere, oder Einwanderer bezogen ist, eine *Dezentralisierung* der Arbeitsmarktpolitik feststellen. Den Kommunen und der Sozialhilfe kommen in dieser Entwicklung verstärkt arbeitsmarktpolitische Aufgaben zu, sowohl im Bereich der Finanzierung wie in der Programmentwicklung und ihrer Implementierung.[237] Im Ergebnis dieser Entwicklungen wurden die zentralstaatliche Arbeitsmarktpolitik und der kommunale Sozialdienst im Bereich „aktivierender" arbeitsmarktpolitischer Maßnahmen für arbeitslose Sozialhilfebeziehende, aber auch allgemein institutionell (wieder) enger zusammengeführt.

Auch in *Deutschland* erwiesen sich die Empfehlungen der OECD und der EU hinsichtlich der aktiveren Gestaltungselemente in der Arbeitsmarktpolitik als unmittelbar anschlussfähig, da maßgebliche nationale Akteure die „passive" Arbeitsmarktpolitik in Form der monetären Leistungen wie Arbeitslosengeld und -hilfe sowie der Sozialhilfe ebenfalls um stärker „aktivierende" und „investiv" gestaltete Maßnahmen ergänzen wollten. Eine sozialpolitische Linie, die in der deutschen Arbeitsmarktpolitik bereits 1969 mit der Einführung des Arbeitsförderungsgesetzes (AfG) eine *aktive* Arbeitsmarktpolitik forcierte und die zuvor nach dem zweiten Weltkrieg entwickelte kompensatorischen Arbeitsmarktpolitik ablöste, fand darüber bereits ihre Fortsetzung und „Modernisierung". Sie sollte im Verlauf der veränderten arbeitsmarkt- und sozialpolitischen Anforderungen der 1990er Jahre, die sich aus der deutschen Einigung und der anhaltenden Massenarbeitslosigkeit ergaben, durch umfassende Reformen im Verständnis einer „aktivierenden" Arbeitsmarktpolitik eine weitere „Modernisierung" erfahren. Mit den Änderungen des Arbeitsförderungsrechts im Jahre 1997, dass als SGB III seit dem die monetären *und* personenbezogenen Leistungen und Dienste der Arbeitsverwaltung regelt, wurde die Förderung des Ausgleichs am Arbeitsmarkt und die Verteilung und Förderung von Verantwortungen der Arbeitsmarktbeteiligten bereits stärker betont. Auch in Deutschland bestimmen zunehmend ausdifferenzierte Zielkataloge und stärker gruppenbezogene Maßnahmen heute die Instrumente einer aktiven Arbeitsförderung, insbesondere auch seit den „Hartz- Reformen" mit dem neuen SGB II ab 2005. Die „zentralstaatliche" aktive Arbeitsmarktpolitik und Arbeitsförderung, die heute auf ministerialer Ebene und in Trägerschaft der Bundesagentur für Arbeit gestaltet werden, gerieten im Verlauf der 1990er Jahre in eine damals völlig neue *Wettbewerbssituation mit den kommunalen Instrumenten* der „Hilfen zur Arbeit" nach §§ 18 ff. BSHG. Die deutschen Kommunen hatten infolge eines massi-

---

[237] Für Details siehe Salonen (1997), Svenska Kommunförbundet (1999) und deutschsprachig zusammenfassend Schwarze (2000b). Neben einer quantitativen Ausweitung der arbeitsmarktpolitischen Maßnahmen in Trägerschaft der Kommunen und stärkerem finanziellen Engagement wurde durch eine Reform 1996 auch die Zusammensetzung der Arbeitsvermittlungsausschüsse *(Arbetsförmedlingsnämnder)* verändert und dadurch der Einfluss kommunaler Vertreter auf die Arbeitsverwaltung gestärkt.

ven arbeitsmarktbedingten Anstiegs der Sozialhilfeleistungen ihre Maßnahmen der „Hilfen zur Arbeit" in Form einjähriger Arbeitsverträge nach §§ 19 ff. BSHG im Sinne eines „Verschiebebahnhofes" auf bis zu 300.000 Stellen im Jahre 1998 ausgeweitet. Hauptmotiv war, Sozialhilfebeziehenden über dieses Instrument wieder Anwartschaften und Leistungen der vorrangigen Arbeitslosenversicherung zu erschließen. Die Kommunen und die Maßnahmen im Rahmen der Sozialhilfe erschienen Ende der 1990er Jahre zum Teil als die „effektiveren" Arbeitsberater und -vermittler. Seit Ende der 1990er Jahre ist damit eine föderal geprägte Wettbewerbs- und Doppelstruktur in der deutschen Arbeitsberatung und -vermittlung entstanden. Die Reformstrategien zielen vor allem darauf, beide Bereiche in ihren Schnittstellen verändert und möglichst wirksam aufeinander abzustimmen.

Die hier kurz für Deutschland und Schweden skizzierten Entwicklungen und Reformstrategien einer „aktivierenden Sozialpolitik" im Bereich der *Arbeitsmarktpolitik* sind also nie ohne Bezüge zu Empfehlungen und Vorgaben der OECD und EU zu verstehen. Sie sind zugleich aber immer auch spezifisch in die nationalen Arrangements eingebettet zu sehen. Gerade der jüngste deutsche Reformeifer geht inzwischen zunehmend „eigene Wege" und scheint sich etwas von Einflüssen der OECD und EU zu lösen, da die massive wirtschaftliche Krise und die Finanzsituation der öffentlichen Haushalte weitergehende Reformstrategien notwendig erscheinen lässt.

Dennoch lässt sich erkennen, dass sich ausgehend von den Empfehlungen der OECD und der EU etwa in Deutschland, Schweden und Großbritannien – *weitgehend einheitlich definierte Zielgruppen* einer „aktivierenden" Arbeitsmarktpolitik finden. Hierzu gehören vorrangig *junge Arbeitslose, Langzeitarbeitslose* und *eingeschränkt erwerbsfähige Personen*. Das heißt auch, es handelt sich zumeist um Personen bzw. Gruppen, die aufgrund von Arbeitslosigkeit entweder mangels Zugang zum vorrangigen System der Arbeitslosenversicherung oder infolge zu geringer Anwartschaftszeiten entweder ausschließlich oder ergänzend zu Leistungen der Arbeitslosenkassen Sozialhilfe/Grundsicherung beziehen. Schon aufgrund dieser Ursachen- und Interventionsgefüge und einer „institutionellen Doppelstruktur" in der Problembearbeitung der Arbeitslosigkeit sind Arbeitsmarktpolitik und Sozialhilfepolitik im Verlauf der 1990er Jahren bei bestimmten Problemlagen gruppenbezogen enger und zum Teil sehr eng institutionell verbunden worden. In Deutschland wie in Schweden zeigen sich die Schnittstellen in der institutionellen Problembearbeitung in diesem Bereich heute deutlicher überlagert als noch in den 1970er und 1980er Jahren. Damit ist auch das Leitbild einer „aktivierenden Sozialpolitik" gleichermaßen für die Arbeitsmarktpolitik wie für die Sozialhilfepolitik aktuell. Es stellt sich die Frage, ob es in beiden Politikbereichen auch inhaltlich und diskursiv in konvergenter Weise entwickelbar und umsetzbar ist oder aber ob nicht *politik- bzw. bereichsspezifisch* je besondere Leitbildkonfigurationen gelten.

So ist beispielsweise als Befund festzuhalten, dass andere Gruppen – vor allem „nicht arbeitslose Bezieher" von Sozialhilfe und auch bestimmte Leistungsbezieher der Arbeitslosenversicherung, die nicht direkt über die internationalen und national definierten Programme und Kriterien von den „aktivierenden policies" berührt werden, etwa allein Erziehende, Einwanderer, Langzeitkranke, u.a. mehr in einem Effekt des „creaming the poor" von den Maßnahmen einer „aktivierenden Sozial-politik" tendenziell ausgeschlossen werden. Vor diesem Hintergrund scheint ein Zugang der Untersuchung veränderter Interventionsformen, die die *kommunale* Sozialhilfe *und* die *lokalen* arbeitsmarktpolitischen Arrangements als Bezugspunkte wählt, weiterführend als ein Zugang über Programme und Daten der OECD und der EU oder über die nationalen bzw. zentralstaatlichen Programme. Der zweiten Variante folgend konzentrieren sich die bisherigen Befunde zumeist auf Maßnah-men und Programme für junge Arbeitslose *(youth unemployment)*, Langzeitarbeitslose *(long term unemployed)* und für die Gruppe der eingeschränkt Erwerbsfähigen *(people with disabilities)*. Beispielsweise gehen Drøpping u.a. (1999) in ihrer Untersuchung zu den „aktivierenden policies" in den nordischen Wohlfahrtsstaaten von Daten der OECD aus und beschreiben unter anderem für Schweden die Programme mit dem Stand Mitte der 1990er Jahre genauer. Im Fazit der Studie wird festgestellt:

> *"We have presented some indicators of a shift towards greater emphasis on activation at the interface between labour market and income-maintenance policies in general, and more specifically, in policies directed towards the unemployed young and people with disabilities in the Nordic countries".* (Drøpping u.a. 1999: 157)

In Anlehnung an die Befunde zur De-Kommodifizierung von Esping-Andersen (1990) wird ferner im internationalen Vergleich ein Wandel hin zu einer „relativen Re-Kommodifizierung" ermittelt, die sich infolge der „aktivierenden policies" abzeichnet.[238] Auch diese Befunde und die damit verbundene Frage zu den ent-sprechenden Mustern *lokaler* institutioneller Risikobearbeitung, wie sie im Bereich der Arbeitsmarktpolitik bei Arbeitsämtern *und* Kommunen inzwischen verbreitet neu gestaltet wurden, wären ländervergleichend genauer zu untersuchen als bisher im Problemzugang über Daten und Programme der OECD und EU.

5. Das Leitbild einer „aktivierenden Arbeitsmarktpolitik" als bestimmende Bezugsgröße der Reformstrategien in der deutschen Sozialhilfe

Zur kommunalen Arbeitsmarktpolitik allgemein und zum Instrumentarium und der Praxis der früheren „Hilfen zur Arbeit" nach dem BSHG liegt inzwischen eine umfangreiche Literatur vor.[239] Im Stand der Forschung ist festzustellen, dass diese

---

[238] Vgl. Drøpping/Hvinden/Vik (1999: 157).
[239] Zu den „Hilfen zur Arbeit" nach §§ 18 ff. BSHG vgl. Priester/Klein (1992), Jacobs (1996a), Fuchs/Schulze-Böing (1999), Deutscher Städtetag (1999), Bertelsmann-Stiftung (2001).

von zum Teil unterschiedlichen Prämissen im Verständnis einer „aktivierenden Sozialpolitik" ausgeht, und häufig ausschließlich oder aber zentral die „Workfare-Debatte" als Bezugsgröße für Reformstrategien seit den 1990er Jahren ausweist.[240] Die deutsche und die schwedische Arbeitsmarkt- und Beschäftigungspolitik, soweit sie im Kontext der kommunalen Sozialhilfe steht, vorrangig oder ausschließlich mit Bezügen zur „Workfare-Debatte" zu untersuchen, beinhaltet zugleich das Risiko, die historischen, kulturellen, institutionellen und auch spezifisch sozialberuflich geprägten Struktur- und Rahmenbedingungen im jeweiligen Wohlfahrtsstaat zu vernachlässigen, in dem neuere Programme überbewertet und traditionelle bzw. ältere Programme, Verfahrensweisen und Routinen unterbewertet werden.

In der deutschen Debatte lässt sich bereits seit Ende der 1980 Jahre ein explizit auf den *lokalen Arbeitsmarkt* bezogener Ansatz in der Entwicklung neuerer arbeitsmarktpolitischer Programme erkennen. Hingewiesen wurde schon auf die lange rechtliche Tradition und Existenz der Regelungen einer „Hilfe zur Arbeit" im Rahmen des Sozialhilferechts seit 1962. Neben dieser *historischen Perspektive*, in der auch das Prinzip einer „Hilfe zur Selbsthilfe" arbeitsbezogen seit 1962 enthalten ist, wird meist auch die *sozialberufliche Perspektive* vernachlässigt. Die deutsche Variante der „Hilfen zur Arbeit" war in dieser Hinsicht in den 1960er und 1970er Jahren vor allem auch mit fürsorgerischen und sozialpädagogischen Intentionen verbunden und zielte einerseits auf die Aktivierung von Sozialhilfebeziehenden zur Ableistung „gemeinnütziger Arbeit" gegen geringes Entgelt. Sie beinhaltete aber ebenso ein rehabilitatives Element, in dem Sozialhilfebeziehende nach einer meist längeren Krankheit, nach Therapieaufenthalten, Haftentlassung zunächst einen „Gewöhnungsprozess" durchlaufen konnten, um im pädagogischen Sinne wieder an Erwerbsarbeit und an die Belastungen und Routinen des Arbeitsalltags herangeführt zu werden. Die frühen Formen einer „Hilfe zur Arbeit" in der deutschen Sozialhilfe waren also weniger im Sinne eines „work for your welfare" zu verstehen, sondern entsprachen mindestens ebenso einem rehabilitativen und fürsorgerisch geprägten Grundverständnis, mit dem im Rahmen der Sozialhilfe arbeitslosen oder „arbeitsentwöhnten" Hilfeempfängern sozialberuflich begegnet wurde.[241] Die Interventionen waren zunächst weniger auf einen möglichst schnellen Wiedereinstieg in das Erwerbsleben auf möglichst hohem Niveau ausgerichtet, sondern tendenziell eher auf den Nachweis der Arbeitsbereitschaft und der Arbeitsfähigkeit bezogen. Sie hatten eine Annäherung und schließlich eine Rückkehr in das Erwerbsleben je nach individuellen Leistungsmöglichkeiten und den biografisch geprägten Handlungsvoraussetzungen zum Ziel. In diesen stärker auf Rehabilitation

---

[240] In diesem Verständnis gehen beispielsweise auch Lødemel/Trickey (2000) vor und es findet sich auch im Sammelband von Stelzer-Orthofer (2001).
[241] Vgl. auch LPK-BSHG (1998: 282).

bezogenen und „fürsorgerisch" geprägten Handlungsformen weisen das deutsche und das schwedische Sozialhilfe- und Sozialdienstsystem durchaus ähnliche Grundstrukturen auf, die sich vom Modell des „Workfare", soweit es verbunden mit Zwangs- und Kontrollelementen und der Arbeitsaufnahme als „Gegenleistung" zu monetären Transferleistungen verstanden wird, grundlegend unterscheiden.[242]

Erst im Verlauf der 1980er Jahre kam es mit steigender und anhaltend hoher Massenarbeitslosigkeit und mit einer Reform im Arbeitsförderungsgesetz (AfG) von 1982 und mit der Entdeckung der „Hilfen zur Arbeit" nach § 18 ff. BSHG als beschäftigungspolitischem Instrument zu Veränderungen in diesen früher stärker sozialberuflich geprägten Traditionen und Verfahren der kommunalen Arbeitshilfen. Diese wurden um neue Instrumente, etwa der Vertragsvariante nach § 19 BSHG ergänzt und eine kommunale Arbeitsmarktpolitik entwickelte sich im Verlauf der 1990er Jahre zum Vorreiter einer „aktivierenden" Sozialpolitik. Sie wurde gleichzeitig aber auch zu einem „Verschiebebahnhof" für Arbeitslose im Rahmen der kommunalen Sozialhilfe, nachdem die staatliche Arbeitsmarktpolitik die Probleme der Massenarbeitslosigkeit nicht lösen konnte. Erst Verlauf der 1990er Jahre fanden die angloamerikanischen „Workfare-Konzepte", aber auch niederländische Modelle wie das Vermittlungskonzept der Agentur Maatwerk sowie das dänische „Job-Wunder" stärkere Aufmerksamkeit in Deutschland. Auch wenn diese Ansätze rechtlich bisher im BSHG kaum direkten Niederschlag fanden, so wurden sie im Rahmen der Reformen des SGB III seit Ende der 1990er Jahre normativ und rechtlich etwa im Job-AQTIV-Gesetz verankert und es leiten sich indirekte Wirkungen auch für die Sozialhilfe daraus ab. Das Verständnis eines „work for your welfare" ist im arbeitsmarktbezogenen Diskurs einer „aktivierenden Sozialpolitik" inzwischen in Deutschland mit den „Hartz- Gesetzen (SGB II + SGB XII) im Fachdiskurs zur Sozialhilfe/Grundsicherung verbreitet. So wird in der Literatur etwa die Einschätzung vorgenommen, wonach in Deutschland mit dem „Workfare-Konzept" eine *konzeptionelle Brücke* zwischen der herkömmlichen Sozialhilfe einerseits und der Arbeitsmarkt- und Beschäftigungspolitik andererseits geschlagen wird. Das „Workfare-Konzept" ist sowohl Ausgangspunkt für eine neue „aktivierende Praxis" in der Sozialhilfe/Grundsicherung wie auch in der kommunalen Arbeitsförderung.[243] Als „neue" Instrumente werden ein „Eingliede-

---

[242] In Schweden wurden und werden diese Leistungen beruflicher Rehabilitation nur teilweise vom kommunalen Sozialdienst, vor allem aber über das „Arbetsmarknadsinsitut" (AMI) erbracht. Das AMI ist organisatorisch der staatlichen Arbeitsmarktverwaltung *(Arbetsmarknadsstyrelsen)* angegliedert.

[243] So stellt etwa Schulze-Böing (1998: 38 und 2000) die US-amerikanischen „Workfare-Konzepte" im Verständnis einer *aufgeklärt-europäischen Komponente* dar und formuliert insofern eine „Vorbildfunktion" dieses Ansatzes für die deutschen Reformstrategien. Insbesondere in den Grundsätzen der möglichst frühzeitigen Aktivierung, im Instrument der Hilfeplanung und im Prinzip der Reziprozität, wo-

rungs- bzw. Hilfeplan" genannt, der von den Beratern und den Arbeitssuchenden sowie ggfls. auch von einzubeziehenden Dritten, etwa einer Schuldnerberatungsstelle gemeinsam erstellt und gezeichnet werde. Ziel dieses „Förderns und Forderns" ist dann die vorrangige und möglichst schnelle aktive Vermittlung möglichst in den „ersten" Arbeitsmarkt.

Auch Hanesch/Balzter (2001) sehen zwar die US-amerikanischen und über die OECD und EU mit forcierten Trends in der „Workfare-Debatte" als prägend für den Diskurs einer „aktivierenden Sozialpolitik" in Deutschland an. Sie sehen diese Reformlinie allerdings kritisch und weisen vor allem auf die Risiken einer solchen „negative Aktivierung" hin, in der das „Fordern" vor dem „Fördern" angesiedelt ist. Auch Leisering/Hilkert (1999) skizzieren ausgehend von empirischen Befunden zu den arbeitsmarktpolitischen Reformstrategien in Großbritannien ein „Positiv-Konzept für eine aktivierende Sozialpolitik". In diesem Punkt könne der deutsche Diskurs um eine „aktivierende Sozialpolitik" erweitert werden, was beinhalte, nicht so sehr das „Fordern" in den Diskursmittelpunkt zu rücken, sondern stärker die individuell fördenden Elemente einer „aktivierenden Hilfe in Arbeit" zu betonen.

Neben bereits genannten theoretischen und empirischen Befunden sind für die Formulierung und Ausgestaltung einer „aktivierenden" Praxis der deutschen „Hilfen zur Arbeit" und einer lokalen Beschäftigungspolitik auch direkt *praxisbezogene Konzepte und Publikationen* von besonderer Bedeutung. Auch über Handbücher, Praxisleitfäden und Praxisberichte wird der Diskurs einer „aktivierenden Sozialpolitik" inzwischen in Deutschland wesentlich mit beeinflusst. Zu nennen sind in diesem Zusammenhang etwa Beiträge, Empfehlungen und Publikationen der Interessenverbände, wie der Landkreise und der Kommunen bzw. deren Bundesorganisationen oder auch Studien der Bertelsmann-Stiftung.[244] In diesen Beiträgen wird meist nicht explizit auf die „Workfare-Debatte" abgestellt sondern eher implizit werden die Kernelemente des Konzepts für die deutsche Sozialhilfepraxis unter dem Stichwort der „aktivierende Hilfen" nutzbar gemacht und in Programme, Leitlinien und Empfehlungen eingearbeitet. Diese historisch und institutionell die Rahmenbedingungen der Programme wenig reflektierenden Beiträge tragen zu-

---

nach monetäre Transferleistungen nur noch als Gegenleistung zu Arbeit oder Qualifizierung zu verstehen sind, konkretisieren sich diese Vorbildfunktionen genauer.

[244] So wurde in den Publikationsorganen des Deutschen Landkreistages, des Deutschen Städtetages und des Städte- und Gemeindebundes seit Anfang der 1990er Jahre eine wahre Flut an Praxisberichten und Projektbeschreibungen zu Maßnahmen kommualer Beschäftigungspolitik veröffentlicht. Die Praxisbericht lassen sich meist mit dem Befund zusammenfassen: „Eine aktivierende Arbeitsmarktpolitik und eine aktive Politik der „Hilfen zur Arbeit" rechnet sich für die kommunalen Haushalte und führt zu beträchtlichen Einsparpotentialen in der Sozialhilfe." Die Bertelsmann-Stiftung (1999) stellte unter anderem Länderberichte zur kommunalen Arbeitsmarktpolitik zusammen und war auch an der Erstellung des ersten Handbuches zur Kooperation von Arbeitsämtern und Kommunen maßgeblich beteiligt. Vgl. Bertelsmann-Stiftung, u.a. (2001).

gleich ganz entscheidend zum Transfer von policies aus verschiedensten wohlfahrtsstaatlichen Arrangements in eine lokale Praxis bei. Hierin liegen besondere
Risiken, indem etwa die Strukturmerkmale und positive Elemente der spezifisch
deutschen „Hilfen zur Arbeit", soweit sie auf pädagogische und fördernde Interventionen ausgerichtet waren und sind, vorschnell durch Zwangs- und Kontrollelemente des „Workfare-Konzepts" verändert und überlagert werden. Dies geschieht vor allem unter fiskal- und ordnungspolitischen Argumentationsmustern
und Motiven. Fachpolitische Argumentationen bleiben meist zweitrangig. Es kann
so zu einer Vernachlässigung der spezifisch deutschen institutionellen Arrangements und der historisch entwickelter sozialberuflichen und fachpolitischen Kompetenzen und Stärken im arbeitsmarktbezogenen Diskurs einer „aktivierenden
Sozialpolitik" kommen.

Dass das Leitbild einer „aktivierenden Sozialpolitik" in der deutschen Sozialhilfe nicht nur im sozialwissenschaftlichen Diskurs und im politischen Raum, sondern inzwischen ganz praktisch gerade als *arbeitsmarktpolitisch bezogenes Leitbild* beträchtliche Wirkungen entfaltet, zeigen auch die veränderten und intensivierten
Kooperationsmuster von Arbeitsämtern und Kommunen. In gemeinsam eingerichteten „Job-Centren" sind Instrumente wie das „Assessment", ein „Profiling" und
ein „kooperatives Fallmanagement" konzeptionell bereits entwickelt und finden
heute vielerorts Anwendung. Auffällig ist die häufige Verwendung von Anglizis-
men, was ebenfalls auf Vorbildfunktionen US-amerikanischer und britischer Projekte und sozialpolitischer Reformstrategien hindeutet. Die genannten Instrumente
und Handlungsformen einer „aktivierenden Hilfe in Arbeit" sehen insbesondere in
der Interventions- und Steuerungsperspektive sowohl zeitlich wie handlungsmäßig
institutionell enger verbundene und durchstrukturierte, genauer aufeinander abgestimmte Prozesse in der Leistungserbringung vor. Neben der umfassenden Sozial-
anamnese, Risikoanalysen, vorbeugenden Hilfen und von den Professionellen zu
bildende Ausstiegshypothesen als *unmittelbar zeit- und verlaufsbezogene Elemente* bildet
eine „ressourcenorientierte" Beratung und Vermittlung ein weiteres Element, das
in den Merkmalen handlungstheoretisch genauer zu untersuchen ist.[245] In der
koproduktiven Dimension werden dabei die Aufgaben der Sozialverwaltung wie
die Aufgaben der Leistungsbezieher für den Leistungserbringungsprozess mit neu-
en Instrumenten der Hilfevereinbarung schriftlich fixiert. In einer möglichst ziel-
bzw. ergebnisbezogenen Vorgehensweise werden die festgelegten Ziele regelmäßig
hinsichtlich der Zielerreichung überprüft. Abweichungen von den zu erreichenden
Zielen werden ebenfalls dokumentiert und sind zu begründen. Dabei werden persönliche Entwicklungs- und Qualifizierungsschritte der arbeitslosen Sozialhilfebe-

---

[245] Vgl. etwa Bertelsmann-Stiftung u.a. (2001: 60 ff.), wo das Konzept der Stadt Köln zur Integration von
arbeitslosen Sozialhilfebeziehenden vorgestellt wird.

ziehenden systematisch erfasst. Diese praktischen Formen einer „aktivierenden Hilfe" weisen somit auch den Charakter von Rehabilitations- und Integrationsleistungen auf und sie gehen in den Merkmalen deutlich über reine Vermittlungs- oder einfache Beratungsleistungen hinaus. Zugleich führen die in der koproduktiven Ebene getroffenen Vereinbarungen oder „Kontrakte" zwischen der Sozial- und Arbeitsverwaltung und den (arbeitslosen) Sozialhilfebeziehenden in der Regel über die bisher üblichen und rechtlich verbindlich geregelten Mitwirkungspflichten der Leistungsberechtigten (§ 1 BSHG i.V.m. § 25 BSHG) hinaus. In solchen Eingliederungsvereinbarungen, die in Deutschland seit 2005 mit §§ 15 ff. SGB II als „Soll-Vorgabe" im Rahmen der Leistungen des Arbeitslosengeldes II verbindlicher eingeführt wurden, oder auch in Form der Leistungsabsprachen nach § 12 SGB XII (Grundsicherung/Sozialhilfe), wird nicht mehr nur die *rechtlich* verpflichtende und meist auf die Voraussetzungen der monetären Transferleistungen bezogene Mitwirkung geregelt, etwa jede Änderung der persönlichen oder wirtschaftlichen Verhältnisse mitzuteilen, oder sich aktiv um Arbeit zu bemühen. Vielmehr werden auch dezidierte Elemente der pädagogischen und verhaltensbezogenen Interventionsform in diesen Kontrakten – lokal in unterschiedlicher praxis – formuliert. Arbeitslose Sozialhilfebeziehende müssen sich beispielsweise bereit erklären, sich nicht nur aktiv um einen Arbeitsplatz zu bemühen, sondern auch die im Eingliederungs- oder Hilfeplan weitergehenden vereinbarten Aktivitäten zu leisten.[246] Diese institutionell erwarteten oder auch administrativ geforderten Aktivitäten können beispielsweise in der Kontaktaufnahme zur Schuldnerberatung oder Suchtberatung bestehen, falls derartige Probleme einer Arbeitsaufnahme im Wege stehen. Auf die Risiken solcher tendenzieller Zwangskonstellationen im Feld sozialer Beratung wurde bereits im Kapitel zur Koproduktion eingegangen. Damit greifen die neuen Instrumente einer „aktivierenden Hilfe zur Arbeit" sehr viel weitergehend in die konkreten Lebensverhältnisse, in die Lebensgestaltung und auch in die Lebensplanung von Arbeitslosen ein als bisher, allerdings stets unter dem Primat der Erwerbsarbeitsorientierung. Es stellt sich die Frage nach den typischen Merkmalen einer derart veränderten „Lebenslaufpolitik" in der Sozialhilfe. Neben einer neuen Rechtsunsicherheit, die sich mit diesen Formen einer „aktivierenden Arbeitshilfe" für die Sozialhilfe/Grundsicherung andeutet, sind sozialberuflich neue Handlungsformen, neue Interventions- und Handlungserfordernisse wie auch damit verbundene Unsicherheiten in den Interaktionsmustern von Sozialverwaltung und Bürgern zu erwarten.

Es ist somit erkennbar, dass sich die „Arbeitsmarktintegration", wie sie sich seit den 1990er Jahren in Deutschland im Rahmen der Sozialhilfe und als kommunale Arbeitsmarkt- und Beschäftigungspolitik sowie in neuen Formen der Koope-

---

[246] Vgl. Bertelsmann Stiftung, u.a. (2001: 69).

ration von Sozialhilfe und Arbeitsverwaltung entwickelt hat, von den Konzepten und von der Praxis der 1970er, 1980er und der frühen 1990er Jahre in den „aktivierenden Instrumenten" und im Verständnis des Leitbildes einer „aktivierenden Sozialpolitik" wesentlich unterscheidet.

Mit den Reformstrategien, die über die „Hartz-Gesetze" und in der „Agenda 2010" ab Anfang 2003 umgesetzt werden, wurde der Diskurs einer „aktivierenden Arbeitsmarktpolitik" den Kommunen weitgehend entzogen und auf die zentralstaatliche Ebene zurückgeführt. In diesem primär auf den Arbeitsmarkt bezogenen Leitbild und Diskurs einer „aktivierenden Sozialpolitik", bedürfte es Ansätze, die umfassender auf die Lebenslage Armut und auf den Verlauf von Armutskarrieren bezogen wären. Vorrangig im Verständnis einer „aktivierenden Sozialpolitik" wäre eine Aktivierung und Förderung der sozialen Dienstleistungen, um die beträchtliche Nachfrage und die Bedarfe zu decken und so die Ressourcen zur wirksamen und nachhaltigen Problembearbeitung und -lösung zu schaffen. Die Dominanz kurzfristig fiskalpolitisch bezogener Motive führte in den Reformstrategien offenbar zu einer Fixierung auf eine „arbeitsmarktpolitische Aktivierung" von Arbeitslosen unter Vernachlässigung fachpolitischer Ursachenanalysen und methodischer Ansätze. Sofern der Diskurs um eine „aktivierende Sozialpolitik" die Ebenen personenbezogener sozialer Dienstleistungen stärker mit einbeziehen würde, würde sich vermutlich auch die implizite und teilweise explizite Ausrichtung des deutschen Diskurses am Konzept des „work for your welfare" relativieren.

6. Der Diskurs zum Leitbild einer „aktivierenden Sozialpolitik" in seinen Bezügen zur Professionalisierung sozialer Dienste und des sozialberuflichen Handelns in der Sozialhilfe
Es wurde bereits dargestellt, dass sich schon Anfang/Mitte der 1990er Jahre neben dem bundespolitisch geprägten Diskurses zur „Modernisierung von Staat und Verwaltung" *lokal* ein *eigenständiger Diskurs* zum Leitbild einer „aktivierenden Sozialpolitik" in der Sozialhilfe und Sozialverwaltung fand.[247] Die in diesem Diskurszusammenhang behandelten Reformansätze gingen in der Akteursebene in Deutschland damit zunächst kaum von der zentralstaatlichen Ebene, sondern in hohem Maße von den Kommunen selbst aus. Beispiele bilden neben dem Ausbau der „Hilfen zur Arbeit" nach dem BSHG und später der „Arbeitsgelegenheiten" nach § 16d ff. SGB II und der zunächst auf kommunaler Ebene eingeleitete intensivierten Zusammenarbeit von Sozial- und Arbeitsämtern dann insbesondere aber die Dis-

---

[247] Leisering u.a. (1999) und Leisering/Hilkert (2001) sprechen in diesem Zusammenhang auch von einer „stillen Revolution" von unten, die sich in einer veränderten aktiven Praxis der Sozialämter abzeichnete. In einer empirischen Untersuchung zu den Reformstrategien der deutschen Sozialhilfe und Sozialverwaltung kommen sie zu dem Befund, dass auch von einem „verborgenen Umbau" des lokalen Sozialstaates gesprochen werden kann. Ähnlich weisen Reichard/Schuppan (2000: 91) darauf hin, dass die eigentliche Musik einer „aktivierenden Sozialpolitik" kommunal zu verorten ist.

kussion und die Einführung von Instrumenten einer „Neuen Steuerung" in die Sozialverwaltungen. Sowohl auf kommunaler Ebene wie auch im sozialwissenschaftlichen Diskurs nahm Mitte der 1990er Jahre eine fachpolitische Auseinandersetzung mit dem New Public Management in der deutschen Variante einer „Neuen Steuerung", einen breiten Raum ein. Dabei spiegelt sich bereits in der Tatsache, dass die aktuellen Reformen in der Sozialhilfe und Sozialverwaltung vor allem kommunal initiiert wurden, steuerungstheoretisch das Element der Selbstverwaltung und Selbststeuerung von kommunalen Programmen und Interventionen wider. Das Leitbild einer „aktivierenden Sozialpolitik" kann in diesen Zusammenhängen somit auch als ein auf die *lokale Praxis von Verwaltungsreformen sowie auf die Steuerung und Praxis der Sozialhilfe bezogener Diskurs* mit vielfältigen Ausgangspunkten, Bezügen und Variationen gedeutet werden.

Den wichtigen Ausgangs- und Bezugspunkt für einen Umbau der Sozialhilfe zu einer „aktiven Sozialverwaltung" bildete dabei das Konzept der *Neuen Steuerung* (KGST 1995 und 1997), das einerseits auf eine *Binnenmodernisierung*, etwa im Bereich des Rechnungswesens, des Controlling und auf die Förderung von Wettbewerbsstrukturen im Verwaltungshandeln setzt. Aber auch *Außenbezüge* sind mit dem KGST-Konzept verbunden, wie etwa eine veränderte und stärker betriebswirtschaftlichen Kriterien unterzogene Produktgestaltung sozialer Dienstleistungen, eine stärkere Kundenorientierung und die Einführung von Instrumenten des Qualitätsmangements. Dieser Diskurs einer „aktiven Sozialverwaltung" drückt sich nicht so sehr in quantitativen Daten und Befunden aus, sondern ist ebenso qualitativ direkt auf die Prozesse der Leistungserbringung öffentlichen Verwaltungshandelns und sozialer Dienstleistungen und damit auf die Steuerungs- und Interventionsebene bezogen. Auf die einzelnen Instrumente und Verfahrensweisen wird später genauer eingegangen.

In Sozialhilfe und sozialen Diensten spielt normativ das Leitbild und die Zielsetzung der *„Hilfe zur Selbsthilfe"* eine zentrale Rolle, wie sie einführend im Sozialhilferecht in § 1 Abs. 2 BSHG seit 1962 direkt geregelt waren und auch in den Portalregelungen zum SGB II und SGB XII seit 2005 weiterhin zum Ausdruck kommen.

Der Grundsatz einer „Hilfe zu Selbsthilfe" wurde allerdings erst im Verlauf der 1990er Jahre unter den fiskalpolitischen und arbeitsmarktpolitisch veränderten Rahmen- und Krisenbedingungen von den Kommunen programmatisch sozusagen wiederentdeckt und mit dem Leitbild einer „aktivierenden Sozialpolitik" verbunden stärker zur Geltung gebracht. Dies gilt nicht nur für den Bereich der arbeitsmarktbezogenen Aktivierungsprogramme und für Instrumente einer Neuen Steuerung, sondern auch *professional* und *sozialberuflich* gesehen. Zu nennen sind in diesem Zusammenhang sozialberufliche Handlungsformen wie das *„Casemanagement"* oder dann noch konkreter von einzelnen Kommunen für die Sozialhilfe entwickelt, das *„aktivierende Fallmanagement"*. Während das Casemanagement stärker auf die Koor-

dinationsbedarfe und möglichst vielseitige Ressourcenerschließung unterschiedlichster Akteure und des Sozialhilfebeziehenden ausgerichtet ist, stehen beim Fallmanagement stärker die administrativen Ziele, etwa fiskalpolitischer Art, und weniger die fachlichen und auf die Bewältigung problematischer Lebenssituationen
bezogenen Ziele und Ressourcen im Vordergrund des sozialberuflichen Handelns.
Beide Handlungsformen sind – wenn auch in unterschiedlicher Weise – auf eine
*„Aktivierung" personaler und sozialer wie materieller Ressourcen sowie auf eine Verkürzung der
Verweildauer im Sozialhilfebezug* ausgerichtet.[248] Diese sozialberuflich für die Sozialhilfe entwickelten Handlungsformen wurden – sicher nicht zufällig – im Verlauf der
Krisenentwicklungen der 1990er Jahre und in direkten Bezügen zum Leitbild einer
„aktivierenden Sozialhilfepolitik" in die Praxis eingeführt.[249] Ähnlich gilt dies für
die Handlungsform der *Beratung* in der Sozialhilfe. Nachdem seit den 1980er verschiedenste Befunde die Defizite einer persönlichen Hilfe in der deutschen Sozialhilfe belegten, scheint – verbunden mit dem Leitbild einer „aktivierenden Sozialpolitik" – die Beratung als ein zentrales Element für die Sozialhilfe entdeckt und
differenzierter ent-wickelt zu werden. Die sozialberufliche Handlungsform Beratung wird dabei etwa in Form der Eingangs- oder Erstberatung auch als Steuerungsinstrument des Zugangs verstanden und sie wird mit der Hilfeplanung, dem
Casemanagement oder dem Fallmanagement verbunden entwickelt.[250] Ferner findet soziale Beratung begleitend zum Sozialhilfebezug statt oder ist explizit als
„Auswegberatung" konzipiert. In diesen Bereichen, sowie über eine finanzielle
Förderung von Schuldnerberatung, die Anfang der 1990er Jahre noch als freiwillige
Aufgabe definiert war, oder aber im Rahmen der Projekte der „Hilfen zur Arbeit"
und in den Formen der Arbeitsberatung leisteten die Kommunen eine „Pionierar-
beit", die erst Ende der 1990er Jahre in die Reformstrategien einer „aktivierenden
Sozialpolitik" auf Bundesebene einflossen.

Im Zusammenhang mit den genannten sozialberuflichen Handlungsformen,
die zumeist aus der Sozialarbeit bzw. Sozialpädagogik in die Sozialhilfe transferiert
werden, erweist sich schließlich das Konzept des *Empowerment* als anschlussfähig
für den Diskurs einer „aktivierenden Sozialpolitik".[251] Ursprünge dieses Konzepts
liegen ebenfalls in den angelsächsischen Demokratien. Empowerment bildet dabei

---

[248] Vgl. MASQT (2000: 97-102).

[249] Zu Verbreitung und zur praxisrelevante Ausformulierung des „Casemanagements" oder auch der
„Hilfevereinbarungen" als sozialberufliche Handlungsformen und Instrumente in der Sozialhilfe haben vor allem Beiträge von Reis (1997 und 2002) beigetragen.

[250] Vgl. den Überblick von Hoffmann (2002).

[251] Zum Konzept des „Empowerment" in der Sozialarbeit vgl. grundlegend Herriger (1997). Im Diskurs
zu einer „aktivierenden Sozialpolitik" weist Schulze-Böing (2000: 54) darauf hin, dass das Handlungs-
konzept des Empowerment in einzelnen Elementen in die Praxis einer „aktivierenden Hilfe zur Arbeit" der Sozialhilfe und ergänzend dazu auch im Rahmen der sozialen Dienste mit einzubeziehen sei.

zum einen eine *staatstheoretische Konzeption*, in der es darum geht, die gesellschaftlichen und politischen Akteure bezogen auf eine Gemeinwohlorientierung hin bezogen zur Entdeckung und Nutzung der (versteckten) Ressourcen und zum Aufbau von sozialen Netzwerken zu ermuntern und darin zu unterstützen. Zugleich bildet das Empowerment einen Ansatz, der individuell bezogen seit einigen Jahren im sozialarbeiterischen Handeln an Aufmerksamkeit gewinnt und einen Paradigmenwechsel von der früheren Defizitorientierung hin zu einer Ressourcen- und Stärkenorientierung beinhaltet.[252] Damit zielt das Empowerment auf den Kern jeglicher „aktivierender Sozialpolitik" und ließe sich in der Sozialhilfe mit ihrem Prinzip der Einzelfallorientierung entsprechend gut einführen. Direkt angesprochen sind einmal mehr die Perspektive der Koproduktion und die Interaktionsmuster zwischen Staat und Bürger.

Dem Konzept des Empowerment könnte in Zukunft eine besondere „Verknüpfungsfunktion" zukommen, wenn es darum geht, die strukturbezogenen Maßnahmen, etwa arbeitsmarktpolitische Programme und beschäftigungsfördernde Maßnahmen mit den pädagogischen bzw. stärker personenbezogene Interventionen zu verbinden und potentiell ressourcenschwächere Bürger zur Nutzung der strukturellen Möglichkeiten und Angebote zu ermuntern und zu befähigen.

Dass zumindest bis Ende der 1990er Jahre der Ansatz des Empowerment kaum auf die Handlungsformen und Interventionen der deutschen Sozialhilfe übertragen wurde, lässt sich zum Teil mit den institutionellen Besonderheiten einer professionalen Trennung von Sozialverwaltung und Sozialarbeit erklären. Während der Diskurs in der Sozialarbeit/-pädagogik bereits Anfang/Mitte der 1990er Jahre verbreitet Aufmerksamkeit fand, wurde er in der als „Verwaltung" definierten deutschen Sozialhilfe zunächst nicht oder kaum beachtet. Es dürfte interessant sein, zu klären, wie sich diese Diskurszusammenhänge in Schweden zeigen, da die Sozialhilfe dort stärker als integraler Bestandteil der Sozialarbeit und des kommunalen Sozialdienstes und weniger als „Verwaltungshandeln" verstanden wird.

Generell lässt sich bezogen auf die deutsche Sozialarbeit erkennen, dass sie dem Diskurs einer „aktivierenden Sozialpolitik" nach wie vor mit Skepsis und zum Teil auch mit beträchtlichen fachlich bzw. fachpolitisch formulierten Vorbehalten begegnet. Diese Vorbehalte und Kritik kommen beispielsweise mit dem Befund zum Ausdruck, wonach es sich beim Leitbild einer „aktivierenden Sozialpolitik" und in der Übertragung auf die personenbezogenen sozialen Dienstleistungen im Kern um eine „repressive Pädagogik" handelt.[253] Eine stark sozialberuflich bzw. professional geleitete Kritik und Skepsis der deutschen Sozialarbeit findet sich ähnlich ausgeprägt gegenüber dem Konzept einer „Verwaltungsmodernisierung"

---

[252] Vgl. Fretschner u.a. (2003: 48-50).
[253] So etwa Kantel (2002).

nach dem KGST-Modell einer „Neuen Steuerung".[254] Auch die Prinzipien des „Workfare-Konzepts" und die zuletzt durchgeführten Reformstrategien in der Arbeitsmarktpolitik, die nach wie vor unter dem Leitbild einer „aktivierenden Sozialpolitik" fungieren, stoßen in der deutschen Sozialarbeit/-pädagogik insgesamt eher auf Skepsis, Widerstände und Kritik als auf positive Akzeptanz.

Erkennen lässt sich für Deutschland eine Reformstrategie oder ein Pfad in der Entwicklung lokaler institutioneller Arrangements, wonach die vielfältigen Ursprünge, Anregungen und Vorschläge sowie die Möglichkeiten einer Konkretisierung des Leitbildes der „aktivierenden Sozialpolitik" im Bereich der Sozialhilfe und in der mit ihr neu gekoppelten aktiven Arbeitsmarktpolitik vor allem auch darüber erschlossen werden, indem spezifische in der Sozialarbeit/-pädagogik geprägte Handlungs- und Interventionskonzepte neu bzw. verändert mit den strukturellen Maßnahmen im Umbau des Sozialstaates verknüpft werden. Armenpolitik und Arbeiterpolitik lassen sich Ende der 1990er Jahre zumindest in der Praxis des lokalen Wohlfahrtsstaates nicht mehr so eindeutig voneinander unterscheiden.

Für die deutsche Sozialhilfe zeigt sich auch im Verhältnis von Zentralstaat und Kommunen, worin sich immer die Relation von nationaler bzw. zentralstaatlicher Arbeitsmarktpolitik und einer kommunaler Praxis der Armenfürsorge abbildeten, dass die Sozialhilfe seit einigen Jahren von *mehreren Aktivierungsdiskursen* gleichzeitig beeinflusst wird. Die hier dargestellten Teildiskurse und Leitbildsegmente haben sich dabei zeitlich nicht immer parallel entwickelt, sondern sind zum Teil zeitlich versetzt entstanden, und sie überlagern und beeinflussen sich wechselseitig. Sie reichen auch historisch unterschiedlich weit zurück und weisen zudem im föderalen System unterschiedliche hierarchische Ausgangspunkte und -voraussetzungen auf. Im Verlauf der 1990er Jahre findet der Diskurs einer „aktivierenden Sozialpolitik" in Deutschland insbesondere *in der Sozialhilfe eine gemeinsame Bezugsgröße und Ausrichtung,* weil gerade sie sich in ihren Interventionsformen aus einem Mehrebenensystem zwischen „aktivierendem Staat", aktiver und „aktivierender" Arbeitsmarktpolitik und „aktiver kommunaler Sozialverwaltung" herleiten und gestalten lässt.

Die hier für die deutsche Sozialhilfe behandelten „Teil-Diskurse" und Leitbildkonfigurationen scheinen vor allem aufgrund ihrer *heterogenen Ursprünge* und ihrer zum Teil zeitlich leicht versetzten Praxisrelevanz bei einem gleichzeitigen Fortbestand traditioneller institutioneller, organisatorischer und professionaler Arrangements (noch) weitgehend unverbunden. Die sich jedoch verändernden sozialen Interventionsformen, wie sie sich im Leitbild einer „aktivierenden Sozialpolitik" für die Sozialhilfe unter dem Einfluss einer „Verwaltungsmodernisierung", Reformen in der Arbeitsmarktpolitik und einer geplanten, durch kommunale Praxis

---

[254] Vgl. etwa Reis (1997) und Trube (1996).

zum Teil bereits vorweggenommenen Sozialhilfereform neu formieren, werden dabei miteinander verknüpft. Diese komplexen Neuordnungen, Bezüge und Schnittstellen in Sozialpolitik und Sozialverwaltung im Vergleich wohlfahrtsstaatlicher Arrangements genauer zu betrachten ist Teil dieser empirischen Studie.

7. Zwischenfazit: Das Leitbild einer „aktivierenden Sozialpolitik" ist theoretisch heterogen und in der Definition sowie in nationaler wie lokaler Praxis empirisch diffus

Zusammenfassend zeigt sich, dass das Leitbild und der Diskurs einer „aktivierenden Sozialpolitik" bisher nicht einheitlich definiert sind, auch wenn internationale Organisationen und Akteure wie die UN, die OECD und die EU maßgeblich mit zur Forcierung des Diskurses und der Programme beigetragen haben. Das Leitbild und der Diskurs sind also auf mehreren Ebenen zu verorten. Es sind zumindest Segmente eines Leitbildes der „aktiven Arbeitsmarktpolitik" erkennbar, die auf die Vollbeschäftigungspolitik in den skandinavischen Wohlfahrtsstaaten und in ihren Ursprüngen historisch bis in die 1930er und 1940er Jahre zurückreichen. Beachtet man die Schnittstellen von Arbeitsmarktpolitik und Sozialhilfepolitik, die seit den 1990er Jahren wieder enger zusammengeführt werden, so kann eine „aktivierende Sozialpolitik" in diesem Merkmal der Verbindung von Armenpolitik und Arbeiterpolitik sogar bis in das ausgehende 19. Jahrhundert und weiter bis in die mittelalterliche Armenfürsorge zurückgeführt werden, da schon damals die Kommunen die Arbeiter- und die Armenpolitik gewissermaßen „aus einer Hand" in Form der Armenfürsorge und in Form der Arbeitshäuser betrieben. Eine Reformstrategie der „aktivierenden Sozialpolitik" knüpft in ihren institutionellen bzw. organisationalen Merkmalen jedenfalls auch an diese Linie an. Offen scheint, welche Rolle die Kommunen sowohl in Deutschland wie in Schweden im Bereich einer „aktivierenden Arbeitsmarktpolitik" künftig tatsächlich einnehmen werden. Elemente einer repressiven Armenfürsorge, wie sie vor Bildung des modernen Wohlfahrtsstaates in allen europäischen Ländern etwa in Form von Arbeitstests bzw. der „workhousetests" üblich waren, finden sich demnach mit dem heutigen Diskurs weiter verbunden und zeigen sich in den „fordernden" Elementen einer „aktivierenden Sozialpolitik". Ebenso findet sich das helfende oder fürsorgerische Element weiterhin im Diskurs, in dem ein Ausbau der fördernden und personenbezogenen sozialen Dienstleistungen mit dem Leitbild einer „aktivierenden Sozialpolitik" ebenfalls vorgesehen ist.

Verschiedene traditionelle wie moderne Leitbilder und Diskurse zur „aktivierenden Sozialpolitik" bzw. eines „aktivierenden Wohlfahrtsstaates" überlagern sich demnach. Es zeichnen sich dabei ein *national spezifischer Mix im Verständnis und in den Programmen einer „aktivierenden Sozialpolitik" ab,* der sich als Leitbildkonfiguration aus historischen Ursprüngen, aus internationalen Empfehlungen und Richtlinien, nationaler Gesetzgebung und zentralstaatlichen Förderprogrammen sowie aus lokal beschlossenen und kommunal ergänzend finanzierten Aktivierungsprogrammen und der je lokalen Praxis zusammenbindet. Neben diesen Merkmalen, die eher auf eine heterogene Programmstruktur und Praxis verweisen, sind aber auch *Konvergenzen im bisherigen Diskurs* erkennbar. Vorherrschend scheint – angestoßen und weiter forciert durch die „Workfare-Debatte" in den USA und durch die internationalen politischen Organe und Organisationen wie ein *primär arbeitsmarktbezogenes Leitbild* einer „aktivierenden Sozialpolitik", welche praktisch damit vor allem auf die Erwerbsbiografien der Menschen ausgerichtet ist und andere Teilbiografien und Lebenslagen weniger berührt. Diese arbeitsmarktbezogene Orientierung kann wiederum national vor allem in den Zeit- und Handlungsbezügen der Programme und der konkreten sozialen Interventionen sehr spezifisch geformt sein. Ein explizit *armutspolitisches oder auf die Sozialhilfe/Grundsicherung und soziale Dienste* bezogenes Leitbild einer „aktivierenden Sozialpolitik", das dabei die *verschiedensten Lebenslagen und Lebensphasen* zum Ausgangs- und Bezugspunkt wählt, lässt sich nach den hier ausgewerteten Befunden im internationalen und auch im jeweils nationalen Diskurszusammenhang nicht als leitend erkennen. Ein solches Leitbild bleibt primär abgeleitet und bezogen auf den arbeitsmarktbezogenen Aktivierungsdiskurs erkennbar. Insoweit erweist sich eine „aktivierende Sozialpolitik" bisher nicht nur ihrem Diskurs nach sondern auch theoretisch als außerordentlich vielgestaltig und zugleich als empirisch diffus. Ob sich dies in einer genaueren Betrachtung des je *nationalen* Diskurses in Deutschland und Schweden bestätigt, wird anhand der Literatur und ausgewählter Befunde weitergehend untersucht.

Das Leitbild einer „aktivierenden Sozialpolitik" ist dabei in der deutschen Variante mit Blick auf die Sozialhilfe mindestens in *dreifacher Weise* in Staat, Gesellschaft und Politik eingebunden. Zum einen ist es *national und zentralstaatlich* spätestens seit dem Regierungswechsel 1998 programmatisch formuliert. Im Regierungsprogramm der Koalition aus SPD und Bündnis 90/Die Grünen fand sich das Leitbild ausdrücklich mit der Zielsetzung einer „Modernisierung von Staat und Verwaltung" beschrieben und als *Leitbild des „aktivierenden Staates"* zusammengefasst. Wie bereits gezeigt, wurde es in Deutschland *daneben* als *Leitbild einer „aktivierenden Arbeitsmarktpolitik"* aus den „Hilfen zur Arbeit" nach dem BSHG und dem Konzept und Verständnis des „work for your welfare" abgeleitet und weiterentwickelt.

Es deutet sich damit auch an, dass eine *arbeitsmarktbezogene* „aktivierende Sozialpolitik" in Deutschland *auf kommunaler Ebene* bereits vor der international intensiver einsetzenden Diskussion um den „Worfare-Ansatz" nicht nur als Leitbild virulent, sondern für die Praxis der „Hilfen zur Arbeit" nach §§ 18 ff. BSHG konkret bestimmend war, ohne dass direkte Bezüge zur „Dependency-Debatte" und den angloamerikanischen Workfare-Programmen bestanden. Zum Teil bestand *kommunal* auf der Grundlage der seit 1962 sozialhilfeintern möglichen „Hilfen zur Arbeit", in Deutschland schon Mitte/Ende der 1980er Jahre eine Praxis der „aktiven" und auch einer „aktivierenden" Arbeitsmarkt- und Beschäftigungspolitik.[255] Diese *lokal entwickelte Aktivierungspraxis* nahm ihren Ausgangspunkt direkt in der Sozialhilfe und im Bereich der kommunalen sozialen Dienste, kaum in nationalen Programmen oder gar in Empfehlungen internationaler Organisationen. Der aus der kommunalen Sozialhilfe in den 1980er Jahren in Deutschland über die Praxis der „Hilfen zur Arbeit" entwickelte Diskurs einer *auf den Arbeitsmarkt bezogenen* „aktivierenden Sozialhilfepolitik" wurde erst im Verlauf der 1990er Jahre von weiteren, stärker durch die internationalen Trends beeinflussten Diskurse und Konzepte einer national gesteuerten bzw. initiierten „aktivierenden Arbeitsmarktpolitik" und um den Diskurs einer „Modernisierung" von Staat und öffentlichen Verwaltungen begleitet, gerahmt und ergänzt. Inzwischen scheint seit Ende der 1990er Jahre die „Diskurshoheit" wieder eher beim Zentralstaat und bei der Bundesregierung zu liegen, die ab 2005 weitgehende Reformen im Bereich der Arbeitsmarktpolitik beschloss.

Insoweit bestand Ende der 1990er Jahre in der institutionellen und historischen Verankerung des Leitbildes bereits ein erkennbarer Unterschied in den deutschen und schwedischen Reformstrategien und in den Bezügen einer „aktivierenden Sozialpolitik". In Schweden war nicht nur die Regierungsprogrammatik zu diesem Leitbild weniger konkret bzw. bzw. anders gelagert, sondern auch in der einschlägigen sozialwissenschaftlichen Literatur wurden das Konzept des „aktivierenden Staates" und einer „modernisierten Verwaltung" bisher in deutlich geringerem Maße thematisiert als in Deutschland.[256] Bezogen auf Deutschland lässt sich der Diskurs historisch auch in seiner Entstehung relativ genau auf eine Phase seit

---

[255] Einen Überblick über die frühen Entwicklungen geben beispielsweise Priester/Klein (1992: 44 ff.).

[256] Giddens (2001: 24 ff.) bemerkt in der von ihm zum „Dritten Weg" zusammengetragenen Kritik, dass aus Perspektive der skandinavischen Wohlfahrtsstaaten und der dortigen Sozialdemokratie das Konzept des „Dritten Weges" und damit verbundene Programme einer aktiven Arbeitsmarktpolitik, sowie eine Neugewichtung sozialer Rechte und Pflichten im Verständnis des „Workfare" deshalb *keine* oder nur geringe Relevanz hätten, da sowohl das Niveau als auch die Kontinuitäten in der wohlfahrtsstaatlichen Entwicklung dort höher bzw. stabiler seien. Ein „Dritter Weg" sei etwa in Schweden bereits in höheren Niveaus und in anderen institutionellen Arrangements längst weitergehend realisiert als im deutschen Wohlfahrtsstaat. Dieser Befund ist empirisch nur teilweise zu halten, denn Elemente des „Workfare-Konzepts" wurden vor allem in Dänemark, aber auch Norwegen eingeführt, obwohl in Norwegen in den 1990er Jahren die Arbeitslosigkeit und Sozialhilfebezug sehr viel geringer ausgeprägt waren als in anderen westeuropäischen Wohlfahrtsstaaten. Vgl. hierzu Kildal (2000: 8-10). Auch in Schweden wurden spätestens mit der *„Utvecklingsgaranti"*, einer Beschäftigungsgarantie für junge Arbeitslose 1998, verbunden mit rechtlichen Änderungen in der Sozialhilfe erste Elemente eingeführt, die an das „Workfare-Konzept" angelehnt sind. Der eher theoretische Befund von Giddens (2001: 24 ff.) bietet zudem keine zwingenden Argumente, wonach etwa ein „Dritter Weg" im Bereich der „Modernisierung von Staat und Verwaltung" nicht auch Anregungen für Reformen des öffentlichen Sektors in Schweden bzw. Skandinavien enthalten könnte, etwa im Bereich der Partizipation und Bürgerbeteiligung oder in veränderten Mustern einer „Verantwortungsteilung" zwischen Staat, Kommunen, privaten Akteuren, Familien und Individuen. Genau in diesem Bereich werden häufig Defizite des sozialdemokratischen Regimetyps gesehen.

Mitte der 1990er Jahre eingrenzen. Betrachtete man die Reformdiskurse zum „öffentlichen Sektor" in Schweden, ist dies so eindeutig nicht möglich und es finden sich dort Wurzeln bis in die Verwaltungsreformen der 1980er Jahre.

In Deutschland löste ab 1998 unter der „rot-grünen" Bundesregierung „Schröder" Vorstellung vom „aktivierenden Staat" das bis dahin gültige konservative Konzept des „schlanken Staates" ab. Als Leitbild und Programm für einen in Zukunft stärker „aktivierenden Staat" wurden dazu folgende Elemente definiert:[257]

- eine neue Verantwortungsteilung
- mehr Bürgerorientierung
- staatliche Vielfalt und effizientere Verwaltung.

Im Rahmen von Leitprojekten erhielten diese Zielsetzungen seit 1999 *auf der Bundesebene* konkrete praktische Gestalt, von der auch die Sozialpolitik in vielfältiger Weise berührt wurde. Für die deutsche Sozialhilfe, die rechtlich über zentralstaatliche Verantwortung in Form eines Bundesgesetzes geregelt ist, jedoch kommunal finanziert und umgesetzt wird, hatte der „Aktivierungs- und Modernisierungsdiskurs", wie er auf der Bundesebene formuliert wurde, ebenfalls eine zum Teil weitreichende Bedeutung. Besondere Aufmerksamkeit sollte der Frage nach der Wirksamkeit und Akzeptanz des Steuerungsinstruments Recht zukommen.

Inzwischen liegen eine Reihe von sozialwissenschaftlichen Beiträgen zum Leitbild des „aktivierenden Staates" in Deutschland vor, wobei empirische Daten und Befunde meist „dünn" bleiben. In diesem gesellschaftspolitischen Diskurs finden sich teilweise auch demokratie- und steuerungstheoretische Überlegungen enthalten. So stellen einzelne Autoren explizit die Interaktionsmuster zwischen Staat/Verwaltung und den Bürgern in den Mittelpunkt ihrer Analyse. Im Kontext des Leitbildes eines „aktivierenden Staates" und einer modernen Verwaltung sind dabei die folgenden drei Elemente konstitutiv:[258]

---

[257] Zur Entwicklung, den Hintergründen und der Programmatik einer „Staats- und Verwaltungsmodernisierung" in Deutschland vgl. Reichard/Schuppan (2000: 81-97), Evers (2000: 13-29), Olk (1999 und 2000), eher kritisch Trube/Wohlfahrt (2001), sowie verschiedene Beiträge im Sammelband von Dahme u.a. (2003). Eine Beschreibung des Regierungsprogramms zur „Modernisierung von Staat und Verwaltung" findet sich in: Sozialpolitische Umschau vom 22. Mai 2000.

[258] Beispielsweise arbeiten Blanke/Bandemer (1999) anhand des Leitbildes eines „aktivierenden Staates" explizit die Dimension der Interaktion zwischen Staat und Bürgern anhand der drei genannten Elemente heraus. Auch Olk (2000) fokussiert genauer auf die Interaktionsprozesse zwischen Staat, Bürgern und dritten Akteuren bei der Erbringung sozialer Leistungen und Dienste für „aktive Bürger" durch einen „aktivierenden Wohlfahrtsstaat". Sein Verständnis von Koproduktion bezieht sich auf die Relation zwischen Staat und Bürgern wie auf die Interaktionen der Akteure und Institutionen untereinander.

- Dialog,
- Koproduktion,
- Verantwortungsteilung.

Die *Verantwortungsteilung* (Schuppert 1998) wird auch in diesem Kontext als Reformdimension genannt und daneben wird ein für das Verhältnis zwischen staatlichen Institutionen, etwa auch der Sozialhilfe und den Bürgern *dialogisches und koproduktives Verhältnis* beschrieben, wie es in den theoretischen Grundlagen zur Produktion sozialer Dienstleistungen bereits veranschaulicht wurde. Dabei sehen einige Autoren eher Fortschreibungen einer langen Tradition der Rationalisierung von Handlungsformen und der Praxis sozialer Dienstleistungen mit dem Diskurs eines „aktivierenden Sozialstaats" verbunden. Mit dem Diskurs werden danach in Deutschland die Produktionsbedingungen sozialer Dienste „pfadtreu" und weiterhin in sich widersprüchlich fortgeschrieben, jedoch kaum grundlegend im Sinne von Koproduktion und Dialog „neu" bestimmt.[259] Noch kritischer werden die mit dem Programm eines „aktivierenden Staates" angestrebten Dienstleistungsformen gesehen, wenn sie den Reformstrategien in der Arbeitsmarktpolitik folgend eine zunehmend *repressive Pädagogik* beinhalten. Im Ergebnis laufe eine „aktivierende Sozialpolitik" dann nicht im Verständnis von Koproduktion auf ein „Fördern *und* Fordern" sondern tendenziell auf ein „Fordern *statt* Fördern" hinaus.[260]

Zusammenfassend lässt sich mit Reichard/Schuppan (2000: 82) feststellen, dass das Leitbild eines „aktivierenden Staates" in Deutschland in seinen zentralen Anliegen auf die *Stärkung der Eigenverantwortung des einzelnen Bürgers* wie auch auf die *wirksamere Nutzung der Selbststeuerungspotentiale der Gesellschaft und ihrer Institutionen* bezogen ist. Das neue Leitbild widmet sich bewusst den Schnittstellen zwischen Staat und Bürgern. Idealtypisch werden Staat und Bürger dabei in einer neuen verantwortungsteilenden Aufgabenerledigung als „gleichberechtigte Partner" gesehen, und den Ländern, mehr noch den Kommunen sollen in der Produktion sozialer Dienstleistungen künftig nicht nur mehr Verantwortung, sondern auch mehr

---

[259] Vgl. beispielsweise Kessl/Otto (2002).

[260] So etwa die mit Daten zum seit 1998 erkennbaren deutlichen Anstieg der Zahl verhängter Sperrzeiten durch die Arbeitsämter gegen Arbeitslose unterlegten Befunde und Befürchtungen von Kantel (2002). Die Entwicklung, das Leitbild eines „aktivierenden Staates" nach Heinze/Strünck (2001) gewissermaßen als Querschnitts-Leitbild auf verschiedene Politikbereiche zu beziehen, hat sich in den vergangenen Jahren verstärkt. So bildet ein Sammelband von Dahme u.a. (2003) diese Entwicklung ab, in dem Leitbild und Programm eines „aktivierenden Staates", so diffus es auch in den allgemeinen theoretischen Grundlagen ist, zugleich sowohl für die Arbeitsmarktpolitik, die Sozialhilfepolitik, die Jugendarbeit, Bereiche der Freiwilligenarbeit und auch im Politikbereich der inneren Sicherheit Relevanz hat.

Gestaltungsspielräume ermöglicht werden. Das Programm bzw. das hier skizzierte Leitbild eines „aktivierenden Sozialstaates" verkennt aber die Tatsache, dass in struktureller Hinsicht und in den institutionellen Arrangements soziale Interventionen in hohem Maße durch *Asymmetrien* geprägt werden, die einerseits im Verhältnis zwischen Staat und Bürgern, aber auch etwa zwischen Zentralstaat und Kommunen bestehen. Sie müssen daher in den Voraussetzungen dialogischer und koproduktiver Dienstleistungen stärker als bisher Beachtung finden. Dass sie weitgehend vernachlässigt werden, ist unter anderem damit erklärbar, dass dem Leitbild eines „aktivierenden Staates" in Deutschland bisher vor allem ein *„verwaltungsbezogenes und juristisch geprägtes Aktivierungsverständnis"* zu Grunde liegt. Weitergehende bzw. ergänzende Steuerungs- und Interventionsformen, etwa im pädagogischen Bereich oder im Bereich ökologischer Interventionen werden seitens des zentralstaatlich über die Bundesregierung ab 1998 eingeleiteten Diskurses nicht in gleicher oder gar in vorrangiger Weise beachtet.

2.1.2 Das Leitbild einer „aktivierenden Sozialpolitik" in Schweden: Von der traditionellen Arbeitslinie zur „Aktivierungslinie" der 1990er Jahre

Wie zum Leitbild und Diskurs einer „aktivierenden Sozialpolitik" in Deutschland ist theoretisch ähnlich bezogen auf die Sozialhilfe in Schweden mindestens in *dreifacher Weise* zu unterscheiden zwischen einer eher zentralstaatlich auf Regierungsebene formulierten politischen Programmatik des „aktivierenden Staates", einem Aktivierungsdiskurs in der staatlichen und/oder kommunalen Arbeitsmarktpolitik, und einem direkt auf die Sozialverwaltung und soziale Dienste bezogenen Diskurs. Zu erwarten ist, dass diese verschiedenen Ebenen und „Teildiskurse" möglicherweise in Schweden in spezifischen bzw. anderen Gewichtungen und Relationen zueinander stehen als sich das für die deutsche Sozialhilfe und Sozialpolitik gezeigt hat.

Es kann an dieser Stelle der zentrale Befund der vergleichenden Diskursanalyse vorweg genommen werden. Danach sind die jeweiligen Bezugspunkte, Ausprägungen und Schwerpunktsetzungen des Leitbildes einer „aktivierenden Sozialpolitik" in Deutschland und in Schweden für die 1990er Jahre bis heute als *sehr unterschiedlich* zu bezeichnen. Bei dieser grundsätzlich ausgeprägten Unterschiedlichkeit ließen sich im Bereich eines *arbeitsmarktbezogenen Leitbildes und Diskurses* einer „aktivierenden Sozialpolitik" noch am ehesten ähnliche Entwicklungen und Gemeinsamkeiten erkennen. Dies galt sowohl für die allgemeine sozialwissenschaftliche Literatur zur Sozialpolitik wie für fachpolitische Beiträge zu den Reformansätzen in der schwedischen Sozialhilfe. Der Diskurs zu einer *„aktivierenden Arbeitsmarkt- und Beschäftigungspolitik"* ist insbesondere bezogen auf die lokale Ebene des Wohlfahrtsstaates in Deutschland und Schweden ähnlich entwickelt, wobei für Schweden eher eine noch weitergehende Orientierung an der „Workfare-Debatte" erkennbar wurde als für Deutschland.

Anders als in der deutschen Reformdebatte seit Ende der 1990er Jahre gelagert, war hingegen in Schweden ein direkt auf die *Modernisierung von Staat und Verwaltung* bezogener Diskurs im Kontext des Leitbildes einer „aktivierenden Sozialpolitik" kaum und in Form eines Diskurses zum „aktivierenden Staat" ebenfalls so gut wie nicht explizit erkennbar. Eine zentralstaatlich ausdrücklich formulierte Programmatik der „aktivierenden Politik" ähnlich dem Leitbild der „Neuen Mitte" in Deutschland blieb in Schweden sowohl in der Literatur wie auch in den ausgewerteten Dokumenten der 1990er Jahre eher diffus. Zu erklären ist dies möglicherweise damit, dass in Schweden bereits in den 1980er Jahren bis Anfang der 1990er Jahre ein Diskurs um die „Modernisierung des öffentlichen Sektors" geführt wurde. Dieser hält bis heute zwar an, hat aber bereits weitergehend als in Deutschland Eingang in die konkrete Praxis gefunden. Damit ist die Debatte um einen „aktivierenden Staat" weniger programmatisch und ideologisch ausgeprägt als seit Ende der 1990er Jahre in Deutschland.

Ferner ließ sich in Schweden schließlich der Literatur nach ein direkt *auf die Sozialhilfe und auf die sozialen Dienste sowie auf die Sozialberuflichkeit bzw. Professionalisierung* bezogener Diskurs im Verständnis einer „aktiven Sozialverwaltung" und „aktivierender Sozialdienste" ebenfalls kaum explizit ermitteln. Soweit sich ein Leitbild und ein Diskurs etwa im Sinne der Entwicklung der Sozialhilfe zu einem „aktivierenden sozialer Dienst" oder im Verständnis einer „aktivierenden Beratung" erkennen ließ, war dieser in Schweden in hohem Maße *verbunden mit dem arbeitsmarktpolitisch ausgerichteten Leitbild* einer „aktivierenden Sozialpolitik". Dieser Teildiskurs im Bereich der Sozialhilfe und sozialer Dienste scheint in Schweden beispielsweise hinsichtlich neuerer Instrumente und der Entwicklung veränderter sozialberuflicher Handlungsformen eher geringer ausgeprägt als in Deutschland. Hierfür konnten unmittelbare Erklärungen oder Gründe zunächst direkt nicht gefunden werden, sondern der Befund bedurfte genauerer und weitergehender Analysen.

Ähnlich wie bezogen auf den Diskurs zu einer „aktivierenden Sozialpolitik" in Deutschland gilt auch für Schweden, dass bisherige Untersuchungen die zeitlichen und verlaufsbezogenen sowie die besonderen handlungsbezogenen Veränderungen sozialer Interventionen, die gerade mit Programmen einer „aktivierenden Sozialpolitik" verbunden sein können, bislang kaum in den Blick nehmen. Empirische Befunde über die typischen Merkmale und Formen sozialer Interventionen, wie sie sich im Zusammenhang mit dem Leitbild und Programmen einer „aktivierenden Sozialpolitik" zeigen, und ebenso zu den Wirkungen der neueren Maßnahmen liegen auch in Schweden bisher nur vereinzelt vor.[261] Es mangelt demnach auch in Schweden an empirischen Daten und Befunden zur Praxis einer „aktivierenden Sozialpolitik" in der Sozialhilfe. Vorliegende theoretische Beiträge und einzelne wenige empirische Befunde zum Erfordernis und zu den neuen Formen einer „aktivierenden Sozialpolitik" werden nachfolgend zusammenfassend vorgestellt.

1. Leitbild und Diskurs einer „aktivierenden Sozialpolitik" im Kontext einer Modernisierung von Staat und öffentlichem Sektor

Ein Diskurs und eine Positionierung der verschiedenen schwedischen Regierungen im Verlauf der 1990er Jahre, wie auch zuletzt der von 1994 bis 2006 regierenden Sozialdemokraten zur Programmatik eines „aktivierenden" oder „befähigenden" Staates (Enabling State) ließ sich in so expliziter Weise wie für Deutschland mit dem „Schröder-Blair-Papier" und dem Regierungsprogramm von 1998 formuliert für Schweden *nicht* ermitteln. Zwar verweisen Medienberichte seit 1998 auf eine recht enge Kooperation der regierenden sozialdemokratischen Parteien in London, Berlin und Stockholm, wenn es zum Beispiel um neue Formen staatlicher Regulierung oder um eine gemeinsame Beschäftigungspolitik und Sozialpolitik im Europa eines „Dritten Weges" ging. In regierungsamtlichen Dokumenten oder Berichten wie auch in der schwedischen sozialwissenschaftlichen und staatswissenschaftlichen Literatur zu Reformen und Umbau von Wohlfahrtsstaat und öffentlichem Sektor spielte zwar die Steuerungs- und Regulierungsperspektive eine gewisse Rolle. Dabei stand aber nicht das Leitbild des „aktivierenden Staates" im Zentrum der Reformdebatte.[262] Vielmehr war in den 1990er Jahren vor allem ein *Leitbild der „Demokratisierung" (Demokratisering)* im Reformdiskurs vorherrschend.[263] Demnach

---

[261] Zum Beispiel stellen auch Hanesch u.a. (2001: 145) fest: *"In Sweden, there is little research on the effects of the workline on recipients of social assistance (...)"*. Vereinzelt vorliegende Studien, etwa von Persson (1999) zeigen, dass Personen, die im Verlauf der 1990er Jahre an neueren „aktivierenden Maßnahmen" teilnahmen, Langzeitarbeitslosigkeit früher überwinden konnten als Personen, die nicht an den Maßnahmen teilnahmen. Es zeigte sich ferner, dass *erhebliche Anforderungen an die Kooperation* zwischen staatlicher Arbeitsmarktverwaltung und lokalen Sozialdiensten gestellt werden.

[262] In den Jahren 1998 bis Mitte 2002 wurden diese Fragen im Rahmen mehrerer Studienaufenthalte und über die Analyse von Medien- und Presseberichten, sowie über Berichte zu den Wahlkämpfen im Vorfeld der Reichstagswahlen von 1998 und 2002 beobachtet. Die gesellschafts- und sozialpolitisch relevanten Diskurse konnten so in diese Studie mit aufgenommen werden. Soziologische Studien, wie etwa von Ahrne/Roman/Franzén (1996), die sich mit der Entwicklung von Staat und Gesellschaft in Schweden zwischen 1950 und Mitte der 1990er Jahre beschäftigen, widmen Aspekten eines „aktivierenden Staates" oder Bezügen zum „Enabling State" eher *keine* Aufmerksamkeit, selbst wenn das Verhältnis von Staat und Bürgern sowie die Organisation des Staates im Zentrum der Analysen steht.

[263] Rothstein (1994: 74-75) verweist ebenfalls darauf, dass die Probleme der Steuerung und der Reform des öffentlichen Sektors in Schweden einleitend in den 1980er Jahren und fortführend in den 1990er Jahren sowohl seitens der Regierung als auch in sozialwissenschaftlichen Untersuchungen vor allem unter der Perspektive der Möglichkeiten einer demokratischen Steuerung gesellschaftlicher Entwick-

müsste im schwedischen Wohlfahrtsstaat im Verlauf der 1990er Jahre in besonderer Weise eine Aktivierung demokratischer Prinzipien und von Instrumenten der Partizipation für Reformstrategien und -diskurse bestimmend gewesen sein. So findet sich der Begriff der Demokratisierung in Studien zum öffentlichen Sektor semantisch sehr viel häufiger als etwa Begriffe wie „Aktivierung" *(Aktivering)* oder „aktivierender Staat", und Termini einer „aktiven" oder „aktivierenden Verwaltung" bzw. eines „aktivierenden Sozialdienstes" sind ebenfalls unüblich. Auch der Begriff oder ein Konzept des „aktivierenden Wohlfahrtsstaates", direkt übersetzbar als *„aktiverande Välfärdsstaten"* findet sich bisher im sozialpolitischen wie auch im sozialwissenschaftlichen Diskurs nicht oder nur indirekt formuliert.[264] Soweit der Aktivierungsbegriff Verwendung findet, steht er fast ausschließlich *im Zusammenhang mit der Arbeitsmarktpolitik* und mit direkten Reformstrategien im Leistungssystem von Sozialhilfe und Arbeitsmarktpolitik, ist jedoch nicht auf den öffentlichen Sektor und den Staat im weiteren Sinne bezogen. Allgemein findet sich dazu eine Einschätzung, wonach dem schwedischen Staat und der schwedischen Sozialpolitik bereits seit den 1960er Jahren ohnehin idealtypisch ein *„offensives Interventionsmuster"* zugeschrieben wird, so etwa Rothstein (1994: 72).

Damit stellt sich im Grunde die Frage eines „aktivierenden Staates" nicht bzw. völlig anders als in Deutschland oder in den angelsächsischen Wohlfahrtsstaaten. Zugleich findet jedoch in Schweden eine kritische Auseinandersetzung mit der Frage der Autonomie des Einzelnen in einem offensiven bis bevormundenden wohlfahrtsstaatlichen System statt. Nach Rothstein (1994: 65) obliegt es in diesem Kontext jedoch grundsätzlich der staatlichen Verantwortung, den einzelnen Bürger mit den grundlegenden Ressourcen des Lebens auszustatten und dessen Autonomie zu sichern. Diese sichernde Aktivierungsleistung grundlegender Ressourcen und Teilhabe hat der Staat zu erbringen, und nach bisher in Schweden offenbar vorherrschender Auffassung nicht der Bürger selbst zu leisten. Damit kommt ein Staats- und Interventionsverständnis zum Ausdruck, das einem Diskurs zum „akti-

---

lung untersucht wurden. Zu diesen Reformstrategien für den öffentlichen Sektor vgl. Statens offentliga utredningar SOU (1990). Indirekt lassen sich frühe diskursive Bezüge in den Reformvorschlägen der „Lindbeck-Kommission" erkennen, die im Auftrag der schwedischen Regierung 1993 unter Leitung des Ökonomen Assar Lindbeck erarbeitet wurden. Vgl. Zänker (1998: 17 ff.). Explizit geht Montin (2002) in Analysen zu Modernisierungsstrategien der Kommunalpolitik und -verwaltung der Frage nach, „ob der Wohlfahrtsstaat passive Bürger schafft" und verneint diese These weitgehend.

[264] Selbst in der wichtigen im Auftrag der Regierung erstellten Untersuchung zur Entwicklung des schwedischen Wohlfahrtsstaates in den 1990er Jahren, erschienen unter dem Titel „Wohlfahrt am Scheideweg" *(Välfärd vid Vägskäl)*, finden sich keine besonderen Bezüge zum Diskurs oder zu einem Leitbild einer „Modernisierung von Staat und öffentlicher Verwaltung" im Verständnis eines „aktivierenden Wohlfahrtsstaates". Vgl. Statens offentliga utredningar (SOU 2000). Nur bezogen auf arbeitsmarktpolitische Maßnahmen, sind dann Empfehlungen und Vorschläge enthalten, die auf ein insoweit eng arbeitsmarktpolitisch verstandenes Leitbild einer „aktivierenden Sozialpolitik" schließen lassen.

vierenden Staat" und veränderten Formen der Verantwortungsteilung zwischen Staat und Bürgern grundsätzlich eher skeptisch bis kritisch gegenübersteht.

Soweit es um Vorschläge geht, die explizit eine Reform wohlfahrtsstaatlicher Arrangements unter der Zielsetzung einer „aktiven" oder „aktiveren" öffentlichen Verwaltung beinhalten, lässt sich nur indirekt über die auch in Schweden entwickelte *Bürokratiekritik* zum Diskurs eines „aktivierenden Staates" gelangen. Die schwedische Bürokratiekritik kommt durchaus zu Befunden einer zumindest teilweise ausgeprägten „Passivität" des öffentlichen Dienstleistungssektors und der Sozialverwaltungen.[265] Die Bürokratiekritik nimmt allerdings bisher in den Empfehlungen und Lösungsansätzen zumeist nicht explizit Bezug auf ein Leitbild des „befähigenden" oder eines „aktivierenden Staates". Auffällig im schwedischen Diskurs ist, dass verwaltungsbezogene Dimensionen sozialer Interventionen meist erst dann im Lichte des Aktivierungsdiskurses deutlicher betont werden, wenn die Studien das Schnittfeld von aktiver Arbeitsmarktpolitik und kommunaler Sozialhilfepolitik sowie die Entwicklungen in den 1990er Jahren berühren. So stellt etwa Hvinden (1994) in einer Untersuchung zur Arbeitsmarktpolitik und ihren Relationen zur Sozialhilfepolitik Bürokratisierungsprobleme mit dar. Sein Befund lautet, dass seit Ende der 1980er Jahre zum Einen eine „Dezentralisierung" insbesondere auch arbeitsmarktpolitischer Maßnahmen in den Schnittstellen zur Sozialhilfe erfolgt ist. Zugleich ist nach seinen Befunden ähnlich wie in Norwegen in Schweden *„a lack of integration and lack of coordination"* festzustellen. Danach funktioniert die Kooperation in den Maßnahmen einer aktiven Arbeitsmarktpolitik zwischen zentralstaatlicher Arbeitsverwaltung und den Kommunen als Träger der Sozialdienste nicht in erwünschter oder notwendiger Weise. Insofern deuten sich Probleme einer Verantwortungsteilung und Abstimmung zwischen Zentralstaat und Kommunen an, die ähnlich wie in Deutschland auch für Schweden einen Diskurs erwarten lassen, in dem eine „Modernisierung von Staat und öffentlicher Verwaltung" unter Aspekten der „Aktivierung" materieller und immaterieller Ressourcen im „gleichzeitigen" Kontakt des Bürgers zu verschiedenen wohlfahrtsstaatlichen Institutionen im Verständnis der Koproduktion und der Kooperation einen Kern bilden könnte.

---

[265] Zur Bürokratiekritik vgl. allgemein für die öffentliche Verwaltung in Schweden Ahrne/Roman/Franzén (1996: 154ff.). In einer empirischen Studie ermittelte Jonsson (1997) für die Sozialversicherungskassen *vier Idealtypen* institutionalisierter Strategien in der Problembearbeitung und Interaktion mit den Bürgern. Neben dem *„professionellen Helfer"*, der sich als unterstützend und aktiv erweist, einem *„helfenden Amateur"*, der eher von Empathie, jedoch weniger von aktiver Hilfe gekennzeichnet ist, wurden der ebenfalls aktive und wohlfahrtsstaatliche wie auch individuelle Ressourcen aktivierende *„Koordinator"* und ein tendenziell sehr regelorientierter und tendenziell passiver *„bürokratischer Verwalter"* als Mitarbeitertypen ermittelt. Insoweit wurden unterschiedlichste Interventions- und Handlungsformen festgestellt. Die Studie bestätigt somit, dass Verwaltungen und Verwaltungshandeln meist komplexe und in sich überlagernde Interventionsmuster aufweisen, die mit dem einfachen Gegensatzpaar „aktiv" und „passiv" nur unzureichend erfasst werden können.

238

Im empirischen Teil ist demnach genauer zu prüfen, ob sich ein Diskurs eines „aktivierenden Staates" etwa über die in Schweden verbreiteten Projekte und über die Perspektive des verbesserten Zusammenwirkens wohlfahrtsstaatlicher Institutionen und Organisationen unter der Programmatik des *„Samverkan"* abbildet bzw. darin zum Ausdruck kommt. Diese sowohl lokal als auch zentralstaatlich Ende der 1990er Jahre eingeleitete Reformstrategie des „Samverkan" bildet jedenfalls neben dem bereits skizzierten *Demokratiediskurs* einen zentralen programmatischen Ansatz zur „Modernisierung" sozialer Dienste und Verwaltungen.[266] Bisher vorliegende sozialwissenschaftliche Befunde deuten darauf hin, dass der Frage verbesserter Kooperationsformen und damit neuen Formen der Steuerung sozialer Interventionen offenbar in allen westlichen Wohlfahrtsstaaten eine zentrale Bedeutung im Kontext des Leitbildes, des Diskurses und des Entwicklungspfades hin zu einem „aktivierenden Wohlfahrtsstaat" zukommt. Dennoch lässt sich im Ergebnis zunächst festhalten, dass ein offizieller oder „regierungsamtlich" geführter oder eingeleiteter Diskurs zum „aktivierenden Staat" oder einer „aktivierenden Sozialpolitik" mit besonderem Bezug auf den öffentlichen Sektor insgesamt in Schweden in der für Deutschland erkennbaren Weise nicht entwickelt ist. Der „Aktivierungsdiskurs" ist hingegen bislang im Kontext der Reformstrategien des Wohlfahrtsstaates in Schweden primär ein *arbeitsmarktbezogener* und ein *arbeitsmarktpolitisch geführter Diskurs.*

2. Der Diskurs einer „aktivierenden Sozialpolitik" im Verständnis einer staatlich regulierten integrierten Arbeitsmarkt- und Sozialhilfepolitik des lokalen Wohlfahrtsstaates
Während in Dänemark, das unter den skandinavischen Wohlfahrtsstaaten lange als Vorreiter einer „aktivierenden Arbeitsmarktpolitik" galt, der Aktivierungsdiskurs bereits Anfang der 1990er Jahre einen Ausgangspunkt mit entsprechender Strahlungswirkung auf die Nachbarländer nahm, setzte eine vergleichbare Entwicklung in Schweden erst Mitte der 1990er Jahre ein.[267] Der Aktivierungsbegriff selbst war und ist dabei allerdings in Schweden auch im Bereich der Arbeitsmarktpolitik noch eher unüblich. Er war in den Programmen oder Berichten der schwedischen Arbeitsmarktverwaltung *(Arbetsmarknadsstyrelsen)* auch Ende der 1990er Jahre noch nicht wirklich verbreitet.[268] So wäre von einem Wandel in den Interventionsformen kaum auszugehen, würde man allein die Verwendung bestimmter sozialpolitischer Termini oder Leitbegriffe als Grundlage oder Bezugspunkt einer Untersuchung

---

[266] Für Schweden vgl. beispielsweise Danermark/Kullberg (1999) und Montin (2002: 60 ff.).

[267] Zur Debatte um Arbeitslosigkeit und „Aktivierung" in Dänemark vgl. Hansen (2001). Dieser sieht Elemente des angloamerikanischen „Workfare-Konzepts" in Dänemark seit Anfang der 1990er Jahre deutlich gestärkt. Ähnlich Björklund (1998), der Reformen Dänemarks und Schwedens vergleicht.

[268] Dieser Befund ergab sich aus Internetrecherchen für die Jahre 1995 bis 2001 zu Programmen und Evaluationen der schwedischen Arbeitsmarktverwaltung, soweit über www.ams.se zugänglich.

zum Diskurs und zur Praxis einer „aktivierenden Sozialpolitik" bestimmen. Erklärungsansätze, warum der Aktivierungsbegriff in Schweden auch in den letzten Jahren eher selten explizit zur Anwendung kommt, sind schwierig. Zum einen könnte sich eine besondere programmatische Betonung „aktivierender" Elemente in der schwedischen Arbeitsmarktpolitik schon deshalb erübrigen, weil historisch die sogenannte Arbeitslinie *(Arbetslinje)* bereits seit den 1930er Jahren bestimmend für die Sozialpolitik war. Auch im politischen Primat der Vollbeschäftigung war gewissermaßen das „aktivierende" Element einer Wohlfahrtspolitik *(Välfärdspolitik)* früh verankert und bedurfte keiner besonderen Betonung.[269] Wenn der Begriff der „Aktivierung" in dieser Linie einer *generellen* schwedischen Arbeitsmarktpolitik auch bisher noch eher unüblich war, so findet er sich aber doch in *spezielleren* gruppenbezogenen Maßnahmen der *berufsbezogene Rehabilitation* seit längerem. Die Ziele und Methoden dieser Programme wurden bereits seit den 1980er Jahren explizit als „Aktivering" bezeichnet.[270] So deutet diese spezifische bereichs- und gruppenbezogene Verwendung des Terminus bestimmte Konnotationen im Sinne von Rehabilitation oder auch einen höheren Grad an Individualisierung an, die im Verlauf der 1990er Jahre Eingang in die neueren Programme der generellen Arbeitsmarktpolitik gefunden haben könnten.

Auch insofern sind einerseits eher selektiv entwickelte „aktivierende" arbeitsmarktpolitische Programme seit langem in Schweden verbreitet und bestehen neben der eher universell ausgerichteten aktiven Arbeitsmarktpolitik. Beide Linien sind nicht neu, überlagern sich im Verlauf der 1990er Jahre offenbar zunehmend, etwa durch Projekte des Zusammenwirkens der wohlfahrtsstaatlichen Institutionen, und sind daher differenziert zu betrachten.

Eine „aktive" wie auch „aktivierende" Arbeitsmarktpolitik war in Schweden deutlich früher und weitergehend institutionalisiert als in anderen Wohlfahrtsstaaten. Die „Aktivierungslinie" *selektiver* Programme hat allerdings lange nicht die politische und programmatische Breitenwirkung so entfalten können wie das für die *generelle* aktive Arbeitsmarktpolitik und die Politik der Vollbeschäftigung der Fall

---

[269] Lindqvist/Marklund (1995) untersuchen für Schweden das Verhältnis von „work and welfare" historisch weiter zugückgehend und verweisen auch auf die frühen „workhouse-tests" in den Armenhäusern des 18. und 19. Jahrhunderts. Hierin sehen sie eine erste armutspolitisch geprägte Entwicklungsphase der schwedischen „Arbeitslinie". Eine zweite Phase, in der die „Arbeitslinie" eher generell ausgerichtet wurde, ist zwischen 1930 bis in die 1950er Jahre zu erkennen. Diese Zeit wurde von Aufbau und Institutionalisierung der sozialen Sicherungssysteme geprägt. Bereits Anfang der 1990er Jahre hat sich im Bereich beruflicher Rehabilitation schließlich eine dritte Phase entwickelt, in der ein neues Verständnis der „Arbeitslinie" entwickelt wurde. In diesem Rahmen sollen kranke oder eingeschränkt erwerbsfähige Personen über Arbeit eine Möglichkeit zur sozialen Teilhabe und „Inklusion" erhalten. „Aktivierung" gilt dabei als Alternative zu rein monetärer Unterstützung.

[270] Vgl. etwa Hagström (1985). Hagström legt eine Studie für die Arbeitsmarktverwaltung vor, in der verschiedene Programme und Methoden der beruflichen Rehabilitation untersucht wurden.

war. Diese Konzepte der aktiven Arbeitsmarktpolitik reichen bis in die 1930er Jahren zurück. Damals setzte sich eine Linie der Sozialpolitik durch, die auf ein institutionalisiertes staatliches und universell ausgerichtetes System der Mindestsicherung bei einer gleichzeitigen Ausformulierung klarer Anspruchs- und Schutzrechte ausgerichtet war. Diese Linie grenzte sich bewusst von der eher selektiven bzw. ständisch- und klassenbezogenen bismarckschen Strategie in Deutschland einerseits wie auch von der Tradition der selektiv ausgerichteten und stigmatisierenden Armenfürsorge andererseits ab.[271]

Die in der generellen Arbeitsmarktpolitik und auch in gruppenbezogenen arbeitsmarktpolitischen Maßnahmen verankerte *schwedische „Arbeitslinie"* schließt in einer Mischung aus „Arbeitszwang" und gesellschaftlich tief verankertem „Arbeitsethos" bis heute an die sogenannte *Möllerlinie* schwedischer Sozialpolitik der 1930er und 1940er Jahre an. Das Modell des damaligen sozialdemokratischen Sozialministers Gustav Möller setzte sich gegen die *„Myrdalska-linjen"* (benannt nach dem Ehepaar Alva und Gunnar Myrdal) durch.[272] Beide Linien bestanden innerhalb der Sozialdemokratie. Sie unterschieden sich jedoch grundlegend in ihrem jeweiligen Verständnis des Verhältnisses zwischen Wohlfahrtsstaat und Bürger und auch hinsichtlich der Ausgestaltung sozialer Interventionen und sozialpolitischer Programme. Während die „Myrdal-Linie" eher für ein selektiver gestaltetes wohlfahrtsstaatliches Modell mit Bedürftigkeitsprüfungen und möglichst individuell abgestimmten Leistungen eintrat, formulierte Gustav Möller schon früh *drei zentrale Programmpunkte* der künftigen schwedischen Wohlfahrtspolitik mit dem Hauptziel, die stigmatisierende Armenfürsorge zu überwinden. Die drei Kernelemente in den Überlegungen Möllers waren der Ausbau des *alle Staatsbürger* umfassenden *steuerfinanzierten* Sozialleistungssystems in Form *einklagbarer sozialer Rechte,* verbunden mit der *möglichst weitgehenden Abschaffung von Bedürftigkeitsprüfungen,* sowie die *Reduzierung bürokratisch aufwendiger Verfahren der Leistungserbringung.* In dem mit dieser Linie der

---

[271] Diese als *„Möller-Modell"* bezeichnete Linie der frühen schwedischen Sozialpolitik setzte sich nach Rothstein (1994: 206 ff.) gegenüber der *„Myrdal-Linie"* in den 1930er Jahren durch und wurde für die Wohlfahrtspolitik der Nachkriegszeit bestimmend. Bis heute findet sich im Grunde der Diskurs und Disput beider Linien in Reformvorschlägen wieder, etwa in der Frage, ob die Sozialhilfe eher als pauschalisierte Standardlösung mit möglichst einfachen Prüfungs- und Bewilligungsverfahren zu gestalten ist, oder ob sie als differenzierte Individuallösung mit einer entsprechend ausdifferenzierten und individuell bezogenen Bedarfsermittlung und Bedürftigkeitsprüfung konzipiert sein soll.

[272] Zur Bedeutung und Programmatik des schwedischen Sozialpolitikers Gustav Möller vgl. neben Rothstein (1994: 211 ff.) auch Edebalk (1996: 152 ff.). Gustav Möller (1936: 37) selbst beschrieb in seiner Schrift *„Kampen mot arbetslösheten"*. *Hur den förts och hur den lyckats"* den Unterschied zwischen einer *alten* Arbeitslosenpolitik, die in Form staatlicher Zuschüsse (Investitionen) etwa Material für den Straßenbau und die Infrastruktur bereitstelle, woraus Beschäftigung resultiere, und einer *neuen* Arbeitslosenpolitik, die eine aktive (staatliche) Lohnpolitik beinhalte, die zur Nachfrage nach Gütern führe und vor allem damit zur Beschäftigung von Arbeitslosen beitrage.

Sozialpolitik bereits in den 1940er Jahren davon ausgegangen wurde, dass eine dauerhafte Vollbeschäftigung möglich sein würde, wurde das „Recht auf Arbeit" im Kontext des sozialpolitischen Gesamtkonzeptes praktisch wohlfahrtsstaatlich institutionalisiert. Wie in Deutschland ist es dabei aber auch in Schweden bisher nicht verfassungsmäßig garantiert. Eine aktive Vollbeschäftigungspolitik und auch verschiedenste „aktivierende" arbeitsmarktpolitische Programme wurden somit früh im institutionellen Arrangement des schwedischen Wohlfahrtsstaates ebenso fest verankert wie die sozialen Rechte auf materielle Existenzsicherung und soziale Teilhabe. Gerade über die *sozialen Anspruchsrechte* wurden nach dem vorherrschenden Verständnis schwedischer Wohlfahrtspolitik die bürgerliche Autonomie gegenüber staatlichem Handeln gesichert. Dabei waren die *sozialen Schutzrechte* der Bürger gegenüber all zu weit und all zu aktivem staatlichen Handeln, etwa im Bereich des Sozialdienstes und sozialer Kontrollen bis in die 1970er Jahre vergleichsweise gering entwickelt und standen kaum im Zentrum von Reformen.

Auch Hvinden (1999: 5) stellt fest, dass „Aktivierung" seit je her im schwedischen Wohlfahrtsstaat – wie auch in Norwegen – ein zentrales Merkmal und Konzept der Sozialpolitik gewesen ist. In den 1930er und 1940er Jahren habe man sich in Norwegen wie in Schweden in der Entscheidung zwischen einer rein monetären Unterstützungs- und Versorgungsvariante *(benefit option)* und einer auf eine *aktive* Arbeitsmarktpolitik fokussierende Variante *(work option)* für diese zweite Variante entschieden. Ihren Ausdruck findet diese vor allem im schwedischen *Begriff der „Arbetslinje".* Zu den aktuellen Reformstrategien führt Hvinden in diese historischen Zusammenhänge eingebunden ferner aus:

"Still what happened from the late 1980s was not really the intervention of a new policy of welfare to work or activation, but largely a return to or a revival of the original principles behind the fairly generous income-maintenance schemes of Sweden and Norway." (Hvinden 1999: 5)

Demnach ist also ein Leitbild der „aktiven" und auch „aktivierenden" Sozialpolitik im Bereich des Arbeitsmarktes kein wirklich neues Element, sondern ein traditionell ohnehin stark entwickeltes Strukturmerkmal des schwedischen wohlfahrtsstaatlichen „Modells", das in einer Phase wirtschaftlicher Prosperität sozusagen bis in die 1980er Jahre hinein in einer Ruhestellung verblieb und in den 1990er Jahren anknüpfend an die frühe Tradition der „Arbeitslinie" wieder aktiviert wurde. Es stellt sich aber dennoch die Frage, ob und inwieweit sich quantitativ und qualitativ Unterschiede einer aktiven Arbeitsmarktpolitik der 1930er und 1940er Jahre, der 1960er bis 1980er Jahre, und einer Phase ab Anfang/Mitte der 1990er Jahre zeigen. So wäre empirisch genauer zu prüfen, ob die „aktivierenden policies", wie sie im Verlauf der 1990er Jahre konzipiert worden sind, tatsächlich in ihren Grundelementen an eine „Arbeitslinie" anschließen, wie sie in der Frühphase des schwedischen Wohlfahrtsstaates bereits in Grundzügen entwickelt wurde, oder ob sich etwa auch Abweichungen und „Brüche" in dieser Tradition nach einer drei bis vier Jahrzehnte während Ruhestellung zeigen. Hierzu wären genauere historisch vergleichende Studien durchzuführen.

Anders als in Deutschland war eine Vollbeschäftigungspolitik in Schweden noch bis in die 1980er Jahre weitgehend erfolgreich. Die sich andeutende Krise am Arbeitsmarkt konnte dort mit einem weiteren Ausbau des öffentlichen Sektors zunächst noch aufgefangen werden. Mit Beginn der 1990er Jahre zeigten sich jedoch in einer Zeit wirtschaftlicher Probleme bei desolaten Staatsfinanzen in Schweden ebenfalls die Grenzen für eine aktive Arbeitsmarktpolitik. Die *Arbeitslosenquote* erreichte 1993/94 einen Höchststand von *offiziell* 8,1 %. Unter Einbezug derjenigen Arbeitslosen, die in arbeitsmarktpolitischen Maßnahmen beschäftigt wurden, betrug die Quote tatsächlich zeitweise sogar rd. 13 %. Als Gegenmaßnahmen wurden der Umfang und die Ausgaben für arbeitsmarktpolitische Maßnahmen Mitte der 1990er Jahre deutlich erhöht. Seit Ende der 1990er Jahre wurden die Fördermaßnahmen bei rückläufiger Arbeitslosenquote wieder zurückgeführt.[273]
Die Handlungsspielräume des schwedischen Staates waren Anfang der 1990er Jahre vor allem durch die Krise der Staatsfinanzen ganz erheblich eingeschränkt. Von den unterschiedlichen Regierungskonstellationen, so auch von einer bürgerlich geführten Regierung Anfang der 1990er Jahre, wurde aber am *Primat der Vollbeschäftigung* festgehalten. Die Ausgaben für eine aktive Arbeitsmarktpolitik wurden trotz der Finanzkrise erhöht. Die Programme und Maßnahmen wurden zudem inhaltlich mit besonderen Programmen gegen die extrem hohe Jugendarbeitslosigkeit erweitert. Die institutionellen Arrangements einer „aktivierenden Sozialpolitik" am Arbeitsmarkt wurden ferner von einer Reformstrategie beeinflusst, die mit dem Begriff der *„Dezentralisierung"* beschrieben wird. Institutionentheoretisch gesehen wurden nicht nur Veränderungen in der Aufgaben- und Verantwortungsteilung zwischen der *hierarchischen* Ebene von Zentralstaat und Kommunen vorgenommen, sondern auch *normativ, organisational* und *interaktional* vollzog sich ein Wandel, der sowohl die Verhältnisse wohlfahrtsstaatlicher Institutionen untereinander wie auch deren Verhältnisse zum Sozialbürger berührt. So zeigt sich, dass in den „aktiven"

---

[273] Zu Entwicklungen der schwedischen Arbeitsmarktpolitik vgl. Johannesson (1999). Vor allem die berufliche Bildung und die Ausweitung von Praktika für junge Arbeitslose sind Besonderheiten der aktiven Arbeitsmarktpolitik in den 1990er Jahren im Vergleich zu den 1980er Jahren, wo Arbeitsmarktpolitik stärker auf den Ausbau des öffentlichen Sektors und die berufliche Integration von Frauen abzielte. Die Daten zur Entwicklung der Ausgaben für aktive arbeitsmarktpolitische Maßnahmen weisen für 1970 eine Summe von 2,6 Mrd. SEK aus, für 1980 rd. 3 Mrd. SEK, für 1990 rd. 2,8 Mrd. SEK und für 1994/95 einen deutlichen Anstieg auf 9,1 Mrd SEK. Dieses entspricht einem Anstieg des Ausgabenanteils für arbeitsmarktpolitische Maßnahmen von 1,7 % des Bruttoinlandproduktes in 1970 auf 5,9 % im Jahre 1994/95 (Johannesson 1999: 288).

und „aktivierenden" arbeitsmarktpolitischen Maßnahmen das *Steuerungsprinzip des „Samverkan"* und damit ein verbessertes Zusammenwirken wohlfahrtsstaatlicher Institutionen eine ganz zentrale Reformstrategie hinsichtlich einer Aktivierung gesellschaftlicher, wohlfahrtsstaatlicher und individueller Ressourcen bildete und weiterhin bildet.

Betrachtet man die arbeitsmarktpolitischen Programme in den Merkmalen und Ausrichtungen der sozialen Interventionen genauer, so ist für den Zeitraum zwischen 1970 bis Ende der 1990er Jahre festzustellen, dass die Programme der 1970er und 1980er Jahre vor dem Hintergrund der nahezu erreichten Vollbeschäftigung vor allem gekennzeichnet waren durch *qualitativ hochwertig und langfristig konzipierte Maßnahmen* der Arbeitsmarktpolitik. Ziel war es, durch die aktiv ausgerichteten arbeitsmarktpolitischen Programme den Strukturwandel in Wirtschaft und Gesellschaft sozusagen zu begleiten bzw. arbeitsmarktpolitisch möglichst vorwegzunehmen, oder aber – soweit das nicht gelang – im Rahmen von „Notstands- und Bereitschaftsarbeiten" *(Beredskapsarbete)* besondere Krisen zu bewältigen und zum Aufbau der Infrastruktur langfristig beizutragen. Auch das monetäre Leistungsniveau im Bereich der Arbeitslosenkassen und der Entlohnung öffentlicher Arbeiten war in Schweden in den 1970er und 1980er Jahren generös. Gleichzeitig wurden über die Arbeitsleistungen und Entgelte, die während der Teilnahme an arbeitsmarktpolitischen Maßnahmen erbracht wurden, Anwartschaften in der Arbeitslosenkasse aufgebaut. In den 1990er Jahren wurden die eher strukturell bezogenen arbeitsmarktpolitischen Maßnahmen im Vergleich zu den 1970er und 1980er Jahre durch eine Vielzahl von eher *kurzfristig und zeitlich begrenzten Maßnahmen* abgelöst, die zudem immer stärker kommunal oder regional angesiedelt wurden. Sowohl die Quantität als auch die Qualität der arbeitsmarktpolitischen Maßnahmen hat in den frühen 1990er Jahren gelitten. *Längerfristige* Ausbildungs- und Beschäftigungsverhältnisse sind durch *kurzfristige Probearbeiten und Praktika* ersetzt worden (Salonen, 2000b: 167). Ein deutlicher quantitativer Ausbau ist erst Mitte der 1990er Jahre erfolgt, wobei seit dem der Diskurs einer „aktivierenden Sozialpolitik" bezogen auf die Schnittstellen von Sozialhilfe und Arbeitsmarktpolitik ebenfalls stärker in den Mittelpunkt rückte.

Hinsichtlich der Formen sozialer Interventionen lassen sich damit für die schwedische Arbeitsmarktpolitik gerade in der Zeit- und Handlungsperspektive einige wichtige Veränderungen und Merkmale erkennen, die den Übergang von einer „aktiven" zur „aktivierenden" Arbeitsmarktpolitik kennzeichnen. Der Wandel von tendenziell eher langfristig und strukturell bezogenen Maßnahmen verbunden mit einem hohen Niveau der materiellen Absicherung hin zu tendenziell eher kurzfristiger bezogenen und meist zeitlich auf wenige Monate begrenzte Maßnahmen verbunden mit einer Kürzung der Leistungsniveaus könnte auf *grundlegend veränderte Formen einer wohlfahrtsstaatlichen „Lebenslaufpolitik"* hindeuten. Verwiesen wird darauf, dass von Arbeitslosen einerseits ein höheres Maß an flexibler Lebensplanung und Lebensgestaltung nicht nur in beruflicher Hinsicht erwartet wird, wobei andererseits die materielle Sicherheit und der Erwerb künftiger Rechte auf Transferleistungen geringer ausgeprägt sind als etwa noch in den 1970er und 1980er Jahren. Neben *Laufzeitänderungen* und *normativen wie rechtlichen Veränderungen*, die zu höheren Zugangsvoraussetzungen im Erwerb von Anwartschaften auf Leistungen der Arbeitslosenkasse führten, bilden die Tendenzen einer *„Dezentralisierung"* ein weiteres Merkmal, dass mit den Aktivierungsprogrammen verbunden ist.

Die Entwicklungen einer „Denzentralisierung" im Verlauf der 1990er Jahre lassen sich für Schweden so zusammenfassen, dass die aktive Arbeitsmarktpolitik, die zuvor von *generellen* und *zentralstaatlichen* Programmen sowie dem Merkmal der „Rechtmäßigkeit" *(Rättighetsprägel)* charakterisiert war, dahingehend verändert wurde, dass zunehmend mehr *selektive,* und *lokal entwickelte wie lokal umgesetzte* Maßnahmen die schwedische Arbeitsmarktpolitik prägen. Diese neueren Programme weisen meist den Charakter von *individuell* oder *gruppenbezogener „Aktivierung"* auf und sind mit weitergehenden Einforderungen von „Mitwirkungs- und Arbeitspflichten" unter Sanktionsandrohung verbunden.[274] Der frühere Typ einer *„aktiven"* Arbeitsmarktpolitik blieb zwar in den 1990er Jahren auch erhalten, war und ist jedoch dabei in Schweden vorrangig auf die *Insider* der Erwerbsgesellschaft bezogen, also auf diejenigen, die im Verlauf ihrer Erwerbsbiografie bereits einen Zugang um Arbeitsmarkt erreicht haben und damit bereits über Anspruchsrechte auf Leistungen der Arbeitslosenkassen und Programme der Arbeitsverwaltung verfügen. Der zweite Typ einer *„aktivierenden"* Arbeitsmarktpolitik wurde enger mit dem System kommunaler sozialer Dienste und der Sozialhilfe gekoppelt und damit auch in sozialberuflichen Handlungsformen verändert und erweitert. Dieser Typ „aktivierender policies" bezieht sich in stärker *selektiver* Weise auf die *Outsiders* der Arbeitsmarktpolitik, etwa auf junge Arbeitslose, Einwanderer, Flüchtlinge, Langzeitarbeitslose und andere Gruppen. Bei diesen „Outsiders" des Arbeitsmarktes handelt es sich um Bevölkerungsgruppen, denen im Verlauf ihres Lebens noch kein Zugang oder aber im Rahmen diskontinuierlicher Erwerbsbiografien kein stabiler Zugang zum Arbeitsmarkt gelungen ist. Diese Gruppen verfügen damit auch über keine oder nur über geringe Ansprüche auf Leistungen der Arbeitslosenkassen, weil Anwartschaftszeiten nicht aufgebaut werden konnten. Unter dem Einfluss eines Leitbildes und des Diskurses einer arbeitsmarktbezogenen „aktivierenden Sozialpolitik" kann von einer *Dualisierung der schwedischen Arbeitsmarktpolitik im Verlauf der 1990er Jahre* gesprochen werden.[275] Das Leitbild und der Diskurs einer „aktivieren-

---

[274] Auf diese Entwicklungen wird beispielsweise in einem Beitrag von Sunesson u.a. (1998) hingewiesen und sie wurden genauer von Johansson (2001) untersucht.
[275] Zu diesen resümierenden Befunden kommt Salonen (2000b).

den Sozialpolitik" am Arbeitsmarkt weisen soziologisch betrachtet nicht nur inkludierende Ziele und Funktionen auf, sondern ebenso sind Selektion und soziale Ausschließungsprozesse und entsprechende Risiken damit verbunden.

Bezogen auf das als universell geltende System der schwedischen Staatsbürgerversorgung mit einem über lange Zeit praktisch institutionalisiertem „Recht auf Arbeit" und bei einer gleichzeitig ausgeprägten „Arbeitslinie" in der Sozialpolitik hätte man vermuten können, dass ein in der Arbeitsmarkt- und Beschäftigungspolitik ohnehin in hohem Maße „aktives" und „aktivierendes" wohlfahrtsstaatliches Arrangement theoretisch oder ideologisch zunächst einmal *kein* direktes Erfordernis bietet, sich der „Workfare-Debatte" und dem Diskurs einer „aktivierenden Sozialpolitik" in der aufgezeigten Weise anzuschließen, um die Aktivierungspotentiale (noch) weiter zu erhöhen. Diese neue „aktivierende" Arbeitsmarktpolitik kann aber gerade in Schweden gewissermaßen in idealer Weise auf die Traditionen der Vollbeschäftigungspolitik und auf die sozialpolitisch verankerte Arbeitslinie „aufsatteln". Sie bildet sich ähnlich wie in Deutschland unter aktiver Beteiligung der Kommunen, der kommunalen Sozialhilfe und in veränderten Relationen zu den sozialen Diensten heraus. Soziale Interventionen werden unter dem Einfluss des Diskurses einer „aktivierenden Sozialpolitik" somit horizontal bzw. in der institutionellen Hierarchie, wie auch vertikal, also etwa in den sozialberuflichen Handlungsformen und in den Interaktionen verschiedenster Institutionen verändert konzipiert. Außerdem verändern sich ihre Lebenslagen- und ihr Lebenslaufbezüge. Diese Ergebnisse einer Diskursanalyse sind später empirisch näher zu prüfen.

Im Kontext des Diskurses einer „aktivierenden Sozialpolitik" sind für Schweden ausgehend von der Perspektive auf die Arbeitsmarktpolitik mindestens *drei wichtige „Reformen" im Rechts- und Leistungssystem* des Wohlfahrtsstaates für die 1990er Jahre zu nennen, über die der skizzierte Wandel von der traditionellen Arbeitslinie zur modernen „Aktivierungslinie" beeinflusst bzw. eingeleitet wurde. Die rechtlichen Reformen und einige Instrumente dieser „Aktivierungslinie" sind nachfolgend genauer dargestellt:[276]

1995: Gesetz über die Verantwortung der Kommunen für unter 20jährige Arbeitslose (Kommunal program för ungdomar under 20) (SFS 1995: 706):
Vor dem Hintergrund massiver Jugendarbeitslosigkeit und eines deutlichen Anstiegs des Anteils von Jugendlichen im Sozialhilfebezug, die mangels Zugang zum Arbeitsmarkt keine Anwartschaftszeiten bzw. Ansprüche auf Leistungen der Ar-

---

[276] Auch das schwedische Sozialhilferecht wurde zentralstaatlich mit einer Gesetzesnovelle 1998 des Sozialdienstgesetzes (SoL) der neuen „Aktivierungslinie" angepasst. Mit erweiterten Regelungen des damaligen § 6 SoL hinsichtlich der „Pflicht zur Arbeit" und einem Mitwirkungsverständnis, das die „*aktive* Arbeitssuche" vorsieht, wurde die künftige Sozialhilfepraxis auf die neuen Programme der (kommunalen) Aktivierungsprogramme abgestimmt.

beitslosenkassen aufbauen konnten, wurde zum 1. Oktober 1995 zentralstaatlich das erste Gesetz über neue Verantwortungen der Kommunen in der Arbeitsmarktpolitik erlassen.[277] Auf Basis dieser neuen rechtlichen Regelungen konnten die Kommunen jungen Arbeitslosen, die keinen Schulabschluss auf dem Niveau der *„Gymnasieskola"* oder vergleichbare berufliche Abschlüsse erworben hatten, Praktika oder Qualifizierungsmaßnahmen „anordnen". Die Programme wurden auf der Basis von Kooperationsvereinbarungen *(Samarbetsavtal)* zwischen den regionalen Arbeitsverwaltungen und den Kommunen gesteuert und führten darüber die staatliche Arbeitsmarktpolitik und die kommunale Sozialhilfe normativ, rechtlich, organisational und in den sozialberuflichen Handlungsmustern bereits enger zusammen. Die *Laufzeit* der neuen Programme für die unter 20jährigen Arbeitslosen *belief sich zumeist auf wenige Monate oder Wochen.* Aufgrund der eingeschränkten Zielgruppe und einer insgesamt hinter den Erwartungen zurückgebliebenen eher geringen Bedeutung dieses Programms kann es in einer Rückschau als Vorläufer einer neuen „aktivierenden" Arbeitsmarkt- und Sozialhilfepolitik bezeichnet werden. Ihre eigentliche Entwicklung setzte erst 1998 mit weiteren Gesetzesänderungen und Programmen ein.

1998: Gesetz über die Verantwortung der Kommunen für die 20 bis 24jährigen Arbeitslosen (Utvecklingsgaranti för ungdomar) (SFS 1997: 1278):
Dieses Gesetz sieht seit dem 1. Januar 1998 für die Kommunen die Möglichkeit vor, eine besondere Verantwortung für Arbeitslose im Alter zwischen 20 und 24 Jahren zu übernehmen.[278] Die damit weitergehende „Dezentralisierung" oder auch „Kommunalisierung" aktiver arbeitsmarktpolitischer Maßnahmen erfolgte auf der Grundlage einer Vereinbarung zwischen der regionalen Arbeitsmarktverwaltung *(Länsarbetsnämnden)* und den jeweiligen Kommunen. Die Mehrzahl schwedischer Kommunen hat sich diesem Programm angeschlossen, zumal es mit zentralstaatlichen Fördermitteln gekoppelt wurde und für die Kommunen neben Effekten einer regionalen Beschäftigungspolitik auch eine Reduzierung der Sozialhilfeausgaben mit sich brachte. Ziel ist es, jungen Arbeitslosen im Alter zwischen 20 und 24 Jahren *„aktivierende"* und *„entwickelnde"* Angebote in Form von Vollzeitstellen anzubieten. Diese Angebote, die vor allem Ausbildungs- und Qualifizierungsmaßnahmen, aber auch Arbeitstrainings und Praktika umfassen, müssen von den Kommunen *spätestens 90 Tage nach der Arbeitslosmeldung* auf der Basis eines *individuell erstellten Handlungsplanes (individuell handlingsplan)* den arbeitslosen Jugendlichen vermittelt werden.

---

[277] Zum Inhalt des Gesetzes und der Programmstruktur vgl. Arbetsmarknadsstyrelsen (2000: 139-142) und Social Handbok (1999, 2000 und 2001).

[278] Das Gesetz lautet: „Gesetz über die Verantwortung der Kommunen für Arbeitslose im Alter zwischen 20 und 24 Jahren" *(Lag om kommunernas ansvar för ungdomar mellan 20 och 24 år).* Zunächst wurde es vereinfacht als *„Entwicklungsgarantie" (Utvecklingsgaranti)* bezeichnet, später dann als *„Aktivitätsgaranti".*

Damit enthält die Aktivierungspraxis neue, *direkt verlaufsbezogene Varianten der Steuerung und sozialer Interventionen*. Der in der *Handlungsperspektive* ebenfalls neue „individuelle Handlungsplan" wird möglichst gemeinsam von Mitarbeitern der Arbeitsvermittlung und der kommunalen Sozialdienste oder kommunaler Arbeitsvermittlungsdienste mit den Arbeitslosen erstellt. Ähnlich wie auch für die Hilfevereinbarungen in der deutschen Sozialhilfepraxis soll die Zielerreichung anhand des verabredeten Handlungsplanes regelmäßig überprüft werden. Auch in diesen professionalen Ebenen deuten sich somit wesentliche *normative wie praktische Veränderungen in der institutionellen Zeit- und Handlungsorientierung* für die schwedische Arbeitsmarkt- und Sozialhilfepolitik an. Die Maßnahmen sind in der Regel auf eine *Laufzeit von maximal 12 Monaten* befristet. Spätestens dann soll die Integration in den „ersten" Arbeitsmarkt erfolgt sein. Eine wiederholte Teilnahme an Angeboten der „Utvecklingsgaranti" ist möglichst nicht vorgesehen. Im Jahr 1999 nahmen landesweit insgesamt rd. 15.000 neue Teilnehmer an einer Maßnahme der „Utvecklingsgaranti" teil.[279] Die Teilnehmer erhielten während der Laufzeit der Maßnahmen eine Form der Ausbildungshilfe *(„Aktivitätsstöd")*. Für Personen, die über Ansprüche auf Leistungen der Arbeitslosenkasse verfügen, betrug die Höhe mindestens 240 SEK/Werktag. Für Personen, die Anwartschaftszeiten der Arbeitslosenkassen nicht erfüllen, wurden 143 SEK/Werktag gezahlt, so dass sich die Sozialhilfeausgaben der Kommunen um diese überwiegend staatlich finanzierten Leistungen reduzierte.[280] Zum Teil war aber aufgrund des relativ geringen Niveaus der Ausbildungshilfen dennoch eine ergänzende Sozialhilfe von den Kommunen zu zahlen. Als normativer Grundsatz gilt in der Tradition der „Arbeitslinie", dass bei Ablehnung einer über die Kommune angebotenen angemessenen Maßnahme die Sozialhilfezahlung gekürzt oder auch vollständig eingestellt werden kann. Wie sich diese Praxis genau zeigt, wird empirisch zu klären sein.

Der Zentralstaat übernahm bei diesen Maßnahmen der *„Utvecklingsgaranti"* eine Garantiefunktion, die darin besteht, die kommunalen Maßnahmen mit mindestens 150 SEK pro Tag/Teilnehmer zu fördern. Die Kommune erfüllt eine besondere Garantiefunktion, in dem sie entweder die Infrastruktur und das Personal für die Projekte bereitstellt und/oder selbst Beschäftigungsmöglichkeiten, Praktika, Ausbildungs- und Qualifizierungsangebote für die Arbeitslosen einrichtete. Ferner erhielten die Kommunen über eine mit den Programmen verbundene Änderung rechtlicher Regelungen, die eine veränderte Zusammensetzung der Arbeitsvermittlungsausschüsse *(Arbetsförmedlingsnämnden)* beinhaltet, einen stärkeren politischen und administrativen Einfluss auf die Arbeitsmarktpolitik. Es zeigt sich hiermit, dass

---

[279] Vgl. Arbetsmarknadsstyrelsen (2000: 141).
[280] Zum Niveau der Ausbildungshilfen vgl. Arbetsmarknadsstyrelsen (2000: 139 ff.) und Social Handbok (2001: 158).

248

rechtliche, ökonomische, ökologische und pädagogische Interventionsformen mit den Reformstrategien und in den Programmen einer „aktivierenden Arbeitsmarktpolitik" in ihrer ganzen Breite einbezogen sind und verändert aufeinander bezogen wurden und entsprechend neu abzustimmen waren. Dies gilt gerade auch an den Schnittstellen einer Lebenslaufpolitik zwischen Sozialhilfe und Arbeitsmarkt.

Für Schweden wird der Wandel zur „aktivierenden" Arbeitsmarktpolitik meist mit der „Utvecklingsgaranti" von 1998 verbunden gesehen, da erst damit eine grundlegende Wende von der primär zentralstaatlich getragenen *„aktiven"* hin zu eine stärker kommunal und lokal getragenen und stärker auf individuelle Pflichten ausgerichteten *„aktivierenden"* Arbeitsmarktpolitik eingeleitet wurde, in der die „Arbeitslinie" und die Pflicht zur Annahme der Angebote stärker betont wurden. Die „Utvecklingsgaranti" erforderte zudem in ihrer Umsetzung neue Kooperationsformen zwischen kommunalem Sozialdienst bzw. der Sozialhilfe und der Arbeitsmarktverwaltung, die ebenfalls gefördert wurden.[281] Über die Gesetzesreformen und über verändert zugeschnittene arbeitsmarktpolitische Programme, die vor allem auf junge Arbeitslose bezogen waren, wurde der vorher in Schweden eher virulente Diskurs einer *„aktivierenden"* Arbeitsmarktpolitik, stärker an die „Workare-Debatte" angelehnt und schließlich zur konkreten Praxis, die nach 1998 sozialpolitisch und gesellschaftlich eine breitere Wirkung entfaltete. Die Formen und die Praxis dieser neuen „Aktivierungslinie" können jedoch sehr heterogen ausgeprägt sein. Hierzu liegen bisher jedoch keine repräsentativen Befunde vor. Die begrenzte „Aktivierungslinie" wurde schließlich zum 1. August 2000 über die gruppenbezogenen Varianten der Programme von 1995 und 1998 hinausgehend in Form einer *allgemeinen „Aktivitätsgarantie"* auf *alle* Langzeitarbeitslosen ausgeweitet.

2000: Die Ausweitung der „Aktivierungslinie" in Form einer „generellen Aktivitätsgarantie" (SFS 2000:635, 2000:634):
Die mit den Programmen von 1995 und 1998 eingeleitete und zunächst speziell auf junge Arbeitslose bezogene „Aktivierungslinie" wurde in ihrem Charakter als gruppenorientierte Maßnahme zum 1. August 2000 um ein Aktivierungskonzept erweitert, dass auf *alle* Langzeitarbeitslosen *aller* Altersstufen bezogen war. Damit relativierte sich der selektive Charakter einer bisher „gruppenbezogenen Aktivierungslinie". Seit dem 1. August 2000 gilt in der schwedischen Arbeitsmarktpolitik somit eine *„generelle Aktivierungslinie"*, die *alle* Langzeitarbeitslosen betrifft, die *länger als 6 Monate arbeitslos* und *älter als 20 Jahre* sind.[282] Außerdem werden *alle* von Langzeitar-

[281] Vgl. Salonen/Johansson (1999).
[282] Zu den Hintergründen, Motiven der Ausweitung dieser „generellen Aktivitätslinie" und ihrer inhaltlichen Ausgestaltung vgl. Regeringskansliet (2000). Danach waren 1999 in Schweden landesweit insgesamt 35.000 Arbeitslose länger als 4 Jahre arbeitslos und während dieser Zeit ohne ein reguläres Ar-

beitslosigkeit bedrohten Personen und Personengruppen von dem Programm mit erfasst. Darin deutet sich an, dass *präventive Interventionsformen* stärkere Gewichtung erfahren sollen, um Armutskarrieren zu vermeiden. Das Leitbild *„Aktivitet"* bzw. *„Aktivierung"* ist als in der Handlungsdimension generelles Element einer neuen Wohlfahrtsstaatlichkeit mit dem Programm weitergehend institutionalisiert worden und ein „passiver" Bezug von monetären Transferleistungen, gleich ob aus der Arbeitslosenkasse oder der Sozialhilfe, soll möglichst weitgehend ausgeschlossen werden. Weiteres Ziel der generellen Aktivitätsgarantie ist die Verbesserung der Vermittlungschancen von Langzeitarbeitslosen in den regulären Arbeitsmarkt über entsprechende Programme und Maßnahmen, etwa Praktika, Qualifizierungsmaßnahmen und Kompetenzvermittlung. So werden Langzeitarbeitslose beispielsweise *in Gruppen* von 10 bis 15 Personen intensiv von Arbeitsvermittlern und Sozialberatern betreut. Parallel dazu stehen alle weiteren Programme und Angebote der sonstigen aktiven Arbeitsmarktpolitik für sie zur Verfügung. Die individuellen Aktivitäten zum Erhalt einer Arbeitsstelle sollen mit diesen Instrumenten gruppen- und maßnahmebezogen besser koordiniert werden und zugleich intensiver pädagogisch begleitet aber auch strenger kontrolliert werden. Die *zeitlichen Vorgaben* der Beratung und Vermittlungsmaßnahmen sind im Vergleich zu der „Utvecklingsgaranti" für junge Arbeitslose mit der generellen Aktivitätsgarantie normativ *eher weit gefasst*. Institutionell definiertes Ziel ist es, innerhalb eines Zeitraumes von maximal 27 Monaten (600 Werktagen) wo Anspruch auf Leistungen der Arbeitslosenkassen besteht, eine Vermittlung bzw. Integration in den regulären Arbeitsmarkt zu erreichen. Gelingt dies, kann auch der Sozialhilfebezug in aller Regel vermieden werden. Bei den vermittelten bzw. angestrebten Arbeitsverhältnissen soll es sich grundsätzlich um eine Vollzeitbeschäftigung handeln die den Lebensunterhalt des Arbeitslosen und seiner Familie sichert. Gelingt dies nicht, werden auch Teilzeitbeschäftigungen zugelassen.[283] Über das Instrumente der „individuellen Jobsucherpläne" wird der Zielerreichungsgrad im Rahmen der beratenden Hilfen fortlaufend überprüft und es werden aktive Hilfen angeboten, um mögliche Hindernisse und Probleme, wie Suchtprobleme oder Schuldenprobleme zu bewältigen.

Erkennbar ist, dass mit diesen genereller bezogenen „aktivierenden policies" zum einen Rechte, Rechtsansprüche und Mitwirkungsanforderungen sowie Pflichten und individuelle Verhaltensmuster und damit auch das Verhältnis zwischen Staat und Bürger über veränderte Interventionsformen und Instrumente in neue Relationen gesetzt wurden und werden. Dies geschieht möglicherweise nicht einmal so sehr durch die neuen gesetzlichen Grundlagen und über das Steuerungsin-

---

beitsverhältnis. Die anhaltend hohe und verfestigte Langzeitarbeitslosigkeit, vielfach verbunden mit Sozialhilfebezug bildete ein Hauptmotiv für die Ausweitung der „Aktivitätslinie" zum 1. August 2000.
[283] Zu diesen Details der „Aktivitetsgaranti" vom 1. August 2000 vgl. Social Handbok (2000: 161 ff.).

strument des Rechts, sondern kann ebenso oder mehr noch im Rahmen der jeweiligen lokalen Praxis über pädagogische und personenbezogene bzw. spezifisch „koproduktive" Interventionsformen erfolgen. Auch mit der „generellen Aktivitätsgarantie" deutet sich also an, dass soziale Interventionen stärker verlaufs- und handlungsbezogen konzipiert werden, in dem die Programme explizit auf Langzeitarbeitslose ausgerichtet sind, ferner Instrumente einer Hilfeplanung eingeführt werden und die Ziele sowie die Zielerreichung sozialer Interventionen und ihre Wirksamkeit stärker als früher in den Mittelpunkt rücken.

Die neuere „aktivierende" Arbeitsmarktpolitik erweist sich in Schweden in höherem Maße als differenziert – oder negativ formuliert als selektiv. Die Maßnahmen sind etwa gruppenbezogen, altersbezogen, verlaufsbezogen und dezidiert handlungsbezogen und damit stark auf individuelles Verhalten und individuelle Problembewältigung ausgerichtet. Die „aktivierende" Arbeitsmarktpolitik seit Ende der 1990er Jahre bildet jedenfalls in Schweden keine monopolartige Dienstleistungserbringung oder monolithisch gestaltete Programmstruk-turen mehr ab, sondern sie scheint eher durch projektmäßige, zeitlich befristete und flexible Organisationsformen, durch Erfordernisse und Praxis einer neuen Vernetzung, sowie durch ausdifferenzierte und möglichst „koproduktiv" gestaltete Interaktionsformen zwischen Staat und Bürger und auch zwischen verschiedenen wohlfahrtsstaatlichen Institutionen gekennzeichnet. In der stärker individuell und *„individualisierend"* konzipierten „aktivierenden" Arbeitsmarkt- und Sozialhilfepolitik könnte sich zugleich eine Verschiebung andeuten, die von einer aktiven Arbeitsmarktpolitik – verstanden als *Kontextsteuerung* – hin zu einer stärker ausgeprägten *Verhaltenssteuerung* führt. Auch in dieser Steuerungsperspektive würden dann die Relationen sozialer Rechte und individueller Pflichten neu formiert. Zugleich deutet sich an, dass ebenso institutionelle Pflichten und Verantwortlichkeiten verschoben wurden – in der Arbeitsmarktpolitik tendenziell vom Zentralstaat auf die Regionen und mehr noch auf die Kommunen. In einer differenzierteren Betrachtung kann dazu steuerungs- und interventionstheoretisch genauer gefragt werden, ob der Begriff der „Dezentralisierung" die Entwicklungen zutreffend bzw. hinreichend präzise erfasst. Erkennbar wurde schließlich auch, dass die veränderte Verantwortungteilung zwischen Zentralstaat und Kommunen nicht nur einseitig „nach unten" zu Lasten der Kommunen vorgenommen wurde, sondern dass zugleich Fördermittel und erweitere Gestaltungsspielräume an die Kommunen zur Übernahme rechtlich geregelter neuer Aufgaben gegangen sind. Zum Teil wurden ergänzend neue und gezielte monetäre Anreizstrukturen zur Übernahme der erweiterten arbeitsmarkt- und sozialpolitischen Aufgaben aufgebaut. Möglicherweise finden sich neben der skizzierten Dezentralisierung, auch Elemente der Delegation, der Kooperation oder einer Koproduktion in der Verantwortungsteilung zwischen Staat und Kommunen. Ferner ist eine „aktive Verantwortungsübernahme" im Sinne einer Selbststeuerung, wie sie idealtypisch und im positiven Verständnis des Leitbildes und des Diskurses zum „aktivierenden Wohlfahrtsstaat" mit enthalten ist, sowohl bezogen auf den schwedischen Zentralstaat wie bei den Kommunen denkbar. Auch Fragen dieser Art sind auf der Basis neuerer empirischer Befunde in der Fallstudie genauer zu klären.

3. Der Diskurs einer „aktivierenden Sozialpolitik" und eine „neue Fachlichkeit" im kommunalen Sozialdienst

Ähnlich wie bereits in der Frage nach den Diskursbezügen zum Bereich einer Modernisierung von Staat und öffentliche Verwaltung fand sich in Schweden – jedenfalls bis Jahresende 2002 – innerhalb der Fachliteratur und der Profession der Sozialarbeit *kein* explizit entwickelter oder fachpolitisch ausdrücklich wahrnehmbarer Diskurs zum Leitbild eines „aktivierenden Wohlfahrtsstaates" oder einer „aktivierenden Sozialpolitik". So fanden sich bei Durchsicht relevanter Publikationsorgane der schwedischen Sozialarbeit weder allgemeinere Beiträge zum Themenbereich einer „aktivierenden Sozialpolitik" noch wurde der Diskurs im Zusammenhang mit den Methoden und Handlungsformen der Sozialarbeit genauer behandelt.[284] Soweit sich sehr vereinzelt Ansätze eines solchen innerhalb der Sozialarbeit geführten Diskurses zeigen, sind diese wiederum primär bezogen auf die Instrumente und Handlungsformen, wie sie sich aus den neueren Programmen einer *„aktivierenden Arbeitsmarktpolitik"* ableiten lassen.[285] Somit bestätigte sich der primär arbeitsmarktpolitisch geführte Aktivierungsdiskurs für Schweden auch in dieser professionalen auf die sozialberuflichen Handlungsmuster gewählten Perspektive.

Geht man von der Literatur zur schwedischen Sozialarbeit aus, so finden sich nur sehr vereinzelt Beiträge, die den Diskurszusammenhang im Sinne eines „aktivierenden" Sozialdienstes abbilden. Von Rönnlund (1992) liegt eine frühe schwedische Studie vor, die in einem Blickwinkel auf die Möglichkeiten und weniger auf die Defizite von Sozialhilfebeziehenden veränderte und durchaus als „aktivierende" Handlungsformen zu beschreibende Interventionen darstellt. Die beschriebenen sozialberuflichen Handlungsmuster wurden speziell für den Bereich der Sozialar-

---

[284] In den einschlägigen Fachzeitschriften, etwa Socionomen, SSR-Tidningen, Nordisk Sosialt Arbeid, u.a. der Jahrgänge von 1995 bis 2002, oder auch im Rahmen der Publikationen der Socialstyrelsen (www.sos.se) waren mit einer Ausnahmen keine Beiträge enthalten, die sich in einer sozialberuflich bezogenen Thematisierung oder in professionstheoretischer Hinsicht mit dem Leitbild und Diskurs eines „aktivierenden Wohlfahrtsstaates" befassten.

[285] Beispielsweise thematisiert Salonen (2000b: 164-165) kurz die Interaktionsmuster im Zusammmenhang mit schwedischen „Aktivierungsprogrammen" von Ende der 1990er Jahre, wobei zwischen sozialanwaltlichen Formen *(Bemyndigande)* und zwangweisen Formen *(Tvångsversionen)* unterschieden wird. Die Thematisierung dieser sozialberuflichen Handlungsmuster erfolgt dabei direkt auf arbeitsmarktpolitische Maßnahmen bezogen und nicht „breiter" im Kontext der personenbezogenen sozialen Dienstleistungen. Salonen (2000b: 165) verweist auch auf die Bedeutung des Empowerment-Ansatzes, der in Schweden seit den 1990er Jahren begrifflich häufiger Verwendung findet.

beit in der Sozialhilfe aus der Praxis heraus entwickelt. In der Zeit- und Handlungsperspektive betrachtet ist beispielsweise hinsichtlich der sozialberuflichen Handlungsmuster darin ausdrücklich formuliert:

> *„Und außerdem können wir im Sozialbüro aufzeigen, was wir anbieten können und was wir erwarten und wie bzw. dass wir gemeinsam mit dem Klienten so schnell wie möglich Alternativen finden sollen zum Sozialhilfebezug. Mit Sozialhilfefragen zu arbeiten ist soziale Arbeit, in der man den Klienten nicht bzw. nicht nur in Form ausgefüllter Formulare trifft."*[286]

Die Sozialhilfe wird als Sozialarbeit definiert und der personenbezogene Kontakt zum Sozialhilfebeziehenden in das Zentrum sozialberuflicher Handlungsformen gesetzt. Obwohl der Diskurs einer „aktivierenden Sozialpolitik" explizit auch international noch in den Anfängen steckte, enthält die Formulierung direkt verlaufsbezogen und ressourcenbezogen den Ansatz, Alternativen zum Sozialhilfebezug im Rahmen der Sozialarbeit möglichst schnell zu fördern und zu vermitteln.

Der Diskurs einer „aktivierenden" Sozialarbeit ist inhaltlich-methodisch somit nicht unbedingt neu, er ist nur selten explizit in dieser Weise formuliert oder konzeptionell entwickelt worden. Gewissermaßen war er auch in Schweden implizit bereits von einzelnen Autoren eingeleitet noch bevor die Gesetzesänderungen Mitte der 1990er Jahre vorgenommen wurden und das Leitbild einer „aktivierenden Sozialpolitik" als expliziter Diskurs – vorrangig im Bereich der arbeitsmarktpolitischen Programme allgemeinere Verbreitung fand. Allerdings wurde etwa der Ansatz von Rönnlund (1992) dann nicht weitergehend in den „Aktivierungszusammenhang" eingebunden.

Findet sich der „Aktivierungsdiskurs" in der sozialarbeiterischen Fachliteratur schon kaum theoretisch entwickelt, so sind *empirische* Befunde zu den sozialberuflichen Handlungsformen im Kontext einer wie auch immer konstituierten „aktivierenden Sozialpolitik" noch seltener.[287] In dieser Hinsicht wird in der deutschen Fachdebatte der Sozialarbeit und „Sozialarbeitswissenschaft" der Diskurs zu den Möglichkeiten, Grenzen und Auswirkungen eines Leitbildes und einer Praxis der

---

[286] Zit. Rönnlund (1992: 20).

[287] Erste empirische Untersuchungen zu kommunalen *arbeitsmarktpolitischen Programmen* liegen von Persson (1999) und Salonen/Angelin (2000) vor. Enger auf die Schnittstellen von Arbeitsmarktpolitik und kommunalem Sozialdienst bezogen untersucht Hjertner-Thorén (2002) die „aktivierenden policies" unter anderem auch in ihrer sozialberuflichen Praxis. Eher rechtssoziologisch ausgerichtet wurde das Leitbild einer „aktivierenden Sozialhilfepolitik" in der Kommunalpolitik und in der Sozialverwaltung von Johansson (2001) untersucht, jedoch nicht weitergehend hinsichtlich der Handlungsformen der Sozialarbeit.

„aktivierenden Sozialpolitik" seit einigen Jahren doch aktiver und lebhafter geführt als bislang in Schweden.[288]

Betrachtet man die „Methodenentwicklung" der schwedischen Sozialarbeit genauer, so finden sich einerseits Befunde, wonach etwa in der Ausbildung und im Studium der Sozialarbeit *(Socionomutbildning)* zum Themenfeld Sozialhilfe *(„Socialbidragsarbete")* die „Motivationsarbeit" als eine wichtige und verbreitete sozialberufliche Handlungsform gilt. Die „Motivationsarbeit" könnte damit in den Kontext des Diskurses einer „aktivierenden Sozialhilfepolitik" gestellt werden. Dies geschieht aber bisher ebenfalls nicht explizit. Im Kontrast zu Deutschland ist ferner anzumerken, dass das Casemanagement in der Ausbildung zur Sozialarbeit in Schweden auch im Kontext der Sozialhilfe bisher nur eine randständige Bedeutung einnimmt.[289] Insgesamt findet sich häufig der Befund, dass die schwedische Sozialarbeit gerade auch im Bereich der Sozialhilfe ein „Methodendefizit" aufweist. Dies könnte ein Hintergrund sein, warum sozialberufliche Handlungsformen und professionale Entwicklungen wie die einer Sozialberatung, die Hilfeplanung, das Casemanagement, das Empowerment kaum eine nähere theoretisch und empirische Aufmerksamkeit in Schweden finden, und bisher noch weniger explizit im Diskurszusammenhang einer „aktivierenden Sozialpolitik" untersucht werden.[290]

Nur in einzelnen schwedischen Beiträgen *der Sozialarbeit* werden die „Dependency-These" und die „Workfare-Debatte" genauer behandelt, jedoch kaum systematisch in der Frage eines Transfers oder eines „policy-learning" mit Blick auf die schwedischen wohlfahrtsstaatlichen Arrangements und die dortige Sozialarbeit thematisiert.[291] Insbesondere in der Wissenschaft wurden und werden der Diskurs und die Reformstrategien zur Sozialpolitik stärker von der Frage nach dem Gegensatzpaar „universelle" versus „selektive" institutioneller Arrangements

---

[288] In den einschlägigen Fachzeitschriften und Sammelbänden der deutschen Sozialarbeit sind seit Ende der 1990er Jahre eine Reihe von Schwerpunktbeiträgen zum Themenfeld einer „aktivierenden Sozialpolitik" und zu den möglichen Folgen für sozialberufliches Handeln erschienen, etwa von Reis (1997, 2002a, 2002b), Olk (2000), Hoffmann (2002), Kantel (2002), Kessl/Otto (2002) und Dahme u.a. (2003).

[289] So die empirischen Befunde von Berkmark/Lundström (1998), die die Ausbildung und Studieninhalte genauer hinsichtlich der Vermittlung bestimmter „Methoden" an den schwedischen Ausbildungsstätten untersucht haben. Sie weisen darauf hin, dass sowohl der Begriff der „Methoden" wie auch der Begriff der „Motivationsarbeit" nicht einheitlich definiert ist.

[290] Ausnahme bildet in diesem Bereich eine Studie von Hermodsson (1998). Darin ist die Perspektive einer „Klientendemokratie" zentral. Auch Elemente des Empowerment-Ansatzes in der Sozialarbeit werden theoretisch vorgestellt. Die Studie bildet eine wichtige Grundlage, an der sich in der Frage nach den Merkmalen sozialer Interventionen einer „aktivierenden Sozialhilfepolitik" anschließen lässt.

[291] Ein erster Ansatz findet sich bei Hjertner-Thorén (2002), die unter theoretischem Bezug zu Lipsky (1980) die „Aktivierungsprozesse" in der Perspektive der „Street-Level-Bureaucracy" empirisch unter anderem im Rahmen von teilnehmenden Beobachtungen und Interviews untersucht.

bestimmt und die Fachdebatte fokussierte bisher nicht so sehr auf die Frage nach der Relation „passiver" Transferleistungen und „aktivierender" sozialer Dienste. Wie stark die skandinavische Diskussion auch im Bereich der Sozialarbeit und des Sozialdienstes zum Diskurs einer „aktivierenden Sozialpolitik" dabei stets vorrangig – fast ausschließlich – auf die Arbeitsmarktpolitik fokussiert, zeigt ein *Sonderheft „Nordisk Sosialt Arbeit"* vom März 1998. Obwohl es sich um eine Fachzeitschrift zur skandinavischen Sozialarbeit handelt, stehen im Kontext des Diskurses nicht etwa Konzepte und Handlungsformen der Sozialarbeit oder sozialer Dienste im Mittelpunkt der Beiträge, sondern die verschiedenen Beiträge haben als Gegen-stand die Reformstrategien in der Arbeitsmarktpolitik als Bezugspunkt bzw. wählen diese zum zentralen Thema.[292] Die skandinavische Arbeitsmarktpolitik wird im Kontext des Leitbildes und Diskurses einer „aktivierenden Sozialpolitik" als auf dem Weg zu einer Annäherung an das angloamerikanische „Workfare-Modell" gesehen, was von den Autoren eher kritisch betrachtet wird. Bezogen auf das skandinavische Wohlfahrtsmodell einer universellen „Staatsbürgerversorgung" wird jedoch die Frage hergeleitet, ob und unter welchen Gegebenheiten es als angemessen zu bewerten ist, von Menschen verstärkte eigene Aktivitäten zur Bewältigung sozialer Probleme institutionell erwarten zu können, solange die Grundvoraussetzungen ihres Lebens, wie materielle Sicherung und Zukunftsperspektiven nicht und zunehmend weniger gesichert scheinen.[293] In der *Zeit- und Handlungsdimension* betrachtet, handelt es sich dabei empirisch um besonders relevante Fragen, die bisher weitgehend unbeantwortet sind. Im Zusammenhang dieser Fragen richtet sich der Blick beispielsweise dann auf die Abfolgen, das „Timing" und die Schwerpunktsetzungen im Verlauf personenbezogener sozialer Dienstleistungen in Relation zu monetären Transferleistungen. Geht es *zunächst* darum, die Lebenslage und bestimmte Risiken wohlfahrtsstaatlich materiell und auch psycho-sozial über Sozialhilfe und soziale Dienste abzusichern, um dann in weiteren Schritten die Bürger zu „aktivieren" oder zu „motivieren", die vorliegenden sozialen und/oder persönlichen Probleme selbst aktiv zu bearbeiten und zu bewältigen? Oder aber liegt die Perspektive „aktivierender" sozialer Dienste tendenziell eher darauf, die „Eigen-Aktivitäten" des Bürgers als Voraussetzung und/oder als Bedingung und Gegenleistung für die materielle Existenzsicherung unmittelbar beim Erstkontakt institutionell zu erwarten bzw. zu formulieren und einzufordern, noch *bevor* die materiell wie auch immateriell „fördernden", unterstützenden und sichernden Hilfen erbracht werden. *Wie werden soziale Rechte und soziale Pflichten im Verlauf sozialer Interventionen professional im Rahmen sozialberuflichen Handelns der Sozialarbeit und sozialer Dienste zeitlich, handlungstheoretisch und handlungspraktisch genau zueinander in Relation*

---

[292] Vgl. etwa Abrahamson (1998).
[293] Fragen der „Koproduktion" werden etwa von Lindqvist (1998: 167) thematisiert.

gesetzt und möglicherweise neu formiert? Diese Frage ist in Schweden bisher theoretisch kaum und empirisch noch weniger untersucht worden.

2.1.3 Zusammenfassung: Die Sozialhilfe als soziale Dienstleistung zwischen aktivierender Arbeitsmarktpolitik und aktiver Sozialverwaltung

Die Untersuchung zeigt zunächst, dass es begrifflich sinnvoll ist, vom Leitbild einer „aktivierenden Sozialpolitik" zu sprechen, da hiermit sowohl auf die unterschiedlichen historischen und vielfältigen sozialpolitischen Wurzeln des Diskurses Bezug genommen wird und die verschiedenen Ebenen und aktuellen Reformbezüge in ihrer Breite angemessener berücksichtigt werden können. In der Untersuchung bilden dabei der Begriff und das Verständnis einer „aktivierenden Sozialpolitik" den Ausgangspunkt, wie sie vor allem von Olk (2000b) formuliert worden sind. Eine „aktivierende Sozialpolitik" wird insbesondere in ihren auf *Lebenslagen und Lebensläufe* bezogenen nach bisherigen Befunden wesentlich veränderten – eben „aktiveren" und „aktivierenden" – Interventionsformen zu untersuchen sein. Den Bezugspunkt bilden dabei also nicht nur bzw. nicht vorrangig das Problem der Arbeitslosigkeit und der Arbeitsmarkt und das sich daran anschließende „Workfare-Konzept", sondern der Bezugspunkt und Gegenstand der Untersuchung „aktivierender" Maßnahmen ist hier die Sozialhilfe als soziale Dienstleistung im weiteren Sinne, also in ihren lebenslagen- und lebenlaufbezogenen Funktionen als Existenz sicherndes und zugleich zur Selbsthilfe anregendes wohlfahrtsstaatliches Sicherungssystem. Die mögliche Breite und die sozialpolitisch weitreichende Bedeutung des Leitbildes der „Aktivierung", die sowohl auf die „Modernisierung" des Staates und öffentlicher Verwaltungen bezogen ist, wie auch auf die Arbeitsmarkt- und Sozialhilfepolitik, und außerdem den Bürger in seinem Verhalten und seinen Ressourcen betrifft, kommt begrifflich und theoretisch im Verständnis einer lebenslagen- und lebenslaufbezogenen „aktivierenden Sozialpolitik" zum Ausdruck.

Der Diskurs und das Leitbild einer „aktivierenden Sozialpolitik" reichen nach den hier berücksichtigten Studien, Befunden und Dokumenten von der Ausgestaltung und Neuformierungen in der Arbeitsmarktpolitik, über Anforderungen an die Organisation und Interaktion öffentlicher Verwaltungen und sozialer Dienstleistungen zu zentralen Frage der Relationen sozialer Rechte und Mitwirkungspflichten bis zu den Interaktionsmustern und der Frage nach Bedingungen und Voraussetzungen „koproduktiven" Verhaltens der Bürger im Kontakt zu wohlfahrtsstaatlichen Institutionen wie der Sozialhilfe. Ferner sind Systeme einer monetären Anreizsteuerung, etwa des Finanzausgleichsystem und des Steuersystems wie die sozialberuflichen Handlungsformen der Sozialdienste im Kontakt zum Bürger zentral mit berührt. Dieser bewusst weit gefasste institutionentheoretisch entwickelte Rahmen wird die empirische Untersuchung wesentlich prägen.

Es wurde ferner erkennbar, dass es sich im Grunde *nicht* nur um *den* oder um *einen,* sondern um *mehrere Teildiskurse zum Leitbild einer „aktivierenden Sozialpolitik"* handelt, die historisch, politisch-ideologisch, wie auch regimespezifisch und institutionen-bezogen im Rahmen der jeweiligen wohlfahrtsstaatlichen Arrangements unterschiedlich geprägt sind, sich dabei überlagern und wiederum regimespezifisch in unterschiedlichen Relationen zueinander stehen.

Die frühen Formen der europäischen Armenpflege und die „workhouse-tests" einerseits, die traditionell und bis heute ausgeprägte „Arbeitslinie" *(arbetslinje)* im schwedischen wohlfahrtsstaatlichen Arrangement, ein in allen westlichen Wohlfahrtsstaaten ausgeprägtes „Arbeitsethos" und die in den 1990er Jahren forcierten, jedoch durchaus früher entwickelten angloamerikanischen Konzepte des „Workfare" und die Idee des „Enabling State" von Gilbert/Gilbert (1989) bilden die Kernbereiche einer Leitbildkonfiguration der „aktivierenden Sozialpolitik". Diese Leitbildkonfiguration wurde im *deutschen Reformzusammenhang* seit 1998 mit dem Leitbild des „modernen Staates und einer aktiven öffentlichen Verwaltung" sowie zuletzt mit Beiträgen zu den Einflüssen einer „aktivierenden Sozialpolitik" auf Soziale Arbeit und soziale Dienstleistungen regimespezifisch für den deutschen Sozialstaat, spätestens mit den Gesetzen zur Modernisierung am Arbeitsmarkt („Hartz Gesetze") ab 2005 konkretisiert. In Schweden ist mit dem Diskurs einer „aktivierenden Sozialpolitik" hingegen vor allem bzw. bisher fast ausschließlich der Übergang von einer aktiven Arbeitsmarktpolitik zu einer „aktivierenden Arbeitsmarktpolitik" und von einer „Arbeitslinie" zu einer umfassenderen, möglicherweise auch stärker bildungspolitisch bezogenen „Aktivierungslinie" beschrieben. Das Leitbild ist dort entsprechend arbeitsmarktpolitisch und möglicherweise auch bildungspolitisch bezogen stärker entwickelt.

Der politische wie auch der sozialwissenschaftliche Diskurs fokussiert allerdings in beiden Wohlfahrtsstaaten eher eingeschränkt auf die Frage der *Neuformierung von Rechten und Pflichten* und dem Verhältnis von *Gegenleistungen* beim Bezug monetärer Transferleistungen wie der Sozialhilfe. Die darüberhinausgehenden Diskurs- und Reformzusammenhänge, die sich weniger in rechtlichen Regelungen und ökonomischen Interventionsformen, sondern stärker in pädagogischen und ökologischen Interventionsformen zeigen, werden in beiden Wohlfahrtsstaaten bisher tendenziell vernachlässigt.

In der Frage nach der Neuformierung von Rechten und Pflichten weisen die Befunde weitgehend übereinstimmend aus, dass die soziale Rechte beinhaltenden (aktiven) policies in den skandinavischen Ländern und auch in Deutschland im Verlauf der 1990er Jahre stärker einem „Workfare-Modell" angloamerikanischer

Prägung angenähert wurden.[294] Die Pflichten der Leistungsbezieher, angebotene Arbeit oder andere Maßnahmen einer aktiven Arbeitsmarktpolitik anzunehmen, wurden im Verlauf der 1990er Jahre strenger formuliert und soziale Rechte tendenziell von Vor- oder Gegenleistungen der Bürger abhängiger gestaltet. Wie dies genau in der Praxis der Sozialhilfe in unterschiedlichen Wohlfahrtsstaaten erfolgt, wie die sozialen Interventionen daraufhin entsprechend verändert wurden und welche Folgen oder Konsequenzen sich daraus für eine „Koproduktion" sozialer Dienstleistungen im Verhältnis zwischen Institutionen und Bürgern lebenslagen- und laufbezogen ergeben, wurde bisher kaum thematisiert.

Die Berücksichtigung zentraler für die *deutsche Fachdebatte* bisher vorliegender Literatur und Befunde zeigt, dass der „deutsche Diskurs" um die Entwicklung und Formulierung einer „aktivierenden Sozialpolitik" sich ebenfalls aus einer ganzen Reihe sowohl internationaler Anstöße, historischer Wurzeln, sozialpolitischer Reformstrategien und sozialberuflicher Quellen speist. Begriffe wie „aktivierender Staat" oder „aktivierender Sozialstaat" finden sich neben Begriffen wie „aktivierende Sozialpolitik", oder auch „aktive Verwaltung" und „aktivierende soziale Dienste". Es besteht eine *Definitionsvielfalt und -unsicherheit*. Dabei ist der Diskurs in Deutschland nicht wirklich von *einer* ideologischen oder politischen Richtung „besetzt", obwohl der Diskurs mit dem „Schöder-Blair-Papier" vom Sommer 1999 wesentlich „sozialdemokratisch" forciert wurde. Sowohl konservative und neoliberale als auch sozialdemokratische und „grüne" politische Konzepte, etwa zur Reform der deutschen Sozialhilfe und der Arbeitsmarktpolitik, beziehen sich seit Ende der 1990er Jahre mit unterschiedlichsten Akzenten auf den Diskurs. Deutliche Kritik wird vor allem von Vertretern der politischen „Linken" und von „traditionellen" Sozialdemokraten formuliert, nicht zuletzt mit dem Hinweis darauf, dass Programme und Maßnahmen einer „aktivierenden Sozialpolitik" zumeist eine veränderte Verantwortungsteilung zwischen Staat und öffentlichem Sektor in deren Beziehungen zum Markt und zu den Bürgern beinhalten, mit der Annahme verbunden, dass diese neue Verantwortungsteilung tendenziell zu Lasten der Bürger und ihrer Pflichten gehe.

Dabei reichen die Definitionen einer „aktivierenden Sozialpolitik" über das Schlagwort des „Förderns und Forderns" und der Festlegung einiger grundlegender Merkmale zu „aktivierenden Arbeitsmarktpolitik" im Sinne des „Workfare", wie von Lødemel/Trickey (2001) beschrieben, bisher kaum hinaus. Begrifflich wird das Schlagwort vom „Fördern und Fordern" zum Teil auch in unterschiedlicher Reihenfolge, etwa auch als „Fordern und Fördern" definiert. Konzepte des „Förderns" und die personenbezogenen sozialen Dienste finden meist auch in Definitionen geringere Aufmerksamkeit als die Elemente des „Forderns" und des

---

[294] So beispielsweise Hvinden (1999), Salonen (2000).und Hanesch/Balzter (2001: 12).

„Workfare-Ansatzes". Selbst eine Definition von „Workfare" wie die von Lødemel/Trickey (2001: 129), wonach es sich dabei *um Programme oder Projekte handelt, bei denen von den Zielpersonen verlangt wird, als Gegenleistung für Sozialhilfe Arbeit zu verrichten"* ist kritisch zu sehen. Sie vernachlässigt, dass sich zwischen Arbeit, Qualifizierung und Bildung lebenslauftheoretisch und lebenspraktisch oft nicht mehr klar trennen lässt, sondern dass diese immer öfter mehr oder weniger unscharf ineinander übergehen. Nicht alle „aktivierenden policies" der Arbeitsmarktpolitik im Kontext der Sozialhilfe sind auf „Arbeit" bezogen. Auch sozialpädagogische und rehabilitative Interventionen im Bereich der Programme zur Annäherung an den Arbeitsmarkt, die Berufsfindungsprogramme, Praktika, Arbeitstrainings usw., wie sie etwa die deutschen „Hilfen zur Arbeit" nach § 18 ff. BSHG, Arbeitsgelegenheiten nach dem neuen § 16d SGB II oder Bildungsmaßnahmen, und ähnlich kommunale arbeitsmarktpolitische Maßnahmen in Schweden auch beinhalten, werden mit einer derart engen Definition nicht berücksichtigt. Es ist daher also zwischen der eng „arbeitsbezogenen" Definition von „Workfare" und lebenslagen- und lebenslauf bezogenen Definitionen zu Leitbild und Programmen einer „aktivierenden Sozialpolitik" zu unterscheiden. Ein in sich einheitliches oder gar in sich schlüssiges Gesamtkonzept einer „aktivierenden Sozialhilfepolitik" fehlt bisher und scheint angesichts der vielfältigen Ursprünge und Akteure weder sozialpolitisch noch sozialwissenschaftlich wirklich möglich.

In den bisherigen Studien werden die jeweiligen theoretischen Grundlagen und Teildiskurse in der Formulierung des Leitbildes und praktischer Programme einer „aktivierenden Sozialpolitik" nicht nur in der Sozialhilfe sondern allgemein in der Sozialpolitik meist selten als institutionell und normativ miteinander verflochten betrachtet. Die bisher dargestellten ideologischen Leitbilder, theoretisch entwickelten Grundlagen wie auch praxisbezogene Konzepte einer „aktivierenden Sozialpolitik" wirken allerdings in einigen zentralen Variablen bzw. Dimensionen in hohem Maße zusammen und begünstigen bestimmte Formen sozialer Interventionen. Ins Zentrum rücken etwa Interventionsformen, die entweder auf ein möglichst „koproduktives" Verhältnis zwischen Staat und Bürgern zielen und/oder zugleich die Koproduktion und ein verbessertes Zusammenwirken zwischen den verschiedenen wohlfahrtsstaatlichen Institutionen zum Ziel haben oder diese begünstigen. Dabei geht es in der Zeit- und Handlungsperspektive stets darum, die Bezugsdauer monetärer Transferleistungen möglichst zu verkürzen oder zu begrenzen sowie die Aktivitäten aller Beteiligten zur Problembewältigung zu steigern.

Auch in diesen Kontexten ist für die empirische Untersuchung im Ergebnis aus der Literatur zum Leitbild einer „aktivierenden Sozialpolitik" die Folgerung zu ziehen, dass eine möglichst *institutionenübergreifende* und zunächst einmal eher offene Definition im Verständnis des Leitbildes einer „aktivierenden Sozialpolitik" als Ausgangspunkt der Untersuchung und der Deutung sozialer Interventionen zu wählen ist. Eine wie auch immer dann im Detail gestaltete lebenslagenbezogenen und lebenlaufbezogenen Sozialpolitik kann als „Aktivierung von Zeit- und Handlungspotentialen" in den Merkmalen von Institutionenwandel und des Wandels sozialer Interventionsformen soziologisch nur dann *vergleichend* für Deutschland und Schweden untersucht werden, wenn das Leitbild einer „aktivierenden Sozialpolitik" eben *nicht* auf relativ eng gefasste Definitionen begrenzt wird.

Für *Schweden* weist die Diskursanalyse zusammenfassend eine weitgehend auf Fragen und Probleme einer Rezeption des angloamerikanischen „Workfare-Modells" orientierte Fachdiskussion und Reformdebatte aus, die etwa Mitte der 1990er Jahre einsetzte. Bezüge zu den ursprünglichen Wurzeln des Aktivierungsgedankens der schwedischen Armenpflege, der schwedischen „Arbeitslinie" und der „aktiven Vollbeschäftigungspolitik" werden in der schwedischen Auseinandersetzung mit der Geschichte und Zukunft einer „aktiven" und „aktivierenden Arbeitsmarktpolitik" meist mit berücksichtigt. Die bisherigen Befunde deuten für Schweden eine spezifisch wohlfahrts*staatlich regulierte aktivierende Sozialpolitik am Arbeitsmarkt* an, die empirisch noch genauer zu bestimmen ist. In erster Annäherung kann im Stand der Forschung unter einer wohlfahrtsstaatlich „regulierten Aktivierung" etwa verstanden werden, dass neuere arbeitsmarktpolitische Maßnahmen zentralstaatlich beschlossen und normativ-rechtlich geregelt werden, doch *lokal gemeinsam* von der Arbeitsmarktverwaltung und dem Sozialdienst der Kommunen finanziert und umgesetzt werden. Im Vorfeld der neueren „aktivierenden policies" erfolgen zumeist gemeinsame Planungen vor allem zwischen den Großstädten und der zentralstaatlichen Regierung. Auch die Einführung der Programme wird weitgehend gemeinsam abgestimmt.

In Deutschland wurde hingegen – trotz einer im Vergleich zu schwedischen Kommunen geringer ausgeprägten Selbstverwaltungstradition – die Entwicklung arbeitsmarktpolitischer Maßnahmen zunächst viel stärker kommunal in Eigenregie eingeleitet. Der Zentralstaat zog sozusagen mit Änderungen in den rechtlichen Grundlagen und mit aus der kommunalen Praxis abgeleiteten Reformstrategien in der Konkretisierung eines Leitbildes einer „aktivierenden Sozialpolitik" spätestens ab 2005 mit den sog. „Hartz- Reformen" nach.

Es scheint eine offene empirische und institutionenhistorische Frage, ob die traditionelle schwedische „Arbeitslinie" tatsächlich identische oder ähnlich gelagerte Bedeutungen und Merkmale aufweist wie sie mit dem „modernen" Leitbild einer arbeitsmarktbezogenen „aktivierenden Sozialpolitik" und einer „Aktivierungslinie" verbunden sind. Es stellt sich die Frage nach den besonderen Merkmalen des *Leitbildes „Entwicklung (utveckling) und Aktivität" (aktivitet)* wie sie praktisch in den Programmen der *„Utvecklingsgaranti"* von 1998 und der *„Aktivitetsgaranti"* seit August 2000 zum Ausdruck kommen. Weiterhin stellen sich Fragen nach den Relationen der Leitbilder „Arbeit", „Entwicklung" und „Aktivität" zu anderen gesellschaftlichen oder gesellschaftspolitischen Leitbildern wie dem „lebensbegleitenden Lernen" in der Bildungspolitik, und dem Leitbild der „Demokratisierung" im Kontext der „Modernisierung" des öffentlichen Sektors. Diese Leitbilder waren und sind seit Anfang der 1990er Jahren in der schwedischen Reformdebatte ebenfalls von zentraler Bedeutung und dort zumindest auch nach der Jahrtausendwende stärker erkennbar als in den deutschen Reformstrategien. Insbesondere in einer *lebenslauftheoretischen Perspektive* könnte sich empirisch genauer erschliessen lassen, ob und inwieweit die schwedische „Arbeitslinie" in ihrer „modernen" Variante einer *„Aktivitäts- und Kompetenzlinie"* seit Mitte der 1990er Jahre in den Interventionsformen weiterhin eine „Aktivierung in Arbeit" als zentrale oder einzige Zielsetzung aufweist. Denkbar ist auch, dass sich eine „Aktivierung in Bildung" und eine „Aktivierung von Kompetenzen" über die Ausweitung pädagogischer Interventionsformen und ökologisch bzw. infrastrukturell ermöglichter Angebote vorfinden lässt, die mit dazu beitragen, Wege aus Arbeitslosigkeit und Sozialhilfebezug institutionell aktiv zu fördern.

In der Perspektive eines *Wandels wohlfahrtsstaatlicher Institutionen* kann vor dem Hintergrund einer Gleichzeitigkeit unterschiedlichster „neuer" Leitbilder seit den 1990er Jahren in verschiedensten, jedoch einander angrenzenden wohlfahrtsstaatlichen Institutionen kaum von einem naht- oder bruchlosen Übergang etwa von der „Arbeitslinie" zur „Aktivitäts- und Kompetenzlinie" ausgegangen werden. Solche Brüche und bestimmte Leitbildkonfigurationen und -überlagerungen werden sich vermutlich in der Untersuchung sozialer Interventionen, etwa in den normativen Grundlagen und rechtlichen Regelungen oder in sozialberuflichen Handlungsformen empirisch erkennen lassen. Bezogen auf die Sozialhilfe sind daher in ihren Schnittstellen zur aktiven und „aktivierenden" Arbeitsmarktpolitik sowohl Kontinuitäten wie auch Brüche, Verdichtungen, Verschiebungen oder Erweiterungen in den Mustern der institutionellen Risikobearbeitung zu erwarten. Die neueren Programme und Maßnahmen verweisen ferner *lebenslauftheoretisch* auf neue und über die bloße „Arbeitslinie" hinausgehende institutionalisierte Erwartungen – in der Zeitperspektive wie auch in der Handlungsperspektive. Mit der Neuordnung von Verantwortungsbereichen einzelner wohlfahrtsstaatlicher Institutionen und Ebenen und mit ihrer genaueren Abstimmung untereinander bleiben soziale Interventionen per se nicht mehr ausschließlich auf die Bearbeitung von Sozialhilfekarrieren oder Arbeitslosenkarrieren beschränkt. Vielmehr rückt der Lebenslauf *insgesamt* stärker in das Zentrum sozialer Interventionen, in dem etwa die Erwerbsbiografie, die Bildungsbiografie oder auch die Gesundheitsbiografie hinsichtlich der ursächlichen Zusammenhänge von Sozialhilfebezug und Arbeitslosigkeit und hinsichtlich der Beeinträchtigungen von Wegen aus Arbeitslosigkeit und Sozialhilfebezug genauer und weitergehend als bisher üblich, institutionell beachtet und berücksichtigt werden.[295] Es ist somit davon auszugehen, dass die heutige schwedische „Aktivitäts-und Kompetenzlinie" sich in verschiedenster Hinsicht von der früheren „Arbeitslinie", die weiterhin besteht, jedoch um neue Leitbilder ergänzt wird, wesentlich unterscheidet, und dass damit soziale Interventionen in veränderter Weise *Lebensläufe und Lebenslagen* beeinflussen, gestalten und rahmen als das noch in den 1930er, 1940er oder auch in den 1970er und 1980er Jahren der Fall war.

Unter den bereits vorliegenden Befunden ist für eine länder- bzw. städtevergleichende empirische Untersuchung besonders der Befund von Hvinden (1999: 6) zu berücksichtigen, wonach die policies einer „aktivierenden Sozialpolitik" in den westeuropäischen Wohlfahrtsstaaten stark von einander abweichen. Hvinden legte sieben Indikatoren vor, um in Ländervergleichen auf der Basis von Daten der OECD empirisch zu untersuchen, ob und inwiefern „aktivierende policies" für die einzelnen Wohlfahrtsstaaten ermittelbar und untereinander vergleichbar sind.[296] Diese *sieben Indikatoren* sind: "Changes in public spending on "active" and "passive" measures, number of participants, level of benefits, duration of benefits, eligibility criteria, conditions for continued receipt of benefits and the role of means-tested assistance". Die Indikatoren sind überzeugend, können allerdings lebenslauftheoretisch erweitert werden. Neben den quantitativen Daten, der Bezugsdauer, dem Niveau der monetären Transferleistungen, den Leistungsvoraussetzungen und den Bedingungen für einen fortlaufenden Leistungsbezug können etwa im Anschluss an die Frage nach der Rolle der bedarfsgeprüften Sozialhilfe genauer die *Ausgestaltung der Bedürftigkeitsprüfung vor und während des Leistungsbezugs*, die Bedeutung und die Handlungsformen *persönlicher Hilfen*, der Bereich der *„aktiven" Armutsprävention*, sowie die *Organisation* „aktivierender policies" *im Zusammenwirken der Institutionen* und die Bedeutung bestimmter *sozialberuflicher Faktoren* mit Aufschluss geben über spezifisch „aktivierende" Formen sozialer Interventionen der Sozialhilfe. Dabei dürfen auch die je unterschiedlichen Struktur- und Rahmenbedingungen der institutionellen Arrangements einer „aktivierenden Sozialpolitik" als Einflussgrößen für „Effekte" der institutionellen Risikobearbeitung nicht außer Acht gelassen werden. Zum Stand der Forschung hinsichtlich der Effekte „aktivierender policies" stellt Hvinden (1999) eher eng auf die Arbeitsmarktpolitik eingegrenzt zutreffend fest, *„that the effectiveness of active labour markets measures is uncertain and variable"*. (Hvinden 1999: 13). Sowohl die Frage nach den Effekten wie auch die Frage nach einem Wandel in den sozialen Interventionsformen ist dabei nur durch Studien zu beantworten, die auf der *Ebene der lokalen Praxis in jedem Wohlfahrtsstaat* ansetzen. So for-

---

[295] Hvinden (1999:5) formuliert als wesentliche Merkmale der neueren „aktivierenden policies", dass diese eine neue Systematisierung in der Problembearbeitung, und strenger gestaltete Wege zu Problemlösungen sowie eine genauere Klärung der Verantwortungen einzelner Institutionen beinhalten. Diese Merkmale lassen sich aus der Diskursanalyse bestätigen.

[296] Vgl. Hvinden (1999: 6).

muliert auch Hvinden (1999: 18) folgenden Forschungsbedarf: *"Cross-national comparison based on systematic and local-level studies of activation policies would here be of great value"*. Diese Forschungslücke soll für die beiden ausgewählten Länder am Beispiel der Fallstudien zu Göteborg und Bremen zumindest teilweise geschlossen werden.

In einer lebenslauftheoretischen und auf die Dimension der Koproduktion sozialer Dienstleistungen bezogenen Erweiterung der bisher eher staatszentrierten vergleichenden Sozialpolitikforschung ist dabei besonders zu beachten, dass dem bisher dargestellten Diskurs einer „aktivierenden Sozialpolitik" ein explizites *Grundkonzept des „aktiven Bürgers"* bzw. des institutionell *„zu aktivierenden Bürgers"* zu Grunde liegt. Dieses auf „Selbsthilfe" und „Selbststeuerung" bezogene Grundkonzept eines „aktiven Bürgers" beinhaltet dabei die theoretische und programmatische Vorstellung, wonach im Falle der „aktivierenden policies" beispielsweise arbeitslose Sozialhilfebeziehenden grundsätzlich als (weiter) „aktivierbar" gelten und der Bürger etwa über arbeitsmarktpolitische Programme oder auch sozialberuflich als „zu aktivierender Klient" wahrgenommen wird. Bereits durch diese institutionalisierten Wahrnehmungsmuster werden die Interaktionsformen und die Möglichkeiten einer „Koproduktion" spezifisch beeinflusst. Zum Teil in paradoxer Weise ist mit dem Grundkonzept des „zu aktivierenden Bürgers" auch die implizite Annahme eines bislang „passiven" Bürgers oder auch „passivierten Leistungsbeziehers" im Leitbild einer „aktivierenden Sozialpolitik" enthalten. Wenn ein „aktivierender Sozialstaat" im deutschen Falle oder auch eine „aktivierende Arbeitsmarktpolitik" im schwedischen Fall auf ohnehin meist aktive Bürger und Leistungsbeziehende trifft, könnte das *Risiko eines „Aktivierungsparadoxons"* sogar eher zunehmen als das es begrenzt würde.[297] Es stellt sich die empirische Frage nach den Motiven und tieferliegenden gesellschaftspolitischen Gründen, aus denen heraus in Deutschland und Schweden seit den 1990er Jahren das Leitbild einer „aktivierenden Sozialpolitik" verbunden mit dem Leitbild der „zu aktivierenden Bürger" eingeführt und sowohl politisch wie auch sozialwissenschaftlich besonders intensiv gefördert wurde. Diese Frage ist am Ende der Untersuchung erneut aufzunehmen.

---

[297] Vgl. auch Ludwig (1996: 283 f.), die von einem „Sozialhilfeparadoxon" spricht, nach dem diejenigen Gruppen, die eigentlich besonderer sozialer Interventionen bedürften, genau diese im Rahmen der Sozialhilfe nicht erhalten. Paradoxe Interventionsmuster zeigen sich auch dann, wenn bezogen auf diskontinuierliche Erwerbskarrieren junger Arbeitsloser diese Diskontinuitäten durch eher kurzfristig angelegte „aktivierende" arbeitsmarktpolitische Maßnahmen im Grunde noch weiter fortgeschrieben und verstärkt werden.

3. Wohlfahrtsstaaten im Wandel: Zentralstaatliche Regelreform und Modernisierung des öffentlichen Sektors

Nach der kontrastierenden Darstellung des Leitbildes und ausgewählter Programme einer „aktivierenden Sozialpolitik" und der in den beiden Wohlfahrtsstaaten je besonders geprägten Diskurszusammenhänge geht es in diesem Kapitel darum, den Blick genauer auf die rechtlichen Grundlagen und auf die institutionellen Arrangements zu richten, in denen die Sozialhilfe als monetäre und persönliche Leistung erbracht und gestaltet wird.

Neben einer rahmenden Darstellung der allgemeinen Entwicklungen in den beiden Wohlfahrtsstaaten seit Anfang der 1990er Jahre werden im Folgenden die wichtig-sten Gesetzesnovellen nachgezeichnet und es werden anhand der bisher vorliegen soziologischen Verwaltungsforschung genauer die Einflüsse untersucht, die mit einer „Modernisierung" des öffentlichen Sektors und den Reformen der kommunalen Sozialverwaltung für institutionelle Arrangements und soziale Interventionsmuster der Sozialhilfe verbunden sind. Die *zentrale Fragestellung* lautet in diesem Zusammenhang, ob und wie durch welche Instrumente einer Verwaltungsreform in der Kommunalverwaltung die Dienstleistungsproduktion und die Formen sozialer Interventionen im Bereich der Sozialhilfe in den Variablen „Zeit" und „Handeln" Veränderungen oder Neuformierungen erfahren haben.

Zunächst erfolgt eine Untersuchung und Zusammenfassung der Entwicklungen und Reformbemühungen für die deutsche Sozialhilfe und Sozialverwaltung. Im Anschluss daran werden die Schritte einer Krisenbewältigung im Wohlfahrtsstaat Schweden, wie sie im Verlauf der 1990er Jahre weitgehend gelungen scheinen, kurz rekapituliert und aus armutspolitischer Perspektive einer Bewertung unterzogen. Es schließt sich dann für Schweden die Darstellung zentraler Grundlagen der Kommunalverwaltung sowie der Ansätze einer „Modernisierung" des öffentlichen Sektors und sozialer Dienste an.[298]

Wie gezeigt, liegen seit Anfang der 1990er Jahre zur Sozialhilfe im internationalen Vergleich eine Reihe von Befunden sowie erste Typologien vor. Es zeigt sich jedoch, dass eine vergleichende Forschung zur *Sozialverwaltung und zu den sozialen Diensten* bisher kaum entwickelt ist bzw. dass diese Bereiche auch von der allgemei-

---

[298] In ländervergleichenden Studien von Heikkilä u.a. (2001) und Behrendt (2002) werden verwaltungsbezogen Aspekte in den quantitativen Analysen zur Sozialhilfe rahmend mit berücksichtigt.

nen Wohlfahrtsstaatsforschung, etwa anschließend an Titmuss (1967 und 1969) oder Esping-Andersen (1990) nicht genauer mit beachtet werden. Die Ansätze und Instrumente einer Verwaltungsreform, das New Public Management sowie die unterschiedlichen „Verwaltungskulturen" finden weder dort noch im Rahmen der vergleichenden Forschung zur Sozialhilfe und zu den Systemen einer Grundsicherung eine nähere Beachtung. Vor allem die Strukturmerkmale der Sozialverwaltungen einzelner Wohlfahrtsstaaten hinsichtlich der „Steuerung" und der Gestaltung sozialer Interventionen in den jeweiligen institutionellen Arrangements sowie die genaueren Prozesse und Instrumente der Dienstleistungsproduktion blieben bisher in der international vergleichenden Wohlfahrtsstaats- und Sozialpolitikforschung weitgehend unbeachtet. Zwar lässt sich feststellen, dass seit den späten 1980er Jahren eine erste international vergleichende Forschung zum *öffentlichen Sektor*, zu *länderspezifischen Verwaltungskulturen* und vor allem bezogen auf die Entwicklungen des *New Public Management* entwickelt ist. Diese wiederum fokussiert jedoch fast ausschließlich auf den „öffentlichen Sektor" oder aber auf die Kommunalverwaltung als „Gesamtheit" und geht nicht spezifisch auf die Sozialhilfe und soziale Dienste ein.[299] Zudem lässt sich erkennen, dass die bisher vorliegenden Befunde der international vergleichenden Verwaltungsforschung nur sehr selten soziologisch theoretisch geleitet sind. Insgesamt mangelt es zudem an einer verbundenen oder im „Querschnitt" der Disziplinen und methodischen Ansätze konzipierten Betrachtungsweise, in der einerseits die Befunde der Forschung zu den wohlfahrtsstaatlichen Regimes bzw. Typen mit den Befunden der vergleichenden Armuts- und Sozialhilfeforschung sowie mit den bisherigen international vergleichenden Studien der Verwaltungsforschung und der sozialwissenschaftlichen Forschung zum öffentlichen Sektor abgeglichen und aufeinander bezogen werden.

In einer Perspektive auf die Frage nach den Formen und Mustern sozialer Interventionen lässt aber an Titmuss (1967 und 1969) anschließen. Im Zusammenhang mit der Unterscheidung von universell oder selektiv gestalteten sozialpolitischen Programmen wies bereits Titmuss besonders auf das *Risiko unterschiedlicher Qualitäts- und Serviceniveaus für arme und nicht-arme Sozialleistungsbezieher* hin, die mit einer selektiven Wohlfahrtspolitik in höherem Grade verbunden sind als mit einem universell gestalteten System. Auch die Frage einer *„zielgenauen"* Sozialpolitik wurde bereits von Titmuss diskutiert und dazu festgestellt, dass Sozialpolitik darauf hin ausgerichtet sein muss, genau diejenigen zu erreichen, deren Bedarf am größten ist. *Wie und nach welchen Kriterien sollen die knappen sozialpolitischen Ressourcen verteilt werden?*

---

[299] Vgl. zum Beispiel Naschold u.a. (1997). Ausnahmen bildet für die 1980er Jahre die mehrfach genannte Studie von Jann (1983), in der die deutsche, britische und schwedische „Verwaltungskultur" am Beispiel von Programmen der Drogenhilfe und der Arbeitsmarktpolitik untersucht wurde. Zum Begriff und analytischen Konzept der „Verwaltungskultur" vgl. Jann (2000), sowie eher kritisch Fisch (2000).

Diese zentrale steuerungs- und interventionstheoretische Frage, wie sie Titmuss bereits 1967 formulierte, ist aktueller denn je. Sie enthält einen direkten Bezug zur Frage nach der Ausgestaltung sozialer Interventionen.

Eine Schlüsselfunktion in selektiv gestalteten wohlfahrtsstaatlichen Arrangementes kommt der *Bedarfsprüfung ("behovsprövning")* zu, die in ihren Inhalten, ihrem Umfang, ihren Eigenschaften sowie in ihrer Anwendung im Zeitverlauf sehr unterschiedlich gestaltet werden kann. *Universelle Systeme verzichten weitgehend auf das Instrument der Bedarfsprüfung*, so der Befund von Titmuss (1967). Die Sozialhilfe gilt insoweit als klassisches Beispiel einer wohlfahrtsstaatlichen Institution, in der das Instrument der Bedarfsprüfung – legitimiert mit dem Verweis auf Prinzipien der Nachrangigkeit, der Einzelfallorientierung und der Bedarfsorientierung – in meist umfassender Weise Anwendung findet. Wie zu zeigen sein wird, unterscheidet sich die Ausgestaltung der Bedarfsprüfung in der deutschen und in der schwedischen Sozialhilfe in Form, Reichweite, Frequenz und Intensität doch beträchtlich. Nach Titmuss ist für die Bedarfsprüfung kennzeichnend, dass sie *nur begrenzt standardisierbar ist*, wenn in ihrer Anwendung in rechtlicher Hinsicht zugleich dem Grundprinzip einer Gleichheit Rechnung getragen werden soll.[300] Dabei hat die Bedarfsprüfung sowohl in der *Zeit- als auch in der Handlungsdimension* ihrer Grundfunktion nach eine *fortlaufende* Überprüfung und Berücksichtigung von *veränderten materiellen und persönlichen Lebensverhältnissen* zum Anspruch. Diesem Anspruch ist in den praktischen Verfahren meist nur durch einen hohen Verwaltungsaufwand und durch erhebliche administrative Kosten zu entsprechen. Eine Lösung dieser und anderer Probleme einer Bedarfsprüfung ist auch durch die Einführung moderner Informations- und Computersysteme nicht zu erwarten. Steuerungs- und interventionstheoretisch interessant ist schließlich, dass Titmuss für die Sozialpolitik den Anspruch formulierte, die *best mögliche Balance zwischen Gleichheit, Angemessenheit und administrativer Effektivität* in der Erbringung sozialer Leistungen möglichst weitgehend zu erreichen. Diesen Anspruch bzw. dieses Ziel hielt er über ein universell gestaltetes Leistungssystem in höherem Maße für erreichbar als es in selektiv gestalteten institutionellen Arrangements möglich scheint. Titmuss sprach sich allerdings nicht absolut gegen selek-tive Lösungen aus, sondern von ihm wurde ein grundlegendes universelles Sicherungssystem als Standard vorgeschlagen, welches um akzeptable selektive – jedoch bedarfsbezogene Lösungen ergänzt werden könne.[301] Eine solche *Verbindung universeller und selektiver Wohlfahrtspolitik* scheint danach zu-

---

[300] Vgl. Titmuss (1969: 113).

[301] Zit. Titmuss 1969: 118: *"(...) min allmänna slutsats vilken är som följer. Den utmaning vi står inför gäller inte valet mellan generella och selektiva stödåtgärder. Den verkliga utmaningen ligger i frågan: vilken slags infrastruktur av generella tjänster behövs för att skapa värderingar och möjligheter på vilka man utveckla acceptabla selektiva stödformer vilka utgår som sociala rättigheter på grundval av behov till bestämda kategorier, grupper och områden och inte till följd av individuell behovsprövning? (...)."*

gleich die Einhaltung von Prinzipen der Gleichheit, der Angemessenheit und der größtmöglichen administrativen Effektivität zu gewährleisten.

Diese grundlegenden theoretischen Befunde sind im Vergleich der Strategien und Instrumente einer Verwaltungsreform der deutschen und der schwedischen Sozialhilfeverwaltung mit zu berücksichtigen. Dabei gilt das deutsche wohlfahrtsstaatliche Arrangement als stärker selektiv ausgerichtet und der schwedische Wohlfahrtsstaat gilt als Musterbeispiel für ein universell gestaltetes System an Leistungen und sozialen Diensten. Überträgt man die theoretischen Befunde von Titmuss (1967 u. 1969) auf Entwicklungen des öffentlichen Sektors und der Sozialverwaltung, so ist davon auszugehen, dass sich das schwedische System im Bereich der öffentlichen Verwaltung und verwaltungsmäßiger Abläufe als „effektiver" erweisen müsste und Prinzipien der Gleichheit und Angemessenheit über die sozialen Interventionen weitergehend erreicht werden als im selektiveren deutschen Sozialstaat.

Der allgemeine Befund, wonach das schwedische wohlfahrtsstaatliche Leistungssystem den vielfach unterstellten hohen Grad an Universalismus aufweist, wurde bereits Ende der 1970er Jahre von Wilson (1979) in Zweifel gezogen. Dabei wurde hinsichtlich des Finanzvolumens durchaus auf die Bedeutung der vorrangigen universellen sozialen Sicherungssysteme verwiesen, die die (nur) ergänzende selektive Sozialhilfe entlasten. Die schwedische Sozialhilfe könne nach Wilson dabei institutionell allerdings als gewissermaßen „quer liegendes" und relativ isoliertes selektives System gesehen werden. Sie sei nicht wirklich im universellen wohlfahrtsstaatlichen System integriert. Schon Wilson wies auch darauf hin, dass die Sozialhilfe in den meisten Fällen ergänzend und meist nur kurzzeitig eintrat.[302]

Erwartet wurde damals ein stärkerer zentralstaatlicher Einfluss auf die kommunale Sozialhilfe bei gleichzeitig zunehmender Standardisierung aber auch bei stärker selektiven und institutionell fragmentiert gestalteten Arrangements und Organisationsformen der schwedischen Sozialhilfe. Wie später aufgezeigt wird, haben sich diese Erwartungen im Verlauf der 1990er Jahre weitgehend bestätigt.[303]

Angelehnt an die neueren Studien einer vergleichenden Wohlfahrtsstaatsforschung lassen sich einige weitere grundlegende Ergebnisse auf den Leistungsbereich der Sozialhilfe übertragen und in den Kontext einer „Verwaltungsmodernisie-

---

[302] Zit. Wilson (1979: 128). Die kritischen Befunde von Wilson stammen aus einer Zeit, in der das „schwedische Modell" noch in weitaus höherem Grade als „universell" gestaltetes wohlfahrtsstaatliches Arrangement galt. Neuere Befunde wie von Buhr (1999) bestätigen, dass von der Sozialhilfe ausgehend der schwedische Wohlfahrtsstaat auch beträchtliche selektive Elemente enthält.

[303] Vgl. Sunesson u.a. (1998), die bezogen auf die Entwicklungen des schwedischen wohlfahrtsstaatlichen Arrangements in den 1990er Jahren von einem „flight from universalism" sprechen. In den internationalen Trends der Entwicklung von Wohlfahrtsstaaten beschreibt auch Gilbert (2002: 135 ff.) eine Entwicklungslinie, wonach universell gestaltete Systeme zu Gunsten von selektiven Systemen mit „means-tested benefits" umgebaut oder entsprechend ergänzt werden.

rung" stellen. Die vergleichenden Studien von Esping-Andersen (1990) nehmen zwar *nicht* die sozialen Dienstleistungen und die Sozialverwaltung zum Ausgangspunkt, lassen aber dennoch allgemeine Befunde hierzu zu. So unterscheiden etwa Häußermann/Siebel (1995) im Anschluss an Esping-Andersen in einer stärker auf die sozialen Dienstleistungen fokussierenden Untersuchung neben dem *US-amerikanischen Modell*, das durch *geringe Niveaus der sozialen Absicherung* und durch ein *großes marktförmiges Angebot von Dienstleistungen* gekennzeichnet ist, das skandinavische und das kontinentaleuropäische Modell. Das *skandinavische Modell*, für das meist exemplarisch Schweden steht, ist gekennzeichnet durch überwiegend *staatlich gestützte und steuerfinanzierte umfassende öffentliche Dienstleistungsangebote* für möglichst *alle* Bevölkerungsschichten. Der *öffentliche Sektor* mit einem hohen Anteil weiblicher Beschäftigter gilt als *einzigartig weit ausgebaut* und private soziale Dienstleistungen wie auch die öffentlichen Dienstleistungen insgesamt gelten als *in hohem Maße „professionalisiert"*. Das *kontinentaleuropäische Modell*, dem Deutschland zuzurechnen ist, *bleibt die Erbringung sozialer Dienstleistungen vielfach der Familie bzw. dem privaten Haushalt* zugeordnet und wohlfahrtsstaatliche Leistungen sind *vor allem Transferleistungen*. Erschwingliche marktvermittelte Dienstleistungen fehlen, soweit sie nicht über den *stark entwickelten „dritten Sektor"* etwa in Form der Wohlfahrtsverbände erbracht werden, der über staatliche Transferleistungen gefördert wird.[304]

Diese stärker auf die Dienstleistungen und Strukturmerkmale des öffentlichen Sektors bezogene Typologie verweist auf sehr unterschiedliche Strukturbedingungen für die Sozialhilfe und die kommunalen Sozialverwaltung. Dies lässt auch für die Anforderungen einer „Verwaltungsmodernisierung" auf unterschiedliche Ausgangslagen und Herausforderungen schließen, selbst wenn sich die Probleme oder Symptome der Armuts- und Arbeitslosenpolitik für Deutschland und Schweden mit geringem Wirtschaftswachstum, Problemen in den öffentlichen Finanzen, Massenarbeitslosigkeit und hohen Sozialhilfebezugsquoten vergleichbar darstellten.

3.1 Sozialhilfe und Grundsicherung im institutionellen Arrangement des deutschen Sozialstaats: Entwicklungen und Reformen seit 1990

Die Ausgangslagen und Erfordernisse für Reformen in der deutschen Sozialpolitik allgemein wie auch in der Sozialhilfe und in der Sozialverwaltung stellten sich Ende der 1980er und Anfang der 1990er Jahre in vielen Bereichen grundlegend anders dar als für Schweden. Die politischen Mehrheiten wechselten in Deutschland nach dem zweiten Weltkrieg wesentlich häufiger als in Schweden. Abgesehen von einer kurzen „bürgerlichen" Unterbrechung zwischen 1976 und 1979 verfügte die Sozi-

---

[304] Vgl. Häußermann/Siebel (1995) sowie Mückenberger (1998: 122 ff.).

aldemokratie seit den 1930er Jahren bis zur Jahrtausendwende über 60 Jahre kontinuierlich an Regierungseinfluss. Die politischen Rahmenbedingungen waren dabei vor allem während der 1990er Jahre in beiden Ländern unterschiedlich. Während in Deutschland von 1982 bis 1998 die Sozialpolitik kontinuierlich von der „Ära Kohl" bestimmt wurde, wechselten die politischen Mehrheiten in Schweden Anfang der 1990er Jahre und Mitte der 1990er Jahre. Zwischen 1991 und 1994 wurde die Sozialpolitik dort von einer konservativ-liberalen Regierung gestaltet. Schweden leitete dabei zwar schon in den 1980er Jahren und ab 1991 dann verstärkt im Bereich des öffentlichen Sektors Reformen ein, die ähnlich wie zuvor in Deutschland mit Schlagworten wie Deregulierung, Privatisierung, mehr Wettbewerb und Wahlfreiheit und Dezentralisierung umschrieben wurden. Diese Reformstrategien wurden nach einem erneuten Regierungswechsel nach 1994 von den Sozialdemokraten zumindest teilweise fortgeführt. Zu grundlegenden „Pfadbrüchen" in der wohlfahrtsstaatlichen Entwicklung kam es im Verlauf der 1990er Jahre zunächst weder in Schweden noch in Deutschland. Im Rahmen zahlreicher „kleinerer" Reformen und Gesetzesänderungen blieben die unterschiedlichen Strukturprinzipien in beiden Wohlfahrtsstaaten erhalten.

Die deutsche Sozialpolitik der „Ära Kohl" blieb wesentlich den historisch gewachsenen Pfaden des Bismarckschen Sozialversicherungsstaates treu.[305] Grundlegende Strukturreformen wurden im Bereich der Sozialhilfe und sozialer Dienste in dieser Zeit nicht vorgenommen – mit Ausnahme der Effekte, die für die Sozialhilfe mit dem neuen Asylbewerberleistungsgesetz von 1993 und mit der Einführung der Pflegeversicherung ab 1995 verbunden waren. Teilweise lässt sich ein Ausbau im Bereich der personenbezogenen sozialen Dienstleistungen für Deutschland erkennen, auch wenn dieser nicht der Nachfrage entsprach. In der deutschen Arbeitsmarktpolitik wurden grundlegende Strukturreformen ebenfalls nicht eingeleitet, sondern dem damals vielfach diagnostizierten „Reformstau" wurde mit zahlreichen meist sehr begrenzten Gesetzesänderungen und Initiativen der Bundesregierung begegnet. Novellen des BSHG und des AFG führten aber dazu, dass die Kommunen sowohl im Bereich der Arbeitsmarktpolitik, der Sozialhilfe wie auch in den sozialen Dienstleistungen im Verlauf der 1990er Jahre weiterhin und verstärkt zum „Wohlfahrtsstaat in der Reserve" und unter einem zunehmenden Ausgabendruck bei stagnierenden Einnahmen gerieten. Die wichtigsten Gesetzesänderungen sind in diesem Kontext nachfolgend zusammengefasst.

---

[305] So spricht Jochem (1999) vom Sozialversicherungsstaat, der in der „Ära Kohl" mit der Pflegeversicherung sowie über eine Integration familienpolitischer Elemente in die Rentenversicherung im Grunde weiter ausgebaut wurde.

1. Zentralstaatliche Gesetzesreformen: Novellierung des Sozialhilferechts 1993, 1996 und 2005
Verbunden mit dem Zuzug von Einwanderern, Asylbewerbern, Flüchtlingen, Aussiedlern und Zuwanderern, insbesondere aus den osteuropäischen Ländern und im Zuge einer politischen Diskussion und einer Medienberichterstattung, in der die Frage im Mittelpunkt stand, ob und inwieweit Deutschland als „Einwanderungsland" zu definieren sei, wurden Anfang der 1990er Jahre von der christlich-liberalen Regierungskoalition entsprechende Gesetzesinitiativen zur Begrenzung der Einwanderung eingeleitet. Für die Sozialhilfe von besonderer Bedeutung war 1993 die Verabschiedung des neuen *Asylbewerberleistungsgesetzes* (AsylbLG). Das Gesetz regelt, dass Asylbewerber künftig die materielle Unterstützung fast ausschließlich in Form von Sachleistungen erhielten. Mit einem ergänzend zu den Sachleistungen gezahlten Barbetrag von damals 80,-- DM für Personen ab dem 14. Lebensjahr wurde das Leistungsniveau für Asylbewerber im Vergleich zur regulären Sozialhilfe deutlich reduziert. Hierüber erhoffte man sich nicht zuletzt Einspareffekte für die damals bereits im Rahmen der Sozialhilfe stark belasteten kommunalen Haushalte. Mit dem Asylbewerberleistungsgesetz wurden 1994 rd. 450.000 sozialhilfebeziehende Asylbewerber rechtlich aus dem Regelungsbereich des BSHG in das AsylbLG überführt. In den Folgejahren war die Zahl der Asylbewerber dann rückläufig. Neben den erwünschten abschreckenden Effekten und teilweise erreichten „Einspareffekten" für Bundeshaushalt und kommunale Sozialetats war mit dem Asylbewerberleistungsgesetz eine *neue differenzierte und stigmatisierende Form der Grundsicherung* verbunden, die als spezifisch *gruppenbezogen* gesehen werden kann. Im Grunde wurde bei den monetären Transferleistungen zur Existenzsicherung fortan stärker selektiv nach Herkunft und Status unterschieden und die materielle Absicherung wurde auf unterschiedlichen Niveaus und in unterschiedlichsten Formen vorgenommen. Die Sozialhile wurde ferner durch den verstärkten Zuzug von deutschstämmigen *Aussiedlern und Zuwanderern* aus den osteuropäischen Ländern Anfang bis Mitte der 1990er Jahre zusätzlich in Anspruch genommen, da viele Zuwanderer zunächst keinen Zugang zum deutschen Arbeitsmarkt fanden und – meist kurzfristig – im Sozialhilfebezug standen. Hinzu kamen die massiven Probleme im Nachgang zur deutschen Einigung am ostdeutschen Arbeitsmarkt, die sich zunächst nicht direkt, dann aber immer stärker auch auf die kommunale Sozialhilfe in Form arbeitslosbedingten Sozialhilfebezugs auswirkten.

Direkt bezogen auf das *Sozialhilferecht* erfolgte in Deutschland 1993 und schließlich 1996 jeweils eine Gesetzesnovelle. Der politische Diskurs war bestimmt durch die Schlagworte Lohnabstand, Kürzung bei Arbeitsverweigerung und durch Forderungen bzw. Vorschläge zum Ausbau der arbeitsmarktpolitischen Maßnahmen. Mit den Gesetzesänderungen von 1993 wurden im BSHG die *Steigerung der Regelsätze* für die Folgejahre *begrenzt*, der *Lohnabstand konkretisiert* und verschärft und die Vorschriften zur *„Arbeitspflicht"* wurden für arbeitslose Sozialhilfebeziehende

271

weitergehend gefasst.[306] Die Kommunen wurden zudem seitens der Bundesregierung stärker in die Pflicht genommen, Arbeitsgelegenheiten für arbeitsfähige Sozialhilfebeziehende zu schaffen.[307] Im Rahmen des 2. SKWPG (Zweites Gesetz zur Umsetzung des Spar-, Konsolidierungs- und Wachstumsprogramms) wurden die Regelsätze vom 1. Juli 1994 bis zum 30. Juni 1995 um bis zu 2 %, sowie für das folgende Jahr um ebenfalls bis zu 2 %, höchstens jedoch jeweils in Höhe der voraussichtlichen Entwicklung der durchschnittlichen Nettolohn- und Gehaltssumme je beschäftigten Arbeitnehmer (altes Bundesgebiet) erhöht. Faktisch kam dies einer *Deckelung des Sozialhilfeniveaus* gleich. In den Vorschriften zu den „Hilfen zur Arbeit" wurde der § 18 BSHG umfassend erweitert und konkretisiert. Unter anderem wurde formuliert, dass insbesondere bei jungen Menschen von den Kommunen darauf hinzuwirken ist, dass diese eine Arbeit annehmen bzw. dass ihnen diese angeboten wird. Auch erste Regelungen zu einer verbesserten Zusammenarbeit von Sozial- und Arbeitsämtern wurden bereits eingeführt. Im Bereich der Mitwirkungspflichten und der Aufforderung zur Arbeit gingen viele Kommunen nach der Gesetzesnovelle dazu über, von arbeitsfähigen Sozialhilfebeziehenden wöchentlich oder monatlich eine bestimmte Anzahl von Bewerbungen zu verlangen und sich beispielsweise hierüber Bescheinigungen und Nachweise vorlegen zu lassen. Die deutsche Sozialhilfepraxis wurde einerseits stärker durch verwaltungsmäßig aufwendige Kontrollen und Sanktionsandrohungen und auch durch Sanktionen und abschreckende Maßnahmen bestimmt, zugleich fand sich aber auch ein Ausbau integrativ ausgerichteter soziale Interventionen. Die Maßnahmen der „Hilfen zur Arbeit" wurden in den Folgejahren auf bundesweit bis zu 300.000 Stellen jährlich ausgebaut.[308] Die Kommunen etablierten sich damit neben den Arbeitsämtern in der Arbeitsmarktpolitik als ein zunehmend wirksamerer Akteur. Auch personenbezogene soziale Beratungsdienste wurde zunächst weiter ausgebaut.

Im Bereich der *persönlichen Hilfen* wurde 1993 etwa die *Regelung des § 17 BSHG zur „Beratung und Unterstützung"* völlig neu eingeführt und 1996 konkretisiert. Diese Regelung sah als „Soll-Vorschrift" unter anderem die finanzielle Förderung der Schuldnerberatung im Rahmen der Sozialhilfe vor.[309] Ziel und Zweck dieser Regelung war es, die Angebote einer beratenden und persönlichen Hilfe zu institutiona-

---

[306] Änderungen des Sozialhilferechts erfolgten im Rahmen des Gesetzes zur Umsetzung des Föderalen Konsolidierungsprogramms (FKPG) vom 23.6.1993, BGBl I, S. 944. Vgl. im Überblick Giese (1993).

[307] Vgl. Jacobs (2001: 55).

[308] Vgl. Deutscher Städtetag (1999).

[309] Hierin unterscheiden sich die deutsche und die schwedische Sozialhilfe beträchtlich. Während etwa in Schweden die Schuldnerberatung allgemein aus dem kommunalen Sozialetat finanziert wird, wird sie in Deutschland der „formalisierten Regelungskultur" entsprechend auf der Grundlage einzelner Paragraphen des früheren BSHG, der InsO, und neu des SGB II und des SGB XII genauer geregelt und mit rechtlich definierten Zielbestimmungen versehen.

lisieren, soweit sie zur Vermeidung oder Überwindung des Bezugs von Sozialhilfe-leistungen einen Beitrag leisten. In der rechtlichen Regelung kommt sowohl der Ansatz der *Prävention* wie auch der Ansatz zum Ausdruck, verstärkt und gezielt *über beratende und persönliche Unterstützung Wege aus dem Sozialhilfebezug zu fördern.* Für die deutsche Schuldnerberatung bedeutete die Neuregelung nach über einem Jahrzehnt beträchtlicher Unsicherheit in der finanziellen Förderung eine erhöhte Rechtssicherheit in der Förderpraxis und vielerorts die Möglichkeit, das Angebot an Beratungsstellen – wenn auch nicht bedarfs- bzw. nachfragedeckend – weiter auszubauen. Mit den Regelungen des § 17 BSHG und Änderungen der §§ 18 ff. BSHG wurde damals schon die Gewährungspraxis der Sozialhilfe stärker auf die Förderung von Wegen aus dem Sozialhilfebezug ausgerichtet.

Im April 1995 wurde in einem weitgehenden parteiübergreifenden Konsens die *Pflegeversicherung* in Deutschland neu eingeführt. Sie beruht auf dem Beitragsprinzip, löste die steuerfinanzierte Hilfe zur Pflege nach § 69 BSHG zwar nicht ab, ergänzte diese nachrangige Leistung jedoch umfangreich im Rahmen des vorrangigen Sozialversicherungssystems. Nach dem Sozialbericht der Bundesregierung von 1997 sollte über die Einführung der Pflegeversicherung für die deutschen Kommunen eine Entlastung in deren Sozialetats um jährlich rd. 5,5 Mrd. Euro erreicht werden. Da die Pflegeversicherung aber lediglich die grundlegenden Pflegedienste und -leistungen abdeckt und weitergehende, ausgabenintensive stationäre Pflegekosten ergänzend im Rahmen der Sozialhilfe aufgebracht werden, betrug die tatsächliche Entlastung für die Kommunen im Jahr 1997 nur rd. 3 bis 3,2 Mrd. Euro. Auch wenn sich diese Effekte auf die Hilfen in besonderen Lebenslagen und nicht auf die Hilfen zum Lebensunterhalt bezogen, schufen sie für die Kommunalhaushalte vorerst eine leichte Entlastung.[310] Dennoch blieb die Lage der kommunalen Sozialetats weiter desolat und sie wurden durch die Folgen der Massenarbeitslosigkeit und Kürzungen im Bereich der Versicherungsleistungen für Arbeitslose weiter belastet. Die Pflegeversicherung bildet aber wie auch der Ausbau der Schuldnerberatungsstellen ein Beispiel dafür, dass während der Krise der 1990er Jahre der deutsche Sozialstaat nicht nur „umgebaut" oder „abgebaut" wurde, sondern bereichsbezogen auch weiter „ausgebaut" wurde. Beide Beispiele bilden dabei den Bereich der personenbezogenen sozialen Dienstleistungen ab. Weitere Ausbaumaßnahmen fanden sich im Bereich der familienpolitischen Leistungen, etwa beim Erziehungsgeld. Der Pfad des erwerbsarbeitszentrierten Sozialversicherungsstaates wurde mit den Gesetzesänderungen und vor allem mit der Pflegeversicherung in den Strukturmerkmalen aber beibehalten und die Sozialhilfe wurde in ihrer *multiplen Funktion* der monetären Transferleistung *und* der persönlichen Hilfen ebenfalls beibehalten bzw. im Rahmen der Gesetzesnovellen in dieser Grundkonstruktion ausgeweitet.

---

[310] Vgl. Takeda (1999: 9).

Die folgende Novellierung des BSHG zum 1. August 1996 war im Vorfeld sowohl in der politischen wie auch in der öffentlichen Debatte von zum Teil heftigen Kontroversen gekennzeichnet. Auch im politischen Gesetzgebungsverfahren waren die Neuregelungen nur über einen Kompromiss des Vermittlungsausschusses möglich.[311] Die Reform fiel entsprechend klein aus, war *im Kern auf den Bereich der „Hilfen zur Arbeit" bezogen.* Interventionstheoretisch lassen sich in der Reformstrategie einerseits eine *Fokussierung auf monetäre Anreizsysteme* und andererseits die *Stärkung verhaltensbezogener Sanktionsinstrumente* erkennen. So wurde im Bereich der „Hilfen zur Arbeit" nach § 18 Abs. 4 u. 5 BSHG das für die Sozialhilfe neue Instrument der *Lohnkostenzuschüsse* eingeführt, um arbeitslosen Sozialhilfebeziehenden den Zugang zum Arbeitsmarkt zu ermöglichen bzw. diesen institutionell aktiver zu fördern. Die Zahlung der Lohnkostenzuschüsse war sowohl an potentielle Arbeitgeber wie auch an die Sozialhilfebeziehenden selbst möglich. Die Dauer des Bezugs von Lohnkostenzuschüssen wurde auf bis zu 6 Monate festgesetzt. In den Folgejahren wurde das Instrument aber nicht in der vom Gesetzgeber intendierten Weise genutzt, sondern die Kommunen setzten weiterhin vor allem auf die Vertragsvarianten nach § 19 BSHG, da hierüber verlaufsbezogen und rechtlich abgesichert für die betroffenen Personen Anwartschaftszeiten auf vorrangige Leistungen der Arbeitslosenversicherung aufgebaut werden konnten. Die „Hilfen zur Arbeit" wurden in dieser Variante von den Kommunen als „Verschiebebahnhof" genutzt, in dem erwerbslose Sozialhilfebeziehende im Verlauf der einjährigen Vertragsvariante nach § 19 BSHG beschäftigt wurden und danach im Falle erneuter bzw. weiterer Arbeitslosigkeit auf Ansprüche aus der Arbeitslosenversicherung zurückgreifen konnten. Mit der Novelle von 1996 wurden ferner die Regelungen des § 25 BSHG zu den Möglichkeiten einer *Kürzung der Sozialhilfe* verbindlicher geregelt. Dies galt für Fälle, in denen eine zumutbare Arbeit abgelehnt wird. Die Kürzung der Leistungen war, wie bereits nach den schon geltenden Regelungen, auch weiterhin in Höhe von 25 % des Regelsatzes vorgesehen. Die geringfügigen Änderungen führten zu einer intensiveren Nutzung der Sanktionsinstrumente in der Sozialhilfepraxis. Vorgesehen war mit dem Gesetzentwurf der Bundesregierung ursprünglich, die Instrumente und die Verantwortung der Kommunen für die Arbeitsmarktintegration der rd. 800.000 bis 1 Mio. arbeitsfähigen Sozialhilfebeziehenden massiv auszubauen. Dieser Zielsetzung wurde die Novelle des BSHG von 1996 jedoch nicht gerecht. Im Grunde folgte der Gesetzgeber mit den Neuregelungen lediglich einer längst von den Kommunen entwickelten lokalen Praxis. Die Kommunen wurden so in ihrer aktiven lokalen Arbeitsmarktpolitik für Sozialhilfebeziehende wie auch in der Anwendungspraxis des § 25 BSHG als Sanktionsinstrument mit der Gesetzesnovelle bestätigt.

---

[311] Zu den Hintergründen und der politischen Reformdiskussion vgl. Jacobs (2001: 119 ff.).

Mit den Gesetzesänderungen der 1990er Jahre wurde auf rechtlicher Ebene ferner eine *„Verwaltungsmodernisierung"* im Bereich der Sozialhilfe angestrebt. Hierzu diente vor allem die *Einführung von Experimentierklauseln.* Experimentierklauseln, wie sie mit § 101a BSHG im Rahmen der Novelle 1996 vorgesehen waren und zum 1. Juli 1999 neu eingeführt wurden, ermöglichen im grundsätzlich detailliert geregelten deutschen Sozialhilferecht eine Erweiterung der Erprobungs- und Gestaltungsfreiräume in der Ausführungspraxis.[312] Beispielsweise wurden auf der Basis der Experimentierklausel des § 101 a BSHG erste *Pilotprojekte zur Pauschalierung einmaliger Leistungen* nach § 21 BSHG oder bezogen auf die übernahmefähigen *Kosten der Unterkunft* nach § 12 BSHG möglich. In der Handlungsperspektive wird dabei mit einer pauschalen Zahlung von einmaligen Leistungen oder von Unterkunftskosten auf bisher übliche aufwendige Kontrollen hinsichtlich der angemessenen Höhe und der zweckentsprechenden Verwendung weitgehend verzichtet.[313] Neben Verwaltungsvereinfachungen ist damit ein *verändertes Menschenbild* verbunden, das von einer grundsätzlich zu belassenden und auch zu fördernden *Entscheidungs- und Handlungsautonomie* sowie von einer *„Selbststeuerungsfähigkeit"* der Bürger während des Sozialhilfebezugs ausgeht. Dem Bürger selbst wird die Entscheidung überlassen, ob und in welcher Weise von den pauschalen monetären Leistungen auch die Bedarfe gedeckt werden, für die die Leistungen rechtlich vorgesehen sind. Institutionelles Vertrauen auf das autonome und verantwortungsvolle Handeln der Bürger tritt damit an die Stelle des in der deutschen Sozialhilfe bislang ausgeprägten institutionalisierten Misstrauens und Bedingungen für eine Koproduktion verändern sich. Ob allerdings das verrechtlichte deutsche Sozialhilfesystem über Experimentierklauseln vergleichbare Gestaltungs- und Ermessensfreiräume ermöglichen kann wie sie das schwedische Sozialhilferecht im Rahmen der zielorientierten Rahmengesetzgebung seit 1982 bereits kennt, scheint zweifelhaft. Zudem bedürfte es einer genaueren Diskussion, ob die Grundsätze der Bedarfsdeckung und der Individualisierung bei künftig zunehmend standardisiert erbrachten monetären Leistungen der deutschen oder auch der schwedischen Sozialhilfe weiter hinreichend Beachtung finden.[314] Hierauf wird im empirischen Teil eingegangen.

---

[312] Zum Instrument der Experimentierklauseln im Kontext von Verwaltungsreformen und im Zusammenhang mit den verfassungsrechtlichen Grenzen solcher Klauseln vgl. Maaß (2001 58 ff. u. 118 ff.).

[313] Wie Kaufmann (1999 und 2001) theoretisch anmerkt, liegt ein Hauptproblem ökonomischer Interventionsformen im Bereich der Zweckbindung und der meist administrativ aufwendigen Kontrollen.

[314] Zu den Strukturprinzipien und Grundsätzen der deutschen Sozialhilfe allgemein wie auch speziell zum Bedarfsdeckungsgrundsatz und zum Individualisierungsgrundsatz vgl. Rothkegel (2000: 49 ff.). In der *Verlaufsperspektive* ist interessant, ob und inwieweit auch Beträge für „langlebige Gebrauchsgüter" und medizinische Behandlungskosten „pauschaliert" gezahlt werden oder ob Pauschalierungen auf eher kurzfristige Bedarfe begrenzt bleiben.

Die deutschen Kommunen wurden im Kontext der letzten Reformen mit der Einführung des *Gesetzes über die bedarfsorientierte Grundsicherung im Alter und bei Erwerbsminderung* (GSiG) zum 1. Januar 2003 unter der „rot-grünen" Bundesregierung teilweise finanziell entlastet, da die Leistung dieser neuen Grundsicherung überwiegend im Rahmen eines Bundeszuschusses an die Kommunen finanziert wurden. Neben Verwaltungsvereinfachungen, einem höheren Niveau der Leistungen und den besonderen Regelungen zu einer „abgemilderten" Unterhaltspflicht wurde mit diesem Gesetz der *Trend zu möglichst pauschalierten und standardisierten monetären Leistungen* weiter fortgesetzt. Mit einem völlig neuen „Nebeneinander" einer Grundsicherung im Alter und bei Erwerbsminderung, der regulären kommunalen Sozialhilfe, und den Leistungen nach dem Asylbewerberleistungsgesetz ist inzwischen ein Leistungssystem gebildet worden, in dem *soziale Teilhaberechte und monetäre Transferleistungen altersbezogen, statusbezogen und gruppenbezogen gestaltet sind und soziale Interventionen zugleich extrem ausdifferenziert* sind. Dies gilt sowohl für monetäre Transferleistungen wie auch für persönliche Hilfen. Mit den Reformen der „rot-grünen" Bundesregierung auf der Basis der Vorschläge der „Hartz-Kommission" vom Herbst 2002 und der „Agenda 2010" vom Frühjahr 2003 wurde diese Ausdifferenzierung sozialer Interventionen insbesondere entlang von Kriterien der „Erwerbs(un)fähigkeit" und der „Aktivierbarkeit" mit der Abschaffung der Arbeitslosenhilfe und der Einführung des neuen Arbeitslosengeld II weiter fortgeführt. Dieses neue ausdifferenzierte und zunehmend zentralstaatlich und kommunal gemischt-finanzierte mehrebige institutionelle Arrangement und Leistungssystem materieller Grundversorgung, kommt in einer Gesamtschau inzwischen durchaus einer Strukturreform gleich. Ob es dabei *insgesamt betrachtet* zu Verwaltungsvereinfachungen und zu einer effektiveren Steuerung sozialer Interventionen beiträgt, muss gleichzeitig als zweifelhaft angesehen werden.

Wie die künftige Struktur des Leistungssystems der kommunalen Sozialhilfe und die künftigen Zuständigkeiten zwischen kommunaler Sozialhilfepolitik, kommunaler Arbeitsmarktpolitik und staatlicher Arbeitsmarktpolitik konkret in der Umsetzung der ab 2005 eingeleiteten Reformen genau aussehen würden, war zum Abschluss dieser Studie noch unklar.[315] Erkennbar war aber klar, dass vor allem auch die Schnittstellen zwischen Sozialhilfepolitik nach dem SGB XII und einer veränderten „aktivierenden" Arbeitsmarktpolitik über das SGB II grundlegend verändert werden.

---

[315] Zu den Anforderungen an eine Reform der Sozialhilfe im Bereich der personenbezogenen sozialen Dienste vgl. Reis (2002a) und Deutscher Verein (2002).

2. Zentralstaatliche Reformstrategien und Gesetzesänderungen in der Arbeitsmarktpolitik
Die Änderungen des Arbeitsförderungsrechts bzw. des Sozialgesetzbuches SGB III, wie sie umfassend und weitreichend im Verlauf der 1990er Jahre vorgenommen wurden, können hier im Detail nicht annähernd dargestellt werden. Soweit sie aber den Bereich sozialer Interventionen an den Schnittstellen zur Sozialhilfe berühren, werden wesentliche Änderungen kurz nachgezeichnet. Zunächst wurden nach der deutschen Einigung die Ausgaben der aktiven Arbeitsmarktpolitik aufgestockt, um die anhaltend hohe und weiter ansteigende Massenarbeitslosigkeit zu bekämpfen und für die ostdeutschen Bundesländer positive Signale zu setzen. Die Ausgaben der aktiven Arbeitsmarktpolitik wurden dann aber ab 1993 deutlich eingeschränkt.[316] Neben der Sozialhilfe wurden auch im Bereich der Arbeitslosenversicherung und der Arbeitslosenhilfe *diverse Leistungskürzungen* vorgenommen und die Regelungen zu den Anspruchsdauern verschärft. Die *originäre Arbeitslosenhilfe* wurde 1994 in der „Ära Kohl" zunächst auf ein Jahr *zeitlich befristet* und später von der Regierungskoalition aus SPD und Bündnis 90/Die Grünen zum 1. Januar 2000 ganz abgeschafft.[317] Diese Leistungskürzungen im vorrangigen Bereich des Sozialstaates gingen zu Lasten der kommunalen Sozialhilfe, die in zunehmendem Maße die finanziellen Folgen der Massenarbeitslosigkeit trugen. Zudem hatten die Kommunen auch verstärkt die Folgen des Transformationsprozesses in den ostdeutschen Bundesländern zu tragen, da der Strukturwandel und der Aufbau neuer Infrastruktur sich langsamer vollzog als vorgesehen. Die Arbeitslosenquote lag in strukturschwachen Teilen Ostdeutschlands doppelt so hoch wie in Westdeutschland, wo sie im Durchschnitt zwischen 8 und 10 % betrug. Auch in den folgenden Jahren bis Ende 2005 konnte die Massenarbeitslosigkeit nur zeitweise, jedoch nicht nachhaltig gesenkt werden.[318]

Neben den Leistungskürzungen wurde bereits Mitte der 1990er Jahre ein Trend zu einer *„fürsorgerischen Arbeitsmarktpolitik"* eingeleitet, in dem neben bzw. teilweise an Stelle struktureller Maßnahmen eine stärker auf individuelles Verhalten ausgerichtete Vermittlung und Eingliederung in den Arbeitsmarkt erfolgen sollte. Über Instrumente wie den künftig zu erstellenden *individuellen Eingliederungsplänen* und über eine intensivere Nutzung von Sanktionen wie den Sperrzeiten wurde der Druck auf Arbeitslose erhöht, jede „zumutbare Beschäftigung" anzunehmen. Die Zumutbarkeitskriterien wurden mit der Reform des AFG von 1997 verschärft und

---

[316] Für Details vgl. Jochem (1999: 31).

[317] Bei der „originären Arbeitslosenhilfe" handelte es sich um Arbeitslosenhilfe, die ohne vorherigen Bezug von Arbeitslosengeld gezahlt wurde. Anspruch bestand nach mindestens fünfmonatiger sozialversicherungspflichtiger Beschäftigung für die Dauer von längstens 360 Kalendertage. Diejenigen Arbeitslosen, die die steuerfinanzierte und bedürftigkeitsabhängige Arbeitslosenhilfe bezogen, benötigten während der Bezugsdauer keine oder nur ergänzende Leistungen der kommunalen Sozialhilfe.

[318] Vgl. Info also (2001): Dokumentation zur Reform der Arbeitsförderung.

die Anforderungen an Mobilität und Flexibilität von Arbeitslosen wurden erweitert. Sowohl in den Programmen der Bundesanstalt für Arbeit wie auch in den kommunalen Programmen der „Hilfen zur Arbeit" nach §§ 18 ff. BSHG wurden die „aktivierenden" Eingliederungsbemühungen und –instrumente stark betont. Strukturelle Ansätze wie ein erster Anlauf zu einem Bündnis für Arbeit scheiterten bereits 1996 und blieben auch nach dem Regierungswechsel 1998 – mit Ausnahme der daraus resultierenden Programme zur Bekämpfung der Jugendarbeitslosigkeit („Jump") tendenziell erfolglos.[319]

Mit dem *Job-AQTIV-Gesetz*, dass zum 1. Januar 2002 in Kraft trat, wurde programmatisch die explizit verlaufsbezogene Zielsetzung formuliert, Arbeitslosigkeit möglichst zu bekämpfen *bevor* sie entsteht. Meldefristen wurden zeitlich früher angeordnet und für Arbeitslose verpflichtender geregelt. Das Gesetz stand programmatisch für „aktivieren", „qualifizieren", „trainieren", „investieren" und „vermitteln" und Instrumente der Arbeitsvermittlung wurden sowohl begrifflich als auch konzeptionell bzw. „methodisch" neu gefasst. Nachdem innerhalb der Arbeitsverwaltung mit dem Programm „Arbeitsamt 2000" bereits Ende der 1990er Jahre eine interne „Verwaltungsmodernisierung" eingeleitet war, sollte der Dienstleistungscharakter der Arbeitsverwaltung im Außenkontakt zu Arbeitslosen und Arbeitgebern mit dem Job-AQTIV-Gesetz ebenfalls verbessert werden.[320] Unter dem Stichwort der „passgenauen Vermittlung" wurden neben den künftig verbindlich zwischen Arbeitssuchenden und Arbeitsvermittlern zu erstellenden *„Eingliederungsplänen"* weitere Verfahrensweisen wie das *„Assessment"* im Sinne von Problemdiagnose und -bewertung, und ein *„Profiling"* vorgeschrieben.[321] Über ein „Profiling" sollte künftig direkt bei der Arbeitslosmeldung anhand des Persönlichkeitsprofils und der Erwerbsbiografie des Arbeitsuchenden eine Chancen*prognose* erstellt werden. Damit wurden die arbeitsamtlichen und sozialberuflichen Handlungsformen über die neuen Gesetzesgrundlagen nicht mehr nur situativ oder auf einen zeitlichen Nahbereich, sondern direkter auf den Lebenslauf und *auf die vergangene wie künftige Erwerbs- und Berufsbiografie* ausgerichtet. Mit diesen Verfahrensweisen und primär erwerbsbiografisch ausgerichteten Interventionsmustern verbunden ist allerdings das Risiko, die übrigen Teilbiografien, etwa die Familienbiografie, die

---

[319] Erkennbar ist, dass Ende der 1990er Jahre die Verlaufsperspektive auch in der Evaluation der Projekte mehr Aufmerksamkeit erhielt, unter anderem in Form erster Verbleibstudien. Vgl. IAB (2001).

[320] Zur Organisations- und Verwaltungsreform unter dem Stichwort „Arbeitsamt 2000" vgl. im Überblick Semmler (1998). Ähnlich wie in den kommunalen Sozialverwaltungen wurden auf der Grundlage einer Vorstandsentscheidung der Bundesanstalt für Arbeit von Anfang 1995 die Organisations- und Aufgabenziele der Arbeitsverwaltung, wie etwa die „Kundenorientierung", Wirksamkeit, Wirtschaftlichkeit und auch die „Mitarbeiterorientierung" neu bestimmt und es wurden Controllingsysteme sowie Eingliederungsbilanzen eingeführt. Dezentralisierung, Regionalisierung und Kooperation sowie Möglichkeiten einer „freien Förderung" nach § 10 SGB III bildeten weitere Programmelemente.

[321] Vgl. Info also (2001).

Einkommensbiografie oder auch die Gesundheitsbiografie in der institutionellen Problembearbeitung zu vernachlässigen und multiple Problemlagen insbesondere in ihren Wechselwirkungen aus dem Blick zu verlieren.

Institutionell und organisatorisch wurden in den vergangenen Jahren im Bereich der lokalen Arbeitsmarktpolitik und der Arbeitsvermittlung beträchtliche Veränderungen vorgenommen. Zwar sieht das BSHG seit jeher eine Kooperation der am Hilfeprozess beteiligten Behörden vor. Mit der anhaltend schlechten Arbeitsmarktlage und mit der über die Ausweitung der „Hilfen zur Arbeit" nach dem BSHG entstandenen Wettbewerbssituation in der Arbeitsvermittlung zwischen Sozial- und Arbeitsämtern stellte sich ab Mitte der 1990er Jahre ein erhöhter Koordinationsbedarf. Erste detaillierte Empfehlungen zu einer verbesserten *Zusammenarbeit von Sozial- und Arbeitsämtern* an den Schnittstellen der jeweiligen sozialen Interventionen ergingen im März 1998 in Form eines Leitfadens der Bundesanstalt für Arbeit in Kooperation mit der Bundesvereinigung der Kommunalen Spitzenverbände.[322] Auf der Grundlage eines späteren Gesetzes zur Verbesserung der Zusammenarbeit von Arbeitsämtern und Trägern der Sozialhilfe vom November 2000 fand diese Zusammenarbeit – schon vor den „Hartz-Gesezen" – inzwischen vielerorts in Form von *Job-Centren* ihren konkreten institutionellen und organisatorischen Ausdruck. Vor 2005 wurde bereits das *Bundesprogramm MoZArT* eingerichtet, das sowohl eine *wirksamere Arbeitsvermittlung* wie auch eine *Vereinfachung von Verwaltungsverfahren* zum Ziel hatte. Mit beträchtlichen Mitteln wurden seit dem bundesweit zahlreiche Modellvorhaben finanzielle gefördert.[323]

Zum 1. Januar 2005 folgte schließlich die Abschaffung der Arbeitslosenhilfe in der Variante einer Zusammenführung von Arbeitslosenhilfe und Sozialhilfe. Auch die Zusammenlegung von Arbeitslosenhilfe und Sozialhilfe erfolgt primär unter dem Blickwinkel der Setzung finanzieller Anreize und einer verfahrensmäßig schnelleren Arbeitsmarktintegration und ist direkt auf die Erwerbs- bzw. Arbeitslosenkarriere bezogen. Mit dem seit 2005 *neuen Leistungssystem des Arbeitslosengeld II* und der Grundsicherung für Arbeitsuchende gemäß SGB II wurde mit Stand Ende 2010 die monetäre Hilfe für rd. 4,8 Mio erwerbsfähige Leistungsberechtigte und für rd. 1,7 Mio nicht erwerbsfähige Leistungsberechtigte in rd. 3,6 Mio Bedarfsgemein-

---

[322] Dieser „Leitfaden für Sozialhilfeträger und Arbeitsämter" bezog sich auf eine „Zusammenarbeit zur beruflichen Eingliederung Arbeitsloser" und wurde als Runderlass Nr. 22/98 im März 1998 von der Bundesanstalt für Arbeit publiziert. Neben den detaillierten Programmen und ersten Vorschlägen zu gemeinsamen Modellprojekten, etwa gemeinsame Vermittlungsstellen einzurichten oder wechselseitig Hospitationen durchzuführen, waren auch konzeptionelle Hinweise für eine „*individuelle*" und „*ganzheitliche Beratung*" enthalten. Ferner wurde ein verbesserter Datenabgleich vorgeschlagen.

[323] MoZArT steht für „Modellvorhaben zur Verbesserung der Zusammenarbeit von Arbeitsämtern und Trägern der Sozialhilfe". Das Fördervolumen betrug für 2001 bis 2004 jährlich rd. 15 Mio. Euro. Ende 2002 wurden bundesweit 28 Modellprojekte in verschiedenen Arbeitsamtsbezirken/Regionen finanziell gefördert, darunter auch ein Projekt in Bremen. Die Projekte wurden begleitend evaluiert.

schaften vorrangig *individuell* bzw. *personenbezogen* gezahlt.[324] Bei Haushalts- oder Familiengemeinschaften wird das Arbeitslosengeld II dabei um einen steuerfinanzierten Sozialzuschlag für die Familienangehörigen aufgestockt. Ob diese weitreichenden Veränderungen in den institutionellen Arrangements ehzer zu Lasten oder zu Gunsten der Kommunen durchgeführt werden, war mit Ende dieser Untersuchung noch nicht absehbar. Absehbar war und ist allerdings, dass in der Zeit- und Handlungsperspektive mit der Einführung eines Arbeitslosengeld II die Erbringung personenbezogener Dienstleistungen nicht mehr in der Form auf den Lebenslauf in seiner Gesamtheit, auf die Lebenslagen und auf multiple Probleme ausgerichtet sein wird, wie das typischerweise für die frühere Sozialhilfe verbunden mit dem Bedarfsdeckungsgrundsatz der Fall war. Stärker ausgeprägt wird der Bezug der neu entwickelten institutionellen Risikobearbeitungsmuster auf die *Erwerbs- und Berufsbiografie* verbunden mit dem Ziel der möglichst schnellen Arbeitsmarktintegration. Diese Entwicklungslinien einer stärker individuell und auf die Arbeitsmarktintegration ausgerichteten „fürsorgerischen Arbeitsmarktpolitik" deutete sich bereits während der gesamten 1990er Jahre über das Leitbild einer „aktivierenden Sozialpolitik" für die deutsche Sozialhilfe in ihren Schnittstellen zur Arbeitsmarktpolitik an. Ein Risiko der Reformen ist, die „alten" Stärken der Sozialhilfe und die bisher direkt mit ihr verbundenen persönlichen Hilfen primär erwerbsbiografisch und arbeitsmarktbezogen und weniger lebenslagen- und lebenslaufbezogen zu gestalten bzw. zu vernachlässigen. Beispielsweise sehen die neueren Instrumente einer Hilfeplanung und die Eingliederungspläne für das Fallmanagement der Job-Center vor, dass die Kontaktaufnahme und Bereitschaft zu einer personenbezogenen Hilfe, etwa der Schuldnerberatung oder einer Suchtberatung künftig stärker eingefordert werden kann und der weitere Leistungsbezug der monetären Transferleistung von der aktiven Teilnahme des Bürgers am Hilfeprozess abhängig gemacht werden kann.[325] Damit würde das Element der Koproduktion konterkariert, denn die grundlegenden Voraussetzungen und Bedingungen wirksamer Beratung wie Freiwilligkeit, Vertrauensschutz und niedrigschwelliger Zugang, würden negativ beeinträchtigt. Sollten sich diese Risiken bestätigen, würde dies bedeuten, dass die personenbezogenen sozialen Dienstleistungen, die bisher im Rahmen der Sozialhilfe erbracht wurden, mit dem neuen Leistungssystem des Arbeitslosengeld II und veränderten institutionellen Arrangements weniger den Charakter einer qualitativ und ganzheitlich ausgerichteten „Lebenslagen- und Lebenslaufpolitik" in der institutionellen Bearbeitung multiplen Krisensituationen aufweisen würden.

---

[324] Vgl. Bundesagentur für Arbeit, Grundsicherung für Arbeitsuchende (SGB II) unter www.statistik.arbeitsagentur.de, Download: 25.10.2011: 14.59 Uhr.

[325] Zu diesen und weiteren Folgen einer Umsetzung der Empfehlungen der „Hartz-Kommission" für die personenbezogenen Dienstleistungen vgl. Trube/Wohlfahrt (2003).

3.2 Sozialhilfe als *Verwaltungshandeln*: Neue Steuerung sozialer Dienste politisch, betriebswirtschaftlich oder sozialberuflich definiert?

Wie bereits herausgearbeitet, liegen ländervergleichende Studien zum Verwaltungsbegriff und zum Verwaltungshandeln, etwa der deutschen und der schwedischen Kommunalverwaltung und speziell dann für die Sozialhilfe bisher kaum vor. Die Befunde von Jann (1983 u. 2000) wonach die deutsche „Verwaltungskultur" und damit die Strukturen und Verfahrensweisen des Verwaltungshandelns als *„formalisierte Regelungskultur"* zu typisieren sind, lassen sich aber auch auf die deutsche Sozialhilfe beziehen. Dabei ist offen, ob dies auch nach der Einführung von neueren Instrumenten des New Public Management, weiterhin zutrifft. Zu prüfen ist ferner, ob in der vergleichenden Perspektive die schwedische Sozialhilfe und Sozialverwaltung ebenfalls den typischen Merkmalen schwedischer „Verwaltungskultur" im Sinne einer *„kooperativen Kontaktkultur"* weiterhin entspricht. Mit diesen Typisierungen der 1980er Jahre sind wichtige Unterschiede für das Verständnis öffentlicher Dienstleistungsproduktion angedeutet, die für die Sozialhilfe in beiden Ländern jedoch seit den 1990er Jahren Veränderungen erfahren haben könnten.

Bezieht man die historischen Befunde zur Entwicklung der Armenfürsorge mit ein, so wurde die Armenpflege in Deutschland bereits im Laufe des 15. und 16. Jahrhunderts durch *vier Prinzipien* und Entwicklungslinien gekennzeichnet: Kommunalisierung, Rationalisierung, Bürokratisierung und Pädagogisierung.[326] Alle vier Prinzipien gelten im Grunde bis heute nicht nur in Deutschland sondern ähnlich für die schwedische Armenfürsorge und für die spätere Sozialhilfe. Allerdings kann genauer gefragt werden, wie sich in der Perspektive sozialer Interventionen der Grad und die Formen der Kommunalisierung, Rationalisierung, Bürokratisierung und eine Pädagogisierung im Vergleich der Wohlfahrtsstaaten für die Entwicklung der Sozialhilfe darstellen.

Wie sehr in diesen Zusammenhängen die deutsche kommunale Sozialhilfe als Sozial*verwaltung* zu verstehen ist, wurde bereits früh von Vogel (1966: 68) mit folgender Feststellung formuliert worden: *„[...] indem Hilfeleistungen öffentlichen Charakter annehmen, treten sie in den Bannkreis des Mediums aller öffentlichen Leistung: der Verwaltung".* Auch die schwedische Sozialhilfe weist als Hilfeleistung einen ausgeprägt „öffentlichen Charakter" auf, was dadurch zum Ausdruck kommt, dass die Entscheidungen über Anträge auf Sozialhilfe explizit als „Behördenfunktion" *(myndighetsutövning)*

---

[326] Vgl. Sachße/Tennstedt (1983: 43-48). Zur Entwicklung der Sozialverwaltung in Deutschland vgl. auch André (1994) und Kühn (1994).

verstanden werden und damit ausschließlich von öffentlichen Verwaltungen getroffen werden dürfen.[327]

In diesem Charakter der öffentlichen oder auch „behördlich" erbrachten und in beiden Wohlfahrtsstaaten steuerfinanzierten Sozialleistung ist die Sozialhilfe/Grundsicherung in Deutschland grundsätzlich als *„gesetzliche Pflichtaufgabe"* der Kommunen definiert. Innerhalb der kommunalen Verwaltung sind zwei Aufgabenbereich zu unterscheiden: Aufgaben der Selbstverwaltung gemäß § 28 Abs. 2 GG und die sogenannten Auftragsangelegenheiten. Die Aufgaben der kommunalen Selbstverwaltung sind wiederum in freiwillige Selbstverwaltungsaufgaben und die Ausführung gesetzlicher Pflichtaufgaben untergliedert. In dieser Systematik wird die deutsche Sozialhilfe/Grundsicherung als gesetzliche Pflichtaufgabe verstanden, wobei allerdings einzelne Aufgabenbereiche der Sozialhilfe wiederum als „freiwillige Leistungen" von Kommunen interpretiert werden.[328]

Die schwedische Sozialhilfe ist ebenfalls eine Pflichtaufgabe der Kommunen, in dem die Kommunen auch gemäß Kap. 2, § 2 des Sozialdienstgesetzes verpflichtet sind, die „letzte Verantwortung" *(yttersta ansvaret)* für die materielle Existenzsicherung der Bürger zu übernehmen. Allerdings wird die kommunale Selbstverwaltung in Schweden weiter gefasst als in Deutschland und die Kommunen haben in verfassungsrechtlicher und in haushaltsrechtlicher Hinsicht einen weitergehenden Handlungsspielraum in der praktischen Ausgestaltung der Sozialhilfe oder lokaler Projekte.[329] Neben Parallelen wie etwa der starken Einbindung sozialer Interventionen der Sozialhilfe in das Verwaltungsrecht finden sich weitere grundlegende Unterschiede, die insgesamt zu dem Befund führen, dass die deutsche Sozialhilfe bis heute in ihren institutionellen Grundmerkmalen – also nicht nur professional gesehen – als „Verwaltungshandeln" zu kennzeichnen ist. Für die schwedische Sozialhilfe gilt das zwar dem Grunde nach ähnlich. Die Selbstverwaltung der schwedischen Kommunen und die rechtlichen Gestaltungsspielräume für die Sozialhilfepraxis sind jedoch insgesamt „offener" geregelt und ihre Interventionsformen entspechen dabei auch aufgrund professionaler und sozialberuflicher Merkmale eher den Merkmalen „personenbezogener sozialer Dienste".

---

[327] Zu Merkmalen der schwedischen Sozialhilfe als „Behördenfunktion" vgl. Norström/Thunved (1999: 37-39 u. 161 f.).

[328] Beispiel bildet etwa eine restriktive Deutung von Kommunen zur Soll-Vorschrift des früheren § 17 BSHG und ab 2005 des § 11 SGB XII, wonach die Schuldnerberatung als Fachberatungsdienst im Rahmen der Sozialhilfe gefördert werden *soll*, soweit sie zur Vermeidung oder Überwindung von Sozialhilfebezug beiträgt. Teilweise sehen Kommunen die Förderung von Schuldnerberatung als „freiwillige" kommunale Aufgabe an.

[329] Vgl. Montin (1993: 30).

Sowohl der Begriff wie auch das allgemeine Verständnis von Verwaltung ist in Deutschland zugleich mit Konnotationen im Sinne von „*Passivität*" verbunden.[330] Demgegenüber weisen Handlungsformen wie „Beratung" oder „Betreuung" eher aktivere Konnotationen auf, wurden und werden in der deutschen Sozialhilfe/Grundsicherung jedoch hinter der Verwaltung und der monetären Transferleistung bisher eher als zweitrangig betrachtet. Zutreffend charakterisierte bereits Leibfried (1977) den Grundcharakter der deutschen Sozialhilfe mit dem Begriff der „institutionalisierten Passivität". In Schweden spielt für den Bereich der Sozialhilfe der Verwaltungsbegriff *(förvaltningen)* eine sehr viel geringere Rolle. Dominierend ist dort im Kontext der Sozialhilfe semantisch der Begriff des Sozialdienstes *(socialtjänst)*, dem die Sozialhilfe direkt zugeordnet ist. Während in Deutschland der Sozialhilfe als Verwaltungshandeln und in ihren Interventionsformen bisher das Merkmal der „Passivität" zugeschrieben wurde, gilt für den schwedischen Sozialdienst einschließlich der Sozialhilfe, dass er vielfach sogar als „*zu aktiv*" beschrieben wird. Dies gilt nicht nur hinsichtlich der Leistungsniveaus, die in den Befunden meist als „großzügig" gekennzeichnet werden, sondern auch und vor allem hinsichtlich seiner Kontrollelemente und Eingriffe in die Privatsphäre der Bürger.[331] In diesen allgemeinen Merkmalen der wohlfahrtsstaatlichen Institution zeigen sich somit Unterschiede, welche die deutsche Sozialhilfe – jedenfalls im Kontrast zu den bisher für Schweden vorliegenden Befunden – als tendenziell „passives Verwaltungshandeln" erscheinen lassen, wobei sich seit Mitte der 1990er Jahre Reformstrategien finden, nach denen die deutsche Sozialhilfe in einer „neuen" Dienstleistungsorientierung zu einem aktiven personenbezogenen sozialen Dienst weiterentwickelt werden soll.

Auch im Bereich der „persönlichen Hilfen" zeigt sich neben der Funktion „monetärer Transferleistungen" im Rückblick ebenso, dass die deutsche Sozialhilfe mit Inkrafttreten des BSHG im Jahre 1962 im Grunde fachpolitisch stets als „Verwaltungshandeln" verstanden wurde. Dies hat sich mit den Reformen zum 1. Jan. 2005 auch nicht verändert. Galt die Sozialhilfe vor Inkrafttreten des BSHG zunächst noch als Inbegriff der „Fürsorge", differenzierte sie sich im Verlauf der späten 1960er und der 1970er Jahre professional über die Aufteilung in *Innendienst* und in den *Außendienst* weiter aus und wurde zugleich professional mit einer „dop-

---

[330] Etyomologisch weist die Vorsilbe „ver-" wie im Begriff „Verwaltung" auf ausführende und tendenziell passive, zugleich planvolle und mit Macht verbundene Handlungsformen hin. Für Details zum Verwaltungsbegriff vgl. Damkowski (1969). Die Vorsilbe „be-", beispielsweise in Begriffen wie „Beratung" oder „Betreuung" weist auf tendenziell „aktivere" Handlungsformen hin, die jedoch mit weniger Macht verbunden sind und üblicherweise auch weniger planvoll verlaufen.

[331] Vgl. etwa Gould (1988).

pelten Professionalität" ausgestattet:[332] Dem „Sozialbeamten" im Innendienst und dem „Fürsorger" bzw. „Sozialarbeiter" im Außendienst. Der Innendienst beinhaltete ganz überwiegend die primär verwaltungsmäßige Bearbeitung der Anträge auf materielle Hilfen und ihre Auszahlung. Im Außendienst wurden die fürsorgerischen bzw. sozialarbeiterischen Dienste und Leistungen im engeren Sinne erbracht. Entsprechend dieser Logik wurde der Innendienst der deutschen Sozialhilfe üblicherweise von Verwaltungsfachkräften geleistet und der Außendienst wurde zu einem klassischen Tätigkeitsfeld der Sozialarbeit/Sozialpädagogik.[333] Zwar finden sich seit einigen Jahren organisatorische Modelle, vor allem in Großstädten die Fachlichkeit von Innendienst und Außendienst bzw. von Sozialverwaltung und Sozialarbeit integriert zusammenzuführen. Dennoch blieb die beschriebene Differenzierung bislang weitgehend erhalten. Sie unterscheidet sich damit grundlegend von der Organisationsstruktur und den professionalen Gegebenheiten in der schwedischen Sozialhilfe, in der die Sozialarbeit *(Socionomer)* das gesamte Leistungsspektrum der Sozialhilfe und der sozialen Dienstleistungen dominieren.

Die insoweit als „verwaltungsmäßig" und „bürokratisch" entwickelte Sozialhilfe und Sozialverwaltung in Deutschland erfuhr bereits im Verlauf der 1970er und 1980er Jahre eine massive Kritik, in dem Befunde zu dem Ergebnis mangelnder Bürgernähe vorgelegt wurden und das Verwaltungshandeln als wenig effizient galt. Fragen der Wirksamkeit sozialer Interventionen wurden zudem lange gar nicht gestellt, da die Sozialhilfe als Pflichtaufgabe galt, die den detaillierten rechtlichen Regelungen des BSHG entsprechend von den Kommunen zu erfüllen war. Erst im Verlauf der 1990er Jahre stellten sich vor allem unter dem fiskalpolitischen Druck der Kommune aber auch in den Erwartungen von Politik und Bürgern an moderne soziale Dienstleistungen für eine Sozialhilfe, die primär als „passives Verwaltungshandeln" entwickelt war, neue Herausforderungen. Diese sind letztlich als Steuerungsprobleme und als Probleme der Gestaltung sozialer Interventionen zu sehen.

Zentrale allgemeine Steuerungsprobleme der kommunalen Sozialhilfe lassen sich soziologisch bereits aus der gesellschaftlichen Entwicklung einer Individualisierung ableiten, wie sie von Beck (1986) beschrieben wurde. Danach richtet sich das Sicherheitsbedürfnis um so mehr an staatliche Institutionen wie die traditionellen sozialen Gemeinschaften wie die Familie oder auch der (Arbeits-)Markt ihre Funktion einbüßen, Sicherheit zu vermitteln. Der Staat und seine Institutionen müssen Sicherheits- und Versorgungsleistungen übernehmen, zu denen die sozia-

---

[332] Zwar fand sich mit der früheren Regelung des § 102 BSHG, später dann auch mit dem § 6 SGB XII die Anforderung zur Beschäftigung von Fachkräften. Auch die Verpflichtung zur regelmäßigen Fortbildung ist rechtlich normiert. Wie allerdings das Ausbildungs- und Qualifizierungsprofil von „Fachkräften" in deutschen Sozialämtern und auch in den seit 2005 neuen Job-Centern tatsächlich zu gestalten ist, bleibt in der rechtlichen Regelung wie auch in den Kommentaren weitgehend diffus.

[333] Zu diesen Entwicklungen vgl. genauer André (1994: 136-150) und Kühn (1994: 76 u. 101ff).

len Gemeinschaften nicht oder nicht mehr in der Lage sind. Den Kommunen kam dabei im Verlauf der 1980er und noch stärker dann in den 1990er Jahren eine wachsende Bedeutung zu. So werden schätzungsweise 70 bis 85 % der ausführungsbedürftigen Bundes- und Landesgesetze sowie der größte Teil des EU-Rechts in Deutschland über kommunale Dienststellen ausgeführt. Etwa zwei Drittel der öffentlichen Investitionen werden von den Kommunen verwirklicht.[334] Es kann in diesen Zusammenhängen von einer „kommunalen Lebenslaufpolitik" gesprochen werden, in der die Sozialhilfe/Grundsicherung insbesondere in monetärer Hinsicht für die Kommunen einen beträchtlichen Anteil bildet.

Im Anstieg der kommunalen Sozialhilfeausgaben auf das hohe Niveau der Jahre 1997/1998 und in dem seither anhaltend hohen Niveau der Ausgaben für Grundsicherungsleistungen nach SGB II und SGB XII spiegeln sich stets auch gesellschaftliche Probleme und ein gesellschaftlicher Wandel wider. Hintergründe bilden der wirtschaftliche Strukturwandel, die Globalisierung, Massenarbeitslosigkeit, Flüchtlingsbewegungen und Zuwanderungen, aber auch Armut und Überschuldung privater Haushalte usw. Die Ursachen und Bedingungsfaktoren von Sozialhilfebezug sind somit in hohem Maße auch makroökonomischen Einflüssen unterworfen. Die sozialen Probleme können kommunal – trotz der enormen Bedeutung der Kommunen für die Sozialpolitik – nur begrenzt beeinflusst oder gar gelöst werden. Dennoch müssen die Kommunen die Folgen dieser Probleme etwa im Rahmen der Sozialhilfe und sozialer Dienste nicht nur finanziell sondern auch personell und operational tragen und institutionell bearbeiten.

Zugleich wird die kommunale Sozialverwaltung besonders intensiv mit Sparanfor-derungen und Modernisierungsbemühungen konfrontiert. Im Ausgangspunkt wird sozialpolitisch und in der Fachliteratur im Grundsatz meist von einem chronischen Effektivitätsmangel der kommunalen Sozialleistungen und der sozialen Dienste ausgegangen. Auch dieser Befund beinhaltet, dass die genannten Probleme von den Kommunen nicht oder nur begrenzt wirksam bekämpft oder gelöst werden (können). Ein weiteres Problem wird darin gesehen, dass ursprünglich normativ als *vorübergehend* gedachte und implementierte Leistungen häufig den Charakter von Regelfinanzierungen bekommen, die nicht auf eine Ausnahme der Lebensbiografie bezogen sind, sondern eine Chronifizierung der Problemlagen zur Grundlage haben.[335] Auch wenn dies im Bereich der Sozialhilfe/Grundsicherung nach den bereits genannten Befunden der dynamischen Armutsforschung nur bedingt zutrifft, verweisen diese Befunde auf besondere Anforderungen in der Steuerung sozialer Leistungen und Dienste auf kommunaler Ebene. Die „Effektivität", die „Zielgenauigkeit" wie auch die möglichst begrenzte Dauer im Einsatz der

---

[334] Vgl. Wollmann (2002: 25).
[335] Vgl. Wohlfahrt (1996: 97).

285

begrenzten öffentlichen monetären und personellen Ressourcen bilden damit wesentliche Steuerungsziele für eine „modernisierte" kommunale Sozialpolitik und Sozialverwaltung.[336] Die Steuerungsprobleme der Sozialhilfe und ihrer Verwaltung sind dabei vielfältig und als Mehrebenen-Probleme zu verstehen. In Deutschland scheinen diese aufgrund der föderalen Struktur des Staatswesens und des öffentlichen Sektors im Vergleich zu Schweden besonders ausgeprägt.

Zwar ist die Sozialhilfe in Deutschland eine Pflichtaufgabe, die im Rahmen kommunaler Selbstverwaltung von den Landkreisen und kreisfreien Städten wahrgenommen wird. Die Freiräume für eine gestaltende Politik wurden aufgrund des Pflichtcharakters lange als sehr begrenzt angesehen.[337] Genauer begründet wurde der Befund zu den geringen kommunalen Gestaltungsfreiräumen im Bereich der Sozialhilfe zumeist mit den durch das BSHG, ab 2005 dann duch SGB II und SGB XII und den dazugehörigen Durchführungsverordnungen detailgetreu geregelten Normen bezogen auf die Leistungsansprüche. Die kommunale Sozialverwaltung habe die rechtlichen Normen zur Sozialhilfe/Grundsicherung möglichst detailgetreu zu beachten und umzusetzen, und genau eine solche rechtlich einwandfreie Anwendungspraxis des Leistungsrechts lasse Gestaltungsspielräume kaum zu. So waren jedenfalls die üblichen Sichtweisen in den 1980er und 1990er Jahren. Zum Teil gelten sie bis heute.

Die deutsche Sozialverwaltung und soziale Interventionen im Rahmen der Sozialhilfe sind somit stärker in ein föderales System von Bund, Ländern, Landkreisen und Kommunen eingebunden als das für die schwedische Sozialhilfe gilt. Sie werden zugleich durch ein enges Korsett rechtlicher Regelungen in den Steuerungsmöglichkeiten völlig anders beeinflusst als das durch die zielorientierte Rahmengesetzgebung in Schweden erfolgt. Dabei finden sich in Schweden die Gesetzgebungs- und Regelungskompetenz sowie eine allgemeine Gewährleistungsverantwortung im Bereich der Sozialhilfe ebenfalls beim Zentralstaat. Eine Länderstruktur nach deutschen Muster besteht dort jedoch nicht und die Regionalverwaltungen *(län)* haben im Bereich der Sozialhilfe kaum Verantwortung oder Einfluss.[338] Auch die Organisationsstruktur von Landkreisen ist in Schweden unbekannt. Die Ausführung und Finanzierung der Sozialhilfe ist in Schweden ausschließlich kommunale, also gemeindliche oder städtische Angelegenheit. Das Verhältnis zwischen Kommunen, insbesondere den Großstädten und dem Zentralstaat ist schon von daher direkter und von „kurzen Wegen" gekennzeichnet, die für die deutsche

---

[336] Vgl. Skrodzki-Rösemann (1992: 10) und Föst (1997).

[337] Vgl. Skrodzki-Rösemann (1992) sowie Takeda (1999).

[338] Mit Änderungen des Sozialdienstgesetzes, die zum 1. Januar 2003 in Kraft traten, erhielten die Regionalverwaltungen *(Länstyrelsen)* eine erweiterte Aufsichtspflicht *(Tillsyn)* für den kommunalen Sozialdienst, inbesondere im Bereich der Heimpflege. Diese Aufsichtspflicht kann sich auch auf Entscheidungen der Sozialhilfe beziehen.

kommunale Sozialpolitik und -verwaltung in Relation zur Bundesebene kaum vorstellbar sind.

Im Vergleich zu Schweden zeigt sich somit für Deutschland ein erstes *Steuerungsdilemma* in dieser äußerst komplexen Mehrebenenstruktur des föderalen Systems. Die Bundesebene ist dabei im Bereich der Gesetzgebung und mit der allgemeinen Gewährleistungsverantwortung hinsichtlich einheitlicher Standards für die Sozialhilfe ähnlich involviert wie auch der schwedische Zentralstaat. In Deutschland liegt allerdings ein Teil der Regelungskompetenz, etwa hinsichtlich der Höhe der Regelsätze auch auf Länderebene und die Länder sind über den Bundesrat ferner an Gesetzgebungsverfahren meist wesentlich mit beteiligt. In den vergangenen Jahren wurden ferner auf *Länderebene* zum Teil in unterschiedlichen Ansätzen mit unterschiedlichen Interventionskonzepten verschiedene Modellprojekte finanziert und durchgeführt, so beispielsweise das Modellprojekt Sozialbüros in Nordrhein-Westfalen. Von diesen länderspezifischen Projekten gehen ebenfalls Erfahrungen, Empfehlungen und Effekte für die Gestaltung der Sozialhilfe in Deutschland aus. Bei den deutschen Kommunen liegt schließlich ähnlich wie für schwedische Kommunen die Finanzierung und sie sind die eigentlichen Träger der Sozialhilfe in der Leistungserbringung. Dabei ist allerdings mit der Struktur von Landkreisen und kreisfreien Städten in Deutschland eine weitere organisatorische „Doppelstruktur" gegeben, die besondere Steuerungs- und Abstimmungserfordernisse mit sich bringt. Für beide Wohlfahrtsstaaten gilt, dass die Kommunen einerseits die möglichst einheitliche nach gesetzlichen und verfahrensmäßig festgelegten Regeln ablaufende Leistungserbringung sicherstellen sollen. Zugleich müssen sie aber die ihnen im Rahmen der kommunalen Selbstverwaltung verbleibenden Möglichkeiten einer gestaltenden lokalen Sozialpolitik nutzen, um die Sozialhilfe den örtlichen Gegebenheiten, gruppenbezogenen Anforderungen und dem Individualisierungs-grundsatz entsprechend als monetäre Leistung und personenbezogenen sozialen Dienst zu erbringen. Die kommunalen Gestaltungsmöglichkeiten scheinen dabei in Deutschland unter anderem aufgrund der föderalen Strukturen und mehrbiger, durchaus hierarchisch geprägter institutioneller Arrangements geringer als in einer direkteren, dualen und grundsätzlich partnerschaftlich ausgerichteten Struktur, wie sie zwischen schwedischen Kommunen und dem Zentralstaat offenbar überwiegt.

Zwar war mit dem 1998 beschlossenen Ansätzen zur „Staats- und Verwaltungsmodernisierung" in Deutschland ebenfalls vorgesehen, das Verhältnis zwischen Bund und Kommunen im Sinne von „Partnerschaft" und verbesserter Kooperation günstiger zu gestalten. So sollten auf Bundesebene Barrieren abgebaut werden, die das selbstverantwortliche Handeln der Länder und Kommunen behindern und die kommunale Selbstverwaltung sollte gestärkt werden.[339] Allerdings zeigen anhaltende Konflikte um eine *Gemeindefinanzreform* und die *Reformen im Bereich der Arbeitsmarktpolitik (Hartz IV)*, dass die Relationen zwischen der Bundesebene und den Kommunen in Deutschland nach wie vor eher konflikthaft geprägt ist. Oft überlagert dabei ein Verschieben von Verantwortungen und finanziellen Lasten mögliche Formen einer Kooperation. Diese Konflikte scheinen in Deutschland nicht zuletzt wegen der massiven Haushaltsprobleme von Bund, Ländern und Kommunen wesentlich stärker ausgeprägt als in Schweden und sie beeinflussen Möglichkeiten der Steuerung im allgemeinen wie auch die konkrete Gestaltung sozialer Interventionen tendenziell eher negativ. Die Struktur der Gemeindefinanzen, die Förderungsstruktur staatlicher Ausgleichszahlungen und Instrumente der Projektförderung spielen somit in beiden Wohlfahrtsstaaten im Verhältnis von Staat und Kommunen eine wichtige Rolle und sind im Rahmen der Fallstudie zu betrachten.[340]

Die finanzielle Leistungsfähigkeit der kommunalen Sozialhilfe wird nicht allein rechtlich geregelt, sondern das nachrangige System sozialer Sicherheit und die sozialen Dienste werden auch durch die Einnahmeverhältnisse der Kommunen selbst sowie durch die Ausgleichs- oder Förderzahlungen von Ländern und Bund beeinflusst. Ferner spielen Entscheidungen des Gesetzgebers eine wichtige Rolle, die im vorrangigen Sozialleistungssystem getroffen werden. So führte etwa die beschriebene Kürzungspolitik im Bereich des SGB III beim Arbeitslosen-geld und der Arbeitslosenhilfe in den 1990er Jahren zu direkten und indirekten Rückwirkungen auf die Hilfen zum Lebensunterhalt und trug unter anderem zum Ausgabenanstieg und zum Anstieg der Empfängerzahlen in der Sozialhilfe bei. Die genauen Effekte und Ausmaße dieser „Überwälzung" eigentlich zentralstaatlicher bzw. ehemals sozialversicherungsmäßig abgedeckter Aufgaben und Ausgaben im Zusammenhang mit der Massenarbeitslosigkeit sind kaum zu ermitteln. Ähnliche

---

[339] Vgl. Sozialpolitische Umschau vom 22.05.2000, S. 8. Als den Reformplänen zur Stärkung der kommunalen Selbstverwaltung völlig gegenläufig sieht Wollmann (2002) die aktuellen Entwicklungen. Diese beinhalten eine Gefährdung und Einschränkung der traditionell ausgeprägten Selbstverwaltung deutscher Kommunen und einen Abbau an Gestaltungsfreiheiten der Kommunalverwaltung gerade auch im Bereich der sozialen Dienste und Leistungen. Die Kommunen werden nach Wollmanns Analyse erstens durch Übertragung neuer Aufgaben, zweitens durch einen Anstieg der Ausgaben, drittens bei einem Rückgang der Einnahmen, sowie viertens, durch Einführung einer „neuen Steuerung" und damit verbundener Auslagerungen, und schließlich fünftens auch durch Einflüsse des EU-Rechts in den Handlungsspielräumen seit den 1990er Jahren immer weiter eingeengt.

[340] Zum System der Gemeindefinanzen *in Deutschland* und damit verbundener Steuerungsprobleme der Sozialpolitik vgl. Kitterer (1990) und Föst (1997). Zum *schwedischen* System vgl. Halvarson u.a. (2000: 151 ff.). In *Deutschland* sind der Gemeindefinanzausgleich und der Länderfinanzausgleich zu unterscheiden. Für Details der Kommunalfinanzen und ihrer Entwicklung siehe den Gemeindefinanzbericht des Deutschen Städtetages (1999).

Entwicklungen fanden sich im Verlauf der 1990er Jahre auch in Schweden und wurden sozialwissenschaftlich untersucht.[341] Diese Überwälzungs- und Verschiebungsstrategien sozialstaatlicher Verantwortungs- und Ausgabenbereiche haben im negativen Sinne in beiden Wohlfahrtsstaaten zu erweiterten Belastungen für die Kommunen geführt und auch zu einer restriktiveren Grundhaltung in der Gewährungspraxis der Sozialhilfe/Grundsicherung beigetragen. Im positiven Sinne bewirkten die „Überwälzungsstrategien" des Bundes und der Länder bei den Kommunen – zumindest in Deutschland – aber auch, dass von ihnen eine eigene kommunale Gegenstrategie im Sinne einer stärker „steuernden" Einflussnahme auf die sozialpolitischen Entwicklungen konzipiert wurde.

Neben den sozioökonomischen und äußeren Einflüssen und den rechtlichen Veränderungen auf nationaler Ebene wurden in diesem Kontext ab Anfang der 1990er Jahre die *inneren Rationalitätsgrenzen* der öffentlichen Verwaltung stärker beachtet. So wurden auch die zentralisierten, bürokratisierten und generalisierten Verfahren als ein Ausdruck der deutschen Sozialstaatskrise ermittelt. Es wurde verstärkt darauf hingewiesen, dass diese Formen öffentlicher Verwaltung nicht mehr den Bedürfnissen der Bürger und den Anforderungen zur Lösung der aktuellen Probleme entsprechen. Verbunden mit ersten Initiativen einer „Verwaltungsmodernisierung" wurden in der deutschen Reformdebatte der späten 1980er und frühen 1990er Jahre schließlich folgende allgemeine Lösungsansätze favorisiert:[342]

- Dezentralisierung
- Entstaatlichung
- Bürgernähe
- Deregulierung
- Entbürokratisierung öffentlicher Leistungen generell wie der sozialen Dienstleistungen
- Stärkung von Eigenverantwortung und Selbsthilfe
- Begrenzung des „Expertentums".

Betrachtet man die Entwicklungen der deutschen Sozialhilfe/Grundsicherung seit Anfang der 1990er Jahre, so konnten einzelne der zuvor genannten Lösungsansätzen erkennbar realisiert werden. Mit einer verstärkten *Dezentralisierung* war den Konzepten nach im positiven Sinne eine Stärkung der sozialpolitischen Kompetenz der Kommunen verbunden, in der Hoffnung, dass die wohlfahrtsstaatlichen

---

[341] Vgl. Salonen (1997).
[342] Vgl. Skrodzki-Rösemann (1992: 14).

Institutionen und die Leistungsangebote für die Bürger überschaubarer würden, Schwellenängste bei der Inanspruchnahme von Leistungen abgebaut würden und somit insgesamt mehr „Bürgernähe" erreicht werden könnte. Im negativen Sinne führte die Dezentralisierung zur Verschiebung sozialpolitischer und sozialrechtlicher Verantwortungsbereiche und zu finanziellen Mehrbelastungen der Kommunen, sowohl in der Sozialhilfe wie auch in der Arbeitsmarkt- und Beschäftigungspolitik. Im Zuge der Reformdebatte um das New Public Management und der international forciert geführten Debatte um eine „Entstaatlichung" und um einen möglichst „schlanken Staat" wurden auch sozialstaatliche Aufgabenbereiche von den Kommunen zunehmend ausgelagert oder „privatisiert".[343] Beispiele im Bereich der Sozialhilfe und kommunaler Beschäftigungspolitik bilden kommunale Eigenbetriebe, wie die „Werkstatt Bremen" oder auch kommunale Kontrakte mit der niederländischen Vermittlungsagentur Maatwerk, die im Auftrage der Kommunen auf Vertragsbasis arbeitslose Sozialhilfebeziehende in Arbeitsverhältnisse vermittelt. Allgemein befindet sich auch das Verhältnis der kommunalen Sozialpolitik und -verwaltung zu den „freien Trägern", das in Deutschland auf der Grundlage des Subsidiaritätsprinzips die Kontaktmuster wesentlich bestimmt, ebenfalls in einer Veränderung. Die traditionell gewachsenen Strukturen der Zusammenarbeit zwischen öffentlicher Sozialverwaltung und den Wohlfahrtsverbänden wurde durch neue Steuerungsinstrumente und durch eine zunehmende Vielfalt an privaten Anbietern sozialer Dienstleistungen stärker von Wettbewerbsprinzipien beeinflusst. Das institutionelle Arrangement und die Bezüge einer Verwaltungsreform zeigen sich damit in Deutschland auch in diesem Bereich anders als in Schweden, wo der „intermediäre Sektor" wie auch das Subsidiaritätsprinzip deutlich geringer ausgeprägt sind. Allerdings sind in Schweden ebenfalls Entwicklungen einer „Entstaatlichung" in der kommunalen Sozialpolitik erkennbar, worauf noch einzugehen ist.

Die Forderung nach mehr „Bürgernähe" kommunaler sozialer Leistungen und Dienste fand sich bereits Ende der 1970er Jahre im Zusammenhang verschiedener Forschungsprojekte.[344] Darin wurde die Zielsetzung der Bürgernähe des Verwaltungshandelns anhand von Kriterien zur Problemgerechtigkeit, Sachgerechtigkeit und Personengerechtigkeit genauer untersucht.[345] Diese Forschungsansätze beruhten auf dem sozialpolitischen Konzept der Teilhabe und auf Gerechtigkeitsvorstellungen, die im Zusammenhang mit dem Postulat der Bürgernähe detaillierter auf öffentliche und soziale Dienstleistungen in ihrer Gestaltung bezogen wurden. Die Zielsetzung der Bürgernähe blieb während der gesamten 1980er Jahre aktuell und fand im Verlauf der 1990er Jahre auch Eingang in die neueren Ansätze einer Ver-

---

[343] Vgl. auch Wollmann (2002).
[344] Vgl. beispielsweise Hoffmann-Riem (1979), Kaufmann (1979) und Grunow (1988).
[345] Kaufmann u.a. (1979: 339 ff.) haben für die Sozialhilfe die „Bürgernähe" genauer definiert.

waltungsreform, etwa der KGST (1995). In Teilbereichen wurde „mehr Bürgernä-he" etwa in Form veränderter Organisationen, durch großzügigere Sprechzeiten oder durch eine neue Terminvergabepraxis in deutschen Sozialämtern meist im Rahmen von Modellprojekten realisiert.[346] Die Bürgernähe muss aber bis heute für den Bereich der Sozialhilfe/Grundsicherung sowohl des SGB II wie des SGB XII als weiterhin relevantes zentrales Reformziel genannt werden.

Ähnlich gilt dies für Zielsetzungen und Lösungsvorschläge zur Bewältigung der Steuerungsprobleme, die auf eine *„Deregulierung"* und auf eine *„Entbürokratisie-rung"* ausgerichtet waren und sind. Beide Zielsetzungen haben im Bereich der deut-schen Sozialhilfe/Grundsicherung und Sozialverwaltung weiterhin Bedeutung, wobei die Messbarkeit des Erreichens dieser Ziele genauer zu bestimmen wäre.

Anders gilt dies für die Stärkung und *Förderung von „Eigenverantwortung und Selbsthilfe"*. Sie bilden ein Zentrum aktueller Reformstrategien und wurde im Be-reich der Sozialhilfe während der 1990er Jahre vorrangig über den beschriebenen Ausbau der „Hilfen zur Arbeit" nach §§ 18 ff. BSHG weitergehend realisiert als noch in den 1980er Jahren. Insoweit wurde auch dieser Lösungsansatz, wie er Anfang der 1990er Jahre vorgeschlagen wurde, im Verlauf des Jahrzehnts nach-drücklich verfolgt und ist sowohl in der kommunalen Arbeitsmarkt- und Beschäfti-gungspolitik wie auch im Bereich der personenbezogenen und pädagogischen sozialen Dienste auch nach den „Hartz-Gesetzen" ab 2005 weiterhin aktuell.

Die *Begrenzung des „Expertentums"*, wie sie im Verlauf der 1980er Jahre in der Sozialarbeit im Anschluss an Studien von Illich (1979) eine zentrale Strategie bilde-te, um die Wirksamkeit und Akzeptanz sozialer Interventionen zu erhöhen, Be-vormundungen und Entmündigungen des Bürgers zu vermeiden und auf eine Förderung der Selbsthilfe und Eigenverantwortung zielte, konnte als professional bezogene Reformstrategie im Bereich der deutschen Sozialhilfe kaum Wirkung entfalten. Ein Faktor hierfür war, dass die Sozialhilfe wesentlich als obrigkeitsstaat-lich geprägtes „Verwaltungshandeln" und nicht als koproduktiv konzipiertes sozi-alberufliches Handeln verstanden wurde. Eine sozialberufliche Entwicklung und eine professional ausgerichtete „Modernisierung" der deutschen Sozialhilfe und ihrer Verwaltung den Befunden nach zwar durchgängig als notwendig angesehen, konnte bisher jedoch in der Verwaltungspraxis und in den Reformen nur am Ran-de umgesetzt werden.[347]

Rückblickend sind damit einige Lösungsansätze der frühen 1990er Jahre durchaus realisiert worden, andere wurden kaum oder gar nicht weiter beachtet. Vor allem in den Bereichen einer Vereinfachung der rechtlichen Detailsteuerung,

---

[346] Zu den Ansätzen einer Neuorganisationen, zur Teamarbeit und veränderten Sprechzeiten in deut-schen Sozialämtern vgl. Freytag (2000).
[347] Empirische Studien Harrach u.a. (2000) und von Leisering/Hilkert (2001: 184) bestätigen dies.

einer Entbürokratisierung und im Bereich der professionalen „Modernisierung" scheinen besondere Schwierigkeiten zu bestehen, die Sozialhilfe und -verwaltung in Deutschland zu reformieren. Hierbei handelt es sich um Bereiche, die besonders hohe Anforderungen an die eigene Reformfähigkeit der Verwaltung und ihrer Mitarbeiter stellen. Demgegenüber scheinen Lösungsansätze, die eher auf verwaltungsexterne Bereiche, wie etwa die verstärkte Nutzung externer Ressourcen zielen, weitergehend umgesetzt worden zu sein. Sowohl die Auslagerung bestimmter Aufgabenbereiche, die Nutzung von Vermittlungsagenturen, neue Kooperationen mit den Arbeitsämtern oder auch die Ressourcen, die im Rahmen von Selbsthilfe und Eigenverantwortung beim Bürger zu aktivieren und zu erschließen sind, wurden im Rahmen der „Verwaltungsmodernisierung" offenbar eher realisiert. Hierbei lassen sich folgende Modernisierungsziele unterscheiden:

- *Haushaltskonsolidierung* der kommunalen Haushalte wie der öffentlichen Haushalte insgesamt. Diese Anforderungen sind in besonderer Weise auf das Steuerungsinstrument *Geld* bezogen.

- *Binnenmodernisierung* der Kommunalverwaltung in der Ablauforganisation und den Instrumenten der Steuerung, womit vorrangig auf das Steuerungsinstrument *Recht*, auf Verfahren, Zugänge und auf die Organisation der Sozialverwaltung Bezug genommen wird.

- *„Professionale Modernisierung"* und *„Professionalisierung"* des sozialberuflichen Handelns in der Sozialhilfe, die vor allem auf den Bereich des *Wissens*, der *Fähigkeiten* und *Kompetenzen* ausgerichtet ist.

Die Sozialhilfe kann dabei einerseits hinsichtlich ihres Bedeutungszuwachses im Verlauf der 1990er Jahre und hinsichtlich notwendiger Reformen eher eng fiskalpolitisch und rechtlich betrachtet werden. Sie kann aber auch in den Modernisierungsanforderungen umfassender gesehen werden. So beschrieb beispielsweise Wohlfahrt (1996) das Modernisierungsproblem auf kommunaler Ebene in Deutschland eben nicht als ein in erster Linie bestehendes „Kostenproblem", sondern als ein „Innovationsdefizit", das weit über die Kostenfrage hinausgeht: *„Wenn man den Zielbezug der Verwaltungsmodernisierung ernst nimmt und diesen nicht mit dem komplizierten Problem der Haushaltskonsolidierung gleichsetzt, geht es um eine grundlegende Veränderung der Funktionsbestimmung lokaler Politik."* (Wohlfahrt 1996: 91) In diesen Zusammenhängen rückte die Frage zunehmend in den Mittelpunkt, wer steuert die Sozialhilfeverwaltung mit welchen Zielen? Bund und Länder, die kommunale Politik oder die Sozialverwaltung und in welchen Relationen und wie lassen sich ferner die professional und sozialberuflich definierten Steuerungserfordernisse, etwa der sozialen Dienste im Bereich der Sozialhilfe in einem notwendigen Prozess der

Haushaltskonsolidierung und verbunden mit den neueren Instrumenten einer ebenso notwendigen Binnenmodernisierung möglichst weitgehend zur Geltung bringen und verbinden? Entsprechend komplex gestaltet sich der Prozess einer Verwaltungsreform der deutschen Sozialverwaltung.

Grundlegend ist dazu ein wichtige Befund aus bisherigen Studien, dass die deutsche Sozialverwaltung Anfang bis Mitte der 1990er Jahre überhaupt erst die „lokale Steuerbarkeit" der Sozialhilfe (wieder) entdeckte.[348] Dies geschah einerseits durch die empirischen Erfahrungen, dass etwa über den Ausbau der „Hilfen zur Arbeit" nach §§ 18 ff. BSHG die Zahl der Leistungsempfänger, die Bezugsdauern und die Ausgabenentwicklung in der Sozialhilfe durchaus kommunal beeinflusst werden konnten, ohne dabei die rechtlichen Vorgaben zu verletzen. Diese positiven Erfahrungen ermunterten die Kommunen auch im Bereich der Sozialhilfe zu einer Binnenmodernisierung, die mit dem „Neuen Steuerungsmodell" der KGST für die deutsche Kommunalverwaltung Anfang bis Mitte der 1990er Jahre konzeptionell angeregt wurde.[349] Ab Mitte der 1990er Jahre wurde diese Modell in unterschiedlichen Formen und Reichweiten auch auf den Bereich der Sozialverwaltungen übertragen und vielerorts meist stufenweise eingeführt. Ziel war es, die „Steuerung" der Sozialhilfe mit der Einführung der neuen Instrumente einer Verwaltungsreform noch bewusster, gezielter und insgesamt „aktiver" zu gestalten. Dabei überlagerten sich aber die Motive und Ziele der Haushaltskonsolidierung einerseits, der Binnenmodernisierung andererseits, sowie Motive und Ziele einer fachlichen bzw. professionalen „Modernisierung" der Sozialhilfe in ihren Kontakten zum Bürger und in ihrer Wirksamkeit. Ein damals neues Ziel war es, die deutsche Sozialhilfe zu einer „aktiven" und personenbezogenen sozialen Dienstleistung zu entwickeln. Das Zusammentreffen von inhaltlich-fachlich bezogener Reformstrategien und anhaltender Haushaltskonsolidierung kann dann aber als ein Haupthindernis betrachtet werden. Die „Verwaltungsmodernisierung" in den Sozialverwaltungen begann Mitte der 1990er Jahre zwar höchst dynamisch, doch schon Ende der 1990er Jahre zeigten sich Grenzen und es kam zu einer kritischen Reflexion des Erreichten.[350] Interessant ist in diesen Zusammenhängen, dass die Instrumente einer „Neuen Steuerung" wie sie spätestens 1995 von der KGST auch speziell für die Sozialhilfe und Sozialverwaltung konzeptionell vorlagen, vielerorts erst Ende der 1990er Jahre und damit in einer Phase eingeführt wurden, in der ab 1998/1999 auch bedingt durch die „Hilfen zur Arbeit" erste positive Effekte und rückläufige Werte bei den Sozialhilfeausgaben erkennbar wurden.

---

[348] Hierauf weisen auch die empirischen Befunde von Leisering Hilkert (2001: 181 ff.) hin.

[349] Impulsgebend waren vor allem Beiträge von Banner (1991), der für die deutsche Kommunalverwaltung in Anlehnung an internationale Entwicklungen einen Wandel „von der Behörde zum Dienstleistungsunternehmen" forderte.

[350] Vgl. allgemein für die Kommunalverwaltung Grunow/Wollmann (1998) sowie Banner (2001).

Dabei ist besonders zu beachten, auf welche Steuerungsinstrumente und Interventionsformen das KGST-Modell einer „Neuen Steuerung" im Detail aufbaut bzw. woraufhin es ausgerichtet ist. Wie Luhmann (1981) feststellte, weisen die beiden für öffentliche Verwaltungen zentralen Steuerungsmechanismen Recht und Geld im Grunde *keine* systemeigenen Beschränkungen auf, die einer Ausweitung des öffentlichen Sektors sozusagen implizit entgegenstehen würden. Tendenziell könnte es demnach auch unter massiv veränderten sozioökonomischen Rahmenbedingungen sowie unter dem Einfluss neuer „Verwaltungs-, Wissens- und Steuerungskulturen" und eines neuen Steuerungsoptimismus auch weiterhin zu einer Ausweitung des öffentlichen Sektors und zu einer fortlaufenden unveränderten Nutzung der Steuerungsmedien Recht und Geld kommen. Die alleinige oder einseitige Nutzung dieser traditionellen Steuerungsmedien und eine entsprechend einseitige Gestaltung sozialer Interventionen trägt allerdings wesentlich zu den bekannten Finanzierungs- und Steuerungsproblemen des wohlfahrtsstaatlichen Systems bei.[351] Bezogen auf die deutsche Sozialhilfe stellt sich die Frage, ob verbunden mit der Einführung des Konzepts der „Neuen Steuerung" tatsächlich Recht und Geld als für Verwaltungshandeln typische Steuerungsinstrumente an Bedeutung verloren haben. Dies würde implizieren, dass zugleich ökologische, pädagogische sowie präventive Interventionsformen an Stellenwert gewinnen, in dem etwa der Lebenslauf, die Variablen Zeit und Handeln, aber auch Wissen und Kompetenzen als Steuerungsgrößen in den neueren Konzepten eine stärkere Berücksichtigung finden. Möglich scheint ferner, dass Recht und Geld als klassische Steuerungsmedien sozu-sagen in anderen Gewändern weiterhin nicht nur den zentralen Stellenwert einnehmen, sondern sich auch weiterhin ausdehnen. Diese Entwicklungen sind konkreter anhand der einzelnen Instrumente einer „Neuen Steuerung" zu prüfen und im Anschluss auch für die schwedische Kommunalverwaltung genauer zu betrachten.

Diese veränderten Steuerungskonzepte wurden Anfang der 1990er Jahre auf der Grundlage von Erfahrungen der niederländischen Stadt Tilburg von der Kommunalen Gemeinschaftsstelle für Verwaltungsvereinfachung (KGST) entwickelt, die sich als Innovationsagentur der deutschen Kommunen verstand. Danach bilden als Ziele einer „Neuen Steuerung" *Effektivität, Effizienz und Kundenfreundlichkeit* die Schlüsselbegriffe für die künftige öffentliche Verwaltung. Bisheriges Verwaltungshandeln war hingegen vor allem an Zielen und Begriffen wie dem Sparsamkeitsgebot und an einer der verfahrens- und regelgerechten Ausführung der Aufgaben ausgerichtet. Dabei galt auch der Bürger in seinen Anliegen und in der Zufriedenheit mit Dienstleistungen oder mit einem Verwaltungsakt lange als ein

---

[351] Vgl. Luhmann (1981: 25 ff.) und direkt auf das Verhältnis von kommunaler Sozialpolitik und Gemeindefinanzen bezogen eine Studie von Föst (1997: 7 f. u. 140 ff.).

nachrangiger Wertmaßstab. Vor allem bestimmten die rechtlich und verfahrenstechnisch einwandfreie Aufgabenerfüllung das Verwaltungshandeln. Die mehrfach genannte typische Regelorientierung deutscher Verwaltungen findet auch in diesen Zusammenhängen ihren Ausdruck. Mit dem KGST-Modell wurden jedoch betriebswirtschaftliche Kriterien, Kriterien der Wirksamkeit und Kriterien der „Kundenzufriedenheit" stärker als Ziel- und Messgrößen für das Verwaltungshandeln in den Mittelpunkt gerückt. Um diese Ziele zu erreichen, wurde von der KGST die Einführung bestimmter Instrumente empfohlen. Die wesentlichen Instrumente einer „Neuen Steuerung" werden im Überblick nachfolgend kurz vorgestellt, soweit sie für die Sozialhilfe in ihren Außenkontakten und in ihren Interventionsmustern von Bedeutung sind. Zu den zentralen Instrumenten gehören folgende: [352]

a) Die Ziel- und Ergebnissteuerung
Die Einführung von Elementen der Ziel- und Ergebnissteuerung ist, wie bereits angedeutet wurde, in schwedischen Sozialverwaltungen und Kommunen bereits erfolgt und bildet dort seit den 1980er Jahren ein Kerninstrument der Planung und Erbringung sozialer Dienste und Leistungen. Mit dem Konzept der KGST zur Neuen Steuerung wurde auch in Deutschland die Perspektive in der Planung und im Verwaltungshandeln von der bisherigen Inputorientierung, die auf die bereit stehenden meist knappen materiellen und personellen Ressourcen fokussierte, hin zu einer *Outputorientierung* verlagert, in der die Ergebnisse und die „Effekte" sozialer Interventionen stärker Beachtung finden.[353] Damit hält eine stärker ziel- und resultatorientierte Form der Steuerung in deutsche Sozialverwaltungen ihren Einzug. Positive Effekte können sein, dass die *Wirkungen* und *Wirksamkeiten* neben der Rechtmäßigkeit in der Dienstleistungsproduktion der kommunalen Verwaltung erfassbarer, transparenter und auch zeitlich im Verlauf länger andauernder oder sich einander anschließender Interventionen genauer planbar und gestaltbar werden. Dabei stellen sich Probleme der „Mmessbarkeit" im Zusammenhang mit Leistungen sozialer Dienste und pädagogischen Interventionen in besonderer Wei-

---

[352] Zum Modell einer „Neuen Steuerung" vgl. einführend Banner (1991), Klages (1995) und Naßmacher (1999). Aus juristischer Pespektive vgl. Mehde (2000), konkret für die Sozialverwaltung vgl. Kühn (1995), KGST (1995 und 1997), Merchel/Schrapper (1996), Brülle (1996), Strunk (1999), Brülle/Reis (2001), sowie historisch Roth (1999). Zum Verbreitungsgrad des KGST- Modells der „Neuen Steuerung" Mitte der 1990er Jahre vgl. Sucke (1998): Nach Daten des Deutschen Städtetages von 1996 waren in etwa 80 % der Kommunen erste Schritte zu einer „Neuen Steuerung", vornehmlich im Bereich des Haushalts- und Rechnungswesens eingeleitet. Eine Umfrage von Berner/Leisering (2003) ergab mit Stand Herbst 2000 unter allen 2.132 Sozialämtern in Deutschland, dass unter den 884 Ämtern, die sich an der Umfrage beteiligten, lediglich in 21 % das Neue Steuerungsmodell ganz oder teilweise eingeführt war. Dabei war die Verbreitung des Neuen Steuermodells in den Großstädten sowie in Westdeutschland am stärksten ausgeprägt.

[353] Vgl. KGST (1995: 13 ff.).

se. Die *Variablen Zeit und Handeln* werden im Kontext einer Ziel- und Ergebnissteuerung insofern verändert, als eine auf Ziele, und auf die „Outputs" sowie auf „Outcomes" im Sinne von *Wirkungsketten* ausgerichtete Sozialverwaltung direkt das Handeln der beteiligten Akteure wie auch der Bürger in Relation zur Zeit, zum Zeitaufwand, zu Häufigkeiten usw. setzen wird.

b) Die Kosten- und Leistungsrechnung
Mit der Einführung einer Kosten- und Leistungsrechnung wird die bisher in Deutschland übliche Kameralistik im Haushaltsrecht der Kommunen abgelöst. Die Kosten- und Leistungsrechnung zielt dabei ebenfalls auf mehr Transparenz und Kostenbewusstsein im Einsatz der Mittel und in ihrer Relation zur Leistungserfüllung und zur Wirksamkeit des Verwaltungs-handelns.[354] Um die „Kosten" und die fachlichen Leistungen genauer in ihren Relationen zueinander bewerten zu können, werden mit der Neuen Steuerung zugleich auch die Finanzverantwortung und die Aufgaben-/Leistungsverantwortung möglichst weit zusammengeführt und möglichst dezentralisiert. Neben dem Vorteil der „Kostentransparenz" liegt ein besonderes Risiko der Kosten- und Leistungsrechnung ebenfalls darin, Verwaltungshandeln einseitig und all zu stark „betriebswirtschaftlich" auszurichten, insbesondere in Dienstleistungsbereichen, die sich aufgrund ihrer besonderen qualitativen und immateriellen Bezüge einer rein betriebs- oder verwaltungswirtschaftlichen Betrachtung nach „Kosten-Nutzen-Aspekten" entziehen.

c) Das Kontraktmanagement
Im Kontraktmanagement werden Vereinbarungen über die zu erstellenden bzw. zu erbringenden Leistungen oder Produkte getroffen. Das Kontraktmanagement kann sowohl innerhalb der Sozialverwaltung zwischen verschiedenen Organisationseinheiten unterschiedlicher Ebenen als auch mit verwaltungsexternen Organisationen und Akteuren in Form von Leistungsvereinbarungen erfolgen.[355]

d) Die Sozialhilfe/Grundsicherung als „Produkt" der Kommunalverwaltung
Das Konzept der „Neuen Steuerung" sieht als ein weiteres Hauptelement die Entwicklung und Definition sowie das Verständnis öffentlicher Aufgaben als „Produkte" vor. Diese Produkte im Leistungsbereich der monetären *und* persönlichen Hilfen nach dem BSHG/SGB werden nicht mehr als rein geldliche Ausgaben- oder Haushaltsgrößen sondern stärker als Arbeitsergebnisse der Verwaltung in ihrem Außenbezug verstanden. Die zu defnierende Art, Menge, Qualität und die „Kos-

---

[354] Vgl. Schedler/Proeller (2000: 193 ff.).
[355] Zum Kontraktmanagement vgl. (KGST 1995: 29) und beispielsweise Schedler/Proeller (2000: 133 ff.) sowie Trube (2001: 173 ff.).

ten" der Produkte entscheiden nach dem KGST-Modell der Neuen Steuerung über die Bürgernähe, Leistungskraft und über die Wirtschaftlichkeit der Verwaltung.[356] Die Definition und Beschreibung oder Festlegung von „Produkten" erfolgt dabei verwaltungsintern durch die jeweiligen Fachkräfte der Sozialverwaltung. Idealtypisch wird die Produktentwicklung zwar ausgehend von den Rechtsgrundlagen vorgenommen. Stärker als früher ist eine Produktbeschreibung aber auch auf die Leistung und die fachliche Aufgabe selbst ausgerichtet. Dabei führen sowohl der Produktbegriff wie auch *Produktbeschreibungen* handlungs- und interventionstheoretisch betrachtet zu Prozessen einer Standardisierung, die insbesondere im Bereich der personenbezogenen sozialen Dienstleistungen nach bisherigen Erfahrungen an Grenzen stoßen. Vielerorts wurden die Versuche, Produktkataloge für die personenbezogenen soziale Dienste zu entwickeln daher entsprechend modifiziert, zeitlich aufgeschoben oder zum Teil bereits wieder aufgegeben. Schwierig ist es dabei vor allem, den *prozesshaften Charakter* und die *komplexen interaktionalen Abläufe* persönlicher Hilfen im Rahmen von Produktbeschreibungen oder -katalogen adäquat zu definieren, da Verwaltungshandeln bisher eher von situativ bezogenen Leistungen oder Verwaltungsakten geprägt ist und meist nicht von fortlaufenden, möglicherweise sich über längere Zeiträume erstreckende soziale Interventionen verschiedener, zudem auch noch koproduktiv agierender organisatorischer Bereiche ausgeht. Diese Probleme berücksichtigend finden sich Vorschläge zur Entwicklung eines *„prozessorientierten Produktbegriffs"* sowie anknüpfend an die Ziel- und Ergebnissteuerung eines *„zielorientierten Produktbegriffs"*, mit denen die Wirkungs*zusammenhänge* und Wirkungs- oder Leistungsketten adäquater erfassbar und steuerbar gemacht werden sollen.[357] Für den Bereich der Sozialhilfe bildet eine weitere Kernfrage, ob und inwieweit der *Individualisierungsgrundsatz* und das *Bedarfsdeckungsprinzip* als rechtliche Leitsätze weiterhin hinreichend Beachtung finden, wenn standardisierte Produktkataloge die Leistungen zunehmend vordefinieren.

e) Kennzahlen, Kennzahlenvergleiche und „Benchmarking" in der Sozialhilfe
Neben den Produktbeschreibungen bilden die Entwicklung von *quantitativen* und *qualitativen Kennzahlen* und der *Kennzahlenvergleich* weitere Instrumente einer „Verwaltungsmodernisierung" im Bereich der Sozialhilfe. Auch diese Instrumente und Verfahren wurden ausgehend vom, sowie ergänzend zum KGST-Modell der „Neuen Steuerung" inzwischen in Deutschland eingeführt. Vor allem die Vergleichsringe deutscher Großstädte tragen zu einer besonderen Reformdynamik im

---

[356] Vgl. KGST (1995: 14).
[357] Vgl. Brülle (1996: 192). Auch Reis (1997a) schlägt in diesem Kontext vor, den Produktbegriff und die Produktdefinition, wie sie von der KGST (1995) verstanden wurden, im Bereich der Sozialhilfe um das *Konzept der Leistungskette* zu erweitern.

Bereich der Sozialhilfe bei. Auf der Grundlage von Kennzahlen ist ein „vergleichendes Lernen", auch als „Benchmarking" bezeichnet, zwischen den Kommunen oder auch unter verschiedenen Stadtteilen möglich.[358] Werden Kennzahlenvergleiche und die Ergebnisse aus Vergleichsringen von den beteiligten Kommunen positiv verstanden und genutzt, so können sie entsprechend dem Ziel des vergleichenden Lernens zu Leistungs- und Qualitätsverbesserungen der Sozialhilfe beitragen, in dem die „best practices" eine Vorbildfunktion erhalten. Während sich die ersten Vergleichsringe noch auf rein *quantitative* Kennziffern zu den Fallzahlen und Ausgaben in der Sozialhilfe bezogen, wurden inzwischen auch *Kennzahlen zum Verlauf des Sozialhilfebezugs* mit in die Vergleichsringe einbezogen. So enthält der Kennzahlenvergleich der großen Großstädte etwa Kennzahlendefinitionen zu den Zugangsquoten und Abgangsquoten sowie zur Entwicklung der Sozialhilfefälle mit einer Bezugsdauer von bis zu 2 Jahren und von mehr als 2 Jahren. Die neueren Entwicklungen gehen zudem in die Richtung, auch *qualitativ ausgerichteter Kennzahlenvergleiche* zu ermöglichen.[359] Zu verweisen ist auf ein *Risiko*, wonach Kennzahlenvergleiche in ihren Ergebnissen aus der Wettbewerbsstruktur heraus von einzelnen Kommunen oder auch in der ganzen Breite der beteiligten Städte zu Leistungsabsenkungen missbraucht werden können.[360] Je nach Nutzung der Instrumente können durch Kennzahlenvergleiche aber auch Qualitätsverbesserungen und ein Anheben der Dienstleistungsstandards bewirkt werden.[361]

f) Fazit zur Reformdynamik einer „Neuen Steuerung" in der deutschen Sozialhilfe
Einzelne Autoren gehen davon aus, dass der Prozess einer „Verwaltungsmodernisierung" wie er seit Mitte der 1990er Jahre in Deutschland in den Sozialverwaltungen mit einer „Neuen Steuerung" eingeleitet wurde, das Konzept und die künftige Gestalt des Sozialstaates ebenso nachhaltig prägen wird wie die im internationalen

---

[358] Nach einem ersten allgemeinen Projekt der Bertelsmann-Stiftung und des Deutschen Beamtenbundes zur „Steigerung der Leistungsfähigkeit öffentlicher Verwaltungen" auf der Basis von Kennzahlen wurde 1995 ein speziell für die Sozialhilfe entwickelter Kennzahlenvergleich mittlerer Großstädte unter der Moderation der Unternehmensberatung Kienbaum eingeleitet. Zu Beginn des Projekts waren 13 Großstädte beteiligt. Aufgrund der starken Beteiligung wurden später verschiedene Vergleichsringe eingerichtet und es wurde ein besonderer Vergleichsring der 16 *großen* deutschen Großstädte gebildet, um die Hilfen zum Lebensunterhalt zu vergleichen. Auch von der KGST (1997) wurde auf die besondere Bedeutung von Kennzahlenvergleichen als Grundlage einer Steuerung in der Sozialhilfe explizit hingewiesen und Modellbespiele entwickelt. Zum „Benchmarking" in der Sozialhilfe vgl. Adamaschek (1998), Hartmann (2001), eher kritisch Spindler (2001) sowie Trube (2001: 262 ff.).
[359] Vgl. Hartmann (2001).
[360] Hartmann (2001: 126) bestätigt im Zusammenhang mit Kennzahlenvergleichen zu den einmaligen Leistungen von einzelnen Kommunen durchaus Absenkungen der Leistungsniveaus.
[361] In diesem Sinne etwa Spindler (2001). Sie fragt genauer, von welchem „Besten" die Teilnehmer an Vergleichsringen lernen möchten und in welche Richtung und nach welchen Kriterien die Sozialhilfe „gesteuert" werden soll.

Zusammenhang geführten Diskurse um den „Dritten Weg" und die damit verbundenen „großen Reformansätze". Zu den bisherigen „Erfolgen" oder den Auswirkungen und Folgen einer „Neuen Steuerung" in Deutschland liegen jedoch nur begrenzte und zudem unterschiedliche Befunde vor.[362] Trotz einer in einer Reihe von Kommunen sehr weitgehend erfolgten Umsetzung und bei insgesamt eher positiven Erfahrungen mit einzelnen der beschriebenen Instrumente ist der Einführungs- und Verbreitungsgrad in den Sozialverwaltungen zum Teil sehr unterschiedlich. In der kommunalen Sozialverwaltung setzt sich inzwischen verbreitet die Erkenntnis durch, dass die öffentliche Verwaltung und die Privatwirtschaft in weiten Teilen doch nach unterschiedlichen Logiken funktionieren und die jeweilige Dienstleistungsproduktion nach unterschiedlichen Kriterien zu gestalten ist. Eine Kommunalverwaltung ist insbesondere im Leistungsbereich der Daseinsvorsorge und der materiellen Existenzsicherung für die Bürger nicht mit privaten Dienstleistungsunternehmen gleich zu setzen. Entsprechend müssen die Dienstleistungsproduktion selbst wie auch ihre Effekte nach unterschiedlichen Kriterien bewertet werden. Dabei spielen die Gemeinwohlorientierung öffentlichen Verwaltungshandelns, die Rechtmäßigkeit in der Leistungserbringung sowie Prinzipien der Gleichbehandlung, die Schaffung und der Erhalt möglichst gleicher Teilhabevoraussetzungen und -chancen sowie die Gewährleistung möglichst gleicher Lebensverhältnisse und schließlich die Bürgerbeteiligung als Ziele und als Leistungsmerkmale der kommunalen Sozialverwaltung eine besondere Rolle.

In der Lebenslaufperspektive und in einer Perspektive der Gestaltung sozialer Interventionen ist mit Blick auf die Instrumente einer „Neuen Steuerung" und der „Verwaltungsmodernisierung" von besonderer Bedeutung, dass sich die konventionelle Verwaltung bis vor wenigen Jahren – in Deutschland stärker als in Schweden – ausschließlich als ausführende, das Recht umsetzende und respektierende Verwaltung verstanden hat, deren eigenständige Leistung im Wesentlichen in der angemessenen Norminterpretation und in der Sicherstellung des möglichst fehlerfreien Normvollzugs gesehen wurde.[363] Unter dem Einfluss des Neuen Steuerungsmodells und künftig stärker durch Einflüsse des Qualitätsmanagements rückt die *Perspektive der Wirksamkeit* stärker in das Zentrum öffentlichen Verwaltungshandelns. Wirksamkeit im Bereich der Sozialhilfe meint vor allem den möglichst frühzeitigen oder auch „rechtzeitigen" Einfluss auf die Problemvermeidung, die Problembearbeitung und Problembewältigung im Lebensverlauf der Bürger. Damit erhält kommunales Verwaltungshandeln über die Neue Steuerung in der Sozialhilfe einerseits einen veränderten und direkteren Lebenslagen- und Lebenslaufbezug als bisher. Dies ist bei multiplen Problemlagen und Langzeitbezug kommunaler Sozial-

---

[362] Vgl. etwa Schütte (2001).
[363] Vgl. Klages (1995: 209).

leistungen besonders wichtig. In den personenbezogenen und psychosozialen Dimensionen der Dienstleistung „Sozialhilfe" lassen sich dabei Effektivität, Effizienz und Kundenzufriedenheit nicht allein bzw. nur sehr begrenzt über „Kosten-Nutzen-Analysen", Kennzahlen, Fallzahlen, oder Leistungsstatistiken ermitteln, sondern bedürfen weitergehender Instrumente der Wirsamkeitsanalysen und des Controlling, die bisher noch kaum entwickelt sind.[364] Insbesondere *die Prozess- und Verlaufsperspektive personenbezogener sozialer Dienstleistungen und die immateriellen Effekte* – auch und gerade in einer längerfristigen Perspektive gilt es künftig, noch stärker zu beachten, als im KGST-Modell einer „Neuen Steuerung" vorgesehen.

Das KGST-Modell einer „Neuen Steuerung" hat dennoch einen beträchtlichen Beitrag zur Reform der deutschen Sozialverwaltung geleistet. Nicht zu vernachlässigen ist jedoch dabei, dass die Regelorientierung und Detailsteuerung innerhalb der deutschen Kommunalverwaltung und der Sozialverwaltung seit langem Tradition haben und im Vergleich zu anderen Wohlfahrtsstaaten besonders ausgeprägt sind. Es dürfte kein Zufall sein, dass sich mit dem Modell einer „Neuen Steuerung" in der bisherigen Variante vorrangig die Bezüge auf das Steuerungsinstrument „Geld" widerspiegeln, nachdem die Grenzen der Steuerung durch „Recht" offenbar erkannt wurden. Im ungünstigsten Fall löst das Konzept einer „Neuen Steuerung" mit den differenziert und genauestens geregelten Instrumenten und Verfahrensweisen einer betriebswirtschaftlichen Regelorientierung die bisher vorherrschende rechtliche Regelorientierung ab bzw. ergänzt diese.

Der Bereich der pädagogischen Interventionen etwa über Kompetenzvermittlung und über den Bereich der personenbezogenen sozialen Dienste findet sich im Instrumentarium der „Neuen Steuerung" entweder randständig, oder aber die Instrumente weisen beträchtliche Risiken auf, diese Bereiche in ihren besonderen Merkmalen passend zu steuern. Die Prävention als besondere Interventionsform entzieht sich zudem sehr weitgehend betriebswirtschaftlichen „Kosten-Nutzen-Analysen". Dies gilt auch für Leistungserbringungsprozesse, die nicht von *einer* Verwaltungsorganisation erbracht werden, sondern in netzwerkbasierten Organisationsformen von verschiedenen wohlfahrtsstaatlichen Institutionen und Organisationen. Zudem bleiben der professionale Bereich und Aspekte der Professionalisierung sozialberuflichen Handelns eher randständig, obwohl es sich bei der Sozialhilfe und den mit ihr verbundenen sozialen Diensten um besonders personalintensive „Produkte" handelt. An diesen zuletzt genannten Punkten schließt zumeist auch die Kritik des „Neuen Steuerungsmodells" an.[365]

Zu beachten ist in einer Perspektive auf die Lebenslagen und Lebensläufe von Sozialhilfebeziehenden auch, dass die von der Sozialpolitik und Sozialverwaltung

---

[364] Vgl. hierzu beispielsweise Trube (1996).
[365] So beispielsweise früh von Brülle (1996), Trube (1996) oder Reis (1997a).

über eine „Neue Steuerung" verfolgten Ziele einer „outputorientierten Steuerung" in den Ergebnissen nicht identisch sein müssen bzw. nicht immer identisch sind mit den tatsächlich Ergebnissen des Verwaltungshandelns. Kritisch wird darauf hingewiesen, dass die politische Steuerung, welche die kommunalen Dienstleistungen als *Aktion* und als Ergebnis politischer Prozesse und Definitionen versteht, durch die Einflüsse und Instrumente einer „Verwaltungsmodernisierung" zurückgedrängt wird, und dass an ihre Stelle eine Steuerung im Sinne von *Reaktion* tritt, die auf sozialtechnisch und betriebswirtschaftlich definierte und eingrenzbare Bedarfe nur noch mit verwaltungsintern bestimmten Dienstleistungen reagiert. Damit würde allerdings die eigentliche Zielsetzung und Handlungsrationalität kommunalpolitischer Interventionen, etwa die Lebensverhältnisse und die Lebensqualität der Bürger durch aktive soziale Interventionen im umfassenden Sinne positiv zu gestalten, in ihr Gegenteil verkehrt.[366]

"The Scandinavian welfare state is a decentralised welfare state" (Kleven u.a., 2000: 94)

3.3 Die Sozialhilfe im Wohlfahrtsstaat Schweden: Soziale Interventionen zwischen Reform des öffentlichen Sektors und Wandel sozialer Dienste

Die Literatur zum schwedischen Wohlfahrtsstaat ist inzwischen auch im deutschsprachigen Raum umfangreich und unter Berücksichtigung angloamerikanischer und skandinavischer Studien nahezu unübersehbar. Daher werden im Rahmen dieser Untersuchung vor allem neuere und zentrale Befunde zur historischen und aktuellen Entwicklung des schwedischen Wohlfahrtsstaates herangezogen.[367] Es

---

[366] Zu dieser grundsätzlichen Kritik am veränderten Verhältnis von kommunaler Sozialpolitik und Sozialverwaltung, vgl. Wohlfahrt (1996: 97).

[367] Es mangelt gegenwärtig an *umfassenderen zugleich aktuellen deutschsprachigen* Studien zum Wohlfahrtsstaat Schweden und den dortigen Entwicklungen, vor allem nach 1995. Deutschsprachig legte Henningsen (1986) eine umfassende Untersuchung vor. In einem Sammelband von Riegler/Schneider (1999) werden verschiedene Bereiche schwedischer Sozialpolitik, insbesondere die Arbeitsmarktpolitik behandelt. Auf die Krise des Wohlfahrtsstaates Anfang/Mitte der 1990er Jahre fokussiert ein Beitrag von Zänker (1998). Dagegen differenzieren Lißner/Wöss (1999) genauer die Entwicklungen bis Mitte der 1990er Jahre und stellen je nach Politikbereich einen „Abbau", „Umbau" wie auch „Ausbau" des schwedischen Wohlfahrtsstaates fest. Stärker historisch und vergleichend liegen von Kaufmann (2000 und 2003) sowie von Gurgsdies (2006) Beiträge zur wohlfahrtsstaatlichen Entwicklung bis Mitte der 1990er Jahre vor. Zumeist bleiben deutschsprachige Beiträge, wie etwa von Petersson (1997) oder von Otte/Antskog-Dietrich (1997) oder auch Horgby (1998) eher deskriptiv und bereichsbezogen. Aus innerskandinavischer Perspektive zu Entwicklungen des schwedischen Wohlfahrtsstaates vgl. Kautto u.a. (1999), Lindbom (2001) sowie Salonen (2001). Eine umfassendere Studie liegt ferner von Gould (2001) zu den Entwicklungen in der schwedischen Sozialpolitik aus britischer Perspektive vor.

soll den zahlreich vorliegenden Studien also keine weitere genauere Beschreibung der historischen, kulturellen, politischen und sozioökonomischen Voraussetzungen, Entwicklungen, Krisen und der Probleme des „schwedischen Modells" hinzugefügt werden. Vielmehr erfolgt eine Konzentration auf bisherige Untersuchungen in der Frage nach den *institutionellen Arrangements* und *typischen Formen und Merkmalen sozialer Intervention* im Bereich der Sozialhilfe und sozialer Dienstleistungen. In einer im engeren Sinne interventionstheoretischen Perspektive liegen zum schwedischen wohlfahrtsstaatlichen Arrangement und der darin eingebundenen Sozialhilfe bislang kaum Befunde vor.

Die bisherigen Studien zum schwedischen Wohlfahrtsstaat beziehen sich vor allem auf die Arbeitsmarkt- und Beschäftigungspolitik, zuletzt auch intensiver auf die Politik der Alterssicherung sowie auf das schwedische Gesundheitssystem oder aktuell auch auf das Bildungssystem. Die Arbeitsmarkt- und Beschäftigungspolitik als Kern der schwedischen Wohlfahrtspolitik fand international die stärkste Aufmerksamkeit.[368] Die Auffassungen, ob das *Primat der Vollbeschäftigung* auch weiterhin ein zentrales Merkmal schwedischer Wohlfahrtspolitik bildet, oder im Verlauf der 1990er Jahre als gesellschaftspolitisches Ziel aufgegeben wurde, gehen teilweise auseinander.[369] In dem Befund, dass die Arbeitslosigkeit im Verlauf der 1990er Jahre sowohl in Deutschland als auch in Schweden zur Hauptursache für den Bezug von Sozialhilfe wurde, zeigt sich die Bedeutung der Frage nach dem Primat der Vollbeschäftigung auch aus kommunal- und armutspolitischer Perspektive.[370]

Im Rahmen der aktiven Vollbeschäftigungspolitik erreichte Schweden nach dem II. Weltkrieg über Jahrzehnte im internationalen Vergleich eine der niedrigsten Arbeitslosenquoten. So lag die Arbeitslosenquote 1990 noch bei lediglich 1,7 %. Ferner waren für Schweden eine einzigartig hohe Beschäftigungsquote von über 80 % im Jahre 1990 sowohl bei den Männern als auch bei den Frauen und ein extrem hoher Beschäftigungsgrad im öffentlichen Sektor kennzeichnend.[371] Nach wie vor gelten jedoch eine aktive – und wie mit dem Aktivierungsdiskurs bereits dargestellt – inzwischen stärker „aktivierende" Arbeitsmarktpolitik verbunden mit der Zielsetzung der Vollbeschäftigung parteiübergreifend als Kernelemente der Wohlfahrtspolitik. Seit Ende der 1990er Jahre liegt die offizielle Arbeitslosenquote nach

---

[368] Ländervergleichend auch Scharpf/Schmidt (2000).

[369] So sprach beispielsweise Zänker (1998) aus neoliberaler Perspektive bereits von einer gescheiterten Vollbeschäftigungspolitik. Demgegenüber sah Meidner (1999) die Vollbeschäftigungspolitik keinesfalls als gescheitert an, sondern gerade das Festhalten am Primat der Vollbeschäftigung beinhalte explizit eine zukunftsfähige Ausrichtung des schwedischen Wohlfahrtsstaates. Auch Jochem (1998: 227) kommt zu dem Befund, dass grundsätzlich Vollbeschäftigung unter der Voraussetzung einer abgestimmten Politik der relevanten Akteure weiterhin möglich ist.

[370] Die Zusammenhänge von Arbeitslosigkeit und Sozialhilfebezug wurden für Schweden von Stenberg (1998) genauer nachgewiesen.

[371] Zur Entwicklung des öffentlichen Sektors vgl. im Überblick von Otter (1999).

Höchstwerten von über 10 % Mitte der 1990er Jahre sowohl bei den Männern wie bei den Frauen im Alter zwischen 16-64 Jahren inzwischen wieder bei moderaten Werten von 4 bis 5 % (1999 bis 2005). In manchen Bereichen, insbesondere auch im Gesundheitswesen und in den sozialen Diensten ist zudem seit Mitte der 1990er Jahre ein Arbeitskräftemangel zu verzeichnen. Die Beschäftigungsquote ging seit Anfang der 1990er Jahre jedoch von über 80 % auf knapp über 70 % Ende der 1990er Jahre zurück. Ferner ist der Anteil befristeter und ungesicherter Beschäftigungsverhältnisse wie auch der Anteil der Teilzeitarbeit insbesondere bei weiblichen Beschäftigten im Verlauf der 1990er Jahre angestiegen.[372] Besondere Zugangs- und Etablierungsprobleme am schwedischen Arbeitsmarkt bestanden im gesamten Verlauf der 1990er Jahre für Schulabgänger sowie für Einwanderer unterschiedlichster Altersgruppen, insbesondere für Arbeitssuchende aus außernordischen Ländern. Als *Hauptprobleme* am Arbeitsmarkt erwiesen sich im Verlauf der 1990er Jahre bis heute in Schweden die *Langzeitarbeitslosigkeit* und die *Jugendarbeitslosigkeit*. Ältere Langzeitarbeitslose und eingeschränkt Erwerbsfähige wurden bis Mitte der 1990er Jahre in hohem Grade über das System der vorzeitigen Alterssicherung vom Arbeitsmarkt in das Alterssicherungssystem „überführt", was zwar die angespannte Situation am Arbeitsmarkt mit entlastete, jedoch zu Ausgabensteigerungen im System der Alterssicherung führte. Diese Strategie wurde inzwischen gestoppt. Seit Mitte der 1990er Jahre weist Schweden insbesondere bei den älteren Erwerbsfähigen im Alter zwischen 50 und 64 Jahren sowohl eine geringe Arbeitslosenquote als auch einen besonders hohen Beschäftigungsgrad auf.[373]

Bezogen auf den öffentlichen Sektor ist zudem festzustellen, dass dieser seit Anfang der 1990er Jahre längst nicht mehr die Aufnahmekapazitäten für eine aktive Arbeitsmarktpolitik erfüllen konnte wie noch in den 1970er und 1980er Jahren.[374] Vielmehr kam es im Verlauf der 1990er Jahre im öffentlichen Sektor zu einer Stagnation und zeitweise auch zu einem Abbau in der Zahl der Beschäftigten, wie die Fallstudie für Göteborg noch zeigen wird. Für die kommenden Jahre werden für den öffentlichen Sektor zumindest in bestimmten Bereichen ein Mangel an Fachkräften und erste Rekrutierungsprobleme im Zusammenhang mit einer „Pensionierungswelle" erwartet.

Das frühere Leitbild „Arbeit für alle" wird seit einigen Jahren verstärkt zu einem *Leitbild der „bedeutungs- oder sinnvollen Arbeit" (meningsfull arbete) für alle* definiert. Wie bereits beschrieben, wird die traditionell ausgeprägte „Arbeitslinie" in den

---

[372] Der Anteil teilzeitbeschäftigter Frauen lag lt. Daten von Eurostat 1995 in Schweden bei 41 % und in Deutschland bei 34 %, der Anteil teilzeitbeschäftigter Männer lag in Schweden 1995 bei 10 % und in Deutschland bei 4 %.

[373] Zu den Entwicklungen am schwedischen Arbeitsmarkt vgl. Björklund u.a. (1998), Socialstyrelsen (1997: 47-62) und Socialstyrelsen (2002: 16-39).

[374] Zur Expansion des öffentlichen Sektors in Schweden zwischen 1960 und 1983 vgl. Scharpf (1987).

Leitbildern und Programmen zugleich stärker mit der Bildungspolitik verbunden betrachtet und zu einer „Arbeits- und Kompetenzlinie" entwickelt. Der Ausbau und die Förderung von Bildung, Qualifizierung und Kompetenzvermittlung bildete seit Anfang der 1990er Jahre eine weitere zentrale Strategie im Kampf gegen die Arbeitslosigkeit, um das Ziel der Vollbeschäftigung wieder zu erreichen. In der Zielsetzung und in einer praktischen Politik unter dem Leitbild „sinnvolle Arbeit für *alle*" spiegelt sich auch die Frage wider, ob das wohlfahrtsstaatliche Arrangement künftig dem Prinzip einer *universellen* oder einer *selektiven Wohlfahrtspolitik* folgen soll. Bis heute gilt das schwedische wohlfahrtsstaatliche Arrangement im internationalen Vergleich als in hohem Maße „universell" ausgerichtet. Zugleich zeichnen sich seit Anfang der 1990er Jahre aber Auflösungstendenzen für das Prinzip des „Universalismus" ab, in dem neben der Sozialhilfe und dem Wohngeld auch im Gesundheitswesen für bestimmte Leistungen Selbstbeteiligungen für die Bürger eingeführt wurden, oder bei der Vergabe von Kinderbetreuungsplätzen und den hierfür zu zahlenden Gebühren. Bedürftigkeits- und Einkommenskriterien gewinnen tendenziell an Bedeutung. Außerdem wurden soziale Leistungen, etwa das neue System der staatlichen Alterssicherung stärker erwerbsarbeitsbezogen und abhängig von der Erwerbskarriere gestaltet.[375] Für diejenigen, die keinen Zugang zum Arbeitsmarkt finden, sind universelle Leistungen des schwedischen Wohlfahrtsstaates heute schwerer zugänglich. Sie sind in höherem Maße als noch in den 1970er und 1980er Jahren auf die bedürftigkeitsgeprüfte und selektiv gestaltete Sozialhilfe, auf Wohngeld und auf differenziert gestaltete Transferleistungen im Zusammenhang mit arbeitsmarktpolitischen Maßnahmen, etwa Ausbildungsbeihilfen angewiesen.

Neben dem offenbar erodierenden Merkmal der Universalität, das immer auch eine möglichst einfache und standardisierte Leistungserbringung des öffentlichen Sektors beinhaltet, wurden im Rahmen sozialwissenschaftlicher und vergleichender Forschung weitere zentrale Merkmale als „typisch" für den schwedischen Wohlfahrtsstaat und für die „Wohlfahrtsgesellschaft" ermittelt. Die Hauptmerkmale sind in der folgenden Tabelle genannt. Dabei deute sich ein Wandel der wohlfahrtsstaatlichen Arrangements wie auch veränderte soziale Interventionsmuster an.

---

[375] Zur „Erosion" des Universalismus vgl. Sunesson u.a. (1998) und Lindborn (2001) sowie ländervergleichend auch Gilbert (2002: 135 ff.).

Tabelle 7:

Institutionelle Arrangements des schwedischen Wohlfahrtsstaates im Wandel

Gesellschafts- und Politik- bereich:	Traditionelle Merkmale:	Entwicklungen nach 1990
Allgemeine gesell-schaftliche, demogra-phische und soziokul-turelle Merkmale:	Ausgeprägte Homogenität in Bevölkerungsstruktur und Kultur „kleiner Wohlfahrtsstaat" mit geringer Einwohnerzahl	Schweden als „Einwanderungsland" Kulturelle Vielfalt Bevölkerungswachstum von 8 Mio auf rd. 9,2 Mio., zugleich zunehmend „Alte-rung" der Bevölkerung
Merkmale des politischen Systems:	Sozialdemokratie als bestimmende politische Kraft seit 1938 und hoher Grad gewerkschaftlicher Organisation, starker Gewerk-schaftseinfluss, Konsensdemokratie und Konsens-streben der gesellschaftlichen und politischen Akteure	Tendenziell Brüche der sozialdemokrati-schen Hegemonie, Stagnation, Verlust an Einfluss und Gestaltungskraft der Gewerkschaften Konsensdemokratie scheint stabil, ergänzt um aktiven Demokratiediskurs; Förderung von Bürgerbeteiligung und Partizipation
Merkmale in der ideologischen und konzeptuellen Perspektive:	Universell gestaltete soziale Leis-tungen und Dienste („Staatsbürger-versorgung"), aktive Arbeitsmarktpolitik und durchgängiges Primat der Vollbe-schäftigung, hoher Anteil an Beschäftigten im öffentlichen Sektor, geringe Bedeutung des intermediä-ren „dritten Sektors" ausgeprägte Rahmengesetzgebung, Hohe Standards und Qualität sozialer Dienste, Versorgung auf gleichem Niveau mögichst „für alle".	Einführung und Förderung selektiv gestalteter sozialer Leistungen, zeitweise Massenarbeitslosigkeit, jedoch parteiübergreifend Festhalten am „Primat der Vollbeschäftigung", Personalabbau und Stagnation im öffent-lichen Sektor in seiner Rolle als Arbeit-geber, Entstaatlichung, „Privatisierung" und „Auslagerung" sozialer Dienste Erhalt der Rahmengesetzgebung, teilwei-se ergänzt um Detailregelung. Aktiver Qualitätsdiskurs und weiterhin hohe, jedoch differenzierte Standards sozialer Leistungen und Dienste, Problem: Teilweise Wartezeiten
Merkmale in wirtschaftlicher und fiskalpolitischer Perspektive:	Steuerfinanzierung sozialer Leistun-gen und Dienste wachsende Ausgaben des öffentli-chen Sektors vergleichsweise hohes Niveau sozialer Sicherung bei hoher Steuerlast für die gesamte Bevölkerung unter anderem über Mehrwertsteuer (25 %) Besteuerung von Sozialleistungen, etwa bei Krankengeld, Rente usw.	Anfang der 1990er Jahre Staatsdefizit und Währungskrise, Hauptziel: Sanierung des Staatshaushalts Einführung von Eigenbeteiligung und Stärkung des Beitragsprinzips Teilweise und zeitweise Absenkung der Leistungsniveaus (Krankengeld, Arbeits-losengeld) Anhaltend hohe Steuerlast, bei relativ gesehen erhöhter Steuerlast der unteren und mittleren Einkommensgruppen

Merkmale des kommunalen wohlfahrtsstaatlichen Arrangements (meist vernachlässigt):	Sehr ausgeprägte kommunale Selbstverwaltung bei geringer Bedeutung der „Regional-/Länderebene" (Landsting), eigene Steuerhoheit der Kommunen (Einkommenssteuer). „kurze Wege" zwischen Kommunen und Zentralstaat, „Monopolstellung" der Kommunen bei der Erbringung sozialer Dienstleistungen.	Weitere Dezentralisierung bzw. „Kommunalisierung" sozialer Leistungen und Dienste bei Erhalt bzw. Ausbau staatlicher Regulierung über Recht und monetäre Anreize, Erweiterung von Finanzverantwortung der Kommunen, „Privatisierung" und Auslagerung sozialer Dienstleistungen auf freie bzw. intermediäre Träger und Aufbau von „Quasi-Märkten" innerhalb kommunaler Aufgaben.

Ohne hier auf die einzelnen Strukturmerkmale des schwedischen Wohlfahrtsstaates im Detail eingehen zu können, zeigt die tabellarische Gegenüberstellung, dass sich zumindest in einigen Merkmalen spätestens seit Anfang der 1990er Jahre ein *Wandel von „Wohlfahrtsstaatlichkeit"* abzeichnet. Dabei werden die traditionellen Strukturmerkmale und Grundprinzipien, wie die „Arbeitslinie" und das Primat der Vollbeschäftigung, die möglichst universell ausgerichteten Dienste und Leistungen, die Steuerfinanzierung, das Konsensstreben, Interessenausgleich und Partizipation, sowie der Ausbau des öffentlichen Sektors und eine ausgeprägte kommunale Selbstverwaltung bisher jedoch nicht grundsätzlich in Frage gestellt und verändert. Vielmehr wurden die „traditionellen" Strukturmerkmale etwa durch selektive Gestaltungselemente, neu eingebundene Leitbilder wie „Aktivierung", „Bildung und Kompetenzerwerb", durch Einführung finanzieller Eigenbeteiligungen der Bürger, durch Einführung von Wettbewerbsstrukturen, und durch eine bereichsbezogene Privatisierung und Entstaatlichung sozialer Dienste ergänzt. Die traditionellen Strukturmerkmale werden von den für Schweden teilweise „neuen" Gestaltungsprinzipien bisher nicht wirklich überlagert, sondern sie bleiben gewissermaßen als Fundamente erhalten und werden um die neuen Strukturmerkmale erweitert.[376] Auch dies wird die Fallstudie zu Göteborg genauer belegen.

Eine Folge des Wandels von Wohlfahrtsstaatlichkeit ist allerdings, dass mit den Veränderungen verstärkt Zielkonflikte und Widersprüche innerhalb des Systems wohlfahrtsstaatlicher Leistungen und sozialer Dienste und damit auch in der Gestaltung sozialer Interventionen verbunden sind. Es stellt sich zudem die Frage, ob und inwieweit die wohlfahrtsstaatliche Entwicklung dabei weiterhin „pfadabhängig" oder „pfadtreu" verläuft, oder aber – in bestimmten Bereichen – Pfadabwei-

---

[376] Kautto u.a. (1992: 262 ff.), von denen die Entwicklung der nordischen Wohlfahrtsstaaten für die 1990er Jahre untersucht wurde, kommen zu dem Befund, dass das „nordische Modell" sich zwar bisher als weitgehend stabil erweist, jedoch dabei aufgrund externer Einflüsse und interner Veränderungsbedarfe auf einem instabilen Grund steht.

chungen oder gar Pfadbrüche auftreten. Diese Fragen wie auch die Ursprünge bestimmter Steuerungs- und Interventionsprinzipien lassen sich nur in einer kurzen historischen Rückschau klären.

1. *Öffentlicher Sektor und soziale Interventionen in ihren historischen Wurzeln*

Der fast universelle Charakter des schwedischen wohlfahrtsstaatlichen Arrangements hat seine Wurzeln einerseits im Einfluss der Volksbewegungen, insbesondere auch in der Bauernbewegung in der frühen Phase des Aufbaus des modernen schwedischen Wohlfahrtsstaates der 1920er und 1930er Jahre und im Konsensstreben, das 1938 im Abkommen von Saltsjöbaden ebenfalls grundlegend für die weiteren Entwicklungen war.[377] Volksbewegungen in Form der Bauernbewegung, der Antialkoholikerbewegung sowie der Sozialdemokratie und Gewerkschaften waren zunächst gemeinsam die zentralen politischen Akteure in der Schaffung des schwedischen Wohlfahrtsstaates, worin sich der Bezug sozialer Leistungen auf *„alle"* und der universelle Charakter wesentlich begründet finden. Erst ab den 1930er Jahren dominierten Sozialdemokratie und Gewerkschaften die weiteren Entwicklungen zum Ausbau des modernen Wohlfahrtsstaates und des öffentlichen Sektors. Damit rückte zunächst die „Arbeiterpolitik" und ab den 1970er Jahren eine *„Angestelltenpolitik"* stärker in den Mittelpunkt des sozialdemokratischen Wohlfahrtsstaates. Sozialdemokratie und Gewerkschaften konnten ihren Einfluss unter anderem über ihre feste Verankerung bei den Beschäftigten des öffentlichen Sektors sichern, der unter der sozialdemokratischen Politik der 1970er und 1980er Jahre massiv ausgebaut wurde.

Betrachtet man die sozialpolitischen Interventionsformen und Leistungen allerdings aus einer armutspolitischen Perspektive in ihren historischen Entwicklungen, so reichen die Ursprünge schwedischer Wohlfahrtsstaatlichkeit weiter zurück. Die zunächst kirchlich geprägte Armenfürsorge wurde in Schweden mit der Reformation gewissermaßen „verstaatlicht", womit sich dort bereits im Mittelalter tendenziell eine „Allzuständigkeit" des Staates für die Fürsorgeleistungen – anders als etwa in Deutschland oder in angelsächsischen Wohlfahrtsstaaten – herausbildete.[378] Bereits damals wurden mit der Bildung der evangelischen Staatskirche, die

---

[377] Zum Einfluss der Volksbewegungen und der Bedeutung der Bauernbewegung vgl. auch Baldwin (1990). Zur Bedeutung des Abkommens von Saltsjöbaden vgl. Hinrichs/Merkel (1987), Häußermann/Siebel (1995: 69), Salonen (2001) und Koch (2003). Das Abkommen sicherte eine Politik des Arbeitsfriedens zwischen Gewerkschaften und Arbeitgeberverbänden, denen die Tarifautonomie übertragen wurde, bei gleichzeitigem Ausbau der öffentlichen und steuerfinanzierten Sozialleistungen und bei einer Garantie den Großunternehmen gegenüber, das auf eine Vergesellschaftung der privaten Produktionsmittel verzichtet wurde. Zur historischen Entwicklung des schwedischen Wohlfahrtsstaates zwischen 1930 bis in die 1980er Jahre vgl. auch Lawson (1987) und Kuhnle (1989).

[378] Vgl. Horgby (1998: 58).

sich weitgehend auf die Glaubensvermittlung beschränkte, und einer „Verstaatlichung" der Fürsorge erste frühe Grundlagen gelegt für den späteren „starken Staat" und den extrem weiten Ausbau des öffentlichen Sektors. Dementsprechend gering entwickelte sich der intermediäre Sektor im System der sozialen Dienste in Schweden und die Bedeutung „freier" Anbieter sozialer Leistungen blieb lange marginal. Erst seit Anfang der 1990er Jahre zeichnen sich auch in dieser Hinsicht Veränderungen ab, in dem etwa Schulen, Einrichtungen der Kinderbetreuung und des Gesundheitssektors teilweise von der öffentlichen Trägerschaft in Eigenbetriebe ausgelagert werden oder auch in privater Trägerschaft angeboten werden.[379] Ob und inwieweit sich diese Entwicklungen auch im Bereich der Sozialhilfe und einer kommunalen Arbeitsmarktpolitik zeigen, in dem etwa bestimmte Dienstleistungen ausgelagert oder „privatisiert" werden, ist empirisch genauer zu klären.

Das von der Sozialdemokratie unter ihrem Vorsitzenden und Ministerpräsidenten Per Albin Hansson in den 1930er Jahren formulierte Bild von der schwedischen Gesellschaft als „Volksheim" *(Folkhem)* war ebenfalls auf eine „universelle" und umfassende öffentliche Versorgung mit materiellen und immateriellen sozialen Leistungen und Diensten ausgerichtet. Ein Konzept des „Volksheims" impliziert dabei steuerungs- und interventionstheoretisch gesehen zwei Pole, zwischen denen sich die Erbringung und Niveaus wohlfahrtsstaatlicher Leistungen bewegen: Der von Hansson im Jahr 1928 formulierte Heimgedanke enthält neben den helfenden bzw. versorgenden Elementen immer auch das abgeschlossene, überwachende und kontrollierende Element und verweist bereits auf Formen sozialer Interventionen, die all zu weit in die Privatsphäre der Bürger hineinreichen können. Institutionentheoretisch und zugleich kritisch bezogen auf soziale Dienste und Einrichtungen wurden Praxis und Risiken „totaler Institutionen" etwa von Goffman (1961) oder Foucault (1977) beschrieben. Konkret für den schwedischen Wohlfahrtsstaat wurde dann vor allem in den 1960er Jahren in einer Kritik der sozialen Dienste formuliert, die auf die „autoritären" Tendenzen des Wohlfahrtsstaates abhob und Reformen im Sinne des Abbaus von Zwangsmaßnahmen, mehr Partizipation und Begrenzung der Behörden- und Expertenmacht einforderte.[380] In einer auf wohlfahrtsstaatliche Institutionen, soziale Interventionen und lebenlauftheoretisch bezogenen Forschungsperspektive verweist die Debatte um die „autoritären" Tendenzen im schwedischen Wohlfahrtsstaat auf Defizite, die in der Ausgestaltung „aktiver" und „aktivierender" sozialer Interventionen vor allem im Zusammenhang der Voraussetzungen und Bedingungen einer *„Koproduktion"* bis heute virulent sind.

---

[379] Vgl. Montin (2002: 113). Montin weist darauf hin, dass der empirische Kenntnisgrad über die Bedeutung intermediärer Organisationen in Schweden außerordentlich begrenzt ist.

[380] Impulsgebend war unter anderem die Studie von Huntford (1973). Gould (1988) untersucht den schwedischen Wohlfahrtsstaat aktueller in der Frage der Relationen von „Hilfe" und „Kontrolle".

So ist beispielsweise die Reform des Sozialdienstgesetzes 1982 in ihren Grundelementen und mit den damals besonders betonten Prinzipien der Freiwilligkeit, der „Ganzheitlichkeit", der sozialen Nähe, dem „Normalitätsprinzip" und dem Prinzip der Demokratie nur vor dem Hintergrund der Kritik an den „autoritären" Tendenzen im schwedischen Wohlfahrtsstaat zu verstehen. Bis heute sehen sich die sozialen Dienste und die kommunale Sozialverwaltung in einer besonderen Verpflichtung, die seit 1982 normativ und rechtlich verankerten Prinzipien einer verbesserten Partizipation in der Erbringung sozialer Leistungen und Dienste zwischen zu verwirklichen. Diese historischen Zusammenhänge verweisen auch darauf, dass in den 1970er und 1980er Jahren weniger die monetären Transferleistungen und ihre Niveaus, verstanden als ökonomische Interventionen und als Teilhaberechte institutionalisiert, ein besonderes Problemfeld der weiteren wohlfahrtsstaatlichen Entwicklung in Schweden darstellten. Viel stärker wurde im Bereich der sozialen Schutzrechte und im Bereich pädagogischer Interventionsformen damals ein besonderer Reformbedarf gesehen. Diese Reformbemühungen standen auch Anfang der 1990er Jahre zunächst noch im Zentrum, wurden aber dann von der massiven Wirtschaftskrise, der Krise der Staatsfinanzen und den insoweit eingeleiteten zentralstaatlichen wie kommunalen Maßnahmen der Krisenbewältigung überlagert.

2. Die Krise der 1990er Jahre: Über Abbau, Umbau zum bereichsbezogenen Ausbau des schwedischen Wohlfahrtsstaates

Nach ersten Krisenerscheinungen im Verlauf der 1980er Jahre, die sich unter anderem in einer steigenden Inflationsrate und zunehmenden Staatsverschuldung ausdrückten, geriet die schwedische Wirtschaft und die Wohlfahrtspolitik insgesamt Anfang der 1990er Jahre in die schwerste Krise der Nachkriegszeit. Verbunden mit dem politischen und ökonomischen Wandel in Osteuropa und der Auflösung der ehemaligen Sowjetunion kam es für die schwedische Exportwirtschaft zu Einbrüchen im Außenhandel. Außerdem befanden sich die Bauwirtschaft wie auch die Autoindustrie in einer massiven Krise. Das Staatsdefizit erreichte beträchtliche Höhen und es kam zu Währungsproblemen, die sich durch Spekulantentum verschärfte. Die schwedische Reichsbank reagierte sowohl 1992 und erneut 1995 mit einer Abwertung der Krone und der Zentralstaat leitete 1991/92 faktisch in einer „großen Koalition" mit einem konsensual beschlossenen Krisenpaket eine Kürzungspolitik im Staatshaushalt und bei den sozialen Leistungen ein.[381] Nach einem drastischen Anstieg der Neuverschuldung in den Jahren 1992 bis 1994, einem weiteren mäßigen Anstieg zwischen 1994 und 1997, gelang es erstmals 1998 wieder, einen Überschuss im zentralstaatlichen Haushalt zu erwirtschaften und die Konsolidierung fortzusetzen. Ab 1994 setzte bis einschließlich 2001 ein Wirt-

---

[381] Lt. Michelsen (1995: 178) lag die Staatsverschuldung 1995 bei über 90 % des Bruttoinlandsproduktes.

schaftswachstum von jährlich real 2 bis 3 % ein.[382] Diese Entwicklung führte um 2 bis 3 Jahre zeitversetzt maßgeblich mit zu einem Abbau der Arbeitslosigkeit und zu einer Konsolidierung der öffentlichen Haushalte. Für den Staat wie auch für die Kommunen ergaben sich ab Mitte der 1990er Jahre wieder leicht erweiterte Handlungsspielräume, etwa dahingehend, die Niveaus der Sozialleistungen nach der Kürzungsphase etwa beim Kindergeld oder beim Krankengeld wieder anzuheben. Es konnten öffentliche Investitionen erfolgen, die ebenfalls zur Stabilisierung am Arbeitsmarkt beitrugen. Diesem bereichsbezogenen Ausbau gingen aber ein Umbau und auch ein Abbau wohlfahrtsstaatlicher Institutionen und Leistungen zwischen Anfang bis Mitte der 1990er Jahre voraus. Der Umbau wurde bereichsbezogen und bereichsspezifisch fortgesetzt. Beispielhaft werden hierzu die Entwicklungen der Krankenversicherung und der Arbeitslosenversicherung sowie in der Arbeitsmarktpolitik nachgezeichnet, da diese Bereiche für die Absicherung gegen das Armutsrisiko und für eine präventive Vermeidung von Sozialhilfebezug zentral sind. Bei der zumeist lediglich als *„Kürzungspolitik"* bezeichneten Entwicklung handelt es sich allerdings nicht nur um eine Absenkung in den Leistungsniveaus. Es fanden ebenso Veränderungen in den *institutionellen Arrangements*, in den *Laufzeiten* von Leistungen und Maßnahmen, in *Anwartschaftsvoraussetzungen* und in den *Bezügen zur Erwerbsbiografie* statt, womit sich die Formen und Muster sozialer Interventionen zum Teil grundlegend neu gewichteten.

Veränderungen ergaben sich vor allem in der *Krankenversicherung*. Diese basiert völlig anders als in Deutschland auf Arbeitgeberbeiträge, die mit einem Beitragssatz von 7,9 % auf die Lohnsumme des Unternehmens entfallen. Eine Beitragsbemessungsgrenze besteht nicht. Bis Ende 1997 noch zu zahlende geringe Arbeitnehmerbeiträge wurden Anfang des Jahres 1998 abgeschafft. Bereits Anfang der 1990er Jahre wurden die Beiträge zur Krankenversicherung im Zuge der sich verschärfenden wirtschaftlichen und fiskalpolitischen Krise erhöht und es wurden erweiterte Selbstbeteiligungen eingeführt, etwa bei Arztbesuchen, bei Krankenhausaufenthalten und bei Arzneimitteln und Fahrtkosten. Diese Selbstbeteiligungssätze sind je nach Region unterschiedlich hoch. Beispielsweise lag die Selbstbeteiligung bei einem Arztbesuch in Stockholm Anfang 1999 bei 120 SEK (rd. 13 Euro), wobei eine Obergrenze von jährlich 900 SEK (rd. 100 Euro) bestand.[383] Die „Reformen" – sowohl der bürgerlichen Regierung „Bildt" zwischen 1991 bis 1994 wie auch die ab 1994 wieder regierenden Sozialdemokraten der Regierung „Persson" – waren weitreichender und in gewisser Weise konsequenter als das im Verlauf der 1990er Jahre in Deutschland unter der „Ära Kohl" der Fall war. In der Entwicklung waren die „Reformen" denen nicht unähnlich, wie sie ab 2002 von der deut-

---

[382] Zu den Daten und Entwicklungen vgl. Lißner/Wöss (1999: 22).
[383] Vgl. Lißner/Wöss (1999: 149).

schen Sozialdemokratie mit den „rot-grünen Reformplänen" unter der Regierung „Schröder" eingeleitet wurden. Allerdings gingen die „Reformen" in Schweden Anfang der 1990er Jahre auch von einem höheren Leistungsniveau aus. Zum 1. April 1993 wurde beispielsweise ein *Karenztag* beim Bezug von Entgeltleistungen im Krankheitsfall eingeführt. Maximal durften jährlich jedoch 10 Karenztage entstehen. Ab dem 2. Tag der Erkrankung wurde die Entgeltleistung vom Arbeitgeber für die Dauer von 13 Tagen in Höhe von 80 % des Bruttolohns gezahlt.[384] Dieses Niveau sicherte auch Familien weitgehend noch gegen Armutsrisiken ab. Ab dem 15. Tag wurde dann von der Versicherungskasse Krankengeld *(Sjukpenning)* in Höhe von ebenfalls 80 % gezahlt. Dieser Satz von 80 % wurde 1991 eingeführt. In den 1970er und 1980er Jahren lag der Erstattungssatz noch bei 90 %, so dass auch in diesem Bereich Kürzungen vorgenommen wurden. In der Krise der Staatsfinanzen wurde der Wert schließlich 1996 sogar auf 75 % abgesenkt, dann aber 1998 wieder auf 80 % angehoben. Auch diese Sozialleistungen sind in Schweden zu versteuern, so dass Vergleiche mit dem deutschen System und Niveau der Krankenversicherung schwierig sind. Auf Basis erster Kürzungs- und Sparbeschlüsse erzielte die Krankenversicherung nach 1993 zunächst wieder Überschüsse. Allerdings bestanden 1996 bei 23 von den insgesamt 25 landesweit regional eingerichteten öffentlichen Versicherungskassen erneut Defizite.[385] Im Bereich der Krankenversicherung konnte eine nachhaltige Konsolidierung der Finanzen bis zum Jahr 2005 nicht erreicht werden, da der Krankenstand und damit die Ausgaben für Krankengeld anstiegen. Themen wie „Gesundheit am Arbeitsplatz" und der zunehmende Leistungsdruck in der „modernisierten" schwedischen Erwerbsgesellschaft prägen seit Ende der 1990er Jahre bis heute die öffentliche und politische Diskussion.

Die *Arbeitslosenversicherung* ist in Schweden eine freiwillige Versicherung, die nicht nur, aber ganz überwiegend in Trägerschaft der Gewerkschaften organisiert ist. Die Leistungen werden staatlich über Steuereinnahmen in Form einer Arbeitsmarktabgabe der Arbeitgeber finanziert. Bisher noch in eher geringem Umfang fließen auch Mitgliedsbeiträge der Arbeitnehmer an die Gewerkschaftskassen für die Leistungen mit ein. Während 1965 lediglich rund 50 % der Beschäftigten Mitglied in einer gewerkschaftlichen Arbeitslosenkasse waren, stieg dieser Wert bis

---

[384] Vgl. auch Social Handbok (2003: 73-75).

[385] Vgl. Dagens Nyheter vom 30.06.1996, A5. Nach einem Bericht des staatlichen Versicherungsamtes *(Riksförsäkringsverket)* bestand 1996 wieder ein Defizit von rd. 188 Mio. SEK. Dies ging aber nicht allein auf den Bereich der Krankenversicherung, sondern auch auf Leistungen wie dem Elterngeld und dem Wohngeld zurück, die ebenfalls von den Versicherungskassen gezahlt werden. Auch beim Wohngeld und Eltern-/Erziehungsgeld wurden zeitweise Kürzungen vorgenommen. Mit Ausnahme der Krankenversicherung gelten die Sozialkassen in Schweden seit 1997 aber als weitgehend konsolidiert. Vgl. Koch (2003: 145 ff.).

Ende der 1990er Jahre unter anderem auf Grund der Erfahrungen mit der Massenarbeitslosigkeit auf über 90 % an.[386] Zum Jahresbeginn 1998 wurde die Arbeitslosenversicherung reformiert. Die Grundprinzipien blieben jedoch erhalten. Künftig sollen die Leistungen der Arbeitslosenkassen stärker auch aus dann steigenden Mitgliedsbeiträgen der Arbeitnehmer finanziert werden. Bei der Arbeitslosenunterstützung *(Arbetslöshetsersättning)* wurden 1998 zwei Leistungsarten eingeführt. Neben einem Grundbetrag *(Grundbelopp)*, der früher als „Kontant Arbetsmarknadsstöd" (KAS) bereits ähnlich bestand, wird seit 1998 ein *einkommensbezogenes Arbeitslosengeld (Arbetslöshetsersättning)* gezahlt. Dieses ist abhängig von der Dauer der Beschäftigung und von der zuvor erzielten Einkommenshöhe. Neben der Arbeitslosmeldung und dem regelmäßigen Besuch der Arbeitsvermittlung und einer Erwerbsfähigkeit von mindestens 3 Stunden täglich oder 18 Stunden wöchentlich sind eine aktive Arbeitssuche und die Pflicht zur Annahme einer durch die Arbeitsvermittlung zugewiesenen Arbeit oder einer arbeitsmarktpolitischen Maßnahme formale Voraussetzungen für den Leistungsbezug. Seit Anfang 2001 gilt ferner die Verpflichtung des Arbeitslosen, an der *Erstellung eines Handlungsplanes (Handlingsplan) mitzuwirken*, der auf eine möglichst baldige Integration in den Arbeitsmarkt ausgerichtet ist.[387] Ein Berufsschutz besteht nicht. Allerdings gilt eine angebotene Beschäftigung als nicht zumutbar, wenn das Lohn-/Gehaltsniveau im Vergleich zur vorherigen Beschäftigung um mehr als 10 % sinkt.[388] Insoweit besteht ein gewisser Schutz vor einer Armutskarriere, die infolge eines Absinkens des Lohnniveaus nach Arbeitslosigkeit drohen kann. Werden die Voraussetzungen und Mitwirkungspflichten nicht erfüllt, kann die Leistung der Arbeitslosenkasse eingestellt werden. Die genannten formalen Grundvoraussetzungen gelten sowohl für die Grundleistungen wie auch für die einkommensabhängige Leistung der Arbeitslosenkassen und wurden unter dem Leitbild einer „aktivierenden Arbeitsmarktpolitik" in Anlehnung an die international forcierte „Workfare-Debatte" im Verlauf der 1990er Jahre verschärft.

Der *einkommensunabhängige Grundbetrag* der Arbeitslosenkassen wird unabhängig von vor-herigen Anwartschafts-/Beschäftigungszeiten gezahlt. Voraussetzung ist die Vollendung des 20. Lebensjahres und die Erwerbsfähigkeit. Die Leistungshöhe betrug 1999 noch 240 SEK/täglich, somit monatlich 5.040 SEK (Tagessatz x 21 Werktage) und wurde zuletzt in 2003 auf täglich 320 SEK, entsprechend 6.720 SEK (rd. 750 Euro) monatlich angehoben. Allerdings bestanden zuletzt auch bei dieser monetären Transferleistungen 5 Karenztage, die während der Krise der 1990er Jahre eingeführt wurden.[389] Mit der Grundleistung der Arbeitslosenkassen

---

386 Vgl. Lißner/Wöss (1999: 211).
387 Vgl. Social Handbok (2001: 167).
388 Vgl. Lißner/Wöss (1999: 213).
389 Vgl. Social Handbok (2003: 171).

ist also ein Risiko gegen Armut und Sozialhilfebezug *nicht* wirklich abgesichert. Bei Familien und vor allem bei Teilfamilien muss manchmal ergänzend die kommunale Sozialhilfe eintreten. Die Bezugsdauer des Arbeitslosengeldes beträgt grundsätzlich maximal 300 Werktage, kann einmalig um weitere 300 Werktage verlängert werden.

Sowohl der Grundbetrag der Arbeitslosenversicherung wie auch das einkommensbezogene Arbeitslosengeld werden unabhängig von der Kinderzahl, unabhängig vom Familienstand und unabhängig von der Steuerklasse gezahlt. Beide Leistungen sind ebenfalls zu versteuern. Diese Strukturprinzipien führen ebenfalls dazu, dass Sozialhilfebezug und Armutsrisiken insbesondere bei Familien und allein Erziehenden mit mehreren Kindern im Falle der (längerfristigen) Arbeitslosigkeit in Schweden nicht hinreichend vermieden werden können.

Die Leistungen des *einkommensbezogenen Arbeitslosengeldes* sind von vorherigen „Anwartschafts-/Beschäftigungszeiten" abhängig. Diese beinhalten mit Stand 2003 eine mindestens sechsmonatige Beschäftigung mit mindesten 70 Stunden monatlich oder aber eine Beschäftigung von insgesamt 450 Stunden während eines zusammenhängenden Zeitraums von sechs Monaten mit mindestens 45 Stunden monatlich.[390] Die Zugangsvoraussetzungen zu Ansprüchen auf Leistungen der Arbeitslosenkassen sind damit in Schweden „niedriger" als beim Bezug von Arbeitslosengeld in Deutschland, so dass Wege in den Sozialhilfebezug an dieser Schnittstelle in Schweden wirksamer vermieden werden. Vor allem bei Familien und allein Erziehenden mit mehreren Kindern erhöht sich aber das Armutsrisiko im Falle von Arbeitslosigkeit in Schweden ähnlich wie in Deutschland. Im Falle von Langzeitarbeitslosigkeit tritt nach Ende der Leistungsdauer der Arbeislosenversicherung auch in Schweden die Sozialhilfe als nachrangige existenzsichernde monetäre Transferleistung ein. Die arbeitslosbedingten Sozialausgaben werden dann von den Kommunen getragen. Empirische Studien weisen nach, dass mit der Dauer der Arbeitslosigkeit auch der Anteil derjenigen zunimmt, die entweder Sozialhilfe beantragen und beziehen und/oder aber ihren Lebensunterhalt kreditär und im Rahmen einer Überschuldung sicherstellen.[391] Auch insoweit hat die Arbeitslosigkeit vor allem in den 1990er Jahren in Schweden zu veränderten Armutsrisiken und zu einer Zunahme der Empfängerzahl und der Ausgaben in der Sozialhilfe sowie zu neuen sozialen Problemen geführt, die kommunal im Rahmen der sozialen Dienste zu bearbeiten sind.

Die Leistungen der *aktiven Arbeitsmarktpolitik* werden weiterhin ganz überwiegend vom Staat aus den Steuereinnahmen finanziert. Die staatliche Arbeitsmarktbehörde *(Arbetsmarknadsstyrelsen)* trägt die Leistungs- und Durchführungsverantwortung für die Vielzahl von Maßnahmen, die hier im Detail nicht dargestellt werden

---

[390] Vgl. Social Handbok (2003: 170).
[391] Vgl. SSR-Tidningen, Ausg. 17/2001, S. 4.

können. Einzelne dieser Maßnahmen werden im empirischen Teil der Fallstudie insbesondere in ihren Schnittstellen zu der im Verlauf der 1990er Jahre stärker ausgebauten kommunalen Arbeitsmarktpolitik vorgestellt.

Auf die *familienpolitischen Leistungen* wie *Kindergeld* und *Elterngeld*, bei denen im Verlauf der 1990er Jahre ebenfalls zeitweise Kürzungen vorgenommen wurden, sowie auf andere Sozialleistungen wird im Zusammenhang mit der Fallstudie und den genaueren Darstellungen zur Sozialhilfe und der ihr vorrangigen Transferleistungen eingegangen. Insgesamt zeigen bisher vorliegende empirische Befunde, dass die Entwicklungen der 1990er Jahre, wie die zeitweilige Massenarbeitslosigkeit, die Kürzungen bei bestimmten Sozialleistungen, Erhöhung von Selbstbeteiligungen, Veränderung von Zugangs- und Anwartschaftsvoraussetzungen, Anhebung der Kommunalsteuern und weitere Einkommensumverteilungen dazu geführt haben, dass auch in Schweden die Unterschiede zwischen unteren/mittleren Einkommen und höheren Einkommen zugenommen haben. Zugleich hat vor allem das Armutsrisiko von gering qualifizierten jungen Einzelpersonen, Einwanderern und auch für Familien mit mehreren Kindern zugenommen. Insgesamt sind in höherem Maße als noch in den 1970er und 1980er Jahren Kinder und Jugendliche von Armut und Sozialhilfebezug betroffen. Ähnlich wie in Deutschland wird in diesen Zusammenhängen auch von einer „Überwälzung" wohlfahrtsstaatlicher Leistungen und Ausgaben von der zentralstaatlichen auf die kommunale Ebene gesprochen.[392]

Seit Anfang der 1990er Jahre lässt sich in diesen Zusammenhängen eine wohlfahrtsstaatliche Entwicklung erkennen, die zumindest bereichsbezogen, etwa in der Arbeitsmarktpolitik, aber auch im Bereich der Gesundheitspolitik von der ehemals zentralstaatlich regulierten universellen Wohlfahrtspolitik zu stärker dezentralisierten selbstregulierten Formen einer regionalen und lokalen Wohlfahrtspolitik führen. Rothstein (1994: 28) stellte zu den bereits Anfang der 1990er Jahre beschlossenen Kürzungen der damaligen konservativ-bürgerlichen Regierung „Bildt" fest, dass dies eben nicht den Ausgangspunkt für einen Wandel von Wohlfahrtsstaatlichkeit bildete, sondern eine Politik, die bereits zuvor unter der sozialdemokratischen Regierungszeit in den Jahren 1982 bis 1991 dazu beigetragen habe, in bestimmten Bereichen der sozialen Sicherung das universalistische Prinzips zu „untergraben". Diese Kontinuität bestimmter wohlfahrtsstaatlicher Entwicklungen und Pfade, weitgehend unabhängig von den politischen Machtkonstellationen, ist auch seit Mitte der 1990er Jahre weiterhin erkennbar. Nach den Befunden von Rothstein ist das Prinzip der universell auf alle Bürger ausgerichteten Wohlfahrtspolitik weniger durch die oben beschriebenen Maßnahmen und weitere Leistungsreduzierungen, wie etwa einer Erhöhung des Rentenalters, durch die Verringerung der Urlaubstage, durch Karenztage und allgemeine Niveaukürzungen untergraben wor-

---

[392] Vgl. Salonen (1997).

den. Vielmehr ist über eine „*Dezentralisierung*" des Wohlfahrtsstaates das Prinzip einer generellen Wohlfahrtspolitik zu Gunsten einer stärker selektiv gestalteten Wohlfahrtspolitik verändert worden. Diese Veränderungen erschließen sich vor allem aus der Steuerungsperspektive und in der Perspektive auf die neu entwickelten institutionellen Arrangements des lokalen Wohlfahrtsstaates.

Bezogen auf die Zukunft des schwedischen Wohlfahrtsstaates stellte bereits Rothstein (1994) die Frage „Was soll der Staat tun?" und führte damit explizit die Perspektive der Steuerung sozialpolitischer und administrativer Prozesse der öffentlichen Dienstleistungsproduktion stärker in die sozialwissenschaftliche und sozialpolitische Diskussion ein. Die Frage der Steuerungsfähigkeit und der Modernisierung des öffentlichen Sektors stellte sich somit auch in Schweden. Sie wurde dort allerdings zunächst stärker staatszentriert als in Deutschland und weniger kommunal bezogen behandelt. Neben der Fragestellung nach dem Erhalt und künftigen Ausgestaltung des schwedischen wohlfahrtsstaatlichen Systems zwischen „univer-sellen" und „selektiven" Gestaltungsmustern war die Frage der Relationen zwischen Staat, Regionalverwaltungen und Kommunen sowie die darin eingebundene Zielsetzung einer Erschließung von Steuerungsressourcen für die Umbauprozesse seit Anfang der 1990er Jahre zentral. Für den öffentlichen Sektor und insbesondere für die Kommunalverwaltungen gilt dabei, dass sich vergleichbar in sich geschlossene Konzepte wie das Mitte der 1990er Jahre über die KGST in Deutschland eingeführte Modell eine „Neuen Steuerung" in Schweden nicht vorfinden lassen. Die Erschließung von Steuerungsressourcen und die Ansätze einer veränderten Gestaltung der sozialen Interventionen, die den beschriebenen Herausforderungen eher gerecht würden, blieben in Schweden jedenfalls solange eher staatszentriert, bis erkennbar wurde, dass den schwedischen Kommunen eine immer größere Bedeutung in der Sozialpolitik und in der Dienstleistungsproduktion zukam. In diesem Zusammenhang wird steuerungstheoretisch die *Dezentralisierung* als Reformstrategie und als ein wesentliches Merkmal einer veränderten und eher selektiven (residualen) Sozialpolitik angesprochen.[393] Rothstein weist darauf hin, dass das schwedische universell gestaltete System damit Gefahr laufe, sozusagen „von innen ausgehöhlt" zu werden, wenn der Anteil „bedarfsgeprüfter" Leistungen im Gesamtsystem etwa auch über eine weitere „Kommunalisierung" sozialer Leistungen und Dienste ausgeweitet wird. So wird es als problematisch angesehen, dass etwa 40 % der 1965 Geborenen im Verlauf der 1990er Jahre bis zu ihrem Lebensjahr bereits einmalig oder mehrfach – wenn auch meist nur kurzfristig – im Sozialhilfebezug standen.[394] Insofern werden den sozialwissenschaftlichen Befunden nach Grundmuster einer veränderten „Lebenslaufpolitik" für Schweden skizziert.

---

[393] Vgl. Rothstein (1994: 29).
[394] Vgl. Salonen (1993: 81 ff. u. 223) und Rothstein (1994: 34).

Die Gesamtentwicklungen bestätigen, dass den Kommunen hierbei eine zunehmend größere Bedeutung zukommt.

Dabei wurde ferner ein *Wandel der Organisationsformen* im wohlfahrtsstaatlichen Arrangement diagnostiziert. Für den öffentlichen Sektor und die sozialen Dienste arbeitet Rothstein (1994: 107) genauer heraus, dass der jeweilige Aufgabentyp und der Organisationstyp der Dienste und Leistungen in engem Zusammenhang zueinander zu betrachten sind. Zu unterscheiden sind demnach „uniforme" Aufgaben und „variierende" Aufgaben. Während die materielle Transferleistung der Sozialhilfe weitgehend als gleichförmig zu erbringende Leistung zu verstehen ist, sind die persönlichen sozialen Hilfen in ihrem Charakter als „variierend" zu bezeichnen. In der schwedischen wie auch in der deutschen Sozialhilfe sind beide Varianten miteinander verbunden. Die monetäre Sozialhilfe/Grundsicherung kann dabei als „standardisierte" Maßnahme begriffen werden und sie wird typischerweise von *bürokratischen Organisationen* erbracht. Sie kann aber auch über sehr selektiv und individuell ausgerichtete Maßnahmen von einer *Managementorganisation*, etwa nach dem Modell einer betriebswirtschaftlichen neuen Steuerung erbracht werden, die die materielle Sozialhilfe als detailliertes Produkt steuert und erbringt. Die persönlichen Hilfen im Rahmen der Sozialhilfe/Grundsicherung können in weitgehend standardisierten Varianten von einer *„professionellen Organisation"* bzw. von einer besonderen Sozialberuflichkeit, etwa einer Art Fachsozialarbeit erbracht werden. In ihren nicht-standardisierbaren Anteilen erfordern sie dann allerdings eine besondere *Wissens- und Kompetenzorganisationen*. So stellt sich die Frage, ob die kommunale Sozialverwaltung und die Sozialdienste unter den dargestellten sozioökonomischen und politisch geänderten Rahmenbedingungen und unter den Bedingungen einer „Dezentralisierung" des Wohlfahrtsstaates zu einer solchen Wissens- und Kompetenzorganisation entwickelbar sind.

In den beschriebenen Aufgaben- und Interventionsbereichen geht es seit dem Ende der 1990er Jahre auch im schwedischen Wohlfahrtsstaat weniger um die weitere Ausweitung monetärer Transferleistungen oder aber auch von direkter Macht, Kontrolle und Disziplinierung, sondern vorrangig werden die Reformpotentiale in der indirekten Steuerungsperspektive gesehen. Die Konzepte sind auf veränderte Formen und eine erweiterte „Demokratisierung", auf eine Ermöglichung von Partizipation der Bürger und damit auf die Ebene der *„Koproduktion"* der öffentlichen Dienstleistungsproduktion bezogen, wie sie bereits theoretisch dargestellt wurden. Als grundsätzliches Spannungsfeld für die Ausgestaltung öffentlicher, vor allem dann kommunaler Dienstleistungen wurde für die Zukunft des schwedischen Wohlfahrtsstaates in bisherigen Studien ein Zieldreieck beschrieben, das in den Zielsetzungen der *Demokratie*, der *Rechtssicherheit* und der *Effektivität* insbesondere auch im Bereich der sozialen Dienste und der Sozialhilfe von hoher Relevanz ist. Soziale Interventionen sind demnach unter einer möglichst gleichwertigen Berücksichtigung dieser Leitbilder verändert zu gestalten.[395] Konkret für die schwedische Sozialhilfe übersetzt heißt dies, monetäre *und* personenbezogene Leistungen nach dem Prinzip der *Rechtmäßigkeit* über die Gewährleistung der Anspruchsrechte und Schutzrechte und bei Einhaltung des Gleichheitsgrundsatzes zu erbringen. Die Leistungserbringungsprozesse sind in weitgehender *Partizipation* und *Koproduktion* der Bürger dabei so *effektiv* wie möglich zu gestalten.

Verbunden damit ist die Hoffnung, nach den Zeiten einer massiven wohlfahrtsstaatlichen Krise durch die Neugestaltung sozialer Interventionen sowohl materielle wie auch personelle Ressourcen und Steuerungsreserven zu erschließen und weiterhin zu einer möglichst guten Bedarfsdeckung und Akzeptanz der sozialen Dienste und Leistungen zu gelangen. Der Erosion des Universalismus bei gleichzeitiger Ausweitung selektiver Interventionsformen im schwedischen Wohlfahrtsstaat könnte damit möglicherweise ein Gegengewicht verliehen werden. Einer „neuen Steuerung", einer Demokratisierung öffentlicher Dienstleistungen und insoweit der bereits theoretisch formulierten Ebene einer Koproduktion kommt dabei eine besondere Bedeutung zu, wenn die Leistungen zunehmend selektiv und weniger universell gestaltet sind. In diesen veränderten sozioökonomischen, politischen, steuerungs- und interventionstheoretischen Zusammenhängen sind somit auch die Bemühungen und die Reformstrategien einer „Verwaltungsmodernisierung" in Schweden – nicht nur in den 1990er Jahren – sondern bereits seit den 1980er Jahren zu sehen.

3.4 Verwaltungsreform in Schweden – seit den 1980er Jahren gegenüber Deutschland im deutlichen „Modernisierungsvorsprung"

Der öffentliche Sektor und die schwedische Verwaltung werden von Jann (2000: 347) in ihren Merkmalen der Steuerung mit dem Begriff der *„kooperativen Kontaktkultur"* typisiert. Es wurde festgestellt, dass Instrumente des New Public Management, wie etwa die Ziel- und Finalsteuerung oder die Kontraktsteuerung seit Ende der 1980er Jahre weitgehend flächendeckend eingeführt sind. Insoweit unterscheidet sich nicht nur die „Vewaltungskultur" Schwedens allgemein von der deutschen *„formalisierten Regelungskultur"*, sondern auch im Bereich der Sozialverwaltung müsste diese in Schweden gegenüber den deutschen Sozialverwaltungen einen beträchtlichen „Reformvorsprung" aufweisen. Damit dürften auch weitergehende Erfahrungen vorliegen als sie mit der relativ kurzen Geschichte des New Public Management in Deutschland in der spezifischen Variante des Neuen Steuerungsmodells

---

[395] Vgl. Wallenberg (1997), der das Spannungsverhältnis von Demokratie, Rechtssicherheit und Effektivität bezogen auf die Entwicklung sozialer Leistungen genauer betrachtet. Ähnlich Petersson (1998: 91).

der KGST vorliegen. Während in Schweden die Philosophie und Instrumente des New Public Management in der *staatlichen* Verwaltung bereits in den 1980er Jahren eingeführt wurden und erst anschließend, jedoch um so intensiver auch *kommunal* Verbreitung fanden, war die Entwicklung in Deutschland eher entgegengesetzt. In Deutschland waren im Verlauf der 1990er Jahre vor allem die Kommunen die Impulsgeber in der Einführung des New Public Management und staatliche Verwaltungen wie Länderverwaltungen sind rückblickend in Deutschland als „Nachzügler" zu bezeichnen.[396] Auch insoweit traf also das Leitbild einer „aktivierenden Sozialpolitik" in Deutschland und Schweden im Verlauf der 1990er Jahre auf jeweils unterschiedliche Ausgangslagen, Voraussetzungen und Bedingungen.

Zunächst einmal soll genauer untersucht werden, wie sich das Verhältnis von Zentralstaat und Kommunen sowie verschiedener wohlfahrtsstaatlicher Institutionen und Organisationen zueinander in Schweden verhält. Schweden ist in insgesamt 288 Kommunen und 23 Regionen *(Landsting)* untergliedert, wobei den Kommunen neben dem Zentralstaat und den öffentlichen Versicherungskassen die zentrale Funktion für die Erbringung sozialer Dienste und Leistungen zukommt. Auf die in Schweden *stärker ausgeprägte kommunale Selbstverwaltung*, die den Kommunen ein nahezu „heiliges Gut" ist, wurde bereits mehrfach hingewiesen. Die kommunale Selbstverwaltung ist in der schwedischen Verfassung in § 1 verfassungsrechtlich ausdrücklich verankert. Rechtlich wurde sie zuletzt mit Neuregelungen des Kommunalgesetzes *(Kommunallag)* zum 1. Januar 1992 erweitert, insbesondere hinsichtlich der Aufgaben und der Entscheidungsfreiheiten der kommunalen Politik und Verwaltung.[397] Die Organisations- und Arbeitsformen können sehr weitgehend vor Ort von den Kommunen selbst bestimmt werden, so dass sich in dieser Hinsicht innerhalb Schwedens erhebliche Unterschiede zeigen können.

Bisherige Befunde weisen weiterhin aus, dass die Beziehungen zwischen den Organisationen und den institutionellen Ebenen zumeist von Vertrauen und Kooperation und eben in geringerem Grade als in Deutschland von Kontrollen und Sanktionen geprägt sind. Für Schweden bilden sich demnach auch im Verhältnis zwischen Zentralstaat und Kommunen das gesellschaftspolitisch ausgeprägte Konsensstreben und die kooperative Kontaktkultur ab. Diese sind bereits im *Gesetzgebungsverfahren auf nationaler Ebene* verankert und kommen durch eine breite Beteili-

---

[396] Zur Einführung und Entwicklung des New Public Management in Schweden vgl. Reichard (1992), Naschold u.a. (1997), Bogason (1998), Klausen/Ståhlberg (1998), Montin (1998), Montin (2002: 111 ff.).

[397] Vgl. Ringqvist (1996: 224), Grimlund u.a. (1997: 58 f.), Wetterberg (1997). Eine ländervergleichende Studie von Lidström (1996) zu den kommunalpolitischen Systemen in Europa kommt ebenfalls zu dem Befund, dass die kommunale Selbstverwaltung in Schweden stärker ausgeprägt ist als in Deutschland. Durch die Europäische Konvention über die Kommunale Selbstverwaltung ist künftig tendenziell eine Angleichung des Grades kommunaler Selbstverwaltung auf relativ hohem Niveau zu erwarten.

gung der gesellschaftlichen Gruppen einschließlich der Kommunen bzw. der Kommunal-verbände an Reforminitiativen zum Ausdruck. So werden in Schweden im Rahmen zentralstaatlicher Gesetzgebungsverfahren alle relevanten Akteure und Interessen in einem abgestuften sechsstufigen Prozess beteiligt und aktiv einbezogen. Gesetze werden nicht vom zuständigen Ministerium oder von politischen Ausschüssen vorbereitet, sondern in ersten Entwürfen von Kommissionen entwickelt. Diese Kommissionen werden aus Angehörigen der Verwaltung, Abgeordneten *aller* im Reichstag vertretenen Parteien (auch der Opposition), Vetretern betroffener Interessenverbände und Fachleuten aus der Wissenschaft gebildet. Aus kommunalpolitischer Perspektive kommt dabei dem schwedischen Verband der Regionen/Län und Kommunen *(ehemals Svenska Kommunförbundet,* jetzt *Sveriges Kommuner och Landsting SKL)* als Interessenvertreter eine zentrale Funktion zu. Kommissionen werden auf der Basis eines Regierungsauftrages mit dem Ziel eingesetzt, eine Untersuchung *(Utredning)* zu erstellen. Die Regierungspartei bzw. -koalition stellt in der Regel die Mehrheit der stimmberechtigten Mitglieder. Beratende Experten werden nicht nach parteipolitischen Kriterien ausgewählt. In der dritten Phase werden die Ergebnisse der Kommission der Öffentlichkeit als „Statens Offentliga Utredningar" (SOU) zugänglich gemacht. Diese Veröffentlichungen enthalten neben der Untersuchung des gestellten Problems in der Regel auch konkrete Empfehlungen für die weitere Politik und auch die Minderheitsvoten sind mit enthalten. In der vierten Phase, dem eigentlichen „Remissverfahren" (Anhörung) werden Stellungnahmen von Verbänden, und wissenschaftliche Gutachten eingeholt. In der fünften Phase wird der Regierungsvorschlag *(Proposition)* zusammengestellt, der ebenfalls die Ergebnisse des Anhörungsverfahrens und alle wichtigen Empfehlungen nochmals aufnimmt. Vor der sechsten Phase in Form der parlamentarischen Beschlussfassung gibt es eine letzte Anhörungsmöglichkeit.[398] Dieses umfassende und institutionalisierte Gesetzgebungsverfahren erweist sich *in steuerungstheoretischer Perspektive für soziale Interventionen* in mehrfacher Hinsicht als besonders *vorteilhaft*. Es sichert zunächst eine hohe Qualität und Vielfalt an zu berücksichtigenden Daten und Informationen und deren möglichst weitgehende Beachtung und Verarbeitung Gesetzesinitiativen. Ferner ist mit dem abgestuften Verfahren zumeist ein hoher Grad an *gesellschaftlichem Konsens* über die Regulierung sozialer Probleme und die Gestaltung der sozialpolitischen Leistungen bei einer meist auch ausgeprägten *gesellschaftspolitischen Akzeptanz* auf allen institutionellen Ebenen verbunden. Diese Faktoren dürften im Vergleich der beiden Wohlfahrtsstaaten für das Verhältnis zwischen Bundesebene und deutschen Kommunen weniger stark entwickelt sein als das die Befunde für Schweden ausweisen. Ferner gilt für die schwedischen Verwaltungen und öffentlichen Einrichtungen, dass sie von

---

[398] Zum schwedischen Gesetzgebungsverfahren vgl. Jann (1983: 325 ff.) und Reinert (1988: 21).

einer im Vergleich zu deutschen Behörden weitergehenden institutionellen Offenheit und Lernfähigkeit gekennzeichnet sind.[399]

Wie zeigen sich nun die Ansätze und die Instrumente einer „Verwaltungsmodernisierung" in der Kommunalverwaltung? Soweit neuere Instrumente und mit den Entwicklungen in Deutschland vergleichbare Reformstrategien für den Bereich der Sozialhilfe und sozialer Dienstleistungen relevant sind, werden sie im Überblick kurz vorgestellt. Dabei bildet der sogenannte Freikommunenversuch für Schweden praktisch eine frühe Pilotphase für die Entwicklung neuer Steuerungsmodelle, für den es in Deutschland kein vergleichbares Beispiel gibt. Da der Freikommunenversuch aufschlussreich für die ersten Ansätze einer „Verwaltungsmodernisierung" ist und er den Einstieg zur Entwicklung der „modernen" schwedischen Kommunalverwaltung bildete, wird er einleitend resümiert.

1. Der Freikommunenversuch – „partnerschaftliche" zentralstaatliche Eröffnung neuer Gestaltungsspielräume für die Kommunen

Bereits 1983 wurden in Schweden erste Pilotprojekte zum *„frikommunförsök"* von der Zentralregierung beschlossen und eingeleitet. Schweden nahm mit diesem Ansatz auch unter den anderen skandinavischen Ländern, die nach 1985 ähnliche Projekte einrichteten, eine Vorreiterrolle ein. Das Verhältnis zwischen den Freikommunen und der zentralstaatlichen Regierung wurde künftig weniger hierarchisch und auch nicht dualistisch sondern möglichst partnerschaftlich gestaltet.[400] Für eine befristete Zeit wurde den Kommunen auf Antrag eine weitgehende Freistellung von zentralstaatlichen Rechts- und Verwaltungsvorschriften zugestanden, mit dem Ziel, befreit von den „Fesseln des Rechts" die Dienstleistungen wirksamer zu erbringen. Dies wurde mit dem Instrument der Experimentierklausel rechtlich in bestimmten Bereichen ermöglicht. Im Freikommunenversuch spiegelt sich somit bereits eine im Vergleich zu Deutschland schon damals sehr viel weitergehende *Experimentierfreude* wieder, die in international vergleichenden Studien als besonderes Merkmal für den schwedischen öffentlichen Sektor und für dortige Reformstrategien gilt. Als weiteres Merkmal ist die *kontinuierliche Veränderung und Anpassung organisatorischer Strukturen* sozusagen als ein eigenständiges Steuerungselement zu nennen. Dieses greift, sobald sich Aufgaben verändern oder sozialpolitische Herausforderungen neu stellen. Die im Verlauf der 1990er Jahre in den schwedischen Sozialverwaltungen praktisch fortlaufend durchgeführten Neuorganisationen bilden ein Beispiel dieser kontinuierlichen Veränderungsarbeit. Dieses Merkmal lässt sich ebenfalls mit dem Beispiel des „Freikommunenversuchs" der 1980er Jahre

---

[399] Vgl. Jann (2000).
[400] Zum Freikommunen-Versuch vgl. Damkowski/Precht (1995: 124) und Schedler/Proeller (2000: 269), sowie aus innerschwedischer Perspektive Montin (2002: 12 u. 113 f.).

belegen, der auch in den 1990er Jahren fortgeführt wurde.[401] Die Freikommunen erhielten – bei ohnehin schon in Schweden ausgeprägter kommunaler Selbstverwaltung – neben den rechtlich erweiterten Gestaltungsspielräumen in verschiedenen kommunalen Aufgabenfeldern unter anderem auch erweiterte Freiheiten in der Verwendung der finanziellen Mittel. Das Freikommunenprojekt wirkte in seinen grundsätzlichen Ansätzen, die kommunalen Gestaltungsfreiräume und Formen der „dezentralisierten Selbststeuerung" zu erweitern besonders positiv. So sind die Mittelverwendung auch im Bereich der Sozialhilfe und der kommunalen Arbeitsmarktpolitik heute weniger zweckbezogen als früher.[402] Für die Kommunen bestehen heute außerdem erweiterte Freiräume zur Gründung eigener Projekte als noch in den 1970er oder Anfang der 1980er Jahre. Es bedürfte allerdings genauerer Untersuchungen, um zu klären, wie „partnerschaftlich" sich das Verhältnis zwischen Zentralstaat und Kommunen in der Folge des Freikommunenversuchs und den sich im Verlauf der 1990er Jahre generell veränderten Gestaltungsspielräumen für die Kommunen heute zeigt. Genauere Befunde, die etwa die Bedeutung und Nachwirkungen des Freikommunenprojekts mit *besonderem Blick auf die Sozialhilfe und die Sozialen Dienste* aufzeigen oder belegen, liegen bisher leider nicht vor.

2. Die Ziel- und Ergebnissteuerung als institutionalisiertes Steuerungsinstrument der Kommunalverwaltung

Bereits Anfang der 1990er Jahre wurde in ländervergleichenden Studien darauf hingewiesen, dass die Ziel- oder Finalsteuerung *(Målstyrning)* in Schweden im öffentlichen Sektor bereits ein etabliertes Instrument war.[403] Dabei spielt die *Rahmengesetzgebung* eine zentrale Rolle. Bis Ende 1981 galt das Sozialhilfegesetz *(Socialhjälpslagen)*, das in den detaillierten Regelungen dem deutschen Sozialhilferecht von 1962 weitergehend ähnelte. Seit 1982 ist das schwedische Sozialdienstgesetz mit der darin integrierten Sozialhilfe dem Prinzip der Rahmengesetzgebung entsprechend im Vergleich zur deutschen Sozialhilfe in den Regelungen sehr viel offener gehalten. Auf kommunaler Ebene war damit eine Ziel- und Ergebnissteuerung nicht nur eher, sondern auch weitergehender möglich als in Deutschland. Die Rahmengesetzgebung ist somit im Ländervergleich als eine gute Voraussetzung für eine entwickelte Zielsteuerung in Schweden mit zu beachten. Dabei muss aber innerhalb der Kommunalverwaltung zwischen den politischen Gremien und der Verwaltungsleitung und Planungsebene ein „setting" bestehen, das es der Politik ermöglicht, die *allgemeinen Ziele* der Kommunalpolitik, etwa im Bereich der Entwicklung der Sozialhilfebezugszahlen oder der lokalen Arbeitsmarktpolitik zu definie-

---

[401] Zu diesen Merkmalen vgl. Jann (1983: 509 ff.).
[402] Vgl. Ringqvist (1996: 225).
[403] Vgl. Krage (1990: 270 ff.), Damkowski/Precht (1995: 126), und eher kritisch Rombach (1991).

ren. Dabei ist der Verwaltung und den sozialen Diensten zugleich die *professionale Autonomie* zu überlassen, die *Detailziele* und die *Wege zur Zielerreichung* weitgehend selbst zu bestimmen.[404] Noch Anfang der 1990er Jahre unterschieden sich die deutsche und die schwedische „Verwaltungskultur" in diesen „settings" ganz beträchtlich. Inzwischen hat über das „Neue Steuerungsmodell" der KGST die Ziel- und Ergebnissteuerung auch in den deutschen Sozialverwaltungen an Aufmerksamkeit gewonnen, konnte aber bisher längst nicht in vergleichbarer Weise wie in Schweden etabliert werden.

Da Rahmengesetzgebung und Ziel- und Finalsteuerung sich gewissermaßen einander bedingen, ist schon von daher nachvollziehbar, dass die Einführung neuer Steuerungsinstrumente in die deutsche Sozialhilfe an dieser Stelle nicht so reibungslos verlaufen konnten wie in Schweden. Während sich die rechtliche Regelungskultur und eine offene Ziel- und Finalsteuerung zwar nicht ausschließen, so aber doch nur mühsam aufeinander abstimmen lassen, ergänzt eine Rahmengesetzgebung ideal die Zielsteuerung im Bereich der schwedischen Sozialdienste. Die *Ziel- und Finalsteuerung* als strukturelles Steuerungselement spielt somit auch in der schwedischen Sozialhilfe bereits seit etwa 20 Jahren eine große Rolle. Da im Zusammenhang mit Leitbild und Programmen einer „aktivierenden Sozialpolitik" zumeist sehr konkrete Zieldefinitionen verbunden sind, indem etwa eine bestimmte Anzahl von arbeitslosen Sozialhilfebeziehenden in den Arbeitsmarkt vermittelt werden sollen, oder die durchschnittliche Bezugsdauer der Sozialhife/Grundsicherung um einen bestimmten Wert gesenkt werden soll, sind mit der entwickelten Ziel- und Finalsteuerung in Schweden seit langem günstigere Rahmenbedingungen gegeben, um eine „aktivierende Sozialpolitik" kommunal nicht nur zu entwickeln, sondern auch wirksam und „gezielt steuerbar" umzusetzen. Mit dem Instrumentarium der Zielsteuerung unmittelbar verbunden ist die *Kontraktsteuerung* und es sind Instrumente der *Evaluation* und der Ergebniskontrolle (Controlling) einzuführen, um die Zielerreichungsgrade auch bestimmen zu können.

3. Das „Besteller-Ausführer-Modell" und die Konktraktsteuerung: Der lokale Wohlfahrtsstaat als „Quasi-Markt" sozialer Dienstleistungen?

Auch das „Besteller-Ausführer-Modell", teilweise auch als „Kontraktsteuerung" bezeichnet, wurde in den schwedischen Kommunen bereits Anfang der 1990er Jahre eingeführt. Das Instrument der Kontraktsteuerung in der Variante des „Besteller-Ausführer-Modells" beinhaltet, dass eine funktionale Aufteilung zwischen

---

[404] Zu Historie, Konzept und Verständnis der Zielsteuerung *(Målstyrning)* in Schweden vgl. Pihlgren/Svensson (1989) u. Björkstedt (1998). Montin (2002: 113) führt aus, dass in der überwiegende Mehrzahl der schwedischen Kommunen das Konzept der Zielsteuerung eingeführt ist. Zur Kritik der Zielsteuerung vgl. Rombach (1991).

der Rolle der auftraggebenden Politik und der ausführenden Verwaltung vorgenommen wird.[405] Dabei wird zumeist eine Bestellerorganisation gebildet, die sozusagen als Dachorganisation der Politik auf der Basis der politisch entwickelten bzw. definierten Ziele Angebote zur Ausführung der Programme unterbreitet. Erteilt die Politik der Bestellerorganisation den Auftrag, so beauftragt diese dann die Ausführer, bei denen es sich meist um kleinere Teilprojekte oder Verwaltungseinheiten handelt, die Programme in bestimmter Weise umzusetzen. Zwischen Besteller und Ausführer bildet sich ein marktähnliches Verhältnis, das in Schweden – anders als etwa in den USA oder auch in Deutschland – allerdings häufig noch *innerhalb* des öffentlichen Sektors verbleibt. Es ist jedoch nicht ausgeschlossen, dass auch private oder intermediäre Organisationen den Zuschlag zur Umsetzung eines sozialpolitischen Programms von der Politik oder von der Bestellerorganisation erhalten. Über dieses Steuerungsinstrument werden Wettbewerbselemente und „quasimarktliche" Strukturen in den öffentlichen Sektor eingeführt, um die Effektivität und Effizienz zu steigern. Speziell für den Bereich der Sozialhilfe stellt sich dabei aber das Problem, dass die öffentlichen bzw. behördlichen Aufgaben einer materiellen Grundsicherung *(Myndighetsfunktion)* nach den rechtlichen Grundlagen des Sozialdienstgesetzes vom öffentlichen Sektor erbracht werden müssen. Diese hoheitlichen Aufgaben können nicht auf intermediäre oder private Einrichtungen übertragen werden. Insoweit sind die Möglichkeiten einer „Besteller-Ausführer-Organisation" in der Sozialhilfe/Grundsicherung bereits begrenzt. Innerhalb der Kommunalverwaltung führt die Einführung einer Kontraktsteuerung dabei meist zu einer weiteren organisatorischen Ausdifferenzierung und Spezialisierung. So wies beispielsweise Blom (1998) in einer Untersuchung nach, dass eine „quasimarktliche" Steuerung der Sozialhilfe innerhalb der Organisation der kommunalen Sozialdienste in der Bearbeitung einfacher, meist kurzzeitiger Problemlagen und im Kontakt zu „initiativreichen" Bürgern gewisse Vorteile mit sich bringt. Demgegenüber führt jedoch ein „Besteller-Ausführer-Modell" bezogen auf die Interventionen und Problembearbeitungsmuster von meist längerer Dauer bei besonderen multiplen Problemlagen und ohnehin stark ausgegrenzter Bevölkerungsgruppen zu erweiterten Steuerungsproblemen. Vor allem durch die funktionale Differenzierung in verschiedene Produktionsbereiche (Ausführer) und durch eine damit verbundene Spezialisierung stellen sich Probleme der Leistungskoordination. Insoweit sind auch die Kontraktsteuerung und eine „Besteller-Ausführer-Organisation" stets in Relation zu den institutionell zu bearbeitenden Problemen, zur Dauer der Interventionen und zu den Ressourcen der Bürger zu sehen, und in der Steuerungs- und Interventionsdimension genauer zu reflektieren.

---

[405] Zur Kontraksteuerung und dem „Besteller-Ausführer-Modell" vgl. Otter (1999), Wallin u.a. (1999) sowie auf den Sozialdienst bezogen und empirisch Blom (1998 u. 2000).

4. Das Modell einer ökonomischen „Neuen Steuerung" (Nya Styrningen/Ekonomistyrning) in
der schwedischen Sozialhilfe

Auch in Schweden bilden die Steigerung der Effektivität und die Förderung des Ausgabenbewusstseins seit Anfang der 1990er Jahre in den Kommunalverwaltungen zentrale Zielsetzungen, die über die Einführung einzelner Instrumente des New Public Management erreicht werden sollten. Dabei ist auch in der Einführung von Instrumenten einer „neuen Steuerung" den schwedischen Kommunen ein beträchtlicher Gestaltungsspielraum überlassen und sie entscheiden weitgehend selbst – ggfls. unter Berücksichtigung von Empfehlungen ihres Verbandes- ob und welche Instrumente jeweils eingeführt werden.

Auf den kommunalen Sozialdienst bezogen liegen bisher nur einzelne Studien vor, die ein „neues Steuerungssystem" *(Nya Styrningen)* bzw. ein System der wirtschaftlichen Steuerung *(Ekonomistyrning)* empirisch untersuchen.[406] Die Begriffe der „neuen Steuerung" und der „wirtschaftlichen Steuerung" werden dabei in der schwedischen Literatur zumeist synonym verwendet. Da die schwedische Sozialhilfe rechtlich als „Behördenfunktion" *(Myndighetsutövning)* gilt, wird für sie meist die Übertragbarkeit der Instrumente einer „neuen Steuerung" rechtlich als nur begrenzt zulässig angesehen. Als Grundsatz gilt ferner, dass ökonomisch ausgerichtete Steuerungsinstrumente stets entsprechend den kommunalen Dienstleistungsbereichen entwickelt und „angepasst" werden müssen, in denen sie zum Einsatz kommen sollen.[407]

Als die zentralen Elemente einer stärker betriebswirtschaftlichen Ausrichtung der kommunalen Dienstleistungsproduktion werden beispielsweise die Neugestaltung der Abgaben- und Eigenanteilsysteme, die stärkere Beachtung der Relation von Einnahmen und Ausgaben in einzelnen Aufgabenfeldern, sowie die Qualitätsentwicklung und die Evaluation der Effekte kommunalpolitischen Handelns bilden zentrale Elemente der „neuen Steuerung".[408] Dem bereits beschriebenen „Besteller-Ausführer-Modell" und der Ziel- und Ergebnissteuerung kommen in diesen Zusammenhängen besondere Relevanz zu. Im Bereich der Sozialhilfe wird dabei bisher ein grundsätzlicher Zielkonflikt zwischen einer „neuen Steuerung", die stärker an Effektivitätskriterien und den Ausgaben orientiert ist, und dem Prinzip der Rechtmäßigkeit der Sozialhilfeleistungen gesehen. Wie in Deutschland – vor allem bis zur Einführung des KGST-Modells einer „Neuen Steuerung" – wird zumeist auch in Schweden noch davon ausgegangen, dass eine „ökonomisch" ausgerichtete Sozialhilfepraxis dem Qualitätsziel der Rechtmäßigkeit aber auch der Bedarfsorientierung der Leistungen tendenziell entgegensteht.

---

[406] Vgl. in diesem Zusammenhang die Bestandsaufnahme der Socialstyrelsen (1995a) und Blom (1998).
[407] Vgl. Socialstyrelsen (1995: 29 u. 44-46).
[408] Vgl. Socialstyrelsen (1995).

Konkret ist in der schwedischen Sozialhilfe zumindest teilweise eine *Budgetie-rung* eingeführt, in dem den Stadtteilverwaltungen bestimmte Haushaltsansätze von der zentralstädtischen Ebene nach bestimmten Indikatoren „zugeteilt" werden. Über die Stadtteilorganisation in den Großstädten aber auch zwischen den Kommunen ist über ein einfaches Kennzahlensystem *(Nyckeltal)* im Rahmen der Statistik und der allgemeinen Dokumentation durchaus eine Wettbewerbsstruktur zwischen den Kommunen gegeben, die dazu beiträgt, dass jede Kommune sowie jeder Stadt-teil die Ausgaben-/Einnahmeentwicklung, Fallzahlen usw. in Relation zur Ein-wohnerzahl wie auch zur Personalausstattung mit Entwicklungen und Werten in anderen Kommunen oder Stadtteilen vergleichen kann.[409] Ein vergleichendes Ler-nen im Sinne eines Benchmarking ist damit ausdrücklich angestrebt. Hinsichtlich des *Controlling* wurde noch Mitte der 1990er Jahre in einer grundlegenden Bestands-aufnahme zu den Instrumenten einer „neuen Steuerung" im kommunalen Sozial-dienst kritisch festgestellt, dass es eines bewussten Einsatzes neuerer Instrumente auf kommunaler Ebene im Bereich der Evaluation und der Wirksamkeitskontrolle bedarf. Insbesondere die Effekte unterschiedlicher Arbeitsweisen und Methoden in den Sozialdiensten im Hinblick auf verschiedene Problemlagen müssten kommunal genauer erfasst und dokumentiert werden, um die „Qualität" und die „Kosten-Nutzen-Relationen" genauer bestimmen zu können. Ziel war es, auf kommunaler und regionaler Ebene die Forschung und Möglichkeiten der Wirksamkeitsanalysen zu fördern und die entsprechenden Instrumente zu entwickeln.[410] Es deutet sich damit an, dass ähnlich wie in Deutschland, auch in Schweden im Bereich der Wirk-samkeitsanalysen, insbesondere in der Verlaufsperspektive sozialer Interventionen und in der Ermittlung und Bewertung von „Ergebnisqualität" sozialer Dienste und Leistungen ein wesentliches Defizit im „Controlling" besteht.[411] In beiden Wohl-fahrtsstaaten bestehen dabei Defizite in der Evaluation der Leistungsprozesse und der Wirkungen und Wirksamkeit sozialer Interventionen und in beiden Sozialhilfe-regimes besteht das Erfordernis, die Relation von „ökonomischer Steuerung" und Qualitätsentwicklung insbesondere für den Bereich pädagogischer Interventionen genauer zueinander zu definieren. Es wird zu untersuchen sein, wie sich dies für die Sozialhilfe in Göteborg im Kontrast zu Bremen praktisch darstellt.

---

[409] Vgl. Svenska Kommunförbundet/Statistiska Centralbyrån (2000).
[410] Vgl. Socialstyrelsen (1995: 167).
[411] Dieser Befund wird bis Ende der 1990er Jahre bestätigt. Vgl. Statens Offentliga Utredningar SOU (1996b), Tengvald (1997a), Vedung (1997), Björkstedt (1998: 12 ff.), Blom (1998).

5. *Qualitätsentwicklung und neuer Qualitätsdiskurs – Zukunftsperspektiven eines auf Lebens-qualität orientierten kommunalen Sozialdienstes?*

Nicht nur das materielle Niveau sondern vor allem auch die Qualität öffentlicher Dienstleistungen und sozialer Hilfen gelten allgemein in Schweden als im internationalen Vergleich außerordentlich hoch. Bezogen auf die Sozialverwaltung, Sozialarbeit und teilweise auch für den Bereich der Sozialhilfe weisen bisherige Befunde aus, dass diese Dienstleistungsbereiche seit Mitte/Ende der 1990er Jahre ebenfalls von einem Konzept der Qualitätssicherung und -entwicklung *(Kvalitetsutveckling)* stark beeinflusst werden.[412] Die Literatur deutet darauf hin, dass in Schweden verbreitet und zum Teil auch früher als in Deutschland ein *„aktiver Qualitätsdiskurs"* bezogen auf die Interventions- und Leistungsformen nicht nur öffentlicher Dienstleistungen generell, sondern auch für die Sozialhilfe erkennbar ist.[413] Diese Ansätze einer Qualitätsentwicklung in Sozialdiensten und in der Sozialhilfe sind allerdings empirisch bisher kaum erfasst und wären somit genauer zu untersuchen. Ausgangspunkte und Belege für einen „aktiven Qualitätsdiskurs" bilden neben zentralstaatlichen und verbandlichen Empfehlungen allgemeine kommunalpolitische Programme der Städte und Gemeinden.[414] So wurde beispielsweise in Göteborg bereits 1997 in verschiedenen Zusammenhängen kommunalpolitisch beschlossen, die Qualität der öffentlichen Dienste und Leistungen in Zukunft wesentlich zu verbessern. Entsprechende Programme wurden öffentlichkeitswirksam vorgestellt.[415] Vorliegende empirische Studien vom Beginn der 1990er Jahre belegten

---

[412] Vgl. etwa Socialstyrelsen (1995: 111 ff.). Bezogen auf den Bereich der Individuen- und Familienhilfen *(Individ- och familjeomsorg)* und damit auch für die Sozialhilfe wurde allerdings Mitte der 1990er Jahre auch in Schweden noch festgestellt, dass es an einheitlich und verbindlich definierten Kriterien und Zielen einer Qualitätssicherung, an entsprechenden Befunden und entwickelten Instrumenten fehlt. Vgl. Socialstyrelsen (1995b: 135) oder Tengvald (1997a). Dies galt insbesondere für den Bereich der Sozialhilfe. Den Stand der Fachdebatte zur Qualitätssicherung in der Sozialarbeit Mitte der 1990er Jahre gibt auch ein Tagungsbericht von Jönson (1995) wider.

[413] Beispielsweise wurde bereits 1965 zu den sozialpolitischen Veränderungen in Göteborg bezogen auf die Sozialhilfe folgende „Serviceorientierung" formuliert: *„Moderne Sozialpflege ist darauf ausgerichtet, die Sozialbüros/-ämter zu wirklichen Servicestationen werden zu lassen, zur Hilfe für die Mitbürger in Schwierigkeiten und Sorgen jedweder Art".* Zitat Möhlenbrock (1965: 194).

[414] Erste Empfehlungen und eine Einführung in die „Qualitätsentwicklung" für den kommunalen Sozialdienst wurde von der nationalen Sozialbehörde 1995 veröffentlicht. Vgl. Socialstyrelsen (1995b). Auch der Verband schwedischer Kommunen bietet Forbildungen und Foren zur Qualitätsentwicklung an. Vgl. Svenska Kommunförbundet (1998).

[415] In der Außendarstellung wurde unter der städtischen Homepage (www.goteborg.se) über die Projekte der Qualitätssicherung fortlaufend informiert. Auch zahlreiche Dokumente und politische Beschlüsse belegen die Bedeutung, die einer Qualitätsorientierung in Politik und Verwaltung beigemessen wird. 1999 wurde vom Stadtparlament ein neues Qualitätsmessungsprojekt *(„Kvalitetsmätningsprojekt")* beschlossen. In den Haushaltsjahren 2001 und 2002 wurden die Mittel für dieses Projekt deutlich aufgestockt. Es berührte für die Sozialdienste zunächst die Altenhilfe und das Schulwesen, damit gesamt-

zugleich erhebliche Unterschiede in der Beurteilung öffentlicher Dienstleistungen durch die Bürger. So ergab etwa eine Untersuchung von 1993, dass zwar Bibliotheken und Kulturangebote der Stadt Göteborg von 2.500 befragten Einwohnern in hohem Maße positiv bewertet wurden. Demgegenüber wurde aber der *Sozialdienst* nur von 37 % der befragten Personen positiv, und damit in der Servicequalität ganz überwiegend negativ bewertet. Außerdem ergab die Untersuchung aus Sicht der befragten Bevölkerung eine Verschlechterung der Servicequalität im Vergleich zu 1989. Schließlich ist darauf hinzuweisen, dass nicht zuletzt vor dem Hintergrund solcher Befunde sozialrechtlich 1998 mit zentralstaatlichen Gesetzesänderungen im Sozialdienstgesetz in § 7a ausdrücklich neue Regelungen aufgenommen wurden, die künftig eine „guten Service und eine gute Qualität" des kommunalen Sozialdienstes sichern sollen und eine „Qualitätsentwicklung" verbunden mit entsprechenden Instrumenten fordern.[416]

An dieser Stelle sei darauf hingewiesen, dass *Bürger- und Nutzerbefragungen* seit den 1980er Jahren in schwedischen Kommunen ein verbreitetes Instrument bilden, um die Bedarfe wie auch die „Qualität" öffentlicher Dienstleistungen zu erfassen und vergleichend zu bewerten, um so insgesamt die Lebensqualität der Bürger zu verbessern. *Innerschwedische* Studien kommen in ihrer Bewertung der „Dienstleistungsqualitäten" aber offenbar durchaus zu anderen Ergebnissen, als sie im internationalen Vergleich bezogen auf den „hohen Servicecharakter" schwedischer Sozialleistungen oft herangezogen werden. Vor dem Hintergrund dieser auch Mitte der 1990er Jahre noch negativen Beurteilungen des Sozialdienstes, etwa in Göteborg, kommt jedenfalls Instrumenten einer Qualitätsentwicklung gerade in der schwedischen Sozialhilfe eine besondere Bedeutung zu. Eine zentrale Stellung für Ausbildung und Begleitung von Verfahren der Qualitätssicherung und des Benchmarking nimmt dabei das *Swedish Institute for Quality (SIQ)* ein.[417] Es wird daher genauer zu untersuchen sein, ob und inwieweit entsprechende Instrumente eines „Qualitätsmanagements" *im Bereich der Sozialhilfe und der Sozialverwaltung* in Göteborg zum Einsatz kommen.

6. Die besondere Bedeutung der schwedischen Demokratietradition und -praxis: Demokratisierung und Bürgerbeteiligung als aktuelle Reformstrategien

Die Konsensdemokratie ist in Schweden kein abstraktes politikwissenschaftliches Gebilde, sondern sie bildet seit langem ein Kernelement im Verständnis und in der

---

städtisch nicht direkt die Sozialhilfe. Bis Ende 2003 wurde aber eine Ausweitung der Qualitätspolitik und -messung auf *alle* kommunalen Dienste einschließlich der Sozialdienste und -hilfe umgesetzt.

[416] Vgl. Norström/Thunved (1999: 76 ff.).

[417] Bei dem Institut handelt es sich um eine „gewinnorientierte Stiftung" (vgl. www.siq.se). Das Institut bietet Fort- und Weiterbildung für Leitungspersonal unter anderem in sozialen Einrichtungen an. Es ist aber vorwiegend in der „freien Wirtschaft" im Bereich der „Qualitätsentwicklung" tätig.

Praxis der gesellschaftlichen Entwicklung und wird als bedeutsamer Faktor für die Kontinuität wohlfahrtsstaatlicher Entwicklung seit den 1930er Jahren häufig unterschätzt. Politik und Verwaltung sind in Schweden in hohem Maße darauf ausgerichtet, einen weitgehenden Konsens in den zu treffenden Entscheidungen und eine gesellschaftlich möglichst weitgehende Akzeptanz der getroffenen Entscheidungen bei den Bürgern zu erreichen.[418] Auch dieses konsensuale Bemühen geht historisch betrachtet in hohem Maße auf die Machtstellung und die starken Einflüsse der schwedischen Volksbewegungen zurück. Nicht nur der Tatbestand, dass die Volksbewegungen selbst nach demokratischen Prinzipien organisiert waren und sind, sondern über ihren hohen Organisationsgrad war seit dem ausgehenden 19. Jahrhundert in unterschiedlichsten Zusammenhängen die Interessenvertretung und Beteiligung der Bürger gesellschaftlich gut organisiert. Ein besonderes Beispiel bildeten etwa die „Volkshäuser" *(folkets hus)* der Sozialdemokratie und Gewerkschaften, die in jeder Kommune bestehen und Veranstaltungs- und Versammlungsmöglichkeiten bieten. Betrachtet man demokratische Teilhabe, Partizipation und Nutzereinfluss der Bürger auf den öffentlichen Sektor schließlich unter dem Aspekt der „Aktivierung" von Gesellschaft und Institutionen, so müsste diese in Schweden vor dem Hintergrund der Demokratietradition und des Konsensstrebens ausgeprägter sein als in Deutschland.[419]

Im Bereich der Kommunalpolitik und -verwaltung wurde bereits zwischen 1975 und 1985 eine intensive Debatte um eine möglichst weitergehende Denzentralisierung und kommunale Demokratie geführt.[420] In diese Phase fällt auch die Konzeption und Verabschiedung des damals neuen Sozialdienstgesetzes, mit dem die Sozialhilfe neu geregelt wurde. Nach der Kritik am bevormundenden und all zu kontrollierend eingreifenden Wohlfahrtsstaat wurden die Grundsätze einer „demokratisch" und möglichst bürgernah zu gestaltenden Dienstleistungsproduktion mit dem Sozialdienstgesetz weitergehend normiert und die sich als „progressiv" begreifende Sozialarbeit nahm diese Prinzipien in den professionalen Handlungsorientierungen unmittelbar auf. Nachdem der Demokratiediskurs Ende der 1980er Jahren dann zunächst weniger Wirkung auf die Reformstrategien zum öffentlichen Sektor entfaltete, wurde ihm im Verlauf der 1990er Jahre erneut Aufmerksamkeit zuteil. Für die künftigen Reformentwicklungen der schwedischen Kommunen wird einer „Demokratisierung" der Dienstleistungsproduktion inzwischen (wieder) eine zentrale Bedeutung zugemessen.[421] Nachdem seit den 1980er Jahren in Schweden vielfältige Erfahrungen etwa mit Einrichtungen wie Ombuds-

---

[418] Vgl. Jann (1983: 325-327), Reinert (1988: 19 ff.) und Krage (1990).
[419] Zu diesem Befund kommt Reinert (1988), von dem die „gesellschaftliche Aktivierung" am Beispiel der Erwachsenenbildung und ihrer Organisation für Schweden untersucht wurde.
[420] Vgl. Strandberg (1998).
[421] Vgl. Montin (2002: 14 ff. u. 145 ff.).

männern/-frauen, mit Nutzerbefragungen und Formen der Bürgerbeteiligung vorlagen, wurden unter anderem im Rahmen verschiedenster Kommissionen und Untersuchungsaufträge der schwedischen Regierung im Verlauf der 1990er Jahre die Voraussetzungen und Möglichkeiten einer Demokratisierung des öffentlichen Sektors und der Dienstleistungsproduktion genauer untersucht.[422] Ziel ist es, die Beteiligungsmöglichkeiten der Bürger, die Akzeptanz der Leistungen und Dienste und damit auch ihre Wirkungen und Wirksamkeit zu verbessern. Ein von der schwedischen Regierung Mitte der 1990er Jahre eingesetztes kommunales Erneuerungskomitee verwies darauf, dass künftig den Aspekten der Demokratie, den Partizipationsmöglichkeiten und Instrumenten der Nutzerbeteiligung an und in der Dienstleistungsproduktion stärkere Aufmerksamkeit zukommen sollte. Auch die Bedarfsermittlung und die Abdeckung der Bedarfe sollen ausgehend von den Bürgern erhoben und nach der Leistungserbringung überprüft werden.[423] Neben den parlamentarischen Formen der lokalen Demokratie finden „Runde Tische" *(Medborgarpaneler)* und Direktbefragungen der Bürger zu bestimmten Problemfeldern besondere Aufmerksamkeit.[424] Die unterschiedlichen Formen werden dabei nicht als Gegensätze sondern als sich einander ergänzende Instrumente verstanden.

Auch Rothstein (1997b) behandelt die schwedische Sozialpolitik und Sozialverwaltung unter demokratietheoretischen Gesichtspunkten und untersucht genauer den Nutzereinfluss auf die Dienstleistungserbringung des öffentlichen Sektors. Wenn auch die Formen der demokratischen Beteiligung als sich einander ergänzend verstanden werden, so werden aber bislang zumeist die „Nutzer" und die Behörden bzw. die dortigen Bediensteten noch immer als „Gegenpole" begriffen. Obwohl der schwedische Demokratiediskurs vielfältig entwickelt ist, ist er bisher *nicht* genauer auf die *prozesshafte* Erbringung von Dienstleistungen etwa der Sozialverwaltung und Sozialdienste im Kontakt zum Bürger bezogen. Die Dimension bzw. der theoretische Ansatz einer *„Koproduktion"* wie er hier bereits einleitend theoretisch dargestellt wurde, findet bisher keine nähere Beachtung. Allerdings werden in der Literatur etwa die unterschiedlichen Rationalitäten und damit auch mögliche Zielkonflikte behandelt, die mit der Orientierung an demokratische Prinzipien der Teilhabe und des Nutzereinflusses einerseits und mit der Orientierung

---

[422] Zu dieser Forschung über den „Mitbürger im Gesellschaftsdialog" *(Medborgare i samhällsdialogen)* vgl. vor allem Abrahamsson (1993) und Abrahamsson/Björklund (1995).

[423] Vgl. Statens Offentliga Utredningar SOU (1996b: 169), eine Studie, die aus den Erfahrungen der ökonomischen und fiskalpolitischen Krise Grundlagen für eine „kommunale Erneuerung" schaffen sollte, und in der die lokale Demokratieentwicklung und die Beteiligungsmöglichkeiten der Bürger zentrale Themen bildeten. Zur „Demokratie in der Praxis" des öffentlichen Sektors vgl. Agevall/Klasson (2000).

[424] Vgl. Montin (2002). Verschiedene Partizipationskonzepte behandelt Klasson (2000). Edvardsson u.a. (1997) sowie Grimlund u.a (1997: 110) geben einen Überblick über praktische Erfahrungen.

an wirtschaftliche Prinzipien andererseits in der Gestaltung sozialer Interventionen bzw. öffentlicher Dienstleistungen bestehen.[425] Während demokratisch bestimmte Systeme von Grundsätzen der politischen Demokratie, der Rechtssicherheit und von einer Gemeinwesenorientierung ausgehen, werden ökonomische Systeme von einer eher funktionalen Rationalität, von Kosten-Nutzen-Prinzipien und unter Produktivitätsgesichtspunkten gestaltet. Insoweit wird nicht nur zu untersuchen sein, ob und inwieweit sich in der kommunalen Sozialverwaltung und in der Sozialhilfe die Voraussetzungen und Bedingungen wie auch praktische Elemente einer „Koproduktion" und einer möglichst demokratisch verfassten Erbringung sozialer Dienstleistungen vorfinden lassen und in welchen Merkmalen diese im Kontrast zu den Ansätzen in Deutschland bestehen. Ebenso sind die möglichen Zielkonflikte etwa im Zusammenhang mit dem Leitbild einer „aktivierenden Sozialpolitik" und in den normativen Grundlagen genauer zu untersuchen. In steuerungs- und interventionstheoretischer Perspektive liegen hierzu auch für die schwedischen Reformentwicklungen des öffentlichen Sektors bislang kaum Beiträge vor.[426]

7. „Samverkan": Das Zusammenwirken wohlfahrtsstaatlicher Institutionen als wichtigste Steuerungsressource einer lebenslagen- und lebenslaufbezogenen Dienstleistungsproduktion?

Neben den bisher genannten und jeweils kurz beschriebenen Instrumenten und Reformstrategien einer Modernisierung des öffentlichen Sektors findet etwa seit Mitte der 1990er Jahre das institutionelle Zusammenwirken, in Schweden als „Samverkan" bezeichnet, wohl inzwischen die stärkste Aufmerksamkeit.[427] Ein verbessertes Zusammenwirken und die Gründung netzwerkbasierter Verwaltungsorganisationen in der Planung, Ausgestaltung, Erbringung und auch in der Evaluation sozialer Dienste und Leistungen gelten vielfach als eine besonders vielversprechende Reformstrategie. Diese Ansätze tragen einerseits zu weniger segmentierten Problembearbeitungsmustern und insofern zu wirksamer Problembearbeitung bei und können möglicherweise den monetären wie personellen Einsatz von Ressourcen im öffentlichen Sektor reduzieren, da im Zusammenwirken der Behörden Synergieeffekte erwartet werden. So sieht etwa Montin (2002: 15 u. 60f.) neben der Demokratisierung, die Konzepte des „Samverkan" und eine partnerschaftliche Leistungserbringung in Netzwerken als diejenigen Ansätze und Reformstrategien,

---

[425] Zu den Risiken und Zielkonflikten vgl. Wallenberg (1997) sowie Agevall/Klasson (2000: 21).

[426] Hingewiesen sei auf die Studie von Wallenberg (1997: 135), in der Aspekte der „Koproduktion" und die Zielkonflikte in den drei Leitbildern der *Rechtssicherheit*, der *lokalen Demokratie* und der *Effektivität* genauer behandelt werden. Er kommt zu dem Befund, wonach bei aller Reformentwicklung weiterhin ein tieferliegendes bürokratisches Paradigma die Formen und Ergebnisse öffentlicher Dienstleistungsproduktion in den Merkmalen Rechtssicherheit, lokale Demokratie und Effektivität wesentlich steuert.

[427] Vgl. hierzu Bogason (1998) oder Montin (1998: 93), die das „Samverkan" und eine „zentrale Koordination" der Leistungen als zwei wichtige Ansätze der Verwaltungsreform in Schweden ansehen.

die künftig die weiteren Entwicklungen nicht nur der Kommunalverwaltungen und der sozialen Dienste, sondern generell des schwedischen wohlfahrtsstaatlichen Arrangements wesentlich prägen werden.

Ein verbessertes Zusammenwirken von Behörden und Organisationen ist dabei zwar vor allem auf Einrichtungen des öffentlichen Sektors, beispielsweise auf die Sozialhilfe und die staatliche Arbeitsmarktpolitik, wie auch auf die Gesundheitspolitik bezogen. In die Konzepte einbezogen werden aber inzwischen auch immer öfter Organisationen des „dritten Sektors", etwa Freiwilligenorganisationen, caritativ-kirchliche Einrichtungen usw. Eine interessante Frage dürfte sein, wie in diesen Formen der Zusammenarbeit die jeweiligen Kontrakte und Leistungsvereinbarungen genau gestaltet werden, ob und inwieweit darin die Muster und Formen sozialer Interventionen, die Qualitätsstandards oder auch Voraussetzungen und Bedingungen einer Koproduktion jeweils definiert werden. Nach dem Stand der vergleichenden Verwaltungsforschung wäre zu erwarten, dass auch in diesem Bereich des behörden- und organisationsübergreifenden Zusammenwirkens für die beteiligten Einrichtungen in schwedischen Projekten grundsätzlich weiter gefasste Gestaltungsspielräume bestehen als das für ähnlich konzipierte Sozialagenturen/-büros oder für Job-Center in Deutschland der Fall ist.

Eine entsprechende Forschung und erste empirische Befunde zu Projekten des „Samverkan" ist seit Ende der 1990er Jahre im Bereich sozialer Dienstleistungen in Schweden entwickelt.[428] So wurde beispielsweise bereits 1996-1998 in 27 schwedischen Kommunen ein Pilotprojekt des „Samverkan" in der lokalen Arbeitsmarktpolitik durchgeführt, mit dem Ziel, öffentliche Mittel effektiver einzusetzen. Von den Kommunen wurden rd. 25 % der finanziellen Mittel für diese Projekte mit aufgewendet. 75 % der Mittel wurden von der schwedischen Regierung zur Verfügung gestellt. Gleichzeitig erhielten die Kommunen aber beträchtliche Freiheiten, über die Verwendung der Mittel zu entscheiden. Die Projekte wurden von Kommunen und Regierung und staatlicher Arbeitsmarktverwaltung gemeinsam geplant und durchgeführt. Sie bezogen sich auf Langzeitarbeitslose, Jugendliche, Einwanderer und gering qualifizierte Arbeitslose. Im Ergebnis wurden längere Beschäftigungsdauern, eine verbesserte Durchlässigkeit der Programme und ein Abbau von Zugangsvoraussetzungen zu den jeweiligen Programmen und Maßnahmen und weitere positive Effekte erreicht. Die durchschnittlichen Ausgaben je Teilnehmer waren in den Projekten im Vergleich zur traditionellen Arbeitsmarktpolitik geringer.[429] Insoweit spielen in diesen Projekten stets auch Gesichtspunkte der Effizienz und der Effektivität eine wichtige Rolle. Auch die fiskalpolitische Krise der frühen

---

[428] Vgl. Danermark/Kullberg (1999), Socialdepartementet (1999), Danermark (2000), Stenberg (2000).
[429] Vgl. Socialdepartementet (1999: 59).

1990er Jahre spielt in den Motiven für Projekte des „Samverkan" eine nicht unerhebliche Rolle.

Inzwischen finden sich in zahlreichen schwedischen Kommunen ähnliche Projekte des „Samverkan", bei denen zumeist der kommunale Sozialdienst, die Arbeitsverwaltung und Gesundheitsdienste mit beteiligt sind. In zeitlich befristeter Projektform bilden sie eine „netzwerkbasierte Verwaltungsorganisation". Auch in Göteborg wurden Mitte/Ende der 1990er Jahre etwa mit den Projekten FRISAM und DELTA entsprechende Organisationsformen gebildet, die im Rahmen der Fallstudie genauer untersucht wurden. Am Horizont solcher Projekte des „Samverkan" deutet sich mit netzwerkbasierten Verwaltungsorganisationen ein Trend zu tatsächlich „ganzheitlichen" und „allumfassenden" Formen der institutionellen Problembearbeitung an. Darüber könnte der Bezug auf die Lebenslagen und auch auf den Lebenslauf der Bürger gewissermaßen „total" gestaltet werden. Mit den Projekten des „Samverkan" sind demnach nicht nur Positiveffekte zu erwarten, sondern insbesondere aus demokratietheoretischer Perspektive zeigen sich auch neue Risiken einer verändert und neu entwickelten „Lebenslaufpolitik" im dezentralisierten Wohlfahrtsstaat.

8. Resümierende Kontrastierung zur Reformentwicklung in Deutschland
In den Grundlinien einer „Modernisierung" der Kommunalverwaltung und sozialer Dienstleistungen unterscheiden sich Deutschland und Schweden zunächst vor allem darin, dass die Verwaltungsreformen in Schweden tatsächlich 10 bis 15 Jahre früher einsetzten als in Deutschland. Das Leitbild und die Programme einer „aktivierenden Sozialpolitik" trafen damit in Schweden Mitte und Ende der 1990er Jahre nicht nur auf weitergehende Erfahrungen im Umbau des öffentlichen Sektors, sondern auch auf völlig andere Kontext- und Strukturbedingungen der öffentlichen sozialen Dienste und Leistungen.

In Deutschland wurden im Ländervergleich mit dem KGST-Modell einer „Neuen Steuerung" ab Mitte der 1990er Jahre die Instrumente des New Public Management gewissemaßen *hochverdichtet* und einmal mehr *formal extrem verregelt* in die Sozialverwaltungen eingeführt. Vielerorts erfolgte fast *zeitgleich* dazu ein massiver Ausbau der „Hilfen zur Arbeit" nach §§ 18 ff. BSHG und damit eine Neustrukturierung der Sozialhilfe im Verständnis der „Hilfe zur Selbsthilfe" und die Entwicklung einer sozialhilfe*interne*n aktiven Arbeitsmarktpolitik. Hierauf konnten die „Hartz-Reformen" ab 2005 aufbauen. Demgegenüber stellten sich vergleichbare Entwicklungen in Schweden zeitlich wesentlich „entzerrter" und damit weniger anspruchsvoll und besser koordinierbar dar als in Deutschland.

Seit den 1980er Jahren wurden gewissermaßen sukzessive verschiedene Instrumente und Elemente des New Public Management in Schweden eingeführt, wobei dies generell weniger verregelt und stärker „experimentell" geschah als in

Deutschland. Dabei werden die Risiken einer primär sozialtechnokratisch und ökonomisch ausgerichteten Steuerung sozialer Dienstleistungen auch für die schwedische Kommualverwaltung erkennbar. Sie sind aber aufgrund einer stärker ausgeprägten Demokratie- und Serviceorientierung sowie aufgrund des experimentelleren und offeneren Charakters, die etwa in der Ziel- und Ergebnissteuerung besteht, weniger dominierend als im KGST-Modell einer „Neuen Steuerung" in Deutschland. Die Sozialhilfe/Grundsicherung scheint dabei in Schweden von einer „ökonomischen Steuerung" *(Ekonomistyrning)* im engeren Sinne aufgrund ihrer rechtlich definierten Behördenfunktion bisher (noch) weitgehend ausgenommen. Auch ein Benchmarking ist nicht im Detail sondern allgemein auf der Basis einiger Kern-Kennziffern zwischen den Kommmunen entwickelt. Wettbewerbsstrukturen zwischen Kommunen wie auch zwischen Stadtteilen bestehen ebenfalls, sind aber „offener" für eine Berücksichtigung und für einen Ausgleich struktureller Nachteile. Besondere Kennzeichen der schwedischen „Verwaltungsmodernisierung" sind schließlich der *hohe Dezentralisierungsgrad* nicht nur der Organisation der Sozialdienste sondern auch in der Budgetverantwortung und ein *aktiver Qualitäts- und Demokratiediskurs.* Diese tragen wesentlich mit dazu bei, dass die Bedingungen und Voraussetzungen für eine Koproduktion sozialer Dienstleistungen wie auch ein „Controlling" möglichst nicht einseitig an rein ökonomischen Kriterien ausgerichtet werden.

Als weitreichendste Reformstrategie gilt in Schweden das *„Samverkann"*, das in seinen Auswirkungen auf die künftige Steuerung und Gestaltung sozialer Interventionen bisher erst ansatzweise erkannt und erforscht ist. Ins Zentrum der Verwaltungsreformen rücken immer stärker die Schnittstellen wohlfahrtsstaatlicher Dienste und Leistungen. Diese gilt es bei der Gestaltung wie auch in der Analyse sozialer Interventionen besonders in den Blick zu nehmen. Es deutet sich für Schweden eine Entwicklung an, wonach soziale Dienste und Leistungen zwar normativ und rechtlich möglichst *zentral(staatlich)* definiert, reguliert und koordiniert werden. Zugleich werden Interventionen in der Leistungserbringung in ihrer eigentlichen Ausgestaltung immer stärker *kommunal bzw. dezentral* und dabei zugleich *institutionenübergreifend* und im Zeit- und Handlungsverlauf möglichst präzise aufeinander abgestimmt. Diese Reformstrategie scheint gegenwärtig für die „Modernisierung" sozialer Dienstleistungen wie der Sozialhilfe vor allem an ihren Schnittstellen zur Arbeitsmarktpolitik, zur Gesundheitspolitik und auch zur Bildungspolitik besonders vielversprechend. Damit ist sie für das Leitbild und für Programme einer „aktivierenden Sozialpolitik" unmittelbar anschlussfähig. Wie die heutige Sozialhilfe/Grundsicherung vor dem Hintergrund dieser Reformzusammenhängen in ihrer genaueren Einbettung in das wohlfahrtstaatliche Arrangement und in ihrer historischen Entwicklung zu sehen ist, wird nachfolgend untersucht, um damit zum empirischen Teil der Studie überzuleiten.

3.5 Die schwedische Sozialhilfe im institutionellen Arrangement der Sozialarbeit zwischen Kommunalpolitik und zentralstaatlicher Regulierung

Die bisherigen Befunde zu den wesentlichen Merkmalen der schwedischen Sozialhilfe als wohlfahrtsstaatliche Institution und zu sozialberuflichen Handlungsmustern sind in der schwedischen Fachliteratur nicht einheitlich. So finden sich einerseits Studien, die meist im Zusammenhang mit der Bürokratiekritik die schwedische Sozialhilfe in ihren organisationalen und professionalen Merkmalen ähnlich dem deutschen System primär als „Verwaltungshandeln" innerhalb typischer Strukturen legaler bürokratischer Herrschaft verstehen.[430] Anderseits liegen auch Beiträge vor, wonach die schwedische Sozialhilfe zwar die typischen bürokratischen Merkmale aufweist, aber dennoch dem institutionellen Arrangement der Sozialarbeit und den sozialen Dienstleistungen zuzuordnen ist. Insoweit wäre sie dann nicht bzw. nur begrenzt als rein verwaltungsmäßig zu erbringende monetäre Transferleistung und Dienstleistung zu verstehen. Sie würde vielmehr auch personenbezogene und pädagogische Formen sozialer Interventionen in weitergehendem Maße als die deutsche Sozialhilfe beinhalten. Wie sich die Entwicklungen und Merkmale genauer darstellen, ist in einem kurzen historischen Exkurs zu veranschaulichen.

1. Historischer Exkurs zum Entwicklungspfad der schwedischen Sozialhilfe als Sozialdienst
In einer historischen Perspektive fasst ein Befund von Åström (2000) die bisherigen Entwicklungen und Merkmale differenziert zusammen. Danach zeigt sich für die schwedische Sozialhilfe in ihren normativen, organisatorischen und professionalen Entwicklungen rückblickend ein Pfad, der von der Armenfürsorge in Richtung zu einer modernen sozialen Dienstleistung führte. Diese Entwicklung ist jedoch seit über 300 Jahren von einer „Berg- und Talfahrt" gekennzeichnet. So lässt sich für die schwedische Armenfürsorge historisch feststellen, dass die Stellung des einzelnen Bürgers im Kontakt zu den Sozialbehörden im 18. Jahrhundert hinsichtlich der rechtlichen Verpflichtung der öffentlichen Einrichtungen zur Armenfürsorge bereits weiter entwickelt war als dann später im 19. Jahrhundert. Schon Mitte des 18. Jahrhunderts bestand für die schwedischen Kommunen eine Pflicht zur Armenunterstützung. Die Armenhilfe war kommunale Angelegenheit. Die kommunale Verwaltung und Organisation waren allerdings damals noch kaum entwickelt. Außerhalb des Polizei- und Ordnungsrechts war die Behördenmacht nur gering entwickelt und in der Armenfürsorge fehlte es an fachlicher Kompetenz und Wissen. Auch das Rechtssystem war zunächst kaum hinreichend etabliert. Der

---

[430] Zu den Merkmalen legaler bürokratischer Herrschaft vgl. Weber (1964).

wesentliche Faktor einer damals nur marginalen Armenfürsorge war allerdings in den nicht vorhandenen finanziellen bzw. materiellen Verteilungsmitteln der Kommunen zu sehen.[431] Bis heute treten die schwedischen Kommunen für die Finanzierung der Sozialhilfe ein, allerdings ist ihrer Finanzlage heute weniger kritisch.

Historisch wurde die *berufliche* Armenfürsorge in Schweden ähnlich wie in Deutschland Mitte/Ende des 19. Jahrhunderts entwickelt. Der erste hauptamtliche Armenpfleger wurde 1861 in Göteborg von der Stadt angestellt.[432] Ende des 19. Jahrhunderts wurden in den damals noch wenigen größeren schwedischen Städten erste Armenpflegebüros *(Fattigvårdsbyråer)* als Vorläufer der heutigen Sozialbüros eingerichtet. Ein Warteraum für Besucher und das Dienstzimmer des hauptamtlichen Armenpflegers fanden sich in funktionaler Weise als „administrativer Arbeitsplatz" organisiert. In ihrer damaligen Ausgestaltung und Funktion wurde die Armenpflege zu einer öffentlichen, vor allem eben kommunalen und sozialadministrativen Angelegenheit. Auch diese verwaltungsmäßige Tradition besteht im Kern bis heute.[433]

Neben diesen „bürokratischen" Traditionen der Armenfürsorge als öffentliche und vor allem kommunale Verwaltungsaufgabe finden sich aber für die schwedische Sozialhilfe in ihren Wissensbezügen sowie in den typischen sozialberuflichen Handlungsmustern parallel weitere Einflüsse und Traditionslinien. So haben sich die berufliche Armenfürsorge und die heutige schwedische Sozialhilfe in ihren „Methoden" und in ihrer sozialberuflichen Praxis auch stark an der *Psychologie* und der *Medizin* orientiert.[434] In diesen Zusammenhängen wurde Sozialhilfebezug als „abweichendes Verhalten" gedeutet. Entsprechend bildeten individuell ausgerichtete therapeutische Behandlung oder soziale Kontrolle typische Formen der Intervention. Im Verlauf der 1970er Jahre erschienen diese Ansätze jedoch für den Bereich der Sozialhilfe zunehmend weniger überzeugend.

Kritische Beiträge kommen bezogen auf die schwedische Sozialhilfe in ihrer einerseits bürokratischen und andererseits psychologisch und „klinisch" orientierten Grundverfassung zu dem Befund, dass die Sozialhilfe in ihrer Entwicklung im Grunde auf dem Stand der 1970er Jahre verharrt und dass notwendige fachliche Neuorientierungen bislang weitgehend ausgeblieben sind.[435] Zwar wird die schwedische Sozialhilfe rechtlich und professional dem kommunalen Sozialdienst zugerechnet. Die frühen Vorbilder und Orientierungen für die Entwicklung professio-

---

[431] Vgl. Åström (2000: 20).
[432] In Deutschland wurde der erste hauptberufliche Stadtmissionar 1849 nach einer Ausbildung im Rauhen Haus in Hamburg *nicht kommunal*, sondern „intermediär" beim Besuchsverein der Inneren Mission angestellt. Seine Hauptaufgabe war neben der Mittelvergabe auch der Armenbesuch, so Dießenbacher (1986: 217).
[433] Zu diesen Entwicklungen der Sozialhilfe als Sozialverwaltungsdienst vgl. Billquist (1999).
[434] So die Befunde von Salonen (1995).
[435] Vgl. Salonen (1995).

nellen Handelns der schwedischen Sozialämter gaben jedoch nicht in erster Linie „interne sozialarbeiterische Leitbilder", sondern diese kamen einerseits über die öffentliche Verwaltung und andererseits über die Psychologie und Medizin. Entsprechend werden die Organisationsformen und Arbeitsweisen der heutigen Sozialbüros in Schweden auch als unzeitgemäß beschrieben. Vorgeschlagen wurde etwa, dass sich die Praxis der Sozialbüros stärker an den heutigen „originären" sozialarbeiterischen Handlungsformen ausrichten müssen und dass entsprechende sozialberufliche Handlungsformen auf der Basis wissenschaftlicher und empirischer Befunde erst noch genauer zu entwickeln sind.[436]

Wenn auch historisch ähnliche Ausgangslagen vorzufinden sind, so zeigen sich die Gewichtungen und Einflüsse bestimmter „Wissenskulturen" im Verlauf der Armenfürsorge und für die spätere Entwicklung der Sozialhilfe in ihrer beruflichen Praxis und als „Profession" demnach in Deutschland und Schweden unterschiedlich. Während die deutsche Sozialhilfe seit je her stärker als Verwaltungshandeln mit sozialarbeiterischen Elementen gilt, kann die schwedische Sozialhilfe sozialberuflich gesehen ihrer historischen und wissenskulturellen Entwicklung nach offenbar weniger eindeutig dem Verwaltungshandeln zugeordnet werden. Dies spiegelt sich schließlich bis heute darin wieder, dass in der deutschen Sozialhilfe ganz überwiegend Verwaltungsfachkräfte und Juristen beschäftigt sind, wohingegen in der schwedischen Sozialhilfe ganz überwiegend die in den Sozialdiensten universell einsetzbaren „Socionomer", teilweise ergänzt um Verwaltungskräfte, beschäftigt sind. Wie sich dies empirisch genau zeigt, wird zu untersuchen sein.

2. Arrangements und Reformen der Sozialhilfe zwischen 1960 und 1982

In der neueren historischen Entwicklung der schwedischen Sozialhilfe lassen sich drei Prinzipien erkennen, die in den Reformen zentral waren und die sich jeweils nacheinander ergänzt bzw. abgelöst haben.[437] In den 1960er Jahren und zu Beginn der 1970er Jahre galt zunächst noch ein *funktionales Prinzip*. Ausgehend von der normativen Gliederung in drei unterschiedlichen Gesetzeswerken zur Kinder- und Jugendfürsorge (LVU), der Suchtkranken-/Alkoholikerfürsorge (LVM) und der Sozialhilfe *(Socialhjälpslagen)* wurden die sozialen Dienste in den 1960er und 1970er Jahren entsprechend ihrer Funktionen und Zielgruppen organisiert und professionalisiert. Im Anschluss an frühere Armenpflegeverordnungen und Armengesetze galt seit 1957 das damals detaillierte Sozialhilfegesetz *(Socialhjälpslagen)*. Es enthielt dem Prinzip der Detailgesetzgebung entsprechend ähnlich detaillierte Regelungen

---

[436] Vgl. Salonen (1995), der für eine weitere Entwicklung der Sozialhilfe im institutionellen Arrangement der Sozialarbeit eintritt, diese Entwicklung aber auf der Grundlage wissenschaftlich begründeter Handlungsformen sehen möchte, die spezieller die besonderen Anforderungen und Aufgaben der Sozialhilfe berücksichtigen.

[437] Zu diesen Prinzipien der Entwicklung der Sozialhilfe vgl. Billquist (1999).

wie das deutsche Sozialhilferecht ab 1962, allerdings noch keinen wirklich verbindlich geregelten Rechtsanspruch auf Sozialhilfe. Dieser wurde in Schweden erst mit dem Sozialdienstgesetz von 1982 eingeführt, so dass die Kommunen im Rahmen des Sozialhilfegesetzes von 1957 in den 1960er und 1970er Jahren zwar detaillierte rechtliche Vorgaben zur Ausführung der Sozialhilfe zu beachten hatten. In den Leistungsniveaus und in der Einräumung eines Rechts auf Sozialhilfe bestand jedoch eine sehr heterogene Praxis fort.

Im Verlauf der *1970er Jahre* setzte sich in den Sozialdiensten das sogenannte *Familienprinzip* durch, wonach sich die sozialen und sozialarbeiterischen Interventionen aus dem individuellen und familiären Bedarf und entsprechenden Bezügen herleiteten. Alle drei bestehenden detaillierten Rechtsbereiche in Form der Kinder/Jugendhilfe, der Suchtkrankenhilfe und der Sozialhilfe wurden in ihrer Umsetzung sozusagen aus einer Hand durch Sozialarbeiter abgedeckt. Organisatorisch bildete sich dieses Prinzip in der Zusammenführung der Spezialisten in *ein* kommunales Sozialpflegebüro *(Socialvårdsbyrå)* ab und professional war der Einsatz von Fürsorgern *(Kuratorer)* und Sozialarbeitern *(Socionomer)* üblich.

Die schwedische Sozialhilfe hat ihre letzte „große" Reform im Zusammenhang mit der Kritik an den Zwangsmaßnahmen des Wohlfahrtsstaates in den 1970er Jahren mit der Einführung des Sozialdienstgesetzes 1982 erfahren. In den 1970er Jahren war die schwedische Sozialarbeit generell und damit auch die schwedische Sozialhilfe stark von kritischen Reformansätzen geprägt. Waren die 1960er und 1970er Jahre vom funktionalen Prinzip, später dann vom Familienprinzip gekennzeichnet, so wurde Anfang der *1980er Jahre* mit dem Begriff und der Norm einer *„Ganzheitlichkeit"* (*Helhetssyn*) eine veränderte institutionelle Problembearbeitung angestrebt, die auch für die Sozialhilfe prägend wurde.[438] Nicht allein das Hauptproblem, etwa eine materielle Krisensituation, sondern die gesamte Lebenssituation der Bürger sollte auch in der Sozialhilfe stärker als Ausgangspunkt und Ziel sozialer Interventionen berücksichtigt werden.[439] Dabei wurde zwar ein Lebenslagenbezug entwickelt, der Bezug auf die Lebensläufe und damit die Zeit- und Verlaufsperspektive sozialer Interventionen blieb aber im damaligen Verständnis von „Helthet" weiter nachrangig. Nachdem die Fachlichkeit von Sozialarbeit und Sozialhilfe zuvor stark durch psychologische und medizinische Orientierungen beeinflusst war, spielten in der Reformdebatte ab Anfang der 1970er Jahre Begriffe wie Demokratie *(Demokrati)*, Gleichheit *(Jämlikhet)*, Solidarität und Sicherheit *(Trygghet)*, Normalisierung *(Normalisering)* und vor allem die Freiwilligkeit *(Frivillighet)* eine

---

[438] Die Entwicklung und das Verständnis des für die schwedische Sozialarbeit zentralen Begriffs der „Ganzheitlichkeit" *(Helhetssyn)* werden von Bergmark (1998: 25 ff.) genauer dargestellt. Zu den normativen Grundlagen und den Deutungen vgl. auch Statens Offentliga Utredningar SOU (1999a: 79 ff.).

[439] Vgl. Billquist (1999).

besondere Rolle.[440] Im Verlauf der Reformdebatte wurde schließlich dem Grundsatz der Ganzheitlichkeit *(Helhetssyn)* als Arbeitsprinzip im Entwurf des neuen Sozialdienstgesetzes ein hoher Stellenwert eingeräumt. Auf der Basis der Regelungen eines Rahmengesetzes sollten diese grundlegenden Prinzipien künftig auch für die Sozialhilfepraxis gelten. Vor allem im Prinzip der „Ganzheitlichkeit" wurden zahlreiche Reformziele handlungstheoretisch zusammengeführt und im Sozialdienstgesetz von 1982 für die Zukunft normiert. Prinzip und die Sichtweise einer „Ganzheitlichkeit" *(Helhetssysn)* beinhalten dabei, *„die Situation des Einzelnen im Verhältnis zu der gesamten sozialen Umwelt zu sehen und zu verstehen".* [441] Dieses Prinzip prägt zumindest normativ und im theoretischen Arbeitsverständnis die schwedische Sozialhilfe bis heute. Es bildet ein Hauptmerkmal, nach dem die Sozialhilfe tendenziell eher als Sozialarbeit und nicht vorrangig oder ausschließlich als Sozialverwaltung zu verstehen ist. Die Praxis des Prinzips ist im Rahmen der Fallstudie zu klären.

Mit dem normativ und rechtlich tief verankerten Prinzip der „Ganzheitlichkeit" wurde die Gestaltung sozialer Interventionen im Kontext der schwedischen Sozialarbeit weniger funktional und zugleich auch weniger stark auf der Grundlage von verschiedenen Einzelgesetzen ausgerichtet als in Deutschland, sondern soziale Dienste und Leistungen waren stärker an Lebenslagen orientiert. Die Sozialhilfe wurde nicht als isoliertes Leistungssystem sondern als integrierter Teil der Sozialdienste und der Sozialarbeit verstanden, was auch mit ihrer Neuregelung über das Sozialdienstgesetz von 1982 zum Ausdruck gebracht wurde. Mit dem Sozialdienstgesetz wurden Kinder- und Jugendhilfe, Suchtkrankenhilfe und Sozialhilfe *(Socialbidrag)* hinsichtlich der gemeinsamen grundlegenden Normen für die Praxis zusammengefasst und in einem zielorientierten Rahmengesetz geregelt. Mit § 6 SoL wurde ein Rechtsanspruch *(rätten till bistånd)* auf eine materielle Existenzsicherung eingeführt. Die oben genannten Prinzipien waren bestimmende Normen und Orientierungen, die im Sozialdienstgesetz verankert wurden und nach denen die Praxis der Sozialdienste zu gestalten war.

Im Ländervergleich lässt sich in diesen Zusammenhängen eine These aufstellen, wonach weniger die Ministerialbürokratie und Rechtsexperten – wie Ende der 1950er Jahre in Deutschland – sondern eine kritische Reformbewegung der Sozialarbeit und Sozialverwaltung in den 1970er Jahren das heutige schwedische Sozialhilferecht entscheidend beeinflusst haben. Die in Schweden 1982 vollzogene Reform mit der Einführung neuerer Prinzipien der Sozialarbeit blieb im Grunde in der deutschen Sozialhilfe/Grundsicherung (SGB II und SGB XII) bis heute aus. Auch die Kommunen und der schwedische Kommunalverbund *(Svenska Kommunförbundet)* sahen nach 1982 gute Chancen, die Sozialhilfe zu einer modernen

---

[440] Zu den Prinzipien vgl. auch Norström/Thunved (1999: 30 f.) und § 1 SoL.
[441] Vgl. Salonen (1995: 7).

„Serviceorganisation" zu entwickeln. Rückblickend wurde zur Modernisierung der schwedischen Sozialhilfe *Anfang der 1980er Jahre* beispielsweise formuliert:

> *„Die strikte Behördenkultur mit einer individuellen Sachbearbeitung einzelner Fälle, die bisher die Arbeit in den Sozialbüros dominiert hat, sollte ersetzt werden durch eine wissensgesteuerte Serviceorganisation, die sowohl im Rahmen individueller, gruppenbezogener und vorbeugender Maßnahmen arbeiten sollte."* (Svenska Kommunförbundet 1998: 17)

Steuerungs- und interventionstheoretisch ist erkennbar, dass neben der Einzelfallhilfe, die für die 1960er und 1970er Jahre noch kennzeichnend war, in den 1980er Jahren auch stärker *gruppenbezogene* und *präventive* Maßnahmen im kommunalen Sozialdienst erbracht werden sollten. Auch dies wurde im Zusammenhang mit dem neuen Sozialdienstgesetz normiert.[442] Ferner wurde eine Entwicklung hin zu einer *„wissensbasierten und wissensgesteuerten sozialen Dienstleistung"*, ausdrücklich verstanden als Serviceorganisation, als Ziel der Reformstrategien schon in den 1980er Jahren beschrieben. Bis heute bilden die genannten Reformziele vielerorts auch kommunal weiterhin wichtige Zielsetzungen für die schwedischen Sozialbüros. Sie gerieten allerdings im Verlauf der 1990er Jahre unter den starken Einfluss der Folgen von Massenarbeitslosigkeit, die Rückwirkungen auf die Entwicklung des Sozialdienstes hatte. Auch durch den Diskurs einer „aktivierenden Sozialpolitik" gerieten die früheren Reformziele zumindest zeitweise in den Hintergrund oder wurden durch die Entwicklungen der 1990er Jahre modifiziert.

Zur *Organisation* der Sozialbüros und der Sozialhilfe ist festzustellen, dass diese im Verlauf der 1980er und zu Beginn der 1990er Jahre in den schwedischen Kommunen ebenfalls vielerorts eine grundlegende Veränderung erfuhr. Im Rahmen einer Untersuchungskommission *(Socialutredning)* wurde 1977 unter anderem in der Ausrichtung auf die Reformziele einer „Normalisierung", Entstigmatisierung und Dienstleistungsorientierung der Sozialhilfe das sogenannte *„SOFT-System"* vorgeschlagen. Das Modell beinhaltet einen Sozialversicherungszuschlag *(Socialförsäkringstillägg)*, der getrennt von der Organisation des kommunalen Sozialdienstes im Rahmen eines vereinfachten Antrags- und Bewilligungsverfahren als monetäre Transferleistung über die Versicherungskassen zur Auszahlung kommt. Der ermittelte Sozialhilfeanspruch wird also nicht separat von der Kommune ausgezahlt, sondern ergänzend als Zuschuss zu anderen Leistungen, die ohnehin von der Versicherungskasse erbracht werden. Die Finanzierung der Sozialhilfe verbleibt allerdings in dem Modell kommunal. In den Organisationsformen des SOFT-Systems sind schließlich meist auch keine Socionomer tätig, sondern „SOFT-Sachbearbeiter". Das Aufgabenfeld entspricht eher dem einer Verwaltungsfachkraft wie sie die deutsche Sozialhilfe kennt. Das System beinhaltet demnach eine funktionale Auf-

---

[442] Vgl. Norström/Thunved (1999: 41 f.).

teilung von ökonomischer Transferleistung durch die Versicherungskasse und der persönlichen Sozialberatung, die weiterhin im kommunalen Sozialdienst erbracht wird. Rollenkonflikte werden mit dem Modell verringert und die Bedingungen und Voraussetzungen für eine Koproduktion im Bereich der persönlichen und pädagogischen Dienstleistungen der Kommune deutlich verbessert. In einer Reihe von Kommunen wurden im Verlauf der 1980er Jahre in einer Zusammenarbeit mit Versicherungskassen entsprechende Pilotprojekte eingeführt.[443] Bis heute arbeiten manche Kommunen auch weiterhin nach diesem Modell, worin ebenfalls ein Faktor für die heterogene Gewährungspraxis zu sehen ist.[444] Auch dieses Modell zeigt, wie vielfältig die Sozialhilfe in Schweden in der Praxis bzw. in den Interventionsformen gestaltet ist und auch wie schwierig ihre Zuordnung im Tätigkeitsfeld zwischen Sozialverwaltung und Sozialarbeit ist.

In rechtlicher Hinsicht und in der *Rechtspraxis* der schwedischen Sozialhilfe setzte Ende der 1970er Jahre eine Entwicklung ein, die dazu führte, dass eine zuvor vor allem sozialarbeiterisch bzw. fürsorgerisch ausgerichtete Praxis, die am Sozialhilfegesetz ausgerichtet war, stärker durch rechtliche Regelungen, detaillierte Richtlinien und durch Normkonstruktionen *unterschiedlichster institutioneller Ebenen* des Wohlfahrtsstaates gerahmt und beeinflusst wurde. Unterschiedlichste wohlfahrtsstaatliche Ebenen, wie Zentralstaat, nationale Sozialbehörde *(Socialstyrelsen)*, Kommunalpolitik und -verwaltung, Gerichte und auch fachliche Hinweise und Empfehlungen sowie das Erfahrungswissen der Sozialarbeiter waren jeweils in den Entscheidungen einer Bedarfsermittlung und Bedürftigkeitsprüfung aufeinander zu beziehen. Diese Entwicklung einer stärkeren Verregelung des Aufgabenfeldes hält bis heute an. Ausgangspunkt dieser „mehrebigen Normierung" der Sozialhilfe war und ist das Streben nach Standards und nach einer möglichst einheitlichen oder vergleichbaren Gewährungspraxis. Bis heute ist diese sozialwissenschaftlich wie auch aus rechtlicher Perspektive wünschenswerte einheitliche und möglichst rechtmäßige Gewährungspraxis in der schwedischen Sozialhilfe nicht vergleichbar erreicht wie in der deutschen Sozialhilfe. Defizite in der Rechtmäßigkeit und die Rechtssicherheit sind weiterhin zentrale Themen der schwedischen Fachdebatte.

Dieser Überblick über die Entwicklung der schwedischen Sozialhilfe, ergänzt um zentrale Befunde zu den Reformstrategien und im Zusammenhang mit den Formen und Mustern sozialer Interventionen verdeutlicht: Die schwedische Sozialhilfe hat sich aus der Verwaltungstradition der kommunalen Armenfürsorge

---

[443] Vgl. Socialdepartementet (1986: 191 ff.).
[444] Vgl. Hydén u.a. (1995). Bei einer Umfrage von Bergmark (2000: 151) unter 147 Sozialbüros wurde von 64 Sozialbüros mitgeteilt, dass eine Variante der vereinfachten Sachbearbeitung orientiert am „SOFT-System" oder am „EGT-System" innerhalb der Kommune praktiziert wurde. Die Modelle entsprechen aber meist nicht dem ursprünglich konzipierten Ansatz, die Versicherungskassen in die Zahlbarmachung mit einzubeziehen.

entwickelt, wurde bereits früh um psychologische und medizinische Sichtweisen und Handlungsformen in ihrem professionalen Grundverständnis erweitert und eine eindeutige professionale Zuordnung war zunächst nur schwer möglich. *Institutionentheoretisch betrachtet ist die schwedische Sozialhilfe jedoch inzwischen eindeutig der Sozialarbeit zuzuordnen. Normativ* und *rechtlich* ist sie im Sozialdienstgesetz geregelt, das als zielorientiertes Rahmengesetz konstruiert ist. *Organisational* betrachtet ist sie ganz überwiegend – mit Ausnahme von „SOFT-Projekten" – im kommunalen Sozialdienst integriert. *Professional* wird sie ganz überwiegend von „Socionomer" bzw. von SozialarbeiterInnen erbracht und auch *interaktional* orientiert sich die schwedische Sozialhilfe an sozialberufliche Handlungsmuster, die nicht allein dem Verwaltungshandeln sondern ebenso der Sozialarbeit entsprechen. Insoweit unterscheidet sich also die Sozialhilfe in Schweden nach ihren institutionellen Merkmalen und Arrangements offenbar doch grundlegend von der Sozialhilfe in Deutschland.

3. Die Sozialhilfe in den 1990er Jahren: Massenarbeitslosigkeit in ihren Rückwirkungen auf institutionelle Arrangements und Rechtsgrundlagen

Die Hauptmerkmale in der Entwicklung der schwedischen Sozialhilfe sind für die 1990er Jahre eine weitere Ausdifferenzierung und Spezialisierung der Leistungen und Dienste und eine organisational und professional deutlicher vorgenommene Unterscheidung zwischen der *„Behördenfunktion"* *(Myndighetsfunktion),* die etwa die Annahme, Prüfung, Kontrolle, Bescheiderteilung, wie auch die Ablehnung eines Antrages auf Sozialhilfe beinhaltet. Daneben steht die „Beratungsfunktion" *(Råd och stödfunktion).* Um diese beiden Funktionen auch gegenüber dem Bürger sowie in den Rollendefinitionen von Hilfe und Kontrolle deutlicher werden zu lassen, wurden in den Sozialbüros Anfang der 1990er Jahre die Teams entsprechend den Funktionen organisatorisch möglichst getrennt, oder es wurden Organisationsmodelle eingeführt, die sich am beschriebenen „SOFT-System" ausrichten. Die Sozialbüros waren allerdings weiterhin bemüht, den Grundsatz einer möglichst „ganzheitlichen" Problembearbeitung sowohl in den Organisationsformen wie auch in den sozialberuflichen Handlungsmustern in der Praxis zu realisieren.

Bezogen auf die Sozialhilfe wurde noch zu Beginn der 1990er Jahre der die Sozialarbeit im Grunde fortlaufend beschäftigende Konflikt zwischen Hilfe und Kontrolle intensiv thematisiert. So wurde etwa aus einer professionsethischen Perspektive formuliert, die Sozialhilfe solle – auch und gerade als letztes Netz der sozialen Sicherung gemäß den Regelungen des Sozialdienstgesetzes eine im Vergleich zu den übrigen, vorrangigen Leistungen des Wohlfahrtsstaates möglichst normale Dienstleistung sein. Ziel müsse es sein, dass die Bürger sich weder in qualitativer Hinsicht noch der monetären Höhe nach durch den Leistungsbezug der Sozialhilfe stigmatisiert fühlten. Die Sozialhilfe müsse auch weiterhin ein „normales

Leben" in der Gesellschaft ermöglichen.[445] Bezogen auf die Erbringung der Leistungen der Sozialhilfe wurde festgestellt, dass diese angestrebte Normalität am ehesten durch eine vereinfachte, möglichst standardisierte Leistung der monetären Transfers nach dem zuvor erprobten SOFT-System in Standards und Interventionsformen der öffentlichen Sozialversicherungskassen *(Försäkringskassan)* zu gewährleisten ist. Dies hätte eine Entwicklung bedeutet, in der die Sozialhilfe in ihrer Funktion als monetäre Transferleistung als Leistung der Sozialverwaltung erbracht würde und die beratenden Funktionen der Sozialhilfe hiervon abgekoppelt separat von der Sozialarbeit erbracht worden wären. Zu diesem Ansatz wurde beispielsweise Anfang der 1990er Jahre noch ausgeführt:

> *„Je mehr das Recht auf Hilfe betont wird und je mehr die Gewährungspraxis der Sozialhilfe nach den sozialversicherungsmäßigen Prinzipien erfolgt, desto weniger werden Klienten der Sozialhilfe gedemütigt und um so eher erfahren Klienten die Situation des Sozialhilfebezugs als normal".* (Pettersson 1990: 31)

Die Vorstellung und auch eine Reformstrategie, nach der die Sozialhilfe als „ganz normale" soziale Dienstleistung dem in Schweden verbreiteten Prinzip des „möglichst guten Services" entsprechend zu entwickeln wäre, war in der Fachdebatte verbreitet. Sie stieß auch im Ministerium und bei den Kommunen nicht auf massive Widerstände. Das SOFT-System oder vergleichbare Modelle wie das EGT-System *(Ekonomisk Grundtrygghet)* setzten sich im Verlauf der 1990er Jahre dennoch nicht in ihren ursprünglichen Zielsetzungen durch. Vielerorts blieben Fragmente in Form einer „vereinfachten Sachbearbeitung" übrig, die in bestimmten Fallkonstellationen einfacher und meist kontinuierlich bestehender monetärer Hilfebedarfe beibehalten wurden.[446] Die Gründe für das Scheitern des SOFT-Modells wären genauer zu untersuchen. Die Sozialhilfe verblieb vollständig im Aufgabenbereich des kommunalen Sozialdienstes – mit Ausnahme von Kommunen, die am reinen SOFT-Modell festhielten. Allgemein gilt aber, dass sie weiterhin in verbundener Weise monetäre Transferleistung und beratende persönliche Hilfen im institutionellen Arrangement des kommunalen Sozialdienstes beinhaltet.

Mit ansteigender Arbeitslosigkeit zu Beginn der 1990er Jahre und dann in der Phase der Massenarbeitslosigkeit Mitte der 1990er Jahre zeigt sich eine veränderte Ausrichtung der Reformdebatte. So führten der massive Ausgabenanstieg in der Sozialhilfe bei den Kommunen zu einer tendenziell restriktiveren Ausrichtung in den Programmen und die international forcierte Debatte um Workfare und Konzepte der „Arbeit statt Sozialhilfe" erhielten auch in Schweden stärkere Aufmerk-

---

[445] So etwa die Forderung einer Forschergruppe, die sich mit grundlegenden Fragen der „Ethik" im Sozialdienst und in der Sozialhilfe befassten. Vgl. Pettersson (1990: 31).

[446] Vgl. Bergmark (2000).

samkeit.[447] Der bisher weitgehend sozialhilfeintern und stark sozialberuflich ausgerichtete Reformdiskurs wurde um einen arbeitsmarktbezogenen Reformdiskurs erweitert. Die „Normalität" im Anspruch und in der Gewährung von monetären Transferleistungen wurde weniger aus der Perspektive des Rechtsanspruchs, der Serviceorientierung öffentlicher Dienstleistungen und einer Ethik im Sozialdienst betrachtet, sondern fortan sehr viel stärker über die Frage des Nachweises der Arbeitsbereitschaft, der Mitwirkung und der Pflichten des Bürgers definiert. Die schwedische Sozialhilfepraxis und die gesamte Reformdebatte veränderte ihr Gesicht unter dem Einfluss der Massenarbeitslosigkeit und infolge des Anstiegs des Anteils der Arbeitslosen im Sozialhilfebezug in den 1990er Jahren innerhalb weniger Jahre nachdrücklich. Ausdruck dieser Reformentwicklungen sind etwa das „Uppsalamodell" oder auch das „Hallstahammarmodell", die jeweils Anfang/Mitte der 1990er Jahre entwickelt wurden. In den Arbeitsweisen der Sozialhilfe setzen diese Modelle auf eine stärker eingeforderte Mitwirkung der Bürger, auf engere Kontaktmuster und sie rekurieren in Anlehnung an die traditionelle „Arbeitslinie" stärker und direkter auf die Verpflichtungen zur Erwerbsarbeit oder zur Teilnahme an arbeitsmarktpolitischen Maßnahmen.[448] Um diese Formen der Motivationsarbeit und der direktiven Verhaltenssteuerung und intensivere Kontaktmuster zu pflegen, war es ebenfalls von Vorteil, Socionomer in der Sozialhilfe zu beschäftigen. Im Verlauf der 1990er Jahre wurden in Schweden zahlreiche weitere „Modelle" für die Arbeit in den Sozialbüros entwickelt.[449] Diese meist aus kommunalen Initiativen entwickelten Modelle sind einerseits ein Beleg mehr für die beträchtlichen kommunalen und professionalen Gestaltungsmöglichkeiten. Sie drücken aber andererseits auch ein weitgehend unklares Profil aus, das für die Sozialhilfe als Fachdienst der Sozialarbeit im Verlauf der 1990er Jahre bestand und bis heute besteht.

Bis Ende der 1990er Jahre setzte sich auch nach Befunden von Billquist (1999) im Zusammenhang mit der Sozialhilfe ein Orientierungsmuster durch, die sozialen Dienste und Leistungen stärker *dienstleistungsorientiert, beratend und aktivierend"* zu gestalten, wobei die Hilfen zu Wegen aus dem Sozialhilfebezug immer stärker in das programmatische Interesse rückten und mit den Gesetzesänderungen von 1998 konkreter normiert wurden. Nach ihrer empirischen Untersuchung zur Sozialhilfepraxis in Göteborg waren jedoch insbesondere die Erstkontakte weiterhin in hohem Maße *von einem bürokratischen Rahmen geprägt"*. Die Kontakt- und Gesprächs-

---

[447] Vgl. beispielsweise Statens Offentliga Utredningar SOU (1999: 99-102).

[448] Das „Uppsalamodell" wurde von einer Socionomin im Sozialdienst der Stadt Uppsala entwickelt. Vgl. Rönnlund (1992) und Karlsson (1999). Hierzu und zum ähnlich konzipierten „Hallstahammarmodell" vgl. Mosesson/Jönsson (1998: 52 ff.) oder Bergmark (2000: 157 f.). Für Ende der 1990er Jahre weisen Umfragen unter den schwedischen Kommunen aus, dass in 40 % der Kommunen eine Variante des Uppsalamodells eingeführt war. Vgl. Socialstyrelsen (1999: 57).

[449] Einen Überblick zu den zahlreich entwickelten Modellen geben Mosesson/Jönsson (1998: 52 ff.).

muster innerhalb dieses bürokratischen Rahmens variieren aber zwischen unterschiedlichen Sozialbüros und auch zwischen verschiedenen Mitarbeitern erheblich. Sie reichen von rein bürokratischer Sachbearbeitung bis zu einer empathischen Sozialberatung. Möglicherweise machte aber genau diese Unbestimmtheit und die gesamte Breite der Möglichkeiten und der Praxis sozialer Interventionen das Leitbild und die Programme einer „aktivierenden Sozialpolitik" gegen Ende der 1990er Jahre mit aus, und die Merkmale sozialer Intervention waren und sind eher davon abhängig, mit welchen Empfängergruppen die Sozialhilfe jeweils Kontakt hat.

Zwar wurde von einzelnen Autoren der Zusammenhang zwischen der massiven Zunahme der Zahl der Sozialhilfebeziehenden und dem Ausgabenanstieg bei den Kommunen einerseits und der begrenzten Fähigkeiten des vorrangigen wohlfahrtsstaatlichen Sicherungssystems, eine wirtschaftliche Grundsicherheit für Arbeitslose sicherzustellen, empirisch belegt.[450] Dennoch fokussierte die Reformdebatte immer stärker auf die kommunale Ebene und wurde stets im Zusammenhang mit dem massiven Anstieg der Ausgaben in der Sozialhilfe gesehen. Die Fragen der Arbeitsweisen und „Methoden" in der Sozialhilfe gerieten stärker unter den Einfluss einer auf „Aktivierung in den Arbeitsmarkt" ausgerichteten Sozialpolitik.[451] Workfare-Debatte und Dependency-These hinterließen auch in Schweden in der Praxis und in der Reformdebatte der Sozialhilfe ihre Spuren, obwohl die Erfahrung der Vollbeschäftigungspolitik noch jung war. Eigentlich belegen die Erfahrungen der Vollbeschäftigung, dass sich das Problem der Arbeitsbereitschaft kaum stellt, wenn hinreichend Arbeitsplätze vorhanden sind, und dass es sich bei den Problemen primär um makroökonomische und arbeitsmarktbezogene Probleme – nicht jedoch um Probleme der Arbeitsweisen und Methoden in der Sozialhilfe und im Sozialdienst handelte.

Im Zusammenhang mit den in den 1990er Jahren entwickelten Programmen der „aktivierenden Sozialpolitik" unter dem Stichwort „Arbeit statt Sozialhilfe" trat allerdings die Frage der Relation von Rechten und Pflichten, von Freiwilligkeit und Zwang neu in den Vordergrund.[452] Das bereits aus professionstheoretischer und ethischer Perspektive formulierte Hauptproblem der schwedischen Sozialhilfe einer Verbindung von wirtschaftlicher Hilfe mit Formen der sozialen Kontrolle und Elementen des Zwangs blieb virulent. Über die Programme einer „aktivierenden Sozialhilfepolitik" wurde um so deutlicher erkennbar, dass die Sozialhilfe auch die Funktion erfüllt, über die wirtschaftliche Hilfe im Kontakt zum Bürger den Zugriff

---

[450] Vgl. Salonen (1997) sowie Bergmark (1990: 65), der die Enwicklungen einer „Kommunalisierung" der Folgen der Massenarbeitslosigkeit und der sozialer Dienste und Leistungen, wie sie dann im Verlauf der 1990er Jahre eintraten, bereits früh beschrieb.

[451] Ausdruck ist etwa die Studie von Byberg (1998), die explizit die „Arbeitsmethoden" in der Sozialhilfe unter Gesichtspunkten der „Effektivität" und der Kommunalfinanzen untersuchte (Byberg 1998: 76).

[452] Vgl. Johansson (2001).

der Institution auf immaterielle, psychosoziale und persönliche Bereiche und auf das Verhalten des Bürgers zu ermöglichen – weitergehend als das über die staatliche Arbeitsmarktpolitik oder über die Versicherungskassen möglich ist. Insoweit war auch ein Ausbau der Arbeitsmarktpolitik in engeren Bezügen zur kommunalen Sozialhilfe funktional.

Im Fachdiskurs wurden Normen und Leitbilder wie „Integrität" und die „Selbstbestimmung", Demokratie und Partizipation sowie Rechtmäßigkeit und Rechtssicherheit weiterhin thematisiert und sie waren seit 1982 im Sozialdienstgesetz rechtlich wenn auch nur allgemein normiert. In diesen Zusammenhängen und verstärkt unter dem Einfluss einer am Arbeitsmarkt ausgerichteten Sozialhilfepolitik sind für die Praxis der schwedischen Sozialhilfe vier Konfliktlinien erkennbar.[453] Diese Konfliktlinien lassen sich ausgehend von den in den einleitenden Kapiteln vorgestellten theoretischen Untersuchungsansätzen auch in der Perspektive der theoretischen Grundlagen zu sozialen Interventionen betrachten. Sie verweisen auf zentrale Gestaltungsfragen sozialer Interventionen in einem „Interventionsmix":[454]

1. Einerseits das Recht der Bürger auf Integrität und Schutz der Persönlichkeit, andererseits die weitreichenden Möglichkeiten der wohlfahrtsstaatlichen Institution Sozialhilfe, Einblick in die privaten Verhältnisse der Bürger zu nehmen, mit dem *Ziel, eine umfassende Einkommens- und Vermögensprüfung* durchzuführen und Sozialhilfemissbrauch bzw. Sozialbetrug zu vermeiden. Hier deuten sich grundsätzliche Gestaltungsfragen zwischen *rechtlicher* Interventionsform und *ökonomischer* Interventionsform an, die zugleich die Wirksamkeit und Zielerreichung sozialer Interventionen mit ansprechen.

2. Einerseits das Recht der Bürger auf Integrität und Schutz der Persönlichkeit, andererseits die Möglichkeiten der wohlfahrtsstaatlichen Institution Sozialhilfe, weitreichenden Einblick in die privaten Lebensverhältnisse zu nehmen, meistens verbunden mit dem *Ziel, psychosoziale Probleme der Leistungsberechtigten aufzudecken und zu beeinflussen*, die Wegen aus der Sozialhilfe bzw. einer Integration in den Arbeitsmarkt entgegenstehen. Hier Gestaltungsfragen angedeutet, die *rechtliche* Interventionsformen und *pädagogische* Interventionsformen gleichermaßen berühren.

3. Einerseits das Recht der Bürger auf Selbstbestimmung, andererseits eine recht weitgehende institutionelle Kontrolle und Disziplinierung mit dem Ziel, die Bürger zur *Mitwirkung* im Hilfeprozeß zu bewegen. Hiermit ist neben *rechtlichen* Interventionsformen direkt die Ebene der *Koproduktion* angesprochen.

---

[453] Zu den vier Konfliktlinien vgl. Bergmark (1990).
[454] Zu den theoretischen Grundlagen sozialer Interventionen vgl. vor allem Kaufmann (1982 u. 1999).

4. Einerseits das Recht der Bürger auf Selbstbestimmung, andererseits eine institutionelle Kontrolle und Disziplinierung dahingehend, die Bürger zu einer Selbsthilfe und Selbstversorgung zu bewegen. Auch in dieser Konfliktlinie ist die *rechtliche* Interventionsform und die Ebene der *Koproduktion*, aber auch der Aspekt der Initiierung von *Selbststeuerung* berührt.

Die vier Konfliktlinien verweisen interventionstheoretisch nicht nur darauf, dass auch und gerade in der Sozialhilfe soziale Anspruchsrechte und Schutzrechte in Relation zu individuellen Pflichten zu sehen und normativ und rechtlich möglichst in einem Gleichgewicht zu gestalten sind. Deutlich wird neben der Dimension der Koproduktion, dass über die Verbindung pädagogischer Interventionen und ökonomischer Transferleistung Konflikte im Prozess der Leistungserbringung zu bewältigen sind und anspruchsvolle Abstimmungsprozesse nnotwendig sind.

Bergmark (1990) folgert, dass die Sozialhilfeverwaltung als Organisation in einer Form zu entwickeln ist, welche die genannten Konflikte möglichst vermeiden hilft. Die Rechtsnormen und Grundlagen für die Entscheidungen in der Sachbearbeitung wären ebenfalls auf diese Konflikte hin zu prüfen und soweit wie möglich für die Praxis konfliktfrei zu gestalten. Schließlich liegt auch bei den Professionellen in der Sozialhilfepraxis eine erhebliche Verantwortung und sie verfügen über Möglichkeiten, die Konflikte im Einzelfall auszuhandeln und aufzulösen. Voraussetzung hierfür ist allerdings, dass die Konflikte den Mitarbeitern bekannt sind, und dass sie im Umgang damit und in den Aushandlungsprozessen entsprechend geschult sind. Für diese Aushandlungs- und Bewertungsprozesse stellt sich letztlich in jedem Einzelfall für die Professionellen der Sozialhilfe die Frage nach der Abgrenzung von Integrität und Selbstbestimmung der Sozialhilfebeziehenden einerseits und den institutionellen Eingriffen und Kontrollen andererseits. Angesprochen ist mit den beschriebenen Konflikten – wenn auch indirekt – einmal mehr das Dreieck von Demokratie, Effektivität und Rechtssicherheit, das sich in kommunalen Dienstleistungsproduktionen generell ergibt.[455]

Die von Bergmark eingeforderte Reformstrategie wurde bisher nicht umgesetzt. Auch andere Autoren sehen die schwedische Sozialhilfepraxis und die Organisation der Sozialbüros Mitte der 1990er Jahre aufgrund ausgebliebener struktureller Reformen in der jetzigen Form gewissermaßen an einen Endpunkt ihrer Entwicklung angekommen. Es wird die Notwendigkeit einer *grundlegenden* Neuorientierung für die schwedische Sozialhilfepolitik beschrieben. Zwei wesentliche Einflusslinien lassen sich resümierend für die 1990er Jahre erkennen, die eigentlich in

---

[455] Vgl. Wallenberg (1997).

Schweden – ähnlich auch in Deutschland – zu der vorgeschlagenen Neuorientierung der kommunalen Sozialhilfe zwingen müssten:[456]

Zunächst ergibt sich eine *extern bedingte Reformnotwendigkeit*. Dieses leitet sich aus der sozialen und ökonomischen Krise des Wohlfahrtsstaates und aus den gesellschaftlichen Veränderungen her. Die Ausweitung sozialer Ungleichheiten, die Massenarbeitslosigkeit der 1990er Jahre, in deren Folge auch die Sozialhilfe stark belastet wurde, und neue soziale Probleme sowie der Abbau in den öffentlichen Leistungen stellen auch an die Sozialhilfe neue Anforderungen. Im Zusammenhang mit diesem externen Reformdruck auf die Sozialhilfe nennt Salonen (1995) auch in der Zeit- und Handlungsdimension wichtige Veränderungen, die sich weniger normativ oder rechtlich, sondern vor allem soziologisch und aus der *Lebenslaufperspektive* ergeben. Vor allem nennt er auch für Schweden die heute verbreiteten Diskontinuitäten in der Lebensplanung und -orientierung und in den tatsächlichen Lebensverläufen. Arbeitsplatz, Wohnort und auch Partnerschaften bilden in deutlich geringerem Maße „lebenslange Projekte" als noch in den 1960er und 1970er Jahren. Schon insoweit unterscheidet sich die heutige Armutsklientel der Sozialhilfe grundlegend von früheren Generationen. So hat bereits jede/r dritte 17jährige Schwede/in eine Familienbiografie, in der die Trennung der Eltern stattgefunden hat. Auch die deutlich höheren Quoten der Zu- und Einwanderung seit den 1980er Jahren führt dazu, dass das ehemals kulturell sehr homogene Schweden inzwischen als Einwanderungsland „multikulturell" ist, was vor allem für die Großstädte gilt. In der Sozialhilfezeigt sich dies darin, dass die Quote der „außernordischen Mitbürger" unter den Sozialhilfebeziehenden überdurchschnittlich hoch ist. Diese meist extern bedingten Veränderungen erfordern auch veränderte normative und kulturelle Handlungsorientierungen und veränderte Handlungsformen bei den Sozialarbeitern in der Sozialhilfe. Auf diese und weitere gesamtgesellschaftlich bedingte externe Einflüsse hat allerdings die kommunale Sozialhilfe in ihrer Organisation und in ihren Methoden bisher nicht hinreichend reagiert, so der Befund von Salonen. Demnach werden die Sozialbüros in ihrer Gestalt und in ihrer personellen Ausstattung der 1990er Jahre *als nicht wirklich in der Lage angesehen, diese neue Pluralität von Lebensstilen und Lebenslagen in den Konzepten, Methoden, Verfahrensabläufen und Handlungsmustern adäquat zu berücksichtigen.* Insgesamt gilt die schwedische Sozialhilfe noch stark als an den traditionellen Mustern der Armenpflege orientiert.

Neben den aus externen Einflüssen abzuleitenden Rerformerfordernissen bestehen auch *intern-bedingte Reformnotwendigkeiten*. Die schwedische Sozialhilfe weist bis heute einen stark stigmatisierenden Charakter auf und sie ist in ihrer Anwendung und Praxis nach wie vor uneinheitlich. Die Interaktionsmuster zwischen Sozialdienst und Bürgern sind tendenziell von Misstrauen geprägt. Der Bürger weiß

---

[456] Vgl. Salonen (1995) sowie Statens Offentliga Utredningar SOU (1995: 48-50).

nicht wirklich, in welchem Grad er/sie sich dem Sozialarbeiter anvertrauen kann. Es ist möglich, dass die gegebenen Informationen in einem anderen bzw. späteren Zusammenhang auch gegen ihn verwendet werden.[457] Die Rolle der Sozialarbeiter in der Sozialhilfe ist weiterhin gekennzeichnet durch die Verbindung der Beratungs- und Behördenfunktion, so dass Rollenkonflikte auftreten und die Interaktionen negativ beeinflussen.[458] Die „Methoden" und Verfahren werden in aus der Psychologie und Medizin hergeleitet und als „individuelle Behandlung" *(individuell behandling)* entwickelt und angewendet. Damit ist die Sozialhilfe in hohem Maße von einem *Konzept der Verhaltenssteuerung* geprägt. Tatsächlich sind allerdings aufgrund der massenhaft und in den 1990er Jahren vor allem arbeitslosbedingten Sozialhilfebedürftigkeit relativ einfache, meist rein monetäre Transferleistungen in gleichzeitig komplex gestalteten sozialadministrativen Verfahren und Abläufen zu erbringen. Der Begriff „Behandlung" verspreche den Bürgern zudem hinsichtlich der Effekte einer Problembearbeitung meist mehr als tatsächlich im Rahmen der Sozialhilfe und der bestehenden Arrangements einzulösen sei. Ferner stehen sich das Prinzip der *individuellen Bedarfsprüfung* und das Erfordernis einer *standardisierten massenhaften Armutsbekämpfung* in der institutionellen Logik diametral gegenüber.[459]

Die schwedische Sozialhilfe ist möglicherweise stärker als die deutsche Sozialhilfe/Grundsicherung normativ und in den Orientierungsmustern bis heute stark an einem *traditionellen Bild „des Armen"* orientiert. Dieses Bild beinhaltet typischerweise eine Vorstellung vom dauerhaft Armen, der von mehrfach kumulierenden Problemlagen betroffen sei und nur begrenzt selbst handlungsfähig oder handlungsaktiv sei. Wie Salonen (1995) feststellt, stimmt dieses Bild weder mit den Forschungsresultaten der dynamischen Armutsforschung überein noch mit den Realitäten der heutigen Adressaten der Sozialhilfe. Schon in den 1980er Jahren bezog jeder fünfte Einwohner in Schweden im Verlauf eines Jahres mindestens einmal Sozialhilfe. Salonen spricht kritisch von einer „traditionellen Sozialbyråkultur", die vom spezifisch doppelten Mandat der Hilfe einerseits und der Kontrolle andererseits geprägt sei. Sozialarbeitsfunktion und Behördenfunktion seien in der Sozialhilfe denkbar ungünstig verbunden. Im Ergebnisse führt die bis heute bestehende Organisations- und Leistungskultur schwedischer Sozialbüros nach den Befunden von Salonen dazu, dass diejenigen Adressaten, die nur *kurzfristig* reine wirtschaftliche Hilfe benötigen, dennoch einer Stigmatisierung und stark moralisch geprägten Interaktionsmustern unterworfen sind. Zugleich werden diejenigen mit *längerfristigem* intensiven Bedarf an Beratung, Betreuung und individuel-

---

[457] Vgl. Salonen (1995: 11).

[458] Gould (1988: 102) stellt zur Verbindung von Hilfe und Kontrolle in der schwedischen Sozialhilfe im Vergleich zum britischen System der Sozialhilfe fest: *In Sweden it is the social worker who, together with the client, must make the decisions. The social worker must play an active, not a passive part*".

[459] So die Befunde von Salonen (1995: 11 f.).

ler Förderung ebenfalls stigmatisiert und dabei aufgrund des „Laufbandprinzips" in ihrem Bedarf an Unterstützung nur unzureichend erreicht.[460]

Somit ist *im Resümee* auch für die schwedische Sozialhilfe in ihrem institutionellen Arrangement festzustellen, dass sie als eine individualisierte und individualisierende Hilfe bei massenhaften Armutslagen neue Organisationsformen und Arbeitsweisen sowie veränderte Strategien der Professionalisierung benötigt. Genannt werden etwa die Trennung von Behördenfunktion und Beratungsfunktion, also der wirtschaftlichen und der persönlichen Hilfe. Für Schweden scheint es dabei einfacher als in Deutschland, die wirtschaftliche Hilfe in das Leistungssystem der öffentlichen Versicherungskassen zu überführen, etwa nach dem SOFT-Modell, zumal die Versicherungskassen ebenfalls stark regionalisiert bestehen. Für Schweden werden zudem Vorschläge unterbreitet, das Sozialbüro in seiner heutigen Form ganz abzuschaffen, um so mit der über einhundertjährigen Tradition der Individualisierung von Armut und der Distanzierung zum Bürger zu brechen. Die Sozialarbeit und Beratung in multiplen Problemlagen sei dann – weitgehend frei von rechtlichen und zwangsmäßigen Vorgaben – orientiert an den tatsächlichen Bedarfen der Bürger anzubieten. Diese Reformstrategie sei notwendig, um die Freiwilligkeit im Kontakt zum Sozialdienst und damit tragfähige Interaktionsmuster – etwa für eine Motivationsarbeit und insoweit auch für eine „aktivierende" Form der Sozialberatung zu ermöglichen.[461] Diese Vorschläge decken sich mit den theoretischen Befunden, die zur den Voraussetzungen und Bedingungen einer Koproduktion sozialer Dienstleistungen vorgestellt wurde, obwohl hierauf in der schwedischen Fachdebatte nicht Bezug genommen wird und der Begriff der „Koproduktion" dort eher nicht üblich ist.

Deutlich wird aus den Befunden zur Entwicklung und zu Reformprozessen der schwedischen Sozialhilfe bis Ende der 1990er Jahre folgendes: Auffällig ist eine beträchtliche Diskrepanz, die zwischen Wunsch und Wirklichkeit des schwedischen Sozialdienstes besteht. Die Diskrepanz findet sich zwischen den Normen und Leitbildern, wie sie im Sozialdienstgesetz von 1982 für den Sozialdienst und für die Sozialhilfe formuliert sind und bis heute als „innovativ" bezeichnet werden können, und den programmatisch formulierten Modernisierungsansätzen. Danach sind der Sozialdienst und die Sozialhilfe als bürgerorientierte Serviceeinrichtungen entlang der Bedarfe entwickelt. Dem gegenüber stehen sozialwissenschaftliche Befunde, die das Bild einer „bürokratisch" verfassten Armutsverwaltung und Sozialarbeit vermitteln, die sich als weitgehend „reformresistent" erwiesen hat. Erkennbar wird, in welch hohem Maße sich die Sozialhilfe uneinheitlich bzw. gemischt von ver-

---

[460] Insoweit bestätigt Salonen (1995: 12) für die schwedische Sozialhilfe ein „Sozialhilfeparadoxon", wie auch in einer empirischen Studie zur deutschen Sozialhilfe von Ludwig (1996: 283 f.) ermittelt.
[461] Zu den Vorschlägen vgl. Salonen (1995: 13).

schiedenen Wissenskulturen, vor allem dem Verwaltungswissen einerseits, dann aber auch der Psychologie und Medizin, sozusagen in ihren „klinischen" Grundstrukturen und in ihrem Interventions- und Handlungsbezug auf individuelles Verhalten entwickelt hat. Zugleich wird deutlich, dass die schwedische Sozialhilfe dabei anders und weitergehend als die deutsche Sozialhilfe als soziale Dienstleistung – wenn auch „bürokratisch verfasst" – entwickelt ist und rechtlich, organisational und professional im institutionellen Arrangement der Sozialarbeit verankert ist. Schließlich ist aber dieses Handlungs- und Interventionsprofil der Sozialhilfe als Sozialarbeit fast noch unschärfer theoretisch entwickelt als das für die deutsche Sozialhilfe im Sinne des sozialen Verwaltungshandelns gilt. Dies zeigen für Schweden die vielfältigen Modelle, sowie die rechtlich wie professional nur diffus definierten und extrem vielfältigen Arbeitsweisen und relativ beliebige Standards für die Gewährungspraxis. Ende der 1990er Jahre lag in Schweden damit vor allem Reformbedarf im Bereich der Qualitätsentwicklung, in der Definition von Standards und Arbeitsweisen und hinsichtlich der Bedingungen und Voraussetzungen einer Koproduktion – also durchaus ähnlich wie in der deutschen Sozialhilfe.

Die Sozialhilfe/Grundsicherung in Deutschland ist verglichen mit Schweden auch nach den „Hartz-Gesetzen" nach dem Jahr 2005 weiterhin primär als reiner Sozialverwaltungsdienst entwickelt. Von ihr erwartet werden aber unter anderem auch multiple Aufgaben der Sozialarbeit, etwa soziale Beratung, Motivationsarbeit, Informations- und Kompetenzvermittlung und auch verhaltensbezogene Interventionen. Diese an die deutsche Sozialhilfe/Grundsicherung gerichteten Erwartungen unterscheiden sich kaum von denen in Schweden. Allerdings können vergleichbare Erwartungen und Aufgaben vom schwedischen Sozialdienst vermutlich angemessener erfüllt werden. In Deutschland können sie sehr häufig weder im Anspruch der in den Sozialämtern oder „Job-Center" Beschäftigten, noch hinsichtlich der Bedarfe der Bürger und auch nicht in den Erfordernissen, die der soziale Wandel mit sich bringt, für die Gesellschaft erwartungsgemäß erfüllt werden. Tendenziell scheint dies wiederum in beiden Wohlfahrtsstaaten zu gelten. Die Sozialhilfe/Grundsicherung steht in beiden Lebenslaufregimes im Erfordernis, auf den Wandel, der sich in den Lebenslagen, den Lebensläufen und in den gesellschaftlichen Entwicklungen längst vollzogen hat, adäquat zu reagieren. Ob und in welcher Hinsicht dies gelingt, wird im Rahmen der folgenden Fallstudie genauer zu bestimmen sein.

Teil II:
4. Methoden der Untersuchung

Bei der empirischen Untersuchung wohlfahrtsstaatlicher Arrangements und institutioneller Risikobearbeitung der Sozialhilfe und ihrer Verwaltung handelt es sich um ein *komplexes und vielschichtiges Feld* sozialwissenschaftlicher Forschung. Schon vor diesem Hintergrund empfiehlt sich eine *Methodenkombination*.[462] Die vorliegende Untersuchung besteht in ihrem empirischen Kern aus einer *Fallstudie*.[463] Sie beschränkt sich hinsichtlich der Erhebung originärer Daten dabei zwar weitgehend auf den Einsatz *qualitativer* Instrumente und Methoden. Zugleich werden aber bereits vorliegende *quantitative* Befunde mit berücksichtigt. Insbesondere hinsichtlich der Entwicklung von Armut, Sozialhilfebezug und Arbeitslosigkeit sowie in der Darstellung und Analyse der policies werden quantitative Daten mit in die Untersuchung einbezogen. Die Daten beziehen sich dabei im Kern auf die Entwicklungen im Verlauf der 1990er Jahre. Einige aktuellere Entwicklungen und Daten konnten aber auch bis Ende 2003 mit berücksichtigt werden.[464]

Im Kontext mit der Entwicklung und den Strukturmerkmalen der Kommunalverwaltung und sozialen Dienste werden in der Fallstudie zur Sozialhilfe in Göteborg ferner einige zusätzlich erhobene *quantitative* Daten vorgelegt. Diese Daten geben genaueren Aufschluss über Möglichkeiten und Formen der institutionellen Risikobearbeitung einer aktiven Erschließung und Förderung von Wegen durch und aus dem Sozialhilfebezug. So finden neben Daten zu den Kommunalfinanzen, zur Entwicklung des Sozialhilfebezugs und der -ausgaben auch Angaben zur Zahl der Mitarbeiter in der Sozialhilfe, zu deren Ausbildung und Qualifikation usw. Berücksichtigung. Mit einem ausschließlich auf qualitative Daten beruhenden Ansatz wäre in einer Fallstudie die Fragestellung nach den Formen und Mustern sozialer Interventionen in der Sozialhilfe nicht angemessen zu untersuchen.

Die Formen und Muster sozialer Interventionen und ihre Steuerung werden in der spezifischen Frage nach institutionellen Zeit- und Handlungsorientierungen somit aus verschiedenen Perspektiven betrachtet. Insofern ist im Rahmen der

---

[462] Zur Methodenkombination in der Feldforschung vgl. Friebertshäuser (1997a: 515 ff.).

[463] Zur Fallstudie vgl. grundlegend Lamnek (1995: 4-7) und Merriam (1994).

[464] Die Untersuchung schließt in ihrer institutionellen Schwerpunktsetzung unmittelbar an erste *quantitative* Befunde von Buhr (1998 u. 1999), Gustafsson (1998 u. 2000) und Voges (1999) an.

Fallstudie bereits eine Methodenkombination gegeben. Innerhalb des schwerpunktmäßig im empirischen Teil gewählten *qualitativen Ansatzes* erfolgt weiterhin eine *Kombination unterschiedlichster Datenerhebungsinstrumente*, die typischerweise der Feldforschung entsprechen. Dem Forschungsgegenstand und den Fragestellungen entsprechend kamen neben dem *leitfadengestützten problemzentrierten Experteninterview* auch die *teilnehmende Beobachtung* und die *Literatur- und Dokumentenanalyse* als Erhebungsinstrumente zur Anwendung. Die Expertenbefragung bildet dabei das *Hauptinstrument*. Mit der Untersuchung von Formen sozialer Interventionen in der Sozialhilfe in einer wohlfahrtsstaatlichen Institution, insbesondere hinsichtlich der Variablen Zeit und Handeln ist ein *klar definierter Wirklichkeitsausschnitt* gegeben. Dieser ist am besten über die Analyse des Expertenwissens in Kombination mit Beobachtungen und Dokumentenanalysen zu untersuchen.

4.1 Das problemzentrierte Experteninterview

Experteninterviews eignen sich besonders gut zur Rekonstruktion *komplexer Wissensbestände*, wie sie typischerweise im Kontext der Untersuchung wohlfahrtsstaatlicher Risikobearbeitung oder des öffentlichen Sektors vorzufinden sind.[465] In der Frage, wann das Experteninterview sinnvoll zum Einsatz kommen kann und welches Wissen und welche Informationen über Experteninterviews überhaupt erhoben werden können, lässt sich bezogen auf den hier gewählten Gegenstand und die Fragestellungen zur Sozialhilfe und ihre Verwaltung zusammenfassen: Das Interesse richtet sich erstens auf die *Entscheidungsmaximen* der Programmgestalter, zweitens auf das *Erfahrungswissen* der Experten, wie es sich aus den alltäglichen Handlungsroutinen – etwa im Sozialdienst – herauskristallisiert, drittens auf das Wissen, dass in *innovativen Projekten* gewonnen wird, und noch nicht in bürokratische, politische und wissenschaftliche Strukturen eingeflossen ist, sowie viertens, auf das Wissen, das Aussagen über *Bedingungen* ermöglicht, die zu systematischen Fehlern oder Defiziten innerhalb einer Organisation oder Institution führen.[466]

Hinsichtlich der zu untersuchenden Fragen nach Formen sozialer Interventionen und nach institutionellen Zeit- und Handlungsorientierungen der Sozialverwaltung und sozialer Dienste werden alle vier zuvor genannten Ebenen berührt. Der gewählte Gegenstand ist damit über eine Expertenbefragungen gut zu erfassen. So

---

[465] Zum Experteninterview vgl. Meuser/Nagel (1991 und 1997) sowie Bogner u.a. (2002). Zu den Merkmalen problemzentrierter Interviews vgl. vor allem Witzel (1982: 70) sowie Mayring (1990: 46) und Flick (1995: 105-109). Auch Lamnek (1995) und Friebertshäuser (1997: 379) bieten eine Einführung in die Methode problemzentrierter Interviews. Zum Experten interview in der Implementationsforschung der Politikwissenschaften vgl. Hucke/Wollmann (1980).

[466] Vgl. hierzu auch Meuser/Nagel (1997).

können bestimmte Entscheidungsmaximen für oder gegen bestimmte policies oder Projekte, die je spezifische Interventionsformen oder Zeit- und Handlungskonzepte beinhalteten, von den zu befragenden Experten mitgeteilt werden. Das Erfahrungswissen der zu befragenden Mitarbeiterinnen und Mitarbeiter in der Sozialhilfe und Sozialverwaltung spielt nicht nur hinsichtlich konkreter Maßnahmen und Programme sowie den darin enthaltenen Interventionskonzepten eine Rolle, sondern auch in historischer Hinsicht, etwa in der Fragestellung nach einem Wandel und Veränderungen der Interventionsformen seit Anfang der 1990er Jahre. Auch innovative Projekte, wie neue Formen institutionellen Zusammenwirkens, oder veränderte organisationale und professionale Kopplungen von Sozial- und Arbeitsämtern, sowie generell als „innovativ" erfahrene Entwicklungen und Bedingungen sozialer Interventionen können von Experten erfragt und beschrieben werden.

Für eine auf die wohlfahrtsstaatliche Institution Sozialhilfe und ihre Verwaltung bezogene Untersuchung, die zudem institutionenbezogen in drei Ebenen (Makro-, Meso- und Mikroebene) gleichzeitig – wenn auch mit unterschiedlicher Gewichtung – angelegt ist, bildet gerade das theoriegenerierende Experteninterview ein ideales Instrument, da es hierüber möglich ist, Experten auf den drei genannten Ebenen zu gleichen Problemfeldern zu befragen und dabei zugleich durch die Wahl einer zwar leitfadengestützten, jedoch relativ offenen Interviewform die Vergleichbarkeit der Aussagen zu erhalten. Insgesamt handelt es sich bezogen auf die unterschiedlichsten institutionellen Ebenen und Arrangements bei aller Offenheit in der Anwendung und Gestaltung des qualitativen Experteninterviews zugleich auch um ein *problemzentriertes Vorgehen*. Die Problemzentrierung liegt vor allem in der Konzentration des Erkenntnisinteresses, dass in den Formen und Mustern sozialer Intervention bezogen auf die Erschließung und Förderung von *Wegen aus dem Sozialhilfebezug* fokussiert.

4.2 Die explorative teilnehmende Beobachtung

Die teilnehmende Beobachtung nimmt in der Untersuchung einen rein *explorativen Stellenwert* ein.[467] Die protokollierten Beobachtungen lieferten dabei wichtige Hinweise für die Ausgestaltung der späteren Expertenbefragung, vor allem für die Entwicklung, den Aufbau und Inhalt der Leitfäden. Wie auch für die Experteninterviews war der Fokus der durchgeführten teilnehmenden Beobachtungen primär auf die Fragestellung nach Formen und Muster sozialer Interventionen und den darin enthaltenden institutionellen Zeit- und Handlungsorientierungen vor allem in

---

[467] Zur Methode der teilnehmenden Beobachtung in der qualitativen Sozialforschung vgl. Friedrichs (1980), Mayring (1990), Merriam (1994: 101-115), Flick (1995) und Lamnek (1995: 239-317).

der Förderung von Wegen durch und aus der Sozialhilfe thematisch eingegrenzt. Schon auf Grund dieses eingegrenzten Beobachtungsgegenstandes kann von einer *systematischen teilnehmenden Beobachtung* gesprochen werden.[468] Sie wurde ausschließlich auf der *unteren Ebene* der Institution, also auf der Ebene der Sachbearbeitung *(Handläggning)* in der Sozialhilfe durchgeführt, da dort die Formen sozialer Interventionen im unmittelbaren Kontakt und in den Interaktionen zwischen Verwaltung und Bürgern ihren konkreten Ausdruck finden. Die Beobachtungen wurden als *deskriptive* und *fokussierte* Beobachtungen, jedoch nicht als explizit *selektive* Beobachtungen durchgeführt.[469] In der Zielsetzung und Anwendung der teilnehmenden Beobachtung geht es darum, eine größt mögliche Nähe zum Forschungsgegenstand zu erreichen, um eine *Innenperspektive* zu den Alltagssituationen, hier beispielsweise zu den Interaktionsprozessen zwischen Bürgern und Sozialdienst in Sozialämtern in zwei Wohlfahrtsstaaten zu erschließen. Es empfiehlt sich dabei eine höchstens „halb-standardisierte" Vorgehensweise.[470] In diesem halb-standardisierten Vorgehen konzentrierten sich die Beobachtungen wiederum auf die Frage, was leisten Sozialhilfesachbearbeitung und soziale Dienste in welchen Formen und Varianten, um in zeitlicher und handlungstheoretischer Hinsicht Wege durch und aus dem Sozialhilfebezug möglichst aktiv zu gestalten? Auf der Grundlage der teilnehmenden Beobachtungen konnte ein realitätsnaher Einblick in die Sozialhilfepraxis Ende der 1990er Jahre gewonnen werden, der ergänzt um das umfassende Vorwissen, das bereits im Zusammenhang mit früher durchgeführten Studien zur Sozialhilfe in beiden Ländern von Anfang der 1990er Jahre bestand, eine optimierte Vorbereitung und Durchführung der qualitativen Expertenbefragung und die Fallstudien ermöglichte.

4.3 Auswahl der Expertenstichprobe für die Fallstudie

Dem auf die wohlfahrtsstaatliche Institution der Sozialhilfe bezogenen Ansatz entsprechend war eine Auswahl der Experten zu treffen, die unterschiedlichsten institutionellen Ebenen abdeckte und zugleich eine Vergleichbarkeit bzw. Kontrastierung der allgemeinen Ergebnisse aus beiden Ländern, sowie der vertiefenden Befunde aus einer Fallstudie zu Göteborg im Kontrast zu Bremen ermöglichte. Außerdem waren die Experten innerhalb der jeweiligen Organisationen entsprechend

---

[468] Vgl. hierzu genauer auch Friebertshäuser (1997: 522).

[469] Zu diesen Unterscheidungen vgl. Flick (1995: 158). Beispielsweise wurden bestimmte Stichworte und Themenblöcke für die Beobachtungen im Vorfeld festgelegt. Es wurde jedoch kein strukturierter Beobachtungsleitfaden entwickelt, wie er etwa bei selektiven Beobachtungen üblich ist.

[470] Anwendungsbereich und Vorgehen der teilnehmenden Beobachtung werden von Mayring (1990: 57) in diesem Verständnis beschrieben.

den Fragestellungen nach einer Förderung und Erschließung von Wegen durch und *aus* dem Sozialhilfebezug gezielt nach ihren Aufgabenbereichen auszuwählen. Generell gilt, dass beim Einsatz von Expertenbefragungen eine möglichst präzise und begründete Auswahl derjenigen vorzunehmen ist, die im jeweiligen Forschungskontext als „Experten" gelten können bzw. definiert werden. Bisherige Erfahrungen in ähnlichen Studien verweisen darauf, dass es in Organisationen meist *nicht* die oberste Ebene ist, in der das meiste und vor allem das detaillierteste Wissen über die internen Strukturen, Ereignisse und Abläufe einer Institution oder Organisation wie der Sozialhilfe und ihrer Verwaltung vorhanden ist.[471] Dieses von Merton (1972) als „Insider-Wissen" beschriebene spezialisierte Sonderwissen findet sich meist stärker in der *zweiten oder dritten Ebene* einer Organisation. Bezogen auf die Sozialhilfe und soziale Dienste bedeutet dies, dass in der mittleren Leitungsebene der Sozialämter und „Job-Center" und bei mehrjährig tätigen, erfahrenen Fachkräften, die im direkten Kontakt mit Sozialhilfebeziehenden stehen, das „Insider-Wissen" am ehesten zugänglich und auch am umfassendsten ist. Ideal ist, wenn diese Experten zugleich auch in Form von Arbeitsgruppen oder internen Ausbildungs- und Qualifizierungsmaßnahmen ihr Fachwissen bereits systematisiert und reflektiert haben.[472] Vor diesen Hintergründen wurde in der Auswahl der zu befragenden Experten eine Festlegung getroffen, mit der ein *Schwerpunkt der Expertenbefragung* auf die *mittlere Leitungsebene* und auf die *Ebene der Sachbearbeitung* in der kommunalen Sozialhilfe gelegt wurde. Allerdings war *zugleich* die Einbeziehung von Experten der Leitungsebene, hier bezeichnet als *„policy-Ebene"* ebenfalls notwendig, um die institutionellen und organisatorischen Ebenen vollständig zu berücksichtigen. Da es schließlich um *Fragen zum Wandel* in den Formen und Mustern sozialer Interventionen ging waren auch aus inhaltlichen Gründen Interviews auf der „policy-Ebene" wichtig, vor allem um die neueren Planungen und Reformkonzepte, in der Fallstudie mit zu berücksichtigen. Konkret bedeutet dies, dass auch ausgewählte Mitarbeiterinnen und Mitarbeiter der Leitungs- und Planungsebene sowohl auf *kommunaler Ebene*, wie auch auf *ministerieller* und *verbandlicher* Ebene befragt wurden. So wurden die relevanten Ebenen der wohlfahrtsstaatlichen Institution Sozialhilfe in ihrer Hierarchie und ihrem typischen institutionellen Aufbau entsprechend erfasst und die zu befragenden Experten gezielt ausgewählt.

Ein zentrales Moment für die Analyse war es, den genannten und zum Teil unterschiedlichen Relationalitäten im institutionellen Arrangement der Sozialhilfe, etwa im Verhältnis von kommunaler Sozialhilfepolitik und zentralstaatlicher Arbeitsmarktpolitik bereits in der Auswahl der zu befragenden Experten eine beson-

---

[471] So die zutreffende Feststellung von Meuser/Nagel (1991).

[472] Diese von Meuser/Nagel (1991) geschilderten Erfahrungen wurden rückblickend durch die geführten Interviews in den Sozialämtern bestätigt.

dere Aufmerksamkeit zukommen zu lassen. Dies war nur unter Einbezug von ausgewählten Experten der nationalen und lokalen „policy-Ebene" möglich. Nur in diesem auf die (beiden) wohlfahrtsstaatlichen Institution(en) bezogenen Forschungsdesign konnten schließlich aktuelle und geplante Reformen, Veränderungen, institutionelle Relationen und mögliche Innovationen für die Sozialhilfe mit erfasst werden. Auch insofern war die gezielte Erhebung von Interviews auf mehreren Ebenen zwingend, womit in begrenztem Umfang auch eine Kontrastierung der verschiedenen Ebenen, etwa der kommunalen und der zentralstaatlichen Ebene möglich wurde.

Die Grundlagen für die Fallstudie zur Sozialhilfe in Göteborg/Schweden und für die anschließende Kontrastierungen zur Sozialhilfe in Bremen/Deutschland bildeten *zusammenfassend* die Aussagen und Analysen aus den folgenden Expertenbefragungen und Stichproben:

1. Die *Haupt-Stichprobe bildete der Expertenbefragung in Göteborg und Schweden*, die zwischen Anfang 1999 und Ende 2000 erhoben wurde und *insgesamt 31 Experteninterviews* umfasste, wobei 22 Interviews in Göteborg, 6 ergänzend bei der Stadt Malmö und 1 ergänzendes Interview bei der Stadt Stockholm erhoben wurden. Außerdem wurden je ein Interview im Sozialministerium *(Socialdepartementet)* und beim schwedischen Kommunalverband *(Svenska Kommuner och Landsting SKL)* geführt. Diese Befragung bildet den Kern der Erhebung und *alle* 31 Interviews gingen über Einzelanalysen in die Auswertung ein.

2. Die *„kursorische Stichprobe"* einer *Expertenbefragung in Bremen und Deutschland*, die in der Zeit zwischen Dez. 1999 und August 2000 erhoben wurde und *insgesamt 17 Experteninterviews* umfasste. Wie in Göteborg bzw. Schweden wurden auch in Bremen bzw. Deutschland Befragungen in der Sozialhilfeverwaltung sowie in der Arbeitsverwaltung und in sozialen Beratungsdiensten durchgeführt. Je ein Experteninterview wurde im Bundesministerium für Arbeit und beim Deutschen Verein für öffentliche und private Fürsorge, sowie beim Deutschen Städtetag zu den aktuellen Entwicklungen und geplanten Reformen der Sozialhilfe erhoben. Umfassendes Faktenwissen und Detailinformationen der Interviewpartner zur Sozialhilfe sowie Schlüsselpassagen ausgewählter Interviews und Fallanalysen und theoriegenerierende Befunde der Stichprobe gehen kursorisch in die Untersuchung mit ein.

3. Bereits vorliegende *Befunde aus früher durchgeführten Expertenerhebungen zu Beginn der 1990er Jahre* zur Sozialhilfe und Klientel in Bremen (Schwarze 1994) und zur Sozialhilfe in der schwedischen Stadt Malmö (Schwarze 1993) gingen *ergänzend* in die Untersuchung ein, soweit sie für Aussagen zum *Wandel sozialer Interventionen* in der Sozialhilfe im Verlauf der 1990er Jahre relevant waren. Gerade für die sowohl in

Deutschland als auch in Schweden ereignisreichen 1990er Jahre war diese Perspektive von besonderer Bedeutung. Die rahmende Berücksichtigung dieser Befunde wurde gewissermaßen auch als Abschluss einer „institutionenbezogenen Langzeitbeobachtung" zur Sozialhilfe in zwei Wohlfahrtsstaaten verstanden.

4. Eine ebenfalls ergänzende, explorative und faktenbezogene Befragung wurde schließlich zwischen Anfang 1999 und Ende 2001 rahmend durchgeführt und ging über die Stichproben zu 1. und 2. hinaus. Diese Interviews hatten neben der teilnehmenden Beobachtung einerseits explorativen Charakter, dienten aber auch der ergänzenden Gewinnung von Detailwissen und Fakten, sowie zur Erschließung von Literatur und Quellen. Befragt wurden Experten aus Sozialhilfe und Verwaltung sowie Wissenschaftler aus dem Bereich der Sozialpolitik-, Armuts- und Verwaltungsforschung. Die genaue Übersicht der ausgewählten Experteninterviews, die in die Stichprobe einflossen, ergibt sich aus der folgenden Tabelle.

Tabelle 8:

Auswahl der Stichprobe für die Expertenbefragung

Institutionelle Ebene der Befragung:	Göteborg/Schweden (Fallstudie)		Bremen/Deutschland (kursorische Befunde)	
1. Meta-Ebene (Policy Ebene):	Sozialministerium:	1	Arbeitsministerium:	1
	Schwedischer Kommunalverband SKL:	1	Deutscher Städtetag:	1
			Deutscher Verein...:	1
	Städtische Leitungsebene (Gtbg.: 2, Stockh. 1, Malmö: 1):	4	Städtische Leitungsebene Bremen:	2
2. Meso-Ebene (Mittlere Leitungsebene):	Stadt Göteborg:	2	Stadt Bremen, Amt f. Soziale Dienste: 2	
	Stadt Malmö:	2		
3. Mikro-Ebene (Sachbearbeiter-Ebene):	Sozialbüros Stadt Göteborg:	13	Stadt Bremen, Abteilung „wirtschaftliche Hilfe":	7
	Sozialbüro Stadt Malmö:	1		

4. Relationale Ebene:	Arbeitsmarktabteilung der Stadt in Göteborg und Projekt Gefas Malmö:	2	Arbeitsamt Bremen:	1
	Arbeitsmarktverwaltung/ Arbeitsamt für Region Västra Götaland:	1		
	Projekte des „Samverkan"/FRISAM:	1		
	Schuldnerberatung (Gtbg. u. Malmö)	2	Schuldnerberatung in Bremen:	2
	Stadsmission Göteborg:	1		
Gesamtzahl der Experteninterviews:		**31**		**17**

Der Anzahl nach war mit insgesamt 48 Interviews auf verschiedensten Ebenen eine Obergrenze für eine intensive qualitative Auswertung in Form von Einzelanalysen erreicht. Es zeigte sich im Verlauf der Befragung, dass sich bestimmte Sachverhalte und Äußerungen der Befragten bereits wiederholten. Auch von daher schien eine höhere Anzahl an Interviews nicht notwendig.

4.4 Der modular abgestimmte Interviewleitfaden

Das Experteninterview gilt meist als wenig strukturiertes Erhebungsinstrument. Es sind allerdings mit Hilfe eines zuvor erstellten Leitfadens unterschiedlich starke Vorstrukturierungen möglich. In der Regel werden Experteninterviews auf der Basis eines *flexibel* zu handhabenden Leitfadens geführt. Bei aller notwendigen Offenheit und Flexibilität, die qualitative Expertenbefragungen erfordern, um eben das Wissen von Experten zu erfragen und nicht beim Forscher bestehendes Wissen nur von den Experten bestätigen zu lassen, wird ein Leitfaden meist als *zwingend* angesehen. Dies gilt ferner, um eine Vergleichbarkeit der Daten zu sichern.[473] Der Grad der Offenheit und der Flexibilität der Interviewleitfäden variiert jedoch und ist dabei abhängig vom Forschungsgegenstand und den gewählten Fragestellungen.

Im Einzelnen enthielt das Kernmodul, aus dem sich die Leitfäden für die Expertenbefragung auf den verschiedenen institutionellen Ebenen ableiteten, die folgenden sieben Themenbereiche:

---

[473] Vgl. Meuser/Nagel (1997: 483).

1. Angaben zur Person und zum Arbeitsfeld: Qualifikation, Berufsweg, Dauer der Beschäftigung, Aufgaben, Arbeitszufriedenheit.

2. Zuständigkeiten und Kompetenzen der Sozialhilfe: Hauptaufgaben der Sozialhilfe, Adressaten und Probleme, Veränderungen in der Empfängerstruktur und in den Lebensverhältnissen, Reaktionen der Sozialhilfe, neue Aufgabenfelder, besondere Stärken und besondere Defizite der Sozialhilfe.

3. Leitlinien, Grundlagen und Ziele der Sozialhilfe: Hauptziele und weitere Ziele, Zielveränderungen, Grundlagen der Arbeit und Veränderungen, Entscheidungs- und Handlungsfreiräume, Einfluss auf Sozialhilfebezugsdauer, Kurzzeit- und Langzeitbezug, „Hilfe zur Selbsthilfe", „aktives" und „passives" Bewältigungshandeln, neue Projekte, Maßnahmen und Methoden zu Wegen aus der Sozialhilfe, Hilfen zur Arbeit, Prävention.

4. Interaktion von Sozialhilfeverwaltung und Bürger: Kontaktmuster, zeitliche Strukturen der Kontakte, besondere Kompetenzen im Kontakt, Freiwilligkeit, Zwang, Sanktionen, Motivationsarbeit, Probleme im Kontakt, Veränderungen in den Kontaktmustern, Atmosphäre im Amt früher und heute.

5. Wechselbeziehungen und institutionelles Zusammenwirken: Zusammenwirken mit welchen Akteuren? Praxis des Zusammenwirkens, positive und negative Erfahrungen, geplante und regelmäßige Zusammenarbeit, Ebenen und Formen des Zusammenwirkens, Notwendigkeit und Vorschläge zu verbessertem Zusammenwirken.

6. Reformen, insbesondere Organisations- und Verwaltungsreform: Reformbedarf, aktuell laufende Verwaltungsreformen und ihre Instrumente, Erwartungen daran, Bedeutung der „Neuen Steuerung", Erfahrungen mit „Neuer Steuerung", Veränderungen im Kontakt zum Bürger durch Verwaltungsreform und „Neue Steuerung", „Effektivität", „Effizienz" und „Bürgerfreundlichkeit" der Sozialhilfe, eigene Vorschläge für Verwaltungsreformen.

7. Allgemeine Einschätzungen, Wandel und Ausblick: Armut und Armutsdefinition, Sozialhilfe als „letztes soziales Netz" und/oder als „Endstation", Stigmatisierung und „Dunkelziffer", aktive Gegenstrategien zur Stigmatisierung, Missbrauch von Sozialhilfe und Sozialbetrug, mögliche Gegenstrategien, besondere Veränderungen in der Sozialhilfe allgemein und in der eigenen Arbeit, maximale Dauer von Sozialhilfebezug bzw. Haltung zu „Timelimits", „Steuerbarkeit" von Lebensläufen im Rahmen der Sozialhilfe, mögliche eigene Ergänzungen.

Ausgehend von diesen Themenbereichen des Leitfaden-Kernmoduls, wurden für die Expertenbefragungen auf den verschiedenen institutionellen Ebenen insgesamt *drei Versionen des Leitfadens* entwickelt.[474] Dabei galt bereits bei der Erstellung des Interviewleitfadens, dass dieser einerseits so *umfassend und differenziert* zu gestalten war, wie für den Forschungsgegenstand erforderlich, zugleich aber so *offen* sein musste, dass den Interviewten alle Möglichkeiten erhalten blieben, die eigenen Strukturierungen des Themas, eigene Problemdefinitionen darzulegen und eigene Schwerpunkte zu setzen.[475] So stellte sich im Rahmen der Untersuchung beispielsweise konkret das Erfordernis, im Interviewleitfaden und im Verlauf der Interviews *keine* zeitlichen oder handlungsbezogenen Definitionen vorzugeben oder den Befragten anzubieten. Vorgegebene Definitionen in den Fragen, etwa bezogen auf „Langzeit-", oder „Kurzzeitbezug", und wie sich unterschiedliche Bezugsdauern aus Sicht der Experten etwa auf Handlungen und Ressourcen von „aktiven" und/oder „passiven" Sozialhilfebeziehenden auswirken, waren vollständig zu vermeiden. Die Fragen waren möglichst klar und einfach zu formulieren und in ihrer Abfolge zu beachten. Zum Verhältnis von notwendiger Offenheit und gleichzeitiger Problemzentrierung ist daher resümierend anzumerken, dass gerade der Leitfaden die Offenheit des Interviews gewährleistete.[476]

Um eine systematische Auswertung der erhobenen Interviewdaten sicherzustellen, war bereits bei der Erstellung des Leitfadens und bei der Auswahl der Befragten auf die *Vergleichbarkeit* der Interviews zu achten. Das Auswertungsverfahren beinhaltete einen thematischen Vergleich der Interviews, um Gemeinsamkeiten des Expertenwissens, sowie Unterschiede und Abweichungen oder Widersprüche herauszuarbeiten. Neben dem Leitfaden, der in hohem Maße die Vergleichbarkeit sicherte, war diese auch durch den gemeinsam von den Experten geteilten institutionell-organisatorischen Kontext gegeben.[477]

Die *originalsprachlich* geführten Interviews zwangen zudem dazu, bereits im Vorfeld bei der schwedischen Übersetzung der Leitfäden sprachliche Besonderheiten zu beachten und im späteren Interviewverlauf zu berücksichtigen.[478] Die über den Leitfaden vorstrukturierten Themen konnten von den Befragten um eigene

---

[474] Ähnlich im methodischen Vorgehen – jedoch nicht im Ländervergleich – vgl. Otto u.a. (1988) in einer Studie zu professionellen und administrativen Voraussetzungen präventiver Jugendhilfe.

[475] Vgl. ähnlich Niedermeier (2000: 122).

[476] Vgl. Meuser/Nagel (1991), sowie Witzel (1985).

[477] Vgl. Meuser/Nagel (1997: 488).

[478] Ich danke an dieser Stelle Lena Persson (Sozialhochschule Lund/Schweden), die wichtige fachliche Hilfestellungen bei der Übertragung und Übersetzung der Leitfadenmodule gab, so dass die Erhebung in Schweden originalsprachlich möglich wurde. Ebenso gilt mein Dank Leena Hartkemeier, die ebenfalls wichtige Übersetzungshinweise gab.

Themen ergänzt werden bzw. mögliche Ergänzungen wurden am Ende des Interviews ausdrücklich angeregt.[479]

Zusammenfassend haben sich Gestaltung und Durchführung der Experteninterviews auf der Basis problemzentriert formulierter und modular gestalteter Leitfäden sowohl in der deutschsprachigen als auch in der schwedischsprachigen Variante bewährt und ergaben für insgesamt 48 Interviews umfangreiches Informations- und Textmaterial von 20 bis 40 Seiten je Interview.

4.5 Die Auswertung der Experteninterviews

Für die Analyse transkribierter und damit vollständig vertexteter Interviews gelten grundsätzlich auch die Vorgehensweisen wie sie bei einer qualitativen Inhaltsanalyse von Texten allgemein üblich sind.[480] Meuser/Nagel (1997: 488) stellen für Experteninterviews ein *sechs Stufen* umfassendes Auswertungsmodell vor. Dieses stufenweise Vorgehen bildete mit geringen Modifikationen, die sich hier vor allem aus dem ländervergleichenden Ansatz und dem entsprechenden Datenmaterial ergeben, die Grundlage für die Auswertung der erhobenen Interviewdaten. Für die Fallstudie „Göteborg" gingen insgesamt 24 Interviews im Rahmen einer Einzelfallanalyse und auch in Form eines späteren „Fallvergleichs" in eine genauere Auswertung ein. Alle weiteren schwedischen und deutschen Interviews wurden explorativ, rahmend vor allem hinsichtlich des mitgeteilten Faktenwissens berücksichtigt. Die einzelnen Phasen der Auswertung, soweit sie sich auf die für die Fallstudie zu Göteborg berücksichtigten 24 Interviews und den Fallvergleich beziehen, werden kurz beschrieben.

1. Transkription:
Die Interviews von zumeist 60 bis maximal 90minütiger Dauer wurden *vollständig wörtlich transkribiert*. Die wörtliche Transkription erfolgte mit einzelnen Kommentaren, die etwa Pausen, Lachen, Störungen und besonders auffällige Betonungen in der vertexteten Version festhielten. Eine weitergehende kommentierte Transkription war nicht notwendig.[481] Auf der Basis der meist 20 bis 40seitigen mit durchlaufender Zeilennummerierung versehenen Transkripte erfolgten die weiteren Auswertungsschritte. Die schwedischsprachigen Interviews wurden in schwedischer Sprache transkribiert, so dass vollständige *originalsprachliche Textversionen* vorlagen. Nur in dieser Vorgehensweise war die textnahe Analyse möglich und semantische

---

[479] Zu den Techniken des Interviews vgl. Friebertshäuser (1997: 375 ff.).
[480] Zur qualitativen Inhaltsanalyse vgl. Bock (1992).
[481] Zur kommentierten Transkription vgl. Mayring (1990: 65).

Besonderheiten blieben erhalten. Erst nachdem die Einzelanalysen der Interviews abgeschlossen waren, wurden ausgewählte Textpassagen und Zitate übersetzt, zugleich aber das jeweilige originalsprachliche Zitat weiterhin parallel zur deutschsprachigen Version mit beachtet.

2. Paraphrase:

In diesem Auswertungsschritt erfolgte eine Sequenzierung des Textes nach thematischen Einheiten. Diese Sequenzierung erübrigte sich in der hier vorgestellten Untersuchung teilweise, da durch die problemfokussierende und in den Leitfäden strukturierte Vorgehensweise die thematischen Einheiten des Interviewtextes relativ klar in einzelne Abschnitte oder Sequenzen zu unterscheiden waren. Exemplarisch wurden besonders gehaltvolle und gelungene – sowie hinsichtlich der genannten institutionellen Ebenen – relevante Interviews dennoch paraphrasiert. Dieser Schritt diente nicht nur einer interviewbezogenen Auswertung sondern auch dazu, ein für *alle* Interviews der Fallstudie Göteborg anwendbares *Auswertungsschema* für die weiteren Interviewanalysen zu erstellen. In wichtigen, insbesondere von den Befragten in ihren Aussagen selbst strukturierten Teilbereichen wurde dieses jedoch sprachlich und inhaltlich ebenso am tatsächlich vorliegenden Datenmaterial entlang entwickelt.[482] Ziel dieses Schrittes einer Paraphrase war es, *sowohl* aus der Struktur des Leitfadens *als auch* aus dem Interviewtextmaterial ein Auswertungsschema zu generieren.[483]

3. Codierung:

In einer textnahen Vorgehensweise wurde auf der Grundlage des Auswertungsschemas die Codierung der vertexteten Interviews vorgenommen. Diese Codierung entspricht dem von Meuser/Nagel (1991) vorgeschlagenen Verfahren, in einer Verdichtung des Materials die paraphrasierten Passagen mit *textnahen Überschriften* zu versehen, die allerdings zugleich mit Zifferncodes für die späteren Vergleiche der Interviews ergänzt wurden. Die Terminologie der Befragten wurde in dieser Auswertungsphase beibehalten. Einzelnen Textpassagen konnten auch mehrere Codes zugeordnet werden, so dass in späteren Auswertungsschritten übereinstimmende oder widersprüchliche Aussagen innerhalb eines Interviews erkennbar wurden und durch die „Mehrfachnennungen" auch besonders relevante Themen und Aussagebereiche in den Interviews auffielen.

---

[482] Zu dieser einerseits textnah am Material orientierten Vorgehensweise, die den Leitfaden, aber mehr noch Textinhalt und Textstruktur als Grundlage für einen Codierleitfaden und ein Auswertungsschema sieht, vgl. Schmitt (1997: 551).

[483] Auch Meuser/Nagel (1991) weisen darauf hin, dass die Paraphrase stets der Chronologie des Gesprächsverlaufs im Interview folgen muss.

4. Analytische Auswertung und Interpretation der einzelnen Interviews:
In diesem Schritt wurde manuell je Interview eine *Einzelanalyse* durchgeführt, noch ohne dass direkte Bezüge zu anderen Interviews vorgenommen wurden – ausgenommen auffällige Besonderheiten, deren Wichtigkeit für spätere Rekonstruktionen und Interpretationen zu einem Vergleich zwang. Diese besonderen Passagen und dazugehörige Interpretationen wurden durch entsprechende Anmerkungen oder in Form von Fußnoten in den schriftlich verfassten Einzelanalysen kenntlich gemacht. Neben dem Interviewtext wurden für die Einzelanalyse auch die Daten aus einem Kurzfragebogen (Alter, Qualifikation, berufliche Karriere...), sowie die Informationen aus dem Postskriptum ergänzend hinzugezogen, um die Authentizität des Interviews, sowie „harmonisierte" Aussagen oder besondere rationalisierte Antworten zu erkennen. Als Grundsatz dieser Auswertungsphase gilt, dass *„keine Einzelaussage in diesem Schritt der Auswertung ohne Bezug zum Gesamttext zu interpretieren ist"*.[484] In den schriftlichen Einzelanalysen wurden die Aussagen der Befragten nach Kernaussagen, besonderen Gewichtungen, enthaltenen Teilaussagen, Übereinstimmungen und Widersprüchen unterschieden und zusammengefasst bzw. verdichtet. Zentrale Aussagen wurden als Zitate festgehalten und mit besonderer Kennzeichnung interpretiert.

5. Thematischer Vergleich der Interviews und soziologische Konzeptualisierung:
Ziel dieses Auswertungsschrittes war es, im thematischen Vergleich der Interviews über einzelne Interviews hinausgehende Gemeinsamkeiten sowie erkennbare Unterschiede und Abweichungen herauszuarbeiten und so die gemeinsam von den befragten Experten geteilten Wissensbestände, Relevanzstrukturen, Interpretationen und Deutungsmuster zu sozialen Interventionen in der Sozialhilfe zu erfassen.[485] Dieser thematische Vergleich erfolgte auf der Basis der einzelnen Interviewanalysen, die im Quervergleich zu den einzelnen Themenfeldern und Interpretationsbereichen gegenübergestellt wurden. Dieses geschah innerhalb der für die *Fallstudie Göteborg* erhobenen Interviews, allerdings ergänzt um die auf der ministeriellen und verbandlichen Ebene in Schweden erhaltenen Expertenaussagen. In einer weitergehenden Ablösung von den Interview- und Auswertungstexten und der Terminologie der Befragten wurde in einem Prozess der *Kategorienbildung* Aussagen und Teilaussagen unter allgemeine Geltung beanspruchende Begriffe subsumiert und damit in einem ersten Schritt soziologisch konzeptualisiert.[486] Auf der Basis der empirischen Generalisierung erfolgte in diesem Schritt bereits eine Abs-

---

[484] Auf dieses wichtige Prinzip weisen Mühlfeld u.a. (1981: 334) hin.
[485] Vgl. Meuser/Nagel (1991).
[486] Der Begriff der soziologischen Konzeptualisierung findet sich u.a. bei Meuser/Nagel (1997: 489).

traktion, und es wurden erste Aussagen über Strukturen des Expertenwissens getroffen.

6. Fallvergleich und Typenbildung:
Die Untersuchung bot in mehrfacher Hinsicht die Möglichkeit, auf der Basis der über die Expertenbefragung gewonnenen Daten Fallvergleiche und Fallkontrastierungen vorzunehmen.[487] Zunächst waren *Fallvergleiche einzelner Interviews* möglich, die hier als „Einzelfälle" innerhalb der Fallstudie verstanden werden. Diese Fallvergleiche waren vollständig bezogen auf die Expertenstichprobe zur Sozialhilfe in Göteborg möglich. Für die Bremer Stichprobe waren sie jedoch nur durchführbar, soweit die Interviews als Einzelanalysen intensiv ausgewertet werden konnten. Auch in der hierarchischen und institutionell gegliederten Ebenen der Sozialhilfe konnten Fallvergleiche *innerhalb einer Hierarchie horizontal* etwa begrenzt auf der Sachbearbeiter-Ebene, oder ausschließlich auf der „policy-Ebene" vorgenommen werden. Durch das relativ offene, zugleich problemzentrierte Vorgehen über modular gestaltete Interviewleitfäden waren auch *vertikal auf die Hierarchieebenen bezogene Fallvergleiche* denkbar, etwa in Form der Einzelanalysen aus der Sachbearbeiter-Ebene verglichen mit denen der „policy-Ebene". Diese Form vertikal vergleichender Typenbildung war allerdings *nicht* die Hauptvergleichsebene. Dennoch ließen sich *allgemeine Befunde* über besondere übereinstimmende oder auch unterschiedliche Aussagen zu den sozialen Interventionen in der Sozialhilfe und den darin enthaltenen Zeit- und Handlungsorientierungen erkennen, die zur Typenbildung beitrugen. Im Schwerpunkt wurde eine Kontrastierung angestrebt, die sich aus dem Gesamtergebnis zweier *„länderbezogener Fallstudien"* in einem „reinen Fallvergleich" der Typisierungen zu den sozialen Interventionen im Fall „Göteborg" und „Bremen" ergibt. Dabei bildeten Typisierungen, die sich aus den *Quer- und Fallvergleichen der Interviews in Göteborg/Schweden* ergaben, den *Kern* der Befunde. Ergänzend konnten die früheren Befunde zur Sozialhilfe in Bremen (Schwarze 1994) einbezogen und mit *Teilergebnissen* der aktuellen Bremer Expertenstichprobe von 1999/2000 abgestimmt und verglichen werden. So war eine kursorisch vorgenommene Kontrastierung zur Sozialhilfepraxis und den Reformstrategien in Göteborg und Bremen möglich. Die Untersuchung war dabei bewusst auf zwei Großstädte in zwei Wohlfahrtsstaaten angelegt und fokussierte zugleich auf die wohlfahrtsstaatliche Institution der Sozialhilfe im Gesamtarrangement der beiden Wohlfahrtsstaaten.

---

[487] Zur empirisch begründeten Typenbildung durch Fallvergleich und Fallkontrastierung vgl. Kelle/Kluge (1999). Dabei wurde das Vorgehen der Idealtypenbildung im Verständnis von Weber (1904:) gewählt, um beispielsweise die Form einer idealtypischen Bedarfsermittlung zu veranschaulichen sowie die Formen und Muster sozialer Interventionen in ihren Ergebnissen idealtypisch darzustellen.

Die aus einer Fallstudie (Göteborg) und einer kursorischen Kontrastierung (Bremen) erkennbaren städtischen und länderspezifischen Übereinstimmungen und Unterschiede sowie Besonderheiten zu sozialen Interventionen in der Sozialhilfe in Deutschland und Schweden mündeten in eine soziologische Generalisierung, die in ihrem theoretischen Teil auf bereits vorliegende Befunde der vergleichenden Wohlfahrtsstaatsforschung Bezug nimmt. Die Ergebnisse des Fallvergleichs und – der Kontrastierungen und die entwickelten Typologien werden in Kapitel 5 und 6 genauer vorgestellt.

4.6 Die Dokumenten- und Aktenanalyse

Neben der Expertenstichprobe kam der Dokumentenanalyse in der Untersuchung ein wichtiger Stellenwert zu.[488] Die Analyse von Dokumenten, Akten und zum Teil auch „grauer" Literatur hatte nicht nur einen explorativen Charakter, sondern sie diente wesentlich mit zur Absicherung der durch die Expertenbefragung erhaltenen Ergebnisse. Neben quantitativen Daten und Fakten, die aus den zugänglichen oder erhaltenen Akten, Dokumenten und der Literatur berücksichtigt wurden, wurden einzelne Dokumente und Aktenbestände im Verfahren einer qualitativen Inhaltsanalyse entsprechend schrittweise und systematisch ausgewertet.[489]

Zwar dienten im Vorfeld der Expertenbefragung, etwa im Rahmen der teilnehmenden Beobachtungen gesammelte und erfasste Dokumente auch der Vorbereitung der Expertenbefragung. Die Literatur, zahlreiche Dokumente und Akten boten aber auch eigenständige Daten, Aussagen und Quellen, die neben der Expertenbefragung hierzu komplementäre – oder aber auch widersprüchliche Ergebnisse oder Folgerungen zeigten. Bei der Analyse der Dokumente und Akten interessierten dann weniger die formalen Aspekte, etwa ihrer Herkunft oder ihr Umfang, sondern vor allem inhaltliche und auf Formen und Muster sozialer Interventionen bezogene typenspezifische Aspekte, Textinhalte und Informationen. Es kann insofern von einer strukturierten, in der Auswahl auch selektiv vorgehenden und stark gegenstandsbezogenen sowie theoriegeleiteten Dokumenten- und Textanalyse gesprochen werden.[490]

Bei der Dokumentenanalyse ist stets zu beachten, dass aus dem schriftlichen Material nicht oder nur begrenzt auf das faktische Handeln – etwa der Sozialverwaltung – geschlossen werden kann.[491] Dieser Aspekt ist im Kontext einer Unter-

---

[488] Zur Dokumentenanalyse in der qualitativen Sozialforschung vgl. Mayring (1990), sowie Merriam (1994: 120).

[489] Zum allgemeinen Verfahren der qualitativen Inhaltsanalyse bei Dokumenten vgl. Flick (1995: 212).

[490] Vgl. ähnlich Mayring (1990: 88-89).

[491] Zu Problemen der Dokumentenanalyse vgl. Hucke/Wollmann (1980: 225), Brunsson/Olsen (1993).

suchung zu Formen und Muster sozialer Intervention von besonderer Bedeutung. Auch vor diesem Hintergrund wurde ein „Methoden-Mix" gewählt, um diese Risiken des Untersuchungsansatzes zu reduzieren. Die im Rahmen der Untersuchung berücksichtigten und ausgewerteten Dokumente sind im Anhang vollständig oder aber unter Angaben der Autoren, etwa bei „grauer Literatur", öffentlichen Dokumenten und Berichten im Literaturverzeichnis erfasst.

Im *Ergebnis* zeigte sich auf der Basis einer unter anderem in Göteborg durchgeführten Aktenanalysen, dass zum Erhebungszeitpunkt weder eine systematische Hilfeplanung noch ein explizites Fallmanagement oder andere wirklich systematisch verlaufsbezogene Instrumente einer Sozialhilfepraxis und entsprechende Dokumentationssysteme Eingang in die Sozialhilfe der Stadt Göteborg gefunden hatten. Es zeigten sich in den Akten *Defizite hinsichtlich verlaufs- und handlungsbezogener Dokumentations- und Controllingverfahren*, die von befragten Experten auch in den Interviews zum Ausdruck gebracht wurden. Die Aktenanalyse bestätigte auch die im Gesamtergebnis der Untersuchung von den Experten und in der Literatur vielfach herausgestellten *generellen Dokumentationsdefizite* der schwedischen Sozialhilfe sowie *Probleme eines „Controlling" und der „Qualitätssicherung"* in der Sozialhilfe.

Die Ergebnisse aus den Experteninterviews sowie aus den Dokumentenanalysen werden im folgenden empirischen Teil in der Variante *einer* Fallstudie genauer dargestellt. Dabei ist es das Ziel, zugleich die *„Ganzheit des Falles"* für Göteborg möglichst zu erhalten und die dazu ermittelten Befunde vertiefend vorzustellen.[492] Wie in den folgenden Darstellungen der Ergebnisse aus der Fallstudie einleitend erläutert wird, ließ sich die Sozialhilfe in Göteborg ideal(typisch) mit Bremen vergleichen. Dafür sprachen nicht nur die vergleichbare Historie als Hafen-, Arbeiter und Industriestadt, ihre Größe und vergleichbare städtische Strukturen, sondern auch die aus früheren Untersuchungen bereits vorliegenden quantitativen Befunde zur Sozialhilfe in beiden Städten. Dabei wird in der Darstellung der Befunde ein Vorgehen gewählt, mit dem die *Verlaufs- und Handlungsperspektive* von institutionell gerahmten oder direkt beeinflussten Wegen *vor, in, durch, aus,* sowie *nach* der Sozialhilfe in den Mittelpunkt rückt. Die Formen institutioneller Risikobearbeitung werden entsprechend dieser Verlaufsperspektive nacheinander untersucht. Diese Darstellungsform dient dazu, die dynamische Perspektive auch im Blick auf und in der Analyse von wohlfahrtsstaatliche(n) Institutionen möglichst durchgängig zu beachten und weiter zu schärfen.

---

[492] Zu der hier formulierten Zielsetzung im Rahmen von Fallstudien in der Organisationsforschung die „Ganzheit des Falles" zu berücksichtigen vgl. auch Boos/Fisch (1987: 352).

Teil III:
5. Fallstudie: Sozialhilfe in Göteborg im Kontrast zu Bremen

Die folgende Fallstudie *Göteborg* bildet den empirischen Kern dieser Untersuchung. Um die gewonnenen Befunde zur Modernisierung der Verwaltung und zu den „aktivierenden" Maßnahmen in der schwedischen Sozialhilfe aus Göteborg hinsichtlich ihrer Generalisierbarkeit abzusichern, wurden einzelne Experteninterviews aus *Malmö* und *Stockholm* ergänzend mit berücksichtigt. Auch bereits vorliegende empirische Befunde zu anderen schwedischen Kommunen wurden mit den Ergebnissen der Fallstudie abgeglichen und einbezogen.[493] Der Blickpunkt wurde dabei bewusst auf die Reformen in der Sozialverwaltung und Sozialhilfe am Beispiel *einer Großstadt* gelegt, die in idealer Weise eine Kontrastierung mit Befunden zur Sozialhilfe und Sozialverwaltung in Bremen ermöglichen. Für beide Städte liegen auch vergleichbare quantitative Daten zur Sozialhilfe aus dem Ansatz der dynamischen Armutsforschung vor.

Angemerkt sei, dass bisher in der international vergleichenden Wohlfahrtsstaatsforschung eine Vernachlässigung der regionalen Entwicklungen und Besonderheiten, verbunden mit der bereits beschriebenen Zentrierung auf wohlfahrtsstaatliche Regimes und zentralstaatlich gestaltete Arrangements erkennbar ist. Zumeist wird implizit von recht homogenen und verallgemeinerbaren wohlfahrtsstaatlichen Entwicklungen innerhalb eines Wohlfahrtsstaates ausgegangen. Die lokalen und regional zum Teil sehr heterogenen Rahmen- und Strukturbedingungen bleiben oft unbeachtet. Die Untersuchung möchte somit einen Beitrag leisten, die international vergleichende Wohlfahrtsstaatsforschung stärker als bisher auch auf die regionalen und lokalen Merkmale und Entwicklungen zu beziehen.[494] Eingebunden in diesen Kontext findet kursorisch die *Kontrastierung wesentlicher Ergebnisse* mit Befunden zur Entwicklung und Praxis der Sozialhilfe und der Sozialverwaltung in Bremen statt. Erst in diesem Vorgehen werden weitergehende Aussagen zu

---

[493] Es kann im Rahmen dieser Untersuchung nicht näher auf weitere Besonderheiten und noch differenzierter zu untersuchende Entwicklungen in den ländlichen Regionen, insbesondere den nördlichen Regionen und Kommunen Schwedens eingegangen werden. Die Gegebenheiten dort unterscheiden sich aber zum Teil erheblich von denen in den drei Großstädten Stockholm, Göteborg und Malmö.

[494] Ein ähnlicher kommunal ausgerichteter Untersuchungsansatz wurde auch von Saraceno (2002) vorgestellt, wobei die Befunde die Reformentwicklungen der 1990er Jahre nicht mit berücksichtigen.

jeweiligen Besonderheiten und Gemeinsamkeiten in den Merkmalen sozialer Interventionen für die beiden ausgewählten *kommunalen* „Regimes" und auch für die beiden wohlfahrts*staatlichen* Arrangements empirisch begründet möglich.

5.1 Göteborg: Stadtentwicklung, sozioökonomische Strukturdaten und institutionelle Arrangements

Die Stadt Göteborg, mit rd. 470.000 Einwohnern, ist nach Stockholm die zweitgrößte Stadt Schwedens. Göteborg erhielt im Jahre 1621 die Stadtrechte verliehen. Auch als Westpforte Schwedens bezeichnet, liegt die Stadt geographisch, strategisch und wirtschaftlich günstig an der schwedischen Westküste und ist bedeutende Hafenstadt für ganz Skandinavien. Die Stadt entwickelte sich aus einer Reihe älterer Küstensiedlungen und kleinerer Orte entlang des Götäälv (Götafluss), der früher als Handelsweg für Holz, Pelze, Eisenerz und andere Waren eine zentrale Bedeutung hatte. Prägend für die wirtschaftliche und kulturelle Entwicklung war 1731 die Gründung der Ostindischen Kompanie, wodurch bereits damals Grundlagen für die bis heute der Stadt zugeschriebene „Weltoffenheit" gelegt wurden. Die Stadt wurde dabei in verschiedenster Hinsicht seit ihrer Gründung in hohem Maße durch kontinentaleuropäische, vor allem protestantische Einflüsse geprägt. Neben der Architektur und dem kulturellen Leben sind auch *Kommunalverwaltung bzw. die „kommunale Steuerung" (kommunal styrningen)* historisch stark unter der Anregung niederländischer, deutscher und auch angelsächsischer Ursprünge entstanden. Bis heute wird der kommunalen Selbstverwaltung in Schweden und in besonderem Maße in Göteborg eine hohe Bedeutung zugemessen. Zum Verständnis kommunaler Selbstverwaltung wird beispielsweise formuliert: *„In Göteborg praktizierte man von Beginn an sehr viel intensiver als in irgendeiner anderen schwedischen Stadt ein hohes Niveau der Dezentralisierung der Beschlussfassung und der Verwaltungsorganisation."*[495]

Bestimmte Steuerungsformen und Rahmenbedingungen sozialer Interventionen der Kommunalverwaltung, wie die für Schweden neben einer ausgeprägten Zentralstaatlichkeit gleichzeitig weit fortgeschrittene Dezentralisierung, deuten sich in dem Zitat bereits an. Die kommunale Selbstverwaltung und die lokale Sozialpolitik waren dabei seit dem Mittelalter in Göteborg nicht eine ausschließlich weltliche Angelegenheit, sondern bis heute leisten kirchliche Organisationen und ideelle Vereine einen wichtigen Beitrag in der lokalen Armenhilfe. Zugleich gilt jedoch der intermediäre Sektor in seiner Bedeutung für die sozialen Dienste im heutigen Schweden im Vergleich zu Deutschland oder auch im Kontrast mit früheren Phasen der schwedischen Geschichte als vergleichsweise gering entwickelt.

---

[495] Zur Geschichte und Entwicklung der Stadt vgl. www.goteborg.se.

Göteborg wurde im Jahre 1665 Bischofssitz. Vom Mittelalter bis Ende des 19. Jahrhunderts hatte die protestantische Staatskirche – im Vorfeld der späteren „Verstaatlichung" der Sozialpolitik – auch in Schweden eine wichtige Funktion in der Armenfürsorge. So sah die Kirchenordnung von 1571 vor, dass jede Gemeinde ein Kranken- und Armenhaus einrichten sollte. Auch die Sammlung von Spenden und ihre Vergabe an die Armen oblag zunächst den Kirchengemeinden und wurde beispielsweise in der Bettelordnung von 1642 geregelt.[496]

Im 19. Jahrhundert – noch vor der einsetzenden Industrialisierung – bestimmten enorme soziale Gegensätze die damalige agrarisch geprägte Gesellschaft in Schweden. Die Kaufleute Göteborgs erwirtschafteten über den internationalen Handel beträchtliche Reichtümer. Zugleich war in der Stadt und mehr noch auf dem Lande eine extreme Armut weit verbreitet. Es kam zu einer einsetzenden Landflucht und zur größten Auswanderungsbewegung in der schwedischen Geschichte. Ähnlich wie Bremen als Auswanderungshafen für Deutschland eine wichtige Bedeutung hatte, waren die Stadt und der Hafen in Göteborg in den Jahren zwischen 1850 und 1870 für Tausende von Schweden das Tor nach Amerika. Erst mit Beginn der in Schweden im Vergleich zu anderen europäischen Ländern relativ spät einsetzenden Industrialisierung endete die Auswanderungsbewegung Ende des 19. Jahrhunderts. Im Zuge der Industrialisierung wurde Göteborg zu einer der wichtigsten Industriestädte des Nordens und zum größten Exporthafen für ganz Skandinavien. Die Einwohnerzahl der Stadt verdoppelte sich in nur 30 Jahren von 100.000 im Jahre 1888 auf rund 200.000 Einwohner im Jahre 1919. Zugleich brachte die Industrialisierung die städtische Arbeiterbewegung hervor. Daneben bestand in Schweden bereits eine außergewöhnlich stark und gut organisierte ländliche Bauernbewegung und eine meist kirchlich angebundene Nüchternheits- und Antialkoholikerbewegung mit hoher Mitgliederzahl und beträchtlichem politischen Einfluss. Nur in der Berücksichtigung dieser Volksbewegungen wird das vorherrschende Prinzip des *universell* ausgerichteten Wohlfahrtsstaates historisch erklärbar. Damit wird nachvollziehbar, warum in Schweden die *Bauern- und Armutsfrage* historisch als Ausgangspunkt wohlfahrtsstaatlicher Entwicklung gesehen wird und nicht – wie bezogen auf Deutschland – die *Arbeiterfrage* am Beginn wohlfahrtsstaatlicher Entwicklungen stand.[497] Erst in den 1930er Jahren erlangten in Schweden Gewerk-

---

[496] Vgl. Ohlmarks/Behrendtz (1999: 332).

[497] Zur Bedeutung der schwedischen Volksbewegung und der Massenorganisationen sowie insbesondere der Bauernbewegung für die historische Entwicklung der institutionellen Arrangements im schwedischen Wohlfahrtsstaat vgl. Henningsen (1986: 227 ff.). Vor allem auch Baldwin (1990: 684) arbeitet zu den Ursprüngen des Wohlfahrtsstaates für Schweden heraus, dass die Arbeiterbewegung und die Sozialdemokratie für die Ausgestaltung der universell ausgerichteten institutionellen Arrangements *nicht* die Bedeutung hatten, die ihnen vielfach zugebilligt wird, sondern die Einflüsse der Volks- und der Bauernbewegung beträchtlich waren. Auch Kaufmann (2000: 181) stellt dar, dass die institutionellen Ar-

schaften und Sozialdemokratie Regierungsmacht und konnten gemeinsam mit der Bauernbewegung und der Bauernpartei den weiteren Ausbau des heutigen Wohlfahrtsstaates einleiten.

a) Historie: Die frühe Armenfürsorge in Göteborg – Pfadtreue in den Grundprinzipien?
Die Armenpflege wurde in Schweden vor allem infolge der Reformation in der Zeit zwischen 1530 und 1593 und mit der Bildung der *protestantischen Staatskirche* im Jahre 1544 bereits früh durch zentralstaatliche national geltende normative Grundlagen geregelt. Sie wurde allerdings stets von lokalen Organen ausgeführt. Bis in das 19. Jahrhundert hinein bildeten nationale Verordnungen die rechtlichen Grundlagen der kirchlichen und städtischen Armenpflege. Zu nennen sind etwa die staatlichen Verordnungen über die Armenpflege aus den Jahren 1847, 1853 und 1871, die wichtige Handlungsprinzipien der Armenpflege vorschrieben.

Schon damals drehte sich die politische Debatte hinsichtlich der Reformen der Armenfürsorge um die Bestimmung des *Verhältnisses von Rechten und Pflichten* der Armen im Falle der Fürsorge, aber auch um die Frage der *zentralstaatlichen Verantwortung* für die Armenfürsorge in Abgrenzung zur kirchlichen Wohltätigkeits- und Barmherzigkeitsbewegung. Den Befunden von Jordansson (1998) zufolge war die schwedische Armenfürsorge in ihren Normen und Wertorientierungen in hohem Maße vom Ideal des „bürgerlichen Mannes" bestimmt. Tatsächlich waren allerdings der Großteil der Bezieher von Armenhilfe damals Frauen und Kinder. Während Frauen und Kinder in den Armenhäusern eingewiesen wurden, wurde der offenen Armut von Männern in den Straßen oder den städtischen Armenhäusern dagegen meist mit Haft und Arbeitszwang begegnet.[498]

Die Armenverordnung aus dem Jahre 1847 regelte *erstmals* in der schwedischen Geschichte *landesweit einheitlich* die Zuständigkeit der Kommunen. Auch die Höhe der Armenfürsorge wurde in ihren Grundlagen damals bereits zentralstaatlich bestimmt. Wenn die Verordnungsmacht auch beim Zentralstaat lag, so war aber die Ausführung der Armenpflege in Schweden – wie in Deutschland – nach 1847 weiterhin eine in hohem Maße kommunale Aufgabe. Die kommunale Armenpflege wurde dabei auch weiterhin durch die kirchlichen Wohltätigkeitsvereine *(Välgörenhetsföreningar)* ergänzt. Die Verordnungen des Zentralstaates regelten im 19.

---

rangements des *universellen* schwedischen Wohlfahrtsstaates in ihren Grundlagen bereits gelegt waren, als die Sozialdemokratie in den 1930er Jahren Regierungseinfluss erhielt. Anders als in der deutschen Sozialpolitik, die die Arbeiterfrage als Bezugspunkt aufwies, war die schwedische Sozialpolitik bereits früh auf die *gesamte Bevölkerung* bezogen und sie war insbesondere für die Bauernschaft und der Bekämpfung der Armut auf dem Lande zentral. Ferner war sie schon früh auf die Gleichberechtigung der Frauen und damit auf das Prinzip „Gleichheit" ausgerichtet.

[498] Jordansson (1998) untersucht am Beispiel der Stadt Göteborg die Entwicklungen der schwedischen Armenfürsorge im 19. Jahrhundert unter dem „Gender-Aspekt" genauer historisch.

Jahrhundert dazu unter anderem, dass den kommunalen Gremien auch der Gemeindepfarrer qua Amt angehörte. Zwischen städtischen und kirchlichen Akteuren der lokalen Armenpflege bestanden in Schweden damit seit jeher intensive Formen der Zusammenarbeit, die bis heute erhalten sind, auch wenn der intermediäre Sektor insgesamt für die Erbringung sozialer Leistungen weniger bedeutsam ist als in Deutschland.[499]

Die aktuellen Befunde der Expertenbefragung verweisen dabei für Göteborg nicht nur auf einen *Bedeutungswachs einzelner intermediärer Organisationen* und Akteure in der Problembearbeitung von Armutslagen, sondern deuten auch auf eine veränderte kommunalpolitische Strategie hin, wonach die kirchlichen und freien Träger sozialer Dienste im Verlauf der 1990er Jahre stärker als noch in den 1980er Jahren eine kommunale Akzeptanz als professionelle Anbieter sozialer Dienste finden, und diese Dienste auch gezielter als früher kommunalpolitisch *„genutzt und eingeplant"* werden. Erste Verschiebungen in den lokalen institutionellen Arrangements deuten sich für die 1990er Jahre demnach auch im Bereich der Sozialhilfe an.

In Schweden und auch in Göteborg bezogen Mitte des 19. Jahrhunderts zwischen 3 und 10 % der Einwohner zeitweise Leistungen der öffentlichen Armenfürsorge auf einem bereits staatlich geregelten geringem Niveau. In dieser historischen Perspektive ist bemerkenswert, dass den vorliegenden Befunden nach sowohl in Göteborg wie auch für Schweden insgesamt die Bezugsquote der Armenfürsorge und der späteren Sozialhilfe seit Mitte des 19. Jahrhunderts durchgängig zwischen 3 und 10 % der Bevölkerung lag.[500] Erst im Verlauf der 1990er Jahre kam es in einzelnen Stadtteilen Göteborgs zu einer Bezugsquote von deutlich über 10 %, worin sich die besondere Dimension der „Krise" des schwedischen Wohlfahrtsstaates und der öffentlichen Finanzen von Anfang der 1990er Jahre im größeren historischen Zusammenhang abbildet.

Wie vielerorts wurde auch in der frühen Armenfürsorge der Stadt Göteborg zwischen „richtigen" bzw. „berechtigten" *(rätta)* und „nicht richtigen" bzw. „unberechtigten" *(orätta)* Armen in den Rechtsgrundlagen und in der Praxis unterschieden. Der ersten Kategorie gehörten vor allem Kranke, Alte, Waisen, alleinstehende Frauen und Kinder an. Der zweiten Kategorie wurden erwerbslose Männer und meist auch verheiratete Frauen zugeordnet. Wie empirisch noch gezeigt wird, sind

---

[499] Diese Befunde bestätigten sich im Rahmen eines Experteninterviews bei der Stadtmission/Diakonie *(Stadsmissionen)* in Göteborg (Int. 27 vom 18.02.2000). Im Ergebnis des Interviews zeigten sich vielfältige soziale Aufgaben der Stadtmission, die sich als ergänzende Einrichtung zu den kommunalen Sozialdiensten und auch zur kommunalen Sozialhilfe versteht. Nach Einschätzung des befragten Experten und nach den Daten zu den jährlich beratenen Personen hat die Bedeutung der Stadtmission infolge der Armutsentwicklungen gerade im institutionellen Arrangement der Sozialhilfe in den 1990er Jahren zugenommen (vgl. Stadsmissionen 1999).

[500] Zu detaillierten Daten und historischer Entwicklung der Armutsquote vgl. Salonen (1993: 73).

diese und andere Kategorisierungen und die zugleich damit verbundenen Stigmatisierungsprozesse bis heute – wenn auch diffuser – in der schwedischen Sozialhilfepraxis vorzufinden. Teilweise erleben diese frühen und einfachen Kategorisierungen im Kontext der Maßnahmen einer „aktivierenden Sozialpolitik" sogar eine neue Aktualität.

Ein für den Fortgang dieser Studie ebenfalls interessanter historischer Befund ist außerdem darin zu sehen, dass bereits in den frühen Armenverordnungen des 19. Jahrhunderts ein *„Training zur Selbstverantwortung"* *(träning till självansvar)* als „methodisches" Instrument im Zusammenhang mit den sozialen Interventionen konzipiert war. Damals wie heute kam dem Leitbild der Selbstversorgung im Zusammenhang mit der Arbeitsvermittlung und -beschaffung vor allem bei jungen arbeitslosen Männern eine besondere Bedeutung zu. Auf die aktuellen Befunde wird später näher eingegangen.

Historisch interessant ist ferner, dass das Göteborger Armenhaus im 19. Jahrhundert semantisch als „Versorgungshaus" *(Försörjningshuset)* bezeichnet wurde.[501] Auch heute ist der Versorgungsbegriff im Kontext der Sozialhilfe wieder aktuell. Seit den 1970er Jahren wurde zunächst der Begriff der Sozialhilfe *(Socialhjälp)* verwendet und in den 1980er Jahren durch den Begriff „Sozialbeitrag" *(Socialbidrag)* abgelöst, da dieser weniger stigmatisierend wirkte. Begriffe wie „Sozialhilfe" oder „Versorgungshilfe" wurden seit Anfang der 1980er Jahre mit Einführung des Sozialdienstgesetztes (SoL) von 1982 und im Zusammenhang mit der in Schweden üblichen institutionellen und organisatorischen Einbindung der wirtschaftlichen Hilfe *(ekonomiskt bistånd)* in den allgemeinen Sozialdienst in möglichst geringem Grade verwendet, um eine Entstigmatisierung der Sozialhilfe zu erreichen. Eine weitere Zielsetzung der schwedischen Wohlfahrtspolitik war es, neben einer Entstigmatisierung der Sozialhilfe eine möglichst weitgehende oder gar eine vollständige Abschaffung dieses untersten Bereichs der sozialen Sicherung durch die aktive Vollbeschäftigungspolitik und über eine materielle Absicherung im vorrangigen Bereich sozialer Leistungen zu erreichen.

Verbunden mit einigen Änderungen im Sozialdienstgesetz (SoL) wurde 1998 der *Versorgungsbegriff* zumindest normativ-rechtlich inzwischen wieder eingeführt. Die Sozialhilfe wird seit 1998 auch in Göteborg in ihrer Funktion der *wirtschaftlichen Hilfe* zumeist als *„Försörjningsstöd"* (Versorgungsunterstützung bzw. -hilfe) bezeichnet. Diese semantische Wende überrascht externe Beobachter umso mehr als doch eine „Versorgung" semantisch und assoziativ eher auf eine passiven Leistungszusammenhang verweist. So ist anzunehmen, dass mit dem Versorgungs- und Unterhaltsbegriff eben gerade *nicht* die „aktivierenden" Intentionen und neue Grundprinzipien der Sozialhilfe in den 1990er Jahren unterstützt werden oder in besonde-

---

[501] Vgl. Jordansson (1998: 208).

rer Weise semantisch betont werden, was eigentlich zu erwarten wäre.[502] Damit ist semantisch auf „Brüche" und mögliche Zielkonflikte verwiesen, die sich in Grundprinzipien und Leitbildern der heutigen Sozialhilfe seit den 1990er Jahren entwickelt haben. Allerdings finden sich parallel zum Versorgungsbegriff seit den 1990er Jahren auch neue Begriffe wie etwa „*Aktivitätsstöd*", eine materielle Leistung, die im Sinne von „Aktivitätsunterstützung" oder „Aktivierungshilfe" bei Teilnahme an entsprechenden Maßnahmen gezahlt wird. Auf diese Differenzierungen in den monetären Transferleistungen und auf die einzelnen Leistungsvarianten ist somit später genauer einzugehen.

b) Wirtschaftskrise und Strukturwandel: Entwicklungen und Folgen der „großen Krise" Anfang der 1990er Jahre in Göteborg

Die Bedeutung und Wirtschaftskraft der Stadt Göteborg hatte sich nach dem II. Weltkrieg gefestigt und Göteborg wurde zweitgrößte Stadt Schwedens. Stärker noch als Stockholm galt sie als westlich orientierte Industrie-, Export- und Hafenstadt. Die Kernindustrien bildeten, ähnlich wie auch in Bremen, der Schiffbau, die Automobilindustrie, der Maschinenbau, der Holz- und Zellulosehandel und die Fischerei. In zunehmendem Maße wurde auch der Tourismus ein wichtiger Wirtschaftsfaktor für die Stadt. Die Stadtentwicklung im Wohlfahrtsstaat war zwischen 1950 und 1990 gekennzeichnet durch wirtschaftliche Expansion, geringe Arbeitslosenquote und wachsenden Wohlstand bei gleichzeitig hoher sozialer Sicherheit.

Wie bereits beschrieben, kam es Anfang der 1990er Jahre auch in Schweden zu einer mehrjährigen Wirtschaftskrise. Vor allem begründet in den politischen und sozioökonomischen Veränderungen in Osteuropa und dem Zusammenbruch der Sowjetunion kam es zu massiven Einbrüchen in der für Schweden wichtigen Exportindustrie. Hiervon wurde auch die Hafen- und Industriestadt Göteborg betroffen. Infolge der sozioökonomischen Umbrüche und durch die Wirtschaftskrise stieg die Arbeitslosigkeit auch in Göteborg auf nicht gekannte zweistellige Werte von zeitweise bis 12 % in den Jahren zwischen 1993 und 1995. Wirtschaftskrise und hohe Arbeitslosigkeit verbunden mit Steuerausfällen und Einnahmeverlusten in den Kommunalhaushalten bei gleichzeitig steigenden Ausgaben im Rahmen der Sozialhilfe führten in Göteborg Anfang der 1990er Jahre zu einer *Krise der Kommunalfinanzen*. Diese war zwar tendenziell ähnlich ausgeprägt wie in Bremen, jedoch in Göteborg weniger drastisch und weniger lang anhaltend als in Bremen, wo die kommunale Finanzkrise bis heute nicht überwunden ist. Demgegenüber konnte die

---

[502] Semantisch sind im Begriff „*försörjning*" sowohl die Bedeutung von Versorgung als auch die Bedeutung von Unterhalt, etwa in Form der „*försörjningsplikt*" (Unterhaltspflicht) enthalten. Der Begriff „*försörjare*" meint gewöhnlich auch „Ernährer" oder „Versorger".

Krise in Göteborg ab Mitte/Ende der 1990er Jahre bewältigt werden, was später genauer nachgezeichnet wird.

Die Stadt Göteborg, mit rd. 34.000 Beschäftigten einer der größten Arbeitgeber in der Region, sah sich Anfang der 1990er Jahre während der Krise erstmals zu einem Stellenabbau bei den öffentlich Beschäftigten gezwungen. Dies geschah vor allem, in dem keine oder kaum noch neue Einstellungen erfolgten. Insbesondere die Beschäftigungsmöglichkeiten von Frauen wurden so in den 1990er Jahren im Vergleich zu den 1970er und 1980er Jahren eingeschränkt. Neben dem faktischen Personalabbau im öffentlichen Sektor kam es in der Bauindustrie zu massiven Auftragseinbrüchen und Entlassungen. Ebenso war die Autoindustrie – für Göteborg ein wichtiger Industriezweig – in besonderem Maße von der Krise betroffen. Nach Entlassungen wurden über einige Jahre kaum noch Neueinstellungen vorgenommen. Eine Sozialarbeiterin aus einem Team eines Sozialbüros, von dem im Schwerpunkt arbeitslose Jugendliche betreut wurden, beschrieb die Probleme und den Wandel am Arbeitsmarkt der 1990er Jahre wie folgt: *„Mitte der 1990er Jahre gab es keine Jobs bei Volvo für 20jährige, die nur das Grundschulniveau erreicht hatten. Das sieht heute besser aus.“* (Int. 19: 1038)[503]

Im Verlauf der 1990er Jahre vollzog sich schließlich ein industrieller und gesellschaftspolitischer Wandel, in dem traditionelle Industrie- und Dienstleistungszweige rationalisiert und modernisiert wurden, erhebliche öffentliche Investitionen und Fördermittel in die Bereiche Bildung und Forschung geleistet wurden, Regelungen des Arbeitsmarktes wurden gelockert, eine moderate Tarifpolitik eingehalten und es wurden neue aktivere und stärker vernetzte Maßnahmen einer lokalen Wirtschafts- und Beschäftigungspolitik eingeleitet. In Göteborg wie auch in den anderen schwedischen Großstädten kamen der ökonomische und gesellschaftliche Strukturwandel vor allem im Bereich moderner Dienstleistungen, in der medizinisch-technischen Industrie, der Förderung von Universitäten, Bildungs- und Forschungseinrichtungen und auch über die Etablierung als Kongressstadt sowie in einer weiteren Förderung des Tourismus zum Ausdruck. Am Arbeitsmarkt bedeutete der Wandel eine Zunahme von befristeten und ungesicherten Beschäftigungsverhältnissen sowie ein Anstieg der Teilzeitbeschäftigung.

Während der 1990er Jahre war dieser Strukturwandel in ganz Schweden und auch in Göteborg begleitet von einer zunächst weiter ansteigenden und Mitte der 1990er Jahre anhaltend hohen Arbeitslosigkeit, insbesondere bei Jugendlichen und Einwanderern. Ferner ließen sich eine zunehmende Armut sowie in der Stadtentwicklung weitere Segregationsentwicklungen feststellen. Die Aufgaben der Kommunalverwaltung und des Sozialdienstes wurden in diesen Bereichen nicht nur

---

[503] Das schwedische „Grundschulniveau" endet mit der 9. Klasse und dürfte etwa mit dem deutschen Niveau der Realschule vergleichbar sein.

ausgabenintensiver sondern auch umfassender und komplexer. Insgesamt kam es in Göteborg und generell in schwedischen Kommunen zu einer *Ausweitung des Verantwortungs- und Aufgabenbereichs für die lokale Sozialpolitik.* Neben diesen veränderten sozio-ökonomischen Rahmenbedingungen und neuen Herausforderungen einer aktiven kommunalen Sozialpolitik fand innerhalb der Kommunalverwaltung bereits seit Mitte der 1980er Jahre ein „Reform- und Modernisierungsprozess" statt, der sich im Kern auf die Instrumente der Planung, Steuerung und auf die Ausgestaltung sozialer Interventionen im (lokalen) Wohlfahrtsstaat bezog. Zunächst ging man davon aus, dass mit den in den 1980er Jahren und Anfang der 1990er Jahre eingeführten Instrumenten des New Public Management auch die neueren Herausforderungen einer kommunalen Dienstleistungsproduktion *(Tjänsteproduktion)* zu bewältigen seien. Allerdings veränderten sich mit der Wirtschaftskrise Anfang der 1990er Jahre auch die Ausgangslagen und die Bedingungen für eine lokale Reformpolitik grundlegend, insbesondere in finanzieller und personalpolitischer Hinsicht. Neben allgemeinen ähnlichen Entwicklungen zeigen sich in den Strategien der Kommunalpolitik, in den Kommunalfinanzen und in den Steuerungsinstrumenten schließlich deutliche Unterschiede im Vergleich zu deutschen Großstädten wie etwa Bremen.

5.2 Kommunalpolitik und Kommunalfinanzen: Ausgangslagen und Bedingungen einer lokalen Reformpolitik seit den 1990er Jahren

Die Stadt Göteborg gilt in Schweden traditionell als sozialdemokratisch. Auch die Kommunalwahlen der letzten Jahre ergaben – ähnlich wie auf nationaler Ebene – sowohl 1998 als auch 2002 für Sozialdemokraten (Socialdemokraterna), Linkspartei (Vänsterpartiet) und Umweltpartei/Grüne (Miljöpartiet de Gröna) im Stadtrat (Kommunfullmäktige) eine stabile Mehrheit. Während sich etwa in Stockholm im Verlauf der 1990er Jahre die Mehrheitsverhältnissse zeitweise zu Gunsten der Konservativen/Bürgerlichen verschoben hatten, blieb die Sozialdemokratie in Göteborg trotz Einbußen in den Wahlen 2006 und 2009 weiterhin die dominante politische Kraft. Die lokalen Reformen sind auch in diesem Kontext relativer politischer Kontinuität zu sehen.

   Bezogen auf Bedeutung und Ausgestaltung der kommunalen Selbstverwaltung ist festzuhalten, dass in der Ideologie und in der Entwicklung des schwedischen Wohlfahrtsstaates die Kommunen bereits seit den 1930er Jahren in hohem Maße als gestaltende Akteure einer Wohlfahrtsgesellschaft galten. Entsprechend wurden und werden sie auf nationaler Ebene in die Entwicklung der Sozialpolitik stets mit einbezogen. Das Bild vom „Volksheim" war und ist dabei ein auf die *Gesellschaft* und weniger auf den *Staat* bezogenes Bild und gesellschaftspolitische Bezüge finden in hohem Maße kommunal bzw. lokal ihren praktischen Ausdruck. Dieser Befund zur schwedischen Wohlfahrtsgesellschaft wird in international vergleichenden Studien der Wohlfahrts*staats*forschung meist dann vernachlässigt, wenn in einer rein staatszentrierten Betrachtung vom „Versorgungsstaat" gesprochen wird, dessen Bedeutung für den Erbringungszusammenhang sozialer Leistungen und für die institutionellen Arrangements zwar wichtig, jedoch nicht so dominant ist, wie oft angenommen.[504] Zugleich ist die schwedische Wohlfahrts*gesellschaft* ohne den extrem weit ausgebauten öffentlichen Sektor kaum denkbar. Der öffentliche Sektor umfasst neben dem Staat auch die Versicherungskassen *(Försäkringskassan)*, die Regionalverwaltungen *(Län)* und die Kommunen *(Kommuner)*. Die praktische Umsetzung und die Auswirkungen sozialer Interventionen vollziehen sich aber überwiegend auf kommunaler Ebene zwischen Bürgern und der kommunalen Verwaltung. Insbesondere Sozialdienste sind in Schweden mehr noch als in Deutschland vor allem kommunal organisiert.[505]

Im internationalen Vergleich ist weiter festzustellen, dass schwedische Kommunen ihrer Fläche und ihrer *Mindestgröße* nach als die größten Kommunen in Europa gelten. Die Stadt Göteborg in ihrer heutigen Geographie und in ihrem Einzugsbereich wurde 1974 durch eine Gebietsreformen aus ehemals 5 deutlich kleineren Städten und 64 ländlichen Kommunen zu einer Stadt mit damals 11 Vororten zusammengefasst. Die Entwicklung und Größe der Stadt ließ schließlich in den 1980er Jahren erste Grenzen für eine zentralstädtische Verwaltung und Steuerung erkennen, die auch bezogen auf die Sozialdienste relevant wurden. Mit einer frühen *Strategie der Dezentralisierung* sowohl der kommunalpolitischen Gremien wie auch bezogen auf die administrativen und ausführenden Verwaltungs- und Dienstleistungsbereiche wurde diesen Steuerungsproblemen der Großstadt begegnet. 1990 wurde eine umfassende *Stadtteilreform* eingeleitet. Diese Stadtteilreform prägt die Kommunalverwaltung und die Organisation der sozialen Dienste in Göteborg ganz wesentlich. Sie wird daher als frühes Element einer „Verwaltungsmodernisierung" kurz genauer vorgestellt.

---

[504] Die Ausgaben des öffentlichen Sektors insgesamt betrugen in Schweden im Jahre 1997 beim Zentralstaat rd. 642 Mrd. SEK, bei den Kommunen rd. 418 Mrd. SEK und bei den öffentlichen Sozialversicherungskassen rd. 123 Mrd. SEK (vgl. Statistiska Centralbyrån (1998: 17): Kommunernas finanser 1997. Dabei ist das Verhältnis zwischen staatlichen und kommunalen Ausgaben in den Jahren 1997 bis 2007 relativ unverändert geblieben. Insgesamt sind die Ausgaben im öffentlichen Sektor jedoch angestiegen.

[505] Zu diesen allgemeinen Befunden über die Kommunen im schwedischen Wohlfahrtsregime vgl. Nilsson/Westerståhl (1997a) sowie Montin (2002).

a) Die Stadtteilreform 1990: Zielsetzungen und Probleme einer Dezentralisierung
Nach einem längeren Diskussionsprozess beschloss der Stadtrat *(Kommun-fullmäktige)* im September 1987 in einem parteiübergreifenden politischen Konsens für Göteborg eine Stadtteilreform. Dieses *typische konsensuale Muster politischer Ent-scheidungen* in Schweden, oft als Konsensdemokratie beschrieben, wurde auch im Zusammenhang mit der Stadtteilreform in Göteborg gezielt angestrebt, um die Neuorganisation der Kommunalverwaltung sowohl inhaltlich wie auch zeitlich möglichst lange stabil zu halten. Den Dienstleistungsbereichen sollte ein hohes Maß an Kontinuität in ihrer Entwicklung auf Jahre hinaus ermöglicht werden. Die Reform trat zum Jahresbeginn 1990 in Kraft. Die Stadt Göteborg war seit dem nicht mehr in 11 Vororte, sondern in *21 weitgehend selbstständige Stadtteile* mit entspre-chenden politischen Gremien und jeweils einer Stadtteilverwaltung untergliedert.[506] Während *Bremen* zum Jahresende 2000 rd. 540.000 Einwohner hatte und damit rd. 70.000 Einwohner mehr aufwies als Göteborg, bestanden in Bremen bis Septem-ber 2001 lediglich 19 Stadtteile mit entsprechenden Verwaltungseinheiten, die zudem im Verhältnis zur gesamtstädtischen Verwaltung weniger autonom waren als in Göteborg. Das Amt für Soziale Dienste in Bremen war dabei in insgesamt 4 Regionen (Süd, Nord, Ost und Mitte-West) und in den Stadtteilen jeweils auch in Ortsämter untergliedert. Innerhalb dieser Regionen die die Stadtteile abdeckten, bestanden zum Teil weitere mittlere organisatorische Ebenen, die zwischen Ort-sämtern/Stadtteil und gesamtstädtischer Ebene angesiedelt waren und in Göteborg nicht bestanden. Mit einer Neuorganisation und mit dem Projekt „Soziale Bürger-Dienste Bremen" sowie mit der Einführung von 12 Sozialzentren in Bremen zum 1. Oktober 2001 wurde die im Vergleich zu Göteborg ohnehin bereits großräumi-ger bezogene Organisationsstruktur in Bremen eher bestätigt, jedenfalls nicht in vergleichbarer Weise und so konsequent kleinräumig gestaltet wie in Göteborg bereits seit 1990.[507] So waren in Göteborg – anders als in Bremen – auch in allen 21 Stadtteilen Sozialbüros in weitgehend ähnlicher Grundstruktur dezentral einge-richtet. In Bremen decken hingegen einzelne der 12 neuen Sozialzentren mehrere Stadtteile ab. Die Sozialdienste und auch die Sozialverwaltung in Göteborg waren bei rd. 470.000 Einwohnern und bei 21 Stadtteilen demnach *deutlich kleinräumiger*

---

[506] Zu Details vgl. Nilsson/Westerståhl (1997b).

[507] In *Bremen* leitet sich das Projekt „Soziale Bürger-Dienste Bremen", dessen Aufbau im Jahre 2000 eingeleitet wurde, aus dem Anspruch und den Zielen einer „bürgernahen Verwaltung" her, wie sie bereits in den 1980er Jahren mit der Neuorganisation der Sozialen Dienste angestrebt wurde. Vgl. hierzu auch Bronke/Hoppensack/Kriebisch (1987) und Kühn (1994: 89 ff.). Seit Mitte der 1990er Jahre rückten jedoch „Wirkung" und „Wirtschaftlichkeit" als Ziele und Kriterien für die Einrichtung der 12 Sozialzentren stärker in den Mittelpunkt. Allerdings fanden sich in Bremen *keine* expliziten Motive wie in Göteborg, die etwa die „soziale Nähe" und „demokratische Teilhabe" sowie die Quali-tät sozialer Dienstleistungen bei der Neuorganisationen in den Mittelpunkt rückten.

organisiert, womit den im Sozialdienstgesetz rechtlich verankerten Prinzipien der sozialen Nähe *(Närhet)* und der Demokratie entsprochen werden sollte. Die Ziele der Stadtteilreform waren dementsprechend die Stärkung der kommunalen Demokratie und die Sicherstellung der Nähe zwischen Politik, Verwaltung und den Bürgern, die Verbesserung „ganzheitlicher" und lokal kooperativer Arbeitsweisen *(Helhetssyn och Samarbete),* sowie eine Dezentralisierung von kommunalen Aufgaben. In der Perspektive einer „Verwaltungsmodernisierung" war mit der Reform ferner die Zielsetzung einer verbesserten *Effektivität* und eines verbesserten *Services* in den kommunalen Aufgaben und Diensten verbunden. Eine direkt fiskalpolitische oder auf das kommunale Budget bezogene Zielsetzung wie etwa ein Abbau von Personal war hingegen mit der Stadtteilreform allgemein und auch bezogen auf die Sozialdienste *nicht* verbunden.[508] Die Krise der Kommunalfinanzen zeigte sich in Göteborg auch erst Anfang/Mitte der 1990er Jahre massiv, also nachdem bereits vorher die Stadtteilreform eingeleitet war. Nicht nur allgemein für die kommunale Dienstleistungsproduktion, sondern insbesondere für die Sozialdienste und die Sozialhilfe wurden im Zusammenhang mit der Stadtteilreform neben der Verbesserung demokratischer und damit „koproduktiver" Strukturen ferner Effektivitätsvorteile für die künftige Leistungsgestaltung und -erbringung ab 1990 erwartet.

Organisatorisch wurde in jedem Stadtteil als demokratisches Gremium ein Stadtteilausschuss *(Stadsdelsnämnd)* gebildet, dem die Stadtteilverwaltung zugeordnet ist. Stadtteilausschuss und Stadtteilverwaltung verantworten selbstständig die Bereiche der Kinderbetreuung, die grundlegende Schulbildung, Freizeit- und Kultur, Bibliotheken, Behinderten- und Altenhilfe, sowie die sozialen Dienste im Rahmen der Individuen und Familienhilfe *(Individ- och Familjeomsorg)* nach den rechtlichen Grundlagen des Sozialdienstgesetzes (SoL). Ein Motiv, die sozialen und kulturellen Aufgabenfelder in hohem Maße zu denzentralisieren und die technische Verwaltung weiterhin eher zentral zu belassen, lag unter anderem darin, das Schulwesen, die Kulturarbeit und den Sozialdienst fachlich-integrativ und zugleich räumlich-lokal näher aneinander zu koppeln. Die Verantwortung für diese Bereiche wurde daher dem lokalen Stadtteilausschuss übertragen. Spezielle Sozialausschüsse bestehen neben diesen Stadtteilausschüssen daher *nicht* zusätzlich. Vor der Stadtteilreform gab es in den 11 größeren Distrikten spezialisierte Sozialausschüsse und einen gesamtstädtischen Sozialausschuss. Diese wurden jedoch rückblickend als zu großräumig verantwortlich und als zu wenig integrativ wirkend bewertet.[509] Bis Ende

---

[508] Zu den Zielen der Göteborger Stadtteilreform von 1990 vgl. Nilsson/Westerståhl (1997b).

[509] Zur Entwicklung des Sozialdienstes in den Jahren 1960 bis 1989 ist eine Dokumentation von Mitarbeitern der *Stadt Göteborg (1989)* erschienen. Interessant ist, dass nach einer in dem Band enthaltenen Dokumentation bereits im November 1988 in Göteborg *540 Sozialarbeiter in einen Streik für bessere Arbeitsbedingungen und höhere Vergütungen eintraten,* was als Hintergrund von Reformen der 1990er Jahre mit

2010 war in jedem der 21 Stadtteile ein Sozialbüro *(Socialkontor)* im Rahmen der Individuen- und Familienhilfe *(Individ- och Familijeomsorg)* eingerichtet. Von diesen wurden die Aufgaben der Sozial-, Jugend- und Familienhilfe vor Ort erbracht. Neben den Sozialbüros gab es zum Teil in den Stadtteilen weitere projektbezogene Organisationen und Einrichtungen für Leistungen der Sozialhilfe, wie etwa das arbeitsmarktbezogene Projekt DELTA in Göteborg-Hisingen. Auf dieses Projekt und auf den damit verbundenen Ansatz, soziale Interventionen im Konzept eines behörden- und institutionenübergreifenden Zusammenwirkens zu erbringen, wird mit empirischen Befunden später genauer eingegangen.

Räumlich und organisatorisch sind die *Sozialdienste* von der rein administrativen *Stadtteilverwaltung* in der Regel getrennt. Diese Trennung von administrativer Verwaltung einerseits und lokalem stadtteilbezogenen fachlichen Sozialdienst andererseits ist in Göteborg/Schweden ebenfalls deutlicher gegeben als etwa in Bremen/Deutschland. Auch der Begriff *einer* Sozialverwaltung ist bezogen auf die Kommune und die Stadtteile in Göteborg eher unscharf und nicht wirklich treffend. In Schweden und entsprechend auch in Göteborg wird allgemein vom *Sozialdienst (Socialtjänst)* gesprochen, der auch die Sozialhilfe mit beinhaltet. Unter der Sozialverwaltung werden in der Praxis eher die dem lokalen Sozialdienst administrativ zuarbeitenden und strategisch-politisch sowie planerisch und steuernd wirkenden Bereiche verstanden. An den Planungsprozessen der Stadtteilverwaltung und in die Entscheidungsprozessen der politisch verantwortlichen Gremien wird jedoch das leitende Fachpersonal der Sozialdienste, etwa die LeiterInnen der Sozialbüros und Projekte aktiv beteiligt.

Im Gegensatz zu deutschen Kommunen verfügen schwedische Kommunen über eine direkte *Steuerhoheit bei der Einkommenssteuer* in Form der Kommunalsteuer *(Kommunalskatt)*. Auch hiermit ist für ökonomische Interventionsformen ein im Vergleich zu Deutschland erweiterter Entscheidungs- und Interventionsspielraum gegeben, da die Abhängigkeiten und Einflussnahmen über zentralstaatliche Zuschüsse oder Finanzausgleichssysteme für schwedische Kommunen geringer ausgeprägt sind.[510] Die Steuerhoheit wurde jedoch mit der Stadtteilreform von 1990 *nicht* dezentral auf die Stadtteile übertragen. Die Steuer- und Abgabensätze der Stadt werden somit zentralstädtisch auf der Ebene des Stadtrates festgesetzt.

---

zu beachten ist. Vergleichbare Proteste fanden trotz sicher ähnlicher Arbeitsbelastungen in Bremen bisher nicht statt. Dies könnte auf eine bessere gewerkschaftliche Organisation und auf eine höhere Konfliktbereitschaft sowie auf eine andere „Protestkultur" der Sozialarbeit in Göteborg bzw. generell in Schweden verweisen als sie in Bremen bzw. Deutschland üblich ist.

[510] Allerdings wurde zu Beginn der Krise 1991/1992 den Kommunen durch zentralstaatlichen Beschluss der damals bürgerlichen Regierung „Bildt" eine weitere Erhöhung der Kommunalsteuer zeitweise untersagt, so dass der Zentralstaat in Krisensituationen durchaus auf die kommunalen Selbstverwaltungsrechte eingreift. Vgl. Petersson (1998: 90).

Die Einteilung in 21 Stadtteile wurde überwiegend nach den historisch und geografisch gewachsenen Siedlungsstrukturen vorgenommen. Die Verteilung der gesamtstädtischen Einnahmen auf die Stadtteile erfolgte entsprechend der Bevölkerungsanteile und anderer Indikatoren zu den Stadtteilen. Mit den festen Personal- und Mietausgaben war zwar einerseits der weitaus größte Teil der *Stadtteil-Budgets* in seiner Verwendung festgelegt. Ausgehend vom Bevölkerungsanteil wurde die Zuteilung zentralstädtischer Budgetanteile an die Stadtteile nach einem festen Verteilungsmodus vorgenommen. Dieser Modus sah vor, dass sich neben einem festen Grundbetrag *(Grundresurs)* und dem auf die allgemeine Bevölkerung im Stadtteil bezogenen Budget *(Befolgningsramen)* weitere Beträge errechneten. Diese ergaben sich aus differenzierten Bevölkerungsdaten, wie Werten zur Alters- und Haushaltsstruktur sowie zur Arbeitslosigkeit im Stadtteil und bildeten die Verteilungsbeträge für die Mittel der gesamtstädtischen Ebene. Besonders ausgabenintensive Bereiche wurden schließlich zusätzlich zum allgemeinen Budget mit zweckbestimmten Budgets ausgestattet. Dies geschah unter anderem in Form des jährlichen *Sozialhilfeetats (Sozialbidragsramen),* der von der zentralstädtischen Ebene in die Stadtteile übertragen wurde.[511] Nach Änderungen im Haushaltsrecht konnten die Stadtteilausschüsse bereits seit Anfang der 1990er Jahre – also noch vor der „großen Krise" – beispielsweise diejenigen Mittel, die zentralstädtisch eigentlich für den Sozialhilfeetat im Stadtteil zugewiesen waren, lokal umwidmen und dem allgemeinen bevölkerungsbezogenen Budget zuweisen. So konnten besondere *investive Projekte im Stadtteil* auch über Mittel der Sozialhilfe autonom finanziert werden, um etwa die Empfängerzahlen, Bezugszeiten und/oder die Ausgaben der Sozialhilfe im Rahmen arbeitsmarktpolitischer Projekte oder im Rahmen von Sozialberatung zu begrenzen. Bei ökonomischen und infrastrukturellen Interventionen bestanden damit zumindest eine Teilautonomie und eigene Budgethoheit der Stadtteilverwaltungen.

Diese Möglichkeiten einer teilweise freien Verfügbarkeit und investiven Verwendung des lokal bezogenen Sozialhilfeetats bildeten für die Entwicklung und finanzielle Ausstattung aktivierender Maßnahmen und arbeitsmarktpolitischer Programme in den Stadtteilen ein wichtiges Instrument. Sie waren gewissermaßen eine Voraussetzung in den Reformstrategien für eine „aktivierende Sozialpolitik" auf kommunaler Ebene.[512] Ergaben sich aus diesem flexiblen Budgeteinsatz Überschüsse oder auch Defizite im Stadtteilbudget, wurden diese am Jahresende mit einer Quote von 70 % auf die zentralstädtische Ebene und zu 30 % auf den Stadt-

---

[511] Vgl. Angaben im Interview auf der gesamtstädtischen Leitungsebene der Sozialdienste der Stadt Göteborg *(Stadskansli)* vom 10.02.2000 sowie Westerståhl (1997: 214).

[512] Es zeigen sich Parallelen zu den stärker investiven Einsätzen öffentlicher Mittel im Zusammenhang mit den „Hilfen zur Arbeit" nach § 18 ff. BSHG, wie sie seit Mitte der 1990er Jahre auch in Bremen entwickelt wurden. Vgl. Stadt Bremen (1999a). Allerdings schienen diese Ansätze in Göteborg stärker dezentral in den Stadtteilen konzipierbar als in Bremen.

teil aufgeteilt.[513] Auch wenn die Möglichkeiten eines flexiblen Mitteleinsatzes bereits Anfang der 1990er Jahre bestanden, kamen diese eher *investiv und aktiv ausgerichteten Steuerungsinstrumente* in den Stadtteilen Göteborgs vor allem dann ab Mitte/Ende der 1990er Jahre intensiver zur Anwendung.[514] Dies wird am Beispiel einiger arbeitsmarktbezogener Projekte noch genauer aufgezeigt. In einer vergleichenden Perspektive bestanden zwar die Instrumente und Möglichkeiten für eine „investiv" und „aktiv" ausgestaltete kommunale Sozialhilfe in Göteborg bereits früher als *in Bremen,* wirklich *für die Sozialhilfe* entdeckt und intensiver genutzt wurden diese Innovationspotentiale von der kommunalen Sozialpolitik jedoch erst ab Mitte der 1990er Jahre, insbesondere im Kontext einer aktiveren kommunalen Arbeitsmarkt- und Beschäftigungspolitik. In Bremen hingegen waren die „Hilfen zur Arbeit" bereits in den 1980er Jahren entwickelt

Auch für Göteborg gilt, dass ein Hauptrisiko der beschriebenen *Dezentralisierungsstrategie* darin liegt, dass mit einer Erweiterung und Förderung von Gestaltungs- und Interventionsmöglichkeiten in den Stadtteilen zugleich ein Auseinanderdriften der Stadtteile in der wirtschaftlichen und sozialen Entwicklung verbunden sein kann und somit für die Bürger unterschiedliche Teilhabechancen und Zugangsmöglichkeiten zu kommunalen Dienstleistungen und öffentlichen Gütern bestehen. Zunehmende Unterschiede in den Niveaus und in der Qualität der kommunalen sozialen Dienstleistungen können somit Risiken und Nebeneffekte einer all zu weit vorangetriebenen Dezentralisierung und Autonomie der Stadtteile sein. Die *Struktur der 21 Stadtteile* ist ohnehin in ihrer Bevölkerungszusammensetzung, in der Wirtschaftsstruktur, der Wohn- und Infrastruktur sowie im Ausmaß von Arbeitslosigkeit, Sozialhilfebezug und in den sozialen Problemen eher heterogen. Diese Unterschiede in der Stadtteilentwicklung und in der Stadtteilstruktur haben sich im Verlauf der 1990er Jahre in einigen Bereichen tendenziell weiter verschärft. Auch mit der Neuorganisation der sozialen Dienste konnte dem nicht nachhaltig entgegengewirkt werden.[515] Lokal bezogen auf die Stadtteile zeigt sich damit, dass eine „Lebenslauf- und Lebensqualitätspolitik" im Kontext neuer Steuerungsformen offenbar nicht mehr so einheitlich gestaltbar und möglich ist, wie das

---

[513] Zu dieser Regelung einer investiven Verwendung der zentralstädtisch zugewiesenen Finanzmittel im Rahmen der Sozialhilfe in den Stadtteilen vgl. Göteborgs Stad (1995): Ekonomihandbok 1995: 60. Angaben dazu entstammen ferner dem Interview vom 10.02.2000 auf der Leitungsebene des Sozialdienstes der Stadt Göteborg.

[514] Entsprechende Ansätze wurde in einzelnen sozialwissenschaftlichen Studien zu Beginn der 1990er Jahre skizziert, etwa von Westlund (1991: 38 f.).

[515] So berichtete die Lokalpresse in Göteborg über einzelne Stadtteile, in denen aufgrund der Finanzkrise und geringer Schülerzahlen öffentliche Schulen geschlossen werden mussten, wobei im Anschluss daran diese Leistungen in anderen Stadtteilen mit besseren Strukturbedingungen und einer besseren Finanzausstattung wieder „eingekauft" wurden. Inwieweit solche Steuerungsmuster dann als „bürgernah" oder „nutzerfreundlich" bezeichnet werden können, wäre genauer zu untersuchen.

noch in den 1970er und 1980er Jahren mit zentralistischeren Strukturen möglich und angestrebt war. Auch zwischen den Stadtteilen bestehen durchaus Wettbewerbsstrukturen, die Anreize setzen sollen und „best practices" fördern sollen. Interessant ist, dass in Göteborg zum 1. Januar 2011 die Dezentralisierungsstrategie offenbar nicht fortgeführt wird. Die bisher 21 bzw. zuletzt 20 Stadtteile werden nun – mit sehr ähnlichen Motiven und Begründungen wie bei ihrer Einführung – zu lediglich 10 Stadtteilverwaltungen wieder „zentralisiert".

b) Die kommunale Finanzsituation: Krisenbewältigung und neue fachpolitische Handlungsspielräume für eine „aktivierende Sozialpolitik"?
In Schweden leisten die Kommunen nach dem schwedischen Zentralstaat und noch vor den Sozialversicherungskassen den zweitgrößten finanziellen Anteil an öffentlichen Ausgaben.[516] Während Zentralstaat und Versicherungskassen vor allem die monetäre Einkommensverteilung vornehmen, liegen die Leistungen der Kommunen insbesondere im Bereich der infrastrukturellen und personenbezogenen sozialen Dienste einschließlich der Jugend- und der Sozialhilfe. Die Kommunen sind demnach in der Sozialhilfe und in den personenbezogenen sozialen Diensten sowie im außeruniversitären Bildungswesen die Hauptakteure für die Praxis und Ausgestaltung der schwedischen Wohlfahrtsgesellschaft. In einer allgemeinen Betrachtung finden sich damit kaum Unterschiede zu den Verantwortungsbereichen deutscher Kommunen, insbesondere nicht im Vergleich zu einem *Stadtstaat* wie Bremen. Generell gilt aber, dass die Handlungsfreiräume schwedischer Kommunen größer sind und diese etwa im Bildungsbereich mehr Gestaltungskompetenzen haben, die in Deutschland stärker zwischen Ländern, Landkreisen und Kommunen aufgeteilt sind. Die besonderen Gegebenheiten eines deutschen Stadtstaates wie bremen liegen dabei näher an den schwedischen Rahmenbedingungen als das sonst für deutsche Kommunen gilt.

In der *Lebenslaufperspektive* betrachtet kommt somit den Kommunen mit ihren sozialen Dienstleistungen und materiellen Hilfen vor allem bis zum Übergang in das Erwerbsleben, also für die ersten 15 bis 20 Lebensjahre die zentrale Bedeutung als „Wohlfahrtsproduzent" und Garant sozialer Sicherheit für die Bürger zu. Auch später im Lebensverlauf sind die Kommunen vor allem in extremen materiellen wie auch sozialen bzw. psychosozialen Lebenskrisen, etwa bei Armut, Krankheit oder Pflege mit den kommunalen Einrichtungen des Sozial- und Gesundheitswesens ganz überwiegend für die institutionelle Problembearbeitung dieser Risiken zuständig. Der Lebensverlauf wird somit in unterschiedlichen Wohlfahrtsstaaten ganz

---

[516] So lag der Anteil an den gesamten öffentlichen Konsumtionsausgaben der schwedischen Kommunen im Jahr 1992 bei 70,5 %, hat sich auch bis 2009 auf diesem Niveau gehalten. Zum Vergleich lag der Wert für 1992 bei den Kommunen in Deutschland lediglich bei 18,7 %. Vgl. Wetterberg (1997: 48).

erheblich von der Ausgestaltung und den Ressourcen einer kommunalen Sozialpolitik und -verwaltung gerahmt und beeinflusst. Soziale Interventionen werden dementsprechend in kommunalen bzw. lokalen institutionellen Arrangements verschiedener Wohlfahrtsstaaten je spezifisch „gesteuert".[517] Diese *Perspektive einer „lokal geprägten Lebenslaufpolitik"* oder auch *„kommunaler sozialpolitischer Regimes"* wird in der Betrachtung sowohl des deutschen wie des schwedischen Wohlfahrtsstaates aufgrund einer oft verkürzten und einseitigen Fokussierung auf den Bereich des Zentralstaates und der Sozialversicherung bisher all zu oft vernachlässigt.

Die sozialen Leistungen schwedischer Kommunen und somit auch der Stadt Göteborg werden zum Großteil über die eigene Steuerhoheit im Rahmen der Einkommenssteuer *(Kommunalskatt)* und über kommunale Abgaben, sowie ergänzt um staatliche Zuschüsse und Ausgleichszahlungen *(Statsbidrag)* finanziert.[518] Ähnlich wie in Deutschland sind etwa die Leistungen der Sozialhilfe für Asylbewerber vom Zentralstaat den Kommunen zu erstatten. Wenn auch deutlich geringer als deutsche Kommunen, sind schwedische Kommunen – trotz eigener Steuerhoheit – in ihrer Finanzausstattung in hohem Maße auch von *externen Faktoren,* wie etwa zentralstaatlichen Beschlüssen und Schwerpunktsetzungen nationaler Politik oder den jeweiligen makroökonomischen und arbeitsmarktpolitischen Entwicklungen abhängig. Veränderungen in der Wirtschafts-, der Arbeitsmarktpolitik oder auch im Bereich von Flüchtlingsbewegungen und bei der Einwanderungspolitik, die kommunal nicht oder nur begrenzt beeinflussbar sind, können in ihren Folgen die Kommunen in hohem Maße betreffen, insbesondere in der Sozialhilfe.

Wie deutsche Kommunen – jedoch im Vergleich weniger extrem – gerieten schwedische Kommunen im Zuge der gesamtwirtschaftlichen und arbeitsmarktpolitischen Krise zu Beginn der 1990er Jahre in finanzielle Probleme. Beispielsweise lag die Nettokreditaufnahme der Stadt *Göteborg* im Jahr 1992 bei rd. 5,8 Mrd. SEK, stieg in den Jahren 1995 und 1996 auf rd. 8 Mrd. SEK (rd. 90 Mio Euro) an und hielt sich auch 1997 noch auf diesem Niveau.[519] Im Verlauf der 1990er Jahre lässt

---

[517] Bis 1999 war die Stadt Göteborg beispielsweise auch Hauptträger für das Sahlgrensche Universitätskrankenhaus. Seit 1999 wird das Universitätskrankenhaus in einem Kommunalverband gemeinsam von der Stadt Göteborg und der Region Västra Götaland als öffentliche Träger betrieben. Eine Privatisierung ist bisher nicht angestrebt. Unter anderem aus den Einnahmen, die aus der neuen Trägerschaft des Krankenhauses resultierten, war für die Stadt 1998 der Ausgleich eines erheblichen finanziellen Defizits von netto rd. 46 Mio. SEK (Brutto: 250 Mio. SEK) möglich.

[518] In der Verteilung der Einnahmen schwedischer Kommunen entfallen dabei im Durchschnitt auf die kommunale Einkommenssteuer *(Kommunalskatt)* rd. 55 % bei im Verlauf der 1990er Jahre steigender Tendenz und die staatlichen Zuschüsse *(Statsbidrag)* bilden rund 20 % der Einnahmen bei im Verlauf der 1990er Jahre rückläufiger Entwicklung. Die kommunalen Abgaben machen rund 15 % aus und etwa 10 % entfallen auf sonstige Einnahmen, etwa Gebühren, Mieteinnahmen usw. Vgl. Wetterberg (1997: 51) für den Zeitraum zwischen 1994 und 2000.

[519] Zu den Daten vgl. Göteborg Stad (1997a): Financial Report 1997: 12.

sich im Rückblick für 1991 ein Haushaltsdefizit von rd. 400 Mio. SEK feststellen, 1992 lag ein ausgeglichener Haushalt vor und für 1993 war sogar ein Defizit von rd. 1 Mrd. SEK abzudecken. Nachdem 1994 das Defizit auf 400 Mio. SEK reduziert werden konnte, wurden ab 1995 erstmals wieder *Überschüsse* im Kommunalhaushalt erzielt. Damit waren in Göteborg – völlig anders als in Bremen – ab 1995 die Voraussetzungen für neue Investitionen und erweiterte Handlungsspielräumen in der Kommunalpolitik gegeben. Seit Mitte der 1990er Jahre ist in Göteborg eine relative Stabilität in Form eines jährlichen Überschusses in den Kommunalfinanzen zwischen 500 und 900 Mio. SEK erreicht worden.[520] So wurde auch zuletzt für das Haushaltsjahr 2010 ein positives Resultat der Kommunalfinanzen in Höhe von 229 Mio. SEK ausgewiesen.[521]

Ohne an dieser Stelle auf die Details der Finanzsituation der Stadt *Bremen* genauer eingehen zu können, zeigt sich bereits an den allgemeinen Daten, dass in Göteborg seit Mitte der 1990er Jahre eine deutlich *günstigere Ausgangslage* hinsichtlich der Finanzierung und in den Möglichkeiten einer „investiven" und „aktivierenden" Sozialpolitik vorzufinden war als das für Bremen bis heute gilt.[522] Damit wäre zu erwarten, dass insgesamt der finanzpolitische Konsolidierungsdruck und fiskalpolitische Motive in den Modernisierungs- und Reformkonzepten auch bezogen auf die Sozialhilfe in Göteborg nicht so im Vordergrund standen und stehen wie das für Bremen erkennbar wurde.[523] Zu erwarten wäre auch, dass in Göteborg bei der Entwicklung und Ausgestaltung „aktivierender policies" neben einer finanzpolitischen Orientierung die eigentlich fachpolitischen und professional bezogenen Reformmotive ebenso stark bzw. sogar stärker bestimmend für die Muster sozialer Interventionen sein müssten. Die Befunde weisen für Bremen aus, dass die fiskalpolitischen Motive die fachpolitischen und professional entwickelten Zielsetzungen

---

[520] Zur Finanzsituation Ende der 1990er Jahre vgl. Göteborg Stad (1998b): Ekonomisk redovisning 1998, Förvaltningsberättelse. Wenn sich auch für die gesamtstädtische Ebene eine Verbesserung der finanzpolitischen Situation zeigte, so ist in einer differenzierteren Betrachtung festzustellen, dass *einzelne Stadtteile* auch weiterhin sehr angespannte Budgets aufweisen.

[521] Vgl. Göteborgs Stad (2011): Årsredovisning 2010 (www.goteborg.se/Download: 26.10.2011: 17.45 Uhr.)

[522] In Bremen wurde Mitte 2003 eine Haushaltssperre verhängt. Dort erhöhte sich der Schuldenstand ohne Schulden der Eigenbetriebe von 1,36 Mrd. DM im Jahr 1993 auf 4,2 Mrd. DM im Jahr 2000. Die Nettokreditaufnahme stieg von 61,5 Mio DM im Jahr 1990 auf rd. 800 Mio DM (rund 400 Mio Euro) im Jahr 2000, hat sich damit mehr als verzehnfacht und lag deutlich höher als in Göteborg. Zu den Werten für Bremen vgl. Stadt Bremen (2001a). Auch Prigge u.a. (2000: 685) verweisen in einer vergleichenden Untersuchung zur „Modernisierungspolitik" in den drei deutschen Stadtstaaten darauf, dass in Bremen im innerdeutschen Kontext eine „extreme Haushaltsnotlage" bestand.

[523] Vgl. Leisering/Hilkert (2001: 97 ff.), die eine Ökonomisierung der Steuerung in den Reformstrategien der Bremer Sozialhilfeverwaltung bestätigten.

im Verlauf der 1990er Jahre zunehmend überlagerten.[524] Demgegenüber wäre für Göteborg ab 1995 eine genau gegenläufige Entwicklung zu erwarten. Geht man allein von den finanzpolitischen und ökonomischen Rahmenbedingungen aus, zeigen sich diese allgemein für die gesamten 1990er Jahre und besonders dann ab Mitte der 1990er Jahre für Göteborg deutlich günstiger als für Bremen. Auch über ein mehr als zehnjähriges Fenster lassen sich somit durchgängig günstigere und vor allem auch weiter gefasste kommunale Gestaltungsspielräume für soziale Interventionen in Göteborg erkennen.

5.3 Die Entwicklung von Sozialhilfeausgaben und Sozialhilfebezug: Göteborg und Bremen im Vergleich

Betrachtet man die Entwicklung der Ausgaben und die Daten zum Sozialhilfebezug für Göteborg, so zeigten diese bis 1996/97 einen deutlichen Anstieg auf. Seit 1998 waren jedoch sowohl die Ausgaben wie auch die Empfängerzahlen in Göteborg rückläufig, wie die folgende Tabelle 8 zeigt. Die für die schwedische Sozialpolitik und viele Kommunen dramatische Situation Mitte der 1990er Jahre wird dabei erst in einer längerfristigen Perspektive erkennbar. Lagen die Ausgaben für die Sozialhilfe der Stadt Göteborg im Jahre 1980 noch bei rd. 100 Mio. SEK (rd. 11 Mio Euro) jährlich, so beliefen sie sich 1997 auf fast 1,5 Mrd. SEK bzw. rd. 158 Mio Euro.[525] Wie zuvor dargestellt, war zugleich die Lage der Kommunalfinanzen Mitte der 1990er Jahre ebenfalls noch kritisch. Nur vor diesem Hintergrund ist zu verstehen, dass etwa auf der Leitungsebene der Sozialdienste der Stadt Göteborg bezogen auf die Entwicklung neuer Programme in der Sozialhilfe und bezogen auf ein intensiviertes Zusammenwirken mit der staatlichen Arbeitsmarktbehörde rückblickend von einer *„Notsituation der Kommune"* gesprochen wurde, aus der heraus die neuen Ansätze entwickelt wurden. (Int. 10: 299-319) Diese vorübergehende Notsituation in den Kommunalfinanzen und weniger die fachpolitischen Diskurse und Konzepte oder zentralstaatliche Vorgaben bildeten demnach in Göteborg in der Sozialhilfe *ab Mitte der 1990er Jahre* einen wesentlichen Ausgangspunkt für eine veränderte und aktivere kommunale Sozial(hilfe)politik.

---

[524] Deutlich wird dies etwa daran, dass der Rechnungshof in Bremen in durchaus hohem Grade direkt fachpolitisch mit seinen Stellungnahmen Einfluss auf die Ausgestaltung sozialer Interventionen nimmt. Dies gilt auch im Bereich der Sozialhilfe. So wurde etwa im Jahresbericht des Rechnungshofes 2001 gefordert, *„die Sozialleistung Schuldnerberatung auf das unbedingt notwendige Maß zu begrenzen, wozu eine ergebnisorientierte, den Ausstieg aus der Sozialhilfe fördernde strategische Sachbearbeitung in der Sozialhilfe für notwendig gehalten wird."* (Stadt Bremen 2001d: 62). Fachliche Voraussetzungen wie die Ergebnisoffenheit sozialer Beratung gerieten unter fiskalpolitischen Druck.

[525] Vgl. Göteborg Stad (1997b): Statistisk Årsbok, S. 147.

Tabelle 9:

Ausgaben und Empfänger in der Sozialhilfe der Stadt Göteborg (1991 – 2002)

Jahr	Bruttoausgaben in Mio SEK	(Mio Euro)	Haushalte im Sozial-hilfebezug*)	Personen im Sozial-hilfebezug*)
1991	564	(62)	25.014	ca.42.000**)
1992	704	(77)	27.514	ca.46.000**)
1993	1.020	(112)	33.252	ca.56.000**)
1994	1.260	(138)	39.726	66.541
1995	1.207	(133)	38.428	65.388
1996	1.364	(150)	40.303	68.999
1997	**1.441**	**(158)**	**41.098**	**70.630**
1998	1.344	(148)	37.539	62.703
1999	1.284	(141)	32.485	57.839
2000	1.213	(133)	30.058	55.444
2001	1.066	(117)	27.805	50.372
2002	1.010	(111)	25.741	47.167

Quellen: Göteborg Stad (1997b): Statistisk Årsbok Göteborg 1996, S. 147 und Göteborg Stad (2000b): Socialbidrag 1999, Socialstyrelsen (2001): Ekonomiskt bistånd/Socialbidrag 2000, Statistik Socialtjänst 2001:7, S. 67. und Göteborg Stad (2003): Socialbidrag 2002.
*) Doppelte bzw. episodenhafte Bezüge eines Haushaltes bzw. einzelner Personen im Verlauf eines Jahres sind mit enthalten.
**) Für die Jahre 1991 bis 1993 waren von der Stadt Göteborg keine exakten Daten zur Zahl der Personen im Sozialhilfebezug verfügbar. Auf der Basis haushaltsbezogener Daten wurden die Werte daher indirekt ermittelt.

In Göteborg wurde 1997 sowohl ein *Höchststand* in den *Ausgaben für die Sozialhilfe* wie auch bei der *Anzahl der Sozialhilfebeziehenden* nicht nur im Verlauf der 1990er Jahre, sondern überhaupt nach dem II. Weltkrieg erreicht. Auch in Bremen wurde in den 1990er Jahren ein Höchststand bei den Ausgaben und in der Zahl der Sozialhilfebeziehenden in den Jahren 1997 und 1998 erreicht. In beiden Städten ist in den Jahren nach 1998 – mindestens bis 2003 – sowohl in den Ausgaben wie auch bei den Empfängerzahlen dann eine rückläufige Entwicklung erkennbar.

Tabelle 10:

Ausgaben und Empfänger von Sozialhilfe (Hilfe zum Lebensunterhalt) in Bremen (Stadt Bremen von 1990-2001)

Jahr:	Bruttousgaben der Sozialhilfe (HLU) in Mio. Euro	Personen im Sozialhilfebezug*)
1990	141,1	50.296
1991	139,6	45.284
1992	146,2	43.372

1993	158,6	53.243
1994	154,5	40.567
1995	170,9	44.575
1996	178,2	51.015
1997	**190,7**	**53.837**
1998	**201,1**	52.361
1999	192,4	51.444
2000	190,4	48.874
2001	188,6	46.839

)Hinweis: Im Jahr 1994 wurde die Sozialhilfestatistik reformiert. Die Werte ab 1994/95 sind daher nur eingeschränkt mit den Werten von vor 1994 vergleichbar.
Quellen: Statistisches Landesamt Bremen, Statistische Jahrbücher 1990 bis 2002 und eigene Berechnungen

Ähnlich wie in Göteborg war auch für *Bremen* ab 1992 bis 1997 ein Anstieg der Empfängerzahlen und auch der Ausgaben in der Sozialhilfe zu verzeichnen.[526] Die in den Tabellen nicht mit ausgewiesene Sozialhilfequote stieg in Göteborg von etwa 5 % Anfang der 1990er Jahre auf einen Höchstwert von 15 % im Jahre 1997 und hat sich damit in wenigen Jahren verdreifacht.[527] In Bremen betrug die Quote 1990 noch 6,3 % und stieg auf 9,5 % im Jahr 1997 an. Die Entwicklungen waren damit zunächst in Göteborg wesentlich negativer als in Bremen. Während die Quote in Bremen seit dem leicht rückläufig ist, ist jedoch der Rückgang bei den Sozialhilfeempfängerzahlen in Göteborg seit 1998 stärker und offenbar nachhaltiger als in Bremen, was vor allem – aber nicht ausschließlich – in günstigeren wirtschaftlichen und arbeitsmarktpolitischen Entwicklungen in Göteborg begründet liegen dürfte.

Auch in Bremen galt, dass der Anstieg gleichzeitig mit einer Krise der Kommunalfinanzen und einer hohen Arbeitslosenquote verbunden war. Die kommunale Finanzkrise verbunden mit dem massiven Anstieg bei den Sozialhilfeausgaben seit Anfang der 1990er Jahre war somit in beiden Städten *ein* wesentliches Motiv für die Entwicklung veränderter Steuerungs- und Interventionskonzepte und für den Übergang zu stärker „aktivierend" konzipierten sozial- und arbeitsmarktpolitischen Programmen. 1998 kann in Göteborg wie auch in Bremen als „Wendejahr" in der Entwicklung der Ausgaben und Empfängerzahlen gesehen werden. Dies gilt auch für viele andere schwedische Kommunen und für den Trend in der Sozialhilfe in Schweden wie in Deutschland insgesamt.

---

[526] Ähnlich wie für die Stadt Bremen entwickelten sich die Empfängerzahlen für das Land Bremen (Stadtstaat) von 50.296 Personen 1990 auf einen Höchststand von 71.348 Personen in 1997 und in den folgenden Jahren mit rückläufiger Tendenz auf 60.678 Personen im Sozialhilfebezug im Jahr 2001 (Statistische Jahrbücher des Statistischen Landesamtes Bremen 1990 bis 2002.)

[527] Vgl. Salonen (1999: 37).

In Göteborg ist ferner der Anteil der Ausgaben für Sozialhilfe am kommunalen Gesamtbudget seit 1998 rückläufig. Die Nettoausgaben für *alle* kommunalen Aufgaben und Dienstleistungen der Stadt Göteborg beliefen sich 1998 auf rd. 17,8 Mrd. SEK.[528] Etwa 7,5 % der Ausgaben der Stadt Göteborg entfielen 1998 auf den Bereich der Sozialhilfe *(Socialbidrag)*, die in der Art ihrer Leistungen der deutschen Hilfe zum Lebensunterhalt nach dem früheren BSHG entspricht. Sie enthält keine „Hilfen zur Pflege" oder andere sozialen Hilfen in besonderen Lebenslagen.

Die *positive Entwicklung nach 1998* ist einerseits im Zusammenhang der günstigeren wirtschaftlichen Entwicklungen seit 1994/95 zu sehen, aber im Fortgang der Studie ebenso im Kontext der Einführung „aktivierender policies" und hinsichtlich der möglichen Effekte von Maßnahmen einer „Verwaltungsmodernisierung" stets mit zu reflektieren. In Schweden war mit der Sanierung des Staatshaushaltes Mitte der 1990er Jahre und den damit erweiterten Handlungsspielräumen in der Sozial- und Wirtschaftspolitik insgesamt jedoch eine bessere Ausgangslage für die positive Entwicklung im Zusammenwirken von Zentralstaat und Kommunen gegeben. Kommunale Projekte wurden verstärkt mit staatlichen Förderprogrammen unterstützt. Daneben sind die Wirkungen der Maßnahmen einer Verwaltungsreform, die bereits seit Ende der 1980er Jahre in Göteborg eingeleitet wurden, sowie mögliche sozialberuflich ausgerichtete Reformen ebenfalls als „Positivfaktoren" mit zu beachten. Für Bremen können die Verwaltungsmodernisierung wie auch die Einführung neuer sozialberuflicher Handlungsformen, etwa die Hilfeplanung, das Fallmanagement und eine intensivierte Beratung allerdings keine Effekte auf die Sozialhilfe mit sich gebracht haben, da sie erst Ende der 1990er Jahre eingeleitet wurden, also erst nachdem bereits 1998 eine positive Entwicklung in der Sozialhilfe erkennbar war. Positive Effekte dürften aber in Bremen wie in Göteborg auf den Ausbau der kommunalen arbeitsmarktpolitischen Maßnahmen bzw. der „Hilfen zur Arbeit" zurückgehen, der in Bremen bereits Anfang und in Göteborg Mitte der 1990er Jahre erfolgte.

Die Daten zur Sozialhilfe sollen über die Perspektive der Empfängerzahlen und der Ausgaben hinausgehend hinsichtlich der Empfängerstruktur und der Bezugsdauer noch genauer dargestellt werden. Soweit auf der Basis bisheriger Befunde möglich werden die Göteborger Daten direkt mit den Daten zur Sozialhilfe in Bremen/Deutschland kontrastiert.

---

[528] Vgl. Göteborg Stad (1999): Ekonomisk redovisning 1998, Förvaltningsberättelse.

Tabelle 11: Empfängerstruktur in der Sozialhilfe in Göteborg in den Jahren 2000 und 2010		
Strukturmerkmal	2000:	2010:
Haushalte/Bedarfsgemeinschaften insgesamt:	29.615	22.960
Personen insgesamt:	55.444	(keine Angabe)
Alleinstehende Männer ohne Kinder:	11.326	9.287
Alleinstehende Männer mit Kinder:	378	840
Alleinstehende Frauen ohne Kinder:	7.657	5.974
Alleinstehende Frauen mit Kinder:	4.417	3.371
Verheiratete/Paare ohne Kinder:	1.890	1.186
Verheiratete/Paare mit Kinder:	3.808	2.274
Ausländer/Personen, die außerhalb Schwedens geboren sind (ohne Flüchtlinge)	14.031	10.906
Flüchtlinge/Asylbewerber:	2.000	2.476

Quelle: Socialstyrelsen (2001): Statistik Socialtjänst 2001:7, Sveriges Officiella Statistik, u. Socialstyrelsen (2011): Ekonomiskt bistånd årsstatistik 2010)

Für Bremen lagen vergleichbar detaillierte Daten nur teilweise vor. Am Jahresende 2000 standen in Bremen 48.874 Personen im Sozialhilfebezug. Der Anteil weiblicher Bezieher belief sich auf 27.317 Personen, somit ca. 57 % der Sozialhilfebeziehenden. Von den 48.874 Sozialhilfebeziehenden waren in Bremen 14.975 und damit ca 30 % „Nichtdeutsche". Vor allem der Anteil alleinstehender Sozialhilfebeziehender war in Bremen geringer als in Göteborg. Das Armutsrisiko von Familien und Kindern scheint in Bremen bis heute größer als in Göteborg.

In weiteren, jedoch älteren vergleichenden Daten zum Sozialhilfebezug, die *bis Mitte der 1990er Jahre* auf der Basis von *Längsschnittdaten* vorlagen, zeigten sich für beide Städte genauere Befunde. Neben Parallelen wurden in einer *dynamischen Betrachtungsweise* noch weitere Unterschiede erkennbar. Die oben angegebenen Daten berücksichtigend und erweitert mit Befunden aus den früheren Längsschnitt-Untersuchungen lassen sich folgende Aussagen zusammenfassen:[529]

Die *altersspezifische Sozialhilfequote* wies in beiden Städten/Ländern seit den 1980er Jahren eine ähnliche Entwicklung auf. Bei den jüngeren Menschen ist die Sozialhilfequote in den 1990er Jahren stark zunehmend, während sie bei Älteren rückläufig ist. In beiden Städten/Ländern ist ein Trend einer zunehmenden *Armut bei Jugendlichen und Kindern* erkennbar. Sowohl in Schweden als auch in Deutschland

---

[529] Die Zusammenfassung der Befunde bezieht sich auf die Daten und Berechnungen von Buhr (1998) und Gustafsson (2000). Nach 1994 wurde die Längsschnittdaten nicht weiter aktualisiert, so dass für die hier vorliegende institutionenbezogene Studie leider keine aktuelleren Daten verfügbar waren.

sind im Verlauf der 1990er Jahre etwa 30 % aller Sozialhilfebeziehenden Kinder.[530] In beiden Städten/Ländern hat sich seit den 1990er Jahren das Armutsrisiko von Familien und Kindern deutlich erhöht. Dagegen war die Altersarmut in Form des Sozialhilfebezugs von älteren Menschen in beiden Städten/Ländern im Verlauf der 1990er Jahre kein nennenswertes Problem mehr, wobei dies allerdings anhand von Daten zur Dunkelzifferproblematik genauer zu klären wäre als hier möglich.

Der *Anteil der 20- bis 30jährigen* unter den Sozialhilfebeziehenden war in beiden Städten mit 37 % in Bremen und 38 % in Göteborg etwa gleich hoch. Der *Anteil der allein Erziehenden* unter den Sozialhilfebeziehenden war in beiden Städten etwa gleich. In Göteborg betrug der Anteil unter den Erstbeziehern 1989 rd. 15 % und in Bremen waren bei den Erstbeziehern 1991 rd. 13 %.[531] Angesichts der deutlich höheren Erwerbsquote der Frauen in Schweden und des besseren Angebotes an Einrichtungen der Kinderbetreuung wäre zu erwarten, dass der Anteil der allein Erziehenden in der Sozialhilfe in Göteborg eher niedriger liegt als in Bremen. In einer Querschnittsperspektive war dies jedoch nicht erkennbar, sondern erst die Bezugsdauern verweisen auf Unterschiede, die für Göteborg einen kürzeren Sozialhilfebezug bei allein Erziehenden beinhalten.

Auch wenn bei den vorhandenen Vergleichsdaten keine genauen statistischen Werte zu den *Gründen* oder zu den *„Hauptursachen"* für den Sozialhilfebezug in den beiden Städten vorlagen, lässt sich allgemein sagen, dass *Arbeitslosigkeit* in beiden Städten seit Ende der 1980er Jahre als zunehmend wichtige Ursache für die steigende Zahl der Sozialhilfebeziehenden zu sehen ist. Für Göteborg wiesen Daten für das Jahr 2001 aus, dass 34 % der Leistungsempfänger auf Grund von Arbeitslosigkeit im Sozialhilfebezug stehen, und dass 14 % der Sozialhilfebeziehenden sich zeitweise in arbeitsmarktpolitischen Maßnahmen befanden.[532] Für Bremen wurde für etwa 50 % der 16 bis 64jährigen Sozialhilfebeziehenden als Ursache die Arbeitslosigkeit angegeben. Es zeigen sich auch hier parallele Entwicklungen und ähnliche Werte, wonach der Massenarbeitslosigkeit im Verlauf der 1990er Jahre in beiden Städten eine sehr hohe Bedeutung für den Anstieg in der Sozialhilfe zukommt. Die Arbeitslosigkeit als Ursache für Sozialhilfebezug ist in Bremen vor allem dann ab Ende der 1990er Jahre stärker ausgeprägt als in Göteborg, wo die offene Arbeitslosenquote im Januar 1999 bereits auf 6 % zurückgegangen war. In der Stadt Bremen lag sie 1999 noch bei 14.5 %.[533] Seit Ende der 1990er Jahre bis heute waren damit für Göteborg am Arbeitsmarkt wesentlich günstigere Bedingungen für „Erfolge" einer „aktivierenden Sozialhilfepolitik" gegeben als in Bremen.

---

[530] Vgl. Buhr (1998: 35).
[531] Vgl. Buhr (1998: 41).
[532] Vgl. Stadt Göteborg (2002): Göteborg Stads Årsbok 2001.
[533] Vgl. Göteborg Stad (1999): Årsbok 1999, S.11.

In der Zusammensetzung der schwedischen Haushalte im Sozialhilfebezug fällt vor allem der mit 40 % vergleichsweise *hohe Anteil alleinstehender Männer* auf. Auch der Anteil der alleinlebenden Frauen war in der Sozialhilfe in Göteborg höher als in Bremen.[534] Die Sozialhilfe in Göteborg/Schweden trat damit deutlich häufiger bei Alleinlebenden ein als das für die Sozialhilfe in Bremen/Deutschland galt, wo sie stärker bei Familien oder Teilfamilien als System der materiellen Existenzsicherung fungierte. Gründe dürften darin liegen, dass der „Doppelverdiener-Haushalt" bei gleichzeitig hohem Versorgungsgrad mit Einrichtungen der Kinderbetreuung in Göteborg verbreiteter ist als in Bremen und dass auch allein Erziehende in Göteborg früher wieder Zugang zum Arbeitsmarkt finden als in Bremen.

In beiden Städten kamen „*Wartefälle*" in der Sozialhilfe vor. Für Göteborg lagen zu diesem Bezugstyp, der lediglich auf vorrangige Leistungen aus eigenen Ansprüchen wartet, etwa auf Gehaltszahlungen oder auf Leistungen anderer Sozialleistungssysteme, jedoch keine genauen Daten vor. Der Typus „Wartefall" wurde aber von Experten, insbesondere auch der Arbeitsverwaltung für Göteborg bestätigt. (Int. 33) In Bremen bildete diese Kategorie Anfang der 1990er Jahre mit ca. 50 % aller arbeitslosbedingten Sozialhilfebeziehenden eine besonders große Gruppe unter den Kurzzeitbeziehern. In Göteborg dürfte dieser Anteil geringer liegen. Auch diese Befunde wären hinsichtlich der Konzeption von „aktivierenden Maßnahmen" in besonderer Weise zu berücksichtigen, auch wenn sich die Verwaltungspraxis etwa durch Abschlagszahlungen der deutschen Arbeitsämter seit Ende der 1990er Jahre verändert hat und der Anteil der Wartefälle inzwischen nicht mehr so hoch ist. Wartefälle gelten grundsätzlich als „Selbstläufer", in denen keine besonderen „aktivierenden Maßnahmen" seitens der Kommune erforderlich sind.

Schließlich spielt die *Zu- und Einwanderung* in beiden Städten eine bedeutende Rolle für die Zunahme der Zahl der Sozialhilfebeziehenden. In Bremen bzw. Deutschland bildeten die Aus- und Übersiedler aus Ländern der früheren Sowjetunion bzw. Osteuropa zeitweise eine besonders große Bezugsgruppe. Diese Gruppe machte beispielsweise 1989 immerhin 35 % der Erstbezieher aus.[535] Der Anteil ging dann aber im Verlauf der 1990er Jahre deutlich zurück. Der *Anteil der „Ausländer"* lag in Göteborg unter den Sozialhilfebeziehenden im Jahre 1991 mit 33 % noch deutlich höher als der Anteil der „Ausländer" in der Sozialhilfe in Bremen, wo er beispielsweise 1994 rd. 26 % betrug.[536] Während der Wert in Bremen auf rd.

---

[534] Vgl. Buhr (1998: 35).

[535] Vgl. Buhr (1998: 40).

[536] Vgl. Statistisches Landesamt Bremen (2000): Statistische Monatsberichte Ausg. 7-8/2000: 146. Es sei an dieser Stelle auf Definitionsprobleme hingewiesen, wonach der Begriff der „Ausländer" in Deutschland und in Schweden der Begriff der „Einwanderer" oder „Mitbürger mit ausländischem Hintergrund" in beiden Wohlfahrtsstaaten und in den städtischen Statistiken unterschiedlich definiert sein kann.

30 % im Jahr 1999 anstieg, ging er jedoch in Göteborg auf rd. 25 % zurück. In beiden Städten lag der Anteil der Ausländer in der Sozialhilfe aber durchgängig über dem Anteil der Ausländer an der Gesamtbevölkerung (1998 in Göteborg rd. 10,5 % und in Bremen rd. 12 %). Diese Entwicklungen und Befunde müssten eigentlich in den sozialen Interventionen und in der Ausgestaltung besondere Bemühungen entsprechender Programme zur Integration von Ausländern und Einwanderern erkennen lassen, etwa im Angebot und der Förderung von Sprachkursen oder in der beruflichen Integration von Einwanderern aus bestimmten Regionen, bei bestimmten Altersgruppen usw.

Die *Bezugsdauer* in der Sozialhilfe erwies sich auf der Basis der 1989 bzw. 1991 gezogenen Stichprobe in Göteborg im Vergleich zu Bremen als deutlich kürzer. Fast ein Viertel der Neuzugänge in Göteborg bezog während des Beobachtungszeitraums höchstens einen Monat lang Sozialhilfe. Ein Anteil von 17 % der Sozialhilfebeziehenden in Göteborg bezog überhaupt nur ein einziges Mal für längstens einen Monat Leistungen der Sozialhilfe. Dieser hohe Anteil des einmonatigen Sozialhilfebezugs mit nur einer Episode lässt sich für Göteborg jedenfalls teilweise dadurch erklären, dass *einmalige Leistungen* dort statistisch mit erfasst wurden, wohingegen die einmaligen Leistungen in Bremen statistisch gesondert ausgewiesen sind. Im Datensatz für Göteborg waren somit Leistungen für besondere Anschaffungen, etwa bei Zahnersatz, in Form der Übernahme von Mietrückständen oder Leistungen, die während der Sommerferien kurzfristig an Studierende gezahlt werden, mit enthalten.[537] In Bremen war der Anteil der einmonatigen Episoden schon aus diesen in den Datengrundlagen begründeten Faktoren geringer als in Göteborg. Die Daten waren in diesem Punkt somit nur begrenzt vergleichbar.

In Göteborg zeigte sich *Langzeitbezug* von *mehr als drei Jahren* bei etwa einem Drittel und in Bremen bei etwa einem Fünftel der Sozialhilfebeziehenden. Für den in Göteborg vergleichsweise hohen Anteil dürfte sowohl der in Göteborg generell höhere Ausländeranteil in der Bevölkerung wie auch der höhere Anteil an Einwanderern/Ausländern in der dortigen Sozialhilfe von Bedeutung sein. Der Zugang zum Arbeitsmarkt und/oder zum Erwerb von Ansprüchen auf vorrangige Sozialleistungen ist in Schweden für diese Gruppe besonders schwierig.[538] Die bisherigen Befunde weisen ferner für Göteborg auf ein im Vergleich zu Bremen höheres Risiko von Langzeitbezug bei alleinlebenden Männern im Alter zwischen 20 und

---

[537] Die im Februar 2000 durchgeführte Aktenanalyse im Stadtarchiv der Stadt Göteborg in Form einer nicht repräsentative Stichprobe von 30 Sozialhilfeakten aus den Jahren 1990 bis 1993 enthielt ebenfalls eine Reihe von Fällen, in denen *einmalige Leistungen*, etwa für Miet-/Umzugsbeihilfen, Zahnersatz, Bestattungskosten und anderes mehr enthalten waren. Ebenso waren in der Stichprobe auch „Wartefälle" enthalten. Diese Bezugstypen und -konstellationen bilden typische „Ein-Monats-Fälle" und „Kurzzeitbezieher" in Göteborg ab.

[538] Vgl. auch Socialstyrelsen (2002: 32-38).

40 Jahren und bei den 50 bis 60jährigen, sowie für Paare mit zwei und mehr Kindern hin.[539] Unter den kontinuierlichen Langzeitbeziehern waren dagegen in Göteborg dann allein Erziehende (1991: 7 %) weniger stark vertreten als in Bremen (1989: 26 %). Diese Befunde gehen deutlich auseinander und dürften sich im Verlauf der 1990er Jahre nicht wesentlich angenähert haben. In den Daten zum „Langzeitbezug" lassen sich offenbar der bessere Versorgungsgrad mit Einrichtungen der Kinderbetreuung und die generell höherer Erwerbsbeteiligung der Frauen in Schweden für Göteborg – wie schon angedeutet – dann doch positiv erkennen. Ferner dürften die unterschiedlich gestalteten Anrechnungsvorschriften zum Erziehungs-/Elterngeld, das in der deutschen Sozialhilfe/Grundsicherung bis Ende 2010 von der Anrechnung als Einkommen ausgenommen war, in Schweden jedoch schon immer zum anrechenbaren Einkommen zählte, den Anteil der allein Erziehenden jeweils unterschiedlich stark beeinflussen. Auch die Dauer des Anspruchs und des Bezugs von Erziehungs- bzw. Elterngeld und die Dauer der Elternzeit, die in Deutschland Ende der 1990er Jahre 2 bzw. 3 Jahre betrug, spielt hier eine Rolle. In Schweden betrug die Elternzeit bis maximal 480 Tage, konnte dort jedoch flexibel bis zum 8. Lebensjahr des Kindes genommen werden.[540] Diese rechtlichen Faktoren wirken sich auf den Anteil der allein Erziehenden in der Sozialhilfe im Städtevergleich unterschiedlich aus. Ebenso spielen Regelungen und Praxis des Unterhaltsrechts eine wichtige Rolle, auf die später näher eingegangen wird.

Der *„Mehrfachbezug"* fand sich in der Sozialhilfe in Göteborg deutlich öfter als in Bremen. Zusammenfassend ist feststellbar, dass zwar die Bezugzeiten in Göteborg meist kürzer waren und sind als in Bremen, dafür aber in Göteborg häufiger kurzzeitige Episoden des Sozialhilfebezugs auftrat als in Bremen. Diese Befunde wären bezogen auf bestimmte Gruppen und Merkmale genauer zu differenzieren als auf der Grundlage bisher vorliegender Daten möglich.

Im Resümee stellt Buhr (1999 und 1998: 46) zusammenfassend fest, dass letztlich *nicht* eindeutig beurteilt werden konnte, ob die deutsche oder die schwedische Sozialhilfe *„wirksamer"* ist, wenn es um die Erschließung und Förderung von Wegen aus dem Sozialhilfebezug geht.[541] Beide Systeme zeigten sich in unterschiedlicher Weise effektiv. Die deutsche Sozialhilfe setzte auf längere, dafür weniger Bezugszeiträume. In Göteborg waren die einzelnen Bezugszeiträume kürzer, dafür gab es jedoch ein höheres Risiko des Mehrfachbezuges, und besonders für Ein-

---

[539] Vgl. Buhr (1998: 51).

[540] Vgl. Social Handbok (2003: 43-45).

[541] Behrendt (2002a und 2002b) verweist ergänzend darauf, dass sich unter Effektivitätsgesichtspunkten das schwedische und das deutsche Sozialhilfesystem vom britischen System zwar durch eine höheres Leistungsniveau positiv unterscheiden, dass aber der *Zugang zum Sozialhilfebezug* in Schweden und auch in Deutschland stärker selelektiv geregelt ist.

wanderer/Ausländer und für Langzeitarbeitslose war in Göteborg ein höheres Risiko des Langzeitbezugs von mehreren Jahren erkennbar. Mögliche Fragen nach typischen Merkmalen sozialer Interventionen in der Sozialhilfe und ihre Bedeutung hinsichtlich der Wirkungen und Bezugsdauern wurden von Buhr (1998) und auch von Gustafsson (2000) nicht genauer untersucht. Rahmend geht danach Behrendt (2002a u. 2002b) im deutsch-schwedischen Vergleich auf die institutionellen Arrangements der Sozialhilfe etwas genauer ein. Die lokale Praxis wurde aber vergleichend ebenfalls nicht näher untersucht. Um diese Lücke zu schließen, wird unter Berücksichtigung der bisher genannten quantitativen Befunde nunmehr den institutionellen Gegebenheiten und den Interventionsmustern in den beiden kommunalen „Sozialhilferegimes" genauer nachgegangen.

5.4 Modernisierung von Verwaltung und Sozialdienst: Grundlagen und Instrumente einer „aktivierenden Sozialpolitik"

Auf einige Besonderheiten der schwedischen Kommunalpolitik und Kommunalverwaltung wurde bereits hingewiesen, so auf die ausgeprägte Selbstverwaltung schwedischer Kommunen, auf ihre eigene Steuerhoheit und auf die frühe Einführung von Instrumenten des New Public Management. Die als „kooperative Kontaktkultur" bezeichnete schwedische Verwaltungskultur unterscheidet sich nach bisherigen Befunden grundlegend von der deutschen „formalisierten Regelungskultur". Kennzeichen der schwedischen „Verwaltungskultur" sind unter anderem: *Offenheit* und *Übersichtlichkeit* in den policies, eine *ausgeprägte Zusammenarbeit* unterschiedlichster Akteure, sowie *erhebliche Handlungs- und Gestaltungsspielräume* in den lokalen sozialpolitischen Maßnahmen.[542] Kennzeichnend für Schweden ist außerdem im Vergleich zu Deutschland die *Experimentierfreude* sowie eine *kontinuierliche Veränderung und Anpassung der organisatorischen Strukturen* als eigenständiges Steuerungselement, sobald sich Aufgaben verändern oder sozialpolitische Herausforderungen neu stellen. Dies wurde am Beispiel des bereits beschriebenen und inzwischen bekannten „Freikommunenversuchs" *(Frikommunförsök)* oder auch an der Stadtteilreform von 1990 für Göteborg erkennbar. Übersehen wird in der Bewertung der Konzepte zur Erweiterung der Steuerungsfreiheit und zur Förderung einer „Selbststeuerung" der schwedischen Kommunen aber meist, dass zwischen 1985 und 1995 zwar die Gestaltungsfreiräume *normativ-rechtlich* erweitert wurden, dass zugleich jedoch in den *monetären Interventionsformen* der Anteil der staatlichen Zuschüsse an den kommunalen Einnahmen von 27 % auf 17 % reduziert wurde. Parallel dazu stiegen die Ausgaben für die kommunale Sozialhilfe drastisch an. Die

---

[542] Vgl. Jann (1983: 509 ff.).

394

Kommunen trugen ähnlich wie in Deutschland zum beträchtlichen Teil die Lasten der Arbeitslosigkeit und Folgen einer zentralstaatlichen Kürzungspolitik. Die realen Einnahmen der Kommunen waren in den Jahren zwischen 1992 und 1995 somit rückläufig.[543] Gleichzeitig wurden die Gestaltungsfreiräume normativ erweitert und neue Aufgaben und Verantwortungsbereiche an die Kommunen übertragen. Die Steuerungs- und Gestaltungsfreiräume der Kommunen, so auch in Göteborg, waren damit zunächst weniger über die monetäre Ebene, sondern stärker über die organisationale, professionale und personalpolitische Ebene zu erschließen.

Bezogen auf die Sozialpolitik und die sozialen Dienste ist in Schweden im Verlauf der 1990er Jahre einerseits eine *Zentralisierung der ökonomischen Macht* erkennbar, während sich zugleich eine *Dezentralisierung von Aufgaben und Verantwortlichkeiten* vollzog, was sich auch in den Reformen des Sozialdienstgesetzes und der Sozialhilfe von 1998 fortsetzte. Die schwedischen Kommunen wurden im Verlauf der 1990er Jahre mehr noch als deutsche Kommunen zum „Wohlfahrtsstaat in der Reserve". Vor allem in einer relativen Betrachtung zum Zuwachs an Verantwortung und Aufgaben, die die Kommunen etwa im Bildungsbereich, im Gesundheitswesen, in der psychiatrischen Versorgung und auch in der Sozialhilfe und Arbeitsmarktpolitik neu bzw. erweitert übernahmen, wird deutlich, dass die notwendigen finanziellen Ressourcen der Kommunen nicht nur durch Ausgabensteigerungen sondern auch durch zentralstaatliche Einflüsse, Verschiebungen und „Überwälzungen" gerade während der wirtschaftlichen Krise Anfang bis Mitte der 1990er Jahre reduziert wurden. Insofern eher „kompensatorisch" wurden die zentralstaatlichen Verwendungsvorschriften und Zweckbindungsregelungen für die den Kommunen verbliebenen Finanzmittel und Zuschüsse gelockert. Ferner wurden kommunale Gestaltungsfreiräume im Verlauf der 1990er Jahre sowohl haushaltsrechtlich wie auch in organisationaler Hinsicht für besondere Projekte erweitert.

Als typisch für die Organisation und Aufgabendurchführung der Kommunalverwaltung in Schweden gilt neben der *Rahmengesetzgebung* die *Zielsteuerung (Målstyrningen)*.[544] Das Konzept einer Zielsteuerung wurde in mehreren Ebenen auf

---

543 Vgl. Salonen (1997: 205).

544 In den deutschsprachigen Untersuchungen wird der Begriff „Målstyrning" *(Zielsteuerung)* häufiger synonym mit dem Begriff der Ergebnissteuerung übersetzt, was ungenau ist. Lediglich Wegener (1998: 339) unterscheidet genauer zwischen einer *„Zielsteuerung"* („Management by objectives"), die in Schweden ausgeprägt ist, und einer *„Ergebnissteuerung"* („Management by results"), die nicht nur die Ziele des Verwaltungshandelns in den Blick nimmt, sondern im engeren Sinne auf „Ergebnisse" und „Effekte" fokussiert. Für *Bremen/Deutschland* wurde in einzelnen Experteninterviews auf der Leitungebene angedeutet, dass vor allem über Experimentierklauseln Ende der 1990er Jahre und in Modellprojekte eine Zielsteuerung in die Sozialhilfe Einzug gehalten habe. Damit seien eben nicht mehr sämtliche Details rechtlich geregelt, sondern zentralstaatlich sei ein erweiterter rechtlicher Rahmen für neue Maßnahmen geschaffen worden, die in den Zielen vor Ort konkretisiert werden könnten (HB-Int. 11: 769-779).

der Leitungsebene der Sozialdienste – in den Städten Göteborg und Malmö sowie auf nationaler Ebene im Sozialministerium und beim schwedischen Kommunalverband *(Svenska Kommunförbundet)* als weiterhin typische Steuerungsform für die Planung und Durchführung sozialer Interventionen in der Expertenbefragung bestätigt (Int. 07, Int. 08, Int. 10, Int. 11). Beschrieben wurde, dass einerseits über die Rahmengesetzgebung zentralstaatlich Ziele für die Sozialpolitik und den Sozialdienst rechtlich definiert und allgemein vorgegeben werden. Ferner werden andererseits außerhalb der Rahmengesetzgebung über nationale und/oder kommunale Handlungspläne *(Handlingsplaner)* ebenfalls Ziele festgelegt, die ohne direkt rechtlich verbindlichen Charakter sind. Beispielsweise beschloss die schwedische Regierung Anfang Juli 2003 einen nationalen Handlungsplan gegen Armut und soziale Ausgrenzung für den Zeitraum 2003 bis 2005. Dieser nationale Handlungsplan geht auf Empfehlungen der EU und auf die EU-weite Zusammenarbeit im Rahmen der „offenen Methode der Koordination" zurück. Sie beinhaltet für Schweden auch die Beteiligung von Interessenorganisationen und die Stärkung des Nutzereinflusses auf die Gestaltung sozialer Interventionen im Bereich der Armutspolitik. Kritisch angemerkt wurde von den befragten Experten, dass die Formen einer „Steuerung über Ziele" zugleich ein Instrumentarium der *begleitenden und nachgehenden Evaluation* hinsichtlich der Zielerreichung *(Uppföljning)* erfordere. Die Instrumentarien hierzu seien zwar teilweise inzwischen entwickelt. Sie seien aber im Bereich der Sozialdienste mit den besonderen Anforderungen, die an ein Controlling bei personenbezogenen sozialen Diensten in der Qualitätsperspektive und in der Verlaufsperspektive gestellt seien, längst noch nicht zufriedenstellend realisiert. (Int. 08: 351-366) Konzeptionell und begrifflich ist daher nach den Expertenaussagen wie auch nach bisher vorliegenden Studien unklar, ob eine *„Zielsteuerung"*, wie sie in Schweden bereits in den 1980er Jahren konzipiert wurde, in einem weitergehenden Reformprozess inzwischen zu einer *„Ergebnissteuerung"* weiterentwickelt wurde.

Wie im Zusammenhang mit den Instrumenten der „Verwaltungsmodernisierung" dargestellt, ist in schwedischen Kommunen ferner das sogenannte *„Besteller-Ausführer-Modell" (Beställar-utförare-model)* als Modell der Organisation sozialer Dienste verbreitet. Es ähnelt dem über das KGST-Modell einer „Neuen Steuerung" in Deutschland eingeführten Kontraktmanagement. Beispielsweise bestellt eine Kommune oder auch ein Stadtteilausschuss auf der Basis parlamentarischer Beschlüsse von den städtischen Kindertagesstätten, privaten Tagesmüttern oder auch von Trägern und Einrichtungen der Altenhilfe nach quasi-marktlichen Steuerungsprinzipien die erwünschten Dienste und Leistungen. Diese Leistungen werden dann in Göteborg wie allgemein in Schweden überwiegend wiederum von kommunalen, aber in zunehmendem Grade auch von intermediären oder privaten „Dienstleistern" erbracht. Grundlage der Leistungserbringung sind zumeist Leistungsvereinbarungen oder Kontrakte zwischen „Besteller" und „Ausführer", in denen Angaben zu den politisch und administrativ formulierten Zielen, zum Mitteleinsatz und oft auch zur erwarteten Qualität der Leistungen enthalten sind. Diese Steuerungsformen finden sich sowohl verwaltungsintern wie auch in Form von Kontrakten zwischen der Sozialverwaltung und externen Anbietern. Im Sozialdienst in Göteborg waren die verwaltungsinternen Varianten vorherrschend.

Es bestätigte sich in Göteborg, dass in Schweden in einigen sozialen Diensten *„quasi-marktliche" Formen des Wettbewerbs* inzwischen durchaus üblich sind. Allerdings besteht bis heute kein wirklich pluraler Markt für soziale Dienstleistungen, sondern die *öffentlichen Leistungserbringer sind nach wie vor bestimmend.* Der intermediäre Sektor, etwa die kirchliche Wohlfahrtspflege, spielt zwar eine wachsende, jedoch nach wie vor insgesamt geringe Rolle. Die Expertenbefragung bestätigte aber Befunde, wonach dieser Sektor in die „quasi-marktlichen" Steuerungsstrategien der Kommunen verstärkt mit einbezogen wird.[545]

Als weiteres und in zahlreichen ländervergleichenden Studien besonders hervorgehobenes Charakteristikum skandinavischer „Verwaltungskultur" und der Verwaltungsmodernisierung gilt die *ausgeprägte Qualitäts- und Serviceorientierung* in den kommunalen und sozialen Dienstleistungen. So kommen insbesondere Instrumente wie *Nutzerbefragungen* oder *Servicekarten,* sowie *Leistungsvergleiche, Selbstbewertungsverfahren,* und *Wirkungsanalysen* in schwedischen Kommunen bisher konsequenter zur Anwendung als in deutschen Kommunen.[546] Entsprechend werden die skandinavischen Bemühungen um eine verbesserte Qualität öffentlicher Dienstleistungen vielfach als beispielhaft für die Entwicklung einer modernen Kommunalverwaltung beschrieben. Zu erklären ist diese ausgeprägte Service- und Nutzerorientierung unter anderem mit dem in den 1990er Jahren sehr intensiven Diskurs über die Aspekte der Demokratie und Partizipation, die bei einer Modernisierung von Staat, öffentlicher Verwaltung und Gesellschaft zu beachten sind.[547] Die steuerungs- und interventionstheoretische wie auch die praktische Intention ist es, über die Beachtung der Grundsätze einer demokratisch verfassten Leistungsgestaltung und -erbringung sowohl die Akzeptanz als auch die Wirksamkeit der Dienste und Leistungen bei den Bürgern zu erhöhen. Im Prozess einer „Verwaltungsmodernisierung" ist zudem zu vermeiden, dass diejenigen Instrumente, die demokratische Prinzipien stärker zur Geltung bringen und auf „Koproduktion" ausgerichtete Leistungsformen durch ein Übergewicht an betriebswirtschaftlichen und/oder rein technischen Instrumenten gefährdet und negativ beeinflusst werden. Der Prozess

---

[545] Diese Entwicklung bestätigte sich etwa in einem Interview, dass in der „Stadsmission", einer diakonischen Einrichtung der lutherischen Kirche in Göteborg geführt wurde. Auch die Befunde von Montin (2002: 112-117) bestätigen diesen Trend.

[546] Zu den Instrumenten des Total Quality Management in Skandinavien vgl. Naschold (1997) und Wegener (1998: 343) sowie Edvardsson u.a. (1997).

[547] Zu demokratietheoretischen Aspekten vgl. Wallenberg (1997: 135 ff.) und Grimlund u.a. (1997: 111).

einer „Verwaltungsmodernisierung" wird daher in Schweden auch stärker und direkter mit einem *„Demokratiediskurs"* verbunden betrachtet. Eine vergleichbar entwickelte Perspektive hatte bisher in Deutschland, so auch in Bremen, im Reformprozess nicht die Bedeutung.[548] Diese auf Nutzerbeteiligung, Partizipation und Demokratie ausgerichteten Instrumente werden im weiteren Verlauf mit Beispielen aus den Sozialbüros und Projekten in Göteborg noch veranschaulicht. Die bisher vorgestellten Instrumente und Merkmale einer „Verwaltungsmodernisierung" in Göteborg wie allgemein in schwedischen Kommunen vorzufindende Charakteristika sind in der folgenden Tabelle im Überblick und im Kontrast zu Deutschland für die 1990er Jahre zusammengefasst.

Tabelle 12:

Strukturmerkmale der Kommunalverwaltung im Ländervergleich

Göteborg/Schweden:	*Bremen/Deutschland:*
Kommunale Selbstverwaltung ist *sehr ausgeprägt.*	Kommunale Selbstverwaltung ist *mäßig bis stark ausgeprägt.*
Hohe Dezentralisierungsgrad und Autonomie bzw. „Selbststeuerung" der Stadtteile über Stadtteilausschüsse	Mittlere Dezentralisierungsgrad mit begrenzter Autonomie der Stadtteilgremien und verwaltung
Sozialdienstgesetz (SoL) als *„Rahmengesetz"* von 1982 (letzte Reformen: 1998 und 2003).	*Detaillierte rechtliche Regelungen* im Rahmen des Bundessozialhilfegesetzes (BSHG) von 1962, Reform 2005 mit Einführung des neuen SGB II u. SGB XII
Teilelemente des „New Public Management" wurden eher experimentell und „offen" seit *Anfang der 1980er Jahre* eingeführt.	Teilelemente des „New Public Management" wurden u.a. als Konzept „Neue Steuerung" ab *Anfang/Mitte der 1990er Jahre* – ebenfalls stark verregelt – eingeführt.
„Ziel- und Ergebnissteuerung" ist üblich, jedoch auch neue Tendenzen verstärkter „Regelsteuerung" sind teilweise erkennbar.	*„Regelsteuerung"* ist weiterhin bestimmend, wurde nach 1995 teilweise um eine „Ziel- und Ergebnissteuerung" ergänzt.
„Besteller-Ausführer-Modell" ist *explizit* als Steuerungsinstrument sehr verbreitet, allerdings ist ein „pluraler Markt" sozialer Dienste noch im Aufbau. Ein *Kontraktmanagement* ist verwaltungsintern und in Projekten bereits etabliert.	*„Besteller-Ausführer-Modell"* ist *implizit eingeführt,* aufgrund eines „pluralen Marktes" sozialer Dienste und des starken intermediären Sektors und wird als *Kontraktmanagement* teilweise auch verwaltungsintern eingeführt.
Ein „aktiver Qualitätsdiskurs" prägt Organisation: Nutzerbefragungen sind verbreitet, ebenso Wirksamkeitsstudien und ein eher qualitativ ausgerichtetes *„Benchmarking",* zwar auch fiskalpolitisch motiviert, jedoch primär auf „Wirksamkeit" orientiert.	Eher *„passiver Qualitätsdiskurs":* Nutzerbefragungen und Analysen zur Wirksamkeit sozialer Interventionen sind (noch) in der Entwicklung, *Benchmarking* eher quantitativ, teilweise qualitativ, zum Teil aber auch stark fiskalpolitisch motiviert.

---

[548] Für Deutschland geht Mehde (2000) aus juristischer Perspektive den Zusammenhängen und Zielkonflikten zwischen einem „Neuen Steuerungsmodell" und dem Demokratieprinzip genauer nach.

Verbunden mit der „Verwaltungsmodernisierung" ist ein *Demokratiediskurs explizit bzw. manifest*	Verbunden mit der „Verwaltungsmodernisierung" bleibt ein *Demokratiediskurs* bisher eher *implizit bzw.* ist nur *latent* entwickelt.

Im Ergebnis ergab sich in diesem Kontext im Anschluss an die Typologien der Wohlfahrtsstaatsforschung in einer ländervergleichenden Ebene, dass der eher universell gestaltete „sozialdemokratische Regimetyp" (Schweden) und der eher selektive „konservative Regimetyp" (Deutschland) jedenfalls im Bereich der „kommunalen Verwaltungskultur" und im Prozess und in den Instrumenten einer „Verwaltungsmodernisierung" ebenfalls *erhebliche Unterschiede* aufweisen. Dieser Befund ist zwar nicht überraschend. Es kann allerdings auf die Sozialhilfe bezogen insofern als bemerkenswert gelten, als die schwedische Sozialhilfe zugleich in ihren *normativen Leitbildern* und in den *rechtlichen Regelungsprinzipien*, in den Finanzierungsmustern und dem *Niveau* nach, sowie teilweise in den *Organisationsformen* auch *weitgehende Parallelen* zu den Strukturmerkmalen der Sozialhilfe in Deutschland aufweist. Wie sehen konkret die *verwaltungsbezogenen Reformen* der Sozialhilfe in einer schwedischen Großstadt wie Göteborg aus? Welches sind dort die zentralen Merkmale einer „Verwaltungsmodernisierung" und inwieweit sind die oben genannten allgemeinen Befunde im Rahmen der Fallstudie für Göteborg im Kontrast zu Bremen noch genauer zu belegen? In diesen Kontexten betrachtet wurde die Organisation der Sozialhilfe in Göteborg genauer untersucht.

5.4.1 Die Organisation der Sozialhilfe: Möglichkeiten und Grenzen einer bedarfs- und arbeitsmarktorientierten Spezialisierung

Die Organisation der schwedischen Sozialdienste und der Sozialhilfe ist von einem sehr *hohen Grad an Spezialisierung und Differenzierung* gekennzeichnet. Vor allem seit Ende der 1980er Jahre wurden in den schwedischen Großstädten, so auch in Göteborg, im Rahmen von Neuorganisationen und Stadtteilprojekten dezentrale organisatorische Einheiten gebildet. Ziel war es, mit möglichst großer Nähe zu den Bürgern in den Stadtteilen die sich verschärfenden sozialen Probleme dem Anspruch nach möglichst gemeinsam mit den Bürgern „koproduktiv" zu bearbeiten. Das bereits im Zusammenhang mit der Stadtteilorganisation von 1990 genannte *Prinzip der Nähe (Närhetsprinzip)* wie auch demokratische Prinzipien der Mitwirkung und Partizipation am Interventions- und Leistungsprozess bilden nach den rechtlichen Grundlagen des Sozialdienstgesetzes von 1982 auch für die Organisationsformen zentrale Normen.

Ein Hintergrund für die im Verlauf der 1990er Jahre vorgenommenen organisatorischen Veränderungen und für weitere Spezialisierungen in der Sozialhilfe ist in einer sowohl im Kontext der zentralstaatlich verantworteten Arbeitsmarktpolitik wie auch im kommunalen Sozialdienst und in der Sozialhilfe erkennbaren „*Zielgruppenpolitik*" zu sehen.[549] Die sozialpolitischen Maßnahmen wurden seit den 1990er Jahren stärker dahingehend konzipiert, bereits in der Wahl der Organisationsformen möglichst genau zu definierende „Zielgruppen" *(Målgrupper)* zu erreichen, um Ressourceneinsatz und Wirksamkeit der Interventionen so verbessern und genauer überprüfen zu können. Besondere Projekte für die Integration von *Einwanderer*, arbeitsmarktpolitische Programme für *Ältere* und vor allem für *Jugendliche*, sowie Projekte für *Personen mit kumulierenden Problemlagen* bilden diesen Trend einer „Zielgruppenpolitik" in Göteborg ab.

In der Darstellung dieser Veränderungen wird zunächst die Organisation der Sozialhilfe am Beispiel eines ausgewählten Stadtteils und Projekts genauer vorgestellt. Zu fragen ist, ob und inwieweit sich in den Organisationsformen der Sozialbüros bereits spezifische Formen sozialer Interventionen abbilden, die spezifisch einen Zeit-/Verlaufs- und Handlungsbezug aufweisen.

Zunächst ist als Befund festzuhalten, dass die Organisationsformen der Sozialhilfe und Sozialbüros in Schweden generell sehr unterschiedlich sind. Bis hinein in die lokale Ebene der 21 Stadtteile in Göteborg können die Organisationsformen der Sozialdienste in Details voneinander abweichen. (Int. 21: 240) In Göteborg gilt zwar grundsätzlich eine allgemeine gesamtstädtische Rahmenorganisation der Sozialverwaltung und Sozialdienste, die sich vor allem aus den im Sozialdienstgesetz (SoL) geregelten Aufgaben- und Tätigkeitsgebieten herleitet. In Anbindung an diese gesamtstädtische Rahmenorganisation ist es jedoch grundsätzlich jedem Stadtteil oder jeder Stadtteilverwaltung überlassen, die für die lokalen Verhältnisse und Bedarfe *(behov)* passende Organisationsform selbst zu wählen. Dies bedeutet, dass sich Organisationsformen auch innerhalb kurzer Zeiträume, etwa mit Auslaufen eines zeitlich befristeten Projektes oder mit im Stadtteilausschuss veränderten politischen Mehrheitsverhältnissen wieder verändern können. Beispielsweise formulierte die Leiterin eines Sozialbüros zu Organisationsformen der Sozialhilfe folgendes:

> „*Das ist sehr verschieden. Das ist schon so, wenn Du in den Stadtteil Biskopsgarden fährst, da hast Du schon ein ganz anderes Organisationsmodell. Es ist kein Stadtteil so wie der andere und das ist überall so in den Kommunen. Sondern das hängt ja stark von der Bevölkerungsstruktur und den Bedarfen ab (...) wie viele Einwanderer man im Stadtteil hat, natürlich (...). Es gibt keinen Zwang, dass die Organisation in einer bestimmten Weise aussehen muss, sondern das organisiert jeder Stadtteil ausgehend von den Bedarfen.*" *(Int. 12: 370-382)*

---

[549] Auch für die deutsche Sozialhilfe sprechen Leibfried/Leisering (1995: 312 ff.) von einer „Zielgruppenpolitik", die sich im Verlauf der 1990er Jahre in schärferen Konturen abzeichnete. Sie verweisen auf das Dilemma einer solchen Zielgruppenpolitik, wonach die sozialen Problemlagen oft komplexer sind und daher zum Teil „quer" liegen zu den üblichen auf spezifische Zielgruppen wie Alte, junge Arbeitslose, allein Erziehende, Ausländer usw. ausgerichteten Programme und Maßnahmen.

Demnach richten sich die Organisationsformen in ihrer Heterogenität vor allem nach dem jeweils lokalen Bedarf und den lokal an die Organisation gestellten Anforderungen. Ein vergleichbar offenes und flexibles Organisationsverständnis wie in Göteborg, ist in der Sozialhilfe/-verwaltung in Bremen/Deutschland weder Praxis noch absehbar zu erwarten. Vielmehr zeigten sich in Bremen mit der Neuorganisation der sozialen Dienste und der Einrichtung von 12 Sozialzentren in der Zeit zwischen 1999 und 2001, dass organisationale Veränderungen dort nur mit beträchtlichem Aufwand, wenig flexibel und vor allem nicht dezentral, sondern als „Masterplan" zentralisiert auf gesamtstädtischer Ebene vorgenommen wurden. Organisatorisch ähnlich flexibel wie die Sozialverwaltungen in Göteborg und auf veränderte Herausforderungen „zeitnah" reagierend erwies sich die Stadt Bremen jedoch im Bereich der „Hilfen zur Arbeit", in der zwischen 1998 und 2002 verschiedenste Organisationsformen, über Veränderungen im kommunalen Eigenbetrieb, der „Werkstatt Bremen", die Beauftragung der Agentur Maatwerk, der Gründung der Bremer Arbeitsvermittlungsagentur (bava) usw. vorgenommen wurden. Dies deutet darauf hin, dass in Göteborg *generell* in den Stadtteilen eine *hohe organisationale Dynamik* bestand.[550] In Bremen war diese vergleichbar nur bereichsspezifisch je nach Aufgabenfeld der Sozialhilfe ausgeprägt. In beiden Städten schien aber die organisationale Dynamik und Heterogenität der Organisationsformen im Bereich der neueren „aktivierenden policies" wesentlich stärker entwickelt als in den traditionellen Formen einer Sozialhilfesachbearbeitung und monetären Transferfunktion, die parallel zu neueren Projektstrukturen auch in Göteborg weiterhin bestand.

Bei aller Unterschiedlichkeit und Spezialisierung in der schwedischen Sozialhilfe ließen sich aber auch in Göteborg bestimmte Grundformen der Organisation in der Sozialhilfe erkennen.[551] Diese organisatorischen Grundstrukturen werden hier bezogen auf die verschiedenen Aufgabenbereiche und Arbeitsformen eines größe-

---

[550] In der schwedischen Staats-, Politik- wie auch in der Verwaltungswissenschaft wird inzwischen häufig von „Organisierung" oder vom „Organisieren" gesprochen und die Organisation und Organisationsformen werden weniger statisch und institutionalisiert betrachtet, sondern eher prozessual und dynamisch. Vgl. Beiträge in einem Sammelband von Rothstein (1997).

[551] Von Billquist (1999) wurden in einer empirischen Untersuchung die „Räume, Begegnungen und Rituale" sowie die Klientenverteilungssysteme der Sozialhilfe ebenfalls am Beispiel Göteborgs genauer dargestellt. Bezogen auf die genannten drei spezialisierten Teams in den dortigen Sozialbüros (Mottagningsgruppen, Utredningsgruppen und Arbetsmarknadsgruppen) sieht sie vor allem die Funktion einer „Vorsortierung" im komplexen und spezialisierten Leistungssystem als zentral an. Im Verlauf der 1990er Jahre hat nach den Befunden von Billquist die Bedeutung von Kategorisierungen, Kodierungen und Etikettierungen in der Entscheidung über Anträge auf Sozialhilfe deutlich zugenommen. Allerdings sei nicht immer auch eine differenzierte und „bedarfsgerechte" Berücksichtigung der Problemlagen in diesem System sichergestellt, so Billquist (1999: 120).

ren Sozialbüros/Stadtteils kurz genauer beschrieben. Erkennbar wird dabei, dass die Spezialisierung innerhalb der Sozialhilfe und des Sozialdienstes beträchtlich ist.

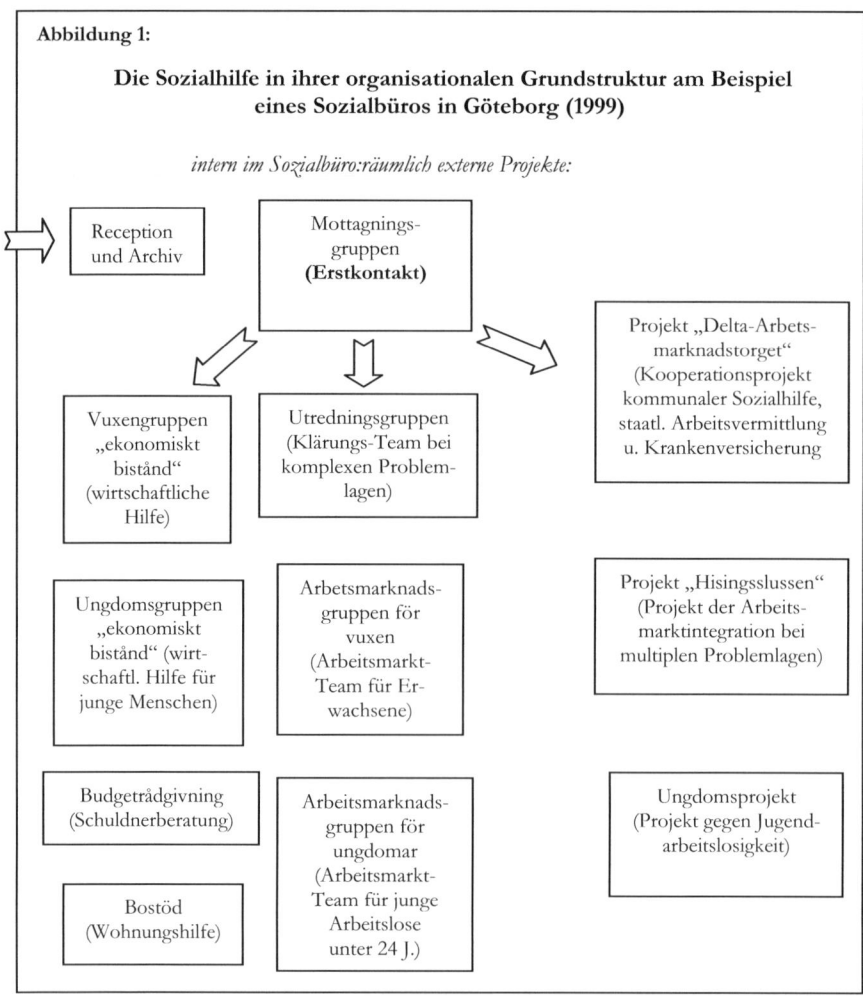

Abbildung 1:

Die Sozialhilfe in ihrer organisationalen Grundstruktur am Beispiel eines Sozialbüros in Göteborg (1999)

intern im Sozialbüro:räumlich externe Projekte:

Reception und Archiv

Mottagnings- gruppen **(Erstkontakt)**

Vuxengruppen „ekonomiskt bistånd" (wirtschaftliche Hilfe)

Utredningsgruppen (Klärungs-Team bei komplexen Problem- lagen)

Projekt „Delta-Arbets- marknadstorget" (Kooperationsprojekt kommunaler Sozialhilfe, staatl. Arbeitsvermittlung u. Krankenversicherung

Ungdomsgruppen „ekonomiskt bistånd" (wirt- schaftl. Hilfe für junge Menschen)

Arbetsmarknads- gruppen för vuxen (Arbeitsmarkt- Team für Er- wachsene)

Projekt „Hisingsslussen" (Projekt der Arbeits- marktintegration bei multiplen Problemlagen)

Budgetrådgivning (Schuldnerberatung)

Bostöd (Wohnungshilfe)

Arbeitsmarknads- gruppen för ungdomar (Arbeitsmarkt- Team für junge Arbeitslose unter 24 J.)

Ungdomsprojekt (Projekt gegen Jugend- arbeitslosigkeit)

Die vorherige Abbildung zeigt in vereinfachter Darstellung die Organisationsform und die verschiedenen spezialisierten organisationalen Bereiche eines größeren

Sozialbüros in Göteborg.[552] Mit dieser Organisationsform eines Sozialbüros in einem der 21 Stadtteile ist das Bestreben verbunden, die Sozialhilfe und sozialen Dienste einerseits differenziert bezogen auf einzelne *Ziel- und Altersgruppen* und *zugleich* auf spezifisch benannte *Problemlagen und Bedarfe* zu beziehen und anzubieten. Die Leistungen sollen so in einer gruppen- *und* bedarfsorientierten Organisationsform dezentral stadtteilnah und damit möglichst wirksam erbracht werden. Diese stadtteil- und bedarfsorientierten Zielsetzungen fanden sich im Verlauf der Expertenbefragung vor allem in Aussagen und Begründungen leitender Mitarbeiterinnen und Mitarbeiter meist explizit formuliert. (Int. 12: 132-133)

Die gewählten Organisationsformen und der Grad der Spezialisierung sowie die innerhalb der Teams tätigen Professionen beeinflussen dabei in durchaus hohem Maße auch die Wahrnehmungs- und Handlungsmuster der Mitarbeiter bezogen auf bestimmte soziale Probleme und Empfängergruppen der Sozialhilfe. Beispielsweise wurde in den Arbeitsmarkt-Teams die wirtschaftliche Existenzsicherung vorrangig im Sinne einer Ausstiegshilfe angesehen. Demgegenüber waren die sozialberuflichen Handlungsmuster und Orientierungen in den Erstberatungsteams *(Mottagningsgruppen)* oder in den Klärungs-/Diagnose-Teams *(Utredningsgruppen)* weniger direkt auf eine Arbeitsmarktintegration, sondern auch auf andere Ressourcen und Probleme und insgesamt stärker auf *„Wege durch"* den Sozialhilfebezug ausgerichtet. Bei aller Spezialisierung und Differenzierung waren aber in allen organisatorischen Einheiten und Teams ganz überwiegend Sozialarbeiter bzw. „Socionomer" beschäftigt.

Betrachtet man den Zugang und die Verteilung der Antragsteller auf ihren *„Wegen in"* die Sozialhilfe in den Sozialbüros der Stadtteile genauer, so sind neben der *Rezeption/Information* zunächst die *„Eingangs-Teams"* oder *„Erstberatungs-Teams" (Mottagningsgruppen)* zu nennen.[553] Über diese Teams wird der Zugang wesentlich gesteuert und eine erste Vorentscheidung über die Gestaltung sozialer Interventionen im direkten Kontakt zum Bürger getroffen. Die Aufgabe der „Eingangs-Teams" liegt in der Antragsannahme und im Erstgespräch sowie einer ersten Zuordnung des „Falles" innerhalb der Organisation von Spezialisten nach weitgehend vorgegebenen, jedoch sehr komplexen internen Kriterienkatalogen, die aus einer Mischung von Faktenwissen und Erfahrungswissen im Verlauf der Praxis entstanden sind. In den „Eingangs-Teams" werden nach Aussagen der Befragten vor

---

[552] Basis der Darstellung der Organisation eines Sozialbüros waren die Berichte aus einem Interview auf der Leitungsebene des Sozialbüros in Göteborg-Lundby vom 25.02.2000 und lokale Dokumente.

[553] Zur Praxis der „Mottagningsgruppen" vgl. Minas/Stenberg (2000) und Behrendt (2002a u. 2002b). Beispielsweise stellten auch Minas/Stenberg (2000) in sieben Sozialbüros in vier Kommunen auf der Grundlage von Daten zu 357 Neuzugängen/Antragstellern fest, dass die Verfahrensweisen des Zugangs zur Sozialhilfe sehr unterschiedlich sind. Dies gilt in den Kommunen und selbst dezentral in den Sozialbüros der verschiedenen Stadtteile einer Kommune.

allem langjährig tätige und erfahrene Mitarbeiter eingesetzt, um die Zuordnung und Verteilung der Antragsteller und die Diagnose und Definition der Problemkonstellationen mit möglichst geringer Fehlerquote zu gewährleisten. Allerdings berichteten mehrere Sozialarbeiter sowohl aus traditionellen wie auch projektmäßig organisierten Teams, dass es durchaus zu *Fehlzuweisungen* kommt. (Int. 14: 95-95) Insbesondere dann, wenn neben dem Bedarf an rein monetären Hilfen im Erstkontakt weitere soziale oder persönliche Probleme nicht unmittelbar erkennbar und zuzuordnen sind bzw. wenn multiple Problemlagen diffus verbunden vorliegen, treten solche Fehlzuweisungen auf. Alternative Organisationsmodelle, in denen etwa von Beginn an ein und derselbe Mitarbeiter sozusagen als „Generalist" und Koordinator vom Erstkontakt bis zu einer möglichen Nachbetreuung die Aufgaben- und Leistungsverantwortung wahrnimmt, wurden von den Befragten des größeren Sozialbüros nicht beschrieben. In sehr kleinen Stadtteilen mit nur wenigen Mitarbeitern in den Sozialbüros, etwa im Stadtteil Torslanda waren diese „ganzheitlicher" konzipierten Kontakt- und Interaktionmuster jedoch üblich. Dort wurden die monetäre Sozialhilfe, die Suchtberatung, Vermittlungshilfen in den Arbeitsmarkt und anderes mehr vom Erstkontakt an – bei Langzeitbezug teilweise auch über Jahre – von einem einzigen Sozialarbeiter erbracht. (Int. 24 u. Int. 25) Insoweit sind diese Interventionsformen bereits innerhalb der Stadt Göteborg je nach Stadtteilgröße und Organisationform und auch abhängig von den personellen Ressourcen sehr heterogen. Für den Bürger können damit im Kontakt zu sozialen Diensten sehr unterschiedliche Erfahrungen wie auch unterschiedlich formierte Lebenslagen- und Lebenslaufbezüge verbunden sein.

Die organisatorische Aufteilung in „Eingangs-Teams" verbunden mit der Zuweisungsstrategie an die entsprechenden Fachteams innerhalb der Sozialhilfe bildet somit im Kontrast zur Organisation der Sozialhilfe in Bremen eine Besonderheit in Göteborg. Während in Göteborg die Verantwortlichkeiten und Zuständigkeiten im Interventionsverlauf bereits unmittelbar nach dem Erstkontakt wechselten, was mit sozialarbeiterisch geprägten, den unterschiedlichen Bedarfen anzupassenden Leistungen und Interventionsformen begründet wurde, bestand zum Erhebungszeitpunkt in der Organisation der Sozialhilfe in Bremen vom Erstkontakt bis zum Ende des Bezugs *eine* weitgehend durchgängige Verantwortlichkeit und Zuständigkeit meist nur eines Mitarbeiters, der als „Fachkraft der materiellen Hilfe" gegebenenfalls an Spezialisten der „Hilfen zur Arbeit", der Suchtberatung, an Fachstellen bei Hilfen zur Existenzgründung, an Schuldnerberatungsstellen usw. vermittelt. Diese Organisationsform wurde in Bremen mit der Einführung eines „aktivierenden Fallmanagements" und der Stärkung der Rolle der Sachbearbeiter als „Fallmanager" inzwischen noch weiter gestärkt.[554] Die Entscheidungs-, Koordinations- und Vermittlungsaufgaben liegen in Bremen – anders als in Göteborg – vom Erstkontakt an bei *einem* Sachbearbeiter, dessen wesentliche Kompetenz die Verwaltung und Zahlbarmachung monetärer Transferleistungen ist und wo die Zuordnung der Antragsteller meist alphabetisch erfolgt. Demgegenüber erfolgen Zugang und Zuordnung im Hilfesystem in Göteborger Sozialbüros im Erstkontakt der Sozialhilfe eher nach fachlichen bedarfs- und gruppenbezogenen Kriterien. Diese Zuweisungs- und Vermittlungstätigkeit wird meist im Rahmen einer zeitlich auf einen Kontakt oder auf sehr wenige Kontakte begrenzten Verantwortung eines erfahrenen Sozialarbeiters *(Socionom)* wahrgenommen. Im weiteren Verlauf wird die Hilfe dann von anderen Spezialisten der Sozialarbeit fortgeführt. Während somit in Bremen von einer *in die Sozialhilfepraxis integrierten Lotsenfunktion der Verwaltungskräfte* gesprochen werden kann, ist für Göteborg eine *der sozialarbeiterischen Praxis vorgelagerten Lotsenfunktion der Sozialarbeit selbst* auch bei Antragstellern der Sozialhilfe entwickelt. Bei insgesamt höher entwickelter sozialarbeiterischer Fachlichkeit zeigen sich damit im Zeitverlauf für Göteborg zugleich häufigere Brüche und Wechsel im Kontakt zwischen Sozialdienst und Bürgern. Insgesamt bedeutet dies eine geringer ausgeprägte personale Kontinuität in den Kontaktmustern bei hohem Spezialisierungsgrad nur einer „Profession". In Bremen treten hingegen Brüche und Wechsel weniger im Zeitverlauf und in der Kontinuität zum Sachbearbeiter der Sozialhilfe auf, sondern diese finden sich eher professional zwischen Verwaltungsfachkräften (monetäre Leistungen) und der Sozialarbeit (personenbezogene Dienste). Je nach Problemlagen, Bedarfen und Bezugsdauern können beide Organisationsvarianten Vorteile wie auch Nachteile aufweisen, die für den Verlauf und die Wirksamkeit sozialer Interventionen genauestens zu beachten sind. Die Stärke der schwedischen Sozialhilfe scheint in einer spezialisierten Bearbeitung einfacher und mittlerer monetärer und sozialer Probleme zu liegen. Die Stärke der deutschen Sozialhilfe scheint vor allem in der standardisierten und rechtmäßigen monetären Transferleistung und in einer weitgehend standardisierten Lotsenfunktion zu liegen. Beide Leistungssysteme weisen möglicherweise aber professional und organisational Defizite in der Bearbeitung multipler und komplexer Problemlagen auf, die sich über längere Zeiträume erstrecken und hohen personellen Einsatz in möglichst integrierten Organisationsformen erfordern. Diese Anforderungen schienen von Sozialbüros in Göteborg in den kleineren Stadtteilen mit geringer Fallbelastung und hohem Integrationsgrad der Organisation bei einer besonders ausgeprägten sozialarbeiterischen Fachlichkeit am ehesten erfüllt zu werden.

---

[554] Zur Einführung einer „strategischen Sachbearbeitung" bzw. eines „aktivierenden Fallmanagements" in Bremen Anfang 2002 vgl. Stadt Bremen, Projektzeitung „Soziale Bürger-Dienste Bremen", Ausg. VII/05/2002.

Für Göteborg sind neben den „Eingangs-Teams" die *regulä/en Teams* für die wirtschaftliche Hilfe zu nennen, in denen wiederum ganz überwiegend Sozialarbeiter die weiteren Kontakte zu verschiedensten Klienten- und Zielgruppen wahrnahmen. Die „regulären" Sozialhilfe-Teams wurden tätig, soweit *einfache Probleme wirtschaftlicher und psychosozialer Art* vorliegen. In den untersuchten Stadtteilen wurde in Göteborg dabei meist altersgruppenbezogen zwischen Sozialhilfe-Teams für Erwachsene *(Vuxengruppen)* und Teams für Jugendliche *(Ungdomsgruppen)* unterschieden, um altersspezifische Besonderheiten in den Problemlagen, Kontaktmustern und in den Interventionsformen besser berücksichtigen zu können. Die Abgrenzung der Altersstufen erfolgte in aller Regel für die Jugendlichen in Form der Altersgruppe der 18 bis 24jährigen Sozialhilfebeziehenden, was sich mit Regelungen in den bereits beschriebenen zentralstaatlichen arbeitsmarktpolitischen Programmen einer „Aktivierung" von jungen Arbeitslosen aus dem Jahre 1998 in Form der „Utvecklingsgaranti" deckte. Bezogen auf die Zuständigkeit der regulären Teams in der wirtschaftlichen Hilfe für erwachsenen Leistungsberechtigte galt eine Altersgrenze ab dem 25. Lebensjahr.

In diesen eher traditionell konzipierten und organisierten Teams der Sozialhilfe wurde in einer *Lebenslaufperspektive* betrachtet durchaus sinnvoll nach Altersgruppen und nach besonderen Interventionsbedarfen und Kontaktmustern, und insofern auch indirekt nach unterschiedlichen Erwartungshaltungen der Klienten bezogen auf das System der Sozialhilfe unterschieden. Junge Leistungsbezieher haben häufiger eine andere und zumeist ausgeprägtere Erwartungshaltung als ältere. Während für Jüngere die Sozialhilfe schon eher als ein „selbstverständliches Recht" gilt und sie sich auch mit anderen Problemen stärker konfrontiert sehen, sich zudem in den Umgangsformen von denen älterer Leistungsempfänger unterscheiden, stellen sich bezogen auf verbreitete Scham, Ängste und in den besonderen Informationsbedarfen bei älteren Sozialhilfebeziehenden völlig andere Erfordernisse in den Kontakten.[555] Diesen Anforderungen kann mit einer altersgruppenbezogenen Team- und Organisationsstruktur des Sozialdienstes entsprochen werden. In den in Göteborg nach Altersgruppen abgestuft organisierten Teams dürfte – wenigstens theoretisch – auch das im Sozialdienstgesetz verankerte Prinzip der Ganzheitlichkeit *(Helhetssyn)* aufgrund des insoweit noch relativ geringen Spezialisierungsgrades von Teams für Erwachsene und für Bezieher im Alter zwischen 18 und 25 Jahren noch weitgehend sichergestellt sein. In *Bremen* waren vergleichbare altersgruppenbezogene Differenzierungen in der Organisation und in den Kontaktmustern der Sozial-

---

[555] Diese Befunde ergaben sich aus der in Bremen zwischen 1991 und 1993 durchgeführten Expertenbefragung zur Sozialhilfe und ihrer Klientel. Vgl. Schwarze (1994). In der Bremer Expertenbefragung im Jahre 2000 fanden sich die Befunde bestätigt. Beispielsweise wurde berichtet: *„Das Anspruchsverhalten jüngerer Menschen ist eklatant größer geworden"* (HB-Int. 10: 775-776).

hilfe bis 2004 *in der Sachbearbeitung* der Sozialhilfe *nicht* üblich. Sie lassen sich jedoch erkennen, wenn die wirtschaftliche Jugendhilfe, die in Deutschland separat von der Sozialhilfesachbearbeitung organisiert ist, mit einbezogen wird. In der Sozialhilfe-sachbearbeitung sind aber im Rahmen besonderer Beratungen und Vermittlungs-leistungen im Zusammenhang mit den „Hilfen zur Arbeit" altersgruppenbezogene Differenzierungen auch in Bremen gegeben.[556] Für beide Städte ist somit wiederum erkennbar, dass vor allem mit arbeitsmarktbezogenen Aufgaben der Vermittlung und Integration die Tendenzen altersgruppenbezogene Spezialisierungen und Dif-ferenzierung in der Sozialhilfe im Verlauf der 1990er Jahre ausgeweitet wurden, wenn auch in unterschiedlicher Weise und in Göteborg stärker als in Bremen.

Neben den „regulären Teams" der Sozialhilfe waren in Göteborg organisato-risch die *besonders spezialisierten Teams* und unabhängig von Altersgruppen speziali-sierte Einheiten zu unterscheiden. In allen größeren Stadtteilen waren in der Regel die *„Utredningsgruppen"* („Untersuchungs-Teams") eingerichtet. Hierbei handelt es sich um ein Team von besonders erfahrenen Sozialarbeitern mit der Aufgabe, die genauere *Fall- und Problemanalyse* in besonders komplexen Sachverhalten zu leisten. Diese Experten können bereits direkt nach Aufnahme des Erstantrages im Verlauf des Sozialhilfebezugs jederzeit von den allgemeinen Teams zur Klärung der Prob-leme und weiterer Interventionen eingeschaltet werden. Die zentrale Bedeutung dieser „Spezialteams", die zugleich in hohem Maße eine „ganzheitliche" Be-trachtungsweise der Problemkonstellationen leisten (müssen), wurde in den Inter-views auf verschiedensten Ebenen sehr deutlich.

Mit der Krise am Arbeitsmarkt seit Anfang/Mitte der 1990er Jahre wurden ferner in allen größeren Kommunen bzw. deren Stadtteil-Sozialbüros meistens eine oder mehrere besondere organisatorische Einheiten zur speziellen Bearbeitung der *Sozialhilfe für Arbeitslose (Arbetsmarknadsgruppen)* gebildet. Auch diese Teams sind

---

[556] Neben Progammen der Hilfen zur Arbeit nach §§ 18 ff. BSHG und Angeboten des Arbeitsamtes wurden in einem Kategorienschema der Sozialämter *in Bremen* vom 24.03.1999 (vgl. Stadt Bremen, 1999b) Fallkategorien festgelegt, nach denen zwischen Personen unterschieden wurde, die für eine Vermittlung in Arbeit in Frage kommen, gar nicht hierfür in Frage kommen, und nur vorübergehend nicht dafür in Frage kommen. Auch in diesen Zusammenhängen fanden sich explizit verlaufsbezoge-ne Kategorisierungen hinsichtlich institutionalisierter Erwartungsmuster, die auf Wege aus dem Sozial-hilfebezug in den Arbeitsmarkt bezogen waren. Weiterhin wurden verschiedene Varianten und Pro-gramme bezogen auf all diejenigen Leistungsempfänger unterschieden, die für eine Vermittlung in Arbeit in Frage kamen. Das Schema enthielt neben 3 Fallkategorien bestimmte Merkmale der Sozial-hilfebeziehenden, etwa Alter, Familiensituation, Ausbildung, Berufserfahrung, Sprachkenntnisse, usw. Je nach Merkmalen waren für die Sachbearbeitung in der Sozialhilfe unterschiedliche Handlungen und Verfahrensweisen vorgesehen, etwa „Notiz zur Akte", „Wiedervorlage", „Prüfung", „Verweis an Ar-beitsamt" usw. Dabei spielten *dreimonatige* und *sechsmonatige* Wiedervorlage- und Überprüfungszeiträu-me eine wichtige Rolle. Zeitpunkte, Dauern und weitere Schritte waren je nach Merkmalskombination für die einzelnen Fallkategorien verfahrensmäßig mit dem Schema somit in Bremen differenziert verregelt.

häufig bezogen auf Altersgruppen der Klienten nach Zuständigkeit für *erwachsene* und *jugendliche Arbeitslose* spezialisiert. Ziel und Motiv dieser Spezialisierung in Form einer besonderen Sozialhilfepraxis für Arbeitslose war und ist es, den materiell und psychosozial meist eher einfachen Problemkonstellationen von Arbeitslosen einerseits mit vereinfachten Verfahrensabläufen zu entsprechen und zugleich den besonderen Anforderungen, die eine Arbeitsmarktintegration stellt, mit entsprechend spezialisierten Handlungs- und Vermittlungsformen im Rahmen der Sozialhilfe gerecht zu werden. Diese arbeitsmarktbezogene organisatorische und professionale Spezialisierung *innerhalb* der Sozialhilfe setzte im Verlauf der 1990er Jahre ein. Im Vordergrund der Praxis dieser arbeitsmarktbezogenen Teams steht weniger die materielle Existenzsicherung oder die Lösung multipler sozialer und persönlicher Probleme, sondern es geht primär um die Schaffung von Zugängen und um die Vermittlung in Arbeit, Beschäftigung, Ausbildung oder Qualifizierung. Auf die in diesem Zusammenhang vorzufindenden sozialberuflichen Handlungsformen einer „aktivierenden Sozialhilfe" wird später genauer eingegangen.

Schließlich finden sich in Göteborg im organisatorischen Zusammenhang eines Stadtteil-Sozialbüros in aller Regel auch eine *Budget- und Schuldnerberatungsstelle*, die meist mit ein oder zwei Beratern, zum Teil auch interdisziplinär von Sozialarbeitern und Juristen besetzt ist, so etwa im Stadtteil Frölunda. Und es findet sich die *Wohnungs- und Obdachlosenhilfe* als weitere spezialisierte organisatorische Einheit im Sozialbüro. Darüber hinaus sind räumlich meist außerhalb des Sozialbüros eingerichtete *Projekte* zu nennen, die jedoch organisatorisch, fachlich und im Rahmen der Dienst- und Personalaufsicht den Sozialbüros und der Sozialhilfe angegliedert sind. Zugleich können diese Projekte als „Ausführer" fungieren und Leistungen im Auftrage des Stadtteilausschusses oder eines anderen kommunalen sowie auch behörden-übergreifenden Bestellerverbundes (etwa von Kommune, Arbeitsverwaltung und Versicherungskassen) erbringen. Diese Projekte wurden im Verlauf der 1990er Jahre ebenfalls häufig auf die *Arbeitsmarktintegration* bezogen, fanden sich zwischen 1999 und 2003 aber auch im Bereich der kommunalen Gesundheitspolitik. Beispiele bildeten in Göteborg-Hisingen die Projekt „Hisingslussen" oder „Kville", die besondere arbeitsmarktbezogene Angebote für Sozialhilfebeziehende mit erhöhten Vermittlungsbedarfen beinhalteten. Auch zeitlich meist befristete Projekte zur *Integration von Einwanderern* waren in einzelnen Stadtteilen in dieser Form organisatorisch, jedoch nicht räumlich den Sozialbüros angegliedert. Insgesamt wird somit ein umfassendes und komplexes Aufgabenspektrum der Sozialhilfe erkennbar, das ganz wesentlich über entsprechende Organisationsformen in den Sozialbüros hinsichtlich der sozialen Interventionen gestaltet wird. Auch die schwedische Sozialhilfe erweist sich demnach in Göteborg nicht nur als eine rechtlich über Anspruchs- und Schutzrechte geregelte ökonomische Transferleistung, sondern sie beinhaltet zugleich lokal *pädagogische* und *ökologische*

Interventionsformen, die organisational in den Verlaufs- und Handlungsbezügen *sehr unterschiedlich beeinflusst und formiert* sind.

In einer Kontrastierung mit den Organisationsformen von Sozialämtern in *Deutschland,* etwa in *Bremen,* ist in der Organisationsstruktur der Sozialhilfe in Göteborg vor allem die stärkere integrative Einbindung materieller, sozialer, struktureller und personenbezogener sozialer Hilfen und Diensten erkennbar. Neben dieser traditionellen „ganzheitlich" und integrativ ausgerichteten Organisationsstruktur zeigt sich *gleichzeitig* für Göteborg ein *besonders hoher Grad an organisationaler Spezialisierung,* die vor allem arbeitsmarktpolitische, teilweise auch gesundheitspolitische Zielsetzungen ausdrückt. Die im Kapitel zum Aktivierungsdiskurs herausgearbeitete „Arbeitslinie" *(Arbetslinje)* der schwedischen Sozialpolitik, die seit je her die aktive Arbeitsmarkt- und Beschäftigungspolitik wesentlich prägt, wurde spätestens *seit Mitte der 90er Jahre* auch organisational im Rahmen der kommunalen Sozialdienste und vor allem im Kontext der Sozialhilfe direkter als zuvor institutionell verankert. Dies ist für Schweden von stärkerer Relevanz als für das deutsche „Lebenslaufregime", wo mit den „Hilfen zur Arbeit" nach §§ 18 ff. BSHG traditionell eine enge Einbindung bestimmter arbeitsmarktpolitischer Maßnahmen in die Sozialhilfe auch organisatorisch gegeben war. In Göteborg wurde diese Verbindung von Arbeitsmarktpolitik und Sozialhilfepolitik organisational und professional im Verlauf der 1990er Jahre weitergehender gestaltet als noch in den 1980er Jahren und dies bildet ein Merkmal einer „aktivierenden Sozialpolitik".

Wie der kommunale Sozialdienst und die Sozialverwaltung auf die Entwicklungen einer seit Anfang der 1990er Jahre drastisch angestiegenen Arbeitslosigkeit und damit verbundene Folgen im Anstieg der Sozialhilfeausgaben und der Zahl der Leistungsbezieher Mitte der 1990 Jahre durch eine Neuorganisation und durch eine weitere Spezialisierung organisational und professional reagierte, belegt die Aussage einer Sozialarbeiterin, die speziell die Sozialhilfe für Arbeitslose bearbeitete:

> *„Das waren ja mehr, die damals arbeitslos wurden. Daraufhin waren wir gezwungen, unsere Aktivitäten zu verändern. So kam es, dass die Zielgruppe nicht mehr so aussah wie früher. Da führten wir eine Neuorganisation im Sozialbüro durch und dann arbeitete ich vor allem arbeitsmarktbezogen mit Jugendlichen. Und da hatte ich dann diese Zielgruppe. Und diejenigen, die etwas andere soziale oder psychosoziale Probleme aufwiesen, die kamen in eine andere Gruppe/Organisationseinheit."* (Int. 14: 76-82, zuständig für 18-25jährige Arbeitslose, die als *„jobready"* kategorisiert wurden)

Die „aktivierenden policies", etwa im Zusammenhang mit dem arbeitsmarktpolitischen Programm „VESTTID" der Stadt Göteborg von 1996 sowie die zentralstaatlichen Neuregelungen in der Arbeitsmarktpolitik für 18 bis 25jährige Arbeitslose im Rahmen der *„Utvecklingsgaranti"* von 1998 erforderten lokal eine veränderte Organisation. Programme einer arbeitsmarktbezogenen „aktivierenden Sozialpolitik" wurden somit in Göteborg begleitet von grundlegenden organisatorischen Veränderungen, mit denen die Sozialhilfepraxis hinsichtlich der „Zielgruppen" und ihrer Handlungsformen stärker als noch Anfang der 1990er Jahre auf eine Beratung und Vermittlung in den Arbeitsmarkt hin konzipiert wurde. Dies geschah, obwohl die Arbeitsmarktpolitik kommunalpolitisch und professional vom Sozialdienst ganz überwiegend *nicht* als originäre Aufgabe der Kommunen gesehen wurde. Auch rechtlich fallen nach dem Sozialdienstgesetz arbeitsmarktpolitische Maßnahmen und entsprechend ausgerichtete sozialberufliche Handlungsformen nicht in den Aufgabenbereich des Sozialdienstes. In Schweden fanden sich *innerhalb* des Sozialhilferechtes zumindest bis Ende der 1990er Jahre – anders als in Deutschland – keine der „Hilfe zur Arbeit" nach §§ 18 ff. BSHG vergleichbaren Regelungen. Erst besondere gesetzliche Regelungen, etwa die „Utvecklingsgaranti" von 1998 und die Schaffung monetärer Anreizstrukturen des Zentralstaates setzten neue Rahmenbedingungen auch für die Organisation des kommunalen Sozialdienstes.

In den beschriebenen organisatorischen Veränderungen sind für die schwedische Sozialhilfe zum Teil auch weitergehende „Brüche" gegenüber den Organisationsformen der 1980er und der frühen 1990er Jahre zu sehen, die für die Interventionsmuster nicht ohne Folgen bleiben. Die schwedische Sozialhilfe gilt ohnehin als in höherem Maße auf das Individuum bezogen als die deutsche Sozialhilfe, die in der Regelsatzkonstruktion und in der Unterhaltsverpflichtung einen stärkeren Familien- und Haushaltsbezug aufweist. Auch insoweit unterscheiden sich beide Sozialhilferegimes in ihrem Lebenslauf- und Lebenslagenbezug ganz wesentlich.[557] War die schwedische Sozialhilfe dabei in den 1980er Jahren etwa in ihren Organisationsformen und in dem aus den Normen des Sozialdienstgesetzes abgeleiteten „ganzheitlichen Verständnis" vor allem auf die Bearbeitung multipler sozialer und ökonomischer Probleme und damit in ihren sozialarbeiterischen Grundorientierungen immer auch mit auf den Kontext des *„Haushalts"* und/oder der *„Familie"* bezogen (Int. 18: 410-437), so wurden diese Orientierungsmuster mit dem Anstieg der Arbeitslosigkeit und den Auswirkungen für die Sozialhilfe im kommunalen Sozialdienst verändert. Die sozialberuflichen Handlungs- und Interventionsformen einer *Arbeitsberatung und -vermittlung*, wie sie in der Sozialhilfe im Verlauf der 1990er Jahre rechtlich, organisational und professional eine stärkere Gewichtung erfuhren, sind im Kern *primär auf den einzelnen Arbeitslosen und damit auf die Einzelperson ausgerichtet*. Eine intensivierte Bearbeitung des Problems der Arbeitslosigkeit bedeutet damit für die Praxis der Sozialhilfe in den veränderten organisationalen und professionalen Spezialisierungen zugleich in (noch) höherem Grad eine an *Individuen* und somit auch an *individuelle Lebensverläufe* ausgerichtete Form sozialer Interventionen. Nicht

---

[557] Auch das schwedische Steuerrecht kennt bei Ehepaaren stets nur die Einzelveranlagung und ist damit weniger „familienbezogen" als das für das deutsche Lebenslaufregime mit der gemeinsamen steuerlichen Veranlagung von Ehegatten gilt.

nur organisational, sondern vor allem auch „methodisch" und in den Handlungsformen zeichnen sich damit Veränderungen für die schwedische Sozialhilfepraxis
ab. In den Grundzügen zeigt sich neben der Ausdifferenzierung und Spezialisierung eine Tendenz zur weiteren Individualisierung in den institutionellen Risikobe-
arbeitungsmustern, die ähnlich – jedoch bei anderen rechtlichen Ausgangslagen –
auch für die Sozialhilfe in Bremen und für das deutsche „Lebenslaufregime" seit
Mitte der 1990er Jahre erkennbar wurde.

Ein weiteres Beispiel für die extreme organisatorische Ausdifferenzierung und
Spezialisierung der schwedischen Sozialhilfe Ende der 1990er Jahre findet sich im
Sozialhilfebezug von Studierenden. Auch dieser wird in hohem Maße individualisiert
betrachtet und institutionell bearbeitet. Da in Schweden – anders als in Deutschland – die Unterhaltpflicht von Eltern gegenüber ihren erwachsenen Kindern mit
deren Volljährigkeit endet und Studiendarlehen nicht während der Semesterferien
gezahlt werden, ist der Sozialhilfebezug von Studierenden vor allem während der
Semesterferien verbreitet. Diese Bezugsform nahm im Verlauf der 1990er Jahre
infolge der Probleme am Arbeitsmarkt zu, da auch das Angebot an Ferienjobs
zurückging. Zur Bearbeitung der Sozialhilfe für Studierende wurden daher in größeren Kommunen, so auch in einzelnen Stadtteilen Göteborgs, besondere Teams
oder spezialisierte Mitarbeiter eingesetzt. So schilderte eine Mitarbeiterin, dass sie
ihre Tätigkeit im Frühjahr 1999 in der Sozialhilfe begann und zunächst einen
Sommer lang während der Semesterferien ausschließlich die wirtschaftliche Sozialhilfe für Studierende bearbeitete. Studierende gelten als *typische Kurzzeitbezieher* oder
auch als *„Selbstläufer" (Självgående)*, die gewöhnlich nur wenige Wochen oder wenige
Monate im Bezug stehen. Die Bearbeitungsverfahren wurden bezogen auf diese
Empfängergruppe einerseits sehr vereinfacht. Zugleich zeigte sich aber im Rahmen
der organisatorischen Spezialisierung eine *sehr restriktive Praxis* gegenüber Studierenden. Hintergrund war, dass sich die Kommunen nach ihren eigenen Aufga-
bendefinitionen und auch nach den Rechtsgrundlagen des SoL für die Studienförderung als *nicht* zuständig ansehen. Bezogen auf Studierende war den Befunden der
Expertenbefragung nach erkennbar, dass etwa eine „aktive" Arbeitssuche von
Studierenden besonders weitgehend eingefordert wurde und weitergehende Nachweise über Eigenaktivitäten der Arbeitssuche nachgewiesen werden mussten als
von anderen Klientengruppen. (Int. 22: 47-53). Dies wurde in spezialisierter Form
von besonderen Teams geprüft. Auch an diesem Beispiel zeigen sich Funktionen
der Selektion und der „Zugangssteuerung", die mit der organisationalen Differenzierung und Spezialisierung der schwedischen Sozialhilfe im Verlauf der 1990er
Jahre in einer Phase der Massenarbeitslosigkeit verbunden waren.

Veränderte Ansätze einer Arbeitsvermittlung und -beratung wurden auch in
Schweden als „aktivierende policies" bei *rechtlich* weiterhin bestehenden Domänen
zwischen Arbeitsmarktpolitik und Sozialhilfe im praktischen Kontext der schwedi-

schen Sozialhilfe im Verlauf der 1990er Jahre zunehmend ausdifferenziert. Die arbeitsmarktpolitischen Instrumente im engeren Sinne, wie die Vergabe von Arbeitsverträgen, Angebote und Vermittlung von Praktika und Qualifizierungsmaßnahmen und auch die finanzielle Förderung liegen zwar weitgehend außerhalb des Regelungsbereichs der Sozialhilfe. *Organisational* und *professional* geschah aber die Umsetzung der Programme in Göteborg im Verlauf der 1990er Jahre zunehmend in kommunaler Verantwortung und auch durch eigene kommunale Aktivitäten. Es entwickelten sich neue organisatorische und veränderte institutionelle Arrangements, in denen die bisherige klare institutionellen Trennlinie zwischen kommunaler Sozialhilfe, nationaler und lokaler Arbeitsmarktpolitik und lokaler Wirtschaftspolitik fließender wurde. Insbesondere am Beispiel einer späteren *Detailstudie zum Projekt DELTA* werden diese neuen Organisationsformen des Zusammenwirkens *(Samverkan)* veranschaulicht.

Eine im Zusammenhang mit den neuen Organisations- und Spezialisierungsformen grundsätzlich zu klärende *Frage* ist, ob derart hochspezialisierte und zugleich gruppenbezogene Organisationsformen auch weiterhin die Möglichkeiten bieten, das im schwedischen Sozialdienstgesetz (SoL) und in den sozialberuflichen Handlungsformen des Sozialdienstes normativ stark verankerte *Prinzip einer „ganzheitlichen Sicht- und Arbeitsweise" (Helhetssyn)* künftig den rechtlichen Grundlagen entsprechend und im professional-fachlich gewünschten Maße zu verwirklichen. In der *Handlungsperspektive* deuten die beschriebenen spezialisierten Organisationsformen jedenfalls das *Risiko* an, wonach eine Vielzahl von Teil-Leistungen und separierten sozialen Diensten angeboten und erbracht wird, die unter der Zielsetzung einer Unterstützung des Bewältigungshandelns der Betroffenen und der Verbesserung ihrer Lebenssituation von den Bürgern eben auch nur noch als fragmentierte institutionelle Leistungen wahrgenommen werden. Der ausreichende Bezug zu den teilweise komplexen Lebenslagen, ihren Strukturen und zu den im Lebensverlauf biografisch geprägten und erworbenen Bewältigungsmustern und -strategien der Sozialhilfebeziehenden steht mit einer extremen Spezialisierung und Segmentierung sozialer Leistungen jedenfalls tendenziell in Frage.

Im Kontext einer „Modernisierung" des öffentlichen Dienstleistungssektors ist für die organisationalen Entwicklungen der Sozialhilfe am Beispiel der Fallstudie Göteborg somit eine *Doppelstrategie* erkennbar. Einerseits fand im Verlauf der 1990er Jahre eine weitere Differenzierung und Spezialisierung in den sozialen Diensten und in den arbeitsmarktbezogenen Dienstleistungen statt. Zugleich wird aber etwa seit Mitte der 1990er Jahre mit neueren Organisations- und Steuerungskonzepten das Ziel eines *verbesserten Zusammenwirkens (Samverkan)* genau dieser hochspezialisierten und funktional ausdifferenzierten sozialen Dienste und der verschiedenen wohlfahrtsstaatlichen Institutionen angestrebt. Modellprojekte des freien Zusammenwirkens der Organisationen (FRISAM) oder auch das noch genauer darzustellende Projekt DELTA sind in diesem Kontext als Ausdruck einer Gegenstrategie zu verstehen, mit der die Risiken spezialisierter und fragmentierter sozialer Interventionen, in denen auch die von Kaufmann (1982: 54) angesprochenen „Verknüpfungsleistungen von Sozialpolitik" vernachlässigt werden, in künftigen vernetzten Sozialdiensten möglichst vermieden werden sollen. Hinsichtlich der besonderen Verknüpfungsleistungen, die Sozialpolitik leistet bzw. leisten sollte, ist in einer auf die Wirkungen derartiger neuer Organisationsformen fokussierenden Perspektive beispielsweise denkbar, dass mit den Organisationsformen im Verständnis eines „institutionellen Zusammenwirkens" zwar am Arbeitsmarkt durchaus erwünschte arbeitsmarktbezogene Vermittlungs- wie auch Verknüpfungsleistungen und Effekte erzielt werden. Zugleich können damit aber Verknüpfungsleistungen in Bereichen des Marktes, der Kultur oder der Familie beeinträchtigt werden. Geschehen kann dies entweder durch „creaming-effekte" oder auch durch eine all zu einseitig auf den Arbeitsmark ausgerichtete Spezialisierung sozialer Dienste und Leistungen. Formen des organisationalen und institutionellen Zusammenwirkens können sich dann sozusagen als *„Meta-Spezialisierungen"* erweisen und auf dieser Ebene Wirkungen entfalten. Diese Risiken scheinen etwa bezogen auf typische Langzeitbezieher und bei Konstellationen multipler Problemlagen besonders ausgeprägt, in dem es beispielsweise organisational bedingt zu neuen Ausgrenzungsprozessen kommt. Denkbar ist weiterhin, dass in der Handlungsperspektive die von hochspezialisierten „Arbeitsmarkt-Teams" gestellten Anforderungen an das Bewältigungshandeln arbeitsloser Sozialhilfebeziehender bei diesen nicht nur zu Positiveffekten, sondern auch zu Negativeffekten wie Überforderung und Demotivations beitragen können. Diese Risiken sind besonders groß, wenn Probleme, die Langzeitarbeitslosigkeit bedingen oder begleiten in der spezialisierten Problembearbeitung vernachlässigt werden.[558] Auch die Bedingungen einer „Koproduktion" im Erbringungsprozess sozialer Dienste können durch organisational und professional überzogene Spezialisierungsmuster negativ beeinträchtigt werden, da auch die Asymetrie in den Kontakt- und Interaktionsprozessen von Bürgern und Sozialdiensten mit dem Grad der Spezialisierung tendenziell zunimmt.

---

[558] Beispiele bilden etwa kurzfristig gestaltete arbeitsmarktpolitische Programme, die für junge Arbeitslose oder Einwanderer die Teilnahme an Praktika und verschiedene Qualifikationsmaßnahmen etwa im Bereich neuer Informationstechnologien im Verlauf mehrerer Monate vorsehen, ohne dass diese zu einem stabilen oder dauerhaften Zugang in den regulären Arbeitsmarkt und zu einer Möglichkeit der längerfristigen Selbstversorgung führen. In diesen Fällen treten durchaus Überforderungen und Demotivationseffekte auf. Die Zielsetzungen und Anforderungen zur Teilnahme an solchen Programmen sind jedoch konzeptionell häufig mit dem Leitbild der „aktivierenden Arbeitsmarktpolitik" verbunden und werden meist durch entsprechend darauf spezialisierte Teams den Erwerbslosen vermittelt.

Weitergehende Ergebnisse aus den Expertenbefragungen zum organisationalen Wandel, den professionalen oder sozialberuflichen Neuorientierungen der Sozialhilfe, sowie typische Merkmale „aktivierender policies" in der Interaktion von öffentlichem Sozialdienst und Bürger werden in den folgenden Kapiteln dargestellt. Zunächst werden die *professionalen Rahmenbedingungen* einer „aktivierenden Sozialpolitik" genauer untersucht.

5.4.2 Personal, Personalpolitik und Strategien einer Professionalisierung

In Göteborg wurde im Verlauf der 1990er Jahre – wie in vielen anderen schwedischen Kommunen auch – der Personalbestand der Stadt deutlich reduziert. Dies erfolgte mit der Zielsetzung, die öffentlichen Finanzen zu sanieren und war ferner verbunden mit einer Rationalisierung in der öffentlichen Dienstleistungsproduktion. Nach einem ersten Rückgang der Zahl der Beschäftigten in den Jahren zwischen 1991 und 1994 stagnierte der Personalbestand zwischen 1995 und 1998 weitgehend. Im Jahr 1997 waren *insgesamt 34.112 Personen während des gesamten Jahres* im Rahmen von Vollzeit- oder Teilzeitkräfte als kommunal Beschäftigte bei der Stadt Göteborg angestellt.[559] Die Beschäftigten in den kommunaleigenen Betrieben sind darin nicht enthalten. Hiervon waren *896 Beschäftigte in den verschiedensten kommunalen sozialen Diensten* verteilt auf die 21 Stadtteile und in der zentralstädtischen Organisation tätig.[560]

Nach einer ersten Konsolidierung in der Finanzsituation der Kommune erfolgt seit 1998 wieder ein leichter Anstieg in der Zahl der städtischen Beschäftigten. Etwa 80 % der städtischen Beschäftigten sind weiblich, wobei dieser Anteil im Sozialdienst noch höher liegt.[561] Nicht nur der öffentliche Sektor allgemein, son-

---

[559] Im Vergleich hierzu waren in Bremen unter Berücksichtigung der Einwohnerzahl und Größe deutlich weniger Beschäftigte im öffentlichen Sektor beschäftigt. Bei *Stadt und Land Bremen* waren 1998 rund 35.000 Vollzeit- und Teilzeitbeschäftigte tätig. Im Bereich der „Sozialen Sicherung" waren 1.947 Vollzeitkräfte und 1.330 Teilzeitbeschäftigte tätig. Die Zahl der Beschäftigten im Bereich der „Sozialen Sicherung" von Land und Stadt Bremen wurde abgebaut. Zwischen 1998 und 2001 ging die Zahl der Beschäftigten in diesem Bereich von 3.277 (1998) auf 2.561 (2001) zurück. Vgl. Statistisches Landesamt Bremen (2002): Statistisches Jahrbuch 2002, S. 206. Die Vergleichbarkeit der Werte zu Göteborg ist jedoch aufgrund unterschiedlicher Organisationsformen, aufgrund der unterschiedlichen Einbeziehung von Beschäftigten im Gesundheitssektor, sowie aufgrund des Status Bremens als Bundesland (inkl. Bremen-Nord und Bremerhaven) und zugleich als Stadtgemeinde Bremen begrenzt. Bezogen auf die Stadt Bremen zeigen sich im Vergleich zu Göteborg aber für die 1990er Jahre in Relation zur Einwohnerzahl eine deutlich geringere Anzahl an öffentlich Beschäftigten und zugleich ein stärkerer Personalabbau als in Göteborg.

[560] Vgl. Göteborg Stad (1998: 15): Financial Report 1997, Göteborg Stad (2001): Årsbok 2000.

[561] Vgl. Göteborg Stad (1998): Ekonomisk Redovisning, Förvaltningsberättelse. Insbesondere der Anteil der weiblichen Beschäftigten im öffentlichen Sektor liegt in Bremen deutlich niedriger als in Göte-

dern vor allem der Sozialdienst spielt im Kontext der hohen Frauenerwerbsquote, die 1999 in Schweden bei 74 % lag, eine zentrale Rolle. Dabei handelt es sich im Vergleich zu den Männern, deren Beschäftigungsquote 1999 bei rd. 79 % lag, bei den Frauen überdurchschnittlich häufig um Teilzeitbeschäftigungen und Beschäftigungsverhältnisse mit niedrigerem Gehaltsniveau.[562] Dies gilt auch für den Bereich der städtisch Beschäftigten in Göteborg und in besonders ausgeprägter Weise für den kommunalen Sozialdienst.

1. Fachkräfte in der Sozialhilfe: Qualifikationen, Funktionen und Aufgabenverständnis

Im Aufgabenbereich der *kommunalen Sozialhilfe* waren in Göteborg 1999 insgesamt rd. 450 Mitarbeiterinnen und Mitarbeiter tätig. Dies entspricht etwa der Hälfte aller in den städtischen Sozialdiensten Beschäftigten, woran die personalpolitisch wichtige Bedeutung der Sozialhilfe erkennbar wird. Im Vergleich waren 1998 in *Bremen* rd. 300 Mitarbeiterinnen und Mitarbeiter in der Sozialhilfe tätig.[563] Die Fallzahl je Mitarbeiter lag damit in Göteborg im Durchschnitt deutlich geringer als in Bremen. In Göteborg sind rd. zwei Drittel der 450 Beschäftigten des Bereichs der Sozialhilfe ihrer Ausbildung nach Sozialarbeiter bzw. *„Socionomer"*. Diese Beschäftigten verfügen über ein abgeschlossenes universitäres Studium an einer Sozialhochschule. Das Studium der Sozialarbeit und die Ausbildung zum „Socionom" umfasst neben der Vermittlung sozialarbeiterischer Inhalte und „Methoden" auch die Vermittlung von grundlegenden wirtschaftlichen, juristischen und verwaltungsbezogenen Kenntnissen.[564]

---

borg. Er betrug im Land Bremen bei den Vollzeitbeschäftigten 2001 lediglich 43 %, bei den Teilzeitbeschäftigten jedoch 83 %.

[562] Zur Arbeitsmarktpolitik für Frauen in Schweden vgl. Kurpjoweit (1997: 75-121). Programmatisch geht die schwedische Gleichstellungspolitik am Arbeitsmarkt vor allem auf Beiträge von Alva Myrdal und Viola Klein aus den 1950er Jahren zurück, wonach jede/r Erwachsene im Prinzip Selbstversorger über Erwerbsarbeit sein sollte, während die Gemeinschaft für die Kinderbetreuung in Form öffentlicher Betreuungseinrichtungen einstehen sollte. Die Beschäftigungsquote der Frauen ist allerdings auch in Schweden je nach Altersgruppen sehr unterschiedlich.

[563] Bei 29.615 Haushalten, die in Göteborg im Verlauf des Jahres 1999 zeitweise Sozialhilfe bezogen, waren im städtischen Durchschnitt je Mitarbeiter rd. 66 Haushalte zu beraten/betreuen. In Bremen bezogen 1999 zeitweise 27.914 Bedarfsgemeinschaften Hilfe zum Lebensunterhalt, so dass bei rd. 300 Beschäftigten in der Sozialhilfe im Durchschnitt 93 Bedarfsgemeinschaften je Mitarbeiter zu beraten/betreuen waren. Zum Wert von rund 300 MitarbeiterInnen und zu den Personalentwicklungsplänen vgl. Stadt Bremen (1994).

[564] Anders als in Deutschland erfolgt das Studium der Sozialarbeit in Schweden an sieben Universitäten und einer kirchlich getragenen Stiftungshochschule. Die in Deutschland sowohl für die Ausbildung von Verwaltungsfachkräften als auch für das Studium der Sozialpädagogik/-arbeit gegründeten Fachhochschulen bestehen in vergleichbarer Form in Schweden nicht. Die Sozialarbeit in Schweden hat einen den sonstigen Studien- und Ausbildungsgängen formal zumindest gleichwertigen Stellenwert, verbunden mit der Option auch universitär wissenschaftlich lehren und forschen zu können. Zugleich

Etwa ein Drittel der in der Göteborger Sozialhilfe beschäftigten Mitarbeiter/innnen bilden Assistenten, die *kein* Hochschulstudium absolviert haben, sondern nach Abschluss des gymnasialen Schulzweiges mit dem Schwerpunkt Sozialdienst oder Wirtschaft in der Sozialverwaltung bzw. dem Sozialdienst eine Beschäftigung aufnehmen. Als Assistenten für einfachere und rountinemäßige Büro- und Verwaltungsarbeiten sind sie etwa in der Rezeption tätig und übernehmen die administrative Zahlbarmachung der Sozialhilfe und verschiedenste eher verwaltungsmäßige Arbeiten.

Somit wird in Göteborg bzw. Schweden anders als etwa in Bremen oder generell in Deutschland die Sozialhilfe *nicht* von Verwaltungsfachkräften und einer entsprechenden *„Wissenskultur"* dominiert, sondern prägend für die sozialberuflichen Orientierungs- und Handlungsmuster in Göteborg und generell in Schweden ist eine *sozialarbeiterisch ausgerichtete Grundqualifikation* und eine entsprechend entwickelte sozialarbeiterische Wissenskultur sowie entsprechende sozialberufliche Handlungskompetenzen.[565] Hierin ist professional ein weiterer *zentraler Unterschied* zur deutschen Sozialhilfe zu sehen. Zu erwarten ist demnach, dass diese professionalen Unterschiede die sozialen Interventionsformen und -muster, sowie das sozialberufliche Handeln im institutionellen Arrangement der Sozialhilfe in beiden Wohlfahrtsstaaten je spezifisch beeinflussen. *Theoretisch* ist allerdings auch denkbar, dass derart unterschiedliche Grundqualifikationen und unterschiedlich geprägte sozialberufliche Handlungsmuster sowie die verschiedenen Wissenskulturen sich auf die Muster sozialer Interventionen wie auch auf die Effekte dieser Interventionen weniger stark auswirken als angenommen. Es ist denkbar, dass vielmehr die sozioökonomischen Rahmenbedingungen und/oder die rechtlichen Regelungen von Bedeutung sind als professionale Gegebenheiten. Vermutlich spielen die genannten Unterschiede bei der verwaltungsmäßigen Antragsaufnahme, dem Entscheidungsprocedere und in der Zahlbarmachung monetärer Hilfen kaum eine Rolle, sind allerdings in der institutionellen Problembearbeitung multipler materieller und immaterieller Krisensituationen bei Langzeitbezug von Relevanz.

Die Antragsaufnahme, erste Prüfung der Anspruchsvoraussetzungen, eine erste Beratung und die Entscheidungsfindung über Neuanträge in der Sozialhilfe wurden in Göteborg grundsätzlich von Sozialarbeitern *(Socionomer)* durchgeführt. Anders als in Bremen bzw. Deutschland ist damit in Göteborg bzw. Schweden den

---

besteht in den universitären Studiengängen der Anspruch einer praxisnahen Ausbildung der „Socionomer".

[565] Der Begriff der *Wissenskultur* geht hier zurück auf einen Beitrag von Leisering (2001) und wurde für die Deutung empirischer Befunde zu Reformstrategien in der deutschen Sozialhilfeverwaltung in den 1990er Jahren entwickelt. Leisering ordnet die Sozialarbeit darin eher einer *„sozialwissenschaftlichen Wissenskultur"* zu und grenzt diese von einer *Wissenskultur der Sozialtechnologie* und von der *Wirtschaftswissenschaft* ab. Alle drei Wissenskulturen wirken auf Reformstrategien der deutschen Sozialverwaltung ein.

Aufgaben nach die Sozialarbeit als Fachdisziplin vom Erstkontakt an bestimmend für die Instrumente, „Methoden" und Handlungsmuster in der Sozialhilfe. Weiterhin ist mit dem Einsatz von „Assistenten" in Göteborg innerhalb der Sozialhilfe eine *„abgestufte Professionalität"* entwickelt. Die einfachen Büro- und Verwaltungstätigkeiten werden von Assistenten ergänzend zur anspruchsvolleren Sozialarbeit übernommen. Diese Assistententätigkeiten entsprechen wiederum auch *nicht* dem Status und Tätigkeitsfeld einer Verwaltungsfachkraft, wie sie mit dem Sachbearbeiter in der deutschen Sozialhilfe bestehen. Während der deutsche Sachbearbeiter nach mindestens dreijähriger Ausbildung, meist in Form eines Fachhochschulstudiums im Anschluss daran im gehobenen oder mittleren Verwaltungsdienst als Angestellter oder Beamter tätig ist, handelt es sich bei den Assistenten der Sozialbüros in Göteborg tendenziell um „Büroassistenten" mit geringem Status und keinem eigenständigen fachlichen Profil. Auch auf Grund dieser professionalen Arrangements einer abgestuften Fachlichkeit in der Göteborger Sozialhilfe ist davon auszugehen, dass die *zeitlichen und personellen Ressourcen* und die *institutionellen Rahmenbedingungen* für die pädagogischen Interventionsformen, wie Beratung und Vermittlungsleistungen dort zusätzlich zu den geringeren Fallzahlen insgesamt günstiger sind als in der deutschen Sozialhilfe. Zugleich dürften allerdings die strukturellen und personellen Ressourcen für rechtlich und verwaltungsmäßig geprägte Interventionsmuster in der deutschen Sozialhilfe günstiger sein. Im Ergebnis zeigen sich also professional *sehr unterschiedliche Rahmen- und Ausgangsbedingungen* für soziale Interventionen in der Sozialhilfe in den beiden Wohlfahrtsstaaten.

Wie bereits dargestellt, ist der Grad der Verrechtlichung in der schwedischen Sozialhilfe geringer und die Rechtsgrundlagen selbst sind in Form der Rahmengesetzgebung auch von anderen Merkmalen bestimmt als in Deutschland. Dieser Befund wird darin bestätigt, dass *Juristen* zumindest der Zahl der Beschäftigten nach auch in Göteborg nur eine geringe Bedeutung haben und auch die spezifische „Wissenskultur" in der schwedischen Sozialhilfepraxis nicht in dem Maße prägen, wie das über Gesetzgebung und Rechtsprechung im detaillierten deutschen Sozialhilfe- und Grundsicherungsrecht erfolgt. In Göteborg wurden komplexere rechtliche Fragen im Zusammenhang mit der Sozialhilfe nicht vor Ort in den 21 Stadtteilen, sondern zentralstädtisch von Juristen in der Stadskansli *(Stadtkanzlei)* bearbeitet. Insgesamt ermöglicht das schwedische Sozialdienstgesetz den Sozialarbeitern mehr Gestaltungsfreiraum als das für die stark verrechtlichte deutsche Sozialhilfe gilt. Eine juristische „Wissenskultur" und rechtliche Entscheidungskriterien rahmen zwar die Sozialhilfe, wirklich zur Geltung kommen sie in Schweden aber vor allem in Konfliktfällen, wenn es um Klageverfahren und insofern um die Konkretisierung der Rahmengesetzgebung geht.

In der professionalen Perspektive ist ferner die Abgrenzung zwischen Sozial*arbeit* und Sozial*verwaltung* in Schweden generell deutlicher erkennbar als in Deutschland. So wurde etwa in den Definitionen, den beschriebenen Aufgabenstellungen, der Darstellung der Arbeitsinhalte und -abläufe sowie im Selbstverständnis der befragten Experten diese Abgrenzung explizit und eindeutig vorgenommen. Zugleich findet sich in Göteborg und allgemein in Schweden in der Sozialhilfe eine stärker hierarchisch strukturierte Unterscheidung von Sozialverwaltung und Sozialarbeit. Wie schon angedeutet beinhaltet die Sozialverwaltung vor allem die *Steuerungsebene* und im schwedischen Verständnis die gesamte Administration und Bereitstellung der Ressourcen für die Sozialarbeit. Insofern kann die Sozialverwaltung hierarchisch gesehen, der Sozialarbeit tendenziell als vorgelagert oder auch übergeordnet angesehen werden. Die Sozialarbeit umfasst im Kern vor allem die Interaktions- und Kontaktebene zwischen den im „Fachdienst" der Sozialhilfe beschäftigten Sozialarbeitern und den Bürgern. Die Leitungsebene des Sozialdienstes und der Sozialhilfe, etwa die Leiter_innen der Sozialbüros in den Stadtteilen – in aller Regel ebenfalls Sozialarbeiter – werden jedoch auf der Verwaltungsebene und in den kommunalpolitischen Gremien in die Planungs- und Entscheidungsprozesse mit aktiv einbezogen. Zugleich sind die Aufstiegs- und Karrierechancen für Sozialarbeiter_innen in Schweden generell deutlich günstiger als in Deutschland. Die Leitungsebene und damit auch die administrative Leitung der Sozialdienste, der Sozialhilfe und besonderer Projekte ist nahezu durchgängig von erfahrenen „Socionomer" besetzt. Im Unterschied zur deutschen Tradition ist damit auch die Verwaltungsleitung der Sozialhilfe und Sozialdienste eben nicht vorrangig durch Verwaltungswissen oder Juristen geprägt.[566] In dieser professionalen Perspektive sind die Grenzen zwischen der Verwaltungs- und Leitungsebene und der ausführenden Ebene der Sozialarbeit tendenziell eher offen und stärker von einem Wechselspiel der Hierarchieebenen und der Wissenskulturen gekennzeichnet als etwa in Bremen oder allgemein in Deutschland. Dies wiederum dürfte sich auch auf die Programmgestaltung und die Ziele neuerer lokal entwickelter „aktivierender policies" und auf die Formen sozialer Interventionen auswirken. Damit sind weitere Unterschiede zu Gestaltungsbedingungen einer „aktivierenden Sozialpolitik" in Deutschland gegeben. Von Verwaltungswissenschaft und Rechtswissenschaft stark beeinflusst, sind die deutsche Sozialverwaltung und Sozialdienste dabei strukturell mit den Zugangsschwellen der höheren Beamtenlaufbahn für Absolventen von Fachhochschulen der Sozialarbeit/-pädagogik tendenziell verschlossen, da ein

---

[566] Dieser Befund bestätigte sich sowohl auf der Leitungsebene der Sozialverwaltung und Sozialdienste in Göteborg, in Stockholm und in Malmö und selbst die im Sozialministerium befragte Expertin war ihrer Grundausbildung nach Sozialarbeiterin *(Socionom)*, was ebenfalls auf die *Dominanz einer sozialarbeiterischen Wissenskultur in der schwedischen Sozialhilfe* verweist.

Fachhochschulstudium in aller Regel formal nicht für den höheren Verwaltungsdienst qualifiziert. Erst mit dem Bologna- Prozess und dem Master-Abschluss in der deutschen Sozialarbeit wird hier eine Öffnung erfolgen. Insgesamt scheinen die Einfluss- und Gestaltungsmöglichkeiten der Sozialarbeit in Schweden günstiger und stärker entwickelt als für die Sozialarbeit als Profession in der deutschen Sozialhilfe. Auch mit und nach den Reformen, etwa einer Einführung des „Fallmanagements" in die deutsche Sozialhilfe bleibt die Dominanz von Verwaltungsfachkräften und Juristen, ergänzt um ökonomische oder verwaltungswirtschaftliche Wissensbestände insbesondere in den Leitungsfunktionen und der Programmgestaltungsebene vermutlich noch lange erhalten. Sie wird aber praktisch im Bereich der Sozialhilfesachbearbeitung um die Vermittlung von Gesprächskompetenz und „Methoden" des Fallmanagements ergänzt. Diese Entwicklungen zeichneten sich jedenfalls für Bremen bereits 1999/2000 ab.

Die Expertenbefragung ergab ferner für Göteborg, dass *alle* Befragten der verschiedensten Ebenen die *Sozialhilfe als integrales Tätigkeitsfeld der Sozialarbeit* verstanden. Auch die klassischen *Methoden der Sozialarbeit*, wie die Einzelfallhilfe, Gruppenarbeit und Gemeinwesenarbeit wurden im Zusammenhang mit der Arbeit in der Sozialhilfe als wichtig und nützlich angesehen.[567] Für die befragten Mitarbeiter in der ausführenden Ebene war zumeist der *„Kontakt zu den Klienten"* oder *„die Arbeit mit Menschen"* das wichtigste Motiv, das Tätigkeitsfeld der Sozialhilfe für sich – in aller Regel *„freiwillig"* zu wählen.[568] In Bremen war die Wahl des Tätigkeitsfeldes der Sozialhilfe in deutlich geringerem Grade als in Göteborg „freiwillig" (HB-Int. 08: 197 ff.). Dies dürfte sich ebenfalls auf Engagement, Arbeitsmotivation und -zufriedenheit und auf die Identifizierung mit der eigenen Arbeit unterschiedlich auswirken, in Bremen tendenziell negativer als in Göteborg.

Zwar bildet die *wirtschaftliche Hilfe (ekonomiskt bistånd)* in der Mehrzahl der Anträge auf Sozialhilfe formal, rechtlich und in den Arbeitsinhalten die Hauptaufgabe

---

[567] Vor allem in den arbeitsmarktbezogenen Teams der Sozialhilfe und im Projekt „DELTA-Arbetsmarknadstorget", teilweise aber auch im Rahmen der regulären Sozialhilfepraxis wurden diese Methoden in Göteborg explizit genannt oder beschrieben.

[568] In der ersten, bereits Anfang der 1990er Jahre in *Bremen* unter Sachbearbeitern der dortigen Sozialämter durchgeführten Befragung, wie auch in der im Jahre 2000 erhobenen Expertenbefragung zeigte sich das Motiv *„Arbeit mit Menschen"* ebenfalls als stark vertreten. Vgl. Schwarze (1994 und 2001). Da die Mitarbeiterinnen und Mitarbeiter in den Bremer Sozialämtern ganz überwiegend eine Verwaltungsausbildung aufwiesen, in Göteborg hingegen die sozialarbeiterische Ausbildung vorherrschte, sind die Motive für die Wahl des Berufsfeldes der Sozialhilfe, die mit *„Klientenkontakt"* oder mit *„Arbeit mit Menschen"* beschrieben wurden, offenbar weitgehend unabhängig von der Art der Ausbildung zu sehen. Die Befragung älterer bzw. langjährig tätiger Mitarbeiter aus der Sozialhilfe ergab Hinweise darauf, dass sich diese Motive und Assoziationen im Verlauf des Berufslebens dann aber relativieren und Verwaltungshandeln und „Bürokratie" von langjährig tätigen Mitarbeitern im Alltag dann doch als prägend und dominierend erlebt werden.

der „Socionomer" in Göteborg. Aufgaben, wie die formalen Anspruchsvoraussetzungen für eine monetäre Transferzahlung zu prüfen und die Zahlungen zu veranlassen, stehen aufgrund ihrer Selbstverständlichkeit und Routinisierung dabei im Arbeitsalltag in ihrer Bedeutung entweder gleichberechtigt neben personenbezogenen Leistungen oder aber hinter den Aufgaben einer *„persönlichen Hilfe"* zurück. Die Sozialhilfe in Göteborg wurde somit – stärker als in Bremen – den professionell definierten Aufgabenbereichen nach und im Selbstverständnis sowie in den Definitionen in sehr hohem Maße als *personenbezogene soziale Dienstleistung* verstanden. Typischerweise wurden Hauptaufgabe und Aufgabenbereiche der Sozialhilfe in Göteborg wie folgt beschrieben:

> *„(...) Arbeiten in der wirtschaftlichen Hilfe, obwohl ich denke, dass das sehr viel mehr – sehr viel mehr soziale Arbeit ist, als ich vorher dachte. Das ist nicht nur, Geld zu überweisen, sondern das ist sehr vieles anderes – anderes, das mit zur wirtschaftlichen Hilfe dazugehört. Das ist Unterstützung (stöd), das ist allgemein sehr viel mehr, die Menschen zu ermuntern, das ist, zu untersuchen – Ordnung zu erhalten über das, was genau die wirtschaftliche Situation ausmacht und über das, was das Sonstige ist, darüber, was die Ursachen für was sind – im Grunde zu helfen, etwas Struktur zu erhalten."* (Int. 22: 13-37, ähnlich Int. 23: 587 ff./Int. 24: 759-786/Int. 16)

Im Sozialdienstgesetz seit 1982 rechtlich verankert und ganz dem Berufsverständnis der Sozialen Arbeit entsprechend kommt in der schwedischen Sozialhilfe dem Prinzip der *„Ganzheitlichkeit" (Helhetssyn)* eine zentrale Bedeutung zu.[569] In den sozialberuflichen Handlungsformen werden demnach die wirtschaftliche Hilfe und die persönlichen sowie psychosozial bezogenen Interventionsformen theoretisch, normativ und praktisch meist als untrennbare Einheit verstanden. Für die dortige Praxis der Sozialhilfe wurde die ebenfalls rechtlich fixierte *Rehabilitations- und Integrationsfunktion* deutlich beschrieben. Die Sozialhilfe hat diese Funktion beispielsweise für Arbeitslose, Einwanderer oder auch in Fällen multipler Problemlagen im Verständnis einer ganzheitlicher Problemverantwortung wahrzunehmen. Meist wurden diese explizit personenbezogenen Leistungsformen normativ aus der „letzten Verantwortung" abgeleitet, die dem *kommunalen* Sozialdienst für die soziale Sicherheit obliegt. Beschrieben wurde für die 1990er Jahre, dass einerseits durch eine allgemeine Kürzungspolitik in den monetären Sozialleistungen des Zentralstaates, etwa beim Arbeitslosengeld, dem Krankengeld, dem Kindergeld usw. die Kommunen stark belastet wurden. Zugleich wurden den Kommunen neue bzw. erweiterte Aufgabenbereiche im wohlfahrtsstaatlichen Arrangement übertragen. Dies gilt etwa für die Gesundheitspolitik, die Psychiatrie und auch in der Arbeitsmarktpolitik, was Rückwirkungen auf die im Rahmen der Sozialhilfe institutionell zu bearbeitenden Problemkonstellationen mit sich brachte. Damit bestätigte sich im Grunde die

---

[569] Vgl. Socialstyrelsen (2000: 23-24).

personalpolitische Strategie universell einsetzbare „Socionomer" auch für den Bereich der schwedischen Sozialhilfe einzusetzen.

Die jeweils länderspezifischen traditionellen und auch veränderten professional bezogenen Rahmenbedingungen einer aktiven Sozialhilfepraxis und entsprechender sozialer Interventionen sind schließlich für mögliche Professionalisierungsstrategien der Sozialverwaltung und der Sozialdienste in Göteborg wie in Bremen von Bedeutung. Die mit den veränderten Rahmenbedingungen der 1990er Jahre verbundenen Auswirkungen beeinflussen die „aktivierenden policies" zur Förderung von Wegen aus dem Sozialhilfebezug. Die bisherigen Befunde in professionaler und sozialberuflicher Hinsicht werden daher zunächst im Überblick als Rahmendaten sozialer Interventionsformen in der folgenden Tabelle zusammengefasst.

Tabelle 13:

Institutionelle Rahmendaten sozialberuflichen Handelns in der Sozialhilfe Göteborg/Schweden und Bremen/Deutschland im Vergleich

Professionale Merkmale:	Göteborg:	Bremen:
Anzahl der Beschäftigten in der Sozialhilfe:	1996: ca. 450 Beschäftigte bei rd. 455.000 Einwohnern und rd. 69.000 Personen im Sozialhilfebezug (Jahresgesamtzahlen).	1998: ca. 300 Beschäftigte bei rd. 540.000 Einwohnern und rd. 54.000 Personen im Sozialhilfebezug (Jahresendzahlen zum 31.12. d.J.).
Art der Ausbildung/Qualifikation:	Etwa 2/3 „Socionomer" bzw. *Sozialarbeiter* und 1/3 „Assistenten"	Ganz überwiegend Personal mit *reiner Verwaltungsausbildung*, nur vereinzelt Sozialarbeiter/-pädagogen in Sozialhilfepraxis tätig.
Berufswahl/Auswahl des Tätigkeitsfeldes der Sozialhilfe:	Alle Befragten waren *freiwillig* bzw. selbst gewählt in der Sozialhilfe tätig,	Einzelne der Befragten waren *nicht freiwillig* in der Sozialhilfe als Tätigkeitsfeld beschäftigt, sondern dorthin versetzt oder wählten das Berufsfeld, weil „keine Alternativen".
Arbeitsmotive und -motivation:	mit zum Teil sehr hoher Arbeitsmotivation und einem *positiven Motiv:* „Arbeit mit Menschen" und „Klientenkontakt", sowie: „Sozialhilfe ist eine ganzheitliche Problembearbeitung"	Insgesamt eher durchschnittliche bis mäßige Arbeitsmotivation, bei ebenfalls *positivem Motiv:* „Arbeit mit Menschen" und „Klientenkontakt", sowie: „Sozialhilfe ist nicht nur Verwaltung".
	Grundverständnis: Sozialhilfe als professionelle Sozialarbeit und als „Beruf(ung)".	*Grundverständnis:* Sozialhilfesachbearbeiter als „Fachkraft der Sozialverwaltung", teilweise auch verstanden als „Job".
Fallzahl je Mitarbeiter/in und Spezialisierungsgrad:	Zwischen 20 und *maximal 80 Fälle*, je nach Stadtteil und Aufgabengebiet, sowie nach Spezialisierungsgrad in den Teams.	Zwischen 120 *bis zu 150 Fälle* je Mitarbeiter in der Sozialhilfesachbearbeitung bei geringem Spezialisierungsgrad.
Aufgaben-/Arbeitsteilung:	„Abgestufte" bzw. zweidimensionale Professionalität und funktionale Arbeitsteilung zwischen „Sozialarbeit" und „Assistenten"	Einfache bzw. eindimensionale Professionalität von Verwaltungspersonal und „Verwaltungswissen", ergänzt um sozialhilfeexternen Allgemeinen Sozialdienst (ASD)

Vorscherrschende „Wissenkultur":	„*Sozialarbeiterisch geprägte Wissenkultur*", ergänzt um verwaltungsbezogenes Wissen und juristische sowie ökonomische Grundkompetenz.	„*Klassische Verwaltungskultur*" und *Rechtswissenschaft* mit Tendenz zur Öffnung gegenüber anderen „Wissenskulturen" im Verlauf der 1990er Jahre: Neu sind Segmente sozialpädagogischen Wissens im Bereich der Beratungs- und Vermittlungsdienste und betriebswirtschaftliche Elemente einer „Neuen Steuerung", sowie Sozialplanung.
Gesamtschau zu den Institutionellen Voraussetzungen und Rahmenbedingungen für eine „*aktivierende Sozialpolitik*" in der Sozialhilfe:	Professional günstige bis „ideale" Voraussetzungen vor allem im Bereich der personenbezogenen und pädagogischen Interventionsformen, wie etwa für eine intensive und „aktive" individuelle Beratung, Betreuung und Vermittlung in Arbeit... *innerhalb* der Sozialhilfe. Defizite im Bereich der Verwaltung können durch „Assistenten" begrenzt werden, allerdings Risiko von Defiziten im Bereich einer „rechtmäßigen" Sozialhilfepraxis.	Professional tendenziell ungünstige bzw. professional defizitäre Voraussetzungen, vor allem im Bereich personenbezogener und pädagogischer Interventionsformen, wie intensive Betreuung und etwa für Programme einer individuellen Beratung und Vermittlung in Arbeit...*innerhalb* der Sozialhilfe, jedoch günstige Voraussetzungen für eine verwaltungsmäßige, standardisierte und „rechtmäßige" Sozialhilfepraxis.

Eine Kontrastierung der Ergebnisse zu den institutionellen Rahmenbedingungen sozialberuflichen Handelns und sozialer Interventionen zeigt ausgehend von der Fallstudie Göteborg erhebliche Unterschiede zur Sozialhilfeverwaltung in Bremen. Diese sind sowohl in der professionalen Ebene, in den die Sozialhilfepraxis bestimmenden Kompetenzen, Wissensbeständen und in der „Wissenskultur" sowie auch in quantitativen Daten, zu den Fallzahlen je Mitarbeiter deutlich erkennbar. Bereits sehr einfache Merkmale belegen die Unterschiede. Ob und inwieweit die Beschäftigten in den Sozialämtern das Tätigkeitsfeld nach Abschluss ihrer Ausbildung selbst wählen konnten und welches Grundverständnis der Beschäftigen das sozialberufliche Handeln prägt, zeigte sich in den Expertenbefragungen unterschiedlich, wobei sich aber die Motive in der Wahl des Berufsfeldes Sozialhilfe in Göteborg und Bremen ähnelten. Unter den Befragten in Göteborg ließ sich durchgängig eine sehr hohe Arbeitsmotivation feststellen, während sich für Bremen durchaus Fälle zeigten, in denen die Sozialhilfe – trotz des anspruchsvollen und komplexen Aufgabenfeldes – von den Beschäftigten *nicht* freiwillig gewählt werden konnte, sondern nach Abschluss der Ausbildung eine Quasi-Versetzung in das Sozialamt erfolgte. Einzelne Mitarbeiter der Bremer Sozialämter waren auch „*man-*

gels Alternative" in der Sozialhilfe tätig.[570] Während Bremer Sachbearbeiter in einigen Fällen *„auf dem Sprung aus der Sozialhilfe"* waren, gaben die Befragten in Göteborg meist an, ihre Arbeit gern zu verrichten und in der Regel das Tätigkeitsfeld nicht, oder nicht in absehbarer Zeit verlassen zu wollen. Es ist anzunehmen, dass diese strukturellen Rahmenbedingungen und Unterschiede in der professionalen Ebene sich auf das sozialberufliche Handeln der Beschäftigten auswirken, in Göteborg tendenziell positiv, und in Bremen tendenziell eher negativ. Detailliertere Befunde aus den Expertenbefragungen zur Arbeitszufriedenheit der Beschäftigten bestätigten dies weitergehend.

2. Arbeitszufriedenheit der Beschäftigten in der Sozialhilfe in Göteborg
Die Arbeitszufriedenheit wurde als wichtiger Indikator für das Engagement und für die Gestaltung von Kontakt- und Interventionsmustern in der Sozialhilfe detaillierter untersucht. Dabei wurde von der Annahme ausgegangen, dass im Aufgabenfeld der Sozialhilfe insbesondere auch dem Personal, seinen Qualifikationen, Kenntnissen und Erfahrungen sowie der Arbeitsmotivation eine besondere Bedeutung in Programmen einer *„aktivierenden Sozialpolitik"* zukommt. Dies gilt vor allem dann, wenn es um personenbezogene Interventionsformen geht, über die Ressourcen und Handlungen im direkten persönlichen Kontakt zu den Bürgern „aktiviert" werden sollen. Bei personenbezogenen Interventionen und generell bei sozialen Diensten ist das Personal *die* entscheidende Variable für die Wirksamkeit der Programme. In Deutschland wurde diese, vor allem in der Praxis einer „Verwaltungsmodernisierung" in den Kommunen all zu oft vernachlässigt.[571]

Die Analysen verweisen darauf, dass in den Sozialbüros in Göteborg und in anderen schwedischen Sozialbüros eine durchweg höhere Arbeitszufriedenheit unter den Mitarbeiterinnen und Mitarbeitern gegeben ist als in deutschen Sozialämtern. Vor allem bilden die in Göteborg im Vergleich zu Bremen durchweg *geringeren Fallzahlen je Mitarbeiter* einen wichtigen Beitrag, um eine höhere Arbeitszufriedenheit zu erzielen und zu erhalten. Während in Bremen in der Erhebungsphase 1999/2000 Fallzahlen je Sachbearbeiter von 120 bis zu 150 üblich waren, wurden in keinem der in Göteborg, wie auch in Malmö und Stockholm geführten Interviews, Fallzahlen von über 85 Fällen je Mitarbeiter genannt.[572] Während für

---

[570] Zum „professionellen Arbeiten im Sozialamt" in Deutschland vgl. ähnlich auch Paul (2001).

[571] Mit der Einführung des Konzepts einer „Neuen Steuerung" (KGST 1995 und 1997) in deutsche Sozialverwaltungen wurden auch ein personalpolitischer Ansatz und eine auf die neuen Anforderungen abgestimmte aktive Personalpolitik in Form einer verbesserten Aus- und Weiterbildung der Beschäftigten in Sozialämtern vorgeschlagen. Die Befunde zum geringen Stellenwert des Personals und einer aktiven Personalpolitik in der Sozialhilfe wurden auch von Von Harrach u.a. (2000) belegt.

[572] Die Werte wurden in den Interviews für *Bremen* bestätigt und ergaben sich aus den Dokumenten. Vgl. Bremen (1994 u. 1999). Für *Göteborg* wurden die genannten Fallzahlen auch durch Studien zur Sozial-

Göteborg im Verlauf der 1990er Jahre eine rückläufige Fallzahl je Mitarbeiter erkennbar wurde, war für Bremen bis 2003 eine deutliche Zunahme der Fallzahlen erkennbar. Obwohl in Personalentwicklungskonzepten der 1990er Jahre vorgesehen, hat der EDV-Einsatz in Bremen keine oder nur sehr begrenzt Freiräume für eine „intensivere Beratung" ermöglicht, so das Resümee der Bremer Experten.[573]

Mit nur einer Ausnahme äußerten sich alle Befragten aus den Teams der Sozialhilfe *in Göteborg* zufrieden bis sehr zufrieden über ihre Arbeit und ihr Aufgabenfeld. Dies ist vor dem Hintergrund schwedischer Befunde zu den Arbeitsbedingungen und zur Arbeitszufriedenheit von Sozialsekretären ein überraschendes Ergebnis. Auch in Schweden gelten die Individuen- und Familienhilfe inklusive der Sozialhilfe als Arbeitsbereich, der von Stress und hohe Arbeitsbelastung gekennzeichnet ist und in dem die Arbeitszufriedenheit meist geringer ausgeprägt ist als in anderen öffentlichen Dienstleistungsbereichen.[574]

Meist wurde im Interview explizit der Wunsch deutlich, auch weiterhin in der Sozialhilfe als Sozialarbeiterin tätig sein zu wollen. Berufliche Veränderungswünsche, soweit sie in Göteborg überhaupt geäußert wurden, resultierten nicht aus einer Unzufriedenheit mit dem Tätigkeitsfeld Sozialhilfe im eigentlichen Sinne, sondern wurden eher mit organisatorischen und/oder personalpolitischen Rahmenbedingungen der Arbeit in der Sozialhilfe begründet. Eine explizit formulierte besonders ausgeprägte Arbeitsunzufriedenheit war bei *keinem* der Befragten in Göteborg bzw. Schweden erkennbar.

Die Aussagen zur Arbeitszufriedenheit waren in den in Bremen geführten Interviews umfangreicher als in Göteborg. Dies lässt darauf schließen lässt, dass es sich in Bremen um ein für die befragten Mitarbeiter besonders relevantes Thema handelte. Die Aussagen in Bremen waren zudem uneinheitlicher als in Göteborg. Während in Göteborg insgesamt betrachtet eine hohe Arbeitszufriedenheit erkennbar wurde, war in Bremen eine mittlere Arbeitszufriedenheit gegeben. Hauptfaktoren für die Beeinträchtigungen der Arbeitszufriedenheit und auch der Arbeitsmotivation waren in Bremen die zum Teil als extrem wahrgenommene Arbeitsüberlastung, der Stress und die zum Teil angespannte Atmosphäre im Amt. In

---

hilfepraxis von Hydén u.a. (1995: 18) belegt. Für die Praxis regulärer Sozialsekretäre/Socionomer in der schwedischen Sozialhilfe sind darin Fallzalen von 50 bis 60 genannt, für eine vereinfachte rein administrative Bewilligungspraxis nach dem „SOFT-Modell", das in besonderen schwedischen Projekten im Vergleich zu Deutschland verwaltungsmäßig noch stärker standardisierte und vereinfachte Entscheidungsverfahren beinhaltete, wurden von Hydén u.a. (1995) Fallzahlen von 140 bis 150 je „SOFT-Handläggare" (Sachbearbeiter) genannt.

[573] Zur Personalentwicklung vgl. Stadt Bremen (1994). Hohe Fluktuation unter den Beschäftigten in der wirtschaftlichen Sozialhilfe und hohe Arbeitsbelastungen wurden explizit als Probleme benannt.

[574] Vgl. Statens Offentliga Utredningar (1995: 51-53).

Bremen wurde von den befragten Mitarbeiter auch entsprechend häufiger oder offener Absichten geäußert, das Arbeitsfeld der Sozialhilfe verlassen zu wollen.

Im *Gesamtbild* zeigte sich somit eine mittlere bis hohe Arbeitszufriedenheit unter den befragten Experten der Sozialhilfe in der Stadt Göteborg und eine nur mittlere bis geringe Arbeitszufriedenheit der Fachkräfte in der Sozialhilfe der Stadt Bremen bei einer gleichzeitig als deutlich höher und negativ wahrgenommenen Arbeitsbelastung in Bremen. Die insgesamt überraschend hohe Arbeitszufriedenheit auch unter denjenigen Beschäftigten in Göteborg, die direkt im Klientenkontakt standen, wurde zudem von Befragten der Leitungsebene aus Erfahrungen der Dienstaufsicht und Personalpolitik bestätigt. Selbst im Interview im schwedischen Sozialministerium wurde beispielsweise formuliert, den Kern der Sozialhilfe mache im Unterschied zu anderen Sozialleistungssystemen vor allem *„das kleine gewisse Etwas, eben etwas mehr an Zeit und Gesprächskontakt aus"*, woraus unter anderem eine Arbeitszufriedenheit der Beschäftigten resultiere. Von den Befragten wurde ihr Tätigkeitsfeld in der Sozialhilfe im Sinne einer *„helfenden Profession"* eindeutig positiv definiert. Es erfolgte eine klare Abgrenzung gegen ein Negativbild, das in der Öffentlichkeit und in den Medien häufig mit der schwedischen Sozialhilfe verbunden wird.

In der Analyse der Göteborger Interviews ließ sich – anders als für Bremen – dabei ein direkter Zusammenhang zwischen einer „höheren Fallzahl", die nur für einzelne Beschäftigte zutraf, und einer entsprechend geringeren Arbeitszufriedenheit *nicht* erkennen. So waren Befragte mit geringer Fall- und Arbeitsbelastung nicht gleichzeitig auch zufriedener. Für die hohe Arbeitszufriedenheit in Göteborg waren bei deutlich geringeren Fallzahlen als in Bremen eher Faktoren wie die Arbeitsinhalte und -aufgaben, die Verdienstmöglichkeiten, die Aufstiegschancen, die eigene Arbeitserfahrung und -routine und auch der Spezialisierungsgrad entscheidende Faktoren. Dies gilt jedenfalls, solange die Fallzahlen und damit verbundene stärkere Abeitsbelastungen keine extrem hohen Werte annehmen. Auch das *„kollegiale Verhältnis in den Teams"*, die Kontakte und der Erfahrungsaustausch mit Kollegen in anderen Stadtteilen und allgemein die *„Kommunikation zwischen verschiedenen Sozialbüros und Projekten an verschiedenen Stellen"* wurden von Befragten als wichtige Faktoren genannt, die Arbeitszufriedenheit und auch die eigenen Kompetenzen und Fähigkeiten zu fördern. Beispielsweise wurde von Beschäftigten in Göteborg berichtet:

> *„Ich fühle mich sehr gut mit meinen Arbeitsaufgaben. Das tue ich – es war ja zeitweise etwas durcheinander mit der Organisation und so. Aber das ist – das ist etwas anderes. Das war schon sehr durcheinander in den vergangenen zwei Jahren. Aber mit meinen Arbeitsaufgaben bin ich zufrieden. Ich denke, dass es nett ist [att det är kul], den Menschen zu begegnen, dene nich hier in meiner Arbeit begegne."* (Int. 19: 171-175)

Deutlich wird im oberen wie auch im unteren Zitat, dass die Arbeitsinhalte und -aufgaben als entscheidende Variablen gesehen werden. Die Organisation und

Rahmenbedingungen, etwa Neuorganisationsprozesse oder auch das Bild von der Sozialhilfe in der Öffentlichkeit beeinträchtigen zwar die Arbeit, wirken sich jedoch nicht wirklich negativ auf die Zufriedenheit aus:

„Ich bin ausgebildeter Socionom, hier in Göteborg habe ich studiert. (...) Dann habe ich in der Straffälligenhilfe gearbeitet. Das ist der Bereich, in dem ich Erfahrung als Sozialarbeiter habe. Jetzt arbeite ich seit fast einem Jahr hier. Ich bin sehr zufrieden hier. Ich denke, dass – man hört so viel Negatives, wenn man im Sozialbüro arbeitet und wenn man in der wirtschaftlichen Hilfe arbeitet. Aber dennoch, ich denke, dass ist sehr viel mehr als nur die wirtschaftliche Hilfe (...)" (Int. 22: 12-16)

Für einzelne Beschäftigte spielte die Arbeitsbelastung – vor allem auf Grund negativer Erfahrungen mit sehr hohen Fallzahlen der 1990er Jahre – eine Rolle. Entscheidend war aber auch für diese Mitarbeiterinnen und Mitarbeiter, dass die Arbeitsinhalte und -aufgaben ihren Vorstellungen entsprechen und Wahlmöglichkeiten im Aufgaben- und Projektspektrum der Sozialhilfe für die Beschäftigten bestehen. Der hohe auf Zielgruppen bezogene Spezialisierungsrad wurde in Aussagen der Befragten bei gleichzeitig genereller Verantwortung für die materielle Existenzsicherung und Beratung meist als ein positiver Faktor für die Arbeitszufriedenheit erkennbar:

„Ich denke, dass es sehr interessant [roligt] ist, mit den jungen (arbeitslosen) Erwachsenen hier zu arbeiten." (Int. 15: 882)

Oder ähnlich auch in folgendem Interview:

„Wir fühlen uns gut, sind zufrieden mit unserer Arbeit. Und wir mögen es, mit Jugendlichen zu arbeiten. Das ist nicht so ausgeweitet – man hat nicht alle möglichen Arten von Fällen, sondern das ist sehr spezialisiert." (Int. 20: 66-68)

In den neueren Projekten des Zusammenwirkens der Sozialhilfe mit der Arbeitsvermittlung und anderen sozialen Diensten, wie den Projekten DELTA und FRISAM waren für die Beschäftigten vor allem die Innovationspotentiale und die erweiterten Gestaltungsmöglichkeiten innerhalb dieser Projekte ein wichtiges Element für die Arbeitszufriedenheit:

„Ich mag es, weil ich hier nicht so viele Arbeitssuchende [i.S.v. Fälle] habe (...). Ich denke wirklich, dass es sehr interessant und sehr entwicklungsfähig ist. Ich kann die Arbeit hier auch selbst weiter entwickeln. Wir haben sehr viel Handlungsfreiheit." (Int. 14: 771-813)

Die grundsätzliche Arbeitszufriedenheit fand sich in Göteborg nicht nur beim Personal der ausführenden Ebene der Sozialarbeit, sondern auch in der Leitungsebene. In einzelnen Projekten wurde 1999 zu Beginn der Projektarbeit eine regelrechte „*Begeisterung*" (Int. 11: 654-656) von Beschäftigen auf der Leitungsebene wie auch in der Ebene der Klientenkontakte deutlich.

Ergänzend zu beachten ist außerdem, dass sich in Göteborg in den Sozialbüros und mehr noch in den neueren Projekten im Vergleich zu deutschen Standards sehr gute Büroausstattungen, neueste technische Geräte und insgesamt eine meist helle, moderne und freundliche Atmosphäre in den Räumen fand, was für die Arbeitszufriedenheit ebenfalls von Bedeutung sein dürfte. In keinem der besuchten Sozialbüros oder Projekte war eine Situation vorfindbar, wo etwa zwei Mitarbeiter gleichzeitig in einem Büro arbeiten mussten, was in Bremen oder anderen deutschen Städten in den Sozialämtern durchaus noch der Fall ist.[575] Auch insofern waren hinsichtlich einer individuell fördernden und personenbezogenen sozialen Beratung, das gesamte Setting und die Atmosphäre für einen zwingend erforderlichen *Vertrauensschutz* in Göteborg zumindest räumlich sehr viel weitergehend sichergestellt als in Bremen.

In einer zusammenfassenden *Kontrastierung* zu vorliegenden Befunden über die Arbeitsbelastung und die Arbeitszufriedenheit in *deutschen Sozialämtern* und speziell in *Bremen* zeigen sich erhebliche Unterschiede zu Göteborg. Folge und Kennzeichen für deutsche Sozialämter ist entsprechend hohe Fluktuation unter den Beschäftigten.[576] In diesen Zusammenhängen ergeben sich in den Anforderungen an eine „Modernisierung" der kommunalen Verwaltung und hinsichtlich der Möglichkeiten und Konzeptionierung von „aktivierenden policies" bezogen auf die schwedische und auf die deutsche Sozialhilfe im Vergleich sehr unterschiedliche Ausgangsbedingungen. Auf diese wird später näher eingegangen.

3. Die Fallzahlen in Göteborg: Entwicklung, Obergrenzen und arbeitsmarktbedingte Entlastung seit Mitte der 1990er Jahre

Bezogen auf die Fallzahlen in der Sozialhilfe ließ sich im Kontrast zunächst feststellen, dass diese in Göteborg schon immer deutlich niedriger lagen als in den personalpolitischen Standards der Bremer Sozialhilfeverwaltung oder auch in anderen deutschen Großstädten. Die Unterschiede von bis zu 50 Fällen je Mitarbeiter

---

[575] Begründet wurde dies von einzelnen Befragten in Bremen meist nicht mit mangelnden finanziellen oder räumlichen Ressourcen sondern unter Hinweis auf Sicherheitsvorkehrungen. Sofern es zu Konflikten oder Übergriffen auf Sachbearbeiter kommt, soll die Möglichkeit einer schnellen Hilfe durch die Kollegen entweder im gleichen Büroraum oder direkt nebenan gegeben sein. So wurde in den Bremer Sozialämtern häufig auch „bei offenen Türen" zum Nebenbüro gearbeitet, während in Göteborg generell der Vertrauensschutz durch geschlossene Türen und individuelle Beratung und durch ein vertrauliches Setting in höherem Maße gegeben war. Der Sicherheitsaspekt und Ängste vor körperlichen Übergriffen von Antragstellern kam allerdings auch in Göteborg in einzelnen Interviews zum Ausdruck.

[576] Bereits frühere Studien zu den Arbeitsbedingungen in deutschen Sozialämtern bestätigen diese Befunde, so etwa Stumpfögger/Wiethoff (1989) und Kühn/Scherpner (2003).

zwischen Göteborg und Bremen sind – bei ähnlicher Grundkonstruktion der Sozialhilfe – zwar auch, aber nicht ausschließlich mit den unterschiedlichen Qualifikations- und Anforderungsprofilen für Mitarbeiter in Sozialämtern in den beiden Ländern erklärbar. Ähnlich wie in der deutschen Entwicklung lässt sich für Göteborg belegen, dass Anfang bis Mitte der 1990er Jahre, also in einer Phase höchster Sozialhilfebezugsquoten auch die Fallzahlen und die Arbeitsbelastungen auf Höchstwerte angestiegen sind. In beiden Städten wurde zunächst dem Anstieg der Zahl der Sozialhilfebeziehenden eben *nicht* oder *nur bedingt* mit aktiven personalpolitischen Gegenstrategien begegnet, indem etwa hinreichend Neueinstellungen vorgenommen worden wären. Anfang bis Mitte der 1990er Jahre gab es auch aus den Reihen der Beschäftigten in der schwedischen Sozialarbeit eine zum Teil massive Kritik an „zu hohen Fallzahlen" je Mitarbeiter und einer zu hohen Arbeitsbelastung in der Sozialhilfe. Die Fallzahlen in der Sozialhilfe lagen in Göteborg Anfang bis Mitte der 1990er Jahre zwischen 80 bis zu 120 Fällen je Vollzeit-Mitarbeiter. Sie lagen somit damals deutlich höher als 1999/2000, aber immer noch unterhalb der „deutschen Standards". Auch später, nach ersten positiven Entwicklungen im Rückgang der Sozialhilfebezugszahlen 1998/1999 wurde in einzelnen Stadtteilen Göteborgs mit einem hohem Anteil an Sozialhilfebeziehenden die Überlastung der Mitarbeiter gegenüber der Verwaltung und Kommunalpolitik weiterhin deutlich formuliert. Unter anderem führte dieser Protest nach 1992 mit zu einer Neuorganisationen und zu einer Reduzierung der Fallzahlen je Mitarbeiter im betreffenden Stadtteil. Zu den Entwicklungen berichtete eine Mitarbeiterin, die seit 1992 durchgängig in der Sozialhilfe beschäftigt war, folgendes:

> „(...) 1992 hatten wir eine große Untersuchung. Wir als Personal waren unzufrieden und es ging alles nicht gut. Die Kommunikation hier – und in gleicher Hinsicht ging es uns auch physisch nicht gut. Wir waren der Ansicht, dass die Arbeitssuchenden nicht die Hilfe erhielten, die sie benötigten. Wir hatten viele Fälle, sehr viele Fälle." (Int. 16: 58-95)

Zumindest zeitweise war damit auch in Göteborg für die Sozialarbeiter in der Sozialhilfe eine Obergrenze in der Arbeitsbelastung erreicht. Dadurch waren auch die Gestaltungsfreiräume für beratende personenbezogene Leistungen eingeschränkt. Auffällig ist dabei die für Göteborg erkennbare hohe Spreizung in den Angaben zu den Fallzahlen. In *allen* geführten Interviews wurden die Beschäftigten ausdrücklich zu den aktuellen Fallzahlen befragt. Die Ergebnisse wurden in einem Kurzfragebogen festgehalten. Die Angaben variierten zwischen 20 Fällen je Mitarbeiter und Vollzeitstelle, etwa in einem kleinen Stadtteil mit geringer Einwohnerzahl und geringer Sozialhilfequote sowie geringem Ausländeranteil (Int. 24 und 25), bis zu maximal 70 oder 80 Fällen je Mitarbeiter und Vollzeitstelle in anderen, meist größeren, einwohnerstarken Stadtteilen, die zudem eine stärkere Kumulation sozialer Probleme aufwiesen. (Int. 18 und 23). Die Fallzahlen sind damit in den untersuchten Stadtteilen, Projekten und Arbeitseinheiten *sehr uneinheitlich*. In hohem Maße sind sie mit beeinflusst von strukturellen Rahmenbedingungen, wie der Stadtteilgröße, vom Spezialisierungsgrad, der Organisationsform, den Aufgaben und Schwerpunktsetzungen in den jeweiligen Teams und anderen eher qualitativen Faktoren.

Nach einer hohen Fallzahl und Überlastungssituation, die 1998/99 in einzelnen Sozialbüros in Göteborg durchaus noch bestand, ist seit dem aber ein deutlich positiver Trend in der Entwicklung der Arbeitsbelastungen erkennbar. Diese positive Entwicklung ist unter anderem auf den Rückgang der Arbeitslosigkeit und einer zum Teil daraus resultierenden abnehmenden Zahl der Sozialhilfebeziehenden zurückführbar. Neben diesen eher verwaltungs*externen* Faktoren wurden verwaltungs*intern* durch neue Organisationsformen mit dem beschriebenen hohen Spezialisierungsgrad, sowie zum Teil auch durch Personalaufstockung Entlastungen erreicht. Ferner wirkte sich nach Einschätzung von Befragten in Göteborg – deutlicher als in Bremen – der im Verlauf der 1990er Jahre fortgeschrittene Einsatz der computerunterstützten Sozialhilfeberechnung und -zahlbarmachung positiv auf die Arbeitssituation in den Sozialbüros aus. Von einer Mitarbeiterin, die auf eine zehnjährige Berufstätigkeit in der Sozialhilfe zurückblickte, wurden die Entwicklungen folgendermaßen beschrieben:

> *„Die Veränderung war ja, dass die Fallbelastung markant gesunken ist, nachdem ich 1993 begann. Damals hatten wir vielleicht 120 Fälle, die wir selbst bearbeiteten. Nun habe ich 40, so dass die Zahl deutlich gesunken ist. Das, was da passiert ist, das hat vor allem mit der Entwicklung am Arbeitsmarkt zu tun. (...)"* (Int. 20: 139-143)

Ähnlich bewertete auch eine Mitarbeiterin, aus einem spezialisierten Team für arbeitslose Erwachsene die Entwicklung der Fallzahlen am Ende der 1990er Jahre, wobei eine Fallzahl von 60 bis 70 als für die Arbeitsergebnisse gut „hantierbar" beschrieben wurde:

> *„Im Februar 1999, da kann ich sagen, waren es ca. 100 Fälle und heute, im Februar 2000 sitze ich hier mit 70 Fällen (...). Man kann mit 60 bis 70 Fällen arbeiten und dabei einen guten Job machen. Das denke ich. Das ist hantierbar."* (Int. 23: 113-117)

Während dabei Anfang und Mitte der 1990er Jahre für die Kontakte zu den Leistungsberechtigten und für Gespräche oft nur 10 Minuten Zeit zur Verfügung stand, hatte sich die Arbeitssituation 1999/2000 durch die externen Entlastungsfaktoren und die internen Neuorganisationen, sowie durch projekt- und gruppenbezogene Arbeitsweisen dahingehend verändert, dass für Beratungsleistungen (wieder) mehr Zeit zur Verfügung stand. So berichten Mitarbeiter aus dem Projekt „DELTA-AMT" von bis zu zweistündigen Klientenkontakten, die neben der monetären Hilfe, den Problemen der Arbeitsmarktintegration auch familiäre Probleme oder Suchtprobleme zum Gegenstand haben. Ferner sind auch eine Koordination der Leistungen in der Sozialhilfe sowie psychosoziale und pädagogische Interventionen Inhalte der gespräche. Die materielle Sozialhilfe spielt dabei häufig eben *nicht die zentrale Rolle*, sondern persönliche oder pädagogische Kontakt- und Interventionsformen stehen vielfach im Vordergrund. Diese weisen in der Handlungsdimension etwa motivational bezogene Inhalte auf oder haben in der Zeitperspektive die Klärung wichtiger *berufsbezogener Entscheidungen für den weiteren Lebensverlauf* zum Inhalt. Oft geht es in den zeitintensiven Kontakten auch um die Vermittlung von Informationen und um alltägliche Kompetenzen. Entsprechende Arbeitsinhalte und Aufgaben werden in neueren Konzepten und methodischen Ansätzen meist unter dem Stichwort der „ressourcenorientierten Arbeitsweise" verbunden mit dem Grundsatz der „Hilfe zur Selbstversorgung" stärker in den Mittelpunkt gerückt.

Neben diesen stark pädagogischen und fördernden Anteilen deutete sich für die Sozialhilfepraxis in Göteborg zugleich an, dass die durch Fallzahlreduktion und Neuorganisation seit 1998/1999 gewonnenen Zeit- und Handlungsspielräume im Kontext des Leitbildes einer „aktivierenden Sozialhilfe" – ebenfalls stärker als noch Anfang der 1990er Jahre – für kontrollierende und zum Teil auch disziplinierende Aufgaben und Funktionen verwendet werden. So wurden im Verlauf der 1990er Jahre eine genauere Falldokumentation und detailliertere Dokumentationssysteme zum Verhalten der Sozialhilfebeziehenden und zum Interventions*verlauf* entwickelt. Ziel und Inhalt dieser „Reformentwicklungen" war auch eine Betonung der „fordernden Anteile" in der Sozialhilfepraxis, in dem Zielabsprachen und mündliche Vereinbarungen seither auch schriftlich fixiert werden.

Auch wenn die Fallzahlen in Göteborg im Vergleich zur Sozialhilfe in Bremen Ende der 1990er Jahre deutlich niedriger lagen, wünschten sich einzelne Mitarbeiter in Göteborg – ebenso wie fast alle befragten Beschäftigten in Bremen – eine (weitere) Verringerung der Fallzahlen und ihrer Arbeitsbelastung. Verbunden wurden diese Erwartungen in aller Regel mit der Zielsetzung, bei reduzierter Fallzahl genauer und wirksamer auf den jeweils individuellen Bedarf *(behov)* von Sozialhilfebeziehenden eingehen zu können. So könnten dann die erforderlichen personenbezogenen und beratenden Hilfen besser erbracht werden. Nahezu durchgängig wurde in den Interviews als *„ideale Fallzahl"* und zugleich als „Standard" für eine qualitativ gute Sozialhilfepraxis der *Wert von 40 bis 60 Fällen* bei normaler Komplexität genannt. Bei einfachen Fallkonstellationen wurden höchstens 80 Fälle pro Vollzeitstelle als qualitativ gut bearbeitbar angesehen.[577] Für Bremen (ab 2001/2002) und auch andernorts in der deutschen Sozialhilfe ist im Kontext der Einführung des „Fallmanagements" eine Reduzierung der Fallzahlen auf 70 bis 90

---

[577] Dies ergab eine Auswertung der Kurzfragebögen zu den in Göteborg erhobenen Interviews.

je Vollzeit-Fallmanager vorgesehen. Insofern ist tendenziell eine Annäherung der „Standards" in beiden Sozialhilfe-Regimes erkennbar.

4. *Vergütungsstruktur, Bürokratiekritik und Professionalisierungsbedarfe*

Aus deutscher Perspektive wäre vor allem eine Kritik bezogen auf das *Gehalts- / Vergütungsniveau* in der Sachbearbeitung der Sozialämter zu erwarten, gilt doch die Sozialhilfe in beiden Ländern als anspruchsvoller und belastungsstarker Arbeitsbereich. Zugleich wird er vergleichsweise gering entlohnt. Auch nach den subjektiven Einschätzungen einzelner Sozialarbeiter in Göteborg würden sie beispielsweise verglichen mit Lehrern und Krankenpflegern „*eher schlecht bezahlt*", oder ihre Arbeit werde in ihrer Perspektive „*sehr schlecht vergütet.*" Es wurden vereinzelt Defizite in der Vergütung beschrieben. Dies galt vor allem bezogen auf die klientennahe Arbeit, ohne dass zur Vergütungs- und Gehaltsstruktur genauere Details erhoben werden konnten. Genauere Vergleiche zum Vergütungsniveau in Bremen/ Deutschland sind schon von daher, sowie bei Berücksichtigung der unterschiedlichen Steuersätze und der Abgabenniveaus kaum möglich. Grundsätzlich dürfte sich allerdings die Vergütung der Mitarbeiter in der deutschen Sozialhilfe – relativ betrachtet – noch unterhalb der Niveaus für Sozialarbeiter bewegen, die in Schweden in der Sozialhilfe beschäftigt sind.[578]

In der schwedischen Sozialhilfe wurden *leistungsbezogene Gehaltssysteme (stimulans- /prestationslön)*, die gezielte monetäre Anreize oder Bonuselemente für diejenigen Beschäftigten enthalten, die bei der Förderung von Wegen aus dem Sozialhilfebezug besonders erfolgreich sind, bisher nicht eingeführt.[579] Die Begründung war, dass solche leistungs- und wettbewerbsbezogenen Lohn- und Gehaltssysteme zu Konflikten innerhalb der Teams führen würden, was sich fachlich negativ auf die Arbeit auswirke. Die Arbeitsleistungen seien angesichts der *heterogenen Problem- und Aufgabenstellungen* in den spezialisierten Teams zudem nur schwer quantifizierbar und kaum vergleichbar. Allerdings war die Einführung eher sanfter interner Anreiz- und Belohnungssysteme, etwa in Form von Freistellungen für Fortbildungen

---

[578] Nach einer Veröffentlichung des Verbandes schwedischer Sozialarbeiter (Sveriges Socionomers Riksförbund SSR) beträgt die monatliche Vergütung von Sozialarbeitern zwischen 16.000 und 24.000 SEK (Brutto) und variiert zwischen den Kommunen beträchtlich. In Göteborg betrug der durchschnittliche Bruttolohn für einen „Socialsekretär" im Stadtteil Torslanda im Jahre 2002 monatlich ca. 22.000 SEK (rd. 2.400 Euro). Vgl. Göteborg Stad (20003: 10).

[579] Ein im Jahr 2001 im Sozialdienst der Stadt Göteborg eingeführtes Konzept der Fort- und Weiterbildung für alle Sozialarbeiter sah eine stärkere Gehaltsabstufung in fünf Niveaus nach dem Aufgaben- und Verantwortungsbereichen orientiert an Beschäftigungsjahren und erfolgreicher Fort- und Weiterbildung vor. Zum Kompetenzentwicklungsmodell *(Kompetensutvecklingsmodel)* der Stadt Göteborg vgl. Josefsson (2001). Generell gilt die Kompetenzentwicklung gegenwärtig als besondere Strategie, die Sozialarbeit als „wissens- und kompetenzbasierte" Dienstleistung in ihrer Stellung in Schweden zu sichern und weiter zu „professionalisieren".

432

und Konferenzen ein vorstellbarer Reformansatz. Im Erhebungszeitraum wurden diese Reformstrategien in Göteborg zwar beschrieben und entwickelt, waren jedoch noch keine Praxis. Ferner wurde in der direkten Frage nach möglichen Verbesserungen oder Anregungen für die eigene Arbeitssituation in Göteborg abgesehen von einzelnen Äußerungen nur selten explizit eine Unzufriedenheit mit dem Vergütungsniveau deutlich.

Sehr viel kritischer wurde von Befragten in Göteborg der aus ihrer Sicht hohe Grad einer *„Bürokratisierung ihrer täglichen Arbeit"* in der Sozialhilfe gesehen. Berichtet wurde beispielsweise, die schwedische Sozialhilfepraxis sei geprägt durch:

> *„(...) zu viel Papierarbeit, die viel Zeit kostet – auch wenn einzusehen ist, wie wichtig die Dokumentation der Entscheidungen und Beschlüsse ist."* (Zit. Int. 19: 199-205)

Die anfallenden Schreib- und Verwaltungsarbeiten wurden von den Sozialarbeitern in Göteborg weitgehend selbst erledigt. Die früher in den Sozialbüros oft mit beschäftigten „Kanslister" wurden seit den 1980er Jahren mit Einführung der computerunterstützten Sozialhilfesachbearbeitung in ihrer Anzahl reduziert. Diese Büroassistenten nehmen inzwischen einfache Routineaufgaben selbständig war, bilden dabei jedoch keinen Schreibdienst im engeren Sinne. Eine mögliche weitere Entlastung in den „bürokratischen" Arbeitsanteilen für die Sozialarbeiter wurde von den Experten künftig vor allem in einer optimierten Vernetzung technischer und verwaltungsmäßiger Abläufe gesehen. Die bereits angesprochene abgestufte Professionalität, in der Sozialarbeiter weiterhin durch Assistenten unterstützt werden, wirkt in Fällen, die aufgrund multipler sozialer Problemlagen vollständig von den Sozialarbeitern bearbeitet werden, nur begrenzt entlastend. Jede Profession hat ihre eigenen Fallprofile und Bearbeitungsroutinen, die von den Sozialarbeitern in mehreren Interviews insgesamt als „zu bürokratisch" beschrieben wurden.

Von einzelnen Befragten wurde die Sozialhilfe unter der Perspektive der Bürokratiekritik als äußerst selektives Sozialleistungssystem beschrieben, das für die Folgen der Massenarbeitslosigkeit im Grunde gar nicht konzipiert sei. Als traditionell in hohem Maße bürokratisch verfasste und zudem auf Einzelfälle bezogene materielle Transferleistung, die auch noch *monatlich neu zu prüfen und zu entscheiden sei,* könne die Sozialhilfe in der Bearbeitung der Folgen der Massenarbeitslosigkeit nur wenig „effektiv" sein, so der Tenor der Aussagen. Ergänzt wurde diese berechtigte strukturelle Kritik zum Teil um den Hinweis, dass es in Fällen der Arbeitslosigkeit zumeist auch *keiner* explizit sozialarbeiterischen Handlungsform oder entsprechender Interventionen bedürfe. Hauptprobleme seien der Einkommensverlust und der Arbeitsplatzmangel bzw. die Zugangsprobleme am Arbeitsmarkt, etwa bei Jugendlichen und Einwanderern. Diese Probleme zu bearbeiten, obliege in Schweden eigentlich anderen Akteuren und Organisationen, die über generellere und damit auch „effektivere" Leistungssysteme verfügen:

> *„Ich denke, dass da etwas fehlerhaft sein muss und sehr ineffektiv, wenn es so viele sind, die sich weiterhin an das Sozialbüro wenden müssen. (...) Das hier mit dieser individuellen Bedarfsbewertung – jeden Monat – es gibt ja keine andere Art, sich so kontrolliert zu versorgen – und wo es so individuell geprüft wird, was eigentlich so viele Ressourcen auch unabhängig vom Geld fordert/bindet, damit die Menschen leben können. So gesehen ist das ja also ineffektiv."* (Int. 20: 889-897)

Von einer Reihe der befragten Experten wurde diese Kritik an dem aufwendigen selektiven Verfahren und an den „bürokratischen" Bearbeitungsmustern in der Sozialhilfe deutlich vermittelt. Als Alternative zu einer „überbürokratisierten" und all zu selektiven Sozialhilfepraxis wurde vorgeschlagen, die materielle Sicherung von Arbeitslosen, Rentnern und Kranken künftig *nicht* mehr im Rahmen der *kommunalen* und *einzelfallbezogenen* Sozialhilfe, sondern möglichst vollständig über die *staatlichen bzw. gewerkschaftlichen* und *eher universell gestalteten Arbeitslosenkassen* sowie über die *Versicherungskassen (Försäkringskassan)* zu leisten. Lediglich diejenigen Sozialhilfebeziehenden, bei denen besondere, meist kumulierende soziale und materielle Probleme vorliegen, wären nach diesen Konzepten im Rahmen des kommunalen Sozialdienstes und der Sozialhilfe weiterhin individuell und intensiv zu betreuen und materiell zu unterstützen. Im Ergebnis solcher Reformen könnten die vorhandenen kommunalpolitischen Ressourcen für die verbleibenden Sozialhilfebeziehenden intensiviert und auch mit geringerem bürokratischen Aufwand genutzt werden. Diese von mehreren Experten skizzierten Reformentwicklungen wurden im Verlauf der vergangenen Jahre in einzelnen Teilbereichen der schwedischen Wohlfahrtspolitik umgesetzt, worauf im Schlussteil genauer eingegangen wird.[580] Trotz erster Erfolge bleiben die Anforderungen einer „Entbürokratisierung" und einer „Professionalisierung" bezogen auf die schwedische Sozialhilfe – ähnlich wie in Deutschland – doch weiter bestehen.

5. Aus-, Fort- und Weiterbildung: Defizite im Kernbereich der Professionalisierung
Neben der Bürokratiekritik kam von einigen der direkt im Klientenkontakt tätigen Mitarbeiterinnen die Forderung nach einer *verbesserten Fort- und Weiterbildung*. Die Sozialarbeiter seien hier im Vergleich zu Arbeitsvermittlern oder auch zu anderen Berufsgruppen *„zu bescheiden"*. Für Fortbildungen fehle es beispielsweise an Freistellungen durch den Arbeitgeber und generell mangele es an den dafür notwendigen

---

[580] Eingeführt wurde gruppen- bzw. statusbezogen beispielsweise die *„Introduktionsersättning"*, eine Eingliederungshilfe, die Einwanderern bei der Teilnahme an Sprachkursen in einem vereinfachten Bewilligungs- und Entscheidungsverfahren gezahlt wird, obwohl sie im Grunde der Sozialhilfe entspricht. Vgl. Integrationsverket (2000: 9).

materiellen Ressourcen. Auch in den Wahlmöglichkeiten von Fort- und Weiterbildungskursen, die insgesamt von den Themenstellungen her offener als bisher üblich zu gestalten seien, müssten eigene Interessen und individuelle Bedarfe entscheiden und nicht so sehr vorgegebene Programme oder Schwerpunkte. Auch internationale Entwicklungen in der Sozialhilfe und die dadurch möglichen Impulse für die eigene lokale Praxis seien stärker als bisher in Angebote der Fort- und Weiterbildung mit einzubeziehen. Hinsichtlich der konkreten internen Ausbildungs- und berufsbegleitenden Weiterbildungsmaßnahmen war zusammenfassend somit „nur" eine *relative Zufriedenheit* der befragten Beschäftigten in den Sozialbüros der Stadt Göteborg feststellbar, die jedoch nicht im Vordergrund der Berichte stand.[581] Für Bremen ergaben sich zu den genannten Aspekten ähnliche Befunde.

Die *Einarbeitung neuer Mitarbeiter*, die oft direkt nach Abschluss ihres Studiums *freiwillig* die schwedische Sozialhilfe als Tätigkeitsfeld wählen, erfolgte in Göteborg in der Regel über mehrwöchige Praktika und unter Anleitung durch den „ersten Sozialsekretär" der jeweiligen Teams. Während dieser Einarbeitungsphase wird die eigentliche Arbeit von den neuen Mitarbeitern bereits selbstständig durchgeführt. Es besteht jedoch stets die Möglichkeit zu Rückfragen und Abstimmungen mit dem Anleiter. Bei diesem liegt auch die letzte Verantwortung für die Entscheidungen im Team. Ferner findet im Rahmen von *Teambesprechungen* und der *wöchentlichen Anleitungsgespräche (Handledning)* in einer Art fallbezogener Supervision die Klärung detaillierter Fragen zu Einzelentscheidungen statt. Diese kontinuierliche Anleitung und die Fallbesprechungen sind wichtige Instrumente, um den neuen Mitarbeitern die notwendige Sicherheit in der Arbeit zu vermitteln. Sie tragen nach Aussagen der Befragten ebenfalls zur insgesamt hohen Arbeitszufriedenheit bei.

Mit Ausnahme der in Göteborg und auch andernorts in Schweden entwickelten Anleitung *(Handledning)* in Form einer individuellen Einarbeitung und Betreuung neuer Mitarbeiter unterschieden sich die Befunde und Instrumente zur Einar-

---

[581] In diesem Zusammenhang ist auf das Kompetenzentwicklungsmodell der Stadt *Göteborg* zu verweisen, das nach der Erhebungsphase im Jahre 2001 für alle Sozialarbeiter im Sozialdienst die Fort- und Weiterbildung vorsieht. Programminhalte und -ziele sind neben dem Erhalt der Gesundheit am Arbeitsplatz und der Förderung der Arbeitszufriedenheit auch eine *„verbesserte Qualität"* der sozialen Dienstleistungen. In dem Modell sind unter anderem jährlich zwei verpflichtende Personalentwicklungsgespräche zwischen Sozialarbeitern und dem jeweiligen Leiter der Sozialdienste vorgesehen. Zu dem Modell vgl. Josefsson (2001). Für *Bremen* wurde zwar für den Verlauf der 1990er Jahre eine Verbesserung der Einführung und Fortbildung der Mitarbeiter in den Sozialämtern beschrieben. Ein vergleichbar ausgearbeitetes Kompetenzentwicklungsmodell und mit Göteborg vergleichbare Professionalisierungsstategien wurden allenfalls in Teilbereichen erkennbar. Typisch war für Bremen eher die folgende Aussage: *„Was überhaupt nicht gelehrt wird an der Verwaltungshochschule ist der Umgang mit Menschen".* (Zit. HB-Int. 08. 307-309). Dies wurde auf Bundesebene in Aussagen verbandlicher Experten bestätigt, womit auf besondere Reformbedarfe in der Aus- und Weiterbildung von Sachbearbeitern der Sozialhilfe verwiesen wurde.

beitung neuen Personals damit nicht wesentlich von den Instrumenten und Strategien in *Bremen/Deutschland*. In der Strategie der Gewinnung von Personal für die Sozialhilfe waren dabei jedoch vor allem hinsichtlich der erwarteten sozialarbeiterischen Grundqualifikation und des gezielten Einsatzes von Sozialarbeitern mit *„Einwanderer-Hintergrund" (Invandrarbakgrund)* deutliche Unterschiede für Göteborg im Kontrast zu Bremen erkennbar. Sowohl von der Herkunft, von der Ausbildung her und auch der beruflichen Sozialisation nach ist für Bremen von einer größeren Homogenetität im Personalbestand der Sozialämter auszugehen als das für Göteborg mit durchaus heterogener Personalstruktur, jedoch bei überwiegend weiblichen Beschäftigten, erkennbar wurde.

In Göteborg wurden schließlich von den Befragten die *Ausbildung bzw. das universitäre Studium an den Sozialhochschulen* in der besonderen Perspektive auf die in der Sozialhilfe gestellten sozialberuflichen Anforderungen bewertet. Zum Teil wurde formuliert, dass die Ausbildung als *„Socionom"* bzw. das Studium der Sozialarbeit *nicht adäquat* für die Tätigkeit in der Sozialhilfe qualifiziere. Die Aussagen der befragten Experten enthielten etwa Schilderungen, wonach den angehenden Sozialarbeitern bereits im Studium die Sozialhilfe als Tätigkeitsfeld nur wenig interessant, ja eher abschreckend vermittelt wird:

> *„Wir bekamen diese Kritik vermittelt, die in verschiedenen Arten dagegen gerichtet war, in der Sozialhilfe zu arbeiten. Und da dachte ich, dass es fürchterlich schrecklich wäre und dass ich nie in diesem Bereich würde arbeiten wollen. (...)"* (Int. 24: 57-61)

Es fanden sich auch Formulierungen, wie: *„Das Studium ist zu schlaff"*, und: *„das war zu therapeutisch und psychologisch ausgerichtet"*, und im Studium *„fehlte es an konkreten Bezug zu den behördenmäßigen juristischen und ökonomischen Aspekten der Sozialhilfe"*. Eine Reihe von Aussagen bezog sich direkt auf Ausbildungsinhalte, die allerdings aus unterschiedlichsten Perspektiven eine Kritik erfuhren. Die meist älteren Beschäftigten formulierten: *„die Sozialarbeit ist zu sehr problemorientiert und zu wenig ressourcenorientiert"*. Andere formulierten, die Sozialarbeit sei generell zu wenig auf *„Systeme und Netzwerke"* orientiert, was auch für die Sozialhilfepraxis gelte. In diesem Zusammenhang wurden Projekte des Zusammenwirkens unterschiedlicher Akteure und Behörden als besonders innovativ angesehen.

Einzelne Befragte waren in Göteborg am Modell einer *„Sozialhilfe als Dienstleistung"* ausgerichtet. In diesem Kontext wurde bezogen auf die Studien- und Ausbildungsinhalte der *„Socionomutbildning"* an den Sozialhochschulen geäußert, dass die vermittelten theoretischen Inhalte und *„Methoden"* in verschiedenster Hinsicht nicht mehr als zeitgemäß anzusehen seien:

„Die Socionomausbildung – (...) so diese Theorien, die ich mir da angeeignet habe – dazu kann man sagen, dass die langsam nicht mehr aktuell sind. (...) Das ist sehr altes Küchengerät [mycket gammalt husgeråd]." (Int. 23: 76-84)

Auch auf der Leitungsebene bei der Stadt Göteborg kam zum Ausdruck, dass die während des Studiums vermittelten Kenntnisse, „Methoden" und Instrumente sozialer Interventionen und sozialer Dienstleistungen *nicht* mehr wirklich den inzwischen veränderten gesellschaftlichen Entwicklungen entsprechen würden. Dies gelte etwa in den Anforderungen, die durch die *Massenarbeitslosigkeit* der 1990er Jahre oder auch durch die *Einwanderung* und durch *veränderte Klienten- und Problemstrukturen* an die heutige Sozialarbeit gerade auch in der Sozialhilfe gestellt seien. Ferner verlangten veränderte sozialpolitische und normative *Leitbilder*, etwa die Zielsetzung einer stärker „ressourcen- und lösungsorientierten" Intervention auch Reformen im Bereich der universitären Ausbildung der Sozialarbeit. Im Blick auf die Sozialhilfe gelte:

„Es bedürfte anderer Inhalte in der Ausbildung (...), um die Sozialarbeiter mit dem Werkzeug, mit den Sehhilfen auszustatten, so dass man mit den Ressourcen des Einzelnen arbeitet, an Stelle dass man mit deren Problemen arbeitet. Und das man sukzessiv – also so, dass man bestimmte lösungsorientierte Systeme auch erkennt." (Int. 10: 931-935)

Auch wenn einige der befragten Experten das Studium an den Sozialhochschulen und den „Socionom-Abschluss" gerade wegen der damit verbundenen sozialberuflichen Offenheit und der inhaltlich-methodischen Breite, sowie auf Grund der sich daraus ergebenden vielfältigen Beschäftigungsmöglichkeiten insgesamt positiv bewerteten, zeigte die Analyse zusammenfassend eher Unzufriedenheit mit den Ausbildungs- und Studieninhalten. Dies gilt vor allem, wenn die Aussagen genauer auf das Tätigkeitsfeld und die Anforderungen in der Sozialhilfe bezogen wurden.[582] Diese *ausbildungsbezogene Kritik* formuliert sich meist erst *retrospektiv* in einem Rückblick aus der Praxis heraus. Eine entsprechende *differenziert* gestaltete Qualifizierungsoffensive war aber in Göteborg nur in begrenztem Umfang als aktive Professionalisierungsstrategie erkennbar. Es bedarf den Ergebnissen dieser Studie nach nicht etwa einer einseitig ökonomisch und rechtlich ausgerichteten Fort- und Weiterbildung. Ebensowenig wäre eine einseitig auf pädagogische, psychologische oder

---

[582] Auch mehrere Studienbesuche an der Sozialhochschule der Universität Lund und am Institut für Gesundheitswissenschaften und Sozialarbeit der Universität Växjö, sowie Fachgespräche mit Prof. Tapio Salonen bestätigten, dass das Studium an schwedischen Sozialhochschulen eher breiter konzipiert ist und nicht auf die besonderen Anforderungen in der Sozialhilfe oder auf andere spezialisierte Tätigkeitsfelder hin ausbildet. Eine Ausbildung an Verwaltungshochschulen oder -fachhochschulen nach deutschem Muster hat in Schweden *bezogen auf die Tätigkeit in der Sozialhilfe* weder Tradition noch ist sie geplant. Denkbar ist eine stärkere Ausrichtung oder Ergänzung des „Socionom-Studiums" mit Inhalten, die genauer auf den Bereich der Sozialverwaltung und der Sozialhilfe hin qualifizieren.

methodische Inhalte fokussierende Qualifizierungsstrategie sinnvoll. Notwendig scheint tatsächlich eine an den individuellen Bedarfen und Interessen der Beschäftigten ausgerichtete Fort- und Weiterbildung, die bisher auch in der deutschen Sozialhilfepraxis nicht entwickelt ist, wie die Bremer Befragung ergab. Für Bremen zeigten sich Nachholbedarfe insbesondere im Bereich der Gesprächsführung und sozialarbeiterischer Handlungsformen.

Die Befunde zu Göteborg sind aus deutscher Perspektive insofern überraschend, als in Deutschland als Alternative zur bisherigen Verwaltungsausbildung der Sachbearbeiter in der Sozialhilfe teilweise eine Verlagerung der Ausbildung an die Fachhochschulen für Sozialarbeit/Sozialpädagogik diskutiert wird. Die Befunde zur Fallstudie Göteborg, wo eben die Ausbildung von Mitarbeitern im Tätigkeitsfeld der Sozialhilfe an den schwedischen Sozialhochschulen angesiedelt ist, lassen allerdings eher darauf schließen, dass ein *„gemischtes Ausbildungs- und Qualifizierungsmodell"* dem heutigen Aufgaben- und Anforderungsprofil der Sozialhilfe am ehesten entspricht. Diese Ausbildung müsste demnach sowohl Anteile der Sozialarbeit wie aus dem Verwaltungs- und Rechtswissen und künftig außerdem verstärkt wirtschaftliche Kompetenzen und Fähigkeiten vereinen. Ein solches Ausbildungs- und Qualifizierungsprofil ist als Reformperspektive zu sehen, die *in beiden untersuchten Städten/Ländern* erst noch zu konkretisieren ist, um den neueren Anforderungen und Zielen zu entsprechen. In der Entwicklung solcher Reformen können beide Sozialhilferegimes durchaus voneinander lernen.

Neben der Aus- und Weiterbildung wurden in Göteborg von den Befragten die *Team- und Organisationsstrukturen* und Aspekte des internen Informations- und Erfahrungsaustausches in den Interviews thematisiert. Dies betraf insbesondere die *Kontaktmuster* zwischen *oberer Leitungsebene* und *unterer ausführender Ebene des Sozialdienstes*. Meist wurde von den befragten Beschäftigten für die 1990er Jahre die bereits geschilderten Prozesse einer *„ständigen Neuorganisationen"* kritisch gesehen. Auch die Distanz zwischen Leitung und ausführender Ebene wurde häufiger als zu groß beschrieben. So formulierte etwa eine Sozialarbeiterin aus einem traditionellen Sozialbüro:

> *„(...) Den Chef der Individuen- und Familienhilfe (IOF) – ihn zum Beispiel – den treffen wir so gut wie gar nicht. Er sitzt in einem anderen Gebäude. (...) Auch den Stadtteilchef trifft man nicht. (...)"* (Int. 20: 114-117)

Die Distanz zwischen leitender und planerischer Ebene der lokalen Sozialverwaltung in den Stadtteilen und den Sozialarbeitern im direkten Kontakt zum Bürger schien damit auch bei der kleinräumigen organisationalen Gliederung in 21 Stadtteilverwaltungen in Göteborg dennoch ausgeprägt. Ähnliche Probleme zeigten sich auch für Bremen auf der Basis der ausgewerteten Interviews und der teilnehmen-

438

den Beobachtungen. Für beide Städte gilt, dass die Sozialhilfe in der kommunalen Verwaltung als relativ isolierter Arbeitsbereich gilt.

Mangelnde Partizipation der Beschäftigten an den planerischen Entscheidungen und eine all zu große Distanz zwischen strategischer Leitungsebene und ausführender Sozialarbeit bewirken nicht nur Negativeffekte in der Steuerung der Dienstleistungsproduktion und in den Verwaltungsabläufen. Sie können sich bis in die motivationale und fachliche Ebene der sozialberuflichen Handlungsmuster der im Kontakt zum Bürger tätigen Mitarbeiterinnen und Mitarbeiter auswirken und so die Muster sozialer Interventionen beeinflussen. Die von einzelnen Beschäftigten als „häufig" erlebten organisatorischen Veränderungen und ein Mangel an Transparenz in den jeweils veränderten neuen und zunehmend spezialisierten Organisationsformen führten in Göteborg zu zeitweise starken Be- und Überlastungssituationen. Steuerungsprobleme in der Organisation der Sozialverwaltung und des Sozialdienstes in Göteborg wurden schließlich darin gesehen, dass sich die Organisation bei aller Dynamik in den Neuorganisationen in ihrer Anpassung an neue Aufgaben tendenziell als träge erweise. In den Kriterien der Verantwortlichkeiten und Zuständigkeiten sei die Organisation zu komplex. Diese eher negativen Bewertungen einzelner Experten fanden ihre Bestätigung vor allem darin, dass die Massenarbeitslosigkeit bereits *seit Anfang der 1990er Jahre* ihre Rückwirkungen in der kommunalen Sozialhilfe zeigte, dass aber organisational und professional in Göteborg erst *ab 1996*, teilweise auch erst *ab 1998/1999* auf diese neuen arbeitsmarktbezogenen Herausforderungen der Sozialhilfe reagiert wurde.

Einerseits wurde von Befragten mehr Dynamik und Innovation in der Organisation der Sozialdienste und ihrer Interventionsmuster eingefordert, andererseits wurden die dann entstandenen neuen organisationalen und professionalen Unsicherheiten und neue sozialberufliche Anforderungen und Aufgaben, etwa in Form verlaufsbezogener Dokumentation der Arbeit, in Form von Nutzerbefragungen oder anderer Aufgaben der Qualitätsentwicklung wiederum als belastend dargestellt. Vor allem diese von einigen Experten beschriebenen Anforderungen sowie die im Verlauf der 1990er Jahre häufigen Änderungen im Sozialrecht führten bei *einzelnen* Beschäftigten zu Überforderungen.

Den Aussagen und Berichten der Göteborger Experten zufolge ist dabei im Verlauf der 1990er Jahre die *Erwartungshaltung* von Politik und Öffentlichkeit und der *Aufgabendruck* an die Sozialhilfe deutlich gewachsen. Dieser Erwartungs- und veränderte Aufgabendruck bezog sich auch darauf, nicht nur passiv monetäre Leistungen auszuzahlen, sondern aktiver als bisher die Mitwirkung der Leistungsbezieher zu „fördern" und zu „fordern" und Wege aus dem Sozialhilfebezug aktiver als früher auch institutionell zu ermöglichen. Im Rahmen der Expertenbefragung wurde vor allem in arbeitsmarktbezogenen Projekten, wie dem „DELTA-Arbeitsmarktplatz" *(DELTA-Arbetsmarknadstorget)* sowohl auf der Leitungsebene wie auch auf der Ebene der im Kontakt zum Bürger tätigen Sozialarbeiter ebenfalls ein zum Teil *extrem hoher Aufgabendruck* und vor allem ein *Erwartungsdruck* bezogen auf die Erfolge dieses zeitlich befristeten Projektes erkennbar. Zugleich hatten aber die Arbeitsinhalte eine hohe Akzeptanz und Zufriedenheit bei den Beschäftigten.

Das Projekt selbst stand mit dem Ziel eines behördenübergreifenden Zusammenwirkens von staatlicher Arbeitsvermittlung, kommunaler Sozialhilfe und staatlicher Versicherungskasse in hohem Maße im öffentlichen und politischen Interesse und wurde während der Erhebungsphase auch auf nationaler Ebene im Rahmen wissenschaftlicher Evaluationen begleitend untersucht. Die besonderen Belastungen konnten in dem Projekt offenbar aber durch die kollektive Teamstruktur und angenehme Arbeitsatmosphäre, sowie beim Personal durch das Grundverständnis, in einem „innovativen" Projekt mitzuarbeiten und durch eine supervisorische und organisationsberaterische Begleitung insgesamt doch „positiv gewendet" werden.

Anders stellten sich besondere psychologische Arbeitsbelastungen in den *traditionellen Sozialbüros* dar. Dort wurde von *einzelnen* Mitarbeiterinnen – meist mittlerer Arbeitszufriedenheit – vor allem eine *„isolierte Arbeitsweise"* bei gleichzeitig hoher Fallzahl als problematisch beschrieben. Es sei manchmal in Einzelfällen eben sehr viel an „Elend" womit man als Sozialarbeiterin in der Sozialhilfe täglich konfrontiert werde. Bei einer isolierten Arbeitsweise sei es manchmal schwer, sich immer wieder neu zu motivieren:

> *„Manchmal sind es zu viele Fälle. So ist es. Man gibt vielleicht dann auch schon etwas auf. Und dann muss man versuchen, sich selbst wieder weiter neu zu motivieren. Ich muss das machen, damit die Menschen ihre Hilfe bekommen. Um jemanden anderes zu motivieren, da musst du ja selbst auch daran glauben. Und manchmal fühle ich nur, dass es zu viel wird – wenn man all das Elend von ein und derselben Person hört."* (Int. 22: 1134-1139)

Auch und gerade in diesen Zusammenhängen der psychologischen und motivationalen Ebene sozialberuflichen Handelns in der Sozialhilfe wurden das gute Teamverständnis und möglichst auch eine Rückmeldung von der Leitungsebene der Sozialbüros als wichtige Elemente für Engagement und für die Zufriedenheit in der Arbeit gesehen. Insoweit kamen – bei insgesamt relativ ausgeprägter Arbeitszufriedenheit – auch in Göteborg die *besonders belastenden Dimensionen der Tätigkeit in der Sozialhilfe* und die daraus resultierenden spezifischen Bedarfe einer Personalpolitik, einer fachlichen Begleitung und Supervision, sowie Bedarfe einer Professionalisierung mit zum Ausdruck. Neben deutlichen Unterschieden in den strukturellen und sozialberuflich jeweils länderspezifischen Bedingungen sozialer Interventionen wurden *im Bereich der Personalpolitik* in Göteborg *und* Bremen auch eine Reihe ähnlicher Problemfelder und Defizite erkennbar, die im Rahmen einer „Modernisierung" der kommunalen Sozialverwaltung und der Sozialdienste in beiden Städten und Wohlfahrtsstaaten künftig stärkere Beachtung finden müssten.

440

6. Strategien einer Personalentwicklung und Professionalisierung der Sozialhilfe als Sozialdienst in Göteborg

Mehr noch als generell im öffentlichen Sektor in Schweden sind in der Sozialhilfe und in der Sozialarbeit vor allem Frauen beschäftigt. Die Untersuchung bestätigte diesen Befund für Göteborg. In diesem Kontext ergeben sich spezifische personalpolitische und professionale Entwicklungsbedarfe.

In der Zufallsstichprobe der in Göteborg/Schweden geführten Interviews waren unter den insgesamt 36 befragten Mitarbeiterinnen und Mitarbeitern 26 Frauen und 10 Männer (siehe Tabelle im Anhang). Von den insgesamt mit 19 Experten in Bremen/Deutschland geführten Interviews waren 11 weiblich und 8 männlich. In der Leitungsebenen ist der Anteil männlicher Mitarbeiter in beiden Städten größer als in der Ebene der direkten Sachbearbeitung.

Eine bisher in Göteborg bereits entwickelte Strategie, die Stellenausschreibungen der städtischen Sozialhilfe gezielter auf männliche Sozialarbeiter auszurichten, bzw. diese vorrangig anzusprechen, blieb bisher weitgehend erfolglos. Auf die Stellen der direkten Arbeit im Kontakt mit den Bürgern bewerben sich ganz überwiegend Sozialarbeiterinnen. Ein Erklärungsmuster wurde von Befragten darin gesehen, dass männliche Sozialarbeiter wegen der in anderen Bereichen des Sozialdienstes besseren Verdienstmöglichkeiten und wegen der dort weiter gefassten Entscheidungsfreiräume tendenziell eher die „offene Sozialarbeit" als Berufsfeld wählen. Insgesamt wurden der hohe Anteil weiblicher Beschäftigter und eine entsprechend *„einseitig weiblich bestimmte Sozialberuflichkeit in der Sozialhilfe"* aus fachlicher Sicht und bezogen auf die Interaktions- und Kontaktmuster zu Sozialhilfebeziehenden kritisch gesehen. So habe sich gezeigt, dass der Kontakt von Sozialarbeiterinnen im Kontext der Sozialhilfe zu bestimmten Personengruppen, etwa zu älteren männlichen Einwanderern aus asiatischen oder afrikanischen Ländern mit Problemen der Akzeptanz im Klientenkontakt verbunden sei. Auch aus beratungsmethodischen Gründen sei ein höherer Anteil männlicher Mitarbeiter in der Sozialhilfe wünschenswert, um auf besondere Problemkonstellationen männlicher Leistungsbezieher angemessener eingehen zu können. Eine Strategie der Professionalisierung in der Sozialhilfe besteht also in Göteborg weiterhin darin, den Anteil männlicher Beschäftigter aus den genannten Gründen zu erhöhen. Vergleichbar deutlich war eine solche Strategie für Bremen nicht erkennbar, tendenziell auch weniger erforderlich als in Göteborg, da der Anteil männlicher Beschäftigter in der Bremer Sozialhilfe höher liegt.

Eine weitere *Professionalisierungsstrategie* der Sozialverwaltung in Göteborg bestand darin, gezielt *Fachpersonal mit "Einwandererhintergrund" (Invandrarbakgrund)* in den Sozialbüros einzusetzen. Ziel dieser Strategie ist es, die Kontakt- und Interaktionsmuster zwischen Sozialamt und Klientengruppen unterschiedlichster Herkunft und Kultur konfliktfreier als bisher zu gestalten.[583] Diese Professionalisierungsstrategie wurde in den 1990er Jahren zumindest teilweise in Göteborg bereits umgesetzt. Es zeigte sich, dass unter den Befragten mehrere Mitarbeiter der Sozialhilfe selbst als Einwanderer nach Göteborg/Schweden gekommen waren und zum Teil schon länger in der Sozialhilfe beschäftigt waren. Auch in diesem Zusammenhang wurde es von den Befragten kritisch gesehen, dass es der Stadt bisher nur unzureichend gelinge, männliche Mitarbeiter mit Einwandererhintergrund für die Arbeit in den Sozialbüros zu gewinnen. Es bedarf in diesem Bereich offenbar veränderter Konzepte und noch intensiverer Bemühungen.

Weitere neuere personalpolitische Instrumente und Strategien einer Professionalisierung wurden insgesamt nur vereinzelt in den Interviews erkennbar. Neben einer *gezielten Personalentwicklung*, die regelmäßige Gespräche zwischen fachlicher Leitung und ausführendem Personal beinhaltet *(Personalutvecklingsplan)*, wurden die schon kurz geschilderten Ansätze einer *leistungs- und resultatbezogenen Vergütung* erkennbar. Diese Vergütungsformen sind dabei nicht individuell, sondern auf bestimmte Gruppen der Beschäftigten im Sozialdienst bezogen. In diesem Zusammenhang bestätigte sich die Entwicklungen einer Ausbildungs- und Qualifizierungsoffensive, die in Form des Kompetenzentwicklungsprogramms *(Kompetensutvecklingsprogam)* im Jahr 2001 für den Sozialdienst in Göteborg eingeführt wurde. Bezogen auf die Zukunft wurden von Experten der Leitungsebene als *Hauptstrategien und -ziele der Professionalisierung* neben der Steigerung der Arbeitszufriedenheit und der Förderung der Gesundheit am Arbeitsplatz eine Förderung der Arbeitsmotivation der Beschäftigten genannt. Vor allem in der mittleren Leitungsebene der Sozialhilfe gelte es, *„mehr Mut zu entwickeln"* um die Sozialhilfe *„aktiv zu steuern"*. Es gehe darum, die Sozialhilfepraxis nach zuvor *„entwickelten Zielen gemäß einer stärker ressourcenorientierten Arbeitsweise zu fördern (...) und die Ziele zu erreichen."* Diese Ziele und Strategien in der Steuerungsebene und eine „Ressourcenorientierung" wurden in fast identischer Weise in Befunden zu den Reformentwicklungen der deutschen Sozialhilfe, etwa für *Bremen* deutlich. Der Aspekt der Gesundheit am Arbeitsplatz fand dabei aber in Bremen/Deutschland generell eine geringere Bewertung als in Göteborg bzw. Schweden. Mit den von den befragten Experten in Göteborg beschriebenen Strategien und Instrumenten der Personalpolitik und einer Professionalisierung wird im Ergebnis angestrebt, die *Wirksamkeit* und die *Qualität sozialer Interventionen* im Bereich einer aktiven lokalen Sozialpolitik und Sozialhilfe zu verbessern. In diesen allgemeinen Zielsetzungen fanden sich somit *keine* grundsätzlichen Unterschiede, sondern durchaus Parallelen zu aktuellen Reformbemühungen in der deutschen Sozialhilfe.

---

[583] Vergleichbare Strategien fanden sich auf der Basis der Daten aus den Expertenbefragungen in Bremen jedenfalls nicht explizit von den Befragten beschrieben.

7. Institutionentheoretische Zusammenfassung: Personal, Personalpolitik und Strategien einer Professionalisierung als wichtige Grundlagen sozialer Interventionen

Zusammenfassend wurden in den Befunden die enormen Anforderungen und vielfältigen Aufgaben sehr deutlich, die in Göteborg wie in Bremen an Mitarbeiterinnen und Mitarbeiter in der Sozialhilfe gestellt sind. Im Verlauf der 1990er Jahre wurden diese Aufgaben auch in der schwedischen Sozialhilfe unter anderen strukturellen Voraussetzungen ähnlich wie in Deutschland weiter ausgeweitet. Neben einem rechtlich, normativ und konzeptionell intensiver und breiter ausgerichteten arbeitsmarktpolitischen Bezug der Sozialhilfe fanden sich zum Teil sehr weitreichende organisatorische Veränderungen. Diese wurden in Göteborg durch ein Konzept und eine Programmatik des „verbesserten Zusammenwirkens" *(Samverkan)* der Institutionen und Organisationen eingeleitet. Ein Hintergrund und Bezugspunkt dieser Reformstrategien ist, dass sich die im Rahmen der Sozialhilfe zu bearbeitenden Problemlagen im Vergleich zu den 1970er und 1980er Jahren stark verändert darstellen. Massenarbeitslosigkeit, multiple soziale und individuelle Probleme, „neue" soziale Probleme, wie private Überschuldung, neue Suchtformen usw. erfordern veränderte organisatorische und sozialberufliche Handlungsmuster und veränderte Formen sozialer Interventionen. Die Fallstudie Göteborg belegt in diesen Zusammenhängen einerseits enorme organisatorische Veränderungen und zugleich bei den Beschäftigten der Sozialhilfe gestiegene sozialberufliche Anforderungen. Dennoch war für Göteborg eine relativ hohe Arbeitszufriedenheit unter den Befragten feststellbar, die sich deutlich von der Arbeits(un)zufriedenheit Bremer Fachkräfte unterschied.

Die extern bedingten und ebenso durch eine interne „Verwaltungsmodernisierung" eingeleiteten Entwicklungen bedeuten in Göteborg einerseits eine *Stärkung der personenbezogenen und pädagogischen Interventionsformen in der Sozialhilfe.* Sie bilden damit nicht nur einen Rahmen, sondern durchaus entscheidende Voraussetzungen und Grundlagen für die Umsetzung und Wirksamkeit „aktivierender" policies. Dies gilt vor allem an den *Schnittstellen* sozialer Interventionen des kommunalen Sozialdienstes und der zentralstaatlichen Arbeitsmarktpolitik sowohl in der Zeit- wie auch in der Handlungsperspektive. Gleichzeitig erfolgte in Göteborg und generell in Schweden seit Mitte/Ende der 1990er Jahre aber auch eine weitere Stärkung universeller Programme und Interventionen, die weniger auf *Verhaltenssteuerung* und sozialberufliche Handlungsformen, wie Beratung oder Betreuung ausgerichtet sind, sondern dem Bereich der generellen Wohlfahrtspolitik und einer *Verhältnissteuerung* zuzuordnen sind. Die Einführung einer Beschäftigungsgarantie für Jugendliche (ab 1998) und für ältere Arbeitslose (ab Aug. 2001), eine umfassende Reform des Alterssicherungssystems, der weitere Ausbau familienpolitischer Leistungen und ein modernes Bildungssystem bewirken stets auch Entlastungen in sozialberuflicher Hinsicht für die Sozialhilfe und den kommunalen Sozialdienst. Besondere Beachtung finden die organisationalen und professionalen Schnittstellen der verschiedensten Akteure, Organisationen und Institutionen auch in diesem Kontext mit dem Ansatz des „Samverkan". Soziale Probleme und soziale Interventionen werden dabei weniger isoliert, sondern in Göteborg/Schweden bisher stärker als in Bremen/Deutschland in ihren Wechselwirkungen beachtet.

Wenn die Kontrastierung Göteborgs mit den Befunden zur Sozialhilfe in Bremen dabei die institutionellen Voraussetzungen und Rahmenbedingungen in der Personal- und Professionalisierungsebene beispielsweise in Form geringerer Fallzahlen, höherer Arbeitszufriedenheit, umfassender sozialarbeiterischer Grundkompetenzen und in weiteren Merkmalen insgesamt günstiger erscheinen, wurden ebenso einige kritische Bereiche und Defizite für Göteborg in den Analysen deutlich. Kritisch erschien vor allem der Bereich der Aus-, Fort- und Weiterbildung, der offenbar Defizite im Bereich differenzierter, auf die individuellen Bedarfe und Interessenlagen der Beschäftigten bezogenen Angebote aufweist. Eine eher heterogene und diffuse Kritik erfuhr mit Blick auf die Sozialhilfe ferner die Grundausbildung in Form des Studiums der Sozialarbeit bzw. die „Socionom-Ausbildung".

Insgesamt bestätigen die Ergebnisse in der professionalen Perspektive, dass die Sozialhilfe in Göteborg und generell in Schweden – zwar in hohem Maße organisational differenziert und spezialisiert ist – zugleich kleinräumig organisiert ist, dabei aber auch in hohem Maße *integrativ in die allgemeine Sozialarbeit und in den kommunalen Sozialdienst eingebunden ist.* Demgegenüber zeigt sich die Sozialhilfe in Bremen und in Deutschland generell als sozialberufliches Handlungsfeld, das grundsätzlich und in relativ abgeschlossener Weise als *„spezialisierter Sozialverwaltungsdienst"* entwickelt ist. Dies drückt sich auch semantisch in neueren Begriffen wie einer „strategischen Sachbearbeitung" oder in Konzepten wie dem „Fallmanagement" aus. Diese jeweils regimespezifische Tradition und Praxis einer Sozialberuflichkeit wird gegenwärtig im Bereich der Sozialhilfe in Schweden auch weiterhin der sozialarbeiterischen Tradition folgend *pfadtreu „modernisiert".* In Deutschland wird die Sozialhilfe professional als Sozialverwaltungsdienst um Segmente einer Beratungs- und Koordinationskompetenz ergänzt, insgesamt aber ebenfalls weitgehend *pfadtreu „modernisiert".* Das in Schweden rechtlich verankerte *Prinzip der „Ganzheitlichkeit" (Helhet)* nimmt bei aller Spezialisierung zumindest in Göteborg weiterhin einen hohen Stellenwert für die Problemdiagnose und in der Problembearbeitung in der Sozialhilfe ein. Es ist in vergleichbarer Weise in der deutschen Sozialhilfepraxis professional bisher nicht entwickelt.

Die Ausgangs- und Rahmenbedingungen für eine „aktivierende Sozialpolitik" und für in den Programmen meist vorrangig konzipierte verhaltensbezogene pädagogische Interventionen dürften somit für Schweden in der professionalen Perspektive günstiger zu bewerten sein als für die deutschen Sozialhilfe. Die bisherigen Ergebnisse lassen ferner eine Deutung dahingehend zu, dass die deutsche Sozialhilfe ihre besonderen Stärken vor allem im administrativ-rechtlichen Bereich aufweist. Sie ist jedenfalls professional und organisational insoweit für *verhältnisbezogene* Interventionen über die Steuerungsmedien *Recht* und *Geld* im Vergleich zur schwedischen Sozialhilfe günstiger gestaltet.

Der hier nur kurz beschriebene Wandel in den sozialen Problemen und in der Empfängerstruktur der Sozialhilfe, etwa infolge der Arbeitslosigkeit, hoher Einwanderungsquote, verändert multipler Problemlagen, sowie neuere Erkenntnisse der Organisationssoziologie und der institutionenbezogenen Forschung zur Sozialpolitik und Sozialverwaltung, und das Leitbild einer „aktivierenden Sozialpolitik" erfordern in beiden Wohlfahrtsstaaten für den Bereich der Sozialhilfe einen organisationalen Wandel und zum Teil völlig neue Ansätze einer Professionalisierung. Diese deuten sich den Befunden nach auch in Göteborg bisher erst in groben Konturen an, etwa am Beispiel der gezielten Beschäftigung von Einwanderern im Personalbestand der Sozialdienste, in veränderten Vergütungs- und Anreizsystemen und in der fachlich-methodischen Differenzierung sozialer Dienstleistungen je nach Bedarfen und unterschiedlichsten Problemkonstellationen. Dies gilt vor allem auch in der Verlaufs- und Handlungsperspektive mit der darauf verwiesen ist, dass etwa *Langzeitbezug* verbunden mit multiplen Problemlagen professional und organisational andere Interventionsmuster, sozialberufliche Handlungsformen und Kompetenzen erfordert als *kurzzeitiger Sozialhilfebezug* bei einfachen materiellen Problemen.

In einer institutionentheoretischen Perspektive zeigt sich ferner, dass die berufliche Tätigkeit in der Sozialhilfe Ende der 1990er Jahre sowohl in Schweden als auch in Deutschland weit mehr Dimensionen umfasst, als eine verwaltungsmäßige und/oder sozialarbeiterische Bearbeitung und Zahlbarmachung einer monetären Transferleistung. Neben deutlich gestiegenen Anforderungen hinsichtlich personenbezogener bzw. pädagogischer Interventionen, die mit dem Leitbild einer „aktivierenden Sozialpolitik" weiter gefördert werden, und einer allgemeinen „Service-Erwartung" sowohl der Politik als auch der Bürger, zeigte sich, dass normativ, organisational, interaktional sowie relational ein *Berufsbild der „Sozialhilfe-Fachkraft"* in beiden Wohlfahrtsstaaten *bisher nur diffus entwickelt* ist. Entsprechend sind auch die Aus- und Fortbildung bei durchaus ähnlichen Anforderungen in beiden Sozialhilferegimes jeweils kontinuierlicher und zugleich für die Nutzung durch die Fachkräfte flexibel, differenziert nach Aufgaben und Vorkenntnissen, sowie insgesamt offener zu gestalten als das bisher.

Bereits an diesen allgemeinen Ergebnissen und in ihrer Kontrastierung zeigt sich, dass zwei Großstädte in zwei unterschiedlichen Wohlfahrtsstaaten, deren Sozialhilfesysteme einerseits weitgehende Parallelen in den Grundkonstruktionen des Leistungsniveaus, in allgemeinen rechtlichen Grundsätzen, in der kommunalen Zuständigkeit, in den Finanzierungsmustern usw. aufweisen, in einer Mikroebene und in der institutionellen Perspektive zu den sozialen Interventionen in der Alltagspraxis dann doch je besondere und insoweit typische Merkmale aufweisen. Diese Besonderheiten institutioneller Arrangements sind bei Vergleichen sowie bei international forcierten Programmen einer „aktivierenden Sozialpolitik", in den Programmen der Arbeitsmarktpolitik und in den vergleichenden Analysen zur „Modernisierung" des öffentlichen Sektors genauer als bisher zu beachten. Vor diesem Hintergrund werden im folgenden Kapitel die *Leitbilder und Normen* der Sozialpolitik im Bereich der kommunalen Sozialhilfe näher untersucht.

5.4.3 *Leitbilder, Leitideen und institutionelle Normen der Sozialhilfe in der Perspektive von „Zeit" und „Handeln"*

In dem hier auf die wohlfahrtsstaatliche Institution Sozialhilfe bezogenen Untersuchungsansatz wird davon ausgegangen, dass Leitbilder sowie allgemeine institutionelle Normsetzungen als wesentliche Variablen die Vorgänge der Steuerung und die Formen und Muster sozialer Interventionen in hohem Maße mit beeinflussen. Wie bereits theoretisch dargestellt wurde, sind als *Leitbilder* eher allgemeine in Institutionen wirksame Prinzipien und normativ definierte Vorstellungs-, Wert- und Orientierungsmuster zu verstehen. Soziologisch lässt sich über *Leitbilder* sowie *detaillierter und eher rechtssoziologisch* mit dem Begriff der *institutionellen Norm* ein direkter Bezug zu den meist detailliert rechtlich verankerten Grundprinzipien und Zielen erschließen, die mit der Erbringung sozialer Dienste und Leistungen verbunden sind. Beispielsweise werden für die schwedische Kommunalpolitik und Kommunalverwaltung in ihren Zielsetzungen zumeist *drei grundlegende Leitbilder* genannt, um deren Verbindung es in den Prozessen der Steuerung und auch im Kontext sozialer Interventionen geht: *Rechtssicherheit, lokale Demokratie* und *Effektivität*. In diesem Dreiecksverhältnis von Leitbildern kann es zu Konflikten und Widersprüchen kommen, wenn etwa die lokale Sozialpolitik im Rahmen der Sozialhilfe mit *Effektivität*sgesichtspunkten begründet Leistungskürzungen vorschlägt, wodurch zugleich aber die zentralstaatlich im Sozialdienstgesetz geregelte *Rechtssicherheit* in Frage gestellt wird, oder auch gesetzlich enthaltende *Partizipationsgrundsätze* beeinträchtigt werden.[584] Zu beachten ist in diesem Zusammenhang außerdem, dass eben *nicht* alle in einer Institution oder Organisation wie der Sozialhilfe relevanten Leitbilder quasi die Form rechtlicher Regelungen aufweisen. Auch unterhalb und außerhalb

---

[584] Diese Zielkonflikte und „Leitbildkonfigurationen" und weitere Aspekte der Steuerung und Dienstleistungsproduktion der schwedischen Kommunalverwaltung wurden von Wallenberg (1997) untersucht, jedoch dabei nicht speziell für Sozialhilfe und Sozialdienste dargestellt.

der gesetzlich definierten Rechtsgrundlagen können weitere konkrete Leitbilder und Leitideen wirksam sein.

Als Leitbilder in Form institutioneller Normen der deutschen Sozialhilfe sind etwa der *Grundsatz der Subsidiarität* und der *Nachrangigkeit*, die *Einzelfallorientierung*, das *Prinzip der Bedarfsdeckung* oder auch die *Hilfe zur Selbsthilfe* zu nennen.[585] Im Grunde sehr ähnlich und nur mit anderen Akzentsetzungen und rechtlich offener definiert sind diese Normen auch für die schwedische Sozialhilfe von zentraler Bedeutung. Andere Leitbilder der deutschen wie auch der schwedischen Sozialhilfe sind nicht direkt rechtlich geregelt. So findet sich das in der Steuerungsebene relevante *Prinzip des Wettbewerbs*, das zwischen den Kommunen in Schweden oder auch in Stadtteilorganisationen in Göteborg sowie im Kontext des „Benchmarking" in der deutschen Sozialhilfe durchaus relevant ist, kaum im Sozialhilferecht verankert, sondern es wurde im Verlauf der 1990er Jahre über Modelle der „neuen Steuerung" eingeführt. Ähnlich gilt dies für die innerhalb der Organisation durchaus regelbare und höchst wirksame *Leitlinie einer Ausgabenreduzierung*. Nicht zuletzt bilden schließlich das sozialpolitische *Leitbild einer „Aktivierung"* selbst oder auch das *Leitbild des „lebensbegleitenden Lernens"* und die Vorstellung der „*Sozialhilfe als Dienstleistung*" zentrale Handlungsorientierungen, die für die neuere Praxis der Sozialhilfe von hoher Relevanz sein können. Sie sind in den Rechtsgrundlagen meist nur *indirekt* formuliert und kaum definiert.

In Leitbildern und institutionellen Normen eingebunden bzw. damit verknüpft sind stets auch explizite und/oder implizite *zeit-/verlaufs- und handlungsbezogene Vorstellungs-, Erwartungs- und Definitionsmuster*. So impliziert etwa das sozialpolitische Leitbild einer „aktivierenden Sozialpolitik" möglicherweise in der Handlungsdimension die Vorstellung von grundsätzlich eher „passiven Klienten". Das Leitbild des „lebenslangen" oder des „lebensbegleitenden Lernens" weist ebenso zeitliche Bezüge auf, die allerdings von *längerfristiger* Natur sind. Dabei besteht *zugleich* handlungstheoretisch ein starker *situativer* Bezug, etwa wenn es die Förderung und Umsetzung des Leitbildes im Rahmen der Arbeitsmarktintegration geht. Angesprochen ist in diesem Kontext auch die Ebene der Koproduktion und die Frage möglichst symetrisch gestalteter Interventionen und Leistungen, wenn es um eine *zeit- und handlungsbezogene Koordinierung* und um eine Konvergenz der *unterschiedlichsten Leitbilder* in der Praxis der Sozialhilfe, der Arbeitsvermittlung und sozialer Dienste geht.

Die im theoretischen Teil der Untersuchung vorgestellte Systematik, nach der Leitbilder und Leitideen auf *vier Ebenen* der Sozialpolitik und Sozialverwaltung angesiedelt werden können, ist in diesem Kapitel leitend. Es handelt sich um Leit-

---

[585] Zu den Strukturprinzipien der deutschen Sozialhilfe aus juristischer Perspektive vgl. Rothkegel (2000). Auffällig ist, dass ein *„Prinzip der Ganzheitlichkeit"* in der deutschen Sozialhilfe allenfalls indirekt eine Beachtung über den Bedarfsdeckungsgrundsatz findet.

bilder und Normen der sozialpolitisch-ideologischen Ebene, der rechtlichen Ebene, der organisationalen und eher verwaltungsinternen Ebene, sowie um Leitbilder und institutionelle Normen, die in sozialberuflicher bzw. professionaler Perspektive von Bedeutung sind (vgl. Kapitel 1.1.3). Im Folgenden werden Deutungen zu relevanten Leitbildern in der Sozialhilfe in Göteborg Leitbildern vorgestellt und mit denen der deutschen Sozialhilfe am Beispiel von Bremen kontrastiert.

- Zunächst geht es um Leitbilder und Leitlinien, die stark *gesellschaftlich* und/oder *sozialpolitisch* verankert sind bzw. entsprechende Bezüge aufweisen. Hierzu ist aktuell das Leitbild einer *„aktivierenden Sozialpolitik"* zu rechnen. In Form der „Arbeitslinie" als Strukturprinzip schwedischer Sozialpolitik wurde es auch in Göteborg inzwischen breiter konzipiert und als „Aktivierungs- und Kompetenzlinie" in der Sozialhilfe zunehmend wirksam. Daneben ist das Leitbild der *„Demokratisierung"* für Göteborg und generell in Schweden zu nennen. Dieses scheint im Kontext einer „Verwaltungsmodernisierung" in Schweden stärker Beachtung zu finden als in Deutschland und ist für Prozesse einer Koproduktion sozialer Dienstleistungen zentral.

- Weiterhin finden sich Leitbilder und Leitlinien, die eher *intern* auf die Verwaltung bzw. Organisationen bezogen sind. Für die Kommunalverwaltung ist das Leitbild einer „Ausgaben- oder Kostenreduzierung" auch für Göteborg zu nennen. Ähnlich wie in Bremen erhielt diese Zielsetzung im Verlauf der 1990er Jahre mit dem Anstieg der Empfängerzahlen und der Ausgaben in der Sozialhilfe eine zunehmende Bedeutung. Ein anderes internes Leitbild, das im Kontext von „Verwaltungsmodernisierung" eine Rolle spielt, ist die Idee der *„Verwaltungsvereinfachung"*, die aber in Göteborg im Rahmen der Befragungen kaum explizit zum Ausdruck kam. Ähnlich galt dies auch für Bremen, was bereits einen wichtigen Befund in sich darstellt. Verwaltungsvereinfachung oder ähnliche Leitideen wurden in beiden Städten bzw. Wohlfahrtsstaaten von den befragten Praktikern nicht als Leitbilder oder Ziele genannt.

- Unterscheiden lassen sich auch Leitbilder und Leitlinien, die vor allem als *sozialberufliche* oder *professionsbezogene* Leitbilder wirksam sind. Beispielsweise bildet das Konzept der *Sozialanwaltschaft*, also der aktiven Vertretung der Interessen und der Anliegen der betroffenen Bürger durch den Sozialdienst gegenüber Dritten ein solches Leitbild. In Göteborg blieb dieses Leitbild in den Aussagen der befragten Experten eher diffus und ließ sich nicht als wirklich relevant erkennen. In Bremen hingegen war das Leitbild einer Sozialanwaltschaft zumindest bei einzelnen befragten Sachbearbeitern durchaus erkennbar und wurde genauer ausformuliert. Demgegenüber bildeten in Göteborg das im schwedischen Sozialdienstgesetz verankerte *Prinzip der Ganzheitlichkeit (Helhetssyn)* und auch eine häufig formulierte *Orientierung am Bedarf (Behov)* für die befragten Experten ganz zentrale Leitideen, auf die genauer einzugehen sein wird. Diese wiederum standen in Bremen weniger deutlich im Vordergrund, sondern die *Rechtmäßigkeit* und die Idee der *rechtlichen Gleichbehandlung* bildeten dort wichtige sozialberuflich und professional definierte institutionelle Normen.

- Schließlich sind Leitbilder und Leitlinien zu nennen, die in hohem Maße einen *direkten interaktionalen Bezug* aufweisen. Hierzu rechnen programmatische Zielsetzungen wie *„Bürgernähe"* oder *„Kundenorientierung"*. Diese stärker auf den Status des Adressaten sozialer Interventionen bezogenen Leitbilder fanden sich in den Experteninterviews in Göteborg kaum. Auch in Bremen blieben sie eher diffus als „Kundenorientierung".[586] Für Göteborg erkennbar waren eher Leitbilder, die nicht so sehr am (Rechts-)Status des Bürgers oder des „Kunden" oder auch des „Klienten" ausgerichtet waren, sondern stärker auf *Lebenslagen* und *Problemlagen* der Personen oder Gruppen bezogen wurden. Zu beachten sind ferner Leitbilder und Leitlinien, die weniger direkt die Kontakt- und Interaktionsebene betreffen, sondern die für eine *allgemeinere Außenwirkung* im Kontakt zwischen Sozialdienst und Bürgern bei sozialen Interventionen und Leistungen von hoher Relevanz sind. Für die Sozialhilfe in Göteborg wurde hinsichtlich dieser Außenwirkung vor allem das *Leitbild der „guten Qualität"* sozialer Dienstleistungen relativ deutlich formuliert oder auch im Sinne des *„guten Services" (bra service)* beschrieben. Für die Sozialhilfe in Bremen kamen diese Leitbilder und Orientierungen kaum zum Ausdruck. Im Kontext der Leitbilder wurden somit *beträchtliche Unterschiede* in der Sozialhilfe, aber auch für die Kommunalverwaltung generell am Beispiel der beiden untersuchten Städte in Deutschland und Schweden erkennbar.

Nicht alle der zuvor genannten Ebenen und Dimensionen von Leitbildern, Leitlinien und institutionellen Normsetzungen sind im Zusammenhang einer auf die Zeit-/Verlaufs- und Handlungsperspektive fokussierenden Untersuchung gleichermaßen relevant. Daher wurden in der weiteren Darstellung nur einige besonders zentral erscheinende Leitbilder, Leitideen und Normen für die genauere Analyse ausgewählt. Dabei geht es einerseits um die *einzelnen* Leitbilder und Normen, ebenso aber auch um Leitbild-Kopplungen und spezifische *Leitbildkonfigurationen*, die für soziale Interventionen in unterschiedlichen Sozialhilfe-Regimes bedeutsam sind.

---

[586] Vgl. Konzept der KGST (1995 und 1997), das die „Kundenorientierung" mit enthält.

5.4.4 Die normativen und rechtlichen Grundlagen einer „aktivierenden Sozialhilfe" zwischen alten und neuen Leitbildern

Wie bereits beschrieben ist das Sozialdienstgesetz als zielorientiertes Rahmengesetz *(målinriktad ramlag)* für die Praxis der Sozialhilfe die zentrale Entscheidungsgrundlage, mit der auch dem Leitbild und Ziel der Rechtssicherheit entsprochen wird. Einige zentrale Leitbilder der schwedischen Sozialhilfe sind seit Inkrafttreten des Sozialdienstgesetzes 1982 rechtlich verankert. Sie sind zum Teil verwurzelt in der Tradition der Armenpflege *(Fattigvård)* und insoweit als institutionelle Normen seit langem bereits rechtlich und geregelt. In Schweden wurde aber im Kontext der Debatte um eine Stärkung der „aktivierenden policies" zuletzt 1998 eine „Reform" des Sozialdienstgesetzes vorgenommen, mit der nicht nur das allgemeine sozialpolitische Leitbild einer „aktivierenden Sozialpolitik" für die Sozialhilfepraxis rechtlich und normativ konkretisiert wurde. Es wurden weitere sozialhilfeinterne Leitbilder und Normen Ende der 1990er Jahre verändert. Mit einer weiteren Novellierung des Sozialdienstgesetzes zum 1. Januar 2002 wurden die Leitbilder und Grundsätze vor allem begrifflich neu gefasst, inhaltlich aber kaum verändert.

Neben diesen unmittelbaren Rechtsgrundlagen der Sozialhilfe müssen Mitarbeiterinnen und Mitarbeiter in der schwedischen Sozialhilfe, ähnlich wie in Deutschland, aufgrund des *Prinzips der Nachrangigkeit* auch das Verwaltungsrecht und weitere nationale Gesetzeswerke des Sozialrechts in vielen Details in ihrer Praxis berücksichtigen. Schließlich spielen auch die *lokalen Richtlinien und Ausführungsbestimmungen* sowie die laufende Rechtsprechung der Sozial-/Verwaltungsgerichtsbarkeit in der Entscheidungsfindung der Sozialhilfepraxis eine wichtige Rolle. Es bestehen somit vielfältige und komplexe normative Arbeitsgrundlagen. Auf der Basis der Expertenbefragung wurde mit untersucht, welches dabei die *zentralen* Arbeitsgrundlagen in den Sozialbüros sind, wenn es um Leitbilder und Normen für die Ausgestaltung sozialer Interventionen geht.

1. Arbeitsgrundlagen und Stellenwert zentraler Leitbilder, Leitlinien und Normsetzungen:
Um zunächst Auskunft über diese *wesentlichen Grundlagen der Arbeit* in der Sozialhilfe zu erhalten und den jeweiligen Stellenwert wichtiger Leitbilder und institutioneller Normen zu ermitteln, wurde direkt nach den wesentlichen Entscheidungs- und Rechtsgrundlagen für die Sozialhilfepraxis gefragt. Ergänzend wurde die Frage nach dem Gestaltungs- und Ermessensspielraum bezüglich der Entscheidungen in der Sozialhilfe gestellt.

Als Ergebnis der qualitativen und relativ offenen Befragung ließ sich dabei für Göteborg feststellen, dass das zentralstaatliche *Sozialdienstgesetz* (SoL) von 1982 mit den Änderungen von 1998 und 2001 den Fachkräften als *das* zentrale rechtliche Regelwerk für die Sozialhilfepraxis gilt. Die kommunalen Ausführungsbestimmungen, die Anfang der 1990er Jahre etwa hinsichtlich der Höhe der materiellen Leistungen einen hohen Stellenwert hatten, wurden eher als „zweitrangig" angesehen. Das nationale Sozialdienstgesetz beinhaltet und regelt auch die aus Sicht der Experten wichtigen Leitlinien ihrer Arbeit. Hierzu gehören das Prinzip der Ganzheitlichkeit *(Helhetssyn)*, dass meist mit dem Grundsatz der individuell bezogenen Hilfe und mit dem Bedarfsprinzip *(Behovsprincip)* verbunden genannt wurde. Ferner bildet das noch stärker handlungsbezogene Prinzip einer „Hilfe zur Selbstversorgung" *(Självförsörjning)* verbunden mit dem verlaufsbezogenen Grundsatz, wonach die Sozialhilfe stets als vorübergehende Hilfe in Krisensituationen zu konzipieren ist, eine wichtige Grundlage für die tägliche Entscheidungspraxis. Die Befunde sind in der folgenden Tabelle zusammengefasst.

Tabelle 14:
Normativ-rechtliche Grundlagen der Sozialhilfe in Göteborg

Sozialdienstgesetz/-recht	*Verwaltungsrecht*	*Sonstige Rechtsbereiche*
National geltendes Sozialdienstgesetz (SoL) *(Socialtjänstlagen)* als zielorientiertes Rahmengesetz (*****)	National geltendes Verwaltungsgesetz *(Förvaltningslagen)* (***)	Nationales Datenschutzgesetz *(Sekretesslagen)* (****)
Nationale Richtlinien *(Allmänna råd)* zur Ausführung der Sozialhilfe. Es handelt sich um detaillierte Empfehlungen der nationalen Fachbehörde *(Socialstyrelsen)* (****)		Nationales vorrangiges Sozialleistungsrecht, etwa Vorschriften zur Arbeitsvermittlung, Recht der Sozialversicherung... (meist in Form detaillierter rechtlicher Regelungen *(Detaljlagstiftningen)* (*)
Laufende Rechtsprechung der Gerichte zur Sozialhilfe und zum Sozialdienstgesetz (**)		
Kommunale Ausführungsbestimmungen und Richtlinien zur Sozialhilfe *(Göteborg Stad: Föreskrifter angående ekonomiskt bistånd)* (*) und einzelne kommunale und stadtteilspezifische Regelungen bzw. Richtlinien zur Sozialhilfe und zum Sozialdienst (*)		

Anmerkung: Die Kennzeichnung mit „*..." gibt eine *qualitative* Bewertung der jeweiligen Regelwerke aus Sicht der befragten Experten wieder, inwieweit dem Gesetz/Regelwerk eine Bedeutung als Arbeitsgrundlage im Alltag für die Praxis der Sozialhilfe zukommt.

451

In der Befragung wurden von den Experten ferner der Rechtssicherheit *(Rättssäkerhet)* und dem „Respekt und der Achtung der Persönlichkeit" *(Respekt för människornas självbestämmanderätt och integritet)* bezogen auf die Sozialhilfe als Leitbilder und Normen eine hohe Bedeutung beigemessen. Dem Prinzip der Freiwilligkeit *(Frivillighet)*, das 1982 mit der vorausgegangen Kritik an totalitäre Tendenzen im Wohlfahrtsstaat Schweden mit dem damals neuen Sozialdienstgesetz eine besondere rechtliche Verankerung erfuhr, wurde zwar *keine* besondere Priorität zugemessen. Es wurde jedoch meist in Verbindung mit dem Respekt vor der Person des Sozialhilfebeziehenden angesprochen.[587]

Der Charakter des Sozialdienstgesetzes als *zielorientiertes Rahmengesetz* wurde von den Befragten überwiegend positiv gewertet. Nur vereinzelt wurde von den schwedischen Experten ein in den Einzelvorschriften detaillierter gestaltetes Sozialhilfegesetz gewünscht, das dann dem deutschen BSHG bzw. dem SGB II und SGB XII sehr ähnlich wäre. Über eine Detailgesetzgebung ließen sich die Ausgestaltung, Definitionen und Deutungen sowie die praktische Umsetzung der Grundsätze und Leitlinien genauer regeln als es mit dem heutigen Sozialdienstgesetz möglich ist.[588] Dieser detaillierter Regelungsbedarf wurde insgesamt aber nicht gesehen. Er würde die sozialberuflichen Gestaltungsfreiräume der „Socionomer" vermutlich einengen.

Eine deutliche Kritik der befragten Experten fand neben der dargestellten Kürzungspolitik in den 1990er Jahren, die vor allem im zentralstaatlichen vorrangigen Bereich der Sozialleistungssysteme, aber auch kommunal vorgenommene Abschaffung der verwaltungsrechtlichen Klage bezogen auf die „sonstigen Leistungen" *(övrigt bistånd)* in der Sozialhilfe. Diese sonstigen Leistungen der schwedischen Sozialhilfe sind mit einmaligen Leistungen der deutschen Sozialhilfe vergleichbar, wobei allerdings Kleidung in Schweden bereits pauschaliert in der „Riksnorm" enthalten ist. Vor allem in diesem Zusammenhang aber auch als generelles Prinzipien erhielt das *Leitbild der Rechtssicherheit,* verbunden mit einer durchaus hohen Bewertung des Verwaltungsrechts, eine besondere Aufmerksamkeit. Um auf die Bedeutung des Prinzips der Rechtssicherheit hinzuweisen und verbunden mit dem

---

[587] Im Handbuch zur wirtschaftlichen Sozialhilfe *(Handbok om ekonomiskt bistånd)* der zentralstaatlichen Sozialbehörde (Socialstyrelsen 2000a) wird das Prinzip der Freiwilligkeit als grundlegend und zentral für die Praxis des schwedischen Sozialdienstes beschrieben. Diese Ende der 1970er Jahre in der Vorbereitung des Sozialdienstgesetzes von 1982 bereits besonders betonte institutionelle Norm spielt für die Sozialhilfepraxis im Zusammenhang mit der Vermittlung in Arbeit eine zentrale Rolle.

[588] In einer durch die schwedische Regierung eingesetzten Kommission zum Sozialdienst *(Socialtjänstutredningen)* wurde Ende der 1990er Jahre durchaus ein Vorschlag entwickelt, das allgemeine *Sozialdienstgesetz* zum 1. Januar 2002 durch ein *besonderes* Sozialhilfegesetz *(Socialbidragslag)* abzulösen bzw. zu ergänzen. Mit einem solchen besonderen Sozialhilfegesetz sollten die rechtlichen Details der Entscheidungen auf nationalem Niveau genauer als bisher geregelt werden. Dieser Vorschlag wurde jedoch von der Regierung nicht übernommen, sondern das Sozialdienstgesetz (SoL) gilt weiterhin als zielorientiertes Rahmengesetz.

Grundsatz des Respekts vor der Person des Sozialhilfebeziehenden wurde vor allem der *Portalparagraf* des Sozialdienstgesetzes von einzelnen Befragten teilweise wörtlich zitiert:

> *„Der Sozialdienst soll auf der Grundlage von Demokratie und Solidarität die wirtschaftliche und soziale Sicherheit der Menschen, die Gleichheit in den Lebensverhältnissen und die aktive Teilnahme am gesellschaftlichen Leben fördern. Der Sozialdienst soll unter Berücksichtigung der Verantwortung der Menschen für ihre eigene soziale Situation und für die soziale Situation anderer so eingerichtet sein, dass er die Ressourcen des Einzelnen und der Gruppe freisetzt. Die Maßnahmen sollen auf der Grundlage des Respekts vor dem Recht auf Selbstbestimmung der Menschen und im Respekt ihrer Integrität erfolgen (...).“* [589]*

Der Portalparagraf des schwedischen Sozialdienstgesetzes hat für die normativen Leitlinien der Sozialhilfepraxis aus Sicht der Befragten für die Gewährleistung der *Rechtssicherheit* eine zentrale Funktion. Die Kürzungspolitik der schwedischen Regierung(en) seit Anfang der 1990er Jahre und einzelne rechtliche Veränderungen, wie die Einschränkung von Rechtsmitteln mit der Reform des SoL von 1998 hinterließen bei den Experten offenbar dahingehend Spuren, dass den Portalregelungen inzwischen eine hohe Bedeutung zugemessen wird. Im Kern geht es in den darin enthaltenen Leitbildern um eine Bestandserhaltung und Garantie der sozialen Schutz- und Teilhaberechte.[590] Eine extrem restriktive oder all zu weit in die Privatsphäre eindringende Praxis des Sozialdienstes wurde unter Hinweis auf die genannten Rechtsgrundlagen grundsätzlich abgelehnt. Auch verfassungsrechtlich seien einer solchen Praxis enge Grenzen gesetzt, so mehrere Expertenaussagen.

In diesem Kontext ist auch die hohe Bedeutung zu sehen, die von den Befragten dem *Datenschutzrecht* und entsprechenden Leitlinien gegeben wurde. Wie die Untersuchung zeigen wird, sind soziale Interventionen und damit einhergehende Einflüsse und „Zugriffe" des Sozialdienstes im Rahmen der Sozialhilfe auf und in die Privatsphäre, in die Lebensplanung und Lebensgestaltung des Einzelnen durchaus beträchtlich. Vor allem aus dieser täglichen Erfahrung erklärt sich die hohe Bedeutung, die dem Schutz der Persönlichkeit und dem Datenschutz Experten

---

[589] Vgl. Kap. 1, § 1 SoL (Stand 01.01.2002) und Socialstyrelsen (2000a: 193). Formuliert ist nicht nur eine „Teilhabe/-nahme" am gesellschaftlichen Leben als Zielsetzung, sondern eine *„aktive* Teilhabe bzw. Teilnahme". Interessanterweise findet sich mit der Neuregelung des § 12 Abs. 2 SGB XII im deutschen Sozialhilferecht künftig ebenfalls die Norm einer *„aktiven* Teilnahme".

[590] Veränderungen in der Relation von Rechten und Pflichten sowie der Deutungsmuster hierzu in der lokalen Sozialpolitik, in der Rechtsprechung und in der Praxis der Sozialhilfe wurden von Johansson (2001) näher untersucht. Die Untersuchung bestätigte, dass die Pflichten der Leistungsberechtigten tendenziell ausgeweitet wurden, zugleich in Teilbereichen aber auch die Rechtssicherheit durch konkretere landesweit einheitlich geltende Normen, wie etwa die 1998 eingeführten *„Riksnorm"* verbessert wurde. Die konkrete Ausgestaltung von Programmen und die Deutungen zum Leitbild der „aktivierenden Sozialpolitik" unterscheiden sich aber Kommunal beträchtlich.

beigemessen wurde. In einer Kontrastierung mit der deutschen Sozialhilfe, standen diese Aspekte in den in Bremer Sozialämtern längst nicht so im Vordergrund.

Der normativen Leitlinie des Respekts vor der Selbstbestimmung und Integrität der einzelnen Bürger kommt in der Zeit- und Handlungsperspektive verbunden mit sozialen Interventionen vor allem dann eine besondere Bedeutung zu, wenn es sich um *Langzeitbezug* handelt. Da dieser häufig verbunden mit multiplen sozialen Problemen einhergeht, und diese wiederum dem Leitbild und dem Anspruch der *„Ganzheitlichkeit" (Helhetssyn)* entsprechend von Sozialdienst und Sozialhilfe bearbeitet werden, stellen sich hier soziale Schutzrechte in Form von Datenschutz und Schutz der Persönlichkeit weitergehend als bei *kurzzeitigem Bezug*. Insbesondere bei Langzeitbezug und multiplen sozialen Problemen und neuen Formen des institutionellen Zusammenwirkens verschiedenster Akteure und Behörden stellen sich die genannten datenschutzrechtlichen Anforderungen in besonderer Weise.

Von den befragten Experten wurden neben dem nationalen Sozialdienstgesetz und dem Datenschutzrecht schließlich die *nationalen Empfehlungen zur Ausführung der Sozialdienstgesetzes* von staatlichen Sozialbehörde *(Socialstyrelsens allmänna råd/rekommendation)* als wichtige und positiv zu wertende Grundlagen ihrer Arbeit in der Sozialhilfe beschrieben. Wie die Tabelle ebenfalls zeigt, wurde von den Befragten ferner dem *Verwaltungsrecht* als Grundlage der Sozialhilfepraxis eine wichtige Funktion beigemessen. Das Verwaltungsrecht sichert in der Deutung der Befragten ebenfalls ein Mindestmaß an Rechtmäßigkeit und Rechtssicherheit in der schwedischen Sozialhilfe, die über das Rahmengesetz des SoL allein nicht erreichbar sind. Dem Verwaltungsrecht kommt ferner hinsichtlich einer Dokumentation der Entscheidungskriterien und der Entscheidungsfindung etwa bei Ermessensentscheidungen eine zentrale Bedeutung zu.

Vor dem Hintergrund der beschriebenen Bedeutung der kommunalen Selbstverwaltung und der in Schweden im Vergleich zu Deutschland weiter gefassten kommunalpolitischen Handlungs- und Gestaltungsfreiräume ist schließlich ein überraschendes Ergebnis darin zu sehen, dass von den befragten Mitarbeitern in Göteborg die *kommunalen Ausführungsbestimmungen zur Sozialhilfe* als weniger bedeutsam für die Entscheidungsfindung oder für die Klärung spezifischer Sachverhalte im Arbeitsalltag angesehen wurden. Die Rahmenregelungen des Sozialdienstgesetzes zur Sozialhilfe und die nationalen Empfehlungen der Sozialbehörde wurden eindeutig als die zentralen Orientierungsgrößen und Entscheidungsgrundlagen beschrieben, mit denen die Experten sich auch weitgehend identifizierten. Die lokalen Richtlinien spielen eine ergänzende Rolle und ihr Stellenwert für die Entscheidungspraxis hat im Verlauf der 1990er Jahre abgenommen. Die kommunalen Richtlinien wurden dabei überwiegend kritisch betrachtet. Typischerweise wurde formuliert:

„Ja, ich denke, die Empfehlungen der Socialstyrelsen – die sind sehr gut. Die kenne ich und zu denen stehe ich auch." (Int. 13: 447-448)

Im gleichen Interview wurde bezogen auf die städtischen Richtlinien hingegen berichtet:

„In Göteborg – ja, hier gibt es ja die [kommunalen]Richtlinien von der Stadtkanzlei, aber die sind sehr viel enger gefasst als die Empfehlungen der [staatlichen] Socialstyrelsen. Man kann ja denken, dass die – dass die kommunalen Richtlinien im Grunde falsch sind – aber da ist es die Frage, ob man nach dem Gesetz gehen soll oder soll man nach den – und da denke ich – geht man danach, wo man auch selbst für stehen kann." (Int. 13: 457-462)

Im Ergebnis wurden von den Befragten in Göteborg, jedenfalls auf der Ebene der ausführenden Sozialarbeit, die kommunalen Richtlinien in ihrer Anwendung und als Arbeitsgrundlage als „zu eng" angesehen. Dies bezog sich vor allem auf die aus sozialberuflicher Perspektive erforderlichen Gestaltungs- und Entscheidungsfreiräume, um etwa das Prinzip der „Ganzheitlichkeit" realisieren zu können. Ferner erfuhren die kommunalen Sozialhilferichtlinien auch hinsichtlich des Leitbildes und der Gewährleistung von Rechtmäßigkeit und Rechtssicherheit eine Kritik. Ähnlich wie im obigen Zitat wurde von mehreren Sozialarbeitern explizit formuliert, dass die kommunalen Richtlinien *nicht* in allen Teilen immer auch mit den Empfehlungen der nationalen Sozialbehörde *(Socialstyrelsen)* übereinstimmen und sie würden teilweise auch der aktuellen Rechtsprechung der Gerichte *nicht* wirklich entsprechen. Damit bestätigte sich ein bereits von Wallenberg (1997: 18) beschriebener Konflikt in den Zielsetzungen und Leitlinien kommunaler (Sozial-)Politik und Verwaltung einerseits und fachlich sozialberuflich orientierter Sozialdienste andererseits. Erkennbar wurde ferner die Konfliktlinie zwischen *zentralstaatlichen* bzw. nationalen und *kommunalen* Deutungsmustern zu institutionellen Normen der Sozialpolitik und des Sozialrechts.[591] Diese Konfliktlinien traten in Göteborg deutlicher hervor als in der Sozialhilfe für Bremen. Die Befunde zur Sozialhilfe in Göteborg lassen darauf schließen, dass die vor Ort tätigen „Socionomer" tendenziell eher den zentralstaatlichen und national einheitlichen Rechtsgrundlagen und entsprechend formulierten Normen folgen, soweit diese in Übereinstimmung mit ihren fachlich und sozialberuflich entwickelten Kriterien und Motiven stehen. Übereinstimmungen finden sich dabei vor allem in den Prinzipien der „Ganzheitlichkeit" und

---

[591] Demnach ist die *„kooperative Kontaktkultur"* wie sie von Jann (1983 u. 2000) als typisch für die schwedische „Verwaltungskultur" und für das Verhältnis zwischen Zentralstaat und Kommunen ermittelt wurde, zumindest im Bereich der Sozialhilfe so uneingeschränkt nich vorzufinden, sondern das Verhältnis zeigt sich auch konflikthaft. Auch Lindbeck u.a. (2000: 80 ff.) bestätigen diese Konflikte im Bereich der Sozialhilfe und sprechen von eine offenen Verweigerungshaltung einzelner Kommunen, in der sie den gesetzlichen und gerichtlichen Regelungen nicht folgen, und dies mit Hinweis auf das kommunale Selbstverwaltungsrecht begründen.

der Rechtmäßigkeit. In Form der allgemeinen Regelungen des Sozialdienstgesetzes und der nationalen Richtlinien der staatlichen Sozialbehörde bilden sie *die* zentralen Arbeits- und Entscheidungsgrundlagen für die Sozialhilfepraxis.

Die institutionellen Normen und Rechtsgrundlagen der schwedischen Sozialhilfe sind zwar in ihrer Regelungsdichte und ihrem Detailgehalt offener als das deutsche Sozialhilferecht. Zugleich sind sie aber in *sozialräumlichen Bezügen* und in den lokalen Organisationsstrukturen ähnlich differenziert ausgestaltet wie das in Bremen oder generell in Deutschland der Fall ist. Neben stadtteilbezogenen Projekten galten beispielsweise in einzelnen Stadtteilen Göteborgs detaillierte Richtlinien der 21 Stadtteilausschüsse, nach denen etwa die Übernahme von Unterkunftskosten den lokalen Gegebenheiten und Mietniveaus entsprechend erfolgt.[592] Am Beispiel der Regelungen zu den Unterkunftskosten oder hinsichtlich stadtteilbezogener Projekte lassen sich somit noch weitergehend *heterogene Regelungs- und Deutungsmuster* im institutionellen Arrangement der schwedischen Sozialhilfe erkennen:

> *„Wir haben keine einheitliche Auslegung der kommunalen Richtlinien in den Stadtteilen."* (Int. 17: 789)

Mit dieser ausdifferenzierten und dezentralisierten Praxis in der Sozialhilfe verbunden ist grundsätzlich eine relative rechtliche Unsicherheit und Uneinheitlichkeit der Sozialhilfepraxis. Diese verbreitete rechtliche Unsicherheit und eine weitgehende Heterogenität in der Deutung normativ-rechtlicher Grundlagen, führt nach Aussagen einiger Experten unter anderem dazu, dass dem Bedarfsdeckungsprinzip, wie es das SoL vorsieht, kommunalpolitisch *nicht* immer entsprochen wird. Die in den Stadtteilen unterschiedlichen Niveaus zu den übernahmefähigen Unterkunftskosten können Prinzipien der Rechtssicherheit und der Gleichbehandlung entgegenstehen. Um diese Konflikte und Probleme in der Erbringung sozialer Dienstleistungen wie der Sozialhilfe zu lösen, wurde von mehreren Befragten die Strategie geschildert, sich im Zweifelsfall und insbesondere im Falle restriktiv gehaltener kommunaler Richtlinien eher an den Leitlinien und Regelungen des nationalen Sozialdienstgesetzes und an Empfehlungen der nationalen Sozialbehörde

---

[592] *In Bremen* fanden sich sehr ähnliche Interventionsmuster und Modellprojekte zur Begrenzung der Unterkunftskosten, die auf einen ausgeprägten Stadtteilbezug der Sozialhilfepraxis und auf neue steuernde Elemente verweisen. So wurde zum Beispiel von Bremer Experten berichtet, dass die Stadtteilleiter der Sozialämter in engem Kontakt mit der Wohnungswirtschaft und in genauer Kenntnis des Stadtteils unterschiedlichste Initiativen einleiten, um das Mietniveau zu begrenzen. In Bremen wurden bei Umzügen von Sozialhilfebeziehenden die Standards der Wohnungen in Relation zur Höhe der Unterkunftskosten auf der Basis erstellter Wohnungsverzeichnisse und im Rahmen von Hausbesuchen systematisch überprüft. Bei aus Sicht der Sozialbehörde „überteuerten" Wohnungen wurden Gespräche mit den Wohnungseigentümern geführt, um das Mietniveau für Sozialhilfebeziehende und damit die Ausgaben der Kommune zu begrenzen.

(Socialstyrelsen) zu orientieren. Diese eher offener formulierten Regelungen wurden von den „Socionomer" im Kontakt zum Bürger als „höherwertig" und zugleich als entscheidungssichere Grundlagen der eigenen Arbeit gesehen.

Von den befragten Experten wurde dabei im Grunde eher eine *Steuerung sozialer Interventionen über fachlich und sozialberuflich begründetes Wissen, über fachliche Informationen, Kenntnisse und entsprechende sozialberufliche Kompetenzen* gefordert, um den gestellten Anforderungen einer Problembearbeitung in der Sozialhilfe zu entsprechen. Solche Steuerungsformen und Interventionsgrundlagen wären auch weniger abhängig von eher kurzfristigen und lokal bestimmten politischen oder fiskalpolitischen Entscheidungen in den Kommunen. Vielmehr wären diese Grundlagen sozialberuflichen Handelns in der Sozialhilfe an den auf nationaler Ebene fachlich nach aktuellstem Kenntnisstand begründeten Standards des Rechts und an empirischen Studien zu den zu lösenden Problemen orientiert.

Grundsätzlich war anhand der Leitbilder und in der Bedeutung verschiedenster Arbeitsgrundlagen zwischen der direkten Ebene der *Sozialarbeit* im Kontakt zum Bürger und den *zentralstaatlich* im Sozialdienstgesetz geregelten Normen eine weitgehende Übereinstimmung in der Deutung und Akzeptanz der Normen, Leitbilder und Arbeitsgrundlagen sowie in der sozialberuflichen Ausrichtung an der „Wissenskultur" und Fachkompetenz der Sozialarbeit feststellbar. Zumindest in Göteborg erschienen aber Ende der 1990er Jahre in der *kommunalpolitischen* und in der *sozialverwalterischen* Ebene das Steuerungsverständnis und die Zielsetzungen in den Leitbildern und Leitlinien der Sozialhilfe in Teilbereichen durchaus voneinander abweichend: Sie wichen einerseits von den zentralstaatlich-nationalen Vorgaben ab, in dem beispielsweise auch die Einführung der *„Riksnorm"* zunächst kaum Akzeptanz bei den Kommunen fand. Sie wichen andererseits auch von den Normen und vom Grundverständnis in der professionalen und berufspraktischen Ebene der Sozialarbeit ab, in dem die darin formulierten und zur Geltung gebrachten Grundprinzipien zum Teil mit kommunalpolitischen Leitbildern und Zielen konfligierten.

Über die bisher genannten Rechtsgrundlagen und die darin geregelten institutionellen Normen und Leitbilder hinausgehend wurden weitere *sozialrechtliche Leistungsgesetze*, etwa dem Recht und den Vorschriften der Arbeitslosenkassen und der Arbeitsvermittlung, oder auch dem Recht der Krankenversicherung von den Befragten insgesamt keine besondere Bedeutung im Zusammenhang mit der Frage nach relevanten Grundlagen ihrer Arbeit beigemessen. Geringfügige Abweichungen ergaben sich bei den Befragten, die in neueren Projekten des Zusammenwirkens von Sozialdienst, Arbeitsvermittlung und Versicherungskassen beschäftigt waren und wo auch die Sozialhilfe im Rahmen dieser Projekte zur Auszahlung kam.

Ein zumindest aus der deutschen Perspektive überraschendes Ergebnis ist, dass von den Göteborger Experten kaum auf die aktuelle Rechtsprechung und den

Stellenwert der Gerichte im Zusammenhang mit der Frage nach den normativ-rechtlichen Grundlagen ihrer Arbeit und relevanten Leitbildern eingegangen wurde. Nach den Befunden kommt gerichtlichen Entscheidungen vor Ort in den Sozial-büros nicht generell, sondern vor allem in Zweifelsfällen eine Bedeutung zu. Sie sind für die Deutung von institutionellen Normen und Leitbildern insofern eher ergänzend wirksam. Es bestätigte sich auch an diesen beschriebenen Handlungs- und Orientierungsmustern, dass die in Schweden in der Sozialhilfe entwickelten Interventionsformen und -muster vor allem durch *nationale Rechtssetzung* und durch die *sozialberufliche Fachlichkeit der Sozialarbeit* geprägt werden.

Dieser Deutung einer in Schweden stärker entwickelten eigenständigen Fachlichkeit und Verortung der Sozialhilfe im kommunalen Sozialdienst und generell in der Sozialarbeit entsprechend, wurde von einzelnen Befragten neben dem Sozialdienstgesetz explizit die eigene sozialarbeiterische Fachlichkeit und Berufserfahrung als *die* zentrale Grundlage der täglichen Arbeit definiert. Professionelle Kompetenz und sozialberuflich entwickelte Leitbilder wurden als besonders wichtig angesehen, wenn es um das Ausfüllen der gesetzlich gegebenen Ermessens- und Gestaltungsspielräume geht. Das schwedische Sozialdienstgesetz lässt als zielorientiertes Rahmengesetz grundsätzlich derart weite Gestaltungsspielräume, dass die eigenen aus der Erfahrung und Kompetenz der Sozialarbeit gewonnenen Kriterien und Handlungsmuster durchaus zur Geltung kommen können. Dieses Arbeitsverständnis wurde nahezu durchgängig erkennbar und von einer Befragten folgendermaßen beschrieben:

> „(...) *So arbeite ich sehr viel mit bzw. nach meiner eigenen Stärke und das ist gut – natürlich im Rahmen des Gesetzes. Das Sozialdienstgesetz ist ja ein Rahmengesetz, und es lässt eine freie Auslegung zu, worauf ich hinweisen möchte. Und wenn man etwas wagt, dann kann man es sehr frei auslegen. Und das versuche ich zu tun.*" (Int. 17: 728-730)

Die sozialberuflich und fachlich hergeleitete Deutung der Regelungen des Sozial-dienstgesetzes sowie der darin verankerten institutionellen Normen und gesell-schaftlichen Leitbilder geschieht also eher unabhängig von kommunalen Richt-linien und kommunalpolitischen Gegebenheiten, wie etwa lokalen Programmen der „Aktivierung", oder auch unabhängig von hohen Sozialhilfeausgaben oder einer hohen Empfängerzahl in der Sozialhilfe. Diese kritische Distanz zur kommunalen Sozialpolitik kam deutlich zum Ausdruck und war unter den Befragten in der aus-führenden Ebene der Sozialhilfe generell feststellbar. Auch die im Verlauf der 1990er Jahre, insbesondere 1998 vom Zentralstaat vorgenommenen Änderungen des Sozialdienstgesetzes wurden in einigen zentralen Punkten von den Experten ebenfalls meist fachpolitisch begründet kritisiert. Die sozialberufliche Praxis in Gestalt der in der schwedischen Sozialhilfe beschäftigten „Socionomer" weist nach den Befunden zu Göteborg eine *eigenständige zwischen nationalem Recht und kommunalen*

Richtlinien entwickelte und durchaus *beidseitig dezidiert kritische, dabei vor allem fachlich begründete Position* zu den relevanten Arbeitsgrundlagen sowie zu relevanten institutionellen Normen und Leitbildern auf. Diese explizit fachpolitische Position kommt vor allem dann zur Geltung, wenn es um den Erhalt oder die Veränderung von aus fachlicher Perspektive zentralen Leitbildern und Normen geht. Deutlich erkennbar wurde dieses klare sozialberufliche Profil etwa bei Beeinträchtigungen des Grundsatzes der Rechtmäßigkeit und der Rechtssicherheit, die mit den Änderungen im Sozialdienstgesetz von 1998 verbunden waren. Auch institutionelle Normen und Prinzipien wie der Schutz der Persönlichkeit, der Grundsatz der Bedarfsorientierung und das Prinzip der Ganzheitlichkeit wurden professional stark betont und verteidigt, wenn es um eine Neugestaltung sozialer Interventionsmuster im Kontext des Leitbildes einer „aktivierenden Sozialpolitik" ging.

In einer Kontrastierung zeigen sich Grundlagen der Arbeit und der Leitbilder für die Sozialhilfe in *Göteborg/Schweden* und in *Bremen/Deutschland* auf einer allgemeinen Ebene, etwa in der besonderen *Bedeutung des nationalen Rechts* oder in der Formulierung einzelner institutioneller Normen, wie der *Rechtmäßigkeit* und dem *Prinzip der Gleichbehandlung* durchaus Parallelen. In den Details sind dann jedoch die Unterschiede in beiden Wohlfahrtsstaaten wiederum beträchtlich. Anders als in Göteborg werden Arbeitsgrundlagen und Leitbilder in der deutschen Sozialhilfe stärker durch eine verwaltungsmäßig und juristisch geprägte Fachlichkeit und „Kultur" in ihrer Deutung und in ihrer Anwendung ausgefüllt. Die sozialarbeiterische Wissenskultur ist im Kontext der Leitbilder in Bremen bzw. deutschen Kommunen weniger bestimmend als sich das in Göteborg zeigte. Ferner scheint in Bremen und generell in Deutschland die Bildung, Deutung und Umsetzung der Leitbilder in der Sozialhilfe durch den stärkeren Einfluss des Rechts als Steuerungsinstrument und in den hierarchischen Ebenen von Zentralstaat bis in die kommunalen Stadtteile insgesamt *homogener* als in Göteborg bzw. Schweden. Diese stärkere Übereinstimmung in den Leitbildern war für Bremen auch zwischen Programmebene der Kommunalpolitik, und -verwaltung und den ausführenden Ebene der Sachbearbeitung erkennbar, was unter anderem mit dem insgesamt geringeren Gestaltungs- und Steuerungsfreiraum der zentralstaatlich wie föderal verregelten deutschen Sozialhilfe erklärbar ist. Abweichungen hiervon zeigten sich aber im Bereich der „Hilfen zur Arbeit" und in der kommunalen Beschäftigungspolitik, die einer besonderen Analyse bedürften. Für Bremen zeigten sich in diesem Bereich ähnliche Konfliktlinien in der Gewichtung von Grundlagen und Leitbildern, wie sie in Göteborg generell zwischen Zentralstaat, Kommunen und Professionen für die Sozialhilfeerkennbar wurden.

5.4.5 Verbindung „alter" und „neuer" Leitbilder durch Novellierung des Sozialdienstgesetzes

Wie in den Grundelementen dargestellt, traten zum 1. Januar 1998 zentralstaatlich durch nationales Recht vorgenommene Änderungen im Sozialdienstgesetz *(Socialtjänslagen SoL)* in Kraft. Bis 1998 waren die Regelungen der Sozialhilfe im Rahmen des Sozialdienstgesetzes von 1982 nur geringfügig verändert worden. Die Gesetzesnovelle von 1998 beinhaltete damit nach 16 Jahren erstmals einige grundlegende Veränderungen, insbesondere in der Formulierung und Ausgestaltung der sozialhilferelevanten Leitbilder. Die Änderungen enthielten ferner eine engere Kopplung und Abstimmung der Leitbilder und Normen kommunaler Sozialhilfepolitik mit denen der zentralstaatlichen Arbeitsmarktpolitik. Weitere Veränderungen, die zum Jahresbeginn 2002 im schwedischen Sozialdienstgesetz vorgenommen wurden, bestätigten die Grundlinien der Novelle von 1998, waren allerdings weniger weitreichend als die Normänderungen von 1998.

Das Sozialdienstgesetz in seiner heutigen Form entspricht auch nach den Änderungen von 1998 und 2002 weiterhin dem Charakter der Rahmengesetzgebung. Anders als noch das Armenpflegegesetz *(Fattigvårdslag)* von 1918 oder das Sozialhilfegesetz *(Socialhjälpslag)* von 1956, die nach dem Muster der Detailgesetzgebung *(Detaljlagstiftning)* ähnlich dem deutschen Sozialhilferecht konzipiert waren, enthält also das heutige schwedische Sozialdienstgesetz in seinen Regelungen zur Sozialhilfe lediglich einige grundlegende Regelungen, die im Kern für den Bereich der Sozialhilfe auf *weniger als 20 Paragrafen* zusammengefasst sind.[593] Ergänzt werden diese grundlegenden rechtlichen Regelungen um detailliertere nationale Empfehlungen zur Ausführung des Gesetzes und um die kommunalen Richtlinien.

Zwar sind die Anspruchsvoraussetzungen und das Niveau auch in der schwedischen Sozialhilfe sehr weitgehend zentralstaatlich und detailliert geregelt. In den Leistungsformen und vor allem in den unbestimmten Rechtsbegriffen und Zielen finden die sozialen Interventionen im Bereich der Sozialhilfe jedoch im Rahmen der kommunalen Praxis und in Zweifelsfällen in Form der Rechtsprechung durch Gerichte ihre Konkretisierung. Das Sozialdienstgesetz wurde 1998 im Wesentlichen mit den folgenden Neuregelungen und Konkretisierungen versehen:

- *Erstmalig* nach 1982 erfolgte die Einführung einer *national einheitlichen und verbindlichen Norm zur Höhe der materiellen Hilfe (Riksnorm).*

---

[593] Zur Entwicklung und Debatte um den Charakter des Sozialdienstgesetzes vgl. rechtssoziologisch Åström (1988), aus Perspektive der Regierung dazu Socialdepartementet (2000), eher im historischen Kontext vgl. Rauhut (2002: 22 f.). Zu den kommunalpolitischen Deutungen und der Anwendung veränderter rechtlicher Grundlagen nach 1998 vgl. Johansson (2001).

- Konkretisierung der Regelungen der §§ 6c bis 6e SoL (1998) bzw. Kap. 4, §§ 4 ff. SoL (2002) zu den *Mitwirkungspflichten*, insbesondere bezogen auf die Bemühungen und Nachweise der Arbeitsbereitschaft bei jungen arbeitslosen Sozialhilfebeziehenden.

- Konkretisierung der *Regelungen zu möglichen Kürzungen und zur Einstellung* der materiellen Hilfe gemäß § 6d SoL (1998) bzw. Kap. 4, § 5 SoL (2002) im Falle des Abbruchs oder der Weigerung einer Teilnahme an arbeitsmarktpolitischen Maßnahmen.

- Einschränkung der Rechtsmittel in Form des Klagerechts bei den *sonstigen Leistungen, etwa für einmalige Bedarfe, Umzugskosten, Zahnersatzkosten usw.* nach § 6g SoL (1998). Die Einschränkungen der Rechtsmittel in diesem Bereich wurden mit der Reform zum Jahresbeginn 2002 wieder aufgehoben.

- In der *Tendenz erfolgte eine teilweise Ausweitung der rechtlichen Detailsteuerung (Detailjstyrningen)*, etwa in der Formulierung und Ergänzung des § 6 SoL durch die §§ 6a bis 6g SoL (1998) bzw. Kap. 4, §§ 4 und 5 SoL (2002).

Mit den Gesetzesänderungen von 1998 und 2002 wurden auch einzelne für die Sozialhilfepraxis relevante Leitbilder und Grundprinzipien berührt. Insbesondere galt dies für das Prinzip der Selbsthilfe, für Mitwirkungspflichten, der Nachrangigkeit und indirekt auch hinsichtlich der Rechtmäßigkeit.

In einer zusammenfassenden Betrachtung wurden die 1998 zentralstaatlich eingeführten Änderungen des Sozialdienstgesetzes von den befragten Experten durchweg als eine Einschränkung des Rechts auf Sozialhilfe verstanden. Mit Ausnahme der Einführung der Regelungen zum künftig landesweit einheitlichen Regelsatzniveau in Form der *„Riksnorm"* wurden die übrigen Neuregelungen negativ bewertet, zum Teil auch massiv kritisiert. Dabei galt die Kritik weniger der Konkretisierung und den Verschärfungen der Mitwirkungspflichten junger Arbeitsloser, etwa hinsichtlich der geforderten Bereitschaft, Arbeitsangebote anzunehmen oder an Praktika, Qualifizierungsmaßnahmen usw. teilzunehmen. Die Kritik der Befragten war vorrangig auf die 1998 eingeführte Abschaffung des Klagerechts und die damit verbundene Einschränkung der Rechtsmittel und Rechtssicherheit bei den sonstigen einmaligen Leistungen nach § 6g SoL bezogen. Ferner richtete sich die Kritik der Befragten gegen eine tendenziell ausgeweitete Detailsteuerung über das Steuerungsinstrument Recht. Befürchtet wurde eine weitere „Bürokratisierung" der Sozialhilfe und eine damit verbundene Einschränkung der sozialberuflichen Handlungsformen und -freiräume für die Soziale Arbeit.

Während in der Kritik an der Regelreform von 1998 einerseits direkt die Leitbilder der Rechtmäßigkeit und der Rechtssicherheit in Form des Erhalts der Rechtsmittel einen hohen Stellenwert bei den Befragten hatten, fanden zugleich

Steuerungsformen einer detaillierten Gesetzgebung, die über möglichst genaue Regelungen zu einer einheitlichen, und damit ebenfalls rechtmäßigen Praxis beitragen könnten, eine indirekte Kritik. Im Ergebnis stand die *Idealvorstellung der Experten*, das schwedische Sozialhilferecht müsse über die Rahmengesetzgebung den notwendigen Gestaltungsspielraum für die sozialberuflichen Handlungsformen und Kompetenzen der „Socionomer" sichern. Zugleich müsse aber über das Steuerungsinstrument Recht in ungeklärten oder „kritischen" Problem- und Sachzusammenhängen eine Korrektur fehlerhafter Entscheidungen gewährleisten. Sozialberufliches Handeln in der Sozialhilfe ist individuell und möglichst auf *alle* Entscheidungen und Leistungsbereiche bezogen auf der Basis von Rechtsmitteln in Form des Klagerechts gerichtlich einklagbar und überprüfbar zu gestalten. Die sozialen Interventionen sind eben auch nicht grenzenlos einer vorrangig sozialberuflich über die Sozialarbeit wirksamen Definitionsmacht zu unterstellen. In der Steuerungs- und Interventionsperspektive wurde in diesen Befunden eine Idealvorstellung der *Steuerung durch Recht* verbunden mit einer *Steuerung durch professionales Wissen* und durch *sozialberufliche Handlungskompetenz* vermittelt. Letztere sind vor allem durch das Expertenwissen und die Kompetenz der Sozialarbeit für die schwedische Sozialhilfe gewährleistet.

Bezogen auf das 1998 konkretisierte *Leitbild* einer „*Aktivierung in Arbeit"* wurde meist formuliert, dass die konkreter gefassten Mitwirkungserfordernisse und Pflichten junger Arbeitsloser in Form der Neuregelungen zu § 6 SoL ohnehin den realen Aufgaben des Sozialdienstes entsprechen würden und angemessen seien. Die Erbringung einer „Gegenleistung" zur wirtschaftlichen Sozialhilfe in Form der Verpflichtung zur Annahme von geringer qualifizierten Beschäftigungen, Praktika oder zur Teilnahme an Weiterbildungsmaßnahmen wurde meist als legitim und für das schwedische System der „*Arbeitslinie"* nicht wirklich „neu" gesehen. Neu hingegen seien die Organisationsformen. Ferner habe mit den Änderungen von 1998 und vor allem die Einführung der „*Riksnorm"* im Bereich der Leistungsberechnung und -gewährung eine Verwaltungsvereinfachung und mehr Einheitlichkeit und damit auch eine erhöhte Rechtssicherheit gebracht. Schließlich sei mit den konkreter formulierten Regelungen zu Kürzung und Einstellung der Sozialhilfe im Falle der Ablehnung einer angemessenen Arbeit, eines Praktikums oder einer Weiterbildung ebenfalls mehr Transparenz und eine gewisse Rechtssicherheit verbunden, da die Konsequenzen individuellen Verhaltens im Kontakt zum Sozialbüro eindeutiger seien als noch vor 1998.

Bestätigt wurde in den Interviews durchgehend, dass die rechtlichen Regelungen zur schwedischen Sozialhilfe innerhalb des Sozialdienstgesetzes mit den Neuerungen von 1998 und in der Ausdifferenzierung unterschiedlicher Leistungsbereiche der monetären Hilfe sowie in gruppenbezogenen Regelungen, etwa bei jungen Arbeitslosen bezogen auf die Mitwirkungserfordernisse insgesamt deutlich komplexer und detaillierter gefasst seien als noch vor 1998. Die Praxis der Sozialhilfe werde dadurch im Sinne einer Entbürokratisierung nicht generell einfacher, sondern in bestimmten Zusammenhängen sei sie tendenziell noch „bürokratischer" geworden. Insoweit waren die Aussagen stark auf einzelne Regelungen bezogen. Soweit es um eine Verwaltungsvereinheitlichung und mehr Transparenz in den Rechtsgrundlagen ging, waren die Aussagen auch eher uneinheitlich.

Ferner wurde berichtet, dass die schwedische Sozialhilfe vor allem in den Begriffen auch nach den Neuregelungen von 1998 weiterhin oft unpräzise sei und in einigen Sach- und Problemzusammenhängen wünschte man sich genauere gesetzliche Regelungen. Beispielsweise sei für die Praxis unklar, was etwa im Zusammenhang der Kürzungsvorschriften nach § 6 d SoL (1998) bzw. Kap. 4, § 5 SoL (2002) unter *„nicht anzuerkennenden Gründen" (utan godtagbart skäl)* zu verstehen sei, die Arbeitslose zur Ablehnung eines Arbeitsangebotes veranlassen könnten. Auch in diesen Zusammenhängen wurde eine Rechtsunsicherheit beschrieben und damit auch ein Defizit in der Umsetzung der Leitbilder von Rechtssicherheit und der Rechtmäßigkeit.

Auch die Praxis *sonstiger* laufender Leistungen und *einmaliger* Leistungen *(övrigt bistånd)* wurde 1998 im Rahmen der Neuregelungen der nationalen Regelsätze *(Riksnorm)* verändert. Damit verbunden war eine Auslagerung einzelner Posten, wie etwa Kosten der Unterkunft, Kosten für die Stromversorgung, medizinische Behandlungskosten u.a. mehr aus der „Riksnorm". In diesem Kontext wurde vor allem das bürokratisch aufwendige Verfahren, von den Leistungsbeziehern Zweckbindungsnachweise bzw. Quittungen über den Kauf der beantragten Dinge einzufordern, wurde von Befragten kritisiert. Während sich in Deutschland bei den *einmaligen Leistungen* der Hilfe zum Lebensunterhalt nach § 12 BSHG seit Mitte der 1990er Jahre eine Entwicklung zur stärkeren *Pauschalierung* abzeichnete,[594] deuten die Aussagen in Göteborg für die schwedische Sozialhilfe zwar mit Einführung der nationalen „Riksnorm" einerseits ebenfalls eine stärkere Pauschalierung an. Parallel dazu findet sich andererseits bei den sonstigen einmaligen monetären Leistungen eine Entwicklung der differenziert und eher restriktiv und bürokratisch geprägten

---

[594] In Bremen wurden Ende der 1990er Jahre Modellversuche zur Pauschalierung von Unterkunftskosten und einmaligen Leistungen durchgeführt. Die Erfahrungen der befragten Bremer Sachbearbeiter mit pauschalierten Bekleidungsbeihilfen waren überwiegend positiv und führten aus ihrer Sicht zu Verwaltungsvereinfachungen und zu „mehr Gerechtigkeit". Von den in Bremen befragten Experten wurde zwar meist Kritik an der zu niedrig bemessenen Höhe der Pauschalen für Bekleidung oder Unterkunftskosten geäußert, als positiv und einer „modernen Sozialleistung" entsprechend wurde jedoch das mit der Pauschalierung einhergehende Menschenbild und die für die Bürger erweiterten Entscheidungs- und Gestaltungsspielräume bewertet. Zu rechtlichen Grundlagen der Pauschalierung vgl. im Überblick Putz (2000). Mit der Sozialhilfereform 2004 und der Überführung des Sozialhilferechts in das SGB II und SGB XII wurde inzwischen in Deutschland eine Pauschalierung von einmaligen Leistungen für Wohnungsausstattung und Bekleidung umgesetzt.

Leistungsgewährung. Auch diese Entwicklungen sind in Schweden nach den Neuregelungen von 1998 eher uneinheitlich, teilweise gegenläufig und stehen dem
Leitbild einer möglichst einheitlichen Rechtspraxis und Rechtssicherheit tendenziell
entgegen. Exemplarisch dazu war folgende Aussage:

> *„Die große Veränderung – denke ich – liegt darin, wenn man mit den sonstigen Beihilfemitteln arbeitet (...). Frü-*
> *her konnte man ja alle Entscheidungen im Klage-/Berufungsverfahren überprüfen – beide Hilfen, wirtschaftliche*
> *Hilfe und auch die sonstigen Hilfen. Nach dem neuen Gesetz von 1998 sind nur noch bestimmte Entscheidungen*
> *der wirtschaftlichen Hilfe einklagbar. (...) Und da denke ich, das ist eine große Veränderung. Und das ist eine*
> *Rechtssicherheitsfrage, denke ich. Ich bin sehr kritisch gegenüber dieser Veränderung. Und viele sind das mit mir."*
> (Int. 24: 83-91)

Auch wenn die Einschränkung der Rechtsmittel mit der Novellierung des Sozialdienstgesetzes 2002 wieder aufgehoben wurde und Rechtsmittel inzwischen wieder
gegen *alle* Entscheidungen des Sozialdienstes möglich sind, belegen die Interviewaussagen die starke Orientierung der Experten an Leitbildern der Rechtssicherheit
und der Rechtmäßigkeit. Zugleich verweisen die Aussagen in der Kontrastierung
zur deutschen Sozialhilfe darauf, dass die schwedische Sozialhilfe insgesamt weniger Entscheidungssicherheit, Verläßlichkeit und Einheitlichkeit in den sozialen
Interventionen beinhaltet als das für die deutsche Sozialhilfe gilt. Das *Merkmal der
Selektivität* dürfte damit im „sozialdemokratischen Wohlfahrtsregime" im Bereich
der Sozialhilfe stärker ausgeprägt sein als das für die Sozialhilfe im biskmarckschen
bzw. konservativen deutschen Wohlfahrtsregime gilt.

In der *Zeit- und Verlaufsperspektive* betrachtet zeigte sich ferner, dass 1998 mit
der Einführung der national einheitlichen *„Riksnorm"* die vorherige Praxis einzelner
Kommunen, das *Niveau der Sozialhilfe abhängig von der Bezugsdauer* unterschiedlich
hoch festzusetzen, beendet wurde. Insoweit wurde die bis Mitte der 1990er Jahre
noch weitergehende Praxis einer selektiven Sozialhilfe in Schweden zentralstaatlich
teilweise auch eingeschränkt. Beispielsweise wurde in vielen Kommunen Anfang
der 1990er Jahre eine deutlich niedrigere *„Kurzzeitnorm"* kommunal festgesetzt, die
bei *bis zu dreimonatigem Bezug* gezahlt wurde. Daneben gab es eine höhere *„Bruttonorm"*, die *ab dem vierten Monat im Bezug* bewilligt wurde. Diese Praxis einer verlaufsbezogenen Selektion und Niveaufestlegung der Sozialhilfe auf kommunaler Ebene
entsprach bereits damals nicht den Empfehlungen der nationalen Sozialbehörde.
Diese wurden von den Kommunen ignoriert. Erst mit der zentralstaatlichen Direktive zur Einführung der „Riksnorm" wurde 1998 ein *von der Bezugsdauer unabhängiges
und einheitliches verbindliches Niveau, gestaffelt nach Haushaltsgröße* für die schwedische

Sozialhilfe eingeführt.[595] Seit 1998 gilt für alle schwedischen Kommunen diese zentralstaatliche Vorgabe.

Insgesamt sind mit den Neuregelungen von 1998 und 2002 somit die Möglichkeiten einer kommunalpolitisch heterogenen Ausgestaltung der Leistungen zentralstaatlich verringert worden. Hierdurch hat der schwedische Zentralstaat dem Prinzip einer möglichst einheitlichen Sozialhilfepraxis stärkere Geltung verschafft. Zugleich ist das Niveau der schwedischen Sozialhilfe zwar relativ betrachtet im Vergleich zu vor 1998 tendenziell abgesenkt worden. Rechtssicherheit und Rechtmäßigkeit der Leistungsgewährung wurden aber im Vergleich zur Praxis von vor 1998 verbessert. Nach 1998 wurde ferner *gruppenbezogen* zunächst bei jungen Arbeitslosen, inzwischen aber generell eine *„neue Selektivität"* eingeführt. Diese „neue" Selektivität macht sich – ähnlich wie in den Gesetzesänderungen zur Grundsicherung nach dem SGB II und dem neuen SGB XII ab 2005 in Deutschland – zentral an der Frage der Erwerbsfähigkeit, an der Arbeitswilligkeit und an konkreter gestalteten Mitwirkungspflichten, und damit am Leitbild einer primär arbeitsmarktbezogenen „aktivierenden Sozialpolitik" fest. Auf Details dazu wird später eingegangen.

Die Veränderungen von Leitbildern in der Sozialhilfe im Kontext des Ansatzes einer in Schweden arbeitsmarktpolitisch bezogenen *„aktivierenden Sozialpolitik"* fanden sich in den Ausführungen der befragten Experten zur Praxis der Sozialhilfe in hohem Maße bezogen auf die *Gruppe der jungen Arbeitslosen* im Alter zwischen 18 und 24 Jahren.[596] Eine langjährige Mitarbeiterin aus dem arbeitsmarktbezogenen Projekt DELTA-AMT beschrieb für diese Empfängergruppe das veränderte „Aktivierungskonzept" sowohl bezogen auf die Neuregelungen des Sozialdienstgesetzes von 1998 wie auch bezogen auf das „Gesetz über die Verantwortung der Kommunen für junge Arbeitslose" *(Utvecklingsgaranti)*, das ebenfalls 1998 in Kraft trat, knapp und zugleich sehr anschaulich:

> *„Vor 1998 war der Charakter des Sozialdienstgesetzes bezogen auf die Sozialhilfe und bezogen auf das Ziel der Selbstversorgung: „Du kannst oder du solltest eine Arbeit annehmen...". Nun ist der Charakter stärker zwingend und fordernd: „Du musst eine Arbeit annehmen ..."* (Int. 17: 830-840)

Mit den Neuregelungen des Sozialdienstgesetzes von 1998 wurde das Leitbild einer „aktivierenden Sozialpolitik" verbunden mit der „Arbeitslinie" demnach in der Sozialhilfe*praxis* deutlich stärker in den Vordergrund gerückt. Das Sozialhilferecht wurde direkter arbeitsmarktpolitisch ausgerichtet. Im Sozialdienstgesetz selbst wurden zunächst bezogen auf junge Arbeitslose neue und detailliertere Regelungen

---

[595] Zur früheren kommunalen Praxis, das Niveau der Sozialhilfe je nach Dauer des Sozialhilfebezugs unterschiedlich hoch festzulegen, vgl. Schwarze (1993: 49-55).
[596] Die Regelungen finden sich in den §§ 6c bis 6e SoL (1998) bzw. Kap. 4, § 4 SoL (2002). Vgl. Socialstyrelsen (2000a: 195).

hinsichtlich der Verpflichtungen zur Arbeitsaufnahme, Teilnahme an Praktika oder an Qualifizierungsmaßnahmen aufgenommen. Arbeitsmarktpolitische Leitbilder wurden damit explizit im Sozialdienstgesetz und im Sozialhilferecht verankert.[597]

Nach den Berichten der Experten in Göteborg wurde in der Praxis zwar bereits vor den Neuregelungen von 1998 die Arbeitssuche und die Teilnahme an arbeitsmarktpolitischen Maßnahmen von arbeitslosen Sozialhilfebeziehenden im Rahmen der kommunalen Sozialhilfe gefordert, etwa auch im Kontext der bereits 1996 in Göteborg praktizierten Programms „VESTID", auf das später noch genauer eingegangen wird. Wirklich konkret wurde das Leitbild der *„Aktivierung in Arbeit und Ausbildung"* jedoch für die Sozialhilfe erst nach 1998. Dies geschah über die zentralstaatlich auf die Kommunen delegierte arbeitsmarktpolitische Verantwortung für die Jugendarbeitslosigkeit und durch eine *Ausweitung der kommunalen Projekte* im Bereich Arbeitsmarktpolitik und der Beschäftigungsgarantie für junge Arbeitslose. Ferner spielten dann die detaillierten Neuregelungen des § 6 SoL von 1998 eine wichtige Rolle. Mit den in § 6d SoL ausdrücklich geregelten Möglichkeiten einer Kürzung oder Einstellung der Sozialhilfe kommt die weitergehende und über die Sozialhilfepraxis *verhaltensbezogen* konzipierte „Aktivierungslinie" normativrechtlich zum Ausdruck. Darin heisst es:

> *„Wenn der Einzelne ohne anzuerkennen Grund die Teilnahme an Praktika oder an einer anderen kompetenzverbessernden Maßnahme, die nach § 6c SoL angewiesen wurde, ablehnt, so soll die weitere Zahlung der materiellen Hilfe abgelehnt oder gekürzt werden. Gleiches gilt, wenn er oder sie ohne anzuerkennen Grund zu einem Praktikum oder einer kompetenzver-bessernden Maßnahme nicht erscheint."*

Dazu berichteten Experten, dass zwar die Forderung zur Teilnahme an Praktika, zur Arbeit und zur Qualifizierung schon immer an die arbeitsfähigen Sozialhilfebeziehenden gestellt wurde, dass aber die Neuregelungen diese Forderungen seit 1998 deutlicher betonen:

> *„Eigentlich ist es ja so, dass, auch früher – stellten wir Forderungen an die Personen. Aber die Veränderungen in der Gesetzgebung machten diese sehr viel deutlicher. (...) Man muss aktiv sein. Ist man nicht aktiv, so kürzen wir die Sozialhilfe oder stellen sie ein – soweit es also keine anderen Aspekte gibt, auf die man dabei Rücksicht nehmen muss."* (Int. 14: 584-589)

---

[597] Historisch finden sich beispielsweise im schwedischen Armenpflegegesetz *(Fattigvårdslagen)* von 1918 ausdrückliche Regelungen zur Arbeitspflicht der Empfänger von Armenpflege und der Insassen von Armen- und Arbeitshäusern. Die Arbeitspflicht konnte damals auch länger andauern als der eigentliche Bezug von Leistungen der öffentlichen Armenpflege, und die vom Armen selbst oder von seinen Angehörigen empfangenen Leistungen mussten durch Arbeit „abgegolten" werden: Originalzitat dazu: *„Durch Arbeit gilt die Unterstützung als abgegolten."* Vgl. Sköld (1918: 47).

Die schwedische „Arbeitslinie" und ein tendenziell restriktiver Charakter der schwedischen Sozialhilfe wie auch die Kriterien und Prozesse der Selektion im untersten sozialen Netz, für deren Ausgestaltung gemäß § 3 SoL (1998) bzw. Kap. 2, § 2 SoL die Kommunen die „letzte Verantwortung" *(yttersta ansvaret)* tragen, wurden mit den zentralstaatlichen Änderungen und Konkretisierungen des Aktivierungsgedankens 1998 tendenziell weiter verstärkt. Zumindest bezogen auf die Gruppe der Arbeitslosen im Alter zwischen 18 und 25 Jahren lässt sich dieser Befund bestätigen. Die Veränderungen und neue Verbindungen in den Leitbildern und in der Praxis einer „aktivierenden Sozialpolitik" wurden in den Jahren nach 1998 auch auf andere Arbeitslose in der Sozialhilfe übertragen. Insbesondere im Zusammenhang mit einem allgemeinen Rückgang der Arbeitslosenquote ergaben sich zum Ende der 1990er Jahre erweiterte Vermittlungsmöglichkeiten und neue Aktivierungsbezüge. Die Entwicklungen wurden von Befragten damit beschrieben, dass es seit 1998 normativ-rechtlich generell für die Sozialhilfepraxis galt, *„die Zügel anzuziehen"* (Int. 13: 309-317).

In den eigenen sozialberuflichen Handlungsmustern und in den Strategien der Professionellen, diese neuen Aufgaben und Anforderungen, die mit dem Leitbild einer „aktivierenden Sozialhilfe" verbunden waren, vor Ort im Kontakt zu den Bürgern umzusetzen und zu bewältigen, wurden auf der Basis der Interviews idealtypische „mittlere Wege" erkennbar. Diese entsprachen dem in Schweden verbreiteten Verständnisses eines *„genau passenden Maßes" (lagom nivå)*. Generell gelte es ja, in verschiedensten Zusammenhängen im Leben genau dieses „gerade richtige Maß" zu finden und zu bestimmen, so dass ein „lagom nivå" auch in der Sozialhilfe hinsichtlich einer (neuen) Balance des „Förderns und Forderns" angemessen erscheine:

> *„Ich denke nämlich, dass wir höhere Anforderungen stellen, das ist nicht gut. Aber – wenn man zu geringe Anforderungen stellt, so ist das auch nicht gut, sondern es gilt dabei, das gerade genau passende Niveau zu finden, und das ist manchmal sehr schwer."* (Int. 24: 360-363)

Es fand sich unter den Befragten eine verbreitete Kritik an rechtlichen oder programmatischen Vorgaben, die eine besonders restriktive Sozialhilfepraxis vorsehen. Diese Kritik bezog sich auch auf entsprechend konzipierte pädagogische Interventionsformen, wenn etwa die soziale Kontrolle und das „Fordern" über detaillierte rechtliche Vorgaben in den Mittelpunkt des sozialberuflichen Handelns rückt. Zu erkennen war zugleich die Bereitschaft der befragten Experten, die sich aufzeigenden Widersprüche in neuen Leitbildern und Programmen mit den bisherigen Leitbildern und Handlungsformen und den traditionell sozialarbeiterisch und pädagogisch definierten Interventionsmustern in einer möglichst konstruktiven Verknüpfung zur Anwendung zu bringen. Dabei ging es den Befragten vor allem darum, die eigene sozialberufliche Identität als „Socionomer" bzw. „Sozialsekretäre" und die Arbeitszufriedenheit und -motivation auch unter dem Einfluss neuer Leitbilder und Programme weiterhin zu erhalten. Strategien der Befragten bestanden beispielsweise darin, die neuen bzw. konkretisierten Leitbilder der „Aktivierung" in Arbeit und Qualifizierung und des Forderns von Mitwirkungen und Gegenleistungen der Sozialhilfebeziehenden möglichst in einem *Verständnis der Koproduktion* und in *dialogisch ausgerichteten Handlungsformen* zu vermitteln. Diese Strategien wurden zum Beispiel in Schilderungen zu den Handlungsformen *Beratung* und *Information* in einigen Aussagen erkennbar:

> *„Das ist ja nun sehr detailliert mit § 6 a, b, c, d, e, f SoL (...). Und man hat das Recht auf Hilfe geschärft. Es ist nun schwerer, diese Hilfe zu erhalten. Wir haben das Recht, eine Ablehnung zu erteilen, wenn eine Person seine Aktivitäten abbricht oder nicht mitwirkt. (...) Aber insgesamt betrachtet denke ich, dass es keinen so großen Unterschied gibt. Man muss es den Menschen mehr erklären, dass es Veränderungen gegeben hat. Das ist klar."* (Int. 25b: 877-893)

Im *Resümee* sind bezogen auf die Veränderung institutioneller Normen und institutioneller Leitbilder mit den Neuregelungen des schwedischen Sozialdienstgesetzes von 1998, die mit der Gesetzesnovelle von 2002 bestätigt wurden, mehrere Entwicklungen gleichzeitig erkennbar. Die einzelnen Reformelemente und bestimmte „Modernisierungsstrategien" in der schwedischen Sozialhilfe erscheinen dabei teilweise als gegenläufig oder in ihren Konsequenzen einander widersprüchlich. Bezogen auf einzelne Gruppen und bezogen auf die Bezugsdauer der Sozialhilfe wurden mit den Gesetzesänderungen der vergangenen Jahre beispielsweise die Wege *durch* die Sozialhilfe für Ältere, allein Erziehende, Kranke, Erwerbsunfähige, und andere Gruppen, die lediglich reguläre monetäre Hilfen in Form der neuen „Riksnorm" und in Form fester Pauschalbeträgen, etwa für Unterkunft usw. beziehen, über das zentralstaatliche Steuerungsinstrument Recht sicherer und berechenbarer und insofern tendenziell universeller gestaltet. Leitbilder wie Rechtssicherheit und Rechtmäßigkeit in der Sozialhilfe wurden bezogen auf diese *typischen Langzeitbezieher* tendenziell erweitert. Auch in den Interventionsmustern wurden die rechtlichen und monetären Interventionen eindeutiger gestaltet und damit für die genannten Gruppen transparenter und verlässlicher. Das soziale Recht und der Anspruch auf Sozialhilfe wurden in Schweden durch die „Riksnorm", mit der die Höhe der monetären Transferleistung im Kernbereich der Sozialhilfe definiert ist, landesweit verbindlich und einheitlich geregelt. Auch in den Interaktionsmustern dürften sich bezogen auf die genannten Gruppen und Problemlagen in der Sozialhilfepraxis nach den gesetzlichen Neuerungen von 1998 und 2002 somit keine grundlegenden Veränderungen ergeben haben. Diese dürften für die genannten Gruppen tendenziell konfliktfreier und „dialogischer" verlaufen als vorher. In

Form vereinfachter Berechnungs- und Zahlungsweisen und insgesamt entbürokratisierter Kontaktmuster waren insoweit durchaus Verbesserungen erkennbar.

Demgegenüber verweisen aber die Befunde aus den Experteninterviews in Göteborg jedoch ebenso darauf, dass die Neuregelungen des Sozialdienstgesetzes von 1998 und 2002 vor allem bezogen auf *junge Arbeitslose, Studierende, Langzeitarbeitslose und Personen, die besondere Bedarfe geltend machen,* die außerhalb der „Riksnorm" geregelt sind, zu einem erschwerten und selektiver gestalteten Zugang zu den Leistungen der Sozialhilfe, zu erweiterten Kontroll- und Sanktionsmöglichkeiten, zur intensiveren Einforderung von Mitwirkungspflichten und zu Einschränkungen bei Klage- und Beschwerdemöglichkeiten geführt haben. Bezogen auf diese Empfängergruppen ist damit der Übergang von der „Arbeitslinie" zur „Aktivierungslinie" deutlich erkennbar. Diese „Aktivierungslinie" ist gruppenbezogen mit erhöhter Rechtsunsicherheit verbunden und mit höchst selektiv gestalteten sozialen Interventionen verbunden. In der Sozialhilfe in Göteborg bedeutet dies vor allem verhaltensbezogene und damit personenbezogene wie auch pädagogische Interventionsformen.

Zusammenfassend ergibt sich ausgehend von den Leitbildern und allgemeinen Normen der schwedischen Sozialhilfe ein Bild, wonach *Wege in* und *durch* den Sozialhilfebezug, die auf die *Hauptursache Arbeitslosigkeit* zurückgehen, sowie außergewöhnliche Bedarfe, die *nicht* mit der neuen national einheitlichen Riksnorm abgedeckt werden können, im Rahmen besonderer Interventionsmuster begleitet und „behandelt" werden. Diese sind in den genannten Fall- und Problemtypen offenbar häufiger pädagogischer, erzieherischer oder gar kontrollierender und disziplinierender Art als das sonst im Bereich der Sozialhilfe gilt.

Ein in den Leitbildern und allgemeinen Normen der schwedischen Sozialhilfe nach den Neuregelungen von 1998 mit institutioneller Akzeptanz versehener idealtypisch zu beschreibender *„Standardfall" der Sozialhilfe*, für den das Niveau der „Riksnorm" und die Prinzipien der Rechtmäßigkeit und Rechtssicherheit bedenkenlos Anwendung finden, darf demnach *„nicht arbeitslos"* sein und er darf *keine außergewöhnlichen materiellen oder immateriellen Bedarfe* aufweisen oder geltend machen. Liegen diese Merkmale jedoch vor, so sind die Risiken der Rechtsunsicherheit und eingeschränkter Rechtmäßigkeit in der Entscheidungsfindung und in der Leistungsgewährung sowie im Kontext der konkretisierten Instrumente einer „Aktivierung" deutlich erweitert. Da Ende 1999/2000 ein erheblicher Anteil der Sozialhilfebeziehenden entweder arbeitslos war, oder aber auch besondere einmalige materielle oder immaterielle Bedarfe geltend machte, waren Risiken einer höchst selekti-

ven Entscheidungs- und Gewährungspraxis für einen Großteil der Sozialhilfebeziehenden in Göteborg gegeben.[598]

Die in der folgenden Tabelle dargestellten Veränderungen bisheriger Normen
und Leitbilder, wie sie im Einfluss einer primär arbeitsmarktbezogenen „aktivierenden Sozialpolitik" erkennbar werden, sind zumindest teilweise als „wirkliche
Reform" zu bezeichnen. Dies gilt für die Einführung der „Riksnorm", die den
Bedarfsdeckungsgrundsatz sichert sowie für die Wiedereinführung des Klagerechts
ab 2002 bei sonstigen Leistungen, womit Rechtssicherheit und Rechtmäßigkeit in
erhöhtem Maße gewährleistet sind. Die Verbindungen früherer Orientierungsmuster und Grundsätze mit dem „neuen" Leitbild einer „aktivierenden Sozialpolitik"
erweisen sich jedoch für das System als schwierig. Einerseits schaffen die neueren
detaillierten Regelungen zu den Mitwirkungspflichten, sowie zu Voraussetzungen
und Bedingungen der Kürzung im Falle mangelnder Mitwirkung durchaus mehr
Transparenz, Rechtssicherheit und Rechtmäßigkeit, zugleich fördern die Regelungen auch Merkmale der Selektion und Ausgrenzung sowie der erweiterten sozialen
Kontrolle und Disziplinierung, insbesondere bei jungen Arbeitslosen.

Tabelle 15:

**Institutionelle Normen und Leitbilder der schwedischen Sozialhilfe
im Wandel des Sozialdienstgesetzes**

Reformbezug und Leitbild:	Regelungen des Sozialdienst-gesetzes und Deutungen *vor* 1998	Regelungen des Sozialdienst-gesetzes und Deutungen *nach* 1998/2002
1.1 Niveau der Sozialhilfe **und**	Geregelt im Rahmen national gültiger Richtlinien der Sozialbe-hörde, dabei erhebliche kommu-nale Abweichungen, teilweise nach oben, meist nach unten.	Zentralstaatlich einheitlich gere-gelt im Rahmen einer neu einge-führten „Riksnorm". Sicherung des „Minimalniveaus" über *zentralstaatliche* Intervention
1.2 Leitbild einer Sozialhilfe als „zeitlich vorübergehende Krisenin-tervention":	Anfang der 1990er Jahre in einzelnen Kommunen explizit definierte „Kurzzeitnorm" und reguläre „Bruttonorm". Sozialhil-feniveau damit *kommunal von Bezugsdauer abhängig* unterschied-lich hoch.	und zugleich geringere Gestal-tungsfreiräume für die Kommu-nen in der Festlegung der Höhe der Sozialhilfe, Keine Unterschiede mehr in der Höhe der Sozialhilfe. „*Riksnorm"* *ist von der Bezugsdauer unabhängig.*

---

[598] In 34 % aller Fälle ging der Sozialhilfebezug in Göteborg im Jahr 2001 auf die Ursache Arbeitslosigkeit zurück. Vgl. Göteborg Stad (2002).

2. Leitbild der „Aktivierung":	*Allgemeine*, eher unbestimmte Rechtsgebriffe und Definitionen zu Mitwirkungspflichten und zur Umsetzung der „Arbeitslinie" in der Sozialhilfe.	*Konkretisierung* der Mitwirkungspflichten und der Elemente einer „Arbeits- *und* Aktivitätslinie" *innerhalb* der Sozialhilfe, vor allem bezogen auf junge Arbeitslose im Alter bis 25 Jahren.
3. Zugang zur Sozialhilfe **und**	*Generell gleicher Zugang* zu den Leistungen der Sozialhilfe unabhängig von Ursachen oder sonstigen Kriterien	*Selektiv erschwerter Zugang* vor allem für *junge Arbeitslose*, und ab Ende der 1990er Jahre tendenziell für alle *arbeitslosen/erwerbsfähigen* Antragsteller. Selektiv höhere Rechtsunsicherheit für Arbeitslose
3.1 Leitbilder der „Rechtssicherheit" und der „Rechtmäßigkeit" (Rättvisa):	Generell beträchtliche Rechtsunsicherheit und Verletzung der Rechtmäßigkeit durch *kommunal unterschiedliche Niveaus*, z.T. unterhalb national empfohlener Standards.	Zugleich generell für *alle* Empfänger eine Verbesserung von Rechtssicherheit und Rechtmäßigkeit durch die Einführung der „Riksnorm" 1999 bis Ende 2001 selektive Einschränkung der Rechtsmittel bei den „sonstigen Leistungen" durch Wegfall des Klagerechts *(överklaga)*
	Bis 1998 und ab 2002 generell gleiche Rechtsmittel bei laufenden, einmaligen und sonstigen Leistungen.	
4. Typische Expertenaussagen zum Wandel institutioneller Normen und Leitbilder nach 1998, **sowie**	**Vor 1998 galt:** „Die Sozialhilfeempfänger *sollen* Arbeit suchen" (Int. 14: 490) „Hast Du Arbeit gesucht?" (Int. 16: 595) „Du *kannst* oder solltest eine Arbeit annehmen" (Int. 17: 830-840)	**Seit 1998 gilt:** „Die Sozialhilfeempfänger *sollen aktiv* Arbeit suchen." (Int. 14: 394) „*Wie* suchst Du Dir Arbeit? Kannst Du mir das zeigen?" (Int. 16: 598) „Du *musst* eine Arbeit annehmen." (Int. 17: 830-840) „Man muss die *Zügel anziehen*" (Int. 13: 337-338)
4.1 zu den Veränderungen institutioneller Arrangements:	„Vor 1998 hatten wir *weniger Projekte*" (Int. 17 und 23)	„Die Reform von 1998 brachte auch *mehr Projekte*" (Int. 23 und Int. 17): „*Samverkan*" (Zusammenwirken) von Sozialhilfe und Arbeitsmarktpolitik u.a. als die neue Steuerungsressource (Int. 10)

471

Wie diese Veränderungen der schwedischen Sozialhilfe über die Regelreform des Sozialdienstgesetzes von 1998 und mit der Bestätigung der Neuregelungen von 2002 in die historische Entwicklung der Sozialarbeit seit Anfang der 1980er Jahre einzuordnen sind, wurde ergänzend zur Fallstudie Göteborg auch von einem Experten beschrieben, der seit über 20 Jahren im Sozialdienst der Stadt Malmö tätig war. Die umfassende Aussage belegt und generalisiert die für Göteborg ermittelten Befunde weitergehend:

> „(...) Mehrere von uns, die schon früher als Angestellte im Sozialdienst gearbeitet haben; wir haben eine sehr positve Haltung, ein sehr positives Menschenbild (...). Dann ist natürlich das Sozialdienstgesetz geändert worden. 1982 war das ja sehr fortschrittlich, sehr positiv undsehr weitgehend als Anspruchs-Gesetz für die Klienten formuliert, während inzwischen bestimmte Teile verändert wurden, wonach höhere Anforderungen gestellt werden gegenüber den Hilfesuchenden. Und das Niveau ist auch abgesenkt worden. Und man hat die Begriffe und Schreibweise verändert, den 1990er Jahren angepasst. (...) Man hat den Rechten ganz einfach Grenzen gesetzt und das gab es wohl vor 1998 so nicht (...). Dann soll eine intensivere Prüfung vorgenommen werden, und es ist nicht mehr alles einklagbar.(...) Das ist ja auch ein großer Unterschied. Das harmonisiert auch mehr mit vielem anderen in der Gesellschaft, die sich verändert hat. Das kann man sagen. So, es ist vieles anderes, was härter geworden ist Die Menschen wurden ja auch faktisch auf der einen oder anderen Weise „eingehüllt" in die Sicherheit, die es die ganze Zeit über gab. Man kann denken, sie wurden passiv. Man kann denken, dass die Sachen und Dinge als gegeben angesehen wurden, dass man sich weniger anstrengt und so weiter (...). So dass diese Einsicht – denke ich – dass der Gesetzgeber und das gemeine Volk nun verstanden haben, dass Wohlfahrt ihre Grenzen hat." (Int. 04: 164-189)

Die gesellschaftspolitischen Hintergründe und die Einbindung der Neuregelungen institutioneller Normen und Leitbilder, wie sie symbolisch in der Sozialhilfe für den Wandel des schwedischen wohlfahrtsstaatlichen Arrangements seit den 1990er Jahren zum Ausdruck kommen, werden mit dem obigen Zitat anschaulich. Auch „Grenzen von Wohlfahrt und Wohlfahrtsstaatlichkeit" wurden mit dem beschriebenen Wandel in den normativen Grundlagen, den Leitbildern und dem Menschenbild explizit angesprochen. Ob und inwieweit sich diese Grenzen auf der Ebene von Kommunalpolitik und -verwaltung in Göteborg beispielsweise auch in Form eines für die Sozialhilfe wirksamen *Leitbildes der „Ausgaben- oder Kostenreduzierung"* zeigten, wurde genauer untersucht.

5.4.6 „Ausgabensenkung": Kommunalpolitisches Leitbild in einer sozialarbeiterisch geprägten Dienstleistungsorientierung der Sozialhilfe

Im Rahmen der Fallstudie zeigte sich, dass vor dem Hintergrund der angespannten Kommunalfinanzen in Göteborg, zwar weniger deutlich aber tendenziell ähnlich wie in Bremen, die Frage des Ausgabenanstiegs in der Sozialhilfe im Verlauf der 1990er Jahre ein wesentliches Motiv und zumindest zeitweise *den* zentralen Hintergrund für kommunalpolitische Reformbemühungen einer „aktivierenden Sozialhilfe" bildete.[599] Das Motiv, die Zielsetzung und ein explizites Leitbild der Reduzierung der Ausgaben im kommunalen Sozialhilfeetat war einerseits in Aussagen von Befragten vor allem auf der Leitungsebene wie auch in den Dokumenten und Programmen enthalten, wurde zugleich aber auf der professionalen Ebene der Sozialarbeiter in den kommunalen Sozialbüros und Projekten *nicht* unmittelbar als handlungs- oder interventionsleitend erkennbar. In einer Reihe von Interviews der ausführenden Ebene kamen Motiv oder ein Leitbild der Ausgabenreduzierung auch direkt gar nicht vor und wurden allenfalls indirekt angesprochen. Ein wesentlicher Befund der qualitativen Analyse ist schließlich, dass auf die kommunale Ausgabensituation bezogene Motive und Leitbilder sowie entsprechend gestaltete Handlungs- und Interventionsformen von den Befragten durchgängig als *nachrangig* gegenüber einer sich aus dem Sozialdienstgesetz und dem fachpolitischen Grundverständnis herleitenden Bedarfsorientierung angesehen wurden. In diesem Zusammenhang zeigte sich erneut, dass in den Leitbildern und in der Deutung und Anwendung institutioneller Normen die sozialberuflich geprägte Identität und Fachlichkeit von den Befragten gegenüber kommunalpolitisch ausgegebenen Leitbildern oder Zielsetzungen als „gewichtiger" angesehen wurden. In diesem Kontext wurde beispielsweise sehr klar von einem langjährig in der Sozialhilfe tätigen Sozialarbeiter in einem der kleineren und als in den Ressourcen stark geltenden Stadtteile mit geringer Sozialhilfequote formuliert: *„Es ist ganz einfach so, dass die Kommune nicht die ausreichenden Ressourcen hat, um dem Sozialdienstgesetz entsprechend zu arbeiten."* (Int. 25: 453-454)

Die kommunalen Ressourcen für die sozialpolitischen Leistungen wurden als grundsätzlich begrenzt und tendenziell als unzureichend bewertet, um überhaupt die zentralstaatlich im Sozialdienstgesetz gestellten und fachlich begründeten Anforderungen der Sozialarbeit vor Ort (noch) erfüllen zu können. In einer Steuerungs- und Interventionsperspektive wurde beispielsweise vom gleichen Experten formuliert: *„Es ist immer das Budget, das Geld, das steuert"* (Int. 25: 446). Entsprechend wurde im Zusammenhang mit den seit Mitte der 1990er Jahre eingerichteten arbeitsmarktpolitischen Projekten der Stadt Göteborg als selbstverständliches Motiv auf die angespannten Kommunalfinanzen und auf ein Leitbild der Begrenzung und

---

[599] In *Göteborg* wurde beispielsweise im Oktober 1996 vom Hauptausschuss eine kommunalpolitische „*Socialbidragskommission*" mit dem Auftrag eingesetzt, Vorschläge für Programme und Maßnahmen zu entwickeln, die ausdrücklich einer „*Begrenzung der Sozialhilfekosten*" bewirken sollten. Vgl. Göteborg Stad (1997). In *Bremen* standen im Grunde sämtliche Maßnahmen einer Reform der Verwaltung wie in der direkten Sozialhilfepraxis seit Mitte der 1990er Jahre in einem direkten Zusammenhang mit der massiven städtischen Finanzkrise. Die befragten Experten wiesen meist auf blockierende oder Reformprozesse konterkarierende starke Einflüsse und Beschlüsse hin, die sowohl vom Finanzsenator wie auch vom Rechnungshof für die Sozialhilfe vorgenommen wurden, etwa bei der Bemessung der Fallzahlen. Auch in diesen Kontexten bestätigte sich, dass in Bremen tendenziell die Finanzpolitik die Fachpolitik der Sozialhilfe in wesentlich höherem Grad bestimmte als für Göteborg erkennbar.

Reduzierung der Ausgaben in der Sozialhilfe Bezug genommen. Dabei wurde aber stets direkt ein Zusammenhang mit den sich aus der Perspektive der Sozialhilfebeziehenden, aus dem Sozialrecht und aus den von den Professionellen in den Projekten und im Kontakt zum Bürger ermittelten Bedarfen hergestellt. Die Ausgabenreduzierung wurde nie als einziges Motiv oder Leitbild isoliert dargestellt.

Die befragten Fachkräfte auf der Ebene unmittelbarer Kontakte zu den Sozialhilfebeziehenden sahen sich daher zumeist in einer konfliktträchtigen Position. Ihnen fällt die komplexe Aufgabe zu, unter Anwendung der einerseits *zentralstaatlich* erlassenen Rechtsgrundlagen von 1998 und 2002 bei gleichzeitiger Berücksichtigung der *kommunalpolitisch* entwickelten Detailregelungen und Zielsetzung im Zusammenhang neuer aktivierender Programme außerdem auch die von den *Sozialhilfebeziehenden* selbst formulierten Bedarfe im Rahmen der eigenen *sozialberuflich entwickelten Deutungs- und Handlungsmuster* in möglichst allseits zufriedenstellende Formen sozialer Interventionen zu verbinden. In dieser besonderen *professionalen Verknüpfungsleistung* waren die veränderten sozialpolitischen und sozialrechtlich sowie sozialberuflich aufeinander bezogenen Leitbilder, Normen und Motive, etwa der Ausgabenreduzierung einerseits und der Bedarfsdeckung und der „Ganzheitlichkeit" andererseits seit Ende der 1990er Jahre neu zu koppeln. Diese Verknüpfungsleistung erfolgte dann durchaus unter dem Einfluss eines seit Anfang der 1990er Jahre im öffentlichen Sektor stärker ausgeprägten Ausgaben- und Kostenbewußtseins, wobei sich einzelne der Experten in der Erfüllung dieser vielfältigen Anforderungen wörtlich „*in der Klemme*" fühlten:

> „(...) Man kann sich als Sachbearbeiter in der Klemme fühlen. Es ist ja der Druck, der Druck von oben, dass die Kosten gesenkt werden müssen. Dies und das kostet zu viel, die sollen nicht so lange von Sozialhilfe leben. Die müssen wieder raus,(...). Also den Druck von oben – dann die Klienten, die hier sitzen – und dann ich dazwischen. Ich muss versuchen, dem nachzukommen, das aufrechtzuerhalten." (Int. 20: 569-574)

Das Leitbild und die sozialberuflich aus dem Sozialdienstgesetz abgeleitete Zielsetzung der *Bedarfsorientierung* bildete dabei für die Professionellen allerdings *die* zentrale Norm ihres sozialberuflichen Handelns. Auch in Berichten und Dokumenten zur Einrichtung neuer Projekte oder für die Einführung neuer Arbeitsmethoden waren die Ausgaben- oder Kostensenkung nie als alleiniges Leitmotiv erkennbar. Beispielsweise war sowohl in den Sozialbüros traditioneller Art als auch in den neueren Projekten die zentrale Leitidee und das Ziel einer „*Verkürzung der Bearbeitungs- und Vermittlungszeiten*" teilweise für die Praxis auch stärker bestimmend. Zugleich wurde aber darauf hingewiesen, dass verkürzte Bearbeitungs- und Vermittlungszeiten nicht nur zu *Einsparungen von Finanzmitteln*, sondern auch zu einer zügigeren *Befriedigung von Bedarfen* bei den Bürgern führen:

„(...) Wenn man mit dieser Empfängergruppe arbeitet – da ist es ja so: Verkürzt du die Bearbeitungszeiten, so sparst du Geld. Die Zeit in passiver Sozialhilfeabhängigkeit soll verkürzt werden und dadurch sparst du Geld. Und wenn du die Bearbeitungszeit verringerst, so entspricht das auch dem Bedarf des Hilfesuchenden. Man versucht da ja abzuwägen – Du erfüllst auch den Bedarf der Hilfesuchenden dadurch, dass sie in einen Job gebracht werden, weil – wir gehen ja davon aus, dass es jedem Menschen gut geht, wenn er Arbeit hat, und dass er eine Arbeit benö-tigt, und diese will, und dass es ihm dadurch gut geht, das er sich selbst versorgen kann.(...).“ (DELTA-AMT: Int. 11: 501-508)

Die zitierte Aussage zeigt nicht nur, in welch hohem Maße das Leitbild einer „akti-vierenden Sozialpolitik" inzwischen das konzeptuelle Denken prägt und insoweit bereits in der Praxis institutionalisiert ist. Die Aussage belegt neben dem relevanten Bild vom „passiven" Sozialhilfeempfänger ferner, in welch hohem Grad *verschiedene Leitideen und Ziele unterschiedlichster Ebenen und Kontexte sozialer Interventionen in sehr enger Weise miteinander verknüpft werden.* Neben der Ausgaben-/Kostenreduzierung ist das Leitbild und die sozialrechtliche Norm einer *Hilfe zur Selbstversorgung* beispielsweise mit enthalten. Dabei sind die Leitbilder, wie Selbstversorgung und Ausgaben-/Kostenreduzierung ferner direkt *zeit- und verlaufsbezogen konzipiert* und die *Zielsetzun-gen unterschiedlichster institutioneller Ebenen* sollen in der Praxis der Sozialhilfe *möglichst gleichzeitig* in Form entsprechend modifizierter sozialer Interventionen erreicht werden. Vor allem im genauer untersuchten arbeitsmarktbezogenen Projekt *„DELTA-Arbetsmarknadstorget"* standen während der Erhebungsphase sowohl die *Bearbeitungs- und Vermittlungszeiten*, wie auch die *Bezugszeiten* im Zentrum der lokalen Reformansätze. Eine beschleunigte Bearbeitung der sozialen Probleme sollte bei reduzierten Fallzahlen in den Projekten und im professionalen Verständnis des institutionellen Zusammenwirkens *(Samverkan)* erreicht werden. Über diese Ansätze sollten gleichzeitig die integrativen Effekte verbessert und so lange Bezugszeiten und multiple Problemlagen wirksamer bearbeitet bzw. vermieden werden. Dabei erhielten nicht ausschließlich diejenigen, die schon besonders lange im Sozialhilfe-bezug standen, eine besondere Förderung im Rahmen dieser Projekte und Ansätze, sondern als Zielsetzung galt, dass generell *für alle arbeitsfähigen Neuantragsteller* mit Beginn des Projekts DELTA-AMT die Leistungen und Hilfen schneller und koor-dinierter erbracht werden sollten als noch Anfang oder Mitte der 1990er Jahre. Insoweit bestätigten sich allgemein für die Sozialarbeit beschriebene Tendenzen einer „Effektivisierung" und „Beschleunigung" in den sozialen Interventionen.

Auch *außerhalb* der neueren arbeitsmarktbezogenen Projekte wurde das Leitbild der Ausgabenreduzierung von befragten „Socionomer" als relevant formuliert. Zugleich wurde es teilweise direkt mit einer verlaufsbezogenen Perspektive ver-bunden und die *Verkürzung der Bezugsdauer* wurde als das der Ausgabenbegrenzung vorgelagerte primäre Ziel beschrieben. Das Leitbild und Motiv der Ausgabensen-kung wurde in diesen Zusammenhängen in den traditionellen Sozialbüros ebenfalls als für die Praxis eher zweitrangig wirksam vermittelt. Es wurde in einen Kontext gestellt, in dem nicht per se eine repressivere Sozialhilfepraxis, sondern möglichst weit gefasst die „dialogische" Erschließung vorrangiger Leistungen wie Arbeitseinkommen, Rentenbezug oder Krankengeld im Zentrum der Interventionen steht. In diesen Ansätzen und Perspektiven wurden die Effekte sowohl für den Leistungsberechtigten wie auch für die Kommune zusammenfassend betrachtet als in doppelter Hinsicht positiv gesehen. Die Reformziele und -motive, nach denen die Wege aus dem Sozialhilfebezug genauer beachtet werden, schienen dabei weitgehend akzeptiert:

> *„Das Ziel ist es, die Bezugsdauer zu vermindern, und auch zum Teil, die Betragshöhe der Sozialhilfe zu vermindern. Dadurch, dass wir versuchen, den Menschen einen größeren Anteil an anderen Einkünften von anderen Stellen, über Arbeit, Rente, Krankengeld oder so zu ermöglichen."* (Int. 25: 356-358)

Vor allem in einer *längerfristigen Zeit- und Handlungsperspektive* wurde von den Befragten in Göteborg durchgängig eine vorrangige, vorschnelle und „reine" Ausgaben- und Kostenorientierung dann ausdrücklich und zum Teil extrem kritisch bewertet. Vielmehr wurde aus sozialberuflich und fachlicher Perspektive der Sozialarbeit formuliert, dass sich ein höherer Ressourceneinsatz in Form von Personal und in Form möglichst genauer und „ganzheitlicher" Problem- und Ressourcenanalysen *zu Beginn* des Sozialhilfebezuges langfristig eher rechne als wenn man bereits bei Antragstellung in einem verkürzten „Aktivierungsverständnis" einem „reinen" Leitbild der Ausgabensenkung folge und restriktive und ungenauer Bedarfsanalysen vornehme.[600] Das Leitbild der Bedarfsdeckung rangierte in den Argumentationsmustern und in der Wertigkeit wie auch in der Verlaufslogik sozialer Interventionen bei den Befragten der ausführenden Ebene stets vor dem Leitbild einer „Kosten- oder Ausgabenreduzierung". Die folgende Aussage belegt diese Handlungs- und Orientierungsmuster anschaulich, deutet aber ebenso die Grenzen einer so verstandenen Fachlichkeit für die Praxis an:

> *„Aber so eine grundlegende Problemanalyse, die kostet viel und braucht auch viel Zeit – denke ich. In vielen Fällen, da – übergeht man einfach Dinge oder vergisst sie. Wenn man wirklich sieht, wo es den Bedarf etwa gibt, vielleicht ausgehend vom Klienten, was. (...) Der Bedarf ist da häufig größer als das was er kosten darf. (...) Wenn man den Bedarf von Beginn an abdeckt, so ist das auf längere Sicht besser. (...)"* (Int. 25: 960-972)

Im Zusammenhang mit Schilderungen zu kommunalpolitischen Leitbildern und normativen Vorgaben der Ausgabenreduzierung wurde in Göteborg bzw. Schwe-

---

[600] Insoweit wurden Befunde von Byberg (1998) bestätigt, nach denen Kommunen, die in der Sozialhilfe etwa auch über Projekte einen erweiterten Ressourcen- und Personaleinsatzeinsatz vornehmen, frühzeitig Beratungsdienste anbieten und bestimmte Organisationsformen wählen, mittelfristig bis langfristig die Ausgaben in der Sozialhilfe wirksamer absenken konnten als Kommune, die beim Ressourcen- und Personaleinsatz restriktiver vorgehen, um kurzfristig öffentliche Mittel „einzusparen".

den von einigen Befragten ferner explizit eine Verknüpfung mit dem Leitbild der „*Schaffung von mehr Lebensqualität*" vorgenommen. Generell fanden sich das *Leitmotiv der „Qualität*" und eine „*Serviceorientierung*" *(„bra kvalitet och bra service")* in den Expertenaussagen zur Sozialhilfe und zum Sozialdienst sehr verbreitet. Anknüpfend an diesen Qualitätsdiskurs wurde von Befragten primär sozialberuflich und fachpolitisch motiviert ein gesamtgesellschaftliches Ziel der „*besseren Lebensqualität*" formuliert. In der Wertigkeit wurde dies von den befragten Sozialarbeitern höher gesehen als andere Ziele der Kommunalpolitik, jedoch mit den sonstigen kommunalpolitischen Zielen möglichst verbunden. Das Ziel der „besseren Lebensqualität" wurde von einzelnen Experten dabei explizit auf die Sozialhilfe bezogen und als ein für ihre tägliche Praxis relevantes Leitbild eingeführt. Interessanterweise wurde auch in diesem Zusammenhang wiederum die *Reduzierung der Bezugszeiten* mit dem Leitbild der *Ausgabenreduzierung* verbunden beschrieben und um die Zielsetzung der Verbesserung von Lebensqualität erweitert:

> „(...)*Wenn du die Bezugsdauer verringerst, so verringerst du auch die Kosten und gleichzeitig deckst du auch deine eigenen Bedarfe ab (Lachen). So hier – im Rahmen der Ziele des Delta-Projekts – die sind, die Lebensqualität zu erhöhen, wie wir sagen. Das ist ein sehr populärer Ausdruck in Schweden, die Lebensqualität steigern. Und eine Art, die Lebensqualität zu erhöhen – das ist, Menschen hinaus in Arbeit zu kommen. Und da gibt es dann auch so eine grundlegende Annahme, dass man auch andere Kosten in der Gesellschaft verringert, zum Beispiel für Krankheit, Sucht, Kriminalität, und dass es Kindern nicht schlecht geht und so. Es gibt so einen allgemeinen umfassenden Volksgesundheitsgedanken und so.*" (Int. 11: 510-516)

In der zuvor zitieren Passage handelt es sich um eine inhaltlich und thematisch extrem *dichte und zentrale Aussage,* die wiederum belegt, wie vielschichtig und verwoben Motive und Leitbilder der heutigen Praxis der Sozialhilfe gestaltet sind. Zudem belegt die Passage, dass sich in der Perspektive auf die Lebensqualität direkt auch die *Lebenslaufperspektive* findet, zumal neben den durch entsprechend gestaltete soziale Interventionen erreichten Verkürzungen von Sozialhilfebezugszeiten auch mögliche sozialhilfextern erzielbare Positiveffekte mit angesprochen wurden. Diese dem Sozialhilfebezugs *nachgehenden Effekte* können zeitlich noch weit nach dem eigentlichen Austritt aus dem Sozialhilfebezug liegen. Sie sind insofern nur mit hohem Aufwand erfassbar und werden bisher in den Evaluations- und Controllinginstrumenten des New Public Management meist gar nicht mit beachtet.

Im Detail und zusammenfassend ergaben die Analysen, dass Leitbilder, die mit den neueren arbeitsmarktbezogenen Projekten im direkten Zusammenhang stehen, wie eine individuelle „Aktivierung" von Arbeitslosen oder auch die „Ausgabenreduzierung" *keinesfalls* isoliert zu sehen sind. Vielmehr sind die Leitbilder und Zielsetzungen sowie entsprechende Handlungs- und Orientierungsmuster institutionen-theoretisch und interventionstheoretisch geleitet für den Verlauf der Reformstrategien der 1990er Jahre differenzierter in der Ebene der Sozialpolitik, der Organisationen, des Rechts und der Professionen stets in Relation zu verschiedensten anderen, zum Teil älteren, aber auch neueren institutionellen Normen und Leitbildern zu sehen. Zu nennen sind beispielsweise die sozialrechtlich verankerte „Bedarfsorientierung", der Grundsatz der „Ganzheitlichkeit", der „guten Qualität", bis hin zu Zielsetzungen, die generell auf die Lebensqualität der Bürger bezogen sind. Institutionelle Normen und Leitbilder werden neu bzw. verändert verbunden und sind entsprechend umfassend und vielfältig mit für die Gestalt und Praxis sozialer Interventionen relevant. Damit ist eher von *Norm- und Leitbildkonfigurationen* zu sprechen als von einzelnen isoliert stehenden Normen und Leitbildern der Sozialhilfe. In Göteborg ließen sich dabei extrem vielfältige Verknüpfungsleistungen erkennen, die im Rahmen sozialer Interventionen über die Sozialhilfe und innerhalb des Sozialdienstes vor allem professional durch die praktisch handelnden „Socionomer" im Kontakt zum Bürger erbracht werden.

Neben dem *kommunalpolitisch* relevanten Leitbild der „Ausgabenreduzierung" ließ sich unter den Befragten der Sozialhilfe in Göteborg in der Formulierung der Leitbilder eine ausgeprägte *Zeit- bzw. Verlaufsorientierung* erkennen, so etwa in den Ansätzen neuerer arbeitsmarktbezogener Projekte. Über diese Zeit- und Verlaufsorientierung ist zum einen die Verkürzung von Bearbeitungs- und Vermittlungszeiten wie auch die Verkürzung der Sozialhilfebezugszeiten generell angesprochen, die wiederum auf die Ausgabenentwicklung der Sozialhilfe zurückwirken. Neue Formen des Zusammenwirkens von Sozialhilfe, Arbeitsvermittlung und -beratung sowie weiterer Akteure und schnellere, und im „Timing" genauer aufeinander abgestimmte Bearbeitungsmuster und Entscheidungen spielen für die Umsetzung der Leitbilder und für das Erreichen der gesetzten Ziele eine zentrale Rolle. In Göteborg fand sich aber ebenso eine ausgeprägte *Bedarfsorientierung*, die fokussiert mit dem Hinweis darauf ausgedrückt wurde, dass lange Bearbeitungszeiten und lange Bezugszeiten in der Sozialhilfe nicht dem Bedarf der Bürger entsprechen. In der Verlaufsperspektive war außerdem eine *„Folgekostenorientierung"* enthalten. Diese beinhaltet die Erwartung, dass im Rahmen einer einerseits veränderten und vor allem „aktiveren" zugleich aber weiterhin „ganzheitlich" am Bedarf der Bürger ausgerichteten Sozialhilfepraxis auch die gesamtgesellschaftlichen Folgekosten von Arbeitslosigkeit und Armut reduziert werden können. Insofern war wiederum ein Leitbild der Ausgaben- oder Kostenreduzierung erkennbar, das noch über die Kommunalfinanzen hinausgehend auf die gesamte Wohlfahrtsgesellschaft bezogen wurde. Eher indirekt wurde von einzelnen Experten zum Leitbildern schließlich noch eine *Gesundheitsorientierung* mit zum Ausdruck gebracht, die explizit mit der Zielsetzung und dem kollektiven Gut der „Volksgesundheit" und einer *verbesserten Lebensqualität* verbunden wurde. Im Rahmen der Sozialhilfe wurden auch diese weiter gefassten sozialpolitischen und gesellschaftlichen Ziele vor allem über die

Einhaltung des *Bedarfsprinzips* und die fachliche Ausrichtung am *Prinzip der Ganzheitlichkeit* in der Problembearbeitung als beeinflussbar und realisierbar angesehen.

Die hier genannten Leitbilder spiegeln zusammenfassend betrachtet einerseits das Bild vom umfassenden Versorgungsstaat mit einer extrem weitgehenden sozialen Absicherung der Bürger und einem ausgebauten sozialen Dienstleistungssektor auf hohem Niveau wider, wie es in der Literatur zu den Strukturmerkmalen des schwedischen wohlfahrtsstaatlichen Arrangements oft beschrieben ist. Zu beachten ist allerdings, dass dieses Bild hier weniger die zentral*staatlichen* oder nationalen Arrangements spiegelt, sondern aus den kommunalen organisational und professional geprägten institutionellen Arrangements und Expertenaussagen ableitbar ist. Bereits insofern trifft ein einfaches Bild vom allumfassenden schwedischen Versorgungs*staat* nicht die Wirklichkeit, sondern die Analysen weisen komplexe Arrangements verschiedenster Leitbilder aus, die sich zwischen zentralstaatlichem Recht, Fiskalpolitik, Kommunalpolitik und Sozialdienst verbunden und ineinander verknüpft zeigen. Es lassen sich aber in den über die Expertenaussagen und Dokumente erkennbaren Leitbildern auch durchaus Grundmuster einer allumfassend ausgerichteten Steuerungs- und Interventionstätigkeit erkennen.

Den zuvor beschriebenen Leitbildern entsprechend werden in der schwedischen Sozialhilfe und im Sozialdienst die sozialen Interventionen gestaltet. Ferner war in den Aussagen meist auch das ebenfalls im Sozialdienstgesetz normierte Verständnis einer *„Gesellschaftsplanung" (Samhällsplanering)* mit enthalten, wonach Steuerung im Verständnis von Planung in einem hohen Grade auf *„das Ganze"* ausgerichtet ist. Auch hierfür bildet das obige Zitat einen Beleg. Die Steuerung sozialer Interventionen in der Sozialhilfe und im Sozialdienst ist dadurch in Schweden in einem sehr breiten kontextuellen Bezug zu sehen und soziale Interventionen sind insofern den relevanten Leitbildern zufolge eben *nicht* verkürzt oder reduziert auf rein individuell und vorrangig verhaltensbezogene Interventionen ausgerichtet. Dies gilt selbst dann, wenn der *Einzelfallorientierung* in den Interviews im Zusammenhang mit Berichten zu Formen einer „aktivierenden Sozialpolitik" und den dabei zu berücksichtigenden Prinzipien der Bedarfsdeckung und der Ganzheitlichkeit meist eine zentrale Bedeutung zukommt. Diese Einzelfallorientierung ist stets im Gesamtkontext, etwa einer aktiven Arbeitsmarkt- und Beschäftigungspolitik, einer aktiven Bildungs- und Qualifizierungspolitik und einer entwickelten, ebenfalls aktiven Gesundheitspolitik zu sehen.

Im Ergebnis zu den Leitbildkonfigurationen deutet sich in einer *Kontrastierung mit Leitbildern der Sozialhilfe in Bremen* an, dass zumindest in Göteborg eine Ausgaben- und Kostenreduzierung in „reiner" oder in besonders herausgehobener Form oder vorrangig vor anderen Leitbildern auf der ausführenden Ebene der Sozialdienste *nicht* wirklich bestimmend war. Als für die Praxis in der schwedischen Sozialhilfe mindestens ebenso bedeutsam wurden die normativ und rechtlich definierten Leitbilder sowie sozialberufliche bzw. fachlich entwickelte Handlungsgrundsätze beschrieben. Diese wurden durch die im Verlauf der 1990er Jahre stärker hervorgehobenen budgetbezogenen Zielsetzungen ergänzt, jedoch nicht wirklich überlagert. Auch die aus neueren betriebs- oder verwaltungswirtschaftlichen Reformkonzepten, wie dem Modell einer „Neuen Steuerung" *(Nya Styrningen)* ableitbaren Normen und Ziele wie „Effizienz" und „Effektivität" fanden sich unter den in Göteborg befragten Experten der Sozialhilfe allenfalls indirekt.[601] Sie waren dort vor allem nicht im Sinne eines Paradigmenwechsels identifizierbar, wie er in Bremen und generell in der deutschen Fachdebatte Anfang, und vor allem dann seit Mitte der 1990er Jahre erkennbar ist. [602] Mit der massiveren Finanzkrise der Kommunalhaushalte und über die Einführung des Neuen Steuerungsmodells nach dem Modell der KGST (1995 und 1997) in die deutsche Sozialverwaltungen, so auch seit Mitte der 1990er Jahre in Bremen, erhielten diese Leitbilder auch für die ausführende Praxis eine große Bedeutung. Bei der Einführung des Neuen Steuerungsmodells in die Bremer Sozialverwaltung spielte jedenfalls nach den bisher vorliegenden Befunden das Ausgaben- und Kostenmotiv *die* zentrale Rolle für die Reformen.[603] Diese vorrangige Ausgabenorientierung kam in den Expertenbefragungen auch auf der ausführenden Ebene der Sachbearbeiter in Bremen neben der Orientierung an der Sach- und Rechtmäßigkeit der Entscheidungen als zentrale Orientierung zum Ausdruck. Ähnlich galt dies für die Entwicklung der Maßnahmen einer aktiven lokalen Beschäftigungspolitik in der Bremer Sozialhilfe. Die Leitbilder der Ausgaben- und Kostenreduzierung wurden zudem meist in enger Weise mit den neueren Instrumenten des Fallmanagements verbunden, die auch in

---

[601] Zu Geschichte und Debatte um das New Public Management in Schweden vgl. Montin (2002).

[602] In *Bremen* wurde mit dem Projekt „Soziale Bürger-Dienst-Bremen" seit 1999/2000 der Versuch eingeleitet, eine „Verwaltungsmodernisierung" über die Instrumente des Neuen Steuerungsmodells (vgl. KGST 1995 und 1997) und mit einer dezentralen Budgetverantwortung in den 12 Stadtteilen, über neue Controllingsysteme, dem Kontraktmanagement usw. mehr oder weniger *zeitgleich mit eher fachlich bezogenen Reformansätzen* wie der Einführung des „Fallmanagements" in die Sozialhilfe und mit einer Neuorganisation der Sozialdienste in Form von 12 Sozialzentren zu verbinden. Vgl. Stadt Bremen (2000 u. 2001): Auffällig ist allerdings, dass die *professionale Ebene* in den Reformstrategien in Bremen weitergehender als in Göteborg vernachlässigt wurde und zudem die Teilhabemöglichkeiten der Beschäftigten wie auch der Bewohner in den Stadtteilen an den Reformprozessen eher als eingeschränkt erlebt wurden.

[603] Zum Befund einer besonders stark auf ökonomische Kriterien und Ziele ausgerichteten „Neuen Steuerung" kommen für Bremen in einer städtevergleichenden Studie auch Leisering/Hilkert (2001). Zur Umsetzung des „Neuen Steuerungsmodells" in Bremen vgl. Stadt Bremen (2001). Darin heißt es beispielsweise zu den bisherigen Wirkungen der Verwaltungsreform: *„Die Neuordnung der Aufgabenwahrnehmung kann nur erfolgreich umgesetzt werden, wenn auch die Rahmenbedingungen es ermöglichen, die erforderlichen Einsparungen zu erreichen.(...) Hierbei geht es jedoch nicht nur um die finanzwirtschaftliche Konsolidierung, sondern auch um eine umfassende Innovation der Verwaltung (...)".* Auch Prigge u.a. (2000: 689)merken an , dass das Teilziel „Sparen" in Bremen tendenziell alle weiteren Teilziele einer Verwaltungsmodernisierung dominierte.

der deutschen Fachdebatte professional eher aus Wissensbeständen der Sozialarbeit mit geprägt werden. Insgesamt war das Leitmotiv der Ausgaben- und Kostenreduzierung in der Sozialhilfe somit in Göteborg deutlich geringer handlungsleitend für die Reformen und für eine veränderte Sozialhilfepraxis als sich das für Bremen während der Untersuchungszeitraumes erkennen ließ. Der Diskurs einer „aktivierenden Sozialpolitik" ist dabei in Bremen/Deutschland bisher vorrangig auf „Arbeit" und auf „Wege aus" dem Sozialhilfebezug konzipiert. Die Perspektive auf multiple Probleme, auf Wege in und durch die Sozialhilfe sowie die normativ verankerten Leitbilder der Existenzsicherung, der Bedarfsdeckung und ein „ganzheitliches" an Lebenslagen und Lebensläufen orientiertes Verständnis sozialer Interventionen ist in der deutschen Sozialhilfe deutlich geringer ausgeprägt als das für die schwedische Sozialhilfe in Göteborg mit einem Fokus auf die Normen und Leitbilder bisher erkennbar wurde. Die Sozialhilfe in Bremen und generell in Deutschland wurde und wird vor allem als *passiv-ausführender Sozialverwaltungsdienst* und nicht oder erst ansatzweise explizit als *aktiv gestaltender sozialberuflicher Fachdienst im Arrangement Sozialer Arbeit* verstanden. Ob über die Einführung von Instrumenten des Neuen Steuerungsmodells und einer in Bremen gleichzeitig durchgeführten Neuorganisation in Form von 12 Sozialzentren sowie mit dem Instrument des Fallmangements die bisher meist pfadtreuen Entwicklungen „gebrochen" werden können und veränderte Wissenskulturen und Handlungsorientierungen die Sozialhilfe weitergehend positiv beeinflussen, scheint für Bremen im Kontrast zu Göteborg eher unwahrscheinlich.

5.4.7 Zur Divergenz institutioneller Normen und Leitbilder: Die Sozialhilfe als materielle Existenzsicherung und als vorübergehende Hilfe

Die schwedische Sozialhilfe ist zwar rechtlich im Sozialdienstgesetz weniger detailliert geregelt als dies für die deutsche Sozialhilfe/Grundsicherung mit dem BSHG und künftig mit SGB II und SGB XII der Fall ist. In den institutionellen Normen ist sie jedoch ähnlich wie auch die deutsche Sozialhilfe als *vorübergehende Hilfe zur Selbsthilfe in Krisensituationen* konzipiert. Die schwedische Sozialhilfe ist wie die deutsche allen anderen Sozialleistungen gegenüber ebenfalls nachrangig und *alle* vorrangigen Einkünfte sind auf die Sozialhilfe als Einkommen anzurechnen. Dies gilt in Schweden auch für das Eltern- bzw. Erziehungsgeld und für das Kindergeld. Die deutsche Sozialhilfe ist dabei – stärker familienpolitisch motiviert – in den Anrechnungsvorschriften dieser Einkünfte großzügiger, da sie Elterngeld zeitlich begrenzt und auch Teilbeträge des Kindergelds anrechnungsfrei belässt. Dies galt für die deutsche Sozialhilfe bis Ende 2010. In der schwedischen Sozialhilfe regelt § 6 SoL (Stand:1998) bzw. Kap. 4, § 1 SoL (Stand: 2002) dass nur dann ein Recht und ein Anspruch auf Leistungen der Sozialhilfe besteht, wenn dieser Bedarf nicht in anderer Weise sicherzustellen ist. Die Sozialhilfe ist danach so zu gestalten, dass sie die individuellen Ressourcen und Möglichkeiten des Sozialhilfebeziehenden zu einem *„selbständigen Leben" (självständigt liv)* fördert.[604]

Ein sozialpolitisches Leitbild einer „aktivierenden Sozialpolitik" verstanden als Aktivierung von Ressourcen der Selbsthilfe und Selbststeuerung unterschiedlichster Art ist insofern zwar allgemein und explizit im schwedischen Sozialhilferecht formuliert. Die Norm ist dabei aber im Gesetz eben *nicht* direkt oder ausschließlich auf eine „Aktivierung in Arbeit" bezogen, sondern sie ist eher „ganzheitlich" zu verstehen, indem generell von der „Förderung der Möglichkeiten zu einem selbständigen Leben" gesprochen wird. Ziel der schwedischen Sozialhilfe – sowohl der materiellen wie auch der persönlichen Hilfen – ist es demnach, die materiellen und die persönlichen Ressourcen zur Beendigung des Sozialhilfebezuges sowohl auf der *individuellen* wie auf der *strukturellen* Ebene institutionell möglichst aktiv zu fördern.

Den institutionellen Normen nach zwar weniger explizit, aber aus dem Ansatz zur Förderung der Selbsthilfepotentiale abzuleiten ist für die schwedische Sozialhilfe ferner, dass sie, in ihrem Niveau im Vergleich zu anderen, vorrangigen Sozialleistungen der Höhe nach niedriger konzipiert ist. Vorrangige Leistungsniveaus sind entsprechend höher als die Sozialhilfe. Dies gilt etwa bezogen auf die Höhe des Arbeitslosengeldes, beim Krankengeld, im Vergleich der Sozialhilfeniveaus zur Grundrente, sowie in den Niveaus der Erwerbseinkommen. Die Sozialhilfe soll in Schweden – ähnlich konzipiert wie in Deutschland – möglichst keine Anreize für den Bürger bieten, sich längerfristig und „passiv" auf die Sicherheit einer Existenzsicherung durch die Sozialhilfe verlassen zu können. Auch in Schweden gilt in diesem Zusammenhang ein *Lohnabstandsgebot (respektavstand)*. Während das Lohnabstandsprinzip mit den bisherigen Regelungen des § 22 Abs. 4 BSHG und neu im § 29 Abs. 3 u. 4 SGB XII in der deutschen Sozialhilfe bereits im Gesetzestext detailliert geregelt und definiert ist, bleibt es im schwedischen Sozialdienst*gesetz* in seinem konkreten Gehalt weitgehend unbestimmt und damit der zentralstaatlichen Festlegung der „Riksnorm" überlassen. Die „Riksnorm" wird auf der Basis von Daten der Konsumentenbehörde *(Konsumentverket)* zur Inflation und zum Konsumverhalten jährlich neu ermittelt.

Mit der normativen Ausgestaltung der Sozialhilfe als „vorübergehende Hilfe" sind auch in der schwedischen Sozialhilfe entsprechende *zeit- und verlaufsbezogene Leitbilder* für die Praxis wirksam. Diese werden zugleich über die Höhe der Leistungen im Sinne einer nachrangigen materiellen Existenzsicherungs- und Anreizfunktion *handlungsbezogen* mit der traditionellen „Arbeitslinie" und mit der

---

[604] Vgl. Socialstyrelsen (2000a: 194) sowie Kapitel 4 (rätten till bistånd) § 1 Abs. 2 SoL nach der Neuregelung zum 1. Januar 2002.

neuen „Aktivierungslinie" gekoppelt. Grundsätzlich gilt jedoch, dass bereits das materielle Niveau der Sozialhilfe auch unabhängig vom Lohnabstandsprinzip gegebenenfalls unterstützt durch personenbezogene oder pädagogische Interventionsformen des Sozialdienstes dazu motivieren soll, die Ressourcen von Sozialhilfebeziehenden selbst wie auch Ressourcen struktureller Art *so schnell wie möglich* zu fördern und zu erschließen, um Wege aus dem Sozialhilfebezug zu eröffnen. Auch wenn das Niveau der schwedischen Sozialhilfe im internationalen Vergleich als hoch gilt und die durchschnittliche Bezugsdauer in Schweden vergleichsweise kurz ist,[605] sind die institutionellen Normen und Leitbilder einer Sozialhilfe als „zeitlich vorübergehende Hilfe" durchaus ähnlich konzipiert wie in Deutschland.

Wie die Sozialhilfe in ihren *zeit- und verlaufsbezogenen Leitbildern* und oft direkt verbunden mit der *Handlungsperspektive* von den in Göteborg befragten Experten verstanden wurde, veranschaulichen folgende Interviewpassagen:

> *„Also Sozialhilfe – so wie ich sie sehe – so der eigentliche Gedanke ist ja, dass sie eine Notlösung für eine kürzere Zeit sein soll. (...)"* (Int. 21: 305 – 306, ähnlich Int. 19 und 20)

Wie und was dann genauer in der Verlaufsperspektive unter einer *„kürzeren Zeit"* verstanden wurde, wurde im Untersuchungsverlauf zwar klarer, war allerdings unter den Befragten in Göteborg zugleich völlig uneinheitlich definiert. Ohne genauer auf direkte zeitbezogene Definitionen einzugehen, geht es hier zunächst allgemeiner um das Leitbild der „vorübergehenden Hilfe", das wie folgt zum Ausdruck kam:

> *„Wir sollen keine Fälle haben, die 5 Jahre laufen, sondern wir sollen ja am liebsten Fälle weniger als 6 Monate haben (...). Wir haben den einen oder den anderen, der auch länger hier im Bezug stand, aber der Großteil ist dennoch – bis zu 6 Monate."* (Int.: 12: 569-572)

Die Zitate belegen, dass in den Normen und Leitbildern die *institutionelle Zeit* des Sozialhilfebezugs von den Experten *sehr heterogen definiert* wurde. Beispielsweise

---

[605] Zu Einordnung und vergleichenden Bewertung des Niveaus der schwedischen Sozialhilfe vgl. detailliert Kazepov/Sabatinelli (2001). Im Vergleich des Sozialhilfeniveaus von sieben europäischen Wohlfahrtsstaaten (Deutschland, Dänemark, Finnland, Italien, Österreich, Schweden und Spanien) ergab die Studie, dass die Niveaus der Sozialhilfe in den nordischen Wohlfahrtsstaaten am höchsten sind, insbesondere in Dänemark und Schweden. Das Niveau der deutschen Sozialhilfe liegt danach im mittleren bis oberen Bereich. In den südeuropäischen Ländern, insbesondere in Spanien ist es deutlich niedriger. Gleichzeitig war die durchschnittliche Bezugsdauer in der Sozialhilfe auf der Basis von Daten zwischen 1990 und 1998 in ausgewählten Großstädten in Finnland und Schweden, darunter die Städte Göteborg (median duration: 3,4 month) und Helsingborg (median duration: 4,0 month) im Vergleich zu anderen europäischen Großstädten deutlich geringer. Bremen (median duration 5,6) belegte in diesem Kontext wiederum einen mittleren Platz und Barcelona (median duration: 26,9 month) bildete einen Extremfall. Vgl. genauer Puide/Minas (2001).

wurden unter einer „vorläufigen Hilfe" drei Monate, sechs Monate oder gekoppelt mit dem Begriff der Krise auch noch längere Bezugsdauern verstanden. Im Falle der Arbeitslosigkeit wurde in der Handlungsperspektive ein Leitbild der „Aktivierung" deutlich, nach dem möglichst schnell auch *parallel* zu einem möglicherweise nur kurzzeitigen Sozialhilfebezug möglichst immer auch die Teilnahme an Praktika, die Aufnahme von Arbeit, eine arbeitsmarktpolitische Maßnahme oder eine Qualifizierungsmaßnahme erfolgen soll:

> *„Die Sozialhilfe – das ist eine vorübergehende Hilfe, so dass die Person die Sozialhilfe nicht als eine Versorgungshilfe für 2 oder 3 Jahre anwendet. (...) Das ist eine vorübergehende Hilfe, wenn eine Person in einer Krise ist, arbeitslos geworden ist. Aber da muss auch etwas geschehen: Einen Kurs, einen Praktikumsplatz anbieten, eine Arbeit, oder eine andere Maßnahme."* (Int. 23: 278-287)

Das Leitbild der „vorübergehenden Hilfe" ist in den rechtlichen Grundlagen der schwedischen Sozialhilfe nur diffus definiert. Da sich rechtlich kaum entsprechend klare Definitionen finden, zumindest nicht im Sozialdienstgesetz, geschieht die Definition kommunal unterschiedlich unter anderem auf der Basis sozialberuflich entwickelter Kriterien und aus dem Alltags- und Erfahrungswissen der Professionellen im Kontakt zu den Bürgern und in der Beurteilung der Bedarfslagen und Probleme.[606] Zugleich ist das Leitbild der „vorübergehenden Hilfe" für die Praxis der Sozialhilfe und für die Formen und Merkmale sozialer Interventionen von beträchtlicher Relevanz. So wurde die Sozialhilfe von den Befragten ferner explizit als *„Übergangshilfe"* beschrieben. Das Leitbild und Prinzip der vorübergehenden Hilfe als „Übergangshilfe" rekuriert bereits semantisch ausdrücklich auf Aktivität (Über*gang*) und es wurde von Befragten vor allem im Kontext der Frage nach den Hauptaufgaben der Sozialhilfe vermittelt. Die Dauer solcher „Übergänge" wurde dabei oft genauer für Empfängergruppen und Bedarfe differenziert beschrieben und war dabei nicht immer ausschließlich auf Übergänge in den Arbeitsmarkt bezogen:

> *„(...) Das ist ja hier die Sichtweise der „Arbeitsmarkt-Teams". Danach ist es eine Hilfeform, die vorübergehend sein soll. Sie soll keine permanente Hilfsform sein oder werden. Sondern es ist eine Hilfe, die du erhalten kannst, während du darauf wartest, dass du dich wieder selbst versorgen kannst. Es ist keine Ersatzleistung, mit der man sich zur Ruhe setzen kann. (...) Die anderen Teams haben eine andere Sichtweise zu dem, was die Sozialhilfe sein kann. Und das kann man abwägen, aus familienbezogener Sicht usw. (...). Aber da wir hier Personen haben, die*

---

[606] Die Befunde extrem heterogener Definitionen etwa zum „Kurzzeitbezug" oder zum „Langzeitbezug" zeigten sich ähnlich in den Expertenbefragungen für Bremen für die deutsche Sozialhilfepraxis Anfang der 1990er Jahre (vgl. Schwarze 1994). Sie wurden im Rahmen der in Bremen 2000 erneut geführten Experteninterviews mit Sachbearbeitern und Leitungspersonal wiederum bestätigt. Auch für die deutsche Sozialhilfe/Grundsicherung grundsätzlich ein Bedarf erkennbar, die Definitionen in verlaufsbezogener Hinsicht nicht nur für Statistiken, sondern auch für die tägliche Praxis der Sozialhilfe etwa für Prognosen im Fallmanagement genauer zu klären.

einen Zugang zum Arbeitsmarkt benötigen, so ist es unsere Haupteinstellung, dass es eine Hilfe in der Erwartung ist, dass man selbst in Gang kommt, mit Arbeit, Ausbildung oder in Form einer anderen Versorgung." (Int. 12: 542-557)

Der Tradition der „Arbeitslinie" *(Arbetslinje)* im schwedischen Wohlfahrtsstaat entsprechend können sich Arbeitslose in der Sozialhilfe in Göteborg *nicht* darauf verlassen, dass die monetäre Transferleistung „permanent" an sie geleistet wird oder sie sich etwa mit dem Bezug von Sozialhilfe auch nur zeitweise sozusagen *„zur Ruhen setzen können"*. Ausgeprägter als in Bremen galt für Göteborg: *institutionell fordert die wohlfahrtsstaatliche Institution der Sozialhilfe kontinuierlich „Aktivität".* Für Arbeitslose gilt dies in besonderer Weise.

Wählt man weniger die Arbeitsmarktperspektive als Ausgangspunkt, sondern eine sozialberufliche Perspektive der Sozialarbeit, die stärker die Familie in den Mittelpunkt rückt, so kann die Sozialhilfe zugleich dann doch als tendenziell „permanente Transferleistung" zur Existenzsicherung verstanden werden, etwa bezogen auf alle Fälle, in denen Kinder zu versorgen sind. Ein Leitbild der „Aktivierung in Arbeit" verbunden mit der Norm einer Sozialhilfe als „vorübergehende Transferleistung" ist somit je nach Bezug auf Gruppen- und Lebenslagen in unterschiedlicher Weise mit der Norm und dem Leitbild der Existenzsicherung verbunden zu sehen.

Von einzelnen Experten wurde in der Handlungsperspektive und den Interventionsmustern betrachtet weiterhin angedeutet, dass auch die Normen hinsichtlich der Nutzung der beim Bürger für die Existenzsicherung parallel zum Sozialhilfebezug noch vorhandenen materiellen Ressourcen, wie beispielsweise ein eigenes kleines Unternehmen oder ein Eigenheim, das vom Leistungsempfänger selbst genutzt bzw. bewohnt wird, durchaus großzügig gestaltet sind, solange es um *„Übergangshilfen"* geht:[607]

---

[607] Im schwedischen Sozialhilferecht gilt, dass dem Grundsatz nach Vermögenswerte wie Haus- und Grundbesitz oder Wohnrechte zu veräußern sind. Vom Erlös ist der Lebensunterhalt sicherzustellen. Diese Regelung gilt allerdings nach den Richtlinien der staatlichen Sozialbehörde *(Socialstyrelsen 2000a: 70 f. u. 96)* erst bei „Langzeitbezug". In den Empfehlungen wird dazu eine *Bezugsdauer von mehr als 3 aufeinanderfolgenden Monaten* genannt, welche allerdings als Empfehlung nur bedingt verbindlichen Charakter für kommunale Praxis aufweist. Ähnlich wie im deutschen Sozialhilferecht sieht die schwedische Sozialhilfe bei kleinen selbst genutzten Hausgrundstücken oder Eigentumswohnungen vor, dass keine Verwertung zwingend ist, sondern die Zins- und Betriebskosten – ohne vermögensbildende Tilgungsanteile – im Rahmen der Sozialhilfe übernommen werden können. Diese Entscheidungen werden in hohem Maße einzelfallbezogen im Rahmen von Ermessensentscheidung und Bedürftigkeitsprüfungen vorgenommen. Besondere Regelungen finden sich zum *Ferienhaus.* Dies gilt in Schweden eher ein Kulturgut und bislang nur begrenzt als Luxusgut. Das Sozialhilferecht sieht eine Verwertung eines Ferienhauses und die Sicherstellung des Lebensunterhalts aus dem Verkaufserlös wiederum nur dann vor, wenn längerfristig Sozialhilfe bezogen wird. Auch im Zusammenhang mit diesen Empfehlungen wird ein *Zeitrahmen von 3 Monaten* genannt. Einmal mehr bildet somit die *Bezugsdauer* eine

„(...) Kurze Zeit, wir helfen ja immer während einer Übergangsperiode, wenn jemand in wirtschaftliche Schwierig-keiten gerät, unabhängig davon, ob man ein Unternehmen hat, ein Haus oder so. Eine kurze Zeit, das ist eine sehr kurze Periode, so etwa 2 bis 3 Monate." (Int. 25: 193-195, ähnlich: Int. 13: 32-37 und Int. 13: 525-557)

Deutlich wurde im Rahmen der Expertenbefragung in Göteborg ferner, dass ent-sprechend dem Leitbild und der Programmatik einer „aktivierenden Hilfe" diese *Übergangszeiträume* bei jungen Arbeitslosen im Alter bis zu 25 Jahren *kürzer* definiert wurden als bei älteren Arbeitslosen oder generell bei älteren Sozialhilfebeziehen-den, die nicht auf Grund von Arbeitslosigkeit im Bezug stehen. Hintergrund dieser Kategorisierungen und gruppenbezogenen Definitions- und Interventionsmuster bildet eine Zielsetzung, nach der Risiken einer „Passivierung" vor allem bei jungen Arbeitslosen möglichst zu vermeiden sind. Verbunden mit dem Hinweis auf das Alter und auf die bei Jugendlichen noch flexibler ausgeprägten Handlungs- und Bewältigungsressourcen wurde einerseits das Risiko der „Passivierung" beschrie-ben. Zugleich wurden die Möglichkeiten einer „Aktivierung" bei jungen Arbeitslo-sen als besonders günstig angesehen.

Die Grenze einer insoweit *direkt verlaufs- und handlungsbezogenen Leitbilddefinition* zur Sozialhilfe als „vorübergehende Hilfe" wurde somit in verschiedenen Zusam-menhängen und vor allem bezogen auf jugendliche Arbeitslose im Alter von bis zu 25 Jahren meist auf *3 Monate,* vereinzelt auch auf *6 Monate* festgelegt. Von befragten Experten wurde hingegen der „Kurzzeitbzug" bei (nicht arbeitslosen) Erwachse-nen meist mit *bis zu einem Jahr* angegeben. Diese auf das Leitbild der vorübergehen-den Hilfe abgestellten verlaufs- und handlungsbezogenen Definitionsmuster wur-den somit ebenfalls *sehr unterschiedlich* und vor allem *altersgruppenbezogen* und somit auch *lebenslaufbezogen* vorgenommen.

In der *Zeit- und Verlaufsdimension* und in der *Handlungsperspektive* betrachtet wur-de ferner erkennbar, dass die „Socionomer" im Rahmen der Sozialhilfepraxis be-stimmte institutionell und normativ definierte Ziele festlegen. Den rechtlichen Vorgaben nach *und* aus professionaler Sicht gelten diese Zielsetzungen dabei als von den Sozialhilfebeziehenden innerhalb bestimmter institutionell definierter Zeiträume erreichbar. Dabei ist das zentrale allgemein definierte Ziel in aller Regel die *„Selbstversorgung" (Självförsörjande)*, was begrifflich im Sozialdienstgesetz ausdrück-lich benannt wird:

---

wichtige Größe für sozialhilferechtliche Entscheidungen im Einzelfall. In diesem Kontext ist ein wei-terreichender Lebenslagen- und Lebenslaufbezug zu erkennen, der im Sinne von sozialer Integration, Erhalt sozialer Netzwerke und Kontakt, gesundheitlicher Erholung wiederum „ganzheitliche Perspek-tiven" der institutionellen Problembearbeitung erkennen lässt.

„(...)In der und der Zeit muss eine Person in Gang gekommen sein. Wir stellen solche Ziele auf, dass in einer bestimmten Zeitspanne eine Person aus der Sozialhilfe heraus sein muss, selbstversorgend sein muss. Solche Ziele stellen wir schon auf.“ (Int. 14: 594-598)

Es konnte über die Befragung allerdings nicht näher untersucht werden, woher sich die verlaufsbezogenen Definitionen und die Wirksamkeitsbezüge verschiedener Leitbilder einer Sozialhilfe, als „vorübergehende Hilfe“ und als „Existenzsicherung“ mit dem normativen Ziel der „Selbstversorgung“ verbunden bezogen auf jeweilige Sach- und Problemzusammenhänge herleiten. Erfolgen diese Herleitungen weitgehend *intern* und rein an den *rechtlichen* Grundlagen ausgerichtet und/oder spielen auch in diesen Zusammenhängen *sozialberuflich bzw. professional* entwickelte Erfahrungs- und Wissensbestände ebenfalls eine bedeutende Rolle? Eine wichtige Funktion kommt in verschiedenen Kontexten den Empfehlungen der zentralstaatlichen Sozialbehörde (Socialstyrelsen) zu. Die Leitbildkonfigurationen und Zieldefinitionen werden ferner von *externen* Einflüssen, etwa über zentralstaatliche und kommunale sozial*politische* Programme und Projekte zur aktiven Arbeitsmarktpolitik mit gespeist. Sie werden insoweit auch nicht ausschließlich über das Sozialhilferecht und die Profession der Sozialarbeit formuliert. In welchem Grade sich Leitbilder und Interventionsstrategien ferner aus den alltäglichen konkreten individuellen Erfahrungen der Experten mit den strukturellen Rahmenbedingungen oder auch aus *empirischen Befunden* zu tatsächlichen Vermittlungschancen und -dauern, sowie zu den Zugangsmustern am Arbeitsmarkt oder zur Einmündungsquote in Qualifizierungsprojekten usw. herleiten, war auf der Basis der Expertenbefragung leider *nicht* zu klären. Zu fragen wäre weiterhin, ob und inwieweit die beschriebenen zeit- und verlaufs-, sowie handlungsbezogenen Leitbilder tatsächlich auch die individuellen Ressourcen und Handlungsvoraussetzungen des einzelnen Sozialhilfebeziehenden im Verständnis der *Koproduktion* mit berücksichtigen bzw. zur Geltung kommen lassen. Denkbar ist ebenso, dass institutionelle Normen und Leitbilder in den Definitionsmustern und in ihrer konkreten Umsetzung von den Professionellen einseitig und direktiv intervenierend zur Geltung gebracht werden. Die spätere Analyse von Aussagen zu den Kontakt- und Interaktionsmustern bietet hierzu noch Befunde.

In diesem Zusammenhang wurden in Göteborg Interventionsmuster erkennbar, die sich ausgehend von den spezifisch gruppenbezogenen Leitbildern dabei hinsichtlich der Ausprägung von Merkmalen der *Koproduktion* ebenfalls unterschiedlich darstellten. So wurde bei *jungen Arbeitslosen* die Verbindung von zeit- und handlungsbezogenen Leitbildern deutlich „enger“ gefasst. Die Leitbilder zeigten sich hier sehr viel klarer und stärker normativ-rechtlich definiert als das etwa bezogen auf ältere Arbeitslose, allein Erziehende oder kranke Sozialhilfebeziehende erkennbar wurde. Beispielsweise wurde ausgehend von den detaillierten rechtlichen

Regelungen des 1998 in Kraft getretenen Gesetzes über die Verantwortung der Kommunen für junge Arbeitslose *(Utvecklingsgaranti)* von Mitarbeitern der Göteborger Sozialbüros explizit formuliert, dass junge Arbeitslose *„innerhalb von 3 Monaten in Gang kommen müssen"*. Damit sind weitere spezifische Definitionen zur Sozialhilfe als vorübergehende Leistung verbunden. Sie wirken entsprechend bei der Ausgestaltung sozialer Interventionen der Sozialhilfe, obwohl sie sich nicht direkt aus dem Sozialdienstgesetz sondern aus externen arbeitsmarktpolitischen Regelungsbereichen herleiten.[608] Diese sozialhilfe*extern* und *zentralstaatlich* vorgenommene konkrete Definition und Ausgestaltung von allgemeinen Leitbildern und Grundprinzipien sozialer Interventionen geben seit 1998 also für die Sozialhilfepraxis bei jungen Arbeitslosen direkt bestimmte Zeit- und Handlungsorientierung und Interventionsmuster vor, wie von Befragten genauer beschrieben wurde:

> *„Wenn es sich um Jugendliche handelt, da müssen die ganz schnell in Gang kommen. Wenn 3 Monate vergangen sind, dann müssen die ganz schnell in Gang kommen und in Gang sein, weil, es ist so, so dass sie ihre Routinen sehr schnell verändern. Sonst können sie im Tagesverlauf in eine Passivität geraten, die sehr schlecht ist und die sehr schwer nur wieder zu überwinden ist. So dass sie innerhalb von 3 Monaten absolut in Gang sein müssen, mit irgendetwas."* (Int. 14: 673-678, ähnlich Int. 12: 562-568)

Nicht ein allgemeines Bild vom "passiven" Sozialhilfebeziehenden sondern genauer betrachtet das *Bild des „passiv-arbeitslosen und (jungen) arbeitsfähigen Sozialhilfebeziehenden"* bestimmte in Göteborg in der Sozialhilfe in besonderer Weise die Deutung und Verknüpfung alter und neuer Normen und Leitbilder. Auch das Recht auf materielle und immaterielle Hilfe in Relation zur Pflicht der Bürger, möglichst selbst und möglichst frühzeitig aktiv Wege aus dem Sozialhilfebezug zu suchen und zu erschließen, wurde unter dem Einfluss neuer Leitbilder verändert von den Experten interpretiert. Eine „aktivierende" Sozialhilfe war 1999/2000 in Göteborg in ihren *Leitbildkonfigurationen* vor allem an einem bestimmten Bild des *„aktiv arbeitslo-*

---

[608] So lautet es in § 4 des Gesetzes über die Verantwortung der Kommunen für Jugendliche zwischen 20 und 24 Jahren *(Lag om kommunernas ansvar för ungdomar mellan 20 och 24 år vom 18.12.1997/SFS 1997:1268)* wir folgt: *„Die Verpflichtung der Kommune tritt ein, wenn eine Arbeitsstelle, eine reguläre Ausbildung oder eine angemessene arbeitmarktpolitische Maßnahme dem Jugenlichen über die öffentliche Arbeitsvermittlung nicht innerhalb von 90 Tagen nach Arbeitslosmeldung vermittelt werden konnte."* Diese Maßnahmen der Kommunen sollten dann innerhalb von 10 Tagen nach Eintritt der kommunalen Verantwortlichkeit den jugendlichen Arbeitslosen angeboten werden. Die Dauer der Maßnahmen dieser „Entwicklungsgarantie" *(Utvecklingsgaranti)* soll höchstens 12 Monate betragen. Insoweit sind verlaufsbezogen bzw. zeitlich in den rechtlichen Grundlagen eindeutige Regelungen getroffen, die implizit eine Integration in den ersten Arbeitsmarkt bzw. Wege aus Arbeitslosigkeit und Sozialhilfebezug für junge Arbeitslose innerhalb eines Zeitraumes von 12 bis 16 Monaten nach Arbeitslosmeldung beinhalten. Die institutionellen Muster der Risikobearbeitung sind gruppenbezogen für 20 bis 24jährige Arbeitslose damit zentralstaatlich rechtlich und sozialhilfeextern geregelt, zeitlich jedoch sehr eindeutig definiert, in der praktischen Umsetzung dabei wiederum den Kommunen zugeordnet, was durchaus Konfliktpotentiale beinhalten dürfte.

sen und zugleich arbeitsfähigen Klienten im Alter unter 25 Jahren" ausgerichtet, der innerhalb weniger Monate den Sozialhilfebezug nachhaltig wirksam beenden kann und
muss. Nach den institutionellen Normen und Leitbildern sowie in ihrer Verbindung über Recht und sozialberufliche Praxis besteht in der schwedischen Sozialhilfe seit Mitte bzw. Ende der 1990er Jahre bezogen auf *junge Arbeitslose* sowie auch
bezogen auf *Studierende* die deutliche Tendenz, *gruppenbezogen zeitlich befristete Bezugsdauern von drei Monaten* in Form *„impliziter Timelimits"* zur Geltung zu bringen (vgl.
Int. 10: 170). Vor allem in der Verbindung der zum Jahresbeginn 1998 zentralstaatlich neu erlassenen rechtlichen Regelungen im Rahmen der *„Utvecklingsgaranti"* für
unter 25jährige Arbeitslose mit den zentralstaatlich vorgenommenen Änderungen
des Sozialdienstgesetzes von 1998, sowie umgesetzt über kommunalpolitische
Programme zur aktiven Bekämpfung der Arbeitslosigkeit wurden frühere im Sozialdienstgesetz von 1982 verankerte sozialberuflich geprägte „offenere" Zeit- und
Handlungsmuster verändert. Die Vorgaben sozialberuflichen Handelns in der
Sozialhilfe wurden tendenziell zeitlich wie auch handlungsbezogen enger gefasst.
Auch das Prinzip der *Ganzheitlichkeit (Helhet)* in der Problemdeutung und -
bearbeitung wurde tendenziell zu Gunsten der stärkeren *Erwerbsarbeitsbezogenheit
(Arbetslinje)* sozialer Interventionen verschoben.

Bei anderen Gruppen, und teilweise auch explizit auf bestimmte Problemkonstellationen bezogen, stellten sich die beschriebenen Leitbild-Definitionen und die
institutionellen Normen der Sozialhilfe in Göteborg dann völlig anders dar als
bezogen auf junge Arbeitslose und Studierende. So galt nach den Aussagen der
Befragten etwa eine tendenziell „passive" Transferleistung zur bloßen Existenzsicherung im Rahmen der Sozialhilfe auch *über längere Zeiträume* hinweg *in Fällen multipler Probleme*, oder auch bezogen auf *Familien mit mehreren Kindern und geringem Erwerbseinkommen*, bei Sozialhilfebezug infolge von *Krankheit* und auch bezogen auf
ältere Erwerbslose, die wenige Jahre vor dem Renteneintritt stehen, als durchaus zulässig und akzeptabel. Diese gruppen- und auf spezifische Problemlagen bezogenen
Differenzierungen in den *Leitbildern zum „akzeptierten Langzeitbezug"* schienen dabei
weniger aus den neueren zentralstaatlich erlassenen rechtlichen Grundlagen oder
aus neueren institutionellen Normen des Sozialdienstgesetzes von 1998 und 2002
hergeleitet. Sie entsprachen auch keinen besonderen kommunalpolitischen Programmen, sondern sie wurden überwiegend aus den eher traditionellen Grundprinzipien des Sozialdienstgesetzes von 1982 und aus den eher sozialberuflich und
professional gebildeten Kenntnissen und dem beruflichem Erfahrungswissen der
„Socionomer" abgeleitet. In diesen Zusammenhängen wurden bei den befragten
Experten in Göteborg somit je spezifisch ausgeprägte zeit- und handlungsbezogene
Norm- und Leitbildkonfigurationen erkennbar, die je nach Ursachen, Problemkonstellationen und sozialen Zusammenhängen des Sozialhilfebezugs extrem ausdifferenziert sind.

In Programmen einer „aktivierenden Sozialpolitik" und im konkreten Verhältnis von Norm und Leitbild einer möglichst nur *vorübergehenden Sozialhilfe* in Relation zu Funktion und Leitbild der *materiellen Existenzsicherung* stellt sich in *allen* Fällen des Sozialhilfebezugs bereits mit dem Erstkontakt die *Frage nach dem Verlaufsmuster des Entscheidungs- und Bewilligungsprozesses* und der sich daran anschließenden weiteren Interventionen. Gilt die institutionelle Norm eines „Vorrangs der Selbstversorgung", möglichst über Erwerbsarbeit, zwar rechtlich bereits unmittelbar mit der Antragstellung, so erfolgt die praktische Umsetzung dieser Norm aus unterschiedlichsten Gründen in vielen Fällen auch bei jungen Arbeitslosen aber oft erst nach Ablauf mehrerer Wochen oder auch erst am Ende der 1998 zentralstaatlich gesetzten „Aktivierungsfrist" von drei Monaten. Teilweise können die Norm und das Leitbild der Sozialhilfe als „vorübergehende Hilfe" verbunden mit dem Leitbild der „Selbstversorgung" in sozialberuflichen Handlungsmustern des Sozialdienstes verbunden mit der Notwendigkeit der materiellen Existenzsicherung, etwa im Zusammenhang einer therapeutischen Behandlung von Suchtproblemen, erst nach Monaten oder gar Jahren eine konkrete Umsetzung finden. So finden sich durchaus Problemkonstellationen in denen das Leitbild der Existenzsicherung als „vorrangig" vor dem Leitbild einer „Selbstversorgung durch Arbeit" gesehen wird (Int. 23). Dies gilt häufig auch dann, wenn Suchtprobleme empirisch betrachtet nicht generell einer Erwerbstätigkeit und Selbstversorgung und damit den Möglichkeiten zur Beendigung des Sozialhilfebezugs entgegenstehen. Unter Befragten zeigte sich aber, dass in solchen Fällen multipler sozialer Probleme, wie Sucht, Krankheit, Überschuldung usw. in den Leitbildkonfigurationen eine *materielle Existenzsicherungsfunktion der Sozialhilfe auch über längere Zeiträume* Akzeptanz fand und hoch bewertet wurde. In diesen Fällen findet sich eine Zeitorientierung, die als *institutionell akzeptierter Langzeitbezug* beschrieben werden kann und welche die Praxis wesentlich mit prägt. Die Formen und Muster sozialer Interventionen und die sozialberuflichen Handlungsformen dürften sich damit in der Praxis zum Teil völlig anders zeigen als das etwa Programme einer „aktivierenden" Arbeitsmarktpolitik mit der Idee des *zeitlich begrenzten Kurzzeitbezuges* von wenigen Monaten vorsehen.

Die Leitbilder und Ziele der Sozialhilfe, nämlich einerseits möglichst schnell Wege aus dem Sozialhilfebezug zu ermöglichen und aktiv zu fördern, zugleich aber während zum Teil mehrmonatiger oder auch mehrjährigen „Klärungs- und Aktivierungsphasen" weiterhin die materielle Existenzsicherung leisten zu müssen, bilden dem Grunde nach zwar einen Zielkonflikt ab. Sie ermöglichen aber zugleich in der Praxis ein häufig erforderliches differenziertes Vorgehen im Rahmen der sozialen und sozialarbeiterischen Interventionen. Es wurde daher genauer untersucht, wie es den Aussagen der befragten Experten in Göteborg nach gelingt, diese in der Verlaufs- und Handlungsperspektive zum Teil schwer aufeinander abstimmbaren Leitbilder, Normen und Ziele in der Praxis jeweils zu verbinden.

Ein zentraler Befund aus Göteborg ist, dass in der Frage nach dem Stellenwert und der Relation von „Existenzsicherung" einerseits und „Aktivierung" andererseits *unterschiedlichste Gewichtungen und Orientierungsmuster* von den befragten Experten vorgenommen bzw. vermittelt wurden. Daraus abzuleiten ist, dass die Sozialhilfe von *sehr heterogenen und selektiven Interventionsmustern* geprägt ist. Beispielsweise wurde formuliert:

> *„Ja, mein Auftrag geht ja vom Sozialdienstgesetz aus (...). Meine Hauptaufgabe ist es, dass die Personen in erster Linie ihre Versorgungssicherheit haben. Wenn die nicht gegeben ist, dann ist es sehr anstrengend. Wenn die nicht ihre Versorgungssicherheit haben, dann kann man auch nicht so sehr viel anderes machen. So das die in erster Hand kommt. Das erfährt man ja auch selbst. Dann, in zweiter Hand, da kommt die Person selbst (...). Ob sie oder er den Sozialhilfebezug eigentlich beenden kann, dann wollen wir die Personen eigentlich nicht hier haben. Sie können Selbstversorger werden."* (Int. 14: 254-262, ähnlich Int. 21: 165-166)

Hinsichtlich einer Programmatik des „Fördern und Fordern" stehen nach der oben zitierten Aussage die materielle Existenzsicherung und fördernde Elemente in der *Zeit- und Handlungsperspektive* eindeutig *vor* dem Erfordernis, unmittelbar Interventionen einzuleiten, die den Weg aus dem Sozialhilfebezug weisen oder ermöglichen. Diesem Leitbild und Arbeitsverständnis nach sind erst mit der Sicherstellung des materiellen Lebensunterhalts weitere „fördernde" Schritte, etwa berufliche oder auf Ausbildung bezogene Neuorientierungen und eine aktive Teilnahme am weiteren Hilfeprozess möglich und erwartbar. Die Sozialhilfe wird diesem Leitbild nach eben *nicht* als dem Grunde nach situative und kurzfristige Interventionsform verstanden, sondern als dynamische und prozessual sowie grundsätzlich auch mittel- bis längerfristig mögliche Interventionsform. Ein Muster institutioneller Risikobearbeitung, in dem das „Fordern" zeitlich und handlungsbezogen *vor* der materiellen Absicherung und den Angeboten des „Förderns" gestellt wird, erschien zumindest einigen der in Göteborg befragten Experten als „unmoralisch". Aus fachlicher Perspektive stoße eine solche Programmatik und zeitlich Logik im „Timing" sozialer Interventionen zudem auf wenig Akzeptanz bei den Bürgern. Damit seien der gesamte Verlauf des Hilfeprozesses und die Wirksamkeit der Interventionen grundsätzlich in Frage gestellt. Bestätigt wurde die Erfahrung, dass zeitlich unmittelbar mit der materiellen Existenzsicherung verbundene disziplinierende Interventionen den gesamten Interventionsverlauf und die Merkmale einer Koproduktion negativ beeinträchtigten. Es deutete sich damit in den Aussagen an, dass sowohl der „Interventionsmix" wie auch ein abgestimmtes „Timing" sozialer Interventionen für die Wirksamkeit und auch für die Akzeptanz sozialer Dienste und Leistungen von zentraler Bedeutung ist.

Ebendo ist zu beachten, dass in einer Reihe von Interviews die Existenzsicherung als Hauptziel der Sozialhilfe auch gar nicht explizit zum Ausdruck kam (Int. 13, 15, 16, 17, 18, 25). In der Beantwortung der Frage wurde unmittelbar darauf verwiesen, dass es vor allem gelte, über die Gestaltung der Interventionen die Ressourcen und mögliche Wege aus dem Sozialhilfebezug in die Selbstversorgung *(Självförsörjning)* zu erschließen. Exemplarisch hierfür stand beispielsweise folgende Aussage:

> *„Hauptzielsetzung ist es, den Menschen zu helfen, dass sie andere Wege finden, hier weg, und dass wir sie dazu motivieren."* (Int. 25: 151-152, ähnlich Int. 13: 372-377, Int. 15: 645-649)

Das Leitbild der „aktivierenden Sozialpolitik" ergänzt und unterstützt demnach nicht nur die Norm der Sozialhilfe als „vorübergehende Hilfe", sondern wirkt auch auf die Funktion der „Existenzsicherung" zurück. Existenzsicherung ist in Schweden für die Sozialhilfe mit dem Begriff und Konzept des *„angemessenen Lebensniveaus"* *(skälig levnadsnivå)* ähnlich wie in der deutschen Sozialhilfe als soziokulturelles Existenzminimum definiert. Es besteht dabei ein Risiko, dass die „Aktivierungsfunktion" durch im Zeitablauf veränderte Interventionsmuster und in veränderten sozialberuflichen Handlungsmustern *vor* der „Existenzsicherung" angeordnet wird. Die „Aktivierungsfunktion" einer so neu formierten Sozialhilfe würde dann ihre „Existenzsicherungsfunktion" tendenziell überlagern. Von Befragten wurde hinsichtlich dieser Risiken allerdings eine dem Grunde nach ausgeprägte *„zeitliche Verlässlichkeit"* der schwedischen Sozialhilfe genannt, die im Gegensatz zum US-amerikanischen Modell auch in längerfristiger Perspektive keine totalen Ausschlusskriterien kenne (Int. 11: 608 ff.). Explizite zeitliche Befristungen des Sozialhilfebezugs jedweder Art wurden auf Nachfrage von *allen* Befragten abgelehnt und meist mit beträchtlichen negativen Folgewirkungen für den Verlauf von Armutskarrieren verbunden beschrieben. Hingewiesen wurde in diesem Zusammenhang etwa auf dadurch steigende Risiken der privaten Überschuldung, Kriminalität, „Schwarzarbeit", Krankheit usw. Ob und wie sich in der schwedischen Sozialhilfe dennoch Ausschlusskriterien – etwa bei mangelnder Mitwirkung – konkret erkennen ließen, wird später noch näher untersucht.

Dass sich im Verlauf der 1990er Jahre in den Leitbildern und bezogen auf die Funktion der Existenzsicherung in der schwedischen Sozialhilfe Veränderungen ergeben haben, ließen ferner begriffliche Neuerungen erkennen, die im Rahmen der Änderungen des Sozialdienstgesetzes von 1998 und 2002 eingeführt wurden. Der bis 1998 übliche und sehr verbreitete Begriff *„Socialbidrag"* *(Sozialbeitrag/-zuschuss)* wurde in seinem Bezug genauer differenziert. Unter anderem war es ein Ziel, mit begrifflichen Veränderungen zu einer Entstigmatisierung der Sozialhilfe beizutragen (Int. 12: 683-686). Neu in das Sozialdienstgesetz und die Praxis eingeführt wurde der Begriff *„Försörjningsstöd"*. Der Begriff fokussiert stark auf die materielle Versorgungs- und Existenzsicherungsfunktion der Sozialhilfe.[609] Was unter „*Försörjningsstöd*" zu verstehen ist, wurde von Experten beispielsweise wie folgt erläutert: „*Versorgung, das bedeutet, dass von irgendwoher Geld kommt, so dass ich es schaffe, zu leben. Das ist Geld, das bewirkt, das ich es schaffe, auf einem gewissen Niveau zu leben.*" (Int. 12: 673)

Der Begriff „*Försörjning*" bedeutet wörtlich übersetzt „Versorgung" und würde im deutschen sozialpolitischen Kontext eher auf eine *passiv* ausgestaltete und längerfristig gezahlte Sozialleistung (etwa im Sinne der Beamtenversorgung) schließen lassen. Im schwedischen Kontext der Sozialhilfe leitet sich der Begriff der Versorgung als „Försörjningstöd" mit den Neuregelungen von 1998 jedoch direkter von den gleichzeitig präziser gefassten Zielsetzungen der Sozialhilfe ab. Er beinhaltet in diesem Kontext verstanden, eine steuerfinanzierte Unterstützung oder Hilfe *(Stöd)* zu geben, die zur eigenen Versorgung *(Försörjning)* beitragen soll bzw. diese fördern soll. Insofern ist der „Aktivierungsgedanke" in diesem 1998 neu eingeführten Begriff durchaus enthalten.

Mit den neu eingeführten und differenzierter gefassten Begriffen, die mit der Novellierung des Sozialdienstgesetzes von 2002 bestätigt wurden, wurde semantisch und inhaltlich die Funktion einer „*Unterstützung zur (Selbst-)Versorgung*" neu formuliert. Dies kann als Versuch gesehen werden, die „Existenzsicherungsfunktion" und die "Aktivierungsfunktion" semantisch und konzeptionell möglichst eng aneinander zu koppeln und aufeinander zu beziehen. Auch semantisch sind demnach neue Leitbild-Konfigurationen und veränderte Aufgabenstellungen und Ziele für die schwedische Sozialhilfe erkennbar, die seit den späten 1990er Jahren einen Wandel von Institutionen und Interventionen hindeuten.

Die aktuellen Veränderungen, und neuere Zielkonflikte in der schwedischen Sozialhilfe erschließen sich neben der Perspektive auf die Leitbilder und Aufgaben, wie die der Existenzsicherung und der „Aktivierung" noch aus einer völlig anderen Perspektive. Wie bereits dargestellt, schilderten einzelne Experten entsprechend der rechtlichen Grundlagen, dass die Sozialhilfe grundsätzlich als eine „nur vorübergehende, kurzzeitige Hilfe" zu definieren ist. Zugleich wurde in Übereinstimmung mit der Literatur weiter berichtet, dass die schwedische Sozialhilfe in ihrem institutionellen und rechtlichen Arrangement dem Grunde nach *nicht* dafür konzipiert wurde, das Risiko der *Massenarbeitslosigkeit* zu bearbeiten. Die Probleme der Massenarbeitslosigkeit, wie sie seit Anfang der 1990er Jahre in Schweden verbreitet

---

[609] Zu Begriff und Inhalt der „Versorgungsleistung" *(Försörjningstöd)* gemäß § 6 b SoL (1998) bzw. Kap. 4, § 3 SoL (2002) vgl. Socialstyrelsen (2000a: 85 ff.). Darin enthalten ist unter anderem der jeweilige Regelsatz *(Riksnorm)* für die Bedarfsgemeinschaft, sowie Pauschalbeträge für Bekleidung, Freizeit, Gesundheitspflege und Hygiene, Tageszeitung, TV-Gebühren, sowie Unterkunftskosten, Stromversorgung, Heizung, Fahrtkosten zur Arbeit, Hausratversicherung, Arztkosten, Kosten einer Brille, sowie Gewerkschaftsbeiträge und Beiträge für die Arbeitslosenkasse.

waren, konnten aus Sicht der befragten Experten gar nicht adäquat über die Sozialhilfe bearbeitet oder gar gelöst werden. Vielmehr wurde die schwedische Sozialhilfe – ganz ähnlich wie die deutsche Sozialhilfe – ursprünglich gar *nicht* zur Bearbeitung von Massenrisiken wie Arbeitslosigkeit konzipiert. Vielmehr wurde sie im Rahmen des Sozialdienstgesetzes von 1982 als „ganzheitlich" ausgerichtete persönliche und monetäre Hilfe zur Existenzsicherung und zur Problembewältigung in Einzelfällen multipler Problemlagen angelegt. Dabei waren der Grundsatz der „*Hilfe im Einzelfall*" und eine individuell genaue Bedarfsermittlung ebenfalls zentral. Genau deshalb wurde die Sozialhilfe in Schweden auch rechtlich in ein Rahmengesetz wie dem Sozialdienstgesetz integriert, um den individuellen Erfordernissen zur Problemlösung möglichst weitgehend entsprechen zu können. Im Verlauf der 1990er Jahre zeigte sich aber, dass es sich bei Fällen multipler Problemlagen besonders häufig um *Langzeitbezug* von mehr als 12 Monaten handelt und tendenziell bei Arbeitslosigkeit eher Kurzzeitbezug vorliegt, soweit nicht ergänzend andere Probleme hinzutreten. Die Sozialhilfe ist eigentlich „kurzzeitig" zur institutionellen Bearbeitung multipler Probleme angelegt worden. Entsprechende Problemkonstellationen bedeuten jedoch häufig faktisch „Langzeitbezug". Für diejenigen Fälle, die tatsächlich überwiegend „Kurzzeitbezieher" sind – vor allem Arbeitslose – ist die Sozialhilfe ihrer Konstruktion nach ungeeignet, da zu einzelfallbezogen und zu wenig standardisiert. Hinsichtlich der Leitbilder, Zielsetzungen und Erfordernisse in der institutionellen Problembearbeitung sind somit deutliche „Brüche" in den institutionellen Logiken der schwedischen Sozialhilfe erkennbar. Diese „Brüche" treten sowohl in normativer Hinsicht wie auch im Bereich der sozialberuflichen Handlungsformen auf, wie in einer Reihe von Interviews beschrieben wurde.

Beispielsweise wurde berichtet, dass es im arbeitsmarktbezogenen Projekt „DELTA-Arbetsmarknadstorget" oder auch in den arbeitsmarktbezogenen Teams der Sozialbüros im Rahmen der Sozialhilfe nicht zufriedenstellend gelingt, die wirklich schwierigen „arbeitsmarkt-fernen Fälle" im Rahmen der Interventionen näher an den Arbeitsmarkt heran zu führen oder sie in den Arbeitsmarkt zu integrieren. Vielmehr entfalte sich eine Logik, nach der man sich im Rahmen der Sozialhilfepraxis im Alltag vielfach auf die „mittleren" oder „einfach" zu beratenden und zu vermittelnden Fälle konzentrierte, da bei diesen die gewünschten und auch politisch erwarteten Erfolge eher möglich und nachweisbar seien. Dies bedeute aber zugleich, dass die „schwierigen Fälle", etwa Einwanderer, die seit 8 oder 9 Jahren im Sozialhilfebezug stehen, oder ältere arbeitslose Sozialhilfebeziehende, sowie Suchtkranke mit geringen Integrationschancen in den Arbeitsmarkt tendenziell im Rahmen der Sozialhilfe von den Bemühungen und Ansätzen einer „aktivierenden Hilfe" ausgegrenzt bleiben. Diese „Creaming-Effekte" belegt gut die folgende Aussage:

„(...)Das ist sehr vielfältig, also – ausgehend von Altersgruppen bis 64 Jahre und das variiert sehr stark – von jüngeren Männern mit einer Berufsausbildung, die nur warten, um auf den offenen Arbeitsmarkt zu kommen. Da braucht es nur etwas 'pushing', damit die raus kommen in einen Job.(...) Bis zu älteren Personen in den 60ern, die mit dem halben Fuß in der Rente stehen und vielleicht in den vergangenen 7 oder 8 Jahren keine Arbeit mehr hatten. Die haben ja ganz verschiedene Bedarfe, diese Gruppen von Arbeitsuchenden. (...) Und Effektivität ist ein Ziel, das ist das übergreifende Ziel hier im Projekt Delta-Arbeitsmarktplatz – das die Menschen eine Arbeit erhalten. Und da geht ja alle Kraft in die Gruppen, die realistische Möglichkeiten haben, eine Arbeit zu finden, innerhalb einer ganz nahen Zukunft.(...)" (Int. 18: 269-302)

Die Aussagen verwiesen darauf, dass auch in Schweden unter arbeitsmarktpolitisch definierten Kriterien der Effektivität, die administrativ oder kommunalpolitisch eher *kurzfristig* verstanden werden und nicht wirklich an den Problem- und Bedarfslagen ausgerichtet sind, „Creaming-Effekte" entstehen. Diese Effekte beinhalten ein Risiko, wonach die Sozialhilfe ihrem traditionellen und dem sozialberuflich stark vertretenen Leitbild einer „ganzheitlichen Hilfe" in Fällen multipler Problemlagen oder bei „schwierigen Fällen" nicht bzw. nicht (mehr) wirklich gerecht wird. Im Mittelpunkt der sozialen Interventionen steht tendenziell weniger die „ganzheitliche" Problemdiagnose und -bearbeitung, mit der aus fachlicher Sicht der „Socionomer" theoretisch und erfahrungsgemäß auch eine *nachhaltig wirksame Problemlösung* verbunden wird, sondern die sozialpolitisch neuere Ausrichtung ist auf eine möglichst zügige „Aktivierung in Erwerbsarbeit, Praktika oder Qualifizierung" hin konzipiert, mit der eine sorgfältige und „ganzheitliche" Problembearbeitung und nachhaltige Problemlösung zumindest in Fällen multipler Problemlagen tendenziell in Frage gestellt ist.[610]

Auszuschließen ist nach den Befunden in Göteborg weiterhin nicht, dass die „aktivierenden Hilfen" sich tendenziell vor allem auf diejenigen „einfachen Problemkonstellationen", etwa der kurzzeitigen Arbeitslosigkeit beziehen, in denen die Ressourcen einer Selbsthilfe und Selbstversorgung unter den Sozialhilfebeziehenden noch am größten sind. Zugespitzt formuliert finden sich die „aktivierenden" sozialen Interventionen verbunden mit der institutionellen Norm einer nur „vorübergehenden Sozialhilfe" in den beschriebenen institutionellen Logiken am deutlichsten im Zusammenhang mit Empfängergruppen und Problemkonstellationen, bei denen „aktivierende" Interventionen möglicherweise am wenigsten erforderlich sind, und wo die Sozialhilfe sich tatsächlich am ehesten ihrem traditionellen Leit-

---

[610] Ähnlich ausgeprägte institutionelle Logiken und „Creaming-Effekte" zeigten sich in der Untersuchung für *Bremen* zu Beginn der 1990er Jahre, wo die „einfachen Langzeitbezieher", etwa Kleinrentner oder Erwerbsunfähige, aber auch „schwierige Fälle" multipler Problemlagen von den Sachbearbeitern der Sozialhilfe sozusagen im Aktenschrank „vergessen" wurden. Diese Fälle galten entweder als „aussichtslose Fälle" ohne Perspektiven auf Wege aus dem Sozialhilfebezug, oder aber sie galten als „zu arbeitsintensiv", so dass der zur Problemlösung erforderliche intensive Betreuungs- und Bearbeitungsaufwand, der Sozialämter unter kurzfristig definierten Effizienz- und Effektivitätskriterien nicht gerechtfertigt schien. Vgl. Schwarze (1994: 89 ff. u. 182 ff.).

bild und ihrer eigentlichen Funktion nach auf eine „bloße vorübergehenden materielle Existenzsicherung" beschränken könnte. Im Kontext einer sich neu entwickelnden primär arbeitsmarktbezogenen „aktivierenden Sozialpolitik" kommt es tendenziell in Schweden, wie auch vielerorts in Deutschland, zu einer paradoxen Entwicklung. Im Verlauf der 1990er Jahre wurden mit erhöhtem Ressourceneinsatz, etwa in Form der beschriebenen Neuorganisationen, in Form neuer rechtlicher Regelungsmuster, in Form erhöhten Personaleinsatzes und mit Einsatz beträchtlicher zentralstaatlicher und kommunaler Finanzmittel zur Bearbeitung vergleichsweise „einfacher" und vor allem arbeitsmarktpolitisch bedingter Problemkonstellationen beträchtliche sozialarbeiterische und ökonomische Ressourcen eingesetzt. Zugleich wären diese vielfach nicht erforderlich, und würden möglicherweise in anderen wirklich sozialarbeiterisch und personalintensiv zu bearbeitenden *multiplen* Problemkonstellationen so nicht zur Verfügung stehen. Damit verbunden entwickeln sich zudem neue und veränderte Formen der sozialen Exklusion *innerhalb und parallel zu den* „Aktivierungsprogrammen", die doch eigentlich auf soziale Inklusion hin konzipiert sind.[611] Diese Tendenzen wurden von Experten in Göteborg mit der Beschreibung entsprechender Interventionsmuster veranschaulicht:

> *„(...) Man priorisiert ja nicht die „Hoffnungslosen", das ist schwer. Man legt sich das zurecht die ganze Zeit über und das ist ja eine Gefahr – die ganze Zeit über – das Behörden, so denke ich, das sie die schwachen Gruppen vernachlässigen (...)."* (Int. 18: 566-569)

In einer weitergehenden Deutung und Interpretation der Relationen des Leitbildes der Sozialhilfe als „vorübergehende Hilfe" zu ihrer Funktion als Existenzsicherung ergibt sich noch ein Zielkonflikt, wenn die Verlaufs- und Handlungsperspektive als Ausgangspunkt gewählt wird. Wie bereits beschrieben, ist die Höhe der Sozialhilfe in Schweden auch deshalb unterhalb des Niveaus anderer Sozialleistungen oder des Niveaus der unteren Erwerbseinkommen festgelegt, weil normativ und rechtlich davon ausgegangen wird, dass Sozialhilfe lediglich über kürzere Zeiträume eintreten muss. Dabei wird auch davon ausgegangen, dass vorhandene Ressourcen der Bürger entweder noch *vor* dem Eintritt des Sozialhilfebezugs zur Bewältigung der Probleme und kurzfristiger Krisen eingesetzt werden können, oder aber *während* des Sozialhilfebezugs erlittene Verluste in den Ressourcen im Anschluss an die Krise, etwa durch (höheres) Erwerbseinkommen wieder aufgefangen und ausgeglichen werden können. Diese teilweise normativ und rechtlich festgelegten, zum Teil aber auch nur implizit wirksamen verlaufs- und handlungsbezogen gekoppelten Leitbilder passen allerdings auf Fälle des „institutionell akzeptierten Langzeitbe-

---

[611] Für einzelne US-amerikanischer Bundesstaaten, weist Hanesch (2001: 390) ähnliche befunde auf.

zugs" nicht, sondern erweisen sich in diesen Fallkonstellationen tendenziell als dysfunktional. Hierauf wiesen einzelne Experten ebenfalls hin. Danach nimmt die schwedische Sozialhilfe in Fällen multipler sozialer und wirtschaftlicher Probleme zwar auch bei ihrer grundsätzlichen Ausrichtung auf kurzfristige Krisen eine wichtige Existenzsicherungsfunktion sowie eine Anreiz- und Motivationsfunktion wahr. Diese sichernden *und* „aktivierenden" Effekte zeigen sich aber nach Erfahrung einzelner Experten bei „Langzeitbezug" im Zeitverlauf jedoch tendenziell als abnehmend:

> *„Ich glaube, eigentlich ist die Sozialhilfe oder das Niveau der Sozialhilfe so gedacht, dass sie eine Art Sicherheit für eine kürzere Zeit ist [Anm. d. Verf.: gemeint sind 2 bis 3 Monate]. Aber viele von unseren Klienten haben Sozialhilfe eine so lange Zeit, und da glaube ich absolut – für die Dauer von einigen Monaten, denke ich, ist es ganz ok. Das man das da ganz gut schafft. Aber wenn es ein Jahr wird oder mehrere Jahre, wo man nie die Mittel hat, mal etwas für sein – um sich selbst zu stimulieren – da denke ich absolut, dass das die menschliche Gesundheit und die Motivation negativ beeinflusst." (Int. 24: 389-395)*

Deutlich erkennbar ist damit das Risiko eines *„Sozialhilfe-Paradoxons"*.[612] Dies kann auch als *„Aktivierungsparadoxon"* gedeutet werden. Danach weisen diejenigen Sozialhilfeempfänger, die aufgrund multipler Probleme im Langzeitbezug stehen, nicht nur personen- und problembezogen einen hohen Interventionsbedarf auf. Sie haben auch verbunden mit dem Langzeitbezug zugleich einen eigentlich höheren Hilfebedarf, um weitere Negativeffekte und eine Verfestigung der Armutskarriere zu vermeiden. Die Sozialhilfe und die in diesen normativ und institutionell geprägten Zielkonflikt eingebundenen Professionellen können die Widersprüche allenfalls tendenziell, jedoch nicht wirklich ausgleichen. In der Folge dieser Norm- und Leitbildkonfigurationen und einer entsprechenden Praxis kann es bei Langzeitbezug, der mit multiplen Problemlagen verbunden ist, im Rahmen der Sozialhilfe demnach auch zu problem-verstärkenden Effekten kommen. Dies ist etwa der Fall, wenn bei gesundheitlichen Beeinträchtigungen, bei Problemen privater Überschuldung, bei Motivationsproblemen usw. diese Probleme im Verlauf längerfristiger Einkommensarmut kumulieren und sich wechselseitig verstärken. Auch wenn die schwedische Sozialhilfe institutionell, organisational und professional stärker integrativ an die übrigen Sozialdienste angebunden ist als die deutsche Sozialhilfe, gelingt es in Schweden ebenfalls nur unzureichend, den teilweise paradox erscheinenden Gestaltungsmustern sozialer Interventionen alternative Konzepte praxiswirksam entgegenzusetzen.

---

[612] Dieses bereits von Salonen (1995) für Schweden beschriebene und von Ludwig (1996: 283 f.) entsprechend bezeichnete „Sozialhilfeparadoxon" findet sich auch in der deutschen Sozialhilfe und wurde in Bremen bereits für Anfang der 1990er Jahre deutlich.

Im *Resümee* handelt es sich bezogen auf die bisher beschriebenen Leitbilder und institutionellen Normen der schwedischen Sozialhilfe also nicht um isoliert voneinander stehende oder zu betrachtende Einflussgrößen, die soziale Interventionen wesentlich mit prägen, sondern um in hohem Maße wechselseitig aufeinander bezogene und zu beziehende Grundlagen einer institutionellen Risikobearbeitung des sozialen Problems Armut und seiner Folgen. Die Dynamik und Bedeutung von Leitbildern in ihren Wechselwirkungen und Verknüpfungen im Alltag der Sozialhilfe erschließen sich dabei weitergehend als bisher gerade über die *Zeit- und Handlungsperspektive.* So kann beispielsweise in der Verlaufsperspektive die Existenzsicherung als vorrangig *vor* den Angeboten und Möglichkeiten einer Aktivierung gesehen werden, und damit eine wichtige Grundlage für die Wirksamkeit personenbezogener Interventionsformen bilden bzw. diese begünstigen. Die Angebote und Pflichten einer Aktivierung können normativ, programmatisch oder auch in den sozialberuflichen Handlungsformen der Professionellen ebenso in einem entgegengesetzten Modell als vorrangig *vor* der Existenzsicherung gedeutet und umgesetzt werden. Damit werden dann völlig andere, zum Teil negative Bedingungen und Voraussetzungen für eine Koproduktion und für die Wirksamkeit sozialer Interventionen geschaffen. Ferner sind idealtypisch *zeitgleiche* bzw. parallel aufeinander bezogene Vorgehensweisen und Interventionen möglich. Die Behandlung der Leitbilder in der Zeit-/Verlaufs- und Handlungsperspektive deutet die komplexen und vielschichtigen Variationsmöglichkeiten eines *„präzisen Timingsq"* *verschiedenster sozialer Interventionen* vor und während des Sozialhilfebezugs an.

Gesellschaftlich und gesellschaftspolitisch deuten sich damit auch tiefergehende Zielkonflikte an, wenn die Sozialhilfe auf die Norm und auf Leitbilder einer „aktiven Übergangshilfe" in Krisensituationen ausgerichtet und damit auch „reduziert" wird, wenn zugleich das Idealbild und gesellschaftliche Leitbild des dauerhaften Normalarbeitsverhältnisses zunehmend weniger Gültigkeit aufweist, und sich der Arbeitsmarkt in weiten Teilen zu „Übergangsarbeitsmärkten" entwickelt bzw. entsprechend sozial- und wirtschaftspolitisch gestaltet wird. Der Arbeitsmarkt gewährleistet in Schweden wie in Deutschland inzwischen immer öfter nur noch eine eher periodische oder episodenhaft, damit zeitlich begrenzte soziale Sicherheit über tendenziell geringer werdende Erwerbseinkünfte. Die Entwicklungen am Arbeitsmarkt sind ferner von hoher Dynamik gekennzeichnet. Gesellschaftspolitisch ist in soziologischer Perspektive mit diesen Entwicklungen verbunden, dass der *„moderne Lebenslauf"* in westlichen Wohlfahrtsstaaten zumindest für einen Teil der Bevölkerung als eine *„dynamische Aneinanderreihung und Absicherung von institutionell oder selbst geschaffenen Übergängen"* zu deuten ist, der (gewohnte) Kontinuitäten und damit auch soziale Sicherheit und Verlässlichkeit vermissen lässt. Entsprechend flexible und differenzierte Muster der institutionellen Risikobearbeitung und sozialer Interventionen und ein entsprechend sensibles und *präzises „Timing"* im *„Fördern* *und Fordern"* sind vor diesem Hintergrund nicht nur in der Sozialhilfe notwendig. Die Ansätze und Programme einer „Modernisierung" oder Reform der schwedischen Sozialhilfe und generell der Sozialpolitik haben diesen Wandel in der Festlegung neuerer Leitbilder und Leitbildkonfigurationen entsprechend weitergehend zu berücksichtigen als das im Rahmen der Fallstudie zu Göteborg und ebenso aus den Befunden zur Sozialhilfe in Bremen erkennbar wurde.

5.4.8 Leitbild einer „Hilfe zur Selbstversorgung" zwischen arbeitsmarktpolitischer Aktivierung und ganzheitlichem Lebenslaufbezug der Sozialhilfe

Wie mit den geschilderten Neuregelungen des § 6 SoL (Stand: 1998) bzw. Kap. 4, § 3 SoL (Stand: 2002) zum Begriff einer „Hilfe zur (eigenen) Versorgung" *(Försörjningsstöd)* bereits angedeutet wurde, sind das normative Leitbild und entsprechend rechtlich geregelte Grundprinzipien einer „Selbstversorgung" im schwedischen Sozialdienstgesetz direkt verankert. Dieses Leitbild der Selbstversorgung ist jedoch nicht nur in der schwedischen Sozialhilfe vorzufinden, sondern es ist in Schweden gesellschaftlich tief verankert, was sich auch darin ausdrückt, dass Sozialhilfebezug in hohem Maße mit Stigmatisierung verbunden ist. Das verbreitete Bild von einem alle Lebensbereiche umfassenden „sozialdemokratischen Versorgungsstaat" bietet allenfalls idealtypisch einen Ausschnitt zum „Sozialversicherungs- und Steuerstaat", bildet jedoch die soziale Wirklichkeit der materiellen Versorgung, die stets verbunden ist mit der traditionellen Arbeitslinie und dem absoluten Vorrang der Erwerbsarbeit, nur unzureichend ab. Auch das Bild vom passiven oder gar wohlfahrtsstaatlich „passivierten" Bürger, der ohne Gegenleistung die umfassenden staatlichen Versorgungsleistungen in Anspruch nehmen kann, ist bei Berücksichtigung der „Arbeitslinie" und der hohen Steuerlast weder gesellschaftlich noch normativ, rechtlich wie auch bezogen auf die Praxis sozialer Interventionen eher ein Zerrbild. Ein solches tendenziell negativ besetztes Bild berücksichtigt nicht nur den empirischen Alltag der Bürger in ihren vielfältigen aktiven Bemühungen um eine Selbstversorgung nur völlig unzureichend. Auch die gesellschaftlichen und sozialpolitischen Entwicklungen und Kontextbedingungen von Wohlfahrtsstaatlichkeit in Schweden werden über diese Bilder einseitig und eher ideologisch motiviert vermittelt. Die empirische Wirklichkeit in der Sozialhilfe fordert differenziertere Perspektiven und Wahrnehmungen und auch offenere Kategorien. Das Bild vom „passiven Leistungsbezieher" bestätigt sich jedenfalls nicht bzw. nur sehr eingeschränkt, wenn eine *armutspolitische Perspektive* zur Analyse des schwedischen wohlfahrtsstaatlichen Arrangements eingenommen wird.

Wie bereits dargestellt wurde, sind die Aufgaben und Ziele der schwedischen Sozialhilfe normativ und rechtlich den institutionellen Normen des deutschen

Sozialhilferechts durchaus ähnlich. Im Rahmen der Sozialhilfe sollen die Antragsteller und Leistungsbeziehenden möglichst kurzfristig in die Möglichkeit versetzt werden, sich in der Regel über Erwerbsarbeit wieder selbst zu versorgen. In den Aussagen der befragten Mitarbeiter in Göteborg fanden sich zum Leitbild der Selbstversorgung, unterschiedliche Pointierungen. So wurde von Befragten aus den herkömmlich organisierten Sozialbüros zum Leitbild der Selbstversorgung beispielsweise folgendes formuliert:

> *„Aber es ist so, dass man ja versuchen soll, seine Energie darauf zu richten, dass man es besser hat, sich auf die Selbstversorgung hin ausrichtet."* (Int. 20: 767-769)

oder:

> *„(…) Ziel ist es, dass die Menschen Selbstversorger werden – am Ende. Aber es soll einen Ausweg, eine Sicherheit geben, wenn alles andere zusammenkracht."* (Int. 22: 335-337)

Konkreter auf das *Leitbild einer „Selbstversorgung durch Arbeit"* wurde von Experten in speziellen Projekten für arbeitslose Sozialhilfebeziehende folgende Zielsetzung beschrieben:

> *„Ziel – das ist ja deutlich – das ist ja Arbeit. Das ist das übergreifende Ziel. Das man versuchen soll, raus in Arbeit zu kommen und da sich selbstversorgen kann, und das man nicht der Hilfe der mit-versorgenden Behörden bedarf."* (Int. 18: 307-314)

Die Experteninterviews in Schweden wie auch die Literatur belegen, dass in der schwedischen Sozialhilfe ein „Selbsthilfeansatz" enthalten ist, der dem in der deutschen Sozialhilfe seit 1962 prägenden Begriff und normativen Grundsatz einer *„Hilfe zur Selbsthilfe"* sehr ähnlich ist. Wie Aussagen zeigen, wird semantisch und im Bedeutungsgehalt in der schwedischen Sozialhilfe allerdings weniger offen von *„Selbsthilfe"*, sondern durchaus konkreter und stärker materiell bezogen von *„Selbstversorgung"* gesprochen. Dies gilt sowohl für die Aussagen der Befragten wie auch in den rechtlich definierten Grundlagen, in zentralstaatlichen Empfehlungen und in den Kommentaren zu den jeweiligen Vorschriften. Ein stärkerer Bezug auf materielle Leistungen kommt durch den Versorgungsbegriff eher zum Ausdruck als mit dem Begriff einer „Hilfe zur Selbsthilfe", die auch auf immaterielle Dimensionen bezogen sein kann.

Der Begriff der Selbstversorgung fand bei nahezu allen befragten Experten in Göteborg Verwendung (Int. 08, 10, 13, 14: 598, 15, 16, 17, 18, 19: 698, 21, 24: 342). Von einzelnen Befragten wurde daneben direkt lebenslaufbezogen formuliert, dass es im Rahmen der Sozialhilfe darum geht, Sozialhilfebeziehenden (wieder) die Möglichkeiten zu eröffnen, ein *„selbstständiges Leben zu führen"* (Int. 08). Zumeist

500

fanden sich in den Aussagen mehr oder weniger wörtlich die Regelungen aus Kap. 4 des Sozialdienstgesetzes, die ebenfalls explizit auf den Versorgungsbegriff und auf eine „sonstige Lebensführung" *(livsföring i övrigt)* Bezug nimmt. Der Begriff der Selbsthilfe ist sowohl in der Literatur als auch in den Aussagen der Befragten demnach in Schweden nicht üblich. Abzuleiten wäre hieraus, dass die schwedische Sozialhilfe normativ und faktisch in doch hohem Maße auf materielle Versorgung und weniger auf immaterielle soziale Hilfe rekuriert. Dies würde allerdings die Frage aufwerfen, ob und inwieweit dann der Einsatz von Sozialarbeitern als Profession in der Sozialhilfe erforderlich bzw. zu legitimieren ist.

Als weiterer Befund zeigte sich, dass Begriff, Leitbild und das allgemeine Ziel einer *„Hilfe zur Selbstversorgung"* unter fast allen Befragten eine ganz selbstverständliche, zugleich vorrangig gewichtete und in den Wertungen durchweg positiv besetzte institutionelle Norm bildete. Im Kontext der Ausgestaltung sozialer Interventionen und sozialberuflicher Handlungsformen nimmt das Leitbild daher eine zentrale Bedeutung ein. Die konkreteren Deutungen, beschriebene Methoden, Instrumente und Formen der Umsetzung des Prinzips einer „Hilfe zur Selbstversorgung" unterschieden sich bei den Befragten zugleich erheblich.[613] Diese Unterschiede scheinen auch davon abhängig, in welchen Organisationszusammenhängen, Teamstrukturen und mit welchen programmatischen Aufträgen und Detailzielen verbunden die befragten Experten in der Sozialhilfe jeweils tätig waren. Als normativer Grundsatz und als Ziel jeglicher Intervention galt aber *allgemein,* dass für Sozialhilfebeziehende die *„Selbstversorgung über Arbeit möglichst schnell"* wieder erreicht wird:

> *„Zielsetzung ist – also sobald sie hier an die Tür kommen, da gilt es dafür zu arbeiten, dass sie hier wieder wegkommen. Das ist die Zielsetzung."* (Int. 19: 684-686, ähnlich Int. 15: 645-649)

Typischerweise wurden das Leitbild und die Zielsetzung der Selbstversorgung meist direkt verbunden mit dem Leitbild der Erwerbsarbeit dargestellt. Daneben wurden Qualifizierung und die Teilnahme an Maßnahmen der Weiterbildung als weitere, jedoch weniger direkte und länger dauernde Wege zur Selbstversorgung

---

[613] Es bestätigte sich erneut die Heterogenität, die für die schwedische Sozialhilfepraxis bereits in früheren Studien sowohl für Göteborg wie auch für Stockholm und Malmö belegt wurde, etwa von Gustafsson/Hydén/Salonen (1990). Von Hydén u.a. (1995) wurde für 1993/94 in 11 Kommunen bei insgesamt 211 Mitarbeitern die Praxis der Sozialhilfe verglichen. Noch vor Einführung der „Riksnorm" von 1998 ergaben sich damals bereits in der Berechnung der *monetären Sozialhilfe* durch die Mitarbeiter in gleichen Fällen beträchtliche Unterschiede in der bewilligten Höhe der Sozialhilfeleistung – nicht nur zwischen Kommunen, sondern auch zwischen Stadtteilen einzelner Großstädte und zwischen Mitarbeitern von Sozialbüros gleicher Stadtteile und Kommunen. Ähnlich sind die Befunde von Mosesson/Jönsson (1998: 21) unter stärkerer Berücksichtigung der Wahrnehmungs- und Einstellungsmuster sowie qualitativer Variablen in der Sozialhilfepraxis Helsingborg und Malmö.

von den Experten beschrieben. Beispielsweise wurde zur Zielsetzung einer Selbstversorgung gekoppelt mit Arbeit oder Qualifizierung formuliert:

> *„Ja, Zielsetzung ist wohl, zu vermeiden, dass sie hierherkommen. Ja, es auf eine Art zu unterstützen, dass sie es selbst schaffen. Zielsetzung ist ja, dass man selbstversorgend wird, dass man auf eigenen Beinen steht, dass man in Gang kommt mit Studium oder Ausbildung – ja – irgendetwas, so dass es ohne Unterstützung von hier geht."*
> (Int. 21: 582-588)

Das Leitbild der Selbstversorgung war bei den Befragten zwar vorrangig, aber oft nicht ausschließlich auf Erwerbsarbeit bezogen. Zentral schien allgemeiner ein Leitbild, wonach es darum geht, Sozialhilfebeziehende ganz allgemein – unabhängig von Erwerbsarbeit – zunächst einmal *"in Gang"* zu versetzen, damit sie – ggf. auch später – zu einer Selbstversorgung kommen. Diese Formen einer „Aktivierung" können auch auf *andere Wege* aus dem Sozialhilfebezug, etwa über die Aufnahme eines Praktikums oder einer Qualifizierungsmaßnahme, auf Teilnahme an Maßnahmen beruflicher Rehabilitation, auf Suchttherapien usw. bezogen sein. In der *Zeit- und Handlungsperspektive* bedeutet dies, dass die „Arbeitslinie" und entsprechend die Erwerbsarbeit als Schlüssel zur Selbstversorgung zwar im Vordergrund stehen Aber auch (kostenintensivere) „Umwege" im Lebenslauf sind bei der Erschließung von Wegen aus der Sozialhilfe möglich und werden über die Sozialhilfe in ihrer „ganzheitlichen" Ausrichtung vermittelt. Ein *einfaches Konzept der „Aktivierung in Erwerbsarbeit so schnell wie möglich"* schien jedenfalls programmatisch in der Sozialhilfe in Göteborg angesichts hetorogener Probleme, die von der Sozialhilfe zu bearbeiten sind, weder üblich noch praktisch umsetzbar. Es deuteten sich auch in diesen Zusammenhängen differenziertere Interventionsmuster an, die eine „aktivierende Sozialpolitik" kennzeichnen.

Als institutionalisiertes verlaufs- und handlungsbezogenes Erwartungsmuster, das an Sozialhilfebeziehende gerichtet wird, zeigte sich dabei das Leitbild einer möglichst „dauerhaften Selbstversorgung über Erwerbsarbeit" – wenn möglich – zeitnah zum Eintritt in die Sozialhilfe, ggf. aber auch über Umwege, wie Qualifizierung, Praktika usw., jedoch dann mit möglichst nachhaltiger Wirkung.

Nach Aussagen von Experten geht es vor allem um die Erschließung von Wegen in eine langfristige und zugleich auch *„sinnvolle Beschäftigung"* (*meningsfull sysselsättning*). Diese wurde als Schlüssel zur gesicherten Selbstversorgung und zu einer nachhaltigen Verbesserung der Lebenssituation verstanden. An den Aussagen der Experten dieser Art zeigte sich, dass die Sozialhilfe in der *praktischen Deutung* ihrer institutionellen Normen und Zielsetzungen in durchaus hohem Maße nicht nur auf kurze Phasen, sondern ebenso auf längere Phasen des Lebenslaufs bezogen wurde. Das (Leit-)*Bild vom Normalarbeitsverhältnis* erwies sich unter den Befragten auch in diesen Zusammenhängen für die Praxis der Sozialhilfe, somit weiterhin als in hohem Maße relevant. Zugleich belegen jedoch empirische Befunde, dass sich

auch in Schweden über eine Zunahme von Teilzeitbeschäftigung, zeitlich befristeter und ungesicherter Beschäftigung das „Normalarbeitsverhältnis" zumindest in
Teilbereichen des Arbeitsmarktes seit Beginn der 1990er Jahre in Auflösung befindet.[614]

Einzelne der Befragten sprachen parallel zur Zielsetzung der Selbstversorgung
(Självförsörjning) auch davon, dass Sozialhilfebeziehende wieder stärker in die Lage
versetzt werden müssten, ihre Angelegenheiten *„selbst zu erledigen"* bzw. *"sich um sich
selbst zu kümmern" (Zit.* Int. 22: 381: *„att dom klarar sig själv").* In diesen Zielsetzungen findet sich ein Leitbild zur Selbstversorgung, das auch die alltäglichen Handlungskompetenzen und Bewältigungsstrategien der Sozialhilfebeziehenden mit
einbezieht. Zum Ausdruck kommt darin, dass es bei Wegen aus der Sozialhilfe
sowohl um die Erschließung, Vermittlung und Förderung materieller, struktureller
und auch persönlicher Ressourcen und Handlungskompetenzen geht, worin sich
erneut das bereits genannte Leitbild der „Ganzheitlichkeit" *(Helhet)* ausdrückt.
Ebenso bildete sich darin ein Bild zum Sozialhilfebezug ab, wonach Sozialhilfebeziehende zum Teil als Personen gelten, die alltäglichste Angelegenheiten – nicht
nur der materiellen Versorgung – sondern auch darüberhinausgehende Lebensbereiche – eben nicht mehr selbst regeln bzw. nicht selbst regeln können, so dass
pädagogische Interventionen notwendig sind, die auch kontrollierende und sanktionierende Eingriffe durch den Sozialdienst beinhalten können. Dieses Bild von Sozialhilfebeziehenden war aber in den Aussagen für Göteborg eher selten vorzufinden,
jedenfalls in den Definitionsmustern zu den Leitbildern nicht durchgängig vorherrschend.

Wiederum anders gelagert und verbunden zeigte sich das Leitbild der Selbstversorgung bei Befragten in Teams der Sozialbüros, die in besonders hohem Grade
mit psychisch kranken oder suchtkranken Sozialhilfebeziehenden Kontakt hatten
und die integriert zur materiellen Sozialhilfe auch psychosoziale Hilfen leisteten.
Von diesen Experten wurde das Risiko einer Überbetonung des inzwischen in den
neueren Programmen stark formulierten Leitbildes der *„Selbstversorgung durch Erwerbsarbeit"* klar beschrieben. Die Aufgaben und Zielsetzungen der Sozialhilfe im
Kontext einer „Selbstversorgung" wurden bezogen auf spezifische psychosoziale
und gesundheitliche Problemlagen wesentlich differenzierter gesehen. Das Ziel
Selbstversorgung wurde dabei zwar auch von diesen Sozialarbeitern als wichtig
angesehen. Es wurde jedoch verbunden mit einer massiven Ausprägung der „Arbeitslinie" bezogen auf psychisch Kranke und eingeschränkt Erwerbsfähige gruppenbezogen eher kritisch bewertet, wie folgende Aussage zeigt:

---

[614] Zu den Entwicklungen am schwedischen Arbeitsmarkt vgl. Socialstyrelsen (2002).

„(...) Das hier mit Arbeit als ein Wert und Erfolg im Leben ist ein ganz lutherscher Gedanke auf eine Weise (...).
Und manchmal kann diese Zielsetzung – manchmal bin ich mir nicht sicher, ob die Zielsetzung wirklich Arbeit im
Sinne von Lohn-/Erwerbsarbeit sein kann, wenn damit nicht auch ein Niveau erreicht wird, auf dem es den Men-
schen besser geht, so dass sie einen Inhalt im Leben erhalten, und da können es auch manchmal andere Formen
sein. (...) Das eigene Wohlbefinden ist ja auch wichtig für einen Menschen." (Int. 24: 318-326, ähnlich Int. 13:
372-377, Int. 14: 254-262)

Das Leitbild einer „Selbstversorgung durch Erwerbsarbeit" wurde damit von einzelnen Experten differenzierter beschrieben. Es wurde genauer auf bestimmte
Problemlagen und Gruppen bezogen und damit hinsichtlich der Bedeutung für die
Praxis der Sozialhilfe und Sozialarbeit deutlich relativiert. Auf Grund der strukturell
und individuell unterschiedlich geprägten Voraussetzungen und Chancen einer
Selbstversorgung wurden Leitbilder und Normen entsprechend dieser Gegebenheiten im Rahmen der sozialberuflichen Handlungsmuster differenzierter gedeutet
und in die Praxis übertragen, um so die normierten Ziele der Sozialhilfe zu erreichen. Teilweise wurde berichtet, dass sich die normativ und rechtlich verankerten
Leitbilder und Ziele, wie die Selbstversorgung nicht innerhalb der programmatisch
und rechtlich definierten *Zeiträume* realisieren lassen, ohne dass das Ziel deshalb
schon gleich aufgegeben werden muss. Eine meist sozialberuflich geprägte Deutung des Ziels entsprechend der Möglichkeiten und Bedarfe der Bürger, etwa bei
komplexen multiplen Problemlagen oder bei psychischen Erkrankungen scheint
nach den Aussagen von Experten ebenfalls möglich. Sozialhilfebezug beinhaltet
zumindest teilweise sehr heterogene Ursachengefüge und multiple Problemlagen,
auf die institutionelle Norm einer *„zeitnahen Hilfe zur Selbstversorgung durch Erwerbsar-*
beit" und damit verbundene Maßnahmen einer „aktivierenden Sozialpolitik" eben
nicht direkt passen. Nicht nur die Problemverläufe und der Lebenslauf, sondern
explizit auch die Lebensvoraussetzungen, Lebensinhalte, Lebenssinn und individuelle Lebenspläne sind nach Aussagen einzelner Experten für die Gestaltung und
den Verlauf sozialer Interventionen rechtlicher, ökonomischer, ökologischer und
vor allem pägagogischer Art mit zu berücksichtigen. Nur in der Berücksichtigung
der genannten Kontexte ist dann auch eine Koproduktion in der Erbringung der
Sozialhilfe als personenbezogene soziale Dienstleistungen möglich.

Dies gilt konzeptionell, vermutlich aber mehr noch praktisch in den Wirksam-
keitsbezügen der Sozialhilfe, so dass pädagogische und psychologische Dimensionen sozialer Intervention bei bestimmten Problemlagen und Gruppen genaueste
Beachtung finden müssen. In der professionalen Ebene empfiehlt sich insoweit der
Einsatz von „Socionomer" eher als der Einsatz von Verwaltungsfachpersonal. Den
Befunden nach ist es eine wesentliche Funktion der Sozialhilfe, die gesellschaftlichen und institutionellen Leitbilder, wie beispielsweise das Ziel der Selbstversorgung, in aller Regel mit Erwerbsarbeit verbunden, individuell und somit differenziert auf die alltägliche Lebenswelt der von Arbeitslosigkeit und Armut betrof-

fenen Personen und Gruppen zu übertragen. Die Leitbilder sind im Rahmen der sozialberuflichen Handlungsformen und „Methoden" unter Berücksichtigung der besonderen individuellen wie auch der strukturell spezifisch beeinflussten Lebenslagen und Lebensverläufe zu deuten und in der Erbringung der persönlichen wie monetären Sozialhilfe sowie ggf. über „aktivierende Maßnahmen" daraufhin passend zu gestalten. In diesem Zusammenhang wurde das Risiko einer sozialpolitischen, normativ-rechtlichen aber auch einer professional-fachpolitischen Überbetonung und Vorherrschaft des Leitbildes einer *„Hilfe zur Selbstversorgung durch Erwerbsarbeit"* erkennbar. Dieses Risiko tritt vor allem auf, wenn es in der Sozialhilfepraxis nicht gelingt, den *bisherigen* Lebensverlauf und die Erwerbsbiografie mit der institutionellen Planung und in den Gestaltungsmustern von Wegen durch und aus dem Sozialhilfebezug so in Übereinstimmung zu bringen, dass vom Sozialhilfebeziehenden selbst die biografischen Dimensionen und Ressourcen mit den Formen, der Art und den Niveaus einer (zukünftigen) Selbstversorgung über Erwerbsarbeit und Erwerbseinkommen zu verbinden sind.

Vor allem im Zusammenhang mit multiplen, oft psychosozialen Problemen und bei längerfristigen wirtschaftlichen Problemen wurden entsprechende Differenzierungen der Programme einer „aktivierenden Sozialhilfe" als notwendig und als Bedingung für wirksame soziale Interventionen gesehen. Eine „Hilfe zur Selbstversorgung" wurde von Befragten in Göteborg für diese Verlaufstypen in der Sozialhilfe dabei auch im Verständnis einer *Förderung alltäglichster Handlungsressourcen und -kompetenzen* und somit im Sinne pädagogischer Interventionen verstanden, über die von den Bürgen dann später nicht nur soziokulturelle Teilhabemöglichkeiten sondern auch Teilhaberechte selbst erschlossen und genutzt werden können.

Nicht nur zwischen den organisational und professional spezialisierten Teams und Projekten wurde das Leitbild einer „Hilfe zur Selbstversorgung" als *uneinheitlich bzw. variantenreich* in den Konfigurationen und Definitionsmustern erkennbar, sondern die Definitionsmuster variierten auch zwischen Sozialarbeitern in gleichen Projekten und Teams zum Teil beträchtlich. Von befragten Experten wurde weiter berichtet, dass eine *„Hilfe zur Selbstversorgung"* in der Sozialhilfepraxis zudem in verschiedenen Kommunen oder auch zwischen den Stadtteilen innerhalb einer Kommune unterschiedlich verstanden und gedeutet werde, zumal die Projekte in ihren Zielen zum Teil sehr unterschiedlich konzipiert seien (Int. 14: 594-598). Diese im Vergleich zur *deutschen Sozialhilfe* offeneren Deutungsmöglichkeiten und Deutungsmuster gehen unter anderem auf die offener definierten institutionellen Normen und rechtlichen Grundlagen des schwedischen Sozialdienstgesetzes zurück. Es bestätigte sich in diesen Zusammenhängen, dass ein zielorientiertes Rahmengesetz in seinen Normsetzungen und Regelungen gewissermaßen explizit zur Uneinheitlichkeit in der Deutung und im Anwendungszusammenhang zentraler Leitbilder einlädt. Diese steuerungskulturell geprägte Besonderheit des schwedischen Sozialrechts hat Vor- und Nachteile. Einerseits geht die Deutungsoffenheit zu den institutionellen Leitbildern und Normen in Göteborg/Schweden im Vergleich zum BSHG bzw. SGB II und SGB XII und zur Sozialhilfepraxis in Bremen/Deutschland zu Lasten der Rechtmäßigkeit und Rechtssicherheit in den Entscheidungen der Sozialhilfe. Der Zugang zu sozialen Schutz- und Teilhaberechten wie auch zu Programmen und Maßnahmen einer „aktivierenden Sozialpolitik" wird damit in Schweden seitens der wohlfahrtsstaatlichen Institution selbst offenbar in ihrem Zugang selektiver und differenzierter gestaltet.[615] Andererseits ermöglicht die Deutungsoffenheit, etwa zum Leitbild einer „Hilfe zur Selbstversorgung" entsprechend weiter gefasste Gestaltungs- und Interventionsmöglichkeiten im positiven Sinne. Eröffnet werden damit beispielsweise Möglichkeiten der differenzierten Intervention, die je nach Lebenslage und Lebenslaufmuster und je nach lokalen Verhältnissen und Projektzusammenhang vor allem über sozialberufliche Handlungsformen der Sozialarbeit gestaltet werden können. Soziale Leistungen und Hilfen, etwa für besondere Gruppen oder Verlaufstypen können entsprechend individuell und problemgerecht sowie biografisch passend abgestimmt und damit in gewisser Weis weitergehend „koproduktiv" erbracht werden als das in all zu verregelten Formen sozialer Intervention möglich ist. Über sozialberufliche Handlungsformen der Sozialarbeit können dezidiert gruppenbezogen und/oder individuell ausgerichtet somit bestimmte Leitbildkonfigurationen stärker oder weniger stark zur Geltung gebracht werden als dies in hochverregelten rechtlichen Systemen bei detailgenauer Kommentierung und Rechtsprechung möglich ist. Auch wenn die deutsche Sozialhilfe mit dem in ihr rechtlich ausdrücklich betonten Individualisierungsgrundsatz grundsätzlich ähnliche Gestaltungsfreiräume und Differenzierungen ermöglichen könnte, unterscheiden sich nicht nur die Kontextbedingungen sondern auch die Leitbildkonfigurationen und Deutungsmuster etwa zur institutionellen Norm einer „Hilfe zur Selbsthilfe/-versorgung" beträchtlich. Dies lässt darauf schließen, das sich auch die Formen und Muster sozialer Interventionen in beiden Wohlfahrtsstaaten im Bereich der Sozialhilfe in der Praxis unterscheiden. Diese Befunde wurden weitergehend im Zusammenhang mit einem neueren Leitbild des „lebensbegleitenden Lernens" konstrastierend untersucht.

---

[615] Zu diesem Befund kommt auch Åström (1988: 100). Dabei unterscheidet er ausdrücklich zwischen einer *Zielrationalität (målrationella beslut)*, die das schwedische Sozialdienstgesetz kennzeichnet und einer *Normrationalität*, die beispielsweise für die deutsche Sozialhilfe prägend ist. Die in der schwedischen Sozialhilfe wirksame Zielrationalität weist vor allem einen starken Bezug auf *materielle* Lösungen und Problembearbeitungsmuster auf, in der eher *formale* Kriterien der Rechtssicherheit und Rechtmäßigkeit qua Charakter des Gesetzes und der daraus folgenden Interventionen einen geringeren Stellenwert einnehmen. Demgegenüber sind Sozialgesetze, die nach dem Prinzip einer ausgeprägten *Normrationalität* gestaltet sind, stärker auf die *formalen* und *regelgeleiteten* Wirkungen bezogen und sichern dabei Werte wie Rechtmäßigkeit und Rechtssicherheit präziser ab als eine zielorientierte Rahmengesetzgebung.

5.4.9 „Lebensbegleitendes Lernen" – ein neues Leitbild in der Sozialhilfe?

Im Zusammenhang mit der Entwicklung der Massenarbeitslosigkeit im Verlauf der 1990er Jahre und den Zugangsvoraussetzungen und -chancen der Sozialhilfebeziehenden am schwedischen Arbeitsmarkt wurde erst langsam deutlich, dass auch in Göteborg/Schweden *Probleme im Bildungswesen* mit ursächlich für hohe Sozialhilfebezugsquoten waren und sind. Probleme im Bildungs- und Schulbereich gelten etwa als mit dafür verantwortlich, dass vor allem die Zahl der *jungen* Langzeitarbeitslosen in der Sozialhilfe im Verlauf der 1990er Jahre drastisch zugenommen hat. Es wurde auch erkannt, dass sowohl *junge* wie *ältere Einwanderer* vor allem *bildungsbedingt* vergleichsweise geringe Chancen haben, den Sozialhilfebezug nachhaltig bzw. dauerhaft wieder zu beenden.[616] Entsprechend der Perspektive einer „Ganzheitlichkeit" *(Helhetssyn),* wie sie für den schwedischen Sozialdienst von zentraler Bedeutung ist, und verbunden mit einer *lebenslauftheoretischen Betrachtung* stellte sich bezogen auf die Schnittstellen wohlfahrtsstaatlicher Institutionen somit die Frage, ob und inwieweit eine *„aktivierende Sozialpolitik"* im Kontext der Sozialhilfe auch den Bereich der Schul- und Berufsbildung konzeptuell oder programmatisch mit einbezieht oder beachtet. Konkret wurde daher untersucht, ob das in Politik und Medien verbreitete Leitbild des „lebenslangen" oder des „lebensbegleitenden Lernens" in den neueren Maßnahmen und Projekten zur Förderung und Erschließung von Wegen aus dem Sozialhilfebezug in Göteborg eine Bedeutung hat.[617]

Im schwedischen wohlfahrtsstaatlichen Arrangement gelten Bildungspolitik und Sozialpolitik national wie kommunal als enger miteinander verknüpft als das für den deutschen Sozialstaat kennzeichnend ist.[618] Sozialpolitik und Bildungspolitik werden in Schweden, teilweise auch erweitert um die Arbeitsmarkt- und Gesundheitspolitik als „Wohlfahrtspolitik" verstanden. Berücksichtigt man ferner, dass im Vergleich zu Deutschland in der schwedischen Sozialhilfe die Sozialarbeit

---

[616] Vgl. Socialstyrelsen (2002).

[617] Zu Entwicklung des Leitbildes eines „lebenslangen Lernens" *(livslångt lärande)* und den bildungspolitischen Konzepten der 1990er Jahre, die mit dem Leitbild in Schweden verbunden werden vgl. beispielsweise Ellström u.a. (1996), sowie die im Auftrag der schwedischen Regierung erstellten Studien von Rubenson u.a. (2000) und Statens Offentliga Utredningar SOU (2000). Die Bände enthalten neben der Darstellung der nationalen bildungspolitischen Strategien auch umfassende Daten zur Erwachsenenbildung im internationalen Vergleich. Die Daten weisen Schweden generell als Wohlfahrtsstaat aus, in dem die Erwachsenenbildung und entsprechende Leitbilder und Programme als besonders weit entwickelt gelten, und in dem bildungspolitische Programme mit im internationalen Vergleich beträchtlichen Finanzmitteln gefördert werden.

[618] Vgl. auch Allmendinger/Leibfried (2002). Während beispielsweise die US-amerikanische und angelsächsische Sozialpolitik, teilweise auch die deutsche Sozialpolitik als in hohem Maße arbeitsmarktbezogen beschrieben werden kann, kann die skandinavische Sozialpolitik im Kontrast dazu als sehr viel stärker bildungsbezogen typisiert werden.

als Profession stärker bestimmend ist, wäre anzunehmen, dass auch über die Sozialhilfe ein bildungspolitisch höchst relevantes und gesellschaftlich breit verankertes Leitbild des „lebensbegleitenden Lernens" auch an Sozialhilfebeziehende vermittelt wird. Dies kann selbst dann erfolgen, wenn ein entsprechendes Leitbild *nicht* explizit im Sozialdienstgesetz normiert oder rechtlich definiert ist.

Das schwedische Bildungswesen einerseits und Bildungsdefizite bei den Sozialhilfebeziehenden andererseits wurden von befragten Experten meist ohne dass zuvor danach gefragt wurde, explizit als wichtige Einflussgrößen für arbeitslosbedingten Sozialhilfebezug gesehen. Es wurden Anforderungen einer veränderten Bildungspolitik beschrieben, die sich vor allem mit Blick auf *junge Arbeitslose* stellen, die im Verlauf der arbeitsmarktpolitischen Krise der 1990er Jahre häufig direkt nach Ende der allgemeinbildenden Schule im Sozialhilfebezug standen, da sie Ansprüche auf Leistungen der Arbeitslosenkassen mangels Anwartschaftszeiten nicht aufbauen konnten. Ähnlich stellen sich bis heute die Probleme für *Einwanderer*, da diese die am schwedischen Arbeitsmarkt erwarteten Bildungs- und Berufsabschlüsse häufig nicht aufweisen können und ebenfalls keine Ansprüche auf Leistungen der Arbeitslosenkassen geltend machen können. Vor allem befragte Sozialarbeiter, die im Rahmen besonderer Projektarbeit im Kontakt zu jungen Arbeitslosen standen, berichteten von „Lese- und Rechtschreibschwächen" *(dyslexi)*, nannten Probleme im Erlernen der schwedischen Sprache bei Einwanderern, sowie mangelnde Grundkenntnisse in alltagspraktischen Handlungsfähigkeiten und Defizite in der sozialen Kompetenz als Faktoren, die bei jungen schwedischen Arbeitslosen und bei Einwanderern zur Arbeitslosigkeit und zum Sozialhilfebezug mit beitragen. Obwohl beispielsweise die Sprachkurse „Schwedisch für Einwanderer" *(Svenska för invandrare)* für alle Einwanderer verpflichtend sind und die Zahlung der Sozialhilfe bei einer Nichtteilnahme an den angebotenen Sprachkursen gekürzt oder ganz eingestellt werden kann, wurde berichtet, dass die Sprachkenntnisse vieler Einwanderer für das Erwerbsleben nicht ausreichend seien. Diese Erfahrungen der in Göteborg befragten Sozialarbeiter bezogen sich meist auf älterer Einwanderer, die seit mehreren Jahren in Schweden leben und oft über längere Zeiträume arbeitslos sind. Neben Sprachkenntnissen wurde beispielsweise der Erwerb eines Führerscheins – insbesondere bei Arbeitslosen mit geringem schulischen und beruflichen Qualifikationsniveau – als ein zentraler Schlüssel angesehen, um einen Zugang zum Arbeitsmarkt und damit den Weg aus dem Sozialhilfebezug zu erhalten. Insofern sind direkte und indirekte Bezüge zwischen der Sozialhilfepraxis, weiteren Leistungen des Sozialdienstes und dem Bildungswesen im Bereich schulischer Bildung und ebenso im Bereich der Erwachsenenbildung gegeben. Ein Leitbild des „lebensbegleitenden Lernens" muss in diesen Zusammenhängen als eng verbunden mit dem Prinzip einer „Hilfe zur Selbstversorgung" gesehen werden.

Von einzelnen Sozialarbeitern wurde das schwedische System der schulischen und beruflichen Bildung als zu wenig durchlässig bzw. zu unflexibel beschrieben.[619] Die Formen der Erwerbstätigkeit und die Beschäftigungsverhältnisse, wie Vollzeit-, Teilzeitbeschäftigung, Möglichkeiten für *berufsbegleitende* Praktika, die Möglichkeit des Studiums und der *berufsbegleitenden* Aus- und Weiterbildung müssten „offener" als bisher gestaltet werden, so dass differenzierte und individuell ausgerichtete Wechsel und Kombinationen der verschiedenen schulischen und beruflichen Phasen im Lebensverlauf auch *zeitgleich oder zeitlich näher beieinanderliegend* möglich wären. [620] Das schwedische Schul- und Bildungssystem gilt dem sozialdemokratischen Einfluss entsprechend in den Übergängen von Schule, Beruf und Studium insgesamt als sehr offen. Schulische und fächerbezogene Wechsel sowie Berufswechsel scheinen einfacher möglich als im deutschen mehrgliedrigen und stark abgestuften System von Grund-, Haupt-, Realschule und Gymnasium und im formal geregelten Berufsleben. Auch diese Unterschiede im Bildungssystem und in der Bildungspolitik dürften Wege in und aus dem Sozialhilfebezug bei jungen Arbeitslosen in den beiden Wohlfahrtsstaaten durchaus unterschiedlich prägen. Während das schwedische System der schulischen Bildung und der Erwachsenenbildung durchlässiger und flexibler und entsprechend der Befunde der PISA-Studien positiver zu bewerten ist als das deutsche System, dürften insbesondere die monetären Leistungen, wie Ausbildungsvergütungen und die Berechtigung zum Kindergeld bis zum Abschluss der Berufsausbildung sich in Deutschland im Vergleich zum schwedischen System eher positiv auf die Arbeitslosenquote und die Sozialhilfequote bei Jugendlichen auswirken.

Den Expertenaussagen in Göteborg nach ist es in flexiblen und offenen System der Bildungs- und Qualifizierungseinrichtungen besser möglich, sich frühzeitig auf absehbare Veränderungen am Arbeitsmarkt und im Verlauf der Erwerbsbiografie einzustellen und diese Verläufe entsprechend vorbeugend und aktiv zu gestalten. In diesem Zusammenhang wäre im kommunalen Sozialdienst auch *professional* eine Veränderung vorzunehmen, die eine Intensivierung sozialer Beratung im Verständnis einer individuellen „Anleitung" *(Handledning)* zur Vermittlung bestimmter

---

[619] Zum schwedischen Bildungssystem vgl. Ekholm (2003) und Kurpjoweit (2004). Das schwedische Ausbildungssystem kennt – abgesehen von wenigen Ausnahmen im Handwerk – *keine praxisnahe Berufsausbildung in Form der „Lehre"*, in der nach deutschem Muster nach Abschluss der 10. Klasse eine duale Berufsausbildung bei gleichzeitiger Zahlung von Ausbildungsvergütung erfolgt. Der Bereich der Volkshochschulen und Möglichkeiten des sogenannten zweiten Bildungsweges, etwa der nachträgliche Erwerb des Abschlusszeugnisses der *Gymnasieskolan,* sind in Schweden ähnlich entwickelt wie in Deutschland. Aktuell wurden nach 2008 unter der bürgerlich-liberalen Regierung von Fredrik Reinfeldt für Teilbereiche in Handwerk und Industrie Formen einer Berufsausbildung eingeführt.

[620] Das Leitbild des lebenslangen oder lebensbegleitenden Lernens hat in Schweden seit Anfang der 1990er Jahre eine stärkere gesellschaftspolitische Relevanz als in Deutschland. Dies zeigen zahlreiche Studien. Vgl. etwa Statens Offentliga Utredningar (SOU 1999: 141 und SOU 2000: 28).

Handlungs- und Bewältigungsstrategien beinhaltet. Es wurden damit pädagogische Interventionen im Zusammenhang der Schnittstellen von Sozialhilfe, Bildungswesen und verbunden mit dem Leitbild des „lebensbegleitenden Lernens" erkennbar. Diese waren wiederum stark auf die Individuen bezogen und zielten auf sehr differenzierte und flexible Leistungsformen, wie etwa folgende Aussage erkennen lässt:

> „(...) Für die sollte es etwas mehr individuelle Möglichkeiten geben und so weiter. Das man etwa ein Praktikum in Teilzeitform machen kann und dann kann man studieren und so Sachen, die etwas – so, dass das stärker individuell angepasst ist (...)." (Int. 15: 815-819)

Aus dieser und ähnlichen Aussagen ließ sich als Folgerung interpretieren, dass es in Göteborg, ähnlich wie auch in Bremen offenbar noch nicht zufriedenstellend gelungen ist, dass traditionell die Sozialhilfe und die gesamte Sozialpolitik stark prägende Leitbild der „Selbstversorgung durch (Erwerbs)Arbeit" in Form der „Arbeitslinie" mit dem Leitbild eines „lebensbegleitenden Lernens" zu verbinden und passend aufeinander abzustimmen. Dies gilt sowohl im Bereich der Arbeitsvermittlung wie auch in der kommunalen Sozialhilfe in den vielfältigen Details und in den verschiedenen institutionellen Ebenen. In materieller Hinsicht gilt dabei in Göteborg bzw. generell in Schweden der Grundsatz, dass Kurs- und Seminargebühren für entsprechende bildungspolitische Programme und Angebote von den Teilnehmern selbst zu tragen sind. Auch Studiendarlehen sind vorrangig vor Leistungen der Sozialhilfe zu beanspruchen.[621] Nur in Ausnahmefällen tritt die Sozialhilfe mit Beihilfen ein, um die Teilnahme an entsprechenden Angeboten zu ermöglichen.

Für Göteborg deuteten sich neben den skizzierten Problemen auf der Basis der geführten Interviews in den institutionellen Schnittstellen von Sozialpolitik, Bildungspolitik und Arbeitsmarktpolitik teilweise aber auch positiv aufeinander bezogene Interventions- und Handlungsmuster an, die Rückwirkungen für die Praxis der Sozialhilfe zeigen. Ein Teil des Aufgabenfeldes der befragten Sozialarbeiter in den arbeitsmarktbezogenen Projekten in Göteborg wurde beispielsweise in der *Motivationsarbeit* gesehen, um Sozialhilfebeziehende zum nachträglichen Erwerb der allgemeinen schulischen Bildungsabschlüsse sowie zur berufsbezogenen Qualifizierung und Weiterbildung zu bewegen. Ferner leisteten die Sozialarbeiter in den Projekten, aber auch in den herkömmlichen Sozialbüros eine *Informationsarbeit* über das in den 1990er Jahren sehr stark ausgeweitete Angebot an Maßnahmen der Erwachsenenbildung. Die Vielzahl der Angebote und Anbieter, wie das zentralstaatlich geförderte und lokal umgesetzte Programm „Kunskapslyftet", kommunale Einrichtungen wie „Komvux" in Form der Erwachsenenbildung, wo Schulabschlüs-

---

[621] Ausnahme bilden die Sprachkurse „Svenska för Invandrare" (Schwedisch für Einwanderer), die in Schweden obligatorisch sind und kostenfrei besucht werden können.

510

se nachgeholt werden können, und spezielle lokale Angebote zum Erwerb von EDV-Kenntnissen *(Datakurser)* sowie zahlreiche privat angebotene berufsbezogene Weiterbildungsmaßnahmen bereitet jungen Arbeitslosen und vor allem Einwanderern zum Teil Probleme, die für sie jeweils passenden Angebote zu finden. Das Bildungs- und Qualifizierungsangebot ist offenbar so umfangreich und vielschichtig, dass allein hierdurch im Verlauf der 1990er Jahre ein erheblicher zusätzlicher Beratungsbedarf entstanden ist. Dieser Beratungsbedarf konnte von den Sozialarbeitern in den Sozialbüros ihren Aussagen nach nur teilweise mit abgedeckt werden. Zugleich wurde der Beratungsbedarf im Bereich der Bildungsangebote und im Kontext des Leitbildes eines „lebensbegleitenden Lernens" aber offenbar auch durch die Arbeitsberatung und -vermittlung *nicht* hinreichend abgedeckt, da die dortigen Interventionsformen und Leistungen sehr viel *konkreter* auf Arbeit und weniger direkt auf Bildung bezogen scheint, so jedenfalls die Aussagen von einigen der befragten Experten.

Als „neuer" bzw. intensivierter Aufgabenbereich in der kommunalen Sozialhilfe ist damit im Verlauf der 1990er Jahre in Göteborg eine *bildungs- und arbeitsmarktbezogene Lotsenfunktion* entstanden. Genauer zu untersuchen wäre jedoch, ob und inwieweit die Beschäftigten der Sozialbüros und in den Projekten auch über die entsprechenden Ressourcen und Fachkenntnisse verfügen, um diese Aufgaben adäquat leisten zu können. So sind beispielsweise fortlaufend aktualisierte Daten und Informationen zum Arbeitsmarkt, zu den beruflichen Entwicklungen, sowie zu Angeboten in der jeweiligen Region erforderlich, um eine solche *Lotsenfunktion und individuelle Motivationsarbeit* im Kontext des Leitbildes und des gesellschaftspolitischen Programms eines „lebensbegleitenden Lernens" aktiv und kompetent wahrnehmen zu können. Professionstheoretisch betrachtet sind diese Entwicklungen neuer Aufgabenfelder und Funktionen im Bereich des kommunalen Sozialdienstes und der Sozialhilfe nicht unumstritten. Einzelne Experten sahen die für bildungs- und arbeitsmarktbezogene Aufgaben erforderlichen Fachkompetenzen bei den Sozialarbeitern in der Sozialhilfe ausdrücklich als *nicht* gegeben an. Dieser Position nach sind die beschriebenen Aufgaben im Kontext des Leitbildes eines „lebensbegleitenden Lernens" eher originär von der Arbeitsverwaltung in Form der Berufs-/Arbeitsberatung und -vermittlung wahrzunehmen. Die Beschäftigen in den städtischen Sozialbüros hätten sich ihrer eigentlichen Qualifikation und ihrer Fachkompetenz entsprechend dann auf die Bearbeitung der *unmittelbar* mit dem Sozialhilfebezug einhergehenden sozialen Probleme im Sinne der Sozialarbeit zu konzentrieren.

In einer *lebenslauftheoretischen Perspektive* wurde in einzelnen Experteninterviews aus dem Projekt *DELTA-Arbetsmarknadstorget* eine explizit auf den Lebensverlauf ausgerichtete Interventionsstrategie erkennbar. Danach ist es aus Sicht der befragten Sozialarbeiter von zentraler Bedeutung für gute Chancen auf Wege aus dem

Sozialhilfebezug, dass *die Lebensläufe und die Berufsbiografien (Meriter) von arbeitslosen Sozialhilfebeziehenden institutionell „aufgebessert"* werden. Dies erfolgt unter anderem durch die aktivierenden Maßnahmen, etwa durch vermittelte Praktika, die meist in öffentlichen Einrichtungen abzuleisten sind, sowie durch Bescheinigungen über die Teilnahme an diesen Maßnahmen der berufsnahen Aus- und Weiterbildung. Auch die befristeten öffentlichen Beschäftigungsverhältnisse, Vermittlung und Teilnahme von Arbeitslosen an EDV-Kursen, veränderte Bewältigungsstrategien, die über Motivationsarbeit erreicht werden, wie die Bereitschaft zum Erwerb von Sprachkenntnissen und entsprechende Nachweise führen zu einer arbeitsmarktbezogenen „Auswertung" der Berufsbiografien und zu verbesserten Chancen im Zugang zum Arbeitsmarkt, so die Experten. (Int. 16: 529 u. 572).

Das Leitbild eines „lebensbegleitenden Lernens" wurde in diesen Zusammenhängen ausdrücklich im Lebenslaufbezug beschrieben und in den verlaufs- und handlungsbezogenen Dimensionen von den „Socionomer" entsprechend gedeutet. Sozialberuflich wurde von einer Reihe der Befragten die aktuelle Bedeutung des Leitbildes auch für die Sozialhilfe erkannt und darauf hin wurden veränderte Interventionskonzepte und sozialberufliche Handlungsmuster entwickelt. Insgesamt zeigte sich in diesen bildungspolitischen Zusammenhängen für die Programme und Konzepte der schwedischen Sozialhilfe in Göteborg ein stärker bildungspolitisch geprägter Lebenslaufbezug sozialer Interventionen, der sich von der tendenziell stärker ausgeprägten Segmentierung zwischen Sozialpolitik und Bildungspolitik in Bremen bzw. Deutschland positiv unterscheidet.

In den sozialberuflichen Handlungsformen wurde neben individuellen auf den Lebenslauf bzw. die Bildungs- und Berufsbiografie und auf Verhalten ausgerichteten Interventionen methodisch beispielsweise auch eine *intensivierte Gruppenarbeit* in einer Reihe von Interviews genannt, um den arbeitslosen Sozialhilfebeziehenden veränderte Leitbilder aus der Entwicklung im Bildungssektor und am Arbeitsmarkt zu vermitteln. Ausdrücklich fand sich damit direkt *innerhalb bzw. verbunden mit der Sozialhilfe* wiederum die *pädagogische Interventionsform* im Rahmen der arbeitsmarktbezogenen Maßnahmen wie dem Projekt *DELTA-Arbetsmarknadstorget* stark entwickelt. Während solche Formen pädagogischer Gruppenarbeit in den 1970er und 1980er Jahren im direkten Zusammenhang mit der Sozialhilfe keine oder kaum eine Bedeutung hatten, bildeten sie im Verlauf der 1990er Jahre, vor allem wiederum bezogen auf junge arbeitslose Sozialhilfebeziehende im Alter unter 25 Jahren in Göteborg ein wichtiges Instrument der Motivationsarbeit. Auch über diese Ansätze wurde das Leitbild des „lebensbegleitenden Lernens" etwa mit der Vorstellung bildungspolitischer Maßnahmen und Möglichkeiten der öffentlich geförderten Kompetenzvermittlung den Arbeitslosen vermittelt. Die strategische und gesellschaftspolitische Bedeutung dieser Ansätze zur aktiven Bekämpfung der Massenarbeitslosigkeit und des massenhaften Sozialhilfebezugs kam auch im Experteninterview im schwedischen Sozialministerium für die nationale Ebene deutlich zum Ausdruck (Int. 08), so dass die Befunde zu Göteborg bestätigt wurden. *Einzelne Experten* sahen dabei nicht nur aus sozialberuflich und professionstheoretischer Sicht die mit dem bildungspolitischen Leitbild und entsprechenden Programmen verbundenen erweiterten Aufgaben und Funktionen der Sozialhilfe kritisch. Sie schätzten ferner die Bedeutung des Leitbildes und entsprechender bildungspolitischer Programme in ihrer Wirksamkeiten an den Schnittstellen wohlfahrtsstaatlicher Institutionen bezogen auf Möglichkeiten, den Verlauf von Sozialhilfekarrieren damit „positiver" und „aktiver" zu gestalten, eher skeptisch ein. Zwar werde Bildung und Wissen in der gesellschaftlichen und beruflichen Entwicklung immer wichtiger und viele arbeitslose Sozialhilfebeziehende verfügten nicht über die heute am Arbeitsmarkt und gesellschaftlich erwarteten bzw. geforderten Schul- und Berufsabschlüsse. Dies gelte in der schwedischen Sozialhilfe insbesondere für Einwanderer und Langzeitarbeitslose. Aber genau für diese Gruppen seien mit dem Leitbild des „lebensbegleitenden Lernens" und mit entsprechenden Programmen allerdings oft auch so hohe Hürden verbunden, dass die Angebote in den individuellen Handlungsorientierungen der genannten Gruppen oft kaum eine Rolle spielen würden. Eine „Koproduktion" mit Blick auf die Förderung von Wegen aus Arbeitslosigkeit und Sozialhilfebezug gestalte sich im Kontext dieser Programme und der Leitbildvermittlung daher schwierig, denn die entsprechenden Orientierungen sowie die Handlungsressourcen von jungen Langzeitarbeitslosen und Einwanderern seien im Rahmen pädagogischer Interventionen im Kontext der Sozialhilfe nur mit hohem personellen Aufwand und professionaler Kompetenz zu „aktivieren" (Int. 20: 837-850).

Neben den von Experten geschilderten positiven Erfahrungen und optimistischeren Einschätzungen zur Bedeutung des Leitbildes und der Programme eines „lebensbegleitenden Lernens" für Wege aus dem Sozialhilfebezug kamen somit auch eher skeptische oder kritische Erfahrungen und Anmerkungen zum Ausdruck. Die Praxis der in Göteborg und generell in Schweden im Verlauf der 1990er Jahre arbeitsmarktpolitisch und auch bildungspolitisch gestärkten „Aktivitäts- und Kompetenzlinie" zeigte sich damit ebenfalls variantenreich und bedürfte einer genaueren empirischen Analyse. Idealerweise wäre diese auf der Basis von verlaufsbezogenen Längsschnittdaten durchzuführen. Bisher vorliegende Daten und Befunde zur Wirksamkeit sozialer Interventionen an den institutionellen Schnittstellen von Sozialhilfepolitik, Arbeitsmarktpolitik und Bildungspolitik sind in Schweden ebenso dürftig wie in Deutschland. Auch dies ist ein wichtiger Befund aus der Fallstudie.

5.5 Wege in die Sozialhilfe: Soziale Interventionen und sozialberufliche Handlungsformen in den praktischen Verlaufs- und Handlungsbezügen

Nachdem die Rahmenbedingungen, Rechtsgrundlagen und Leitbilder der schwedischen Sozialhilfe am Beispiel der Fallstudie Göteborg behandelt wurden, werden in diesem Kapitel die Ergebnisse aus der Expertenbefragung zu Formen sozialer Interventionen verbunden mit der Frage untersucht, welche typischen Handlungsformen eine Sozialhilfe kennzeichnen, die sich als materielle *und* personenbezogene soziale Dienstleistung versteht. Stärker ins Zentrum der Untersuchung rückt damit die Praxis der Sozialhilfe und der Sozialverwaltung.

Die Gliederung des Kapitels und die Darstellung der empirischen Befunde erfolgt dabei entsprechend der analytischen Perspektive, wonach die *Zeit- und Verlaufsdimension* des Sozialhilfebezugs den Fokus der Untersuchung bildet. Die handlungstheoretisch relevanten Aspekte finden ebenfalls durchgängig Beachtung. Zunächst werden die institutionelle Risikobearbeitung und die sozialberuflichen Handlungsformen bezogen auf Wege *vor* dem Sozialhilfebezug und im Kontext von Wegen *in* den Sozialhilfebezug untersucht. Ergebnisse zu den dargestellten Interventionsmustern, die Wegen *durch* den Sozialhilfebezug wesentlich beeinflussen und prägen, schließen sich an, in dem beispielsweise Maßnahmen einer vorbeugenden Armutsvermeidung, Konzepte der „Eingangsberatung" oder auch das Niveau der Sozialhilfe für Göteborg genauer behandelt werden. Es folgen danach Analysen sozialen Interventionen, die eine aktive Förderung von Wegen *aus* dem Sozialhilfebezug zum Ziel haben. Am Beispiel von sich direkt aus der kommunalen Sozialhilfe ableitenden arbeitsmarktpolitischen Maßnahmen erhalten diese in *zwei Detailstudien bzw. Projektbeschreibungen* genauere Aufmerksamkeit. Diese Detailstudien vermitteln nicht nur weitere Befunde zur Umsetzung des Leitbildes einer „aktivierenden Sozialpolitik" auf der lokalen Ebene des schwedischen wohlfahrtsstaatlichen Arrangements, sondern bieten auch Ergebnisse zu den bisherigen Ansätzen und Instrumenten einer „Verwaltungsmodernisierung". Abschließend finden kurz noch Interventionsformen eine Beachtung, die auf Wege *nach* dem Sozialhilfebezug ausgerichtet sind, indem sie eine Stabilisierung und Nachhaltigkeit dieser Wege sichern. Es wurden Interventionsformen ermittelt, die eine *„nachgehende Hilfe"* beinhalten. Ferner wurde nach *Dokumentationssystemen* gefragt, die *verlaufsbezogen* konzipiert sind und die *kurzzeitigen* wie *langfristigen Effekte* einer „aktivierenden Sozialpolitik" sowie die Qualität der Sozialhilfe bewerten helfen.

514

5.5.1 Interventionsformen vor dem Sozialhilfebezug: Aktive und passive Strategien der Prävention und Armutsvermeidung

Unabhängig davon, ob man eine Perspektive wählt, in der Sozialhilfebezug allein oder vorrangig als monetäre Transferleistung gesehen wird, oder ob man die Sozialhilfe vor allem auch in ihren personenbezogenen und pädagogischen Dienstleistungen und Funktionen sieht, so gilt in der Verlaufs- und Handlungsperspektive betrachtet, dass in *einer Vermeidung von Armut und Sozialhilfebezug* die eigentliche und grundlegende wohlfahrtsstaatliche Aufgabe und Verantwortung von Zentralstaat *und* Kommunen zu sehen ist. Zugleich gilt die Vermeidung sozialer Probleme bzw. die Prävention als die wirksamste Form sozialer Interventionen, wodurch sie auch in der Ausgabendimension der Sozialhilfe von beträchtlichem Interesse sein dürfte. Es stellte sich somit die Frage, ob und in welchen Formen in Göteborg und generell im schwedischen wohlfahrtsstaatlichen Arrangement im Rahmen einer „aktivierenden Sozialpolitik" und möglicherweise auch begleitet und unterstützt durch eine „Modernisierung" der Verwaltung relevante Strategien und Maßnahmen zur Vermeidung von Wegen *in* den Sozialhilfebezug entwickelt sind.

Aus der Literatur lässt sich ableiten, dass Strategien und Konzepte zur Vermeidung von Armut in aller Regel *außerhalb* des Leistungssystems der Sozialhilfe im vorrangigen Bereich der Sozialpolitik und in der Beschäftigungspolitik sowie teilweise auch der Bildungspolitik ansetzen. Dies könnte zugleich bedeuten, dass solche Strategien und Programme meist auch weitgehend außerhalb der kommunalen Einflußmöglichkeiten liegen, wenn die Kommunen – wie etwa in Deutschland – vor allem im nachrangigen Bereich der sozialen Sicherung Aufgaben wahrnehmen. Die Kommunen können sich in einem solchen System grundsätzlich nur relativ passiv auf die zentralstaatlichen Konzepte und Arrangements einer in der Literatur vielfach postulierten armutsfesten Ausgestaltung derjenigen Sozialleistungssysteme verlassen, die der Sozialhilfe gegenüber vorrangig sind.

Das schwedische wohlfahrtsstaatliche Arrangement unterscheidet sich in diesen Merkmalen nicht grundlegend, jedoch graduell von den institutionellen Arrangements im deutschen Sozialstaat. Wie dargestellt wurde, war in beiden Wohlfahrtsstaaten im Verlauf der 1990er Jahre im vorrangigen Sozialleistungssystem eine massive „Kürzungspolitik" zu verzeichnen. Da die Zuständigkeiten und Verantwortlichkeiten schwedischer Kommunen im Bereich der Sozialpolitik und der Bildungspolitik weiter gefasst sind als das für deutsche Kommunen gilt, wirken sich Kürzungen im vorrangigen Bereich der schwedischen Wohlfahrtspolitik und Entwicklungen einer Dezentralisierung auch anders aus als im deutschen System. So stellte eine 1997 im Auftrag der schwedischen Regierung erstellte Untersuchung die Veränderungen im Transfersystem des schwedischen Wohlfahrtsstaates für den Verlauf der 1990er Jahre zusammen. Neben Kürzungen bei den Leistungen für

Arbeitslose und im Niveau des Krankengeldes, sowie einzelnen Defiziten in der materiellen Absicherung von Älteren, wurden insbesondere die Integrationshilfen für ältere Einwanderer, sowie Leistungen für Auszubildende und die für Familien zu niedrigen staatlichen Studiendarlehen von den befragten Experten kritisch gesehen. Die genannten Gruppen waren infolge der staatlichen Kürzungspolitik in höherem Maße als auf Leistungen der kommunalen Sozialhilfe angewiesen. Auch fehlende Lohnsubventionen bei Beschäftigungsverhältnissen im Rahmen der staatlich geregelten arbeitsmarktpolitischen Maßnahmen führten dazu, dass während der Teilnahme an den Maßnahmen häufig ergänzender Sozialhilfebezug auftrat. In diesen und weiteren der Sozialhilfe vorrangigen Leistungssystemen könnte demnach in Schweden eine aktive Strategie der Vermeidung von Sozialhilfebezug ansetzen. Eine solche Strategie galt allerdings Mitte/Ende der 1990er Jahre nach der im Auftrag der Regierung erstellten Studie aus zentralstaatlicher Sicht als nicht finanzierbar.[622]

Schwedischen Kommunen wurden im Verlauf der 1990er Jahre – ähnlich wie die Kommunen in Deutschland – nicht nur beträchtliche Lasten der Massenarbeitslosigkeit übertragen, sondern zusätzlich wurde – deutlich stärker als in Deutschland – eine *allgemeine Strategie der Dezentralisierung* von Aufgaben der sozialen Sicherung und sozialer Dienstleistungen umgesetzt.[623] Auch dadurch wurde den schwedischen Kommunen eine noch weitergehende Verantwortung im Bereich der Wohlfahrtspolitik übertragen, die im Rahmen der ausgeprägten kommunalen Selbstverwaltung ohnehin bereits Anfang der 1990er Jahre weiter gefasst war als in Deutschland. Damit wurden für schwedische Kommunen zugleich auch Möglichkeiten erweitert, im Bereich der vorbeugenden sozialpolitischen Interventionen stärker tätig zu werden.

Bereits vorgestellte quantitative Daten zur Entwicklung des Sozialhilfebezugs in Göteborg und allgemein in Schweden zeigen, dass historisch stets zwischen 3 bis 10 % der Bevölkerung zeitweise Sozialhilfe bezogen haben.[624] Das wohlfahrts*staatliche* Arrangement in Schweden kann demnach in seinen der Sozialhilfe vorrangigen Leistungen ähnlich wie in Deutschland *nicht* als „armutsfest" bezeichnet werden.

---

[622] Vgl. Statens Offentliga Utredningar SOU 1999: 97 (1999: 181-190). Von Salonen (1997) wurden die Strategien und Effekte einer „Überwälzung" von Teilbereichen einer ehemals zentralstaatlichen Wohlfahrtspolitik auf die Kommunen mit der Folge des Ausgabenanstiegs in der Sozialhilfe empirisch bestätigt. Parallel zu staatlichen Kürzungen wurden auf kommunaler Ebene in den 1990er Jahre nicht nur die Sätze der Einkommensteuer, sondern beispielsweise auch die Gebühren für die Kinderbetreuung angehoben. Inzwischen wurden mit Einführung der sogenannten „Maxtaxa" zum 1. Januar 2002 einkommensbezogene Obergrenzen eingeführt.

[623] Entwicklungen einer „Dezentralisierung" oder einer weiteren „Kommunalisierung" waren im Verlauf der 1990er Jahre besonders im Bereich der Bekämpfung der Jugendarbeitslosigkeit, in der Psychiatrie, in der Gesundheitspolitik und in der Bildungspolitik zu verzeichnen.

[624] Vgl. etwa Salonen (1993: 71f.).

Die Frage nach den Strategien einer Armutsvermeidung und der Prävention stellt sich als besondere Form sozialer Intervention daher mindestens auf *drei Ebenen*: Zu klären ist erstens, ob *allgemein* eine *aktive* Strategie der Armutsvermeidung in Göteborg und generell in der schwedischen Sozialpolitik erkennbar ist? Zweitens, in welchen policies und Merkmalen sich diese Strategien zur Armutsvermeidung auf der *zentralstaatlichen* wie auf der *kommunalen* Ebene zeigen, und drittens, wie die zentralstaatlichen meist auf den vorrangigen Bereich der sozialen Sicherung bezogenen sozialen Interventionen mit den lokalen policies im Rahmen der Sozialhilfe verknüpft bzw. auf diese bezogen sind?

Ausgehend von den *Rechtsgrundlagen* der schwedischen Sozialhilfe ist festzustellen, dass diese aufgrund der zielorientierten Rahmengesetzgebung im Sozialdienstgesetz *keine* vergleichbare Systematik und Inhalte aufweist, die einzelnen präventiv ausgerichteten Maßnahmen ähnlich sind, wie sie das deutsche Sozialhilferecht kennt. Anders als in der detailliert verrechtlichten deutschen Sozialhilfe, wo sowohl im früheren BSHG wie auch im SGB II und im SGB XII *die Vermeidung von Sozialhilfebezug* explizit auch als rechtlich definiertes Ziel und in den Leistungen genau geregelt ist,[625] sind im schwedischen Sozialdienstgesetz direkt *keine* konkreten rechtlichen Regelungen zur Prävention innerhalb der Sozialhilfe enthalten. Eher allgemein wird im schwedischen Sozialdienstgesetz von vorbeugenden Maßnahmen *(förebyggande insatser)* gesprochen, die kommunal mit zu gewährleisten sind. Diese beziehen sich jedoch im Rahmen des § 11 SoL (Stand: 1999) bzw. Kap. 3, § 7 SoL (Stand: 2002) direkt auf die Hilfe für Suchtkranke und *nicht* explizit auf die Sozialhilfe. Zwar kann die allgemeine Verpflichtung gemäß § 5 SoL (Stand: 1999) bzw. Kap. 3, § 1 SoL (Stand: 2002), nach der sich der kommunale Sozialausschuss *(Socialnämnden)* fortlaufend mit den Lebensverhältnissen der Bürger vertraut machen soll und aktiv bei einer Gesellschaftsplanung *(Samhällsplanering)* mitwirken soll, im weitesten Sinne als eine vorbeugende Orientierung im kommunalen Sozialdienst gesehen werden.[626] Direkte und aktive präventive Maßnahmen bleiben aber im

---

[625] Die *deutsche* Sozialhilfe regelte im bisherigen BSHG und regelt auch seit 2005 im SGB XII einige präventive Maßnahmen sehr detailliert. So findet sich etwa in § 17 BSHG (neu: § 11 SGB XII) ausdrücklich formuliert, dass die Schuldnerberatung kommunal finanziert werden soll, vor allem mit der Zielsetzung, einen drohenden Sozialhilfebezug *zu vermeiden*, und Wege aus dem Sozialhilfebezug in Fällen der Überschuldung im Rahmen sozialer Beratung mit zu fördern. Mit der bisherigen Regelung des § 15a BSHG (neu § 35 SGB XII) wird durch die Übernahme von Mietschulden eine drohende Obdachlosigkeit und damit auch ein weitergehender Sozialhilfebezug *vermieden*. Ferner ist der Förderung einer Existenzgründung (Kleingewerbe) *zur Vermeidung* des Sozialhilfebezugs im Rahmen der deutschen Sozialhilfe grundsätzlich möglich. Derart detaillierte gesetzliche Regelungen kennt das schwedische Sozialdienstgesetz *nicht*. Zu untersuchen ist jedoch, ob dennoch es eine vergleichbare Praxis gibt.

[626] In § 5 SoL (Stand: 1999) bzw. wortgleich in Kap. 3, § 1 SoL (Stand 2002) ist formuliert: *„Zur Aufgabe des Sozialdienstes gehört es, sich mit den Lebensverhältnissen in der Kommune vertraut zu machen, in der Gesellschafts-*

Rahmen der Sozialhilfe auch nach diesen rechtlichen Regelungen im Vergleich zum deutschen BSHG bzw. zum neuen SGB II und SGB XII eher diffus.[627] Im Ergebnis ist den rechtlichen Grundlagen nach zwar eine *allgemeine in den Zielen formulierte Normierung präventiver Maßnahmen in Schweden gegeben*, konkrete rechtliche Regelungen zu sozialen Interventionen, die Sozialhilfebezug aktiv vermeiden könnten, finden sich aber nicht. Die deutsche Sozialhilfe ist über das Steuerungsinstrument des Rechts in diesem Bereich wesentlich konkreter.

Auch wenn die Rechtsgrundlagen des schwedischen Sozialdienstes und der Sozialhilfe zu den vorbeugenden Maßnahmen eher allgemein gehalten sind, sind in der Praxis der Sozialhilfe über besondere staatliche oder kommunale Programme, mit denen die offenen Rahmenregelungen ausgestaltet werden, dennoch aktive präventive Maßnahmen denkbar. Über die im Vergleich zur deutschen Sozialhilfe in Schweden rechtlich sehr viel weiter gefassten Gestaltungs- und Entscheidungsspielräume ist den schwedischen Kommunen oder auch einzelnen Stadtteilen die Möglichkeit zu aktiven präventiven policies steuerungstheoretisch sogar weitergehend gegeben als das für deutsche Städte und Gemeinden gilt.

Die Expertenbefragung ergab zunächst Bestätigungen zur Ausgestaltung und zu den in der Literatur beschriebenen Veränderungen und Kürzungen im Bereich der vorrangigen Sozialleistungssysteme im Verlauf der 1990er Jahre. Von Experten wurden meist ergänzend dazu – ohne gezieltes Nachfragen – verschiedene Vorschläge gemacht, wie eine „armutsfeste" Neu- bzw. Umgestaltung der Leistungsniveaus von Arbeitslosenversicherung, der Krankenversicherung und der Rentenversicherung sowie des Lohn- und Gehaltsniveaus bei bestimmten Beschäftigungsverhältnissen und arbeitsmarktpolitischen Maßnahmen aussehen könnte. (Int. 08: 676-677, Int. 21: 1015, Int. 10: 570-576). Auch Vorschläge zur Einführung eines garantierten Grundeinkommens *(Medborgarelön)* wurden von einzelnen Befragten im Zusammenhang mit präventiven Strategien genannt. Hingewiesen wurde zugleich darauf, dass die immateriellen Problemlagen und besondere zusätzliche materielle Bedarfe auch nach der Einführung eines Grundeinkommens vermutlich weiterhin im Rahmen des kommunalen Sozialdienstes und/oder der Sozialhilfe abzudecken seien (Int. 22: 821-922). Die Expertenaussagen bestätigten genauer, dass im Zusammenhang mit der zentralstaatlich durchgeführten Absenkung der Leistungsni-

---

planung mitzuwirken, und mit anderen gesellschaftlichen Organen zusammenzuarbeiten. (...)" In § 11 SoL (Stand 1999) bzw. Kap. 3, § 7 SoL (Stand: 2002) ist die vorbeugende Suchtkrankenhilfe in folgendem Wortlaut geregelt: *„Der Sozialausschuss soll vorbeugend arbeiten, um dem Missbrauch von Alkohol und anderen abhängig machenden Stoffen entgegenzuwirken."*

[627] So waren beispielsweise auch im Handbuch zur wirtschaftlichen Hilfe *(Handbok om ekonomiskt bistånd)*, das von der nationalen Sozialbehörde (Socialstyrelsen 2000a) entsprechend der Neuregelungen von 1998 überarbeitet wurde, *keine spezifischen* Maßnahmen oder Strategien einer aktiv-vorbeugenden Sozialhilfepraxis beschrieben.

veaus in der Arbeitslosen- und Krankenversicherung für die 1990er Jahre jedenfalls bezogen auf diese vorrangigen Leistungssysteme *auf zentralstaatlicher Ebene* in keiner Weise eine aktive Strategie der Armutsvermeidung entwickelt wurde – eher im Gegenteil. Zwischen Anfang bis Mitte/Ende der 1990er Jahre war der schwedische Zentralstaat in der Dimension monetärer Leistungsniveaus der Transferleistungen betrachtet eher passiv, um zu einer Armutsvermeidung und zur Vermeidung von Sozialhilfekarrieren beizutragen.

Alle Befragten in den Göteborger Sozialbüros sahen die im Verlauf der 1990er Jahre durchgeführten zentralstaatlich vorgenommenen Neuregelungen im vorrangigen Sozialleistungssystem als für die Armutsentwicklung negativ an und führten den Anstieg der Ausgaben und der Empfängerzahlen in der kommunalen Sozialhilfe auch auf die genannten zentralstaatlichen Strategien einer „Kommunalisierung" und auf die Kürzungspolitik seit 1990/91 zurück. Beispielsweise wurde bezogen auf die Veränderungen in der Krankenversicherung formuliert:

> *„Die Kommune soll nicht dafür einstehen, dass der Staat die Subventionen heruntergefahren hat. Das ist ja eine politische Frage. Will man, dass die Menschen eine gute zahnmedizinische Versorgung haben und gute Zähne haben? So, da ist es ja eine generelle Frage, und nicht etwas, wofür die Kommune einstehen muss. Das denken wir jedenfalls in den Kommunen."* (Int. 10: 822-825)

Es bestätigte sich zwar, dass das schwedische wohlfahrtsstaatliche System bezogen auf die Absicherung gegen das *Risiko der Altersarmut* ähnlich wirksam ist wie das deutsche Arrangement. In beiden Ländern konnte eine in den 1970er Jahren noch verbreitete Altersarmut (auch) in den 1990er Jahren trotz der ökonomischen Krise und der zentralstaatlichen Kürzungspolitik weitgehend vermieden werden. Aussagen einzelner, meist langjährig tätiger Experten sowie die im Stadtarchiv Göteborg durchgeführte Aktenanalyse erbrachten jedoch ebenso Befunde, wonach Ältere zwar in den 1990er Jahren in deutlich geringerem Maße im *Langzeitbezug* standen als früher, zugleich aber beim *Kurzzeitbezug* in der schwedischen Sozialhilfe weiterhin eine relevante Gruppe bildeten.[628] Auch nach Aussagen der befragten Experten und bestätigt durch die Aktenanalysen tritt Sozialhilfebezug bei Älteren heute vor allem im Zusammenhang mit besonderen unvorhergesehenen Ereignissen und bei Bedarfen ein, die über die Renteneinkünfte in Form der allgemeinen Grundrente

---

[628] Im Jahr 1999 standen insgesamt 57.839 Personen in Göteborg zeitweise im Sozialhilfebezug. Davon waren allein 16.756 Kinder (rd. 30 %) im Alter bis zu 15 Jahren und 2.228 Personen (rd. 4 %) waren älter als 65 Jahre. Vgl. Göteborg Stad (2000). Für die folgenden Jahre wurden die offiziellen statistischen Werte lediglich auf *Haushalte* bezogen ausgegeben und jeweils im Statistischen Jahrbuch 2009 und 2010 der Stadt Göteborg nicht mehr nach Altersgruppen ausgewiesen. Die Zahl der „Haushalte mit Sozialhilfe" ging von 23.274 im Jahr 2003 auf 18.387 im Jahr 2007 zurück, stieg im Jahr 2010 jedoch wieder auf 22.960 an. Vgl. Göteborgs Stad (2011). Wesentlicher Faktor hierfür scheinen die ungünstigeren Entwicklungen am Arbeitsmarkt nach der Finanzkrise ab 2008.

(Garantipension) nicht abgedeckt werden können.[629] Die Leistungen der Sozialhilfe betreffen dann beispielsweise die Kostenübernahme bei Zahnersatz, Umzugskosten, Kosten für Wohnungsrenovierung und ähnliche Bedarfe.[630] Als präventive Strategie wurde daher von einzelnen Experten vorgeschlagen, den Lebensunterhalt älterer Menschen vollständig im Rahmen einer vorrangigen und dem Niveau nach deutlich höheren Grundsicherung im Alter abzusichern. Sozialhilfebezug gelte es für Ältere nicht zuletzt wegen ihres stigmatisierenden Charakters auch bei den genannten besonderen Bedarfen möglichst vollständig zu vermeiden. [631]

Bestätigt wurde von den Befragten weiter, dass in Schweden in den 1990er Jahren die Armut von Arbeitslosen, Einwanderern und Familien sowie von Kindern und Jugendlichen als gesellschaftliches Problem im Vergleich zu den 1970er und 1980er Jahren zugenommen hat.[632] In diesen Bereichen und bezogen auf die genannten Gruppen wurde ein besonderer Reformbedarf für den schwedischen Wohlfahrtsstaat hinsichtlich des Ziels der Armutsvermeidung gesehen. Genauer wurde für den Bereich der *Ausbildungshilfen (Utbildningsbidrag)* der Bedarf einer Vermeidungsstrategie im Kontext des Sozialhilfebezugs beschrieben. Die staatlichen Ausbildungshilfen galten den Experten ihrer Höhe nach im Vergleich zum Sozialhilfeniveau generell als zu niedrig. Beispielsweise erhielten arbeitslose Jugendliche, auch wenn Sie an arbeitsmarktpolitischen Programmen teilnehmen, oft weiterhin Sozialhilfe oder Ausbildungshilfen in gleicher Höhe. Werde während der Maßnahmen weiterhin Sozialhilfe gezahlt, so sei dies aus Erfahrung der befragten Experten für Jugendliche häufig schon aufgrund des unveränderten Einkommensstatus nur eine unzureichende institutionelle Wertschätzung und keine wirkliche Förderung ihrer Bewältigungsstrategien. Lebenslauftheoretisch beinhalten diese Muster institutioneller Risikobearbeitung aus subjektiver Perspektive der Jugendlichen demnach keine wirklichen „Übergänge" oder Statuswechsel, so die beschriebenen Erfahrungen der befragten Sozialarbeiter. Dies führe häufig zu Motivationsproblemen und

---

[629] Zum 1. Januar 2001 wurde die frühere steuerfinanziert Volksrente *(Folkpension)* durch die ebenfalls steuerfinanziere „Garantipension" abgelöst. Auch die „Garantipension" sichert, ergänzt um Wohngeld, grundsätzlich ein Rentenniveau, das oberhalb des Niveaus der Sozialhilfe liegt. Bei besonderen krankheitsbedingten Lasten oder bei besonderen Ereignissen wie Umzug, Wohnungsrenovierung oder bei Anschaffung langlebiger Gebrauchsgüter kann Sozialhilfebezug in Form einmaliger Hilfen eintreten.

[630] Die Zufallsstichprobe und Auswertung von 30 Sozialhilfeakten der Jahrgänge 1989 bis 1997 im Stadtarchiv Göteborg zeigte unter anderem, dass in mehreren Fällen Sozialhilfe an über 65jährige vor allem aufgrund entstandener Kosten für Zahnersatz gezahlt wurde, da die Kosten im Rahmen der Krankenversicherung nicht übernahmefähig waren. Auch bei Wohnungsrenovierungen und Umzug wurden nach der Aktenanalyse Sozialhilfeleistungen für Ältere gezahlt.

[631] Im Jahr 2001 wurde die *„Introduktionsersättning"* eingeführt. Diese sieht für ältere Einwanderer eine spezielle Absicherung gegen das Risiko Armut außerhalb der kommunalen Sozialhilfe vor.

[632] Die Aussagen der Experten bestätigten die empirischen Befunde, etwa der Socialstyrelsen (2002).

gestalte die Bedingungen einer „Koproduktion" in der Erbringung sozialer Leistungen schwierig. Auch ein zusätzlicher monetärer Anreiz sei nicht gegeben, wenn während der Teilnahme an arbeitsmarktpolitischen Programmen weiterhin Sozialhilfe oder Ausbildungshilfen in unveränderter Höhe gezahlt werde. Ob ein höheres Niveau der Ausbildungsvergütungen tatsächlich handlungs- oder entscheidungsrelevant für die arbeitslosen Jugendlichen ist, ist empirisch jedoch weitgehend offen und war für Göteborg nicht genauer zu klären.

Vorgeschlagen wurde in diesem Zusammenhang von mehreren Experten auf verschiedenen Ebenen, dass junge Arbeitslose, die außerhalb des elterlichen Haushalts leben und eine Schule oder Ausbildung absolvieren, über eine deutliche Anhebung der staatlichen Ausbildungshilfen materiell auf einem Niveau abgesichert werden, so dass Sozialhilfebezug, auch in Form des ergänzenden Bezugs ausgeschlossen ist. Hinsichtlich präventiver Strategien wurde ferner angeregt, diese Ausbildungshilfen institutionell möglichst völlig aus dem Aufgabenbereich der kommunalen Sozialhilfe auszugliedern und der zentralstaatlichen und/oder lokalen Arbeitsmarktverwaltung anzugliedern oder aber den Versicherungskassen *(Försäkringskassan)* zu übertragen. Diese Strategie wurde für Göteborg auf kommunaler Ebene im Zusammenhang mit dem arbeitsmarktpolitischen Programm VESTTID von 1996 bereits praktiziert. Auf Einzelheiten des Programms wird noch genauer eingegangen. Insgesamt deutete sich mit diesem Grundmodell sowohl in Göteborg als auch in Malmö und Stockholm sowie im Rahmen von Programmförderungen über die zentralstaatliche Ebene eine teil-aktive Strategie der Vermeidung des Sozialhilfebezugs bei Auszubildenden und arbeitslosen Sozialhilfebeziehenden an. Bisher sind allerdings die „armutsfest" gestalteten Ausbildungsförderungssysteme noch die Ausnahme.[633]

Bezogen auf das Leistungssystem der staatlichen *Krankenversicherung* wurde von einzelnen Befragten berichtet, dass dort nicht nur eine *präventive Informationspolitik* zur Vermeidung von Sozialhilfebezug notwendig sei, sondern dass diese teilweise bereits praktiziert werde (Int. 25: 912-950). Solche Verfahren bzw. Programme würden beinhalten, dass bereits bei Antragstellung auf Sozialhilfe auf die grund-

---

[633] In einer empirischen Untersuchung von Salonen/Angelin (2000: 20-21) finden sich die Befunde bestätigt. Mit der Studie wurden genauere Daten zu den Maßnahmen der *„Utvecklingsgaranti"* für junge Arbeitslose von 1998 vorgelegt. In einer quantitativen Teilstudie wurden die Programme in 156 schwedischen Kommunen und in einer qualitativen Teilstudie wurden 185 der insgesamt 288 schwedischen Kommunen untersucht. Es zeigten sich differenzierte Leistungen und Niveaus, die im Rahmen der Programme an die Teilnehmer gezahlt wurden. Verbreitet war zum Beispiel ein Ausbildungsbeitrag *(Utbildningsbidrag)*, der sich an der Höhe des Anspruchs der Leistungen aus der Arbeitslosenversicherung orientierte und insofern das Sozialhilfeniveau auch unterschreiten konnte. Eine andere Variante bildete die *„kommunalen Utvecklingsersättning"*, die in Höhe der Sozialhilfe gezahlt wurde, oder auch eine *staatlich finanzierte „Utvecklingsersättning"* in Höhe von lediglich 1.967 SEK (rd. 220 Euro) im Monat.

sätzlich vorrangigen Leistungen der Krankenversicherung hingewiesen werde. Soweit möglich werde auch darüber informiert, unter welchen Voraussetzungen etwa Krankengeld vorrangig zu beanspruchen ist oder Leistungen für Zahnersatz über die Krankenkassen und nicht über die Sozialhilfe abzudecken sind. Kritisiert wurde von den Experten in Göteborg die Kürzungen im vorrangigen Bereich der staatlichen Versicherungskassen, etwa beim *Krankengeld* und beim *Arbeitslosengeld*, wie sie bereits 1992 vorgenommen wurden und bis Ende der 1990er Jahre bereichsspezifisch fortgesetzt wurden, um Entlastungen bei den steuerfinanzierten Ausgaben der staatlichen Versicherungskassen *(Försäkringskassan)* zu erhalten und damit zu einer Sanierung des Staatshaushaltes beizutragen.[634] Diese zentralstaatliche Kürzungspolitik führte jedoch auf bestimmte Gruppen bezogen mit zu einem Anstieg der Sozialhilfequote und der kommunalen Ausgaben für die Sozialhilfe, zumal die Kommunen die ihnen mit § 3 SoL (1999) bzw. Kap. 2, § 2 SoL (2002) zufallende „letzte Verantwortung" *(yttersta ansvaret)* für den Sozialdienst nicht weiter auf andere Träger übertragen oder nach zentralstaatlichem Vorbild „dezentralisieren" können. Diese Strategie der „Dezentralisierung" oder einer „Kommunalisierung" von Leistungen der Versicherungskassen und ihre Überwälzung auf die Kommunen im Verlauf der 1990er Jahre war nach Aussagen einiger Experten bis in den Bereich der täglichen Praxis der Versicherungskassen direkt erkennbar:

> *„Die bei der Versicherungskasse, die haben ja auch neue Regeln erhalten. Die sind sehr viel härter jetzt. (...) Alle reduzieren ihre Maßnahmen, und wir sind die einzigen, die in größerem Umfang nicht reduzieren können. Und da bürdet man [uns] die gesamte Verantwortung über. Und das denke ich kann niemals gut werden. (...)"* (Int. 25: 935-949)

Vor allem veränderte Fristenregelungen bei der Krankenversicherung führten verstärkt dazu, dass Personen, die keinen Zugang zum schwedischen Arbeitsmarkt finden – meist wiederum Einwanderer und junge Arbeitslose – durch die enge Kopplung des Krankengeldanspruches an eine vorherige Erwerbsarbeit entweder keinen Zugang zum System der Versicherungkassen fanden, oder nach längerer Krankheit und Arbeitslosigkeit durch schärfere Fristenregelungen dort ausgegliedert wurden. Krankengeld wird zwar grundsätzlich zeitlich unbefristet für die Dauer der Krankheit gezahlt. Bezieher von Krankengeld, die es jedoch versäumen, sich innerhalb der vorgegebenen Fristen mit der Krankenkasse bzw. ihrem Arzt in Verbindung zu setzen, oder etwa nach Ende der Anspruchsdauer auf Krankengeld versäumen, sich fristgemäß bei der Arbeitsverwaltung arbeitssuchend zu melden,

---

[634] Das Krankengeld wurde bereits 1992 im Rahmen eines ersten Krisenpaketes von 90 % auf 80 % und später dan auf 75 % des Lohnes gesenkt. Auch die Lohnersatzleistungen im Rahmen der Arbeitslosenversicherung wurden von 90 % auf 80 % und Mitte der 1990er Jahre auf 75 % gesenkt. Vgl. Kap. 3.4. und die Studien von Pettersson (1997: 54 ff.), Jochem (1998: 122) sowie Lißner/Wöss (1999).

können ihren Versicherungsschutz und die Ansprüche jedoch verlieren. Im Krankheitsfall besteht dann kein Anspruch auf Krankengeld und der Lebensunterhalt ist über Sozialhilfe sicherzustellen. Entsprechende Beispielfälle wurden von befragten Experten geschildert (Int. 10, 32). Das schwedische System eines „allumfassenden Versorgungsstaates" erwies sich in diesen Zusammenhängen zwar insgesamt als weniger durchlässig als das deutsche Sozialleistungssystem. In bestimmten Regelungskontexten und in bestimmten Statuspassagen bzw. Lebenssituationen bestehen aber auch in Schweden Risiken, durch das Netz des vorrangigen Systems unabgesichert in die nachrangige Sozialhilfe zu geraten.

Berichtet wurde für Göteborg – sehr ähnlich den Entwicklungen in Bremen bzw. Deutschland – dass der Anteil derjenigen, die keinen Anspruch auf Krankengeld haben oder als ehemalige Bezieher von Krankengeld wegen Fristversäumnis schließlich Sozialhilfe beziehen, im Verlauf der 1990er Jahre deutlich zugenommen hat. (Int. 10, Int. 28 u. Int. 32) Eine wichtige präventive Strategie wurde daher *in der Sozialhilfepraxis* darin gesehen, die Gruppe der Bezieher von Krankengeld über die zu beachtenden Fristen und Mitwirkungspflichten gezielt zu informieren. Allerdings wurde dies als Aufgabe der Versicherungskassen und nicht unmittelbar als Aufgabe des kommunalen Sozialdienstes gesehen. Damit wurde erkennbar, dass beide Institutionen sich dieser präventiven Interventionsformen nicht hinreichend annehmen.

Im Rahmen der *Konzepte eines verbesserten Zusammenwirkens (Samverkan)* wurden in Göteborg diese Probleme im Verlauf der 1990er Jahre aufgenommen und die genannten Risiken durch veränderte Organisationsformen und konkrete gemeinsame Projekte zwischen kommunalem Sozialdienst und den Versicherungskassen möglichst vermieden. Beispiele bildeten das Verbundprojekt „DELTA" und Projekte des FRISAM, einem „freien Zusammenwirken" der Behörden. In nahezu allen Stadtteilen Göteborgs fanden sich Ende der 1990er Jahre auf die oben beschriebenen Probleme und Projekte, in denen Fachpersonal der Versicherungskasse und Sozialarbeiter des kommunalen Sozialdienstes *eine aktive Strategie der Armutsvermeidung in Form des Zusammenwirkens der wohlfahrtsstaatlichen Institutionen (Samverkan)* entwickelten und praktizieren. Auf Details der Projekte wird später noch genauer eingegangen. Vergleichbar kooperative Ansätze zwischen Sozialämtern und Krankenkassen scheinen in Deutschland allein aufgrund der Trägervielfalt im Bereich der Krankenversicherung unrealistisch.

In Grundzügen erkennbar wurde damit in Göteborg eine Strategie, in der eine Prävention im Bereich der Armutspolitik vor allem in Form der Kombination *ökologischer Interventionen* durch Schaffung neuer Infrastruktur und durch eine veränderte Zugangssteuerung im Rahmen des institutionellen Zusammenwirkens verbunden mit *pädagogischen Interventionsformen* über Informations- und Kompetenzvermittlung entwickelt und praktiziert wurde und wird.

Im Bereich der *familienpolitischen Sozialleistungen,* wie dem Kindergeld *(Barnbidrag),* dem Erziehungs- bzw. Elterngeld *(Föräldrarpenning)* oder auch dem Wohngeld *(Bostadsbidrag)* gilt im schwedischen Sozialrecht, dass diese Transferleistungen bei der Ermittlung des Sozialhilfebedarfs in voller Höhe als Einkommen angerechnet werden. Betrachtet man die Schnittstellen von Sozialhilfe und Familienpolitik *rein in ihren monetären Transferleistungen,* so scheint der schwedische Wohlfahrtsstaat in seinen Leistungsniveaus für Familien weniger auf Armutsvermeidung konzipiert zu sein als dies für den deutschen Wohlfahrtsstaat gilt.[635]

Nach der Kürzungspolitik der 1990er Jahre wurde im Jahr 2001 in Schweden für jedes Kind monatlich ein Kindergeld *(barnbidrag)* in Höhe von 950 SEK (entspricht rd. 105 Euro) gezahlt. Ab dem dritten Kind wird zusätzlich zum Kindergeld ein „Mehrkinderzuschuss" *(flerbarnstillägg)* von 245 SEK mtl. (rd. 28 Euro), für das vierte Kind ein Zuschuss von 760 SEK mtl. (rd. 85 Euro) und für das fünfte und jedes weitere Kind wird ein Zuschuss zum Kindergeld in Höhe von 950 SEK (rd. 105 Euro) gezahlt. Das Kindergeld wurde – wie auch in Deutschland – in den vergangenen Jahren erneut erhöht, wobei in Schweden inzwischen ab dem 2. Kind ein Zuschuss gezahlt wird.[636] Die folgende Tabelle zeigt, dass im Vergleich zu Deutschland das Niveau des Kindergeldes in Schweden bis zum 3. Kind deutlich geringer ausfällt, zumal auch die Lebenshaltungskosten in Schweden etwas höher liegen als in Deutschland. Erst ab dem 4. und dann ab dem 5. und jedem weiteren Kind zeigen sich familienpolitisch betrachtet in den reinen Transferleistungen für Schweden im Kindergeld höhere Niveaus als für Deutschland. Genauere Angaben zu den Niveaus familienpolitischer Leistungen würden allerdings eine Berücksichtigung steuerlicher Vergünstigungen und der Lebenshaltungskosten erfordern.

---

[635] In Deutschland hat seit den 1980er Jahren vor allem die familienfreundliche Rechtsprechung des Bundesverfassungsgerichts die familienpolitischen Komponenten im Sozialrecht und auch die Sicherstellung und Harmonisierung des steuerfreien Existenzminimums in verschiedenen Leistungsbereichen des Sozialstaates und ein vergleichsweises hohes Niveau im Kindergeld gefördert.

[636] Vgl. Social Handbok 2001: 49 ff. und Social Handbok 2010: 58 f.

Tabelle 16: Niveau Kindergeld in Schweden und Deutschland im Vergleich				
Anzahl Kinder	Schweden (mtl. Betrag, steuerfrei)		Deutschland (mtl. Betrag, steuerfrei)	
	2001	2010	2001	2010
1. Kind:	950 SEK = rd. 105 Euro	1.050 SEK = rd. 116 Euro	154 Euro	184 Euro
2. Kind:	950 SEK rd. 105 Euro	1.050 SEK + 100 SEK Zuschuss = rd. 127 Euro	154 Euro	184 Euro
3. Kind:	950 SEK + 245 SEK Zuschuss = rd.133 Euro	1.050 SEK + 354 SEK Zuschuss = 155 Euro	154 Euro	190 Euro
4. Kind:	950 SEK + 760 SEK Zuschuss = rd. 190 Euro	1.050 SEK + 860 SEK Zuschuss = rd. 211 Euro	179 Euro	215 Euro
5. Kind:	950 SEK + 950 SEK Zuschuss = rd. 210 Euro	1.050 SEK + 1050 SEK Zuschuss rd. 232 Euro	179 Euro	215 Euro

Auch in Schweden gilt, dass die Bedarfssätze, die in Form der „Riksnorm" in der Sozialhilfe für Kinder nach Altersstufen festgesetzt werden, bisher nicht der Höhe des steuerfreien Kindergeldes entsprechen. Insbesondere unter Berücksichtigung von anteiligen Kosten der Unterkunft ist also das Existenzminimum für Kinder nicht allein über das Kindergeld abgedeckt. Es wird vollständig als Einkommen in der Sozialhilfebedarfsberechnung berücksichtigt. In den Defiziten des Familienleistungsausgleichs ist ein Faktor zu sehen, der dazu beiträgt, dass der Anteil der Kinder und Jugendlichen in der Sozialhilfe im Verlauf der 1990er Jahre in Schweden ähnlich zugenommen hat wie auch in Deutschland.

Nach den mehrmaligen Änderungen beim Kindergeld, die im Verlauf der 1990er Jahre im Rahmen der zentralstaatlichen Politik unter anderem zur Sanierung der Staatsfinanzen vogenommen wurden, war von der sozialdemokratischen Regierung für 2003 eine weitere Kindergelderhöhung in Aussicht gestellt worden. Diese wurde allerdings aufgrund der schwachen Wirtschaft und erneuter Problemen in den Staatsfinanzen vorerst zurückgestellt.

Ein weitere wichtige armutsvermeidende Funktion kommt aus familienpolitischer Perspektive dem Versorgungsgrad mit *Angeboten der Kinderbetreuung* zu. Auch hierbei handelt es sich – wie in Deutschland – um eine kommunale Aufgabe. Bisherigen Studien zufolge gilt das Angebot an Einrichtungen wie auch die Qualitätsstandards in der Kinderbetreuung in Schweden allgemein für alle Altersstufen im Vergleich zu Deutschland als deutlich besser entwickelt. Vor allem die Angebote für Kinder ab dem 2. Lebensjahr sind in Schweden auf höherem Niveau ausgebaut. Dadurch ist es insbesondere den Frauen und allein Erziehenden relativ schnell nach der Geburt eines Kindes möglich, ihre Erwerbstätigkeit wieder aufzunehmen und Sozialhilfebezug zu vermeiden.

Im Vergleiche der beiden Wohlfahrtsstaaten bzw. im Kontrast der Städte Göteborg und Bremen sind je nach sozialpolitischen Leistungsbereichen somit sehr unterschiedliche Ergebnisse zu möglichen Strategien der Armutsvermeidung erkennbar. Kürzungen im vorrangigen Bereich der sozialen Sicherung waren seit Anfang der 1990er Jahre in beiden Wohlfahrtsstaaten zu verzeichnen, vor allem im Bereich der Arbeitslosenversicherung, beim Krankengeld, und durch erweiterte Eigenbeteiligungen in der Krankenversicherung. In beiden Ländern führten diese ähnlichen Entwicklungen zu massiven Lasten für die Kommunen. Im Bereich der Familienpolitik sind die Transferleistungen in Deutschland auf etwas höherem Leistungsniveau entwickelt, um Armut von Kindern, Familien und bei allein Erziehenden möglichst zu vermeiden, was sich erst erschließt, wenn auch die rechtlichen Regelungen zur Einkommensanrechnung, zu Mehrbedarfsbeträgen und Freibeträgen berücksichtigt werden. Kinderarmut wurde dennoch in beiden Wohlfahrtsstaaten im Verlauf der 1990er Jahre zu einem erweiterten sozialen Problem. Die Stärken des schwedischen Systems der Armutsvermeidung liegen nach wie vor eher im Bereich der aktiven Arbeitsmarktpolitik verbunden mit dem hohen Versorgungsgrad im Bereich der Kinderbetreuung. In einer Lebenslaufperspektive betrachtet zeigt sich das schwedische System nach der Kinderbetreuung und dem hoch entwickelten System schulischer Bildung dann aber im Bereich der Ausbildungsförderung und auch in der Studienförderung nach den Expertenaussagen aber als weniger „armutsfest" oder „armutsvermeidend" als das deutsche System. Das gegliederte deutsche System der beruflichen Ausbildung, die staatliche Ausbildungsförderung und Studienförderung tragen – bei beträchtlichen Problemen im deutschen Schulwesen – wesentlich mit dazu bei, Sozialhilfebezug bei jungen Menschen weitergehend zu begrenzen als das im Verlauf der 1990er Jahre in Schweden gelang.

Über die zentralstaatlichen Regelungen und Leistungsniveaus der beiden Wohlfahrtsstaaten hinausgehend war schließlich die *kommunale Praxis* der Sozialhilfe und der Sozialdienste zum Bereich der Armutsvermeidung und Prävention in Göteborg im Kontrast zu Bremen zu untersuchen. Neben einigen kurz beschriebenen Strategien und Konzepten wurden zwei Beispiele genauer betrachtet. Die *Schuldner- und Budgetberatung* und eine *spezialisierte Praxis der Sozialhilfe für Studierende* wurden für eine weitergehende Darstellung ausgewählt.

5.5.2 Praxis einer aktiven Vermeidung von Sozialhilfebezug im kommunalen Sozialdienst

In einigen Experteninterviews wurden zum Teil interessante lokale Ansätze einer aktiven Präventionsstrategie deutlich. Auf genauere Nachfragen berichteten Sozialarbeiter etwa über verschiedene Projekte der *Zusammenarbeit von Sozialdienst und Schulen*, um im Vorfeld über bestimmte Risiken im Lebensverlauf, etwa Armut, Arbeitslosigkeit oder Sucht zu informieren, und auf die entsprechenden institutionellen Hilfangebote hinzuweisen. (Int. 22: 922 ff.) Auch der über die kleinräumige Stadtteilorganisation angestrebte integrative Ansatz, den sozialen Problemen wie Armut durch ein enges Zusammenwirken von Sozialarbeit, Schulen, Kultur- und Freizeiteinrichtungen sowie mit der Polizei im Stadtteil entgegenzuwirken, wurde in einzelnen Interviews erkennbar.

Konkreter wurden die personenbezogene Beratung, psychosoziale Betreuung und Behandlung *(Behandling)* sowohl im Rahmen der spezialisierten Teams der Sozialhilfe wie allgemein im Sozialdienst als Instrumente der Armutsprävention von den Experten verstanden. Durch die intensive Beratung und Betreuung bestimmter Personengruppen könnten weitergehende Krisen, die möglicherweise zum Sozialhilfebezug führen, vermieden werden. (Int. 21: 987-1004) Ähnlich wie in Bremen bzw. generell in Deutschland wurden die Suchtberatung und auch die Schuldnerberatung zu diesen vorbeugenden Maßnahmen gerechnet. Wie bereits dargestellt, lassen sich diese Ansätze auch rechtlich aus dem Sozialdienstgesetz ableiten, ohne dass sich dabei um konkret rechtlich geregelte Pflichtaufgaben handelt. Ob und in welchen Formen diese präventiven Strategien in Göteborg konzeptionell und strategisch ausformuliert waren, wurde daher genauer betrachtet. Eine konzeptionell entwickelte aktive Prävention wurde in der Stichprobe im Bereich der städtischen Budget- und Schuldnerberatung am deutlichsten erkennbar.[637] Die Budget- und Schuldnerberatung wurde dabei als *personenbezogene soziale Dienstleistung* in den Merkmalen einer pädagogischen Intervention beschrieben. Eine andere aktive Präventionsstrategie war ferner in einer *speziell auf Studierende* ausgerichteten *administrativ und restriktiv gestalteten Vermeidungsstrategie* deutlich erkennbar. Diese zweite Strategie und Praxis war jedoch direkter und enger auf eine *Vermeidung von Sozialhilfebezug* ausgerichtet und wies gerade nicht die Merkmale einer personenbezogenen sozialen Dienstleistung auf. Die Merkmale einer „Koproduktion" waren dementsprechend in den beiden Ansätzen bzw. Strategien sehr unterschiedlich gegeben. Während die Budget- und Schuldnerberatung als Fachdienst der Sozialar-

---

[637] Begrifflich finden sich in Schweden sowohl die Bezeichnungen „Ekonomirådgivningen", „Budgetrådgivningen" und „Skuldrådgivningen", sowie Begriffskombinationen, etwa „Budget- und Schuldnerberatung" *(Budget- och Skuldrådgivningen)*. Dieser kombinierte Begriff findet hier Verwendung, da er sich am ehesten auf den gesamten Aufgaben- und Tätigkeitsbereich dieser Beratungsstellen bezieht und für den Vergleich zur deutschen Schuldnerberatung geeignet scheint.

beit diese Merkmale weitergehend aufwies, zeigte die Praxis der Sozialhilfe für Studierende primär die Merkmale einer einseitig agierenden „bürokratisch geprägten Sozialverwaltung". Beide Beispiele sind nachfolgend detaillierter dargestellt.

1. Das Beispiel der Budget- und Schuldnerberatung: Aktive Vermeidung von Sozialhilfebezug durch personenbezogene soziale Dienstleistungen im Stadtteil
Sowohl in den Sozialbüros wie auch die in den auf Arbeitsmarktintegration bezogenen Projekten wurden *alle* Beschäftigten genauer zu Formen der institutionellen Risikobearbeitung bei Problemen privater Überschuldung unter den Sozialhilfebeziehenden befragt. Ferner wurde je ein Experteninterview in Budget- und Schuldnerberatungsstellen in Göteborg und ergänzend dazu auch in Malmö geführt. Im Ergebnis wurde deutlich, dass die Budget- und Schuldnerberatung in Göteborg und generell in Schweden als eine wichtige präventiv auf die Vermeidung von Sozialhilfebezug hin praktizierte Form der personenbezogenen sozialen Dienstleistung gilt.[638] Damit finden sich weitgehende Parallelen in den Zielsetzungen zur Schuldnerberatung in Bremen. Zu Entstehung und Zielsetzungen der städtischen Schuldnerberatung in Göteborg formulierten die Befragten in einem Sozialbüro genauer:

„Die Arbeit begann im August 1993 und sie war vielleicht schon von Anfang an so gedacht, dass sie mit vermeiden helfen sollte, dass Familien in Sozialhilfeabhängigkeit geraten, und dass man dadurch würde die Sozialhilfeausgaben verringern können. Dadurch, dass man verhindert, dass die Menschen den Boden unter den Füßen total verlieren. Das war wohl die Grundabsicht. Und eigentlich besteht dieses Ziel auch weiterhin. Auch wenn es sehr viele andere Detailziele gibt. Aber das ist die Grundabsicht. (...) 1994 kam dann das Schuldensanierungsgesetz [Verbraucherinsolvenzverfahren] in Schweden, das vielleicht eine Hilfe in unserer Arbeit wurde. Aber die Arbeit lief schon, bevor diese Gesetzgebung kam." (Int. 26: 6-15)

In allen 21 Stadtteilen Göteborgs findet sich in irgendeiner Form ein kommunal organisiertes Beratungsangebot der Budget- und Schuldnerberatung. In den untersuchten Stadtteilen Bergsjön, Centrum, Frölunda, Gunnared und Lärjedalen, Lundby und Torslanda war jeweils *im Sozialbüro* eine städtische Beratungsstelle eingerichtet. Die Stellen waren mit einem oder auch mit zwei Mitarbeitern besetzt. Damit unterscheidet sich die *homogene, da überwiegend städtische Trägerstruktur* der Schuldnerberatung in Göteborg von der *heterogenen Trägerstruktur in Bremen*, wo 1999/2000 ausschließlich freie Träger bzw. die Wohlfahrtsverbände im Auftrage

---

[638] Zur Entwicklung der Budget- und Schuldnerberatung als spezialisierte Dienstleistung in der schwedischen Sozialarbeit vgl. Schwarze (1998).

528

der Stadt die Schuldnerberatung leisteten. In Göteborg war bezogen auf die Einwohnerzahl auch ein besserer Versorgungsgrad mit diesem Angebot gegeben.[639] Auch Dellgran (2000) stellt das Problem privater Überschuldung und die Beratung von Überschuldeten in Schweden unter anderem im Kontext der institutionellen Risikobearbeitung der schwedischen Sozialhilfe dar. Als Grundsätze der Organisation von Budget- und Schuldnerberatungsstellen nennt er, dass diese von der Bearbeitung der Sozialhilfe räumlich und organisational getrennt einzurichten sind, beratungsmethodisch keine Schuldzuweisungen an die Ratsuchenden vorgenommen werden dürfen, und dass die Beratung auf dem Prinzip der Freiwilligkeit beruhen muss. Dellgran bestätigt für Schweden eine ähnlich defizitäre Datenlage zur Ver- und Überschuldung unter Sozialhilfebeziehenden wie sie in Deutschland vorherrscht. Der genauer Anteil der ver- oder überschuldeten Haushalte unter den Sozialhilfebeziehenden ist nicht bekannt.

Organisational könnten in Göteborg mit der relativ engen Anbindung an die Sozialbüros Probleme im Vertrauensschutz verbunden sein. Die in den Budget- und Schuldnerberatungsstellen beschäftigten Beraterinnen und Berater, in aller Regel ebenfalls 'Socionomer', ergänzt um einzelne Juristen, behandeln die Informationen nach eigenen Angaben jedoch streng vertraulich. Auch wenn die Beratungsstellen oft räumlich den Büros der Teams aus der Sozialhilfe relativ nahe lagen, wurden beide Aufgabenbereiche den Aussagen der befragten Experten nach grundsätzlich als organisational voneinander unabhängig verstanden. Informationen wurden nur mit Einverständnis der Ratsuchenden zwischen den Budget-/Schuldnerberatungsstellen und den Teams der Sozialhilfe weitergegeben. Insgesamt war aber räumlich und organisational sowie professional eine größere Nähe zwischen der Sozialhilfe und der Budget- und Schuldnerberatung in Göteborg feststellbar als in Bremen.

Die Zielsetzung einer Vermeidung von Sozialhilfebezug wurden im Rahmen der Expertenbefragung in Göteborg sehr deutlich und mit zahlreichen Beispielen belegt beschrieben. Den Konzepten der Beratungsstellen nach galt vor allem *bei Miet- und Energieschulden*, das direkt auf die Sozialhilfe bezogene präventiv wirkende Interventionen einer Budget- und Schuldnerberatung geleistet wurden. (Int. 25: 307-308) So wurde ein Fall berichtet, in dem sich eine junge Frau *vor* ihrer geplanten Scheidung über die wirtschaftlichen Folgen einer solchen Entscheidung in der städtischen Budget- und Schuldnerberatung informieren ließ. Durch im Rahmen

---

[639] Während in Göteborg in allen 21 Stadtteilen, teilweise in Kooperation einzelner Stadtteile die Budget- und Schuldnerberatung angeboten wurde, wurde sie 1999/2000 in Bremen für die gesamte Stadt mit 19 Stadtteilen von 7 Schuldnerberatungsstellen verschiedenster Träger angeboten, die *nicht* direkt stadtteilbezogen eingerichtet waren. In Göteborg waren Wartezeiten von wenigen Tagen, oder vereinzelt auch 2 bis 4 Wochen üblich. In Bremen hingegen waren mehrmonatige Wartezeiten für ein persönliches Beratungsgespräch keine Ausnahme.

der Beratung vermittelte gezielte Handlungsstrategien, etwa die Wahl einer preiswerten Wohnung, genauere Haushaltsplanung usw. konnte präventiv nicht nur eine Ver-/Überschuldung vermieden oder begrenzt werden, sondern auch ein potentieller Sozialhilfebezug konnte so vermieden werden. Auch für Fälle, wo eine unübersichtliche Haushaltsplanung der Ratsuchenden im Rahmen der Budget- und Schuldnerberatung zu einer strukturierten Einnahme- und Ausgabeplanung verändert werden kann, wurden von den befragten Experten der Budget- und Schuldnerberatung wie auch der Sozialhilfe präventive Effekte bezogen auf die Sozialhilfe gesehen.

In diesen professional formulierten und begründeten Zielsetzungen fanden sich kaum Unterschiede zu Aussagen der Befragten in der Schuldnerberatung in Bremen. Ähnlich wie in Deutschland leisten Überschuldete in Schweden oft auch dann noch Kreditraten, wenn nur ein Einkommen unterhalb oder auf dem Niveau der Pfändungsfreigrenzen oder dem Niveau der Sozialhilfe vorhanden ist. Dies führt dazu, dass faktisch die Mittel für die materielle Existenzsicherung fehlen, was Überschuldete auch in Göteborg häufig dazu veranlasst, hierfür dann Sozialhilfe zu beantragen. In diesem Kontext wurden von den Sozialarbeitern in den Sozialbüros *Mietschulden* als häufiges Problem genannt. Diese entstehen in der Folge der Kreditratenzahlung bei geringem Einkommen, da Prioritäten von den Überschuldeten unter dem Schuldendruck oft nicht mehr richtig gesetzt werden (Int. 15: 280-292, Int. 24: 673, Int. 25: 307).[640] Auch in diesen Zusammenhängen zeigten sich ähnliche Anforderungen an eine präventive Sozialberatung für Göteborg und für Bremen, auf die mit ähnlichen Strategien und Handlungsformen der kommunalen Sozialdienste, jedoch in völlig anderen Rahmenbedingungen reagiert wurde.

Speziell für *Jugendliche* wurde in Göteborg berichtet, dass diese im Verlauf der 1990er Jahre vor allem über Verträge für Mobiltelefone und über die *Kreditkartennutzung* schon sehr früh in eine Schuldenspirale gerieten, in deren Folge der Lebensunterhalt vom Einkommen nicht mehr sichergestellt werden könne und wo dann ebenfalls Sozialhilfe beantragt werde. Ähnlich gelte dies für (jüngere) *Einwanderer*, die spätestens in der „zweiten Generation" auch im Risiko der Überschuldung stehen würden. Auf diese Empfängergruppen in der Sozialhilfe und auf die geschilderten Handlungsmustern bezogen wurden ebenfalls positive Effekte einer Budget- und Schuldnerberatung gesehen, die über *pädagogische Interventionen* in Form der Kompetenz- und Informationsvermittlung zu einer aktiven Armutsvermeidung

---

[640] Ähnliche empirische Erfahrungen werden in einem als Lehrbuch konzipierten Beitrag von Fred/Olsson (2002) zur systemischen Arbeitsweise in der Sozialhilfepraxis berichtet. Auf das Problem der Mietschulden wurde von der Stadt Malmö beispielsweise mit einem besonderen Projekt zur Beratung von Mietschuldnern reagiert.

beiträgt.[641] Insbesondere bei *Langzeitbezug*, der meist mit mindestens 6 oder 12 Monate definiert wurde, wurde von einigen Befragten gerade aufgrund des (geringen) Niveaus der Sozialhilfe vor allem bei jungen Sozialhilfebeziehenden das *Risiko eines „Zwangs zur Verschuldung"* gesehen, da die Sozialhilfe dem Niveau nach eher für Kurzzeitbezug konzipiert sei. Langfristige besondere Bedarfe könne sie nicht abdecken:

> *„(...) Dann denke ich, dass viele Jugendliche sich verschulden, mit anderen Sachen, auch dadurch, dass die Sozialhilfenorm relativ niedrig ist. Man kann eigentlich nicht über längere Zeit auf diesem Niveau leben, sondern man muss dann einen Zuschuss von irgendwo anders erhalten."* (Int. 15: 288-291)

Diese Sachverhalte und Risiken seien ebenfalls im Rahmen der sozialen Beratung durch pädagogische Interventionen den Betroffenen zu vermitteln um Folgekosten und Negativeffekte möglichst präventiv zu vermeiden.

Den Berichten der Experten nach nahmen in Göteborg sowohl junge schwedische Sozialhilfebeziehende wie auch junge Einwanderer die Angebote der Budget- und Schuldnerberatung wahr. (Int. 26: 904-910) Dabei wurden gerade die Effekte einer aktiven Informations- und Öffentlichkeitsarbeit über die Risiken der privaten Ver-/Überschuldung bezogen auf diese Gruppen und die Vermeidung von Wegen *in* Armut und Sozialhilfebezug als besonders positiv eingeschätzt:

> *„Das ist in einem solchen Fall so, dass man sehr frühzeitig da einsteigt und das löst – aber diejenigen, die heute auf Kredit oder auf Kreditkarte einkaufen – die benötigen auch die entsprechenden Informationen, so dass sie sehen können, wie es sein würde, wenn sie sich nicht so verhalten würden. Es ist beides – eine vorbeugende Arbeit, so dass man vorbeugt, dass sie nicht in diese Schuldenfalle geraten, und das andere ist ja, dass man sich von Beginn an anders verhält und Abstand von Krediten nimmt."* (Int. 26: 569-574)

In der *Verlaufs- und Handlungsperspektive* wurde die Bedeutung bestimmter sozialer Interventionen im Zeitverlauf und in ihrem „Timing" erkennbar. Vor allem dann, wenn noch *vor* dem Eintritt einer beginnenden Überschuldungs- und/oder Sozialhilfekarriere beispielsweise individuell und/oder gruppenbezogen Informations- und Aufklärungsarbeit und eine Vermittlung von Kompetenzen im Umgang mit den Problemen gelingt, können weitreichende präventive Effekte erzielt werden, die unter anderem einen späteren Sozialhilfebezug vermeiden helfen. Die Bedeutung der pädagogischen Interventionsformen wurde in den zitierten Aussagen der Göteborger Experten erkennbar. Gerade wenn das Leistungsniveau der Sozialhilfe unter anderem infolge einer ökonomischen und fiskalpolitischen Krise geringer festgelegt wird, und in der Verlaufsperspektive von den Sozialhilfebeziehenden um so massivere Einschränkungen zu erbringen sind, je länger der Bezug dauert, be-

---

[641] Die Arbeits- und Beratungsmethoden der schwedischen Budget- und Schuldnerberatung sind nach Dellgran (2000: 265 f.) methodisch noch eher unzureichend entwickelt.

darf es demnach begleitender pädagogischer Dienste, um so früh wie möglich Handlungs- und Bewältigungsstrategien vermitteln, die dazu beitragen, eine Verfestigung von Armuts- und Sozialhilfekarrieren zu vermeiden.

In einer aktiven Strategie der Armutsvermeidung geht es demnach nicht ausschließlich um veränderte *ökonomische* oder *rechtliche* Interventionsformen im vorrangigen Leistungssystem des Wohlfahrtsstaates. Ebenso sind *ökologische* bzw. infrastrukturelle und vor allem *pädagogische* Interventionsformen sowie eine besondere verlaufs- und handlungsbezogene Verknüpfung der Interventionen auf den verschiedensten Ebenen gefordert. Eine solche Praxis hat offenbar in Göteborg seit Anfang/Mitte der 1990er Jahre gerade im lokalen institutionellen Arrangement und im Zusammenwirken von Sozialhilfe und Sozialdiensten an Bedeutung gewonnen

Das Beispiel der Budget- und Schuldnerberatung veranschaulichte genauer, wie in einer *Zeit- und Handlungsperspektive* besondere Anforderungen an das „präzise Timing" sozialer Interventionen gestellt sind, wenn sie präventiv wirken sollen. So gilt es offenbar bereits bei Einsetzen einer kritischen Überschuldungssituation oder etwa beim Auftreten von Mietschulden und bei als „kritisch" zu betrachtenden Bewältigungsstrategien der Betroffenen möglichst „zeitnah" institutionell alternative Lösungsvarianten zu einer kreditären und damit meist nur vorübergehenden Problemlösung wie auch zum Sozialhilfebezug anzubieten, um so Wege in akut drohende Armutskarrieren zu vermeiden. Neben dem *„Timing"* sind die *Abfolgen* bestimmter Interventionen und Handlungsmuster von zentraler Bedeutung für die Wirksamkeit einer Politik der Armutsvermeidung. Beispielsweise laufen lange *Wartezeiten* aufgrund fehlender personeller und materieller Ressourcen in den Beratungsstellen und massive Arbeitsüberlastungen sowie bürokratisch und stark verregelter Verfahrensweisen, die für die *Schuldnerberatung in Bremen* deutlicher zum Ausdruck kamen, den eingangs genannten Erfordernissen völlig entgegen. In einer komparativen Perspektive sind die in Göteborg entwickelten Standards und infrastrukturellen Maßnahmen zur Förderung von Budget- und Schuldnerberatung eher im Sinne einer aktiven und wirksamen Strategie zur Armutsprävention zu deuten als in Bremen.

Die Experteninterviews *in Göteborg* ergaben aber aus einer innerschwedischen und fachlich bezogenen Perspektive ebenso Hinweise, dass die Formen und Muster eines Zusammenwirkens von Sozialhilfe und Budget- und Schuldnerberatung bisher auf ganz überwiegend sozialberuflich definierte Erwartungen und Vermutungen beruhen und kaum auf der Basis von empirischen Wirksamkeitsanalysen entwickelt sind. Insgesamt wurde in Göteborg wie auch in Bremen eher spekulativ und intuitiv von bestimmten Zielen und präventiven Effekten ausgegangen, die über eine Budget- und Schuldnerberatung für die Sozialhilfe erreichbar sind.

Dabei ließen die Ansätze der aktiven und zugleich präventiv auf Armutsvermeidung ausgerichteten Handlungsformen in Göteborg/Schweden stark sozialberuflich geprägte *pädagogische* Interventionsformen erkennen. Die Interventionen waren weniger rechtlich und verfahrensmäßig normiert als in Bremen/ Deutschland.[642] Die Wirkungsweisen, wurden in Göteborg von befragten Experten selbst sowohl bezogen auf die Vermeidung von Sozialhilfekarrieren wie auch bezogen auf die Förderung von Wegen aus dem Sozialhilfebezug mit einer Reihe von Unwägbarkeiten verbunden beschrieben, wie in folgender Aussage:

> *„Man kann ja sagen, da – das ist wohl vielleicht so, dass wir die Sozialhilfe schon beeinflussen – dass wir vielleicht den Menschen helfen, eine Einsicht in ihre Ökonomie zu bekommen – dass wir verhindern, dass sie das Sozialbüro so häufig aufsuchen müssen, wenn sie etwas über dem Sozialhilfeniveau liegen. Liegt man mit dem Einkommen auf dem Sozialhilfeniveau, so ist man geradezu gezwungen, dass man bisweilen vielleicht überkonsumiert – und da bedarf es dann einer ergänzenden Hilfe, und da sind es vielleicht wir, die da hineinkommen können, und das leisten können, dass sie keine Fälle werden, die ergänzende Sozialhilfe erhalten."* (Int. 26: 1047-1054)

Lassen sich die Wirksamkeit und mögliche präventive Effekte sozialer Beratung im Vorfeld des Sozialhilfebezuges empirisch belegen? Diese Frage wurde in Göteborg im Ergebnis mit „vielleicht" beantwortet. Es mangelte also auch dort – wie in Bremen – an Wirksamkeitsanalysen und an verlaufsbezogenen Dokumentationssystemen, die etwa das „Timing" und die Abfolgen sozialer Interventionen, die Interventionsdauern, ihre Formen und Intensität sowie die internen und die interorganisationalen Ressourceneinsätze erfassen helfen. Rückschlüsse auf die erzielten Effekte einer vorbeugenden Armutsvermeidung wären nur auf der Basis solcher Evaluationen und entsprechender „Controllingsysteme" möglich.[643] In diesen Bereichen zeigten sich auch für Göteborg Defizite und Reformbedarfe einer „neuen Steuerung" und einer Qualitätsentwicklung des kommunalen Sozialdienstes.

Ein weiterer Befund war, dass die Dienstleistungsbereiche der Sozialhilfe und der Budget- und Schuldnerberatung in Göteborg in den Sozialbüros der Stadtteilverwaltungen meist räumlich eng zusammenliegend angeboten wurden, sie aber dennoch in unerwartet hohem Maße als *zwei hochspezialisierte Fachdienste* erschienen, die jeweils ein eigenständiges sozialberufliches Profil vermittelten.

---

[642] Zu ergänzen ist in diesem Kontext, dass in Deutschland auch ein Verbraucherinsolvenzverfahren mit einer Dauer von 6 Jahren im Vergleich zu Schweden, wo ein Schuldensanierungsverfahren 5 Jahre dauert, nicht nur ein Jahr länger dauert, sondern in der Vorbereitung und im Ablauf deutlich „bürokratischer" verfasst ist als in Schweden. Die Schuldnerberatung übernimmt in beiden Ländern eher eine Funktion der Aufklärung, Information und Beratung sowie der Verfahrensvorbereitung und der Zuarbeit zu den staatlichen bzw. gerichtlichen Stellen.

[643] In Bremen war eine Wirksamkeitsstudie zur Schuldnerberatung auch unter dem Aspekt der Vermeidung von Sozialhilfebezug geplant. Hintergrund war unter anderem ein Bericht des Rechnungshofes, mit dem die Wirksamkeit von Schuldnerberatung in Relation zu den Kosten der Beratung kritisch in Frage gestellt wurde (vgl. Stadt Bremen 2001d). Aufgrund einer Haushaltssperre in 2003 wurde die Untersuchung jedoch nicht finanziert.

Die Durchsicht der Akten und die Berichte der Befragten ergaben auch, dass den Fachkräften der Sozialhilfe die Bedeutung des Schuldenproblems nicht wirklich deutlich war. Eine systematische Information im Rahmen der Sozialhilfepraxis oder generell in der Stadtteilverwaltung zum Angebot der städtischen Budget- und Schuldnerberatung, oder gar eine aktive Verweisungs- oder Vermittlungsstrategie war in den Aussagen der Befragten für Göteborg – ähnlich wie in Bremen – allenfalls in Teilbereichen, nicht aber als systematisches Vorgehen in der Beratungsarbeit erkennbar.[644]

Nach den *subjektiven* Einschätzungen der befragten Experten und nach den zuvor an Beispielen dargestellten Grundmustern der institutionellen Risikobearbeitung wirkt die Budget- und Schuldenberatung in Göteborg trotz einzelner Defizite bereits bisher positiv auf die Bezugszeiten in der Sozialhilfe und auf die Ausgaben in der Sozialhilfe zurück, in dem diese verkürzt bzw. verringert werden können.[645] Die Bedeutung der Zeit- und Handlungsdimension für die Ausgestaltung sozialer Interventionen im Allgemeinen und der Prävention im Besonderen wurde insoweit auf dieser Ebene empirisch belegt.

2. Aktive Strategie einer restriktiv gestalteten Prävention – Praxis der Nichtgewährung von Sozialhilfe an Studierende

Ein präventiver, zugleich gruppenbezogener und strukturell ausgerichteter Ansatz für eine „aktivierende Sozialhilfepolitik", der jedoch den Schwerpunkt auf „fordernde" und weniger auf „fördernde" Elemente setzte, wurde am Beispiel der Sozialhilfe für Studierende in Göteborg besonders deutlich. Grundsätzlich gilt in der schwedischen Sozialhilfe *rechtlich* ähnlich wie im deutschen Sozialhilferecht, dass Studierende *keinen* Anspruch auf Leistungen der Sozialhilfe haben. Leistungen der Ausbildungsförderung und Studiendarlehen *(Studielån)* gelten als vorrangig für die materielle Existenzsicherung während eines Studiums oder einer Ausbildung. Die Studiendarlehen und einzelne Ausbildungshilfen werden jedoch in Schweden in aller Regel *zeitlich bezogen auf die Dauer des jeweiligen Semester gezahlt*. Insbesondere in der längeren Ferienzeit während der Sommermonate sind Studierende und auch

---

[644] Von Dellgrån (2000) wird vermutet, dass der tatsächliche Bedarf an Budget- und Schuldnerberatung unter Sozialhilfebeziehenden in Göteborg wesentlich größer wäre, wenn im Rahmen der Sozialhilfepraxis die Frage nach Schulden systematisch geklärt würde und die entsprechenden Personen über die Angebote der Budget- und Schuldnerberatung umfassend und aktiv informiert würden.

[645] Eine empirische Untersuchung von Byberg (1998) bestätigte, dass in schwedischen Kommunen, die eine Budget- und Schuldnerberatungsstelle im Sozialdienst eingerichtet haben, nachweisbar positive Effekte auf die Entwicklungen in den Ausgaben und für die Bezugsdauern in der Sozialhilfe zu verzeichnen sind. Auch wenn direkte Ursachen-Wirkungsgefüge relational für beide Dienstleistungsbereiche nicht genauer analysiert wurden, zeigte sich ein Befund, wonach Kommunen, die Angebote einer Budget- und Schuldnerberatung nicht vorhielten, tendenziell höhere Ausgaben und längere Bezugszeiten in der Sozialhilfe aufwiesen als Kommunen, die diese Beratungsangebote bereit stellten.

Auszubildende, die eine Erwachsenenschule *(Vuxenskolan)* besuchen, um Schulab-
schlüsse nachzuholen, somit auf Einkünfte aus befristeten Beschäftigungsverhältnissen, Ferienjobs oder auf Unterstützungsleistungen ihrer Eltern angewiesen. Sind
diese Einkünfte nicht möglich, bleibt als Handlungsstrategie vielfach die Arbeitslosmeldung und ein Antrag auf Sozialhilfe, da Anwartschaften auf Leistungen der
Arbeitslosenkassen oft nicht bestehen oder nur gering sind.

Im Rahmen der Expertenbefragung wurde für Göteborg erkennbar, dass die
Kontaktmuster und die Handlungsformen sowie Entscheidungsstrategien der
befragten Sozialarbeiter, geprägt durch kommunalpolitische Beschlüsse, interne
Richtlinien und administrative Vorgaben bezogen auf Studierende deutlich von den
Interaktionsmustern gegenüber anderen Empfängergruppen abwichen.[646] Diese
von Befragten ausdrücklich mit beschriebenen und begründeten Abweichungen
und die darin enthaltenen selektiv gestalteten Interventionsmuster wurden in mehreren Interviews deutlich (Int. 08, Int. 10: 770-777, Int. 12, Int. 22). Die Schilderungen der Praxis waren dabei vor allem auf die *Variablen einer Koproduktion* in der
Erbringung der Sozialhilfe bezogen.

Das Programm beinhaltete, dass in Sozialbüros einzelner Stadtteile einzelne
Sozialarbeiter *spezialisiert* ausschließlich zur Bearbeitung von Anträgen auf Sozialhilfe der Studierenden eingesetzt wurden. In einem vereinfachten, jedoch sehr eindeutig und vorrangig auf die Forderung und Erfüllung von Mitwirkungspflichten ausgerichteten Antrags- und Bearbeitungsverfahren wurde von Studierenden die allgemein übliche Bescheinigung über die Arbeitslosmeldung verlangt, die von der
Arbeitsvermittlung einzuholen ist. Weitergehend und sehr viel genauer als das für
andere Empfängergruppen galt, wurden seitens der spezialisierten Sozialarbeiter
dann konkretere Nachweise von Schülern, Studierenden und Auszubildenden
gefordert. Von diesen Gruppen war etwa zu belegen, *wann* genau und *in welcher
Form „aktiv"* eine Beschäftigung oder ein Ferienjob gesucht wurde. Nur auf der
Basis dieser Nachweise, die etwa in Form von Bewerbungsschreiben, Anzeigen,
schriftlichen Berichten usw. zu erbringen waren, wurde dann die Sozialhilfe in der
Regel *zeitlich für einen Monat befristet* gezahlt. Zu diesen besonderen Kontaktformen
und Kontrollmaßnahmen bezogen auf Studierende wurde etwa berichtet:

---

[646] Wiederum enthält das schwedische Sozialdienstgesetz direkt, etwa in § 6 SoL (Stand 1998) bzw. unter
Kap. 4 SoL (Stand 2002) *keine* detaillierten Regelungen zu einem möglichen Anspruch auf Sozialhilfe
während einer Ausbildung oder eines Studiums. Grundsätzlich ist aber geregelt, dass in diesen Lebensphasen die Leistungen der Studien- und Ausbildungsförderung vorrangig sind und Sozialhilfe
nicht eintreten soll. Im Detail vgl. dazu Socialstyrelsen (2000a: 76-77 und 215). Ausnahmen sind nach
diesen zentralstaatlichen Empfehlungen möglich, wenn es sich im Einzelfall um eine „akute Notsituation" handelt. Inwieweit die in Göteborg gefundene restriktive Sozialhilfepraxis bei Studierenden dann
der Rechtsprechung zur Sozialhilfe entsprach, konnte nicht genauer untersucht werden bzw. bleibt
juristischen Studien überlassen.

„(...) Wir haben sehr sehr viele Probleme mit Studierenden, mit denen, die zur Universität gehen und es Sommer für Sommer nicht schaffen, eine Arbeit zu erhalten. (...). Die gehen zum Sozialamt, und da halten wir mehr Kontrolle, so dass sie einmal in der Woche zu uns kommen müssen, sich selbst und verschiedene Sachen vorzeigen müssen. Und es sind viele, die dann rausfallen, weil man einfach mehr Kontrollen durchführt, so dass sie nicht einfach mal so für zwei Monate hier etwas erhalten können." (Int. 15: 765-793)

Neben allgemeinen Hinweisen der Befragten auf den Mitte der 1990er Jahre noch bestehenden Mangel an Arbeitsplätzen und vor allem auf einen Mangel an Ferienjobs wurde berichtete, dass dementsprechend von Studierenden dann auch erweiterte Anstrengungen institutionell erwartet werden könnten, die zum Erhalt eines Arbeitsplatzes führen. Von befragten Sozialarbeitern wurde weiter berichtet, dass es mit den entwickelten Strategien zur Vermeidung von Sozialhilfebezug bei Studierenden auch darum gehe, einer *„neuen Selbstverständlichkeit"*, die sich bezogen auf die Inanspruchnahme von Sozialhilfe unter jungen Menschen im Verlauf der 1990er Jahre entwickelt habe, institutionell mit veränderten Interventionskonzepten zu begegnen. (Int. 10: 771-782)

Ein sich mit diesen Schilderungen und Zielsetzungen ausdrückendes *stark verhaltensbezogenes Bild vom „modernen", meist jungen Sozialhilfeempfänger*, der sein Recht auf Sozialhilfe all zu selbstverständlich wahrnimmt, war neben den allgemeineren kommunalpolitischen Zielen der Ausgabensenkung und der Verringerung der Zahl der Sozialhilfebeziehenden ein wesentliches Motiv für die normativ und sozialberuflich besonders selektiv und gruppenbezogen gestaltete Strategie zur Vermeidung von Sozialhilfebezug. Die entsprechenden Konzepte und Praxis wurden somit *weniger* im Sinne einer *Kontextsteuerung* entwickelt, die etwa über eine aktive lokale Beschäftigungspolitik und kommunalpolitische Initiativen zur Schaffung von Ferienjobs denkbar wäre. Vielmehr wurden isoliert und sozialhilfeintern direkt das *individuelles Verhalten* der potentiellen Antragsteller *„steuernde"Maßnahmen* konzipiert.

Nachdem im Sommer 1999 insgesamt 165 Studierende im Göteborger Stadtteil Lundby *meist kurzzeitig* über die Sommermonate im Sozialhilfebezug standen, wurde im folgenden Jahr eine neue und weitergehende Strategie zur Vermeidung des Sozialhilfebezugs unter Studierenden im Stadtteil entwickelt. In dem für die schwedische Sozialverwaltung typischen Vorgehen einer *„Ziel- und Ergebnissteuerung"* war politisch im Stadtteilausschuss der Beschluss gefasst worden, im Folgejahr die Zahl der Sozialhilfe beziehenden Studierenden von 165 auf mindestens 120 zu senken. Alle 165 Studierenden, die bereits im Vorjahr während der Sommermonate, meist aufgrund fehlender Erwerbsmöglichkeiten am angespannten Arbeitsmarkt Sozialhilfe erhalten hatten, wurden bereits im Frühjahr 2000, also *einige Wochen vor Ende des Semesters* schriftlich darüber informiert, dass von Ihnen *frühzeitig* und *aktiv* die Suche nach einer Erwerbstätigkeit bzw. einem Ferienjob erfolgen müsse. Sie wurden gebeten, sich auch entsprechend frühzeitig vor Beginn der Semesterferien mit der Arbeitsvermittlung in Verbindung zu setzen. Die aktiven Bemühungen in der Suche eines Ferienjobs waren bei einem späteren Antrag auf Sozialhilfe dem Sozialbüro nachzuweisen. Eine in den Vorjahren noch übliche einfache situativ bezogene Arbeitslosmeldung bei der Arbeitsvermittlung war als Mitwirkung bzw. Voraussetzung für den meist zeitlich kurzen Sozialhilfebezug im Sommer 2000 nicht mehr ausreichend. Das Element der „Koproduktion" wurde tendenziell repressiv und in einer *dynamischen Perspektive* weitergehend und genauer definiert. Die Mitwirkungspflichten waren von Studierenden fortan bereits bezogen auf *Zeiträume deutlich vor einem möglicherweise zu stellenden Antrag auf Sozialhilfe* zu erfüllen und nachweisbar zu gestalten, um sich den Leistungsanspruch mit entsprechend verlaufsbezogenen Handlungsmustern und Bewältigungsstrategien zu erhalten.

In der *subjektiven* Bewertung der zu dieser Praxis genauer befragten Experten waren die beschriebenen direkt verhaltensbezogenen und auf *eine* ausgewählte „Zielgruppe" ausgerichteten Maßnahmen zur Vermeidung von Sozialhilfebezug mit Restriktion verbunden wirksam und trugen im Jahr 2000 mit zu einem deutlichen Rückgang an Studierenden in der Sozialhilfe bei. Der direkte Wirkungszusammenhang dieses Ansatzes lässt sich empirisch allerdings kaum belegen, da auch andere, eher sozialhilfeexterne Faktoren, wie eine allgemein verbesserte Wirtschaftslage und günstige Entwicklungen am Arbeitsmarkt wichtige Bedingungen für den „Erfolg" der geschilderten Maßnahmen bildeten.

3. Heterogene Interventionsmuster zur Vermeidung von Sozialhilfebezug: Resümee und Kontrastierung der Strategien in Göteborg und Bremen

Die zuletzt beschriebenen stark selektiv auf bestimmte Gruppen bezogenen Strategien zur Vermeidung des Sozialhilfebezugs, wie sie *innerhalb* des institutionellen Arrangements des kommunalen Sozialdienstes in Göteborg entwickelt und praktiziert wurden, können zwar als Formen einer „aktivierenden Sozialpolitik" verstanden werden, Konzepte einer aktiven *Armuts*vermeidung stellen sie jedoch nur begrenzt dar. Als Konzepte einer aktiven Armutsvermeidung sind eher die skizzierten gemeinsamen Beratungsansätze von Sozialhilfe und Versicherungskassen in den Projekten DELTA und FRISAM zu deuten, und auch die Budget- und Schuldnerberatung ist in diesen Kontext einzuordnen. Gemeinsam ist den zuvor beschriebenen Strategien und Maßnahmen jedoch, dass die darin gewählten Interventionsformen sich explizit auf die möglichst *frühzeitige* und *aktive* Beeinflussung einer sich möglicherweise abzeichnenden Sozialhilfekarriere beziehen. Hierin liegen die in Göteborg erkennbaren Merkmale einer „aktivierenden Sozialpolitik" und eines „modernisierten" Sozialdienstes, mit denen für die 1990er Jahre zudem ein Wandel der institutionellen Arrangements angedeutet ist. Die gefundenen Interventionsformen sind allerdings sehr vielschichtig und komplex und nicht in mit einfachen Kategorien zu erfassen. Meist wurden rechtliche, ökonomische, ökologische und pädagogische Interventionsformen verändert als noch in den 1980er Jahren aufeinander bezogen und miteinander verknüpft. Erkennbar wurde, dass verhaltensbezogene, und zugleich pädagogische Interventionsmuster an Bedeutung gewonnen haben. Ferner sind ökologische und infrastrukturell sowie organisational ausgerichtete Interventionen, etwa die Einrichtung und die Kooperationsformen von Beratungsstellen von hoher Bedeutung in den Konzepten und Strategien einer kommunalen Politik zur Vermeidung von Sozialhilfebezug.

Feststellbar ist weiterhin, dass der Bezug der Konzepte einer aktiven Armutsprävention in Göteborg nicht ausschließlich, aber doch in hohem Maße auf den „Sozialhilfebezug" und damit auf die Vermeidung von Sozialhilfekarrieren ausrichtet wurde. Vor allem die Vermeidungsstrategien gegenüber Studierenden ergaben dieses Bild. Prävention ist in ihrem Bezug auf „Armutskarrieren" allerdings in einem breiteren Kontext als dem Sozialhilfebezug zu sehen, der so weder in Göteborg noch in Bremen in den kommunalen Konzepten und in der beschriebenen Praxis nicht wirklich zum Ausdruck kam. Würden sich die in Göteborg praktizierten restriktiven Strategien zur Vermeidung von Sozialhilfebezug bei Studierenden und Auszubildenden umfassender bzw. „ganzheitlich" auf Armutskarrieren und nicht nur segmentiert auf die Vermeidung von Sozialhilfebezug beziehen, so wäre lebenslagen- und lebenslaufbezogen beispielsweise das ebenfalls als relevant beschriebene *Leitbild des „lebensbegleitenden Lernens"* stärker zu betonen als das in der Praxis gegenüber Studierenden der Fall war. Es ist davon auszugehen, dass bei einer aktiven Berücksichtigung und normativen Stärkung des Leitbildes eines „lebensbegleitenden Lernens" die Sozialhilfepraxis bezogen auf Schüler, Studierende und Auszubildende grundlegend zu verändern wäre. Neben einer im vorrangigen Bereich des schwedischen Wohlfahrtsstaates notwendigen Anhebung der monetären Leistungen könnten veränderte Regelungen bei den semesterbezogen befristeten Studiendarlehen und Ausbildungshilfen einen Beitrag dazu leisten, nicht nur das Leitbild eines „lebensbegleitenden Lernens" materiell zu unterstützen, sondern auch die Kommunen von Transferleistungen zu entlasten, die eher gesamtgesellschaftlichen als kommunalen Aufgabenbereichen entsprechen. In dieser Hinsicht könnte das deutsche wohlfahrtsstaatliche Arrangement für Schweden durchaus Anregungen bieten.

Das *deutsche* wohlfahrtsstaatliche Arrangement erscheint in diesem Bereich mit den Leistungen des BaföG und vielfältigen Transferleistungen der Ausbildungsförderung im Vergleich zu Schweden sogar „armutsfester" und vor allem verlässlicher und berechenbarer. Eine der in Göteborg vergleichbare gruppenbezogen und zugleich restriktiv gestaltete aktive Strategie zur Vermeidung des Sozialhilfebezugs bei Studierenden konnte für Bremen weder festgestellt werden noch scheint sie auf der Basis der detaillierten Regelungen von SGB II und SGB XII mit entsprechend höher entwickelter Rechtssicherheit in Bremen oder generell in Deutschland gegenwärtig denkbar.

In der Verlaufs- und Handlungsperspektive sind bezogen auf das schwedische Arrangement weitere Folgerungen und Deutungen möglich. Sofern im vorrangigen Bereich des schwedischen Wohlfahrtsstaates nach der für die 1990er Jahre beschriebenen Kürzungspolitik auf zentralstaatlicher Ebene auch künftig Reformen im Ausbildungs- und Studienförderungssystem nicht zu erwarten sind, wird auch diese Verantwortung – beabsichtigt oder unbeabsichtigt – auf die Kommunen übertragen und vermutlich in sehr unterschiedlicher Weise von diesen wahrgenommen. Allgemein ist im Verlauf der 1990er Jahre bereits eine weitere Kommunalisierung des Bildungs- und Schulwesens und des Ausbildungswesens in Schweden erfolgt. Auf kommunaler Ebene bieten die Bereiche der Sozialhilfe und des Sozialdienstes dann einen Zugang und eine Möglichkeit, Konzepte und Strategien der aktiven Förderung von Studium, Aus-, Fort- und Weiterbildung zu entwickeln, zu fördern und ergänzend bzw. verknüpft mit den Initiativen der lokalen Arbeitsmarkt- und Bildungspolitik umzusetzen. In einer auf *Armuts*karrieren und Erwerbsbiografien fokussierenden längerfristigen Perspektive wäre denkbar, dass in eher integrativen und fördernden Ansätzen der kurzfristige Sozialhilfebezug möglicherweise sogar institutionell akzeptiert würde, um gerade dadurch mittel- und langfristig Armutskarrieren und verfestige Erwerbslosenkarrieren zu vermeiden. Solche Karriereverläufe werden etwa durch Studienabbrüche, Ausbildungsabbrüche und durch diskontinuierliche Erwerbskarrieren begünstigt, die entstehen können, wenn die materiellen Voraussetzungen zum Abschluss der Bildungsmaßnahmen zeitlich unsicher sind. In einer zentralstaatlich wie kommunal aktiven bildungsbezogenen Präventionsstrategie, die unter anderem innerhalb der Sozialhilfepolitik verankert wäre, würden materiell bedingte „Brüche" in den Bildungs- und Erwerbsbiografien vermieden und Übergänge im Lebensverlauf wirklich aktiv institutionell unterstützt. Diese skizzierten Ansätze scheinen den gesellschaftlichen Entwicklungen mit den Zugangsproblemen junger Menschen am Arbeitsmarkt, mit der Auflösung des Normalarbeitsverhältnisses und den veränderten flexibleren Arbeits- und Beschäftigungsformen eher zu entsprechen als eine erkennbar restriktive Sozialhilfepraxis, wie sie in Göteborg teilweise praktiziert wurde. In Bremen bzw. Deutschland sind zwar für Studierende und Auszubildende ähnlich konzipierte Zugangsschwellen zur Sozialhilfe detailliert rechtlich verankert. Die in den Vorschriften enthaltende Härtefallregelung verweist allerdings darauf, dass entsprechende Bedarfe einer materiellen Hilfe für Studierende und Auszubildende in Deutschland auftreten. Die Rahmenbedingungen von Studienförderung und Ausbildungshilfen in Deutschland in ihren zeitlichen und handlungsbezogenen Interventionsformen sind dabei günstiger gestaltet als für Schweden am Beispiel Göteborgs erkennbar.

In den in Göteborg bezogen auf Studierende und Auszubildende tendenziell selektiv und restriktiv gestalteten Strategien zur Vermeidung von Sozialhilfebezug wurde ferner erkennbar, dass der Ressourceneinsatz und besondere Formen sozialer Intervention offenbar in diesem Bereich der Sozialhilfe an einem eher *kurzfristig* und *rein monetär* bezogenen Verständnis von Effektivität ausrichtet ist. Es wurde wiederum eine „Interventionslogik" erkennbar, nach der kommunale Sozialpolitik, Sozialhilfe und Sozialdienste bei Gruppen, die ohnehin absehbar nur *kurzzeitig* im Sozialhilfebezug stehen oder stehen werden, zugleich besonders intensive und aufwendige Interventionsformen wählen und umsetzen, um genau diesen eher kurzfristigen Sozialhilfebezug zu vermeiden bzw. möglichst bald zu beenden. Erneut fanden sich Hinweise für das Phänomen des „Sozialhilfeparadoxons" oder eines „Aktivierungsparadoxons", wonach die begrenzten öffentlichen Ressourcen zur Bearbeitung relativ einfacher und zeitlich begrenzter materieller Probleme besonders intensiviert eingesetzt werden, statt die begrenzten Ressourcen auf die aktive und frühzeitige Bearbeitung absehbar längerfristiger und komplexerer Armutspobleme zu konzentrieren. Im Resümee zu den Strategien einer aktiven Armutsprävention ergaben Befunde demnach, dass diejenigen (potentiellen) Sozialhilfebeziehenden institutionell frühzeitig „aktiviert" werden, die ohnehin im Rahmen von Studium oder Ausbildung bereits aktiv sind und zudem in ihren Handlungsvoraussetzungen, -ressourcen und -chancen über eher bessere Aktivitätspotentiale für schnelle eigene Wege aus dem Sozialhilfebezug verfügen.

Allgemein ließ sich auch erkennen, dass Interventionsmuster der Prävention an Bedeutung gewinnen und dass auch diese im Zusammenwirken der wohlfahrtsstaatlichen Institutionen über Hierarchieebenen hinweg entwickelt und praktiziert werden. Die für Göteborg ermittelten Strategien, Konzepte und Instrumente der Prävention sind dabei in Schweden weniger zentralstaatlich normiert und verrechtlicht, sondern stärker von kommunalen Programmen und sozialberuflichen Handlungsformen geprägt als in Bremen bzw. Deutschland. Insofern unterscheiden sie sich tendenziell von Reformansätzen der deutschen Sozialhilfe, die seit Mitte/Ende der 1990er Jahre auch stark über zentralstaatlich lancierte Modellprojekte initiiert und gefördert werden. Vor allem die Konzepte und die Praxis des „Zusammenwirkens" in Projekten der Prävention und auch der Rehabilitation, beispielsweise in der Information und Beratung von Kranken und Arbeitslosen, sind in Schweden weiter realisiert als das in Bremen und allgemein in Deutschland bisher der Fall ist oder vorstellbar wäre. Dass generell die materielle und personelle Ausstattung der Sozialdienste in Göteborg im Vergleich zu Bremen als deutlich besser zu beurteilen ist, belegte das Beispiel der Budget- und Schuldnerberatungsstellen. Nicht nur in Göteborg, sondern generell in Schweden ist in diesem Bereich *landesweit eine* aktive kommunale Verantwortungsübernahme und Trägerschaft auf einem deutlich höheren Niveau erfolgt als in Deutschland.

In dieser Untersuchung stehen nun nicht die Abschreckungsstrategien und Negativwirkungen einer restriktiven Sozialhilfepraxis im Mittelpunkt. Untersucht werden die Interventionsmuster mit einem Fokus auf institutionellen Hilfen zu Wegen aus dem Sozialhilfebezug. Bereits vorliegende Studien belegen zudem sowohl für die deutsche wie auch für die schwedische Sozialhilfe, dass und wie *administrative Filter, Zugangshürden und Schwellen* mit dazu beitragen, latente Armut möglichst nicht zur manifesten und als administrativ und politisch bekämpfte Armut in Form des Sozialhilfebezugs werden zu lassen und damit auch *nicht* erkennbar werden zu lassen.[647] Bestätigt wurde in nahezu allen in Schweden geführten Interviews, dass in Göteborg eine beträchtliche *„Dunkelziffer der Armut"* besteht, ohne dass diese von den Experten genauer beziffert werden konnte.[648] Auch insofern sind „aktivierende Strategien" einer Armutsbekämpfung gefordert, allerdings in einem anderen Verständnis als sie teilweise in Göteborg erkennbar wurden. Verfahren, in denen die Zugangshürden zur Sozialhilfe institutionell erhöht werden, können dabei als *„Negativ-Formen von Prävention"* gedeutet werden, die im Kern auf Prozesse sozialer Exklusion fokussieren. Dem gegenüber stehen *„Positiv-Formen einer Vermeidung von Sozialhilfe- und Armutskarrieren"*, die gerade vorrangig auf eine institutionelle Ermöglichung des Zugangs zu sozialen Hilfen und auf Teilhabe und damit auf soziale Inklusion ausgerichtet sind. Einen zentralen Ansatz bilden in diesem Verständnis sozialer Interventionen, die auf eine aktive Förderung des Zugangs zu personenbezogenen sozialen Dienstleistung wie etwa der Budget- und Schuldnerberatung ausgerichtet sind. Ebenso könnten andere Sozialdienste, wie etwa Suchtberatung, Familien- und Erziehungsberatung oder auch die Arbeitlosenberatung genannt werden, die hier nicht untersucht wurden. Die Schnittstellen sozialer Dienste und der Sozialhilfe, aber auch zur Bildungspolitik und zur Arbeitsmarktpolitik bilden für die Förderung und Ermöglichung dieser Zugänge und Teilhabe zentrale Kategorien in Konzeptentwicklung und Analyse. Gerade die Sozialhilfe bildet in dieser Perspektive auf die zahlreichen Schnittstellen wegen ihrer *nachrangigen Funktion* und in ihrer institutionellen Einbindung im wohlfahrtsstaatlichen Arrangement ein *variantenreiches und in den Interventionsformen extrem heterogenes System materieller und persönlicher Leistungen.* Es deutet sich auch in diesen Kontexten an, dass

---

[647] Zu den Filterprozessen und Zugangsschwellen in der deutschen Sozialhilfe vgl. den bis heute grundlegenden Beitrag von Leibfried (1976) und eher deskriptiv Scherer (1988). Für die schwedische Sozialhilfe wurden vergleichbare Prozesse aktueller von Billquist (1999) untersucht und ähnlich bestätigt.

[648] Zur „Dunkelziffer der Armut" *in Schweden* liegen lediglich ältere Befunde vor, etwa von Gustafsson (1989). Danach ist die Nichtinanspruchnahme der Sozialhilfe in Schweden im Vergleich zu anderen Ländern eher gering und deutlich unterhalb der *für Deutschland* ermittelten Werte von rd. 50 % zu verorten. Zur deutschen Debatte um die „Dunkelziffer der Armut" vgl. die Grundlagenstudie von Hartmann (1981). Auf die Notwendigkeit und auf besonderen Anforderungen einer Forschung zur Dunkelzifferproblematik weisen aktueller etwa Schönig/Ruiss (2000) hin.

sich die heutigen Formen der Sozialhilfe nicht mehr entsprechend dem Verständnis der traditionellen Armenfürsorge ein- bzw. zweidimensional mit dem Spektrum von *individueller* Hilfe *und/oder* Kontrolle analytisch erschließen lässt. Vielmehr sind die Interventionsformen *mehrdimensional zu verorten und in ihrer Dynamik* zu betrachten. Besonders die strukturellen, auf mehreren Ebenen wie auch die gruppenbezogenen Formen von mehr oder weniger gleichzeitiger Kontext- *und* Verhaltenssteuerung sind von zentraler Bedeutung für die neuere Praxis.

Als Hintergründe und Motive der in Göteborg praktizierten Strategien einer Vermeidung von Sozialhilfebezug sind nicht nur der drastische Anstieg in den Ausgaben und in der Zahl der Sozialhilfebeziehenden im Verlauf der 1990er Jahre zu sehen, sondern auch Orientierungsmuster und das Bild einer „Passivierung" und der „Abhängigkeit", die mit Sozialhilfebezug bei den Entscheidungsträgern, Konzeptentwicklern und bei Professionellen in den Sozialbüros bestehen. Entsprechende Orientierungsmuster waren auch im Präventionszusammenhang bezogen auf junge Sozialhilfebeziehende besonders ausgeprägt feststellbar.

Im Resümee ist davon auszugehen, dass in einer unbekannten Zahl von Fällen die Vermeidung von Sozialhilfebezug, sowohl verbunden mit positiven wie auch negativen Effekten gelingt. Dies ist auch die Zielsetzung von Armutsprävention. Die Variablen „Zeit" und „Handeln" sind für die Konzeption von präventiven Ansätzen zentral – oft sogar ebenso zentral oder bedeutungsvoller als die Frage der „Kosten", die für Präventionsprojekte im Bereich der *personellen* und *materiellen* Ressourcen anfallen. Grundsätzlich gilt, dass präventive Interventionsformen das Ziel und die Eigenschaft aufweisen, sich erst *im Zeitverlauf* als besonders „kostenneutral" zu erweisen. Entsprechende „Kosten-Nutzen-Analysen" sind daher möglichst auch langfristig anzulegen sind.

Einzelne Strategien in Göteborg schienen diesen Zusammenhang nicht hinreichend zu berücksichtigen und zielten eher auf kurzfristige rein materielle Einspareffekte. Sie vernachlässigten die längerfristigen sozialen, monetären und kulturellen Dimensionen, die soziale Interventionen stets mit beinhalten. Häufig bestehen zudem verschiedene Strategien auch nebeneinander oder überlagern sich, was ihre Analyse insbesondere hinsichtlich der „Effekte" erheblich erschwert. Auch im schwedischen Fachdiskurs wird die Verlaufsperspektive allgemein und in ihrer Verbindung zur Handlungsperspektive sozialer Interventionen immer noch stark vernachlässigt.[649] Die Frage nach den geeigneten Formen und Instrumenten sozia-

---

[649] In empirischen Studien, etwa von Byberg (1998) oder von Mosesson/Jönsson (1998) sowie von Billquist (1999) wie auch in Beiträgen zu den „Arbeitsmethoden" etwa von Bergmark (2000) findet sich *kein* theoretischer oder praxisbezogen entwickelter Ansatz, der die Armutsvermeidung und Strategien oder „Methoden" zur Vermeidung von Sozialhilfebezug als Ausgangspunkt wählt. Zumeist dreht sich die Fachdiskussion um Fragen der Organisation, um Aspekte der Spezialisierung und um

ler Intervention stellt sich dabei in der Sozialhilfe nicht erst mit dem *Zeitpunkt der Antragstellung,* sondern bereits deutlich früher. Der Arme ist eben nicht erst dann arm wenn er den Gang über die Schwelle des Sozialamtes wagt, sondern er ist im modernen Wohlfahrtsstaat vor allem arm, wenn er diesen Gang *nicht* wagt, oder aber ihm dieser Zugang nicht ermöglicht wird, und er ist nicht (mehr) arm, wenn ihm dieser Gang durch die Erschließung adäquater Alternativen zur Sozialhilfe möglichst frühzeitig und nachhaltig erspart bleibt.[650]

5.5.3 Erstkontakt und Zugangssteuerung bei Wegen in die Sozialhilfe

Im Kapitel zu den Organisationsstrukturen der Sozialbüros in Göteborg wurde beschrieben, dass zunächst spezielle *„Eingangs-Teams"* *(Mottagningsgruppen)* den ersten Kontakt zum Bürger in Form der Antragsaufnahme und einer ersten Beratung in den Sozialbüros der Stadtteile wahrnehmen.[651] Mit Ausnahme kleinerer Stadtteile oder Kommunen sind die Sozialbüros in Göteborg und in Schweden meist mit diesen „Eingangs-Teams" besetzt. Die Arbeitsweisen und Verfahren in diesen Teams können sich allerdings je nach Kommune, Stadtteil und Team wiederum stark voneinander unterscheiden. Den „Eingangs-Teams" organisatorisch vorgeschaltet ist in größeren Sozialbüros meist eine Rezeption, in der eingehende Anfragen geklärt, Telefonanrufe vermittelt, Termine vergeben, und auch Unterlagen wie etwa der *monatlich* einzureichende Aktualisierungsantrag *(Återansökan)* für die laufende Sozialhilfe. Über die Rezeption erfolgt auch eine erste Zugangssteuerung an die Eingangs-Teams. Im weiteren Verlauf des Sozialhilfebezugs leistet die Rezeption die Weiterleitung von Anfragen telefonischer, schriftlicher oder persönlicher Art an die spezialisierten Teams. Grundsätzlich gilt, dass persönliche Gespräche in Sozialbüros für Antragsteller oder Bezieher laufender Leistungen stets

---

die Kontakt- und Interaktionsmuster von Sozialdienst und Bürger, die wiederum kaum in einer dynamischen Perspektive gesehen werden.

[650] In Anlehnung an Simmel (1908: 371), der für die soziologische Armutsforschung bereits feststellte, dass „der Arme als soziologische Kategorie nicht durch ein bestimmtes Maß von Mangel und Entbehrung entsteht, sondern dadurch, dass er Unterstützung erhält oder sie nach sozialen Normen erhalten sollte".

[651] Wörtlich übersetzt ist unter *„mottagning"* in der deutschen Sprache eher *„Empfang"* zu verstehen, was allerdings aus deutscher Sicht bezogen auf die Sozialhilfe wenig passend erscheint. Semantisch wird in der schwedischen Sprache unter *„mottagningstid"* auch die Sprechstunde oder unter *„mottagningsrum"* etwa das Sprechzimmer eines Arztes verstanden. Dass der Begriff *„mottagning"* in Schweden im Zusammenhang mit Sozialbüros und Sozialhilfe selbstverständliche Verwendung findet, verweist auf eine gewisse Nähe im entsprechenden Verständnis der Professionalität und der Organisation zu anderen Sozialberufen. Es drückt sich auch ein Grundverständnis „Service" aus, nach dem sich die schwedische Sozialhilfe dem Anspruch nach möglichst nicht von anderen Organisationen, wie beispielsweise der staatlichen Versicherungskassen oder dem öffentlichen Gesundheitswesen unterscheiden soll.

nach vorheriger Terminabsprache erfolgen. Während diese *Terminvergabepraxis* in der schwedischen Sozialhilfe bereits seit langem Praxis ist und ein wichtiges Element der *Bedingungen einer Koproduktion* sozialer Dienstleistungen bildet, wurde sie in deutschen Sozialämtern, etwa in Bremen, erst Ende der 1990er Jahre eingeführt.[652]

Erstkontakt und Zugang zur Sozialhilfe gestalteten sich in den in Göteborg untersuchten Stadtteilen wie folgt: Nach dem Kontakt zur Rezeption, über die auch die Antragsformulare auf Sozialhilfe ausgegeben werden, erfolgt am meist telefonisch vereinbarten Termin der erste *intensivere persönliche Kontakt* im „Eingangs-Team" des Sozialbüros.[653] Nur teilweise lässt sich diese Form und die Arbeit der spezialisierten „Eingangs-Teams" in Göteborg mit den in Deutschland Ende der 1990er Jahre eingeführten Konzepten einer Erstberatung oder Eingangsberatung vergleichen.[654] Ähnlich wie in einzelnen Modellen der Spezialisierung in deutschen Sozialämtern wird im Rahmen einer „Erstberatung" zwar in Göteborg auch geklärt, ob überhaupt ein Anspruch auf Sozialhilfe besteht bzw. zu erwarten ist und ob vorrangige Alternativen bestehen und genutzt wurden, etwa Wohngeld, Leistungen der Arbeitslosenversicherung, Krankengeld oder ein Rentenantrag möglich ist usw. Auch die Meldung der Arbeitslosigkeit und die aktiven Bemühungen des Antragstellers um eine Beschäftigung werden im Erstkontakt geprüft. Sind alle vorrangigen Leistungen ausgeschöpft, wird der Sozialhilfeantrag im „Eingangs-Team" auf- bzw. angenommen und es erfolgt eine erste mündliche Aussage, ob und in welcher Höhe etwa ein Anspruch auf Sozialhilfe besteht. Teilweise ist es in den Stadtteilen aber auch üblich, dass bereits *vor* dem vereinbarten Termin vom Antragsteller der Sozialhilfeantrag ausgefüllt und über die Rezeption dem zuständigen Sozialarbeiter eingereicht wird. Für diesen sind dann ganz andere Voraussetzungen der Klärung und Prüfung der Anspruchsberechtigung gegeben. So sind in diesem Verfahren etwa völlig andere Möglichkeiten gegeben, die Daten des Antra-

---

[652] Die in Bremen im ersten Erhebungszeitraum 1991-1993 und im zweiten Erhebungszeitraum im Jahre 2000 durchgeführte Expertenbefragung und die teilnehmenden Beobachtungen bestätigten die Einführung der Terminvergabepraxis zum Ende der 1990er Jahre beispielsweise mit der Aussage: „*Terminvergabe – alle waren der Meinung, das geht gar nicht. Die Leute kannst du nicht zwingen. Die kommen und dann wollen sie ihre Rechte haben, und wenn sie nicht drankommen, dann treten sie die Tür ein. Stimmt überhaupt nicht. Es ist von Anfang 1999 (...) und schon Mitte 1999 hab ich gesagt – warum sind wir bloß nicht zehn Jahre früher darauf gekommen. (...)*" (Zit. HB-Int. 10: 624-629).Von den in Bremen befragten Mitarbeitern wurde die Terminvergabepraxis als eine „*wirkliche Modernisierung*" der Sozialhilfe bewertet, da hierdurch die zeitlichen Bedingungen für persönliche Beratung deutlich verbessert wurden, Störungen in den Gesprächen ausblieben und die noch Anfang der 1990er Jahre enorm angespannte Atmosphäre in den Bremen Sozialämtern wesentlich entspannt werden konnte. Befunde zur Teamarbeit und Terminvergabepraxis in Sozialämtern in Nordrhein-Westfalen von Freytag (2000) belegen ähnlich positive Erfahrungen.

[653] Zu Funktionen der „Eingangs-Teams" vgl. Billquist (1999), Minas/Stenberg (2000), und Behrendt (2002a und 2002b).

[654] Auch in Bremen wurde 1999 ein entsprechendes Modellprojekt zur „Optimierung der Eingangsberatung" eingeführt. Vgl. Stadt Bremen (1999d).

ges im Rahmen vernetzter EDV-Systeme durch Rückfragen bei anderen Behörden zu überprüfen und auch eine Vorbereitung auf das Erstgespräch ist dem Sozialarbeiter umfassender und systematischer möglich. Die Antragsprüfung geschieht in diesem Verfahren in den Grundzügen bereits *vor* dem persönlichen Kontakt. Die wiederum *vielfältigen Variationsmöglichkeiten* in der schwedischen Sozialhilfepraxis, wie sie bereits in der ersten Phase des Kontakts zum Bürger bestehen, werden mit den Schilderungen der Abläufe durch die befragten Experten erkennbar.

Eine zentrale Aufgabe der „Eingangs-Teams" liegt somit in der ersten grundsätzlichen Klärung und Entscheidung, ob ein Anspruch auf Sozialhilfe besteht. Darüberhinaus wird aber stärker sozialarbeiterisch als in Bremer Sozialämtern genauer geklärt, ob neben materiellen Bedarfen weitere, ggf. kumulative soziale Probleme vorliegen. Auf der Basis des ersten Gesprächs und einer ersten Diagnose bzw. Anamnese folgt schließlich eine Bewertung, ob der „Fall" im weiteren Verlauf im Rahmen der *allgemeinen Sozialhilfe-Teams* bearbeitet werden kann, oder ob er an ein *spezialisiertes Team,* etwa einem Arbeitsmarkt-Team oder einem speziellen Team der Sucht-/Drogenhilfe zu vermitteln ist. Beispielsweise wurde in Göteborg im arbeitsmarktbezogenen Projekt des Zusammenwirkens von kommunalem Sozialdienst, Arbeitsverwaltung und Versicherungskasse auch die monetäre Sozialhilfe im *„Delta-Arbetsmarknadstorget"* mit bearbeitet und ausgezahlt. Ähnlich bestanden in Stadtteilen zum Teil besondere Teams oder Projekte der Sucht-/Drogenberatung, die integrativ auch die materiellen Hilfen mit sicherstellten. Die *Hauptfunktionen* der „Eingangs-Teams" liegen somit in dieser anspruchsvollen und vielschichtigen Aufgabe der Problemdiagnose, der Zugangssteuerung sowie in der Verteilung der Anfragen und der zu bearbeitenden Problemkonstellationen an das ausdifferenzierte und spezialisierte Hilfesystem des kommunalen Sozialdienstes.[655] Ferner besteht über die kommunalen Angebote und Dienstleistungen hinausgehend eine *umfassende Informations- und Lotsenfunktion*, die sich beispielsweise auch auf vorrangige Dienstleistungsbereiche der Arbeitsvermittlung und -beratung, des Bildungssystems oder der Gesundheitsdienste usw. beziehen kann. Im Verlauf der 1990er Jahre hat diese Informations- und Lotsenfunktion aufgrund der Ausdifferenzierung der zu bearbeitenden Probleme und der erweiterten Spezialisierung sozialer Dienste an Bedeutung gewonnen.

1. Zugangssteuerung und Erstkontakt: Unterschiede in Form, Inhalt und in den Zeitmustern einer „aktivierenden Beratung"

Im Unterschied zu den Konzepten einer spezialisierten Eingangsberatung oder einer „Zugangssteuerung" in *deutschen Sozialämtern und Job-Center,* die auch in der

---

[655] Billquist (1999: 107) beschreibt die Hauptfunktion der „mottagningsgruppen" als „Sorteringsfunktion".

Bremen Sozialhilfe modellhaft eingeführt wurden,[656] lag in Göteborg der Schwerpunkt in der Arbeit der „Eingangs-Teams" weniger in einer systematischen und sofortigen gezielten Klärung von Handlungsressourcen und verlaufsbezogenen Diagnosen zu Beginn des Sozialhilfebezugs, sondern die Hauptfunktion der „Eingangs-Teams" in Göteborg lag in ihrer Vorarbeit zur Entscheidung über den Sozialhilfeantrag und in einer Verteilungsfunktion. Im Kontext der Schilderungen zur Praxis der „Eingangs-Teams" kamen in Göteborg beispielsweise biografisch ausgerichtete Problemanalysen, Prognosen und entsprechend auf die Handlungsressourcen der Antragsteller ausgerichtete Formen sozialer Beratung *nicht* so deutlich zum Ausdruck. Im Verlauf des Sozialhilfebezugs waren diese Elemente zeitlich dort erst später angeordnet und wurden von den Teams geleistet, an die der „Fall" von den „Eingangs-Teams" nach dem Erstkontakt vermittelt wurde. Der eigentliche Prozess einer „aktivierenden" Beratung mit dem Fokus auf eine möglichst schnelle und aktive Erschließung und Förderung von Wegen *aus* dem Sozialhilfebezug setzte demnach in Göteborg erst nach dem Kontakt zum „Eingangs-Team" ein und erfolgte häufig auch in den spezialisierten arbeitsmarktbezogenen Teams.

Im Kontrast zu Bremen und Deutschland, wo neuere Ansätze unmittelbar mit dem Antrag auf Sozialhilfe/Grundsicherung sofort auch eine „Aktivierung" und Integration möglichst in vorrangige Leistungsbereiche des Wohlfahrtsstaates bzw. in den ersten Arbeitsmarkt vorsehen, zeigte die Fallstudie Göteborg gerade im Verlaufs- und Handlungsbezug sozialer Interventionen durchaus noch bisher „ungenutzte Rationalisierungs- und Optimierungsreserven" in den Abläufen und in der Steuerung von Hilfe- und Beratungsprozessen, die auf eine Aktivierung von Ressourcen und auf Wege aus dem Sozialhilfebezug ausgerichtet sind.

Betrachtet man neben den Funktionen und Inhalten auch die *Dauer des Erstgesprächs* in Göteborger Sozialbüros, so zeigten sich kaum Unterschiede im Vergleich zu Sozialämtern in Bremen. Dies galt jedenfalls, soweit in Bremen auch mit der Praxis der Terminvereinbarung für die Erstanträge gearbeitet wurde. Von den Befragten in Göteborg wurde beschrieben, dass die Erstkontakte gewöhnlich 45 Min. bis 60 Minuten dauern und eine umfassende Klärung der aktuellen Lebens- und Einkommenssituation und eine erste Beratung beinhalten. Nicht ausschließlich die Klärung rein materieller Probleme stehe dabei im Vordergrund, sondern in dem

---

[656] In der Bremer Erhebung wurde ein Konzept der Erstberatung als erst in den Anfängen stehend beschrieben. Sowohl bezüglich einer gezielten Eingangsberatung wie auch hinsichtlich eines „aktivierenden Fallmanagements" bestanden bei den befragten Fachkräften in Bremen hohe Erwartungen dahingegend, dass dadurch die Kontakt- und Beratungsmuster zum Bürger verbessert werden könnten.

Gespräch würden auch weitere soziale Probleme mit erfasst.[657] Beschrieben wurden die Inhalte der Erstgespräche beispielsweise folgendermaßen:

> *„Ich denke, dass das sehr viel Beratung ist – sowohl am Telefon und auch, wenn die Person hier ist. Es sind sehr sehr viele Fragen, die da umzu eine Rolle spielen – zum Teil die wirtschaftliche Situation, und zum Teil auch vieles anderes. Da geht es um das, was die Gesellschaft anbieten kann und welche Möglichkeiten es gibt und so. Da denken wir, dass das wichtig zu klären ist (...), wenn es um den ersten Kontakt geht. So 45 Minuten, eine Stunde, dauert es, wenn man einen grundlegenden Neuantrag bearbeitet."* (Int. 25: 492-506)

Durchgängig war in den Aussagen der befragten Experten in Göteborg zu Formen und Inhalten der Erstgespräche ein im oben beschriebenen Sinne sehr weit gefasstes *auf die Lebenslage bezogenes Arbeits- und Beratungsverständnis* erkennbar. Nur in einem derart weit gefassten Verständnis der Problemlagen könne dem im Sozialdienstgesetz verankerten normativen Grundsatz der Ganzheitlichkeit *(Helhetssysn)* im Erstkontakt entsprochen werden, so in aller Regel die Begründung der Experten. Ferner lasse sich auch nur in diesem auf die gesamte Lebenslage bezogenen „ganzheitlichen" Ansatz eine präzise weitere Verteilung und Vermittlung der Sozialhilfebeziehenden an die spezialisierten Teams oder Projekte vornehmen, so ein weiteres Argument für das eher sozialarbeiterische Vorgehen.

Wenn auch offenbar weniger konsequent und zeitlich nicht unmittelbar auf den Erstkontakt bezogen, so galt dennoch auch in Göteborg der Grundsatz, möglichst im Erstkontakt das gesamte Spektrum vorrangiger materieller Sozialleistungen und sonstiger sozialpolitischer Möglichkeiten und Angebote daraufhin zu überprüfen, ob diese nicht zur Abwendung des beantragten Sozialhilfebezugs nutzbar sind. Um die beschriebenen fachlich komplexen und hohen Anforderungen bewältigen zu können, wurden nach Aussagen mehrerer leitender Experten für die „Eingangs-Teams" in Göteborg möglichst erfahrene und kompetente Sozialarbeiter ausgewählt, die bereits mit der Organisation und den vielfältigen Kriterien für die jeweiligen Zuweisungen und Vermittlungen vertraut sind.

Insbesondere in diesen *innerorganisatorischen Spezialisierungen und Differenzierungen* der Sozialhilfe in Göteborg wie auch andernorts in Schweden ist ein wesentlicher Unterschied zur Sozialhilfe in Bremen oder auch generell zur Sozialhilfe und ihrer

---

[657] Diese Praxis fand auch in den explorativ durchgeführten teilnehmenden Beobachtungen sowohl in Göteborg als auch in Malmö eine empirische Bestätigung. In *Bremen* ließ sich im Rahmen der teilnehmenden Beobachtungen feststellen, dass die Erstkontakte in der regulären Sachbearbeitung der Sozialhilfe, also noch vor Einführung des „aktivierenden Fallmanagements" meist kürzer als 45 Minuten dauerten und ganz überwiegend auf die Klärung der materiellen Einkommens- und Vermögenssituation ausgerichtet waren. Eine umfassende auf mögliche weitere soziale oder individuelle Probleme bezogene Analyse erfolgte in aller Regel nicht und auch das Beratungsverständnis war im Kern eher formal auf die Mitwirkungspflichten und auf die materielle Ebene meist sehr direkt zum Sozialhilfeantrag bezogen. Insofern zeigten sich deutliche Unterschiede im sozialberuflichen Arbeitsverständnis und in der Beratungspraxis.

Organisation in Deutschland zu sehen. Das schwedische System scheint dabei bis hinein in den Bereich *innerhalb der Organisation* des Sozialdienstes und des Aufgabenfeldes der Sozialhilfe stärker einer *selektiv ausgerichteten Logik und Praxis* zu folgen als das in der deutschen Sozialhilfe gilt. Diese ist rechtlich, verwaltungs- und verfahrensmäßig sowie in den sozialberuflichen Handlungsmustern stärker standardisiert und generalisiert als die schwedische Sozialhilfe. Während für das deutsche System die Stärken in der Bearbeitung einfacher und vorwiegend materieller Probleme zu erwarten sind, dürfte das schwedische System aufgrund des stärker integrativ ausgerichteten Ansatzes und im Verständnis einer auf die gesamte Lebenslage bezogenen „ganzheitlichen" Beratung und Intervention die Stärken eher im Bereich der Bearbeitung komplexer immaterieller und materieller Probleme aufweisen. Zugleich kann das schwedische System aber in der Bearbeitung einfacher, rein materieller Probleme auch als „sozialarbeiterisch überfrachtet" gelten.

2. Möglichkeiten und Grenzen einer „ganzheitlich" orientierten und zugleich spezialisierten Zugangssteuerung

Auch wenn in Göteborg mit dem Einsatz besonders erfahrenen Personals und innerorganisatorisch Vorkehrungen getroffen wurden, eine mögliche „Fehlsteuerung" im Rahmen der „Eingangs-Teams" nach dem Erstkontakt in der Zuweisung und Vermittlung der Sozialhilfebeziehenden an die spezialisierten Teams und Projekte zu vermeiden, wurde in den geführten Interviews häufiger berichtet, dass es *„leider fehlerhafte Terminvergaben und Vermittlungen"* gebe. Von Sozialarbeitern in verschiedenen Stadtteilen wurde berichtet, dass die erste Problemdiagnose entweder unzutreffend sein könne oder wesentliche Problembereiche in Erstgesprächen der „Eingangs-Teams" in der Kürze der Zeit nicht erkannt oder erfasst werden können, etwa Suchtprobleme, Krankheit oder psychosoziale Probleme. Von Mitarbeitern im arbeitsmarktbezogenen Projekt *„DELTA-Arbetsmarknadstorget"* wurde berichtet, dass sich öfters erst *nach* einer Zuweisung an diese Arbeitsmarkt-Teams neben der Arbeitslosigkeit noch weitere Probleme wie Sucht und Krankheit feststellen ließen. Aufmerksam werde man auf diese Probleme oft erst dann, wenn sich zeige, dass sie einer Vermittlung in Erwerbsarbeit entgegenstehen. Dies könne in Einzelfällen auch erst Wochen oder Monate nach dem Erstkontakt sein.

In der Konsequenz bedeuteten Fehlsteuerungen dieser Art, dass Sozialhilfebeziehenden, die erst im Verlauf des Bezugs in den Arbeitsmarkt-Teams dann doch als *„nicht job-ready"* kategorisiert wurden, dann entweder an die *allgemeinen* Sozialbüros oder an andere, eben auf Probleme wie Sucht und Krankheit spezialisierte Teams, zurückvermittelt wurden (Int. 14: 93-96, Int. 23: 332-341). Diese innerorganisatorische Vermittlungs- und Verweisungspraxis und die damit verbundenen Kriterien sind für Sozialhilfebeziehende selbst entweder gar nicht oder allenfalls teilweise nachvollziehbar. Den Bürgern bleibt die Organisation der Sozialbüros,

548

sowie der im Verlauf der 1990er Jahre eingerichteten Projekte vermutlich weitgehend intransparent. Vor allem bei unklar zu definierenden oder bei multiplen Problemlagen im Verlauf des Sozialhilfebezugs kommt es somit zu Kontakten mit *mehrfach wechselnden Zuständigkeiten und Ansprechpartnern* im Sozialdienst. Nach den Expertenberichten geraten Bürger teilweise in einen *„sozialdienst-internen Rundgang"* durch eine hochspezialisierte Organisation in Form ausdifferenzierter interner und externer organisatorischer Einheiten und Projekte. Damit verbunden ist das Risiko, dass die notwendigen materiellen und/oder immateriellen Hilfen an *keiner* Stelle koordiniert und vollständig geleistet werden, sondern neben der reinen, jedoch anforderungsreichen Vermittlungs- und Verweisungsleistung immer nur segmentierte Teilleistungen erbracht werden.

Es mangelt in diesen Fällen entsprechend an einer Abstimmung sozialer Interventionen in ihren Formen, in ihren Problembezügen, in ihrem „Timing" und in ihren möglichst präzise zu koordinierenden Abfolgen zwischen verschiedensten Teams und Projekten. Während diese Probleme *in Göteborg* bereits *innerorganisatorisch* für Sozialhilfe und Sozialdienst der Kommune erkennbar wurden, traten sie *in Bremen* aufgrund der Trägervielfalt sozialer Dienste vor allem auch in den *organisationsexternen* Bezügen und Kooperationen, insbesondere in Kontakten von städtischer Sozialverwaltung und den Trägern der freien Wohlfahrtspflege auf.

Die Grenzen einer Spezialisierung und damit verbundene Risiken einer mangelnden Effizienz und Effektivität in Form des mehrfachen administrativen Ressourceneinsatzes bzw. in Form von Mehrfachberatungen und -betreuung während des „Rundgangs" im Sozialdienst wurden in Göteborg von Befragten zum Teil sehr anschaulich beschrieben. Dies lässt darauf schließen, dass es sich bei den genannten Defiziten um ein verbreitetes und wirklich gravierendes aktuelles Problem innerhalb der Organisation des Sozialdienstes handelte. Für Göteborg wurde beispielsweise folgendes berichtet:

> *„Das ist manchmal so, dass ein Klient hier in dem Stuhl sitzt, und wo man weiß, dass das nicht gut war, dass er hier gelandet ist. Aber es ist dann so. Das ist schwer, den Fall dann an jemand anderen zu übergeben, wenn man da schon einmal in etwas eingestiegen ist. Dann dem auch zu sagen: „Jetzt wechseln wir und nun musst Du jemanden anderes treffen, der völlig neu für Dich ist, und da musst Du alles dann noch einmal berichten." Das ist besonders schwer."* (Int. 22: 246-251, ähnlich Int. 24: 614-616)

Die Organisationsformen und Interventionsmuster in einem nach den Merkmalen funktionaler Differenzierung ausgestalteten Sozialdienst zeigen *doppelte Anforderungen*:[658] Einerseits Anforderungen einer enormen *Differenzierung*, die sich aus den vielfältig institutionell zu bearbeitenden Problemen im nachrangigen System der

---

[658] Zur funktionalen Differenzierung im Zusammenhang mit der historischen Entwicklung sozialer Dienste vgl. Luhmann (1973).

Sozialhilfe typischerweise ergeben. Ebenso Anforderungen einer *Koordination*, um diese vielfältigen Probleme und Bedarfe der Bürger möglichst zutreffend definieren und im Rahmen sozialer Interventionen bearbeiten zu können. Das Kernproblem für die Ausgestaltung sozialer Interventionen wie auch für die Steuerung solcher Prozesse liegt darin, dass die Anforderungen einer Koordination in der Problembearbeitung zugleich der geforderten Logik einer Differenzierung widersprechen.[659] Formen der Differenzierung sind allerdings aufgrund der Problemvielfalt im Aufgabenfeld der Sozialhilfe notwendig, es sei denn bestimmte standardisierbare Aufgabenfelder, etwa die *materielle* Absicherung bestimmte Gruppen wie Arbeitslose, Ältere, Einwanderer, Studierende Kinder usw. würden rechtlich, organisational und professional vollständig aus dem Bereich der Sozialhilfe herausgelöst und etwa über das vorrangige Sozialleistungssystem oder über besondere, ggf. neu einzurichtende Leistungssysteme weitgehend standardisiert erbracht.

Die Muster und Formen sozialer Interventionen in der Sozialhilfe erwiesen sich auch diesen *theoretischen* Befunden entsprechend in Göteborg als variantenreich und in einem sehr breiten Spektrum. Einerseits folgen sie dem *normativ, rechtlich,* und *professional* in den sozialberuflichen Handlungsformen hoch bewerteten Postulat der „Ganzheitlichkeit" *(Helhetssyn)* in der Problemdefinition und Problembearbeitung und in den entwickelten Mustern der Koordination und Abstimmung der sozialen Hilfen. Zugleich folgen sie *organisational* und *interaktional* in der Bearbeitung bestimmter sozialer Probleme, insbesondere der Massenarbeitslosigkeit durch eine hochspezialisierte Organisationsform einer Logik der Differenzierung, nach der in den 1990er Jahren besondere Projekte und Teams eingerichtet wurden. In diesen Entwicklungen werden nicht nur die Grenzen eines hochspezialisierten Ansatzes der im Rahmen der Sozialhilfe in Göteborg entwickelten „Eingangsberatung" und der Formen der „Zugangssteuerung", sondern *generelle Grenzen einer Spezialisierung im Leistungssystem der Sozialhilfe* erkennbar. Von den Befragten wurden diese Probleme eher „intuitiv" erkannt und als Defizite in den Organisationsformen und der Institution Sozialhilfe definiert. Nur vereinzelt kam eine Sichtweise zum Ausdruck, in der die genannten Probleme, die stets auf die Bedingungen der „Koproduktion" in der Erbringung sozialer Dienste verweisen, *extern* verortet und den Bürgern zugeschrieben wurden. In Göteborg bildeten diese Externalisierungen verwaltungsinterner Probleme die absolute Ausnahme. Nur vereizelt wurde berichtet:

> *„Leider sind es manchmal zwei Sachbearbeiter, zwischen denen die Person wechseln muss. Aber es ist eigentlich die Person selbst, die mehr berichten müsste, mehr Informationen geben müsste, damit sie am richtigen Platz landet. Manchmal denken sie nur an die wirtschaftliche Hilfe, so dass sie nichts erzählen wollen. Die wollen nur ihre Hilfe in diesem wirtschaftlichen Bereich und alles weitere erzählen sie nicht. "* (Int. 23: 364-394)

---

[659] Die konfligierenden Prozesse von Koordination einerseits und der Logik der Differenzierung andererseits werden vor allem von Willke (1995: 104) theoretisch behandelt.

Die Aussage belegt wiederum einerseits den *normativ* und *sozialberuflich* stark ausgeprägten Ansatz und Anspruch einer auf die gesamte Lebenslage bezogenen und „ganzheitlichen" Problemdiagnose und beschreibt damit auch eine umfassend auf die Problembearbeitung ausgerichtete Sozialhilfepraxis. Zugleich wird aber auch das Risiko einer sozialarbeiterischen Überfrachtung und einer Verallgemeinerung des „ganzheitlichen" Interventionsverständnisses erkennbar. Rahmende Probleme oder psychosoziale Probleme, die die relativ einfachen materiellen Problemlagen, die den empirischen Befunden nach ganz überwiegend von Sozialhilfe zu bearbeiten sind, begleiten, können institutionell und vor allem sozialberuflich in ihrer Bedeutung auch überbewertet werden.

Angedeutet ist ferner die Frage, ob und inwieweit in den institutionellen Rahmenbedingungen und auch in den oben beschriebenen sozialberuflich definierten Anforderungen und Erwartungen von Vertrauen und offener Problembeschreibung die Bedingungen *einer „Koproduktion"* in der Zeit- und in der Handlungsperspektive, sowie rechtlich mit der Behördenfunktion in der Sozialhilfe überhaupt gegeben sind bzw. möglich sind. Eine gelungene Koproduktion sozialer Dienstleistungen und wirksame soziale Interventionen können sich in der Sozialhilfe jedoch sowohl darin erschöpfen, rein *monetäre Transferleistungen* in möglichst effektiver Weise einseitig und standardisiert zu erbringen bzw. diese in bestimmten (Lebens)Phasen auch passiv zu beziehen, als auch umfassende *persönliche Hilfen* und *pädagogische Interventionen* zu ermöglichen und möglichst dialogisch oder symmetrisch zu leisten. Beide Varianten einer Koproduktion sind – abhängig von den vielfältigen Problemlösungsbezügen der Sozialhilfe – möglich, wobei pädagogische Interventionen weitergehende Standards und Rahmenbedingungen für eine Koproduktion voraussetzen.[660]

3. Eingangsberatung und Zugangssteuerung in einer Verlaufsperspektive – Skizze eines alternativen Modells

Trotz der in den Interviewanalysen deutlich gewordenen Probleme einer Zugangssteuerung in der Sozialhilfe, die mit der enormen Ausdifferenzierung der Organisation und der sozialberuflichen Spezialisierung einhergehen, wurde die jetzige Organisationsform mit den beschriebenen spezialisierten Teams, Projekten und den Formen der „Erstberatung" von den Befragten in Göteborg ganz überwiegend positiv bewertet. Diese subjektiv positiven Bewertungen der Experten bezogen sich vor allem auf Einschätzungen zur Effektivität und zur Qualität der zu erbrin-

---

[660] Aus sozialwissenschaftlicher Perspektive sei in diesen Zusammenhängen darauf hingewiesen, dass nach den theoretischen Befunden von Willke (1999: 88) wirksame Interventionsstrategien *nicht* aus der Sicht des Beobachters bzw. des Intervenierenden, sondern aus der Sicht des Systems, also der Lebens- und Handlungszusammenhänge der Sozialhilfebeziehenden entworfen und implementiert werden müssen, wenn die Interventionen „gelingen" sollen.

genden Leistungen. Auch die institutionellen und organisatorischen Arrangements, wie sie im Rahmen von Neuorganisationen Ende der 1990er Jahre entwickelt wurden, fanden weitgehend positive Bewertungen. Insbesondere die spezialisierten Projekte wie das Modellprojekt *„DELTA-Arbetsmarknadstorget"* oder *„FRISAM-Projekte"*, die jeweils im Konzept des intensivierten Zusammenwirkens der Akteure *(Samverkan)* zentrale Aufgaben der Koordination von Leistungsprozessen bezogen auf die Arbeitsberatung und -vermittlung erfüllten und damit erkennbare Funktionen einer Entdifferenzierung übernahmen, wurden von den befragten Experten positiv bewertet.

Die Projekte des verbesserten Zusammenwirkens *(Samverkan)* und die dadurch entwickelten neuen Verbindungen von Differenzierung und Koordination bzw. von Spezialisten und Generalisten wurden sowohl in den traditionellen Sozialbüros wie auch bei den Befragten des „DELTA-Projekts" und der „FRISAM-Projekte" im Vergleich zu den früheren Organisationsformen als wesentlich vorteilhafter angesehen. Die „Eingangs-Teams" in den Sozialbüros wurden von diesen organisatorischen Veränderungen insofern berührt, als ihre Aufgaben der Zugangssteuerung und ihre Vermittlungs- und Verteilungsfunktionen Ende der 1990er Jahre mit den neu eingerichteten Projekte des *„Samverkan"* zusätzlich erweitert wurden. Auch durch die Neuorganisation und die erweiterte Vermittlung der Antragsteller in die verschiedensten Teams und Projekte ist nach den Erfahrungen der befragten Sozialarbeiter in der Bearbeitung der Probleme für die traditionellen Sozialämter/-büros insgesamt eine Entlastung zu verzeichnen. So sei etwa die Bearbeitung von Neuanträgen und die Entscheidungen hierüber seit Ende der 1990er Jahre nach den Neuorganisationen und mit neuen Projekten heute schneller möglich als noch Anfang der 1990er Jahre. Meist könne innerhalb von wenigen Tagen bis zu maximal zwei Wochen die Entscheidung der „Eingangs-Teams" über einen Antrag auf Sozialhilfe erfolgen. Auch Termine für intensive Beratungskontakte wären in den Teams innerhalb von zwei Wochen zu vergeben. Mitte der 1990er Jahre betrug die Wartezeit für einen intensiven Beratungskontakt zum Teil zwei bis drei Monate. (Int. 14: 102-121) Positiveffekte, die zum Teil der veränderten Organisationsstruktur und den neuen Projekten des verbesserten Zusammenwirkens zugeschrieben wurden, sind allerdings auch im Zusammenhang mit den Positiveffekten für die Sozialhilfe infolge günstiger Wirtschafts- und Arbeitsmarktlage ab Mitte der 1990er Jahre zu sehen. Ob und inwieweit welche Effekte nun welchen strukturellen und organisatorischen Veränderungen zuzuschreiben sind, ist empirisch gesichert nicht genauer zu sagen.

In Göteborg wurde für die „Zugangssteuerung" einerseits die genaue Differenzierung nach zu bearbeitenden Problemlagen und die Strategie einer entsprechenden sozialberuflichen und organisatorischen Spezialisierung auch weiterhin für sinnvoll erachtet. Parallel zur Spezialisierung sind seit Ende der 1990er Jahre auch starke Bemühungen erkennbar, das den meisten Experten ebenso wichtige Modell einer möglichst integrativ ausgerichteten Organisation der Sozialdienste zu erhalten und weiter zu entwickeln. Die Problemlagen der Betroffenen sollen nicht spezialisiert und segmentiert wahrgenommen, beurteilt und bearbeitet werden, sondern weiterhin auch „ganzheitlich". Spezialistentum und Generalistentum schließen sich nach den Erfahrungen der Experten demnach nicht aus, sondern es bedarf entwickelter und möglichst transparenter Kategoriensysteme zu den zu bearbeitenden Problemen und sehr differenzierter Formen der Kooperation und Koproduktion zwischen allen Beteiligten im Leistungserbringungsprozess.

Um die erkennbaren Probleme des „Rundgangs" und Effekte einer negativen Selektion und sozialen Ausgrenzung nicht nur in der Zugangssteuerung, sondern generell verbunden mit der Differenzierung und Spezialisierung innerhalb der Organisation der Sozialbüros zu begrenzen, wurden Instrumente und Handlungsformen beschrieben, die noch genauer die Verlaufs- und Handlungsperspektive für die Ausgestaltung der Organisation und sozialer Interventionen beinhalteten. In der Handlungsperspektive der Sozialarbeit wurden von Befragten beispielsweise das Instrument *frühzeitiger Fallkonferenzen (Trepartsamtal)* und andere Verfahren zur genaueren Abstimmung zwischen den spezialisierten Abteilungen und Teams beschrieben. Genannt wurden auch *spezielle Kategorienschemata*, die bezogen auf Arbeitslose etwa nach Altersgruppen oder nach Problemtypen oder -konstellationen unterschieden. So können frühzeitige Fallkonferenzen, verbunden mit Kategorienschemata, die für alle beteiligten Akteure und Teilorganisationen möglichst transparent und in den Kriterien nachvollziehbare sein müssen, neben den bisherigen organisatorischen Veränderungen wichtige Instrumente sein, um die beschriebenen Probleme, etwa des „Rundganges" zumindest teilweise zu lösen. Auf diese Ansätze wird noch genauer eingegangen.

Im Ergebnis ist bezogen auf die Formen und Muster einer „Zugangssteuerung" in Göteborg vor allem festzustellen, dass sich in den Dokumenten und Aussagen der Experteninterviews zwar ansatzweise Organisationsmodelle oder Verteilungs- und Zuweisungsverfahren fanden, nach denen soziale Interventionen und ihre Steuerung explizit von der *Zeit-/Verlaufsperspektive verbunden mit einer Handlungsperspektive* her „gedacht", konzipiert und organisiert werden. Die beschriebenen Instrumente und Verfahren waren allerdings nicht soweit entwickelt, dass sie den unterschiedlichsten Bedarfen im Zeitverlauf, den „Klientenströmen" und typischen Verlaufsmustern des Sozialhilfebezugs entsprechend angepasst waren. Denkbar ist eine sehr viel direkter organisierte verlaufsbezogene und prozessual konzipierte Systematik und Kategorisierung der eingehenden Anfragen und Anträge durch die „Eingangs-Teams" und/oder in den spezialisierten Teams. Beispielsweisen können systematische Prognoseverfahren in solchen Konzepten ein wichtiges Instrument bilden, auf die im Anschluss an eine Skizze zu einer an Verlaufsmuster ausgerichtete Organisationsform genauer eingegangen wird.

In einer nach typischen Verlaufsmustern des Sozialhilfebezugs und ebenso handlungsbezogen nach typischen Bedarfslagen ausgerichteten Organisationsform könnte explizit ausgehend von der einfachen Unterscheidung zwischen *Kurzzeitbezug* und *Langzeitbezug* und/oder *Dauerbezug* sowie ergänzt um eine Kategorie *„Bezugsdauer nicht prognostizierbar"* im Rahmen der Erstkontakte eine Vermittlung an die jeweiligen Fachteams und Projekte erfolgen. Bei einem prognostizierbaren Kurzzeitbezug von beispielsweise bis zu sechs Monaten ist in aller Regel lediglich die *monetäre Transferleistung* im Rahmen der Sozialhilfe zu leisten und weitergehende personenbezogene und pädagogische Interventionsformen erübrigen sich. Es bedarf nach einer solchen Problemanalyse und Prognose im Grunde auch *keiner* sozialarbeiterischen Qualifikation und entsprechender Ressourcen, um die primär materiellen Bedarfe des Kurzzeitbezuges im weiteren Verlauf zu decken, sondern dies wäre im Rahmen einfachster Verwaltungstätigkeiten und Zahlbarmachung der Sozialhilfe zu leisten. Möglicherweise erübrigt sich bei prognostizierbarem Kurzzeitbezug auch das in Göteborg und häufig in Schweden vorzufindende aufwendige Verfahren eines monatlichen Aktualisierungsantrages *(Återansökan)* für die Sozialhilfezahlung. Die bisher hierauf verwendeten personellen und materiellen Ressourcen könnten zur Bearbeitung gravierender Problemlagen freigesetzt und entsprechend „effektiver" genutzt werden.

Die Konzentration der Ressourcen könnte sich in einer an Verlaufsmuster und Bedarfslagen orientierten Organisation in veränderter Weise als bisher dann auf typische Fälle des *Langzeitbezugs* in der Sozialhilfe richten, die wiederum in der Frage nach einfachen, rein monetären Transferleistungen, etwa bei Älteren oder Erwerbsunfähigen zu unterscheiden wären. Fälle des Langzeitbezugs verbunden mit multiplen und komplexen Problemlagen wären dann im Rahmen wirklich spezialisierter Interventionen an entsprechende Fachteams der Sozialarbeit/Sozialpädagogik zu vermitteln und in diesem Rahmen „ganzheitlich" in den Problemen zu bearbeiten.

Eine Fokussierung der Organisation und der Ressourcen auf die institutionelle Risikobearbeitung des Langzeitbezugs und multipler sozialer Problemlagen bildet eine völlig andere Organisationsstruktur als die bisher fast ausschließlich an typische Ursachen und an typische Empfängergruppen wie Arbeitslose, Einwanderer, Suchtkranke usw. ausgerichteten Formen spezialisierter Interventionen. Zugleich würde mit einer verlaufsbezogenen Organisation des Sozialdienstes – weitaus differenzierter als bisher – und gleichzeitig in hohem Maße dem auf Lebenslagen bezogenen „ganzheitlichen" Verständnis der Sozialarbeit, wie es im schwedischen Sozialdienstgesetz normiert ist, weiterhin entsprochen.

Im Gegensatz zu dem hier kurz skizzierten verlaufsbezogen und bedarfsorientiert ausgerichteten Steuerungssystem, das stärker die *kontextualen* und *prozessualen* sowie *biografisch geprägten Ursachengefüge und vor allem die Zukunftsperspektiven des Sozialhilfebezugs* berücksichtigt, war jedoch in Göteborg eher ein Steuerungs- und Interventionsmodell erkennbar, das vorrangig *gruppenbezogen* und *selektiv* an Handlungsweisen, Mitwirkungspflichten und am individuellen Verhalten der Sozialhilfebeziehenden ausgerichtet schien. Im Verlauf der 1990er Jahre wurde dabei ferner eine *arbeitsmarktpolitische Orientierung* immer stärker bestimmend für die Organisation der Sozialhilfe, weitgehend unabhängig von zeitlichen Verlaufsmustern des Sozialhilfebezugs. Zugleich war das System einer Zugangssteuerung in Göteborg stärker noch als in Bremen *nach Altersstufen* differenziert und hiervon ausgehend über die Einrichtung besonderer Teams wiederum altersgruppenspezifisch verhaltensbezogen spezialisiert. Die Unterscheidung in Teams für junge Arbeitslose (18 bis 24jährige) und Teams für erwachsene Arbeitslose (ab 25jährige) belegen diese Organisationsprinzipien. Typische Verlaufsmuster und die Frage nach möglicherweise multiplen Bedarfslagen spielen in diesen alters- und arbeitsmarktbezogenen Kategorisierungen keine Rolle. Langzeitbezug kann sowohl bei jüngeren Arbeitslosen, Nicht-Arbeitslosen wie auch bei älteren Arbeitslosen und Nicht-Arbeitslosen verbunden mit einfachen monetären Bedarfen wie auch verbunden mit multiplen Problemlagen auftreten. Allenfalls indirekt wurde über die Rechtsvorschriften der „*Utvecklingsgaranti*", also der Entwicklungs-/Beschäftigungsgarantie für Jugendliche, in den entsprechenden Programmen eine zeitbezogene Kategorisierung „*Kurzzeitbezug*" vorgenommen, in der junge Arbeitslose nach spätestens drei Monaten, und dann möglichst innerhalb von zehn Tagen einen Platz in einer arbeitsmarktpolitischen Maßnahme, eine Ausbildungsstelle oder ein Praktikum erhalten sollten. Erkennbar wurde aber zugleich, dass der Sozialhilfebezug mit Einsetzen dieser Maßnahmen nicht zwingend beendet wurde, sondern entweder parallel zu der Maßnahmen weiterhin in Form der Sozialhilfe oder begrifflich als Ausbildungshilfe *(„Utvecklingsbidrag")* erfolgte, oder als episodenhafter bzw. diskontinuierlicher Bezug nach Abschluss der Maßnahme erneut auftrat. Genau betrachtet lag in vielen dieser Fälle im Grunde doch ein „*Langzeitbezug*" vor, der statistisch, programmatisch und in der organisatorischen Bearbeitung jedoch nicht immer als solcher ausgewiesen wurde. Auch dieses Beispiel veranschaulicht, dass verlaufsbezogene Kategorienschemata gewisse Vorteile in der Frage möglichst effektiver und nachhaltiger Problembearbeitung und Ressourcennutzung für die Organisation der Sozialhilfe und sozialer Dienste beinhalten können.

Mit diesem eher kritischen Resümee und skizzierten Folgerungen zur Praxis der „Eingangs-Teams" und einer „Zugangssteuerung" sowie zu Problemen der Spezialisierung und Selektion in der Sozialhilfe in Göteborg soll zur Klärung der Frage angeregt werden, ob Formen einer *zeit- und verlaufsbezogenen Kategorisierung und*

Spezialisierung eher dem Anspruch möglichst integrativ gestalteter Organisationsformen und einer *„ganzheitlich"* – und damit *auf die Lebenslagen und Lebensläufe bezogenen* institutionellen Risikobearbeitung entsprechen als das bei den bisherigen Modellen in Göteborg oder auch in Bremen erkennbar war.[661] Die skizzierten Zielsetzung und Ansprüche sind vor allem dann von Bedeutung, wenn die Anforderungen an die Sozialhilfe als soziale Intervention über die rein monetäre Transferleistung hinausgehen und personenbezogene soziale Dienstleistungen wie Beratung,
Begleitung und Betreuung bei multiplen sozialen Problemen zu erbringen sind.

Im Rahmen weiterer und genauerer Forschungen wäre zu klären, ob eine Differenzierung sozialer Interventionen in verlaufs- und bedarfsbezogener Perspektive
somit nicht eher geeignet scheint, den häufig formulierten Zielsetzungen einer
„schnellen" und möglichst „passgenauen" Hilfe zu Wegen aus dem Sozialhilfebezug zu entsprechen als das die bisher vor allem an einzelnen Ursachen, an bestimmten Gruppenmerkmalen, an Altersstufen und an individuelles Verhalten
ausgerichtete Differenzierungen in der Organisation des Sozialdienstes und der
Sozialhilfe ermöglichen. Diese Fragen stellen sich sowohl im deutschen wie auch
im schwedischen Wohlfahrtsstaat.

5.5.4 Prognosen im Erstkontakt – ein Steuerungsinstrument von Wegen in, durch und aus der Sozialhilfe?

In Schweden findet sich eine seit vielen Jahren zum Teil intensiv geführte Fachdebatte um die angemessenen „Methoden" und Instrumente in der Sozialhilfe. In
diesem Methodendiskurs geht es seit Mitte der 1990er Jahre darum, die Wege in,
durch und vor allem aus dem Sozialhilfebezug einerseits bedarfs- und
klientenbezogen und zugleich aktiver als noch in den 1980er Jahren zu gestalten.[662]
So wurde auch von befragten Beschäftigten in Göteborg in verschiedensten Zusammenhängen besonders betont, dass es ihnen hinsichtlich der sozialen Intervention bei bestimmten Klientengruppen und Problemlagen an geeigneten Methoden
und Instrumenten fehle. In diesem Diskussionszusammenhang wurde daher genauer untersucht, ob das verlaufsbezogene und biografisch ausgerichtete Instrument der Prognose im Rahmen der Erstkontakte – aber auch im weiteren Verlauf

---

[661] Solche Organisationsformen und Spezialisierungen in Sozialbüros, in denen in einer „Eingangsberatung" etwa nach prognostizierbaren Bezugsdauern die Antragsteller an entsprechende „Spezial-
Teams" weiter vermittelt werden, sind andernorts in schwedischen Kommunen in Ansätzen offenbar
eingeführt. So stellen Mosesson/Jönsson (1998: 49) auf der Basis ihrer Untersuchungen entsprechende Differenzierungen nach Bezugsdauern in der Organisation der Sozialbüros für die Stadt Helsingborg vor.

[662] Zum Methodendiskurs Mosesson/Jönsson (1998), Byberg (1998) und Bergmark (2000).

des Sozialhilfebezugs in den Sozialbüros in Göteborg zur Anwendung kam und wie mögliche Prognoseverfahren genau entwickelt sind.[663]

In der Verlaufs- und Handlungsperspektive bietet sich für die in der Sozialhilfe tätigen Mitarbeiter die Möglichkeit, bereits bei einem Neufall *(Nybesök)* im Erstkontakt auf der Basis gezielter und umfassender Daten und Informationen zum bisherigen Lebensverlauf und der Einkommens- und Vermögenssituation der Antragsteller möglichst *gemeinsam mit diesen eine explizite Prognose über die voraussichtliche Bezugsdauer* zu erstellen. Auf der Basis einer solchen Prognose können die folgenden Schritte im Hilfeprozess und vor allem die geplanten Interventionen vermutlich sehr viel präziser geplant, und auch zeitlich genauer mit anderen zu erwartenden Ereignissen und mit Interventionen anderer Akteure, etwa der Arbeitsvermittlung oder einer beginnenden Therapie abgestimmt werden. Zudem schult eine Prognose eine dynamische Betrachtungsweise und zwingt die Professionellen dazu, den Sozialhilfebezug nicht statisch bzw. vorrangig oder ausschließlich situationsbezogen zu sehen. Über Prognoseverfahren könnten ferner die strukturellen Gegebenheiten und Ursachengefüge neben biografisch geprägten Handlungsmustern und Bewältigungsstrategien, Wiederholungen und Episoden im Lebensverlauf des Antragstellers sowie seine persönlichen Ressourcen in der jeweiligen Entwicklung im Zeitverlauf eine stärkere Aufmerksamkeit in der Sozialhilfepraxis finden.

Eine Prognose muss dabei ihren Ausgangspunkt stets in der Geschichte, dass heißt *im bisherigen Lebensverlauf* des Sozialhilfebeziehenden haben, um zum Beispiel spezifische Wiederholungsmuster in den Strukturbedingungen wie im Bewältigungshandeln erkennen zu können, so dass diese künftig bei Wegen aus dem Sozialhilfebezug und nach Ende des Sozialhilfebezugs möglichst ausgeschlossen oder aber positiv beeinflusst werden können. Hinsichtlich des Einsatzes von Prognoseverfahren wird dabei davon ausgegangen, dass sie als Teilinstrument die konzeptionell bereits entwickelten Instrumente der Hilfeplanung, des Casemanagements und des Fallmanagements unterstützen bzw. ergänzen würde. Diese Instrumente wurden in der deutschen Sozialhilfe im Verlauf der 1990er Jahre verstärkt entwickelt und auch in Bremen inzwischen in die Praxis eingeführt. Es wird auch davon

---

[663] Die Frage nach dem Instrument der Prognose wurde bereits in der *in Bremen* zwischen 1991 und 1993 durchgeführten Expertenbefragung zur Praxis der deutschen Sozialhilfe untersucht. Es zeigte sich damals, dass Prognosen als entwickeltes Instrument *nicht* systematisch in allen Erstkontakten bzw. Neuanträgen zur Anwendung kamen, jedoch im sozialberuflichen Alltagshandeln der Sozialhilfesachbearbeiter in bestimmten Fallkonstellationen eine wichtige Bedeutung einnahmen. Prognosen waren in Bremen etwa hinsichtlich der Ausgestaltung der Kontakt- und Interaktionsmuster und für einzelne Entscheidungen, so zum Beispiel die Sozialhilfe darlehensweise zu zahlen, als Verfahren relevant. Auch die Befragung in Bremen im Jahr 2000 ergab, dass das Instrument der Prognoseverfahren zwar zur Anwendung kam, jedoch als Instrument nicht wirklich weiterentwickelt wurde. Vgl. Schwarze (1994 und 2002a). Mit Einführung des „aktivierenden Fallmanagements" haben Prognosen in der Bremer Sozialhilfepraxis eine stärkere Funktion erhalten.

ausgegangen, dass über die Anwendung der hier skizzierten „Methode" bzw. mit dem Instrument der Prognose sowohl die Wirksamkeit der Sozialhilfe im Sinne einer „Hilfe zur Selbsthilfe" wie auch die Qualität der Sozialhilfepraxis und insgesamt die Bedingungen für eine koproduktive Leistungserbringung verbessert werden können. Auch diese Zielsetzungen beinhalten Motive, sich der Prognose als verlaufs- und handlungsbezogenes Instrument für die Ausgestaltung sozialer Interventionen genauer zu widmen.

Wie bereits theoretisch angemerkt wurde, ist dabei eine Prognose als entwickeltes Instrument von einer „Erwartung" grundlegend zu unterscheiden. Es war somit genauer zu untersuchen, ob sich Prognosen als Instrumente in der Göteborger Praxis der Sozialhilfe fanden oder ob es sich dabei eher um „institutionelle Erwartungsmuster" handelte.

Ausgehend von den *Rechtsgrundlagen* ist festzustellen, dass im *schwedischen Sozialdienstgesetz* selbst *keine* explizite Vorschrift enthalten ist, wonach Prognosen zu erstellen sind oder aber beispielsweise auf der Basis einer Einschätzung zur erwarteten Bezugsdauer die Sozialhilfe darlehensweise zu zahlen ist, wenn der Bezug nicht länger als beispielsweise sechs Monate dauert. In der *deutschen Sozialhilfe* waren im BSHG einzelne Regelungen direkt bezogen auf bestimmte Sachverhalte zu finden, die in der Sozialhilfepraxis eine Prognose erfordern, um etwa entscheiden zu können, ob Sozialhilfe überhaupt, und wenn, ob als Zuschuss oder als Darlehen zu gewähren ist. Teilweise finden sich diese Regelungen auch weiterhin im SGB II und im SGB XII.[664]

In der schwedischen Sozialhilfe finden sich zwar weniger im Recht, aber durchaus in der Praxis und in einzelnen Leistungsarten dann ähnliche, eher *indirekte Regelungen,* die eine Prognose durch die Mitarbeiter im Sozialbüro zur voraussichtlichen Dauer des Sozialhilfebezugs verlangen. Beispielsweise galten – ähnlich, jedoch zeitlich noch enger begrenzt als in der deutschen Praxis – *Unterkunftskosten* soweit sie die vorgegebenen Kriterien der Angemessenheit in ihrer Höhe überschreiten, in Göteborg meist grundsätzlich nur *für eine Dauer von vier Monaten* als übernahmefähig.

---

[664] So wurde rechtlich in der *deutschen Sozialhilfe* in den Kommentaren zu § 15a BSHG beispielsweise bei der Übernahme von Mietschulden, in Bremen auch im Kontext des § 17 BSHG bei der Übernahme von Kosten einer Schuldnerberatung, und generell in Deutschland bei Leistungen nach § 30 BSHG, die zum Aufbau oder zur Sicherung der Lebensgrundlage etwa in Form einer Selbständigkeit dienen, entweder eine Prognose explizit empfohlen, oder aber Prognoseverfahren haben sich in diesen Leistungsbereichen für die Praxis und in der Ermessensausübung als besonders nützlich erwiesen. Nach 2005 sind im Kontext der Leistungsabsprachen nach § 12 SGB XII oder der Eingliederungsvereinbarungen nach § 15 SGB II mit Blick auf die zu erreichenden Ziele, insbesondere der „Überwindung der Notlage", oft implizit Prognosen zu stellen. Klar benennt etwa der § 3 Abs. 1 (3) SGB II das Erfordernis, die „voraussichtliche Dauer" des Leistungsbezug bei der Leistungsgewährung zu berücksichtigen. Auch im Kontext von Darlehen nach § 38 SGB XII stellt sich mit Blick auf die Definition von „kurzer Dauer" (= i.d.R. 6 Monate) die Notwendigkeit einer Prognose.

In einer ausdrücklichen Unterscheidung zwischen *„kurzzeitigem"* und *„langfristigem Bezug"* sehen zentralstaatliche Empfehlungen der nationalen Sozialbehörde vor, bei einer über viermonatigen Bezugsdauer in Fällen unangemessen hoher Unterkunftskosten dann eine Minderung der Unterkunftskosten oder auch einen Umzug in eine preiswertere Wohnung vom Leistungsberechtigten zu fordern, wenn es sich um *„Langzeitbezug"* handelt.[665] Ähnliche verlaufsbezogene Regelungen und Vorgaben fanden sich 1999/2000 in der schwedischen Sozialhilfe, wenn es um einmalige Hilfen wie etwa für kostenintensiven Zahnersatz ging. Dieser konnte ebenfalls nur als übernahmefähig angesehen werden, wenn es sich um „Langzeitbezug" handelte. In diesen Regelungen wird – wiederum sehr ähnlich der deutschen Sozialhilfe – davon ausgegangen, dass es dem Bürger bei kurzzeitigem Sozialhilfebezug möglich ist, die notwendigen monetären Mittel für besondere einmalige Bedarfe wie etwa Zahnersatzkosten oder auch für die Anschaffung langlebiger Gebrauchsgüte aus eigenen Mitteln über längere Zeiträume „anzusparen". Insgesamt zeigen sich damit – weniger in Gesetzestexten – so aber dann in Richtlinien, in der Praxis und in den administrativen Verfahrensweisen für die deutsche und schwedische Sozialhilfe zum Teil ähnliche Grundlagen, die eine Anwendung und Bildung von Prognosen in der Sozialhilfepraxis anregen oder verlangen. Zu erwarten wäre, dass das Instrument der *Prognose als ein Indiz für eine „aktive Lebenslaufpolitik"* in der Sozialhilfepraxis in beiden wohlfahrtsstaatlichen Arrangements demnach auch unterschiedlich zur Anwendung und zur Geltung kommen müsste.

In den Interviewanalysen *in Göteborg* bestätigte sich ganz allgemein und in ähnlicher Weise wie für Bremen, dass in den dortigen Sozialbüros Prognoseverfahren ebenfalls *nicht* als systematisch entwickeltes und für die Praxis der Erstkontakte relevantes methodisches Instrument zur Anwendung kamen.[666] Prognosen zum Verlauf des Sozialhilfebezugs wurden nicht generell in allen Neufällen, sondern in beiden Städten nur in ausgewählten Sachverhalten und dann wiederum in ihren Bezugsgrößen und Kriterien sehr eingeschränkt formuliert. Für die Göteborger Praxis der Sozialhilfe wurde eine eher *implizite* Anwendung von Prognosen als Instrument zur Gestaltung sozialer Interventionen erkennbar. Die folgende exemplarisch ausgewählte Aussage veranschaulicht diesen Befund:

> *„Irgendwo im Hinterkopf gibt es das schon – nicht irgendwie so ausdrücklich, aber bestimmt kann man absehen, wenn man einen neuen Klienten hat, ob er oder sie länger als 3 Monate hier sein wird."* (Int. 21: 965-967)

---

[665] Vgl. Socialstyrelsen (2000a: 70 und 96f.). Bei den Empfehlungen handelt es sich um das Handbuch zur wirtschaftlichen Hilfe *(Handbok om ekomiskt bistånd)*, das landesweit einheitlich gilt.

[666] Die Prognose als explizites Instrument wurde in Göteborg in den Interviews 13, 14, 15, 17, 18, 19 und 25 ausdrücklich verneint. In den übrigen Interviews wurde sie entweder als implizit im Sinne von *„irgendwie mache ich das doch"* beschrieben, oder aber im Kontext der Problemdiagnose *(Kartläggning)* und eher indirekt in Zusammenhängen einer Hilfeplanung beschrieben.

Einerseits wurde allgemein erkennbar, dass Prognosen sozusagen im Hinterkopf der Professionellen durchaus häufig entwickelt werden. Andererseits werden sie aber nicht ausdrücklich und systematisch formuliert oder gar schriftlich festgehalten. Berichtet wurde ferner, dass Prognosen – soweit sie gestellt werden – vor allem zum *Kurzzeitbezug* durchaus auch zutreffend möglich seien. Entsprechende Aussagen und Berichte kamen von Befragten aus verschiedenen Sozialbüro in Göteborg:

> *„Nein, ich hab so noch nicht richtig gedacht. Manchmal kann man es ja absehen – ja sicher, denkt man so, aber das ist nichts, was wir auch so dokumentieren können."* (Int. 24: 746-747)

Die Aussagen verschiedenster Experten stimmten vor allem darin überein, dass die implizit gestellten Prognosen in keiner Weise dokumentiert oder schriftlich festgehalten wurden, womit verbunden ist, dass sie als Arbeitsgrundlage unterbewertet und zu einem späteren Zeitpunkt hinsichtlich ihrer Genauigkeit auch nicht überprüfbar waren:

> *„Eine Prognose? Nein – Das ist klar, dass man so in der Art spricht – (...) Vielleicht ist es so, dass man sieht, das wird eine begrenzte Bezugszeit, es handelt sich darum, dass jemand mit seinen Ansprüchen bei der Arbeitslosenkasse in Gang kommen muss oder so etwas – das es hier dann 2 Monate sind. Aber keine ausgesprochene Prognose. Das denke ich nicht, dass man das macht, nicht so, dass man das irgendwie aufschreibt oder so."* (Int. 25: 584-588)

Prognosen wurden bisher somit implizit und dabei wiederum eher allgemein auf bestimmte Gruppen und Hauptursachen des Sozialhilfebezugs bezogen gestellt. Insbesondere Arbeitslosigkeit als Ursache und Ansprüche auf Leistungen der Arbeitslosenkassen ermöglichen einfachste Prognosen zum erwarteten Kurzzeitbezug. Sie waren zum Erhebungszeitpunkt in Göteborg unüblich in Fällen, wo es sich um komplexe Ursachengefüge, multiple Problemlagen und Verlaufsmuster handelte, die typischerweise *Langzeitbezug* erwarten lassen.

In der Analyse war auffällig, dass demnach die implizit vorgenommenen Prognosen nahezu ausschließlich im Zusammenhang mit *Kurzzeitbezug* beschrieben wurden, der meist mit bis zu drei oder sechs Monaten definiert wurde. Gruppenbezogen galten Studierende allgemein als typische Kurzzeitbezieher, die Sozialhilfe in den Sommermonaten beziehen, womit dann die bereits dargestellte restriktive Sozialhilfepraxis verbunden war. Im Nachgang zu der impliziten Prognose „Kurzzeitbezug" bei Beginn des Sozialhilfebezugs erfolgte aber später dann keine Bilanzierung, bei welchen Studierenden tatsächlich der Kurzzeitbezug, wie implizit prognostiziert, eingetreten ist, und bei welchen die implizite Prognose sich aus welchen Gründen nicht bestätigte. So blieb für die Praxis der Befragten meist auch ungeklärt, warum Sozialhilfebezug sich bei Studierenden – entgegen der Prognose

– beispielsweise manchmal dann doch zu einem wiederkehrenden Bezug oder zu einem *Langzeitbezug* entwickelte und sich Sozialhilfekarrieren verfestigten.

Manche Experten berichteten, dass sie implizite Prognosen zum extremen Langzeitbezug von mehreren Jahren bildeten, etwa bei älteren Einwanderern oder Erwerbsunfähigen, deren Integration am Arbeitsmarkt ihnen als weitgehend aussichtslos erschien. Berichtet wurde weiter, dass bei Antragstellern mit *„besonderen Bedarfen sozialer Hilfe"* *(särskilda behov)* die Prognose „Langzeitbezug" meist sehr leicht falle, so etwa bei psychisch Erkrankten oder Erwerbsunfähigen. Die Analyse zeigte aber auch in diesen Fällen, dass ein Prognoseverfahren nicht systematisch und auch nicht generell angewendet wurde, sondern im Erstgespräch wurde ein „allgemeines Bild" zum erwarteten weiteren Sozialhilfebezug entwickelt. Auf der Grundlage dieses allgemeinen Bildes kamen die befragten Mitarbeiter beispielsweise dann zu der Einschätzung: Der oder die wird *„etwa 2 Jahre im Bezug sein"*. (Int. 20: 257 ff., Int. 10: 557) Dieses allgemeine Bild zum potentiellen Verlauf einer Sozialhilfekarriere setzte sich konkret aus Teilbildern zum Verlauf des weiteren Kontaktes und der Interventionen zusammen. Beispielsweise wurden Verlaufsvorstellungen wie folgt berichtet:

> *„Die oder der Antragsteller/in bedarf etwa ein halbes Jahr an betreuenden Gesprächen, verbunden mit der Entwicklung von Perspektiven, dann sechs Monate oder maximal ein Jahr lang Teilnahme an einer arbeitsmarktpolitischen Maßnahme und danach möglicherweise die Integration in den regulären Arbeitsmarkt: Das sind so Bilder von Fällen, die ich habe."* (Int. 20: 263-267, ähnlich Int. 24: 759-797)

Zum Ausdruck kam in diesen Fällen meist das Bild von einem *langfristigen und stufenweisen linearen bzw. kontinuierlichen und planbaren sozialen Aufstieg.* Dieses Bild ist offenbar in der Arbeit der befragten Sozialarbeiter mit Personen, die besondere Betreuungsbedarfe aufweisen, etwa bezogen auf psychisch Kranke, Suchtkranke, Wohnungslose und andere für die sozialberuflichen Handlungsmuster sehr prägend. Unberücksichtigt bleiben den Befunden nach dann zumeist die empirischen Ergebnisse, etwa der dynamischen Armutsforschung, und möglicherweise auch eigene Erfahrungen der Mitarbeiter, wonach im Lebensverlauf gerade im Zusammenhang mit multiplen Problemen Diskontinuitäten ein häufiges Phänomen sind. So gilt etwa, dass junge Arbeitslose mit kumulierenden sozialen und persönlichen Problemen sich in der Phase der Berufsfindung bei geringer Qualifikation, nach Schulabbruch usw. oft in Phasen ihrer Erbwerbsbiografie befinden, die von *Diskontinuitäten* gekennzeichnet sind. Auch bezogen auf ältere Sozialhilfebeziehende, bei denen multiple Probleme vorliegen, war das *Element der Diskontinuität* in den Schilderungen zu den typischen Verlaufsmustern von Armuts- und Erwerbslosenkarriere nicht enthalten. Für die Praxis von Prognosen und generell für die Sozialhilfe schien bezogen auf „Multiproblemfälle" die Vorstellung von durchaus planbaren mittel- bis langfristig, stufenweise und zugleich linear bzw. kontinuierlich ansteigenden Wegen aus der Arbeitslosigkeit und aus dem Sozialhilfebezug ganz wesentlich mit bestimmend für die sozialberuflichen Handlungsformen.

Bei den befragten Experten wurden ferner *sehr unterschiedliche Sicht- und Verfahrensweisen* hinsichtlich der Beachtung und Berücksichtigung von biografisch geprägten Merkmalen, Kategorien sowie biografisch geprägter Bewältigungsmuster und -ressourcen der Sozialhilfebeziehenden erkennbar. Prognosen kamen meist implizit und eher intuitiv zur Anwendung. Die Zeit- und Handlungsperspektive fand in diesem Zusammenhang der Sozialhilfe und der Erstkontakte kaum eine besondere Berücksichtigung. Die Instrumente zur Steuerung sozialer Interventionen in der kommunalen Praxis des Sozialdienstes scheinen demnach – weitgehend unabhängig davon, ob es sich um „Socionomer" (Göteborg) oder um Verwaltungspersonal (Bremen) handelt – grundsätzlich eher statisch oder situativ ausgerichtet. Sie scheinen aus dem Kontext der Frage nach Prognosen folgernd bislang kaum einer dynamischen Sichtweise und einem entsprechenden Steuerungsverständnis zu folgen. Tendenziell schien die Praxis in Bremen im Bereich der Prognosen sogar weiter entwickelt als das für Göteborg erkennbar wurde. Dies dürfte unter anderem damit erklärbar sein, dass formal-rechtlich Prognoseverfahren für die deutsche Sozialhilfe verbindlicher geregelt sind.

In einem resümierenden Ausblick wäre für beide Städte anzuregen, die Fachkräfte in den Sozialämtern/-büros vor allem im Hinblick auf die Bearbeitung von Langzeitbezug, der mit multiplen Problemlagen einhergeht, intensiv darin qualifizieren, eingangs zum Sozialhilfebezug die Bedarfe wie auch die Ressourcen der Antragsteller gemeinsam mit diesen und ausgehend von einer möglichst genauen *biografischen Rückschau* anhand bestimmter biografischer Kategorien und Merkmale möglichst systematisch zu klären und zu erfassen. Auf dieser Datenbasis sind Prognosen und ein „Profil" des zu erwartenden Verlaufs der weiteren Sozialhilfekarriere erstellbar.[667] Hieran anschließend können im Rahmen einer Hilfeplanung die künftigen strukturellen und institutionellen Möglichkeiten und Grenzen sozialer Hilfen und auch die erwartbaren Eigenaktivitäten der Sozialhilfebeziehenden genauer entwickelt und bestimmt werden. Diese Ansätze bilden Möglichkeiten ab, *lebenslagen- und lebenslaufbezogen* gemeinsam mit den Sozialhilfebeziehenden *im Verständnis der Koproduktion* zu klären und zu entscheiden, wo deren aktive Beiträge zu Wegen aus dem Sozialhilfebezug möglich sind und wo auch die Grenzen eigener Aktivitäten und Bewältigungsstrategien liegen. Bestimmte Verlaufsmuster, etwa Kontinuitäten, Diskontinuitäten, Wiederholungen, oder auch entscheidende Über-

---

[667] Job-Center und Ansätze des verbesserten Zusammenwirkens der beteiligten Akteure und Behörden weisen in diese Richtung. In Bremen wurde bereits im Jahr 2000 ein gemeinsames „Asessments" von Sozial- und Arbeitsamt modellhaft entwickelt. Über ein *„Profiling"* wurden Ressourcen und Möglichkeiten von Arbeitslosen am Arbeitsmarkt genauer erfasst und perspektivisch bewertet. Ähnliche Ansätze fanden sich in Göteborg im Projekt DELTA-AMT.

gänge und Wendepunkte im Lebensverlauf, sowie periodische Erwerbslosigkeit, episodenhafte Sozialhilfebezüge usw. würden in einer solchen auf Lebenslagen *und* Lebensläufe ausgerichteten Problemanalyse verbunden mit einer Prognose und genaueren Abstimmung in der Problembearbeitung sehr viel weitergehender zulassen. Die Entwicklung und der Einsatz von *lebenslagen- und lebenslaufbezogenen Prognosen* bedeutet, dass sich für die Sozialhilfe Folgerungen und Ressourcen in der Gestaltung und Steuerung besonderer Interventionsformen, -zeitpunkte, -phasen, und -abläufe ergeben, die bisher im Diskurs um eine „aktivierende Sozialpolitik" und auch im sozialberuflichen Handeln tendenziell eher vernachlässigt wurden. Entsprechende Diagnose- und Prognoseinstrumente sind nicht nur „Bausteine" in ein einem veränderten und vielerorts inzwischen eingeleiteten genaueren Zusammenwirken *(Samverkan)* der wohlfahrtsstaatlichen Institutionen, Organisationen und Akteure sowie in den verschiedensten Interventionen in der Verlaufs- und Handlungsperspektive. Vielmehr erfordern biografisch und lebenslagenbezogene Prognosen genau dieses verlaufsbezogene und präzise Zusammenwirken von Behörden und Sozialdiensten ausdrücklich und regen dazu weitergehend an. Dieses Resümee und die skizzierten Perspektiven gelten sowohl für die schwedische wie auch für die deutsche Sozialhilfe. In der Entwicklung und in der praktischen Anwendung von Instrumenten einer lebenslagen- und lebenslaufbezogenen Prognose unterschieden sich beide Sozialhilfesysteme kaum, auch wenn sich die Voraussetzungen und Rahmenbedingungen hierfür als sehr verschieden erwiesen.

5.5.5 *Varianten der Bewilligung und Zahlbarmachung zwischen passiver Bedürftigkeitsprüfung und aktiver Bedarfsermittlung*

Im Rahmen der Sozialhilfe geht es sowohl in der wirtschaftlichen wie auch in der persönlichen Hilfe um Bedarfe der Bürger, die institutionell zu definieren und möglichst weitgehend über die Hilfen abzudecken sind. Sowohl in der deutschen, wie auch in der schwedischen Sozialhilfe hat sich historisch ein Verständnis und eine Interpretation durchgesetzt, wonach weniger eine aktive und positiv ausgerichtete „*Bedarfsermittlung*" sondern eine tendenziell passiv und zugleich restriktiv gestaltete „*Bedürftigkeitsprüfung*" die entscheidenden Kriterien sowie den Verfahrensrahmen vorgibt, nach denen über monetäre Transferleistungen und personenbezogene Hilfen entschieden wird. In *Deutschland* ist der Begriff der Bedarfsprüfung im neutralen oder gar positiven Sinne etwa im Zusammenhang mit der „Bedarfsberechnung" oder auch im Kontext von auszustellenden Bescheinigungen über den „sozialhilferechtlichen Bedarf" bis heute aber durchaus üblich. Auch mit dem *Bedarfsdeckungsgrundsatz,* der eng mit dem Individualisierungsgrundsatz verbunden ist, sind grundsätzlich positive und aktiv ausgerichtete Elemente verbunden, die bein-

563

halten, dass die deutsche Sozialhilfe den sozialhilferechtlich als „notwendig" anzu-
erkennenden Bedarf möglichst vollständig abdecken soll.[668] Auch in der *schwedischen Sozialhilfe* wird einerseits der Begriff des Bedarfs *(Behov)* im neutralen bzw. in einem eher positiven Verständnis der Bedarfsdeckung verstanden. Zugleich enthält der Begriff *„Behov"* andererseits auch die Bedeutung von
„Bedürftigkeit", *womit* eher negative Assoziationen verbunden sind. Die Bedarfs-
bzw. Bedürftigkeitsprüfung *(Behovsprövning)* lässt sich somit in Schweden – wiederum ähnlich der deutschen Sozialhilfe – sowohl im Sinne von positiv ausgerichteter
Bedarfsermittlung wie auch im Verständnis einer tendenziell negativ und restriktiv
ausgerichteten Bedürftigkeitsprüfung im doppelten Sinne verstehen.

In der sozialwissenschaftlichen Forschung und Theorie zum Wohlfahrtsstaat
gilt die Bedarfs- oder Bedürftigkeitsprüfung als ein zentrales Merkmal in der Unterscheidung zwischen *universell* und *selektiv* gestalteten wohlfahrtsstaatlichen Arrangements.[669] Wie gezeigt, gilt das schwedische wohlfahrtsstaatliche Regime zumeist
als in hohem Grade „universalistisch", wohingegen im deutschen Regime die selektiven Elemente als höher gewichtet gelten. Auch vor dem Hintergrund Befunde
wurde die Frage der Ausgestaltung und der Anwendungspraxis einer Bedarfs- oder
Bedürftigkeitsprüfung für die beiden Wohlfahrtsstaaten in den Merkmalen sozialer
Interventionen vor allem im Verlaufs- und Handlungsbezug hier untersucht.

In diesem Zusammenhang wurde davon ausgegangen, dass das Instrument
und die Verfahren einer Bedarfs- oder Bedürftigkeitsprüfung sich in unterschiedlichen Wohlfahrtsstaaten jeweils den institutionellen Arrangements entsprechend in
Leistungsbereichen wie der Sozialhilfe in den sozialen Interventionen ebenfalls als
unterschiedlich erweisen müssten. Denkbar ist aber auch, dass die Bedarfs- oder
Bedürftigkeitsprüfung in ihren Grundmustern in unterschiedlichen Wohlfahrtsstaaten bereichsbezogen – etwa in der Sozialhilfe – auch sehr viel ähnlicher sind als
angenommen wird. In international vergleichenden Studien wurden diese Aspekte
bisher nicht genauer beachtet.

Ferner ist davon auszugehen, dass Bedarfs- oder Bedürftigkeitsprüfungen im
Kontext des Leitbildes und der policies einer *„aktivierenden Sozialpolitik"* im Verlauf
der 1990er Jahre in den beiden hier untersuchten Wohlfahrtsstaaten – möglicherweise vor allem in ihrer kommunalen Praxis – erhebliche Veränderungen erfahren
haben. Dem Leitbild und den Programmen einer „aktivierenden Sozialpolitik"
nach müssten vor allem in der Bedarfs-/Bedürftigkeitsprüfung die bisher meist
theoretisch beschriebenen Verschiebungen in den Relationen von sozialen Teilha-

---

[668] Vgl. § 3 BSHG und LPK-BSHG (1998). Von Rothkegel (2000) werden die Strukturprinzipien des
deutschen Sozialhilferechts genauer dargestellt. Bedarfsdeckungsprinzip und Einzelfallorientierung
sind nach den Reformen ab 2005 auch im § 9 (1) SGB XII und über § 19 (3) SGG XII rechtlich verankert.

[669] Vgl. Titmuss (1969).

berechten und Pflichten deutlich erkennbar sein. Denkbar ist außerdem, dass sich eine *„Modernisierung" der Verwaltung und der Sozialdienste* ebenfalls auf die Ausgestaltung von Bedarfsermittlung bzw. Bedürftigkeitsprüfungen auswirkt, in dem etwa über ein erweitertes Service- oder Dienstleistungsverständnis eine Entstigmatisierung und/oder Standardisierung in diesen Instrumenten erkennbar sein könnte. Diese und weitere Fragen wurden untersucht. Eine historische Kontrastierung der Praxis in den Bedarfsermittlungen und/oder Bedürftigkeitsprüfungen von 1999/2000 mit der früheren Praxis war in Bremen auf der Grundlage der beiden Stichproben möglich. Bezogen auf Göteborg wurden die Befunde aus der Expertenbefragung um Ergebnisse früherer Studien ergänzt. Ferner konnten Erfahrungen und rückblickende Vergleiche der befragten Experten, die vereinzelt zehn Jahre und länger in der Sozialhilfe tätig waren, hinzugezogen werden.

Von Rothstein (1994: 26) wurde bereits in einer steuerungstheoretischen Perspektive zur „Bedarfsprüfung" in der schwedischen Sozialhilfe im Anschluss an Hadenius (1986) ermittelt, dass generell *zwei verschiedene Typen von Bedarfs/Bedürftigkeitsprüfungen* zu unterscheiden sind. Mit dem Instrument der Bedarfs-/Bedürftigkeitsprüfung können danach unterschiedliche Steuerungsziele verfolgt werden. Bedarfs-/Bedürftigkeitsprüfungen können etwa auf eine *Integration* hin konzipiert werden oder aber sie sind tendenziell stärker auf *Selektion* von Individuen, Gruppen oder auch Sach- und Problembereichen hin ausgerichtet. Je nach Ausgestaltung können mit dem Instrument also unterschiedlichste sozialpolitische Steuerungsziele und Effekte angestrebt bzw. erzielt werden.

Weitergehend kann zwischen *Inklusion* und *Exklusion* unterschieden werden, die jeweils über besondere Elemente und Kombinationen von Selektion und Integration in der Ausgestaltung von Bedarfserrmittlung oder Bedürftigkeitsprüfungen bewirkt werden können. Denkbar ist idealtypisch beispielsweise, dass die Bedürftigkeitsprüfung in der deutschen Sozialhilfe tendenziell eher auf Exklusion ausgerichtet ist, da dem deutschen wohlfahrtsstaatlichen Arrangement stärker Merkmale eines selektivistischen Systems zugeschrieben werden, wohingegen schwedische Bedarfsprüfungen in der dortigen Sozialhilfe, eingebunden in den Sozialdienst eines universell gestalteten Wohlfahrtsstaates eher auf Inklusion bezogen sein könnte. Dies wäre jedenfalls zu erwarten, folgt man den bisherigen theoretischen und idealtypischen Annahmen der vergleichenden Wohlfahrtsstaatsforschung.

Allerdings zeigt sich nach den bisher dargestellten Befunden zur schwedischen Sozialhilfe und ihrer Praxis bereits, dass diese Typisierungen nur begrenzt haltbar sind, da Bedarfsermittlung bzw. Bedürftigkeitsprüfung im Verlauf und Ende der 1990er Jahre in der schwedischen Sozialhilfe selektiv auf bestimmte Gruppen bezogen höchst unterschiedlich praktiziert wurden.

Geht man von den Rechtsgrundlagen der schwedischen Sozialhilfe zur Bedarfsermittlung bzw. zur Bedürftigkeitsprüfung aus, so ist das Sozialdienstgesetz selbst wiederum wenig ergiebig.[670] Weiterführend und konkreter sind erneut die zentralstaatlichen Empfehlungen der nationalen Sozialbehörde *(Socialstyrelsen).* Im entsprechenden Handbuch für die wirtschaftliche Sozialhilfe fand sich unter anderem folgende Passage zur „individuellen Bedarfsbewertung" *(individuell behovsbedömning):*

> *„Im Unterschied zu den meisten anderen schwedischen Sozialleistungssystemen beruht das Recht auf wirtschaftliche Hilfe gemäß Sozialdienstgesetz in hohem Maße auf einer individuellen Bedarfsbewertung/-analyse. (...) Die Feststellung des Bedarfs soll bezogen auf die individuelle oder haushaltsbezogene Situation von einer Sicht der Ganzheitlichkeit (Helhetsperspektiv) geprägt sein. (...) Bei der Feststellung des individuellen Bedarfs geht es inzwischen nicht mehr nur um eine wirtschaftliche oder monetäre Hilfe. Die Hilfe umfasst auch das individuelle Recht auf sonstige Hilfen, die individuell auf die Fähigkeiten und den Bedarf abzustimmen sind. Dass die Hilfen des Sozialdienstes individuell ausgerichtet sind, ist eine Voraussetzung dafür, dass das Ziel des Sozialdienstes, die individuellen Fähigkeiten zur Selbstversorgung freizusetzen und zu fördern, auch erreicht wird."* [671]

Während in früheren Publikationen der Begriff der „Behovsprövning" *(Bedarfsprüfung)* üblich war, ist inzwischen auch der Begriff der „Behovs*bedömning*" im Sinne einer Analyse, Bewertung oder Beurteilung des Bedarfs in den Empfehlungen, Richtlinien und Kommentaren zum Sozialdienstgesetz ebenfalls üblich. Den *normativen und rechtlichen Grundlagen* nach stellt sich die Bedarfsermittlung bzw. eine Bedürftigkeitsprüfung zunächst einmal *gesetzlich* weitgehend offen und kaum genauer geregelt dar. Geregelt und auf verschiedensten Ebenen normiert ist jedoch, dass die Bedarfsermittlung in der Sozialhilfe *„ganzheitlich"* und damit auf die gesamte Lebenslage bezogen vorzunehmen ist. Sie ist ferner in ihrer Zielsetzung auf eine Förderung der individuellen Selbstversorgung auszurichten. Damit ist sie nicht nur auf *Lebenslagen* sondern in allgemeiner Weise auch auf den *Lebenslauf* bezogen. Ob die von den Experten in Göteborg beschriebene Praxis diesen normierten Anforderungen entsprach und wie Bedarfsermittlung und Bedürftigkeitsprüfung dort genau vorgenommen wurden, wird nachfolgend dargestellt.

1. Die individuelle Bedarfsorientierung als gleichzeitige Stärke und Schwäche der Sozialhilfe
Die Analyse der Experteninterviews aus den Sozialbüros und Projekten der Stadt Göteborg zeigte, ergänzt um Befunde aus den in Malmö und Stockholm geführten Interviews, dass von den Befragten der in Schweden übliche Begriff „*Behov*" ganz überwiegend im Sinne von „*Bedarf*" und nur selten im Sinne von „Bedürftigkeit"

---

[670] Im schwedischen Sozialdienstgesetz in seiner Fassung mit Stand vom 1. Januar 2002 findet sich *keine* explizite Regelung zu Art und Form der Bedarfsermittlung bzw. zur Bedürftigkeitsprüfung. Auch der Begriff der „Behovsprövning" kommt im Gesetzestext direkt nicht vor, findet sich dann aber in den Kommentaren und Ausführungsbestimmungen.

[671] Vgl. Socialstyrelsen (2000a: 29). Ergänzend zum Sozialdienstgesetz regeln diese nationalen Empfehlungen, weiter konkretisiert über kommunale Richtlinien und praxisbezogene Hinweisen auch Verfahren und Inhalte der Bedarfsermittlung und Bedürftigkeitsprüfung.

verstanden und benutzt wurde. Mit der Verwendung des Begriffs „*Behov*" wurden ganz überwiegend Bedarfe in einem neutralen Verständnis und nicht im negativen Sinn von „Bedürftigkeit" beschrieben. Beispielsweise kam der auch für die schwedische Sozialhilfe zentrale Grundsatz einer am individuellen Bedarf orientierten Hilfe in nahezu allen Interviews der Ebene der Sozialarbeit in den unterschiedlichen organisatorischen Einheiten und Projekten sehr deutlich zum Ausdruck. Bezogen auf die Verfahren und Entscheidungsmöglichkeiten in der Bedarfsermittlung und -bewertung wurden die Gestaltungsfreiräume als beträchtlich beschrieben. Diese Gestaltungsfreiräume bezogen sich auf die Interventionen und Handlungsmuster, die über rein materielle Hilfen in Höhe der genau festgelegten Beträge der „Riksnorm" hinausgehen und auf Leistungen, die den Bereich der personenbezogene immateriellen Hilfen bilden. Beispielsweise wurde hierzu allgemein formuliert:

> „*Selbst, die eigene Beurteilung – weil, du sollst den Bedarf selbst bewerten. Wenn einer Person dies oder jenes bewilligt werden soll, so gehen wird ja nur von dem Bedarf dieser einen Person aus. Und das ist verschieden, sehr unterschiedlich.*" (Int. 23: 524-526, ähnlich auch Int. 13: 498-499 und Int. 22: 1333-1336).

Die mit den erheblichen Gestaltungs- und Ermessensfreiräumen verbundene *heterogene Praxis einer Bedarfsermittlung* wurde von befragten Experten selbst direkt angesprochen, wurde dabei nicht immer als Problem formuliert. Vermittelt wurde aber, dass die individuelle Bedarfsermittlung als Instrument und als Eingangstor zum Sozialhilfebezug in der Steuerungs- und Interventionsperspektive ein *Paradoxon* aufweist, das von einzelnen Experten ausdrücklich beschrieben wurde:

> „*(...) da ist die Riksnorm gut. Sie ist eine gute Garantie im Gesetz (...) weil wir damit eine Garantie im Sozialsystem haben, die das Recht der einzelnen Person garantieren muss, dass sie auch diejenigen Leistungen erhält, die sie benötigt. Der schwedische Reichstag hat es mit Vertrauen den Kommunen überlassen, über weitere Hilfen im Einzelfall dann selbst zu entscheiden. (...) Man ist aber unruhig, ob die Menschen beispielsweise auch die zahnärztlichen Leistungen erhalten, die sie benötigen. Das beobachten wir genau.*" (Int. 08: 242-252, ähnlich Int. 10, Int. 25: 295-301)

Einerseits wurden das mit der individuellen Bedarfsermittlung und -prüfung verbundene Ermessen und die auf den Einzelfall bezogenen Entscheidungskriterien als *die besonderen Stärken* im Sinne aktiv nutzbarer Gestaltungsspielräumen gesehen, da hiermit im Unterschied zu anderen Sozialleistungsbereichen individuelle, lokale, zeitliche und weitere Besonderheiten berücksichtigt werden können. Zugleich wurden die mit den kommunalpolitischen und sozialberuflichen Freiräumen verbundene Heterogenität und Variationsbreite in der Gewährungspraxis und teilweise auch im Leistungsniveau vor allem unter Gesichtspunkten der Rechtssicherheit und der Gleichbehandlung als *problematische Schwäche* der Sozialhilfe angesehen. Teilweise wurde daher von Befragten eine standardisierte Form der Bedarfsermittlung und Entscheidung über Anträge auf Sozialhilfe für angemessener gehalten. Von den Befragten wurde in diesen Zusammenhängen meist auch der besonders stigmatisierende Charakter der schwedischen Sozialhilfe generell und der individuellen Bedarfsermittlung in bestimmten Ausprägungen bestätigt und als eine weitere Schwäche beschrieben. (Int. 08: 490-499) Die Prozesse einer Stigmatisierung wurden zugleich aber über möglichst „koproduktiv" ausgerichtete Modelle und Formen einer Bedarfsermittlung als begrenzbar oder vermeidbar angesehen. Die insgesamt in den Expertenaussagen sehr ausgeprägt erkennbare individuell bezogene Bedarfsorientierung wurde dabei nicht als rein formaler Grundsatz, sondern sehr konkret als Bürger-/Klientenorientierung verstanden, der im Alltag der Sozialhilfe von zentraler Bedeutung sei. Dies belegt etwa folgende Passage exemplarisch:

> „Aber man muss die ganze Zeit über die Klientenperspektive vor Augen haben. Auf welche Weise kann man in der besten Form dieser einzelnen Person hier helfen, so dass es damit auch für sie dann selbst weiter geht." (Int. 24: 734-736)

In keinem der in Schweden erhobenen Interviews wurde der Bedarfsbegriff im negativen oder stigmatisierenden Verständnis von „Bedürftigkeit" verwendet, etwa in der Form, dass damit die Geltendmachung oder Prüfung unverhältnismäßg hoher Ansprüche verbunden sei. Ferner war in Göteborg im Vergleich zur Erhebung in Bremen eine sehr häufige und völlig selbstverständliche Verwendung des Bedarfs-Begriffs *(Behov)* auffällig, was um so bemerkenswerter ist, als doch das Sozialdienstgesetz selbst eher sparsam mit dem Begriff umgeht. Vor allem in den professionalen bzw. sozialberuflichen Orientierungs- und Handlungsmustern kam eine *Bedarfsorientierung* in den schwedischen Interviews deutlich klarer und im positiven Verständnis formuliert zum Ausdruck als das in den für Bremen und auf nationaler Ebene in Deutschland geführten Expertenbefragung Fall war.

Unter „Bedarf" wurden dabei in Göteborg durchgängig sowohl *monetäre Bedarfe* wie auch *Bedarfe an persönlicher Hilfe* verstanden. Für dieses Arbeitsverständnis spielten die normativen Anforderungen des Sozialdienstgesetzes wie auch die Empfehlungen der nationalen Sozialbehörde, den sozialhilferechtlichen Bedarf stets in einer „ganzheitlichen Perspektive" wahrzunehmen und zu bestimmen, eine entscheidende Rolle. Entsprechende Wahrnehmungs- und Orientierungsmuster sind demnach in hohem Maße institutionalisiert, auch wenn sich die „ganzheitliche Bedarfsermittlung" in der Sozialhilfepraxis als „Ideal" nach Aussagen der Befragten nicht immer so realisieren lässt, wie notwendig und normativ gefordert. Entsprechende Praxisprobleme wurden in den Interviews für Göteborg deutlich. Die skizzierte „*Bedarfsorientierung im ganzheitlichen Verständnis*" kann als Orientierung an Lebenslagen sowie im Sinne von Teilhabe in unterschiedlichsten Dimensionen und

Ressourcen gedeutet werden. Typischerweise kam diese umfassend verstandene Bedarfsorientierung in folgender Aussage zum Ausdruck:

„Wir sollen ja auch versuchen, die Sozialhilfekosten niedrig zu halten. Aber ich sehe – das ist faktisch unser Auftrag, dass wir in erste Hand die Person und die Bedarfe der Person sehen. Und dass wir ausgehend von der Perspektive arbeiten. Und in bestimmten Fällen übernehmen wir eben auch sehr hohe Kosten, nur weil wir wissen, dass es für die Person eine bessere Lösung ist. Das kann dann kostenintensiv sein." (Int. 14: 703-708)

Im Zusammenhang mit dieser institutionell stark ausgeprägten Bedarfsorientierung zeigte sich daneben das gewissermaßen *konkurrierende Leitmotiv der Ausgabenreduzierung* für die Sozialhilfepraxis in Göteborg als relevant. Dieses Leitmotiv war allerdings in seiner Priorität und Gewichtung insbesondere unter den befragten „Socionomer", die direkt im Kontakt zu den Sozialhilfebeziehenden standen, geringer ausgeprägt als die Bedarfs- und Klientenorientierung. Die Fachkräfte, die täglich im Kontakt zu Sozialhilfebeziehenden stehen, erfahren die in den institutionellen Arrangements eingebundenen Zielkonflikte und die teilweise konkurrierenden Normen und Leitbilder meist in Form der Grenzen ihrer sozialberuflich entwickelten Handlungsmuster gerade bei einer aktiv ausgerichteten Bedarfsermittlung sehr unmittelbar. Experten in Göteborg sahen ihre Fachlichkeit und Professionalität teilweise durch diese Grenzen eingeschränkt. Dies galt weniger in Fallkonstellationen und Verlaufsmustern des *Kurzzeitbezugs* und bei einfachen materiellen Problemlagen. Vor allem wurde diese normativ und sozialberuflich definierte Autonomie in der Feststellung von Bedarfen im Bereich der institutionellen Definition und Bearbeitung multipler materieller und psychosozialer Probleme gesehen, die oft mit *Langzeitbezug* einhergehen. Wie weitgehend dabei auch die *Lebenslaufperspektive* für eine individuelle Bedarfsermittlung mit von Bedeutung ist, belegt folgendes Zitat:

„Das beste ist es, wenn ich meine Klienten hier im Büro treffe und dann die Lebensgeschichte des Menschen durchgehe – das muss man so machen. Wenn jemand zum Beispiel arbeitslos ist, dann gehe ich mit ihm durch, was die Person im Laufe der Zeit gemacht hat, und da kommen dann jede Menge Sachen. Danach entdecke ich dann, dass jeder Mensch einzigartig/ anders ist. Es gibt so unglaublich viele verschiedene Auffassungen zu ein und demselben Leben." (Int. 23: 125-130)

Auch wenn die Sozialhilfe nach den Ergebnissen der Lebenslaufforschung und der dynamischen Armutsforschung Lebensläufe eher rahmt, und sie meist nicht direkt – sondern indirekt steuert, spielt die Perspektive des Lebenslaufs in den Wahrnehmungsmustern und in den sozialberuflichen Handlungsmustern für die Bedarfs- und Ressourcenermittlung eine wichtige Rolle, um zukünftige Wege aus dem Sozialhilfebezug möglichst wirksam fördern zu können.

Bezogen auf *Langzeitbezug und multiple Problemlagen*, oft verbunden mit vergleichsweise geringer ausgeprägten Handlungsvoraussetzungen und -ressourcen der Sozialhilfebeziehenden selbst, wurde von den Experten in Göteborg beschrieben, dass die sozialberuflichen Handlungsmuster einer „aktiven" Bedarfsermittlung und einer umfassend auch verlaufs- und handlungsbezogenen „ganzheitlichen" Diagnose gerade in diesen Verlaufstypen und Fallkonstellationen an Grenzen stoßen. Dabei handelte es sich vorrangig um Grenzen sozialer Interventionen in personeller und zeitlicher Hinsicht. Beispielsweise wurde von befragten Mitarbeitern beschrieben, dass die eigentlich notwendige aktive und personen- sowie ressourcenbezogene Bedarfsermittlung sich häufig auch *über längere Zeiträume* erstrecke und schon von daher nicht immer bereits im Erstkontakt der „Eingangs-Teams" möglich sei. Die Bedarfsermittlung sei aber formal Aufgabe der „Eingangs-Teams" und werde von den spezialisierten Teams auch dort erwartet. So komme es in Fällen multipler Problemlagen nicht nur zu den genannten Fehlsteuerungen sondern auch zu teilweise „übereilt" bzw. kurzfristig erstellten Diagnosen und Entscheidungen. Diese können sich allerdings langfristig als kontraproduktiv für die Problembearbeitung und auch als kostenintensiv für die Kommune erweisen.

Auch das Wissen bzw. die Annahme der Professionellen, das sich eine sorgfältige, intensive und sehr genaue, zeitlich dann aber aufwendigere aktive Bedarfsanalyse langfristig betrachtet sogar „rechne", führe nicht dazu, dass diese Intensivvarianten einer aktiven Bedarfsermittlung in besonders komplexen Fallkonstellationen in notwendigem Umfang vorgenommen würden. In aller Regel werde die Praxis aufgrund der strukturellen und kommunalpolitischen Rahmenbedingungen dann doch von „Schnellanalysen" zum Bedarf bestimmt, die auf einige wesentliche Kategorien und Variablen, vorrangig dann im materiellen Bereich bezogen seien. Entsprechend beschränke sich eine „aktive Bedarfsermittlung" zumeist auch auf die eher materiellen und arbeitsmarktbezogenen Dimensionen des Problems Armut. Die eher „weichen" psychosozialen und direkt personenbezogenen Dimensionen würden hingegen weniger Beachtung in der Problemanalyse und damit auch in der Problembearbeitung finden, obwohl das dem Grundsatz der „Ganzheitlichkeit" nicht entspreche. Interventionsmuster einer primär auf die materiellen Dimensionen ausgerichteten und in den sonstigen Lebenslagen und Problembereichen tendenziell eher passiv ausgerichteten Bedarfsermittlung, die unter Zeitdruck erfolgen, scheinen sich somit immer wieder durchzusetzen.

Damit deuteten sich bezogen auf bestimmte, meist komplexe Fall- und Problemkonstellationen des Langzeitbezugs auch für Göteborg sozialberufliche Handlungsmuster an, in denen tendenziell „Pragmatismus" vor „reiner Fachlichkeit" steht. Wie allerdings genau die Diskrepanzen zwischen tatsächlich bestehenden Bedarfen und den administrativ und sozialberuflich definierten und bearbeiteten Bedarfen in materieller und immaterieller Hinsicht zu beurteilen sind, wäre empirisch genauer zu untersuchen. Von den Befragten wurden ungedeckte oder im Rahmen der Sozialhilfepraxis vernachlässigte Bedarfe weniger im Bereich monetärer Transferleistungen beschrieben. Eher wurden sie im Bereich persönlicher und psychosozialer Hilfen bei Langzeitbezug und multiplen Problemlagen gesehen.

Aus innerschwedischer Perspektive ist dieser allgemeine Befund zu Defiziten in der Bedarfsermittlung nachvollziehbar. Im Städtevergleich wurde dann aber auch genauer erkennbar, dass die in Göteborg befragten Professionellen doch weitergehend als das für Bremen galt, Formen einer „ganzheitlichen" Bedarfsermittlung beschrieben. Darin wurden nicht nur die Verlaufs- und Handlungsperspektive als zentrale Dimensionen erkennbar, sondern sowohl die materiellen als auch die immateriellen Dimensionen des Problems Armut wurden umfassender berücksichtigt als für die Bremer Praxis erkennbar. Mit einzelnen Aussagen lässt sich belegen, dass entsprechende Orientierungs- und Handlungsmuster in der Sozialhilfepraxis in Göteborg bei notwendigem „Pragmatismus" der dortigen Sozialarbeit und trotz der beschriebenen Defizite dennoch recht weitgehend vorfindbar waren. Folgende Interviewpassage aus einem traditionellen Sozialbüro veranschaulicht dies:

> „Ja, das ist wohl die Absicht, dass man beim ersten Besuch eine systematische Erfassung und Dokumentation der Probleme und Bedarfe macht [gör en kartläggning]; darüber, auf welchem Weg sich der Klient befindet, was er für Gedanken hat, um dann gemeinsam zu bestimmen – dann kann das auch sehr unterschiedlich aussehen, abhängig von der Gesamtsituation und dem Drumherum. Der Gedanke ist, dass man eine Form der Planung hat. Aber für bestimmte Perioden kann es sich auch nur um die Ökonomie handeln (...). Aber für andere Zeiten kann es sich darum handeln, irgendwelche Vergünstigungen zu erschließen, die benötigt werden, zu klären, ob und warum Mietrückstände bestehen und solche Sachen. In anderen Fällen geht die Planung darüber, einen Job zu suchen. Man muss abstimmen, wie das funktioniert und versuchen, die Kontrolle darüber zu halten, dass das in einer angemessenen Zeit geschieht. Und in anderen Fällen, da kann es dann die Aufteilung und Absprache sein, was Du selbst machen kannst – diese ganzen Sachen – und was ich machen soll – ich rufe vielleicht diesen oder jenen an – und kontrolliere dies und das – und schicke eine Stellungnahme zu etwas – aber mit so einer Form der Planung sollte man schon versuchen überein zu kommen." (Int. 21: 503-517, ähnlich Int. 24.)

Die Aussage belegt, dass eine Bedarfsermittlung sowohl in der Zeit- als auch in der Handlungsperspektive vorgenommen wurde. Zum Beispiel werden periodische bzw. verlaufsbezogen unterschiedliche Bedarfe gesehen, materielle und immaterielle Dimensionen beschrieben, die über die eigenen Ressourcen, die externen und strukturellen Ressourcen bis zu den „Gedanken" und „Zukunftsplänen" der Sozialhilfebeziehenden selbst reichen. Neben materiellen Ressourcen der Umwelt und anderer wohlfahrtsstaatlicher Leistungssysteme *(Kringresurser)* wurden auch soziale Kontakte und Netzwerke usw. in der Bedarfsermittlung meist unmittelbar bezogen auf die weitere Planung des Hilfeprozesses mit berücksichtigt. Teilweise erfolgte dies im Rahmen von „Handlungsplänen" *(Handlingsplaner)*. Auch zentrale Ereignisse, die dem Sozialhilfebezug unmittelbar vorausgehen oder während der voraussichtlichen Dauer des Bezugs eintreten können, oder vom Antragsteller geplant sind, wurden nach den Beschreibungen einzelner Experten bei der Bedarfsermittlung mit beachtet. Die Bedeutung der biografischen Perspektive für die Problem-analyse und Bedarfsermittlung wurde damit in einigen Interviews unmittelbar erkennbar.

Die sich aus einer derart umfassenden verlaufs-, handlungs- und ressourcen-orientierten aktiven Bedarfsermittlung ableitenden Schritte und Maßnahmen können ebenfalls entsprechend vielfältig sein. Sie reichen von der Klärung und Hilfe-stellung bei Mietschulden, Hilfen bei alltäglichen Problemen mit Behörden, Information über vorrangige Leistungen sowie über Angebote, die auf die Erwerbsbio-grafie bezogen sind, bis zur Beratung und Hilfestellungen bei der Arbeitssuche und der Vermittlung in arbeitsmarktpolitische Maßnahmen. Neben den unter-schiedlichsten sozialberuflichen Handlungsformen der Mitarbeiter ist immer auch die Frage der *„angemessenen Zeit" (rimligt tid)* der jeweiligen Handlungsmuster und generell sozialer Interventionen bei der Bedarfsermittlung und des einzuleitenden Hilfeprozesses mit zu beachten. Wie lange dürfen welche Schritte und Maßnahmen bei welchen Problemkonstellationen und Verlaufsmustern des Sozialhilfebezugs jeweils dauern? Wann sind welche Interventionen und Handlungsformen einzulei-ten bzw. anzubieten und wie sind sie verlaufs- und handlungsbezogen auf andere, parallel oder zeitversetzt stattfindende oder vorgesehene Interventionen abzustim-men? Auch diese Dimensionen und Anforderungen an die Ausgestaltung sozialer Interventionen und sozialberuflicher Handlungsformen deuten sich im zuletzt genannten Zitat an und verweisen auf die Komplexität der Sozialhilfepraxis im Zeit- und Handlungsverlauf.

Weitergehend lässt sich außerdem deuten, dass es für arbeitslose Antragsteller bzw. Sozialhilfebeziehenden selbst in den aus Sicht der Experten beschriebenen Kontaktmustern nicht nur darum geht, beispielsweise eine *„angemessene"* oder *„zu-mutbare Arbeit"*, oder besser noch eine *„sinnvolle Beschäftigung" (meningsfull sysselsättning)* zu finden, sondern diese muss zudem in einer institutionell definierten „angemes-senen Zeit" erfolgen. Zum Teil bestanden dazu explizite rechtliche Regelungen und Vorgaben, die mehr oder weniger dann auch *Definitionen zum „Kurzzeitbezug"* bilde-ten. Sie beinhalteten meist einen Zeitraum von bis zu drei, maximal sechs Monaten. Vor allem bei jungen Arbeitslosen im Alter zwischen 18 und 24 Jahren und bei Studierenden leiteten sich aus den so spezifisch verlaufs- und handlungsbezogenen Definitionen zur aktiven Bedarfsermittlung ab, die intensivere und tendenziell restriktivere Kontakte aufwiesen. als bei anderen Empfängergruppen. Dagegen standen Aussagen zur Bedarfsermittlung bei Familien, allein Erziehenden oder älteren Langzeitarbeitslosen, wonach bei diesen Gruppen beispielsweise „besonde-re Bedarfe" *(särskilda behov)* eher eine Akzetpanz finden und die Kontakt- und Interventionsmuster verlaufs- und handlungsbezogen zeitlich weniger verregelt waren. Über besondere Bedarfe, die nicht mit der verbindlichen *Riksnorm* in Form von Regelsätzen fest geregelt sind, wurde demnach bei diesen letztgenannten Empfängergruppen tendenziell auch generöser entschieden als bei jungen Arbeitslosen und Studierenden.

Insgesamt lässt die oben zitierte Passage darauf schließen, dass Bedarfsermittlungen – wenn auch nicht im Regelfall – so aber bei einzelnen Mitarbeitern sowie selektiv auf bestimmte Problemkonstellationen und Verlaufsmuster bezogen – durchaus von einer dynamischen und ganzheitlichen an der Lebenslage orientierten Perspektive gekennzeichnet sind. Vergleichbar weitgehende Orientierungs- und Handlungsmuster ließen sich in Aussagen der Mitarbeiter in Bremer Sozialämtern *nicht* oder nur rudimentär finden.[672] Insoweit ließen die unterschiedlich eng gefassten Normen und Regeln, sowie die spezifischen Leitbildkonfigurationen und Grundprinzipien und eine sozialarbeiterisch geprägte „Wissenskultur" in Göteborg im Kontrast zur Sozialhilfepraxis in Bremen dann auch im Bereich der Bedarfsermittlung deutliche Unterschiede erkennen.

Es war auf der Basis der geführten Interviews und der Dokumentenanalysen in Göteborg nicht genauer zu klären, ob der zuletzt beschriebenen Praxis einer aktiven und „ganzheitlichen" sowie auf den Lebenslauf bezogenen Form der Bedarfsermittlung ein explizit entwickeltes Arbeitskonzept, ein Schema oder ein (offener) Fragebogen zu Grunde lag, oder ob die beschriebenen Handlungs- und Orientierungsmuster sich eher implizit aus dem jahrelangen Erfahrungswissen und über Routinen bei Experten insbesondere des Typs „aktiver Sozialberater" in der Sozialhilfe herausbilden. Dieser Typ des „aktiven Sozialberaters" unterschied sich jedenfalls in den genannten Formen der aktiven und „ganzheitlichen" Bedarfsermittlung vom Typ eines „passiven Sozialverwalters", was vor allem in Göteborg erkennbar wurde, in Bremen weniger augenscheinlich war. Was genau die Grundlagen und Einflüsse für welche Varianten und Formen der Bedarfsermittlung waren, blieb weitgehend offen und wäre im Rahmen detaillierterer Studien zu klären. Unterschiedlich entwickelte Orientierungs- und Deutungsmuster der Professionellen von Leitbildern oder etwa der Norm einer „ganzheitlichen" Sozialhilfe spielen jedoch eine Rolle.

Die für Göteborg angedeuteten *selektiven Interventionsmuster* und vielfältigen Entscheidungsvarianten zeigten sich im Kontext von Ablehnung, Kürzung und Einstellung der Sozialhilfe noch genauer, wobei auch hier eher davon auszugehen ist,

---

[672] Für Bremen galt sowohl Anfang der 1990er Jahre als auch den Befunden aus der Erhebung 1999/2000, dass Bedarfsermittlung und Beratung stark formalisiert, zuletzt auf der Basis eines ergänzend zum Sozialhilfeantrag aufzunehmenden fünfseitigen Fragebogens erfolgte (vgl. HB-Int. 03 u. 06). Die Fragen zum Bedarf wie auch die Beratung waren stets auf den unmittelbar materiellen und formalen Zusammenhang des Anspruchs auf Sozialhilfe bezogen und eben nicht von einer „ganzheitlich" an der Lebenslage ausgerichteten Sichtweise gekennzeichnet. Das Interaktionsmuster war ein „Frage-Antwort-Muster" und nur begrenzt bei einzelnen Mitarbeitern des Typs „aktive Sozialberater" wurde ein Muster des „Gesprächsdialogs" erkennbar.

dass diesen Interventionsmustern kein explizit ausgearbeitetes Konzept, sondern über längere Zeiträume entstandene Routinen, Verfahrensweisen und Handlungsmuster zu Grunde liegen, die selbst den Experten im Alltag nicht immer bewußt sind. Es sei an dieser Stelle ausdrücklich darauf hingewiesen, dass Ablehnung, Kürzung und Einstellung der Sozialhilfe hier zur Veranschaulichung zeitlich und handlungsbezogener Interventionsvarianten dienen. In Göteborg erfolgte in aller Regel nach den Erstgesprächen eine Bewilligung der Sozialhilfe. Dabei ist aber in der Art der Bewilligung, dem ermittelten Niveau der monetären und den Varianten persönlicher Hilfen nach vorliegenden schwedischen Studien eine *extrem uneinheitliche Praxis* in den Sozialbüros empirisch belegt.[673] Diese heterogene Praxis gilt in der schwedischen Fachliteratur als ein Hauptmerkmal und unter Aspekten der Rechtmäßigkeit, Rechtssicherung und auch unter Gerechtigkeitsaspekten meist auch als das Hauptproblem der schwedischen Sozialhilfe.

2. Ablehnung, Kürzung und Einstellung als in der Verlaufs- und Handlungsdimension grundsätzlich „offen" gestaltete Entscheidungsvarianten einer „neuen Verbindlichkeit"
In einem gewöhnlich einfachen Verständnis zu den Entscheidungsmustern über einen Sozialhilfeantrag werden zumeist drei oder vier Varianten gesehen: Erstens, die *Bewilligung* des Antrages auf Sozialhilfe, da die einkommens- und vermögensbezogenen sowie verhaltensbezogen über Mitwirkungspflichten gestellten Voraussetzungen vorliegen. Zweitens, die *Ablehnung* des Antrages auf Sozialhilfe, da entweder die Bedarfsprüfung eine Überschreitung der Einkommens- und Vermögensgrenzen ergibt und/oder Mitwirkungspflichten nicht erfüllt werden. Drittens ist die Variante der *Kürzung* im Niveau der monetären Leistung denkbar, wiederum etwa, wenn Mitwirkungspflichten nicht erfüllt werden, und viertens ist die Variante der *Einstellung* künftig zu zahlender oder bereits bewilligter Sozialhilfe aufgrund veränderter Einkommens-/Vermögensverhältnisse möglich. Die Einstellung kann auch bei fehlender Mitwirkung im Kontext der Antragstellung oder etwa im Zusammenhang einer angebotenen, jedoch vom Antragsteller abgelehnten Arbeitsstelle oder arbeitsmarktpolitischen Maßnahme erfolgen.

In einer *grundsätzlichen* vergleichenden Betrachtung unterscheiden sich die genannten Entscheidungsvarianten der Sozialhilfe im deutschen und im schwedischen Sozialhilferecht *nicht* wesentlich. Sie weisen zumindest ausgehend von den wenn auch unterschiedlich konkret ausformulierten rechtlichen Regelungen weitgehende Übereinstimmungen auf. Dies gilt allgemein in den Voraussetzungen der Hilfe, ferner für Niveau und Umfang der Leistungen, welche in beiden Ländern

---

[673] Befunde zur extrem uneinheitlichen Praxis in der schwedischen Sozialhilfe liegen mit Studien von Gustafsson/Hydén/Salonen (1990), Hydén (1995), Tengvald (1997b), Mosesson/Jönsson (1998) und Byberg (1998) vor.

über detaillierte Regelsätze bzw. „Riksnorm" festgelegt sind, und auch hinsichtlich der Leistungsformen, die als monetäre Leistungen, Sachleistungen oder der Variante der persönlichen Hilfe in beiden Wohlfahrtsstaaten möglich sind.[674]

Eine genauere Analyse auf der Basis der Interviews und Dokumente ergab allerdings für die Praxis der Sozialhilfe *in Göteborg* – im Kontrast zur Sozialhilfe in Bremen – deutlich erweiterte und sehr differenziert entwickelte Varianten, über die Sozialhilfe in ihrer Höhe, über die materiellen und persönlichen Formen der Hilfe, den Zeitpunkt ihrer Bewilligung und Varianten der Auszahlung sowie in der Frage der Endgültigkeit einmal getroffener Entscheidungen zu befinden.

Die hierzu vorliegenden detaillierten Befunde ließen sich nur mit dem theoretischen Ansatz in einer konsequent auf die Zeit- und Handlungsdimension fokussierenden Analyse ermitteln, wobei zugleich die materiellen *und* persönlichen Formen in der Sozialhilfe berücksichtigt und in ihren vielfältigen Verknüpfungsmöglichkeiten genauer betrachtet wurden. Eine isolierte Betrachtung beider Hilfeformen bzw. ein einfaches Verständnis, wonach die Sozialhilfe als rein monetäre Transferleistung im Sinne ökonomischer Interventionen zu gelten hätte, würde die Entscheidungsvarianten sehr viel enger erscheinen lassen und insgesamt völlig anders vermitteln. Die auf der Basis der hier gewählten theoretischen Ansatzes gefundenen Ergebnisse dürften sowohl für die Forschung zur Sozialhilfe generell, sowie speziell zur schwedischen Sozialhilfe und dem dort intensiv geführten Methodendiskurs weiterführend sein. Die nachfolgend dargestellten Befunde dürften ferner für die deutsche Sozialhilfepraxis im Sinne eines „policy-learning" interessant und aufschlußreich sein, insbesondere auch im Zusammenhang mit dem Diskurs um eine „aktivierende Sozialpolitik", in dessen Zusammenhang Rechte und Pflichten in veränderte Relationen zueinander gestellt werden.

Den für die Untersuchung eingangs dargestellten theoretischen Grundlagen nach sind die Formen der Bedarfsermittlung und die Entscheidungsmuster über einen Antrag auf Sozialhilfe eben *nicht* bzw. nur unzureichend als ein *situativ* bezogener Akt im Sinne einer Verwaltungsentscheidung oder eines Verwaltungsaktes *(Beslut)* zu verstehen. Die Bedarfsermittlung erfolgt vielmehr in dynamischen Bezügen, wie bereits oben dargestellt wurde. Ferner ist eine von den Mitarbeitern in der Sozialhilfe über Bedarfe zu treffende Entscheidung nicht nur auf das Erstgespräch begrenzt, sondern gewissermaßen *fortlaufend* oder in bestimmten zeitlichen Abständen wird stets erneut über den Bedarf und den Anspruch auf Sozialhilfe institutio-

---

[674] Bisher wurde im BSHG ausdrücklich von „persönlicher Hilfe" gesprochen. Nach dem Gesetzentwurf der Bundesregierung vom 13. Aug. 2003 zur Einordnung des Sozialhilferechts in das Sozialgesetzbuch wird mit der Reform des deutschen Sozialhilferechts ab 2005 nach § 10 f. SGB XII künftig zwischen *Dienstleistung, Geldleistung* und *Sachleistung* unterschieden. Zur *Dienstleistung* (persönlichen Hilfe) gehören insbesondere die Beratung in Fragen der Sozialhilfe und die Beratung und Unterstützung in sonstigen Angelegenheiten.

nell entschieden. Nicht nur in Göteborg, sondern generell in der schwedischen Sozialhilfe war dieses Interventionsmuster deutlicher erkennbar als für Bremen oder generell in der deutschen Sozialhilfe. So war in Göteborg – ähnlich auch in Malmö und anderen Kommunen – eine Praxis üblich, wonach im Rahmen eines *monatlich* vom Sozialhilfebeziehenden *einzureichenden Aktualisierungsantrages (Återansökan)* in einem weitgehend standardisierten, aber dennoch aufwendigen Verfahren die Voraussetzungen und die Bedarfe zum Sozialhilfebezug vom zuständigen Sozialarbeiter erneut bzw. fortlaufend geprüft und entschieden wurden. Die „Bedarfsermittlung" zeigte sich in der schwedischen Sozialhilfe damit nicht nur in der Handlungs- und Interventionsperspektive „aktiver", sondern zugleich stärker *prozessual bzw. verlaufsbezogen* konzipiert als in der deutschen Sozialhilfe.

Ausgehend von den Rechtsgrundlagen der schwedischen Sozialhilfe ist bezogen auf die 1990er Jahre festzustellen, dass die Voraussetzungen, Bedingungen und Möglichkeiten einer Ablehnung, Kürzung oder Einstellung der Sozialhilfe mit den Neuregelungen des Sozialdienstgesetzes zum 1. Januar 1998 sehr viel konkreter und detaillierter geregelt wurden. Eine fortlaufende Prüfung der Anspruchsvoraussetzungen und Kontrolle, die auch kritisch gesehen werden kann, wie auch eine im positiven Sinne verstandene fortlaufende aktive „Bedarfsermittlung" waren in der schwedischen Sozialhilfepraxis in Form *monatlicher Aktualisierungsanträge* aber bereits Anfang der 1990er Jahre in vielen Kommunen übliche Praxis. Es bestanden auch schon vor 1998 allgemeine Regelungen und Verfahrensweisen, wonach bei offensichtlich fehlender Mitwirkung oder bei fehlender Arbeitsbereitschaft die monetäre Sozialhilfe in ihrer Leistungshöhe zu kürzen oder auch vollständig einzustellen war. Diese Praxis war rechtlich allerdings bis 1998 nur sehr diffus geregelt. Sie war weitgehend von den jeweils kommunalen und damit sehr unterschiedlichen Richtlinien und Ausführungsbestimmungen sowie von gerichtlichen Entscheidungen in Einzelfällen abhängig.[675] Im Wege der Klage wurden häufig die Gerichte mit diesen Fragen des Sozialhilferechts befasst. Die uneinheitliche Praxis, die erhebliche Rechtsunsicherheit für die Sozialhilfebeziehenden, die unpräzisen Entscheidungsgrundlagen für die Sozialarbeiter in den Sozialbüros, eine zunehmende Belastung der Gerichte durch Klageverfahren, sowie vor allem die Einführung von arbeits-

---

[675] Eine dem früheren § 25 BSHG bzw. dem seit 2005 geltenden § 39a SGB XII in der deutschen Sozialhilfe ähnlich klare Regelung, wonach unter bestimmten Voraussetzungen die „Hilfe zum Lebensunterhalt" um 25 % gekürzt werden kann, oder auch die seit 2005 neue Regelung des § 31a SGB II zu den Sanktionen bei fehlender Mitwirkung und/oder unwirtschaftlichem Verhalten in Form einer Leistungskürzung im 1. Schritt um 30 % und im 2. Schritt dann um 60 % findet sich in so differenzierten Form vergleichbar im schwedischen Sozialhilferecht nicht. Umfang und Art der Kürzungen bleiben in Schweden grundsätzlich der Entscheidung im Einzelfall und damit den Mitarbeitern in den Sozialbüros überlassen. Von diesen ist eine solche Entscheidung über die Kürzung oder (vorübergehende) Einstellung der materiellen Hilfe jeweils umfassend zu begründen und zu dokumentieren.

576

marktpolitischen Maßnahmen mit der Zielsetzung einer „Aktivierung" bei jungen arbeitslosen Sozialhilfebeziehenden in Form der *„Utvecklingsgaranti"* von 1998 erforderten schließlich eine Konkretisierung und detaillierte gesetzliche Regelung zu den Vorraussetzungen und Verfahren einer Ablehnung, Einstellung oder Kürzung der Sozialhilfe. Mit den zentralstaatlichen Neuregelungen des Sozialdienstgesetzes von 1998 wurde der frühere § 6 SoL zum „Recht auf Hilfe" in mehrere Abschnitte untergliedert und in § 6d SoL (Stand 1998) bzw. in Kapitel 4, § (Stand 2002) heißt es nunmehr wörtlich:

> *„Wenn der Einzelne es ohne annehmbaren Grund ablehnt an einem Praktikum oder an einer anderen kompetenz-fördernden Maßnahme teilzunehmen, die ihm gemäß § 6c SoL (ab 2002: Kap.4, § 4 SoL) zugewiesen wurde, soll die wirtschaftliche Hilfe abgelehnt oder reduziert werden. Gleiches gilt, wenn er oder sie ohne annehmbaren Grund einem Praktikum oder einer kompetenzfördernden Maßnahme fern bleibt."* [676]

Zwar wurde diese Regelung 1998 vor allem im Kontext der Bekämpfung der Jugendarbeitslosigkeit in das Sozialdienstgesetz aufgenommen, sie bezieht sich aber in der Rechtspraxis inzwischen grundsätzlich auf alle arbeitsfähigen Sozialhilfebeziehenden. Festzustellen ist weiter, das sich die Möglichkeiten der Ablehnung, Kürzung oder Einstellung der Sozialhilfe der Gesetzessystematik nach und im Gesetzeswortlaut explizit auf die *wirtschaftliche Hilfe* beziehen, so dass eine *persönliche Hilfe* hiervon *nicht* direkt berührt werden muss. In der Zeit- und Handlungsperspektive betrachtet hat diese Konstruktion einige Auswirkungen.

Erkennbar wurde zunächst allgemein, dass die Möglichkeit der Ablehnung, Einstellung oder auch der Kürzung der Sozialhilfe in Fallkonstellationen fehlender Mitwirkung und konkret auch bei Ablehnung einer angebotenen Arbeits- oder Qualifizierungsmöglichkeit von den befragten Mitarbeitern als wichtige methodische Instrumente und zugleich aber auch einhellig als „äußerste" Formen einer verhaltensbezogenen Intervention betrachtet wurden.[677] Im Kontext der Frage, wie die Erfüllung der Mitwirkungspflichten bei Antragstellern oder bereits Sozialhilfe Beziehenden im Sinne einer Koproduktion erreicht werden könne, wurden Ablehnung, Einstellung und Kürzungsvarianten als *„absolut nachrangig"* bezeichnet, da sie dem Grundsatz und der sozialberuflichen Grundorientierung entgegenstehen, wonach die Kontakt- und Interaktionsmuster mit dem Bürger möglichst „dialo-

---

[676] Zit. § 6 d SoL nach Norström/Thunved: 1999, S. 59 bzw Kap. 4, § 5 SoL (Stand: 01.01.2002).

[677] Festzuhalten ist, dass die Stadt Göteborg zum Erhebungszeitpunkt *keine* eigenen kommunalen, etwa weitergehenden und konkretisierenden Richtlinien oder Hinweise zu den Verfahren und Entscheidungsmustern der Ablehnung, Einstellung oder Kürzung von Sozialhilfeleistungen erlassen hatte, sondern der Handlungsrahmen und die Handlungsformen wurden über das Sozialdienstgesetz, über die Rechtsprechung und vor allem über die Empfehlungen der nationalen Sozialbehörde vorgegeben. Vgl. Socialstyrelsen (2000a) sowie Göteborg Stad (1999): Författningssamlingen, Föreskrifter angående bistånd (Stand: 01.01.1999).

gisch" zu gestalten sind. Ein Dialog im Verständnis eine *Koproduktion sozialer Dienst-leistungen* im Kontext der Sozialhilfe erfordert nach Auffassung der befragten Experten von Beginn an einen möglichst hohen Grad an Transparenz, Verbindlichkeit und Offenheit im Kontakt zwischen Sozialdienst und Bürger. Exemplarisch wurden diese beiderseitigen Anforderungen in folgender Aussage eines langjährig in der Sozialhilfe tätigen Sozialarbeiters formuliert:

> *„Wenn man den Kontakt mit der Arbeitsvermittlung nicht pflegt, so ist das ein Grund für eine Ablehnung der Sozialhilfe, denke ich. Aber es muss ja die ganze Zeit über für den Klienten transparent sein, was passieren kann, wenn (...). Die Entscheidungen, die man hier trifft, die müssen für den Klienten vorhersagbar sein. Das ist eine Rechtssicherheitsfrage, denke ich. So, daher soll man das möglichst schriftlich dokumentieren, und möglichst sollten beide das unterschreiben. Man unterschreibt eine Art „Absprache" [avtal], in der auch die Konsequenzen stehen. Ich mache das nicht mit allen, aber mit einem Teil der Klienten."* (Int. 24: 512-529)

Demnach wären nach dem sozialberuflich geprägten Arbeitsverständnis der Sozialarbeit die Kontakte und Entscheidungsrahmen in der Sozialhilfe in Göteborg grundsätzlich vom *Anspruch* und der *Zielsetzung* einer gemeinsamen Entscheidungsfindung zu den Bedarfen im Rahmen eines Dialogs geprägt. Die tatsächlichen Formen in den sozialarbeiterischen Interventionen und Entscheidungen erwiesen sich jedoch als höchst unterschiedlich und nicht immer dem formulierten Idealbild entsprechend.

So berichteten einzelne Mitarbeiter, dass (nur) bei „gewissen" Antragstellern bereits mit dem Erstkontakt sogenannte „Handlungspläne" *(Handlingsplaner)* erstellt werden, wohingegen dieses Instrument bei anderen gar nicht zur Anwendung kam. Ausgehend von den neueren normativ und sozialberuflich formulierten Anforderungen an die Verbindlichkeit im Kontakt zwischen Sozialdienst und Bürger, sowie zur Verbesserung von Rechtssicherheit, Transparenz und Offenheit wurde das Instrument der Handlungspläne im Verlauf der 1990er Jahren verstärkt eingesetzt, um Bedarfe und die einzelnen Schritte des Interventionsprozesses genauer und möglichst einvernehmlich festzulegen. Teilweise wurden diese Handlungspläne auch als „Arbeitspläne" *(Arbetsplaner)* oder auch als Kontrakte verstanden. Die Bedeutung dieser Instrumente, auf die noch genauer eingegangen wird, wird im positiven wie im negativen Sinne erkennbar. Einerseits sind sie funktional, um in der Zeit- und Handlungsperspektive nicht nur die Bedarfe und ihre Abdeckung zu dokumentieren, den Hilfeprozess zu steuern sowie „fordernde" Elemente und Mitwirkungspflichten verbindlich an Klienten im Sinne von direkter Verhaltenssteuerung zu vermitteln. Zugleich sichern sie eher im Sinne einer Kontextsteuerung Transparenz und Rechtssicherheit vor allem auch im Zeitverlauf für beide Seiten, ohne dabei in Schweden einen Verwaltungsakt im eigentlichen Sinne darzustellen.

Die Handlungspläne oder auch Vereinbarungen und „Kontrakte", meist als *„Avtal"* bezeichnet, können sich in der schwedischen Sozialhilfe auf die Interaktionen und Interventionen zwischen Sozialdienst und Bürger beziehen und weitergehend auch die Form eines täglichen Arbeits- und Ablaufplanes für die Teilnahme an einer arbeitsmarktpolitischen Maßnahme in einem Projekt aufweisen. Insoweit sind sie der Praxis von *Gesamtplänen* oder auch dem Ansatz der *Hilfeplanung* in der deutschen Sozialhilfe ähnlich, nehmen aber teilweise weitergehend Einfluss auf die individuellen Freiräume. Dabei sind *„Handlingsplaner"* in der schwedischen Sozialhilfepraxis bislang nicht als einseitig vom Sozialdienst erlassener Verwaltungsakt *(Beslut)* zu verstehen, sondern folgen idealtypisch betrachtet dem Muster einer möglichst „koproduktiv" zwischen Sozialdienst und Bürger zu erstellenden verbindlichen Vereinbarung. Die unterschiedlich verteilte Macht, die Asymmetrien und Abhängigkeitsverhältnisse, wie sie im Kontakt zwischen Sozialdienst und Bürger bestehen, werden mit dieser „neuen Verbindlichkeit", die über geänderte Rechtsgrundlagen und geänderte Verfahrensabläufe geschaffen wird, weitgehend ignoriert, so dass die Bedingungen einer Koproduktion tatsächlich dadurch nicht verbessert werden.

In einer ganzen Reihe von Interviews wurde deutlich, dass der Kontakt zu Sozialhilfebeziehenden im Arbeitsverständnis der Befragten im Rahmen eines grundsätzlich „offenen" und auch zeitlich *grundsätzlich nicht befristeten personenbezogenen Dialogs* verstanden, eingeleitet und möglichst entsprechend geführt wird. Beispielsweise war nach den Ausführungen mehrerer Experten, teilweise sogar unabhängig von den rechtlich seit 1998 relativ eng definierten Vorgaben, *nicht generell* die Ablehnung des Antrages auf Sozialhilfe oder die Einstellung der Leistung vorzunehmen, wenn Arbeitslose bestimmte Arbeits- oder Qualifizierungsangebote nicht antraten oder abbrachen. Vielmehr wurde in den Interviews das generelle Bemühen beschrieben, stets im Verständnis eines Dialogs, ggf. verbunden mit einer *zeitlich möglichen Befristung* einer Ablehnung oder Kürzung der *materiellen* Hilfe zumindest den persönlichen Kontakt zu dem von diesen Entscheidungen betroffenen Bürger auch weiterhin aufrecht zu erhalten. Aus der Perspektive der Experten galt es dabei, dem Grundsatz eines möglichst „ganzheitlichen" Verständnisses der Bedarfe *(Helhetssyn)* folgend, in jedem einzelnen Fall möglichst weitgehend die Ursachen, Gründe und Erklärungen für eine Ablehnung von Arbeits- oder Qualifizierungsangeboten oder für eine mangelnde Mitwirkung am Prozess der Hilfe, ggf. auch nach Ablehnung, Einstellung oder Kürzung der materiellen Leistungen, im weiteren persönlichen Kontakt gemeinsam mit den Betroffenen zu klären. Ziel war es dabei, möglichst Alternativen zu Handlungsmustern einer pädagogisch begründeten oder legitimierten Disziplinierung und Sanktionierung zu entwickeln, sowohl im Interesse der Sozialdienste als auch im Interesse des betroffenen Bürgers.

Nur einzelne Mitarbeiter – meist aus den traditionellen Sozialbüros und meist des Typs „passiver Sozialverwalter" beschrieben eine Interventionsstrategie, wonach sie in Fällen fehlender Mitwirkung oder abgelehnter Arbeits- oder Qualifizie-

rungsangebote relativ konsequent und unmittelbar die Ablehnung des Sozialhilfe-
antrages *(Avslag)* oder die Einstellung der Zahlungen als „pädagogisches" Instrument und stark verhaltensbezogene Interventionsform einsetzten. Zum Beispiel
wurde folgende Verfahrensweise beschrieben:

> *„(...)Wenn man eine eindeutige Absprache gehabt hat, wonach dieses und jenes so gilt, dann ist es auch das, was
> zur Sozialhilfe berechtigt. Hält man die Absprache nicht ein, so besteht das Risiko, dass man ganz einfach eine
> Ablehnung/Einstellung für das erhält, was man beantragt hat. Wenn man mit der Absprache bricht, dann ist es
> so – also, es ist ja immer noch das Geld, das da steuert – im Guten wie im Schlechten – und das ist das Mittel, das
> es gibt."* (Int. 21: 645-653)

In der zuvor zitierten Aussage kommen steuerungs- und interventionstheoretisch
mehrere Aspekte gleichzeitig zum Ausdruck. Zum einen werden demnach verbindliche Absprachen oder Vereinbarungen *(Avtal)* über die abzudeckenden Bedarfe
und die Mitwirkungserwartungen getroffen. Die Vereinbarung ist ferner als wesentliche Voraussetzungen dafür zu sehen, dass später Sanktionen möglich sind, die in
ihrer Entstehung und Vorgeschichte nur so dokumentiert und legitimiert werden
können. Für den Bürger schaffen sie allerdings auch eine Transparenz und eine
gewisse „Berechenbarkeit" hinsichtlich der Folgen bestimmter Verhaltensweisen.
Das *Element der Verbindlichkeit* ist zentral und bildet dabei vor allem den *Zwischenbereich* in der vielfach für die Armenfürsorge beschriebenen Polarität von Hilfe und
Kontrolle ab. Die genannten Vereinbarungen *(Avtal)* bilden zugleich Instrumente,
die nur indirekt über das Steuerungsinstrument Recht definiert sind. Sie sind aber
ebensowenig im Sinne von Kompetenzvermittlung als pädagogische Interventionsformen im eigentlichen Sinne zu verstehen. Auch insoweit bilden sie Zwischenbe-
reiche und damit einen *hybriden Interventionsmix* von rechtlicher, ökonomischer und
pädagogischer Intervention ab.

In der obigen Aussage zeigt sich außerdem ein methodisches Defizit für den
schwedischen Sozialdienst, wonach die monetären Transferleistungen und monetäre Anreizsysteme – und damit die ökonomische Interventionsform und das Steuerungsinstrument Geld – letztlich weiterhin als das direkteste besonders wirksame
Instrument gilt. In dieser Hinsicht versagen demnach bezogen auf bestimmte
Problemlagen, Verlaufsmuster und Konfliktsituationen rechtlich definierte Mitwirkungsanforderungen, sofern sie ökonomisch folgenlos bleiben, und auch die bisher
entwickelten pädagogischen Interventionsformen, die etwa auf Information und
Motivation ausgerichtet sind. Es bilden sich hybride spezifische Verbindungen
monetärer, rechtlicher und pädagogischer und ökologischer Interventionen, die *in
Konfliktfällen der Bedarfsermittlung* besonders anschaulich werden. Wie bereits bezogen
auf den Methodendiskurs in der schwedischen Sozialhilfe angedeutet wurde, zeigen
die Aussagen in Göteborg zum Erstkontakt, zu den Formen der Bedarfsermittlung
und zu den Entscheidungs- und Handlungsmustern, dass es tatsächlich noch an

speziell für die Sozialhilfepraxis entwickelten pädagogischen Interventions- und Handlungsformen fehlt. Insofern könne eine Reformstrategie sein, den „Methodendiskurs" in der Sozialhilfe weiterführend aufzunehmen und „neue Methoden" etwa in der Bedarfsermittlung zu entwickeln, um Alternativen zu Sanktionen und damit zum Kontaktabbruch zwischen Sozialdienst und Bürger zu etablieren.

3. Die zeitlich ausdrücklich nicht befristete persönliche Hilfe bei gleichzeitiger Ablehnung oder Einstellung der monetären Hilfe

Sowohl im Zusammenhang mit den Entscheidungsmustern über einen Neuantrag wie bezogen auf die Einstellung eines bereits laufenden Sozialhilfebezugs ergab die Analyse, dass in Göteborg/Schweden ähnlich wie in Bremen/Deutschland für diese Entscheidungsvarianten und -muster eben *nicht* allein die durchgeführte materielle Bedarfsermittlung und -berechnung zur Einnahmen-/Vermögenssituation als Bezugs- und Ausgangsgröße zu sehen ist. Sozialhilfebezug geht vielmehr von Beginn an im Rahmen der Bedarfsermittlung und der Entscheidungsvarianten deutlich über die rein materielle Ebene hinaus. Neben der materiellen Bedarfsermittlung erfolgt stets eine Analyse und Bewertung von Verhalten und Handlungsweisen durch die Professionellen innerhalb der Sozialhilfe. Im Rahmen dieser *personen- und verhaltensbezogenen Bedarfsermittlungen* gilt es für neue Antragsteller – bzw. in Schweden auch während des laufenden Sozialhilfebezugs – sich hinsichtlich der Mitwirkung am Hilfeprozess einerseits als in hohem Maße aktiv und bemüht zu zeigen, den Sozialhilfebezug möglichst schnell beenden zu wollen. Zugleich gilt es, sich in einer in dem eigenen Handlungs- und Aktivitätspotentiale sowie in den Selbstversorgungsmöglichkeiten stark eingeschränkten Situation darzustellen, um überhaupt Zugang zum Sozialhilfebezug zu finden.[678] Insoweit lassen sich auf der Basis der Interviews in Schweden auch durchaus konträre oder paradoxe institutionelle Erwartunglogiken erkennen.

Wie festgestellt wurde, gilt nach den Aussagen der befragten Experten immer noch das Geld in der Variante einer monetären Anreizsteuerung bzw. in Form einer Vorenthaltung von in Aussicht stehenden Geldleistungen als das wirksamste Steuerungsinstrument, um institutionell gewünschtes Verhalten bei Antragstellern in der Sozialhilfe zu erreichen. Das Steuerungsinstrument Geld ist dabei in der Sozialhilfe entweder in Form der Zahlbarmachung oder der Ablehnung sowie über die Kürzung oder Einstellung von Zahlungen sehr viel einfacher einsetzbar als andere Steuerungsinstrumente wie beispielsweise Wissen oder Kompetenzen im

---

[678] Dieses teilweise paradox erscheinenden Handlungsanforderungen und Erwartungsmuster wurden in Göteborg und Malmö – ähnlich aber auch in Bremen – im Rahmen teilnehmender Beobachtungen gut erkennbar und von einzelnen Experten ausdrücklich beschrieben. Auch Hydén (2000) geht auf diese Muster im Gesprächskontakt zwischen Sozialarbeitern und Bürgern in schwedischen Sozialämtern ein.

Rahmen pädagogischer Interventionen. Gerade weil monetäre Entscheidungen und Steuerungsvarianten die einfacheren und direkten Einflussmöglichkeiten bieten, besteht in der Sozialhilfe generell ein hohes Risiko, pädagogische oder auch ökologische Interventionsformen zu vernachlässigen, da sie komplexer sind, einen höheren Aufwand in der Vorbereitung und Anwendung erfordern und zudem in ihren Wirkungen nicht so schnell und direkt erfassbar sind wie das für rechtliche und monetär bezogene Interventionsformen gilt. In den Aussagen der befragten Experten wurde insoweit also auch eine spezifische Gewichtung und Hierarchie in der Anwendung bestimmter Steuerungsinstrumente und Interventionsformen erkennbar.[679] Bleiben personenbezogene Handlungsformen, die typischerweise als „sozialarbeiterisch" gelten, etwa die *Information* über Sachverhalte, die *Vermittlung* von Wissen, eine *Beratung* über Ansprüche und über Konsequenzen bestimmter Verhaltensweisen erfolglos, kommt zumeist weiterhin die ökonomische Intervention, entweder als monetäre Transferleistung oder aber in Form der ganzen oder teilweisen Vorenthaltung möglicherweise in Aussicht stehender Geldleistungen zum Einsatz. Dieses Grundmuster sozialer Interventionen war in Göteborg jedenfalls wesentlich bestimmend für die beschriebene Praxis und das Arbeitsverständnis der dort befragten Experten

Das zuvor beschriebene Grundmuster sozialer Interventionen in der Sozialhilfe lässt dabei eine *Vielzahl von Kombinationsmöglichkeiten und Variationen* in der Anwendung und Formkonstellation sozialer Interventionen und entsprechender Steuerungsmedien zu. Diese variieren einerseits unter den Mitarbeitern je nach Sozialisation, Qualifikation, Alter, Erfahrungswissen, sozialberuflich geprägten Handlungsorientierungen usw. und sind auch abhängig von strukturellen und organisatorischen Gegebenheiten.

Hinsichtlich der Mitarbeiter ließen sich in der Zusammensetzung der Professionellen für Göteborg – ähnlich wie für Bremen – allgemeine Typisierungen vornehmen, nach denen beispielsweise in *„aktive Sozialberater"* und *„passive Sozialverwalter"* unterschieden werden konnte.[680] Dies Typisierung lag quer zur Ausbildung und Qualifikation der Mitarbeiter. So ließ sich in Bremen unter den Verwaltungskräften – wenn auch nur vereinzelt – der Typ des „aktiven Sozialverwalters" finden, und in Göteborg war unter den Sozialarbeitern auch der Typ des „passiven Sozialverwalters" vorfindbar. Erkennbar wurde in Göteborg, teilweise auch in Bremen beispielsweise, dass Schilderungen zu pädagogisch begründeten bzw. zu entsprechend legitimierten *Ablehnungen* oder *Einstellungen* monetärer Sozialhilfeleistungen sich im

---

[679] Zur Theorie sozialer Interventionen und der Steuerungstheorie vgl. Kaufmann (1999).

[680] Eine ähnliche Typisierung von „passiven Sozialverwaltern" und „aktiven Sozialberatern" wurde auf der Basis der zwischen 1991-1993 sowie der im Jahr 2000 in Bremer Sozialämtern geführten Extertenbefragung bereits entwickelt. Vgl. Schwarze (1994 und 2002b).

Zusammenhang mit Sachverhalten fehlender Mitwirkung tendenziell eher bei einzelnen stärker an vorgegebene rechtliche Grundlagen, Verfahren und an kontrollierenden Aufgaben orientierten Mitarbeitern vom Typ des „passiven Sozialverwalters" vorfinden ließen. Demgegenüber waren die Schilderungen zu pädagogisch motivierten *Kürzungen* der monetären Sozialhilfe und weitergehenden Bemühungen um eine mögliche Aufrechterhaltung des personenbezogenen Kontakts tendenziell eher beim Typ des „aktiven Sozialberaters" vorzufinden. Bei diesem Mitarbeitertyp erschien offenbar der Rückgriff auf Ablehnungen oder Einstellungen in Fallkonstellationen fehlender Mitwirkung als das „allerletzte Mittel" und zuvor waren die Mitarbeiter dieses Typs sehr weitgehend bemüht, eine dialogische Klärung des Sach- und Problemverhalts, eine Information und Aufklärung, die Vermittlung von Kompetenzen und Gelegenheiten sowie eine soziale Beratung zu alternativen Handlungsstrategien zu leisten.

Als zentraler Befund in der Zeit- und Handlungsperspektive ergab sich weitergehend, dass eine Ablehnung oder Einstellung der *monetären* Transferzahlung im Arbeitsverständnis der in den Sozialbüros in Göteborg befragten Mitarbeiter eben *nicht* bzw. *nicht generell* auch die Ablehnung, Einstellung oder gar Verweigerung einer *persönlichen* oder *psychosozialen* Hilfe bedeutete. Dies wurde in der folgenden Aussage zum Beispiel direkt veranschaulicht:

> *„Also es gibt ja eine Möglichkeit zur Ablehnung oder Einstellung. Man muss da eine Abwägung vornehmen (...)*
> *und da ist es ja nicht so, dass man die Person hier hinaus in den Korridor verweist und dass sie nicht willkommen*
> *ist, wenn sie zurückkommt. Sondern es handelt sich vielleicht in einem solchen Fall um einen laufenden Kontakt –*
> *dass man eine Planung hat, Absprachen hat, die gebrochen wurden und dann kommt es zur Einstellung, aber –*
> *dann geht es doch wieder weiter – und man beginnt mit dem, was dazu [zum Bruch der Absprache] geführt hat.*
> (Int. 21: 661-669)

Die beschriebene gezielte sozialberufliche Handlungsstrategie, den Kontakt für eine *personenbezogene* Intervention auch mit der (vorläufigen) Ablehnung monetärer Transferleistungen (zunächst) weiterhin offen zu gestalten und parallel zur und sogar nach der Ablehnung der wirtschaftlichen Hilfe dem Antragsteller/Berechtigten weiterhin „aktiv" anzubieten, wurde in verschiedenen Interviews beschrieben. (Int. 14, 17, 18, 19, 21, 24)

Deutlich wurde aber auch, dass in der *materiellen und formalen Ebene* der Interventionsrahmen in hohem Maße von der in Schweden stark ausgeprägten „Arbeits- und Aktivitätslinie" und den über das Sozialrecht daraufhin bezogenen Mitwirkungspflichten bestimmt wird. Dieser materiell-rechtliche Rahmen und die sozialberuflichen Handlungsformen, die gleichzeitig pädagogisch auf eine (Er)Klärung der Bedarfe und Sachverhalte ausgerichtet sind, wurden kurz und prägnant in der folgenden Aussage deutlich:

„Man kann eine Arbeit nicht ablehnen. Wenn das doch erfolgt – dann guckt man immer danach, warum sagt eine Person zu dieser Arbeit nein (...)" (Int. 14: 466-475)

Wiederum ist darin das Bemühen der Mitarbeiterin um den Fortbestand eines Dialogs und der Bedingungen für eine „Koproduktion" sozialer Dienstleistungen in der Verlaufs- und Handlungsperspektive gerade in Konfliktfällen erkennbar. Entsprechend dem bereits beschriebenen sozialarbeiterischen Grundverständnis der Professionellen, insbesondere des Typs der „aktiven Sozialberater" in der schwedischen Sozialhilfe galt es, die eigenen Interessen und Vorstellungen der Antragsteller auf Leistungen der Sozialhilfe so weit wie möglich – auch und gerade in Konfliktfällen weiterhin in einem Setting einer auf „Koproduktion" ausgerichteten sozialen Dienstleistung zur Geltung kommen zu lassen. Die beschriebenen Handlungsmuster verweisen darauf, dass von den Professionellen aktiv nach Erklärungen für bestimmte Handlungs- und Verhaltensweisen der Bürger gesucht wurde. In dem Arbeitsverständnis und sozialberuflich entwickelten Grundkonzept wurden vorschnelle Verurteilungen etwa im Sinne von „nicht mitwirkungsbereit" oder „arbeitsunwillig" möglichst vermieden. Diese Grundmuster sozialarbeiterischer Interventionen waren und sind jedenfalls als eine verbreitete Variante in den vielfältigen Kontakt- und Interventionsmustern der Sozialhilfe in Göteborg zu sehen. Anderer Varianten eher restriktiver und repressiver Art, etwa von spezialisierten Fachkräften gegenüber Studierenden, wurden ebenfalls bereits beschrieben und werden im weiteren Untersuchungsverlauf erneut behandelt. Der Variantenreichtum oder die heterogene Praxis ist dabei nicht allein abhängig von Orientierungen und Arbeitsverständnis der jeweiligen Mitarbeiter, sondern auch von den organisatorischen Rahmenbedingungen, von projektbezogen entwickelten Zielsetzungen und auch von den Arbeitsweisen in den Teams oder Projekten und den dort verwendeten „Arbeitsgrundlagen" und methodisch-fachlichen Ausrichtungen.

Wie *zeitlich aufwendig* die Bedarfsermittlung in manchen Fallkonstellationen ist und wie eng die monetäre und die persönliche Hilfe im Rahmen der Sozialhilfe in Göteborg im Zeitverlauf betrachtet schließlich bezogen auf das Ziel einer Aktivierung von Handlungsressourcen und bestimmter Verhaltensweisen teilweise miteinander verbunden waren, zeigt exemplarisch die folgende Passage aus einem Interview:

„Das dauert so lange Zeit bis man da herankommt, an das, was das Problem ist. Da wendet man die Sozialhilfe auch schon mal als ein Mittel dazu an, an das, worum es geht [schneller] heranzukommen. Machen sie nicht das, was sie sollen, so kann man die Sozialhilfe ablehnen oder einstellen, und damit muss man ja erklären, warum man das macht. Und dann kann erkennbar werden, dass es Hindernisse gibt und dass sie [andere] Probleme haben (...). Und dann bewilligt man die wirtschaftliche Hilfe unter veränderten Prämissen. Und man kann das auch machen, indem man für kürzere Perioden die Hilfe bewilligt, so dass sie die Sachen, die sie erledigen sollen, dann auch erledigen." (Int. 19: 365-373)

Die genaue Problem- und Bedarfsanalyse ist auch nach Berichten dieser befragten Expertin vor allem bei multiplen Problemlagen, die ergänzend zu materiellen Problemen vorliegen, im ersten Kontakt kurzfristig oft nicht oder nur eingeschränkt möglich. Vor diesem Hintergrund wurde von den Fachkräften zunächst eine eher restriktiv-fordernde Grundhaltung gegenüber Antragstellern eingenommen, die den sozialberuflich geprägten Orientierungs- und Handlungsmustern nach auch dazu dient, „tiefer liegende" Hindernisse und Probleme – etwa hinsichtlich einer Arbeitsmarktintegration – durch pädagogisch verstandenen Druck möglichst schnell erkennbar werden zu lassen. Dieser (sozial-)pädagogisch motivierte Druck kann über Information, Erklärungen, Belehrungen bis hin zu direkt verhaltensbezogenen Sanktionen und Disziplinierungsmaßnahmen in Form der Versagung von Geldmitteln wiederum extrem variantenreich sein und unterschiedlichste Stufen und Phasen beinhalten.[681] Die verschiedenen Instrumente und Handlungsformen können *im Zeitverlauf* vor, während und in den ersten Wochen und Monaten nach dem persönlichen Erstkontakt unterschiedlich variiert werden. Eine *vorläufige* Ablehnung oder die *tageweise oder wöchentliche* bzw. *zeitlich befristete Zahlung* der monetären Hilfe wurde von befragten Sozialarbeitern in Göteborg in diesem Kontext beschrieben. Die Handlungsmuster wurden überwiegend aus einer sozialberuflich und „methodisch" für die Sozialhilfepraxis implizit entwickelten Pädagogik hergeleitet dargestellt. Dies bedeutet, es geht bei der Ausgestaltung sozialer Interventionen im Zusammenhang mit der Bedarfsermittlung, den Mitwirkungserfordernissen und in den Prozessen der Entscheidungsfindung eben gerade *nicht* primär um einfach gelagerte Motive und Zielsetzungen wie einer Ausgabenreduzierung. Sozial- oder kommunalpolitische Ziele und Leitbilder einer Ausgabenreduzierung haben nicht unmittelbar eine restriktive(re) Sozialhilfepraxis zur Folge, sondern die in Göteborg beschriebenen Formen sozialer Interventionen und die komplexen sozialberuflichen Handlungsmuster waren vielmehr Ausdruck fachlich-methodisch anspruchsvoller Konzepte und entwickelter wie routinisierter Arbeitsweisen. Sie waren verbunden mit der Zielsetzung, die erkennbaren Bedarfe der Bürger möglichst „ganzheitlich" zu erfassen und im Rahmen der Sozialhilfe unter veränderten äußeren Bedingungen möglichst weitgehend abzudecken. Dies galt ganz überwiegend sowohl in materieller wie auch in immaterieller Hinsicht. Ferner wurden beim Typ des „aktiven Sozialberaters" zudem Handlungsorientierungen erkennbar, die

---

[681] Sowohl die eher sanften wie auch die extremen Varianten sozialer Disziplinierung wurden in ihrer historischen Entwicklung und in den Veränderungen ihrer Formen und Muster grundlegend von Foucault (1977) am Beispiel des Gefängnisses untersucht. Von Sachße/Tennstedt (1986) liegt ein Sammelband vor, der Beiträge zur sozialen Disziplinierung im Bereich der frühen Armenfürsorge in Deutschland enthält. Die Verbindungen und die Variationsmöglichkeiten von monetärer *und* persönlicher Hilfe sind bisher allerdings für die Armenfürsorge im Kontext sozialer Kontrolle und sozialer Disziplinierung nicht genauer untersucht worden.

beinhalteten, auch die vom Bürger nicht unmittelbar oder tabuisierten Bedarfslagen über den Kontakt zur Sozialhilfe erkennbar werden zu lassen und so Möglichkeiten zur Problembearbeitung und -bewältigung zu erschließen.

Erkennbar wurde ein *extrem breites Spektrum pädagogisch motivierter Interventionsformen und -möglichkeiten,* die je nach Kontakt- und Verlaufsmuster sowie je nach Komplexität der sich zeigenden Probleme und Bedarfe in Form besonderer Kopplungen monetärer, rechtlicher, vor allem pädagogischer und teilweise auch ökologischer Interventionen zur Anwendung kommen. Bestimmte Kopplungen von Interventionsformen dienten beispielsweise dazu, die grundsätzlich bewilligte wirtschaftliche Hilfe erst dann zur *laufenden* Sozialhilfe werden zu lassen, wenn die personenbezogen und verhaltensbezogen geforderten Mitwirkungspflichten vom Sozialhilfeberechtigten vollständig und wiederholt erfüllt wurden. Wie die Bedarfe der Bürger ermittelt werden können und wie die Entscheidungsvarianten und der Interventionsmix im Einzelfall zu gestalten sind, ist *rechtlich* in der schwedischen Sozialhilfe relativ offen gehalten. Schon von daher besteht ein anderer „Zwang", die Bedarfe wie auch die Entscheidungen über Hilfen sehr viel weitgehender als in Bremen/Deutschland entweder im wechselseitigen Dialog – zumeist asymmetrisch geprägt – zu klären, oder aber die Bedarfsermittlung im Konfliktfall einer gerichtlichen Klärung zu überlassen. Die Kommunalpolitik wie auch die im Sozialdienst beschäftigten Sozialarbeiter sind meist daraufhin orientiert, die gerichtliche Variante möglichst zu vermeiden. Insofern erweist sich der enorme Variationsspielraum dann wiederum als funktional.

Tendenziell schien in einigen Expertenaussagen das Element des „Forderns" in einer Zeit- und Handlungsperspektive betrachtet *vor* den Elementen des „Förderns" zu stehen. Der Zugang zur materiellen Sicherheit und einer ggf. ergänzenden besonderen persönlichen Hilfe – ja die Klärung der Probleme und Bedarfe als solche – wird in diesen Interaktionsmustern erst über die Erbringung oder den Nachweis bestimmter Handlungs- und Verhaltensweisen ermöglicht. Die institutionell erwarteten bzw. geforderten Nachweise und mitwirkenden Handlungen können von den Antragstellern zeitlich betrachtet auch noch *nach* einer Ablehnung oder Einstellung der monetären Hilfen im Rahmen eines prinzipiell fortbestehenden persönlichen Kontakts grundsätzlich unbefristet erbracht werden. Auch die Sozialarbeiter können im prinzipiell zeitlich offenen Kontakt auch nach Ablehnung der materiellen Hilfe wegen fehlender Mitwirkung weiterhin die Mitwirkung des Bürgers aktiv „erbitten" und Angebote zum fortgesetzten Kontakt unterbreiten. Hierin liegt eine Stärke der schwedischen Sozialhilfe, in ihrer Offenheit für und in ihrer Orientierung an pädagogische Interventionsformen im Vergleich zur deutschen Sozialhilfe, wo monetäre und persönliche Hilfe regelgeleitet und formalisiert stärker voneinander abhängig und aufeinander bezogen sind. Hinzu kommt, dass die deutsche Sozialhilfe in ihren Rahmenbedingungen, wie den hohen Fallzahlen und in der Dominanz von Verwaltungsfachkräften und Juristen eine soziale Beratung und pädagogische Intervention bisher weder vergleichbar entwickeln noch vergleichbar praktisch umsetzen konnte.

Dass auch in Göteborg Elemente des „Forderns" zumindest bezogen auf bestimmte Gruppen und bezogen auf bestimmte Verlaufsmuster und Problemkonstellationen *zeitlich* eindeutig *vor* einer Praxis des „Förderns" angesiedelt wurden, ist ein überraschender Befund. Dies vor allem, weil dies unter Berücksichtigung der zentralen institutionellen Norm der „Ganzheitlichkeit", wie sie im Sozialdienstgesetz verankert ist und wie sie der sozialarbeiterischen „Wissenskultur" und damit einhergehenden Orientierungs- und Handlungsmuster unter den Professionellen ideal entspricht, so nicht zu erwarten wäre. Zu klären wäre, ob und inwieweit die in Schweden traditionell ausgeprägte „Arbeitslinie" verbunden mit einen „Aktivitäts- und Kompetenzlinie" im Verlauf der Massenarbeitslosigkeit der 1990er Jahre zu den veränderten Interventionsmustern innerhalb der Sozialarbeit und der Sozialhilfe beigetragen haben. Mehr oder weniger explizit entwickelte konzeptionell-methodische Grundlagen einer insoweit neu formierten „aktivierenden Sozialhilfepraxis" waren in Göteborg vorrangig auf junge arbeitslose Sozialhilfeempfänger bezogen und damit höchst selektiv ausgerichtet. Bedenken einzelner Experten gegenüber einer einerseits variantenreichen und erst dadurch selektiv möglichen Praxis der Sozialhilfe, sowie gegenüber veränderten und eher restriktiven Formen in der Bedarfsermittlung und in der Einforderung von Mitwirkungspflichten wurden in den Interviews mit formuliert:

> „Und gegenüber bestimmten Klienten ist man hart – da gibt es eine Ablehnung oder Einstellung. Und dann endet das damit, dass die hier verschwinden. Und dann reißen sie sich zusammen und dann kommen sie in Gang und so schaffen sie ihren Weg. Ja, dann funktioniert das mit dieser Methode zum Teil. Aber anderer verschwinden auch ganz und man weiß faktisch nicht, ob man ihnen vielleicht wirklich nicht gerecht wurde. Darüber erfährt man dann nichts." (Int. 20: 481-504)

Die Aussage verweist erneut darauf, dass in der Sozialhilfe monetäre Transferleistung und personenbezogene Dienstleistung einerseits in hohem Maße institutionell aneinander gekoppelt sind, dass aber zugleich in der Zeitperspektive die Option besteht, die persönliche Hilfe etwa in Form von Beratung auch über den Zeitpunkt der Ablehnung oder Einstellung der materiellen Hilfeleistung hinausgehend zu leisten. Eine entsprechende Praxis bildet auch eine Handlungsstrategie der Professionellen, um den oben formulierten Bedenken zu entsprechen und Risiken hinsichtlich einer nicht sorgfältigen Bedarfsermittlung und einer all zu restriktiven Sozialhilfe zu begrenzen. Das Ideal und die Norm der „Ganzheitlichkeit" sowie die zeitliche Offenheit personenbezogener und pädagogischer Interventionsformen sind somit auch in hohem Maße funktional zur Begrenzung des Risikos sozialer Ausgrenzung. Sie ermöglichen eine Form der „sozialen Absicherung in der Reserve" seitens der *kommunalen* Sozialhilfe, zumal sie auch rechtlich die letzte Verantwortung für die soziale und materielle Absicherung im Wohlfahrtsstaat trägt. Die beschriebenen Verlaufsmuster in den Interventions- und Handlungsformen des Sozialdienstes ermöglichen es durch ihre enorme Variationsbreite und Ermessensoffenheit in der Bedarfsermittlung und in den Entscheidungsvarianten, gewissermaßen *„jederzeit"* eine Korrektur von Fehlern oder Irrtümern vorzunehmen. Dies gilt mit Beginn des Kontakts und während des gesamten Bezugs von Sozialhilfe. Mag man die Gestaltungsoffenheit aus rechtlicher Perspektive und unter Gesichtspunkten der Gleichbehandlung kritisch sehen. In der Offenheit der Bedarfsermittlung und in den vielfältig möglichen Entscheidungsvarianten finden sich aber zugleich das in Schweden in hohem Maße wohlfahrtsstaatlich institutionalisierte „soziale Gewissen" und das Solidarprinzip gewissermaßen institutionell eingelagert wieder. Oder anders formuliert, eine „wohlfahrtsstaatliche Ungewissheit" über mögliche Folgen einer unzulänglichen oder restriktiven Bedarfsermittlung und über mögliche Folgen einer Ablehnung oder Einstellung der monetären Sozialhilfe, wie zum Beispiel Wohnungsverlust, Überschuldung, Kriminalität und sozialer Abstieg veranlasste die Fachkräfte der Sozialhilfe in Göteborg dazu, als Minimalstandard eine persönliche Hilfe unabhängig von materiellen Hilfen oder deren Ablehnung fortlaufend aktiv anzubieten.

Rechtlich ist auch in Schweden bei Ablehnung einer zumutbaren Arbeit oder bei fehlender Mitwirkung die konsequente Ablehnung oder Einstellung der wirtschaftlichen Hilfe *und gleichzeitig* auch des personenbezogenen Kontakts zulässig, wenn nicht gar normativ gefordert. Im *sozialberuflichen Arbeitsverständnis (Ethos)* und den beschriebenen professionalen Handlungsmustern nach blieben Ablehnung und Einstellung des Kontakts tendenziell jedoch auf die materielle Dimension begrenzt. In der personenbezogenen Ebene der sozialen Dienstleistungen wurden tendenziell weiterhin Leistungen und Interventionen – unabhängig vom Bedarf, wie er vom Bürger vermittelt wurde – aktiv angeboten oder erbracht, auch um möglicherweise in der materiellen Ebene bereits unzulängliche oder fehlerhaft getroffene Entscheidungen über Bedarfe materielle wie immaterielle Art korrigierbar zu halten.

In *Form, Inhalt, Verlauf, in zeitlichen Mustern und im Handlungsbezug* von Verfahren der Bedarfsermittlung und der Bedürftigkeitsprüfung sowie in den sich daraus ableitenden Entscheidungs- und Interventionsmustern finden sich vermutlich beträchtliche Unterschiede in verschiedenen wohlfahrtsstaatlichen Regimes. Im Kontrast der Befunde aus Göteborg/Schweden zur Sozialhilfe *in Bremen/Deutschland* ließ sich eine „begleitende und fortlaufende pädagogische Intervention in der Reserve" in der Bremer Praxis in wesentlich geringerem Grad erkennen. Vor allem wurden persönliche Hilfen in Bremen längst nicht so dezidiert als methodisch-fachlich entwickelte Instrumente für die Sozialhilfe erkennbar. Auf der Basis detaillierter rechtlicher Regelungen, verbunden mit einem in der deutschen

Sozialhilfe völlig anderem professionalen Rahmen bedeutete eine Ablehnung oder Einstellung der monetären Hilfe aufgrund mangelnder Mitwirkung in Bremen zumeist auch das Ende der persönlichen Hilfe.[682]

Neben sozialberuflich und vor allem sozialarbeiterisch geprägten Handlungsformen von sozialer Hilfe spiegeln sich in der Gestaltung der Interventionen auch die im Wohlfahrtsstaat Schweden ausdrücklich rechtlich formulierten Regelungen zur *„letzte Verantwortung der Kommune"* in der Absicherung gegen das Risiko Armut wider. Die entsprechende Norm bildet nach Aussagen von Experten ein weiteres Motiv dafür, die Sozialhilfe als monetäre *und* persönliche Hilfe – je nach Bedarf abhängig und unabhängig voneinander und im Zeitverlauf möglichst offen zu gestalten. Im Sozialdienstgesetz heißt es zur letzten Verantwortung der Kommunen wörtlich:

> *„Die Kommune trägt die letzte Verantwortung dafür, dass der- oder diejenige der/die sich in der Kommune aufhält oder wohnt auch die Hilfe und Unterstützung bekommt, der er oder sie <u>bedarf</u>."* [683]

Diese Verantwortung ist zentralstaatlich auf die kommunalpolitische Ebene delegiert und dann weitergehend dem Sozialdienst übertragen. Beim Sozialdienst liegt somit in einer rechtlich allgemein normierten Verantwortungsteilung zwischen Staat, Kommune, Markt und Familie die „letzte Verantwortung" für die individuelle Existenzsicherung, für die Gewährung von individuellen Teilhabechancen und für den Verlauf von Armutskarrieren. Die entsprechenden ökonomischen Bedarfe sind zwar zum Teil zentralstaatlich standardisiert definiert über die Riksnorm, über

---

[682] Besondere Anstrengungen oder sozialberuflich entwickelte Handlungsformen, den persönlichen Kontakt auch bei bzw. nach Ablehnung oder Einstellung der monetären Hilfe zu den Betroffenen aufrechtzuerhalten, wurden für Bremen in den Interviews nicht oder nur sehr rudimentär erkennbar. Eine Offenheit für Korrekturen von Mängeln oder Fehlern in der Bedarfsermittlung ist in der deutschen Sozialhilfe jedoch im Rahmen der Rechtsmittel des Verwaltungsrechts, über ein vorgeschriebenes Anhörungs- bzw. Belehrungsverfahren und mit dem Widerspruchsverfahren dezidiert gegeben. So war gemäß § 25 Abs. 1 BSHG (vor 2005) bzw. ist auch seit dem in der Rechtspraxis des § 31 u. 31 a SGB II im Falle der Weigerung von Sozialhilfebeziehenden, eine zumutbare Arbeit zu leisten oder an einer arbeitsmarktpolitischen Maßnahmen teilzunehmen, die materielle Hilfe *stufenweise* zu kürzen und kann ggf. ganz eingestellt werden. Der Hilfempfänger ist *vor* diesen Entscheidungen jedoch entsprechend zu belehren. Für pädagogische Interventionen und Fehlerkorrekturen im und über den Bereich der persönlichen Hilfen bleiben im institutionellen Arrangement der deutschen Sozialhilfe mögliche Kontakte zu Sozialberatungsstellen der Wohlfahrtsverbände und freier Träger, die Bürger sozialanwaltlich begleiten. Diese stehen für einen Erhalt oder eine Rückkehr zu einem Dialog und für koproduktive Strukturen in der Erbringung sozialer Dienstleistungen auch in Göteborg/Schweden ebenfalls ergänzend zum kommunalen Sozialdienst „in der Reserve", wenn auch in geringerem Ausmaß als in Bremen/Deutschland.

[683] Der Gesetzestext lautet gemäß § 3 SoL (1998) bzw. Kap. 2, § 2 SoL originalsprachlich: *"Kommunen har det yttersta ansvaret för att de som vistas i kommunen får det stöd och den hjälp som de behöver."* Für Details vgl. Norström/Thunved (1999: 32 ff.).

Höchstbeträge für Unterkunftskosten usw. Die weiteren *Interventionsformen* wie auch der detaillierte Interventionsmix sind hingegen – vor allem im Zeit- und Handlungsverlauf weitgehend unbestimmt und obliegen in der Verantwortung der Kommunen und der Sozialarbeit. Dies zeigt sich in den Formen der Bedarfsermittlung und von Befragten in Göteborg wurde „ihre letzte Verantwortung" meist explizit betont und als wichtiger normative Hintergrund für Formen einer aktiven und „ganzheitlichen" personenbezogenen Bedarfsermittlung und für die zeitlich grundsätzlich offenen auf Dialog ausgerichteten Handlungsmuster beschrieben:

> *„Wenn jemand einen Praktikumsplatz nicht annimmt, dann ist es „full stopp". Aber wir haben die Verpflichtung, darauf zu achten, dass die Menschen ein Dach über dem Kopf haben und Essen im Magen. So – es gibt immer eine Möglichkeit, Geld fürs Essen, für die Miete zu erhalten. Manchmal bezahlt man die Miete auch taveweise oder so. Und dann überprüft man, ob die Person den Praktikumsplatz annimmt. (...) Sie müssen faktisch ihr Bestes geben, um einen Job zu erhalten."* (Int. 22: 456-460, ähnlich Int. 16: 500)

Neben den rechtlichen Regelungen des Sozialdienstgesetzes und dem sozialberuflich-fachlichen Arbeitsverständnis bildet ferner die Sorge der Kommune und auch der Professionellen um ein negatives Image in einer Wohlfahrtsgesellschaft ein weiteres Motiv dafür, die „letzte Verantwortung" gerade im Zusammenhang mit der Sozialhilfe sehr ernst zu nehmen. Eine all zu restriktive Sozialhilfepraxis und daraus folgende vermehrte Klagen bei Gerichten und Beschwerden der Bürger, oder eine dazu möglicherweise folgende Berichterstattung in den Medien gilt es ebenfalls über Instrumente der flexiblen und korrigierbaren Intervention und rechtzeitiger interner Fehlerkorrektur zu vermeiden.

Unklar blieb, ob und inwieweit die theoretisch dargestellten Voraussetzungen und Bedingungen einer Koproduktion sozialer Dienstleistungen unter den hier für Göteborg beschriebenen Kontextbedingungen, rechtlichen Grundlagen und vielfältigen Motiven für eine Bedarfsermittlung gegeben waren. Zu vermuten ist, dass in den Fällen, wo der Kontakt zwischen Sozialdienst und Bürger durch eine *Ablehnung* oder eine *Einstellung* der *monetären* Sozialhilfe wegen mangelnder Mitwirkung oder bei Ablehnung eines Arbeits- oder Qualifizierungsangebotes bereits ohnehin negativ beeinträchtigt ist, auch die Basis für eine auf *Vertrauen* basierende weitergehende persönliche Hilfe kaum noch bestehen dürfte. Diese Frage wäre auf der Basis weitergehender Daten genauer empirisch zu untersuchen. Vorliegende Studien lassen die Voraussetzungen und Bedingungen einer Koproduktion auch in der schwedischen Sozialhilfe eher begrenzt erscheinen.[684] Dies mag zwar grundsätzlich gelten, ist aber je nach Gestaltung und Verlauf sozialer Interventionen vermutlich differenzierter zu betrachten, denn nicht generell stehen „bürokratische" Strukturen einer Koproduktion zwischen Sozialdienst und Bürger entgegen. Entscheidend

---

[684] Vgl. etwa Salonen (1995) und Hydén (2000).

scheinen die Muster, nach denen die (begrenzten) Voraussetzungen und Bedingungen für eine Koproduktion sozialer Dienstleistungen im direkten Kontakt positiv genutzt werden, um etwa bereits die Bedarfsermittlung und die Entscheidung über die Sozialhilfe in ihrer Höhe und in ihren Formen möglichst „koproduktiv" zu gestalten.

Erkennbar war in Göteborg beispielsweise ein Handlungsmuster, wonach verbunden mit der Zielsetzung, möglichst den Dialog und die Bedingungen für eine Koproduktion der sozialen Dienstleistungen zu erhalten, von den Mitarbeitern tendenziell die Varianten einer *Kürzung* und *Befristung* der *monetären* Sozialhilfe den ebenso möglichen Varianten der *Ablehnung* oder *Einstellung* vorgezogen wurden, um Antragsteller und Leistungsberechtigten zu den rechtlich definierten Mitwirkungserfordernissen zu bewegen. Auf diese Kürzungs- und Befristungsvarianten ist daher näher einzugehen.

4. Varianten der Kürzung und Befristung der monetären Transferleistung – rechtlich diffus formuliert und zugleich sozialberuflich-professional konkretisiert?

Im Rahmen der geführten Interviews wurde von den befragten Experten in Fällen fehlender Mitwirkung oder bei Ablehnung einer zumutbaren Beschäftigung bzw. arbeitsmarktpolitischer Maßnahmen nicht nur die Praxis der *Ablehnung* von Anträgen auf Sozialhilfe oder die *Einstellung* und *Befristung* der monetären Hilfen geschildert, sondern in einer Reihe von Interviews wurden bezogen auf gleiche oder ähnliche Fall- und Problemkonstellationen auch die Voraussetzungen und Verfahrensweisen einer *Kürzung (Nedsättning)* der monetären Hilfe beschrieben, die wiederum mit *Befristungen* verbunden möglich ist. Auch die Begründungen und Motive solcher Kürzungsentscheidungen und Befristungen und die damit verbundenen Ablaufmuster und Kombinationen sozialer Interventionen wurden erkennbar.

Die Kürzung im Niveau der monetären Sozialhilfe bildet nach einer bereits erfolgten grundsätzlichen Anerkennung des Bedarfs und einer Bewilligung während des laufenden Sozialhilfebezugs eine Zwischenvariante zwischen einer Zahlung in voller Höhe entsprechend der „Riksnorm" und einer Ablehnung oder Einstellung der Hilfe.[685] Die Kürzung wurde ebenso wie die Ablehnung und Einstellung der

---

[685] In § 6d SoL (Stand: 1998) zum „*Recht auf Hilfe*" und wortgleich in Kap. 4, § 5 SoL (Stand: 2002) sind die *Ablehnung* oder *Kürzung* der wirtschaftlichen Hilfe *(försörjningsstöd)* ausdrücklich als Instrumente genannt, die bei Weigerung zur Aufnahme zumutbarer Arbeit oder bei Ablehnung arbeitsmarktpolitischer Maßnahmen oder eines Praktikums angewendet werden. Im schwedischen Gesetzestext wird in der Reihenfolge zunächst die Ablehnung und dann die Kürzung genannt. Im Vergleich zu den Regelungen des alten § 25 BSHG bzw. des neuen § 39a SGB XII und der §§ 31 und 31a SGB II gilt für die deutschen Grundsicherung, dass zunächst eine *stufenweise* Kürzung des maßgeblichen Regelsatzes erfolgt. Erst im zweiten Schritt ist bei Wirkungslosigkeit der Kürzung eine komplette Einstellung der Hilfe möglich.

Leistungen in den Interviews in hohem Maße als „methodisch" und „pädagogisch" begründetes und motiviertes Instrument dargestellt, wenn es um verhaltensbezogene Interventionen im Kontext von Mitwirkungspflichten, oder um die Ablehnung der Teilnahme an Maßnahmen der „Arbeits- Kompetenzlinie" ging. Zentral war dabei aus Sicht der Befragten, dass in den Entscheidungs- und Handlungsvarianten eine Kürzung der monetären Hilfe es ermöglicht, den erwünschten personenbezogenen Kontakt zum Bürger auch im Konfliktfall weiter aufrecht zu erhalten. Im Gegensatz zur völligen Einstellung der monetären Leistungen wurden bei einer Kürzung, meist mit zeitlicher Befristung von einem Monat verbunden, zudem die Voraussetzungen und Möglichkeiten für einen Dialog und für eine „Koproduktion" von den befragten Sozialarbeitern als günstiger angesehen.

Die Interviewanalysen ergaben entsprechend, dass die Befragten auch aus diesen Überlegungen heraus tendenziell eher die Variante der Kürzung einsetzten. Die völlige Ablehnung bzw. Einstellung der materiellen wie auch der personenbezogenen Hilfe kam demnach in Fällen, wo den Einkommens- und Vermögensverhältnissen nach grundsätzlich ein Anspruch auf monetäre Leistungen bestand, nur in Extremfällen einer offensichtlichen „völligen Verweigerung" grundlegender Mitwirkungspflichten zur Anwendung. Wenn irgendwie begründbar wurde von den Befragten die Kürzungsvariante bevorzugt.

Die Analysen ergaben weiterhin, dass die Deutungen der befragten Experten zu den rechtlich zulässigen Varianten der Kürzung oder Zahlungseinstellung bezogen auf bestimmte Problem- und Sachverhalte *sehr uneinheitlich* waren.[686] Einige der befragten Experten gaben an, dass in den Fällen, wo zwar eine Ablehnung angebotener Arbeits- oder Qualifizierungsmaßnahme vorliege, diese Ablehnung jedoch dann *„mit besonderen Gründen"* (*särskilda skäl*) versehen gegenüber dem Sozialdienst genauer erklärt werde, rechtlich allenfalls eine *Kürzung* der monetären Hilfe möglich sei und keine vollständige Einstellung erfolgen könne. Zunächst seien in diesen Fällen die angegebenen Gründe für das Verhalten im persönlichen Gesprächskontakt genauer zu klären. Andere Experten schilderten jedoch auch, dass im Falle der Ablehnung einer angebotenen Arbeit oder Qualifizierungsmaßnahme weitgehend unabhängig von entgegengebrachten Begründungen auf die Kürzungsvariante verzichtet werde und in diesen Fallkonstellationen *zunächst generell* die Einstellung der monetären Leistungen erfolge, um *danach* dann die Begründungen für das Verhalten genauer zu klären. Weiterhin wurde berichtet, dass beide Varianten, sowohl

---

[686] Weder direkt im Sozialdienstgesetz noch im gängigen Kommentar von Norström/Thunved (1999) oder im Handbuch zur wirtschaftlichen Hilfe der nationalen Sozialbehörde (Socialstyrelsen 2000a) fanden sich eindeutige Kategorien oder standardisierte Entscheidungshilfen, wie genau in welchen Fall- und Problemkonstellationen fehlender Mitwirkung zu entscheiden ist. Nach § 6 d SoL (1998) bzw. Kap. 4, § 5 SoL (2002) sind beide Entscheidungen möglich. Sie liegen offenbar sehr weitgehend im Ermessen der vor Ort tätigen Mitarbeiter, abhängig vom Einzelfall.

die Einstellung als auch die Kürzung der monetären Hilfe zudem *zunächst auf einen Monat zeitlich in ihren Wirkungen zu befristen* seien, so dass immer die Möglichkeit der Klärung des Sachverhalts gegeben sei, bevor es zu massiveren Folgewirkungen der Sanktionen komme. Beispielsweise wurde zur *Kürzungsvariante* berichtet:

> *„Man kann nicht alles ablehnen – man hat kein Recht, nein zu sagen, wenn es sehr besondere Gründe gibt. Aber dann haben wir den Fall, wo wir die Geldleistung kürzen, oder man begrenzt den Anspruch auf zunächst einmal einen Monat, und dann muss man aber dennoch ein gewisses Niveau bewilligen. Und da können wir im Zeitverlauf das Niveau dann auch absenken. Man kann auch nur die Miete und das reine Essensgeld bewilligen." [und die Differenz zur Riksnorm einbehalten]* (Int. 25: 849-854)

Selbst die Kürzungen der monetären Hilfe sind somit wiederum in unterschiedlichster Weise möglich. So wurde von den Befragten geschildert, dass zahlreiche Zwischenvarianten zwischen regulärem Sozialhilfeanspruch in Höhe des national einheitlichen Regelsatzes *(Riksnorm)*, oder einer reduzierten Norm beispielsweise für Studierende, oder auch die Variante einer Zahlung ausschließlich in Form der Unterkunftskosten plus Essensgeld *(Hyran plus Matpengar)* möglich sind. Auch die Kürzung der Riksnorm ausschließlich bis auf ein Essensgeld *(Matpengar)* bildet eine Vorvariante der befristeten oder unbefristeten Einstellung jedweder monetärer *und* persönlicher Hilfen. Sämtliche Varianten sind je nach Einzelfall, Verlaufsmuster und Ermessenserwägungen möglich und wurden mit unterschiedlichsten Akzentsetzungen in verschiedenen Interviews beschrieben.

Neben den Entscheidungsvarianten, die sich eher handlungsbezogen auf die Höhe und Art der monetären Leistungen beziehen, ist in der *Zeitperspektive* ebenfalls ein breites Spektrum an Möglichkeiten der Kürzung und/oder Befristung monetärer Hilfen möglich. So wurde in den Analysen etwa neben einer *„sofortigen Bewilligung"* auch eine *„verzögerte Bewilligung"* als weitere Variante erkennbar, um „methodisch" oder pädagogisch begründet die Interventionen und Dienste spezifisch auf einzelne Problemkonstellationen, Verhaltensmuster oder auch auf einzelne Gruppen von Sozialhilfebeziehenden abzustellen und damit differenziert und selektiv gestalten zu können. Die sofortige Bewilligung wie auch eine verzögerte Bewilligung lässt sich wiederum mit verschiedensten Kürzungsvarianten und mit in der Verlaufsdimension mehr oder weniger „offen" oder „geschlossen" gehaltenen Angeboten und Leistungen der persönlichen Hilfe verknüpfen. So wurden beispielsweise auch extreme Varianten einer aktiven und ausdrücklich am Verhalten und Mitwirken ausgerichteten Bedarfsermittlung verbunden mit repressiven Formen der Bewilligung und Befristung der monetären Leistungen erkennbar. Zum Teil wurden sehr direktive und auch disziplinierende Elemente deutlich, wie folgende Aussage belegt:

„(...) Wenn wir es so beurteilen, dass jemand nicht die Dinge macht, die ich erwarte, zum Beispiel, wenn ich sage: „Du musst zur Arbeitsvermittlung gehen, du sollst kommen und nachweisen, dass du den Job, um den du dich beworben hast, nicht erhalten hast, du sollst Kontakt zu der und der Person aufnehmen." Und wenn jemand das dann nicht macht, oder wenn ich das so bewerte, dass er oder sie etwas versäumt hat, dann bewillige ich zum Beispiel erst einmal für 14 Tage. Und dann vereinbare ich einen Termin und sage: „Du kommst zu mir und weist mir nach, was du während dieser Zeit unternommen hast. Sobald das erledigt ist, wird auch die restliche wirtschaftliche Hilfe bewilligt. Das geht auch wochenweise. Das hab ich so gemacht. Ich zahle dann wochenweise, damit er mir zeigen kann, was er unternommen hat. Die Person muss wissen, dass dann, wenn man wirtschaftliche Sozialhilfe erhält, dass das nicht ganz selbstverständlich ist, sondern dass auch etwas getan werden muss." (Int. 23: 737-749)

Die hier geschilderte Variante, etwa eine Zahlungsweise direkt mit zeitlichen Befristungen zu versehen und dadurch Einfluss auf institutionell erwartete oder geforderte Verhaltensweisen und auf die Mitwirkungsbereitschaft von Sozialhilfebeziehenden zu nehmen, kann je nach normativen Ausgangspunkten und Kriterien unterschiedlich interpretiert werden. Generell ist die Frage der Kriterien für Bewertungen und Einordnungen unterschiedlichster Varianten immer mit subjektiven Wertmaßstäben verbunden. Sie lässt sich jedoch zumindest ausgehend von den rechtlichen Grundlagen des SoL auf einer allgemeinen Ebene untersuchen.

Die beschriebenen Interventionsmuster und Entscheidungsvarianten können einerseits aus subjektiver Sicht als extrem „fordernd" oder auch „repressiv" bewertet werden. Sie können zugleich, streng im rechtlichen System der schwedischen Sozialhilfe verbleibend, auch als durchaus „generös" und „fördernd" gedeutet werden, denn obwohl sich in der im obigen Zitat beschriebenen Fallkonstellation ein Hilfeempfänger nicht arbeitslos gemeldet hat und bestimmte erwartete Kontakte von ihm nicht wahrgenommen wurden, wurde nach den Schilderungen der befragten Sozialarbeiterin dennoch zunächst für 14 Tage oder für eine Woche die monetäre Sozialhilfe bewilligt. Mit diesem Handlungsmuster wurde – pädagogisch motiviert – der Versuch unternommen, im Verständnis von Dialog und „Koproduktion" dennoch die Mitwirkung am Leistungsprozess und damit eine einvernehmliche Lösung in den Problemen zu erreichen. Eine rechtlich eigentlich mögliche, eventuell sogar unter konsequenter Anwendung des Kap. 4, § 5 SoL geforderte alternative Vorgehensweise wäre hingegen ebenso möglich gewesen, und hätte eine sofortige Ablehnung bzw. Einstellung jeglicher materieller Hilfe bis zum Nachweis der Arbeitslosmeldung bzw. befristet für die Dauer von zunächst einem Monat bedeuten können. Diese Entscheidungsvariante wurde in Interviews ebenso beschrieben. Sie war vor allem auf Fallkonstellationen bezogen, in denen ein institutionell vermittelter oder angebotener Praktikumsplatz oder ein Platz in einer qualifizierenden arbeitsmarktpolitischen Maßnahme von jungen Arbeitslosen nicht angetreten wurde.

Varianten der Kürzung und Befristung sind somit auch dem sozialarbeiterischen und pädagogischen Arbeitsverständnis entsprechend als Alternativen zu sehen. Sie können auch als *pädagogische* Vorstufen zu einer *rechtlich* durchaus möglichen Einstellung der *monetären* Leistungen in einer stark verhaltensbezogenen, jedoch grundsätzlich auf Integration ausgerichteten Form der Bedarfsermittlung gesehen werden. Die Übergänge und Grenzen zu direkt Verhalten steuernden Formen der Bedürftigkeitsprüfung, die tendenziell auf soziale Ausgrenzung ausgerichtet sind und mit noch höherer Stigmatisierung und Disziplinierung verbunden sind, schienen dabei in Göteborg fließend. Im Ergebnis ergab sich der Befund, dass Analysen, die allein auf die handlungstheoretischen Kategorien „passiver" oder „aktiver" Varianten der Bedarfsermittlung fokussieren, unzureichend sind, um Formen und Merkmale sozialer Interventionen genauer zu typisieren. Die Verlaufsperspektive der Interventionen und ihre Kombinationsmöglichkeiten sind ebenso mit zu beachten.

5. Resümee der Befunde: Sozialhilfe zwischen aktiver Bedarfsermittlung und passiver Bedürftigkeitsprüfung in variantenreichen Verlaufs- und Entscheidungsmustern

Im Zusammenhang mit der Bedarfsermittlung, Bewilligung und Zahlbarmachung der Sozialhilfe wurden vielfältig mögliche Entscheidungsvarianten und Kombinationen sozialer Interventionsformen von den befragten Experten vermittelt. Diese sind *idealtypisch* für die Fallstudie Göteborg im Überblick in der folgenden Tabelle zusammengefasst. Dabei besteht kein Anspruch auf Vollständigkeit, sondern die gefundenen Varianten wurden auf der Basis eben (nur) *einer* Fallstudie und im Rahmen einer begrenzten Anzahl von Experteninterviews ermittelt.

Die hier ermittelten Varianten sind tabellarisch in der Zeit-/Verlaufsperspektive und in der Handlungsperspektive einerseits getrennt nach monetären *und* persönlichen Hilfen dargestellt. Zugleich wurden die Bedingungen und Möglichkeiten einer Kopplung und Entkopplung materieller und persönlicher Hilfen mit einbezogen. Im Zeitverlauf der Bedarfsermittlung und in den Entscheidungsprozessen über einen Sozialhilfeantrag wurde ferner explizit zwischen der *Bewilligung* und der eigentlichen *Zahlbarmachung* unterschieden. Die grundsätzliche Bewilligung geht dabei meist der Zahlbarmachung voran und in diesen beiden Verfahrensabläufen liegen weitere Möglichkeiten, soziale Interventionen verlaufs- und handlungsbezogen differenziert und spezifisch gekoppelt zu gestalten. Generell gilt im gesamten Bedarfsermittlungs- und Entscheidungsprozess, dass zwar die monetär bezogene Entscheidungen dem Bürger gegenüber durchaus transparent sind, etwa durch mündliche Erklärungen und detaillierte Bescheide, dass aber zugleich bzw. darüber hinausgehend die Angebote und Leistungen persönlicher Hilfe und pädagogischer Interventionen tendenziell eher intransparent bleiben und sich meist erst im weiteren Kontaktverlauf dem Bürger erschließen.

Tabelle 17:

Sozialhilfebedarfsermittlung und Varianten der Bewilligung und Zahlbarmachung in der Verlaufs- und Handlungsperspektive

Variante in der Zeit-/ Verlaufsdimension:	Variante in der Handlungsdimension:	Bezug auf typische Problemlagen und Gruppen im Sozialhilfebezug:
1. Monetäre Hilfe: Sofortige Bewilligung und laufende Zahlbarmachung ohne Befristung *1.1 Persönliche Hilfe:* Ebenfalls von Beginn und zeitlich unbefristet.	Regelsatz und Unterkunftskosten in regulärer Höhe *(Riksnorm)* Sowohl enge Kopplung oder auch keine Kopplung von monetärer und persönlicher Hilfe möglich	• Alte • Erwerbsunfähige ohne Anspruch auf Krankengeld • Allein Erziehende
2. Monetäre Hilfe: Sofortige Bewilligung und laufende Zahlbarmachung mit zeitlicher Befristung: Aktualisierungsantrag *(Återansökan)* nach 3 oder 6 Monaten erforderlich *2.1 Persönliche Hilfe:* Ebenfalls von Beginn an zeitlich unbefristet wie auch befristet möglich.	Regelsatz *(Riksnorm)* und Unterkunftskosten in tatsächlicher Höhe Sowohl enge Kopplung oder auch keine Kopplung von monetärer und persönlicher Hilfe möglich.	• Teilweise bei allein Erziehenden mit Perspektiven in Arbeit oder Ausbildung
3. Monetäre Hilfe: Sofortige Bewilligung und laufende Zahlbarmachung mit Befristung auf 3 Monate, wobei der *Antrag monatlich* neu zu *aktualisieren* ist *3.1 Persönliche Hilfe:* Ebenfalls von Beginn zeitlich unbefristet, aber auch befristet möglich.	Regelsatz *(Riksnorm)* und Unterkunftskosten in tatsächlicher Höhe. Sowohl enge Kopplung oder auch keine Kopplung von monetärer und persönlicher Hilfe möglich.	• Vor allem im Kontext der *„Utvecklingsgaranti"*, bei jungen Arbeitslosen, die jedoch schon im Erwerbsleben standen bzw. bei denen Ansprüche bei der Arbeitslosenkasse bestehen.
4. Monetäre Hilfe: Sofortige Bewilligung allerdings Zahlbarmachung *wochenweise* *4.1 Persönliche Hilfe:* Ebenfalls von Beginn an zeitlich unbefristet, aber auch befristet möglich.	Regelsatz *(Riksnorm)* und Unterkunftskosten in regulärer Höhe Sowohl enge Kopplung oder auch keine Kopplung von monetärer und persönlicher Hilfe möglich.	• Junge Arbeitslose und Studierende, die besonders formulierte Mitwirkungspflichten zu erfüllen haben • bzw. „Fälle", deren Problemlagen und Bedarfe nicht unmittelbar klar erkennbar sind.

Variante in der Zeit-/ Verlaufsdimension:	Variante in der Handlungs-dimension:	Bezug auf typische Problemlagen und Gruppen im Sozialhilfebezug:
5. Monetäre Hilfe: Sofortige Bewilligung, allerdings Zahlbarmachung *tageweise* *5.1 Persönliche Hilfe:* Ebenfalls von Beginn an zeitlich unbefristet, aber auch befristet möglich.	Regelsatz *(Riksnorm)* tageweise, zunächst ohne Unterkunftskosten Sowohl enge Kopplung wie auch keine Kopplung von monetären und persönlichen Hilfen möglich.	• Junge Arbeitslose und Studierende, bei denen große Unsicherheit bzw. institutionalisiertes Misstrauen besteht, dass sie ihre Mitwirkungs- u. Meldepflichten erfüllen, bzw. sich aktiv um Arbeit bemühen, z.T. auch bei (jungen) Einwanderern
6. Monetäre Hilfe: Sofortige Bewilligung, Zahlbarmachung jedoch erst *nach* erfüllter Mitwirkung und Einlösen des vom Bürger geforderten Verhaltens *6.1 Persönliche Hilfe:* Sofort sehr aktiv angeboten mit Ziel einer aktiven Bedarfsermittlung	Regelsatz *(Riksnorm)* und Unterkunftskosten in regulärer Höhe Sehr enge Kopplung von monetärer und persönlicher Hilfe mit Tendenz zur Disziplinierung	• Arbeitslose, insbesondere Arbeitslose, die sich weigern, eine Arbeit anzunehmen, oder sich bei der Arbeitsvermittlung nicht melden...
7. Monetäre Hilfe: Sofortige Bewilligung, jedoch Kürzung bis auf Miete und/oder Essensgeld *(Matpengar)* *7.1 Persönliche Hilfe:* Eher „passiv in der Reserve" angeboten	„Essengeld" *(Matpengar)*, z.B. 50 SEK täglich plus Unterkunftskosten, oder aber auch ausschließlich die Unterkunftskosten. Tendenzielle Entkopplung von monetärer und persönlicher Hilfe.	• Bei „offenkundiger Weigerung" geforderte Mitwirkung oder erwartete Handlungsweisen zu erbringen bzw. nachzuweisen („Arbeitsverweigerer")
8. Monetäre Hilfe: *Zeitlich verzögerte* bzw. versetzte *Ablehnung* der wirtschaftlichen Hilfe, auch wenn ein Anspruch grundsätzlich besteht, *8.1 Persönliche Hilfe:* *gleichzeitig und weiterhin aktives* Angebot bzw. Aufrechterhaltung des personenbezogenen Kontakts, etwa durch Gesprächsangebote/Terminvorschlag	Ablehnung bzw. Einstellung der monetären Leistungen. Tendenzielle Entkopplung von monetärer und persönlicher Hilfe bei hohem Konfliktrisiko.	• Antragsteller, die jegliche Mitwirkung und Erfüllung der geforderten Pflichten ablehnen bzw. erkennbar verweigern, so etwa bei 20-25jährigen, die einen *„Praktikplats"* im Rahmen der *„Utvecklingsgaranti"* ablehnen oder abbrechen.

597

Variante in der Zeit-/ Verlaufsdimension:	Variante in der Handlungsdimension:	Bezug auf typische Problemlagen und Gruppen im Sozialhilfebezug:
9. Monetäre Hilfe: *Unmittelbar* Entscheidung der Ablehnung jeglicher wirtschaftlicher Hilfe, sowie *9.1 Persönliche Hilfe:* kein aktives oder direktes Angebot einer persönlichen Hilfe, keine weiteren Kontakt- und Gesprächsangebote, allerdings bleibt persönliche Hilfe normativ und sozialberuflich „in der Reserve" für Fehlerkorrekturen...	Keine monetäre Hilfe, dabei aber im negativen Sinne eine Abhängigkeit der persönlichen Hilfe von dieser Entscheidung. Der Ablehnung der wirtschaftlichen Hilfe folgt unmittelbar auch kein aktives Angebot einer persönlichen Hilfe, somit *institutionelle Entkopplung* von monetärer und persönlicher Hilfe.	• Die Einkommens- und Vermögensverhältnisse ergeben *keinen* Anspruch auf wirtschaftliche Hilfe, erkennbare soziale oder persönliche Probleme und „Unwägbarkeiten" in der Beschlussfassung liegen nicht vor: kein „schlechtes Gewissen" und geringes Risiko, Bedarfe zu übersehen, die in der letzten Verantwortung der Kommune zu decken wären.

Im Ergebnis ergab die Untersuchung für Göteborg somit eine *extreme Variationsbreite* in den Formen der Bedarfsermittlung, den Entscheidungsmustern über einen Sozialhilfeantrag und in diesem Zusammenhang auch generell in den Interventionsmustern. Auch wenn hier zunächst die Perspektive auf die institutionell und administrativ gestalteten Wege *in* den Sozialhilfebezug im Zentrum stehen, wirkt sich diese Variationsbreite der sozialen Interventionen im weiteren Verlauf der Sozialhilfekarrieren bei der Gestaltung von Wegen *durch* und *aus* dem Bezug ebenfalls mit aus. Stets können dabei *monetäre* Hilfen in der *Gestaltung ihres Niveaus* wie auch in *zeitlichen Bewilligungs- und Auszahlungsfristen* in spezifischer Weise an erwünschte bzw. institutionell geforderte Handlungs- und Verhaltensweisen bzw. an die rechtlich definierten Mitwirkungspflichten der Sozialbürger gekoppelt bzw. hiervon abhängig gestaltet werden. Zugleich können sehr weitgehend und nicht nur „passiv", sondern in hohem Maße „aktiv" und „aktivierend" personenbezogene Handlungsformen, etwa im Rahmen der Sozialberatung bei einer Ablehnung oder Befristung der monetären Hilfe zeitlich unbefristet bzw. grundsätzlich „offen" gestaltet angeboten werden, auch wenn eine monetäre Hilfe nicht, noch nicht oder nicht mehr erfolgt. Ebenso oder teilweise mehr noch als die allgemeinen rechtlichen Regelungen des SoL spielen in Göteborg in diesen Zusammenhängen die „Wissenskultur" und das Arbeitsverständnis bzw. „Ethos" der Sozialarbeit, sozialdienstintern entwickelte Bewertungsmuster und Kategoriensysteme, sowie die Zeit- und Handlungsorientierungen der Mitarbeiter, die rahmenden Vorgabe einer Ziel- oder Ergebnissteuerung, sowie gruppenbezogene Vorgaben der Sozialpolitik eine wesentliche Rolle dafür, wie eine „aktivierende Sozialpolitik" in den Interventionsmustern jeweils konkret gestaltet wird. In der Sozialhilfe ist diese von Beginn an extrem vielfältig möglich.

Auf der Basis der in der Tabelle zusammengestellten Befunde und Variations-möglichkeiten sind *idealtypisch* durchaus unterschiedliche Grundmuster einer Bedarfsermittlung und der Entscheidungsfindung in der Sozialhilfe zu unterscheiden. So lässt sich allgemein erkennen, dass in den Varianten der Zeilen 1. bis 5.1 (siehe Tabelle) die Sozialhilfe in ihren verschiedenen Formen grundsätzlich erbracht bzw. geleistet wird, obwohl die Mitwirkungspflichten oder institutionell erwartete Verhaltensweisen *vor* der Zahlbarmachung noch nicht oder nicht vollständig erfüllt sind, jedoch aus Sicht der Professionals zu erwarten sind. Diese Varianten können als Form einer *aktiven Bedarfsermittlung* verbunden mit einem nur *indirekten Handlungs- und Verhaltensbezug* bezeichnet werden, die zudem tendenziell *auf Integration ausgerichtet* sind und die Bedingungen für einen Dialog und eine „Koproduktion" im Interventionsverlauf begünstigen. Idealtypisch sind diese „ganzheitlichen" und tendenziell aktiv auf die Förderung von Ressourcen ausgerichteten Interventionsmuster und Handlungsformen tendenziell eher beim Mitarbeitertyp des *„aktiven (personenbezogenen) Sozialberaters"* vorfindbar.

Die Varianten der Zeilen 6. bis 10.1 (siehe Tabelle), in denen die Zahlbarmahnung erst *nach* Erfüllung der Mitwirkungspflichten erfolgt oder eben auch gar nicht erfolgt, können idealtypisch als Form einer *direkt verhaltenssteuernden und tendenziell passiv ausgerichteten Bedürftigkeitsprüfung* typisiert werden. Mit diesen Varianten sind Selektion und erhöhte Risiken oder gar implizite und explizite Ziele *sozialer Ausgrenzungen* verbunden. Bedingungen einer „Koproduktion" und ein grundsätzlich möglicher Dialog werden negativ beeinträchtigt, so dass Formen einer persönlichen Hilfe oder pädagogische Interventionen, selbst wenn sie in diesem Bedingungsgefüge von den Professionellen intendiert sind, negativ beeinträchtigt werden und wenig wirksam verlaufen. Während in der eher indirekt verhaltensbezogenen Variante die persönlichen Hilfen zudem im Zeitverlauf des Kontakts gleichförmig aktiv angeboten erscheinen, sind sie in den direkt verhaltenssteuernden Varianten sowohl passiv als auch besonders aktiv im Sinne von „fordernd" ausgeprägt. Diese Varianten sind tendenziell eher typisch für den Mitarbeitertyp des *„passiven Sozialverwalters"*.

Wie bereits in der Analyse der Muster sozialer Interventionen bei den Wegen vor dem Sozialhilfebezug bei den Strategien der Vermeidung und Prävention erkennbar wurde, zeigte sich auch im Kontext der Bedarfsermittlung und der Entscheidung über einen Sozialhilfeantrag am Beispiel Göteborgs, dass in diesen Kontexten der Zeit-/Verlaufsperspektive eine außergewöhnlich große Bedeutung zukommt. Dies gilt für die Praxis in den Sozialbüros, für die Planung und Vorbereitung sozialer Interventionen, für die Aus- und Weiterbildung in den Sozialberufen, wie auch für die Analyse der Interventionen und Handlungsformen. In der Zeit- und Handlungsdimension sind vielfältigste Differenzierungen und Möglichkeiten einer „aktivierenden Sozialpolitik" im Rahmen von Sozialhilfe und Sozialdienst enthalten und möglich, die bisher nur selten explizit „methodisch" oder theoretisch aufgearbeitet und bewusst reflektiert wurden.

Bei den idealtypisch in der Zeit- und Handlungsperspektive möglichen Formen der Bedarfsermittlung und in den Entscheidungsmustern über einen Antrag auf Sozialhilfe sowie über den laufenden Sozialhilfebezug zeigten sich für Göteborg dabei *im Kontrast zu Bremen/Deutschland* zusammenfassend insgesamt doch mehr und erwartungsgemäß weniger stark verregelte Varianten. Zwar lassen das deutsche Sozialhilferecht und die Praxis ebenfalls vielfältige Varianten der Bedarfsermittlung und der Entscheidung, sowie der Leistungserbringung von Sozialhilfe zu. Auch in der personenbezogenen Initiierung und im Einfordern von Mitwirkungspflichten der Bürger finden sich vielfältige Möglichkeiten. Der Variantenreichtum oder – negativer formuliert – die Heterogenität in der Sozialhilfepraxis scheint nach den empirischen Befunden in Göteborg ausgeprägter als in Bremen.

Im Resümee ist auch im Kontext der Bedarfsermittlung und der Entscheidungsvarianten – wie bereits in der Analyse der rechtlichen Grundlagen – erkennbar: Die Bedarfsermittlung findet als *„aktive Bedarfsermittlung"* verbunden mit der Programmatik einer „aktivierenden Sozialpolitik" nicht mehr nur punktuell oder situationsbezogen – sondern vielmehr auch *im Zeitverlauf, perspektivisch und kontinuierlich* statt. Bedarfsermittlung, Bedürftigkeitsprüfungen und die Initiierung oder auch Einforderung der Mitwirkung der Bürger am Leistungserbringungsprozess sind dynamisch, flexibel und in hohem Maße differenziert möglich und praktisch entsprechend gestaltet. In Göteborg wurden beispielsweise *monatliche Aktualisierungsanträge* und *quasi monatliche neue Bedarfsermittlungen, Einkommens- und Vermögensüberprüfungen* durchgeführt. Diese Verfahren sind bisher in Bremen weder üblich noch scheinen sie personell durchführbar.[687] Tendenziell ließen aber auch die Befunde für Bremen erkennen, dass die Bedarfsermittlungen und die Überprüfungen der Einkommens- und Vermögensverhältnisse seit Ende der 1990er Jahre umfassender, aktiver und auch in regelmäßigeren Abständen erfolgten als noch Anfang der 1990er Jahre. Insofern waren auch für Bremen in diesen Zusammenhängen Entwicklungen zu einer ausgeprägteren Dynamik in der Bedarfsermittlung und in den Formen der Bedürftigkeitsprüfung erkennbar.

Betrachtet man die Befunde aus der Fallstudie Göteborg nicht allein unter dem Aspekt der *Rechtssicherheit,* sondern auch bezogen auf die *Erwartungssicherheit* kontrastierend zur Sozialhilfepraxis in Bremen und im allgemeinen Vergleich der Wohlfahrtsstaaten, so ist schließlich – eher unerwartet – folgender Befund zu treffen:

---

[687] Die Befragung für Bremen ergab, dass 1999/2000 bei längerer Bezugsdauer *jährlich* eine erneute Überprüfung von Einkommens- und Vermögensverhältnissen der Sozialhilfebeziehenden vorgenommen wurde. Dies war zu Beginn der 1990er Jahre in Bremen noch nicht in der Form institutionalisiert, sondern die zeitlichen Abstände waren damals größer.

Auch wenn rechtlich und formal die Einkommens- und Vermögensverhältnisse zu einem Sozialhilfebezug berechtigen, kann sich der Bürger in Göteborg/Schweden – allgemein und insbesondere dann, wenn er jung und arbeitslos ist – im Grunde nie wirklich sicher sein, fortlaufend bzw. weiterhin – etwa im kommenden Monat noch die monetäre Sozialhilfe zu beziehen. Relativ sicher sein kann er sich jedoch in den relativ weit gehenden Angeboten personenbezogener Hilfen und pädagogischer Interventionen. Diese werden auch bei und nach Ablehnung oder Einstellung der monetären Leistungen vom schwedischen Wohlfahrtsstaat in den Kommunen weiterhin aktiv angeboten und stets „in der Reserve" gehalten. Im Vergleich besteht auch gegenwärtig in der Sozialhilfe/Grundsicherung im deutschen Wohlfahrtsstaat für den Bürger hinsichtlich der monetären Leistungen somit eine höhere Verlässlichkeit und Erwartungssicherheit. Allerdings werden personenbezogene Hilfen und pädagogische Interventionen im institutionellen Arrangement der deutschen Sozialhilfe – zwar rechtlich mit geregelt – jedoch vergleichsweise passiv und weniger erwartungssicher angeboten als in Schweden. Insoweit unterscheiden sich die Interventionsformen und der Interventionsmix in beiden Wohlfahrtsstaaten in diesen verlaufs- und handlungsbezogenen Betrachtungsweisen ganz erheblich.

Es bestätigen sich Befunde, die einerseits den schwedischen Wohlfahrtsstaat als „öffentliche Dienstleistungsgesellschaft" typisieren, in der soziale Dienste ausgebaut sind und monetäre Transferleistungen auf hohem Niveau vorgehalten werden, und die andererseits für den deutschen Wohlfahrtsstaat den Bereich öffentlicher sozialer Dienstleistungen als weniger stark entwickelt und auch als weniger „aktiv" typisieren. Zugleich ist festzustellen, dass der deutsche Sozialstaat vor allem auf ein hohes Niveau und auf eine Erwartungssicherheit bei den monetären Transferleistungen setzt.[688]

Ausgehend von den Befunden zu den zahlreichen Varianten der Bedarfsermittlung und Entscheidung über einen Sozialhilfeantrag in Göteborg stellt sich generell die *Frage der Steuerbarkeit* derart komplexer und vielschichtiger Interventionsformen durch Recht. Die in Schweden übliche Rahmengesetzgebung kann gewissermaßen als institutionelles Eingeständnis und als eine Akzeptanz der theoretischen Befundes einer begrenzten Steuerbarkeit sozialer Interventionen durch Recht gedeutet werden.[689] Der rechtliche Rahmen setzt in Schweden relativ weit gefasste Ermessens- und Gestaltungsspielräume, die kommunalpolitisch und auch durch die Fachlichkeit und Professionalität des Sozialdienstes ausgefüllt werden. Damit verbunden ist in der Praxis eine hohe Eigendynamik und die erkennbare Heterogenität in der Bedarfsermittlung, in den Entscheidungsvarianten und gene-

---

[688] Vgl. etwa Häußermann/Siebel (1995).
[689] Zu Grenzen er Steuerung sozialer Interventionen durch Recht vgl. Kaufmann (1982 u. 1988).

rell in der Sozialhilfe. Die *Hauptprobleme einer Steuerung über Recht*, nämlich einerseits die Einschränkungen, die mit normierten und rechtlich standardisierten Kommunikationsformen gerade im Bereich persönlicher Hilfebeziehungen verbunden sind, und andererseits das Problem der Folge- und Mitwirkungsbereitschaft und die Frage der Akzeptanz der rechtlichen Regelungen zeigen sich in der Sozialhilfe auf mehreren Ebenen. In Zeiten einer „aktivierenden Sozialpolitik" und der „Worfare-Debatte" sind sie virulent im Kontext der zum Teil weitergehend definierten Mitwirkungspflichten der Bürger. Sie stellen sich aber ebenso im professionalen Kontext einer weiteren sozialberuflichen Entwicklung in den Sozialdiensten. Bei den Professionellen des Sozialdienstes in Göteborg – in Grundmustern und Typologie ähnlich, jedoch weniger deutlich in Bremen – zeigten sich teilweise konkurrierende bzw. abweichende Deutungsmuster zu den rechtlichen Wert- und Normsystemen. In den Ebenen des Zentralstaates, der Kommunalpolitik, der Sozialverwaltung und im Sozialdienst bis hinein in einzelne Projekte fanden sich die Wert- und Normsysteme etwa zum „Bedarf" und zu den „Mitwirkungspflichten" in der Sozialhilfe aus unterschiedlichsten Gründen und in verschiedensten Bezügen zum Teil sehr unterschiedlich definiert.

Diese unterschiedlichen Deutungsmuster und eine entsprechend heterogene Praxis künftig über weiter ausdifferenzierte und detaillierte „Rechtsgrundlagen" vereinheitlichen zu wollen, scheint ein aussichtsloses Unterfangen. Es scheint zudem steuerungs- und interventionstheoretisch auch kaum „effektiv" und zumindest in Schweden auch nicht beabsichtigt. Eine Alternative wäre eine stärkere Standardisierung der monetären Leistungen und Bedarfe auf möglichst hohem Niveau und ihre möglichst weitgehende Entkopplung von personenbezogen und pädagogischen Interventionen. So wäre wenigsten der Bereich der materiellen Grundsicherung für alle Bürger in möglichst *gleicher Weise* zugänglich und erwartungssicher zu gestalten und nicht von Restriktionen im Bereich der personenbezogenen Dienstleistungen abhängig. Entsprechende ökonomische und persönliche Bedarfe könnten institutionell unabhängig voneinander definiert und entsprechend ihrer Eigenarten möglichst weitgehend und „koproduktiv" gedeckt werden.

5.6 Wege *durch* den Sozialhilfebezug: Niveau der materiellen Existenzsicherung, Lohnabstandsgebot und monetäre Anreizsysteme

Nachdem die Interventionsformen und -muster im Zusammenhang mit den Wegen vor und in den Sozialhilfebezug untersucht wurden, werden in diesem Kapitel die Wege *durch* den Sozialhilfebezug genauer in einer auf die Institution und die „institutionelle Zeit" bezogenen Perspektive dargestellt. Dabei kann es nicht um die ganze Breite der möglichen Hilfen und der Interaktionsmuster zwischen Sozialdienst und Bürger gehen, sondern im Kern werden die Höhe der monetären Transferleistungen behandelt. Vor dem Hintergrund der bereits ermittelten größeren kommunalen und professionalen Gestaltungsspielräume in der schwedischen Sozialhilfe im Vergleich zur deutschen Sozialhilfe und einer recht heterogenen Gewährungspraxis sei einleitend daran erinnert, dass in Schweden bis 1998 zwar zentralstaatliche Empfehlungen zu einem landesweit einheitlichen Niveau der monetären Leistungen in der Sozialhilfe bestanden. In der tatsächlichen kommunalen Gewährungspraxis variierten die Leistungsniveaus bis 1998 zum Teil extrem.[690] Die zentralstaatlichen Empfehlungen *(Socialstyrelsens allmänna råd)* wiesen kaum einen rechtlich verbindlichen Charakter auf und wurden von den Kommunen – meist unter Hinweis auf die kommunale Selbstverwaltung – zum Teil schlicht ignoriert. Der rechtlich verbindliche Charakter der staatlichen Empfehlungen konnte vor 1998 erst im Klageverfahren im Einzelfall zum Tragen kommen, wenn also der Bürger selbst die kommunale Praxis nicht kritiklos hinnahm.

Mit den Neuregelungen des Sozialdienstgesetzes von 1998 wurde in Schweden über die *„Riksnorm"* ein einheitliches und heute landesweit rechtlich verbindliches Regelsatzsystem zum Niveau der Sozialhilfe eingeführt. Damit wurde letztlich über zentralstaatliche Intervention in der kommunalen Gewährungspraxis zumindest in dem Bereich, der über die „Riksnorm" definiert ist, eine Vereinheitlichung der monetären Hilfen erreicht. Aus Sicht der Kommunen wurde jedoch dadurch die Selbstverwaltung Ende der 1990er Jahre zentralstaatlich eingeschränkt. Gleichwohl bestehen im Bereich der sonstigen Leistungen *(övrigt bistånd)* und auch im Bereich der personenbezogenen Hilfen weiterhin beträchtliche Gestaltungs- und Ermessensspielräume, wie bereits in anderen Zusammenhängen belegt wurde. Zur Situation Mitte der 1990er Jahre berichteten Experten in leitender Funktion in Göteborg beispielsweise:

> *„Die Kommunen machten das sehr unterschiedlich – hatten sehr unterschiedliche Sozialhilfesätze (...). Die lagen unterhalb des Niveaus, das von der Socialstyrelsen empfohlen wurde. Daraufhin wurde der Reichstag aktiv und erließ eine gesetzliche „Riksnorm". Man schrieb direkt in das Gesetz hinein, auf welche Leistungen eine einzelne Person ein Recht hat. (...) Das nennt sich „Versorgungshilfe" und die besteht aus der „Riksnorm", aus verschiedenen Teilen, die einen bestimmten Satz für Essen, Bekleidung und so beinhalten. Diese Sätze sind in ganz Schweden nun einheitlich. Das ist ein gutes System, soweit es diese „Riksnorm" betrifft. Das ist gut – verglichen mit dem Chaos, das vorher bestand."* (Int. 08: 204-243)

Von allen Befragten wurde die 1998 neu eingeführte „Riksnorm" und die damit verbundene landesweite Standardisierung und Harmonisierung des Leistungsniveaus inzwischen positiv bewertet. Diese positiven Effekte der Gesetzesnovelle

---

[690] Vgl. Westlund (1991: 22-26). In 56 der damals noch insgesamt 284 schwedischen Kommunen wurde Anfang der 1990er Jahre explizit zwischen einer höheren *Kurzzeitnorm (Nettonorm)* und einer niedrigeren *Langzeitnorm (Bruttonorm)* im Niveau der Sozialhilfe unterschieden.

wiegen offenbar schwerer als der Verlust an Selbstverwaltungs- und Selbststeuerungsmöglichkeiten, der dadurch bei den Kommunen eintrat. Die schwedische Sozialhilfe wird grundsätzlich als Zuschuss gezahlt. Nur in Ausnahmefällen, etwa bei Vorschusszahlungen auf Lohn/Gehalt wie zum Beispiel bei Streiks, oder bei typischen „Wartefällen", die auf Krankengeld oder Rentenleistungen warten, erfolgt die Zahlung ähnlich wie in Deutschland als zinsloses Darlehen und ist später zu erstatten. Grundsätzlich wird seit den Neuregelungen von 1998 nach § 6 b SoL (ab 2002: Kap. 4, § 1 SoL) in *zwei Leistungsbereiche* der wirtschaftlichen Sozialhilfe unterschieden, der Versorgungshilfe *(Försörjningsstöd)* und den „sonstigen Hilfen" *(annat bistånd)*. Wie das Leistungssystem der wirtschaftlichen Sozialhilfe genauer strukturiert ist, wird im Überblick dargestellt.

1. Konstruktion und Niveau der schwedischen „Riksnorm"
Die Hilfe zur materiellen Versorgung *(Försörjningsstöd)* beinhaltet zunächst im Rahmen der „Riksnorm" staatlich festgelegte Beträge für die folgenden *personenbezogenen Bedarfe:*[691] Ernährung, Bekleidung, Gesundheit und hygienische Versorgung, Freizeitbedarf.

Pauschalbeträge für Bekleidung sind demnach direkt in der „Riksnorm" mit enthalten und nicht gesondert als „einmalige Leistungen" ausgewiesen, wie seit 2005 auch in der deutschen Sozialhilfe/Grundsicherung. Neben den genannten Posten enthält die „Riksnorm" dann die *haushaltsbezogenen Bedarfe,* die je nach Anzahl und Alter der Haushaltsangehörigen unterschiedlich hoch bemessen werden: allgemeine Verbrauchsgegenstände (Reinigungsmittel, Glühbirnen u.ä.), Tageszeitung, Rundfunk-/Fernsehgebühren.

Während in Deutschland etwa die Befreiung von der Rundfunk- und Fernsehgebühr separat beantragt werden muss, werden die Gebühren in Schweden direkt im Rahmen der wirtschaftlichen Hilfe dem Bürger ausgezahlt. Ein weniger „bürokratisches Verfahren" als in der deutschen Paxis, das auch den Gleichheitsgrundsatz weitergehend berücksichtigt und die Handlungsautonomie über die Zahlung der Gebühren beim Bürger belässt.

Als weitere Versorgungshilfen, die *außerhalb der „Riksnorm"* entweder in Form von Richtwerten zentralstaatlich, oder auch kommunal entsprechend der örtlichen Bedingungen festgelegt werden, finden sich: Angemessene Kosten der Unterkunft, je nach lokalem Mietniveau kommunal genauer geregelt, Fahrtkosten zur Arbeit, Ausgaben für Elektrizität, Mitgliedsbeitrag für Gewerkschaft, Hausratversicherung, Ärztliche und medizinische Versorgung, *akute* zahnärztliche Versorgung, Kosten für Brillen, Hörgeräte…, Beiträge zur Arbeitslosenkasse.

---

[691] Vgl. Socialstyrelsen (2000a: 85 ff.).

Zu beachten ist, dass die schwedische Sozialhilfe auch *Beiträge zur Arbeitslosenkasse* übernimmt, womit eine *armutsvermeidende Funktion auf die Zukunft bezogen* direkt in die Sozialhilfe integriert ist. Die im Rahmen der „Riksnorm" festgelegten Beträge werden jährlich zum Jahresbeginn im Rahmen einer zentralstaatlichen Verordnung zum Sozialdienstgesetz auf der Grundlage von Berechnungen des schwedischen Konsumentenwerkes *(Konsumentverket)* angepasst. Grundlage dieser Anpassung bilden die Preisentwicklung und die Entwicklung der „gewöhnlichen Verbrauchsgewohnheiten" in Anschaffung und Konsum von Gütern, die ein „angemessenes Lebensniveau" *(skälig levnadsniveau)* ermöglichen. Die Anpassung der Sozialhilfe ist also nicht direkt an die Lohnentwicklung oder vergleichbare Parameter gekoppelt. Die Festlegung der Regelsätze ist zudem nicht direkt oder ausschließlich an das Ausgabeverhalten *unterer* Einkommensschichten bemessen, wie in Deutschland, sondern stärker an durchschnittliche Werte zu den Verbrauchsgewohnheiten orientiert.[692]

In der nachfolgenden Tabelle sind die Leistungsniveaus exemplarisch für 2 Haushaltstypen für Schweden und Deutschland gegenübergestellt und um einige zentrale rechtliche Grundlagen, etwa zur Anrechnung von Einkommen und zu Freibetragsregelungen erweitert. Diese Kontrastierung lässt bereits einige Rückschlüsse auf die Leistungsniveaus und auf Aspekte einer monetären Anreizsteuerung im Falle der Erwerbstätigkeit zu. Beim Vergleich ist nicht nur zu berücksichtigen, dass die Lebenshaltungskosten in Schweden etwas höher liegen als in Deutschland, sondern auch, dass unterschiedliche Teilbeträge für den Lebensbedarf in der „Riksnorm" bzw. im Regelsatz enthalten sind.

Diese Beträge sind in der Tabelle ebenfalls exemplarisch mit ausgewiesen. Während dann weiterhin im deutschen Sozialhilfesystem über den Regelsatz hinausgehend für bestimmte Empfängergruppen in bestimmten Lebenslagen oder Lebensphasen *besondere Mehrbedarfe*, etwa im Rahmen des früheren § 23 BSHG bzw. seit 2005 über § 30 SGB XII, für allein Erziehende, oder für Personen im Alter über 65 Jahren, sowie für Schwerbehinderte eindeutig geregelt sind, bestehen im schwedischen Sozialhilferecht solche besonderen Mehrbedarfsregelungen nicht. Vergleichbare „Mehrbedarfe" werden dort jeweils im Einzelfall – meist auf Antrag – oder aber im Rahmen einer aktiven Bedarfsermittlung des Sozialdienstes festgestellt und entschieden. In diesem Bereich der Mehrbedarfe weist die deutsche Sozialhilfe dem Niveau nach vermutlich einen höheren Standard auf und bietet weitergehend eine Rechtssicherheit und eine Gleichbehandlung bei bestimmten gesetzlich definierten Sachverhalten. Dies gilt schließlich auch in der Frage der *Freibeträge bei Erwerbseinkommen bzw. bei Erwerbstätigkeit*, die in Deutschland eindeutig normiert sind, in Schweden vergleichbar konkret nicht bestehen. Besondere erwerbsarbeits-

---

[692] Vgl. Socialstyrelsen (2000a: 86).

bedingte Ausgaben, wie Fahrtkosten zur Arbeit, Ausgaben für Arbeitskleidung, usw. werden dort im Rahmen der Bedarfsermittlung und in Einzelfallentscheidungen anerkannt.

Tabelle 18:

Leistungsniveau und Regelsätze der Sozialhilfe Schweden und Deutschland im Vergleich (Stand: 2002)[693]		
Haushalts-/Familientyp und Anrechnungsregelungen	„Riksnorm" in Schweden	„Regelsatz" in Deutschland
Alleinstehende/r Erwachsene/r ohne Kinder:	3.140 SEK *(ca. 345 Euro)* plus Unterkunftskosten und einmalige Leistungen bei „besonderen Bedarfen" auf Antrag	*288 Euro* plus Unterkunftskosten und auf Antrag oder pauschal Beträge für Bekleidung *(ca. 45 Euro)*, plus weitere einmalige Leistungen auf Antrag
Erwachsenes Paar mit zwei Kindern im Alter von 2 und 7 Jahren:	8.820 SEK *(ca. 970 Euro)* plus Unterkunftskosten und einmalige Leistungen bei „besonderen Bedarfen" auf Antrag	*806 Euro* plus Unterkunftskosten und auf Antrag oder pauschal Beträge für Bekleidung *(ca. 160 Euro)*, plus weitere einmalige Leistungen auf Antrag
Regelungen und Praxis der Bedarfsberechnung:	Bei Rahmengesetzgebung *kommunal diversifiziert bzw. heterogen* Riksnorm jedoch landesweit einheitlich	Über detaillgenaues Recht, Verordnungen und kommunale Ausführungsrichtlinien *standardisiert*
Anrechnung von Einkommen:	Alle Einkünfte, auch Eltern-/Erziehungsgeld und Kindergeld werden in voller Höhe als Einkommen angerechnet	Ausnahmeregelungen nach § 76 BSHG bei Eltern-/Erziehungsgeld (war 2002 anrechnungsfrei) und Kindergeld war teilweise anrechnungsfrei. Mit Stand 2010 sind Elterngeld und Kindergeld als Einkommen anzurechnen.
Freibetrag bei Erwerbstätigkeit als „monetärer Anreiz":	*Kein* genereller Freibetrag *(Stimulanstillägg)* Mehrausgaben aufgrund von Erwerbstätigkeit werden individuell geprüft und auf Antrag erstattet.	Genereller „Freibetrag" zwischen 15 und 25 % des Regelsatzes nach § 76 Abs. 2 BSHG plus Erstattung von Mehraufwand für Erwerbstätigkeit, etwa für Fahrtkosten, Arbeitskleidung (Stand: 2002)

[693] Mit Gesetzesänderungen zum 1. Januar 2005 wurde der Eckregelsatz in Deutschland in den Grundlagen verändert ermittelt. Für das Jahr 2010 betrug der Eckregelsatz monatlich *364,-- Euro*, wobei nun auch eine Pauschale für Bekleidung enthalten ist. Für eine alleinstehende erwachsende Person betrug der Regelsatz *(Riksnorm)* in Schweden in 2010 monatlich 3.680 SEK, was bei einem Wechselkurs von 1 : 9,5 einem monatlichen Betrag von rd. *390,-- Euro* entspricht. Kosten der Unterkunft werden in beiden Ländern zusätzlich separat bis zu lokal festgelegten Obergrenzen übernommen.

Als ein Hauptkritikpunkt kam innerschwedisch an der Sozialhilfe auch in der Befragung in Göteborg/Schweden auf unterschiedlichsten Ebenen – und sehr viel deutlicher als zur Sozialhilfe in Bremen/Deutschland – der Hinweis von Experten, dass die schwedische Sozialhilfe über viel zu geringe bis gar keine monetäre Anreize *(stimulans/insitament)* verfüge, die Erwerbstätigkeit mit Freibeträgen entsprechend honoriere.

Auffällig war zugleich, dass von *keinem* der befragten Experten das Niveau der Sozialhilfe absolut betrachtet als „zu gering" bewertet wurde. Allenfalls relativ betrachtet zum Niveau unterer Erwerbseinkommen wurde dies angedeutet, wobei aber meist zugleich darauf hingewiesen wurde, dass das Lohnniveau zu gering und nicht etwa die Sozialhilfe zu hoch sei. Das Problem des Lohnabstands und des monetären Anreizes wurde somit von Experten auch auf der Lohnseite und eben nicht ausschließlich auf der Seite der Sozialhilfe verortet.

Deutlicher wurde in einer „absoluten" Sichtweise eine Kritik am Niveau der wirtschaftlichen Hilfe, sobald es *im Zusammenhang mit der Bezugsdauer* gesehen wurde. Eine Reihe von Experten berichteten in diesem Zusammenhang, dass die Sozialhilfe als *kurzzeitige* materielle Hilfe der Höhe nach durchaus angemessen sei, jedoch *bei längeren Bezugsdauern* als zu gering angesehen werden könne. Beispielsweise wurde folgendes formuliert:

> „(...) Aber das ist klar, dass es schwer ist, über mehrere Jahre auf dem Niveau der Sozialhilfe zu leben. Das muss sehr anstrengend sein, weil es ja eigentlich nicht viel Geld ist, das man da erhält. So, das ist klar – sicher ist das schwierig – Sozialhilfe zu beziehen. (...) Man kann es vielleicht auch lernen, wie man auf dem Niveau leben kann. Aber zwischendurch da trifft man auch Menschen, die sagen, dass es unmöglich ist auf dem Niveau der Sozialhilfe zu leben." (Int. 26: 677-689)

Die Erfahrungen und Regelungsmuster von vor 1998, wo vielerorts noch explizit zwischen einer niedrigeren Kurzzeitnorm und einer höheren Langzeitnorm in der kommunalen Sozialhilfe unterschieden wurde, mögen für diese Bewertungen mit eine Rolle spielen. Eine wirklich grundlegende und verbreitete Kritik am Niveau war allerdings auch in den Kontexten der Bezugsdauer unter den Befragten nicht erkennbar.

Um genauere Aussagen zum Leistungsniveau der schwedischen und der deutschen Sozialhilfe im Vergleich zu ermöglichen, wären vergleichbare Einzelfälle zu untersuchen oder gruppenbezogen detaillierte Vergleichsberechnungen vorzunehmen, beispielsweise für allein Erziehende, Erwerbstätige, Ältere, Familien usw. Darin ließen sich vermutlich noch genauer *spezifische „Profile"* einer *Lebenslaufpolitik* erkennen, nach der sich etwa die primär monetär ausgerichtete Familienpolitik in Deutschland auch in der Sozialhilfe stärker widerspiegelt als eine stärker auf Kinderbetreuung, Bildung und auf die Vereinbarkeit von Familie und Beruf ausgerichtete Familienpolitik in Schweden.

In einer zusammenfassenden *allgemeinen* Einschätzung unterscheiden sich das Niveau der schwedischen und deutschen Sozialhilfe zwar nicht grundlegend. Unter Berücksichtigung von Detailregelungen werden jedoch typische Interventionsmuster deutlich erkennbar. Die Systeme begünstigen jeweils spezifische Empfängergruppen in je unterschiedlicher Weise. In Schweden liegt das Niveau der Regelsätze *(Riksnorm)* bei im Vergleich zu Deutschland etwas höheren Lebenshaltungskosten ebenfalls etwas höher, wobei allerdings die deutsche Sozialhilfe ein vergleichbares Niveau erreicht, wenn die „einmaligen Leistungen", etwa für Bekleidung als Pauschalbeträge mit in den Ländervergleich einbezogen werden. Werden zudem noch die Mehrbedarfsbeträge mit berücksichtigt, so liegt das Niveau der deutschen Sozialhilfe insbesondere *bei allein Erziehenden, Älteren und Personen mit besonderen Bedarfen* mindestes auf dem Niveau der schwedischen Sozialhilfe, eher darüber. Der monetäre Versorgungscharakter des deutschen Wohlfahrtsstaates war zumindest bis 2005 bezogen auf allein Erziehende sehr viel stärker ausgeprägt als das für den schwedischen Wohlfahrtsstaat aus einer armutspolitischen Perspektive erkennbar ist. Hinzu kommt, dass die Erwartungssicherheit und der Grad der Standardisierung der Sozialhilfeleistungen für Ältere, Erwerbsunfähige, für Haushalte mit besonderen Bedarfen und für allein Erziehende in Deutschland aufgrund der dezidiert rechtlich festgelegten Beträge in Form der Mehrbedarfsregelungen höher ist als in der schwedischen Sozialhilfe. Auch bei *Erwerbstätigen* dürfte das Niveau der deutschen Sozialhilfe unter Berücksichtigung der Freibetragsregelungen ähnlich hoch oder je nach Haushaltstyp auch höher liegen als in Schweden.

Betrachtet man diejenigen materiellen Leistungen genauer, die außerhalb des jeweiligen Regelsatzsystems über die Sozialhilfe erbracht werden, so gilt bei der Festlegung der *„angemessenen Unterkunftskosten"* in Schweden, dass diese sich am kommunalen Mietniveau orientieren müssen und dass sie dann als „angemessen" gelten, wenn sie üblicherweise von Personen/Haushalten *mit unteren Erwerbseinkommen* getragen werden können.[694] Insoweit findet sich in diesem Zusammenhang ein indirekt formuliertes Lohnabstandsgebot. Grundsätzlich werden die Kosten der Unterkunft in Göteborg/Schweden – sehr ähnlich der Sozialhilfe in Bremen bzw. Deutschland – zunächst in tatsächlicher Höhe sowohl für Mietwohnungen wie bei selbst bewohntem Hauseigentum ergänzend zu „Riksnorm" bzw. Regelsatz übernommen. Sofern aber im Verlauf der Bedarfsermittlung bzw. bei der Bedürftigkeitsprüfung festgestellt wird, dass die tatsächlichen Kosten der Unterkunft die normierten Grenzen der „Angemessenheit" überschreiten, so gilt auch im schwedischen Sozialhilferecht, dass *im weiteren Verlauf* des Sozialhilfebezugs die übernahmefähigen Kosten der Unterkunft auf die Höhe der Obergrenzen zu reduzieren sind. Diese Obergrenzen für die anzuerkennenden Unterkunftskosten beliefen sich im

---

[694] Vgl. Socialstyrelsen (2000a).

608

Jahr 2000 in Göteborg beispielsweise für die Wohnung von 1 bis 2 Erwachsenen (ohne Kinder) auf monatlich 4.025 SEK (rd. 440,-- Euro), für zwei Erwachsene mit 2 Kindern auf 6.000 SEK (rd. 660,-- Euro).[695] Die Werte entsprachen damit etwa dem Bereich preiswerter bis preiswertester Wohnungen und variierten in den 21 Stadtteilen. Feststellbar war in Göteborg, dass Stadtteile mit besonders niedrigem Niveau in den Mietpreisen, optisch meist erkennbar an der mehrgeschossigen Schlichtbauweise der 1960er und 1970er Jahre, auch die höchsten Sozialhilfequoten aufwiesen. Es ist davon auszugehen, dass die genannten Regelungen zu den übernahmefähigen Kosten der Unterkunft im Rahmen der Sozialhilfe zumindest teilweise auch eine Segregation in den städtebaulich sehr unterschiedlich geprägten Stadtteilen Göteborgs mit begünstigt haben. Ähnlich gilt dies auch für Bremen. In beiden Städten erfüllten die Regelung der „angemessenen Unterkunftskosten" auch die Funktion, Sozialhilfebezug – verursacht durch einen Anstieg der Mietpreise – möglichst zu begrenzen. Im Ergebnis ähnelte sich die Praxis der Übernahme von Unterkunftskosten in Göteborg und in Bremen 1999/2000 überraschend weit.

Neben der „Riksnorm", und den umfassender definierten Versorgungsleistungen *(Försörjningsstöd)* besteht in einer dritten Ebene nach § 6 g SoL (1998) bzw. nach Kap. 4, § 1 SoL (ab 2002) ein Anspruch auf *„Hilfen in anderer Form" (Bistånd i annan form)*. Hierzu gehören zum Beispiel einmalige Beihilfen für Möbel oder Hausrat bei *akutem* Bedarf, Beihilfen für ein Fernsehgerät, Umzugsbeihilfen, Beihilfen für Ferienfreizeiten oder Erholungsreisen, Hilfen für Zahnersatz, wenn dieser *akut* benötigt wird und weitere Leistungen in besonderen Situationen. Diese Hilfen sind den einmaligen Leistungen nach dem deutschen Sozialhilferecht vergleichbar.

Grundsätzlich zeigen sich damit in der Konstruktion der wirtschaftlichen Sozialhilfe einige Ähnlichkeiten beider Systeme, aber auch Unterschiede. Dies gilt beispielsweise auch hinsichtlich der Leistungsarten, in denen die materiellen Hilfen erbracht werden können. Die in Deutschland zum Teil noch übliche Praxis von *Warenbezugsscheinen* ist in Schweden weniger verbreitet. Die Gewährung einmaliger Beihilfen als Sachleistungen, etwa über Kleiderkammern oder in Form von Gebrauchtmöbeln ist in Schweden rechtlich ebenfalls nicht vorgesehen bzw. nicht geregelt.[696] Insoweit ist die deutsche Sozialhilfe auch vom *Sachleistungsprinzip* gekennzeichnet, die schwedische Sozialhilfe jedoch stärker vom *Geldleistungsprinzip* geprägt. Die schwedische Sozialhilfe geht grundsätzlich von einer ausgeprägten Handlungsautonomie und von verantwortungsvollem Umgang mit den Leistungen

---

[695] Vgl. Göteborg Stad (2000: 2): Författningssamlingen, Föreskrifter angående bistånd: Skälig bostadskostnader.

[696] Weder im Sozialdienstgesetz noch in Kommentaren, in den zentralstaatlichen Empfehlungen der Socialstyrelsen oder in den kommunalen Ausführungshinweisen der Stadt fanden sich entsprechende Regelungen und bezogen auf die Praxis wurde von keinem der befragten Experten berichtet, das Sachleistungen ausgegeben werden oder das Warenbezugsscheine ausgestellt werden.

der Sozialhilfe durch die Leistungsempfänger aus. In diesem Bereich ist die schwedische Sozialhilfe somit als weniger stigmatisierend anzusehen als die deutsche Gewährungspraxis. Im Zusammenhang mit der in Deutschland eingeführten Pauschalierung einmaliger Leistungen ist eine Angleichung beider Systeme zu sehen.

Für die schwedische Sozialhilfe gilt schließlich, dass der Anspruch auf einige Teilleistungen der sonstigen Hilfen *(övrigt bistånd)* auch unmittelbar *an die Bezugsdauer gekoppelt* ist. Diese Leistungen werden ausschließlich bei „akutem Bedarf" *(akut behov)* bewilligt. Wie bereits im Zusammenhang mit den Definitionsmustern von Kurzzeit- und Langzeitbezug dargestellt wurde, gilt dies beispielsweise bei Beihilfen für Zahnersatz, bei einmalige Beihilfen für Möbel/Hausrat und bei besonders ausgabenintensive Beihilfen für langlebige Gebrauchsgüter. Während in Deutschland in diesen Zusammenhängen eine *sechsmonatige Frist* für ein mögliches Ansparen zum Kauf dieser Gegenstände vorgesehen ist, ist in Schweden dieser Zeitraum meist auf *drei oder vier Monate* und damit kürzer festgelegt.[697] Aus diesen Regelungen leiteten sich für Befragte in Göteborg wie in Bremen teilweise entsprechende Definitionsmuster von „Kurzzzeitbezug" dann auch entsprechend unterschiedlich ab.

Die materiellen Leistungen der schwedischen Sozialhilfe sind nach den Gesetzesänderungen zum 1. Januar 2002 *wieder vollständig* im Verwaltungsrechtswege einklagbar *(Rätten att överklaga)*. Die Frist für einen Widerspruch bzw. für eine Klage beträgt im Unterschied zur deutschen Regelung einer einmonatigen Frist in Schweden drei Wochen. Der Widerspruch ist schriftlich zu formulieren. Dies kann mit Unterstützung des Sozialbüros erfolgen, gegen dessen Entscheidung der Widerspruch gerichtet ist. Ist das Ergebnis einer erneuten verwaltungsinternen Prüfung die Aufrechterhaltung der Negativentscheidung, so erfolgt ggfls. eine abschließende Entscheidung beim Verwaltungsgericht.

Zusammenfassend ergeben auch diese Regelungen ein Bild, nach dem an Sozialhilfebeziehende in Schweden auch auf dem Weg durch die Sozialhilfe zumeist *weitergehende Handlungsanforderungen* und auch *weitergehende Handlungserwartungen* seitens der wohlfahrtsstaatlichen Institution gestellt sind als an Sozialhilfebeziehende in Deutschland. Auch die Regelungsmuster zu bestimmten Fristen lassen darauf schließen, dass die schwedische Sozialhilfe *insgesamt „dynamischer" ausgerichtet* ist als die deutsche Sozialhilfe. Eigenaktivitäten und Schritte im Bewältigungshandeln der Sozialhilfebeziehenden werden dabei in Schweden meist innerhalb kürzerer Zeiträume erwartet als in der deutschen Sozialhilfepraxis üblich. Auch in diesen Zusammenhängen relativiert sich aus einer armutspolitischen und auf die Variablen „Zeit" und „Handeln" fokussierenden Perspektive das Bild vom umfassenden Versorgungsstaat, der die Bürger durch die sozialen Dienste und Leistungen auf hohem Niveau „passiviert" oder „bevormundet". Eher zeigt sich ein Bild, wonach

---

[697] Vgl. Socialstyrelsen (2002).

der Sozialhilfe beziehende Bürger in Schweden weitergehender und dynamischer zu Eigenaktivitäten gefordert ist als in Deutschland.

2. Lohnabstandsprinzip und der Mangel an monetären Anreizsystemen

Ein besonderes Problem wurde von den schwedischen Experten meist explizit darin gesehen, dass sich die Relationen zwischen der schwedische Sozialhilfe und dem Lohn-/Gehaltsniveau im Niedriglohnsektor seit Anfang der 1990er Jahre einander angenähert haben. Einerseits gab es im Verlauf der 1990er Jahre nur geringe Einkommenszuwächse im Bereich der unteren und mittleren Erwerbseinkommen. Zugleich ist auch die Sozialhilfe relativ betrachtet im Niveau gedeckelt worden. Sozialhilfeniveau und untere Erwerbseinkommen haben sich so, außerdem beeinflusst durch einen Anstieg bei den Abgaben und Gebühren für öffentliche Dienstleistungen, tendenziell angenähert. Wie in der deutschen Sozialhilfe gilt jedoch auch in Schweden ein Lohnabstandsgebot, das aber wiederum in Schweden relativ unkonkret definiert ist. Hierzu wurde beispielsweise berichtet:

> *„(...) Das war ja schon immer die Daumenregel, wonach die Sozialhilfe unterhalb der niedrigsten Löhne liegen soll, also unter dem Niedriglohnniveau. (...) Das Problem ist die Motivation zur Arbeit. Ich weiß nicht so richtig, wie man das Problem lösen soll. „Was nutzt es mir, wenn ich arbeite, aber nicht mehr Geld dafür erhalte?". Das Problem wurde in den vergangenen Jahren sehr deutlich, nachdem es nun wieder mehr Arbeitsmöglichkeiten gibt und die Leute merken, dass sie durch Arbeit kaum mehr verdienen. Wenn man da die Gebühren für Kinderbetreuung, die heute höher sind, das verringerte Wohngeld und so mit beachtet. Das ist ja auch ein Problem, mit dem man sich auf der nationalen Ebene genauer befasst. Wie sollen wir mit diesem 100-%-Marginaleffekt umgehen. Das wird sicher eine schwierig zu lösende Frage. Es ist ein großes Problem, ein großes politisches Problem. "* (Int. 10: 649-694)

Das Lohnabstandsprinzip sowie die Schnittstellenprobleme zwischen Sozialhilfe, Wohngeld, unterem Lohnniveau, der Höhe der Beiträge für Kinderbetreuung usw. wurden von der langjährig im Sozialdienst tätigen Expertin anschaulich vermittelt. Es zeigen sich beträchtliche und komplexe Abstimmungsbedarfe der monetären wohlfahrtsstaatlichen Leistungssysteme und Interventionen in ihren Effekten auf- und untereinander.[698] Andere Experten berichteten konkret zum Lohnabstandsprinzip beispielsweise eher vereinfachend:

> *„Ich glaube, der Gedanke ist, dass zwischen Sozialhilfe und Erwerbseinkommen ein hinreichend großer Abstand besteht (...) – eine Theorie ist, dass man den Sozialhilfesatz auf einem so [niedrigen] Niveau hält, dass es sich nicht lohnt, Sozialhilfe zu beziehen. "* (Int. 24: 400-405)

Die Aussage ist insoweit verlaufsbezogen, als die Sozialhilfe ihrem Niveau nach so zu gestalten sei, dass es sich nicht „lohnen" dürfe, die Sozialhilfe der Erwerbsarbeit vorzuziehen. Von Experten wurde in diesem Kontext berichtet, dass ein direkter

---

[698] Zu Faktoren, welche die „monetären Anreizeffekte" beeinflussen und in der Relation zwischen Sozialhilfe und unteren Lohn-/Gehaltsniveaus prägen vgl. ländervergleichend OECD (1998: 41 ff.).

Zusammenhang zwischen dem Niveau der Sozialhilfe und einer möglichst kurzen Bezugsdauer bereits darin enthalten sei, dass das minimale Niveau der Sozialhilfe als solches bereits ein monetäres Anreizsystem – dann eher im negativen Sinne – darstelle. Das Niveau der Sozialhilfe als solches wie auch der Stigmatisierungsgrad und das schlechte Image von Sozialhilfe in der Öffentlichkeit motivieren demnach dahingehend, sich möglichst schnell eine alternative Form der materiellen Existenzsicherung zu erschließen. In diesen Zusammenhängen wurde beispielsweise auch berichtet:

> *„Das, was er in die Tasche bekommt, das sind 3.000 Kronen und das ist sehr wenig, sehr wenig, um davon einen Monat zu leben. Und dass wissen die Leute ja (...) man will nicht auf dem Niveau dieses Betrages leben, vor allem nicht, wenn man noch jung ist. Ich habe Einwanderer getroffen, ich habe Schweden und ich habe jüngere Personen und ältere Personen hier im Sozialhilfebezug, von denen ich weiß, dass es für sie sehr schwer ist, auf der Basis des Betrags zu planen und damit auszukommen. So, insofern beeinflusst das deren Motivation, sich einen Job zu suchen, um eine bessere Ökonomie zu erhalten – um ihre Ökonomie auf eine Art zu verbessern. Aber, auf der anderen Seite wirkt das auch negativ auf die Motivation ein. Das ist sehr schlecht. Mini-minimal."* (Int. 23: 429-444)

Wenn das Niveau der schwedischen Sozialhilfe als solches bereits dazu „motiviert", das Leistungsberechtigte sich möglichst schnell eine Alternative bzw. einen Ausweg aus dem Sozialhilfebezug erschließen, so stellt sich verlaufsbezogen jedoch die Frage, ob diese Anreiz- und Motivationswirkung nur zu Beginn des Sozialhilfebezugs besteht, ob etwa nach einigen Monaten oder etwa nach einem Jahr diese Effekte eher rückläufig sind oder sich eher weiter steigern. Hierzu konnten die befragten Experten keine direkten Angaben machen.

Auch bezogen auf Beschäftigungsverhältnisse im Bereich unterer Tariflöhne oder außerhalb des Tarifsystems wurde von Experten festgestellt, dass die Lohn-/Gehaltsniveaus zum Teil unterhalb oder auf dem Niveau der Sozialhilfe liegen. Vor allem über Teilzeitbeschäftigungen sei das Niveau der Sozialhilfe kaum erreichbar. Hinzu kommt, dass Freibeträge auch dann nicht möglich sind, so dass es für die Sozialhilfebeziehende sinnlos erscheint, entsprechende Jobs anzunehmen:

> *„Nun ist es so, dass diejenigen, die einen kleinen Job erhalten, und wo sie dann bei allem Einkommen was sie haben, dennoch weiterhin Sozialhilfe benötigen. Die kommen nie über die Sozialhilfenorm, was für viele sehr traurig ist. Da scheint es so, dass es sinnlos ist, einen kleinen Job anzunehmen. Da können die genausogut auf den Job scheißen, so."* (Int. 22: 581-585)

Uneinheitlich waren die Aussagen über *mögliche Reformstrategien* und Gegenmaßnahmen zu der geschilderten Entwicklung. Einige Experten verorteten das Problem im Bereich der Tarif- und Lohnpolitik, andere hingegen schlugen ein Freibetrags- und Anreizsystem innerhalb der Sozialhilfe vor. Berichtet wurde, dass vor allem bei Familien mit mehreren Kindern, die über nur ein Erwerbseinkommen verfügen, der Abstand zwischen Sozialhilfeniveau und Lohnniveau zu gering ausfällt.[699] Auch erwerbstätige allein Erziehende in unteren Lohngruppen, etwa Reinigungskräfte, Pflegehelferinnen, Verkäuferinnen und andere Berufsgruppen würden mit ihrem Erwerbseinkommen nahe an oder sogar unterhalb der Sozialhilfe liegen:[700]

> „(...) Der Unterschied zwischen Niedriglohnbereich und Sozialhilfe ist unwesentlich – da gibt es keinen Unterschied. Für bestimmte Gruppen ist das sehr schräg. Ich denke, dass das ein Lohnproblem ist, absolut, weil man ja denen, die arbeiten nicht mehr Sozialhilfe geben kann. Da drehen wir das Ganze ja nur für bestimmte Gruppen."
> (Int. 18: 685-692, ähnlich Int. 25: 758-763)

Vom zuvor zitieren Mitarbeiter wurde das Problem nicht als Problem der Sozialhilfe im engeren Sinne betrachtet, sondern es wurde mit Bezug auf die Lohnniveaus als Problem der Lohn- und Tarifpolitik gesehen oder in den Regelungsbereich zur Höhe von Mindestlöhnen verortet. Ein Anreizsystem innerhalb der Sozialhilfe über einen Freibetrag bei Erwerbstätigkeit (Stimulanstillägg)wurde in diesem Argumentationsmuster abgelehnt, da dies die Probleme eher noch mehr „verwässern" würde. Die Lösung des Problems wurde eher über eine Anhebung der unteren Lohn-/Gehaltsniveaus gesehen.

Eine Reihe von Experten schlug aber auch vor, innerhalb des Systems der Sozialhilfe ein monetäres Anreizsystem *(Stimulanstillägg)* zu schaffen, innerhalb dessen festzulegende Beträge vom Erwerbseinkommen anrechnungsfrei bleiben.[701] In der Praxis der schwedischen Sozialhilfe von vor 1982 bestanden im Rahmen der kommunal festgesetzten „Regelsätze" in Kommunen durchaus monetäre Freibeträge und Anreizsysteme, die die Aufnahme einer Beschäftigung monetär honorierten. Insofern ist die Debatte um Lohnabstand und Anreizsysteme auch in Schweden nicht neu. Seit der Einführung des Sozialdienstgesetzes von 1982 finden sich nur

---

[699] Die empirische Studie der OECD (1998: 62) kommt bezogen auf unterschiedliche Haushalts- und Familienkonstellationen ebenfalls zu dem Befund, dass der Abstand zwischen unteren Lohn-/Gehaltsniveaus und der Sozialhilfe in Schweden, ähnlich auch in Finnland, tatsächlich gering ausfällt, wobei Erwerbseinkommen aus Vollzeitbeschäftigung berücksichtigt wurden. Bei Erwerbseinkommen aus Teilzeitbeschäftigung stellen sich die Probleme noch weitergehender.

[700] Das Niveau unterer Erwerbseinkommen wurde 1999/2000 in den Interviews für Alleinstehende mit monatlich ca. 7.000 bis 8.000 SEK netto angegeben. Die Sozialhilfe inklusive Unterkunftskosten liege bei einer „angemessenen" Miete etwa bei 6.500 SEK. Für Alleinstehende wurde der Lohnabstand noch annähernd als gewährleistet angesehen, anders hingegen bei Familien mit mehreren Kindern und nur einem oder 1 ½ Erwerbseinkommen, sowie bei Haushalten, die eine hohe Miete zu tragen haben.(Int. 15). Offen blieb hingegen, ob und inwieweit der monetäre Aspekt tatsächlich für die Handlungsstrategien und Entscheidungsmuster der Sozialhilfebeziehenden entscheidend ist, Wege aus dem Sozialhilfebezug in Erwerbsarbeit anzutreten, oder ob und inwieweit andere Faktoren, wie soziale Kontakte, persönliche Anerkennung usw. ebenso von Bedeutung sind.

[701] Entsprechende Vorschläge wurden in Göteborg/Schweden in mehreren Interviews formuliert. In der Befragung in Bremen/Deutschland wurde das Thema des Lohnabstands und monetärer Anreize in den Aussagen der Befragten wesentlich geringer gewichtet.

sehr begrenzt Regelungen, die ein kleines „extra knäck" (Sahnebonbon) als Freibetrag oder Zuschuss bei Erwerbstätigkeit zulassen. Diese Regelungen variieren in ihrer Anwendung wiederum kommunal beträchtlich. So findet sich teilweise eine Praxis, von einem Nebenverdienst von monatlich 1.000 SEK im Rahmen der Sozialhilfe lediglich 500 SEK auf sozialhilfeähnliche Ausbildungsbeihilfen (Utvecklingsbidrag) anzurechnen und 500 SEK anrechnungsfrei zu belassen. Kritisiert wurde teilweise, dass es ein solches Freibetragssystem in der eigentlichen Sozialhilfe und auch für Arbeitslose im Alter von über 25 Jahren nicht gab. Der Freibetrag selbst wurde zudem als zu niedrig kritisiert, um monetär wirklich eine Anreizwirkung zu erzielen.

3. Defizite im Bereich monetärer Anreizsteuerung an den Schnittstellen von Sozialhilfe, Ausbildungsförderung und den Transferleistungen bei arbeitsmarktpolitischen Maßnahmen
Die Vorschläge zur Einführung eines monetären Anreizsystems in die schwedische Sozialhilfe waren einerseits allgemein auf den Abstand zu den Niveaus unterer Erwerbseinkommen bezogen. Stärker aber wurde jedoch ein monetäres Anreiz- oder Freibetragssystem im Bereich der *Vergütungs und Leistungsstandards während der Teilnahme an Praktika, Ausbildungs- und Qualifizierungsmaßnahmen* für notwendig angesehen. In diesem Bereich, der nicht nur das Lohn- und Gehaltssystem, sondern auch die Ausbildungsbeihilfen und Studienhilfen unterschiedlichster Träger betrifft, wurde dringender Reformbedarf formuliert:

> „Das ist das gleiche Ziel – Selbstversorgung so schnell wie möglich. Und das ist sehr traurig, gerade das, dass Menschen, die in solchen Fällen in Gang gekommen sind, mit einer arbeitsmarktbezogenen Ausbildung oder einer anderen Ausbildung, oder einer Arbeit, dass die eine so schlechte Unterstützung erhalten [gemeint sind die Ausbildungshilfen], dass sie trotzdem weiter hierher kommen müssen. Das schafft oder fördert keine Motivation, weil da ist es ja dann die Frage für die: Warum arbeite ich?" (Int. 12: 616-621)

Demnach machen die Sozialarbeiter in den Gesprächen die Erfahrung, dass insbesondere Sozialhilfebeziehende, die in arbeitsmarktpolitische Maßnahmen vermittelt wurden, nur unzureichend materiell abgesichert sind und häufig weiterhin ergänzend zu Ausbildungshilfe Leistungen der Sozialhilfe beziehen müssen. Dies gilt insbesondere im Zusammenhang mit jungen Arbeitslosen. Nach Ansicht vieler Experten ist die Sozialhilfe bezogen auf junge Arbeitslose, die oft direkt nach dem Schul- oder Studienabschluss in den Sozialhilfebezug geraten, das wohl ungeeignetste Leistungssystem, um deren materielle Sicherheit und eine Integration in den Arbeitsmarkt zu erreichen. Dies gelte vor allem, wenn parallel zu Praktika und Qualifizierungsmaßnahmen weiterhin Sozialhilfebezug erfolge. Experten äußerten ihr Unverständnis darüber, dass 1998 mit der Einführung der „Utvecklingsgaranti" staatlicherseits keine Variante gewählt worden ist, die jungen Arbeitslosen in Maßnahmen über alternative Leistungssysteme, etwa Ausbildungshilfen der Versicherungskassen vollständig materiell abzusichern. Strukturell wären dann auch die Anreiz- und Motivationsprobleme weitgehend gelöst worden. Mit diesen sieht sich jedoch die Sozialarbeit in der Sozialhilfe konfrontiert:

> *„(...) Eigentlich denke ich so, dass die jungen Arbeitslosen, die in diese Maßnahmen gehen, die haben keine sozialen Probleme – da gibt es nichts – die nehmen an einer arbeitsmarktpolitischen Maßnahme teil. Eigentlich kann ich nicht verstehen, warum die Sozialhilfe erhalten sollen. Für die sollte es etwas anderes geben, das auch anders heißt. Die sollten nicht zum Sozialamt gehen (...)"* (Int. 19: 917-922)

Eine Reihe von Experten sowohl aus Sozialbüros als auch aus den arbeitsmarktpolitischen Projekten berichteten, dass es ihrer Erfahrung nach die Motivation und das Bewältigungshandeln der Betroffenen nicht fördere, wenn während eines Praktikums, einer Ausbildung oder Qualifizierung weiterhin ergänzende Sozialhilfe bezogen werden müsse, weil die Vergütungen in den kommunalen oder staatlichen Maßnahmen zu niedrig bemessen seien.[702] Auch im Status und für das Selbstwertgefühl sei es für viele ehemals Arbeitslose wichtig, während einer arbeitsmarktpolitischen Maßnahme eine Art „Lohn" zu erhalten und keine Sozialhilfe: *„Das scheint mir besser, dass sie Geld verdienen statt sie in der Sozialhilfe zu haben."* (Int. 13: 256-257) Ähnlich eine andere Sozialarbeiterin aus einem Projekt hinsichtlich der Zahlung von Sozialhilfe während der Laufzeit von Praktika: *„(...) Ich glaube, dass es ganz wichtig ist, das Gefühl zu haben, das man ein eigenes Einkommen hat – gerade auch wegen der Menschenwürde."* (Int. 15: 331-332) Ergänzend zu der rein materiellen Anreizwirkung wurden von den Experten auch direkt personenbezogene und auf den Status des Erwerbstätigen bezogene Effekte genannt, die mit einem Vergütungssystem verbunden wären, das ein Niveau oberhalb der Sozialhilfe für Ausbildungsphasen oder Praktika sicherstellen würde. Auf diese nicht unmittelbare monetäre Anreizwirkung sondern eher auf Effekte, die den Status des Lohn-/Gehaltsempfängers betonen, fokussierte auch folgende Aussage:

> *„(...) Der Gedanke war ja, dass man das gerade nicht vom Sozialamt ausgezahlt erhält, sondern vielleicht über die Versicherungskasse, von denen man ja auch andere Leistungen erhält – auch wenn es das gleiche Geld wie die Sozialhilfe ist – da denke ich, es ist sehr wichtig, dass es woanders gezahlt wird. Das ist ja psychologisch wichtig."* (Int. 25: 794-797)

---

[702] Zur Höhe der Ausbildungshilfen *(Uthildningsbidrag)* wurde beispielsweise berichtet, dass diese bei 103 SEK/Tag lagen (Int. 12: 628, Int. 26). Dies galt für Personen, die über keine Ansprüche auf Leistungen aus der Arbeitslosenversicherung verfügten. Vgl. auch Social Handbok (2000: 177). Auch Leistungen, die während sogenannter Einführungsmaßnahmen gezahlt wurden *(Introduktionsersättningar)* betrugen 1999/2000 nach Expertenaussagen 75 SEK/Tag. Diese Leistungsniveaus sind nicht ausreichend, so dass ergänzend Wohngeld und Sozialhilfe gezahlt werden muss.

Letztlich wird das Problem des aufstockenden Sozialhilfebezugs während der Teilnahme an arbeitsmarktpolitischen Maßnahmen als ein wohlfahrtsstaatlich selbst erzeugtes Problem definiert, das einmal mehr zu Lasten der Kommunen geht. Zugleich wurden die Mitwirkungsanforderungen, die in einer Verlaufsperspektive betrachtet, während der Teilnahme an einer arbeitsmarktpolitischen Maßnahme an die Teilnehmer gestellt sind, über zentralstaatliche Regelungen sehr weitgehend formuliert. So waren arbeitslose Sozialhilfeempfänger auch während der Laufzeit von Praktika oder bestimmter Qualifizierungsmaßnahmen weiterhin verpflichtet, jede zumutbare reguläre Erwerbstätigkeit *so schnell wie möglich* anzunehmen, die eine Selbstversorgung *(Självförsörjningen)* ermöglicht. Über die Ausbildungshilfen unterhalb des Sozialhilfeniveaus ist somit nicht allein die Motivation der Leistungsempfänger negativ beeinträchtigt, sondern auch in der Lebenslaufperspektive weisen diese Interventionsformen auf Probleme hin. So werden bereits begonnene arbeitsmarkt- und bildungspolitische Maßnahmen, die mittelfristig sichere Erwerbsbiografien ermöglichen würden, in einer offenbar nennenswerten Anzahl von Fällen auf „halber Strecke" aus schlichten fiskalpolitischen Gründen zu Gunsten unsicherer Beschäftigungsverhältnisse abgebrochen. Diese Probleme wurden von Experten insbesondere bezogen auf die Erwerbsbiografien junger Arbeitsloser geschildert (Int.: 12 Int. 19: 926 – 947):

In weiteren Zusammenhängen wurde der Lohnabstand zwischen Sozialhilfe und den Niveaus unterer Erwerbseinkommen noch weitergehend in einer Lebenslaufperspektive beschrieben. Wirke innerhalb der Sozialhilfe die Höhe der „Riksnorm" bei Alleinstehenden durchaus noch als „Anreiz", so sei es vor allem für junge Familien zum Teil schwierig, Wege aus dem Sozialhilfebezug zu erschließen, da für eine Selbstversorgung in aller Regel zwei „Vollzeit-Jobs" erforderlich seien. Eine Ausbildung oder ein Studium von einem der Partner sei daher während der Familienphase nur mit Einschränkungen möglich. Dem Sozialhilferecht nach sei es immer Verpflichtung der Familienvorstände, sich eine Erwerbstätigkeit zu suchen, die in der Vergütung ein Niveau erreiche, das oberhalb der Sozialhilfe liege, auch wenn dieses nicht den eigentlichen Wünschen der betreffenden Personen nach einer „sinnvollen" Arbeit *(menigsfull sysselsättning)* entspreche. Von Sozialarbeitern wurden diese Handlungs- und Interventionsprobleme wie folgt beschrieben:

„Was sollen wir sagen – das geht wohl gut, wenn man zwei Kinder hat mit zwei vollen Erwerbseinkommen. Da ist es noch ein gewisser Abstand zur Sozialhilfe – der ist aber gering. Wir haben ja mal hier darüber gesprochen und ein Beispiel gebildet – hier unter den Kollegen. Wir haben gesagt, es sind zwei Sozialsekretäre, einer arbeitet mit 75 oder 80 % der regulären Arbeitszeit und der Partner arbeitet mit 100 %. Es sind Sozialarbeiter alle beide und sie müssen ihre Studiendarlehen jeden Monat noch zurückzahlen, ganz schön hohe Ausgaben. Da liegen die unterhalb der Sozialhilfenorm (...), weil Kosten der Kinderbetreuung und Tilgung der Studiendarlehen, das kostet sehr viel. Und da kann man sagen, das da kein so großer Abstand zur Sozialhilfe ist. Es gibt kein Anreizsystem. Erst wenn man mit der Kinderbetreuung durch ist und auch die Studiendarlehen zurückgezahlt hat, dann wird es besser. Aber viele zahlen ihre Studiendarlehen solange zurück, bis sie in Pension gehen (...). Man zahlt ein paar Tausend

Kronen für die Kinderbetreuung im Monat und ein paar Tausend Kronen für das Studiendarlehen. Da ist das wirklich viel Geld (...)." (Int. 26: 829-839)

Es werden insofern in der Zeit- und Handlungsperspektive *unterschiedliche wirtschaftliche Belastungsphasen im Lebensverlauf* beschrieben, insbesondere in der Familiengründungsphase und der Einmündung in das Erwerbsleben. Es sind bestimmte finanzielle Belastungsphasen im Lebensverlauf erkennbar, auf die mit spezifischen und individuell sehr unterschiedlichen Bewältigungsstrategien reagiert wird. Grundsätzlich gilt offenbar, dass im unteren bis mittleren Bereich der Erwerbseinkommen mindestes 1 ½ Erwerbseinkommen vorhanden sein müssen, um etwa eine vierköpfige Familie auf dem Niveau der Sozialhilfe abzusichern. Bezogen auf das *Lohnabstandsgebot* und die monetären Anreizwirkungen stellt sich somit die Frage, ob und inwiefern bei der Festlegung des Niveaus der Sozialhilfe das Einkommensniveau und das Ausgabeverhalten von „gemischten Referenzgruppen" sowohl dem Alter nach, dem Status nach und den unterschiedlichen Belastungsphasen des Lebenslaufs entsprechend berücksichtigt wird, um spezifisch verlaufstypische Belastungen im Lebenslauf – etwa der Familiengründung, Rückzahlungsverpflichtungen im Zusammenhang mit der beruflichen Aus- und Weiterbildung (Studium, Meisterschulen, selbst finanzierte Weiterbildungen u.a.) als Ausgabeposten mit in die Abstandsmessung einzubeziehen. Sofern ein Leitbild des *„lebensbegleitenden Lernens"* und ein *Leitbild der „Selbststeuerung"* und *„Selbst-Aktivierung"* der Bürger politisch in den daraus folgenden Konsequenzen ernst genommen wird, wäre über entsprechende Reformen in der Sozialhilfe nachzudenken.

Im Resümee zeigten sich in Göteborg durchaus ähnliche Diskussionslinien wie in der deutschen Sozialhilfe/Grundsicherung. Der Reformbedarf im Bereich des Lohnabstandsgebotes und der Anreizinstrumente erscheint jedoch für die schwedische Sozialhilfe dringlicher. Die Expertenaussagen fokussierten vor allem auf die Schnittstellen zum System der Ausbildungsförderung und der Vergütungs- oder Transferleistungen bei arbeitsmarktpolitischen Maßnahmen. Dabei wurde das Sozialhilfeniveau selbst in Relation zu den Erwerbseinkommen von keinem der befragten Experten als „zu hoch" angesehen. Von keinem der Experten wurde entsprechend eine Kürzung bzw. Absenkung des Sozialhilfeniveaus als Strategie empfohlen, um den Lohnabstand in Zukunft sicherzustellen. Vielmehr zielten die Argumentationsmuster auf eine Anhebung der Lohn- und Gehaltsniveaus einerseits, ebenso auf die Einführung von monetären Anreizsystemen und Freibeträgen in der Sozialhilfe, was auch in einer kombinierten Variante möglich ist. Vorrangig wurde ein Reformbedarf im Bereich der staatlichen und kommunalen Ausbildungsförderung bzw. bei den arbeitsmarktpolitischen Maßnahmen formuliert. Ein zentraler Grund für ein bislang sozialhilfeintern fehlendes finanzielles „Stimulanspenning-System" ist schließlich darin zu sehen, dass diese Beträge nach gegenwär-

617

tiger Rechtslage wiederum kommunal – und möglicherweise von den Stadtteilen selbst aufzubringen wären. Da sich keine Kommune oder auch kein Stadtteil nach den Erfahrungen der 1990er Jahre und bei einer ohnehin angespannten Situation der öffentlichen Haushalte einen weiteren Anstieg der Ausgaben in der Sozialhilfe „leisten möchte", sind in diesem Bereich kommunale Innovationen und Reformen absehbar kaum zu erwarten. Es bedürfte offenbar einmal mehr zentralstaatlicher Regelreformen.

6. Wege *aus* dem Sozialhilfebezug: Die Sozialhilfe als „aktivierender Sozialdienst" zwischen Spezialisierung, Kooperation und Koproduktion

Die Entwicklungen und Wechselwirkungen einer Dezentralisierung von Aufgaben und Gestaltungsmöglichkeiten einerseits bei gleichzeitiger Zentralisierung und Ausweitung von rechtlicher Regulierung in der schwedischen Wohlfahrtspolitik im Verlauf der 1990er Jahre wurden bereits dargestellt. Wie in Bremen bzw. Deutschland so fanden auch in Göteborg und allgemein in Schweden im Verlauf der 1990er Jahre Konzepte und Maßnahmen, die aktiv Wege *aus* dem Sozialhilfebezug erschließen und fördern sollen, sowohl politisch als auch in der Fachdebatte von Sozialhilfe und Sozialarbeit eine stärkere Aufmerksamkeit. Verbunden mit der hohen Arbeitslosigkeit als eine der Hauptursachen für Sozialhilfebezug, verschoben sich schließlich auch die sozialpolitischen und fachpolitischen Ausrichtungen und die Zielsetzungen der Sozialhilfe stärker auf arbeitsmarktpolitische Maßnahmen, die verbunden mit einer „aktiven Sozialhilfepraxis" *(aktiv handläggning)* als zentrale Schlüssel zu Wegen aus der Sozialhilfe und zur Ausgabensenkung in den kommunalen Etats angesehen wurden.

Trotz einiger bereits dargestellter Konfliktlinien, die zwischen dem schwedischen Zentralstaat und den Kommunen bestanden, etwa wenn hinsichtlich der „Kommunalisierung" wohlfahrtsstaatlicher Aufgaben und Leistungen oder hinsichtlich der Einführung einer landesweit verbindlichen „Riksnorm" für die Sozialhilfe, so gab es ebenso auch Bereiche, in denen die zentralstaatliche und die kommunale Wohlfahrtspolitik Mitte der 1990er Jahre in den Schnittstellen gemeinsame Interessen und Ziele bildeten. Auf *zentralstaatlicher Ebene* wurden vor allem in Form einer *Steuerung über Recht,* verbunden mit *monetären Anreizsystemen* über Fördermittel für innovative Projekte die Rahmenbedingungen sozialer Interventionen für die Sozialhilfe und Arbeitsmarktpolitik verändert. Die beiden Gesetze über die besondere Verantwortung der Kommunen für junge Arbeitslose von 1996 und 1998 bildeten dabei wichtige zentralstaatliche Vorgaben und Impulse für einen Ausbau der „aktivierenden" kommunalen Arbeitsmarktpolitik. Die schwedischen Kommunen wurden mit den Regelreformen und Fördermitteln für Projekte nicht nur als Akteure in der aktiven Arbeitsmarktpolitik sozialpolitisch gestärkt, sondern in der professionalen und organisationalen Ebene wurden außerdem neue Instrumente

619

wie eine sorgfältigere Planung der Hilfeprozesse, der verwaltungsinternen Abläufe, sowie Elemente eines verbindlicheren „Hilfekontrakts" und neue Modelle des Zusammenwirkens von Institutionen und Organisationen in die Praxis der Arbeitsvermittlung, -beratung und schließlich auch in den kommunalen Sozialdienst eingeführt.[703] Zeitlich fast parallel zu den Reformen im Bereich der arbeitsmarktpolitischen Maßnahmen, wurden die bereits genannten wichtigen *rechtlichen Änderungen im Sozialdienstgesetz* vorgenommen. Auch mit diesen gesetzlichen Neuregelungen in der Sozialhilfe wurden vor allem bezogen auf junge Arbeitslose „aktivierende" Instrumente und Handlungsformen des Sozialdienstes der Kommunen zentralstaatlich initiiert, gefördert und rechtlich abgesichert. Für die Sozialhilfe sind die mit Neuregelungen im damaligen §§§ 6c, 6d u. 6e SoL klarer formulierten rechtlichen Mitwirkungspflichten der Sozialhilfebeziehenden zu nennen. Diese sehen seit dem eine „*aktive*" Arbeitssuche vor und enthalten genauere Regelungen zu den Möglichkeiten der Kürzungen und Einstellungen der monetären Hilfen bei fehlender Mitwirkung oder fehlender Arbeitsbereitschaft. Die Gesetzesänderungen von 1996 und 1998 verbunden mit dem Instrument der Handlungspläne bedeutete faktisch eine „*neue Verbindlichkeit*" für Kontaktformen und Interaktionsmuster, zunächst bezogen auf junge Arbeitslose, später dann auch auf andere Arbeitslose ausgeweitet. Diese Entwicklung einer „*neuen Verbindlichkeit*" waren in Göteborg/Schweden jedenfalls bezogen auf junge Arbeitslose mindestens 5 Jahre früher und weitergehend realisiert als in Bremen/Deutschland, wo ebenfalls junge Arbeitslose, etwa mit dem Programm U27 (unter 27jährige) besondere Aufmerksamkeit erhielten.

Insgesamt wurden die Arbeitsmarktpolitik und Sozialhilfepolitik durch die genannten zentralstaatlich eingeleiteten rechtlichen Änderungen seit Mitte der 1990er Jahre enger als zuvor aufeinander bezogen.[704] Die staatliche Arbeitsverwaltung (*Arbetsmarknadsstyrelsen*) und kommunaler Sozialdienst und Sozialhilfe waren je nach lokaler Situation zuvor im Grunde konkurrierende oder weitgehend nebeneinander agierende wohlfahrtsstaatliche Institutionen und Organisationen, wobei Abstimmungsbedarfe nicht erst mit dem Anstieg der Massenarbeitslosigkeit seit Anfang der 1990er Jahre bestanden. In beiden Wohlfahrtsstaaten gab es seitens der Kom-

---

[703] Das Gesetz über die kommunale Verantwortung für junge Arbeitslose im Alter zwischen 20 und 24 Jahren („*Lag om kommuners ansvar vör ungdomar mellan 20 och 24 år*"/*SFS 1997: 1268*) in Verbindung mit der entsprechenden Verordnung (SFS 1997: 1278) sieht ausdrücklich die *Erstellung eines individuellen Handlungsplanes innerhalb von 90 Tagen nach Eintritt der Arbeitslosigkeit* vor. Es finden sich somit ähnliche Instrumente wie sie später in Deutschland etwa mit dem „Job-AQTIV-Gesetz" zum 1. Januar 2002 unabhängig von Altersgruppen in die Arbeitsmarktpolitik eingeführt wurden. Dabei ging das schwedische Gesetz mit der Beschäftigungs- bzw. Ausbildungsgarantie für junge Arbeitslose weiter als die deutschen Programme.

[704] Johansson (2001) bestätigt diese Befunde am Beispiel von Fallstudien zur Sozialhilfe für die Städte Norrköping und Linköping.

munen gegenüber der staatlich verfassten Arbeitsverwaltung und den Arbeitsämtern eine Kritik hinsichtlich der Vermittlungsbemühungen bei (langzeit-) arbeitslosen Sozialhilfebeziehenden. Diese beinhaltete, dass die Arbeitsämter nicht hinreichend bemüht und erfolgreich waren, arbeitslose Sozialhilfebeziehende in Erwerbsarbeit zu vermitteln oder ihnen Maßnahmen der Weiterbildung usw. anzubieten. Zudem entwickelten sich eine konkurrierende Arbeitsvermittlung von Zentralstaat und Kommunen auf dem lokalen Arbeitsmarkt. Ähnlich wie in Bremen/Deutschland, jedoch wiederum etwa 3 bis 5 Jahre früher, wurden schließlich in Göteborg/Schweden ab Mitte der 1990er Jahre Programme entwickelt, über die Arbeitsämter und Sozialbüros verstärkt zu „*gemeinsamen Dienstleistern*" einer zunehmend „aktivierenden" Arbeitsmarktpolitik bezogen auf erwerbsfähige Sozialhilfebeziehende zusammengeführt wurden. Die Ausgangsbedingungen für diese Reformansätze waren in Göteborg und generell in Schweden günstiger als in Bremen bzw. Deutschland, was noch veranschaulicht wird.

Die Reformstrategien wurden in Schweden durch eine bereits seit 1994 bestehende Gesetzgebung über das soziale Zusammenwirken *(SOCSAM-Lagstiftningen)* bereits positiv rechtlich gerahmt und zentralstaatlich gefördert. Bereits diese bestehenden Rechtsgrundlagen ermöglichten es, dass Organisationen unterschiedlichster wohlfahrtsstaatlicher Institutionen enger zusammenarbeiten konnten. Dabei blieben die jeweilige Autonomie und die notwendigen Gestaltungsspielräume der Teilorganisationen jeweils erhalten bzw. wurden möglichst noch erweitert. Seit Mitte der 1990er Jahre wurden in Göteborg, aber auch in anderen Städten auf dieser gesetzlichen Grundlage an den Schnittstellen von Arbeitsmarktpolitik und Sozialhilfepolitik teilweise völlig neue institutionelle Arrangements im schwedischen Wohlfahrtsstaat gebildet. Ein vergleichbar konsequent vollzogener Wandel in den institutionellen Arrangements und in den Organisationsformen, wie in Schweden unter dem Stichwort des „*Samverkan*" aktiv und strategisch als zentrales Element der „Modernisierung" öffentlicher Verwaltungen und Dienstleistungen bildet, ließ sich in Bremen bzw. Deutschland erst ab 2005 mit den „Hartz-Gesetzen" erkennen.[705] Auch aus diesem Grund wurden die Entwicklungen und Reformstrategien am Beispiel der Fallstudie Göteborg mit *Detailstudien* zu einzelnen Projekten, wie dem arbeitsmarktpolitischen Programm *VESTTID*, dem Projekt „*DELTA-Arbeitsmarktplatz*" und dem Projekt *FRISAM* vertiefend untersucht. Für alle drei genannten Projekte bestand in Göteborg mit durchaus unterschiedlichen Organisationsformen, Ansätzen und Arbeitsweisen verbunden der sozialpolitische Auftrag, Wege aus dem Sozialhilfebezug institutionell zu ermöglichen, aktiv zu fördern und möglichst nachhaltig zu gestalten.

---

[705] Zum Konzept des „Samverkan" in der öffentlichen Verwaltung Schwedens vgl. Montin (2002).

Auf kommunalpolitischer, weniger auf fachpolitischer Ebene standen Mitte der 1990er Jahre *ökonomische Motive* stark im Vordergrund, wenn es um die Einrichtung von Programmen und Maßnahmen der Förderung von Wegen aus dem Sozialhilfebezug ging. Die neuen Prioritäten einer aktiven Politik zur Förderung von Wegen aus dem Sozialhilfebezug in der Kommunalpolitik finden sich anhand von Daten zu den finanziell geförderten Maßnahmen in Göteborg deutlich bestätigt. In den 21 Stadtteilen Göteborgs wurden in den Jahren zwischen 1995 und 2000 für Projekte, die Wege aus dem Sozialhilfebezug aktiv fördern sollten, insgesamt rd. 301 Mio. SEK (rd. 33 Mio Euro) aufgewendet. Jährlich war dabei zwischen 1995 und 2000 für die 1990er Jahre ein fortlaufender Anstieg im Einsatz der Mittel für die kommunale arbeitsmarktpolitischen Maßnahmen zu verzeichnen.

Insgesamt folgte eine Vervierfachung der Ausgaben für aktive arbeitsmarktpolitische Maßnahmen der Stadt Göteborg. Leistungen der Sozialhilfe wurden also konzeptionell weniger rein kurativ sondern stärker *investiv* verstanden. Vor allem mit dem Projekt VESTTID, das 1996 eingeführt wurde, und mit kommunalen Mitteln eine Beschäftigung von arbeitslosen Sozialhilfebeziehenden für eine „gewisse Zeit" *(en visst tid)* vorsah, wurden die bestehenden Möglichkeiten von der Kommune zu einem aktiven und investiven Mitteleinsatz genutzt. Auf Einzelheiten des Programms VESTTID ist daher genauer einzugehen.

Stellt man die Ausgaben der Sozialhilfe den Ausgaben für „aktivierende" Maßnahmen gegenüber, so erscheint der investiv verwendete Anteil des Etats jedoch eher gering. Im Jahr 2000 betrugen die Nettoausgaben für die Sozialhilfe *(Försörjningstöd)* in Göteborg insgesamt rd. 1.176 Mio SEK (rd. 130 Mio Euro).[706] Die hinzuzurechnenden Ausgaben in Höhe von 82 Mio SEK (rd. 9 Mio Euro) für Projektmittel mögen zwar relativ betrachtet als gering erscheinen, sie bilden aber dennnoch eine veränderte Sichtweise und Praxis der Sozialhilfe in Göteborg wie auch in anderen Städten Schwedens ab.

Kontrastierend mit den *Entwicklungen und Reformstrategien in Bremen* finden sich bezogen auf die 1990er Jahre grundsätzlich im investiven Mitteleinsatz und in der zunehmend aktiven und Umgestaltung der Sozialhilfepraxis ähnliche Ansätze. Für Bremen erfolgte allerdings bereits seit den 1980er Jahren, verstärkt dann in den 1990er Jahre ein Ausbau der *sozialhilfeinternen* Maßnahmen der „Hilfen zur Arbeit" nach §§ 18 ff. BSHG. In genauerer Abstimmung mit dem Arbeitsamt erfolgte ferner ab Mitte der 1990er Jahre auch die Nutzung einzelner arbeitsmarktpolitischer Instrumente durch die Stadt.[707] Da die Massenarbeitslosigkeit in Bremen

---

[706] Vgl. Göteborgs Stad (2001): Årsbok 2000: Förvaltningsberättelse.

[707] Für Bremen wurde im November 1999 ein Konzept enwickelt, dass einen Ausbau und eine qualitative Weiterentwicklung des Programms der „Hilfen zur Arbeit" für die Stadt Bremen im Zeitraum 2000 bis 2003 vorsah. Danach wurde für 1999 ein Mittelbedarf von rd. 25,5 Mio Euro, für 2000 ein Bedarf von rd. 28,5 Mio Euro, für 2001 rd. 31.5 Mio Euro, für 2002 rd. 34 Mio Euro und für 2003 ein Fi-

bereits seit den 1980er Jahren als Ursache des Sozialhilfebezugs deutlich relevanter war als in Göteborg, wo weitgehend noch Vollbeschäftigung herrschte, und bedingt dadurch, dass die Regelungen des §§ 18 ff. BSHG *direkt im deutschen Sozialhilferecht* seit langem Möglichkeiten zu beschäftigungspolitischen Initiativen und aktiver Mittelverwendung boten, wurden arbeitsmarktpolitische Initiativen der Kommune in Bremen früher eingeleitet. In Schweden mussten zuvor hingegen zentralstaatlich grundlegende rechtliche und institutionelle Veränderungen vorgenommen werden, da sozialhilferechtlich keine vergleichbaren Maßnahmen möglich waren. Eine aktive Arbeitsmarktpolitik war in Schweden völlig außerhalb des Regelungszusammenhangs der Sozialhilfe in zentralstaatlichen Gesetzen und Verordnungen geregelt. Maßnahmen zur Verbesserung einer Zusammenarbeit von Sozial- und Arbeitsämtern wurden in Bremen etwas später eingeleitet als in Göteborg. Es lassen sich damit unterschiedliche Geschwindigkeiten in bestimmten Reformzusammenhängen erkennen, obwohl seit Anfang der 1990er Jahre in beiden Städten vergleichbare Probleme im Kontext des arbeitsmarktbedingten Sozialhilfebezugs bestanden.

In den Entwicklungen *in Göteborg* ist bemerkenswert, dass nach 1998 auch bei einem Rückgang der Arbeitslosenquote und bei einer rückläufigen Entwicklung in den Ausgaben und Empfängerzahlen der Sozialhilfe dennoch in den Jahren 1999 und 2000 die „aktivierenden policies" finanziell auf höherem Niveau als in den Vorjahren weiterhin gefördert wurden. Es wurde mit dem städtischen Haushaltsplan für 1998 auf gesamtstädtischer Ebene ferner beschlossen, dass jeder Stadtteil künftig jährlich einen Handlungsplan *(Handlingsplan)* zu entwickeln hatte, mit dem die Ausgaben in der Sozialhilfe reduziert werden sollten.[708] Das Investitionsprinzip wurde damit für alle 21 Stadtteile verbindlich zentralstädtisch vorgegeben, blieb aber in der konkreten Umsetzung dezentralisiert.

Ein Merkmal für einen Wandel der Sozialhilfe und ihrer Interventionsformen seit den 1990er Jahren ist also darin zu erkennen, dass mit den „aktivierenden policies" – in Bremen früher als in Göteborg – aber dennoch in beiden Städten ein *„Investitionsprinzip"* in die Sozialhilfe Einzug hielt. Danach wurde mit der Tradition der Armenfürsorge gebrochen, wonach Sozialhilfemittel eigentlich als zweckbestimmte monetäre Leistung für die reine Existenzsicherung und damit als passive Transferleistungen einzusetzen waren. Die ökonomischen Mittel wurden verstärkt einer aktiven und investiven Verwendung zugeführt: Die Sozialhilfe wurde in beiden Städten zunehmend auch als *struktur- und projektbezogene* Leistung zur Förderung von Dienstleistungen und Vermittlungsleistungen in den Arbeitsmarkt entwickelt.

---

nanzbedarf in Höhe von 36 Mio Euro vorgesehen, womit ebenfalls ein fortlaufender Anstieg in der investiven und aktiven Mittelverwendung erkennbar ist. Vgl. Stadt Bremen (1999a).
[708] Vgl. DELTA (2001a: 12).

Damit verbunden waren auch eher indirekte Formen der Steuerung individueller Wege aus dem Sozialhilfebezug. Die *ökologische*, auf die Ermöglichung und Förderung von Zugängen ausgerichtete und auf infrastrukturelle Maßnahmen ausgerichtete *Interventionsform gewann an Bedeutung*. In der Vermittlungs- und Beratungspraxis erfuhr mit den arbeitsmarkt- und auch bildungsbezogenen Ansätzen ferner die *pädagogische Intervention eine Aufwertung*. Hierin liegt für beide Städte ein deutlicher Unterschied zur Sozialhilfepraxis in den 1970er und 1980er Jahren.

In Göteborg wurden im Zusammenhang mit Projekten und Maßnahmen zur Förderung und Erschließung von Wegen aus dem Sozialhilfebezug *(Sozialhilfeprojekte)* allgemein die folgenden drei Ebenen unterschieden:

1. Vorbeugende Maßnahmen:
Wie bereits dargestellt, wurden hierzu soziale Beratungsdienste wie die Budget- und Schuldnerberatung gerechnet, ebenso aber auch eine spezialisierte und meist restriktive Form der Sozialhilfe für Studierende. Ferner wurden besondere auf einzelne Stadtteile bezogene Maßnahmen der Gemeinwesenarbeit und sonstige Maßnahmen einer „effektiveren Sozialhilfepraxis" zum Teil verbunden mit erweiterter Kontrollen in diesem Zusammenhang genannt. In den Merkmalen handelte es sich um sehr heterogene Maßnahmen und Interventionsformen mit sehr unterschiedlichen Zeit- und Handlungsbezügen, auf die zum Teil bereits eingegangen wurde.

2. Arbeitsmarkt*vorbereitende* Projekte:
Es handelt sich um Projekte, die sowohl dazu beitragen, individuell die Möglichkeiten einer Selbstversorgung über Arbeit bzw. Erwerbseinkommen zu erreichen, wie auch die Lebenssituation des Einzelnen vorbereitend zur Integration in den Arbeitsmarkt zu verbessern. Dies können bildungpolitische Projekte und Angebote der Weiterbildung und Qualifizierung ebenso sein wie gesundheitspolitische Maßnahmen oder Angebote zur beruflichen Rehabilitation. Einzelne dieser bildungspolitischen Programme oder auch das Projekt FRISAM werden genauer beschrieben.

3. Arbeitsmarkt*bezogene* Projekte:
Hierunter wurden Projekte und Maßnahmen verstanden, die direkt die Vermittlung des Einzelnen und eine möglichst schnelle Integration in den Arbeitsmarkt oder in arbeitsmarktpolitische Maßnahmen zum Ziel hatten. Beispiele bildeten das Projekt „VESTTID" von 1996 und das Projekt des institutionellen Zusammenwirkens in Form des DELTA-Arbeitsmarktplatzes *(DELTA-Arbetsmarknadstorget)*. Die beiden genannten Projekte werden genauer untersucht, da sie einen Kernbereich der aktiven und „aktivierenden" Maßnahmen zur Förderung von Wegen aus dem Sozialhilfebezug in Göteborg bildeten.

Betrachtet man die Maßnahmen zur Förderung von Wegen aus dem Sozialhilfebezug ausgehend von der obigen Systematik in der *Handlungsperspektive*, so ist zunächst ein relativ ausgeprägter Bezug der Programme und Projekte auf den Arbeitsmarkt und die Erwerbsarbeit und damit ein starker *Bezug auf die Erwerbsbiografie* der von Sozialhilfebezug betroffenen Personen feststellbar. Die Tradition einer aktiven Arbeitsmarktpolitik und die ausgeprägte „Arbeitslinie" in der schwedischen Wohlfahrtspolitik seit den 1930er Jahren leben insofern fort. Sie sind auch in den kommunalpolitischen Programmen normativ fest institutionalisiert. Direkt „aktivierende" *bildungsbezogene* Maßnahmen wurden in der obigen von der Stadt Göteborg vorgenommenen Unterscheidung zu den Maßnahmen einer aktiven Sozialhilfepolitik nicht oder allenfalls indirekt erkennbar.

Im Kontext der Entwicklungen von der „Arbeitslinie" zur „Aktivitäts- und Kompetenzlinie" wären Programme aktivierender Bildungspolitik für Göteborg zu erwarten gewesen. Denkbar waren ferner eine Sozial(hilfe)politik in Form eine „Aktivierung der Familie", oder auch Ansätze und Strategien einer „aktivierenden Sozialpolitik", in denen soziale Netzwerke und Bürgerengagement in besonderer Weise gefördert werden, um darüber Wege aus Armut und Sozialhilfebezug aktiv institutionell zu erschließen. Den Analysen nach kamen diese Ansätze in Göteborg aber in den Experteninterviews kaum explizit zum Ausdruck.

Die Untersuchung ergab, dass sich in einer stark an pädagogischen Interventionsformen ausgerichteten Sozialhilfepraxis im kommunalen Sozialdienst ein *Mix von „fördernden" und „fordernden" Maßnahmen* finden. Die jeweiligen Gewichtungen und Relationen der Instrumente und Merkmale eines „Förderns und Forderns" wurden bezogen auf Wege aus dem Sozialhilfebezug noch genauer untersucht. Ebenso fand sich ein „Mix" *von präventiven und kurativen Maßnahmen*, die in ihrer Gewichtung genauer betrachtet wurden. Weiterhin ist davon auszugehen, dass neu konzipierte Formen einer „aktivierenden Sozialpolitik" zur Förderung und Erschließung von Wegen aus dem Sozialhilfebezug nicht nur einzelne Instrumente, sondern *verschiedenste* Instrumente, Strategien und Programme einer arbeitsmarktpolitischen „Aktivierung" verbunden mit Instrumenten einer „Modernisierung" der öffentlichen Dienstleistungen umfassen. Nicht allein die Erwerbs- und Einkommensbiografie- und der Verlauf von Armutskarrieren, sondern auch die Familienbiografien, Bildungsbiografien und Gesundheitsbiografien und andere Teilbereiche in den Lebenslagen von Sozialhilfebeziehenden werden von den normativen und institutionellen Veränderungen im Wandel sozialer Interventionen berührt. Dabei verweisen die bisherigen Ergebnisse darauf, dass eine „aktivierende" Sozialpolitik und -verwaltung in Göteborg bzw. Schweden ähnlich wie in Bremen bzw. Deutschland seit Mitte/Ende der 1990er Jahre in höherem Maße auch *individuell* und nicht nur *strukturell bezogen* sind. Neue Gewichtungen von einerseits verhaltensbezogenen Interventionen und eher auf Verhältnisse und Strukturen bezogene

Steuerungs- und Interventionsformen wären genauer zu analysieren. In beiden Städten fanden sich durchaus Maßnahmen, die eher auf Sozialräume und Stadtteile, sowie auf die sozialstrukturellen Gegebenheiten ausgerichtet waren. Die entsprechenden sozialen Interventionen sind in ihren Merkmalen also auch in diesen Bezügen und Orientierungen mit zu beachten.

6.1 „Job-ready"? Rahmen und Anforderungen einer lokalen gruppen- und bedarfsorientierten „aktivierenden Sozialpolitik" am Arbeitsmarkt

Die Expertenbefragung verwies auf einen Widerspruch bzw. einen wesentlichen Ziel- und Handlungskonflikt, innerhalb dessen die schwedische Sozialhilfe seit der Krise der 1990er Jahre stärker als je zuvor agiert. Die Sozialhilfe wurden von den Befragten der Leitungsebene *einerseits* als ein Aufgabenfeld der Kommunen angesehen, das den Strukturbedingungen, zur Verfügung stehenden Instrumenten und in den Formen der sozialen Interventionen nach *grundsätzlich* als weitgehend ungeeignet anzusehen ist, das Problem der Arbeitslosigkeit wirksam zu bearbeiten und eine materielle Versorgung für Arbeitslose adäquat zu leisten oder gar Arbeitslose professionell zu beraten und zu vermitteln. Gleichzeitig wurde es aber als notwendig und sinnvoll erachtet, den Bereich der arbeitsmarktpolitischen Projekte speziell bezogen auf arbeitslose Sozialhilfebeziehende auszubauen und dem kommunalen Sozialdienst entsprechend neue Aufgaben und sozialberufliche Handlungsformen im Zusammenhang mit einer aktiven Vermittlung in Arbeit, Qualifizierung und Praktika zu übertragen.

Die Arbeitsmarktpolitik wurde von nahezu allen Befragten als typischer zentralstaatlicher Aufgaben- und Verantwortungsbereich gesehen, der auch weiterhin auf der Ebene der nationalen Regierung wahrzunehmen sei:

> „Unerhört viele Sozialhilfebeziehende, die sich an die staatliche Arbeitsvermittlung wandten, und die schafften es nicht mit der Vermittlung und Beratung für diese Gruppe, obwohl der Auftrag mit der Arbeitsmarktpolitik auf der staatlichen Ebene liegt. Das ist keine kommunale Aufgabe. Ich denke, die Erklärung liegt darin, dass die Kommunen aus einer Notsituation heraus von sich aus eine größere Verantwortung übernahmen – die Kommunen generell in Schweden. Die waren so aus der Fassung aufgrund dieser absurden Situation, in der so viele Arbeitslose Sozialhilfe bezogen. Wir haben das ja nie zuvor in der Weise gehabt. (...)" (Int. 10: 299-319)

Ähnlich wurde vom befragten Referenten des schwedischen Kommunalverbundes *(Svenska Kommunförbundet)* die Arbeitsmarktpolitik grundsätzlich als zentralstaatliche Aufgabe beschrieben:

> „Aber, ansonsten ist es ja die Auffassung, dass die Arbeitsmarktpolitik eigentlich eine staatliche Angelegenheit ist. Es ist der Staat, der die Verantwortung wahrnehmen muss, aber die Kommunen treten als Ausführer auf, so dass

sie passend – die Gruppen von Arbeitslosen angemessen betreuen können, zu denen sie auch zuvor schon Kontakt hatten." (Int. 07: 127-131)

Obwohl die Arbeitsmarktpolitik und die Arbeitsvermittlung bezogen auf arbeitslose Sozialhilfebeziehenden grundsätzlich somit weiterhin als zentralstaatliche Aufgabenfelder definiert wurden, wurden zugleich die in den 1990er Jahren intensivierten kommunalen Aktivitäten im Bereich der Arbeitsmarktpolitik zumeist ebenfalls positiv bewertet und von einigen Befragten mit einem Versagen der zentralstaatlichen Politik am Arbeitsmarkt erklärt bzw. begründet.

Ähnlich wie auch in der deutschen Fachdebatte galt die schwedische Sozialhilfe den befragten Experten dabei als der Aufgaben- und Verantwortungsbereich, dessen besondere Kompetenzen und Stärken in der institutionellen Bearbeitung *komplexer monetärer, sozialer und persönlicher Probleme* liegen. Die Sozialhilfe galt den Befragten in Schweden auf allen Ebenen als ein Leistungsbereich, der somit sinnvollerweise in den kommunalen Sozialdienst integriert ist, und der aufgrund der sehr viel breiteren lebenslagenbezogenen Ausrichtung in den Aufgaben zugleich keine Ersatzfunktion in der Arbeitsmarktpolitik übernehmen kann.

Im Verlauf der 1990er Jahre waren mit der steigenden Arbeitslosigkeit nicht nur Rückwirkungen rechtlicher Art und in den Reformstrategien von Zentralstaat und Kommunen für die Sozialhilfe verbunden, sondern es kam zu Veränderungen im bis dahin weitgehend homogen definierten sozialberuflichen Arbeitsverständnis und in den institutionellen und organisationalen Arrangements der Sozialhilfe. Ein erster Einstieg in eine sozialberuflich bzw. professional und organisational veränderte Ausrichtung der Sozialhilfe erfolgte in Göteborg Mitte der 1990er Jahre. Sowohl aus fiskalpolitischen Motiven wie auch aus fachpolitisch begründeten Überlegungen wurden direkt in den Sozialbüros der Stadt die bereits beschriebenen *spezialisierte Arbeitsmarktteams (Arbetsmarknadsenheten)* eingerichtet. Diese Veränderungen wurden von einer Mitarbeiterin folgendermaßen veranschaulicht:

„(...) *Das kam ja dadurch, dass die Arbeitslosigkeit plötzlich in den Sozialbüros auftauchte, während der 1990er Jahre. 10 Jahre zuvor waren die ja nicht einmal in der Nähe der Sozialbüros. Sondern – das ist ja das einzige Problem, das viele haben – es gibt keine Versorgung. Sie sind ganz einfach arbeitslos – es liegen keine anderen Probleme vor. Und vor 20 Jahren war das undenkbar. Da waren die Sozialbüros nur für die Personen da, die schwere soziale Probleme hatten.*" (Int.19: 261-273)

Die Zunahme der Arbeitslosigkeit wurde als mehr oder weniger für die Sozialhilfe überraschend beschrieben. Auch die Probleme in den Schnittstellen von Sozialhilfepolitik und Arbeitsmarktpolitik wurden mit dem Hinweis angedeutet, dass die Sozialhilfe eigentlich für komplexe soziale Probleme und nicht für die schlichte monetäre Absicherung im Falle der Arbeitslosigkeit konzipiert worden sei. Neue Aufgabenteilungen und Anforderungen in der präzisen Abstimmung der sozialen

Interventionen in den Fällen des arbeitslosbedingten Sozialhilfebezugs wurden erkennbar. In der obigen Aussage wird das Risiko angedeutet, wonach für Arbeitslose, die eigentlich ausschließlich arbeitslos sind und bei denen *keine* weiteren sozialen Probleme vorliegen, durch den Kontakt zum Sozialdienst auch Negativ-Effekte eintreten können. So wurde in weiteren Interviews formuliert, dass eine in Sozialdienst und Sozialhilfe *tendenziell vorherrschende „defizitorientierte Sichtweise"* der Sozialarbeit das sozialberufliche Handeln der Beschäftigten stark präge. Erkennbar wurden Problembearbeitungsmuster, wonach Arbeitslosen im Rahmen des Kontakts zum Sozialbüro auch über das eigentliche Problem der Arbeitslosigkeit hinausgehend durch die normativ im SoL und durch sozialberuflich geprägte Deutungsmuster und Handlungsformen der Sozialarbeit sogar weitere soziale und/oder persönliche Probleme gewissermaßen institutionell „andefiniert" würden. Bestimmte Probleme, etwa Folgen einer Scheidung oder Sucht würden in ihrer tatsächlichen Bedeutung etwa für den weiteren Verlauf der Erwerbsbiografie von der Sozialarbeit zum Teil „überbewertet". Die Probleme können dabei *objektiv* für die Chancen und Möglichkeiten des Erhalts einer neuen Beschäftigung oder allgemein für den Verlauf von Armuts- und Sozialhilfekarrieren im Falle von Arbeitslosigkeit von geringer Bedeutung sein. Sie können auch von den Betroffenen selbst *subjektiv* als sekundär angesehen werden. Sozialberuflich kann aber etwa psychosozialen oder persönlichen Problemen dennoch eine (zu) hohe Bedeutung beigemessen werden, da die Definitionsmuster institutionell für die Legitimität der im Sozialdienst beschäftigten Sozialarbeiter in hohem Maße funktional sind. Das skizzierte Risiko institutionell oder sozialberuflich „überbewerteter" Problemlagen und eine sozialberuflich geprägte *Defizitorientierung* im Gegensatz zu einer künftig stärker zu entwickelnden *Ressourcenorientierung* wurde auf der Leitungsebene der Sozialdienste der Stadt Göteborg unmittelbar gesehen. In der ausführenden Ebene der Sozialhilfe wurden diese Aspekte gar nicht oder allenfalls indirekt angesprochen. Im Zusammenhang mit der institutionellen Risikobearbeitung des Problems der Massenarbeitslosigkeit wurde zum Beispiel berichtet:

> *„So um die 50 % der Haushalte, die Sozialhilfe erhielten, erhielten diese auf Grund von Arbeitslosigkeit. Man sollte andere Formen von Maßnahmen schaffen, eine andere Form der Bearbeitung – das ist ja nicht so mächtig angenehm mit dieser individuellen Bedarfsprüfung bei Personen, die nur einfach kein Geld für ihre Versorgung haben. Die haben keine anderen sozialen Probleme. (...)."* (Int. 10: 81-86)

Die in der Aussage angedeuteten fachpolitischen Dimensionen, die mit der Bearbeitung des Problems der Massenarbeitslosigkeit im Rahmen der kommunalen Sozialhilfe in Schweden verbunden sind, mögen auch weiterhin für die künftige Ausgestaltung wohlfahrtsstaatlicher Arrangements in der Arbeitsmarkt- und Sozialpolitik von zentraler theoretischer Bedeutung sein. In der Praxis der Sozialbüros in Göteborg waren dieses Fragen allerdings längst pragmatisch entschieden: In

Göteborg wurden sowohl *monetäre* wie auch *persönliche Leistungen* für *arbeitslose* Sozialhilfebeziehende im Rahmen der Sozialhilfe und des kommunalen Sozialdienstes erbracht, entweder in Fällen, die keine Ansprüche auf vorrangige Leistungen der Arbeitslosenkassen hatten, als ausschließliche Leistungen, oder auch ergänzend zu Leistungen der Arbeitsverwaltung. Auch besondere weitergehende personenbezogene soziale Dienstleistungen wie etwa die Budget- und Schuldnerberatung wurden für Arbeitslose vom kommunalen Sozialdienst erbracht. Von den Befragten, insbesondere auf der Ebene der Sozialarbeiter in den Sozialbüros wurden monetäre Transferleistungen und persönliche Hilfen *für Arbeitslose* zumeist als selbstverständliche Aufgabenbereiche des kommunalen Sozialdienstes gesehen. Zugleich wurde aber *dem Grunde nach* der Zentralstaat als weiter und *vorrangig* verantwortlich für die Arbeitsmarktpolitik angesehen. Die Aussagen verwiesen somit auch auf die Traditionen der aktiven staatlichen Arbeitsmarktpolitik in Schweden.

Parallel zur verbreiteten grundlegenden Position, wonach Arbeitsmarktpolitik und Arbeitsvermittlung weiterhin als *zentralstaatliche* Aufgabenfelder galten, zeigte sich bezogen auf Arbeitslose in der Sozialhilfe und deren Erwerbsbiografien, dass aus Sicht der befragten Experten die personenbezogenen Handlungsformen des *kommunalen* Sozialdienstes inzwischen im Entwicklungsprozess von der „Arbeitslinie" zur „Aktivierungslinie" in der Praxis extrem wichtige Funktionen erfüllen. Zu nennen sind in diesem Kontext neben der *Existenzsicherungsfunktion* in materiellen Notlagen eine *Lotsenfunktion* der Sozialhilfe sowie die in den Arbeitsmarktteams stark entwickelte *Selektionsfunktion* und eine *Motivationsfunktion*, die über den kommunalen Sozialdienst arbeitsmarktbezogen seit Mitte der 1990er Jahre zunehmend zur Geltung kam.

In der Perspektive auf die Wege *in* den Sozialhilfebezug wurde bereits in den Interventionsmustern und Formen der Bedarfsermittlung erkennbar, dass die Funktionen und Aufgaben des kommunalen Sozialdienstes hinsichtlich der Erschließung und Förderung von Wegen *aus* dem Sozialhilfebezug in Göteborg bereits sehr früh im Kontakt mit dem Bürger durch eine *Schlüsselfrage* gerahmt, geleitet und geprägt wurden. Die bereits bei Antragstellung und im Erstkontakt im Rahmen der Sozialhilfe zentral zu klärende Frage lautet schlicht: Ob und in welchem Grade sind die Sozialhilfebeziehenden *„job-ready"*?[709] Die Frage, ob „job-ready" oder nicht, bildete auch in Göteborg das wichtigste Kriterium dafür, wie die weiteren Interventionen und „aktivierenden" Maßnahmen im Detail gestaltet wurden und nach denen Wege aus dem Sozialhilfebezug institutionell gefördert wurden. Ob Sozialhilfebeziehende als „job-ready" zu definieren sind oder nicht, wird seit Mitte der 1990er Jahre dabei nicht mehr ausschließlich nach den Definitionen

---

[709] Die Formulierung „job-ready" wurde auf der Leitungsebene in arbeitsmarktpolitischen Projekten und in darauf bezogene Dokumente sowie in weiteren Interviews häufig verwendet.

und rechtlichen Regelungen der Arbeitsmarktpolitik und -verwaltung definiert oder geklärt. Vielmehr wurden über bereits beschriebene zentralstaatliche Gesetzesänderungen von 1998 verbunden mit den lokalen Programmen die Einflüsse von Sozialhilfe und Sozialdienst auf diese Definitionsprozesse des „job-ready" erweitert. Teilweise gehen die Regelungen und Kategorisierungen des Sozialdienstgesetzes in den Verpflichtungen einer „aktiven Arbeitssuche" über die Praxis der Arbeitsvermittlung der zentralstaatlichen Arbeitsverwaltung auch hinaus. Dabei ist die Formulierung „job-ready" semantisch auch insofern interessant, als nicht nur gesundheitliche Variablen der *„Arbeitsfähigkeit"*, sondern ebenso die Kategorien der *„Arbeitsbereitschaft und –willigkeit"* darin enthalten sind. Damit werden über diesen Begriff „job-ready" die Grenzen der traditionell für die Armenfürsorge prägenden Unterscheidung zwischen „nicht arbeitsfähig" und „nicht arbeitswillig" fließender gestaltet.

Aus Perspektive der Sozialhilfe kommt mit diesen Veränderungen stets auch der *Wandel in der Empfängerstruktur* von den 1970er Jahren bis in die 1990er Jahre zum Ausdruck. Während in den 1970er und – anders als in Bremen/Deutschland – auch noch in den 1980er Jahren der „typische" Sozialhilfebeziehende in Schweden geboren war, zumeist alleinstehend war, und infolge multipler sozialer Probleme, etwa Sucht, Obdachlosigkeit, Krankheit oder infolge Behinderung im Sozialhilfebezug stand, wurden in den 1990er Jahren *Massenarbeitslosigkeit* und *Einwanderung* zu den beiden Hauptfaktoren, mit denen der massive Anstieg der Zahl der Sozialhilfebeziehenden und der Ausgaben im Zusammenhang stand.[710] Während bezogen auf die genannten „traditionellen" Empfängergruppen die damit verbundenen Erfordernisse an eine institutionelle Problembearbeitung und entsprechende Verantwortlichkeiten und Kompetenzen noch weitgehend mit den Ressourcen, Möglichkeiten und Leistungsangeboten des kommunalen Sozialdienstes und der Sozialhilfe übereinstimmten, in dem etwa intensive Beratung und Betreuung, oft auch über längere Zeiträume zu erbringen waren, so stellten sich bezogen auf die *neuen Empfängergruppen der 1990er Jahre* nicht nur organisational sondern auch professional und relational zum Teil völlig neue Anforderungen an die sozialen Interventionen.

Den statistischen Daten nach, in den Dokumenten und von den befragten Experten wurden in Göteborg Ende der 1990er Jahre vor allem die folgende *drei Empfängergruppen der Sozialhilfe* im Kontext der neu entwickelten „Aktivierungslinie" genannt: Junge Sozialhilfebeziehende, junge und ältere Arbeitslose und Einwanderer. Die Kategorien bzw. Merkmale, wie „jung", „Einwanderer" und „arbeitslos" können nicht nur isoliert, sondern auch gleichzeitig auftreten, womit aus Sicht der befragten Experten meist auch besonders hohe Anforderungen in der Problembearbeitung gestellt sind. Anders als in Bremen wurden *allein Erziehende* dagegen in

---

[710] Vgl. Socialstyrelsen (2002).

Göteborg meist nicht als eine besonders zu beachtende Empfängergruppe genannt, wenn es um neue „aktivierende Maßnahmen" ging. Allein Erziehende wurden zudem auch nicht als wirklich „neue" Empfängergruppe der 1990er Jahre gesehen.

Ziel ist es, die Rahmenbedingungen und Anforderungen in der institutionellen Gestaltung von Wegen aus dem Sozialhilfebezug jedoch nicht nur gruppenbezogen, sondern möglichst auch verlaufs- und handlungsbezogen genauer zu beachten. Die sowohl für Göteborg als auch in Bremen erkennbare Gruppenpolitik in den arbeitsmarktpolitischen Maßnahmen berücksichtigt zu wenig, dass soziale Problemlagen oft komplexer sind und zum Teil „quer" liegen zu den üblichen primär an Zielgruppen ausgerichteten Programme.[711] Insoweit ist zu klären, welche besonderen aus der Verlaufs- und Handlungsperspektive abgeleiteten Anforderungen sich für die institutionelle Problembearbeitung jeweils zielgruppenbezogen wie auch zielgruppenübergreifend stellen.

6.1.1 Junge Arbeitslose im Sozialhilfebezug

In der Fallstudie wurde deutlich, dass in Göteborg und generell in Schweden zunächst für die Gruppe der jungen Erwerbslosen seit Mitte der 1990er Jahre neue Konzepte der Vermittlung und Integration in den Arbeitsmarkt zur Anwendung kamen. Hintergrund für diese Prioritätensetzung war neben allgemein Mitte der 1990er Jahre hohen Arbeitslosenquote unter Jugendlichen die Tatsache, dass der Anteil junger Arbeitsloser im Alter zwischen 18 und 24 Jahren in der ebenfalls massiv zunahm. Dies ließ die international bisher gerühmte „aktive" schwedische Arbeitsmarktpolitik Mitte der 1990er Jahre in einem zunehmend schlechteren Licht erscheinen. Auch von der OECD und EU international forcierte Programme und Empfehlungen waren stark auf Maßnahmen gegen die Jugendarbeitslosigkeit ausgerichtet. In der kommunalen Sozialhilfe der Stadt Göteborg äußerte sich die „Aktivierungslinie" in der Zeit- und Handlungsperspektive bezogen auf junge Arbeitslose in besonders ausgeprägtem Maße etwa im Projekt *„DELTA-Arbetsmarknadstorget"* wie folgt:

> *„Wenn ich mit den arbeitslosen Jugendlichen arbeite – da ist meine Aufgabe, darauf zu achten, dass die, sobald sie hier durch die Tür kommen, hier auch schon wieder wegkommen. Das ist gleichsam das Ziel. Sobald die hierher kommen sollen sie hier wieder weg sein – eigentlich."* (Int.19: 323-326)

Gegenüber jungen arbeitslosen Sozialhilfebeziehenden wurde nach Aussagen der Experten zu den Kontaktmustern mit dem Sozialdienst seit den 1990er Jahren eine

---

[711] Vgl. auch Leibfried/Leisering (1995: 312 ff.), die lebenslauftheoretisch im Kontext der Befunde aus der dynamischen Armutsforschung auf das Problem hinweisen.

Handlungsorientierung umgesetzt, die eine aktive Förderung und Erschließung von Wegen aus dem Sozialhilfebezug „so schnell wie nur irgend möglich" beinhaltete. Damit verbunden war eine gegenüber jungen erwachsenen Sozialhilfebeziehenden grundsätzlich restriktivere Haltung, die gegenüber älteren Leistungsempfängern weniger stark ausgeprägt war: „(...) *Soweit das Jugendliche betrifft, ist es so, dass man da restriktiv sein soll.*" (Int.19: 550). Es bestätigte sich, dass nicht nur rechtlich mit den Gesetzen über die besondere Verantwortung der Kommunen für junge Arbeitslose von 1995 und 1998 zentralstaatlich neue und besondere Prioritäten gesetzt wurden, sondern dass diese auch in der kommunalen Praxis des Sozialdienstes und in den sozialberuflichen Handlungsformen vorzufinden waren. Kern dieser Handlungsformen bildete das Ziel, Sozialhilfebezug *so früh und so aktiv wie nur möglich* entweder ganz zu vermeiden oder möglichst schnell wieder zu beenden. Entsprechende „aktivierende" Hilfen und Maßnahmen waren somit auch seitens des Sozialdienstes „aktiv" anzubieten und einzuleiten, was letztlich auch eine Aktivierung von Sozialverwaltung und Sozialdiensten beinhaltete. Es zeigte sich weiter, dass die *Motive* vielfältig waren, gerade junge Arbeitslose als „Problemgruppe" oder als besonders zu priorisierende Gruppe verbunden mit besonderen Kontakt- und Interaktionsmustern auszuwählen. Rein fiskalpolitisch geprägte Motive waren jedenfalls nicht allein maßgeblich für die Auswahl dieser Gruppe. Einige der Motive wurden in den Interviews erkennbar.

1. Motiv der „Begrenzung eines neuen Anspruchsdenkens" zwischen Vermeidung von Sozialhilfeabhängigkeit und Förderung der Arbeitsmotivation"

Junge Sozialhilfebeziehende allgemein und ebenso junge Arbeitslose galten unter den Befragten in Göteborg meist als diejenige Empfängergruppe in der Sozialhilfe, die sich meist in Kenntnis des Rechtsanspruchs und rechtlicher Details der Sozialhilfe in einem „ausgeprägten Anspruchsdenken" von anderen Empfängergruppen unterscheiden. Die jungen Sozialhilfebeziehenden, wozu auch Studierende gerechnet wurden, galten ferner als in geringerem Maße auf ihre Verpflichtungen orientiert. In einer Reihe von Interviews wurde von den Experten ausgeführt, dass die junge Generation von Sozialhilfebeziehenden viel selbstverständlicher und meist ohne Schamgefühle, die bei älteren Antragstellern bis heute zu beobachten seien, die Sozialhilfe in Anspruch nehmen würden.[712] Beispielsweise wurde beschrieben:

> *„Ich treffe Jugendliche, die sind jetzt 20 Jahre alt – für die ist es heutzutage nicht ungewöhnlich, dass sie zum Sozialbüro gehen (...). Für die ist das kein Unterschied, ob die Leistungen von der Arbeitslosenkasse oder Sozialhilfe erhalten, für die, die jetzt so um die 20 sind."* (Int. 19: 291-297)

---

[712] Ähnliche Wahrnehmungs- und Orientierungsmuster ergab die Expertenbefragung für Bremen sowohl Anfang der 1990er Jahre wie auch im Jahr 2000.

Oder bezogen auf Studierende „gestern" und „heute":

„(...) Natürlich ist der Anlass der, dass sie keine Ferienarbeit gefunden haben. Aber es geht auch darum, dass Studierende die Sozialhilfe heute in einer anderen Weise sehen als noch die Studierenden in früheren Zeiten." (Int. 10: 775-778)

Sozialhilfe gilt jungen Menschen demnach als eine Sozialleistung unter vielen anderen, die sich – zumindest den Sichtweisen der befragten Experten nach – für junge Leistungsempfänger nicht mehr wesentlich von Arbeitslosengeld, Studiendarlehen oder Krankengeld unterscheidet. Insoweit wäre festzustellen, dass die in Schweden seit den 1980er Jahren angestrebte Entstigmatisierung der Sozialhilfe im Verlauf der 1990er Jahre tendenziell erreicht wurde. Auf diese erreichten Reformziele wird allerdings dann institutionell mit Handlungs- und Kontaktmustern reagiert, die eigentlich dem Ziel entgegenstehen und nicht unbedingt eine weitere Entstigmatisierung der Sozialhilfe fördern.

Bezogen auf die Gruppe der jungen arbeitslosen Sozialhilfebeziehenden wurden den Aussagen der Befragten zufolge die Mitwirkungspflichten strenger eingefordert als das etwa im Zusammenhang mit Leistungen der Arbeitslosenkassen und bei der Arbeitsvermittlung der Fall war. Die Sozialhilfepraxis erwies sich auch in diesen Zusammenhängen den Aussagen der Experten in kommunalen arbeitsmarktpolitischen Projekten nach gegenüber jungen Arbeitslosen im Vergleich zu älteren Arbeitslosen als deutlich restriktiver. Ferner wurde bezogen auf junge Arbeitslose das besondere Erfordernis einer *Motivationsarbeit* in den Interviews durchgängig betont. So galt in Göteborg, dass bei jugendlichen Arbeitslosen im Sozialhilfebezug vor allem auch *pädagogische Interventionsformen*, etwa Gruppenarbeit zum Einsatz kamen. Diese waren meist auf das Ziel einer möglichst schnellen und „effektiven" Information über arbeitsmarktpolitische Angebote, auf Bewerbungstrainings und auf die Stärkung des Selbstbewußtseins der jungen Arbeitslosen ausgerichtet. Es wurden konkret Möglichkeiten aufgezeigt, möglichst zeitnah Arbeits-, Qualifizierungsmaßnahmen oder Praktika zu erhalten, um eine Kompetenzvermittlung und Motivation über erreichbare Ziele bei den jungen Arbeitslosen zu fördern. Neben der Kompetenvermittlung, der Förderung des Selbstbewußtseins und dem Erfahrungsaustausch in der Gruppe ging es nicht nur darum, jungen Arbeitslosen reale Chancen einer Integration in den Arbeitsmarkt zu bieten, sondern immer auch darum, *in der Zeit- und Handlungsperspektive* betrachtet, eine „Verfestigung" passiven Leistungsbezugs und eine „Bestätigung des Anspruchsdenkens" möglichst zu verhindern. Solchen mit dem Sozialhilfebezug nicht intendierten Effekten sollte institutionell aktiv entgegengewirkt werden. Über die Sozialhilfe und den kommunalen Sozialdienst in Göteborg und generell in Schweden wurden damit seit den 1990er Jahren verstärkt auch entsprechende gesellschaftspolitische Signale und Normen vermittelt. Es galt, die „Arbeitslinie" aufrecht zu erhalten und den jungen Arbeitslosen zu vermitteln und in eine „Arbeits- Kompetenzlinie" zu erweitern. Auch hierin lagen veränderte oder erweiterte Anforderungen und Funktionen für die Sozialhilfe und den Sozialdienst. In der *Lebenslaufperspektive* betrachtet galt dabei als Ziel einer „aktivierenden Sozialpolitik" in der Kommune, möglichst zu vermeiden, dass sich ein „passiver Leistungsbezug" bereits in der *Übergangsphase* vom Jugendlichen zum Erwachsenen bzw. am kritischen *Übergang von der Schulphase zur Erwerbsphase* über längere Zeit und ohne „Gegenleistung" im Wohlfahrtsstaat Schweden als soziale Handlungsorientierung unter jungen Menschen etablierte. Damit sind für Göteborg *Muster einer „aktiven kommunalen Lebenslaufpolitik" in der Sozialhilfe* erkennbar, die in Bremen beispielsweise mit dem Programm U27 ähnlich entwickelt waren.[713]

Vor allem mit Blick auf die Funktion der Sozialhilfe als *vorübergehende* Hilfe in *Krisensituationen* wurde von Befragten das Risiko thematisiert, wonach vor allem junge Arbeitslose sich an die Sozialhilfe als eine Art „selbstverständliche Grundsicherung" oder als eine Art „Sozialgehalt" gewöhnen könnten. Insoweit wären „Abhängigkeitsmuster" sowie „Passivierungseffekte" nicht auszuschließen. Solche Gewöhnungsprozesse und Risiken einer „Passivierung" gelte es so früh und so aktiv wie möglich durch entsprechende Handlungsformen und Interventionen zu vermeiden bzw. zu begrenzen. Die auf die jungen Arbeitslosen bezogenen kommunalen Programme waren demnach in ihrer praktischen Umsetzung durch diese Wahrnehmungsmuster der Professionellen geprägt und sind nicht allein an ihrer programmatischen Ausgestaltung zu bewerten. Dass bisher vorliegende empirische Ergebnisse die „Abhängigkeits- und Passivitätsthese" eher widerlegen als bestätigen, war von den befragten Experten im Sozialdienst in Göteborg nicht wirklich rezipiert oder nicht bekannt.[714]

In einzelnen Interviews kam für Göteborg eine Unterscheidung zum Ausdruck, die über die bisher einfache Unterscheidung zwischen „verdienten" bzw. „würdigen" Armen und den „unverdienten" bzw. „unwürdigen" Armen hinausgeht bzw. diese erweitert. So wurde in der Zeit- und Handlungsperspektive genauer betrachtet von einzelnen in den Projekten tätigen Sozialarbeitern zwischen denjenigen Sozialhilfeempfängern unterschieden, die bereits *vor* dem Sozialhilfebezug im Erwerbsleben und darüber auch in die Arbeitslosenversicherung integriert waren,

---

[713] Vgl. Stadt Bremen (1997) und Reiners (1999.

[714] Vgl. Voges (1999: 363 f.) zu dem Befund, wonach das System der Sozialhilfe in Göteborg ganz überwiegend als „Überbrückungshilfe" in kurzzeitigen Krisensituationen fungierte und damit die gesetzlich vorgesehene Funktion erfüllte. Auch er stellt fest, dass die unter 25jährigen aber dennoch häufig als „unwürdige Leistungsbezieher" betrachtet werden. Für Bremen und ähnlich für Halle/Ostdeutschland kamen beispielsweise Gangl (1997) und Buhr/Gangl/Rentsch (1998) zu Befunden, wonach von der Sozialhilfe in materieller Hinsicht ausdrücklich *keine* negativen Arbeitsanreize und insoweit jedenfalls keine „Passivierungseffekte" ausgehen.

und denjenigen Sozialhilfebeziehenden, die vor dem Sozialhilfebezug noch nie einen Zugang zum Erwerbsleben und damit zu Ansprüchen der Arbeitslosenkassen hatten. Während die erste Gruppe sozusagen ihre Aktivität und Arbeitsbereitschaft bereits *in der Vergangenheit* unter Beweis gestellt hatten, galten Aktivitäten und Arbeitsbereitschaft bezogen auf die zweite Gruppe als tendenziell unsicher und noch nicht belegt. Es zeigte sich, dass die „Dependency-Annahme" unter den befragten Experten in Göteborg bezogen auf diese beiden Gruppen unterschiedlich stark ausgeprägt war und „aktivierende Maßnahmen", etwa in Form von Motivationsarbeit, je unterschiedlich gestaltet wurden:

> „(...) Ich treffe ja so viele Jugendliche, die nicht einen Tag gearbeitet haben. Ich treffe welche, die sind 23 oder 24 Jahre alt, die haben nicht einmal Zeitung ausgetragen. Die haben nicht einen Tag in ihrem Leben gearbeitet, und da denke ich – da ist es etwas schwer, die zu motivieren, dass sie einen Praktikumsplatz annehmen oder so etwas machen." (Int. 19: 354-358)

Die hier skizzierten Wahrnehmungsmuster und Handlungsorientierungen waren unter den Befragten mit wenigen Ausnahmen vorherrschend. Bezogen auf diejenigen jungen Arbeitslosen, die bis zum Sozialhilfebezug nie einen Zugang zum Arbeitsmarkt gefunden hatten, wurde implizit von einem besonders hohen Bedarf an „Motivationsarbeit" ausgegangen und allgemein eine fehlende Motivation zur Erwerbsarbeit unterstellt. Dass allerdings bei denjenigen, die *vor* dem Sozialhilfebezug nie Erwerbseinkommen über eigene Arbeit erzielen konnten, möglicherweise gerade eine besonders hohe Motivation zu Erwerbsarbeit oder Ausbildung bestehen könnte, die möglicherweise aus strukturellen im Arbeitsmarkt, im Bildungssystem und in den Vermittlungskonzepten liegenden Faktoren nicht zur Geltung kommt, wurde in den geschilderten Handlungsorientierungen der Experten vernachlässigt. Bezogen auf junge Arbeitslose war die „Dependency-Annahme" und waren Vorstellungen von einer „Passivierung", die mit dem Sozialhilfebezug verbunden sein könnte, in Göteborg jedenfalls verbreitet, wodurch die Interventions- und Handlungsmuster entsprechend beeinflusst wurden.

2. Gesundheitspolitische Motive und gesundheitspolitische Anforderungen neuer Projekte zur Förderung von Wegen aus dem Sozialhilfebezug

„Krankheit" und „psychosoziale Probleme" wurden in den Interviews und Dokumenten als weitere wichtige Hindernisse für Wege aus dem Sozialhilfebezug genannt, die zum Teil bei jungen Sozialhilfebeziehenden mit Arbeitslosigkeit verbunden seien. In diesem Kontext zeigten sich dann differenziertere Wahrnehmungs- und Definitionsmuster. Den Erfahrungen und Wahrnehmungsmustern der befragten Sozialarbeiter in den Sozialbüros und Projekten zufolge sei bei einem Teil der jungen Arbeitslosen davon auszugehen, dass aufgrund von Krankheit und/oder psychosozialen Probleme eine volle bzw. reguläre Erwerbstätigkeit nicht möglich sei. Diese könne daher institutionell zunächst in diesen Fällen auch nicht erwartet werden.[715] Gleichzeitig wurde es als schwierig beschrieben, diese Problemkonstellationen im Alltag unter dem zeitlichen Druck und dem hohen Anspruch einer möglichst frühzeitigen „Aktivierung" in den ersten Kontakten und Gesprächen auch hinreichend zu erkennen.

Insbesondere psychische Beeinträchtigungen, mangelndes Selbstvertrauen, Depressionen, Suchtprobleme usw. machen es den Erfahrungen der Befragten nach erforderlich, gerade bezogen auf junge eingeschränkt erwerbsfähige Arbeitslose besondere Programme zur Förderung von Wegen aus dem Sozialhilfebezug zu entwickeln. Neben speziellen Programmen und Projekten, etwa für Suchtkranke, psychisch Kranke oder eingeschränkt Erwerbsfähige hat sich im Verlauf der 1990er Jahre für Sozialhilfe und Sozialdienst das Erfordernis gezeigt, enger mit den Gesundheitsdiensten und der staatlichen Versicherungskasse als Träger von Rehabilitationsangeboten und Krankengeld zusammenzuarbeiten. Damit seien in den genannten Problemzusammenhängen ferner die vermittelnden und lotsenden Funktionen im Rahmen des Sozialdienstes aktiver wahrgenommen worden als früher, so einige Experten.

In der Lebenslaufperspektive werden damit an die Sozialhilfe bezogen auf die Gruppe der kranken und eingeschränkt erwerbsfähigen jungen Arbeitslosen erweiterte Aufgaben gestellt, die als wichtige Integrations- und Überbrückungsfunktion zu sehen sind. In diesen Funktionen trägt die Sozialhilfe mit dazu beiträgt, kritische Lebensphasen und den Eintritt in das Erwerbsleben psychosozial und gesundheitlich zu bewältigen. So bestätigten lokale Studien in Göteborg eine nennenswerte „Schnittmenge" von Sozialhilfebeziehenden, die zwar nicht zeitgleich, jedoch im Verlauf betrachtet, zeitweise krank oder erwerbslos waren und in beiden Lebenslagen etwa ergänzend Sozialhilfe bezogen. Im Zeitverlauf betrachtet waren drei verschiedene wohlfahrtsstaatliche Institutionen in die Problembearbeitung involviert. Die Gruppe derjenigen, die über keinen Anspruch auf Krankengeld verfügen, oder aber wo die Leistungen der Sozialhilfe ergänzend zum Krankengeld gezahlt werden, bildet eine relevante Empfängergruppe. Auf diese Gruppe bezogen stellten sich für Praxis der Sozialhilfe, etwa in der Frage nach der Beurteilung und der Wiederherstellung der „Erwerbsfähigkeit" im Verlauf der 1990er Jahre neue Anforderungen und es bedurfte veränderter Handlungs- und Verfahrensweisen.[716]

---

[715] Eine vom Sozialbüro Lundby in Göteborg 1999 durchgeführte *interne* Erhebung ergab, dass von 167 arbeitslosen Sozialhilfebeziehenden *im Alter unter 25 Jahren*, die vom „Arbeitsmarkt-Team" betreut wurden, insgesamt 73 entweder somatisch oder psychosomatisch krank waren. Von den 73 jungen Arbeitslosen wiesen 10 somatische Erkrankungen auf, 11 hatten Suchtprobleme und bei 52 Personen waren psychische Probleme/Erkrankungen dokumentiert. Vgl. Lundby Stadsdelsförvaltningen (1999).

[716] Dies wurde sowohl in den Interviews im Projekt DELTA wie auch im Projekt FRISAM und durch Dokumente belegt.

Zusammenfassend scheinen einerseits „ganzheitlich" auf die Lebenslage ausgerichtete Programme zur Förderung individueller Ressourcen und Fähigkeiten wichtig. Ebenso sind strukturelle, organisatorische und relationale Reformen der institutionellen Arrangements wichtig, die auf verbesserte untereinander abgestimmte Interventionen und sozialberufliche Handlungsmuster ausgerichtet sind. Diese Ansätze müssen auch und gerade bei jungen Kranken oder jungen Arbeitslosen nach den Erfahrungen in Göteborg über rein materielle Anreizsysteme verbunden mit Sanktionsandrohungen und sozialer Disziplinierung in der Sozialhilfe hinausgehen und die gesundheitsbiografische Dimension stärker als bisher mit berücksichtigen. Ob diese Arrangements in Göteborg vorzufinden waren, wurde am Beispiel der Projekte untersucht.

6.1.2 Einwanderer: Wege aus der Sozialhilfe zwischen defizitärer Integrationspolitik und aktiver Arbeitsmarktpolitik

Neben Arbeitslosen allgemein und arbeitslosen Jugendlichen galten vor allem Einwanderer als Gruppe mit hohem Risiko der Arbeitslosigkeit und demzufolge als eine Empfängergruppe, die seit Ende der 1990er Jahre bis heute in verstärktem Maße Leistungen der Sozialhilfe bezieht.[717] Bereits im Jahr 2000 war in Göteborg fast jeder zweite Haushalt, der zeitweise im Sozialhilfebezug stand, ein Haushalt, im dem zumindest eine Person lebte, die außerhalb Schwedens geboren war. Als Ursachen des hohen Anteils an Einwanderern unter den Sozialhilfebeziehenden wurden neben der gestiegenen Einwanderungsquoten, die allgemeine Wirtschaftskrise und die generellen Probleme des Arbeitsmarktes, sowie eine in Teilen als defizitär

---

[717] In Schweden ist der Begriff "Ausländer" *nicht* üblich. Üblicherweise wird von „Einwanderern" und „Flüchtlingen" oder auch von „Asylsuchenden" gesprochen, womit jeweils ein unterschiedlicher Status bezeichnet ist. Der Begriff der „Einwanderer" ist dabei der umfassendste Begriff und wird meist um den Begriff der „Personen mit ausländischem Hintergrund" *(Personer med utländsk bakgrund)* erweitert, der stärker auf die zweite Generation von Einwanderern bzw. auf die in Schweden geborenen Kinder von Einwanderern bezogen ist. Je nach Definition wird für ganz Schweden bei insgesamt rd. 9 Mio Einwohnern eine Zahl zwischen 0,5 und 1,7 Mio Einwanderern bzw. „Personen mit ausländischem Hintergrund" angegeben. Dies entspricht einem Anteil zwischen 5,6 und 19,1 % an der Gesamtbevölkerung, so Nilsson (1999). Nach Nilsson sind vergleichende Angaben zur Einwanderungsquote für Deutschland und Schweden aufgrund unterschiedlicher Definitionen und statistischer Grundlagen kaum möglich. Der Anteil der im Ausland geborenen Personen betrug in Schweden 1998 rd. 11 % und in Deutschland 1996 rd. 9 %, so Nilsson (1999: 19). Zu den Definitionsproblemen und dem Sozialhilfebezug unter Einwanderern vgl. auch Franzén (2000). Vor allem die heterogene Zusammensetzung innerhalb der Gruppe der Einwanderer im Sozialhilfebezug bildet eine besondere Herausforderung für die Gestaltung der Leistungen und Angebote der kommunalen Sozialdienste und der Sozialhilfe.

bewertete zentralstaatliche Integrationspolitik genannt.[718] Eine inzwischen faktisch im Rahmen des kommunalen Sozialdienste und der Sozialhilfe zu leistende Integrationspolitik, wie etwa die Vermittlung in und die Förderung von Sprachkursen wurde in den geführten Interviews als eine „dem Grunde nach zentralstaatlicher Aufgaben- und Verantwortungsbereich" gesehen. Die Aufgaben der Integration von Einwanderern und Flüchtlingen sind seit den 1990er Jahren ebenfalls weiter „kommunalisiert" worden. So seien die Kommunen auch im Bereich der Integrationshilfen und der sozialen Hilfen für Einwanderer inzwischen ebenfalls zu einem Hauptakteur in der Wohlfahrtspolitik geworden, auch wenn die Leistungen der Sozialhilfe an Einwanderer den Kommunen teilweise vom Zentralstaat erstattet würden. Dieses Erstattungsprinzip gilt in Schweden ähnlich wie in Deutschland auch für die Ausgaben der Sozialhilfe für Asylbewerber.[719]

Bezogen auf die Integrationspolitik gilt ähnlich wie in der Arbeitsmarktpolitik, dass seit den 1990er Jahren in verstärktem Maße eine „geteilte sozialpolitische Verantwortung und Zuständigkeit" zwischen dem schwedischen Zentralstaat und den Kommunen aufgebaut wurde. Die Programme und Maßnahmen sind daher zum Teil auf *mehreren Ebenen* verortet und in unterschiedlichsten institutionellen Zusammenhängen eingebunden zu sehen, was die Analyse der Integrationspolitik schwierig macht. Sowohl in der öffentlichen wie auch in der fachpolitischen Debatte wird seit einigen Jahren in Schweden weitgehend einhellig festgestellt, dass mit der bisherigen Integrationspolitik für Flüchtlinge und Einwanderer die in ihr gesetzten Ziele zumeist nicht so erreicht wurden, wie zuvor geplant. Reformen werden daher in diesen Bereichen seit einigen Jahren als dringend notwendig angesehen.[720] Dies gilt besonders für die Zusammenhänge und Schnittstellen von Sozialhilfe, aktiver Arbeitsmarktpolitik und Integrationspolitik.

---

[718] Im Interview am 15.02.2000 mit dem Leiter der städtischen Abteilung für Arbeitsmarktpolitik in Göteborg (Int. 30) wurden als „Hauptproblemgruppen" am Arbeitsmarkt „Einwanderer" und „Schweden mit ausländischem Hintergrund" genannt. Ergänzt wurde die Feststellung, wonach internationale Flüchtlingsprobleme auch als *internationale* bzw. national*staatliche* Angelegenheiten zu verstehen seien, die *nicht* kommunal gelöst werden können. In der schwedischen Arbeitsmarkt- und Integrationspolitik sei bezogen auf Einwanderer seit Anfang der 1990er Jahre ein „*Schwarze-Peter-Spiel*" zwischen Zentralstaat und Kommunen bestimmend, in dem Verantwortung und Aufgaben wechselseitig verschoben würden.

[719] Zu den Regelungen der Sozialhilfe bezogen auf Einwanderer, Flüchtlinge und Asylbewerber in Schweden vgl. auch Elmér u.a. (2000: 176 ff.) sowie Statens Offentliga Utredningar (2000: 53-59).

[720] Bereits Anfang der 1990er Jahre wurden mit einer auf Malmö bezogenen empirischen Studie von Andersson/Bahrmark/Salonen (1990) die besonderen Anforderungen an den Sozialdienst bezogen auf die „Flüchtlingsarbeit" und Integrationspolitik untersucht. Vor allem wurde die Notwendigkeit *präventiv* auf die Integration von Kindern und Jugendlichen ausgerichteter Maßnahmen betont. Während von den in Schweden Geborenen im Jahr 2000 lediglich 3 % Sozialhilfe bezogen, lag der Anteil der Sozialhilfebeziehenden bei den außerhalb Schwedens Geborenen bei 21 %. Auch *nach einem mehr*

1.Defizite in der Integrationspolitik für Einwanderer und Folgen für die Sozialhilfe
Grundsätzlich gilt, dass in Schweden Flüchtlinge und Einwanderer nach ihrer Ankunft an einem kommunal angebotenen Integrationsprogramm *(Introduktionsprogram)* teilnehmen bzw. teilnehmen müssen. Die Stadt Göteborg beschloss im September 1998, dieses Integrationsprogramm neu zu gestalten. Es erstreckt sich in der Regel über die Dauer von 2 Jahren, kann im Einzelfall auch um ein weiteres Jahr verlängert werden. Vorliegende Befunde weisen für die Integrationspolitik und -maßnahmen erhebliche Defizite aus, die mit dafür verantwortlich sind, dass Einwanderer vielfach auf Leistungen der Sozialhilfe angewiesen sind und nur schwer einen Zugang zum schwedischen Arbeitsmarkt finden. Da auch der schwedische Wohlfahrtsstaat soziale Sicherheit primär über den Status des Erwerbstätigen ermöglicht, ist im Zugang zum Arbeitsmarkt die Hauptschwelle für die *„ökonomischen Teilhabe"* von Einwanderern und Flüchtlingen zu sehen.[721] Die *soziale* und *kulturelle Integration* stellen weitere, über die ökonomische Dimension hinausgehende Anforderungen an die Sozialpolitik und an eine Integrationspolitik, etwa im Bereich der Sozialhilfe.[722]

So wurde von den befragten Experten der Sozialhilfe in Göteborg unter anderem Kritik an der Gestaltung und Didaktik der verpflichtenden *Sprachkurse* des Programms *„Svenska för Invandrare"* formuliert. Ferner wurden die Erfahrungen vor allem von schulisch und beruflich gut qualifizierten Einwanderern mit der schwedi-

---

als dreijährigen Aufenthalt in Schweden gelang es seinerzeit zwischen 50 und 60 % der Einwanderer *nicht*, einen stabilen Zugang zum Arbeitsmarkt zu finden. Vgl. *Dagens Nyheter* vom 18. und 19. Februar 2002.

[721] Für Details vgl. Franzèn (2000: 127 ff.). Die vergleichenden Daten zum Sozialhilfebezug von in Schweden und außerhalb Schwedens geborenen Leistungsbeziehern weisen eine sehr viel höhere Sozialhilfequote für Einwanderer aus. Je nach Herkunftsland, Alter, Ausbildungsniveau, Aufenthaltsdauer, Familienkonstellation und anderen Faktoren finden innerhalb der Gruppe der Einwanderer in der Sozialhilfe beträchtliche Unterschiede in den Bezugsdauern und Verläufen von Sozialhilfekarrieren. Dies verweist ebenfalls auf differenzierte Anforderungen in der Programmgestaltung bezogen auf die Schnittstellen von Sozialhilfe und Integrationspolitik. Studien belegen, dass neben dem Herkunftsland, dem Alter und dem Familienstand vor allem auch das Ausbildungsniveau eine Rolle für Chancen am Arbeitsmarkt spielt. Auch der Zuschnitt kommunaler Programme und Aktivitäten beeinflusst die Risiken von Arbeitslosigkeit und Sozialhilfebezug. Je früher Angebote aktiv erfolgen und wirken, um so geringer ist das Risiko eine Sozialhilfebezugs. Vgl. Integrationsverket (2000).

[722] Die schwedische Regierung richtete am 1. Juni 1998 das „Integrationswerk" *(Integrationsverket)* als neue staatliche Behörde ein, um auf die Anforderungen einer verstärkten Einwanderung besser reagieren zu können. Die Behörde hat unter anderem die Aufgabe, Programme zu entwickeln, Informationsmaterialien herauszugeben, Empfehlungen zur Integrationspolitik zu erstellen und Forschung durchzuführen bzw. zu fördern. Ein Aufgabenfeld der Behörde wird damit beschrieben, verstärkt die Kommunen in ihrer Integrationspolitik anzuregen und zu unterstützen. Neben jährlichen Berichten wie „Integration 2001" und „Integration 2002" liegen weitere Publikationen vor, in denen die aktuellen Probleme untersucht werden, so der Bericht „Kommunernas mångfaldsarbete". Vgl. Integrationsverket (2001). Inzwischen wurde das „Integrationsverket" in „Migrationsverket" umbenannt. Vgl. auch www.migrationsverket.se.

schen Arbeitsvermittlung als überwiegend negativ beschrieben. Nach den Berichten waren gerade die *zeitlichen und handlungsbezogenen Abfolgen,* also *das „Timing"* in den Einzelschritten und Maßnahmen der Integrationsprogramme häufig nicht differenziert genug und zum Teil ungenau aufeinander abgestimmt oder nicht flexibel genug. Ein Beispiel bildete, dass die Arbeitsvermittlung oft erst dann tätig wurde, *nachdem* Einwanderer einen schriftlichen Nachweis über den Erwerb angemessener Sprachkenntnisse *(SFI-betyg)* vorgelegt hatten.[723] Dass längst nicht in allen Berufen umfassende Sprachkenntnisse erforderlich sind und das Erlernen der schwedischen Sprache auch bzw. vor allem im Alltag und parallel zum Erwerbsleben erfolgen kann, blieb bis Ende der 1990er Jahre in den Programmen für Sprachkurse zum Teil unberücksichtigt. Das mit den Integrationsprogrammen verfolgte Ziel einer möglichst schnellen Integration der Einwanderer in den schwedischen Arbeitsmarkt konnte mit diesen starren und stark formalisierten, zu wenig auf Bedarfe und die alltäglichen Gegebenheiten bezogenen Programmelementen in vielen Fällen nicht zufriedenstellend erreicht werden. Faktisch bedeuten die in der Verlaufs- und Handlungsdimension beschriebenen unflexiblen bzw. unpräzisen Abfolgen sozialer Interventionen, etwa zuerst Spracherwerb und erst danach die Arbeitsvermittlung, dass Einwanderer zum Teil auch nur schwer konkrete berufliche Ziele entwickeln konnten und damit zusammenhängend wiederum nur begrenzte Motivationen zum Spracherwerb entwickelten. So waren jedenfalls eine Reihe von Schilderungen der Experten. Solche Programmdefizite trugen mit dazu bei, dass die Integrationsphase in vielen Fällen länger dauerte als die in staatlichen Regelungen vorgesehenen drei bis fünf Jahre. Die Programmdefizite bedeuteten dann häufig, dass während dieser Zeiträume der Sozialhilfebezug die Existenz der Einwanderer sicherte.[724]

---

[723] Dieses starre und schematische Verfahren, das wenig Rücksicht auf biografisch geprägte individuelle Leistungsniveaus und berufliche Anforderungen nahm, wurde auch von Experten der Leitungsebene der Stadt Göteborg zum Teil kritisch gesehen. Es wurden allerdings auch Projekte vom Arbeitsamt durchgeführt, die flexibler ausgestaltet waren. So zeigte eine Maßnahme des Arbeitsamtes in Göteborg, in der höher qualifizierte Einwanderer – auch dann, wenn noch keine perfekten Sprachkenntnisse vorhanden waren – zu Journalisten aus- bzw. weitergebildet wurden. Dieses Projekt, von Kuhlmann (1999) beschrieben, bildet eher neuere Ansätze ab. Es bestätigt sich, dass die Projekte und Maßnahmen in den Zielgruppen, ihrer Ausgestaltung und in den Zielsetzungen sehr unterschiedlich sind und Befunde kaum zu generalisieren sind.

[724] Vgl. Olauson (1999) und Högberg (1999) Die Studie ergab unter anderem, dass mehr als 50 % der befragten Einwanderer über einen Hochschulabschluss oder eine höhere Schulbildung verfügten, aber dennoch von den 41 interviewten lediglich 2 *nach Ablauf von drei Jahren* eine Arbeitsstelle erhalten hatten. Insbesondere die im Falle der Arbeitslosigkeit meist fehlenden Möglichkeiten, das in den Sprachkursen und Integrationsprogrammen Erlernte im Alltag auch anzuwenden, Kontakte zu entwickeln und die berufliche Integration über die formalisierten Vorgaben der Arbeitsvermittlung zu erreichen, wurden als die wichtigsten Hemmschwellen und Defizite der Integration gesehen. Empfohlen wurde, die *Übergänge* in den Programmen, den Niveaus der Sprachkurse usw. *flexibler* und *individueller* zu gestal-

Eine empirische Studie, die teilweise die *Verlaufsperspektive des Sozialhilfebezugs* mit berücksichtigte, kam zu dem Befund, dass für *europäische Einwanderer* eine *Zeitspanne von 6 bis zu 15 Jahren üblich* ist, um die Chancen zur Beendigung des Sozialhilfebezugs etwa auf ein Niveau vergleichbar mit den Chancen von schwedischen Sozialhilfebeziehenden anzugleichen. Für *Einwanderer aus nicht-europäischen Regionen* sind die „Angleichungsprozesse" noch längerfristiger und dauern *zum Teil länger als 15 Jahre*.[725] Zugleich ist die Phase der „Introduktion" im Sinne einer „Einführung" in Form einer gezielt ausgestalteten staatlichen Integrationspolitik nach einem Beschluss des staatlichen einwanderungspolitischen Komitees im Rahmen einer Empfehlung auf *maximal fünf Jahre begrenzt*.[726]

Auch in diesen Kontexten werden in einer genaueren Verlaufs- und Handlungsperspektive betrachtet massive Zielkonflikte zwischen (staatlicher) politischer Programmebene und den Akteuren und Möglichkeiten „vor Ort" in den Kommunen erkennbar. In vielen Fällen einer zeitaufwendigen oder gar gescheiterten Integration von Einwanderern handelt es sich letztlich auch eine vom Wohlfahrtsstaat selbst – durch verfehlte Programmgestaltung – (mit)verursachte Armut und Sozialhilfebedürftigkeit unter Einwanderern. Die Bedeutung der Verlaufs- und Handlungsperspektive für die Gestaltung sozialer Interventionen und der extrem komplexe „mix" unterschiedlichster Interventionsformen wurden auf der Basis der Schilderungen von befragten Experten aus den Sozialbüros und unter Berücksichtigung von Dokumenten und lokalen Evaluationen am Beispiel der Einwanderungspolitik in ihren Schnittstellen zur Sozialhilfe unmittelbar erkennbar. Ebenso erkennbar wurden wiederum Muster einer spezifisch *kommunalen Variante der Lebenslaufpolitik im Wohlfahrtsstaat*, die insbesondere in der Umsetzungspraxis der Programme konkret vorzufinden ist. Die Experten bestätigen für die Zeit seit Ende der 1990er Jahre im Bereich der Einwanderungs- und Integrationspolitik schließlich einen Übergang zu veränderten Programmelementen, die Konturen einer „aktivierenden Sozialpolitik" erkennen lassen. Danach werden die sozialen Interventionen vor allem in der Handlungsperspektive und in ihrem „Timing" verändert. Sie werden differenzierter und flexibler auf die spezifischen Lebenslagen und Lebensläufe von Einwanderern und Flüchtlingen unterschiedlichster Herkunft ausgerichtet und auch an den Schnittstellen wohlfahrtsstaatlicher Institutionen und sozialpolitischer Programme genauer auf- und untereinander abgestimmt. Hierzu wurden einige Beispiele berichtet.

---

ten, Sprachkurse und Berufsalltag enger zu verbinden und insgesamt stärker die Ressourcen und nicht so sehr die Defizite der Einwanderer in den Fokus der Programme und Integrationspolitik zu rücken.
[725] Vgl. Franzén (1997 u. 2000: 144).
[726] Vgl. Statens Offentliga Utredningar (1996).

Von einzelnen Mitarbeitern der Sozialbüros wurde etwa berichtet, dass die gestiegene Anzahl der Einwanderer und die im Zusammenhang mit der Arbeitsmarktkrise hervorgerufenen Probleme gesellschaftspolitisch und auch innerhalb der Sozialhilfe Anfang bis Mitte der 1990er Jahre zunächst als eine Art „*Schock*" erlebt wurden (Int. 25: 167). Man habe sowohl politisch, administrativ als auch individuell zunächst mehrere Jahre benötigt, um die neuen Herausforderungen erkennen und einordnen zu können. Schweden galt bisher als Beispiel einer homogenen Gesellschaft, sowohl in der Bevölkerungsstruktur, ihrer kulturellen und sozialen Zusammensetzung wie auch in den gesellschaftlich definierten Werten und Normen.[727] Diese kulturelle Homogenität ist spätestens im Verlauf der 1990er Jahre „brüchig" geworden. Die damit einhergehenden Konsequenzen und Folgen wurden jedoch sozialpolitisch und auch administrativ wie sozialberuflich erst zeitversetzt erkannt.

Bei den befragten Experten bestand weitgehend Übereinstimmung darin, dass Einwanderer im Vergleich zu anderen Empfängergruppen in der Sozialhilfe in besonderer Weise einer „aktivierenden" und „motivierenden" sozialen Hilfe und Unterstützung benötigen. Dies galt nach Aussagen der Befragten in Göteborg dann noch differenzierter vor allem für sehr junge arbeitslose Einwanderer, für ältere langzeitarbeitslose Einwanderer, sowie in ganz besonderer Weise für ältere arbeitslose Frauen, deren Erwerbsquote weit unterhalb der Erwerbsquote schwedischer Frauen liegt, und deren Zugangschancen zum schwedischen Arbeitsmarkt als extrem schlecht bewertet wurden.[728] Neben allgemeinen Problemen der Integration in eine neue Kultur und den *Defiziten in den schwedischen Sprachkenntnissen* wurden von einzelnen Befragten *Bildungsdefizite* und *Lese- und Schreibschwächen* als wichtige Gründe gesehen, warum sich für Einwanderer der Zugang zum Arbeitsmarkt als schwierig erweise. Bei jungen Einwanderern würden ferner „fehlende soziale Kompetenzen" eine Rolle spielen. Diese seien für Arbeitgeber und im Arbeitsalltag zunehmend wichtiger. Obwohl empirische Studien zum Bildungsniveau bei Einwanderern ein durchaus hohes schulisches und berufliches Bildungsniveau ergaben, wurden von den in den städtischen Sozialbüros und in den arbeitsmarktbezogenen Projekten tätigen Sozialarbeitern vor allem bezogen auf *junge Einwanderer* ein gerin-

---

[727] Vgl. dazu etwa Henningsen (1986).

[728] So wurde beispielsweise auf der Leitungsebene arbeitsmarktpolitischer Maßnahmen in einem Stadtteil außerhalb des Zentrums von Stockholm und von einer Psychologin im Göteborger Projekt „DELTA-AMT" berichtet, dass Einwanderinnen aus afrikanischen Ländern generell, und speziell ältere Frauen extreme Ängste hätten, zu bestimmten Tageszeiten mit der S-/U-Bahn in das städtische Zentrum zu fahren, um dort an Sprachkurse, Qualifizierungsmaßnahmen oder berufliche Integrationsprogramme teilzunehmen. Aufgrund dieser Ängste würden Frauen zum Teil die Maßnahmen entweder nicht antreten oder nach gewisser Zeit abbrechen. Diese Beispiele veranschaulichen die vielfältigen Anforderungen, die an eine „aktivierende" Integrations- und Sozialhilfepolitik weniger in der materiellen Ebene, sondern mehr noch im Bereich *pädagogischer* und *ökologischer* Interventionsformen gestellt sind.

ges Schul- und Berufsbildungsniveau als Hauptschwelle gesehen, einen Zugang zum schwedischen Arbeitsmarkt zu finden. Typischerweise wurde berichtet:

> *„Die meisten brauchen eine Ausbildung, viele von denen haben keine grundlegende Schulbildung oder sie haben sehr schlechte Zeugnisse. Viele von denen haben absolut keine Erfahrung im Arbeitsleben."* (Int. 14: 349-351)

Zumeist wurde nicht allgemein eine fehlende Berufserfahrung, sondern speziell die mangelnde Berufserfahrung *am schwedischen Arbeitsmarkt* als Hindernis gesehen. Diese allerdings wurden – wie im ersten Zitat formuliert – auch und vor allem auf das Verhalten und auf Vorurteile schwedischer Arbeitgeber gegenüber Einwanderern zurückgeführt, also von den Befragten überwiegend nicht den Einwanderern selbst zugeschrieben.

Für die *Sprachkurse* gilt im Kontrast zu Bremen/Deutschland, dass die Vorgaben zur Teilnahme an Sprachkursen in Göteborg/Schweden weitergehend sind. Die Sprachkurse für Einwanderer sind für jeden Einwanderer im Rahmen der „Introduktion" im Grunde verpflichtend. Von den befragten Sozialarbeitern in den Sozialbüros und arbeitsmarktpolitischen Projekten wurde dennoch fast durchgängig berichtet, dass die *„mangelnden Sprachkenntnisse"* vieler Einwanderer als ein Haupthindernis zur Erschließung von Wegen aus dem Sozialhilfebezug anzusehen seien. Genauer betrachtet wurden diese Probleme von den befragten Experten vor allem bei *älteren Einwanderern* und wiederum stark ausgeprägt bezogen auf *ältere Frauen* gesehen. Programmdefizite wurden nicht nur hinsichtlich der formalisierten Abfolgen (erst Spracherwerb, dann Arbeitsvermittlung) gesehen, sondern auch inhaltlich und auf die Didaktik der Sprachprogramme bezogen. Neben einer *zeitlichen Begrenzung* der Sprachkurse auf *zwei* bzw. *maximal drei Jahre*, in deren Anschluss die Kostenübernahme nicht mehr möglich ist, wurde die wiederum zu starre Vorgabe, wonach jeder Einwanderer nur *einmalig* die Möglichkeit zur kostenlosen Teilnahme am staatlich finanzierten Programm *„Schwedisch für Einwanderer"* erhält, als problematisch angesehen.[729] Gerade bezogen auf ältere Personen, denen das Erlernen einer völlig neuen Sprache mehr abverlange als jüngeren, sei eine „zweite Chance" unbedingt zu ermöglichen, so einzelne Befragte. Um auch älteren Einwanderern das Erlernen der schwedischen Sprache besser zu ermöglichen, wären zudem Sprachkurse erforderlich, die deren tatsächliche Bedarfe genauer berücksichtigen und differenzierter die Voraussetzungen und eigenen Möglichkeiten der (älteren) Teilnehmer an den Kursen beachten würden.

Bezogen auf die *in Deutschland* geführte Debatte um eine Verpflichtung von Sprachkursen für Zu-/Einwanderer zeigt das schwedische Beispiel, dass eine sol-

---

[729] Insoweit bestätigte sich eine Kritik von Elmér u.a. (2000: 66) hinsichtlich der Sprachkurse für Einwanderer und Asylberwerber.

che formale Verpflichtung allein kaum weiterführend ist, sondern dass mehr noch auf die tatsächliche inhaltliche Ausgestaltung, die Teilnahmemöglichkeiten, auf die Zugänge und die pädagogischen Interventionsformen in den Sprachkursen und sonstigen Programmen einer Integrationspolitik ankommt. Entscheidend ist ein abgestimmter differenzierter „Interventionsmix". Für Göteborg/Schweden ließen sich diese interventionstheoretischen und -praktischen Anforderungen an sozialpolitische Maßnahmen jedenfalls deutlich erkennen. Nicht nur am Beispiel der Sprachprogramme, sondern auch an neueren Programmen der Arbeitsmarktpolitik wurde in den Schnittstellen zur Sozialhilfe deutlich, dass sich über „fordernde" Elemente und neue formalisiert gestellte Anforderung an eine Mitwirkung der Bürger allein die gewünschten Effekte nicht erzielen lassen. Wirksamer scheinen differenziert auf die Lebenslagen und die Lebensläufe bezogene vielfältige und dem Freiwilligkeitsprinzip folgende aktive Angebote – jedoch mit in ihrer Durchführung möglichst verbindlichem Charakter. Sprachlehrgänge für Einwanderer erweisen sich – so die Göteborger Erfahrungen – erst in und durch ihre inhaltlichen und didaktischen Kopplungen und im individuellen Bezug auf die Bildungs- und Erwerbsbiografie verbunden mit fördenden Elementen als besonders wirksam hinsichtlich verbesserter Integrations- und Teilhabechancen.

Neuere Programme gehen seit Ende der 1990er Jahre stärker auf diese Anforderungen ein. Sie sind so konzipiert, dass weniger formalisiert, sondern *flexibler, sowie bedarfs- und alltagsnäher* Sprachkurse für Einwanderer angeboten werden. Für arbeitslose Einwanderer werden zum Beispiel verstärkt Möglichkeiten geboten, das Erlernen der schwedischen Sprache *zeitgleich* mit der Teilnahme an Praktika in Betrieben und ähnlichen Maßnahmen zu verbinden. So werden *berufliche* und *sprachliche* Integration *in der Zeit- und Handlungsdimension neu und enger miteinander verbunden.* Diese Ansätze beinhalten deutlich weitergehende „Aktivierungspotentiale" und vermutlich auch weitergehende „Aktivierungseffekte". Erste positive Erfahrungen mit den neueren Ansätzen wurden von einzelnen Experten in Göteborg, etwa im arbeitsmarktbezogenen Projekt „DELTA-Arbeitsmarktplatz"ebenfalls berichtet. Zum Ausdruck kommt einmal mehr eine Entwicklung von der traditionellen „Arbeitslinie" zur „Arbeits- und Kompetenzlinie", in der ein Leitbild des lebensbegleitenden Lernens unter anderem über die Praxis der Sozialhilfe und der Sozialdienste gesellschaftlich wie individuell vermittelt wird. Auch dies sind Formen einer aktiven kommunalen Lebenslaufpolitik im Wohlfahrtsstaat.

2. Begrenzter Zugang zum schwedischen Arbeitsmarkt für Einwanderer: Diskriminierung durch Arbeitgeber und Integrationschancen über einen „dritten Sektor"?
Zur Situation und den Chancen von Einwanderern, die in Göteborg und generell in Schweden verglichen mit anderen Bevölkerungsgruppen in höherem Maße von

Arbeitslosigkeit und Sozialhilfebezug betroffen sind, wurde von einer befragten Sozialarbeiterin in einem Sozialbüro folgende grundlegende Erfahrung berichtet:

> *„Und dann bilde ich mir faktisch ein, dass es auch immer noch so ist, dass es leichter ist, einen Job zu erhalten, wenn man „Svensson" heißt als wenn man „Mohammed" heißt."* (Int. 21: 356-57)

Diese Einschätzung zu den Zugangschancen am schwedischen Arbeitsmarkt für Einwanderer war unter den Befragten sehr verbreitet. Von einigen Experten wurde genauer differenziert und beschrieben, dass die strukturellen und individuellen Handlungsvoraussetzungen und -optionen von Einwanderern im Sozialhilfebezug *sehr unterschiedlich* ausgeprägt sind. Generell gelte, dass außernordische und außereuropäische Einwanderer geringere Chancen hätten, den Sozialhilfebezug relativ kurzfristig wieder zu beenden als etwa Flüchtlinge und Einwanderer aus den nordischen Ländern oder aus Europa. Beschrieben wurde weiterhin, dass allgemein auch unabhängig von den Herkunftsländern Einwanderer in aller Regel in höchstem Maße motiviert seien, die Arbeitslosigkeit und den Sozialhilfebezug so schnell wie irgend möglich zu beenden. Häufig würden auch die hierfür erforderlichen beruflichen und sprachlichen Handlungsressourcen gegeben sein. Diese Einwanderer würden aber dennoch oft keinen, oder erst nach mehreren Jahren einen Zugang zum schwedischen Arbeitsmarkt finden. Die Kontakte zu diesen *„sehr arbeitsmotivierten, meist gut qualifizierten Klienten"* wurden von Mitarbeitern in den Sozialbüros und Projekten aufgrund der zum Teil dennoch perspektivlos erscheinenden Integrationschancen als *„ziemlich anstrengend"* beschrieben. Vermittelt und bestätigt wurde von den Befragten, dass die Probleme dieser Einwanderer, den Sozialhilfebezug zu beenden, nicht allein mit Programmdefiziten oder auch nicht allein mit der angespannten Arbeitsmarktsituation oder fehlenden Arbeitsplätzen zu erklären seien. Vielmehr zeige sich in diesen Fällen eine zum Teil *massive Diskriminierung von Einwanderern am schwedischen Arbeitsmarkt* als ein maßgebliches Haupthindernis für Wege aus Arbeitslosigkeit und aus dem Sozialhilfebezug.

Die Interviews bestätigten die Befunde wonach der Sozialhilfebezug bei Einwanderern im Vergleich zu anderen Gruppen zeitlich länger dauert und der Zugang zum Arbeitsmarkt auch bei seit Mitte der 1990er Jahre in Göteborg/Schweden rückläufigen Arbeitslosenquoten für Einwanderer weiterhin schwierig ist. Bei Einwanderern stellen sich daher spezifischere Anforderungen als bei anderen Empfängergruppen in der Ausgestaltung der Programme und der sozialen Interventionen, die auf Wege aus dem Sozialhilfebezug ausgerichtet sind. Die arbeitsmarktpolitischen Programme sahen in Göteborg/Schweden – ähnlich wie im Verlauf der 1990er Jahre auch in Bremen/Deutschland stärker betont – eine möglichst schnelle Vermittlung in den „ersten Arbeitsmarkt" vor. Allerdings greift diese Zielsetzung in den Fällen nicht, wo Arbeitgeber mehr oder weniger generell Beschäftigungsverhältnisse mit Einwanderern ablehnen, was jedoch selten explizit wird. Entsprechende Interventionen, die auf Arbeitgeber, Unternehmen und deren Verbände ausgerichtet waren, wie Aufklärungsprogramme, Informationsvermittlung, monetäre Anreizsysteme zur Beschäftigung von Einwanderern usw. schienen in Göteborg/Schweden eine Ausnahme.

Vielmehr belegten die Experteninterviews, dass bezogen auf die Gruppe der Einwanderer in der impliziten Annahme geringer Zugangschancen zum Arbeitsmarkt häufiger arbeitsmarktpolitische Maßnahmen eingeleitet werden, die nicht den direkten Zugang, sondern lediglich eine *„Annäherung" an den Arbeitsmarkt* zum Ziel hätten und meist befristet angeboten würden. Dies seien jedoch *nicht* die Erwartungen der Arbeitslosen und es seien oft auch nicht die Optionen, die den individuellen und berufsbiografischen Voraussetzungen nach möglich wären. Eine Diskriminierung von Einwanderern am Arbeitsmarkt setzt allen inidviduell bezogenen Maßnahmen dann zusätzliche Grenzen für die institutionelle Risikobearbeitung.

In diesen Zusammenhängen zeigte sich für Göteborg und generell für Schweden – ähnlich für Bremen und Deutschland – somit ein Bedarf einer „aktivierenden Sozialpolitik", die stärker auf die Arbeitsmarktseite und bei Arbeitgebern und ihren Werten und Vorurteilen ansetzt. Letztlich geht es um Programme zur Abschaffung bzw. Begrenzung einer Diskriminierung und Stigmatisierung von Einwanderern am Arbeitsmarkt. Einzelne Programme und Initiativen in diese Richtung ließen sich während der Erhebungsphase zwar in Medienberichten für Schweden erkennen, systematische Programme und Initiativen in Göteborg wurden jedoch weder aus den Dokumenten noch in der Befragung vermittelt.

Auf politischer und administrativer Ebene schienen ebenso Strategien und Handlungsweisen erkennbar, wonach die Probleme der Einwanderungs- und Integrationspolitik tendenziell auch „entdramatisiert" wurden. So wurde von einzelnen Sozialarbeitern der Sozialhilfe beschrieben, dass in Gebieten ihres Stadtteils bzw. in ihrem Verantwortungsbereich *bis zu 80 % der zu betreuenden Sozialhilfebeziehenden Einwanderer waren* oder es sich um Personen/Haushalte mit „ausländischem Hintergrund" *(„Personer med utlänsk bakgrund")* handelte. Berichtet wurde, dass die Sozialhilfe in diesen Stadtteilen im Verlauf der 1990er Jahre längst faktisch zu einem Programm oder zu einem Appendix der Einwanderungspolitik geworden sei. Diese Entwicklungen und die damit völlig neuen Anforderungen würden allerdings politisch und administrativ in den Konsequenzen und Folgerungen kaum erkannt sowie teilweise auch tabuisiert. Berichtet wurde auf der Ebene der Sozialarbeiter, dass es enorme Probleme bereite, die Defizite der Integrationspolitik, wie sie für Einwanderer in der Sozialhilfepraxis täglich erkennbar würden, etwa den Vertretern der Sozialplanung und der Kommunalpolitik zu vermitteln.

Soweit die Sozialhilfe faktisch zum Instrument der Integrationspolitik geworden ist, erfordert dieses weitergehend auch andere Handlungsformen, Kontaktmuster und Beratungsansätze als bisher. Ebenso sind damit andere institutionelle Rahmenbedingungen und Ressourcen verbunden als diejenigen, die bisher bzw. traditionell in den Sozialbüros und arbeitsmarktpolitischen Projekten gegeben sind. Diese neuen Erfordernisse wurden im Rahmen der Interviews teilweise skizziert, in ihren Details von den Befragten jedoch nicht genauer beschrieben. Erkennbar wurde, das es sozialpolitisch und administrativ veränderter Konzepte und Programme bedarf. Hierzu rechneten die Experten veränderte arbeitsmarktpolitische Schwerpunktsetzungen, neue Professionalisierungsstrategien, geringere Fallzahlen, neue Beratungskonzepte und die Vermittlung spezieller Kompetenzen in der Gestaltung von Kontakten zwischen unterschiedlichen Kulturen.

Als ein für Schweden „neuer" Lösungsansatz, die Probleme von Einwanderern im Zugang zum schwedischen Arbeitsmarkt zu lösen, wurde von Experten im oben genannten Zusammenhang die *Ausweitung des dritten Sektors* vorgeschlagen. Darüber könnten insbesondere auch Einwanderern mit geringem Berufs- und Qualifikationsniveau oder mit geringen Kenntnissen in der schwedischen Sprache eine Beschäftigung und soziale Kontakte ermöglicht werden, die in dieser Form auf dem regulären Arbeitsmarkt kaum oder erst nach jahrelangen Bemühungen realistisch seien:

> „(...) Diese Gruppe, die eine sehr schlechte Ausbildung hat, und die nirgendwo wirklich anstellbar ist, und auch für keinen interessant ist, (...) die müssten weiter gehen, und sich ausbilden, damit sie weiterkommen können, aber das gilt nicht für alle Einwanderer. Nicht alle haben die Möglichkeiten, das zu tun. Für diese Personen – denke ich – sollte man absolut eine Möglichkeit schaffen, einen „dritten Sektor", das fehlt hier ja. Es muss etwas für diese Gruppe geben. Es sind oft Einwanderer mit unzureichenden Sprachkenntnissen dabei." (Int. 14: 734-743)

In einer Kontrastierung der Arbeitsmärkte von Göteborg/Schweden und Bremen/Deutschland dürfte nach bisherigen eher dünnen Befunden der „dritte Sektor" in Bremen/Deutschland deutlich weiter ausgebaut sein und damit dort auch bessere Möglichkeiten der Integration von Einwanderern am Arbeitsmarkt bieten. Veränderungen zeichneten sich während der Erhebungsphase für Göteborg und generell in Schweden durchaus bereits ab. Nicht nur Organisationen und Akteure des „dritten Sektors" erhielten in verschiedenen Kontexten eine wachsende Bedeutung, sondern mit der Einführung eines explizit benannten *„Übergangs-arbeitsmarktes" (Övergångsarbetsmarknaden) zum 1. August 2000* ergaben sich veränderte arbeitsmarktpolitische Möglichkeiten für die Gestaltung von Übergängen aus der Erwerbslosigkeit in den ersten Arbeitsmarkt – unter anderem für Einwanderer. Genauere Befunden zu diesen neueren Entwicklungen liegen bisher kaum vor, so dass in diesem Bereich ein Feld für weitere Forschungen liegt. [730]

---

[730] Montin (2002) stellt fest, dass es in Schweden zum „dritten Sektor" an empirischer Forschung mangelt. Auch ländervergleichend liegen zum „dritten Sektor" bisher kaum empirische Studien vor.

3. *Zusammenfassung: Erweiterte Anforderungen an soziale Interventionen in der Sozialhilfe für Einwanderer in der Lebenslaufperspektive*

Die Anforderungen, die allgemein mit einem Wandel in der Empfängerstruktur der Sozialhilfe und speziell mit den Folgen verstärkter Einwanderung und den je besonderen Problemkonstellationen von Einwanderern und Flüchtlingen verbunden sind, sind vielschichtig. Damit verbundene Risiken einer weiteren strukturellen Überlastung der kommunalen Sozialhilfe liegen sowohl im Arbeitsmarkt als auch in Defiziten der Bildungspolitik und in den bisherigen Programmen der Integrationspolitik, und damit vor allem im *vorrangigen* Bereich wohlfahrtsstaatlicher Leistungssysteme begründet. Die Herausforderungen für die kommunale Sozialhilfe und den Sozialdienst stellen sich bei der Förderung von Wegen aus Arbeitslosigkeit und Sozialhilfebezug mit besonderen Bezügen auf die spezifischen Lebenslagen und Lebensverläufe von Einwanderern und Flüchtlingen. Sofern kumulativ mehrere Probleme gleichzeitig vorliegen, sind die gestellten Anforderungen abhängig von den jeweiligen kulturellen Prägungen aus unterschiedlichsten Herkunftsländern möglichst genau zu differenzieren. In einer möglichst differenzierten Ausgestaltung sozialer Interventionen liegt somit das Haupterfordernis einer „aktivierenden Sozialhilfepolitik" für Einwanderer. Die Sozialhilfe bietet dabei für differenzierte Leistungen und Dienste mit den für sie typischen Handlungsprinzipien der *Bedarfsdeckung*, der *Individualisierung* und einer *„ganzheitlichen" Problemwahrnehmung und – bearbeitung* günstigste Voraussetzungen. Sie ist geradezu prädestiniert für eine „Integrationspolitik in der Reserve". Dennoch sind die verstärkt in der „nachrangigen" Sozialhilfe auftretenden Probleme letztlich in Schweden vorrangig als Spiegelbild einer defizitären Integrations-, Bildungs- und Arbeitsmarktpolitik für Einwanderer und Flüchtlinge zu verstehen. Seit den 1990er Jahren hat zudem die Kürzungspolitik des schwedischen Zentralstaates, aber auch vieler Kommunen, etwa bei Sprachkursen, im Schulwesen, in der Lehrerausbildung usw. bei gleichzeitig steigenden Einwanderungsquoten insgesamt zu einer Vernachlässigung der strukturell bezogenen Interventionen geführt und mit zu den heutigen Problemen von Einwanderern und Flüchtlingen in der Sozialhilfe beigetragen.

Die Ergebnisse der Experteninterviews verweisen darauf, dass die Sozialhilfe auch bei den neueren Ansätzen einer „aktivierenden Politik" mit der Bearbeitung der bei Einwanderern und Flüchtlingen oft vorliegenden Problemlagen tendenziell überfordert ist. Sie kann nicht oder nur begrenzt diejenigen Defizite ausgleichen, die in der Integrationspolitik, der Arbeitsmarkt- und Qualifizierungspolitik, der Bildungspolitik und in Form der Stigmatisierung und Diskriminierung am Arbeitsmarkt entstehen. Zugleich sehen sich aber einerseits die Kommunen in ihrer „letzten Verantwortung" für die soziale Sicherheit und ebenso die in den Sozialbüros beschäftigten Mitarbeiter in hohem Maße in einer Verantwortung, Einwanderern in Schweden ein Mindestmaß an Teilhabe und Integration zu ermöglichen.

Ausgehend von der Lebenslaufperspektive sind im Rahmen einer „aktivierenden" Sozialhilfepraxis für Einwanderer und Flüchtlinge schließlich besonders hohe Anforderungen an die Mitarbeiter in ihren Sichtweisen, ihren Wahrnehmungs- und Orientierungsmustern, an ihr Reflexionsvermögen und an ihre Kompetenz und an die sozialberuflichen Handlungsmuster gestellt.[731] So gilt es, bei Flüchtlingen und Einwanderern deren Biografie und Lebensereignisse, wie Traumata durch Kriegserlebnisse, Verfolgung, Erfahrungen absoluter Armut im Heimatland, sowie die zum Teil völlig andere kulturelle Prägung von Handlungsmustern in der Lebens- und Alltagsplanung im Rahmen des methodischen Instrumentariums und sozialberuflicher Handlungsformen einer modernen Sozialhilfepraxis genauer als bisher üblich mit zu berücksichtigen. In der Frage nach den Aktivitätspotentialen und der Mitwirkung von Einwanderern und Flüchtlingen am Hilfeprozeß – oder abstrakter formuliert – im Zusammenhang mit Bedingungen und Zielsetzungen einer auf „Koproduktion" beruhenden Sozialhilfe ist beispielsweise in der Verlaufsperspektive zu berücksichtigen, dass Flüchtlinge und Einwanderer aus totalitären oder halb-totalitären Regimes zunächst intensive und institutionell *zeitlich nur schwer standardisierbare Bewältigungs- und Lernprozesse* durchlaufen, um die eigenen Ressourcen und Potentiale für eine aktive Problembearbeitung und Wahrnehmung ihrer Anliegen im neuen Land zu entwickeln. Bereits einfachste Ressourcen, wie etwa Referenzen über die frühere Erwerbsbiografie können bei Flucht und Einwanderung verloren gegangen sein oder am neuen Arbeitsmarkt weitgehend wertlos sein. Zugänge zum Arbeitsmarkt oder adäquate Möglichkeiten im Bildungssystem sind in solchen Fällen schon von daher oft nur schwer „unmittelbar aktiv" und „schnell" zu erschließen. Diese und andere strukturelle Hintergründe für zunächst scheinbar „passives" Verhalten von Sozialhilfebeziehenden mit „ausländischem Hintergrund" sind daher in neueren Programme und in der sozialarbeiterischen Praxis stärker mit zu beachten als bisher vielfach üblich. Diese Anforderungen zur künftigen Gestaltung sozialer Interventionen an den Schnittstellen von Sozialhilfe und Integrationspolitik, wie sie aus Expertenaussagen in Göteborg/Schweden formuliert wurden, dürften ähnlich auch für Bremen/Deutschland gelten.

---

[731] Einige besondere Anforderungen, die an eine Sozialhilfe für Flüchtlinge und Einwanderer gestellt werden, sowie die Ursachen, Risiken und Folgen, die mit einer *„Kultur der Ablehnung"* im Kontext einer restriktiven Sozialhilfepraxis verbunden sind, deutet ein Beitrag von Karlsson (2002) an. Allerdings werden keine genaueren empirischen Befunde zu den skizzierten Formen einer speziell bei Einwanderern besonders restriktiven Sozialhilfepraxis vorgelegt.

6.1.3 Allein Erziehende in der Sozialhilfe – eine vernachlässigte Zielgruppe der neuen „Aktivierungs- und Kompetenzlinie"?

Die Expertenbefragung und die Dokumentenanalyse zur Förderung von Wegen aus dem Sozialhilfebezug ergaben den Befund, dass in Bremen und generell in Deutschland allein Erziehende als eine zentrale Empfängergruppe unter den Sozialhilfebeziehenden wahrgenommen werden. Für Göteborg und allgemein ist dies in Schweden nicht in vergleichbar hohem Maße zu erkennen. Während allein Erziehende in Bremen eine „besondere Problemgruppe" bildet, wird diese Gruppe in Göteborg meist als eine Gruppe von Sozialhilfebeziehenden unter vielen anderen beschrieben und hinsichtlich besonderer Anforderungen oder Aufgaben in der institutionellen Problembearbeitung nicht weiter hervorgehoben. In Göteborg wie in den darüber hinaus in Schweden geführten Interviews wurden allein Erziehende auch im Zusammenhang mit besonderen Maßnahmen zur Förderung von Wegen aus dem Sozialhilfebezug meist gar nicht oder nur am Rande als besonders relevante oder ausgewählte Zielgruppe beschrieben.[732] Dies ist insofern als Befund herauszustellen, als der Anteil der allein Erziehenden in beiden Städten mit 25 bis 30 % der Haushalte im Sozialhilfebezug etwa gleich groß ist.[733]

Zur Erklärung und Deutung der in beiden Städten unterschiedlichen Gewichtungen hinsichtlich besonderer Anforderungen in der Sozialhilfe für allein Erziehende lassen sich mehrere Aspekte nennen. Die Unterschiede verweisen dabei zunächst auch generell auf unterschiedliche gesellschaftspolitische Leitbilder und Konzepte im Verständnis einer Wohlfahrtspolitik für Familien, für Frauen und schließlich auch für allein Erziehende in beiden Wohlfahrtsstaaten. In Schweden wie in Deutschland handelt es sich bei allein Erziehenden außerhalb wie innerhalb des Sozialhilfebezugs ganz überwiegend um Frauen.

In der bereits mehrfach genannten generell höheren und selbstverständlicheren *Erwerbsbeteiligung von Frauen* in Schweden im Vergleich zu Deutschland ist wohl der wichtigste Grund für die Unterschiede in den Wahrnehmungsmustern und für

---

[732] Dieser Befund wird mit einer schwedischen empirischen Untersuchung von Bergmark (2000: 154) bestätigt. Mit der Studie wurde landesweit bei 147 Sozialbüros untersucht, inwieweit diese bezogen auf besondere Gruppen von Sozialhilfebeziehende spezielle Einsätze erbringen. Die Studie ergab, dass lediglich in 8 Sozialbüros die Gruppe der allein Erziehenden eine besonders ausgewählte Gruppe für spezifische Maßnahmen bildete.

[733] Im Interview im schwedischen Sozialministerium wurde die Gruppe der allein Erziehenden landesweit ebenfalls mit rd. 30 % aller Haushalt im Sozialhilfebezug angegeben. Ergänzt wurde, dass der Anteil der allein Erziehenden in der Bevölkerung deutlich geringer ist, so dass relativ gesehen auch in Schweden diese Gruppe die größte Gruppe unter den Sozialhilfebeziehenden darstellt. Die Aussagen sind empirisch durch Befunde von Gustafsson (2000) belegt.

die Programmgestaltung beim Sozialhilfebezug von allein Erziehenden zu sehen.[734] In einer Gesellschaft, in der die Erwerbstätigkeit der Frau in derart hohem Maße institutionalisiert ist und zugleich Betreuungseinrichtungen für Kinder ab dem 2. Lebensjahr sehr weitgehend zur Verfügung stehen, ist zugleich das Erfordernis, *besondere* arbeitsmarktbezogene Maßnahmen für Frauen zu konzipieren, insgesamt geringer ausgeprägt und insofern auch auf allein Erziehende bezogen geringer entwickelt. In der Lebenslaufperspektive ist zu beachten, dass zwar die Löhne und Gehälter sowohl in der Privatwirtschaft wie auch im öffentlichen Sektor für weibliche Beschäftigte in Schweden im Durchschnitt noch immer ca. 20 % unterhalb der Löhne und Gehälter von Männern liegen. Im Vergleich zu Deutschland gewährleistet jedoch das eigene Erwerbseinkommen von Frauen in Schweden von Beginn der Erwerbsbiografie und auch in der Partnerschaft und Familie eine höhere und kontinuierlichere wirtschaftliche Sicherheit und Unabhängigkeit. Die Erwerbsbiografie von Frauen ist – auf dieser allgemeinen Ebene gesehen – in Schweden weniger eng an die Familienbiografie und an die Erwerbsbiografie des Mannes ausgerichtet oder gekoppelt als das in Deutschland gilt. Zum Ausdruck kommt diese stärker individuell und weniger familienbezogene Erwerbs- und Einkommensbeteiligung auch im schwedischen Steuerrecht, das auch für Verheiratete – anders als in Deutschland – eine *getrennte und je individuelle steuerliche Veranlagung* vorsieht. Diese sozialrechtlichen und strukturellen Rahmenbedingungen bilden zentrale Unterschiede für eine „aktivierende" Politik in der Sozialhilfe, gerade bezogen auf allein Erziehenden. Neben diesen rahmenden, meist zentralstaatlich bzw. national geltenden Normen finden sich auch in der Sozialhilfepraxis und in den Programmen der Kommunen weitere Unterschiede in der Förderung von Wegen aus dem Sozialhilfebezug.

1. Einrichtungen der Kinderbetreuung als rahmende Kommunalpolitik zur Aktivierung von Wegen aus dem Sozialhilfebezug für allein Erziehende
Wesentliche Grundlage und Rahmenbedingung für die hohe Erwerbsbeteiligung schwedischer Frauen und auch dafür, dass allein Erziehende in Göteborg und

---

[734] Die Erwerbsquote der Männer im Alter zwischen 16 und 64 Jahren beträgt in Schweden 73 % und die der Frauen ist mit rd. 70 % annähernd gleich hoch. Vgl. Svenska Institutet SI (2002). In Deutschland beträgt die Erwerbsquote unter den 15 bis 65jährigen Männern rd. 80 % und bei den Frauen rd. 60,5 %. Vgl. Statistisches Bundesamt (1998). Während die Erwerbsquote bei den Männern im Ländervergleich in Deutschland damit höher liegt als in Schweden, liegt sie bei den Frauen deutlich unterhalb des schwedischen Wertes. Allerdings weist die Erwerbsquote beider Länder *je nach Altersgruppen beträchtliche Unterschiede* auf. Bei den 15 bis 24jährigen Frauen liegt die Erwerbsquote in Deutschland mit 43,9 % höher als in Schweden, bei den 25 bis 49jährigen Frauen liegt sie in Schweden mit 79,5 % deutlich über dem deutschen Wert von 70.8 %. Bei den 50 bis 64jährigen Frauen beträgt die Quote der Erwerbstätigen in Deutschland nur 38,9 %, in Schweden hingegen 70,6 %. Vgl. Statistiska Centralbyrån (1999).

allgemein in Schweden als eine besondere Zielgruppe etwa von arbeitsmarktpoliti-schen Maßnahmen *nicht* in dem Maße wie in Bremen und Deutschland genannt wurden, bildet der *hohe Versorgungsgrad mit Einrichtungen einer Kinderbetreuung.* Diese Einrichtungen werden auch bei Entwicklungen zunehmender Privatisierung in Göteborg/Schweden bislang in höherem Maße von der Kommune vorgehalten als das in Bremen/Deutschland der Fall ist. Seit den 1990er Jahren sind jedoch ver-bandliche und private Initiativen sowie Tagesmütter auch in Göteborg zu den kommunalen Angeboten hinzugetreten bzw. haben ehemals kommunale Angebote teilweise auch ersetzt. Die Hauptverantwortung für die Angebote und Leistungen der Kinderbetreuung trägt jedoch weiterhin die Stadt Göteborg mit einem breiten Spektrum an Einrichtungen, die meistens eine Ganztagsbetreuung ermöglichen. Selbst nächtliche Betreuungsangebote sind in einzelnen Stadtteilen oder Kommu-nen in Schweden gegeben.

Die Möglichkeiten einer Kinderbetreuung sind für allein Erziehende im Sozi-alhilfebezug zentral, um etwa eine Beschäftigung, eine Ausbildung oder ein Studi-um aufnehmen zu können, und darüber den Sozialhilfebezug zu beenden. Die zu diesem Problembereich durchgeführten Interviews und Analysen bestätigten ein-mal mehr die vorliegenden Befunde, wonach der Grad und die Standards in der Versorgung mit Einrichtungen der Kinderbetreuung in Schweden besonders hoch sind. Die gefundenen Ergebnisse verwiesen aber auch auf Probleme in der Versor-gung mit Betreuungsangeboten für Kinder, die mit dazu beitragen, dass Wege aus dem Sozialhilfebezug auch in Göteborg für die Gruppe der allein Erziehenden häufiger nicht oder nur zeitlich verzögert möglich sind.

Die folgende Aussage einer Sozialarbeiterin aus einem arbeitsmarktbezogenen Projekt beschreibt zunächst den fachpolitisch *gekoppelten Verantwortungs- und Gewähr-leistungsbereich* der Kommune, wie er sich an den Schnittstellen von Kinderbetreu-ung und Sozialhilfebezug für allein Erziehende darstellt. Als Grundsatz galt ähnlich wie in Bremen, dass ein fehlender Kinderbetreuungsplatz in Göteborg keine Ursa-che dafür sein soll, dass jemand eine Arbeitsstelle nicht antreten kann:

> *„Also fehlende Kinderbetreuung, das kann keine Ursache dafür sein, dass man einen Job nicht annehmen kann.*
> *Sondern es ist ja die Verpflichtung der Kommunen, dass sie jedem einen „dagisplats" anbieten müssen."* (Int. 17:
> 555-556)

Wie in Deutschland besteht ein Rechtsanspruch auf einen Betreuungsplatz in einer Kindertagesstätte, einer Vorschule oder einer anderen Betreuungseinrichtung, der bereits nach dem 18. Lebensmonat des Kindes zu gewährleisten ist. In Schweden sollen dabei möglichst Ganztagsangebote bereit gestellt werden. Da die Bereitstel-lung und Finanzierung der Vorschulen, Horte und Kindertagesstätten auch in Schweden im Kern eine kommunale Aufgabe ist, die teilweise mit staatlichen Zuschüssen, etwa für Maßnahmen der Qualitätsentwicklung erfolgt, ist das Interesse der Kommunen an einem möglichst guten Versorgungsgrad in der Kinderbetreuung unmittelbar im Zusammenhang zu sehen mit dem gleichzeitigen Interesse an einer hohen Erwerbsquote unter Männern *und* Frauen. Entsprechend steigen für die Kommunen dann auch Einnahmen über die kommunale Einkommenssteuer. In Form der Kommunalsteuer *(Kommunalskatt)* fließt die Einkommenssteuer – anders als in Deutschland – ebenfalls den Kommunen überwiegend zu. Die Kommunen haben daher in Schweden nicht nur *ausgabenbezogen* bei hohen Sozialhilfeausgaben sondern auch *einnahmebezogen* ein Interesse an möglichst frühzeitigen Wegen von allein Erziehenden aus der kommunal finanzierten Sozialhilfe. Für die Kommunen gilt es daher zu vermeiden, dass es bei arbeitslosen und/oder im Sozialhilfebezug stehenden allein Erziehenden zu Wartezeiten beim Erhalt eines Platzes der Kinderbetreuung kommt. Entsprechend wurden seit Mitte der 1990er Jahre auch im Zusammenwirken von Sozialhilfe, Arbeitsmarktpolitik und den Angeboten der Kinderbetreuung einige *Veränderungen* vorgenommen. Eine Regelung von 1995 sah bereits vor, dass für Kinder, für die Bedarf an Betreuung angemeldet wurde, seitens der Kommunen *„ohne unbillige Verzögerung"* ein Betreuungsplatz bereitzustellen ist. Ferner wurde eine Regelung, wonach im Falle der Arbeitslosigkeit auch der Anspruch auf einen Platz in der Kinderbetreuungseinrichtung wieder verloren ging, Ende der 1990er Jahre abgeschafft. Diese auf den ersten Blick nachvollziehbare Regelung implizierte, dass Arbeitslose gleich welchen Geschlechts und welcher familiärer Konstellationen während der Zeiten einer Arbeitslosigkeit die Kinderbetreuung durchaus selbst übernehmen können und daher nicht die knappen öffentlichen Einrichtungen und Ressourcen nutzen sollten. Mitte der 1990er Jahre waren Wartezeiten bei Einrichtungen der Kinderbetreuung verbreitet. Die Regelung erwies sich jedoch ab Ende der 1990er Jahre als kontraproduktiv, da es bei einer „aktivierenden" Förderung von Wegen aus Arbeitslosigkeit und Sozialhilfebezug vor allem bei einem kurzfristigem Angebot eines neuen Arbeitsplatzes durch fehlende Kinderbetreuung Vermittlungshemmnisse auftraten. In vielen Fällen scheiterte eine Arbeitsaufnahme oder die Teilnahme an arbeitsmarktpolitischen Maßnahmen oder sie waren nur verzögert möglich.

2. Wartezeiten und heterogene Sozialhilfepraxis
Die Befunde aus der Befragung in Göteborg ergaben außerdem, dass aufgrund von *Wartezeiten* und einer in einzelnen Stadtteilen wenig differenzierten bzw. nicht auf individuelle Lebenslagen bezogenen Vergabepraxis bei Plätzen der Kinderbetreuung die Wege aus dem Sozialhilfebezug zum Teil *negativ* kommunalpolitisch gerahmt bzw. beeinträchtigt wurden. Es zeigten sich dabei *beträchtliche Unterschiede* in den Berichten der Befragten, die sowohl die Vergabepraxis bei Kinderbetreuungseinrichtungen wie auch die Einfluss- und Gestaltungsmöglichkeiten der

Sozialarbeiter je nach Stadtteil, Projektzusammenhang und Mitarbeitertyp betrafen. Allgemeingültige Aussagen und Generalisierungen sind daher für Göteborg bei 21 Stadtteilen nur begrenzt möglich.

Für einzelne Stadtteile in Göteborg wurden *„zu lange Wartezeiten"* bei der Vergabe von Plätzen in Kinderbetreuungseinrichtungen von Sozialarbeitern in der Sozialhilfe als Problem bestätigt und meist mit Beispielen aus ihrer Praxis beschrieben. Zum Beispiel wurde von einer Befragten in einem traditionellen Sozialbüro berichtet: *„Man hat immer jemanden in seiner Arbeit, der einen Job nicht antreten kann, weil es an einer Kinderbetreuung mangelt."* (Int. 25:567-568)

Mit dem Gesetz über das Elterngeld und in Verbindung mit den Regelungen der Sozialhilfe und der Arbeitsvermittlung sehen die rechtlichen Regelungen grundsätzlich vor, dass allein Erziehende ihre Kinder bereits mit Vollendung des ersten Lebensjahres auf eine Warteliste für eine Kinderbetreuung eintragen *müssen*, um etwa im Falle von Sozialhilfebezug auch dem Arbeitsmarkt zur Verfügung zu stehen. Mit diesen in der *Zeit- und Handlungsperspektive* deutlich *verbindlicher* und auf *kürzere Fristen* bezogenen Verfahren als das in Deutschland üblich ist, soll generell für Arbeitslose und vor allem dann auch für allein Erziehende in Schweden sichergestellt werden, dass im Falle von Sozialhilfebezug auch tatsächlich ein Platz in einer Betreuungseinrichtung zur Verfügung steht. Allein Erziehende waren im Anschluss an die Geburt eines Kindes in Göteborg bzw. generell in Schweden bereits *nach Ablauf von 15 Monaten* im Falle des Sozialhilfebezugs gesetzlich verpflichtet, sich aktiv um eine Erwerbstätigkeit zu bemühen bzw. ihren Lebensunterhalt durch Erwerbseinkommen möglichst aus einer Vollzeitbeschäftigung sicherzustellen.[735] Die Kommunen sind *verpflichtet*, einen möglichst ganztägigen Platz in einer Kinderbetreuungseinrichtung anzubieten. Diese kommunalpolitische Verpflichtung wurde zentralstaatlich bereits 1985 bezogen auf alle Kinder, zunächst im Alter ab dem 18. Lebensmonat gesetzlich geregelt und mit Gesetzesreformen von 1995 wurden weitergehend bedarfsbezogen Angebote von den Kommunen gefordert. Zum 1. Januar 1998 wurden diese Regelungen aus dem Sozialdienstgesetz herausgelöst und sind nun im Rahmen des Schulgesetzes geregelt. Sie sind damit stärker der Bildungspolitik zugeordnet, die ebenfalls als Wohlfahrtspolitik verstanden wird. Die neueren Regelungen sehen vom 1. bis zum 12. Lebensjahr verpflichtend ganztägige Vorschulen, Kinderbetreuungsangebote und Betreuung von Schulkindern in den Kommunen vor. Sie sind damit sehr viel weitergehend als in Deutschland, wo bisher vielfach nur eine vormittägliche Kinderbetreuung für Kinder ab dem 3. Lebensjahr gewährleistet ist und bezogen auf allein Erziehende auch

---

[735] Gustafsson (2000: 92) beschreibt die Regelungsmuster für allein Erziehende in der schwedischen Sozialhilfe im Zusammenhang mit der „Arbeitslinie" als einen im internationalen Vergleich *„extremen Fall"*. Zur Kinderbetreuung in Schweden vgl. auch Svenska Institut (2002).

die Anforderungen einer aktiven Arbeitssuche in den ersten *drei Lebensjahren des Kindes* generöser sind als in Schweden.

Deutlich wird an den schwedischen Regelungen nicht nur, dass der Zugang bzw. die Rückkehr in den Arbeitsmarkt von allein Erziehenden zeitlich früher als in Deutschland erwartet wird. Zugleich wird erkennbar, dass spezifische Interventionen direkt auf den Status und die Lebenslage von arbeitslosen allein Erziehenden in der Sozialhilfe bezogen sind. Diese Interventionsmuster sind in ihrer Umsetzung in hohem Maße abhängig von kommunalen Niveaus und Versorgungsgraden sozialer Dienste und Leistungen bzw. hieran gekoppelt. Die ausgeprägte *„Arbeitslinie"* im schwedischen Wohlfahrtsstaat, die sich auch und sogar spezifisch auf allein Erziehende bezieht, wird in diesen Kontexten einmal mehr erkennbar. Darin zeigen sich im Kontrast zu den Regelungen und der Praxis in Bremen bzw. generell in Deutschland sehr viel weitergehende Merkmale einer „aktivierenden" Sozialpolitik.

So unterschiedlich wie die Angaben zu den Wartezeiten und Versorgungsmöglichkeiten mit Kinderbetreuungseinrichtungen von den befragten Experten in Göteborg beschrieben wurden, so heterogen zeigten sich auch die geschilderten Handlungsmuster der befragten Sozialarbeiter in den Sozialbüros. Im Falle von Wartezeiten wurde von einzelnen Mitarbeitern beschrieben, dass sie in solchen Fällen über die Möglichkeit verfügen, die Angelegenheit im direkten Kontakt mit den Kinderbetreuungseinrichtungen dringlich zu machen. So wurden Handlungsmuster beschrieben, wonach die Platzvergabe telefonisch beschleunigt werden kann, wenn davon die Aufnahme einer Beschäftigung bzw. der Weg aus dem Sozialhilfebezug direkt abhängt. Diese direkt intervenierende Praxis wurde vor allem von Mitarbeitern berichtet, die im arbeitsmarktbezogenen Projekt des Zusammenwirkens von kommunalem Sozialdienst, Arbeitsvermittlung und Versicherungskasse *(DELTA-Arbetsmarknadstorget)* tätig waren. Berichtet wurde beispielsweise, dass bei Wartezeiten in der Versorgung mit Kinderbetreuungsmöglichkeiten im Rahmen des Projekts durch direkte Kontakte und Interventionen bei den Einrichtungen den alleinerziehenden Sozialhilfebeziehenden innerhalb von 2 bis 3 Tagen ein *"dagisplats"* oder eine *Tagesmutter* vermittelt werden konnte.

Demgegenüber kamen vergleichbare positive Berichte und die geschilderten Interventions- und Handlungsmuster in herkömmlichen Sozialbüros nicht in dem Maße wie im DELTA-Projekt zum Ausdruck. Die Möglichkeiten und Handlungsmuster der Befragten variierten demnach in den unterschiedlichen Projekten und Sozialbüros der 21 Stadtteile erheblich bzw. wurden unterschiedlich genutzt. Eine einheitliche und systematische Praxis war in diesen Handlungsmustern nicht erkennbar. Aufgrund der Autonomie der Stadtteilausschüsse und -verwaltungen bestehen in den Arbeitsweisen durchaus Unterschiede in den jeweiligen Konzepten und in den Projekten einzelner Stadtteile. Während etwa in einem Stadtteil von Befragten des Sozialbüros berichtet wurde, dass eine Intervention in Form von

Dringlichkeitsanträgen an kommunale Einrichtungen der Kinderbetreuung möglich sei, verneinten Sozialarbeiter in einem anderen Stadtteil generell diese Praxis. Übereinstimmend wurde diese *Unterschiedlichkeit in den Handlungs- und Interventionsformen* in den Stadtteilen, in den verschiedenen Projekten und unter den einzelnen Mitarbeitern durchgängig als besonderes Merkmal erkennbar. Teilweise wurde dies auch als Problem von den Befragten ausdrücklich geschildert. Damit zeigten sich für Göteborg besondere *Anforderungen an eine Vereinheitlichung der Sozialhilfepraxis und der sozialarbeiterischen Interventionen*, um allein Erziehenden in der Stadt möglichst gleiche Chancen im Zugang zu Einrichtungen der Kinderbetreuung und damit im Zugang zum Arbeitsmarkt zu ermöglichen. Die vielschichtigen Abstimmungsbedarfe zwischen *ökonomischen* Interventionsformen, etwa in Form der Sozialhilfe und *ökologischen* Interventionsformen über Zugangschancen zu Kinderbetreuung und zum Arbeitsmarkt wurden unmittelbar erkennbar. Deutlich werden damit auch hohe Anforderungen an eine aktive Lebenslaufpolitik in der Kommune.

Ergänzend ist anzumerken, dass Wartezeiten seit Ende der 1990er Jahre reduziert wurden und in Fällen, in denen sie vorkommen, können sie meist relativ schnell aufgelöst werden. Von einem Mangel an Betreuungseinrichtungen, der etwa die arbeitsmarktpolitischen Maßnahmen in der Sozialhilfe konterkarieren würde, kann auf der Basis der hier berücksichtigten Experteninterviews und Daten weder für Göteborg noch allgemein für Schweden gesprochen werden.[736] Die Untersuchung bestätigt insoweit zusammenfassend den hohen Versorgungsgrad mit Kinderbetreuungseinrichtungen im schwedischen Wohlfahrtsstaat. Von daher bieten sich in Göteborg und generell im schwedischen Wohlfahrtsstaat für allein Erziehenden deutlich günstigere Möglichkeiten, Erwerbstätigkeit und Erziehungsaufgaben zu verbinden als das für Bremen und Deutschland gilt. Gerade die Gruppe der allein Erziehenden dürften in Göteborg/Schweden nicht nur ein geringeres Risiko aufweisen, in den Sozialhilfebezug zu gelangen, sondern auch über deutlich bessere

---

[736] In Bremen zeigten sich größere Versorgungslücken als in Göteborg. So fehlten Anfang 2003 in Bremen allein über 600 Hortplätze, um die Vereinbarkeit von Familie und Beruf zu ermöglichen. Kritisch diskutiert wurden in Göteborg/Schweden die Kita-Gebühren in Form der „Maxtaxa". Die „Maxtaxa" sieht eine Einkommensobergrenze von 456.000 SEK (rd. 50.110 Euro) jährlich bzw. 38.000 SEK/mtl. (rd. 4.175 Euro) vor, bis zu der *feste* Beiträge, für die Kinderbetreuung zu entrichten sind. Ab dieser Einkommensgrenze wird der Beitrag dann prozentual nach dem vorhandenen Einkommen berechnet und in der Höhe gestaffelt festgelegt. Es gilt eine Höchstgrenzen von 3 % des Einkommens für den Beitrag für das erste Kind, höchstens 1.140 SEK (rd. 125 Euro) im Monat. Dies jeweils gilt für bis zu 3 Kindern. Für das 4. und jedes weitere Kind entfallen Betreuungsbeiträge ganz. Die Einführung der Maximalbeträge bleibt den Kommunen überlassen. Diejenigen Kommunen, die dieses *zentralstaatlich geregelte* System einführen, erhalten jedoch eine staatliche Ausgleichszahlung für damit verbundene Einnahmeverluste und zusätzliche Mittel zur Qualitätsentwicklung in den Einrichtungen. Vorliegende Daten wiesen für die Stadt Göteborg ebenso wie für Malmö, Stockholm und 25 weitere Kommunen für 2001 einzelne *Versorgungsprobleme und Wartezeiten* von mehr als den gesetzlich zulässigen 3 bis 4 Monaten auf. Zu Details vgl. Bodström/Jällhage (2001).

Möglichkeiten verfügen, den Sozialhilfebezug frühzeitig wieder zu beenden, zumal dieses auch normativ-rechtlich früher eingefordert wird als in Bremen bzw. allgemein in Deutschland.[737]

Unter Berücksichtigung der traditionell im schwedischen Wohlfahrtsstaat in hohem Maße verankerten Arbeitslinie bestätigte sich, dass je nach Sichtweise – der „Druck" oder der „Anreiz" auch für allein Erziehende in Schweden, die Sozialhilfe möglichst frühzeitig nach Geburt eines Kindes durch Aufnahme einer regulären Erwerbstätigkeit, und möglichst verbunden mit einem Einkommen, das oberhalb des Sozialhilfeniveaus angesiedelt ist, wieder zu verlassen, deutlich stärker ausgeprägt ist als in Deutschland. In beiden untersuchten Städten und Wohlfahrtsstaaten bilden dabei allein Erziehende eine wichtige „Zielgruppe" einer neuen „aktivierenden Sozialpolitik", wobei diese Politik in Schweden – eben weil sie bezogen auf allein Erziehende bereits weitergehend institutionalisiert ist – auf den ersten Blick weniger offenkundig zum Ausdruck kommt als in Deutschland. In Deutschland nehmen dabei monetäre *staatliche* Leistungen der Familienpolitik und *private* Unterhaltsverpflichtungen eine höheren Stellenwert ein als in Schweden, das stärker auf *kommunale* personenbezogene soziale Dienste setzt.

6.1.4 Resümee: Multifunktionale und heterogene Anforderungen an eine Sozialhilfe zur Aktivierung und Stabilisierung von Erwerbsbiografien

Die bisherigen Darstellungen und Befunde zu verschiedenen Empfängergruppen in der Sozialhilfe und zu den verschiedensten, zum Teil auch kumulativ auftretenden über die Sozialhilfe institutionell zu bearbeitenden Risiken und Problemlagen zeigen, dass an eine „aktivierende Sozialhilfepolitik" und an einen aktiven Sozialdienst hohe und gegenüber bisherigen Interventionsformen vielfach veränderte Anforderungen gestellt werden. Insbesondere wenn die Sozialhilfe ihren multiplen Funktionen und Aufgaben nach, wie auch ihren multiplen „Effekten" entsprechend als *rechtlich* gesicherte *monetäre* Transferleistung *und* als *personenbezogene* soziale Dienstleistung verstanden wird, und ferner auch in ihren *ökologischen* Bezügen beachtet wird, werden hohen die Anforderungen genauer erkennbar. Diese Anforderungen sind für ihre ureigenen Leistungserbringungsprozesse wie auch an ihren Schnittstellen zur Arbeitsmarktpolitik, zur Integrationspolitik, zur Familienpolitik und zur Bildungspolitik hinsichtlich der Gestaltung sozialer Interventionen zu

---

[737] Dieser Befund deckt sich mit denen von Gustafsson (2000: 93). Danach verlassen gerade allein Erziehende die Sozialhilfe in Göteborg in deutlich kürzeren Zeiträumen wieder als etwa allein Erziehende in Bremen. Dies wird von Gustafsson mit den weitergehenden rechtlichen Vorgaben, dem besseren Versorgungsgrad mit Betreuungsangeboten und mit der generell für Frauen in Schweden günstigeren Situation am Arbeitsmarkt erklärt.

beachten. Demnach ist es verkürzt und fachlich völlig unzureichend, die Sozialhilfe in ihren Interventionsformen und in den sozialberuflichen Handlungsmustern aus einer arbeitsmarktpolitischen Notlage heraus vorrangig oder gar ausschließlich unter arbeitsmarktpolitischen Gesichtspunkten „reformieren" zu wollen, in dem die Interventionen stets auf die Frage des „job-ready" fokussieren. Die Sozialhilfe ist mehr als ein Lotse und Zubringerdienst zum Arbeitsmarkt und ihre Kernaufgaben liegen rechtlich und auch interventionstheoretisch tiefer verankert.

In Göteborg wie auch in Bremen zeigten Expertenaussagen, dass eine Sozialhilfepraxis, die primär unter der Ausrichtung der Förderung von Wegen aus dem Sozialhilfebezug in den Arbeitsmarkt konzipiert wird, nicht nur in dem Risiko steht, die *Existenzsicherungsfunktion* zu vernachlässigen, sondern darüberhinaus auch vielfach an Grenzen stößt. Dies gilt vor allem, wenn bei Sozialhilfebeziehenden keine *dauerhaft* stabile Erwerbs- und Einkommensbiografie gegeben ist bzw. absehbar nicht zu erwarten ist. Dies ist bei einem zunehmend größeren Anteil in der Bevölkerung nach Befunden der dynamischen Armutsforschung der Fall. Eine Selbstversorgung und Existenzsicherung im modernen Lebenslauf wird immer häufiger *episodenhaft* und „*im Wechsel*" oder aber auch „*gleichzeitig*" im „*Einkommens-Mix*" über Erwerbsarbeit, familiäre Unterstützungsleistungen, öffentliche Transferleistungen und zeitweise eben auch über Sozialhilfe erreicht. Entwicklungen, wie die „*Auflösung des Normalarbeitsverhältnisses*" oder auch eine „*soziale Entgrenzung von Armutslagen*" wurden in den in Göteborg geführten Interviews aus der Perspektive der Sozialarbeit vor Ort exemplarisch beschrieben:[738] Reflektiert wurde, dass anders als noch in den 1970er und 1980er Jahren heute jeder – auch die Beschäftigten selbst – vom Armutsrisiko und damit von Sozialhilfebezug betroffen sein könnten:

> „(...) Zunächst ist es so, dass Menschen – wer auch immer – in diese Situation hinein geraten können, dass auch ich an der Stelle des Klienten sitzen könnte – wie soll ich das formulieren – also zu erkennen, dass diejenigen, die im Sozialbüro gelandet sind, dass das nicht bedeutet, dass die mit ihrem Leben gescheitert sind, sondern die haben vorher ein harmonisches Leben gehabt, (...). Aber es ist dann etwas passiert, und es ist nicht die Person selbst, sondern der Arbeitsmarkt." (Int. 23: 141-149)

Erkennbar wurde damit, dass sich das *Verständnis in den Ursachen und Auslösern von Sozialhilfebezug* im Verlauf der 1990er Jahre zumindest teilweise bei den Experten erweitert hat. Sozialhilfebezug wurde auch in Schweden traditionell in den Ursachen eher in der Kumulation von sozialen und persönlichen Defizitlagen gesehen, die möglichst kurzzeitig sein sollten, aber real oft doch über längere Zeiträume anhielten. Entsprechend wurde die Sozialhilfe als Sozialdienst im sozialberuflichen

---

[738] Zur Auflösung des Normalarbeitsverhältnisses vgl. grundlegend Mückenberger (1985). Zur Entgrenzung des Armutsrisikos vgl. Beck (1986: 143ff.), bezogen auf Schweden Salonen (1993), für Deutschland Leibfried/Leisering (1995: 338 ff.) sowie Hübinger (1996).

Arrangement der Sozialarbeit konzipiert. Seit Anfang der 1990er Jahre wird sie unter anderem infolge der Erfahrungen mit der Massenarbeitslosigkeit als zumeist extern bzw. strukturell bedingte, dabei meist vorübergehende Krisensituation betrachtet, von der nahezu jeder betroffen sein kann. Sozialhilfebezug kann allerdings – insbesondere von jungen Arbeitslosen, aber auch von allein Erziehenden – durch eigene Motivation und engagiertes eigenes Handeln unter guten Bedingungen einer aktiven kommunalen Lebenslaufpolitik auch kurzfristig wieder beendet werden.

Nicht nur mit den genauer nach Ursachen, Alter, Status, Herkunft usw. definierten Empfängergruppen, sondern auch in den Überlagerungen von bisherigen und neueren Wahrnehmungs-, Orientierungs- und Handlungsmustern deuten sich ein *extrem breites Spektrum* von sozialpolitischen und sozialberuflichen Anforderungen an, die heute an eine „aktivierende" Sozialhilfe gestellt sind. Hinweise auf die gegenwärtige strukturelle Überforderung der Sozialhilfe in Deutschland wie in Schweden bringen diese Entwicklungen ebenfalls zum Ausdruck. Die Sozialhilfe ist insoweit auch auf eine Koproduktion nicht nur der anderen wohlfahrtsstaatlichen Institutionen sondern auf die der Bürger angewiesen, die es zudem zu initiieren gilt. Dabei hat es die Sozialhilfe in Städten wie Göteborg, Malmö und Stockholm – ähnlich wie in deutschen Großstädten – längst *nicht* mehr mit wenigen, relativ homogenen Gruppen von Sozialhilfebeziehenden und klar zu definierenden Problemlagen zu tun. Vielmehr handelt es sich gerade bei Sozialhilfebezug seit Ende der 1990er Jahre um eine extrem starke Ausdifferenzierung von Problemlagen und Bedarfen, die institutionell zu bearbeiten sind und die oft über das arbeitsmarktpolitische Problem hinausgehen.

Es werden Anforderungen an die kommunale Sozialhilfe und den Sozialdienst gestellt, die veränderte rechtliche Regelungen, neue institutionelle Arrangements, andere Organisationsformen und auch eine neu gestalte „Professionalität" erfordern. Zum Teil erscheinen die Anforderungen je nach Empfängergruppe und je nach zu bearbeitenden Problemlagen auch als in sich „gebrochen" oder widersprüchlich wie bereits mit den Modifikationen erkennbar wurde, die in der Abstimmung von alten und neuen Leitbildern vorzunehmen sind. Beispielsweise sind bezogen auf Einwanderer einerseits die wohlfahrtsstaatlich entwickelten Normen der möglichst zeitnah nach der Ankunft zu realisierenden Selbstversorgung am Arbeitsmarkt als Zielsetzungen zu beachten. Zugleich müssen die biografischen und kulturell bezogenen Besonderheiten für einen Integrationsprozess mit beachtet werden, die eine „zeitnahe" Selbstversorgung häufig unrealistisch erscheinen lassen. Gerade an den Schnittstellen und Konfliktlinien der einerseits zentralstaatlich zu verantwortenden Arbeitsmarktpolitik und Integrationspolitik und der kommunalen Sozialhilfe andererseits zeigen sich die komplexen Anforderungen. Über die Sozialhilfe lassen sich Integrationspolitik, Arbeitsmarktpolitik, Familienpolitik und Bildungspolitik zwar durchaus rahmend begleiten und dementsprechend Lebensphasen und biografisch bestimmte Risiken institutionell absichern. Die kommunale Sozialhilfe ist jedoch nur begrenzt in der Lage, die genannten Politikbereiche im Rahmen ihrer Interventions- und Handlungsmöglichkeiten wirklich von sich aus aktiv mit zu gestalten. Gleichwohl wurden tendenziell aber genau diese Anforderungen für die Sozialhilfe in Göteborg besonders deutlich. Erkennbar wurde ferner das Bemühen der Professionellen in den Sozialbüros und Projekten, genau diesen vielfältigen Anforderungen auch gerecht zu werden.

Zu beachten ist dabei außerdem, dass die als „traditionelle" Empfängergruppen verstandenen Bezieher von Sozialhilfe, wie Obdachlose, Suchtkranke, psychisch Kranke, eingeschränkt Erwerbsfähige und andere Gruppen neben den erkennbaren neuen Anforderungen und hinzugetretenen Empfängergruppen ebenfalls weiterhin mit im Sozialhilfebezug stehen und entsprechend adäquat zu versorgen, zu beraten und möglichst auch zu „aktivieren" sind. Sowohl in der Lebenslaufperspektive wie auch in einer Handlungsperspektive und hinsichtlich der Bedarfe stellen sich bezogen auf die „klassischen" Empfängergruppen und Problemlagen aber wiederum zum Teil andere sozialpolitische und sozialberufliche Anforderungen einer „aktivierenden Sozialpolitik" als das etwa bezogen auf arbeitsfähige junge Erwachsene, bezogen auf allein Erziehende mit mehreren Kindern oder bezogen auf Einwanderer, die erst seit einigen Monaten in Schweden sind, der Fall ist. Der Sozialhilfe und damit auch Maßnahmen und Interventionen zur Förderung von Wegen aus dem Sozialhilfebezug wird spätestens seit Anfang der 1990er Jahre nicht nur in Göteborg, sondern durchaus ähnlich in Bremen eine *neue bzw. erweiterte Multifunktionalität* abgefordert.

Die mit einer ohnehin seit jeher ausgeprägten, jedoch in den 1990er Jahren zusätzlich erweiterten *Multifunktionalität der Sozialhilfe* verbundenen Anforderungen zeigten sich für Göteborg/Schweden und Bremen/Deutschland dabei durchaus ähnlich. In Göteborg war diese Multifunktionalität jedoch schärfer konturiert als in Bremen, was sich mit den unterschiedlichen, in Göteborg „offeneren" oder „ganzheitlicher" gestalteten Problembezügen erklären lässt. Neben der monetären Transferleistung und der *Existenzsicherungsfunktion* für verschiedenste Empfängergruppen finden sich erweiterte Funktionen vor allem in Form neuer bzw. erweiterter sozialberuflicher Aufgaben. Hierzu rechnen Aufgaben der *Arbeitsvermittlung*, der *Beratung und Information* zur Arbeitsaufnahme, eine *Lotsenfunktion*, eine *„Signalfunktion"* etwa bei Sucht- und Schuldenproblemen, eine zunehmend direkt im Rahmen der Sozialhilfepraxis angesiedelte *Motivationsfunktion*, sowie die vor allem bei jungen Arbeitslosen erweiterten *Kontroll- Disziplinierungs- und Sanktionsfunktionen* bilden ein Spektrum dieser multifunktionalen Anforderungen ab. Neue Interventionsformen und Instrumente, die stärker als bisher *strategisch* gerade auch in den Dimensionen von „Zeit" und „Handeln" verändert konzipiert sind, verweisen ebenfalls auf diese Multifunktionalität, die damit institutionell planbar, dokumentierbar und auch

660

steuerbar gehalten werden soll. Instrumente wie Handlungspläne *(Handlingsplaner)*, Hilfepläne, das Fallmanagement, Förderpläne oder Eingliederungspläne seien exemplarisch genannt. Für Göteborg wurden *Handlungspläne für Arbeitslose* oder auch *Integrationspläne für Einwanderer* von Experten beschrieben, die *individuell* im Kontakt der kommunalen Sozialdienste mit den Betroffenen entwickelt werden. So stellt sich in der Perspektive sozialer Interventionen ausgehend vom Steuerungsinstrument des Rechts beispielsweise die Frage, welche Rechtsverhältnisse und rechtlichen Wirkungen und Bindungen aus solchen Hilfeplänen ableitbar sind. Zu klären ist auch, ob/bzw. unter welchen Bedingungen es sich hierbei um Verwaltungsakte handelt, die entsprechend *hoheitlich und einseitig* gestaltet sind, oder aber ob damit neuere Formen einer *koproduktiv* oder *dialogisch* erbrachten sozialen Dienstleistung entwickelt werden, deren Wirkungen im Grad der Verbindlichkeit von Rechten und Pflichten dann allerdings vage bleiben, und die dann auch nur begrenzt rechtlich steuerbar sind. Erkennbar ist, dass in den multifunktionalen Aufgaben der Sozialhilfe mit diesen Plänen und Handlungsmustern soziale Anspruchs*rechte*, individuelle Schutz*rechte* und *pädagogische* Interventionen wie auch *ökologische* Interventionen im Zeitverlauf verändert aufeinander bezogen, miteinander verknüpft und untereinander abgestimmt werden.

Erkennbar wurde ferner, dass sowohl in Göteborg/Schweden als auch in Bremen/Deutschland seit den 1990er Jahren die Sozialhilfe in hohem Maße von einem Ansatz der *gruppenorientierten Politik* bestimmt und gestaltet wird, der bis heute weiterhin prägend für die Interventionsmuster ist. Die Programmentwicklung etwa für die Förderung von Wegen aus dem Sozialhilfebezug erfolgt dabei nicht explizit ausgehend von Bedarfen, Problemlagen und Verlaufsmustern, sondern ausdrücklich bezogen auf ausgewählte *„Zielgruppen"* *(Målgrupper)* wie junge Arbeitslose, Einwanderer, allein Erziehende usw. Der Begriff der Zielgruppe ist seit den 1980er Jahren in der schwedischen Sozialpolitik und insbesondere in der Programmgestaltung auf kommunaler Ebene ein Kernbegriff sozialer Planung. Der Begriff weist dabei eine Nähe zum Konzept der Zielsteuerung *(Målstyrning)* auf, die als frühes Element des New Public Management bereits beschrieben wurde. Elemente hieraus wurden, wie gezeigt, im Vergleich zu Deutschland bereits früh in die *lokale* Verwaltungspraxis schwedischer Kommunen eingeführt. Die Zielsteuerung enger verstanden als „Zielgruppenpolitik" wurde allerdings erst im Verlauf der 1990er Jahre auch im Kontext *nationaler* sozialpolitischer Programme der Arbeitsmarkt- und Sozialpolitik zu einem verbreiteten Ansatz. Vor allem junge Arbeitslose im Alter unter 25 Jahren, Einwanderer, Langzeitarbeitslose und in Göteborg bzw. Schweden eher begrenzt auch allein Erziehende wurden über jeweils spezifisch definierte Kategoriensysteme und damit höchst *selektiv* einer zunehmend spezialisierten institutionellen Problembearbeitung durch Sozialbüros, Arbeitsverwaltung und besondere Projekte zugeführt.

In Göteborg zeigte sich, dass auch diese Formen der „Zielgruppenpolitik" in den 21 Stadtteilen zum Teil je nach Struktur des Sozialhilfebezugs und lokalen Ressourcen und Konzepten wiederum sehr unterschiedlich gestaltet sind. So war etwa im kleinen Stadtteil Torslanda, völlig anders als in Stadtteilen wie Biskopsgården, Lundby oder Frölunda, der Anteil der Einwanderer in der Sozialhilfe außerordentlich gering. Auch Arbeitslose waren relativ gesehen in Torslanda nicht so häufig in der Sozialhilfe vorzufinden wie in den anderen größeren Stadtteilen. Demgegenüber bezogen jedoch im Stadtteil Torslanda deutlich mehr Familien, allein Erziehende und Suchtkranke zeitweise Leistungen der Sozialhilfe. Dabei war die Fallzahl in Torslanda mit zum Teil lediglich 20 Fällen je Mitarbeiter sehr gering. Diese Befunde zum Sozialhilfebezug in einem relativ kleinen und eher untypischen Stadtteil Göteborgs zeigen, dass die Empfänger- und Problemstruktur in der Sozialhilfe selbst in einer Stadt wie Göteborg *extrem heterogen* sind, und dass in den Stadtteilen zum Teil sehr unterschiedliche Rahmenbedingungen für die Umsetzung der Programme oder auch des Leitbildes einer „aktivierenden Sozialpolitik" vor Ort gegeben sind. Zugleich war aber erkennbar, dass zentralstaatlich und gesamtstädtisch eine weitgehend einheitlich verstandene – eben weil auf Zielgruppen bezogene Sozialhilfepolitik – vorgegeben war. Danach sollten vor allem junge Arbeitslose und Einwanderer seit Mitte der 1990er Jahre kommunal über die Sozialhilfe „aktiviert" werden. Nach den Aussagen der befragten Experten im Stadtteil Torslanda, in dem diese beiden Gruppen kaum von Bedeutung waren, wurde dies organisational und sozialberuflich *kritisch* reflektiert. Im Stadtteil Torslanda wurde ausdrücklich keine Zielgruppe „priorisiert", sonder *„alle Gruppen"* wurden gleichermaßen beachtet. Dem Arbeitsverständnis dieser Experten nach erhielt *jeder* Sozialhilfebeziehende, gleich welcher Empfängergruppe er zugeordnet werden könnte, eine möglichst gleich hohe Priorität in der Problemlösung oder auch in den Bemühungen einer „Aktivierung". Dabei erhielten allerdings die Bedarfe und Anforderungen einer Problembearbeitung bei Kindern generell eine besondere Aufmerksamkeit. An diesem Arbeitsverständnis wurde festgehalten, obwohl die zentralstaatlichen und gesamtstädtischen Vorgaben diese „universelle" Ausrichtung in der Sozialhilfe nicht mehr vorsahen, sondern rechtlich und programmatisch eine „Aktivierung" bestimmter ausgewählter Zielgruppen empfahlen. Das Arbeitsverständnis in dem Stadtteil wurde vom befragten Sozialarbeit wie folgt beschrieben:

„Wir arbeiten ja sehr stark eingeteilt in verschiedene Gruppen, und so wird jede Empfängergruppe priorisiert – meine Gruppe, kann man sagen. Und es gibt ja die Intentionen, dass stets Kinder und Jugendliche priorisiert werden sollen, das hat man eigentlich immer im Hinterkopf. Wir priorisieren jeden einzelnen Fall, dadurch, dass wir wirklich untersuchen, welche verschiedenen Rehabilitationsmöglichkeiten und Maßnahmen es gibt. Und sitzt man mit 100 Fällen, da kann man nicht so ohne weiteres in dieser Art denken, oder." (Int 25: 383-389)

Die Aussage lässt eine Deutung zu, wonach zielgruppenbezogene Maßnahmen vor allem im Kontext einer quantitativen Überlastung und „Überforderun"' von Sozialleistungssystemen entwickelt werden. Dies führt zu „Priorisierungen" bestimmter Gruppen, womit quasi automatisch Qualitäts- und Integrationsverluste und „Creaming-Effekte" verbunden sind. Eine explizit betriebene „Zielgruppenpolitik" beinhaltet Risiken, nämlich die Komplexität der Problemlagen oder etwa die besonderen Bedarfe von Kindern und ohnehin schon mehrfach benachteiligter Gruppen zusätzlich zu vernachlässigen. Dies zu beachten und in Politik, Verwaltung und Praxis zu reflektieren; auch darin liegen besondere Anforderungen, die sich für die „aktivierende" Sozialhilfe in ihrer Multifunktionalität ergeben.

Generell war im Kontext der skizzierten „Zielgruppenpolitik" ein *extrem starker Arbeitsmarktbezug* in den Programmen und Maßnahmen für Göteborg – ähnlich auch für Bremen – erkennbar. Gruppen, die im Sozialhilfebezug stehen und objektiv kaum Chancen auf eine Integration in den Arbeitsmarkt haben, etwa ältere Einwanderer, eingeschränkt und nicht Erwerbsfähige oder psychisch Kranke, fanden in dieser explizit sich aus Kategorienschemata herleitenden Zielgruppenpolitik keine oder kaum vergleichbare Aufmerksamkeit wie diejenigen, die als „job-ready" galten. Gleichwohl wären auch für diese Gruppen Wege aus dem Sozialhilfebezug denkbar und förderungswürdig. Auch insoweit zeigte sich ein Risiko, wonach mit Festlegung spezifischer Zielgruppen zur sozialen Integration dieser Gruppen immer auch eine Exklusion und Vernachlässigung anderer Gruppen verbunden ist, die eben nicht als „Zielgruppen" definiert sind. Als Alternative bzw. als eine zwingend notwendige Ergänzung bietet sich ein Sozialpolitikverständnis an, dass vorrangig auf Lebenslagen und Lebensläufe bezogen ist.

Ob und wie es in Göteborg gelang, die hier skizzierten komplexen Anforderungen für die Gestaltung sozialer Interventionen und sozialberuflichen Handelns im Bereich der Sozialhilfe speziell über *arbeitsmarktpolitische Maßnahmen* umzusetzen, und welche Bedeutung dabei der Verlaufs- und Handlungsdimension beigemessen wurde, wird im folgenden Kapitel untersucht.

6.2 Arbeitsmarktpolitische Maßnahmen: Entwicklung und Merkmale der neuen „Aktivierungs- und Kompetenzlinie" für Wege aus der Sozialhilfe

Die kommunale Arbeitsmarktpolitik und auch einzelne Angebote und Projekte im Bildungsbereich, wie sie in Göteborg bestehen, wurden in der Untersuchung aus Sicht der Sozialhilfe mit berücksichtigt, da sie zentral sind, um Wege aus dem Sozialhilfebezug in Arbeit oder in Qualifizierungs- und Weiterbildung zu ermöglichen und zu fördern. In Form kurzer Projektbeschreibungen und in zwei detaillierteren Fallstudien zum Projekt „VESTTID" und zum Projekt „DELTA-Arbetsmarknadstorget" werden wesentliche Formen und Muster sozialer Interventionen und die Hauptmerkmale „aktivierender" Maßnahmen dargestellt.

Als grundlegende Fragestellungen wird zunächst untersucht, welche Maßnahmen im Verlauf der 1990er Jahre in Göteborg überhaupt entwickelt und umgesetzt wurden und welche Bedeutung diesen jeweils bezogen auf die Erschließung von Wegen *aus* dem Sozialhilfebezug zukommt. Genauer wird dann untersucht, worin in einer Perspektive sozialer Interventionen die zentralen Merkmale einer „Aktivierung" zu sehen sind und wie sich diese in der Zeit- und Handlungsperspektive kontrastierend zu den Entwicklungen und Merkmalen einer „aktivierenden Sozialpolitik" in Deutschland am Beispiel Bremen darstellen. Die typischen Merkmale einer neuen *„Arbeits- und Kompetenzlinie"*, die in Göteborg und generell in Schweden seit Mitte der 1990er Jahre ergänzend bzw. erweiternd zur *traditionellen „Arbeitslinie"* nicht nur semantisch sondern auch praktisch entwickelt wurde, werden ebenfalls erkennbar. Auch besondere relationalen Merkmale eines Zusammenwirkens der wohlfahrtsstaatlichen Institutionen und Akteure mit der Sozialhilfe werden maßnahmebezogen kurz skizziert. Der Überblick enthält dabei nicht den Anspruch der Vollständigkeit und muss angesichts der Vielzahl von Maßnahmen notwendigerweise eher deskriptiv bleiben. Ziel ist es auch, bisher empirisch noch kaum behandelte Fragen einer relational oder inter-institutionell bezogenen Forschung in der Zeit-/Verlaufsperspektive anzudeuten und insofern einen Schritt der sozialwissenschaftlichen Analyse in diesem Gegenstandsbereich zu leisten.

Grundsätzlich gilt, dass die Arbeitsmarktpolitik im schwedischen Wohlfahrtsstaat seit je her als eine der wichtigsten zentralstaatlichen Aufgaben angesehen wurde. Dies bestätigten auch befragte Experten: *„Traditionell war es ja so in Schweden, dass zwischen dem Sozialdienst und den Arbeitsmarktbehörden eine sehr große Distanz bestand."* (Zit. Int. 10: 272)

Zuständig für die arbeitsmarktpolitischen Maßnahmen ist demnach vorrangig die Arbeitsmarktbehörde bzw. -verwaltung *(Arbetsmarknadsstyrelsen)*. Es handelt sich dabei um eine zentralstaatliche Behörde, die jedoch regional in 21 regionale Arbeitsausschüssen und -verwaltungen *(Länsarbetsnämnder)* sowie in rd. 400 lokale Arbeitsvermittlungsbüros dezentral organisiert ist.[739] Die Kommunen waren historisch und vor allem in der „Blütezeit" des „schwedischen Modells" ab 1950 bis in die 1970er Jahre *keine* direkt maßgeblichen Akteure der Arbeitsmarktpolitik. Weder leisteten sie eine Form der Arbeitsvermittlung oder -beratung, noch waren sie Träger von Maßnahmen. Eine wichtige Bedeutung kam den Kommunen jedoch seit den 1970er Jahren durch den Ausbau des öffentlichen Sektors als Anstellungsträger und als einer der größten Arbeitgeber im Wohlfahrtsstaat zu. Nur über diesen extensiven Ausbau des öffentlichen Sektors konnte eine erste arbeitsmarktpoli-

---

[739] Zur Organisation der schwedischen Arbeitsmarktbehörden vgl. http//www.ams.se.

tische Krise in den 1980er Jahren zunächst bewältigt und die hohe Erwerbsbeteiligung von Frauen erreicht werden.

Dass die Kommunen als direkte Dienstleister in der Arbeitsmarktpolitik bis in die 1990er Jahre hinein kaum eine Rolle spielten, bestätigten auch die befragten Experten. Diese eher geringe Bedeutung der Kommunen in der direkten Arbeitsmarktpolitik erfuhr erst im Verlauf der 1990er Jahre eine Veränderung, für die unterschiedlichste Faktoren maßgeblich waren. Die vorliegenden Befunde und ebenso die Aussagen der befragten Experten weisen ferner aus, dass noch *Mitte der 1990er Jahre* der kommunale Sozialdienst und die staatliche Arbeitsverwaltung zunächst weitgehend unabhängig voneinander jeweils eigene arbeitsmarktpolitische Maßnahmen und Programme konzipierten und umsetzten, ohne die Programminhalte oder Zielgruppen genauer untereinander abzustimmen.[740] Auch statistische Daten, etwa über genauere Zusammenhänge von Arbeitslosigkeit und Sozialhilfebezug oder auch die Kategorisierungsschemata der Arbeitsvermittlung wurden wechselseitig nicht aufeinander bezogen oder ausgetauscht. Es herrschte weitgehend ein „Domänendenken", teilweise verbunden mit Vorurteilen über die jeweils andere Institution. Zwar gab es in der direkten Arbeit mit Arbeitslosen zwischen Sozialbüros und Arbeitsvermittlung immer schon eine auf den Einzelfall bezogene Zusammenarbeit, jedoch kaum eine gemeinsame und systematische Planung und Abstimmung auf den jeweiligen Leitungs- und Planungsebenen. Auf der Leitungsebene des Sozialdienstes in Göteborg wurde beispielsweise die Vermittlungspraxis bezogen auf arbeitslose Sozialhilfebeziehende durch die staatliche Arbeitsvermittlung Anfang der 1990er Jahre mit folgenden Sätzen kritisch gesehen:

> „Da erwiderte man ja [in der Arbeitsverwaltung] und sagte: „Nein – die Sozialhilfeempfänger, die sollten nicht [zu uns] kommen, das sind – so denken wir – doch zu andere Menschen." Aber da hatten die noch nicht für sich klar, dass sie schon die Sozialhilfebeziehenden hatten, die kamen schon fest zu ihnen. Das wussten sie nur nicht. Das weiß man ja nicht, wenn eine Person eine Arbeit sucht, da weiß man nicht, wie sie sich versorgt. Es gibt viele Vorurteile." (Int. 10: 405-410)

Die noch Anfang bis Mitte der 1990er Jahre bestehende *deutliche Trennlinie zwischen Sozialdienst und Arbeitsmarktpolitik* war zum einen historisch und strukturell in der Geschichte und Organisation des schwedischen wohlfahrtsstaatlichen Arrangements begründet. Danach wurde vor allem in der staatlich geförderten aktiven Beschäftigungspolitik *(Sysselsättningspolitik)* bereits seit den 1940er Jahren der Schlüssel für die wohlfahrtsstaatliche Entwicklung gesehen. Man ging davon aus,

---

[740] Gleichwohl gab es mancherorts, etwa in Malmö-Süd bereits Ende der 1980er Jahre erste Projekte, die nach Vorbildern in den USA modellhaft „Job-Center" und „Job-Klubs" einrichteten, direkt dem kommunalen Sozialbüro angegliedert waren, und deren Zielsetzung die Integration in den Arbeitsmarkt, in Ausbildungsmaßnahmen oder arbeitsmarktpolitische Maßnahmen war. Vgl. Meeuwisse (1991: 130 ff.).

dass mit einer Vollbeschäftigung das Problem der Arbeitslosigkeit als Ursache für Sozialhilfebezug nicht oder allenfalls am Rande auftritt. Ferner spielten aber auch starre Grenzen und ein enges Verständnis von Verantwortlichkeit bei den Kommunen bezogen auf ihr Engagement in der Arbeitsmarktpolitik, Informationsdefizite und wechselseitige Vorurteile, die in den jeweiligen wohlfahrtsstaatlichen Institutionen und in der Politik verbreitet waren, eine nicht unerhebliche Rolle für die scharfe Trennlinie. So bestand bezogen auf Sozialhilfebeziehende in der Arbeitsmarktverwaltung üblicherweise eine Vorstellung, dass bei diesen – noch ganz dem Bild des „klassischen Armen" entsprechend – neben materiellen Problemen überwiegend weitere soziale oder persönliche Probleme vorlägen, und dass Sozialhilfebeziehende demnach im Grunde nicht oder nur sehr eingeschränkt arbeitsfähig seien. Ferner sah man sie auch nur als begrenzt arbeitswillig an. Das Bild im Sinne von „einmal arm – immer arm" und ein Bild der Sozialhilfebeziehenden als „passive Opfer" war in der Arbeitsverwaltung noch bis in die 1990er Jahre verbreitet. Mit dem Anstieg der Massenarbeitslosigkeit ließen in den 1990er Jahren schließlich auch die enorm *hohen Fallzahlen* in der Arbeitsvermittlung von 400 bis 700 zu betreuenden Arbeitslosen je Arbeitsvermittler kaum noch Spielraum für die Reflexion der eigenen Wahrnehmungsmuster und Handlungsformen. Allerdings waren während der gesamten 1990er Jahre die institutionellen und personellen Voraussetzungen und Bedingungen in der Betreuung und Vermittlung sowie in Form einer aktiven Arbeitsmarktpolitik in Schweden ungleich günstiger als in Deutschland.[741]

Im kommunalen Sozialdienst wiederum herrschte ein Bild, wonach die staatliche Arbeitsmarktverwaltung in ihren Beratungs- und Vermittlungsaktivitäten und in den Angeboten arbeitsmarktpolitischer Maßnahmen bezogen auf arbeitslose Sozialhilfebeziehende als zu passiv und fachlich als nicht qualifiziert angesehen wurden. Normativ-rechtlich, organisational, professional und auch in den fachlichen und interaktionalen Handlungsformen lagen der kommunale Sozialdienst und die staatliche Arbeitsmarktverwaltung, auch bei dem hohen Dezentralisierungsgrad der Arbeitsvermittlung doch sehr weit auseinander. In Göteborg wurden veränderte konzeptionelle, planerische und gemeinsame strukturelle Bezüge zwischen den beiden Institutionen erst im Verlauf der 1990er Jahre systematisch entwickelt. Mitte bzw. Ende der 1990er Jahre kam es vor allem infolge der über mehrere Jahre anhaltend hohen Massenarbeitslosigkeit, der steigenden Anzahl an Arbeitslosen in der Sozialhilfe sowie verbunden mit dem Anstieg der Ausgaben zu sehr gezielten Analysen, die auf die gemeinsamen „Schnittstellen" beider Institutionen bezogen wa-

---

[741] So weist auch Jochem (1998: 204) darauf hin, dass Anfang der 1990er Jahre zum Beispiel in Schweden von einem Arbeitsvermittler im Durchschnitt 610 Arbeitssuchende zu betreuen waren, wohingegen in Deutschland von einem Arbeitsvermittler 2.920 und in den USA gar 5.140 Arbeitssuchende zu betreuen bzw. zu vermitteln waren.

ren. Die Interviews wie auch die Dokumente aus Göteborg verwiesen darauf, dass die Initiativen zu einer veränderten Schnittstellenpolitik primär von der Kommune und zunächst nicht von der Arbeitsmarktbehörde ausgingen.

Wie bereits im Zusammenhang mit den Leitbildern zur Sozialhilfe dargestellt, standen jedoch in Göteborg nicht ausschließlich die Reduzierung der Ausgaben und der Zahl der Sozialhilfebeziehenden als Zielsetzungen städtischer Sozialpolitik im Zentrum. Vielmehr war das städtische Amt für Arbeitsmarktpolitik im Sinne einer aktiven Wirtschaftspolitik damit beauftragt, die Angebotsseite an Arbeitsplätzen zu verbessern, was nicht direkt mit der Sozialhilfe im Zusammenhang stand.[742] Es ging vielmehr darum, generell in Bereichen neue Arbeitsplätze zu schaffen bzw. zu erhalten, in denen Arbeit nachgefragt ist, insbesondere im Dienstleistungssektor. Beispiele sind kommunal die Altenpflege oder unterstützende und betreuende Aufgaben in Schulen. Zielsetzungen der Kommunalpolitik in Göteborg, wie die Reduzierung der Sozialhilfeausgaben und -bezugsdauern und die Schaffung neuer Arbeitsplätze gingen in den Konzeptionen einer lokalen Arbeitsmarktpolitik, so etwa im Programm VESTTID von 1996 somit auch ineinander über.[743] Von der Kommune wurden also sowohl das Angebot an Arbeitsplätzen und Möglichkeiten der Qualifizierung stärker beeinflusst als auch die Nachfrage und individuelle Vermittlung gezielter gesteuert. Während der Erhebungsphase wurde schließlich die Relation von kommunaler und zentralstaatlicher Arbeitsmarktpolitik in Göteborg folgendermaßen beschrieben:

„Die Regierung und der Reichstag, die haben die übergreifende Verantwortung für die Arbeitsmarktpolitik. Die Kommunen haben aber doch ein aktives Interesse daran, dem Staat in diesen Fragen beizustehen. Eine gute Zusammenarbeit prägt die Umgangsweisen zwischen der Kommune Göteborg und der Arbeitsvermittlung in Göteborg. Der Ausgangspunkt für die Zusammenarbeit ist, dass man sich so auf verschiedene Weise den Personen nähern kann, die außerhalb des Arbeitsmarktes stehen und ihnen so zur Selbstversorgung helfen kann. Oft bestehen diese Entwicklungsmaßnahmen ja in Form von Praktika oder Ausbildung." [744]

---

[742] Auch für Malmö war mit dem städtischen Programm GEFAS („Generalplan für Arbeit und Beschäftigung") ein struktureller Ansatz verbunden, der ab Mitte der 1990er Jahre *generell* die Beschäftigungsquote in der Stadt erhöhen sollte und stärker auf die Angebotsseite von Arbeitsplätzen und Qualifizierung ausgerichtet war, dabei eben nicht arbeitslose Sozialhilfebeziehende in den Mittelpunkt rückte. Spezieller war in Malmö das Programm ARBIS (Arbeit statt Sozialhilfe), ähnlich wie in Göteborg das Programm VESTTID auf eine Vermittlung arbeitsloser Sozialhilfebeziehender bezogen.

[743] In diesem Sinne wurde die städtische Arbeitsmarktpolitik in Göteborg vom Leiter der städtischen Abteilung für Arbeitsmarktpolitik (Stadskansli) im Februar 2000 beschrieben.

[744] Zitat aus: http://www.goteborg.se/prod/sk/goteborg.organisation,arbetmarknad?OpenDocument.se. Die Zahl der in arbeitsmarktpolitische Maßnahmen *der Kommune* vermittelten Arbeitslosen belief sich im Verlauf des Jahres 2001 in Göteborg auf insgesamt 2.797 Personen. In Bremen waren im Jahr 1999 rd. 1.000 Sozialhilfebeziehende in den verschiedensten kommunalen Maßnahmen der „Hilfen zur Arbeit" nach §§ 18 ff. BSHG beschäftigt. Vgl. Stadt Bremen (1999e).

Die Veränderungen von einer strikten Trennung in der arbeitsmarktpolitischen Verantwortung zwischen staatlicher Arbeitsmarktpolitik und kommunaler Sozialhilfe hin zu einer Unterstützungs- und Ergänzungsfunktion der Kommunen in den staatlichen Aktivitäten wurden in Göteborg von den Experten meist direkt mit Bezug auf das Jahr 1994 geschildert. In diesem Jahr erreichte die Arbeitslosigkeit mit einer im Jahresdurchschnitt offenen Arbeitslosenquote unter den 16 bis 64jährigen Erwerbsfähigen von 9,4 % in Göteborg und 8,0 % in ganz Schweden einen Höchststand. Arbeitslose, die an arbeitsmarktpolitischen Maßnahmen teilnahmen, waren in diesen Werten noch nicht enthalten. Die Arbeitslosenquote unter den 18 bis 24jährigen jungen Erwerbsfähigen lag 1994 bei 13,9 % im Jahresmittel für ganz Schweden und in Göteborg belief sie sich sogar auf ein Höchstwert von 15 %.[745] In den folgenden Jahren wurde die Sozialhilfe in extrem hohem Maße zu einem „Wohlfahrtsstaat in der Reserve", vor allem auch im Bereich der materiellen Absicherung von Langzeitarbeitslosen und von jungen Arbeitslosen sowie in den kommunalen Bemühungen um eine lokale Arbeitsmarkt- und Beschäftigungspolitik. Die neuen Interessenlagen und die veränderten Sichtweisen einer aktiveren kommunalen Aufgabenverantwortung im Bereich der Arbeitsmarktpolitik wurde ab Mitte der 1990er Jahre in Göteborg mit mehreren Änderungen in der kommunalen Sozialhilfe und im Sozialdienst eingeleitet und begleitet:

- Auf politischer und strukturell-planerischer Ebene wurden die obligatorischen Arbeitsvermittlungsausschüsse *(Arbetsförmedlingsnämnden)* neu bzw. verändert besetzt. Zwar liegt die Stimmenmehrheit in den Ausschüssen nach wie vor bei den Vertretern der Arbeitsverwaltung, bei denen es sich überwiegend um Fachpersonal bzw. Experten handelt. Die Ausschüsse wurden jedoch um Vertreter aus der Kommune erweitert. Bei diesen Ausschussmitgliedern handelt es sich in der Regel um Politiker aus den Kommunalparlamenten. In einzelnen Interviews wurde berichtet, dass diese neue Zusammenarbeit zwischen dem Fachpersonal der Arbeitsverwaltung und Kommunalpolitikern nicht immer reibungslos verlief.

- Organisatorisch wurden in Göteborg in den städtischen Sozialbüros spezielle Arbeitsgruppen und Arbeitsmarkt-Teams gebildet, die im Schwerpunkt arbeitslose Sozialhilfebeziehende betreuten. Es fand damit einerseits *organisational* und zugleich auch *professional die bereits dargestellte weitere Spezialisierung* des Sozialdienstes statt.

- Etwa zeitgleich wurden in Göteborg *spezielle Maßnahmen für Arbeitslose in Projektform* implementiert. Dieses bedeutet auch, dass der Sozialdienst bzw. die Teilbe-

---

[745] Vgl. Arbetsmarknadsstyrelsen (AMS), Statistik: Arbetslösa fördelade på Kommuner och Län (1992-2002).

reiche der Arbeit von Sozialbüros künftig weniger als *„Behörde"* und stärker als *„Projekte"* verstanden wurden, womit Auswirkungen für das Dienstleistungsverständnis und die Interventions- und Handlungsmuster verbunden waren.[746]

- Die erste umfassende *kommunale* sozialpolitische Maßnahme im Rahmen der Arbeitsmarktpolitik verbunden mit dem direkten Ziel, aktiv Wege aus dem Sozialhilfebezug zu fördern, war in Göteborg das *Programm „VESTTID"*. Es wurde 1996 eingeführt und konzeptionell beinhaltete es eine „Anstellung für eine gewisse Zeit". Das Programm war vor allem auf junge Arbeitslose ausgerichtet und hatte die Vermittlung und Bereitstellung von Arbeitsplätzen durch eigene städtische Maßnahmen zum Inhalt.

- In der *professionalen Ebene* wurden schließlich die Ansätze eines verbesserten sozialberuflichen Informations- und Erfahrungsaustausches und einer verbesserten Zusammenarbeit erweitert, in dem etwa Sozialarbeiter aus den Sozialbüros zur Unterstützung der Arbeitsvermittlung zeitlich befristet in Arbeitsämter eingesetzt werden sollten. Diese Konzepte wechselseitigen Personaltausches wurden jedoch nach ersten Anfängen nicht weiter intensiviert oder ausgeweitet, sondern gingen Ende der 1990er Jahre in die Konzepte eines *konsequenteren organisatorischen Zusammenwirkens von Behörden und Organisationen* auf, in dem in neuen Projekten *gemeinsame Teams* unterschiedlichster sozialberuflicher Professionen eingerichtet wurden. Beispiel bildet hierzu das Projekt „DELTA-Arbeitsmarknadstorget", dass noch dargestellt wird.

- Die vorgenannten Entwicklungen mündeten schließlich Ende der 1990er Jahre bis heute unter dem Stichwort des *„Samverkan"* in Projekte einer „netzwerkbasierten Verwaltung und Dienstleistung" (Montin 2002), bzw. in einem organisatorisch direkten *Zusammenwirken verschiedener wohlfahrtsstaatlicher Institutionen*. Das Zusammenwirken nicht nur auf den Einzelfall bezogen, sondern vor allem auch in der strukturellen und planerischen Ebene wurde als bisher vernachlässigte Steuerungs- und Interventionsressource in Göteborg im Bereich der Arbeitslosen- und Sozialhilfepolitik damit Mitte der 1990er Jahre neu entdeckt, nachdem bereits in anderen Bereichen der Sozialarbeit in den 1980er Jahren erste Konzepte für ein solches Zusammenwirken konzipiert worden waren.[747] Für die

---

[746] Anzumerken ist, dass in Göteborg und ähnlich auch in Malmö weiterhin ganz überwiegend öffentliche Träger die Leistungen der Arbeitsberatung und -vermittlung von Sozialhilfebeziehenden erbrachten und selbst die Einrichtung von „Eigenbetrieben" oder städtisch getragenen Agenturen, oder die Vergabe von Aufträgen an private Arbeitsvermittlungsagenturen eher nicht üblich war.

[747] Zu Ansätzen des intensivierten Zusammenwirkens sozialer Dienste *(Samverkan)* in den 1980er Jahren vgl. Westlund (1991). Dieser skizziert bereits früh die Notwendigkeit einer engeren Abstimmung und Vernetzung von Sozialhilfe und Arbeitsmarktpolitik. Ähnlich wurde bereits 1990 in einem Bericht der

Arbeitsvermittlung und Sozialhilfe wurde das enge Zusammenwirken in Göteborg mit dem Modellprojekt *„DELTA-Arbetsmarknadstorget"* (DELTA-AMT) ab 1999 im Rahmen einer Kooperation von Kommune, Arbeitsmarktverwaltung und Versicherungskassen umgesetzt. Im Vorfeld dieses Projekts wurden zunächst genauere lokale Analysen zu Schnittstellen und Schnittmengen einer institutionellen Problembearbeitung in den Bereichen Arbeitslosigkeit und Sozialhilfebezug vorgenommen, und zusätzlich auf das Problemfeld Krankheit und Krankengeldbezug erweitert. Die zusammengestellten statistischen Befunde dienten als Grundlage für die Projektentwicklung und für die Bestimmung der gemeinsamen Ziele und „Zielgruppen" der drei beteiligten Behörden. In mehreren Stadtteilen Göteborgs wurden ähnlich konzipierte Projekte des Zusammenwirkens verschiedener wohlfahrtsstaatlicher Einrichtungen und Behörden unter dem Stichwort *„FRISAM"* als Projekte des „freiwilligen Zusammenwirkens" eingerichtet. Die DELTA-Projekte und FRISAM-Projekte boten ab 1999 für alle 21 Stadtteile Göteborgs kooperative Angebote und Maßnahmen der Beratung, Vermittlung und Qualifizierung sowie der beruflichen Rehabilitation. Mit dem Zusammenwirken sollten nicht nur Synergie- und Rationalisierungseffekte in der Problembearbeitung erschlossen werden, sondern auch eine Erweiterung der Problemfenster und Interventionsmuster erfolgen, in dem neben dem *arbeitsmarktbezogenen Ansatz* ebenso ein *bildungsbezogener Ansatz* und ein *gesundheitspolitisch bezogener Ansatz* enthalten ist. Der biografische Bezug ist damit ein nahezu umfassender. Außerdem sollten über die Projekte die Qualität und Wirksamkeit sozialer Interventionen und Leistungen verbessert werden. Der mit den Projekten weiterhin verbundene und im Sozialdienstgesetz geregelte „ganzheitliche Problembezug" stellt als solcher bereits ein besonderes Merkmale dieser Varianten einer „aktivierenden Sozialpolitik" in der Sozialhilfe und am Arbeitsmarkt dar.[748]

Für Göteborg ist somit bezogen auf die Formierung einer neuen „Arbeits- und Kompetenzlinie" institutionenbezogen ein *Phasenmodell* in den Entwicklungen und ein deutlicher Wandel der Maßnahmen und ihrer Schwerpunkte ab Anfang/Mitte der 1990er Jahre feststellbar. Dabei sind immer auch Überschneidungen einzelner Phasen und Konzepte mit zu beachten und die neuen institutionellen Arrange-

---

nationalen Sozialbehörde ein Grundmodell für das Zusammenwirken von Sozialhilfe und Arbeitsverwaltung entwickelt. Vgl. Socialstyrelsen (1990).

[748] Auch in Stockolm, Malmö, Eskilstuna, Laholm und Stenungsund wurden ähnliche Projekte umgesetzt, so die Dokumentationen der nationalen Versicherungsbehörde, der nationalen Sozialbehörde und des Sozialministeriums. Vgl. Riksförsäkringsverket/Socialstyrelsen (1999) und Socialdepartementet (1999). Auf nationaler Ebene wurden diese neuen Ansätze nicht nur intensiv mit einer Begleitforschung beobachtet, sondern die Projekte wurden auch mit staatlichen Zuschüssen gefördert.

ments kommen nicht in „Reinkultur" vor. Sie wurden meist parallel bzw. ergänzend zu den bisherigen und weiter bestehenden Organisationsstrukturen von Sozialdienst und Arbeitsverwaltung aufgebaut.

Rückblickend war bis etwa Anfang der 1990er Jahre eine historisch lange Phase der *weitgehenden Trennung* von kommunalem Sozialdienst und staatlicher Arbeitsmarktpolitik bestimmend für die Ausgestaltung sozialer Interventionen. Die Folgen der wirtschaftlichen Krise in Form der hohen Arbeitslosigkeit und die durch die zentralstaatliche Kürzungspolitik mit bedingte hohen Empfängerzahlen und Ausgaben der kommunalen Sozialhilfe führten dann zu einer *kurzen Phase eigen-aktiver kommunalpolitischen Engagements* am Arbeitsmarkt. Diese zeigten sich einerseits als eine generelle Stärkung kommunaler Initiativen für mehr Beschäftigung, andererseits auch als eine speziell auf die Sozialhilfe bezogene und *eigenständig* konzipierte kommunale Arbeitsmarktpolitik. Hieran schloss sich in Göteborg, ähnlich auch in Malmö nach 1996, spätestens jedoch 1998/1999, zusätzlich gefördert durch die staatlichen Gesetzesänderungen der *„Utvecklingsgaranti"* eine bis heute anhaltende *Phase des intensiven institutionenübergreifenden Zusammenwirkens* unter dem Stichwort *„Samverkan"* an. Eine interessante Frage dürfte sein, wie die Interessen, Machtverhältnisse und Initiativkräfte in diesem neuen und vielerorts konsequent betriebenen Konzept des Zusammenwirkens nach 1998 zwischen zentralstaatlicher Arbeitsmarktverwaltung und nationaler Regierung auf der einen Seite und den im Feld der Arbeitsmarktpolitik neu und gestärkt auftretenden Kommunen im Detail gestaltet waren. Die Kommunen zeigten einerseits früh eigene arbeitsmarktpolitische Initiativen, gleichzeitig wurden ihnen zentralstaatlich nicht nur durch veränderte Finanzausgleichs- und Fördersysteme und durch eine Kürzungspolitik bei den vorrangigen Leistungen sowie durch neue rechtliche Regelungen im Bereich der Maßnahmen für jugendliche Arbeitslose neue und zum Teil sehr weitgehende zentralstaatliche rechtliche Vorgaben gemacht. Diese Fragen der Macht- und Interessenlagen lassen sich im Rahmen dieser Studie nicht vertiefen. Einzelne damit verbundene Aspekte werden aber durchaus erkennbar, da sie sich in den Formen und Merkmalen sozialer Interventionen mit abbilden.

Für Göteborg war nach dem städtische Programm VESTTID von 1996 das Projekt „DELTA-Arbetsmarknadstorget" (DELTA-AMT) ab 1999 der weitreichendste Ansatz einer spezifischen Form der Verwaltungsmodernisierung und einer „aktivierenden Sozialpolitik". Soziale Interventionen erfolgen inzwischen über ein enges Zusammenwirken von Sozialhilfe und Arbeitsverwaltung, zusätzlich erweitert und abgestimmt mit Leistungen und Angeboten der Versicherungskassen. Sowohl rechtlich, organisatorisch, professional wie auch bezogen auf die Kontaktmuster zum Bürger dürften sich damit einerseits die Rahmenbedingungen und Voraussetzungen wie auch die Interventionen selbst im Vergleich zu den 1980er und frühen 1990er Jahren verändert haben. Sie dürften sich vermutlich deutlich von sozialen Interventionsformen und sozialberuflichen Handlungsmustern in Bremen unterscheiden. In dieser Annahme wurden die beiden genannten Projekte genauer untersucht. Da in einer Reihe schwedischer Kommunen in den vergangenen Jahren ähnliche Projekte im Steuerungs- und Interventionsverständnis eines *„Samverkan"* gegründet wurden, bildet der für Göteborg beschriebene Wandel auch ein gewisses Bild zu den gesamtschwedischen Reformstrategien ab.

Im folgenden Kapitel werden zunächst kurz die stärker *bildungspolitisch abgeleiteten Maßnahmen* im Überblick beschrieben, soweit sie für Wege aus der Sozialhilfe relevant sind. Im Anschluss daran wird das *Göteborger Programm VESTTID* detaillierter untersucht. Das Kapitel schließt mit Befunden zum Projekt FRISAM und mit einer *Detailstudie zum Projekt „DELTA-Arbetsmarknadstorget"* ab, um den Ansatz interinstitutionell konzipierter sozialer Interventionen genauer zu betrachten.

6.2.1 Überblick: Maßnahmen einer lokalen Beschäftigungs-, Qualifizierungs- und Bildungspolitik und ihre Relevanz für Wege aus der Sozialhilfe

Von den in Göteborg befragten Experten wurde eine ganze Reihe von Maßnahmen, Einrichtungen und Projekten genannt, die für Wege aus dem Sozialhilfebezug oder aber auch für die Vermeidung von Wegen in den Sozialhilfebezug von Bedeutung sind. Zumeist wurden die genannten Maßnahmen und Projekte im Zusammenhang mit der *Vermittlungs- und Lotsenfunktion* und mit einer *Motivationsfunktion* genannt, die von den Fachkräften in den Sozialbüros und in den arbeitsmarktbezogenen Projekten der Sozialhilfe erbracht wird. Häufig wurde etwa durch Informationsblätter, die in den Sozialbüros auslagen oder erhältlich waren, sowie in den Beratungsgesprächen auf die Maßnahmen und Projekte hingewiesen. Teilweise bestanden auch direkte Kontakte der Sozialarbeiter in den Sozialbüros zu einzelnen Mitarbeitern in den Projekten und Einrichtungen, so dass Vermittlungen auf „kurzem Wege" entweder telefonisch oder durch Verweisen an die jeweiligen Angebote erfolgten. Die wichtige und mehrfach genannte Lotsenfunktion und die Motivationsfunktion der Sozialhilfe wurden in diesen Zusammenhängen besonders deutlich. Im Überblick lassen sich vier unterschiedliche Ebenen und Bezüge der bildungs- und arbeitsmarktbezogenen Maßnahmen unterscheiden:

- Maßnahmen und Projekte, die im engeren Sinne auf *schulische Bildung* und vor allem auf die Erwachsenenbildung bezogen sind.

- Maßnahmen und Projekte, deren wesentliche Ziele in der *beruflichen Aus- oder Weiterbildung* bzw. in einer beruflichen Qualifizierung liegen.

- Maßnahmen und Projekte, die eher sozialarbeiterisch-/-pädagogisch auf die Vermittlung allgemeiner Kompetenzen und Fähigkeiten zur *Bewältigung des Alltages* hin konzipiert sind.

- Maßnahmen und Projekte, die direkt auf den Arbeitsmarkt und auf eine Vermittlung bzw. Einmündung in den *Arbeitsmarkt bezogen* sind, so etwa das Projekt VESTID.

Die Systematik zeigt bereits, dass dem *Leitbild des „lebensbegleitenden Lernens"* und entsprechender Maßnahmen im kommunalen und zentralstaatlichen sozialpolitischen Verständnis eine wichtige Stellung beigemessen wurde und wird, auch und gerade wenn es um die Vermeidung und Überwindung von Arbeitslosigkeit und Sozialhilfebezug geht. An Beispielen von Projekten zur schulischen und beruflichen Bildung und Qualifizierung werden die Bedeutung des Leitbildes und der damit verbundene beträchtliche Einsatz öffentlicher Mittel sowie das kommunale wie zentralstaatlichen Engagement genauer erkennbar.

1. Maßnahmen und Projekte der schulischen und berufsbezogenen Bildung in ihren Schnittstellen zur Sozialhilfe und ihrer Bedeutung für Wege aus der Sozialhilfe
Ein Beispiel dieser Programme bildet das Programm *„Datortek"*, das zur Vermittlung von Grundkenntnissen im EDV- und IT-Bereich aufgelegt wurde und als ein wichtiger Baustein zur Einmündung in die moderne Erwerbsarbeit gesehen wird. Zum 1. Juli 1995 wurde in Schweden *zentralstaatlich* das Programm Datortek eingeführt. Bei überwiegend staatlicher Finanzierung werden die Kurse und Angebote allerdings von den Kommunen organisiert und in Schulen oder Einrichtungen der Erwachsenenbildung angeboten. Es handelt sich um ein landesweites Programm zur besonderen Qualifizierung von Jugendlichen im EDV- bzw. IT-Bereich. Die Programme sind somit nicht ausdrücklich auf Arbeitslose begrenzt. Die Dauer der Kurse ist unterschiedlich, reicht von wenigen Wochen bis zu mehreren Monaten, jedoch selten länger als 6 Monate. Nachdem 1995/96, ebenfalls durch zentralstaatliche Regelungen die Verantwortung und die Aufgaben der Kommunen in der Arbeitsmarktpolitik speziell für Jugendliche im Alter unter 20 Jahren erweitert wurden, wurde das Programm „Datortek" auch stärker mit der Zielsetzung versehen, arbeitslosbedingten Sozialhilfebezug möglichst präventiv durch Vermittlung von Schlüsselkenntnissen für den Zugang zum Arbeitsmarkt zu verhindern. Im Rahmen von Vereinbarungen zwischen Zentralstaat und Kommunen wurden bereits 1996 *alle* schwedischen Kommunen in der Nutzung dieses Programms aktiv.[749] Das Programm „Datortek" ist somit ein weiteres Beispiel für *präventive*

---

[749] Vgl. Socialdepartementet (1999: 54).

Interventionsmuster in der Armenpolitik, wobei eben stark bildungsbezogene Elemente enthalten sind. Die Teilnahme an den Programmen und Kursen ermöglichte Sozialhilfebeziehenden in Göteborg nicht unmittelbar das Verlassen des Sozialhilfebezugs, indem etwa andere, auch weniger stigmatisierende Transferleistungen, wie Ausbildungshilfe oder Studiendarlehen gezahlt worden wären. In aller Regel erfolgte begleitend zur Teilnahme an den Programmen auch weiterhin der Bezug von Sozialhilfe. Genauere empirische Daten über die tatsächliche Bedeutung dieses Programms bezogen auf die Vermeidung und das Verlassen des Sozialhilfebezugs liegen offenbar nicht vor. Ähnlich wäre etwa auch für Bremen genauer nach den Zusammenhängen von Sozialhilfebezug und bildungspolitischen Maßnahmen und Programmen zu fragen.

Ein weiteres Beispiel bildet für Schweden und auch in Göteborg das Programm *„Kundskapslyftet"*. Dieses sehr umfassende Programm beinhaltet eine staatliche Förderung von Bildung und Qualifizierung und diente dazu, das Leitbildes des „lebensbegleitenden Lernens für alle" mit realen Möglichkeiten und Angeboten auszustatten. Das Programm ist ebenfalls überwiegend zentralstaatlich finanziert. Die Ausführung und konkrete Umsetzung des Programms geschieht aber wiederum in Trägerschaft der Kommunen. Im Rahmen zweckgebundener staatlicher Zuschüsse wird den Kommunen der Großteil der mit dem Programm verbundenen Ausgaben jährlich ersetzt. Explizites Ziel des Programms ist es, die Übergänge von der Industriegesellschaft zur Informations-, Wissens- und Dienstleistungsgesellschaft in Schweden mit einer staatlich forcierten Bildungs- und Qualifizierungsoffensive zu fördern und individuell zu erleichtern. Es handelt es sich um ein breites gesellschaftspolitisches Programm zur Vermittlung von grundlegendem allgemeinen und beruflichen Wissen, entsprechenden Kenntnissen und Kompetenzen. Neben der Möglichkeit, die schulische Bildung zu erweitern und etwa den gymnasialen Schulabschluss nachträglich zu erwerben, werden berufliche (Grund-) Qualifikationen, etwa in Form gezielter zweiwöchiger Praktika, Lehrgänge, sowie zum Teil mehrmonatige Berufsausbildungskurse angeboten. Das Programm ist für alle Bevölkerungsgruppen offen, also ebenfalls *nicht* speziell auf Arbeitslose oder Sozialhilfeempfänger bezogen. Es bietet jedoch gerade für diese Gruppen wichtige Möglichkeiten, etwa zum Erwerb von Schulabschlüssen oder Schlüsselqualifikationen, die für den Zugang am Arbeitsmarkt zentral sind. In diesem Zusammenhang spielt „Kunskapslyftet" auch für die gesellschaftliche und berufliche Integration von Einwanderern eine wichtige Rolle. Wie bei eine Reihe von anderen bildungsbezogenen Programmen erfolgt die Umsetzung von „Kundskapslyftet" vor allem auf *kommunaler Ebene*. In Göteborg – wie in allen größeren schwedischen Städten – finden sich mehrere Büros der Initiative, die die Kurse und Angebote organisieren und verwalten und eine intensive Öffentlichkeitsarbeit leisten. In der *Lebenslaufperspektive* ist mit diesem Programm im Vergleich zu anderen Programmen sehr

674

unmittelbar das Leitbild des „lebensbegleitenden Lernens" verbunden. Sozialarbeiter berichteten, dass die Angebote von „Kunskapslyftet" in ihrer Beratung und in den Vermittlungsbemühungen bei arbeitslosen Sozialhilfebeziehenden eine wichtige Rolle einnehmen. So wurde berichtet, dass arbeitslose Sozialhilfebeziehende nicht nur auf die Angebote von „Kunskapslyftet" hingewiesen werden, wo auch Berufs- und Eignungstests möglich sind, sondern dass auch direkt in *vier- bis achtwöchige Praktika* vermittelt wird. Ferner werden in Göteborg *arbeitsmarktpolitische Maßnahmen von in der Regel sechs Monaten Dauer* über das Programm „Kunskapslyftet" für Arbeitslose durchgeführt. Obwohl es sich um ein über den Kontext von Sozialhilfe und Arbeitslosigkeit hinausgehendes sehr viel breiteres gesellschaftspolitisches Programm handelt, bildet das staatlich initiierte Programm in seiner kommunalen Umsetzung ein wichtiges Segment in den neueren Ansätzen einer „aktivierenden Sozialpolitik" bezogen auf Zugang und Etablierung von Sozialhilfebeziehenden am Arbeitsmarkt. Die durchweg positiven Berichte und Ausführungen der befragten Experten können aber bezogen auf dieses Programm nicht mit weitergehenden empirischen Daten belegt werden. Genaue Daten, welche Bedeutung welche Angebote und Kurse für welche Sozialhilfebeziehenden in welchen Phasen ihrer Erwerbs- bzw. Arbeitslosenkarriere zuzumessen ist, liegen bisher nicht vor. Die Jahresstatistik von „Kunskapslyftet" in Göteborg wies für 1999 allerdings eine hohe „Exitquote" aus. Auch im Zusammenhang der Betrachtung dieses Programms wurde erkennbar, dass die Wechselwirkungen von Angeboten eines „lebensbegleitenden Lernens" mit Wegen in und aus arbeitslosbedingtem Sozialhilfebezug vor allem bei Langzeitbezug bisher empirisch weitgehend ungeklärt sind. In einer *interventionstheoretischen Perspektive* ist bezogen auf das Programm „Kunskapslyftet" festzustellen, dass es sich hierbei weniger um eine direkt *verhaltensbezogene* Steuerung und Intervention handelt, wie etwa beim Programm VESTTID, wo direkt in Arbeit oder Qualifizierungsprojekte vermittelt wurde. „Kunskapslyftet" entspricht tendenziell einer *verhältnisbezogenen* Variante der *Kontexsteuerung,* die implizit von Eigenaktivitäten der Bürger zur aktiven Gestaltung ihres Lebens und des Wissens- und Kompetenzerwerbs ausgeht. So ist auch die Teilnahme an Angeboten im Rahmen des Programms „Kunskapslyftet" in aller Regel freiwillig. Eine empirisch wichtige Frage wäre, ob und in welchen Formen das Programm von arbeitslosen Sozialhilfebeziehenden selbst als „hilfreich" oder „wirksam" für die Vermeidung bzw. Überwindung von Arbeitslosigkeit und Sozialhilfebezug bewertet wird.

Im Zusammenhang mit bildungs- und berufsbezogenen Angeboten zur Vermeidung und Überwindung von Arbeitslosigkeit und Sozialhilfebezug sind auch die *Sprachkurse und sonstigen kommunalen Integrationsprojekte für Einwanderer und Flüchtlinge* zu nennen. Auf die besonderen Anforderungen, die für die Sozialhilfe hinsichtlich der Lebenslagen und Lebensläufe von Einwanderern und Flüchtlingen stellen, wurde bereits eingegangen. Die Programme werden hier nur kurz noch einmal genannt. Die in Schweden obligatorischen Sprachkurse des Programms „*Svenska för Invandare*" (SfI) bilden den Interviewaussagen nach ein extrem wichtiges Element bei der Erschließung von Wegen aus dem Sozialhilfebezug, zumal der Anteil der Einwanderer/Ausländer unter den Arbeitslosen und Sozialhilfebeziehenden relativ hoch ist. Waren die Sprachkurse bis in die Mitte der 1990er Jahre didaktisch und inhaltlich primär auf die Vermittlung sprachlicher Kenntnisse und an Kenntnissen zur schwedischen Kultur und Gesellschaft ausgerichtet, sind sie seit Ende der 1990er Jahre auch stärker auf das Erwerbsleben und alltäglich-praktische Gegebenheiten bezogen und teilweise direkt mit beruflichen Praktika und Ausbildungsmaßnahmen gekoppelt. Insofern deutet sich auch in diesem Bereich ein Wandel an, der stärker auf präventiv und aktivierend zugleich integrativ *gestaltete pädagogische Interventionen* deuten lässt. Von Mitarbeitern im Projekt „DELTA-Arbetsmarknadstorget" wurde aber dennoch festgestellt, daß die Defizite in den Sprachkursen des SfI-Programms hinsichtlich ihres didaktischen und inhaltlichen Bezugs auf Arbeitswelt und Beruf noch nicht wirklich ausgeglichen sind. Insoweit besteht in diesem Bereich weiterhin Reformbedarf hinsichtlich der *Abfolgen und Abläufe* sozialer Interventionen an den Schnittstellen von Sozialhilfe, Arbeitsmarktpolitik und Integrationspolitik. Seitens der Experten wurde vorgeschlagen, Sprachkurse und Maßnahmen beruflicher und arbeitsmarktbezogener Integration sehr viel stärker zeitlich parallel und insgesamt flexibler und differenzierter aufeinander abgestimmt als bisher zu konzipieren. Insoweit bieten die Erfahrungen aus Göteborg zum Teil Anregungen für Reformansätze in der deutschen Sozialpolitik.

2. Das sozialarbeiterische Projekt „Hisingslussen" – Intensivbetreuung zu Wegen aus dem Sozialhilfebezug bei multiplen Problemlagen

Bei diesem Ansatz handelt es sich um ein ausschließlich städtisches Projekt, für besonders benachteiligte arbeitslose Sozialhilfebeziehende, die entweder bereits längere Zeit im Sozialhilfebezug stehen, oder aber bei denen Langzeitbezug von mehreren Monaten oder Jahren erwartet wird. Im Rahmen von *sechsmonatigen Praktika* wird unter intensiver Betreuung und Anleitung durch Sozialarbeiter in einem ersten Schritt des meist längerfristigen Hilfeprozesses eine „Annäherung an den Arbeitsmarkt" ermöglicht. Die Praktika selbst werden nicht nur kommunal sondern auch bei freien Trägern oder Vereinigungen *(Föreningar)* durchgeführt. Während der sechsmonatigen Maßnahme beziehen die Teilnehmer keine Sozialhilfe sondern eine Ausbildungshilfe *(Utbildningsbidrag)*, die aus Mitteln der nationalen Arbeitsverwaltung gezahlt wird. Das Niveau dieser Ausbildungshilfen liegt etwas oberhalb des Sozialhilfeniveaus, so dass während der sechsmonatigen Teilnahme in der Regel keine ergänzende Sozialhilfe zu zahlen ist. Hierin unterscheidet sich dieses Projekt von den anderen allgemeineren Programmen und Maßnahmen positiv. Dabei ist nach den Aussage der Experten zwar auch eine *„monetäre Anreizwirkung"* gegeben. Doch den Erfahrungen der Mitarbeiter nach wird von den Teilnehmern der vollzogene *Statuswechsel vom Sozialhilfebeziehenden zum Auszubildenden oder Praktikanten* für die Motivation und Zufriedenheit sehr viel höher bewertet. In einer Lebenslaufperspektive kommt damit der Möglichkeit, die stigmatisierende Sozialhilfe möglichst schnell zu verlassen und vor allem dem Statuswechsel, und nicht unbedingt der Höhe der Transferleistungen, eine besondere Bedeutung zu. Es geht darum, Möglichkeiten und Angebote für Sozialhilfebeziehende, insbesondere bei Langzeitarbeitslosigkeit zu bieten, um in ein gesellschaftlich akzeptiertes Arbeits-/Beschäftigungsverhältnis und ein entsprechendes Vergütungssystem zu wechseln, auch unabhängig von der Vergütungshöhe. Diese Handlungsorientierungen und Erwartungen wurden von den befragten Mitarbeitern bezogen auf junge Arbeitslose berichtet. In der Bewertung von Effekten des Projekts „Hisingslussen" kam vereinzelt die Einschätzung von Befragten, wonach einem Teil der Teilnehmer über dieses Projekt der Zugang zum regulären Arbeitsmarkt durchaus gelingt. Ein beträchtlicher Anteil der Teilnehmer steht allerdings nach Ablauf der sechsmonatigen Praktika auch bei intensiver Beratung und Betreuung erneut im Sozialhilfebezug. Das bereits in anderen Zusammenhängen beschriebene *Problem des Rundgangs* durch unterschiedliche, meist *kurzfristig* angelegte arbeitsmarkt- und bildungspolitische Maßnahmen von Stadt und Arbeitsverwaltung wurde damit auch für dieses Projekt erkennbar. Als Lösungsansatz dieser Probleme wurde folgerichtig ein verbessertes Zusammenwirken der verschiedenen Institutionen, Akteure und Projekte genannt. Genauere empirische Daten, etwa Verlaufsstudien, aus denen erkennbar war, wie verbreitet das Problem des „Rundganges" bei diesen oder ähnlichen Projekten ist, lagen jedoch zum Erhebungszeitpunkt nicht vor.

Im Rahmen der Expertenbefragung und in den Dokumenten wurden *weitere größere und kleinere Projekte, Angebote und Maßnahmen* genannt und zum Teil auch genauer beschrieben. Die Maßnahmen können hier – selbst in einem Überblick nicht alle dargestellt werden.[750] So wurden etwa im Sozialbüro des Stadtteils Lundby von den Befragten eine Reihe kleinerer dezentral in verschiedenen Stadtteilen angesiedelter Projekte beschrieben, wie etwa das Projekt „Verkstan" (Werkstatt) oder das Projekt „Vikan" (Aushilfs-/Vertretungsdienst), die ebenfalls Beschäftigungsmöglichkeiten bieten. In diesen Maßnahmen ist über einen „mjuk start", also über einen „sanften Start" ein erster Zugang zum Arbeitsmarkt in Form von Arbeitstrainings- und Arbeitstests für arbeitslose Sozialhilfebeziehende mög-

---

[750] Es blieb ungeklärt, ob in Göteborg selbst überhaupt ein systematischer Überblick über alle potentiellen und faktisch relevanten Maßnahmen im Zusammenhang mit der Förderung von Wegen aus dem Sozialhilfebezug besteht. Ein entsprechender „Maßnahmen-Atlas" konnte im Rahmen der Untersuchung leider nicht ermittelt werden.

lich, die dem Arbeitsmarkt relativ „fern stehen". Von Sozialarbeitern in den Sozialbüros können Arbeitslose direkt dorthin vermittelt werden, bzw. werden auf diese
Maßnahmen hingewiesen. Ggf. kann auch die Aufnahme einer solchen Beschäftigung eingefordert werden. Kommen arbeitslose Sozialhilfebeziehende ihrer Mitwirkungspflicht und den an sie gestellten Anforderungen zur Aufnahme der Tätigkeit nicht nach, droht eine Kürzung oder Einstellung der monetären Hilfe, wie
bereits in den vielfältigen Entscheidungsmöglichkeiten dargestellt. Der Freiwilligkeitscharakter dieser Maßnahmen ist insofern deutlich begrenzter als etwa in den
offeneren Angeboten des Programms „Kunskapslyftet" oder anderen Projekten
einer „betreuten Beschäftigung" und Arbeitsmarktintegration.

Neben den besonderen kommunalen Projekten zur Arbeitsmarktintegration
von Personen, bei denen multiple Problemlagen dieser entgegen stehen, ist auf die
weiteren umfassenden Angebote und Leistungen der *staatlichen Gesellschaft „Samhall"*
hinzuweisen.[751] Die Einrichtungen von Samhall bieten Personen, die nicht bzw.
nicht voll die Anforderungen des regulären Arbeitsmarktes erfüllen können, die
Möglichkeit einer „geschützten Beschäftigung". Dies gilt in Fällen körperlicher
oder geistiger Behinderung, bei psychischer Erkrankung und anderweitigen Einschränkungen der Erwerbsfähigkeit. Die Beschäftigungsverhältnisse bei „Samhall"
sind oft mit einer sozialarbeiterischen bzw. pädagogischen Betreuung verbunden
und ihre Zielsetzung ist die Integration von besonders benachteiligten Gruppen am
Arbeitsmarkt. Im Rahmen der geführten Interviews wurde allerdings von den Befragten nur am Rande auf die Angebote von „Samhall" eingegangen. Eine Analyse
der vielfältigen Dienste dieser staatlichen Einrichtung würde eine eigenständige
Analyse erfordern. Auf weitergehende Darstellungen hierzu wird daher verzichtet.

*3. Direkt arbeitsmarktbezogene Maßnahmen und Projekte zur Förderung von Wegen aus
Abeitslosigkeit und Sozialhilfebezug*

Ein Beispiel für ein direkt auf eine Integration in den Arbeitsmarkt bezogenes
Programm bilden die *kommunalen Praktika für Jugendliche (Kommunal Ungdomspraktik*
KUP), die für unter 20jährige Arbeitslose konzipiert wurden. Diese Maßnahmen
gehen auf ein Gesetz von 1995 zurück, wonach den Kommunen eine besondere
Verantwortung für die jungen Arbeitslosen im Alter zwischen 18 und 20 Jahren
zukommt bzw. sie diese im Rahmen eines Kontraktes mit der staatlichen Arbeitsmarktverwaltung übernehmen können. Im Rahmen dieser wiederum als Gruppenpolitik speziell auf jugendliche Arbeitslose bezogenen rechtlichen Regelungen wer-

---

[751] Informationen zu „Samhall" sind im Internet unter http://www.samhall.se zugänglich. „Samhall"
bietet aktuell rd. 26.400 Beschäftigten in ganz Schweden an rd. 300 Orten die Möglichkeit einer Erwerbstätigkeit. Dies sind neben einfachen Produktionsleistungen verstärkt auch Beschäftigungen im
Service- und Dienstleistungssektor. Die finanziellen Mittel der Einrichtung kommen etwa zu 50 % aus
den über die Dienstleistungen erzielten Einnahmen und zu etwa 50 % aus staatlichen Mitteln.

den vor allem *Praktika und Orientierungskurse* von den Kommunen bzw. von kommunal beauftragten Trägern angeboten. Anders als etwa bei der „Beschäftigungs- und Entwicklungsgarantie" *(Utvecklingsgaranti)* für die 20 bis 24jährigen jungen Arbeitslosen von 1998 gilt bei den Maßnahmen im Rahmen der KUP *nicht* die 90 bzw. 100tägige Frist, nach deren Ablauf von der Kommune zwingend eine Stelle zu vermitteln ist, wenn sie einen entsprechenden Kontrakt mit der staatlichen Arbeitsmarktbehörde geschlossen hat. Im Rahmen der KUP-Maßnahmen sind Fristen direkt nicht zu beachten. Allerdings gilt der Grundsatz, dass unmittelbar bei oder direkt nach einer Arbeitslosmeldung und der Beantragung von Sozialhilfe eine Vermittlung bzw. die Teilnahme von jungen arbeitslosen Sozialhilfebeziehenden in diesen Maßnahmen formal möglich ist und entsprechend früh erfolgen soll. Die *Laufzeit* der Maßnahmen beträgt *meist nur wenige Wochen bis maximal sechs Monate.* Die Vergabe der Praktikantenplätze wird in der Regel über die Arbeitsvermittlung bzw. die Arbeitsverwaltung vorgenommen und nicht über das Sozialbüro. Allerdings wirken die städtischen Sozialbüros nachdrücklich auf die Inanspruchnahme der Angebote hin und fordern die Teilnahme der arbeitslosen Leistungsempfänger an den Maßnahmen ein. Während der Dauer der Maßnahmen wird entweder Ausbildungsbeihilfe *(Utbildningsbidrag)* oder je nach Voraussetzungen und Maßnahme teilweise auch weiterhin Sozialhilfe als Einkommen gezahlt. Den befragten Experten galten in den Fällen des weiteren Sozialhilfebezugs die damit verbundenen Stigmatisierungseffekte zumeist als kontraproduktiv, um bei den arbeitslosen Jugendlichen im Vorfeld ein entsprechendes Interesse zur Teilnahme zu wecken. Auch in diesen Zusammenhängen deuteten sich demnach an den Schnittstellen der institutionellen Bearbeitung von Erwerbslosenkarrieren und Sozialhilfekarrieren Abstimmungsprobleme an, u.a. im Bereich der Niveaus monetärer Transferleistungen und Formen pädagogischer Motivationsarbeit.

Als direkt arbeitsmarktbezogene Akteure sind auch in Göteborg und ebenso in anderen schwedischen Städten *Personalservice- und Zeitarbeitsagenturen (Bemanningsenheten)* zu nennen. Diese können sowohl in privatrechtlicher Form als Unternehmen *(Bemanningsföretag)* bestehen oder aber als eine Variante der städtischen Arbeitsvermittlung und Zeitarbeitsagentur eingerichtet sein.[752] Über die städtische „Bemanningsenhet" werden unter anderem im Bereich sozialer Dienste Beschäftigte vermittelt, insbesondere in Bereiche, die phasenweise von Schwankungen in der Nachfrage nach den Dienstleistungen unterworfen sind, oder in denen ein Personalmangel besteht. Dies gilt insbesondere im Bereich der Pflege und im Erziehungsbereich. Die „Bemanningsenhet" der Stadt Göteborg hat eine wichtige Funktion, um kurzfristig meist befristete Jobs oder Aushilfsjobs vor allem auch in den

---

[752] Vgl. Göteborg Stad (2000): „Bemanningsenheten – arbetar där det behövs när det behövs", Informationsbroschüre zur „Bemanningsenhet" im Stadtteil Torslanda.

städtischen Einrichtungen zu vermitteln und es erhalten offenbar häufiger Sozial-hilfebeziehende diese Form der Beschäftigung. Von einer befragten Sozialarbeite-rin im Sozialbüro Torslanda wurde beispielsweise berichtet, dass sie in kürzester Zeit von 20 aktuell arbeitslosen Sozialhilfebeziehenden 6 Personen an die „Bemanningsenhet" vermittelt habe. Diese Agenturen ermöglichen damit ebenfalls Wege aus dem Sozialhilfebezug, wobei genauere Daten zu den Niveaus der Löh-ne/Gehälter und zur Nachhaltigkeit dieser Wege „in Arbeit" nicht vorlagen.

Mit den bisher skizzierten Programmen und Maßnahmen wurde ein erster Eindruck über Ansätze und Vielfalt der aktiven kommunalen Arbeitsmarkt- und Bildungspolitik gegeben. Es zeigt sich, dass die Maßnahmen sehr unterschiedlich sind, *meist von kurzer, nur mehrwöchiger oder mehrmonatiger Dauer* sind und dass sie *vor-rangig auf junge Arbeitslose bezogen* sind. Erkennbar ist, dass mit den Maßnahmen eine *hohe Dynamik* verbunden ist und beträchtliche Eigenaktivitäten von den Sozialhilfe-beziehenden institutionell erwartet, in bestimmten Maßnahmen auch gefordert werden. Nachfolgend wird nun das arbeitsmarktpolitische Programm VESTTID genauer untersucht.

6.2.2 Das kommunale arbeitsmarktpolitische Programm „VESTTID" als Einstieg in die neue „Aktivierungs- und Kompetenzlinie" in Göteborg

Das kommunalpolitische Programm VESTTID von 1996 wurde von den in Göte-borg befragten Experten als besonders wichtig beschrieben, um im Rahmen einer aktiven städtischen Arbeitsmarktpolitik die Ursachenzusammenhänge von Arbeits-losigkeit und Sozialhilfebezug, wie sie sich im Verlauf der 1990er Jahre immer stärker zeigten, zu durchbrechen. Auf der Leitungs- und Planungsebene des städti-schen Sozialdienstes wurde formuliert, dass mit dem Programm insbesondere auf lokaler Ebene eine *„neue arbeitsmarktpolitisch Arena"* geschaffen wurde. Mit dieser Formulierung sind bereits mehrere interessante Dimensionen in der Entwicklung von der zentralstaatlichen hin zu einer dezentralen und kommunalen Arbeits-marktpolitik semantisch angedeutet.[753] So ist eine „Arena" gewöhnlich als eine

---

[753] Die Bezeichnung des Programms lautete ursprünglich „*Vissttid*" im Sinne einer Anstellung oder Beschäftigung für eine *„gewisse Zeit"* oder für *„befristete Zeit"*. Das Programm wurde dann aber in „VESTTID" umbenannt. In der Imagepflege wurde dadurch eine besondere geographische Verbin-dung zu Göteborg als „westlichste Großstadt" *(VÄSTporten)* in Schweden auch begrifflich zum Aus-druck gebracht. Ferner enthält der Begriff „VESTTID" auch Konnotationen im Sinne einer „wesent-lichen Zeit", *(väsentlig tid)*. Der Teilnahme am Projekt sollte für den Einzelnen bezogen auf seinen Lebenslauf eine besondere Bedeutung zukommen. Es zeigte sich, dass mit Programmen dieser Art immer auch Imagepflege und Öffentlichkeitsarbeit einer „Wohlfahrtsstadt" nicht nur in Göteborg

Kampf- *und* Spielstätte zu verstehen und es lassen sich insofern konflikthafte wie auch weniger konflikthafte Relationen und Klärungsprozesse bezogen auf das Verhältnis von Kommune und Zentralstaat in der Arbeitsmarktpolitik erkennen.

1. Hintergründe, Entwicklung, Zielsetzungen und Merkmale des Programms VESTTID:

Ein Programm wie VESTTID, das *ausschließlich kommunal finanziert* direkt beträchtlichen Einfluss auf den Arbeitsmarkt und in die Arbeitsmarktpolitik vor Ort nimmt, wäre nach Expertenaussagen in den 1970er und 1980er Jahren nicht denkbar gewesen. Die Arbeitsmarktpolitik wurde bis Ende der 1980er bzw. Anfang der 1990er Jahre als uneingeschränkte Aufgaben- und Verantwortungsbereich des Zentralstaates gesehen und wird grundsätzlich auch weiterhin so definiert. Lediglich im Bereich der sogenannten Notstandsarbeiten *(Beredskapsarbete BEA)* gab es bereits vor Mitte der 1990er Jahre eine gemeinsame Finanzierung von Zentralstaat und Kommunen. Diese arbeitsmarktpolitischen Programme waren früher allerdings breiter bezogen und für verschiedenste Gruppen von Arbeitslosen konzipiert. Sie waren also *nicht* speziell auf Sozialhilfebeziehende abgestellt, wie das Programm VESTTID. Eine Kopplung der zentralstaatlichen und kommunalen Ebene erfolgte in den früheren Maßnahmen auch nahezu ausschließlich über die fiskalpolitische Zusammenarbeit, jedoch kaum inhaltlich. Die Gestaltung und Umsetzung der früheren „BEA Programme" war wesentlich vom Zentralstaat und der Arbeitsmarktverwaltung *(Arbetsmarknadsstyrelsen)* bestimmt.[754]

Grundlegende Änderungen in institutionellen Arrangements traten erst *Mitte und vor allem dann Ende der 1990er Jahre* ein.[755] In diesem Kontext ist als wichtiges empirisches Ergebnis festzuhalten, dass die Stadt Göteborg schon *vor* bzw. weitgehend *unabhängig* von den zentralstaatlichen Neuregelungen über die „besondere Verantwortung der Kommunen für junge Arbeitslose" von 1995 (18-20jährige) und auch zunächst weitgehend unabhängig von den Regelungen zur „Beschäfti-

---

verbunden waren, sondern ähnlich in Malmö mit Programmen wie ARBIS oder GEFAS erkennbar wurden.

[754] Zu den Grundzügen, Veränderungen und Problemen schwedischer Arbeitsmarktpolitik vgl. Elmér u.a. (2000: 42 ff.), Meidner (1999), deutschsprachig Jochem (1998). Dieser weist darauf hin, dass unter den skandinavischen Wohlfahrtsstaaten in Schweden die größten finanziellen Ressourcen für die Arbeitsvermittlung bereitgestellt werden. Auch Johannesson (1999: 301) verweist allgemein auf die Strategie einer engeren Zusammenarbeit von Kommunen und zentralstaatlicher Arbeitsmarktverwaltung und sieht hierin ab Mitte der 1990er Jahre ein neues Element. Details des neuen oder veränderten Zusammenwirkens von zentralstaatlicher Arbeitsmarktpolitik und kommunalem Sozialdienst wurden meist nicht genauer untersucht.

[755] So wurden die „Notstandsarbeiten" *(Beredskapsarbete BEA)* in ihrer traditionellen Form 1998 im Grunde abgeschafft bzw. durch veränderte Programmsegmente völlig neu gestaltet. Die Maßnahmen sind heute wesentlich differenzierter nach „Problemgruppen" am Arbeitsmarkt entwickelt und auch stärker auf den ersten Arbeitsmarkt bezogen. Vgl. Elmér u.a. (2000: 72).

gungs- bzw. Entwicklungsgarantie" *(Utvecklingsgaranti)* für 20 bis 24jährige Arbeitslose von 1998 im Bereich kommunaler Arbeitsmarktpolitik aktiv wurde. Parallel zu zentralstaatlichen gesetzlichen Änderungen wurde kommunal in eigener Regie, auch über die 1995 vom Zentralstaat zunächst definierte Zielgruppe der 18 bis 20jährigen Arbeitslosen hinausgehend das Programm VESTTID aufgelegt. Deutlich wird diese lokale Eigenständigkeit nicht nur an der ausschließlich städtischen Finanzierung des Programms VESTTID, sondern auch daran, dass abweichend von den zentralstaatlichen rechtlichen Vorgaben bezogen auf 18 bis 20jährige und 20 bis 24jährige Arbeitslose in Göteborg auch arbeitslose Sozialhilfebeziehende im *Alter von bis zu 30 Jahren* gezielt in die Beschäftigungsverhältnisse des Programms VESTTID vermittelt wurden. Bereits in der Auswahl und in der Prioritätensetzung dieser gruppenbezogenen kommunalen Arbeitsmarktpolitik findet sich eine kommunale Eigenständigkeit wieder.

Das Programm VESTTID ist auf der kommunalen Ebene dennoch nicht unabhängig von zentralstaatlichen Entscheidungen und Beschlüssen und damit auch nicht unabhängig von der desolaten Lage der Staatsfinanzen Anfang der 1990er Jahre zu sehen. Das schwedische Parlament fasste 1995/1996 im Rahmen der Konsolidierungspolitik einen Beschluss, wonach die traditionellen arbeitsmarktpolitischen Maßnahmen, wie die „Notstandsarbeiten" *(Beredskapsarbete)* künftig für die Betroffenen *keine* Anwartschaftszeiten mehr auf Leistungen der Arbeitslosenkassen begründeten.[756] Bis dahin ermöglichte die Teilnahme bzw. Ableistung der Notstandsarbeiten noch eine beitragspflichtige Entlohnung dieser „gemeinnützigen Tätigkeiten" und damit auch den Zugang zu Ansprüchen der Arbeitslosenkassen. Der Staat trug bis zu 75 % dieser Lohnkosten. Die restlichen Kosten waren von den Kommunen aufzubringen, lagen aber deutlich unterhalb der Kosten, die sonst im Rahmen der Sozialhilfe kommunal zu tragen gewesen wären. Der zentralstaatliche Beschluss bedeutete faktisch, dass diejenigen Arbeitslosen, die über keine Ansprüche aus den Arbeitslosenkassen verfügten, weil sie zum Beispiel aufgrund von Einwanderung oder fehlender Erwerbstätigkeit nach dem Schulabschluss keine beitragspflichtigen Beschäftigungsverhältnisse begründen konnten, in hohem Maße auf die kommunale Sozialhilfe verwiesen waren. Allein die Teilnahme an arbeitsmarktpolitischen Maßnahmen wie den „Notstandsarbeiten" begründete nach 1996 *keinen* Zugang zu bzw. Anspruch aus den Arbeitslosenkassen mehr.

Mit diesen gesetzlichen Veränderungen wurde zentralstaatlich die *Bedeutung des regulären beitragspflichtigen Beschäftigungsverhältnisses gestärkt,* was faktisch zu einer Ausgrenzung vor allem bei jugendlichen Arbeitslosen und auch bei Einwanderern aus der Arbeitslosenversicherung führte. Der Schlüssel für Wege aus Arbeitslosigkeit

---

[756] Die Angaben entstammen den auf der Leitungsebene der Stadt Göteborg geführten Experteninterviews, sowohl des Sozialdienstes als auch der städtischen Abteilung für Arbeitsmarktpolitik.

und Sozialhilfebezug lag nach 1996 sehr viel stärker in einem regulären Beschäftigungsverhältnis auf dem ersten Arbeitsmarkt als das noch in den 1980er Jahren bis Anfang der 1990er Jahre der Fall war. Für Schweden gilt damit – ganz ähnlich wie in den Entwicklungen in Deutschland – dass eine zentralstaatliche Kürzungspolitik im vorrangigen Bereich der wohlfahrtsstaatlichen Leistungen, insbesondere in der Arbeitslosenversicherung und der Krankenversicherung, verbunden mit einer Dezentralisierung von Aufgaben- und Finanzverantwortung, schließlich ab Mitte der 1990er Jahre eine aktive Entwicklung eigenständiger *kommunaler* arbeitsmarktpolitischer Programme forcierte. Zugleich war damit eine weitere Spezialisierung und Differenzierung der Maßnahmen bezogen auf die Gruppe der *arbeitslosen* Sozialhilfebeziehenden wie auch der Sozialhilfebeziehenden insgesamt verbunden.

Die Kürzungspolitik und damit verbundene neue zentralstaatlich veränderte rechtliche und institutionelle Logiken etwa im Zugang zu und in der Höhe von Lohnersatzleistungen führte in Göteborg und auch in anderen Städten ab Mitte der 1990er Jahre zur Entwicklung einer *kommunalen Gegenstrategie* und zu neuen stärker "investiv" gestalteten Formen der lokalen Arbeitsmarktpolitik.

Die Rechtsgrundlagen, Verantwortlichkeiten, die Grundstrukturen und die institutionellen Logiken der kommunalen arbeitsmarktpolitischen Maßnahmen unterschieden sich bis 1995/96 noch beträchtlich von den „Hilfen zur Arbeit", wie sie im Rahmen der Sozialhilfe in Deutschland im BSHG direkt verankert und auch teilweise bereits konzipiert waren.[757] Mit neueren Projekten wie VESTTID in Göteborg oder ARBIS in Malmö ist dann aber im Vergleich zu Deutschland tendenziell eine Annäherung der institutionellen Logiken zu erkennen, in dem auch in Schweden das Ziel in den Vordergrund rückte, arbeitslose Sozialhilfebeziehende durch *kommunal* initiierte beitrags- und steuerpflichtige Beschäftigungsverhältnisse (wieder) im vorrangigen Leistungssystem des Wohlfahrtsstaates zu verankern. Die *Logik eines „Verschiebebahnhofs"*, wie sie infolge der Massenarbeitslosigkeit der kommunalen Sozialhilfe seit Anfang der 1990er Jahre immer mehr zu Eigen wurde, wurde damit auch in Schweden Mitte der 1990er Jahre ähnlich erkennbar wie in Deutschland. Ende der 1990er Jahre wurden diese Konzepte und Probleme einer kommunalen Arbeitsmarktpolitik für Sozialhilfebeziehende jedoch dann weitergehend modifiziert, insbesondere über Modelle des verbesserten Zusammenwirkens *(Samverkan)* von Arbeitsverwaltung, kommunalem Sozialdienst und anderen Organisationen. Die *kommunalen* Programme und mehr noch die neuere meist auch wirksamere Praxis der Kommunen fungierten hier wie dort als „Impulsgeber" für spätere, ab Mitte der 1990er Jahre rechtlich neu gefasste zentralstaatliche Regelungen, etwa zur verbindlichen Einführung von „Eingliederungs- oder Handlungsplä-

---

[757] Vgl. für Bremen Priester/Klein (1992) und Jacobs (1996a).

nen", oder auch bezogen auf veränderte Formen des Zusammenwirkens *(Samverkan)* der arbeitsmarktpolitischen Akteure.

Insgesamt kam es zu einer stärker ausdifferenzierten und (ziel-)gruppenbezogenen lokalen Arbeitsmarkt- und Beschäftigungspolitik von staatlicher Arbeitsverwaltung und Kommunen. Es deutet sich damit auch an, dass in Schweden die zentralstaatlichen „Reformen" von Ende der 1990er Jahre bereits Mitte der 1990er Jahre in Form einer aktiv-gestaltenden kommunalen Praxis eingeleitet oder teilweise in der Praxis vorweggenommen wurden. Insoweit waren die Programme auch bereits kommunal „erprobt", bevor sie zentralstaatlich rechtlich ab 1996 und 1998 neu und weitergehend normiert wurden.

So wurde in den Experteninterviews und Dokumenten deutlich, dass bereits Anfang der 1990er Jahre bezogen auf bestimmte Gruppen unter den Sozialhilfebeziehenden, insbesondere wiederum bei jungen Arbeitslosen in Göteborg intensiv diskutiert wurde, ob die Sozialhilfe für diese überhaupt eine *„vernünftige Form der Versorgung"* darstelle, oder ob nicht ein eigenständiges, völlig neues System der monetären Absicherung für junge Arbeitslose, die bislang keine Ansprüche auf Leistungen der Arbeitslosenkassen erworben hatten, zu institutionalisieren sei. Auch die Frage einer intensivierten und aktiveren Erschließung und Förderung von Wegen aus arbeitslosbedingtem Sozialhilfebezug durch den kommunalen Sozialdienst wurde bezogen auf bestimmte Gruppen seit Anfang der 1990er Jahre in der kommunalen Sozialpolitik intensiv diskutiert. Reformideen bestanden somit in verschiedensten Richtungen.

Mitte der 1990er Jahre kamen dann zwei Entwicklungslinien bzw. Reformstrategien zusammen, die zu veränderten institutionellen Arrangements und Interventionsmustern führten. So kam es einerseits zu einer eher passiv durch Gesetzeserlass konstituierten *Verantwortungsübertragung* vom Zentralstaat auf die Kommunen in Teilbereichen der Arbeitsmarktpolitik, die vor allem mit fiskalpolitischen Motiven und Zielsetzungen verbunden war. Andererseits wurde teilweise bereits zuvor – so jedenfalls in Göteborg – auch eine tendenziell *aktive Verantwortungsübernahme* und ein Ausbau der kommunalen Initiativen im Bereich der Arbeitsmarktpolitik durch die Kommune eingeleitet. Zur Entstehung und zu den Zielsetzungen des Projekts VESTTID wurde in diesen Zusammenhängen formuliert:

„Göteborg ist eine der Kommunen, die aktiv mit Maßnahmen für junge Arbeitslose arbeitet. Die arbeitsmarktpolitische Abteilung in der Stadtkanzlei hat das Programm VESTTID ausgearbeitet. Es handelt sich um eine kommunal finanzierte Maßnahme, die zum Ziel hat, arbeitslose Sozialhilfebeziehende mit einer befristeten kommunalen Anstellung/Beschäftigung zu versorgen. Die Maßnahmen qualifizieren die einzelnen Teilnehmer für spätere An-

sprüche aus der Arbeitslosenkasse und dem Krankenversicherungssystem. Es gibt ebenso einige andere Kommunen, die mit ähnlichen Formen kommunaler arbeitsmarktpolitischer Maßnahmen arbeiten. "[758]

Ein arbeitsmarktpolitisches Engagement der Kommune selbst war 1996/97 nicht völlig neu, sondern die arbeitsmarktpolitische Abteilung der Stadt Göteborg war bereits in anderen Zusammenhängen, etwa in der Umsetzung der früheren *„Bereitschafts-/Notstandsarbeiten"* (Beredskapsarbete BEA) sowie allgemein im Kontext der lokalen Wirtschaftsförderungspolitik arbeitsmarktpolitisch aktiv. Insofern bestanden auch bereits kommunale Ressourcen und Erfahrungen in diesem Bereich. Neu war allerdings der mit dem Programm VESTTID verbundene *direkte Bezug auf Sozialhilfebeziehende* und dann wiederum vor allem der Programmbezug auf junge Arbeitslose. Diese Bezüge sind mit der hohen Arbeitslosenquote unter den 18 bis 24jährigen jungen Erwerbsfähigen von zeitweise über 15 % (1994) in Göteborg im Zusammenhang zu sehen.

Mit dieser expliziten Neuausrichtung der kommunalen Arbeitsmarktpolitik auf junge Sozialhilfebeziehende wurde über die arbeitsmarktpolitische Abteilung der Stadt in Zusammenarbeit mit der Leitung der städtischen Sozialdienste eine erste engere Anbindung von Sozialdienst und Arbeitsmarktpolitik als Grundlage der neuen „aktivierenden Sozialpolitik" am Arbeitsmarkt eingeleitet. Die Entwicklungen und Zielsetzungen sowie die Voraussetzungen, die im Rahmen einer Zusammenarbeit der städtischen Amtes für Arbeitsmarktpolitik und des städtischen Sozialdienstes für Aufbau und Umsetzung des Programms VESTTID in Göteborg zu schaffen waren, wurden in Göteborg folgendermaßen beschrieben:

„Das ist eine Möglichkeit für Sozialhilfeempfänger, die dem Arbeitsmarkt zur Verfügung stehen, eine Arbeit zu erhalten, für eine begrenzte Zeit, en „visst tid", sagen wir auf Schwedisch. Und es gibt auch seit – 1995/1996 – als Veränderungen vorgenommen wurden im kommunalen Anstellungsvertrag, die befristete Einstellungen in der Kommune (…), da hat sich ein System gezeigt, in dem Sozialhilfeempfänger eine solche befristete Anstellung erhalten haben, um einen Schritt gehen zu können, um dem Arbeitsmarkt näher kommen zu können. Dadurch, dass man schon einmal eine Form der Beschäftigung hatte, eine Form des Kontakts mit dem Arbeitsleben. Und mit dem in ihrem Lebenslauf können sie weiter gehen und vielleicht eine Anstellung in einer öffentlichen Einrichtung oder auch in einem privaten Betrieb erhalten. Aber die Absicht war, dass man eine sechsmonatige Arbeit hatte, womit man nachweisen und belegen konnte, dass man arbeiten kann. (...) Die Regeln waren so, dass man über diese Vesttid-Anstellung auch Zugang zum System der Arbeitslosenkassen erhielt und wenn man erneut arbeitslos werden würde, da hätte man dann Ansprüche. Das bedeutet, dass man darüber in ein anderes Versorgungssystem und nicht mehr in das Sozialhilfesystem kommt." (Int. 10: 3852 ff.)

---

[758] Zit. Kristiansson/Tidqvist (1999: 2). Mit dieser Untersuchung liegt eine quantitative Studie zu den Wirkungen des Programms vor. Als Kommunen, die 1996/97 ähnliche Programme eingerichtete hatten, werden beispielhaft Malmö, Södertälje und Växjö genannt. Auch Salonen (1999) gibt einen Überblick zu den arbeitsmarktpolitischen Maßnahmen der drei Großstädte Stockholm, Göteborg und Malmö.

In einer Deutung dieser sehr dichten und informativen Aussage sind eine ganze Reihe an Merkmalen erkennbar, die mit einer „aktiven" kommunalen Arbeitsmarktpolitik bezogen auf Sozialhilfebeziehende verbunden waren. Nachdem der Anstieg der Arbeitslosigkeit und zentralstaatliche Kürzungsmaßnahmen im vorrangigen Bereich sozialer Sicherung zur Entwicklung einer kommunalen Gegenstrategie einer eigenen Arbeitsmarktpolitik für Sozialhilfebeziehende führten, waren zunächst noch bestehende Hemmnisse für die neuen Programme abzubauen. Als Voraussetzung der *meist auf sechs oder neun Monate befristeten Anstellungsverhältnisse* für arbeitslose Sozialhilfebeziehende bedurfte es unter anderem einer Änderung der Tarifverträge für kommunal Beschäftigte, um die engen Befristungsregeln arbeitsrechtlich zu erweitern.[759] Mit dem Programm verbunden war somit auch *eine Flexibilisierung und Öffnung im kommunalen Arbeits- und Tarifrecht.* Kritisch formuliert kann von einer tendenziellen Aufweichung der bisherigen Standards gesicherter Beschäftigungsverhältnisse im öffentlichen Sektor gesprochen werden, die mit dem Programm auch verbunden war. Neutraler kann von einer Flexibilisierung kommunaler Arbeitsverträge gesprochen werden, die mit der Intention erfolgte, jungen arbeitslosen Sozialhilfebeziehenden eine befristete Beschäftigung und den Aufbau von Anwartschaftszeiten zur Arbeitslosenversicherung zu ermöglichen.

Das Projekt VESTTID bezog sich auf alle 21 Stadtteile in Göteborg. Die Stadtteile konnten anteilmäßig eine bestimmte Anzahl von arbeitslosen Sozialhilfebeziehenden in die Beschäftigungsverhältnisse des Programms vermitteln. Die Auswahl der dafür in Frage kommenden Sozialhilfebeziehenden erfolgte *nicht* über Arbeitsvermittler der Arbeitsvermittlung, sondern über die im Rahmen der Sozialhilfe in den Sozialbüros tätigen Sozialarbeiter. Damit wurde in *professionaler Hinsicht* das Feld der Arbeitsvermittlung und -beratung zusätzlich zu einem Tätigkeitsfeld der Sozialarbeit, wobei zu diskutieren wäre, ob und in wieweit Sozialarbeiter *(Sozialsekretärare/Socionomer)* für die Aufgaben der Arbeitsberatung und -vermittlung auch hinreichend qualifiziert sind und inwieweit sie diese Aufgaben „professionell" und „bedarfsgerecht" wahrnehmen können. In Göteborg wurden einzelne, meist langjährig erfahrene Sozialarbeiter aus der Sozialhilfe im Schwerpunkt für die Auswahl und Vermittlung der arbeitslosen Sozialhilfebeziehenden für das Projekt VESTTID eingesetzt.

Hinsichtlich der sozialberuflichen Handlungsformen ergab die Befragung unterschiedliche Ansätze und Erfahrungen der Experten. Nach Aussagen einzelner Mitarbeiter wurde es von arbeitslosen Sozialhilfebeziehenden oft nicht gewünscht,

---

[759] Generell galt im Projekt VESTTID eine Beschäftigungsdauer von sechs Monaten, womit bereits Anwartschaften auf Leistungen der Arbeitslosenkassen begründet wurden. Verträge mit einer neunmonatigen Laufzeit hingen vor allem mit Anstellungsverhältnissen von „Schulassistenten" zusammen. Das Schuljahr umfasst – abzüglich der Hauptferienzeiten im Frühjahr und Sommer in Schweden rd. 9 Monate, so dass Beschäftigungsverhältnisse von Schulassistenten entsprechend gestaltet wurden.

dass sich Sozialarbeiter des Sozialdienstes direkt mit potentiellen Arbeitgebern, die im Rahmen des Programms VESTTID Beschäftigungsmöglichkeiten anboten, in Verbindung setzten, etwa um im Vorfeld eines Vorstellungsgespräches die Chancen auf eine Beschäftigung zu klären oder auch zu beeinflussen. Grund hierfür sei, dass die Arbeitslosen aufgrund des Stigmas der Sozialhilfe befürchteten, dass durch eine direkte Intervention der Sozialarbeiter ihre Chancen auf die Arbeitsstelle nicht erhöht, sondern tendenziell eher verringert würden. Arbeitgeber hätten durchaus Vorbehalte gegenüber Sozialhilfebeziehenden: *„Die meisten wollen nicht, dass wir [vom Sozialdienst] Kontakt mit Arbeitgebern aufnehmen, weil sie denken, das würde ihre Chancen zerstören."* (Int. 22: 408-410)

Entsprechend wurden von einzelnen Mitarbeitern Handlungsformen beschrieben, wonach sie in den *Vermittlungs- und Lotsenfunktionen* des Programms VESTTID als Sozialarbeiter des Sozialdienstes grundsätzlich keinen direkten Kontakt zu Arbeitgebern suchten, sondern diese den Sozialhilfebeziehenden selbst überließen. Teilweise wurde ausdrücklich darauf hingewiesen, dass diese Kontakte zu und Interventionen bei Arbeitgebern keine Aufgabe des städtischen Sozialdienstes, sondern weiterhin als Aufgabe der Arbeitsverwaltung zu verstehen seien. Andere Experten berichteten hingegen, dass sie einzelne Arbeitslose durchaus zu potentiellen Arbeitgebern begleiteten, etwa um sie dort vorzustellen bzw. sie in der Vorstellung zu unterstützen. Auch in diesen Kontexten wurden wiederum die selbst in *einem* Projektzusammenhang *extrem unterschiedlichen Arbeitsansätze, Methoden und Engagements* der Sozialarbeiter erkennbar.

Die mit dem Programm VESTTID verbundenen neuen institutionellen Arrangements beinhalteten *organisational* und *professional* – wie auch *normativ und rechtlich* insgesamt eine sehr viel engere Verbindung zwischen kommunaler Sozialhilfepolitik und staatlicher wie kommunaler Arbeitsmarktpolitik. Sozialarbeiter in den städtischen Sozialbüros erhielten einen direkten Zugriff auf Angebote der Arbeitsmarktpolitik. Ihr *Gestaltungseinfluss auf die Erwerbsbiografien* der Sozialhilfe beziehenden Bürger wurde direkter und weitergehender. Explizites Ziel und Funktion des arbeitsmarktpolitischen Programms VESTTID war es unter anderem, eine konkrete Möglichkeit zu schaffen, dass die Gruppe der erwerbsfähigen Sozialhilfebeziehenden den in jedem Einzelfall geforderten Nachweis ihrer Arbeitsfähigkeit und ihrer Arbeitsbereitschaft sowie ihrer Mitwirkung am Hilfeprozess dem Sozialbüro gegenüber als Voraussetzung des Sozialhilfebezugs auch tatsächlich erbringen konnten.[760] Insoweit kann auch von einer explizit formulierten *„Arbeits-*

---

[760] So die Berichte der Leitung des Sozialdienste der Stadt Göteborg. Vgl. auch Kristiansson/Tidqvist (1999: 9). Im Anhang der Studie wird die Vergütung für die befristet im Rahmen des Programms VESTTID beschäftigten Sozialhilfebeziehenden mit brutto 71,26 SEK/je Stunde (rd. 7,80 Euro) angegeben. Bei Haushalten mit mehreren Kindern, vor allem auch bei allein Erziehenden mit mehreren Kindern trat allerdings der „Marginaleffekt" auf. In Deutschland als „Armutsfalle" diskutiert, führt der

test-Funktion" des Programms VESTTID gesprochen werden. Die eigentlich und vielfach kritisierte stigmatisierende Sozialhilfepraxis wurde damit tendenziell eher gestützt als abgebaut, auch wenn das Programm insgesamt zu positiven und integrativen Wirkungen einer lokalen Arbeitsmarkt- und Beschäftigungspolitik beitrug. Im Rahmen der geführten Interviews wurde schließlich noch genauer nach Bewertungen und den Effekten des Programms gefragt.

2. Bewertungen und Effekte des Projekts VESTTID
Nach den vorliegenden Befunden und Dokumenten wurden zwischen 1996 und 1999 in Göteborg insgesamt rd. 3.500 junge arbeitslose Sozialhilfebeziehende im Rahmen des Programms VESTTID in Form befristeter Beschäftigungsverhältnisse angestellt. Die Zahl erhöhte sich bis Ende Februar 2000 auf insgesamt 5.000 Verträge, die seit 1996 vergeben wurden.[761] Eine auf einen Monat bezogene Stichprobe ergab für 1998 die Zahl von 1.800 Arbeitsverträge, die im Rahmen des Programms liefen. Die Beschäftigungsverhältnisse entstanden in Göteborg vor allem im Bereich der Altenpflege, in Form von Assistenzdiensten an Schulen, in Verwaltungen und bei Organisationen des „dritten Sektors".[762] Das Projekt wurde auch über das Jahr 2000 fortgesetzt, allerdings unter der allgemein auch in anderen Städten üblichen Bezeichnung einer *„Introduktionsanställning"*. Hierunter sind konzeptionell Beschäftigungsverhältnisse zu verstehen, die zum Ziel haben, im Anschluss an die Befristung in den regulären Arbeitsmarkt einzumünden.[763]

Bezogen auf 35.608 *Haushalte,* die im Jahre 1998 in Göteborg insgesamt zeitweise Sozialhilfe bezogen, scheint das Programm VESTTID mit 1.800 laufenden

---

Marginaleffekt dazu, dass auch bei Aufnahme einer arbeitsmarktpolitischen Maßnahme das (niedrige) Vergütungsniveau insbesondere bei Familien mit mehreren Kindern nicht sicherstellt, dass der Sozialhilfebezug beendet werden kann, sondern dass weiterhin aufstockend Sozialhilfe gezahlt werden muss.

[761] Vgl. Interviews Leitungsebene der Stadt Göteborg und Befunde von Kristiansson/Tidqvist (1999: 9) sowie Salonen (1999: 51).

[762] Das Interview in der städtischen Abteilung für Arbeitsmarktpolitik in Göteborg ergab, dass „Freiwilligenorganisationen" und dem „Dritten Sektor" im Zusammenhang mit der aktiveren Arbeitsmarktpolitik bezogen auf Sozialhilfebeziehende im Verlauf der 1990er Jahre eine stärkere Bedeutung zugekommen ist. Lt. Interview wurden zwischen 1996 und Febr. 2000 von den insgesamt 5.000 „VESTTID-Stellen" etwa 800 Stellen bei Organisationen des „Dritten Sektors" wie der Stadsmission, dem Roten Kreuz, freikirchlichen Organisationen, gemeinnützigen Vereinen und anderen Trägern eingerichtet. Die Berichte der ebenfalls befragten Expertin der Stadtmission in Göteborg bestätigten den Bedeutungszuwachs des „Dritten Sektors" nicht nur in Göteborg, sondern generell für Schweden.

[763] Semantisch ist hinsichtlich der neuen Varianten einer *„Introduktionsanställning"* interessant, dass unter einem *„Introduktionsbrev"*auch ein *Empfehlungsschreiben* verstanden wird. Bereits semantisch zeigt sich eine hohe Bedeutung, die innerhalb des Projekts den durch die Teilnahme ermöglichten bzw. erworbenen Referenzen und einer damit möglichen *Aufwertung des beruflichen Lebenslaufs* beigemessen wurde. Befristete Beschäftigungen im öffentlichen Sektor wurden von den Befragten demnach in der Lebenslaufperspektive grundsätzlich positiv verstanden.

Verträgen (Monatsstichprobe) in seiner quantitativen Bedeutung und in den Wirkungen eher begrenzt. Um jedoch eine solche Bewertung vornehmen zu können, wäre genauer zu differenzieren, wie groß der Anteil der im Sozialhilfebezug stehenden *Personen* im Alter zwischen 20 und 30 Jahren in 1998 und in den Folgejahren war, wie groß der Anteil der erwerbsfähigen Personen wiederum in dieser Gruppe war und welche Personen hiervon möglicherweise eher über andere Optionen einen Weg aus der Sozialhilfe erschließen konnten als über das Programm VESTTID. Unter Berücksichtigung dieser Variablen kommt man zu einer deutlich besseren Bewertung des Projekts, wobei genaue Befunde in den zur Verfügung stehenden Interviews, Dokumenten und wissenschaftlichen Studien im Erhebungszeitraum nicht vorzufinden waren. Im Rahmen der Befragung wurde dabei deutlich, dass die Wirkungen des Projekts aus Sicht der befragten Experten insgesamt positiv gesehen wurden. In Details wurden einzelne Effekte aber auch unterschiedlich bewertet.

Auf Einzelheiten der Wirkungen des Projekts kann nicht genauer eingegangen werden. Zentrale Befunde zu den positiven Effekten werden daher kurz zusammengefasst. Eine auf den Verlauf der Erwerbslosenkarriere und die Effekte bezogene Begleitstudie zum Programm VESTTID ergab für 1997, dass von 355 jungen arbeitslosen Sozialhilfebeziehenden im Alter zwischen 20 und 24 Jahren, die im Herbst 1997 eine VESTTID-Anstellung antraten und einige Monate nach Ende der Beschäftigung dazu befragt wurden, insgesamt 48 % im Anschluss an das Projekt „irgendeine Form von Arbeit" *(„någon form av arbete")* erhalten hatten. Das heißt zugleich, dass 52 % auch im unmittelbaren Anschluss an eine VESTTID-Maßnahme *keine* „Arbeit in irgendeiner Form" erhalten konnten. Hiervon wiederum waren 36 % erneut arbeitslos und 19 % nahmen an einer anderen arbeitsmarktpolitischen Maßnahme teil. Die übrigen nahmen ein Studium auf, waren im Elternurlaub oder nahmen an Kursen der Erwachsenenbildung teil. Die Chancen auf ein an das Programm VESTTID direkt anschließendes Arbeitsverhältnis waren für diejenigen, die bereits vor der Arbeitslosigkeit bzw. dem Sozialhilfebezug im Erwerbsleben gestanden hatten, sowie für Personen mit einem Studienabschluss deutlich besser als für junge Arbeitslose mit fehlenden Schulabschlüssen oder auch für diejenigen, die über keine weiteren Erfahrungen im Erwerbsleben verfügten.[764] Die Befunde verweisen auf die bereits dargestellten *besonderen Bedarfe*, wonach *jungen Arbeitslosen*, insbesondere auch *Einwanderern* verstärkt Möglichkeiten zu bieten wä-

---

[764] Eine umfassende Evaluation, die in Form einer Langzeitstudie die Voraussetzungen, Zugangsformen, Beschäftigungsformen, Qualität und Effekte des Programms VESTTID begleitend untersucht, liegt nicht vor. Das Projekt ist leider nur in geringem Maße dokumentiert, wie auch Kristansson/Tidqvist (1999) feststellen. Bei der ab 1997 verbesserten Lage am Arbeitsmarkt dürften auch die Wirkungen des Projekts in den Jahren 1998 bis 2000 günstiger verlaufen sein als es die in der Erhebungsphase dieser Studie vorliegenden Daten für 1997 ausweisen.

ren, ihre schulische Bildung zu verbessern und entsprechende Abschlüsse nachzuholen, um damit mittel- bis langfristig stabile Wege aus Arbeitslosigkeit und Sozialhilfebezug zu ermöglichen. Insoweit kann das Programm – durchaus ähnlich wie
die „Hilfen zur Arbeit" nach § 18 ff. BSHG in Deutschland – als *ganz überwiegend
und direkt auf Erwerbsarbeit bezogen* und auf die *Erfüllung von Anspruchsvoraussetzungen*
bei den der Sozialhilfe vorrangigen Transferleistungen ausgerichtetes System verstanden werden. Ein auf *Bildung, Qualifizierung und auf Kompetenzvermittlung bezogenes*
Programm zur Erschließung von nachhaltigen Wegen aus Arbeitslosigkeit und
Sozialhilfebezug war mit dem Programm VESTTID nicht bzw. erst in zweiter
Linie gegeben.

Die Ergebnisse des Programms verweisen darauf, dass ferner bestimmte
„*Creaming-Effekte*" eingetreten sind, die in der Planungsphase offenbar intendiert
waren bzw. nicht gezielt vermieden werden sollten. Von einzelnen befragten Mitarbeitern, die an dem Projekt beteiligt waren, wurden die „Creaming-Effekte"
ausdrücklich kritisch gesehen. So wurde etwa auf der städtischen Leitungsebene
berichtet, mit dem Projekt VESTTID habe man explizit diejenigen arbeitslosen
Sozialhilfebeziehenden als Zielgruppen *(målgrupp)* gewählt, die über „*die besten Chancen am Arbeitsmarkt verfügen*". Bezogen auf Sozialhilfebeziehende mit weniger guten
Chancen am Arbeitsmarkt habe man andere Projekte eingerichtet, etwa das genannte Projekt „Hisingslussen". Von einzelnen für das Programm VESTTID mit
der Auswahl und Vermittlung von Sozialhilfebeziehenden schwerpunktmäßig beschäftigten Sozialarbeitern wurde im Rahmen der Interviews rückblickend vor
allem diese starke Fokussierung des Projekts auf diejenigen Arbeitslosen kritisch
gesehen, die institutionellen Kriterien nach noch in relativ hohem Grade als „*job-
ready*" galten und eben gute Chancen aufwiesen, noch bzw. wieder in den Arbeitsmarkt einzumünden. Tendenziell wurden mit dem Projekt VESTTID vor allem
einfache Problemlagen wie Arbeitslosigkeit und monetärer Kurzzeitbezug von Sozialhilfe bearbeitet und entsprechende Leistungsbezieher erhielten vorrangig einen Zugang zu
den Beschäftigungsmöglichkeiten. Demgegenüber wurden die „*schwierigen Langzeit-
fälle mit multiplen Problemlagen*" bei den für das Projekt festgelegten Kriterien und vor
allem auch in der Vermittlungspraxis tendenziell nachrangig behandelt. Das Projekt
wurde daher als zu hochschwellig angesehen und habe für Personen mit multiplen
Problemlagen, die im Langzeitbezug standen, das Risiko auch weiterhin im Sozialhilfebezug zu verbleiben, eher erhöht, jedenfalls nicht spürbar verringert.

Diese Interventionsmuster beinhalten, dass in kommunalpolitischen arbeitsmarktpolitischen Maßnahmen tendenziell vor allem denen eine institutionelle Förderung und Verbesserung von Wegen aus dem Sozialhilfebezug zukam, die bei
genauerer Betrachtung ihrer biografischen und handlungsbezogenen Voraussetzungen ohnehin relativ gute Möglichkeiten für eine selbstständigen Überwindung
des Sozialhilfebezugs aufweisen. Denjenigen, die jedoch – biografisch betrachtet –

eher ungünstige Voraussetzungen für eine stabile Integration in den Arbeitsmarkt mitbrachten, konnte jedenfalls das Projekt VESTTID nur begrenzt Wege aus dem Sozialhilfebezug ermöglichen. Diese aus den Experteninterviews gewonnenen Befunde deuten sich auch in den zum Projektverlauf vorliegenden quantitativen Befunden an.[765]

Über die Quote derjenigen Projektteilnehmer, die zu einem späteren Zeitpunkt nach Auslaufen des Projektvertrages erneut Sozialhilfe bezogen, lagen keine Daten vor. In einer *Lebenslaufperspektive* betrachtet ist für die Effekte des Programms VESTTID oder ähnlicher Projekte durchaus davon auszugehen, dass mit einem in aller Regel *sechs- oder neunmonatigen Beschäftigungsverhältnis* bei einer öffentlichen Einrichtung, Behörde oder im „Dritten Sektor" zwar durchaus eine Aufwertung der beruflichen Lebensläufe verbunden ist, die mittel- oder langfristig auch zu einer Verbesserung der Chancen am regulären Arbeitsmarkt beitragen. Zugleich weisen die Befunde aber aus, dass als besonders wichtige und ergänzende Variablen der biografische, schulische und erwerbsmäßige Verlauf des Lebens *vor* der Projektteilnahme auch entscheidend für die späteren Chancen am Arbeitsmarkt im Anschluss an das Projekt sind. Die Bedeutung schulischer Bildung und beruflicher Erfahrungen insbesondere bei jungen Arbeitslosen und Einwanderern bilden demnach wichtige Schlüssel zur Überwindung von Arbeitslosigkeit und Sozialhilfebezug. In Konzepten arbeitsmarktpolitischer Maßnahmen und in Ansätzen einer aktiven Steuerung der Sozialhilfe sind diese *lebenslaufbezogenen* Perspektiven und Variablen demnach in besonderer Weise mit einzubeziehen, um eine verbesserte Wirksamkeit der Projekte zu erzielen.

Aus kommunalpolitischer Sicht war der wohl wichtigste Effekt, wie er für die etwa 5.000 Projektteilnehmer, die zwischen 1996 und 2000 eine Beschäftigung im Rahmen des Programms VESTTID erhielten, der, dass aufgrund der Konstruktion des Programms über die kommunale BEA-Vereinbarung *(BEA-Avtal)* und über den Status eines damit verbundenen *steuer- und beitragspflichtige Beschäftigungsverhältnisses* für die Beschäftigten ein Zugang zu den vorrangigen Leistungen der Arbeitslosenkassen und der Krankenkassen möglich wurde.[766] Damit wurde faktisch der Weg aus dem Sozialhilfebezug in ein vorgelagertes Leistungssystem des Wohlfahrtsstaates erreicht, so dass der kommunale Sozialhilfeetat eine spürbare Entlastung erfuhr. Auch von Experten, die am Projekt VESTTID direkt beteiligt waren, wurde rückblickend als besonders positiv gewertet, dass mit dem Programm die Zahlung eines „regulären Lohnes" statt der Sozialhilfe während der sechs oder neunmonatigen Beschäftigung möglich wurde. Dadurch wurden auch der geringe

---

[765] Vgl. Kristansson/Tidqvist (1999).

Status und die Stigmatisierung, die für viele Sozialhilfebeziehende eine Belastung darstellen, zumindest zeitweise aufgehoben. Aus Erfahrung der befragten Sozialarbeiter wurden damit insbesondere in der Motivation bei den Arbeitslosen positive Effekte erreicht. Im Unterschied zum kommunalen Programm VESTTID in Göteborg wurde seit Mitte der 1990er Jahre in den meisten anderen staatlichen oder auch kommunalen arbeitsmarktpolitischen Maßnahmen entweder während der Teilnahme ein Ausbildungsgeld oder häufig auch weiterhin Sozialhilfe gezahlt. Diese Interventionsmuster wurden bezogen auf die erwünschten Anreizwirkungen und Arbeitsmotivation von den Experten durchweg negativ gewertet. So sei es doch genau die Konstruktion der lohnähnlichen Vergütung, die dazu führe, dass der Sozialhilfebezug nach Abschluss der VESTTID-Maßnahme entweder ganz beendet oder aber in der Höhe deutlich reduziert werden könne, in dem allenfalls noch ergänzend zu Leistungen der Arbeitslosenkasse oder zum Krankengeld weiterhin Sozialhilfe gezahlt werden musste. Die für die Stadt Göteborg mit der Konstruktion des Programms VESTTID verbundenen Ausgabenreduzierungen im Bereich der Sozialhilfe waren beträchtlich und wurden mit insgesamt rd. 100 Mio. SEK je 1.000 Projektteilnehmern angegeben. In diesen Zusammenhängen bestätigte sich bezogen auf Göteborg das Merkmal einer stärker „investiv" konzipierten „aktivierenden Sozialpolitik" in der Kommune, die seit Mitte/Ende der 1990er Jahre sehr viel direkter auch die Wirksamkeit(en) und die erzielbaren bzw. erzielten ökonomischen Effekte von arbeitsmarktpolitischen Maßnahmen mit beachtete.

Die im Vorfeld des Projekts geplanten und erwarteten Zielsetzungen wurden vor allem aus Sicht der Kommune wie auch aus Sicht vieler Projektteilnehmer in hohem Maße erreicht. Doch zeigen die Befunde auch Defizite, etwa „Creaming-Effekte" und in der Quote der „Abbrecher" und „Rückkehrer", die nach dem Projekt erneut in den Sozialhilfebezug gerieten. Ein weiteres und häufig in den Experteninterviews angesprochenes Problem wurde darin gesehen, dass mit *sechs* oder *neun Monaten* nur eine relativ *kurze Laufzeit* der Arbeitsverträge möglich gewesen sei. Diese kurzen Laufzeiten führten zwar zu Anwartschaften und Ansprüchen auf Leistungen der Arbeitslosenversicherung und beim Krankengeld, ermöglichten oft aber eben keinen direkten Zugang und keine wirkliche Integration in den Arbeitsmarkt. Im Grunde handele es sich um vergütete Praktika und Berufserkundungsphasen. In diesem Zusammenhang wurde von den Experten häufig auf das *„Risiko des Rundganges"* (Rundgång) verwiesen. Mit dem Risiko des Rundganges ist eine wiederkehrende Teilnahme an verschiedensten arbeitsmarktpolitischen Maßnahmen im Zeitverlauf gemeint, ohne dass es zu einer wirklichen Einmündung und Etablierung am regulären Arbeitsmarkt kommt. Der „Rundgang" wurde in zahlreichen Studien und Veröffentlichungen zur schwedischen Arbeitsmarkt- und Sozialpolitik seit Mitte der 1990er Jahre als eine der zentralen Schwachstellen der aktiven schwedischen Arbeitsmarktpolitik thematisiert[767] Es wird daher für das Programm VESTTID in Göteborg ebenfalls genauer untersucht.

3. Risiko des Rundgangs in arbeitsmarktpolitischen Maßnahmen – in Göteborg/Schweden besonders ausgeprägt?

Die Frage, ob und in welchem Grad über arbeitsmarktpolitische Maßnahmen unterschiedlichen Zuschnitts tatsächlich eine Integration in den regulären Arbeitsmarkt gelingt, wurde in der Diskussion um eine „aktivierende Sozialpolitik" im Verlauf der 1990er Jahre stark in den Mittelpunkt gestellt. Zugleich bildet nicht nur ein Zugang sondern möglichst auch eine nachhaltige Integration am Arbeitsmarkt die leitende Zielsetzung der „Aktivierungsprogramme" vor allem auch im Bereich arbeitsmarktpolitischer Maßnahmen, die speziell auf Sozialhilfebeziehende ausgerichtet sind.

In den hierzu in Göteborg geführten Interviews war besonders auffällig, dass von Befragten im Zusammenhang mit kommunalen arbeitsmarktpolitischen Maßnahmen semantisch häufig von einer „Annäherung an den Arbeitsmarkt" gesprochen wurde.[768] Obwohl in Schweden – ähnlich wie seit einigen Jahren in der deutschen Arbeitsmarkt- und Sozialhilfepolitik – als politisches Ziel in den Programmen meist die Arbeitsmarktintegration formuliert ist, fand sich in den Aussagen der befragten Experten diese konsequente Orientierung auf eine „Einmündung in den regulären Arbeitsmarkt" so explizit eher selten. Beispielsweise formulierte eine Sozialarbeiterin, die im Projekt VESTTID als Vermittlerin tätig war, dass es das Hauptziel des Programms gewesen sei, den arbeitslosen Sozialhilfebeziehenden durch die Maßnahmen wieder einen Zugang zu den Leistungen der Arbeitslosenkassen zu ermöglichen und sie so aus dem Leistungsbezug der kommunalen Sozialhilfe herauszuführen. So waren – jedenfalls in Göteborg – tendenziell eher die normativen, rechtlichen, formalen und verwaltungswirtschaftlich kalkulierten Zugangs- und Anwartschaftsfristen der Arbeitslosenversicherung und weniger die Lebenslagen, biografisch geprägten Problemkonstellationen und berufsbiografische Bedarfe der ausgewählten Zielgruppen junger Arbeitsloser für die Konzeption der Programme ent-

---

[767] Vgl. die Studie „Vem bryter Rundgången?" von Karlsson/Sundell (1995 und 1999). Darin wurden arbeitsmarktpolitische Maßnahmen der Arbeitsvermittlung und der Stadt Stockholm untersucht. Die Studie kam für eine Stichprobe von insgesamt 544 Personen aus dem Jahre 1994 zu dem Befund, dass *30 Monate danach* noch immer rd. 60 % dieser Stichprobe entweder arbeitslos oder im Sozialhilfebezug waren. Nach 36 Monaten ging der Anteil im Verlauf des Jahres 1997 auf rd. 30 % zurück. Diese Effekte wurden wesentlich mit den verbesserten konjunkturellen Rahmenbedingungen und einer verbesserten Lage am Arbeitsmarkt erklärt und konnten kaum direkt auf die veränderten institutionellen Arrangements, etwa auf die intensivierte Zusammenarbeit der beteiligten Organisationen und Akteure zurückgeführt werden. Auch allgemeinere Beiträge weisen für Schweden auf das Problem des „Rundgangs" in verschiedenen arbeitsmarktpolitischen Maßnahmen hin, so etwa Zänker (1998: 67).

[768] Typisch war die Formulierung *"att närmar sig arbetsmarknaden"* (Int. 10: 38-52).

scheidend. Auch *die sechs bis maximal neunmonatige Dauer* der VESTTID-Beschäftigungsverhältnisse wurde vor allem mit den Regelungen zu den Anwartschaften der Leistungen der Arbeitslosenversicherung begründet, also nicht direkt ausgehend von erwerbs- und berufs- sowie bildungsbiografischen Bedarfen der potentiellen Teilnehmer. Den *zentralstaatlichen* gesetzlichen Regelungen nach waren durchaus auch längere Laufzeiten von bis zu zwölf Monaten etwa für die Beschäftigungsgarantie *(Utvecklingsgaranti)* bei den 20 bis 24jährigen jungen Arbeitslosen vorgesehen. Die *kommunale* dennoch eher formal legitimierte und ausgerichtete Zielsetzung des Programms VESTTID, arbeitslose Sozialhilfebeziehende möglichst *kurzfristig* in das Leistungssystem der vorrangigen Arbeitslosenkassen zu überführen, kam in der folgenden Aussage einer anderen Mitarbeiterin exemplarisch Ausdruck:

> *„Vesttid: – das ist Arbeit, die ausschließlich für Sozialhilfeempfänger über 6 oder 9 Monate geht, und während dieser Zeit bauen sie Ansprüche auf in der Arbeitslosenkasse. Und von den Kollegen von der Arbeitsvermittlung, da hört man schon mal, dass das Projekt als öffentlich qualifizierter Versicherungsbetrug durch die Kommune bezeichnet wird."* (Int. 13: 744-749)

Diese Praxis eines auch als „*öffentlich qualifiziertem Versicherungsbetrug"* bezeichneten neu entwickelten Ansatzes in der aktiven kommunalen Beschäftigungspolitik, der diese letztlich als „Verschiebepraxis" versteht, ist allerdings nicht isoliert von der zentralstaatlichen Arbeitsmarkt- und Sozialpolitik zwischen Anfang bis Mitte der 1990er Jahre zu sehen. Es handelt sich nicht nur um ein einseitig kommunales, sondern vielmehr um ein institutionell *wechselseitiges Zuschieben sozialpolitischer und sozialstaatlicher Verantwortungsbereiche und -aufgaben.* Diese politische Praxis kann schließlich in Erwerbslosen- und Sozialhilfekarrieren münden, die von monate- oder jahrelangen „Rundgängen" in und durch verschiedenste arbeitsmarktpolitische Maßnahmen sowohl der staatlichen Arbeitsmarktverwaltung wie der Kommunen gekennzeichnet sind. Dieses Risiko und entsprechende Erfahrungen fanden sich in den Berichten der Experten meist ausdrücklich beschrieben, wobei allerdings empirische Daten zum Problem des Rundganges kaum verfügbar waren. Zugleich prägten diese Wahrnehmungsmuster von Experten die Programmentwicklung und die Umsetzung und Praxis arbeitsmarktpolitischer Maßnahmen in offenbar durchaus hohem Grade. Verwiesen ist damit auch auf bestehende Konflikte, im Verhältnis von Zentralstaat und Kommunen. Dieses Verhältnis ist eben nicht „interessenneutral-partnerschaftlich", sondern seit Mitte der 1990er Jahre vor allem auch interessengelagert und von fiskalpolitisch kritischen Gegebenheiten geprägt. Allerdings trafen sich die Interessen von Zentralstaat und Kommunen in mindestens einem Punkt, nämlich die Arbeitslosigkeit deutlich zu reduzieren.

Die Praxis eines vorrangig fiskalpolitisch motivierten Verschiebens von Arbeitslosen aus einem Transferleistungssystem in ein anderes wurde im Sample der

694

Interviews vor allem von den befragten Sozialarbeitern sehr kritisch gesehen, die auf der Ebene der direkten Kontakte mit den Arbeitslosen tätig waren. Weniger kritisch gesehen wurde es meist von Befragten der Leitungsebene. Begründet wurde die Kritik meist damit, dass weder sozialpolitisch, noch ökonomisch, noch für arbeitslose Sozialhilfebeziehende selbst mit der institutionellen Verschiebung der Problembearbeitung auf Zeit ein „Gewinn" erzielt werde. Es sei bei der *Kurzfristigkeit der Maßnahmen* auch kein wirklicher „Gewinn", Arbeitslose sechs oder neun Monate „pro forma" im öffentlichen Sektor oder im „Dritten Sektor" zu beschäftigen, wenn damit nicht konkrete Anschlussperspektiven einer Integration am Arbeitsmarkt verbunden seien. Vielmehr resultiere genau aus diesen kurzfristig konzipierten Programmen das *hohe Risiko eines „Rundganges"* von einer Maßnahme zur nächsten. In der *biografischen Perspektive* betrachtet ist damit auch das *Risiko einer Verfestigung der Arbeitslosigkeit und des periodischen oder episodenhaften Sozialhilfebezugs* verbunden, was im weiteren Problemverlauf meist um so anspruchsvollere und erweiterte Interventionen zur Lösung der Probleme erfordert.

Auch wenn genauere empirische Daten zu diesen Problemen für das Projekt VESTTID nicht vorlagen, gilt es festzuhalten, dass in einer verlaufsbezogenen Sichtweise nach den geschilderten Erfahrungen der Experten in Fällen mit einer bloßen Aneinanderreihung arbeitsmarktpolitischer Maßnahmen negative Effekte bezogen auf den weiteren *Verlauf von Berufsbiografien*, möglicherweise aber auch bezogen auf andere „Teilkarrieren" wie der *Gesundheitsbiografie*, der *Einkommensbiografie*, einer *Schuldnerkarriere* usw. verbunden sein können. Diese Problemfelder, Risiken und Anforderungen an eine *Ausgestaltung sozialer Interventionen im Zeitverlauf* wurden von den befragten Experten durchaus gesehen. Als eine Strategie, diesen Risiken entgegenzuwirken, wurde wiederum der Ansatz des verbesserten institutionellen Zusammenwirkens *(Samverkan)* genannt.

Bei einer bis Mitte der 1990er Jahre weitgehend scharfen Trennung in den Verantwortlichkeiten zwischen kommunalem Sozialdienst und der Arbeitsverwaltung und bis dahin fast ausschließlich zentralstaatlich finanzierten und über die Arbeitsverwaltung vermittelten Maßnahmen treten per se Abstimmungserfordernisse für die Institutionen auf, wenn Massenarbeitslosigkeit und Sozialhilfebezug sich als Problemfelder zunehmend überlagern.[769] Für Göteborg war schließlich Ende der 1990er Jahre mit dem „Samverkan" (Zusammenwirken) eine Wende in der zuvor segmentierten oder isolierten Ausrichtung der kommunalpolitischen wie auch der zentralstaatlichen Maßnahmen erkennbar, um unter anderem das Risiko des „Rundgangs" zu verringern. Der neue Ansatz eines *intensivierten Zusammenwirkens* der verschiedensten Behörden und Institutionen ist dabei nicht nur *fiskalpolitisch* bzw. finanziell sondern vor allem auch durch erweiterte *rechtliche* Rahmenbe-

---

[769] Für die deutsche Sozialhilfe in ihren Schnittstellen zur Arbeitsmarktpolitik vgl. Hartmann (2000).

dingungen, *organisatorisch* sowie in *fachlich bzw. professionaler* Hinsicht inzwischen gut entwickelt. Von den Befragten der verschiedensten Ebenen wurde im Zusammenhang mit den Projekten des Samverkan durchgängig formuliert, dass dabei die Zielsetzung, die Rundgänge durch verschiedenste arbeitsmarkt- und bildungsbezogene Projekte und Angebote zu stoppen, sowohl kommunal *als auch* zentralstaatlich als *neue Leitidee* für die Arbeitsmarktpolitik entwickelt wurde. Erkennbar wurde, dass in den Argumentationsmustern der Politik und auch in den Handlungsorientierungen der Experten nicht allein die auf die Sozialdienste und Verwaltung bezogenen Synergieeffekte und erwartete Ausgabenreduzierungen als Motive für ein verbessertes Zusammenwirken im Vordergrund standen. Auch eine genauere Orientierung an Verlaufsmuster und die Risiken des „Rundgangs" sowie damit verbundene Diskontinuitäten und Risiken einer Verfestigung von Arbeitslosen- und Armutskarrieren standen im Zentrum der neuen Leitidee.

Nach knapp dreijähriger Laufzeit des Projekts VESTTID (1996-1998) wurden in Göteborg *ergänzend* zu diesem Programm *neue Projekte wie „FRISAM"* und das *Projekt „DELTA-Arbetsmarknadstorget" (DELTA-AMT)* eingerichtet.

4. Vergleich: „VESTTID" in Göteborg und die „Hilfen zur Arbeit" in Bremen

In der international vergleichenden Forschung zu den neueren Formen einer „aktivierenden Sozialpolitik" werden länderspezifische institutionelle Arrangements zum Teil nicht berücksichtigt, was dazu führt, dass einerseits die unterschiedlichen historischen Prägungen wie auch die Ausgangs- und Rahmenbedingungen in ihrer Bedeutung vernachlässigt werden.[770] Ferner werden in der „Workfare-Debatte" zum Teil Maßnahmen der *staatlichen* Arbeitsverwaltung und Maßnahmen der *kommunalen* Sozialhilfe international verglichen, bzw. in ihren institutionellen Merkmalen nicht genauer bestimmt, obwohl die jeweiligen institutionellen Einbindungen, etwa in normativer, rechtlicher, organisatorischer und sozialberuflicher Hinsicht zentralstaatlich und kommunal geprägt sehr unterschiedlich sind. Hierdurch können soziale Interventionsformen wesentlich mit beeinflusst werden. Es lassen sich demnach international somit grundsätzlich nur *kommunale* Programme mit *kommunalen* Programmen und *staatliche* mit *staatlichen* Maßnahmen vergleichen, oder aber es gilt, die institutionellen Merkmale von „Mischverwaltungen" zuvor sehr präzise zu bestimmten und darzustellen.

Hier wurde gezielt und begründet das kommunale Göteborger Programm VESTTID für eine Kontrastierung mit den bis 2005 bestehende kommunalen

---

[770] Vgl. Lødemel/Trickey (2000). Die Studie bildet einen grundlegenden Beitrag für die international vergleichende „Workfare-Forschung". Allerdings wurden die je institutionellen Merkmale und Abgrenzungen zwischen *kommunalen* und *zentralstaatlichen* „Workfare-Programmen" erst teilweise ermittelt.

„Hilfen zur Arbeit" in Bremen ausgewählt, da für diese beiden Programme noch relativ weitestgehend vergleichbare institutionelle Arrangements bestanden. Die übrigen skizzierten oder in weiteren Detailstudien untersuchten Göteborger Projekte ließen sich in Details weniger gut mit den deutschen Programmen vergleichen, da sie von völlig anderen institutionellen Gegebenheiten und Voraussetzungen und auch von einem stärkeren Gestaltungseinfluss der Arbeitsverwaltung und anderer Akteure außerhalb der kommunalen Sozialhilfe geprägt waren und sind. Über den Städtevergleich für die ausgewählten beiden Programme hinausgehend lassen sich dennoch kontrastierend einige grundlegende Merkmale einer „aktivierenden Sozialpolitik" an den Schnittstellen zwischen Sozialhilfe und kommunaler Arbeitsmarktpolitik für beide Wohlfahrtsstaaten erkennen. Die folgende Tabelle weist zunächst die Hauptmerkmale der in Göteborg und Bremen für die ausgewählten typischen Programme und Regelungen zusammenfassend aus.[771]

Zusammenfassend zeigen sich dabei in einer Kontrastierung der Maßnahmen beider Städte und auch für die beiden Wohlfahrtsstaaten zunächst eine Reihe ähnlicher institutioneller Merkmale. Insgesamt *überwiegen jedoch die Unterschiede* in der Ausgestaltung der Programme. Gemeinsame Merkmale finden sich etwa in den Zielsetzungen der Programme und in den fiskalisch geprägten Motiven für die Ausweitung kommunaler arbeitsmarktpolitischer Maßnahmen im Verlauf der 1990er Jahre. Auch in der Finanzierungsform der verglichenen Programme, die in Göteborg ausschließlich und in Bremen überwiegend kommunal erfolgte, finden sich Parallelen. Allerdings wären weitere arbeitsmarktpolitische Programme hinzuzuziehen, um jeweils einen Gesamtüberblick über die Finanzierungsvarianten und die Lastenverteilung zwischen staatlicher und kommunaler Arbeitsmarktpolitik darstellen zu können. Auch die in beiden Städten durchaus beträchtlichen kommunalen Gestaltungsspielräume für die Ausgestaltung der Programme sind ähnlich entwickelt, jedoch in Göteborg – wie auch die Sozialhilfe generell – weniger rechtlich detailgenau geregelt als dies über das BSHG für die „Hilfen zur Arbeit" und mit detaillierten Kategorienschemata in Bremen bzw. Deutschland gilt. Auch das Prinzip, die Maßnahmen grundsätzlich als sozialversicherungs- bzw. beitrags- und steuerpflichtige Beschäftigungsverhältnisse zu gestalten, was seinerzeit zwischen 1995 und 2005 in beiden Städten gegeben, allerdings in Bremen bzw. Deutschland um weitere Varianten, etwa der Mehraufwandsvariante oder auch um Lohnkostenzuschüsse innerhalb des Programms breiter gestaltet. Die Variante der Mehraufwandsentschädigung war in Göteborg in keinem kommunalen Programm anzutref-

---

[771] Grundlage für die Ausarbeitung der Tabelle 18 bilden neben der Expertenbefragung *in Göteborg* die Begleitstudie zum Programm VESTTID von Kristiansson/Tidqvist (1999) und städtische Dokumente. Die „Hilfen zu Arbeit" in Bremen wurden von Priester/Klein (1992) und Jacobs (1996a) untersucht. Befunde und Merkmale zum Stand der Programme Ende der 1990er Jahre ergaben sich aus den Bremer Experteninterviews und Dokumenten. Vgl. Stadt Bremen (1997, 1999a, 1999d und 1999e).

fen. Lohnkostenzuschüsse waren dort über die Leistungen der Arbeitsmarktverwaltung möglich. Ähnlich zeigten sich auch die Hauptprobleme einer kommunalen Arbeitsmarktpolitik bezogen auf Sozialhilfebeziehende. Das Problem und die empirische Frage des „Rundgangs" sowie die faktische Funktion eines „Verschiebebahnhofes", die mit den Maßnahmen verbunden wurden, finden sich zwar in beiden Städten, standen allerdings in Göteborg vor allem aufgrund der *kürzeren Vertragslaufzeit* und einer damit verbundenen *höheren Dynamik in den Zu- und Abgängen* stärker im Zentrum als in Bremen. In beiden Fällen deuteten sich *Defizite in den nachgehenden Hilfen* an sowie in einer *nachgehenden verlaufsbezogenen Evaluation* bzw. im Controlling der sozialhilfeinternen arbeitsmarktpolitischen Maßnahmen.

Im *Unterschied* zu den „Hilfen zur Arbeit" in Bremen, die *sozialhilfeintern* für verschiedenste Zielgruppen grundsätzlich offen waren, scheinen zudem die „Creaming-Effekte" im Programm VESTTID in Göteborg stärker ausgeprägt gewesen zu sein. Diese Negativeffekte ergaben sich nicht allein dadurch, dass sich das Programm ganz überwiegend auf *junge* Arbeitslose bezog, sondern zudem auch stärker auf *kurzzeitig* im Sozialhilfebezug stehende Personen ausgerichtet war. Demgegenüber waren die „Hilfen zur Arbeit" während der Erhebungsphase in Bremen noch tendenziell eher auf *Langzeitbeziehende aller Altersgruppen* bezogen, wobei mit internen Programmen wie „U27" auch spezifisch junge Arbeitslose besonders mit berücksichtigt wurden. Auch für Bremen fanden sich Risiken einer „Bestenauslese" und „Creaming-Effekte". Tendenziell gilt für beide Städte, dass die Vermittlungschancen stark von den beruflichen Qualifikationen, der Dauer der Arbeitslosigkeit und persönlichen Problemlagen, also vom Lebensverlauf und der Lebenslage arbeitsloser Sozialhilfeempfänger abhängig waren bzw. sind.[772]

Tabelle 19:		
Kommunale Arbeitsmarktpolitik in der Sozialhilfe **- Göteborg und Bremen im Kontrast -** **(Stand: 1996 bis 2000)**		
Merkmale:	**„VESTTID"/Göteborg**	**„Hilfen zur Arbeit"/Bremen**
Rechtliche Grundlagen:	• Ausschließlich kommunalpolitisches Programm gemäß Ratsbeschluss. • Indirekter Bezug zu Regelungen des Sozialhilferechts (SoL). • Allgemeine Rahmung der	• Kommunalpolitische Programme gemäß Senats-/Ratsbeschluss, • bei direkter und detaillierter rechtlichen Regelungen durch das Sozialhilferecht (BSHG). • Kommunalpolitische Gestal-

---

[772] Vgl. Priester/Klein (1992: 228).

	Maßnahmen durch das Sozialdienstgesetz und durch Arbeits-/Tarifrecht. • Die rechtlich möglichen Gestaltungsfreiräume für die Kommune sind beträchtlich.	tungsfreiräume in Art, Umfang und Ausführung der Maßnahmen sind gegeben, jedoch über detailliertes Recht begrenzt.
Finanzierung:	• Vollständig kommunale Finanzierung.	• Nahezu vollständig kommunale Finanzierung bei geringen Eigenbeiträgen der Anstellungsträger.
Typische „Zielgruppen" und ihre Auswahl/Vermittlung:	• Ausschließlich junge arbeitslose erwerbsfähige Sozialhilfebeziehende im Alter bis 30 Jahre, meist 20 bis 25 Jahre alt, faktisch auch stark auf junge Einwanderer bezogen. • Grundsätzlich auf Arbeitslose mit noch „guten Chancen" am Arbeitsmarkt bezogen. • Sowohl Kurz- als auch Langzeitarbeitslose. • Vermittlung und Auswahl individuell im Kontakt/ Gespräch mit Sozialarbeitern im städtischen Sozialbüro, also ausschließlich in „Eigenregie".	• Grundsätzlich auf *alle* arbeitslosen erwerbsfähigen Sozialhilfebeziehenden bezogen, vor allem *Langzeitarbeitslose*. • und Sonderprogramme für junge Arbeitslose unter 27 (U27) • Auswahl erfolgt detailliert nach internen Prioritäten und Kategorienschemata unter anderem bezogen auf junge Arbeitslose. • Vermittlung und Auswahl erfolgt durch Verwaltungspersonal und/oder Sozialpädagogen sowie durch „Eigenbetrieb" oder auch durch extern beauftragte Agenturen (Maatwerk, bava...).[773]
Dauer der Maßnahmen:	• Grundsätzlich befristet auf 6 Monate, vereinzelt auch 9 Monate Laufzeit, ohne Verlängerungsoption. • Keine sonstigen Varianten, wie tageweise oder wochenweise Beschäftigung.	• Grundsätzlich befristet auf 12 Monate, rechtlich eine Option von bis zu 24 Monaten, allerdings nur in Einzelfällen realisiert. • Außerdem tageweise oder wochenweise Variante der „gemeinnützigen Arbeit".
Beschäftigungs- und Vergütungsform:	• Generell beitrags-/steuerpflichtige Entlohnung (keine Mehraufwands-	• In der Regel sozialversicherungspflichtige Beschäftigungsverhältnisse mit

[773] In der Bremer Stichprobe ergaben die Expertenaussagen zwar, dass die Maßnahmen der „Hilfen zur Arbeit" positive Effekte für Wege aus dem Sozialhilfebezug erbracht haben, zugleich wurden aber die Auslagerung auf und die Erfahrungen mit Agenturen wie „Maatwerk" oder der „bava" eher kritisch gesehen. Aus Erfahrung der Sachbearbeiter und auch befragter Abschnittsleiter in der Sozialhilfe wurde auch folgende Erfahrung berichtet, die das *„Aktivierungsparadoxon"* bestätigten: *„Die von Maatwerk oder von der bava picken sich die Rosinen raus und wir müssen den Rest machen".*

	variante), jedoch explizit kein Arbeitsverhältnis im tarifrechtlichen Sinne, Programm über lokale „Sonderklauseln" arbeitsvertraglich geregelt. • Praktisch Lohnkostenübernahme durch Kommune.	Lohn/Gehalt auf unterem tarifvertraglichem Niveau. • Teilweise auch einfache Zulage zur Sozialhilfe von rd. 2 Euro/Arbeitsstunde für Mehraufwand bei „gemeinnützige Arbeit", sowie Lohnkostenzuschüsse
Beschäftigungs-/Anstellungsträger:	• Stark *sektorial und begrenzt in der Anzahl:* überwiegend Kommune, kommunale Eigenbetriebe sowie teilweise im „Dritten Sektor".	• Tendenziell *sektorial offen:* Kommune, kommunale Eigenbetriebe, öffentliche Einrichtungen, „Dritter Sektor", freie Träger, begrenzt auch private Anstellungsträger.
Zielsetzungen:	• Explizit: „Aufwertung der beruflichen Lebensläufe" der Teilnehmenden. • Erschließung von Anwartschaften bei Arbeitslosenkasse und Krankenversicherung, geringe Relevanz für Rentenversicherung. • Hauptmotiv und Ziel: Reduzierung kommunaler Sozialhilfeausgaben.	• Implizit: Aufwertung der beruflichen Lebensläufe der Teilnehmenden. • Erschließung von Anwartschaften bei Arbeitslosen- und Kranken- und Rentenversicherung • Hauptmotiv und Ziel: Reduzierung der Sozialhilfeausgaben.
Hauptprobleme/Defizite:	• Laufzeit sehr kurz, daher hohes Risiko des „Rundgangs" durch immer neue und andere arbeitsmarktpolitische Maßnahmen. • Unsicherheiten in der „Wirksamkeit" und der „Nachhaltigkeit" hinsichtlich einer wirklichen Integration in den regulären Arbeitsmarkt. • Mangel an verlaufsbezogenen und nachgehenden Evaluationen. • „Creaming-Effekte" sind sehr stark ausgeprägt, und damit Risiko eines „Aktivierungsparadoxons".	• Risiko des „Rundgangs" ist geringer, da die Maßnahmen länger laufen und in der Regel nur einmalig vergeben werden. • Unsicherheit in der Stabilität und Kontinuität der Wege aus dem Sozialhilfebezug (unsicher in Wirksamkeit und Nachhaltigkeit). • Mangel verlaufsbezogener und nachgehender Evaluationen. • „Creaming-Effekte" weniger stark, da nicht so stark als „Zielgruppenpolitik" konzipiert und tendenziell auf „alle" erwerbsfähigen Sozialhilfebeziehenden bezogen.
Gesamtschau:	• Innnovatives Segment einer zum Teil Mitte der 1990er	• Eigenständig über zentralstaatliches Gesetz geregeltes,

| | Jahre noch unkoordinierten „neuen Aktivierungslinie" von Zentralstaat und Kommunen im fiskalpolitischen Konflikt und im fachlichen „Verantwortungskonflikt" zwischen zentralstaatlich gelenkter Wohlfahrtspolitik bei sehr starker kommunaler Selbstverwaltung. | jedoch kommunal gestaltetes Programm einer „Aktivierung in Arbeit" auf lokaler Ebene. Akteursvielfalt, gerahmt durch „fiskalpolitische Konflikte" im stark föderalen deutschen Wohlfahrtsregime bei mäßig stark entwickelter kommunaler Selbstverwaltung. |
| | • Völlig neues „investives Grundverständnis" in der Sozialhilfe bezogen auf arbeitsmarktpolitische Maßnahmen. | • Weiterentwicklung eines „investiven Grundverständnisses" seit Ende der 1980er Jahre in der Sozialhilfe. |

Mit den Konstruktionsmerkmalen der Programme direkt verbunden war für Göteborg ein höheres Risiko in Form eines *„Aktivierungsparadoxons"* erkennbar, wonach möglicherweise für genau diejenigen Arbeitslosen besondere Wege aus dem Sozialhilfebezug institutionell gefördert wurden, die tendenziell am ehesten auch selbst eigene Wege erschließen könnten. Die galt etwa für relativ gut qualifizierte junge Arbeitslose im Gegensatz zu älteren Langzeitarbeitslosen, bei denen „veraltete" berufliche Qualifikationen und/oder multiple soziale Probleme einer Integration in den Arbeitsmarkt im Wege stehen. Implizit damit verbunden ist der Effekt, genau diejenigen Gruppen in „Aktivierungsprogrammen" nicht hinreichend zu berücksichtigen oder zu erreichen, die in besonders hohem Maße auf entsprechende Maßnahmen angewiesen wären. Dabei gilt auch, dass unter kurzfristig angelegten ökonomischen Kalkülen die „schwierigen Fälle" und Fälle mit multiplen Problemlagen in beiden Städten gerade *nicht* explizit als „Zielgruppen" arbeitsmarktpolitischer Maßnahmen ausgewählt wurden. Überzeugende Amortisationsberechnungen einer neu entwickelten „investiven Sozialpolitik" und entsprechende Erfolgsnachweise sind für diese Gruppen gegenüber Politik und Öffentlichkeit bisher nur begrenzt möglich.

In der Kontrastierung wurden weitere *Unterschiede* erkennbar. Vor allem die *Laufzeit der Verträge* unterscheidet sich in Göteborg und Bremen sehr deutlich. Während in Göteborg arbeitslose Sozialhilfebeziehende im Programm VESTTID meist kurzzeitig über 6 Monate „aktiviert" wurden, liefen die Maßnahmen in Bremen der „Hilfen zur Arbeit" nach §§ 18 ff. BSHG in der Regel über 12 Monaten länger. Dieser Befund einer tendenziell in Schweden praktizierten „Aktivierung kürzerer Dauer" im Vergleich zu kommunalen arbeitsmarktpolitischen Programmen in Deutschland lässt sich auch in anderen schwedischen Programmen und arbeitsmarktpolitischen Maßnahmen der Kommunen erkennen. Das in Göteborg explizit angesprochene Problem des „Rundgangs" lässt ferner eine Deutung zu, wonach dort im Vergleich zu Bremen wie auch für die Bezugsdauern und -häufigkeiten im Sozialhilfebezug erkennbar, Aktivierungsmaßnahmen nicht nur „dynamischer" gestaltet sind, sondern auch der Anzahl nach bezogen auf Einzelpersonen häufiger vorkommen. Die schwedischen Programme zeichnen sich tendenziell durch ihre *„Aktivierungsbreite"*, etwa durch den ausgeprägteren *Kompetenz- und Bildungsbezug* und durch eine *„Aktivierungshäufigkeit"* aus. Vergleichende Befunde verweisen darauf, dass die *„Aktivierungsdauer und -tiefe"* kommunaler arbeitsmarktpolitischer Maßnahmen in Bremen/Deutschland weiterreichend ist und stärker auf reine Erwerbsarbeit mit geringerem Bildungs- und Kompetenzbezügen ausgerichtet ist als in Göteborg bzw. in Schweden.

Ein wichtiger *Unterschied* und für die institutionellen Arrangements zentral ist auch, dass die deutschen Varianten der „Hilfen zur Arbeit" sehr detailliert direkt im Sozialhilferecht geregelt war. Vergleichbar detaillierte Regelungen finden sich bezogen auf das Göteborger Programm VESTTID im schwedischen Sozialdienstgesetz nicht. Vielmehr setzt das Sozialdienstgesetz mit der Zielsetzung einer „Hilfe zur Selbstversorgung" und dem Erfordernis, sich dem Arbeitsmarkt zur Verfügung zu stellen, eher allgemeine rechtliche Normen, deren Konkretisierung weitergehend als in Deutschland den Kommunen und den Professionellen in den Projekten überlassen bleibt. Das schwedische Sozialdienstgesetz und Arbeitsrecht bilden *allgemeine* rechtliche Grundlagen. Hinzu treten besondere Gesetze, die etwa 1995 und 1998 die Verantwortung der Kommunen in der Arbeitsmarktpolitik für junge Arbeitslose im Alter zwischen 18 und 20 sowie 20 und 24 Jahren regeln. Details, wie Zugangsregelungen, Laufzeiten, Vergütungsvarianten usw. werden jedoch in hohem Maße durch die kommunale entwickelten Konzepte bestimmt. Diese können somit in anderen Städten als Göteborg auch völlig anders aussehen. Formen und Modelle einer aktivierenden kommunalen Arbeitsmarktpolitik im Rahmen der Sozialhilfe sind in Schweden vermutlich von noch *größerer Heterogenität* gekennzeichnet als sich dies seit Ende der 1990er Jahre bereits in Deutschland mit verschiedensten Modellen und Schwerpunktsetzungen abzeichnete.

Da insgesamt der rechtliche Regelungsgrad von arbeitsmarktpolitischen Maßnahmen im Kontext der Sozialhilfe in Göteborg und generell in Schweden geringer ausgeprägt ist als in Bremen bzw. Deutschland, liegen zugleich bei Sozialarbeitern des Sozialdienstes, die im Programm VESTTID über Zugang und Vergabe der Projektverträge entschieden haben, auch deutlich weiter gefasste Entscheidungs- und Ermessens- und Gestaltungsspielräume. Die Expertenbefragung zeigte, dass diese Gestaltungsspielräume in Göteborg in hohem Maße zugunsten derjenigen arbeitslosen Sozialhilfebeziehenden interpretiert und genutzt wurden, die ihrer Erwerbsbiografie und den Problemlagen nach ohnehin noch relativ nahe am regulären Arbeitsmarkt und vielfach auch erst kurzzeitig im Sozialhilfebezug stehen. In beiden Städten/Ländern ist im Rahmen der hier behandelten Programme eine

„Aktivierung in Arbeit" vorrangig. Eine *„Aktivierung in Bildung"* findet konzeptionell tendenziell eine nachrangige Aufmerksamkeit, war insgesamt aber in Göteborg stärker ausgeprägt als in Bremen. In der *Lebenslaufperspektive* wie auch in den Befunden zu den Integrationschancen von Teilnehmern arbeitsmarktpolitischer Maßnahmen wurde in beiden Programmen und Städten den Variablen „Ausbildung" und „Bildung" dennoch *programmatisch* eine hohe Bedeutung zugemessen. Es ist angesichts des Wandels der Industrie- und Arbeitsgesellschaft hin zur Dienstleistungs-, Informations- und Wissensgesellschaft davon auszugehen, dass eine „aktivierende Sozialpolitik" künftig stärker als bisher auch innerhalb der kommunalen Sozialhilfe Beiträge zu einer aktiven Bildungs- und Qualifizierungspolitik leisten muss. Denkbar ist, dass die Programmelemente, die Bildung, Kompetenzvermittlung und den Erwerb von Schlüsselqualifikationen für den Arbeitsmarkt vorsehen, in den Kategorienschemata und Zugangskriterien der Projekte in ihrer Gewichtung künftig *über* rein fiskalpolitisch motivierte Kriterien stehen.

Das Programm VESTTID in Göteborg zeigt sich in einer *Gesamtschau* – im Kontrast zur deutschen „Hilfe zur Arbeit" – als ein kommunal zwar wichtiges, jedoch eher regional begrenztes, aber dennoch *sehr innovatives Segment* in der seit Mitte der 1990er Jahre in Göteborg und Schweden erkennbar neu formulierten „Arbeits- und Kompetenzlinie". Anders als in den deutschen „Hilfen zur Arbeit" fehlte es in Schweden Mitte der 1990er Jahre noch an klaren rechtlich-normativen Regelungen und fachlich-inhaltlichen Kriterien für die neue Verteilung von Verantwortung und Aufgaben zwischen zentralstaatlicher Arbeitsmarktpolitik und kommunaler Sozialhilfe im neuen Feld kommunaler arbeitsmarktpolitischer Maßnahmen. Um so weiterreichender war aber daher das Innovations- und Gestaltungspotential, das sich in Programmen wie VESTTID in Göteborg, ähnlich über das Programm ARBIS in Malmö entfaltete. Demgegenüber scheint die deutsche „Hilfe zur Arbeit" nicht zuletzt aufgrund ihrer langen historischen Bestandskraft seit 1962 eher als ein *„in sich konsistentes Programm"* für eine begrenzte kommunale Verantwortung und Praxis der Arbeitshilfen im Feld der Armenpolitik. Während im wenig föderal geprägten schwedischen wohlfahrtsstaatlichen Arrangement die Konflikte und Strategien einer Entwicklung und Umsetzung neuer Formen der „aktivierenden Sozialpolitik" von Zentralstaat und Kommunen zwischen den Ebenen unmittelbar und offen zu Tage treten und damit tendenziell eher lösbar sind, bleiben sie in deutschen Sozialstaat tendenziell im föderalen wohlfahrtsstaatlichen Arrangement verborgen und werden zudem seit Jahren in hohem Maße durch ungelöste fiskalpolitische Konflikte gerahmt.[774]

---

[774] In Schweden wurde in den 1980er Jahren und Anfang der 1990er Jahre das Finanzausgleichssystem zwischen Zentralstaat und Kommunen reformiert und deutlich vereinfacht. Eine vergleichbar konsequente Reform des Länder- und Gemeindefinanzausgleichs steht bisher in Deutschland aus.

Die skizzierten Koordinierungsprobleme zwischen zentralstaatlicher Wirtschafts- und Arbeitsmarktpolitik und der kommunalen Sozialhilfe im Zusammenwirken historisch segmentiert und hierarchisch verfasster sowie tendenziell isoliert agierender wohlfahrtsstaatlicher Institutionen finden sich in beiden Städten und Wohlfahrtsstaaten. In Göteborg/Schweden traten diese Probleme mit der wirtschaftlichen und fiskalpolitischen Krise und den Strategien ihrer Bewältigung in einer *Umbruch- und Konsolidierungsphase Mitte der 1990er Jahre* offen zu Tage. Konsequenter als bisher in Deutschland verfolgte die schwedische Politik die Zielsetzung einer Sanierung des Staatshaushaltes und weiterhin die Strategie einer Vollbeschäftigungspolitik. Im Rahmen der beschriebenen Kürzungspolitik, einer umfassenden Dezentralisierung und „Überwälzung wohlfahrtsstaatlicher Aufgaben auf die Kommunen, verbunden mit erweiterten Gestaltungsfreiräumen und neuen Fördervarianten, die auf Zweckbindungen möglichst verzichten, kam es seit Mitte der 1990er Jahre zu Neuformierungen der institutionellen Arrangements zwischen Zentralstaat und Kommunen.

Die heutigen institutionellen Arrangements von Arbeitsmarktpolitik und Sozialhilfepolitik, teilweise verbunden mit veränderten Schnittstellen zur Gesundheitspolitik und auch zur Bildungspolitik sind in Schweden erst seit Ende der 1990er Jahre in ihren konkreten Konturen erkennbar. So wirkten kommunale Projekte wie VESTTID in Göteborg, ARBIS in Malmö oder KISTA in Stockholm, verbunden mit der Beschäftigungsgarantie für junge Arbeitslose *(Utvecklingsgaranti)* von 1998, die seit dem 1. August 2000 auf alle Langzeitarbeitslosen erweitert wurde, verbunden mit den Änderungen des Sozialdienstgesetzes von 1998, wonach die Mitwirkungspflichten konkretisiert und erweitert wurden, auf die Bildung veränderter Organisationsformen und auf veränderte Handlungs- und Interventionsmuster wesentlich mit ein. Seit 1997/1998 führte eine wirtschaftliche Erholung und ein Rückgang der Arbeitslosenquote auch zu Entlastungen in den kommunalen Sozialhilfeetats, so dass bestehende Konfliktpotentiale zwischen Zentralstaat und Kommunen tendenziell entschärft wurden. Damit eröffneten sich in Schweden zur Jahrtausendwende sowohl zentralstaatlich wie kommunal neue gemeinsame Gestaltungsspielräume. Erkenntnisse und Erfahrungen aus der Krise, sowie offenkundige Bedarfe einer Optimierung sozialer Interventionen an verschiedenen institutionellen Schnittstellen im Wohlfahrtsstaat führten schließlich auch dazu, dass ein verbessertes Zusammenwirkens *(Samverkan)* der unterschiedlichen wohlfahrtsstaatlichen Institutionen seit Ende der 1990er Jahre in der Steuerungsperspektive sowohl zentralstaatlich wie kommunal als eines der zentralen Reformziele gilt. Für das neue interinstitutionelle Zusammenwirken (Samverkan) spielen auch die frühe Einführung von Elementen des New Public Management sowie die bisher durchaus erfolgreiche Krisenbewältigung eine wichtige Rolle. Mit Befunden aus zwei Projekten in Göteborg werden dieses neue Verständnis und die Muster und Merkmale eines „sozialen Zusammenwirkens" wohlfahrtsstaatlicher Institutionen und Organisationen nachfolgend genauer vermittelt.

6.3 „Samverkan": Neue Steuerungsressource in der relationalen Ebene wohlfahrtsstaatlicher Institutionen und sozialer Interventionen

Zum Verständnis und für die Untersuchung neuerer Projekte des sozialen Zusammenwirkens in der kommunalen Sozialhilfe, der Arbeitsmarktpolitik und der Gesundheitspolitik, wie sie in Göteborg und ähnlich auch in Stockholm, Malmö und anderen Städten in Schweden entwickelt wurden, ist zunächst ein kurzer Exkurs in die geschichtliche Entwicklung des schwedischen Wohlfahrtsstaates unumgänglich. Es sind ferner einige wichtige rechtliche Grundlagen und besondere Strukturbedingungen der auf dem Verständnis des „Samverkan" beruhenden sozialpolitischen Maßnahmen und Projekte einführend darzustellen. Im Anschluss daran folgen genauere Befunde zu den in Göteborg besuchten Projekten.

6.3.1 Soziales Zusammenwirken (Social Samverkan) – ein typisch schwedisches Verständnis von Sozialpolitik in der historischen Entwicklung

Die schwedische Gesellschaft und der schwedische Wohlfahrtsstaat gelten zumeist als in hohem Maße von einem Konsensstreben und vom Prinzip der Solidarität geprägt. Ergänzend hierzu kann die gesamte wohlfahrtsstaatliche Entwicklung Schwedens seit den 1930er Jahren als eine auf der Grundlage des Prinzips eines sozialen Zusammenwirkens *(social samverkan)* beruhende Entwicklung von Staat und Gesellschaft gelesen werden. Schon das historische Abkommen von Saltsjöbaden aus dem Jahre 1938, in dem Staat, Arbeitgeber und Gewerkschaften einen Konsens über die Grundlagen der späteren wohlfahrtsstaatlichen Entwicklung schlossen, entspricht einem Grundverständnis des sozialen Zusammenwirkens. Dieser Konsens war wesentlich durch die Zusammenarbeit sozialdemokratisch geführter Regierungen mit dem schwedischen Gerwerkschaftsverbund (LO) gestützt und blieb bis in die 1970er Jahre tragfähig.[775] Im Kern war die Vorstellung der ausgleichenden, aufeinander bezogenen Interessenvermittlung und der Abstimmung der geplanten sozialpolitischen Maßnahmen unter den verschiedensten Institutionen und Akteuren seit den Anfängen des modernen schwedischen Wohlfahrtsstaates ein zentrales Fundament für den Ausbau sozialpolitischer Leistungssysteme in ihrem heutigen Niveau. So finden sich auch in historischen Dokumenten der frühen

---

[775] Vgl. Meidner (1994).

Vordenker und Praktiker des „schwedischen Modells" bereits Begriffe wie der einer koordinierten Sozialpolitik *(samordnad socialpolitik)* oder des Zusammenwirkens *(samverkan)* sozialer Institutionen und Organisationen.[776] Diese Begriffe weisen auf ein frühes Verständnis hin, nach dem verschiedenste Reformen und sozialpolitische Maßnahmen möglichst systematisch untereinander abgestimmt und aufeinander bezogen werden müssen, um die Risiken zu vermeiden, die mit einer ansonsten stark spezialisierten, segmentieren oder „atomisierten" Wirtschafts- und Sozialpolitik verbunden sind. Das sozialpolitische Grundkonzept eines „Samverkan" ist traditionell bereits als ein zentrales Politik- und Steuerungsmuster im schwedischen Wohlfahrtsstaat zu lesen. Im Bereich der Sozialhilfe und im kommunalen Sozialdienst fand ein Grundkonzept des „Samverkan" schließlich im Verlauf der Reformdebatten der 1970er Jahre eine stärkere Aufmerksamkeit. Aber erst mit einem besonderen Entwicklungsschub im Verlauf der ökonomischen und wohlfahrtsstaatlichen Krise der 1990er Jahre wurde „Samverkan" zu einem allgemeinen sozialpolitischen Steuerungskonzept, dem sowohl zentralstaatlich wie kommunal in den Reformstrategien eine enorme Aufmerksamkeit beigemessen wird.

Bereits *in den 1970er Jahren* wurden im Sozialdienst der Begriff und das Konzept eines „Social Samverkan" *(SOSAM),* also die Idee des sozialen Zusammenwirkens in einzelnen lokalen Projekten eingeführt. Einzelne exemplarische Projekte und Maßnahmen wurden diesem Leitprinzip entsprechend ausgerichtet. Aus dem Prinzip der Ganzheitlichkeit *(helhetssyn)* hergeleitet, nach dem die Leistungen der Fürsorge *(omsorg)* und der sozialen Dienste zu gestalten sind, wurden in den Jahren zwischen 1972 und 1976 zunächst in drei mittelgroßen schwedischen Kommunen erste Modellprojekte des sozialen Zusammenwirkens eingerichtet, die wissenschaftlich begleitet wurden. Im Ergebnis dieser Projekte wurden *lokal* die Arbeits*vermittlung* und die Arbeits*beratung* organisatorisch und professional enger miteinander verbunden, obwohl institutionell im Bereich der staatlichen Arbeitsmarktorganisation beide Bereiche relativ getrennt voneinander eigene Aufgaben und Handlungsformen erbrachten. In den damaligen Modellprojekten übernahm auch die Versicherungskasse *(Försäkringskassan)* in veränderten lokalen Arrangements neue bzw. zusätzliche Leistungsbereiche wie etwa die Auszahlung von Leistungen der Arbeitslosenkassen, die Zahlung von Kindergeld, und für Langzeitkranke wurden besondere ambulante Versorgungsformen ausgebaut. Tendenziell erfuhren „integrative" und „ganzheitliche" Konzepte in der Planung, Durchführung sowie im direkten Kontakt zum Bürger und in der Bearbeitung sozialer Probleme eine Stärkung

---

[776] So zum Beispiel in der Autobiographie 1940-1949 von Tage Erlander (1973: 194), der als sozialdemokratischer Staatsminister von 1946 bis 1969, lange Zeit gemeinsam mit dem sozialdemokratischen Sozialminister Gustav Möller die Aufbau- und Ausbauphase des schwedischen Wohlfahrtsstaates wesentlich prägte.

durch diese Projekte. Die Projekte wurden von der nationalen Sozialbehörde *(Socialstyrelsen)* unter anderem konzeptionell und in der Begleitforschung gefördert. Die damalige Untersuchung wies auch bereits erste Konzepte einer *verlaufs- und handlungsorientierten Hilfeplanung* auf, wie die Dokumente belegen.[777] Allerdings wurde diese dynamische Dimension hinsichtlich ihrer Bedeutung damals noch nicht weitergehend erkannt oder beschrieben. In anschließenden Studien wurden vor allem die Zusammenhänge eines sozialen Zusammenwirkens und des Prinzips der „Ganzheitlichkeit" *(helhetssysn)* genauer untersucht, das bis heute die sozialen Interventionen auch in der Sozialhilfe wesentlich mit prägt.[778] Wenn sich die wenigen Befunde der 1970er und 1980er Jahre auch vor allem auf den Bereich der Versicherungskassen, der Alten- und Krankenpflege sowie und auf die Kinder- und Jugendhilfe beziehen und damals auch aufgrund der randständigen Bedeutung der Sozialhilfe diese noch nicht direkt berührten, fanden die Grundprinzipien jedoch 1982 Eingang in das neue Sozialdienstgesetz. Darüber wurden auch die Sozialhilfe und die ihr angrenzenden Bereiche des Sozialdienstes gesetzlich neu geregelt und das Prinzip der „Ganzheitlichkeit" wie Elemente des sozialen Zusammenwirkens wurden rechtlich stärker betont. Die Erkenntnis, das ganzheitlich auf die Lebenslagen und Lebensläufe bezogene soziale Interventionen veränderte Steuerungs- und Organisationsformen erfordern, um ein institutionelles Zusammenwirken zu fördern und zu begünstigen, war demnach bereits vor der Reformdynamik der 1990er Jahre in allgemeinen rechtlichen Grundlagen und ersten Erfahrungsberichten der schwedischen Sozialdienste niedergelegt und normativ verankert. Damals standen aber eher die Ebene der Sozial- und Gesellschaftsplanung *(samhällsplanering)* im Mittelpunkt der Reformen und weniger die Details sozialer Interventionen im Kontakt zwischen Verwaltung und Bürger.[779] Die Motive und Zielsetzungen, die mit dem Ansatz eines sozialen Zusammenwirkens der verschiedenen wohlfahrtsstaatlichen Institutionen verbunden sind, können insofern nicht ausschließlich mit der ökonomischen und fiskalpolitischen Krise der 1990er Jahre als im Zusammenhang stehend gesehen werden. Dem schwedischen Verständnis von Sozialpolitik als „sozialem Zusammenwirken" liegen auch bereits frühere Konzepte und kulturell wie normativ geprägte Motive, Zielsetzungen und Inhalte zu Grunde. In diesen Zusammenhängen deuten sich weitergehende Unterschiede der beiden wohlfahrtsstaatlichen Arrangements an, die jeweils auf einen *spezifischen „Eigensinn" wohlfahrtsstaatlicher Entwicklungen* verweisen.[780]

---

[777] Vgl. Socialstyrelsen (1977). Im Anhang der Studie findet sich ein „Behandlungsplan" *(Behandlingsplan)*, der detailliert Ziele, Ablauf und einzelne Stufen eines koordinierten Hilfeprozesses dokumentiert.

[778] Vgl. Socialstyrelsen (1978).

[779] Vgl. auch Montin (2002: 61) zur Entwicklung des „Zusammenwirkens, zu Partnerschaftsmodellen und Demokratie" in schwedischen Kommunen.

[780] Vgl. Kaufmann (2002: 30).

Untersuchungen zum Wandel des öffentlichen Sektors, die über den Sozialdienst und die Sozialverwaltung hinausgehend empirische Befunde vorlegen, beschreiben für die 1990er Jahre außerdem einen Wandel im Zusammenwirken *privatwirtschaftlicher* und *öffentlicher Akteure*, wie sie mit der Verbreitung des Modells des Public Private Partnership realisiert sind. Ferner wird generell eine zunehmende Vernetzung von öffentlichen Behörden festgestellt.[781] Dies gilt etwa im Bereich der Stadtentwicklung, wo für Schweden ein Übergang von einer Mischwirtschaft zu einer Verhandlungswirtschaft ermittelt wurde, in der nicht mehr reine Marktentscheidungen auf der einen Seite getroffen und staatliche Beschlüsse auf der anderen Seite gefasst werden, sondern Entscheidungen zunehmend gemeinsam durch die Akteure des Marktes *und* des Staates bzw. der Kommunen getroffen, und in ihren Konsequenzen und Folgen gemeinsam reflektiert werden. Tendenziell ähnliche Entwicklungen zeichnen sich auch im Bereich der sozialen Dienste ab und finden sich für die Sozialhilfe zumindest lokal programmatisch bereits skizziert. So hat etwa die Stadt Stockholm bestimmte Aufgaben der Evaluation und Planung oder einzelne soziale Dienstleistungen privaten Agenturen übertragen.[782] Danach wurde das bisher städtische Krisenzentrum für misshandelte Frauen einem privaten Unternehmen übertragen. Im Rahmen einer Ausschreibung wurden sowohl kostenbezogene wie auch auf die Qualität der Dienstleistungen bezogene Vergabekriterien für das Aufgabenfeld und den Auftrag entwickelt. Der private Anbieter wurde als betriebswirtschaftlich und qualitativ günstiger bewertet als die städtischen Ressourcen, die Dienstleistung weiterhin in eigener Regie zu erbringen. Während der bürgerlichen Ratsmehrheit in Stockholm zwischen 1998 und 2002 wurde Anfang des Jahres 2000 unter anderem vorgeschlagen, auch Aufgabenbereiche der Sozialhilfe künftig privaten Anbietern zu übertragen. In Göteborg und Malmö, die beide sozialdemokratische Stadtführungen aufwiesen, wurden derart weitreichende Vorschläge nicht formuliert. Dennoch deuten sie einen Wandel für die bisherige Stellung der Kommunen bei der Bereitstellung und Erbringung sozialer Dienstleistungen an. Erkennbar ist in diesen Entwicklungszusammenhängen, dass es zu veränderten Schnittstellen innerhalb der öffentlichen Träger und Behörden wie auch zu intermediären und privaten Dienstleistungserbringern kommt. *Soziale Interventionen selbst institutionell zunehmend „hybrid" gestaltet* und sie weisen nicht mehr nur eindeutig „einen Urheber" auf. Übereinstimmung herrscht im schwedischen Sozialrecht und auch in der Sozialpolitik jedoch bisher darin, dass öffentliche Aufgaben, die im engeren Sinne als hoheitliche Aufgaben einer öffentlichen Behörde

---

[781] Zum Public-Private-Partnership liegt ländervergleichend für Schweden und Deutschland eine Studie von Matuschewski (1996) vor. Vgl. ferner Montin (20002: 61)

[782] Vgl. beispielsweise Berichte in: SSR-Tidningen, Ausg. 6/2001, in denen die „Privatisierungsstrategie" für den Sozialdienst der Stadt Stockholm kritisch beschrieben ist. Ferner einen Bericht der Dagens Nyheter vom 5.9.2002 mit dem Titel „Jouren blir aktiebolag" *(Sozialer Krisendienst wird Aktiengesellschaft).*

(myndighetsutövning) zu definieren sind, *nicht* auf intermediäre oder private Organisationen ausgelagert werden dürfen. Diesen hoheitlichen behördlichen Aufgaben wird auch die Sozialhilfe zugerechnet.

Auch in der lokalen Arbeitsmarktpolitik entwickelten sich im Verlauf der 1990er Jahre *neue Interessenkoalitionen* zwischen Kommunen, staatlicher Arbeitsmarktverwaltung und privatwirtschaftlichen Unternehmen, wie etwa privaten Zeitarbeitsfirmen oder Trägern von Qualifizierungs- und Fortbildungsmaßnahmen. Unabhängig vom Diskurs und eher ideologischen Betrachtungen zu Entwicklung einer „Privatisierung" sozialer Dienstleistungen lässt sich für Schweden generell wie auch in Göteborg erkennen, dass faktisch die Erfordernisse und ein Verständnis des „sozialen Zusammenwirkens" nicht allein auf staatliche oder kommunale Aufgabenfelder bezogen sind, sondern sehr viel weitergehend in andere Bereiche gesellschaftlicher und privatwirtschaftlicher Akteure hinein reichen. Ähnliche Entwicklungen sind in Bremen und allgemein in Deutschland im Bereich der Arbeitsmarktpolitik, etwa infolge der „Hartz-Gesetze" ab 2003 mit der Einrichtung der Job-Center und Personalserviceagenturen zu verzeichnen.

Für Schweden zeigen sich in der historischen Entwicklung *verschiedene Phasen* und ein Wandel des Konzepts sozialen Zusammenwirkens, das als Steuerungsressource die sozialen Interventionen mit prägt und bezogen auf unterschiedliche gesellschafts- und sozialpolitische Bereiche sowie in verschiedensten institutionellen und organisatorischen Ebenen erkennbar ist. War das Verständnis des „Samverkan" in der Gründungsphase des schwedischen Wohlfahrtsstaates noch eher ein *implizit* wirksames gesellschafts- und sozialpolitisches Konzept, fand es in den 1970er und 1980er Jahren bereits als *teilentwickeltes* Steuerungskonzept und normatives Prinzip vereinzelt Eingang in die Planungsebene von Sozialdienst und Sozialverwaltung. Schließlich wurde es *explizit* in die normativen und rechtlichen Grundlagen des Sozialdienstgesetzes von 1982 mit aufgenommen und institutionalisiert. Aber erst seit den 1990er Jahren, beeinflusst und gefördert durch die wirtschaftliche und finanzpolitische Krise, wurde der Ansatz eines „sozialen Zusammenwirkens" *umfassender* als eine scheinbar neue direkte Steuerungsressource in der Gestaltung sozialer Interventionen und Dienste verstanden. Ziele waren und sind vor allem die effektive Nutzung begrenzter finanzieller und personeller Ressourcen und die Erschließung von Synergieeffekten sowie die Verbesserung der Wirksamkeit und Qualität sozialer Dienste und Leistungen. Spätestens seit Ende der 1990er Jahre findet sich der Ansatz eines verbesserten sozialen und institutionellen Zusammenwirkens auch in der *schwedischen Sozialhilfe und in Modellprojekten der kommunalen Arbeitsmarktpolitik* in hohem Maße wieder. Die Änderungen und vor allem Ergänzungen des Sozialdienstgesetzes von 1998 und 2002 führten dazu, dass inzwischen an zahlreichen Einrichtungen und für unterschiedlichste Leistungsbereiche das Prinzip des „Samverkan" normativ und rechtlich als Leitbild und Arbeitsprinzip verankert und praktisch wirksam ist.[783] Beispielsweise heißt es im Standardkommentar zum Sozialdienstgesetz unter dem Kapitel „Reformiertes System der Sozialhilfe": *„Die Kommunen sollen in höherem Maße aktiv bewirken, dass dem Einzelnen Hilfen geleistet werden, die darauf ausgerichtet sind, seine eigenen Ressourcen zu entwickeln und zu aktivieren, um so schnell wie möglich die eigene Versorgung zu erreichen. Der Sozialdienst hat dabei die Verpflichtung mit anderen relevanten Behörden zusammenzuwirken, insbesondere mit der Arbeitsvermittlung, der Versicherungskasse und anderen arbeitsrehabilitierenden Einrichtungen, um die Koordination der Maßnahmen und damit eine bessere Effektivität zu erreichen."* (Zit. Norström/Thunved 1999: 47). Auffällig ist, dass das Konzept des „Samverkan" vor allem „behördenbezogen" formuliert ist und nicht in der Weise wie in Deutschland auch die freie Wohlfahrtspflege mit anspricht.

Mit einer Förderung der Strukturen und Bedingungen für ein verbessertes Zusammenwirken der Sozialbehörden ist zentralstaatlich und kommunal die Zielsetzung bzw. Erwartung verbunden, Wege aus Arbeitslosigkeit und Sozialhilfebezug wirksamer zu erschließen und diese „ganzheitlich" und möglichst nachhaltig zu fördern.[784] Entsprechende Projekte eines „sozialen" Zusammenwirkens finden sich heute in einer ganzen Reihe schwedischer Kommunen. Das damit verbundene Grundkonzept, soziale Interventionen im komplexen institutionellen Arrangement verschiedenster Organisationen nicht nur normativ und rechtlich sowie in den professionalen Handlungsformen, sondern gerade auch *im Zeitverlauf* und *im „Timing"* möglichst genau aufeinander abzustimmen, beeinflusst die schwedische Reformdebatte und die Reformstrategien nicht nur im Bereich der Sozialhilfe und der Arbeitsmarktpolitik, sondern auch im Bereich der Gesundheitsdienste. Diese Ansätze sind generell bezogen auf die künftige Entwicklung sozialer Dienstleistungen im Kontext von „Umbau" und/oder „Ausbau" des Wohlfahrtsstaates von hoher Relevanz. Insoweit beschreiben die folgenden Kapitel wiederum nicht nur Göteborger Entwicklungen. Sie zeigen durchaus auch grundsätzliche Diskurse und Reformstrategien auf, die mit den Ansätzen und Modellen eines verbesserten Zusammenwirkens wohlfahrtsstaatlicher Institutionen und Organisationen verbunden sind.

In der Analyse schwedischer Projekte und Konzepte, die eine Verbesserung des Zusammenwirkens wohlfahrtsstaatlicher Institutionen zum Ziel haben, sind zunächst einige *semantische Besonderheiten* auffällig. Während in der *deutschen Fachdebatte* vor allem im wissenschaftlichen Diskurs die *Begriffe des Netzwerkes, der Vernetzung* sowie eine entwickelte *Netzwerktheorie* bestimmend sind, und zugleich in der Praxis wie auch in Rechtsgrundlagen meist der *Begriff der „Zusammenarbeit"* vorherrschend

---

[783] Vgl. Norström/Thunved (1999, S. 40 ff., S. 46ff und S. 80 ff.), wo auch die Entwicklung des Konzepts eines „Samverkan" historisch für die 1990er Jahre nachgezeichnet wird.

[784] Vgl. Regeringskansliet/Socialdepartementet (1999).

ist,[785] ist in der *schwedischen Debatte* der *Begriff des „Zusammenwirkens"* dominant. Dieser Befund bestätigte sich auch anhand der von den befragten Experten in Göteborg bzw. Schweden und in Bremen bzw. Deutschland in den Interviewaussagen verwendeten Termini. Es wäre eine genauere Analyse notwendig, um zu klären, ob der Diskurs und die Konzepte etwa um eine Verbesserung der Zusammenarbeit von Sozial- und Arbeitsämtern in Deutschland stärker auf den der Wirkungsebene sozialer Interventionen vorgelagerten Bereich einer Erbringung, Produktion und Verwaltung wohlfahrtsstaatlicher Leistungen bezogen geführt wird, wohingegen in Schweden mit dem Begriff des Zusammenwirkens direkter Bezüge auf die eigentlichen Prozesse der Leistungserbringung und auf die Effekte und Wirksamkeit sozialer Leistungen bestehen. Feststellbar war weiterhin, dass der Begriff des Netzwerkes *(nätverk)* in der schwedischen Fachdebatte kaum und in wissenschaftlichen Beiträgen nur am Rande Verwendung fand.[786] Von einzelnen Experten wurde berichtet, dass ihrem Verständnis nach der Begriff des „Zusammenwirkens" vor allem im Sinne einer *Koproduktion von Behörden und öffentlichen Institutionen* verstanden wird, wohingegen Begriffe wie Netzwerk oder Vernetzung sich wesentlich breiter auf Institutionen, Organisationen, Familien und Einzelpersonen und auf die Gestaltung ihrer Relationen untereinander bezieht. Insoweit ist mit dem Begriff des „Samverkan" sehr spezifisch das Verständnis und Konzept eines Zusammenwirkens wohlfahrtsstaatlicher Institutionen und öfflicher Organisationen in Schweden erfasst. Es bildet inzwischen ein durchaus eigenständig entwickeltes Konzept in der Steuerung und Abstimmung sozialer Interventionen in komplexen, jedoch segmentierten institutionellen Arrangements. Aus diesen Gründen wird in dieser Untersuchung weiterhin der Begriff des „Zusammenwirkens" oder des „institutionellen Zusammenwirkens" verwendet. Auf den Netzwerkbegriff wird weitgehend verzichtet. Theoretische Bezüge zur Netzwerktheorie sind dennoch gegeben.

Die Expertenaussagen wie auch die Dokumentenanalysen ergaben weiterhin, dass semantisch neben dem Begriff des Zusammenwirkens *(Samverkan)* sehr differenziert weitere Begriffe verwendet werden, die auf Abstimmungsprozesse, auf Koordination und auf die Bedingungen von Koproduktion im Erbringungsprozess sozialer Dienstleistungen bezogen sind. Vom eher auf die Wirkungen und Wirksamkeit bezogenen Begriff des Zusammenwirkens *(Samverkan)* wurde genauer der

---

[785] Vgl. die Richtlinien der Bundesanstalt für Arbeit und der Arbeitsgemeinschaft der Kommunalen Spitzenverbände zur Zusammenarbeit von Arbeitsämtern und Sozialämtern aus dem Jahr 1998.

[786] In den einschlägigen neueren schwedischsprachigen Beiträgen und Studien, etwa von Danermark/Kulberg (1999), Danermark (2000), Stenberg (2000), wie auch in zahlreichen öffentlichen Dokumenten der Regierung und der Kommunen findet sich fast immer der Begriff des „Samverkan" auch im Titel. Es wird weder der Begriff der Zusammenarbeit, noch der Netzwerk-Begriff verwendet, wie etwa für die lokale Arbeitsmarktpolitik in Deutschland bei Hild (1997) oder in Form des Begriffs der „Netzwerkökonomie" im Sozial- und Gesundheitssektor bei Dahme/Wohlfahrt (2000).

Begriff „*Samordning*" unterschieden, der stärker auf die Ordnungsprinzipien und die Koordination verschiedener sozialer Leistungen bezogen ist. Ferner wurde der Begriff der „Zusammenarbeit" *(Samarbete)* verwendet, wobei dieser direkter auf die Interaktionen zwischen den Institutionen und Organisationen und auf die Produktion, jedoch weniger auf die Effekte und „outcomes" der Dienstleistungen bezogen war. Schließlich fand sich häufiger der Begriff „*Samsyn*", der gemeinsame Wahrnehmungs- und Sichtweisen, etwa in der Definition sozialer Probleme beinhaltet. In den genauer untersuchten Projekten FRISAM und DELTA wurde von den Interviewten ganz überwiegend der Begriff des „*Samverkan*" verwendet, und zwar – wie oben angedeutet – vor allem dann, wenn die Organisation oder Institution in den Prozessen der Leistungserbringung gemeint war. Wenn es jedoch um Kontakte zum Bürger und um konkrete Interaktionen sowie um die gemeinsame Arbeit von Individuen ging, wurde eher der Begriff der Zusammenarbeit *(Samarbete)* verwendet. Der *Begriff „Samordna*" fand sich in den Interviews vereinzelt bezogen auf die „*Lotsenfunktion*" der Sozialhilfe und bezogen auf Ansätze einer *Hilfeplanung* im Kontext der Sozialhilfe und meinte die *Koordination* der verschiedensten institutionellen Schritte und Leistungen untereinander und mit dem Bürger. Dabei ist ein Hauptziel, in den arbeitsmarktpolitischen Maßnahmen den sogenannten „Rundgang" bzw. das Risiko einer Aneinanderreihung verschiedenster arbeitsmarktpolitischer und rehabilitativer Maßnahmen im Zeitverlauf möglichst auszuschließen, in dem die Kontakte von verschiedenen Sozialbehörden und Sozialdiensten untereinander genauer koordiniert werden, die Informationen und Planungen über Hilfeprozesse, aber auch über Planungsprozesse untereinander ausgetauscht und abgestimmt werden und schließlich die „Klientenströme" zwischen den Leistungssystemen genauer verfolgt werden als bisher.

In Göteborg und generell für Schweden zeigten sich sehr viel deutlicher Modelle und eine bereits entwickelte Praxis der *drei- bzw. mehrdimensional ausgerichteten Koproduktion* sozialer Dienstleistungen als für Bremen und dem entsprechenden Fachdiskurs in Deutschland bisher zu erkennen ist. Während in Göteborg relevante Rechtsgrundlagen, Organisationen und auch die jeweiligen Professionen von Sozialhilfe, Arbeitsverwaltung und Versicherungskassen in Projekten des „Samverkan" umfassender eingebunden sind, begrenzt sich der Diskurs einer verbesserten Zusammenarbeit wohlfahrtsstaatlicher Institutionen in Bremen und allgemein in Deutschland auf die Organisation der Sozialämter und Arbeitsämter, etwa mit dem Bundesprogramm MoZArT und ab 2005 mit dem SGB II auf die Zusammenlegung von Sozialhilffe und Arbeitslosenhilfe.[787]

---

[787] Frühere Modellprojekte der Sozialbüros in Nordrhein-Westfalen sind mit den Ansätzen des „Samverkan" in Göteborg/Schweden ansatzweise vergleichbar, wobei organisational mit der Bedeu-

Aus den schwedischen Befunden lässt sich bereits ableiten, dass die *Theorie der Koproduktion sozialer Dienstleistungen* (vgl. Kapitel 1.3) demnach nicht mehr nur zweidimensional auf den Leistungserbringungsprozess und auf die koproduktiven Bedingungen zwischen Sozialdienst und Bürger zu beziehen ist. Vielmehr ist diese Theorie inzwischen mehrdimensional dahingehend zu entwickeln und zu verstehen, dass *Dreiecks- oder Mehrecksbeziehungen zwischen dem Bürger, einer Institution/Organisation A, einer Institution/Organisation B und weiteren wohlfahrtsstaatlichen Institutionen/Organisationen oder sonstigen Akteuren die Formen und Muster sozialer Interventionen „gemeinsam" gestalten und beeinflussen.* Entsprechend komplexe Anforderung sind institutionell in der Abstimmung von Normen, Recht, Organisation, Profession und Handlungsmuster an ein solches intensives Zusammenwirken gestellt. Sie bedeuten nicht nur lokal einen zum Teil weitreichenden Umbau und Neubau bisheriger institutioneller Arrangements. Besonders hohe Anforderungen stellen sich – wie theoretisch dargestellt wurde – wiederum bei der Bearbeitung multipler Problemlagen und bei Langzeitbezug im „Timing" der verschiedensten Interventionsformen bei unterschiedlichsten Verlaufsmustern und Dauern von Sozialhilfebezug, Arbeitslosenkarrieren und/oder Krankheit.

Zu dem hier angedeuteten Wandel berichteten die befragten Experten aus den Göteborger Sozialbüros, dass bereits in den 1980er Jahren der intensive Kontakt und ein fachlicher Austausch in den sozialen Hilfen und Interventionen zwischen kommunaler Sozialhilfe und der staatlichen Arbeitsberatung und -vermittlung *auf der Ebene der Sozialarbeit im Einzelfall* bereits durchaus üblich war. Ähnlich wurde dies von den befragten Experten in Bremer Sozialämtern berichtet. In Göteborg ist dann Mitte der 1990er Jahre diese auf den Einzelfall ausgerichtete personenbezogene Zusammenarbeit zu einer konzeptionell entwickelten und systematisch gesteuerten Form des „Zusammenwirkens" erweitert und relativ zügig und konsequent vor Ort umgesetzt worden. Das Zusammenwirken von Sozialdienst und Arbeitsverwaltung bezieht sich heute nicht mehr allein auf einzelne „Fälle", in denen einzelne Sozialarbeiter direkt telefonisch oder persönlich Kontakt zur Arbeitsvermittlung aufnehmen, um Hilfeprozesse abzustimmen oder Kontrollen durchzuführen. Das heutige Zusammenwirken der Organisationen und Institutionen ist *strukturell* und *strategisch konzipiert.* Es wurde Mitte der 1990er Jahre mit gemeinsamen empirischen Analysen, Bedarfserhebungen und Dokumentationen zu den Schnittstellen von Sozialhilfe und Arbeitsmarktpolitik sowie von Gesundheitsdiensten vorbereitet. Die neueren Maßnahmen sind inzwischen auf gemeinsam definierte Empfängergruppen und auf gemeinsam bestimmte Problemlagen bezogen und abgestimmt und sie werden von gemeinsamen Organisationen umgesetzt.

---

tung der Wohlfahrtsverbände in Deutschland völlig andere und sehr viel heterogenere Voraussetzungen gegeben sind als in Göteborg bzw. Schweden. Vgl. MASQT (2000).

Diese Veränderungen sind in ihrer Tragweite für den Institutionenwandel bisher kaum absehbar. Sie haben Rückwirkungen in normativer, rechtlicher, organisationaler, professionaler, interaktionaler und auch relationaler Hinsicht und beeinflussen nicht nur die Strukturmerkmale der lokalen Ebene, sondern auch die zentralstaatliche Sozialpolitik im Bereich Arbeitslosigkeit, Armut und Krank-heit/Erwerbsunfähigkeit. Das intensivierte Zusammenwirken wohlfahrtsstaatlicher Institutionen bildet zugleich selbst ein neues strukturelles Kernelement und Hauptmerkmal einer „aktivierenden Sozialpolitik" wie auch einer „Verwaltungsmodernisierung" in Schweden. Anschaulich werden diese Entwicklungen und Zusammenhänge am Beispiel des untersuchten Projekts FRISAM. Dieses Projekt wurde zwar zentralstaatlich gesetzlich über die zielorientierte Rahmengesetzgebung allgemein geregelt, hat jedoch insgesamt explizit ein „freiwilliges" Zusammenwirken *(frivillig samverkan)* von Sozialdienst, Arbeitsverwaltung und Versicherungskasse und zugleich eine relativ freie Verwendung der finanziellen und personellen Ressourcen zum Inhalt.

6.3.2 Das Projekt FRISAM als freiwilliges Zusammenwirken von kommunalem Sozialdienst, Arbeitsverwaltung und Gesundheitsdiensten

Die Entwicklung neuer institutioneller Arrangements eines Zusammenwirkens wohlfahrtsstaatlicher Institutionen beschränkt sich in Göteborg und in weiteren schwedischen Städten, so auch in Malmö und Stockholm, *nicht* auf die kommunale Sozialhilfe und die Arbeitsverwaltung. Vielmehr wurden seit Mitte/Ende der 1990er Jahre auch die öffentlichen Versicherungskassen *(Försäkringskassan)*, als wichtige Akteure einer lokalen Sozialpolitik in die neuen Organisationsformen eines „freiwilligen Zusammenwirkens" mit einbezogen. Neben Aufgaben einer Krankenkasse leistet die Versicherungskasse auch die berufliche Rehabilitation und ist für die Zahlung von Renten, Erziehungsgeld und Kindergeld zuständig. Auch soziale Dienste und Hilfen im Gesundheitsbereich bietet sie an. In der Lebenslaufperspektive sind diese sozialpolitischen Reformansätze einer engen Verknüpfung verschiedener staatlich finanzierter sowie kommunal finanzierter und dabei aber lokal erbrachter sozialer Dienste und Leistungen besonders aufschlussreich, da sie viel weitreichender als bisher einen *gleichzeitigen Bezug* unterschiedlichster institutionellen Risikobearbeitungsmuster *auf verschiedene Problemlagen und Teilbiografien* beinhalten. Demgegenüber erfolgten soziale Interventionen und die institutionelle Risikobearbeitung bis in die 1990er Jahre hinein und vielfach bis heute tendenziell eher isolierter bzw. fragmentiert. Während die damit verbundenen Folgen und Negativeffekte zumeist hinreichend untersucht sind, liegen empirische Untersuchungen bisher kaum vor, die Effekte und Folgen eines neu formierten Zusammenwirkens wohlfahrtsstaatlicher Institutionen und Organisationen aus der Lebenslauf- bzw. einer Verlaufsperspektive analysieren.[788] Welche Konsequenzen und Anforderungen beispielsweise an die Gestaltung sozialer Interventionen *im Zeitverlauf* und *in ihrem „Timing"* mit den neuen Formen des Zusammenwirkens verbunden sind, deutet die folgende Tabelle für Projekte des FRISAM an. Darin sind einerseits die Teilbiografien dargestellt, wie sie auch für den Verlauf von Armuts- und Sozialhilfekarrieren analytisch aufgeschlüsselt werden können. Ferner sind die wesentlichen Leistungen und Dienste der unterschiedlichen wohlfahrtsstaatlichen Institutionen sowie ihre kommunale bzw. zentralstaatliche Organisation benannt. Projekte wie FRISAM in Göteborg beinhalten dabei die Zielsetzung, die verschiedensten Maßnahmen einer Rehabilitation und Integration in den Arbeitsmarkt der verschiedenen wohlfahrtsstaatlichen Institutionen *lokal* abzustimmen und genauer aufeinander zu beziehen. Ziel des Projektes war es also, die sozialen Interventionen der Organisationen in Göteborg sowohl in der Handlungs- wie auch in der Verlaufsperspektive möglichst koordiniert und „koproduktiv" zu gestalten.

---

[788] Vgl. Socialstyrelsen (2000b, 2000c und 2001a). Die Befunde zu den individuellen Effekten wie auch zu den gesamtwirtschaftlichen Effekten sind überwiegend positiv. Die Untersuchungen verlagern sich jedoch nach einer ersten Phase der Euphorie zunehmend auf Fragestellungen nach den Hemmnissen und Problemen des Zusammenwirkens. Es lassen sich erste „Ernüchterungen" in den anspruchsvollen und komplexen Prozessen einer Neuformierung der institutionellen Arrangements erkennen.

Tabelle 20:

Teilbiografie des Lebenslaufs bzw. einer „Armuts-/Sozialhilfekarriere"	Kommunale Sozialhilfe im kommunalen Sozialdienst	Staatliche Arbeits-marktpolitik, Arbeits-vermittlung und -beratung	Staatliche, jedoch regional organisierte Versicherungskassen
Das Projekt „FRISAM" im Überblick -Wohlfahrtsstaatliche Institutionen und soziale Interventionen in der Lebenslaufperspektive -			
Einkommensbiografie:	Monetärer Sozial-hilfe und persönli-che Hilfen	Monetäre Leistungen, etwa Arbeitslosengeld	Monetäre Leistungen, wie Krankengeld, Renten usw.
Erwerbsbiografie:	Information, Bera-tung, Motivations-arbeit und Vermitt-lung, sowie Lotsen-funktion	Vermittlung und Beratung, Qualifizie-rung... z.t. monetäre Förderung	Monetäre Reha-Leistungen und persön-liche Beratung
Gesundheitsbiografie	Leistungen eher sekundär, z.B. persönliche Hilfen und Lotsenfunktion	Leistungen eher sekun-där, dennoch monetäre und personenbezogene Leistungen der Rehabi-litation vor allem über das „Arbetsmarknads-institut" (AMI)	Monetäre und perso-nenbezogene Leistun-gen, Information, Kompetenzvermittlung, Betreuung, Pflege sowie infrastrukturelle Leis-tungen und Sachleis-tungen

Das Projekt FRISAM beinhaltet in Göteborg und in anderen schwedischen Kommunen ein freiwilliges und insofern „freies" Zusammenwirken der in der Tabelle genannten Sozialbehörden und sozialen Dienste. Weitere Einrichtungen aus dem Bereich der Haushalts- und Pflegedienste sowie Einrichtungen des Arbeitsschutzes sind teilweise ebenfalls an dem Projekt beteiligt. Im Mittelpunkt des Göteborger Projekts steht die koordinierte gesundheitliche und berufliche Rehabilitation bezogen auf Personen und Gruppen, die ein erhöhtes Risiko aufweisen, über längere Zeiträume öffentliche Leistungen aus den Systemen der Sozialhilfe, der Arbeitslosenversicherung oder der Versicherungskassen zu beziehen. Das Risiko des „Rundganges" und die Praxis einer „Verschiebung" der Antragsteller bzw. Leistungsberechtigten zwischen den drei verschiedenen Einrichtungen, wie sie im zuvor beschriebenen Projekt VESTTID erkennbar wurden, sollen mit dem Ansatz von FRISAM verringert bzw. möglichst ausgeschlossen werden. Damit ist auch das „Aktivierungspraradoxon" angesprochen, dem ebenfalls mit dem Projekt entgegengewirkt werden soll, in dem es gezielt auf die besonders benachteiligten Gruppen in den jeweiligen Sozialleistungssystemen ausgerichtet ist. Hierzu gehören

716

chronisch Kranke, Langzeitarbeitslose, Langzeitsozialhilfebeziehende, wobei Langzeitbezug meist mit mindestens 12 Monaten beziffert wird und als eng mit multiplen Problemlagen verbunden angesehen wird. Die FRISAM-Projekte beziehen sich in Göteborg wie generell in Schweden auf die 16 bis 64jährigen Erwerbsfähigen, von denen ca. 5 % als „besonders benachteiligte Gruppe" in der Bevölkerung gelten, und dabei entweder zeitgleich oder innerhalb des Leistungsbezugs zeitversetzt Kontakt zu allen drei wohlfahrtsstaatlichen Leistungsbereichen haben.[789]

Das Projekt FRISAM mit verschiedenen Teilprojekten bildet somit ein sehr interessantes Beispiel, wie die Schnittstellen von Sozialhilfe, Arbeitsmarktpolitik und Gesundheitspolitik in der Zielsetzung einer aktiven institutionellen Förderung und Erschließung von Wegen aus Krankheit, Arbeitslosigkeit und/oder Sozialhilfebezug möglicherweise „effektiver" gestaltet werden können. Die dramatischen Entwicklungen im Anstieg der Sozialhilfeausgaben und der Empfängerzahlen spielten Ende der 1990er Jahre durchaus eine Rolle bei der kommunalen Mitwirkung am Projekt, das tendenziell eher von den Versicherungskassen eingeleitet wurde. Die nachfolgend kurz beschriebene Arbeit des Projekts in Göteborg gibt dem deutschen Leser einen Einblick in aktuelle schwedische Entwicklungen im Bereich der Organisation sozialer Dienste.[790]

1. Formalia, Rahmenbedingungen und Finanzierung eines freiwilligen Zusammenwirkens
Im Verständnis des „sozialen Zusammenwirkens" wurden für die FRISAM-Projekte zentralstaatlich bereits mit einer Richtlinie aus dem Jahre 1979 und praktisch seit Anfang der 1980er Jahre ausgehend vom Grundsatz der „Ganzheitlichkeit" *(helhetsprincip)* erste Impulse gegeben. Der Grundsatz einer möglichst ganzheitlichen Problemwahrnehmung und -bearbeitung leitet sich seit den frühen 1980er Jahren aus verschiedenen sozialrechtlichen Regelwerken, wie etwa dem Sozialdienstgesetz aber auch aus Richtlinien der Versicherungskassen ab. Er verlangt eine möglichst enge Zusammenarbeit der Versicherungskassen mit anderen Sozialbehörden, wie dem kommunalen Sozialdienst, der Arbeitsverwaltung und den Gesundheitsdiensten bzw. regt über rechtliche Vorgaben hierzu an. Das „freiwillige Zusammenwirken" wurde allerdings zunächst bis Anfang der 1990er Jahre nicht

---

[789] Vgl. Socialstyrelsen (2001a). Die Studie zeigt unter anderem, dass gleichzeitige Kontakte der betroffenen Personen zu fünf verschiedenen Sozialbehörden nicht ungewöhnlich. In extremen Fällen kommen empirischen Befunden nach bis zu 30 Kontakte zu verschiedensten Sozialbehörden, sozialen Diensten und Einrichtungen in einem „Fall" innerhalb relativ begrenzter Zeiträume vor.

[790] Die genauen Daten, Angaben und Beschreibungen zu „FRISAM" in Göteborg wurden im Rahmen eines Experteninterviews erhoben, das auf der Leitungsebene mit den verantwortlichen Mitarbeitern der Versicherungskasse (Johny Söderlund), der Arbeitsverwaltung (Inger Nyström) und des Kommunalen Sozialdienstes (Eva Barrgård) am 24.02.2000 geführt wurde. Die Daten und Auskünfte wurden um die Analyse der über die Stadt Göteborg zugänglichen Dokumente erweitert und um bereits vorliegende empirische Befunde zu ähnlichen FRISAM-Projekten ergänzt.

weitergehend zentralstaatlich gefördert. Erst mit einem Beschluss und einer Vorlage der schwedischen Regierung (Proposition 1996/97: 63) wurden bereits bestehende lokale Projekte intensiver gefördert, zentralstaatlich erfasst und verstärkt auch neue Projekte eingerichtet und intensiver begleitend beforscht.[791] In Göteborg wurden der Beginn und die Laufzeit der untersuchten Projekte des FRISAM 1999 von den beteiligten Sozialbehörden und den entsprechenden politischen Gremien beschlossen. Das Projekt war zunächst für drei Jahre vorgesehen. In verschiedenen Stadtteilen wurden FRISAM-Projekte mit neueren Beschlüssen der Stadtteilausschüsse auch über das Jahr 2001 hinausgehend unter dem Stichwort „FRISAM Väst" dann auf mehrere Jahre verlängert.

Die formale Grundlage des freiwilligen Zusammenwirkens bildet lokal dabei ein Kontrakt, der zwischen den beteiligten Verwaltungen bzw. Sozialbehörden geschlossen wird. Darin werden die allgemeinen Ziele, die Teilprojekte, die Finanzierung und auch die personelle Ausstattung des Projekts und weitere Vereinbarungen festgelegt. Die Projektleitung liegt bei einer Steuerungsgruppe, die meist vor Ort *im Stadtteil* mit Vertretern der beteiligten Institutionen und Vertretern aus politischen Gremien, etwa den Stadtteilausschüssen paritätisch besetzt ist. Auf dieser Planungs- und Konzeptebene werden die Maßnahmen gemeinsam entwickelt. Auch in diesen Zusammenhängen berichteten die befragten Experten, dass das eigentlich „neue Element" im Zusammenwirken wohlfahrtsstaatlicher Institutionen und Organisationen sich auf dieser planerischen und politischen Ebene des „Samverkan" entfalte, denn schon in den 1980er Jahren habe es eine zum Teil durchaus intensive Zusammenarbeit unter den Teams und in der ausführenden Ebene der Mitarbeiter von Sozialbüros, Arbeitsvermittlung und Versicherungskassen gegeben. Zugleich wurden aber auch auf der ausführenden Ebene die Formen und Muster eines Zusammenwirkens verändert und gegenüber den 1980er Jahren über die genannten Projekte intensiviert und präzisiert.

Die beteiligten Institutionen finanzieren die Teilprojekte und Maßnahmen je nach Bereich und definierten Zielgruppen bzw. Bedarfen gemeinsam in Form einer „freien Verwendung" der ansonsten in den Budgets der jeweiligen Institutionen fest veranschlagten Mittel. Insofern wird auch in den FRISAM-Projekten – ähnlich wie beim Projekt VESTTID – ein stärker ausgeprägtes *investives Grundverständnis* in der Verwendung öffentlicher Sozialleistungen für die schwedische Sozialpolitik seit Mitte/Ende der 1990er Jahre erkennbar. Danach werden eben nicht mehr ausschließlich „passiv-versorgend" monetäre Leistungen, wie Sozialhilfe, Arbeits-

---

[791] Die Ergebnisse dieser Begleitforschung wurden von der nationalen Sozialbehörde veröffentlicht und führten zu einer Fortsetzung der Projekte an vielen Orten und zu einer weiteren rechtlichen, teilweise auch finanziellen Förderung der Projekte durch den Zentralstaat. Vgl. Socialstyrelsen (2001a). Die eigentlichen finanziellen Mittel werden aber von den beteiligten Institutionen vor Ort aufgebracht.

losengeld oder Krankengeld erbracht, sondern möglichst zeitgleich – besser noch *präventiv* – werden aktiv und *„aktivierend"* die Maßnahmen der Rehabilitation zusätzlich zum monetären Leistungsbezug untereinander abgestimmt eingeleitet bzw. angeboten. Die Zielsetzung jeder der beteiligten Institutionen bzw. Organisationen ist es, die *Bezugsdauern* wie auch die Höhe der monetären Transferleistungen möglichst zu begrenzen bzw. so gering wie möglich zu halten, dabei aber gleichzeitig durch die veränderten institutionellen Arrangements und Organisationsformen die *Dienstleistungsqualität* und die *Lebensqualität* im Stadtteil bzw. in der Region zu verbessern, in dem wohlfahrtsstaatliche Leistungen und Dienste möglichst „aus einer Hand" frühzeitig koordiniert angeboten bzw. bereitgestellt werden.

2. Angebote, Maßnahmen und Leistungen des Projekts FRISAM in Göteborg
Mit den FRISAM-Projekten, ergänzt um die noch darzustellenden DELTA-Projekte des sozialen Zusammenwirkens (SOCSAM) werden in Göteborg *alle 21 Stadtteile* im Bereich der kommunalen Arbeitsmarkt- und Beschäftigungspolitik für Sozialhilfebeziehende abgedeckt – wenn auch in unterschiedlichen Schwerpunktsetzungen und Varianten. Gerade die FRISAM-Projekte bieten ergänzend zu den sozialhilfeinternen und rein auf den Arbeitsmarkt bezogenen Maßnahmen für den Bereich der *gesundheitlichen Rehabilitation* von Sozialhilfebeziehende damit völlig neue institutionelle Arrangements und Angebotsstrukturen. Als Hintergrund und Motiv dieser veränderten Schnittstellenpolitik wurde berichtet, dass Langzeitarbeitslosigkeit und Langzeitsozialhilfebezug unter anderem zu gesundheitlichen Beeinträchtigungen führen. Dies ist mit entsprechenden Ausgaben nicht nur für medizinische Leistungen, sondern auch beim Krankengeld oder bei den Erwerbsunfähigkeitsrenten für die Versicherungskassen *(Försäkringskassan)* verbunden. Diese Verlaufsmuster von Armuts- und Krankheitskarrieren wolle man möglichst frühzeitig und aktiv gemeinsam verändern, so die Aussagen der befragten Experten in Göteborg. FRISAM-Projekte in den Stadtteilen dienen dazu, vor Ort ein verbessertes Zusammenwirken verschiedenster Behörden und Einrichtungen zu erreichen, um die Maßnahmen einer beruflichen Rehabilitation und einer Gesundheitsförderung für kranke, arbeitslose und eingeschränkt erwerbsfähige Personen möglichst optimal aufeinander abzustimmen. So habe man beispielsweise festgestellt, dass die drei beteiligten Sozialdienste in der Vermittlung von eingeschränkt Erwerbsfähigen am örtlichen Arbeitsmarkt jeweils in Konkurrenz auftreten, was oft zu Lasten des Bürgers und der Problemlösungen gehe. Von den beteiligten Mitarbeitern wurde weiter berichtet, man habe inzwischen erkannt, dass doch eine bestimmte Anzahl von „Klienten" (Sozialdienst), „Kunden" (Arbeitsverwaltung) und „Versicherten" (Versicherungskasse), oder allgemein formuliert, von Bürgern in einer Langzeitperspektive betrachtet, sich eben nicht nur in der Betreuung und Versorgung durch *eine* der wohlfahrtsstaatlichen Institutionen befinde, sondern dass episodenhaft und

phasenweise Wechsel und „Sprünge" zwischen den Leistungssystemen durchaus verbreitet vorkommen. Man gehe davon aus, dass einem häufigen Wechseln zwischen den Transferleistungen und sozialen Diensten und einem *Leben in between"* der Bürger eher mit dem freiwillig verbesserten Zusammenwirken der Institutionen gerecht zu werden sei als mit einer Abschottung der Institutionen und einer Strategie der „Überwälzung", wie sie bis Mitte/Ende der 1990er Jahre vor allem zwischen Zentralstaat und Kommunen üblich war. Als konkrete Angebote und Maßnahmen eines „FRISAM" wurden für Göteborg beispielsweise genannt:[792]

- Ambulante Gesundheitsberatung- und berufliche Rehabilitation: Beratung, Vermittlung von Hilfen im Einzelfall sowie Angebote und Dienstleistungen, die darauf ausgerichtet sind, die bereits bestehenden Leistungen und Dienste wirksamer zu verknüpfen und aufeinander zu beziehen.

- Verschiedene Integrationshilfen für eingeschränkt Erwerbsfähige und Behinderte, etwa im Rahmen von Information, Beratung, Vermittlung und Lotsenfunktionen, über die unter anderem Kontakte zu „Samhall", der staatlichen Beschäftigungsagentur für eingeschränkt Erwerbsfähige, vermittelt werden.

- Maßnahmen der Gesundheitsförderung, vor allem auch berufsbezogen, um *präventiv* berufsbedingte Krankheiten und Krankengeldbezug zu verhindern. Soziale Interventionen im Verständnis und in der Variante der Prävention wurde in dem Projekt – wie auch bereits in der Sozialhilfepolitik im engeren Sinne – ausdrücklich betont und als spezifisch neue und weiterentwickelte Form der Intervention erkennbar.

- Beteiligung an der Konzeptentwicklung und in der Vermittlung von arbeitsmarktpolitische Maßnahmen sowie Einflussnahme auf die Arbeitsmarktpolitik und Arbeitsschutzpolitik.

- Koordinierung und Entwicklung von Angeboten im Bereich der *Erwachsenenbildung (Vuxenutbildning)*. Zielsetzung ist es, dass jeder Einwohner möglichst einen Gymnasialabschluss erreiche, um die Zugangschancen am Arbeitsmarkt zu er-

---

[792] Eine Übersicht über die in Göteborg in einzelnen Stadtteilen laufenden FRISAM-Projekte war während der Erhebungsphase nicht erhältlich. Die Stadtteilverwaltungen sind grundsätzlich unabhängig von zentralstädtischen Vorgaben und frei in ihrer Entscheidung, gemeinsam mit anderen Behörden im Stadtteil ein FRISAM-Projekt zu initiieren. So war ohne weitergehende Studien nicht zu beantworten, wie viele Mitarbeiter in Göteborg in FRISAM-Projekten beschäftigt waren, noch wie groß die Anzahl der über die FRISAM-Aktivitäten erreichten bzw. „betreuten" Personen, Gruppen und Maßnahmen ist. Bereits diese Befunde verweisen auf Probleme, die sich aus einer lockeren Verwaltungsstruktur des freiwilligen Zusammenwirkens und einer netzwerkbasierten Verwaltungsorganisation ergeben, wenn es um die Dokumentation, Statistik und Koordination dieser neuen Netzwerke und Projekte geht.

höhen und Arbeitslosigkeit sowie Sozialhilfebezug über Bildung *vorbeugend* zu vermeiden. Auch in diesem Projekt wurde damit die Verbindung des Leitbildes eines „lebensbegleitenden Lernens" mit den neueren von den sozialen Diensten und der Arbeitsverwaltung erbrachten „aktivierenden" sozialpolitischen Leistungen erkennbar.

Der Bezug von FRISAM-Projekten ist vor allem auf *zwei Ebenen* angesiedelt.[793] Einerseits waren die befragten Experten, jeweils ein Experte der Versicherungskasse, der Arbeitsverwaltung und des Sozialdienstes, sehr stark auf der *planerischen und leitenden Ebene* sozialer Dienste koordinierend und „koproduktiv" tätig. Hierzu waren sie auch räumlich gemeinsam in der Organisation der Versicherungskasse zentral in Göteborg untergebracht. Daneben waren sie auch in der *Einzelberatung* von Teilprojekten und in der Gruppeninformation tätig. Die planerischen, koordinierenden und konzeptionell-leitenden Funktionen wurden zusammenfassend als *„Katalysatorfunktion"* bezeichnet. Diese Aufgaben bezogen sich auch auf den Bereich der Fortbildung, Qualifizierung, den Erfahrungsaustausch und der Konzeptentwicklung in den beteiligten Organisationen und Einrichtungen der drei Träger. Auch Definitionsprozesse etwa im rechtlichen wie auch im Bereich sozialberuflichen Handelns der Beschäftigten aus den beteiligten Institutionen wurden von den befragten Experten des Projekts FRISAM moderiert und mit beeinflusst.

So wurde beispielsweise beschrieben, dass es in den Rechtsgrundlagen der verschiedenen wohlfahrtsstaatlichen Institutionen und auch zwischen den Sozialberufen (Sozialarbeiter, Arbeitsberater, Reha-Fachkräfte...) zunächst erst einmal darum ging, zu einer möglichst „einheitlichen Sprache" und zu abgestimmten Kriterien, Leitbildern und Normen zu finden, die bisher im segmentierten Sozialleistungssystem oft eben nicht bestehen. Als Beispiel wurde berichtet, dass die Begriffe und die Definitionen, wonach jemand *„dem Arbeitsmarkt zur Verfügung steht"* oder aber *„nicht dem Arbeitsmarkt zur Verfügung steht"* weder in den Rechtsgrundlagen der verschiedenen wohlfahrtsstaatlichen Institutionen noch in den Deutungen der Professionellen vor Ort einheitlich verwendet werden. Somit waren hierzu untereinander abgestimmte Kriterien zu entwickeln. Auch der Begriff der „Krankheit" oder die Frage nach dem Grad einer eingeschränkten Erwerbsfähigkeit werden den geführten Interviews zufolge zwischen der Versicherungskasse, der Arbeitsverwaltung und dem kommunalen Sozialdienst häufig nicht übereinstimmend verstanden bzw. definiert. So wurde etwa die Frage diskutiert, ob der kommunale Sozialdienst im Rahmen der Sozialhilfe von kranken Leistungsbeziehern, die zwar als „nicht erwerbsfähig" definiert sind, oder wegen häuslicher Bindung usw. nicht arbeitslos bzw. arbeitssuchend gemeldet sind, generell eine Krankmeldung verlangen soll und

---

[793] Vgl. Göteborg Stad (2000).

den weiteren Leistungsbezug von der Vorlage einer Krankmeldung abhängig machen soll. Aus Sicht der Versicherungskasse würden sich in diesem Fragen von Krankheit und Erwerbsfähigkeit unter Sozialhilfebeziehenden deutliche Wissens- und Steuerungsdefizite bezogen auf die Sozialhilfepraxis zeigen, die man genauer untereinander abstimmen müsse. So sei es doch zentral für Sozialhilfe und Sozialdienst zu wissen, ob und wie lange jemand „krank" sei und möglicherweise krankheitsbedingt selbst keine Schritte einleiten könne, um mittel- oder langfristig den Sozialhilfebezug zu beenden. Bereits diese Perspektiven und Auffassungen von Experten der Versicherungskasse zeigen Abstimmungsbedarfe und verweisen auf Motive und Interesse, enger mit der kommunalen Sozialhilfe zusammenzuwirken. Berichtet wurde zu den Aufgaben und Leistungen der FRISAM-Projekte weiterhin, dass gemeinsame statistische Daten ermittelt werden, um die von verschiedenen Organisationen gemeinsam abzudeckenden Bedarfe genauer zu bestimmen.

Damit werden neue untereinander abgestimmte bzw. *verändert aufeinander bezogene Wissens- und Steuerungssysteme* aufgebaut, die dazu dienen, Entscheidungsgrundlagen etwa zur Größe und Zusammensetzung bestimmter „Zielgruppen" sowie für den Ressourceneinsatz in den geplanten Projekten und Maßnahmen verfügbar zu haben. Neben diesen eher auf die strukturellen und planerischen wie konzeptionellen Ebenen zu verortenden Aufgaben und Leistungen des Projekts wurde ein starker Bezug der Projekte auf die unmittelbare Leistungsebene und -qualität der Leistungen für den Bürger erkennbar. Dabei spielen in der Beratungs- und Informationsarbeit die Prinzipien der Ganzheitlichkeit, der Bedarfsorientierung und der sozialen Nähe stets eine besondere Rolle. Ferner fand sich im Zusammenhang mit Berichten der Experten zu den Projekten eine ausdrücklich formulierte Orientierung auf die Belange der Stadtteile und ein entsprechender Sozialraumbezug der Projekte.[794] Insgesamt steht in den Projekten immer auch eine Qualitätsentwicklung der sozialen Dienste und Leistungen, die ebenfalls über die Zusammenführung unterschiedlicher Kompetenzen, Erfahrungen und Wissenskulturen erreicht werden soll, mit im Zentrum der Interessen und Ziele. Es mangelt bisher allerdings an untereinander abgestimmten Bewertungs- und Controllingsystemen, um die „Qualität" sozialer Dienstleistungen sowie die Effekte eines behördenübergreifenden Zusammenwirkens hinreichend zu erfassen.[795] In diesen Zusammenhängen stellen sich neben beträchtlichen technischen Anforderungen auch besondere *Fragen des Datenschutzes*, die mit den Projekten eines intensivierten Zusammenwirkens

---

[794] Die FRISAM-Projekte sind in manchen Stadtteilen zum Teil direkt mit den stadtteil- und sozialraumbezogenen Projekten des zentralstaatlichen Förderprogramms der „Storstadsdelegation" verbunden. Vgl. Storstadsdelegationen (2000: 17).

[795] Vgl. Zwischenbericht zu den laufenden Projekten des FRISAM der Socialstyrelsen (2000).

sowohl kommunal, aber auch auf nationaler Ebene zwischen den Sozialleistungssystemen und Institutionen sensibel zu handhaben und zu beachten sind.

3. Resümee, Risiken und Perspektiven der FRISAM-Projekte

In Schweden wurden die bereits bestehenden älteren rechtlichen Voraussetzungen
und Empfehlungen zu einem freiwilligen Zusammenwirken der genannten Organisationen und Sozialdienste mit zentralstaatlichen Richtlinien der Regierung vom
April 1997 erweitert und konkretisiert. Es dürfte kein Zufall sein, dass die entsprechenden Richtlinien und Empfehlungen der schwedischen Regierung einleitend
ausdrücklich auf die *Bedeutung der „Arbeitslinie"* eingehen und die künftige Priorität
von aktiven sozialpolitischen Maßnahmen gegenüber bisher passiv geleisteten
Versorgungs- und Transferleistungen hinweisen. Ferner wird auf die ökonomische
Krise und ihre Folgen für die Ausgabenentwicklung in den Sozialleistungs-
systemen hingewiesen.[796] Wesentliche Zielsetzungen eines freiwillig intensivierten
Zusammenwirkens von Versicherungskasse, Arbeitsverwaltung und kommunalen
Sozialdienst in der beruflichen und sozialen Rehabilitation sind damit beschrieben.
Neben der Aktivierung von Ressourcen unterschiedlichster Art bei den Leistungs-
empfängern, aber auch bei Arbeitgebern sollte mit einem verbesserten Zusammenwirken der Akteure der Ausgabenanstieg sowohl beim Krankengeld, bei den
Erwerbsunfähigkeitsrenten und bei der Sozialhilfe gestoppt bzw. begrenzt werden.
Hierin lagen gemeinsame Interessen der beteiligten Institutionen, Organisationen
und Ebenen. Gleichzeitig wurde mit Projekten des freiwilligen Zusammenwirkens
das Ziel angestrebt, die Dienstleistungsqualität und die Wirksamkeit sozialer Interventionen zu verbessern. Die Regierung beschloss daher, die vielerorts bis dahin
entwickelten Projekte des freiwilligen Zusammenwirkens mit entsprechenden
Richtlinien mindestens bis Ende 2003 zu verlängern.

Hauptverantwortlicher Träger für die Koordinierung und Abstimmung der
Maßnahmen und Programme einer *beruflichen* Rehabilitation durch Interventionen
der verschiedenen Behörden und Dienstleister ist die *Versicherungskasse (Försäkringskassan)*, da sie in diesem Leistungsbereich über besonders umfangreiche Ressourcen und Erfahrungen verfügt und im Prozess der Hilfeleistungen und der Interventionen eine Schlüsselrolle einnimmt. Sie erhält die Koordinationsfunktion, die in
Prozessen des Zusammenwirkens von zentraler Bedeutung ist. Die Arbeitsmarktverwaltung stellt ihre Ressourcen vor allem in Form des *„Arbetsmarknadsinstitutet"*
(AMI) ergänzend zur Verfügung. Das AMI nimmt ebenfalls Aufgaben im Bereich
beruflicher Integrationshilfen, etwa für eingeschränkt erwerbsfähige Personen
wahr. Für die *Kommunen und den Sozialdienst* gilt, dass sie die Leistungs- und Koordi-

---

[796] Vgl. Regeringskansliet (1997: 35). In der Proposition Nr. 1996/97: 63 sind diese Aspekte ausdrücklich
benannt.

nationsverantwortung für die *soziale* Rehabilitation – jedoch nicht primär für die *berufliche* Rehabilitation – zu erfüllen haben. Da die berufliche Rehabilitation als Teil einer sozialen Rehabilitation zu verstehen ist, sind Koproduktion und Koordination in den sozialberuflichen Handlungsformen nach dem Verständnis des freiwilligen Zusammenwirkens geradezu zwingend.

Die Projekte des FRISAM in Göteborg wie in anderen Städten vermitteln den Eindruck, als sei es Ziel, die gegenwärtig in der Sozialpolitik wie auch in den sozialen Diensten und der Sozialarbeit relevanten und als „progressiv" oder „innovativ" betrachteten Ansätze, wie Netzwerkarbeit, Ressourcenorientierung und Empowerment, Stadtteilorientierung, Qualitätsentwicklung, sowie die Bürgerorientierung und Nutzerpartizipation möglichst vollständig und zudem gleichzeitig zu verwirklichen. Allerdings existiert ein entsprechend entwickelter „Metaplan" nicht. Vielmehr setzen sich diese Ziele aus ganz unterschiedlichen normativen und rechtlichen Grundlagen, politischen Entscheidungen verschiedenster Ebenen, verschiedensten sozialberuflichen Orientierungen und Handlungsmustern und allgemeineren sozialpolitischen und sozioökonomischen Entwicklungen zusammen. Die Projekte selbst sind daher auch kaum hinreichend institutionentheoretisch zu fassen, sondern sie bilden ein komplexes freiwilliges, zugleich dynamisches und die bisherigen institutionellen und administrativen Grenzen überschreitendes Zusammenwirken von Organisationen und Verwaltungen. Im Kern beruhen diese neuen hybriden Systeme auf *veränderte Relationen und Interaktionen* zu- und untereinander. Diese neuen komplexen Systeme sind eher *systemtheoretisch* als *besondere Formen einer Selbststeuerung sozialer Interventionen* zu verstehen, die allerdings durch zentralstaatliche Regelwerke, Gesetzesgrundlagen und monetäre Anreizsysteme initiiert, gerahmt und weiterhin gefördert und beeinflusst und insofern institutionalisiert werden.

Die Projekte des FRISAM sind ferner selbst als eine Form der „aktivierenden Sozialpolitik" zu verstehen und der mit ihnen verbundene Ansatz des freiwilligen Zusammenwirkens ist sowohl als Voraussetzung wie auch als Bedingung einer „aktivierenden Sozialpolitik" zu deuten, wie die Hintergründe und Motive in den zentralstaatlich gefassten Empfehlungen und Richtlinien belegen. Sie beinhaltet, dass künftig nicht mehr nur passiv Transferleistungen gezahlt werden, sondern *so früh wie möglich* möglichst koordinierte *pädagogische* und *ökologische* Interventionen hinzutreten. Ferner zeigt sich, dass die *Prävention* einen hohen Stellenwert erhält und inzwischen ebenfalls „vernetzt" bzw. im Zusammenwirken verschiedenster Institutionen und Interventionen konzipiert wird. Diese Ansätze, Formen und Muster sozialer Interventionen wurden in Schweden seit den 1980er Jahren meist *lokal* entwickelt, erprobt und praktiziert. Inzwischen sind sie aber über den Zentralstaat auch normativ, rechtlich und in den Zielen mehr als nur in Form einer Rahmengesetzgebung geregelt und institutionalisiert. Damit ist einmal mehr auf einen Wandel wohlfahrtsstaatlicher Institutionen und sozialer Interventionen verwiesen, der in seinen Folgen und Effekten auch veränderter theoretischer und analytischer Grundlagen bedarf.

Die Projekte des FRISAM bilden zudem nicht nur einen konzeptionellen Ansatz, sondern sind als *eigenständige Instrumente der „Verwaltungsmodernisierung"* und einer „neuen Steuerung" zu sehen, die in Schweden von Verwaltungswissenschaftlern als „netzwerkbasierte Verwaltung" typisiert werden. Bisher sind sie kaum empirisch untersucht.[797] In einer *Lebenslaufperspektive* zeichnet sich ab, dass im Rahmen des Zusammenwirkens auf lokaler Ebene offenbar tatsächlich *Formen einer nicht nur „kommunalen", sondern „lokalen" Lebenslaufpolitik* entstehen, in denen die sozialen Interventionen so gestaltet und untereinander abgestimmt werden, dass möglichst „Selbstläufer" entstehen bzw. gefördert werden und monetärer Leistungsbezug zeitlich möglichst kurzzeitig gehalten wird. Vor allem sollen dabei unkontrollierte Wechsel verschiedener Zuständigkeiten über längere Zeiträume vermieden werden, so dass sich dauerhaft oder episodenhaft bzw. periodisch an verschiedenen Stellen im Leistungssystem immer wieder auftretenden Arbeitslosen- und Armutskarrieren möglichst nicht bilden und möglichst auch nicht verfestigen können. Kommt es zu Brüchen, insbesondere in der Erwerbsbiografie, werden soziale Interventionen so gestaltet, dass diese Brüche möglichst koordiniert und „koproduktiv" innerhalb kürzester Zeiten überwunden werden können. Diese Zielsetzungen und Programmatik deutet sich gewissermaßen idealtypisch mit den beschriebenen Programmen an. Der Zentralstaat übernimmt dabei die Rolle einer initiierenden und regulierenden Institution, insbesondere über die Steuerungsinstrumente *Recht* und *Geld*. Im lokalen Wohlfahrtsstaat hingegen erfolgt die Aktivierung der Ressourcen – sowohl auf der Seite der wohlfahrtsstaatlichen Institutionen vor Ort in den Organisationen und Behörden als auch auf der Seite der Bürger. Hier haben *pädagogische* und *ökologische* Interventionsformen in Form einer möglichst koordinierten Informations- und Kompetenzvermittlung und in der gemeinsamen bzw. abgestimmten Erschließung von Zugängen zum Arbeitsmarkt sowie infrastrukturelle Angebote ihre besondere Stärken und ihre Bedeutung.

An die öffentliche Verwaltung sind allerdings mit diesen und ähnlichen Projekten einer koordiniert und „koproduktiv" gestalteten kommunalen und lokalen Lebenslaufpolitik enorm hohe und neue Anforderungen gestellt. Projekte wie FRISAM in Göteborg koordinieren nicht nur die bisherigen Dienste und Leistungen der wohlfahrtsstaatlichen Institutionen, sondern sie schaffen sozusagen selbst einen neuen und wiederum erweiterten Koordinierungsbedarf auf einer nächst

---

[797] Zur „netzwerkbasierten Verwaltung" in Schweden vgl. Montin (2001: 55.) Die Entwicklungen einer „Netzwerkökonomie" werden für den Sozial- und Gesundheitssektor in Deutschland von Dahme/Wohlfahrt (2000) sowie von Bauer/Otto (2005) jeweils in einem Sammelband aus unterschiedlichsten Perspektiven untersucht. Für die lokale Arbeitsmarktpolitik vgl. auch Hild (1997).

höheren und komplexeren Ebene. Mit den FRISAM-Projekten bilden sich gewissermaßen Parallelstrukturen in den Institutionen, denn die traditionellen Sozialbüros, Versicherungskassen und Arbeitsmarktbehörden bestehen weiterhin. Sie werden um die neuen Projekte und Organisationsformen des Zusammenwirkens ergänzt und überlagert, die auf die Bearbeitung *multipler Risiken und Probleme* und des *Langzeitbezugs* monetärer Leistungen fokussiert sind. Es bilden sich komplexere Hierarchie- und Verantwortungsebenen, die selbst wiederum einer Abstimmung und Koordination bedürfen.[798] Ähnlich erweitern sich die sozialen Interventionen und das Dienstleistungsspektrum, die einerseits in den traditionellen institutionellen Arrangements weiter segmentiert erbracht werden, parallel dazu unter bestimmten und den Bürgern allerdings kaum nachvollziehbaren Kriterien in veränderten institutionellen Arrangements und Organisationsformen des Zusammenwirkens komprimiert und „koproduktiv aus einer Hand" angeboten werden. Es bildet sich ein um so breiterer "mix" an Programmen, Maßnahmen und vor allem an Interventionsvarianten. Diese sind bereits auf der städtischen Ebene aufgrund der relativen Autonomie der Stadtteile kaum, und noch weniger auf der zentralstaatlichen Ebene überblickbar. Sie scheinen nur noch begrenzt wirklich „intentional steuerbar". Einzelne Studien nennen für Schweden aktuell eine Zahl von insgesamt rund 2.500 Projekten des „freiwilligen Zusammenwirkens" (FRISAM) und des „sozialen Zusammenwirkens" (SOCSAM).[799] Auch die sozialwissenschaftliche Forschung kann die damit verbundenen Bedarfe an Dokumentation, Erfassung und Analyse für die öffentliche Verwaltung kaum ausgleichen. Es ergeben sich *neue Steuerungsprobleme* in verändert verbundenen wohlfahrtsstaatlichen Arrangements, die theoretisch und empirisch erst noch genauer zu untersuchen sind.

6.3.3 Das Projekt „DELTA-Arbeitsmarktplatz" ab 1999: Koproduktion sozialer Interventionen oder Spezialisierung der nächsten Generation?

Ein in Schweden entwickeltes Konzept des intensiveren *„sozialen Zusammenwirkens" (Social Samverkan SOCSAM),* das seit den 1980er Jahren landesweit für die Organisation der Sozialdienste an Bedeutung gewinnt, wurde in Göteborg im Bereich der Sozialhilfe und der Arbeitsmarktpolitik neben den Projekten eines „freiwilligen Zusammenwirkens" (FRISAM) seit 1997/1998 im Rahmen des Projekts DELTA

---

[798] Vgl hierzu auch institutionentheoretisch Rhodes (1991: 527).

[799] Vgl. Socialstyrelsen (2000). Für die Region Västra Götaland ergab eine Zusammenstellung der Versicherungskasse im Mai 2000 insgesamt 58 laufende Projekte, bei denen die Kommunen in aller Regel mit beteiligt waren, so auch mehrere Stadtteile in Göteborg. Vgl. Försäkringskassan (2000).

eingeleitet. Das darunter organisierte arbeitsmarktpolitische Teilprojekt „DELTA-Arbeitsmarktplatz" *(DELTA-Arbetsmarknadstorget)* begann zum Jahresbeginn 1999. Im Stadtgebiet Göteborg-Hisingen, das insgesamt *sechs Stadtteile* mit etwa 115.000 Einwohnern umfasst, wurde auf der Basis der SOCSAM-Gesetzgebung zunächst 1997/98 das wesentlich größere *Trägerprojekt* DELTA eingerichtet. Auch dieses relativ große Projekt beinhaltet ein Zusammenwirken von kommunalem Sozialdienst *(kommunal Socialtjänst)*, regionaler Versicherungskasse *(Försäkringskassan)*, staatlicher bzw. regionaler Arbeitsverwaltung *(Länsarbetsnämnden)* und dem ambulanten Gesundheits-/Pflegedienst der Regionalverwaltung *(Sjuk-/Hälsovård)*. Bei allen beteiligten Einrichtungen und Akteuren handelt es sich um *öffentliche* Behörden des Sozial- und Gesundheitsdienstes, die allerdings in unterschiedlicher Weise dem Zentralstaat, den Regionalverwaltungen und den Kommunen zugeordnet sind. Insofern sind institutionentheoretisch mehrere Ebenen beteiligt.

Der „DELTA-Arbeitsmarktplatz" (DELTA-AMT) hatte als Teilprojekt unter anderem die Vermittlung und Integration von arbeitslosen Sozialhilfebeziehenden in den Arbeitsmarkt oder in arbeitsmarktpolitische Maßnahmen, sowie in Bildungsmaßnahmen zum Ziel. Im Rahmen des Projekts wurde ab 1999 *gleichzeitig* mit der Arbeitsberatung und -vermittlung auch die *Bearbeitung und Auszahlung der wirtschaftlichen Sozialhilfe* geleistet. Sozialhilfepolitik und aktive Arbeitsmarktpolitik wurden in diesem lokalen Projekt somit sehr eng miteinander verbunden. Das Projekt DELTA und auch das Teilprojekt DELTA-AMT gelten als sehr ambitionierte Projekte nicht nur in Göteborg, sondern landesweit in Schweden. Auch deshalb wurde das Projekt genauer untersucht. Zunächst werden die allgemeinen und rechtlichen Rahmenbedingungen sowie die Ziele des Projekts dargestellt, bevor auf die neuen Leitbilder, auf die beteiligten Professionen und veränderte sozialberufliche Handlungsformen sowie auf mögliche Probleme und Risiken des Projekts eingegangen wird. Am Ende der Darstellungen erfolgt eine kontrastierende Zusammenfassung, zu den Formen und Merkmalen sozialer Interventionen.

1. SOCSAM-Gesetzgebung und Zielsetzungen des „sozialen Zusammenwirkens" im Projekt DELTA

Die Basis für das Projekt DELTA in Göteborg bildet in rechtlicher Hinsicht die sogenannte SOCSAM-Gesetzgebung *(SOCSAM-Lagstiftningen)* des schwedischen Zentralstaates von 1994. Die SOCSAM-Regelungen waren demnach bereits einige Jahre vor Projektbeginn in Kraft. Die ebenfalls als *Rahmengesetz* gefassten allgemeinen SOCSAM-Regelungen wurden zunächst bis Ende 2002 befristet, gelten aber inzwischen auch weiter.[800] Es finden sich darin allgemeine Normen zu den Organi-

---

[800] Im Vergleich der beiden Wohlfahrtsstaaten zeigt sich damit, dass die ersten Vorschläge und Regelungen zu einer verbesserten Zusammenarbeit von Arbeits- und Sozialämtern, die in Deutschland mit

sationsformen und zu den finanziellen Verantwortungen, die beispielsweise mit der Einrichtung eines Bestellerverbundes oder eines Kommunalverbundes zwischen den beteiligten Institutionen und Organisationen zu beachten sind. Funktional betrachtet beinhaltet die Gesetzgebung eine Öffnung bisher begrenzter organisatorischer und finanzieller Gestaltungsmöglichkeiten und die Verwendung bzw. Zusammenführung der finanziellen Mittel verschiedener wohlfahrtsstaatlicher Institutionen auf lokaler Ebene. Neben der SOCSAM-Gesetzgebung enthält auch das Sozialdienstgesetz selbst seit längerem einzelne Passagen, die ausdrücklich ein *aktives* Zusammenwirken des kommunalen Sozialdienstes und damit auch der Sozialhilfe mit anderen Behörden und Akteuren unter der Zielsetzung einer effektiven Verwendung der Ressourcen vorsehen. So lautet es seit Anfang 2002 in Kap. 2, § 6 SoL (zuvor § 4 SoL) folgendermaßen:

> *„(...) Die Kommune kann auch Übereinkünfte mit den Regionalbehörden (Landsting), der allgemeinen Versicherungskasse und der regionalen Arbeitsmarktverwaltung treffen, um im Rahmen der Aufgaben des Sozialdienstes ein Zusammenwirken mit der Zielsetzung eines effektiveren Einsatzes der zugänglichen Ressourcen zu erreichen. Die Kommune soll zur Finanzierung solcher Maßnahmen des Zusammenwirkens beitragen. (...)“*[801]

Die dargestellten Grundlagen und Entwicklungen zeigen, dass es in Schweden 1994 offenbar ähnlich wie später 1998/1999 in Deutschland zunächst zentralstaatlich vorgenommener rechtlicher Öffnungsklauseln hinsichtlich der Klärung und Zusammenführung von Verantwortlichkeiten und Zuständigkeiten bedurfte, um eine Rechtssicherheit für neue Formen einer „netzwerkbasierten Verwaltungsorganisation" zu schaffen, und diese zugleich weitergehend anzuregen.

Die Kommunen und der Sozialdienst übernahmen bei der Initiierung der Projekte ab Mitte der 1990er Jahre in Schweden eine durchaus aktive Rolle – allein dadurch, dass sie aufgrund der Nachrangigkeit der Sozialhilfe und des infolge der Massenarbeitslosigkeit dramatischen Ausgabenanstiegs unter den beteiligten Behörden das stärkste Interesse an einem Zusammenwirken mit den vorrangigen Sozialleistungssystemen, etwa der Arbeitsverwaltung und den Versicherungskassen aufwiesen. Ein Zusammenwirken mit *staatlichen* Behörden und Einrichtungen der Regionalverwaltungen setzte dabei aber auch voraus, dass die Kommunen in dem

---

zentralstaatlichen Empfehlungen bzw. Richtlinien ab 1998/1999 tendenziell ähnliche Möglichkeiten wie in Schweden eröffneten und anregten, für die deutsche Sozialhilfe etwa *4 bis 5 Jahre später* initiiert wurden als das mit der SOCSAM-Gesetzgebung in Schweden von 1994 erfolgte. Wörtlich lautet das SOCSAM-Gesetz: *„Gesetz über die lokalen Modellversuche einer finanziellen Koordination zwischen Sozialversicherung, Gesundheitsdiensten und Sozialdienst" (Lag om lokal försöksverksamhet med finansiell samordning mellan socialförsäkring, hälso- och sjukvård och socialtjänst)* vom 02.06.1994. Zur Entwicklung der SOCSAM-Projekte vgl. Riksförsäkringsverket/Socialstyrelsen (1999).

[801] *Vgl. § 4 SoL (1998) und seit dem 1. Januar 2002: Kap. 2, § 6 SoL.* Semantisch ist im Gesetzestext „Zusammenwirken" *(Samverkan)* und nicht „Zusammenarbeit" *(Samarbete)*.

von ihnen sehr hoch bewerteten *kommunalen Selbtverwaltungsrecht* über die neuen Projekte nicht beeinträchtigt wurden. Eine Hauptsorge schwedischer Kommunen, so auch in Göteborg, ist bis heute, über die veränderten institutionellen Arrangements des Zusammenwirkens *(Samverkan)* im Ergebnis unter einen stärkeren zentralstaatlichen Einfluss als bisher zu geraten und faktisch Selbstverwaltungsautonomie und Gestaltungsfreiräume zu verlieren.

In *normativer* und *rechtlicher* Hinsicht zeigen sich aus Perspektive der kommunalen Sozialhilfe für das Projekt DELTA damit bereits einige *besondere Herausforderungen*. Direkt bezogen auf die Projektarbeit stellten sich weitere Anforderungen eines Zusammenwirkens in der *normativ-rechtlichen Ebene* darin, dass im Kontakt zu den arbeitslosen oder auch kranken Sozialhilfebeziehenden, die von multiplen Problemlagen betroffen sind, *gleichzeitig* mindestens *drei verschiedene Sozialrechtsbereiche* die sozialen Interventionen und die sozialberuflichen Handlungsmuster regeln und damit in der Planung wie auch in der Praxis zu beachten sind. Die geltenden Rechtsgrundlagen sind in Projekten wie dem DELTA-AMT somit direkter aufeinander bezogen und entsprechend verbunden zu berücksichtigen als das üblicherweise in den separierten Organisationsformen der Fall ist. Dies gilt für Anspruchsrechte und Schutzrechte, wie auch für Regelungen zu den Mitwirkungspflichten der Bürger. Diese sind viel genauer aufeinander bezogen zu definieren und in den Regelungen zum Teil weitergehend verknüpft anzuwenden als in den traditionell spezialisierten bzw. isolierten Arbeitsweisen der Organisationen üblich. Diese *Steuerungsprobleme im Bereich des Rechts* wurden von befragten Experten des Projekts DELTA sowohl auf der Leitungsebene wie auch auf der ausführenden Ebene der Sozialarbeit als zu Beginn des Projekts besonders ausgeprägt beschrieben. Die Probleme liegen in Schweden zum Teil darin, dass *die relevanten Sozialrechtsbereiche nach zum Teil unterschiedlichen Prinzipien und Steuerungslogiken gestaltet sind.* So finden sich Definitionen ähnlicher Sachverhalte wie die *Kriterien einer „Verfügbarkeit am Arbeitsmarkt"* je nach Rechtsgrundlage und Gesetzesform im schwedischen Sozialrecht nicht nur inhaltlich unterschiedlich, sondern auch unterschiedlich präzise formuliert und sie sind in unterschiedlicher Weise auf die Leistungserbringungsprozesse bezogen. In einer behördenübergreifenden Deutung und Anwendung sind die rechtlichen Regelungen daher zum Teil nur schwer aufeinander abzustimmen und praktisch zu handhaben. Insoweit wurden im Bereich der praktischen Anwendung der rechtlichen Grundlagen die eigentlichen rechtlichen Probleme des Zusammenwirkens im Projekt „DELTA-Arbeitsmarktplatz" gesehen, weniger in der rechtlichen Ebene der Planung und Organisation. Erst in der Praxis wurden die Probleme detaillierter Rechtsanwendung offenkundig, und waren allein mit der rahmenden SOCSAM-Gesetzgebung nicht zu bewältigen. Die weniger im Projekt selbst sondern eher strukturell im öffentlichen Rechtssystem zu verortenden *Prob-*

leme einer „koproduktiven Anwendungspraxis" des *Sozialrechts* lassen sich der nachfolgenden Tabelle zu den relevanten Gesetzesbereichen entnehmen.

Im Vergleich zu Deutschland, wo der „*Typ des Rechts"* weitgehend einheitlich gestaltet ist, in dem in allen drei in der Tabelle genannten Leistungssystemen über sehr detailliert gefasste rechtliche Regelungen des Rechts der Arbeitsförderung (SGB III und SGB II), des Gesetzes zur Krankenversicherung (SGB V) und der Sozialhilfe (BSHG, künftig SGB XII) genau normiert sind, findet sich bereits auf dieser allgemeinen Ebene im schwedischen Sozialrecht ein Strukturunterschied für ein Zusammenwirken der Institutionen. Während das schwedische Sozialdienstgesetz (SoL) als *zielorientiertes Rahmengesetz* konstruiert ist und für die kommunale Praxis relativ weit gefasste Gestaltungs- und Ermessensräume zulässt, mit denen allerdings eine höhere Rechtsunsicherheit und unterschiedliche Deutung der Rechtsgrundlagen einhergehen, sind das schwedische Recht zur Arbeitslosenvermittlung und zur Arbeitslosenversicherung sowie das Recht der Krankenversicherung – ähnlich wie in Deutschland – nach dem Grundmuster einer *Detailgesetzgebung* konstruiert. Die folgende Tabelle zeigt die unterschiedlichen Varianten.

Tabelle 21:

Rechtsgrundlagen und Regelungstypen eines „sozialen Zusammenwirkens" (SOCSAM) wohlfahrtsstaatlicher Institutionen

Wohlfahrtsstaatliche Institutionen und Sozialbehörden:	Gesetze/Regelwerke der einzelnen Leistungsbereiche:	Gesetzesform und Regelungstyp bzw. institutionelle Logik:	Rahmende Gesetzgebung:
Staatliche Arbeitsverwaltung und Arbeitsvermittlung *(Arbetsmarknadsstyrelsen/Länsarbetsnämnder):*	Gesetz und Richtlinien zur Arbeitsvermittlung sowie Gesetz über die wirtschaftlichen Hilfen im Falle der Arbeitslosigkeit *(ekonomiskt stöd vid arbetslöshet A-kassan)*	Detailgesetzgebung *(Detaljlagstiftning)*	**SOCSAM-GESETZGEBUNG (SOCSAM)**
Kommunaler Sozialdienst und Sozialhilfe *(Socialtjänst och Socialbidrag/Försörjningstöd):*	Sozialdienstgesetz *(Socialtjänslagen SoL),* zentralstaatliche Empfehlungen und kommunale Richtlinien	„Zielorientiertes Rahmengesetz" *(Ramlagstiftning)*	**und** **FRISAM-GESETZGEBUNG (FRISAM)**
Quasi-staatliche, jedoch regional organisierte Versicherungskassen *(Försäkringskassan):*	Sozialversicherungsrecht und Richtlinien (Socialförsäkringslagen); Gesetz über Krankenversicherung u. Krankengeld *(Sjukpenning)*	Detailgesetzgebung *(Detaljlagstiftningen)*	

Die deutschen Rechtsgrundlagen lassen damit längst nicht die Deutungs- und Gestaltungsfreiheit für die jeweilige sozialberufliche Praxis zu wie sie für die schwedische Sozialhilfe und den kommunalen Sozialdienst möglich sind und diese auch stark prägen. Wie von Experten des Projekts DELTA berichtet wurde, kommt es unter anderem auch aufgrund dieser Unterschiede, nach denen das Steuerungsinstrument Recht in der schwedischen Sozialpolitik gestaltet ist, in der Praxis eines behördenübergreifenden Zusammenwirkens in den interdisziplinär arbeitenden Teams zu Definitionsproblemen. Konkret sind im Kontakt zu Arbeitssuchenden und bei der Entscheidungsfindung der drei beteiligten Dienste von den Professionellen im Einzelfall zum Teil gemeinsame Deutungen von Rechtsgrundlagen vorzunehmen, die nach unterschiedlichen Grundmustern konstruiert wurden und je nach Sozialleistungsbereich mehr oder weniger Deutungsfreiheit und Entscheidungsspielraum ermöglichen. Ähnlich wie in Deutschland gelten auch in Schweden etwa hinsichtlich der *Zumutbarkeitskriterien* der im Projekt DELTA-AMT zu vermittelnden Arbeits- und Qualifizierungsangebote zwar grundsätzlich die Kriterien des Arbeitslosenrechts und der Arbeitsvermittlung. Von daher muss sich die schwedische Sozialhilfepraxis auf die „vorrangigen" Bewertungsmuster und Entscheidungen der Arbeitsvermittlung verlassen. Dies gilt jedenfalls in den Fällen, in denen es nicht zu Deutungs- und Interpretationskonflikten kommt.

Diese Grundmuster der Deutung rechtlicher Grundlagen und der Entscheidungsfindung gelten auch im engen Zusammenwirken von Arbeitsvermittlung und Sozialhilfe für die Praxis im Projekt DELTA-AMT. In Fällen, wo es zur Ablehnung einer „zumutbaren" Beschäftigung oder Qualifizierungsmaßnahme durch arbeitslose Sozialhilfebeziehende kommt, ist es für die Arbeitslosenvermittlung – isoliert betrachtet – relativ problemlos möglich, die *monetären* Transferleistungen der Arbeitslosenkasse unmittelbar einzustellen. Da die kommunale Sozialhilfe jedoch das letzte soziale Sicherungsnetz bildet und die Kommune auch rechtlich die „letzte soziale Verantwortung" in der Existenzsicherung, etwa für Arbeitslose wahrnehmen muss, ist eine *Einstellung der Zahlung nach dem Sozialdienstgesetz sehr viel genauer im Einzelfall abzuwägen*. Dies wurde bereits an den Entscheidungsmustern in den Sozialbüros erkennbar. Rechtlich wie praktisch sind diese und vergleichbare Ermessensentscheidungen in Projekten des behördenübergreifenden Zusammenwirkens dann komplexer und anforderungsvoller gestaltet. In diesen Fällen müssen in den interdisziplinär besetzten Teams des Projekts die zum Teil sehr unterschiedlichen Rechtsgrundlagen und Kriterien in der Entscheidungs- und Beschlussfassung, etwa über die Fortführung einer monetären Hilfe auch bei Ablehnung einer als zumutbar geltenden Arbeit weitergehend untereinander abgestimmt werden und möglichst einheitlich gedeutet werden. Entsprechend wurden die normativrechtlich zum Teil *heterogenen Definitionen und Verfahrensweisen* beispielsweise im Interview mit der Leiterin des Projekts als *„inkonsequent"* bezeichnet und als eines der Hauptprobleme in der Praxis des Projekts beschrieben:

"Wenn man nicht zu einem Kurs der Arbeitsvermittlung kommt, der angewiesen wurde, und wenn man das ablehnt, dann stellt ja die Arbeitslosenkasse die Zahlung ein. Aber, das ist für den Sozialdienst nicht so einfach möglich. Die Sozialarbeiter können nicht einfach sagen: „Nein, ihr bekommt jetzt keine Sozialhilfe mehr, wenn zum Beispiel eine Familie mit minderjährigen Kindern darunter ist. (...)" Die Arbeitsvermittler sagen „nein", die Sozialarbeiter sagen „ja". Dann bleibt nichts anderes, als die Leute wieder in das herkömmliche Sozialbüro zurückzuschicken. Die kommen dann nicht mehr hier zum DELTA-AMT. (...) das ist ein Problem. Das ist inkonsequent." (Int. 11: 357-366)

Angesprochen ist damit, dass eine allgemeine rechtliche Rahmung des Projekts DELTA-AMT durch die zentralstaatliche SOCSAM-Gesetzgebung von Mitte bzw. Ende der 1990er Jahre zwar wichtig war, um Rechtssicherheit für die Projekte selbst in ihrer Finanzierung und Organisation zu schaffen. Hinsichtlich der *sozialberuflichen Handlungsmuster* und der über Recht geregelten sozialen Interventionen waren die zentralstaatlichen Regelreformen der 1990er Jahre jedoch unzureichend, da die Schnittstellen im Leistungsrecht der wohlfahrtsstaatlichen Institutionen im Detail nicht präzise aufeinander abgestimmt wurden. Im Grunde bedarf es in rechtlicher Hinsicht für Projekte des institutionellen Zusammenwirkens wie dem Projekt DELTA einer konsequenteren Harmonisierung oder Abstimmung der relevanten rechtlichen Kriterien und Definitionen der am Projekt beteiligten Institutionen und Leistungssysteme. Dies gilt in Schweden – ähnlich wie in Deutschland – für den Sachzusammenhang Sozialhilfe, Arbeitslosigkeit und Krankengeldbezug. Vor allem handlungstheoretisch und -praktisch gesehen bedarf es etwa im *Bereich der Zumutbarkeitskriterien* und hinsichtlich möglichst *einheitlicher bzw. abgestimmter Verfahrensweisen* in Fällen der Ablehnungen angebotener Erwerbsmöglichkeiten oder Qualifizierungsmaßnahmen für die Projekte harmonisierter Regelungen, um einen „Rundgang" zwischen alter separierter Organisation und neuer Projektorganisation für die Bürger auszuschließen. Im Ergebnis könnte dies allerdings bezogen auf das Sozialdienstgesetz und die Sozialhilfe in Schweden bedeuten, dass der bisherige Charakter des Gesetzes als Rahmengesetz in Zukunft noch weitergehend eingeschränkt würde und auch die schwedische Sozialhilfe den Charakter einer Detailgesetzgebung erhält. Dies wiederum hätte für die Praxis der schwedischen Sozialhilfe sowie in sozialberuflicher Hinsicht für den schwedischen Sozialdienst weitreichende Konsequenzen und ist daher nicht unumstritten. Erkennbar wird, dass die Einrichtung der Projekte auch Folgewirkungen für die grundsätzlichen institutionellen Arrangements haben, die zunächst nicht absehbar waren.

Feststellen lässt sich ferner, dass auch in Schweden – ähnlich wie im Sozialrecht und etwa auch im Insolvenzrecht (InsO) in Deutschland – unterschiedliche rechtliche Definitionen zu *Frage der „zumutbaren Arbeit/Beschäftigung"* bestehen, ohne hier auf Details einzugehen. Die Sozialbüros fordern etwa hinsichtlich der Teilnahme an Praktika bei jungen Arbeitslosen oder auch bei arbeitslosen Studierenden weitergehende Nachweise und Mitwirkungen als die Arbeitsvermittlung. Die detailliert geltenden rechtlichen Grundlagen sind nicht systematisch aufeinander abgestimmt, um ein Zusammenwirken wohlfahrtsstaatlicher Institutionen im rechtlichen Bereich möglichst reibungslos und effektiv zu gestalten. Dies bedeutet praktisch, dass an ein Projekt wie dem „DELTA-AMT" in Göteborg bereits in der rechtlichen Dimension etwa bezogen auf die Anwendung unterschiedlichster Kriterien, Definitionen und Routinen in den Teams extrem hohe Anforderungen gestellt werden. Die neue organisatorische Verbindung von Sozialdienst, Arbeitsvermittlung und Gesundheitsdiensten wurde zwar in Göteborg rechtlich durch die SOCSAM-Gesetzgebung mit neuen organisationalen und finanziellen wie professionalen Gestaltungsfreiräumen initiiert und gefördert, womit der Ressourcenbezug der kommunalen Sozialhilfe erweitert wurde. Aus der Perspektive der kommunalen Sozialhilfe zeichnen sich aber zugleich in der detaillierten Anwendung rechtlicher Normen und Regelungen möglicherweise „neue Engführungen" ab, in dem die Sozialhilfe stärker den Deutungen und Definitionsmustern von verregelter Arbeitsvermittlung und verregelter beruflicher Rehabilitation angegliedert wird. Ebenso könnte aber auch die zum Teil weitgehende *kontrollierende und sanktionierende Praxis der Sozialarbeit* hinsichtlich junger Arbeitsloser über das Zusammenwirken mit den anderen Behörden „*relativiert"* werden. Zu erwarten ist, dass zentralstaatlich die hier angedeuteten „Regelungslücken" im Kontext einer "aktivierenden Sozialpolitik" in Schweden absehbar eher nicht ausgefüllt werden. So obliegt es gegenwärtig den lokalen Projekten, die notwendigen Definitionen und rechtlichen Klärungen zu leisten. Im Rahmen der geführten Experteninterviews bestätigte sich, dass auf der lokalen Ebene das Zusammenwirken von drei Behörden gerade auch im rechtlichen Bereich und in der Deutung von Normen und Leitbildern *nicht* bzw. *nicht immer* konfliktfrei verläuft.

2. Planungsphase und Bedarfsermittlung für das Teilprojekt „DELTA-Arbeitsmarktplatz"
Nachdem die Rechtsgrundlagen seit 1994 mit der SOCSAM-Gesetzgebung bestanden und 1996 bereits über das Projekt VESTTID weitergehende positive Erfahrungen der Kommune mit arbeitsmarktpolitischen Maßnahmen vorlagen, entstanden in Göteborg erste Pläne für ein behördenübergreifendes Projekt. Ähnliche Ansätze wurden bereits seit 1994 in Stockholm realisiert.[802] In Göteborg wurde allerdings in den ausgewerteten Dokumenten oder von den befragten Experten nie direkt auf die Stockholmer Initiativen und Erfahrungen Bezug genommen. Eher wurde für Göteborg mit dem Trägerprojekt DELTA der Ansatz eines sehr viel weitergehenden und systematischeren Zusammenwirkens wohlfahrtsstaatlicher Institutionen und der Akteure im Bereich der Arbeitsmarktpolitik und der beruflichen Rehabilitation nach außen vermittelt. So wurde auf der Leitungsebene berich-

---

[802] Vgl. Karlsson/Sundell (1995 und 1999).

tet, für das Projekt DELTA in Göteborg habe es direkt „eigentlich" kein Vorbild gegeben. Von Beginn an wurde in der Außendarstellung die Besonderheit des Projekts betont und es wurde früh eine entsprechende Imagepflege eingeleitet und diese wird bis heute auf hohem Niveau fortgeführt.

Die Hintergründe und die Planungsphase des Projekts „DELTA-AMT" sind unmittelbar und im engen Zusammenhang mit den seit Anfang der 1990er Jahre massiv gestiegenen Empfängerzahlen und Ausgaben in der Sozialhilfe zu sehen. Am 30. Oktober 1996, also etwa in der Phase der Höchstwerte bei den Empfängerzahlen und Ausgaben in der Sozialhilfe und in einer Phase extrem hoher Erwerbslosenquoten wurde auf städtischer Ebene eine *Sozialhilfekommission (Socialbidragskommissionen)* für Göteborg eingesetzt. Im folgenden Jahr kam es zu den höchsten Empfängerzahlen und Ausgaben in der städtischen Sozialhilfe – nicht nur im Verlauf der 1990er Jahre sondern seit den 1940er Jahren. Zugleich war bei der Planung des Projekts eine Verbesserung der wirtschaftlichen Lage und ein Rückgang in der Arbeitslosenquote kaum erkennbar. Nur vor diesen Hintergründen ist die Einrichtung des ausgabenintensiven und organisatorisch aufwendigen Projekts „DELTA-AMT" in Göteborg-Hisingen für die Dauer von mehreren Jahren zu sehen und zu verstehen. Erkennbar wird aber auch der für die schwedische Verwaltung als typisch beschriebene *experimentelle Charakter* in den Reformansätzen und in der Umsetzung der Ideen.

In der Steuerungs- und Planungsperspektive ist bemerkenswert, dass neben leitenden Mitarbeitern der *Kommunalverwaltung* auch Vertreter des Arbeits- und Sozialministeriums, also der *zentralstaatlichen Ebene*, der *Verbandsebene* und der *Wissenschaft* in der genannten Sozialhilfekommission vertreten waren. Diese auf Kommissionen und deren möglichst konsensuale Empfehlungen beruhende Strategie der Planung sozialer Reformen findet sich auf nationaler Ebene seit dem Ende des 19. Jahrhunderts. Sie gilt als typisch für die schwedische Gesellschaft und ihre Wohlfahrtspolitik und scheint auch lokal bzw. kommunale Praxis. Anders als auf nationaler Ebene meist üblich, waren politische Vertreter der im Stadtrat vertretenen Parteien nicht direkt in der Kommission vertreten, so dass es sich um ein Fachgremium im engeren Sinne handelte.[803] Aufgabe und Ziel dieser Kommission war die Entwicklung einer Strategie und konkreter Maßnahmen zur Begrenzung des Anstiegs bei den Empfängerzahlen und den Ausgaben der kommunalen Sozialhilfe. Interessant ist in diesem Zusammenhang, dass in den Dokumenten meist allgemein von der „*Sozial-*

---

[803] Die Kommission setzte sich aus insgesamt neun Mitgliedern zusammen: drei „Stadtteilchefs", eine „Socialdirektorin", zugleich Vertreterin des regionalen Kommunalverbundes, sowie zwei leitenden Mitarbeitern der Individuen- und Familienhilfe (IOF) aus dem kommunalen Sozialdienst, einem Vetreter des Arbeitsministeriums, einem Referenten des Sozialministeriums und einer Professorin für Sozialrecht der Universität Göteborg. Die Seite der Kommunalverwaltung hatte damit eindeutig die stärkste Gewichtung in der Kommission.

hilfeentwicklung" (Socialbidragsutvecklingen) gesprochen wird, worin *sowohl* die Empfängerzahlen *als auch* die Ausgabenperspektive enthalten ist. Damit wird zugleich semantisch eine einseitig, etwa vorrangig auf „Kosten" fixierte Perspektive umgangen bzw. verallgemeinert. Der Ergebnisbericht der Sozialhilfekommission wurde Anfang 1997 vorgelegt.[804] Der fünfzigseitige Bericht enthielt erste Planungen und konzeptuelle Vorschläge, die 1998/1999 zu den im Rahmen des Projekts „DELTA-AMT" umgesetzten Maßnahmen eines behördenübergreifenden Zusammenwirkens *(Samverkan)* führten. Vorgeschlagen wurde, dass die Arbeitsabläufe und die Prozesse der Leistungserbringung der *kommunalen* Sozialhilfe und des Sozialdienstes, der *staatlichen* Arbeitslosenvermittlung, der *regionalen* Versicherungskasse und ggf. auch der *kommunalen* Gesundheitsdienste künftig deutlich besser aufeinander abgestimmt werden sollten. Hierzu wurde organisational ein eigenständiges von den bisherigen Organisationsstrukturen *räumlich* möglichst *getrenntes* „Querschnittsprojekt" empfohlen.

Im Herbst 1998 wurden in den entsprechenden Gremien der Stadt und der beteiligten Stadtteile sowie in den Gremien der Arbeitsverwaltung und der Versicherungskasse die erforderlichen politischen Beschlüsse zur Einrichtung des Projekts gefasst. Zum Jahresbeginn 1999 wurde das Projekt DELTA-AMT mit neuen Räumen in Göteborg-Hisingen *zunächst befristet auf 3 Jahre* eingerichtet. Im Kern handelt es sich um eine intensive Form des Zusammenwirkens von Arbeitsvermittlung, Sozialhilfe und Gesundheitsdiensten. Die gemeinsame Zielsetzung des Projekts mit der Vermittlung und Rehabilitation von Arbeitslosen, die zugleich im Sozialhilfebezug stehen und/oder zeitweise Krankengeld beziehen, bildete die *„Querschnittsaufgabe"* für das Projekt. Die Arbeitsvermittlung, gesundheitsbezogene berufliche Rehabilitation und die materielle Existenzsicherung werden im Projekt integriert geleistet. Auch die Annahme, Prüfung und Entscheidung über Anträge auf wirtschaftliche Sozialhilfe sowie die Zahlbarmachung der monetären Transferleistungen erfolgen für arbeitslose Sozialhilfebeziehende der beteiligten Stadtteile seit 1999 direkt im Projekt.

Die Versuche der lokalen Politik und Verwaltung, für dieses als besonders innovativ angesehene Projekt von Beginn an direkte staatliche Zuschüsse zu erhalten, wurden auf Regierungsebene zunächst abgelehnt.[805] Im Verlauf der Projektentwicklung bis Ende 2001 wurde allerdings dann doch die Aufmerksamkeit im Sozialministerium und in der nationalen Sozialbehörde *(Socialstyrelsen)* geweckt, mit dem Ergebnis, dass die rechtlichen und fiskalpolitischen Voraussetzungen für eine Fortsetzung des zunächst zeitlich befristeten Projekts auch über die Jahre 2002 und

---

[804] Göteborgs Stad (1997): Rapport från Socialbidragskommissionen vom 28.02.1997. Der Bericht lautet wörtlich: *„Strategie zur Begrenzung der Sozialhilfeentwicklung"*.
[805] Vgl. Oscarsson (1997).

2003 hinaus erhalten blieben. Über zentralstaatliche Ressourcen waren auch eine Begleitforschung und Analyse der Projekttätigkeiten und der Ergebnisse eingeleitet und gefördert.

Bereits im Vorfeld des Projektes wurden im Rahmen der Sozialhilfekommission die relevanten *sozialstrukturellen Daten* zur Struktur der Arbeitslosigkeit, zum Sozialhilfebezug sowie Daten zur beruflichen Rehabilitation und zum Krankengeldbezug gezielt für die Stadtteile in Göteborg-Hisingen erhoben und ausgewertet, um die Bedarfe und „gemeinsamen Zielgruppen" bzw. die Schnittstellen des Projekts genauer bestimmen zu können. In den untersuchten Stadtteilen gab es während der Planungsphase des Projekts im Oktober 1997 insgesamt 8.900 Arbeitslose, davon 6.300 mit einer *nicht* abgeschlossenen Gymnasialschule. Erkennbar ist in diesen Zahlen erneut der *Bildungsbezug*, der stets in den Planungen mit enthalten ist. Insgesamt 2.400 Personen im Alter zwischen 25 und 65 Jahren erhielten 1997 *bedingt durch Arbeitslosigkeit* zeitweise Sozialhilfe. Es waren 1.800 junge Erwachsene im Alter zwischen 18 und 24 Jahren bei der Arbeitsvermittlung arbeitssuchend gemeldet. Die Hälfte davon bezog Leistungen der kommunalen Sozialhilfe.[806] Diese von kommunaler Sozialhilfe und der staatlichen bzw. regionalen Arbeitsvermittlung gemeinsam bzw. auch „doppelt betreuten" Arbeitslosen, ergänzt um eine kleinere Empfängergruppe, die mangels Anspruch auf Krankengeld ebenfalls Sozialhilfe bezogen und in der beruflichen wie sozialen Rehabilitation teilweise vom Sozialdienst und der Versicherungskasse ebenfalls „doppelt betreut" wurden, bildeten die „Ziegruppen" für das neue Projekt „DELTA-Arbeitsmarktplatz".[807]

Die Stadtteile im Gebiet Göteborg-Hisingen sind städtebaulich geprägt durch mehrgeschossige Bauweise, bis zu 10 oder 15 Etagen, entstanden in den 1960er und 1970er Jahren. Kürzungen im sozialen Wohnungsbau führten in den 1990er Jahren bei steigender Einwanderung und einem Zuzug junger Schweden aus den ländlichen Regionen zu Problemen. Wie vor allem in Stockholm, zum Teil ähnlich in Malmö, ist auch in Göteborg seit den 1990er Jahren ein Wohnungsmangel entstanden, einem in Schweden relativ neuen sozialen Problem. In den Stadtteilen mit einfacher mehrgeschossiger Bauweise und relativ niedrigem Mietniveau kam es bereits in den 1980er Jahren zu einer Konzentration sozialer Probleme. Diese

---

[806] Vgl. DELTA (1997): *"Underlag för Beslut om Arbetsmarknadskontor och ungdomstorg",* Göteborg-Hisingen, vom 31. Oktober 1997.

[807] Für 1998 wurde in einer Untersuchung unter dem Titel „DELTA-Lägesrapport" für die am Projekt beteiligten sechs Stadtteile die Zahl von 436 *kranken Sozialhilfebeziehenden* ermittelt, die *ohne Anspruch auf Krankengeld* oder *ergänzend hierzu Leistungen der Sozialhilfe bezogen.* Diese Zahl ist insofern bemerkenswert, als bisher zumeist davon ausgegangen wurde, dass das *universelle System* einer Staatsbürgerversorgung nur ein geringes Risiko birgt, bei längerer Krankheit in Sozialhilfebezug und Armut zu geraten. Allerdings tritt das Problem verstärkt auf, wenn junge Arbeitslose oder Einwanderer aufgrund von Arbeitslosigkeit keinen Zugang zum Anspruch auf Lohnfortzahlung und anschließendem Krankengeld erwerben.

Entwicklungen nahmen im Verlauf der 1990er Jahre weiter zu. Eine *Segregation*, in deren Zusammenhang vor allem Einwanderer, junge Arbeitslose, allein Erziehende und ältere Menschen mit geringem Einkommen relativ konzentriert in einigen typischen Stadtteilen und Vororten leben, ist heute deutlich erkennbar und gilt als eines der größten Probleme in der schwedischen Kommunalpolitik.[808] Die Bedeutung dieser städtebaulichen Probleme wie auch die Probleme und Defizite der Integrationspolitik für Einwanderer fanden für viele Schweden kumuliert ihren Ausdruck im Brandunglück in Göteborg-Hisingen vom Oktober 1998, bei dem insgesamt 63 Jugendliche, darunter überwiegend Einwanderer, starben.[809] Auch dieses Ereignis bekräftigte die Entscheidung der Sozialpolitik, das Projekt „DELTA-Arbeitsmarktplatz" in Göteborg-Hisingen einzurichten, um neue Ansätze einer integrierten Sozial-, Gesundheits-, Arbeitsmarkt- und der Bildungspolitik auf lokaler Ebene zu erproben und zu institutionalisieren. Im Ergebnis wurde das Projekt „DELTA-Arbeitsmarktplatz" (DELTA-AMT) gezielt auf *sechs ausgewählte Stadtteile* mit einer besonders hohen Arbeitslosenquote, einer hohen Sozialhilfequote und einem hohen Anteil an Einwanderern, sowie besonderen Schwellen in der beruflichen Integration und Rehabilitation von Kranken eingerichtet. Diese Merkmale trafen in je unterschiedlicher Weise unter anderem auf die Stadtteile Lundby, Biskopsgården und Torslanda zu.

3. Finanzierung, Konzept und Zielsetzungen des „DELTA-AMT"

Beim Projekt „DELTA-AMT" handelt es sich um ein Teilprojekt des deutlich größeren Trägerprojekts DELTA. Dieses Gesamtprojekt DELTA umfasste am Jahresbeginn 2000 etwa 150 Mitarbeiter. Etwa 35 bis 40 Mitarbeiter waren in den Jahren 1999 und 2000 im hier genauer untersuchten Teilprojekt „DELTA-AMT" beschäftigt. Die übrigen Mitarbeiter waren in anderen Teilprojekten tätig, die weniger auf den Arbeitsmarkt, sondern primär auf den Gesundheitssektors bezogen waren. Das Gesamtprojekt DELTA verfügte über ein jährliches Budget von rd. 60 Mio. SEK (rd. 6,6 Mio Euro). Die Finanzierung des Gesamtprojekts erfolgte mit je 20 Mio. SEK von der Stadt Göteborg, von der Versicherungskasse in der Region Västra Götaland und von der Regionalverwaltung Västra Götaland für den Bereich der Arbeitsverwaltung. In Teilprojekten wurde das Zusammenwirken im Gesamtprojekt ab 1998 auch auf die *Psychiatrie* und die *Erwachsenenbildung* in Göteborg-Hisingen erweitert, womit wiederum erkennbar wird, dass ein intensiveres soziales Zusammenwirken in neuen Organisationsformen und Netzwerken in Schweden

---

[808] Vgl. „Storstadsdelegationen" (2000).

[809] An dieser Stelle sei an das Brandunglück in einer Diskothek in Göteborg-Hisingen und an die Opfer vom 29. Oktober 1998 erinnert. Diese Brandkatastrophe erschütterte nicht nur die kommunale Sozialpolitik und -verwaltung, sondern war über Monate Thema in ganz Schweden.

nicht nur *arbeitsmarktbezogen*, sondern ebenso *gesundheitsbezogen* und *bildungsbezogen* ausgerichtet ist. Damit verbunden sind für die Gestaltung sozialer Interventionen auch *veränderte Lebenslaufbezüge* und veränderte Zeit- und Handlungsorientierungen. Das Projekt bestätigt auch die *Entwicklungen von der traditionellen „Arbeitslinie" zu einer „Arbeits- und Kompetenzlinie"*, wie sie sich seit Mitte der 1990er Jahre auch andernorts in neuen Projekten zeigt. Ebenso weist das Projekt den häufiger in den Interviews genannten Bezug auf eine Verbesserung der Lebensqualität als Ziel mit auf.

Die *Projektbezeichnung „DELTA"* beinhaltet dabei sowohl semantisch als auch konzeptionell in hohem Maße eine Ableitung vom bzw. eine Ausrichtung am *Konzept der Teilhabe* und wurde bewusst von den Projektverantwortlichen so gewählt. Die schwedischen Begriffe *„att delta"* oder *„ha del"* sind unmittelbar mit *„teil haben"* oder *„Teilhabe"* zu übersetzen. Zugleich findet sich im *Begriff „Delta"* die Assoziation eines *Flussdeltas.* Hiermit ist einerseits bildlich die Möglichkeit der Einmündung in größere oder weitere, in diesem Fall gesellschaftliche Teilhabechancen verbunden. Zu assoziieren sind hiermit eine besondere Offenheit wie auch eine *kontinuierliche Dynamik,* etwa bezogen auf Lebensläufe, ihre Verlaufsmuster und Entwicklungsmöglichkeiten. In ebenso möglichen Assoziationen können mit einem Delta auch veränderbare Grenzziehungen verbunden werden, die insofern nicht „starr" sind, sondern in besonderen Situationen des Lebens auch überschritten werden können. Allerdings birgt ein Delta immer auch gewisse Risiken eines umfassenden und grenzenlosen und stets veränderlichen Einflusses auf die Umwelt.

Mit dem Begriff und dem Bild von DELTA sind also sowohl Assoziationen eines umfassenden, Teilhabechancen erweiternden, wie auch eines einengenden Einflusses und sehr tief und dynamisch die Lebensläufe gestaltenden Wohlfahrtsstaates und seiner Institutionen verbunden, wobei die Bürger selbst in diesem Bild relativ passiv „im Strom" dahinfließen. Es sind ebenso Bilder damit verbunden, in denen sowohl die wohlfahrtsstaatlichen Institutionen wie auch die Bürger die bekannten Flüsse bzw. Pfade bisheriger institutioneller Arrangements überschreiten und aktiv selbst schwimmend oder mit „neuen" Booten „zu neuen Ufern" aufbrechen. Diese Assoziationen und Perspektiven sollen an dieser Stelle nicht weiter vertieft werden. Sie belegen allerdings die vielfältigen Möglichkeiten der Deutung nicht nur des Projektnamens, sondern auch der damit verbundenen Konzepte und Zielsetzungen. Und sie deuten einen Variantenreichtum an Formen wie auch Risiken sozialer Interventionen für den Projektzusammenhang an.

Sowohl mit dem Trägerprojekt wie auch mit dem Teilprojekt „DELTA-AMT" verbunden sind einige *allgemeine Zielsetzungen und Prinzipien,* nach denen soziale Dienstleistungen künftig erbracht werden sollen. Die traditionell eher „bürokratisch" geprägten Konzepte, Denk- und Handlungsweisen sollen hin zu „modernen" auf Dienstleistung, Service und an Ressourcen orientierte Handlungsformen verändert werden. Die bisherigen Handlungs- und Orientierungsmuster sowie die in den Zielsetzungen des Zusammenwirkens angestrebten „modernen" Prinzipen und Leitbilder sind in der folgenden Übersicht gegenübergestellt.[810]

Tabelle 22:	
„Alte" und „neue" Grundprinzipien und Merkmale der (Ko-)Produktion sozialer Dienste im Projekt „DELTA"	
„Traditionell" isoliert agierende wohlfahrtsstaatliche Institutionen:	**„Moderne" Sicht- und Arbeitsweisen im sozialen Zusammenwirken wohlfahrtsstaatl. Institutionen:**
„Revierdenken" und Begrenzung auf die „eigene Domäne"	„Zusammenarbeit" und „Zusammenwirken" (soziale Netzwerke)
Segmentiertes Wissen und Teilinformationen sowie Vorurteile gegenüber anderen Behörden und gegenüber den Bürgern	Gemeinsames Wissen und Informationen (Informationsnetzwerke), sowie Wissen und Information um die Bedarfe der jeweils anderen Behörden und der Bürger
Konkurrenzprinzip	Prinzip gemeinsamer Verantwortung/Verantwortlichkeit
Defizit- und Mängelorientierung	Ressourcenorientierung, Orientierung an Fähigkeiten und Stärken sowohl der Organisationen, Professionen wie auch an den Ressourcen der Bürger
Bürger als zu verwaltende oder zu behandelnde (passive) „Objekte"	Bürger als mitwirkende (aktive) „Subjekte im Leistungsprozess" (Konzept einer „Koproduktion")

Das Gesamtprojekt wie auch die Teilprojekte im Rahmen von DELTA gehen sowohl in ihren Ausgangsüberlegungen, in den Problembezügen und in den Zielsetzungen besonders weit in einem Ansatz, soziale Dienste und Leistungen organisatorisch „aus einer Hand" anzubieten, zu leisten, um so mögliche Synergieeffekte zu nutzen. Die Gegenüberstellung der Merkmale und Grundprinzipien lässt erahnen, dass damit deutlich veränderte institutionelle Arrangements im Wohlfahrtsstaat verbunden sind bzw. notwendig werden, und das damit für die Gestaltung sozialer Interventionen zum Teil weitreichende Veränderungen verbunden sind. Dies belegen auch die ambitionierten Ziele des Projekts. In den Programmen und Konzepten wurden unter anderem die folgenden *allgemeinen Ziele* formuliert:[811]

---

[810] Die Angaben zur Finanzierung und zum Personal entstammen einem Interview mit dem Leiter des Projekts DELTA vom 17.02.2000 sowie dem „DELTA Ekonomihandbok" vom Mai 2001.
[811] Vgl. Nunes (2001).

- *Als* Hauptziel *ist die* Vermittlung bzw. Integration von Arbeitslosen möglichst in den regulären *Arbeitsmarkt oder in arbeitsmarktpolitische Maßnahmen, oder aber in Qualifizierungs- und Ausbildungsmaßnahmen genannt.*

- Vermeidung des Risikos und die Praxis eines „Rundganges" arbeitsloser Bürger zwischen den verschiedenen Sozialdiensten und Behörden sowie zwischen verschiedenen arbeitsmarktpolitischen Maßnahmen im Zeitverlauf. Soziale Interventionen sollen "nachhaltig" wirksam werden.

- Das Projekt hat ferner eine Verkürzung der Dauer von Arbeitslosigkeit, Armutslagen und Krankheit zum Ziel, womit auch der Bezug von Transferleistungen der Arbeitslosenkassen, der Sozialhilfe sowie beim Krankengeld verkürzt werden soll.

- In der Perspektive auf die Verwaltung und auf die Dienstleistungserbringung soll eine Verkürzung der Bearbeitungszeiten erreicht werden, in dem die Wege zwischen den beteiligten Behörden verkürzt und Verfahrensabläufe vereinfacht und gestrafft werden.

- Bei der Leistungserbringung soll die Einhaltung und Verwirklichung des Prinzips der „Ganzheitlichkeit" (Helhetssyn) in der Problemdiagnose, im Kontakt mit den Bürgern und in der Problembearbeitung oberste Priorität haben.

- Allgemein soll eine Verbesserung und Sicherung der Qualität in den sozialen Dienstleistungen für den einzelnen Bürger mit dem Projekt realisiert werden.

- Die DELTA-Projekte werden zudem verstanden als ein Beitrag zur Verbesserung der Lebensqualität für den einzelnen Bürger im Stadtteil.

- Insgesamt geht es um eine Steigerung der Effektivität in der Anwendung der begrenzten öffentlichen Ressourcen und in der Erbringung sozialer Dienstleistungen.

Mit diesen Zielsetzungen finden sich sehr starke Bezüge zu den allgemeinen Regelungen und Prinzipien, wie sie auch im schwedischen Sozialdienstgesetz seit 1982 rechtlich als Ziele verankert sind. Beachtenswert ist, dass sich sowohl in den Dokumenten wie auch in den im Projekt DELTA geführten Experteninterviews der *Begriff der Aktivierung (Aktivering)* direkt *nicht* findet. Ein explizit formuliertes Konzept einer „Aktivierung" stand während der fast zweijährigen Erhebungsphase auch nicht direkt im Vordergrund des Projekts, sondern ließ sich eher indirekt aus den Programminhalten und den sonstigen Zielen ableiten.

Betrachtet man die „*Zielgruppen" (målgrupper)* genauer, auf die das Projekt bezogen wurde, und zieht die Zugangskriterien hinzu, nach denen die Leistungen für bestimmte Empfängergruppen die Sozialhilfe im Rahmen des Projekts erbracht wurden, wohingegen für andere Gruppen weiter die traditionellen Sozialbüros zuständig blieben, wird die „*Aktivierungslinie*" in Form der „*Arbeits- und Kompetenzlinie*" als für das Projekt relevant erkennbar. Als zentrales *Zugangskriterium* wurde sowohl in den Dokumenten wie auch in den Experteninterviews angegeben, dass die vom Projekt betreuten arbeitslosen oder zeitweilig kranken Sozialhilfebeziehenden *grundsätzlich* jedoch „*job-ready*" sein mussten bzw. „*dem Arbeitsmarkt relativ nahe stehen sollten*" Zwar lagen bei der ausgewählten Zielgruppe etwa Krankheit oder auch Langzeitarbeitslosigkeit vor, und es war zum Teil eine besonders genaue Ermittlung der zum Teil multiplen Problemlagen erforderlich. Grundsätzlich galten die arbeitslosen Sozialhilfebeziehenden, die von den Sozialbüros an das Projekt verwiesen wurden, dort ihren Antrag auf Sozialhilfe auch direkt stellen konnten und sich dort arbeitslos melden oder aber Krankengeld beantragen konnten, jedoch als absehbar in den regulären Arbeitsmarkt integrierbar.[812]

Als ein zentraler Grund bzw. als eines der Hauptmotive für die Entwicklung des „DELTA-Arbeitsmarktplatzes" wurde in den Dokumenten wie auch in den geführten Interviews genannt: „*(...) dass die Zielsetzungen der arbeitsmarktpolitischen Maßnahmen bisher häufig nicht mit den Bedarfen derjenigen Arbeitslosen übereinstimmen, die bereits über längere Zeit vom regulären Arbeitsmarkt und seinen Schwellen entfernt sind.*"[813]

Damit ist das Projekt auf die Überwindung der Zugangsschwellen zum regulären Arbeitsmarkt und insofern auf die Begleitung und Unterstützung von „Übergängen" im Lebensverlauf aus dem Status der Arbeitslosigkeit in den Erwerbsstatus ausgerichtet. Auch Langzeitkranke, die länger als 4 Jahre krank waren, galten als besonders ausgewählte Zielgruppe des Projekts, soweit sie absehbar als „job-ready" kategorisiert werden konnten. Insgesamt ergab sich der Voruntersuchung zufolge eine potentielle Zielgruppe von rd. 1.800 Personen im Stadtteil Hisingen, die vom Projekt DELTA-AMT in der Zusammenarbeit der genannten Behörden erreicht werden sollte. Zu den Zielgruppen des Projektes „DELTA-AMT" wurde beispielsweise berichtet:

> „*(...) Das Projekt ist zustande gekommen, weil es Schwierigkeiten gab für die arbeitslosen Sozialhilfebeziehenden, von der Arbeitsvermittlung den Service zu erhalten, den sie benötigen. Und es gab Schwierigkeiten in der Arbeitsvermittlung, diese Gruppe der arbeitslosen Sozialhilfebeziehenden zu hantieren, die zum Sozialdienst Kontakt hatten und die Sozialhilfe bezogen, und die Probleme hatten, auf irgendeine Weise den Zugang zum Arbeitsmarkt zu erhalten. (...).*" (Int. 11: 83-87)

Konkret waren somit Defizite in der Vermittlung und Beratung für arbeitslose Sozialhilfebeziehende, einerseits in den Sozialbüros, stärker ausgeprägt aber offenbar in der Arbeitsvermittlung, ein wichtiger Ausgangspunkt des Projekts. Wege aus

---

[812] Zu den Kriterien und der Zielgruppendefinition vgl. auch Nunes (2001: 13).
[813] Zit. DELTA (1998): Kartläggningsreport vom 16.03.1998, S. 20.

der Sozialhilfe wurden von beiden Institutionen nicht in dem Maße gefördert, wie allgemein erwartet wurde bzw. möglich schien. Neben der Verbesserung der Hilfen sollten mit dem Projekt auch die Dienstleistungen qualitativ verbessert werden.

In der Organisation und in den Teams des Projekts wurde dann weitergehend *nach Altersgruppen* eine Zuständigkeiten und auch eine Entwicklung jeweiliger „Methoden" und Arbeitsweisen beschrieben. Innerhalb des Projekts wurden unterschieden zwischen den Zielgruppe(n) der 18 bis 25jährigen Arbeitslosen und der 25 bis 65jährigen Arbeitslosen. Jeweils wurden spezialisierte Teams zur Betreuung der beiden Gruppen eingerichtet. Die Arbeitsweisen erwiesen sich bezogen auf beide Gruppen als sehr unterschiedlich. Tendenziell wurde gegenüber den jungen Arbeitslosen auch in dem Projekt eine eher restriktivere Sozialhilfepraxis deutlich.

Feststellbar war, dass das Kriterium der „Kosten" oder der „Ausgaben", also etwa die Höhe des Bezugs von Leistungen der Arbeitslosenunterstützung oder der Sozialhilfe und auch die Dauer des Sozialhilfebezugs direkt *auf den Einzelfall bezogen* keine Kriterien waren, nach denen Arbeitslose oder Kranke im Rahmen des Projekts beraten oder betreut wurden.

Auch für das Projekt wurde schließlich ein Dilemma in der „Zielgruppenpolitik" erkennbar: Einerseits wurde das Projekt an die Zielgruppe der erwerbsfähigen Sozialhilfebeziehenden ausgerichtet. Dies geschah in der Annahme, das die Beratungs- und Vermittlungsbedarfe relativ klar zu bestimmen seien und sich neben dem Hauptproblem der Arbeitslosigkeit eher einfache ergänzende Probleme zeigen würden. Unbeachtet blieb, dass die Gruppe der erwerbsfähigen Sozialhilfeempfänger als solche gerade *keine* „homogene" Gruppe bildet. Die Empfängergruppe wurde in dem Projekt primär über das Problem „Arbeitslosigkeit" wahrgenommen, in ihrem Hilfebedarf definiert und die Interventionen wurden daraufhin konzipiert. Unter den arbeitslosen Sozialhilfebeziehenden finden sich dann aber sowohl Einwanderer, jüngere und ältere Arbeitslose mit unterschiedlichsten Erwerbsbiografien, teilweise auch Arbeitslose ohne jede Berufserfahrung, Suchtkranke und andere Gruppen. Im Verlauf des Projektes ergab sich der Befund, dass der Beratungsbedarf bei arbeitslosen Sozialhilfebeziehenden sehr unterschiedlich ist und zum Teil bei Projektbeginn deutlich unterschätzt worden war. Als Ziel der Arbeit wurde etwa in ihrem besonderen Bezug auf junge Arbeitslose formuliert:

> *„Jugendliche schneller aus der Sozialhilfe heraus in Beschäftigung zu bringen, um zu verhindern, dass sie zu langwierigen Sozialhilfefällen werden. Die wichtigste Arbeitsaufgabe war, durch Rat, Unterstützung und Motivation den jungen Arbeitslosen zu helfen, entweder in den Arbeitsmarkt oder alternativ dazu in eine arbeitsmarktpolitische Maßnahme zu kommen (...)" (Zit. Int. 11: „Svensson" 2000)*

Die Verlaufsdimension ist in der Aufgabenstellung bezogen auf junge Erwachsenen explizit enthalten. Es ging im Projekt gerade bei jungen Arbeitslosen um eine *möglichst schnelle* Vermittlung in Arbeit oder Qualifizierung. Auch die Handlungsdi-

742

mension ist mit dem Hinweis auf „Motivationsarbeit" explizit enthalten. In der Zeit- und Handlungsdimension ging es bezogen auf junge Arbeitslose somit auch um eine *präventive Vermeidung* von „Armutskarrieren" durch Integration in den Arbeitsmarkt oder in arbeitsmarktpolitische Maßnahmen. Die präventive Zielsetzung und die auf junge Menschen bezogenen Anforderungen einer Motivationsarbeit wurden durch die organisatorische Spezialisierung auf die Altersgruppe der 18 bis 25jährigen besonders betont.

In Abgrenzung zur traditionellen Arbeitsvermittlung und -beratung wurden die *besonderen Aufgaben und Kompetenzen des Projekts* konzeptionell mit den im Projekt entwickelten *„motivierenden und diagnostischen Arbeitsweise"* angegeben. Von befragten Mitarbeitern wurde beispielsweise beschrieben, viele Arbeitssuchende würden nicht über die Kenntnisse und Fertigkeiten verfügen, um sich selbst mit Hilfe der computergestützten Informations- und Vermittlungssysteme über Berufe, Stellen, Qualifizierungsangeboten usw. zu informieren. In diesen Fällen wurden die Arbeitslosen mit der Technik dieser Informationssysteme im Rahmen von Information und Kompetenzvermittlung direkt vor Ort vertraut gemacht. Berichtet wurde weiter, vielfach scheitere eine aktive Arbeitssuche an den Ängsten und Unkenntnissen in Bewerbungsverfahren. Um hier informierend, kompetenzvermittelnd und motivierend Hilfen für die arbeitslosen Sozialhilfebeziehenden zu geben, *„erfüllt etwa der kommunale Sozialdienst eine verstärkende Funktion für die Arbeitsvermittlung"* (Int. 11: 158-166), wenn beide Organisationen in gemeinsamen Teams die Interventionen vor Ort aufeinander abstimmen und direkter zusammenwirken.

Für das DELTA-Projekt galt grundsätzlich, dass zwar die Stadt Göteborg, etwa mit der Berufung einer Sozialhilfekommission und den daraus resultierenden Vorschlägen eine wichtige Impuls gebende Funktion bei der Einrichtung des Projektes hatte. Die inhaltliche und methodische Ausrichtung und Konzeption des „DELTA-Arbeitsmarktplatzes" war allerdings stark an *Tätigkeiten und Aufgaben* der Arbeitsvermittlung und weniger an die *Handlungsformen* des kommunalen Sozialdienstes oder der Versicherungskassen ausgerichtet. Gleichzeitig galt aber auch, dass in den für das Projekt konzeptionell formulierten *Zielen* sowie nach den Aussagen der dazu befragten Experten die bereits älteren normativen Grundlagen des Sozialdienstgesetzes von 1982 ebenfalls zentral mit im Projekt verankert wurden. Es zeigte sich, dass neben der dominierenden arbeitsmarktpolitisch geprägten Ausrichtung der sozialberuflichen Handlungsmuster entlang der „Arbeitslinie" auch sozialarbeiterische Prinzipien wie etwa die „Ganzheitlichkeit", das Prinzip der „sozialen Nähe", das Leitbild der Selbstversorgung, sowie der Individualisierungsgrundsatz und die Bedarfsorientierung im Projekt grundlegende Normen bildeten. Zum Teil wurden diese Normen im Rahmen des institutionellen Zusammenwirkens zusätzlich in ihrer Einhaltung und Umsetzung unterstützt und gefördert, da sie im Grunde eine stärker „fürsorgerisch" ausgerichtete Arbeitsvermittlung und -

beratung entsprechend der neuen „Aktivierungslinie" unterstützten. Auch in diesen Zusammenhängen sind die im Verlauf der 1990er Jahre organisational veränderten Rahmenbedingungen mit diesen Projekten zu sehen. Sozialberuflich wurden ferner neuere Handlungsorientierungen, etwa die „Ressourcenorientierung" statt der „Defizitorientierung" und eine stärker entwickelte „Qualitätsorientierung" im Projekt von den Befragten besonders betont.

Das Projekt ist programmatisch in der Leistungserbringung weniger strukturell angelegt, sondern auf bestimmte Gruppen, wie auch auf den einzelnen Bürger bezogen. Mit der Verknüpfung von Armenpolitik, Gesundheitspolitik, Arbeitsmarktpolitik, teilweise auch noch erweitert um die Bildungspolitik weist das Projekt zudem konzeptionell einen „ganzheitlichen" oder „integrierten" Lebenslagenbezug auf. Es ist damit in der institutionellen Problembearbeitung auf verschiedenste Teilbiografien des Lebenslaufs ausgerichtet. Dies bringen nicht nur die beteiligten Organisationen, Professionen und die veränderten institutionellen Arrangements zum Ausdruck, sondern mit dem häufig in den Interviews verwendeten Begriff der *Lebensqualität* verknüpfen sich die verschiedensten Zielsetzungen des Projekts.

Wie bereits bezogen auf das ältere Projekt VESTTID von 1996 stand auch im DELTA-Projekt die Frage und das *Problem des Rundganges* mit im Zentrum der für das Projekt formulierten Ziele. Aus Perspektive der Projektleitung wurde das Problem des Rundgangs konkreter auf die Sozialhilfe bezogen beschrieben. Es beinhaltet, dass im Rahmen der regulären Sozialhilfepraxis der traditionellen Sozialbüros in den Stadtteilen die arbeitslosen Sozialhilfebeziehenden von dort zunächst an die Arbeitsvermittlung, von dort ggf. wegen fehlender Anspruchsvoraussetzungen erneut zurück an die Sozialbüros, dann von dort an ein arbeitsmarktbezogenes Projekt verwiesen wurden, in dem 3 oder 6 Monate eine Teilnahme möglich war. Danach bestanden zum Teil Ansprüche auf Leistungen der Arbeitslosenkassen und die Zuständigkeit wechselt erneut. Das tatsächliche Problem der Arbeitslosigkeit oder ggf. kumulierende Probleme wurden in diesem „Rundgang" nicht wirklich bearbeitet oder gelöst, sondern zuständigkeitshalber segmentiert und isoliert wahrgenommen und teilbearbeitet. Im Kern handelte es sich jedoch um ein *zeitliches Aufschieben und institutionelles Verschieben einer Problembearbeitung*. Die Kritik am „Rundgang" bezog sich dabei meist auch auf die zahlreichen *kurzfristigen* arbeitsmarktpolitischen Maßnahmen, etwa Kurse, Praktika, Trainings, die nach wenigen Wochen oder Monaten während der arbeitsmarktpolitischen Krise häufig auch keinen Weg aus dem Sozialhilfebezug ermöglichten, sondern das *Risiko diskontinuierlicher Erwerbsbiografien* zusätzlich verstärkten. Entsprechend wurde auf allen Ebenen des Projekts die Zielsetzung und das Problem des Rundganges als ein zentraler Faktor für die Einrichtung des Projekts beschrieben:

„Wir sollen keine weitere Institution sein, die die Leute in mehr oder weniger sinnvolle Maßnahmen schickt, um die Arbeitslosenzahlen zu beschönigen, und dann nach 6 Monaten ist der Arbeitslose wieder hier. Damit würden wir ja diesen Rundgang, der ja sowieso schon läuft, den würden wir verstärken. Der Grundgedanke des Projektes ist, diesen Rundgang möglichst früh zu stoppen." (Int. 18. 338-343)

Zugleich wurde aber deutlich, dass in der *Zeitdimension* auch innerhalb des Projekts oft wiederum eher *kurzfristige Maßnahmen von 4 bis 8 Wochen oder von wenigen Monaten Dauer* angeboten wurden, die als Kurse gestaltet die berufliche Integrationschancen verbessern sollten, berufliche Orientierungen ermöglichen sollten und den Arbeitslosen praktische Bewerbungskompetenzen etc. vermitteln sollten:

„(...)Und dann kann es ja so sein, dass man nicht weiß, wohin man will oder so, Und da haben wir einen Teil an Möglichkeiten, Zum Teil kann man sie in einen Orientierungskurs schicken, für eine Woche einen Berufsfindungskurs, der dann abgeschlossen sein muss. Wir haben Möglichkeiten, die dann in solche Kurse zu schicken." (Int. 11)

Es deuteten sich damit *Zielkonflikte* an, die im Projekt „DELTA-AMT" verbunden mit den unterschiedlichsten und zum Teil sehr weitreichenden Zielsetzungen für das institutionelle Zusammenwirkens verbunden waren. Einerseits sollten der Rundgang durch kurzfristige arbeitsmarktpolitische Maßnahmen mit dem Projekt möglichst vermieden und entsprechende Risiken diskontinuierlicher Karriereverläufe sowie die Verfestigung von Arbeitslosigkeit und Sozialhilfebezug möglichst begrenzt werden. Zugleich konnte das Projekt selbst zum Teil auch lediglich *kurzfristige Kurse* anbieten, beziehungsweise dorthin vermitteln, solange die strukturelle Arbeitsmarktpolitik nicht verändert wurde.

Neben den genannten arbeitsmarktpolitischen Zielsetzungen bzw. darin eingebunden fand sich im Projekt eine extrem stark *ausgeprägte „Qualitätsorientierung"*, wobei zugleich aber auch der *„Ressourcenbezug"* sowohl hinsichtlich der im Projekt selbst vorhandenen Ressourcen wie auch hinsichtlich der Ressourcen der Adressaten und Bürger für die Ausgestaltung der sozialen Interventionen einen hohen Stellenwert einnahm. Vor allem mit der Qualitätsorientierung und mit dem Ressourcenbezug sind zwei weitere zentrale Handlungsorientierungen benannt, die – ähnlich wie die Rundgangsproblematik – erst im Verlauf der 1990er Jahre stärker zur Geltung kamen. Dagegen waren das Prinzip der „Ganzheitlichkeit" und auch eine Ausrichtung sozialpolitischer Programme an der Zielsetzung der Lebensqualität bereits im Verlauf der 1980er Jahre durchaus bedeutsam. Somit zeigen sich auch in diesem Projekt Leitbild- und Zieldefinitionen, in denen die Programmatik und Praxis von Sozialhilfe und Arbeitsmarktpolitik der 1980er Jahre mit denen der 1990er Jahre gekoppelt bzw. verbunden wurden. Dies führte zu komplexen mehrdimensional ausgerichteten Zeit- und Handlungsorientierungen, deren Verbindung in der Alltagspraxis nicht immer konfliktfrei möglich war.

4. Professionen und sozialberufliche Handlungsformen im Projekt „DELTA-AMT" – aktive Sozialdienste im Wandel institutioneller Arrangements

In der professionalen und interaktionalen Ebene stellt sich die Frage, aus welcher theoretischen und analytischen Perspektive die Interventionsformen in einem Projekt untersucht werden können, das derart eng die verschiedenen wohlfahrtsstaatlichen Institutionen in ihren Arrangements zusammenführt. Schließlich werden dadurch auch sehr unterschiedliche Rahmenbedingungen, Konzepte, Methoden, Verfahren und Instrumente enger verbunden, die sozialberuflich in den jeweiligen wohlfahrtsstaatlichen Institutionen zuvor isoliert entwickelt und praktiziert wurden. So lässt sich in der Untersuchung sozialberuflicher Handlungsformen traditioneller Sozialbüros noch die Methodenlehre der Sozialen Arbeit als theoretische Bezugsgröße wählen und sie bildet einen wichtigen analytischen Rahmen. Diese Bezugsgrößen sind aber in der Untersuchung von Projekten des engen organisatorischen und sozialberuflichen Zusammenwirkens zwischen kommunalem Sozialdienst, staatlicher Arbeitsverwaltung und regionalen Versicherungskassen unzureichend.[814]

Eine analytisch stark auf die Perspektive der Methodenlehre der Sozialen Arbeit fußende Herangehensweise läuft Gefahr, die zum Teil völlig anders gestalteten „Methoden" und sozialberuflichen Handlungsformen der Arbeitsverwaltung und der Versicherungskasse zu vernachlässigen und damit die in den interdisziplinären Teams und Arbeitsweisen des Projekts entwickelten Handlungsformen all zu einseitig zu betrachten. Auch dieses Problem zeigt an, welche Reichweite und Brisanz in den neuen Formen eines behördenübergreifenden Zusammenwirkens wohlfahrtsstaatlicher Institutionen liegen.

Da sich diese empirische Studie jedoch aus der Perspektive zur Sozialhilfe herleitet, bilden die Interventionsformen und -muster der Sozialarbeit und Sozialverwaltung den zentralen Ausgangs- und Bezugspunkt, sind aber zugleich analytisch möglichst offen zu betrachten. Auch von daher bieten sich für die Analyse sozialen Handelns im Zusammenwirken wohlfahrtsstaatlicher Institutionen die theoretischen Grundlagen zu sozialen Interventionen sowie zur Produktion sozialer Dienstleistungen, ergänzt um die lebenslauftheoretische Perspektive an.

---

[814] Zur Methodendiskussion in der schwedischen Sozialarbeit vgl. Bergmark/Lundström (1998). Im Kern findet sich die übliche und am ehesten als allgemein verbindlich anerkannte Unterscheidung von individuellen, gruppenbezogenen und struktur- bzw. gesellschaftsbezogenen Maßnahmen. Festgestellt wird, dass es in der schwedischen Sozialarbeitslehre bisher noch an theoretischen Grundlagen für die Methodenentwicklung mangelt. Zugleich gelten „Socionomer" in Schweden als Berufsgruppe, die in vielen Feldern – nicht nur der Sozialarbeit – einsetzbar sind. Theoretische Unsicherheiten zeigen sich auch darin, dass im Lexikon zu den Alltagsbegriffen der Sozialarbeit von Denvall/Jacobson (1998: 157) der Methodenbegriff gar nicht verwendet wird, sondern von „Arbeitsformen" gesprochen wird. Kritisch wird der Methodenbegriff früh bereits von Sunesson (1981) behandelt.

Die Analyse ergab, dass in den Dokumenten des DELTA-Projekts die Ziele, Zielgruppen, sowie die rechtlichen Grundlagen und die Organisationsformen des Projekts umfassend beschrieben sind. Diese Ebenen wurden sozialplanerisch mit hohem Aufwand entwickelt und aufeinander bezogen. Zugleich ließ sich feststellen, dass dem *Bereich der Handlungsformen, „Methoden"* und auch den Fragen einer *Professionalisierung* bezogen auf das neue Zusammenwirken der drei beteiligten Institutionen – zumindest in den offiziell zugänglichen Dokumenten der Jahre 1998 bis 2001 kaum eine besondere Aufmerksamkeit zukam. Dieser Befund bestätigt sich schließlich in den Interviews, wobei die Aussagen der Experten generell ein „Methodendefizit" im Bereich der Sozialhilfe und der Hilfen für Arbeitslose beschrieben. Dieses Defizit findet sich auch in der schwedischen Fachliteratur belegt.

Wie tiefgreifend sich die Arbeitsweisen im Rahmen des neuen Projekts „DELTA-AMT" aus der Perspektive der dort beschäftigten wie auch in den Sozialbüros beschäftigen Sozialarbeiter seit den 1990er Jahren im Vergleich zu den „Methoden" in den traditionellen Sozialbüros verändert haben, und wie auch die „Dependency-These" die Arbeitsweisen durchaus prägt, veranschaulicht folgende Aussage:

> „(...) Die alten Ansätze, denke ich, basierten mehr auf zufällige Maßnahmen und auf kurzfristig angelegte Maßnahmen. Aber nun sehen sie, dass das den Leuten nicht hilft, aus der Sozialhilfe heraus zu kommen und ein harmonisches Leben zu erhalten und Selbstversorger zu werden. Sondern die kommen wieder zurück zum Sozialbüro und werden abhängig von der Sozialhilfe. Aber diese neuen Projekte hier, die jetzt aufgebaut wurden, die gehen tiefer, arbeiten weitergehend und sie haben weniger Fälle zu betreuen als früher. Das ist so gekommen – das die weniger Fälle zu bearbeiten haben und mehr mit den Klienten arbeiten können. Was gibt es für Ressourcen bei dem Menschen? Was gibt es für Motivationen bei dem Menschen? Wie soll ich dem Menschen helfen? Das mit diesen Fragen, das ist sehr viel besser geworden und tiefergender als früher. Das kann ich sagen." (Int. 23: 570-582)

Auf der allgemeinen Ebene deuten sich aus der Perspektive der Sozialarbeit in den Handlungsmustern damit folgende Entwicklungen an: Neben stärker „strategisch" oder „systematischer" ausgerichteten Interventionen zur Förderung von Wegen *aus* dem Sozialhilfebezug wird verbunden mit einer *geringen Fallzahlen* je Mitarbeiter im Projekt im Vergleich zu den traditionellen Dienstleistungsstrukturen eine *tiefergehende Problemdiagnose*, sowie generell ein „tiefergehendes" Arbeiten, eine *Abkehr vom Prinzip kurzfristiger Maßnahmen*, sowie allgemein ein intensiverer und auf „Koproduktion" ausgerichteter Kontakt zum Bürger angestrebt. „Methodisch" und in den sozialberuflichen Handlungsstrategien wird eine in höherem Maße auf die Ressourcen und die Motivationen erfolgte Ausrichtung für das Projekt DELTA beschrieben. Sowohl in der Zeit- wie auch in der Handlungsperspektive zeichnen sich damit gravierende Unterschiede zu den bisherigen Sozialbüros sowie zu den Interventionsformen der 1970er und 1980er Jahre ab. Diese waren damals eher „passiv", überwiegend auf „Zufälligkeiten" beruhend und insgesamt stärker auf kurzfristige Maßnahmen bezogen, und sie hatten eher Defizite als Ressourcen – nicht zuletzt der Bürger – aus Ausgangs- und Bezugspunkt. Auch insoweit ist ein Wandel sozialer Interventionen für die schwedischen Sozialdienste erkennbar, der in verschiedenster Hinsicht auf *mehr Dynamik* hindeutet.

Als eines *der Hauptprobleme des Zusammenwirkens* wurde in professionaler Hinsicht beschrieben, die grundlegenden Arbeitsverständnisse, die Menschenbilder, sowie die Konzepte, Modelle und Verfahren der Leistungserbringung der drei beteiligten Sozialberufe in den neu gebildeten interdisziplinären Teams aufeinander zu beziehen und abzustimmen. Auf der Leitungsebene des Projekts wurde hierzu das folgende Arbeitsverständnis sowie ein spezifisches Verständnis von „Professionalität" für das Projekt skizziert:

> *„(...) Das man es so macht, dass man im Zusammenwirken von mehreren Behörden auch im Zwischenbereich zusammenarbeitet (...). Das man sich am Tisch nicht „anknurrt", sondern das man näher miteinander mit dem Einzelnen zusammenarbeitet, so dass man auch nicht nur sitzt und miteinander telefoniert, sondern persönlich."* (Int. 10: 149-153)

Deutlich werden der Anspruch und das Ziel, nicht nur formal und organisational, sondern vor allem auch inhaltlich und damit „qualitativ" zu neuen Formen eines professionsübergreifenden Zusammenwirkens zu kommen. Erkennbar wird dabei ein ausgeprägter Bezug auf den einzelnen Bürger. Ein behördenübergreifendes Zusammenwirken soll im Projekt persönlich und gemeinsam am runden Tisch im unmittelbaren Kontakt zum Bürger realisiert werden. Dieses besonders stark auf das Individuum bezogene Interventions- und Dienstleistungsverständnis zeigte sich sowohl in den Dokumenten als auch in den Interviews. Eine „Aktivierung in den Arbeitsmarkt" würde demnach im Projekt in hohem Maße über entsprechend individuell ausgerichtete Formen sozialer Intervention, also tendenziell eher verhaltensbezogen im Rahmen pädagogischer Interventionsformen und weniger kontextbezogen erfolgen.

In den Berichten der befragten Experten aus dem DELTA-Projekt wurden die tatsächlich ganz überwiegend auf Einzelpersonen oder Gruppen bezogenen sozialberuflichen Handlungsformen genauer beschrieben. Die *folgenden sozialberuflichen Handlungsformen, Arbeitsweisen und entsprechende Funktionen* ließen sich im Projekt erkennen und untersuchen:

- Information und Aufklärung
- Beratung
- Hilfe- und Unterstützung
- Weg-/Verweisungs- und Lotsenfunktion

- Vermittlung

- Motivationsarbeit

- „Matching und Pushing"

- Gruppeninformation

- Kompetenzvermittlung

- Kontroll- und Sanktionsfunktionen.

Als neuere bzw. intensiver in den Interaktionen berücksichtigte Instrumente wurden auch die *Hilfeplanung* und *Fallkonferenzen (Trepartsamtal)* im Rahmen der Experteninterviews für das Projekt weitergehend als etwa für die Praxis traditioneller Sozialbüros beschrieben. Die einzelnen Arbeitsweisen und Funktionen werden kurz dargestellt. Am Ende werden grundlegende Befunde zur Frage nach den veränderten Zeit- und Handlungsorientierungen und veränderter Interventionsformen zusammengefasst.

a) Die Handlungsform Beratung im Projekt „DELTA-Arbetsmarknadstorget": Neue Verbindlichkeit und koproduktive Leistungserbringung:
Die Handlungsform „Beratung" wird hier verstanden als personenbezogene Form der sozialen Intervention, die vor allem eine Vermittlung von Informationen, Wissen und Kompetenzen an die zu beratenden Personen oder Personengruppen beinhaltet. Die Beratung als personenbezogene soziale Dienstleistung ist insofern von Therapie oder auch von Verwaltung deutlich zu unterscheiden.[815] Beratung enthält auch im Kontext der Sozialhilfe in hohem Maße Elemente einer pädagogischen Intervention und ihrer Wirksamkeit ist sie in hohem Maße abhängig von einer und ausgerichtet auf eine Mitwirkung des Ratsuchenden am Beratungsverlauf. Im Ergebnis der Interview- und Dokumentenanalysen ließ sich bezogen auf die Handlungsform der sozialen Beratung im untersuchten Projekt feststellen, dass anders als etwa in Deutschland der *Beratungsbegriff* selbst („Rådgivning"/"ge råd") zumindest semantisch *nicht* im Zentrum der Handlungsformen steht. Während etwa in den Bremer Interviews mit Sachbearbeitern der Sozialhilfe, die „Beratung"

---

[815] Zur Definition der Handlungsform „Beratung" im Kontext der deutschen Sozialhilfe vgl. Reis (2001 u. 2002b). Die Frage, ob und inwieweit „Methoden" oder besser formuliert, spezifische sozialberufliche Handlungsmuster von den Funktionen der Sozialhilfe her zu entwickeln sind, scheint in der schwedischen Fachliteratur bisher weitgehend unbehandelt. Bergmark (2000b: 189 f.) bestimmt sowohl die Funktionen als auch die „Methoden" der Sozialhilfe jedenfalls eher ausgehend von normativ-rechtlichen Grundlagen und von sozialarbeiterisch geprägten Handlungsformen. Er geht dabei nicht von den empirisch vorfindbaren Interventionsformen aus. Eine Systematik, die sich bei Bergmark/Lundström (1998: 75) hinsichtlich der „Methoden" findet, ist die Unterscheidung in Behandlung *(Behandling)*, Gespräche/Unterstützung *(Samtal)* und Motivationsarbeit *(Motivationsarbete)*.

ganz überwiegend als wichtige Handlungsform beschrieben und auch so benannt wurde, obwohl Beratung in Bremen praktisch nur begrenzt möglich war, wurde sie von den Experten in Göteborg eher indirekt und semantisch unter anderen Begriffen als eine Handlungsform von vielen im Projekt beschrieben. So wurde der Beratungsbegriff auch in kaum einem der in Schweden bzw. Göteborg geführten Interviews von den Befragten verwendet.

Das Beratungsverständnis, die „Methoden" und Formen der Beratung bildeten sich im Projekt im Hinblick auf die Interaktion mit den Sozialhilfebeziehenden entsprechend folgender Aussage in einem neuen Ansatz ab:

> *„(...) Und in dem Bereich hier, da ist es so, dass man etwas Neues entwickelt, eine neue Arbeitsweise. Eine neue Art, den Hilfe-/Arbeitssuchenden [Sökande] zu begegnen, dadurch, dass man die verschiedenen Ausbildungen und Kompetenzen in den Teams zusammenführt."* (Int. 11:171-173)

Mit dem Projekt wurden aus Sicht der Befragten Vorteile im zeitlich früheren Einsatz sozialer Beratung erzielt. Auch administrativ wurden schnellere Verfahrensabläufe und Effekte einer Verwaltungsvereinfachung erreicht. Durch das Zusammenlegen der Teams von Sozialämtern und Arbeitsvermittlung erfolgt der Kontakt des arbeitslosen und Sozialhilfe beziehenden Bürgers zu beiden Behörden *gleichzeitig*. Die Klärung der Angaben, die Prüfung der Unterlagen und die Antragsbearbeitung können für Sozialhilfe und Arbeitsvermittlung somit in *einem* Verfahren durchgeführt werden. In den traditionellen Arbeitsweisen der Sozialämter bedurfte es meist bis zu vier Wochen, bis die Klärung und Bestätigung einer Arbeitslosmeldung bzw. die Entscheidung über Leistungen der Arbeitsverwaltung im Sozialamt vorlag. Auch die Verfahren des „Hin- und Herschickens" der Bürger während dieser Klärungsphase ist mit dem DELTA-Projekt entfallen. Allein in diesen administrativen Vereinfachungen und in den beschleunigten Verfahrensabläufen wurde aus Sicht der Befragten ein großer *Zeitgewinn* gesehen. Zudem würden Missverständnisse und unterschiedliche Interpretationen der Bedarfe und Wünsche der Bürger vermieden, die in den früher gedoppelten Kontakten zu zwei oder drei Behörden vorgekommen seien (Int. 11: 282-293).

Wie in der regulären Sozialhilfepraxis, war auch im Projekt DELTA-AMT der Sozialhilfeantrag von den Sozialhilfebeziehenden in der Regel *monatlich zu aktualisieren*. Diese monatlich verbindlichen Kontakte – wenn auch unterschiedlicher Intensität – waren auch für das Projekt offenbar normativ und methodisch vorgegeben, unterschieden sich nicht vom Ansatz der herkömmlichen Sozialbüros.

Durch die verkürzten Bearbeitungszeiten und auch durch die gemeinsame Problemdiagnose sowie über die gemeinsame Entwicklung von *„Handlungsplänen" (Handlingsplaner)* mit den Arbeitslosen kam es in den Beratungsverläufen nach Aussagen der Befragten in aller Regel auch zu genaueren Hilfen, Hinweisen und Entscheidungen. Beispielsweise wurde beschrieben, dass etwa Einwanderer im Rahmen von Beratung und Information *schneller* an Sprachkurse oder in Praktika vermittelt werden könnten als das in der traditionellen Arbeitsweisen von Sozialamt und Arbeitsvermittlung möglich sei. (Int. 11: 290-293).

Hinsichtlich der Intensität der Kontakt- und Beratungsmuster verwiesen Formulierungen der befragten Mitarbeiter darauf, dass von ihnen Motivationsarbeit, Lotsen- und Wegweiserfunktionen und weitere intensivere Formen der Betreuung (*„att ta hand om"*) geleistet wurden. Diese Formen der Information, Aufklärung und Beratung berühren dabei sowohl persönliche, psychologische, ökonomische wie auch strukturelle Probleme und wurden insgesamt als sehr *zielorientiert auf den Arbeitsmarkt oder auf arbeitsmarktpolitische Maßnahmen bezogen* beschrieben. Erkennbar wurde auch, dass bei besonderen Problemlagen oder bei ausgewählten Personen weitergehende intensive Beratungskontakte, etwa bei auf Partnerschafts- oder Schuldenprobleme stattfinden, soweit diese die Arbeitssuche und -vermittlung beeinträchtigen. Auch bei komplexen Fragen einer Berufsorientierung wurden im Projekt *bis zu zweistündige Beratungsgespräche* geleistet.

Auf die Frage, innerhalb welcher *Zeiträume* den arbeitssuchenden Sozialhilfebeziehenden im Rahmen von Beratung und weiterer Handlungsformen konkrete Angebote oder eine berufliche Perspektive vermittelt werden konnten und wie lange der Hilfeprozess üblicherweise dauerte, wurde zum Beispiel geantwortet:

„(...) *Ein Jahr, das ist eine angemesene Zeit, innerhalb der wir mit einer Person arbeiten." (Int. 11: 371)*

In der Zeitdimension wurde im Projekt für *maximal ein Jahr ein Beratungs- und Vermittlungskontakt* vorgesehen. Scheitern alle Versuche, die Person innerhalb dieses Zeitraums in den Arbeitsmarkt zu integrieren, müsse man nach einem Jahr zu einem Abschluss kommen und die Person zurück in die traditionelle Sozialhilfe der Sozialbüros verweisen, wo gegebenenfalls der Sozialdienst alternative oder weitergehende Hilfen leisten könne, so die Expertenaussagen. Im Falle von Krankheit, etwa bei Suchterkrankungen werde teilweise auch an die Versicherungskasse zurückvermittelt, um zu klären, ob Krankengeld eintreten müsse oder eine Erwerbsunfähigkeitsrente zu zahlen sei. Man könne nach einem Jahr vergeblicher Beratungs-, Motivations- und Vermittlungsanstrengungen davon ausgehen, dass die Person das Kriterium „job-ready" nicht wirklich erfülle. Mit einem entsprechenden Abschlussbericht an das Sozialbüro oder an die Versicherungskasse werde der Beratungskontakt seitens des Projekts DELTA-AMT dann auch aktiv beendet (Int. 11: 371-377).

Um die Möglichkeiten am Arbeitsmarkt und in den Qualifizierungsmaßnahmen sowie hinsichtlich der beruflichen Orientierungen zu klären, erfüllte der Beratungskontakt zum DELTA-AMT für die Dauer von bis zu einem Jahr somit auch eine *Klärungs- und Selektionsfunktion*. Im Rahmen der Projektarbeit wurden arbeitsfähige, nicht-arbeitsfähige und teil-arbeitsfähige Sozialhilfebeziehende genauer unterscheiden. Dabei spielten bereits der Konzeption nach durch das ebenfalls enge Zusammenwirken mit den Versicherungskassen immer auch die gesundheitlichen Aspekte in der Beratung eine wichtige Rolle. Das Beratungsverständnis beruhte insoweit auch im DELTA-Projekt auf dem im Sozialdienstgesetz verankerten Prinzip der „Ganzheitlichkeit", auch wenn der Arbeitsmarktbezug sehr stark im Vordergrund stand. Die „ganzheitliche" Ausrichtung innerhalb eines arbeitsmarktpolitischen Projekts belegte etwa folgende Passage aus einem Konzept des Projekts:

> *„Eine lange Abwesenheit vom Arbeitsmarkt und ein materieller Hilfebezug sind generell gesehen ungünstige Faktoren für die Möglichkeiten, wieder zurück in den Arbeitsmarkt zu kommen. Die Gruppe der krank geschriebenen Arbeitslosen ist diejenige, die es am schwersten hat, wieder in den Arbeitsmarkt zurückzukommen. Das ist natürlich so, dass die Motivationsprobleme bei einem Arbeitslosen aufkommen, der eine Zeit lang krank geschrieben war, mit Krankengeld als Versorgungsquelle. Das Risiko ist, dass der Einzelne in so einen Teufelskreis hineingerät, wo sich die Arbeitslosigkeit und gesundheitliche Probleme wechselseitig verstärken.(...)"* [816]

Das Problem der Langzeitarbeitslosigkeit und längere Abhängigkeit von monetären Transferleistungen wurden dem Konzept und dem ganzheitlichen Verständnis von Beratung nach in engen Wechselwirkungen gesehen mit Gesundheit bzw. Krankheit. Der Lebenslagenbezug war damit durchaus gegeben. Ferner war das Bild einer sozialen Abstiegskarriere prägend für bestimmte Konzepte in der Arbeit. Im Rahmen von sozialer Beratung und durch Motivationsarbeit sollten Motivationsverlust und negative gesundheitliche Folgen der Arbeitslosigkeit und des Sozialhilfebezugs möglichst vermieden oder begrenzt wurden. In diesen Aufgabenbereichen werden im Projekt die besonderen Stärken des kommunalen Sozialdienstes und der Sozialarbeit gesehen. In diesem Sinne wurde professional betrachtet die Fachlichkeit der Sozialarbeit so beschrieben, dass sie im Projekt DELTA die *Leistungen der Arbeitsvermittlung zusätzlich stärkte und unterstützte* und damit Arbeitsvermittlung effektiver gestalten sollte. Berichtet wurden von den befragten Experten, dass man in Göteborg erkannt habe, dass bei vielen (Langzeit)Arbeitslosen neben der Arbeitslosigkeit weitere soziale Probleme vorliegen, etwa familiärer Art, psychischer Art, Schuldenprobleme oder auch Suchtprobleme. Diese könnten von der Berufsgruppe der *Arbeitsvermittlern* nicht kompetent und wirksam bearbeitet werden. Hierzu seien *„Socionomer" (Sozialarbeiter)* besser ausgebildet und kompetenter. Auch von daher seien Beratungskonzepte zu entwickeln, die Sozialberatung und Arbeitsvermittlung und -beratung professional enger zusammenführen, was mit dem Projekt versucht werde. Im Gegensatz zu den Arbeitsvermittlern und Sozialarbeitern standen in den Aussagen der befragten Experten die sozialberuflichen Handlungsmus-

---

[816] Zit. DELTA (1998): Kartläggningsrapport vom 16.03.1998, S. 4.

ter der *Versicherungsangestellten* der Versicherungskassen im Hintergrund. Diese wurden tendenziell als rein administrative Aufgaben und Funktionen gesehen. Insofern bestätigte sich auf professionaler Ebene zwar einerseits der Bedeutungszuwachs von „sozialarbeiterischer Beratung" zur Bearbeitung der multiplen Probleme Arbeitslosigkeit, Armut und Krankheit. Zugleich blieb aber im Bereich der Beratung das Ideal einer „interprofessionalen" oder „multidisziplinären Beratung" sowohl inhaltlich, praktisch wie auch methodisch und theoretisch eher unscharf. Von keinem der befragten Experten wurden diese genauer vermittelt.

Ein Ergebnis der Untersuchung ist somit, dass die Handlungsform Beratung inter oder multidisziplinär bisher kaum „methodisch" entwickelt ist und das die Handlungsform sich neben ihrem Bedeutungsgewinn im Zusammenhang der Sozialhilfe zunehmend weiter ausdifferenziert. Dies vollzieht sich unter anderem durch den Einfluss veränderter institutioneller Arrangements des Zusammenwirkens. Es konzipieren und verbinden sich verschiedenste Ansätze und Bezüge der Handlungsform Beratung, die je nach rechtlichen Grundlagen, politisch-administrativen Auftrags- und Kriterienkatalogen, Organisationsstruktur, sowie je nach Adressatengruppen, und je nach zu bearbeitenden Problemlagen sehr spezifisch zum Einsatz kommen. Im Folgenden sind weitere Aufgaben- und Funktionen noch näher beschrieben, womit das multifunktionale Element der Sozialhilfe auch im Rahmen des Projekts DELTA belegt wird.

b) Die Hilfe und Unterstützung („Hjälp" und „Stöd")
Eine explizit auf die allgemeine Handlungsform der „Hilfe" bezogene Orientierung kam in den im Projekt DELTA erhobenen Experteninterviews zumindest semantisch weniger stark zum Ausdruck als in den Befragungen, die unter Sachbearbeitern der Sozialhilfe *in Bremen* durchgeführt wurden.[817] So fand sich etwa der Begriff „Hilfe" *(Hjälp)* in den Göteborger Interviews nur in einzelnen wenigen Interviews. Der Hilfebegriff stand jedenfalls klar hinter der Verwendung anderer Begriffe zurück. Üblicher war dagegen im Göteborger Projekt DELTA ein explizites Verständnis der Sozialhilfe und des Sozialdienstes als „unterstützende Funktion" *(Stödfunktion)*. Dabei ist diese „Unterstützungsfunktion" eine aus der Tradition der Sozialarbeit hergeleitete selbstverständliche Aufgabe der Sozialhilfe. Sie wurden aktuell von neueren, zumeist stärker pointierten und zielgerichteten pädagogischen Interventionsformen überlagert bzw. um diese ergänzt. Dass etwa „Hilfe" und „Unterstützung" weniger deutlich in den Interviews zum Ausdruck kamen, kann

---

[817] Vgl. Schwarze (1994 u. 2001). Begriffe wie „Hilfe" und „Beratung" kamen in den Aussagen Bremer Sachbearbeiter deutlich stärker zum Ausdruck, wohingegen „Motivationsarbeit" oder ein „Puschen" in den Bremer Interviews weniger im Vordergrund standen. Diese Befunde deuten für das Projekt DELTA-AMT in Göteborg im Vergleich zur Sozialhilfepraxis in Bremen stärker ausgeprägte individuell und pädagogisch, insgesamt dynamischer scheinende Interventionsformen an.

nicht dahingehend gedeutet werden, dass diese Funktionen der schwedischen Sozialhilfe keine Bedeutung (mehr) haben, denn sowohl die monetäre, wie auch die persönliche Form der Sozialhilfe enthält unweigerlich „helfende" und „unterstützende" Funktionen. Die Deutung des Ergebnisses kann vielmehr dahingehend erfolgen, dass eine tendenziell passive Hilfeorientierung zwar weiterhin als selbstverständliches Element mit besteht, jedoch um deutlich aktivere Interventionsformen ergänzt wurde bzw. von diesen überlagert wird.

c) Funktion einer „Wegweisung" und „Lotsenfunktion":
Für die traditionelle Sozialhilfepraxis und im Zusammenhang mit bildungs- und arbeitsmarktpolitischen Programme wurde diese Funktion bereits beschrieben. Im Projekt wurde von Befragten häufiger explizit von einer „Wegweisung" *(Vägledning)* oder explizit auch von einer „Wegbegleitung" gesprochen. Hiermit sind sowohl begleitende und orientierende Hilfen im Leistungssystem des Wohlfahrtsstaates wie auch begleitende Hilfen und Hinweise auf mögliche *„neue Lebenswege"*, auf mögliche *„Übergänge"* und *„Brücken"*, etwa im Bereich des Arbeitsmarktes oder im Bildungs- und Qualifizierungssystem gemeint. Zusammenfassend kann diese Funktion als Lotsenfunktion im weitesten Sinne verstanden werden und sie wird meist im Rahmen der Beratung und Information, sowie im Rahmen von Kompetenzvermittlung erbracht.[818] Damit verbunden ist mehr oder weniger direkt auch ein *Lebenslaufbezug* dieser sozialberuflichen Handlungsformen und Interventionen.

Das Projekt DELTA-AMT leistete dabei einerseits bereits als Projekt des Zusammenwirkens organisational und professional einen aktiven Beitrag, den Hilfe suchenden Bürger gezielter als früher durch das Fahrwasser der Behörden und der sozialen Dienste zu lotsen und zu begleiten, da zumindest drei wohlfahrtsstaatliche Institutionen und Einrichtungen bereits durch das Projekt zusammengeführt waren. Die Wege sowohl der Bürger wie auch die Dienstwege zwischen den Behörden wurden damit deutlich kürzer, und es wurden schnellere und direktere Kontakte möglich als in den traditionellen Organisationsformen. Für den Bürger bedeutete das Projekt zudem eine Reduzierung bzw. Konzentrierung der Ansprechpartner, in dem sämtliche Leistungen für arbeitslose und/oder kranke Sozialhilfebeziehende aus „einer Hand" erbracht werden. Damit wurde die *Lotsenfunktion extrem aktiv* wahrgenommen.

Neben dieser bereits über die Organisation selbst erbrachten Lotsenfunktion fand diese weiterhin im Rahmen von Beratung und Informationsvermittlung statt. So wurden beispielsweise in Interviews die arbeitsmarktpolitischen Maßnahmen

---

[818] Die „Lotsenfunktion" wurde sowohl für die deutsche Sozialhilfe wie auch bei Krankenkassen als relativ neu entwickelte Funktion und Aufgabe empirisch ebenfalls bestätigt. Vgl. Schwarze (1994 und 2001: 138), sowie bezogen auf Krankenkassen vgl. Niedermeier (1999).

und deren Vermittlung direkt in einer auf den einzelnen *Lebenslauf bezogenen Perspektive* beschrieben:

> *„Sie denkt, dass ich ihrem Leben eine Bedeutung gegeben habe – auf eine bestimmte Weise – dass das ihr Leben für sie verändert hat. Sie war vermutlich in einer solchen Situation, dass ihr Leben dadurch [durch einen Hinweis bzw. eine Maßnahme] einen Wendepunkt bekam – Das ist gut zu wissen. (...)" (Int. 17: 709-712)*

Von weiteren Experten aus dem Projekt wurde in einem ähnlichen Sinne semantisch von einer „Wege leitenden" oder „Wege führenden" Funktion gesprochen. Diese zusammenfassend als „Lotsenfunktion" zu bezeichnenden Aufgaben beinhalten auch Orientierungshilfen zur weiteren Lebensplanung und –gestaltung. Anders als der eher unbestimmte Begriff der „Hilfe" ist „Weg-Leitung" in ihrem Problembezug wie auch im Lebenslaufbezug konkreter und zugleich differenzierter. Die Lotsenfunktion ist damit nicht nur auf die zu findenden Wege im „Behörden- und Dienstleistungsdschungel" bezogen zu sehen, sondern sie ist auch direkt auch auf den Lebenslauf von Arbeitslosen, Kranken und Sozialhilfebeziehenden ausgerichtet. Beispielhaft wurde oben im Zitat ja beschrieben, dass es im Lebensverlauf zu „Wendepunkten" kommen konnte, wenn die Lotsenfunktion vom Sozialdienst, im Projekt DELTA-AMT aktiv wahrgenommen wurde. Wie das vorige Zitat ferner andeutet, waren gerade diese Funktionen, Aufgaben und Erfahrungen für die Arbeitszufriedenheit der Beschäftigten wichtige Elemente.

In der Funktion einer „Wegweisung" und eines Lotsen liegen bereits in höherem Maße aktive Elemente als etwa im Verständnis einer passiven monetären Hilfe und bei einem passiven Angebot der persönlichen Hilfe. Zugleich ist das Element der *„Koproduktion"* in einer Lotsen- und Wegweiserfunktion stark vertreten: So müssen in dieser Funktion die Klienten zwar weiterhin in hohem Maße selbst ihren (Lebens-)weg gehen und steuern. Allerdings bietet ein Wegweiser oder ein Lotse seine Informationen und Kompetenzen in Kenntnis der Pfade dem Wegsuchenden an, um mit ihm gemeinsam sicher durch die Unwägbarkeiten einer „Armuts- oder Arbeitslosenkarriere" zu gelangen. Die Lotsenfunktion ist zudem meist nur bei besonders „großen" oder komplexen Problemlagen notwendig. Während kleine Boote meist ohne Lotsen auskommen, ist bei große „Frachtern" mit risikoträchtiger Ladung in risikoreichen Wegstrecken in hohem Maße ein Lotse erforderlich. Teilweise ist er in diesen Fällen auch verbindlich vorgeschrieben. Bei einem drohenden oder im akuten Krisenfall bzw. beim Risiko eines „falschen Pfades" wird der Lotse auch *direktiv-aktivierend* tätig. Im Normalfall beschränkt er sich auf eher *indirekte oder nondirektiv-aktivierende* Formen der Intervention, Kompetenzvermittlung und der Vermittlung von Erfahrungen, um Wege aus den unsicheren Gewässern von Arbeitslosigkeit, Armut und Krankheit aufzuzeigen. Auch die Lotsenfunktion kann demnach in ihren Elementen sowohl *„aktiv-empfehlend"* als auch

„*aktiv-fordernd*" gestaltet sein und wiederum unterschiedliche Grade einer „neuen Verbindlichkeit" und „Aktivierung" enthalten. Sie wurde im Projekt DELTA-AMT entsprechend auch unterschiedlich von Mitarbeitern, je nach Mitarbeitertyp, Orientierungsmustern und je nach Empfängergruppen beschrieben und „ausgefüllt". Konzeptionell lagen dazu keine expliziten Empfehlungen oder Dokumente vor und auch die Expertenaussagen konnten daraufhin nicht genauer ausgewertet werden.

d) Die Motivationsarbeit und Motivationsfunktion:
Im Rahmen von Beratung wurde die „Motivationsarbeit" *(Motivationsarbete)* von den befragten Experten im DELTA-AMT nahezu durchgängig als ein besonders wichtiges und in den vergangenen Jahren immer wichtiger gewordener Aufgabenbereich im Kontakt zu den Arbeitssuchenden genannt.

Vereinfacht lässt sich unter Motivation folgendes verstehen: „Motivation ist ein Bedürfnis plus Anreiz". Das Bedürfnis bezogen auf Wege aus dem Sozialhilfebezug und bezogen auf Wege in Arbeit und Qualifizierung dürfte bei arbeitslosen Sozialhilfebeziehenden grundsätzlich gegeben sein. Unsicherer scheint die Anreizdimension, wobei allerdings das Verlassen des Status eines Sozialhilfebeziehenden und der Wechsel in arbeitsmarktnähere Bereiche für die Betroffenen in Schweden meist unabhängig von monetären oder berufsbiografischen Anreizwirkungen bereits als relativ hoch bewertet wird und insofern ein „Anreiz" in sich darstellt.

Die Motivationsarbeit wurde dabei im Projekt DELTA weitergehend als Arbeitsweise im Klientenkontakt von den Befragten beschrieben als das in den herkömmlichen Sozialbüros der Fall war. Auch im Kontrast zu den in Bremen geführten Interviews war die Motivationsarbeit am deutlichsten in den Aussagen des Göteborger Projekts DELTA erkennbar.[819] Beispielsweise wurde zur Motivationsarbeit bezogen auf junge Arbeitslose formuliert:

> „(...) Die Hauptzielsetzung ist es, die Jugendlichen in den offenen Arbeitsmarkt zu bringen (...) Vollzeitjob oder so, dass sie sich versorgen können. Und dann, dass andere sind dann Praktika oder dass sie in eine arbeitsmarktpolitische Maßnahme kommen. Aber, das man da auch vesucht, zu gucken, was es genau ist. Wo liegen die Schwierigkeiten bei dem Arbeitssuchenden, was ist es, wo man sich einsetzen soll, was ist es für eine Ausbildung, die sie brauchen? So das man sie auch dazu motivieren kann (...)." (Int. 15: 635-654)

Die Motivationsfunktion wurde zumeist direkt auch mit dem Ansatz verbunden, eine „Passivierung" der Leistungsbezieher möglichst zu vermeiden und mit mög-

---

[819] Die „Motivationsarbeit" bildet lt. Bergmark/Lundström (1998) eine der zentralen Arbeitsweisen, die in der schwedischen Sociom-Ausbildung den Studierenden im Studium vermittelt wird. Zur „Motivationsarbeit" in der schwedischen Sozialarbeit vgl. Revstedt (1995).

lichst für die Arbeitslosen selbst interessanten Angeboten aktivierende Anreizwirkungen zu entfalten. Die von den Sozialarbeitern unterbreiteten Angebote sollten dabei in der Lebenslaufperspektive möglichst gut zur bisherigen Bildungs- und
Erwerbsbiografie und zu den eigenen Vorstellungen und Lebensplänen der Betroffenen passen. Auch in diesem Zusammenhang wurden spezifisch entwickelte Zeit-
und Handlungsbezüge der Sozialhilfe erkennbar, hier eingebunden in das Projekt
DELTA-AMT.

Für die schwedische Sozialhilfe und den dortigen Sozialdienst gilt, dass die direkte Anbindung einer „Motivationsarbeit" und ihr Bezug auf Arbeit, Arbeitsmarkt
und Qualifizierung seit Mitte/Ende der 1990er Jahre intensiviert wurde. Damit
wurden auch neue „methodische" und „didaktische" pädagogische Anforderungen
an die sozialberufliche Praxis von Sozialarbeitern im Projekt DELTA gestellt. So
stellte sich etwa die Frage, ob Sozialarbeiter des Sozialdienstes oder aber Arbeitsvermittler und -berater der Arbeitsverwaltung in der professionalen und methodischen Ebene eher geeignet und kompetent waren, die „Motivationsfunktion" zu
leisten. Möglicherweise ist auch genau die neue Teamstruktur im Zusammenwirken
das „ideale" sozialberufliche Konzept einer Motivationsarbeit bezogen auf arbeitslose Sozialhilfebeziehende.

Mit welchen didaktischen oder methodischen Instrumenten im Einzelnen eine
Motivationsarbeit erfolgte, blieb in den Aussagen der Befragten eher vage. Auch in
diesem Zusammenhang wurde das Methodenproblem einer „aktivierenden" Sozialhilfepraxis erkennbar, wonach zwar neue anspruchsvolle Interventionsformen
konzeptionell formuliert und auch praktisch organisiert werden, die Umsetzung
sozialberuflich dann aber Probleme bereitet. So geht ein Ansatz der Motivationsarbeit grundsätzlich vom *Bild des „nicht-motivierten Klienten"* aus und leitet sich stark aus
der Psychologie her. Einerseits wird der „unmotivierte Klient" als Ausgangspunkt
gewählt, zugleich aber ein positives Menschenbild formuliert.[820] Auch wenn davon
auszugehen ist, dass etwa die „reine" Lehre und Psychologie einer Motivationsarbeit unter den im Sozialdienst des Projekts DELTA-AMT Beschäftigten kaum
systematisch zur Anwendung kam, verweist das methodisch beliebte Konzept einer
Motivationsarbeit auf typische Merkmale einer „aktivierenden" Sozialhilfe(politik).
Die Motivationsarbeit ist *individuell* ausgerichtet und zwar auf den Arbeitssuchenden. Strukturelle Gegebenheiten bleiben weitgehend unbeachtet. Sie ist in hohem
Maße nicht mehr nur pädagogisch, sondern auch stärker psychologisch konzipiert,
und sie *reicht* damit *weiter in die Privatsphäre* hinein als bisherige Interventionsmuster
der Sozialhilfe. Stärker als etwa eine Lotsenfunktion ist die Motivationsfunktion
auch *auf Verhaltensänderungen* der arbeitslosen Sozialhilfebeziehenden ausgerichtet.
In diesem Sinne enthält die Motivationsarbeit einen *stark ausgeprägten Handlungsbezug*

---

[820] Vgl. Revstedt (1995: 30).

verbunden mit Risiken. In der Lebenslaufperspektive kann sich dieser Handlungsbezug vermutlich vor allem in Form einer Förderung aktiven individuellen Verhaltens an „Wendepunkten" oder an „Übergängen" im Lebensverlauf, etwa im Zusammenhang einer Einwanderung oder beim Übergang von der Schul-
/Ausbildungsphase in die Erwerbsphase sehr weitgehend entfalten. Insoweit bestätigt sich an der „Motivationsarbeit", dass die schwedische Sozialhilfe – im Projekt
DELTA-AMT integriert – seit Ende der 1990er Jahre stärkerer „aktivierend" gestaltet wurde und sozialberufliche Handlungsformen weiter ausdifferenziert wurden.

*e) „Matching" und „Pushing" als Handlungsformen einer „neuen Verbindlichkeit" in der inte-
grierten Sozialhilfepraxis des Projekts DELTA*
Häufiger fand sich in den Interviews und den Dokumenten neben dem bekannten
Begriff und Konzept des „Matching" ein weiteres Element, das im Projekt DEL-
TA-AMT mit „Pushing" bezeichnet wurde. Die Funktionen des „Matching" und
„Pushing" wurden deutlich von anderen Funktionen, wie etwa der reinen (passiven) Hilfe, der Wegbegleitung und Lotsenfunktion, wie auch von der Motivationsfunktion abgegrenzt. Dies erfolgte vor allem dadurch, dass sie eine durchaus ge-
steigerte Qualität im Kontext der Umsetzung einer „Aktivierungslinie" beinhalteten. Die Funktion des 'Matching' meint ähnlich wie in deutschen Konzepten der
Arbeitsvermittlung, die Zielsetzung und Interventionsstrategien, zu bestimmten
Arbeitslosen oder Gruppen von Arbeitslosen die jeweils genau „passenden" Möglichkeiten und Maßnahmen oder Beschäftigungsoptionen am Arbeitsmarkt oder in
den arbeitsmarktpolitischen Maßnahmen zu finden. [821]

Vereinfacht formuliert führt ein aktiver Sozialdienst möglichst aktive Klienten
in aktivierender Weise in Form individuell mit möglichst genau passenden Optionen und Maßnahmen am Arbeits- und Qualifizierungsmarkt zusammen. Zumeist
finden sich entsprechende Angebote – wenn nicht am Arbeitsmarkt – so in der
Vielzahl arbeitsmarktpolitischer Maßnahmen und Praktika. Scheint die Passgenauigkeit gegeben, bestehen jedoch beim Arbeitslosen selbst Zweifel, so werden diese
„gepuscht", sich auf die Stellen zu bewerben, diese anzutreten und eine Maßnahme
möglichst bis zum Ende der Laufzeit auch abzuschließen.

---

[821] Auf der Basis der Bremer Längsschnitt-Stichprobe liegt von Gangl (1997) eine empirische Analyse
zum Arbeitsmarkt als „Abgangschance aus dem Sozialhilfebezug" vor, in der auch die „Matching-
prozesse" theoretisch genauer behandelt werden. Nach den Bremer Daten konnte seinerzeit etwa ein
Drittel der Sozialhilfebeziehenden den Weg aus dem Sozialhilfebezug in den Arbeitsmarkt realisieren.
Vor allem für alleinstehende Frauen und ältere Sozialhilfebeziehende gestalteten sich dieser Weg jedoch schwierig. In der Zeitperspektive blieben die Agangschancen in den ersten 18 bis 24 Monaten
relativ gleich und sanken danach bei längerem Hilfebezug ab.

Semantisch wurde in einigen Interviews von den Befragten zu den Beratungs-methoden und Arbeitsweisen im Klientenkontakt formuliert, dass es eine Haupt-aufgabe sei, Klienten auch zu „puschen" (Pushing). Diese Form des Klienten-kontakts verweist am deutlichsten auf aktive und „direktiv-aktivierende" Elemente, mit denen arbeitslose Sozialhilfebeziehende beraten und vermittelt wurden. Darin enthalten war – etwa im Unterschied zur reinen Lotsenfunktion, auch stärker ein Bild des „passiven Klienten". Zudem ist mit Interventionsformen des „Puschens" ein eher einseitiges und stark direktiv konzipiertes Grundverständnis verbunden, das nur begrenzt auf eine „koproduktiv" gestaltete Interaktion aufbaut. Mit diesen Handlungsformen erhält die „neue Verbindlichkeit", wie sie auch in der schwedi-schen Sozialhilfepraxis gegenüber Arbeitslosen erkennbar ist, ihren praktischen Ausdruck, indem Handlungen vom Bürger erwartet oder institutionell eingefordert werden. Während die „Motivationsarbeit" durchaus noch eher nondirektive verhal-tensbezogene Formen beinhaltet, die auf eine Mitwirkung des Bürgers am Prozess der Hilfe zielt, geht die Variante des „Pushing" bereits weiter. Typischerweise wur-de von Befragten dazu formuliert:

„Und die sollen wir da auch puschen können. Man ist hier schon etwas deutlicher, wenn die Sozialhilfeempfänger hier kommen. Hier fordern wir mehr von ihnen als wir das früher noch im Sozialbüro gemacht haben. Hier wollen wir sie sehen und begleiten verfolgen sie." (Int. 15: 510 – 512)

Die „neue Verbindlichkeit" wird etwa daran erkennbar, dass formuliert wurde, man sei im Projekt hinsichtlich der an die Klienten gestellten Forderungen und Mitwir-kungspflichten nicht nur deutlicher, sondern die Mitwirkungspflichten würden auch weitergehend eingefordert als in den traditionellen Sozialbüros. Zudem wurde in der Zeit- und Handlungsperspektive ausgesagt, dass die Erfüllung der Mitwir-kungspflichten, etwa die aktive Arbeitssuche, fortlaufend begleitet und auch kon-trolliert wird. Hierin liegen wesentliche Unterschiede einer „Aktivierungslinie", die in ihren Merkmalen doch deutlich über eine reine (passive) Hilfe- und Unterstüt-zungsfunktion hinausgeht. Auch für die schwedische Sozialhilfe wird damit eine Praxis erkennbar, die in neueren Projekten als *„neue Verbindlichkeit"* in einer Ebene der „Koproduktion" sozialer Dienste und Leistungen typisiert werden kann. Aller-dings werden damit die Elemente der Freiwilligkeit und der Ergebnisoffenheit von sozialer Beratung und einer Koproduktion im Sinne personenbezogener sozialer Dienstleistungen tendenziell in Frage gestellt.

f) Hilfeplanung und Fallkonferenzen – Sozialdienst-interne Instrumente der Dokumentation und Kontrolle oder Instrumente einer klientenbezogenen Steuerung von Lebensläufen?
Die Probleme des hochspezialisierten schwedischen Sozialdienstes und der kom-munalen Sozialhilfepraxis mit ihrer organisatorischen Ausdifferenzierung wurden

bereits in verschiedenen Zusammenhängen veranschaulicht. Eine projektinterne Untersuchung ergab auf der Basis von 1998 und 1999 durchgeführten Aktenanalyse bei 104 zufällig ausgewählten Sozialhilfeakten den Befund, dass bei einem Fünftel aller Akten keine sorgfältige Problemanalyse dokumentiert war und dass in fast zwei Drittel der Akten diese Problemanalyse erst einen Monat nach dem Erstkontakt zum arbeitslosen Sozialhilfebeziehenden erstellt worden war. Die Sprache der dokumentierten Sachverhalte wurde zumeist als „bürokratisch" beschrieben und die Inhalte der Dokumentationen seien für Bürger kaum verständlich. Vielfach fehle es an einer Dokumentation der Lebenssituation, insbesondere auch der Kinder der zu betreuenden Arbeitslosen. In 33 % der untersuchten Akten fanden sich zwar „Arbeitspläne" (i.S.v. Hilfeplänen), die jedoch sehr allgemein formuliert waren und die Mitwirkung der Klienten kaum oder gar nicht dokumentierten. In 67 % der untersuchten Akten fehlte eine „Arbeitsplanung" völlig, die eigentlich zusammen mit dem Arbeitslosen gemeinsam zu erstellen wäre.[822] Als Folgerung aus diesen Ergebnissen wurde eine besondere Initiative zur Fort-/Weiterbildung von Sozialarbeitern in der Sozialhilfe im Bereich der Dokumentation, Verwaltung, Aktenführung und im Bereich der Hilfeplanung gefordert. Von den befragten Experten wurde zumeist berichtet, dass sie in ihren Kontakten in aller Regel Absprachen mit den Leistungsempfängern trafen, diese auch schriftlich abfassten und unterzeichnen ließen, so dass sie möglichst verbindlich waren. Eine individuell orientierte mit dem Instrument der Hilfevereinbarung und Hilfeplanung arbeitende kommunale Sozialhilfe ist aber auch in Göteborg erst in der Entwicklung. Die hohe und zunehmende Bedeutung von Dokumentation und Hilfeplanung wurde von Befragten jedoch meist erkannt und von einzelnen Experten besonders betont. Im Projekt DELTA-AMT wurde beschrieben, dass beim Erstantrag auf Sozialhilfe *gemeinsam* von Sozialarbeitern und Arbeitsvermittlern eine „kartläggning", also eine Problemanalyse und eine Erfassung und Dokumentation des „Hilfebedarfs" erfolge. Erfasst werde vor allem der berufliche Hintergrund, die Ausbildung, Qualifizierungen und berufliche Wünsche und Ziele des arbeitslosen Hilfeempfängers. Im Anschluss daran erfolge die Erstellung eines „Handlingsplans" (wörtlich: *Handlungsplan).* Dieser Handlungsplan enthalte die abgesprochenen weiteren Schritte und vor allem die Mitwirkungserfordernisse an den Bürger.

Festhalten lässt sich, dass auch im Projekt DELTA-AMT über das Instrument der „Pläne" und oft auch über schriftliche Absprachen mit den Arbeitssuchenden individuell ausgerichtete und zugleich auf Arbeitsmarkt und/oder arbeitsmarktpolitische Maßnahmen bezogene Hilfen/Handlungen gesteuert wurden. Teilweise

---

[822] Vgl. DELTA (1999): Dokumentationsstudie i försörjningsstödsärenden inom Hisingens stadsdelsförvaltningar. Die Befunde bestätigen eigene im Stadtarchiv 1999 ermittelte Ergebnisse für 30 Sozialhilfeakten.

wurden auch Fallkonferenzen beschrieben. Soziale Interventionen werden damit in der Zeitdimension durch Planung stärker verlaufsorientiert und koordiniert gestaltet als in der schwedischen Sozialhilfepraxis Anfang der 1990er Jahre noch üblich. Diese Instrumente einer verlaufsorientierten Planung und Koordination der Handlungen durch den Sozialdienst setzt möglichst bereits beim Erstkontakt, also beim Weg *in* die Sozialhilfe ein – nicht erst mit dem Verlauf der Sozialhilfekarriere. Eine wichtige Funktion erhält dabei die Dokumentation von Informationen.

Die von Experten beschriebenen Pläne haben dabei nicht nur gegenüber dem Bürger die Funktion, mehr Verbindlichkeit im Hilfeprozess und im Kontakt herzustellen, sondern auch inneradministrative Funktionen der Planung und Kontrolle von Handlungsschritten und -anweisungen. Beispielsweise wurde zu der Erstellung solcher Pläne berichtet:

> *„Das sind ja viele Anforderungen – und dann versteht man nicht, welches wessen sind. Was ist die Rolle des Sozialarbeiters? Was ist die Rolle der Arbeitsvermittlung? Das ist schwer für die Leute, das manchmal auch auseinanderzuhalten. Und da denke ich, das es gut ist, wenn man sich hinsetzt und einen Plan macht. Einen deutlichen Plan zusammen. Das hier ist das Ziel. Und in den nächsten drei Monaten soll das und das geschehen. Und da machen wir das, und ich mache den Teil, du machst den anderen Teil und der Klient trägt seinen Teil bei. Wenn es so laufen würde, wäre das wirklich gut."* (Int. 22: 1073-1079)

Es wird das Konzept einer „integrierten Hilfeplanung" und des professionalen Zusammenwirkens, u.a. in Form von Fallkonferenzen beschrieben. In der beschriebenen idealtypischen Form war es aber auch im Projekt DELTA in der Praxis der Befragen zumeist die Ausnahme. Die Defizite sind eindeutig beschrieben und neue Formen interinstitutioneller Interaktion stehen noch in der Entwicklung.

Teilweise wurde von den Befragten ein tendenziell *sozialtechnokratisches Vorgehen* im Zusammenhang mit den „Handlingsplaner" vermittelt, in dem die Arbeitslosen weniger als aktive Subjekte, sondern tendenziell eher als zu behandelnde Objekte beschrieben wurden. Dies ließ sich aus an semantischen Formulierungen teilweise deuten:

> *„(...) Das sie in Praktika sollen, oder man soll das untersuchen, und einen Handlungsplan aufstellen – <u>für die</u>, wie das aussehen soll in Zukunft, mit ihnen zusammen natürlich. (...)"* (Int. 15: 637-640)

Dem Anspruch nach sollten die „Handlingsplaner" im Dialog gemeinsam mit dem Bürger erstellt werden. Real wurden sie offenbar häufiger auch einseitig und direktiv *für* diesen erstellt, womit Akzeptanzprobleme und Misstrauen verbunden sein können. Zum Teil fanden sich auch Berichte, wonach die Planerstellung nur in Absprache von Sozialarbeitern in der Sozialhilfe mit der Arbeitsvermittlung erfolgte, die durch die Neuorganisation in dem Projekt besser möglich wurden. Der arbeitslose Bürger selbst hatte zwar seine Einverständniserklärung zu diesen Daten-

und Informationstransfers gegeben, war allerdings zum Teil von den Absprachen dann ausgeschlossen, die *für* ihn getroffen wurden. Damit fanden sich traditionelle Muster der Armenfürsorge und stark paternalistische Züge in den sozialberuflichen Handlungsformen des Projekts bestätigt. Über deren genaue Verbreitung sind aber keine weiteren Aussagen möglich. Einerseits wurde von den Befragten die „Eigenverantwortung" und Handlungsautonomie der Sozialhilfebeziehenden sehr hoch bewertet, zugleich wurden die paternalistischen und traditionell fürsorgerischen Elemente ebenso deutlich, die eher das Opfer-Bild als Ausgangs- und Bezugsgröße haben.

Es bestätigte sich auch in diesen Zusammenhängen wiederum ein *extrem variantenreiches und heterogenes Spektrum an Handlungsmustern* in der schwedischen Sozialhilfe, das je nach Mitarbeitertyp, Projektzusammenhang, Stadtteil, Kommune, und auch abhängig von den zu „betreuenden" Empfängergruppen unterschiedliche Muster sozialer Interventionen bereit hält.

Schließlich fand sich direkt im Projekt auch die *Gruppenarbeit und Gruppeninformation.* Auch sie verweist auf die Bedeutung, die *pädagogischen* Interventionsformen im Zusammenhang mit arbeitslosbedingtem Sozialhilfebezug beigemessen wurde. Ab 1999 wurde im Projekt DELTA ausdrücklich eine Ausweitung der gruppenbezogenen Maßnahmen beschrieben. Diese Gruppenarbeit war vor allem auf *junge* Arbeitslose bezogen. Bei Gruppenarbeit und Gruppenveranstaltungen handelte es sich vorrangig um Informationsveranstaltungen zu bestimmten Maßnahmen, Angebote zum Erfahrungsaustausch, sowie um Maßnahmen der Kompetenzvermittlung, etwa Bewerbungstrainings. Auch die Gruppenarbeit wurde von den Teams zum Teil in gegenseitiger Unterstützung und gemeinsam erbracht, in dem etwa Mitarbeiter der Arbeitsverwaltung über Anspruchsvoraussetzungen informierten, Informationen zum Arbeitsrecht und Arbeitsschutz an die Gruppen vermittelten und ähnliches mehr.

Es zeigte sich, dass direkt im Zusammenhang mit dem Sozialhilfebezug demnach inzwischen vielfältige Interventionsformen, sozialberufliche Handlungsmuster und sozialarbeiterische „Arbeitsweisen" im Zusammenwirken der Institutionen ebenfalls neu formiert werden. Die Sozialhilfe kann daher mit dem ausschließlichen Perspektive auf *monetäre* Transferleistungen im Sinne *ökonomischer* Interventionen nicht annähernd erfasst und untersucht werden, sondern gerade auch die Formen einer netzwerkbasierten Verwaltungsorganisation zwingen dazu, die komplexen Interventionsmuster möglichst umfassend und in ihren jeweiligen Bezügen zueinander zu betrachten. So werden nicht nur Rechte und Pflichten und monetäre Transferleistungen durch Projekte des institutionellen Zusammenwirkens neu formiert. Gerade auch die *ökologischen* und *pädagogischen* Interventionsformen werden in den Verlaufs- und Handlungsbezügen zum Teil grundlegend verändert und der gesamte „Interventions-Mix" ist von diesem Wandel berührt.

5. Resümee: Das Projekt „DELTA-Arbeitsmarktplatz" zwischen netzwerkbasiertem Sozialdienst und extremer Spezialisierung der Sozialhilfe

Im *Resümee* bestätigt sich zunächst ein *„Modernisierungsvorsprung"* der für die schwedische Kommunalverwaltung auch im Bereich des Aufbaus und der Erprobung einer „netzwerkbasierten Verwaltungsorganisation" besteht. Vergleichende Befunde zu Konzepten und Modellen eines institutionellen oder behördenübergreifenden Zusammenwirkens waren bis 2005 *in Bremen und allgemein in Deutschland selten.* Es kann an dieser Stelle lediglich darum gehen, einige grundlegende Befunde vergleichend zu benennen. Zum einen ergaben die in Bremen und in Deutschland geführten Experteninterviews *für den Bereich der Sozialhilfe* zum Erhebungszeitpunkt nur sehr begrenzt vergleichbar konzipierte oder beabsichtige Formen eines behördenübergreifenden institutionellen Zusammenwirkens, wie es in Göteborg und Schweden schon länger Praxis war. Während sich für *Göteborg/Schweden umfassende und systematische bzw. strategische Formen eines Zusammenwirkens mehrerer wohlfahrtsstaatlicher Institutionen* sowohl zentralstaatlich und vor allem lokal untersuchen ließen, zeigte sich für *Bremen und tendenziell in Deutschland* eine Variante der *punktuellen oder segmentierten Zusammenarbeit einzelner Behörden auf lokaler Ebene.* Diese Formen der Zusammenarbeit entwickeln sich in Deutschland seit Ende der 1990er Jahre, also etwa 3 bis 5 Jahre später als in Schweden. Sie sind in Bremen/Deutschland selbst bis 2010 eher begrenzt auf die Zusammenarbeit von Sozialämtern und Arbeitsämtern. Ansätze einer weitergehenden Zusammenarbeit wurden in Bremen Ende der 1990er Jahre eingeleitet und, wie vielerorts in Deutschland erst mit dem Bundesprogramm „MoZArt" durch eine bundesweite Förderung von Modellprojekten in den Jahren nach 2000 ausgeweitet. Auch wenn sich auf einer allgemeinen Ebene *ähnliche Grundlinien* einer genaueren Planung und Abstimmung sozialer Interventionen in beiden Städten und in beiden Wohlfahrtsstaaten andeuten, gilt für Bremen und generell für Deutschland bisher, dass ein konzeptionell entwickeltes *Zusammenwirken zwischen Sozialhilfe, Arbeitsverwaltung sowie den Krankenkassen bzw. Gesundheitsdiensten* bisher so gut wie nicht entwickelt ist. Vor allem scheinen mit Ausnahme der inzwischen eingerichteten Job-Center weitergehende organisatorische Formen einer gemeinsamen Dienstleistungsproduktion aufgrund der *Trägervielfalt* im Bereich sozialer Dienstleistungen *in Deutschland* schwer realisierbar. An diesen Schnittstellen kommt zwar dem Allgemeinen Sozialdienst (ASD) eine wichtige Schanierfunktion zu, die aber aufgrund sozialberuflich und institutionell ausgeprägter Distanzen zwischen Sozialhilfesachbearbeitung und Sozialarbeit das ASD seit langem nur begrenzt funktionsfähig scheint.

Bereits die unterschiedlichen Begriffe einer verbesserten *„Zusammenarbeit"* in Deutschland und des behördenübergreifenden *„Zusammenwirkens"* in Schweden verweisen zudem darauf, dass in Deutschland die veränderte Schnittstellenpolitik bisher eher auf die Arbeitsebene und auf eine ausführenden Ebene bezogen ist, wohingegen in Schweden die neue Schnittstellenpolitik bereits weitergehend und direkter in die institutionellen Arrangements hinein reicht, in dem gemeinsame Leitbilder und Ziele wohlfahrtsstaatlicher Institutionen formuliert und angestrebt werden, rechtliche Grundlagen verändert aufeinander bezogen und abgestimmt werden, Finanzmittel und Budgets wie auch personelle Ressourcen zusammengeführt werden. Auch die sozialberuflichen Handlungsmuster werden – bei allen Schwierigkeiten – direkter aufeinander bezogen bzw. untereinander abgestimmt und es werden völlig neue, zeitlich befristet eingerichtete Organisationen geschaffen. Der Lebenslagenbezug und auch eine dynamisch auf den Lebenslauf und die Förderung des Einzelnen scheint über Interventionen sozialer Dienste, über bildungspolitische und über arbeitsmarktpolitische Angebote in Göteborg/Schweden insgesamt ausgeprägter als in Bremen/Deutschland.

Die Projekte in Göteborg, wie allgemein in Schweden zeichnen sich im Ländervergleich dadurch aus, dass sie – meist verbunden mit dem normativen Leitbild der „Ganzheitlichkeit" in der Problembearbeitung auch dann noch einen ausgeprägten Bezug auf die gesamte Lebenslage der Bürger aufweisen, wenn eigentlich der Arbeitsmarktbezug im Zentrum eines Projektes steht. Beispiel bildet hier das Projekt DELTA-AMT. Im Gegensatz zu vergleichbaren Projekten in Bremen oder andernorts in Deutschland kann das Projekt DELTA auf eine umfassend ausgebaute Infrastruktur an personenbezogenen sozialen Dienstleistungen – meist in kommunaler Trägerschaft – aufbauen, die zudem auf hohen Standards entwickelt ist. Zugleich bildet das Projekt DELTA selbst eine Form der *ökologischen* Intervention, in dem es Zugänge zu Gesundheitsdiensten, arbeitsmarktpolitischen Dienstleistungen und eine integrative Problembearbeitung für Sozialhilfebeziehende anbietet bzw. ermöglicht. Innerhalb des Projekt spielen dann *pädagogische* Interventionsformen die zentrale Rolle, wenn es um die Vermittlung, Beratung, Motivierung und auch um ein Sanktionieren von Arbeitslosen an der Schnittstelle von Sozialhilfebezug und Arbeitsmarkt geht. Die von den Experten beschriebenen Anforderungen und Mitwirkungserfordernisse, wie sie an arbeitslose Bürger gestellt wurden, waren höher als in herkömmlichen schwedischen Sozialbüros. Das Projekt diente gewissermaßen zu einer „Aktivierung" arbeitsloser Sozialhilfebeziehenden auf hohem Niveau. Das *Recht auf Sozialhilfe* wurde mit unmittelbaren *Pflichten* der Mitwirkung und Teilnahme an Projekten vielfältigster Art gekoppelt. Voraussetzungen und Bedingungen einer Koproduktion waren zwar gegeben. Sie bestanden aber nur solange, solange die Angebote des Projekts und die Nachfrage sich deckungsgleich zeigten. Genau hier ergibt sich das Hauptproblem. Danach können denjenigen, die nicht unmittelbar in den ersten Arbeitsmarkt vermittelt werden können, ganz überwiegend kurzzeitige Maßnahmen und Praktika, häufig bei geringer Vergütung, angeboten werden, worin tendenziell ein Konfliktpotential liegt, da Arbeitslose vorrangig eine Erwerbsarbeit mit entsprechendem Einkommen erwarten. Das Problem des „Rundgangs" scheint zudem mit dem Projekt nur begrenzt lösbar. Im Projekt DELTA-AMT ist bezogen auf Sozialhilfebeziehende jedoch bereits durch die Organisationsform ein Anreizsystem gegeben und bringt diese Effekte einer Entstigmatisierung mit sich. So beinhaltet für Sozialhilfebeziehende schon allein der Kontakt zum DELTA-AMT bereits einen statusmäßigen Aufstieg im Vergleich zu denjenigen, die weiterhin von herkömmlichen Sozialbüros ihre Sozialhilfe beziehen. Für diese bedeutet die Einrichtung des DELTA-AMT allerdings zugleich auch eine Abwertung, etwa in der Definition, wonach sie als „nicht job-ready" gelten. Die traditionelle Unterscheidung zwischen „verdienten" und „unverdienten" Armen findet sich hier – allerdings unter umgekehrten Vorzeichen wider. Nach den einschlägigen Befunden gilt, dass einkommensschwache Personen möglichst den Kontakt zum traditionellen Sozialbüro in Schweden vermeiden möchten. Insofern ist das Angebot einer „netzwerkbasierten Verwaltungsorganisation" in der Variante des Zusammenwirkens von Arbeitsverwaltung, Sozialverwaltung und Versicherungskasse grundsätzlich positiv zu werden.

Im Ergebnis ist für Göteborg wie auch für andere schwedische Kommunen, wo ähnliche Projekte laufen, festzuhalten: Neben der herkömmlichen „städtisch-öffentlichen" Leistungserbringung durch „Sozialämter" wird die Sozialhilfe in Projektform inzwischen auch in anderen Organisationsformen von einer Art „Querschnittsprojekt" oder „Querschnittsbehörde" geleistet. Diese umfasst entliehene Teams aus den städtischen Sozialämtern (Sozialarbeiter), der staatlichen Arbeitsmarktbehörde (Arbeitsberater/-vermittler) und der staatlichen Versicherungskasse (Sozialversicherungsangestellte/Reha-Berater). Über den gemeinsam eingerichteten „Bestellerverbund" werden die jeweils benötigten sozialen Dienste und Leistungen einerseits differenziert aufeinander abgestimmt, um sie zugleich möglichst dezentral in den projekteigenen „Ausführer- und Resultat-Gruppen" einzukaufen bzw. erbringen zu lassen. Im Ergebnis bestehen „traditionelle" und „neue" Organisationsformen, somit auch „alte" und „neue" Steuerungsinstrumente und Formen der Leistungserbringung *nebeneinander*. Das alte Modell der Sozialämter wurde organisational für die Aufgaben der Sozialhilfe (noch) nicht durch ein „neues Modell" abgelöst, sondern eher spezifisch und sehr bereichs- und zielgruppenbezogen ergänzt, wie das Beispiel DELTA-AMT zeigt. Eine Besonderheit liegt vor allem in der multi-professionalen Zusammensetzung der Teams in diesem Projekt und in dem breiten Aufgabenspektrum, das neben der Sozialhilfe in Form der Arbeitsberatung und -vermittlung, Gesundheitsberatung und beruflicher Rehabilitation gleichrangig zu erfüllen ist. Deutlich wird auch, das mit dieser Variante eine weiteren Spezialisierung auf hohem Niveau die *Steuerungsanforderungen* für die Gestaltung wie auch für die Analyse sozialer Interventionen und öffentlicher Dienstleistungsproduktion massiv erweitert und zunehmend komplex werden.

Das Konzept des „Samverkan" ist in Schweden schließlich auch als institutionelle Brücke zwischen zentralstaatlicher Arbeitsmarktpolitik und kommunalem Sozialdienst zu verstehen, die offenbar einen Weg zu veränderten wohlfahrtsstaatlichen Institutionen und veränderten sozialen Interventionen weist. Ein Erklärungsmodell für die Expansion der hier exemplarisch mit den FRISAM-Projekten und zuletzt mit dem DELTA-AMT beschriebenen Ansätze des Zusammenwirkens von unterschiedlichen Sozialdiensten wurde von den befragten Experten selbst angeboten. Es wurde bestätigt, dass die monetären wie personellen Ressourcen in den verschiedenen wohlfahrtsstaatlichen Leistungssystemen im Verlauf der 1990er Jahre insgesamt abgebaut wurden. Die Begrenzung und Einengung der jeweils eigenen Ressourcen der Kommunen, der Versicherungskassen wie auch der Arbeitsverwaltung könnten also wesentlich mit dazu beigetragen haben, dass die früher separiert agierenden wohlfahrtsstaatlichen Institutionen seit Ende der 1990er Jahre und auch weiterhin enger zusammenrücken und zusammenwirken. In diesem Kontext wurde ein weiteres latentes Risiko im freiwilligen Zusammenwirken von den Experten geschildert. So könne nicht ausgeschlossen werden, dass ein freiwilliges oder auch soziales Zusammenwirken verschiedenster Behörden von der jeweils anderen beteiligten Institution als eine neue *Rationalisierungs- und Einsparressource* verstanden werde. Die über das Zusammenwirken erschlossenen Ressourcen könnten dazu genutzt werden, notwendige Investitionen der jeweils einzelnen Institutionen und Behörden und im jeweiligen Dienstleistungssektor sowohl national wie lokal schlichtweg zu unterlassen, in der Annahme, die Probleme ließen sich über das institutionelle Zusammenwirken lösen bzw. mit sogenannten Synergieeffekten ausgleichen. Auch insoweit deuteten sich neue Probleme für die Gestaltung und die Steuerung sozialer Interventionen an, die mit den beschriebenen Projekten verbunden sind und keineswegs als bereits gelöst gelten.

Abschließend sei auf den Aspekt verwiesen, der die Diskussion um den schwedischen Wohlfahrtsstaat seit Jahrzehnten begleitet. An die Debatte um die „totalitären Tendenzen" des schwedischen Wohlfahrtsstaates, oder gemäßigter formuliert, ausgehend vom Bild des „allumfassenden Versorgungsstaates" lässt sich die Frage stellen, ob die Projekte des engen institutionellen Zusammenwirkens zwischen den verschiedenen Behörden nicht genau diese Bilder und Typisierungen erneut bestätigen. So scheinen *Risiken* eines sehr weitgehenden, zudem *gleichzeitigen und extrem aktiv gestalteten Zu- und Eingriffs der staatlichen und kommunalen sozialen Dienste auf die Privatsphäre* und in den Alltag, sowie auf die Lebensplanung der Bürger und auf ihre Ressourcen mit Projekten des institutionellen Zusammenwirken aktueller den je. Netzwerkbasierte wohlfahrtsstaatliche Institutionen können diesbezüglich eine völlig andere Qualität und Reichweite aufweisen als das für die segmentiert oder isoliert erbrachten Dienstleistungen und Eingriffe traditionelle Sozialverwaltung und Sozialdienste gilt. Auffällig war, dass *Aspekte des Datenschutzes* bisher in empirischen Untersuchungen zu neuen Formen einer „netzwerkbasierten Verwaltungsorganisation" ebenso randständig bleiben wie *Fragen der Transparenz* und die Aspekte einer *Partizipation und Koproduktion der Bürger* in der Nutzung, Inanspruchnahme und Gestaltung der institutionell vernetzt bzw. verbunden erbrachten sozialen Dienstleistungen. Sind *soziale wie individuelle Schutzrechte* und ist der Datenschutz in den neuen Projekten hinreichend gewährleistet und wo liegen die Grenzen gemeinsamer und vernetzter institutioneller Wissens- und Informationssysteme, die sich im schwedischen Wohlfahrtsstaat zwischen Arbeitsverwaltung, Versicherungskassen, kommunalen Sozialdiensten und Gesundheitsdiensten aufbauen? Lassen sich Partizipation, Nutzereinfluss und Mitgestaltung der Bürger an den Voraussetzungen und am Prozess der Dienstleistungserbringung in isolierten und spezialisierten Dienstleistungsbereichen und in komplexen Dienstleistungsnetzwerken gleichermaßen sicherstellen und realisieren? Diese und weitere Fragen zu den Möglichkeiten und Grenzen eines neuen institutionellen Zusammenwirkens sind theoretisch und empirisch noch weitgehend ungeklärt. Im Rahmen eines inzwischen aktiven *Qualitäts- und Demokratiediskurses* werden diese Fragen in Schweden jedoch beginnend thematisiert.

Schließlich stellt sich die Frage nach den Effekten und der Wirksamkeit solcher Projekte. In Göteborg herrschte hierzu noch eine weitgehende empirische Unsicherheiten. Vorgesehen war, verstärkt *verlaufsbezogene Studien und Dokumentationssysteme* im Rahmen von Evaluationen einzusetzen. Hierzu sollen in den kommenden Jahren die entsprechenden computergestützten Datenerfassungs- und Datenaustauschsysteme weiter entwickelt werden, um etwa zwischen Sozialhilfe, Arbeitsverwaltung und Versicherungskassen den „Klientenfluss" genauer verfolgen zu können. Ferner sollen in Zukunft genauer Kontrollgruppen bestimmt werden, mit denen etwa die Effekte eines Projektes kontrastiert und damit genauer messbar gemacht werden können.[823] Auch in diesen Zusammenhängen stellen sich Fragen des Datenschutzes und der Integrität der Bürger. Für Göteborg ließ sich auch am Beispiel des Projektes DELTA sehr deutlich erkennen, dass vor allem der *Zeit- / Verlaufsperspektive* und *der Handlungsperspektive* im Zusammenhang mit der Gestaltung sozialer Interventionen in den vergangenen Jahren beträchtliche Aufmerksamkeit zugekommen ist. Zu erwarten ist, dass den Variablen Zeit und Handeln künftig eine noch stärkere Bedeutung für die Gestaltung und Praxis einer „aktivierenden Sozialpolitik" wie auch in der Modernisierung des öffentlichen Sektors zukommt. „Aktivierende Sozialpolitik" und die Modernisierung von Sozialverwaltungen und Sozialdiensten bedingen einander und unterstützen einander. Dies wurde in Schweden am Beispiel der Projekte des „Samverkan" besonders anschaulich.

---

[823] Vgl. DELTA (2001): Studie av DELTAs påverkan på försörjningssystemen, Lägesrapport från 22. Okt. 2001, S. 13.

Teil IV:
7. Profile einer „aktivierenden" Lebenslaufpolitik im kommunalisierten Wohlfahrtsstaat: Zwei ausgewählte Sozialhilferegimes im Kontrast

Mit der Untersuchung bestätigten sich die eingangs im theoretischen Teil und bereits in der vergleichenden Wohlfahrtsstaatsforschung ermittelten Unterschiede der beiden wohlfahrts*staatlichen* Arrangements in ihren Entwicklungspfaden, Strukturprinzipien, wie auch teilweise in den Reformstrategien seit den 1990er Jahren. Die Reformen verliefen dabei in beiden Wohlfahrtsstaaten weitgehend „pfadtreu" oder „pfadabhängig". Allerdings wurden im schwedischen Wohlfahrtsstaat bis zur Jahrtausendwende weitergehend als im deutschen Sozialstaat Veränderungen vorgenommen, die bestimmte „Pfaderweiterungen" und Ergänzungen der traditionellen Strukturprinzipien erkennen lassen. Dabei wurde in dieser Studie der Schwerpunkt einmal bewusst *nicht* auf eine Analyse der *Lebenslaufpolitik* gelegt, wie sie über den vorrangigen Bereich des Wohlfahrtsstaates, etwa in der Rentenpolitik entwickelt ist, oder sich im Bildungswesen vorfinden lässt. Vielmehr wurde der Bereich der nachrangigen sozialen Risikobearbeitung genauer betrachtet. Die soziale Risikobearbeitung in Form der Sozialhilfe und der Sozialarbeit wird dabei theoretisch ausdrücklich als Lebenslaufpolitik verstanden.[824] Gerade ein Blick auf die Sozialhilfe und den kommunalen Dienstleistungs- und Wohlfahrtssektor sowie auf das Verhältnis zwischen Zentralstaat und Kommunen an den Schnittstellen verschiedener Politikbereiche ist für die Analyse und das Erkennen weitreichender Veränderungen und möglicher „Pfadabweichungen" aufschlussreich. In diesem Vorgehen können die möglicherweise veränderten Profile in der Lebenslaufpolitik unterschiedlicher wohlfahrtsstaatlicher Arrangements genauer mit betrachtet und typisiert werden.

Anders als im vorrangigen wohlfahrts*staatlichen* Bereich weisen beide Lebenslaufregime im Bereich der *kommunalen Sozialhilfe* auf den ersten Blick ähnliche Grundprinzipien und auch ähnliche institutionelle Arrangements auf. Während das

---

[824] Vgl. Leibfried/Leisering (1995: 31). Die These und bisherige Befunde, wonach Lebensläufe gerade auch durch die Grundsicherung/Sozialhilfe besonders nachhaltig beeinflusst werden, wird hier als Ausgangspunkt für die abschließenden Betrachtungen gewählt.

deutsche und das schwedische wohlfahrts*staatliche* Arrangement sich nicht nur in der Typisierung von "sozialdemokratischem" und „konservativ-bismarckschem" Regimetyp unterscheiden lassen, sondern auch in der „Verwaltungs- und Dienstleistungskultur" beträchtliche Unterschiede erkennbar sind, finden sich Unterschiede für die beiden *Sozialhilferegimes* erst in einer genaueren Betrachtung der Ebene des kommunalen Arrangements und in der Analyse der Formen und Muster sozialer Interventionen.

Die Untersuchung ergab zumindest teilweise ähnliche Reformstrategien bei in verschiedenster Hinsicht auch durchaus ähnlichen institutionellen Arrangements der schwedischen und der deutschen Sozialhilfe. In der *normativen* und *rechtlichen* Ebene besteht in beiden Wohlfahrtsstaaten eine zentralstaatliche Regelungskompetenz und -verantwortung bei gleichzeitiger kommunaler Finanzierungsverantwortung und einer kommunalen Ausführung der Sozialhilfe. Normative und rechtliche Prinzipien wie der Individualisierungsgrundsatz, der Bedarfsdeckungsgrundsatz und der Grundsatz der Nachrangigkeit der Sozialhilfe sind in beiden Wohlfahrtsstaaten ebenfalls bestimmend für die Gestaltung sozialer Interventionen. Sie werden im Detail und in der kommunalen Praxis jedoch unterschiedlich umgesetzt. Einer „Hilfe zur *Selbsthilfe*" oder in Schweden eine „Hilfe zur *Selbstversorgung*" wurde als Leitbild seit Mitte/Ende der 1990er Jahre in beiden Wohlfahrtsstaaten sozialpolitisch, programmatisch und praktisch eine stärkere Aufmerksamkeit gewidmet. Auch die aktive institutionelle Förderung und Forderung von Wegen *aus* dem Sozialhilfebezug bildeten einen neuen Fokus der nationalen wie der kommunalen Sozialpolitik.

In beiden Wohlfahrtsstaaten findet sich in diesem Zusammenhang seit Anfang/Mitte der 1990er Jahre ein *Diskurs* um eine *„aktivierende Sozialpolitik"*. Bei genauerer Betrachtung ist dieser Reformdiskurs jedoch regimespezifisch entwickelt. In Deutschland wurde der Aktivierungsdiskurs Mitte der 1990er Jahre in den Zielsetzungen zunächst als Kombination einer „Modernisierung des Staates und der öffentlichen Verwaltung", *sowie* in Form neuer Konzepte für eine „aktivierende Arbeitsmarktpolitik" entwickelt und geführt. Während in Schweden der öffentliche Sektor bereits weitgehend als „modernisiert" und daher als „aktiv" und „aktiviert" galt, sollte in Deutschland die traditionell als „passiv" geltende Sozialverwaltung ebenfalls „aktiviert" werden, um darüber dann mit neuen Organisations- und Steuerungsmodellen schließlich auch den Bürger wirksamer „aktivieren" zu können. Belege hierfür bildeten in Bremen die Einführung von 12 Sozialzentren sowie die Einführung des Neuen Steuerungsmodells. Demgegenüber wurde der Diskurs einer „aktivierenden Sozialpolitik" sowohl in Göteborg wie auch generell in Schweden weniger verwaltungsbezogen, sondern vorrangig bzw. fast ausschließlich arbeitsmarktpolitisch bezogen geführt und entwickelt. Dabei ist das Leitbild einer sozialpolitischen „Aktivierung" von materiellen, und personalen Ressourcen und einer „Aktivierung" von Selbststeuerungskräften der wohlfahrtsstaatlichen Institutionen wie der Bürger jeweils regimespezifisch auf bisher bereits entwickelte Leitbilder, Normen und Programme der beiden Wohlfahrtsstaaten bezogen und in der Umsetzung stets darin eingebunden zu sehen. Es sind eher spezifische Leitbildkonfigurationen und weniger einzelne Leitbilder, welche die Gestaltung sozialer Interventionen und ihre konkrete Praxis in der Sozialhilfe mit prägen. Institutionell gilt es „alte" und „neue" Leitbilder, Normen und Handlungsformen wohlfahrtsstaatlich und ganz praktisch im Alltag der Sozialhilfe neu bzw. verändert aufeinander abzustimmen und entsprechend der Strukturprinzipien des jeweiligen Lebenslaufregimes zu verbinden. Insoweit münden eine „aktivierende Sozialpolitik" und ähnlich auch die Instrumente einer Verwaltungsmodernisierung dann zumeist in länderspezifisch entwickelte sozialpolitische Programme und soziale Interventionen. Dabei zeigen sich dann auch spezifische Zielkonflikte, die beispielsweise für Göteborg/Schweden zwischen der professionalen Ebene der Sozialarbeit und der kommunalpolitischen Ebene im Zusammenhang mit einer veränderten Sozialhilfepraxis deutlicher hervortraten als in Bremen/Deutschland.

Die Unterschiede zwischen beiden Wohlfahrtsstaaten im Bereich der Sozialhilfe und der kommunalen Sozialverwaltung erwiesen sich bei einer genauerer Analyse insbesondere im Bereich der *Steuerungsinstrumente* und in den *Interventionsformen* zum Teil als beträchtlich. Sie wurden im Bereich der Relationen zwischen zentralstaatlicher und kommunaler Sozialpolitik, in der Organisation von Sozialhilfe und kommunaler Arbeitsmarktpolitik sowie in der professionalen und interaktionalen Ebene besonders deutlich. Schon insoweit war der institutionen- und interventionstheoretisch gewählte Ansatz für die Analyse hilfreich.

Theoretisch zeigte sich, dass die unterschiedlichen Interventionsformen möglichst als *„Interventions-Mix"* zu verstehen sind und dass sich die Leistungsfähigkeit wie auch die Akzeptanz der Dienste und Leistungen wohlfahrtsstaatlicher Arrangements auch im gewählten „Mix" und in der Gestaltung der verschiedenen Interventionsformen zueinander begründen. Ferner ergab sich der Befund, dass sich die Sozialhilfe – wie auch andere wohlfahrtsstaatliche Leistungsbereiche – in ihren Aufgaben, Funktionen und auch in ihren Effekten und in der Leistungsqualität erst hinreichend bestimmen und zwischen Wohlfahrtsstaaten vergleichen lässt, wenn sie in ihrem gesamten Spektrum sozialer Interventionen beachtet wird und nicht verkürzt als rein monetäre Transferleistung verstanden und untersucht wird. Gerade ausgehend von einer Lebenslaufperspektive und interventionstheoretisch betrachtet zeigt sich, dass die Sozialhilfe in beiden Wohlfahrtsstaaten weit mehr zu bieten hat als rein monetäre Transferleistungen.

In der *ökonomischen* Steuerungsperspektive liegt zwar die Finanzierung der Sozialhilfe in beiden Wohlfahrtsstaaten auf kommunaler Ebene, die *rechtlichen* und *finanziellen* Gestaltungsspielräume der schwedischen Kommunen sind dabei aber wesentlich weiter gefasst als die deutscher Kommunen. Auch das Verhältnis zwischen Zentralstaat und Kommunen stellte sich für Schweden zwar nicht völlig konfliktfrei, insgesamt aber doch als tendenziell „partnerschaftlich" dar. Für Deutschland wurde in diesen Zusammenhängen in den extrem föderal ausgeprägten Strukturen ein tendenziell eher „konflikthaftes" Verhältnis zwischen Zentralstaat und Kommunen erkennbar, was sich in den Entwicklungen der vergangenen Jahre weitergehend bestätigte. Diese Unterschiede sind nicht nur in der fiskalpolitischen Krise begründet, die in den öffentlichen Haushalten in Deutschland insbesondere seit Mitte der 1990er Jahre sowohl zentralstaatlich als auch kommunal massiver besteht als im öffentlichen Sektors Schwedens. Unterschiede bestehen in der *Rechtstradition und -kultur* und grundsätzlicher auch in den Möglichkeiten und *Formen einer Selbstverwaltung* und *Selbststeuerung.* Möglichkeiten der Selbstverwaltung und Selbststeuerung wurden für schwedische Kommunen bis hinein in die Stadtteilebene unter anderem in einem Prozess der Dezentralisierung und „Kommunalisierung" und verbunden mit Instrumenten der Verwaltungsreform seit Mitte der 1980er Jahre grundlegend erweitert. Zugleich wurden den schwedischen Kommunen seitens des Zentralstaates jedoch seit Mitte/Ende der 1990er Jahre erweiterte Aufgaben im Sozial-, Bildungs- und Gesundheitssektor und in der Arbeitsmarktpolitik übertragen – und zwar in stärkerem Maße als das für deutsche Kommunen erkennbar ist. Ferner hat der schwedische Zentralstaat die *Steuerung über Recht* ausgeweitet, tendenziell auch die Rahmengesetzgebung des Sozialdienstgesetzes durch Detailregelungen ergänzt. Einerseits wurden die Kommunen damit auf eine landesweit verbindliche „Riksnorm" der Sozialhilfe verpflichtet, was größere Rechtssicherheit und Gleichbehandlung für den Bürger schaffte. Andererseits wurden die Bürger selbst auch zu erweiterter Mitwirkung am Hilfeprozess der Sozialhilfe und insoweit auch zu Entlastungen der Kommunen verpflichtet. In diesen Entwicklungen zu mehr Detailsteuerung über Recht nähert sich das schwedische Sozialhilferegime tendenziell dem verregelten deutschen Sozialhilfesystem an.

Erst die Entscheidung, die Untersuchung auf der Grundlage einer *vertiefenden Fallstudie* zur Sozialhilfe in Göteborg durchzuführen, die kontrastierend um Befunde zur Sozialhilfe und Sozialverwaltung in Bremen erweitert wurde, ermöglichte zahlreiche weitergehende Ergebnisse zu den genaueren Rahmenbedingungen für die Reformen und für eine „aktivierende Sozialpolitik" sowie zu den Interventionsformen, zum Verhältnis zwischen Kommunen und Zentralstaat und auch zu den Relationen wohlfahrtsstaatlicher Institutionen und Organisationen untereinander.

Die Fallstudie Göteborg in Schweden hat in diesen Zusammenhängen gezeigt, dass dort seit Mitte/Ende der 1990er Jahre insgesamt *wesentlich günstigere Rahmenbedingungen und Ausgangslagen* für eine „aktivierende Sozialpolitik" bestanden als in Bremen und allgemein in Deutschland. Spätestens ab Mitte der 1990er Jahre bestätigten sich diese günstigeren Ausgangs- und Rahmenbedingungen für einen „Umbau" des schwedischen Wohlfahrtsstaates, nachdem die ökonomische und währungspolitische Krise weitgehend bewältigt werden konnte und sich sowohl staatlich wie kommunal neue Gestaltungs- und Handlungsspielräume boten. Zumindest bis Ende 2005 waren diese in Deutschland so nicht vergleichbar gegeben. In beiden wohlfahrtsstaatlichen Arrangements bestanden damit ab Mitte der 1990er Jahre *grundlegend unterschiedliche Voraussetzungen und Bedingungen* zur Entwicklung einer „aktivierenden Sozialpolitik" und für eine weitere „Modernisierung" von Sozialverwaltung und Sozialdiensten. Diese Unterschiede sind auch in der Bewertung der Reformstrategien wie auch der „Reformerfolge" stets mit zu reflektieren. So konnte beispielsweise der öffentliche Sektor in Schweden auf sehr viel weitergehende Erfahrungen und auf bereits seit den 1980er Jahren entwickelte Instrumente einer Verwaltungsreform zurückgreifen. Die Stärke des deutschen Sozialhilferegimes lag hingegen in den bereits sozialhilfe*intern* vorhandenen Regelungen und Möglichkeiten zu einer aktiven kommunalen Beschäftigungspolitik über die „Hilfen zur Arbeit". Vergleichbare Instrumente wurden in Schweden für die Kommunen integriert in die Sozialhilfe erst Mitte/Ende der 1990er Jahre im Zusammenhang mit den Folgen der Massenarbeitslosigkeit aufgebaut.

Die seit Mitte der 1990er Jahre entwickelte „aktivierende Sozialpolitik" beinhaltet in beiden Wohlfahrtsstaaten bei einem durchaus unterschiedlich geprägten Diskursverlauf sowohl zentralstaatlich, etwa in den Normbildungen und rechtlichen Regelungen, wie auch kommunal eine engere Verbindung von Sozialhilfepolitik, aktiver wie auch „aktivierender" Arbeitsmarktpolitik und kommunalen sozialer Dienste. Nicht etwa in einer einfachen „Kommunalisierung" der bisher vor allem staatlich verfassten aktiven Arbeitsmarktpolitik, sondern in den veränderten institutionellen *Verknüpfungen sozialer Interventionen* liegt ein Kernmerkmal einer „aktivierenden Sozialpolitik". In der genaueren Untersuchung der Interventionsformen der kommunalen Sozialhilfe einerseits, aber auch der Schnittstellenpolitik zur Arbeitsmarktpolitik und zu sozialen Diensten andererseits, ließen sich im Rahmen der Fallstudie typische Formen und Muster sozialer Interventionen ermitteln. Diese sind nicht nur für die Sozialhilfe kennzeichnend, sondern sie geben genereller Auskunft über das Profil einer „Lebenslaufpolitik" im schwedischen Wohlfahrtsstaat im Kontrast zum deutschen Sozialstaat.

Die *schwedische Sozialhilfe und Sozialverwaltung* ist insgesamt gestaltungs- und ermessens-offener entwickelt als die deutsche Sozialhilfe. Während die deutsche Sozialhilfe und Sozialverwaltung auch nach zunächst gegenläufigen Modernisierungsprozessen, wie sie über die Armutsberichterstattung, Sozialplanung und mit dem KGST-Modell einer „Neuen Steuerung" Anfang/Mitte der 1990er Jahre eingeleitet wurden, aber dennoch weiterhin zentral und vor allem detailliert über das *Steuerungsinstrument Recht* gesteuert und gestaltet wird, gilt für die schwedische Sozialhilfe, dass sie bereits über die *Rahmengesetzgebung* des Sozialdienstgesetzes seit 1982 rechtlich „offener" geregelt ist. Bei aller Tendenz zu mehr Detailsteuerung besteht das Sozialdienstgesetz als zielorientiertes Rahmengesetz auch weiterhin. Damit sind zugleich auch kommunalpolitisch, administrativ und professional besondere Gestaltungsfreiräume möglich, die in der deutschen Sozialhilfe/Grundsicherung (SGB II u. SGB XII), eingebunden in eine „formalisierten Regelungskultur" (Jann 2000) nicht bestehen. Während für die detailliert verregelte deutsche Sozialhilfe und damit auch für die in ihrem Rahmen mögliche Lebenslauf- und Lebenszeitpolitik das *Rechtmäßigkeitsprinzip* vorrangig die sozialen Interventionen prägt, gilt für die schwedische Sozialhilfe, dass sie möglichst weitgehend dem *Ganzheitlichkeitsprinzip (Helhetssyn)* entsprechen soll, um individuelle und gruppenbezogene Bedarfe möglichst dezentralisiert und lebenslagenbezogen abzudecken. Während in Deutschland mit der Einführung des Modells einer „Neuen Steuerung" vielerorts, so auch in Bremen, die Bemühungen dahingingen, die Sozialhilfe wiederum über möglichst *detailgenaue* Produktbeschreibungen, Leistungsbeschreibungen und auch im Rahmen weiterer Pauschalierungen zu standardisieren, um einerseits weiterhin der *Rechtmäßigkeit,* zugleich aber auch den stärker betonten Kriterien der *Wirtschaftlichkeit,* der *Wirksamkeit* und schließlich auch der *Bürgernähe* zu genügen, geht die schwedische Sozialhilfe zumindest dem Grundsatz nach von einer *vorrangigen Orientierung auf die Wirksamkeit* in der institutionellen Problembearbeitung aus. Schon insoweit ist über den „ganzheitlichen" oder lebenslagenorientierten Wirkungsbezug der schwedischen Sozialhilfe, die zudem explizit und integriert als Sozialdienst verstanden wird, auch der Lebenslaufbezug stärker entwickelt als dies mit einer in Deutschland bestehenden hochverregelten Form der materiellen Grundsicherung, primär verstanden als „Sozialverwaltungshandeln" der Fall ist.

In Deutschland wurden seit Mitte der 1990er Jahre extrem anspruchsvolle und vor allem zeitgleiche Reformstrategien in den Kommunen eingeleitet, die in dieser komprimierten Dichte für schwedischen Kommunen nicht vorzufinden waren, dort aber auch nicht erforderlich waren. Die deutsche Sozialhilfe/Grundsicherung soll demnach einerseits als aktive personenbezogene soziale Dienstleistung neu gekoppelt und neu definiert werden und mit der Hilfeplanung und des Fallmanagements in der Arbeitsmarktpolitik auch stärker lebenslagen- und lebenslaufbezogen konzipiert werden. Insoweit würde sie sich dem schwedischen Sozialhilferegime annähern. Ferner soll sie an den institutionellen Schnittstellen, insbesondere zur Arbeitsmarktpolitik hin präziser ausgerichtet und weiterentwickelt werden. Schließlich bestehen über das Modell der Neuen Steuerung Bestrebungen, sie zugleich in relativ enge betriebs- oder verwaltungswirtschaftliche Schemata, wie etwa „Produktbeschreibungen" und „Benchmarks" zu fassen, sie stärker auf die Effektivität, Effizienz und „Kundenorientierung" hin auszurichten. Dabei muss die Sozialhilfe/Grundsicherung weiterhin dem Prinzip der Rechtmäßigkeit und einer detaillierten Regelorientierung entsprechen.

Nach den hier ermittelten Befunden war eine vergleichbar detailliert und regelgeleitete Einführung eines Modells der „Neuen Steuerung" in keiner der drei schwedischen Großstädte erkennbar. Ein Grund hierfür mag die bereits weiter fortgeschrittene Verwaltungsreform in Schweden sein, die ein vergleichbares Modell der „Neuen Steuerung" *(Nya Styrningen/Ekonomistyrning)* für die Sozialhilfe bisher aber nicht oder allenfalls in Fragmenten beinhaltet. Da es sich bei der Sozialhilfe um eine öffentliche, das meint behördenmäßig und pflichtgemäß von den Kommunen zu erbringende soziale Dienstleistung handelt, werden primär ökonomisch ausgerichtete Steuerungsinstrumente als wenig geeignet angesehen, die Anforderungen zu erfüllen, die speziell in der Steuerung für soziale Dienstleistungen bestehen. Vielmehr wird einerseits die Rahmengesetzgebung und daneben eine professionale und zunehmend stärker *kompetenz- und wissensbasierte Variante der Steuerung* sozialer Dienstleistungen und sozialer Arbeit bevorzugt. So fanden sich den Dokumenten und Expertenaussagen nach in Göteborg oder auch in der Literatur zur Verwaltungsreform in Schweden keine Berichte oder Beiträge zu detaillierten Produktbeschreibungen für die Sozialhilfe. Auch ein detailliertes Benchmarking nach deutschem Muster war nicht entwickelt und ein „Controlling" wurde eher über die sozialarbeiterische Evaluationsforschung, über die Verwaltungsforschung und anhand einiger weniger zentraler Kennzahlen vorgenommen. Für Wirksamkeitsanalysen und für ein vergleichendes Lernen reichen in Schweden bisher offenbar einige wenige Schlüssel- oder Kennzahlen *(Nyckeltal)* und ein umfassendes landesweites Statistik- und Dokumentationssystem (noch) aus, um die Entwicklungen und Standards in der Sozialhilfe auch national zwischen den Kommunen zu vergleichen und in Relation zu sonstigen Werten kommunaler Politik zu betrachten. Wie inzwischen tendenziell auch die deutsche Sozialhilfe/Grundsicherung so wird die schwedische Sozialhilfe schon seit längerem als soziale Dienstleistung verstanden und es finden sich innerhalb des öffentlichen Sektors durchaus auch Wettbewerbselemente und Ansätze zu einem vergleichenden Lernen zwischen Kommunen, Stadtteilen und Akteuren einer „aktivierenden Sozialpolitik". Auffällig war, dass insbesondere die *Ansätze einer Qualitätsentwicklung* und ein aktiver *Demokratiediskurs,* die auf verbesserte Partizipation der Bürger und auf eine Koproduktion in der Leistungserbringung von Sozialdiensten und auch der Sozialhilfe bezogen sind, in Göteborg/Schweden verbreiteter waren als in Bremen. In diesen Ansätzen wird in Schweden eher ein Innovationspotential für eine Reform der Sozialdienste gesehen als in primär ökonomisch ausgerichteten Instrumenten einer tendenziell verwaltungsintern wirksamen „Neuen Steuerung".

Ähnlich wie in der deutschen Sozialhilfe und generell in der Sozialarbeit fanden sich aber auch in Schweden *Defizite in einer verlaufsbezogenen Steuerung,* sowie bereits vorgelagert Defizite in einer verlaufsbezogenen Dokumentation der Leistungserbringungsprozesse. Mängel bestehen ferner in einem *verlaufsbezogenen* auf die gesamte Leistungsbreite und Leistungstiefe der Sozialhilfe bezogenen „Controlling". Entsprechende Instrumente sind jedoch in Schweden in neueren Projekten, etwa in Form von „Flödesstudier" im Göteborger Projekt DELTA seit Ende der 1990er Jahre vereinzelt in die „modernisierte" Sozialverwaltung eingeführt. Diese Ansätze einer direkt auf den Verlauf sozialer Interventionen bezogenen Wirksamkeitsanalyse sind dabei als stärker lebenslaufbezogen zu deuten. Die Leistungen wohlfahrtsstaatlicher Institutionen und die Kontakte der Bürger zu ihnen, die Kontakthäufigkeiten sowie die einzelnen Leistungsschritte und der Verbleib der Bürger innerhalb des Systems wohlfahrtsstaatlicher und kommunaler Dienste und Leistungen wird auch über institutionelle, organisatorische und professionale Grenzen hinweg genauer untersucht und besser verlaufsbezogen und damit karrierebezogen dokumentiert als bisher. Vor allem wird auch der Grad der Zufriedenheit der Bürger mit den Leistungen und Diensten seitens der Sozialverwaltungen stärker evaluiert und in der Gestaltung sozialer Interventionen berücksichtigt als in Bremen/Deutschland. Vernachlässigt wird in Göteborg und in Bremen bisher jedoch sowohl in der Planung wie auch im „Controlling" die Dimension des „Timings" sozialer Interventionen. Insbesondere das „Timing" von Angeboten und Diensten verschiedenster Organisationen, etwa der Sozialhilfe, der Arbeitsvermittlung, der sozialen Beratungsdienste oder auch der Versicherungskassen bedürfte in den Wechselwirkungen genauerer Analysen. Dennoch zeigen die Befunde, dass der *Verlauf von Sozialhilfe- und Armutskarrieren* in der Planung wie auch in den Analysen zu den „outcomes" öffentlicher Dienstleistungsproduktion heute stärker im Zentrum des Interesses steht als noch Anfang der 1990er Jahre. *Risiken* liegen jedoch in einem „all zu weit" reichenden Zugriff von Sozialverwaltung und Sozialdiensten auf die Daten und Biografien der Bürger und in einer Vernachlässigung des Datenschutzes und sozialer Schutzrechte.

In der *professionalen und interaktionalen Ebene* ergab sich der Befund, dass sozialberufliche Handlungsformen und Instrumente, wie sie mit Ansätzen des Casemanagement oder Fallmanagement seit einigen Jahren in Deutschland entwickelt sind und auch in die Sozialverwaltung in Bremen eingeführt wurden, in Göteborg nicht vergleichbar entwickelt waren. Handlungs- und interventionstheoretisch erkennbar wurde jedoch, dass der Kontakt zwischen Sozialdiensten und arbeitslosen Sozialhilfebeziehenden seit Mitte der 1990er Jahre in Göteborg wie in Bremen verstärkt über *Handlungspläne, Eingliederungs- oder Förderpläne* und *Hilfevereinbarungen* verbindlicher gestaltet und insgesamt ziel- und ressourcenorientierter ausgerichtet wird. In dieser „neuen Verbindlichkeit" und in einer direkteren Steuerung von Hilfeprozessen wie auch des Verhaltens der Bürger sind ähnliche Entwicklungen erkennbar. Diese Ansätze scheinen dabei aber wiederum in Göteborg/Schweden weniger instrumentell und formalisiert verstanden und genutzt zu werden als sich das für Bremen/Deutschland bislang andeutet.

Bei beträchtlicher Gestaltungsoffenheit der schwedischen Sozialhilfe auf kommunaler Ebene und in professionaler Hinsicht und bei einer vielfach als extrem heterogen bezeichneten Sozialhilfepraxis ist die schwedische Sozialhilfe im Kontrast zur deutschen Sozialhilfe aber dennoch in den wichtigen *monetären* Leistungsbereichen in ähnlich hohem Grade standardisiert. Diese Standardisierung zeigt sich in Form der 1998 neu eingeführten „Riksnorm" (Regelsätze) und in den stärker pauschalisierten Leistungen, etwa für Bekleidung und sonstige Bedarfe auf vergleichsweise hohem monetären Niveau. Die Form der Standardisierung, besser beschrieben als „Teil-Standardisierung" ermöglicht aber dennoch auf der sozialberuflichen Ebene der Sozialarbeiter in den Sozialbüros relativ weitgehende Gestaltungsfreiräume und Ermessensentscheidungen, um monetäre wie auch persönliche Leistungen in besonderen Lebenssituationen und kritischen Lebensereignissen möglichst den Bedarfen entsprechend zu erbringen. Ein ausgeprägtes Arbeitsethos und ein hoher Organisationsgrad verbunden mit aktiver Interessenvertretung und einem tendenziell sozialanwaltlich verstandenen Arbeitsverständnis der in den Sozialbüros beschäftigten „Socionomer" stehen dabei vor allem in ihrer auf die „ganzheitliche" Problembearbeitung ausgerichteten Handlungsweisen einer kurzfristig auf Ausgabenreduzierung ausgerichteten Kommunalpolitik entgegen. Die hohe Bedeutung und die vielfältigen Varianten und sozialberuflich entwickelten Gestaltungsmöglichkeiten, die dabei dem Instrument der *„Bedarfsermittlung"* im *positiven Sinne* bzw. einer *„Bedürftigkeitsprüfung" im negativen Sinne* zukommen, wurden anhand der Fallstudie für Göteborg detailliert untersucht. Die schwedische Sozialhilfe erwies sich dabei nicht grundsätzlich entweder als eher „generös" oder als eher „restriktiv". Vielmehr ist sie als extrem variantenreich zu bezeichnen und scheint *je nach Empfängergruppe* unterschiedlich ausgeprägt „generös" oder „restriktiv" entwickelt, in dem Anspruchsrechte, Schutzrechte, pädagogische Interventionen, Zugangs- und Teilhabemöglichkeiten sowie präventive Ansätze im Alltag der Sozialhilfe sozialberuflich beeinflusst unterschiedlich aufeinander abgestimmt werden. Dabei scheinen zudem frühe – längst überwunden geglaubte – Typisierungen von „verdienten" und „unverdienten Armen" wie sie die Armenfürsorge vornahm weiterhin mit prägend für die moderne Sozialhilfepraxis.

Ein weiteres Fazit ist, dass das schwedische wohlfahrtsstaatliche Arrangement etwa im Anschluss an die Arbeiten von Titmuss (1969) oder Esping-Andersen (1990) in seinen Strukturprinzipien zwar insgesamt nach wie vor stärker *universell* und weniger selektiv ausgerichtet ist als das deutsche wohlfahrtsstaatliche Arrangement. Dies gilt, auch wenn sich in der Arbeitslosenversicherung, der Krankenversicherung und im 1999 reformierten System der Alterssicherung tendenziell weitere Brüche im ohnehin nie vollständig universell gestalteten schwedischen Wohlfahrtsstaat zeigen. Die *schwedische Sozialhilfe* genauer betrachtet erweist sich dabei sogar *in höherem Maße als selektiv gestaltet* als das für die verregelte deutsche

Sozialhilfe gilt. Vor allem in den vielfältig möglichen Varianten der Bedarfsermittlung und der Entscheidung über einen Antrag auf Sozialhilfe, und zusätzlich verbunden mit einer stark arbeitsmarktbezogenen „aktivierenden Sozialpolitik" als *„Zielgruppenpolitik"*, verstärkte sich das Merkmal der Selektivität in der Praxis der Sozialhilfe noch weiter. In einer „aktivierenden" Arbeitsmarktpolitik übernimmt die Sozialhilfe neben der Existenzsicherungsfunktion, der Motivationsfunktion, einer Lotsenfunktion auch eine *Selektionsfunktion*, in der die Bürger nach zuvor in zentralstaatlichen und/oder kommunalen Programmen festgelegten Kriterien, etwa des Alters, der Herkunft, des Status usw. jeweils besonders entwickelten Formen institutioneller Risikobearbeitung zugeführt werden. Diese Entwicklungen zu erweiterter Selektivität waren in Bremen ähnlich erkennbar, jedoch nicht vergleichbar weitgehend in sozialhilfe*internen spezialisierten* Organisations- und Teamstrukturen und in vergleichbar ausdifferenzierten bzw. vielfältigen Projekten wie in Göteborg bzw. Schweden vorzufinden. Die deutsche Sozialhilfe scheint demnach tendenziell „universeller" und weniger „selektiv" gestaltet, vor allem weil sie Grundsätze der Rechtmäßigkeit und der Gleichbehandlung durch sehr *detailliert* definierte Teilhabe- und Schutzrechte weitergehender und allgemein verbindlicher sichert als das für die schwedische Sozialhilfe erkennbar wurde. Der Risiken erhöhter Selektivität und verminderter Rechtssicherheit und Rechtmäßigkeit bilden also die Kehrseite der beträchtlichen Gestaltungsfreiräume und einer Rahmengesetzgebung in der schwedischen Sozialhilfe.

In beiden Wohlfahrtsstaaten haben die Kommunen insbesondere an den *Schnittstellen von Arbeitsmarktpolitik und Sozialhilfe* im Verlauf der 1990er Jahre nicht nur infolge zentralstaatlicher gesetzlicher Änderungen *neue und weitergehende Aufgaben* vom Zentralstaat übertragen bekommen und schließlich übernommen bzw. übernehmen müssen, sondern zum Teil wurden arbeitsmarktpolitische Programme für Sozialhilfebeziehende bereits *vor* den zentralstaatlichen rechtlichen Initiativen von den Kommunen selbst aktiv eingeleitet und im Rahmen ihrer Selbstverwaltung entwickelt. In beiderlei Hinsicht ist jedenfalls damit lebenslauftheoretisch und interventionstheoretisch gesehen der *kommunale Gestaltungseinfluss auf die Erwerbsbiografien der Bürger* gewachsen. Ähnliche Entwicklungen waren auch in der *Integrationspolitik bezogen auf Einwanderer und Flüchtlinge* erkennbar, wobei allerdings die kommunalen Eigenaktivitäten in diesem Politikbereich sowohl in Göteborg/Schweden wie auch in Bremen/Deutschland geringer ausgeprägt schienen und sie sich weiterhin stärker als ausführende Akteure sahen. Dabei wurde aber in den Expertenaussagen erkennbar, welche in der Lebenslaufperspektive *zentrale Funktion der Sozialhilfe für Einwanderer und Flüchtlinge* oft zukommt. Sie erfüllt eine wichtige *„überbrückende" und „integrierende" Funktion* in einer *Phase des Übergangs* von einer früheren in eine künftige Kultur und Gesellschaft. Diese Übergänge dauern nach empirischen Befunden in Schweden häufig mehrere Jahre. Die Funktion der Sozialhilfe ist dabei nicht nur

778

materieller, sondern auch immaterieller und personenbezogener Art, in dem sie etwa Leitbilder vermittelt und Orientierungshilfen gibt.

Empirische Befunde belegen für Schweden noch weitergehend als für Deutschland die Entwicklungen einer „Dezentralisierung" und „Kommunalisierung" des Wohlfahrtsstaates. Auch insoweit deuten sich Entwicklungen hin zu stärker *kommunal geprägten Varianten der Lebenslaufpolitik* im modernen Wohlfahrtsstaat an. Diese scheint im Verlauf der 1990er Jahre in Schweden in ihren Konturen weitergehend erkennbar als für Deutschland. Gerade die Sozialhilfe wurde in beiden Wohlfahrtsstaaten infolge der *Massenarbeitslosigkeit* verbunden mit einer zentralstaatlichen Kürzungspolitik im vorrangigen Bereich sozialer Leistungen zum Zentralbereich eines „Wohlfahrtsstaates in der Reserve". Dies gilt in beiden Wohlfahrtsstaaten nicht nur in den monetären Sicherungsfunktionen, etwa im Bereich der Leistungen der Arbeitslosenversicherungen und in der lokalen Arbeitsmarktpolitik, sondern auch in den personenbezogenen sozialen Dienstleistungen wie etwa der Schuldnerberatung, der Suchtkrankenberatung oder auch in der Integrationspolitik für Einwanderer und im Bildungswesen. Während im Bereich der Arbeitsmarktpolitik jedoch die deutschen Kommunen mit den sozialhilfe*intern* bereits bestehenden Instrumenten einer „Hilfe zur Arbeit" nach §§ 18 ff. BSHG früh eine „aktivierende Arbeitsmarktpolitik" relativ problemlos und zugleich innovativ entwickeln konnten, bedurfte es in Schweden neuer kommunaler Initiativen, wie dem Programm VESTTID in Göteborg 1996. In Schweden waren weitergehend als in Deutschland zentralstaatliche *rechtliche* Änderungen und Neuerungen vorzunehmen und *finanzielle* Förderprogramme einzurichten, um den schwedischen Kommunen über die steigenden Sozialhilfeausgaben hinausgehend „Anreize" zu geben, ergänzend zur traditionell als staatlich verstandenen Arbeitsmarktpolitik eine eigenständige kommunale Arbeitsmarkt- und Beschäftigungspolitik als neue „*Arbeits- und Kompetenzlinie*" aufzubauen. Mit der bereits bestehenden traditionell ausgeprägten „Arbeitslinie" und über beträchtliche Investitionen in Bildung und Qualifizierung gelang es in Schweden innerhalb weniger Jahre eine arbeitsmarktbezogene „aktivierende Sozialpolitik" weitergehend mit dem Leitbild und mit Programmen des „lebensbegleitenden Lernens" zu verbinden. Diese Reformstrategien wurden im Bereich der kommunalen Sozialhilfe und Sozialdienste aktiv institutionell mit gefördert und mit der Beratungs- und Informationsfunktion, der Motivationsfunktion, der Lotsenfunktion, aber auch mit Kontroll- und Disziplinierungsfunktionen zusätzlich in der Umsetzung und Wirkung der Programme unterstützt. Auch insoweit bestätigen sich veränderte, *stärker kommunal geprägte Lebenslaufbezüge* im modernen Wohlfahrtsstaat, in Göteborg/Schweden bis 2004 tendenziell weitergehend als in Bremen/Deutschland.

Wie bereits angemerkt wurde, ist bei den Veränderungen, die eine bisher stark wohlfahrts*staatlich* verfasste Lebenslaufpolitik hin zu einer künftig stärker entwickelten kommunalen Lebenslaufpolitik beschreiben, stets zu berücksichtigen, dass die Rahmenbedingungen für lokale sozialpolitischen Initiativen, Reformstrategien und Programme in Schweden mit einem seit den 1980er Jahren *weitergehend „modernisierten" öffentlichen Sektor* und bei einem *deutlich geringeren Finanz- und Schuldendruck* der Kommunen ungleich günstiger waren und sind als in Deutschland. Nicht nur die Einbindung in föderale und korporatistische Strukturen ist für schwedische Kommunen wesentlich geringer entwickelt, sondern auch die Finanzausgleichssysteme und Fördersysteme zwischen Zentralstaat und Kommunen wurden bei vergleichsweise „kurzen Wegen", wie sie insbesondere zwischen den Stadtverwaltungen der wenigen Großstädte und den zentralstaatlichen Ministerien in Schweden bestehen, bereits im Verlauf der 1990er Jahre „modernisiert". Eine *Gemeindefinanzreform* stand bei Abschluss dieser Studie auch nach jahrelangem Ringen zwischen den politischen Kräften sowie zwischen Bund, Ländern und Kommunen weiterhin aus. Auch wenn diese Reform gelingt, ist nicht zu erwarten, dass deutsche Kommunen künftig vergleichbare Gestaltungsfreiräume erhalten wie sie für schwedische Städte und Gemeinden unter anderem im Bereich der Sozialhilfe gegeben sind. Hierin ist ein weiterer Faktor zu sehen, dass eine aktive kommunale Lebenslaufpolitik in Schweden weiter entwickelt ist als bisher in Deutschland. Im Bereich der *Angebote der Kinderbetreuung*, im Bereich der *personenbezogenen sozialen Dienstleistungen*, die auf hohem Leistungs- und Qualitätsniveau entwickelt sind, die personell und sächlich über gute Voraussetzungen verfügen, oder auch im Bildungs- und Gesundheitssektor wird dieses erweiterte Profil einer aktiven kommunalen Lebenslaufpolitik in ihren ausgeprägten Formen für Schweden erkennbar.

In der *Steuerungsperspektive* zeigen sich jedoch auch *gegenläufige Tendenzen und Risiken*. So sieht beispielsweise Wollmann (2002) die Selbstverwaltung deutscher Kommunen und damit auch ihre Möglichkeiten zu einer aktiven Lebenslaufpolitik im Sozialstaat als zunehmend eingeschränkt an. Als Hintergründe nennt er die Liberalisierungspolitik der EU, die dazu führt, dass gemeinwohlorientierte kommunale Aufgaben „privatisiert" werden. Ferner die Modelle einer Neuen Steuerung, die dazu beitragen, die öffentlichen Aufgaben tendenziell auf intermediäre oder private Träger auszulagern, und schließlich die Finanznot der Kommunen und die Defizite im Steuer- und Finanzausgleichssystem, die dazu führen dass die Aufgabenwahrnehmung der Kommunen immer weniger – und vor allem weniger gestaltend möglich ist. Die genannten Faktoren spielen auch für die schwedische Kommunalverwaltung eine Rolle, wenngleich der fiskalpolitische Druck dort geringer ist und die finanzpolitische Autonomie der Kommunen größer ist. Für schwedische Kommunen wird – stärker als in Deutschland noch ein vierter Faktor genannt, der dazu führt, dass die Selbstverwaltung eingeschränkt wird. Durch immer weiterreichende rechtliche Regelungen des Zentralstaates werden bisherige kommunale Gestaltungsspielräume und Möglichkeiten einer Selbststeuerung weiter eingegrenzt, so Befunde von Montin (2002), die sich hier auch für die Sozialhilfe zumindest in Teilbereichen bestätigten. Während eine fiskalpolitische Krise sowie die Förderungs-, Ausgleichs- und Umverteilungssysteme in Schweden die kommunalen Gestaltungsfreiräume aufgrund geringerer Zweckbindungen in geringerem Maße einengen als das in Deutschland gilt, steht für Schweden zukünftig eine weitere Einschränkung der Selbstverwaltung über detailliertes Recht und durch eine fortschreitende Aufgabenübertragung durch den Zentralstaat bei fehlendem finanziellen Ausgleich für die Aufgabenwahrnehmung zu befürchten. Insoweit ist die Reformentwicklung und der Wandel in beiden wohlfahrtsstaatlichen Arrangements, der vereinfacht mit dem Stichwort der „Kommunalisierung des Wohlfahrtsstaates" oft beschrieben wurde, als längst noch nicht abgeschlossen und auch nicht als „unumkehrbar" anzusehen. Der Wandel scheint zum Teil widersprüchlich und er ist mit Zielkonflikten verbunden. Einerseits eine *Entwicklung zu einer zunehmend aktiven kommunalen Lebenslaufpolitik* durch aktive Aufgabenwahrnehmung, durch Aufgabenübertragung und durch neue Verantwortungsteilungen im Wohlfahrtsstaat, die eine aktive Gestaltung einer möglichst sozialen Lebenslaufpolitik in den Kommunen beinhalten, andererseits die *erkennbaren Einschränkungen kommunaler Gestaltungsspielräume* und zwingend notwendiger Möglichkeiten der Selbststeuerung und Selbstverwaltung. In unterschiedlichem Grade lassen sich konfligierende Entwicklungen in beiden Wohlfahrtsstaaten seit den 1990er Jahren erkennen.

Betrachtet man die *sozialen Interventionen* in ihren Varianten und in der Verlaufsperspektive genauer, so ist für beide Wohlfahrtsstaaten im Verlauf der 1990er Jahre sowohl in zentralstaatlichen Programmen wie in der kommunalen Praxis außerdem erkennbar, dass allgemein der *Prävention* auch im Bereich der Sozialhilfe eine stärkere Bedeutung zugemessen wird. Die Prävention kann dabei *kommunal* als umfassende Armutsprävention, etwa in Form sozialer Beratung und verbunden mit einem Ausbau personenbezogener sozialer Dienste entwickelt sein. Sie kann ebenso als reine Vermeidung von Sozialhilfekarrieren, etwa in Form einer restriktiven Gewährungspraxis für Studierende oder Arbeitslose entwickelt sein, wie das für Göteborg in beiden Varianten erkennbar wurde. So oder so wird der Verlaufsperspektive in der Gestaltung sozialer Interventionen offenbar auch in dieser Hinsicht eine stärkere Aufmerksamkeit als noch in den 1970er und 1980er Jahren zuerkannt, was allein noch wenig aussagt über die Effekte, die mit präventiven Ansätzen verbunden sein können. Die konkreten "fördernden" oder „fordernden" Elemente und ihre Relationen zueinander sind erst in der genaueren Analyse von präventiven Maßnahmen zu ermitteln und zeigten sich für Göteborg ambivalent.

Weiterhin wurde in der interventionstheoretisch geleiteten Untersuchungsperspektive für den Bereich der Sozialhilfe in beiden Wohlfahrtsstaaten erkennbar, dass seit den 1990er Jahren vor allem ein (weiterer) Ausbau *pädagogischer Interventionen* und *personenbezogener sozialer Dienste* erfolgt ist. Über die Sozialhilfe wurden in

Schweden stärker verwaltungsintern, in Deutschland auch stärker intermediär soziale Dienste und Beratungsangebote sowie in einem „investiven" Verständnis von Sozialpolitik neue Projekte zur Förderung von Wegen aus dem Sozialhilfebezug eingerichtet oder gefördert. Beratungs- und Betreuungsangebote, Vermittlungsleistungen und Projekte der Kompetenzvermittlung bilden hierfür zahlreiche Beispiele. Verbunden damit wurde in Form von Zugängen und Infrastruktur seit den 1990er Jahren direkt aus dem Kontext der Sozialhilfe auch die *ökologische Interventionsform* weitergehend beachtet und entwickelt. Auch dies gilt für beide Wohlfahrtsstaaten, wobei in Deutschland der „intermediäre Sektor" nach wie vor stärker ausgebaut ist als in Schweden, wo dessen Bedeutung aber ebenfalls zunimmt. In der in beiden Sozialhilferegimes entwickelten und seit Mitte der 1990er Jahre stärker konturierten *„Lotsenfunktion"*, die den Fachkräften in der Sozialhilfe – unabhängig von ihrer Qualifikation – zukommt, verbinden sich pädagogische und ökologische Interventionsformen in funktionaler Weise. Beispielsweise können über die „Lotsenfunktion" der Sozialhilfe in beiden Wohlfahrtsstaaten direkt *erwerbsbiografisch* und *bildungsbiografisch* und insofern *lebenslaufbezogen* Interventionen erfolgen, in dem von Fachkräften der Sozialhilfe auf bestimmte Qualifizierungsangebote, arbeitsmarktpolitische Maßnahmen und Bildungsprogramme hingewiesen wird, über diese Programme informiert wird und in die Programme vermittelt wird. Der Wandel von der traditionellen „Arbeitslinie" zur „Arbeits- und Kompetenzlinie" wird über sozialberufliche Handlungsmuster interaktional von der Sozialhilfe den Bürgern vermittelt, die zeitweise im Sozialhilfebezug stehen. Auch das „Arbeitsethos" wie das Leitbild eines „lebensbegleitenden Lernens" wird über die Sozialhilfe vermittelt, womit je nach Einzelfall mehr oder weniger konkret Lebensläufe in ihrem weiteren Verlauf mit beeinflusst werden.

Die Untersuchung ergab auch in diesen Zusammenhängen, dass organisational sowie professional und der bestimmenden Wissenskultur nach für die schwedische Sozialhilfe mit dem Einsatz von „Socionomer" bzw. Sozialarbeitern bezogen auf diese zum Teil neuen Aufgaben und Funktionen deutlich günstigere Rahmenbedingungen für pädagogische und ökologische Interventionsformen vorliegen als das für entsprechende Interventionsformen in der deutschen Sozialhilfe und Sozialverwaltung mit Fachkräften der Sozialverwaltung gegeben ist.

Die *Stärken der Sozialhilferegimes* hinsichtlich einer aktiven kommunalen Lebenslaufpolitik sind dabei unterschiedlich. Im Resümee weist die deutsche Sozialhilfe bisher ihre Stärken vor allem in der *standardisierten Intervention über Recht* und in der Zahlung *monetärer Leistungen* auf hohem Niveau bei möglichst weitgehender *Detailgenauigkeit* und *Rechtmäßigkeit* auf. Die schwedische Sozialhilfe ist hingegen weniger detailliert über Recht gesteuert, sondern ist in höherem Grade als die deutsche Sozialhilfe von *Ermessenspielräumen* und *Formen der Selbststeuerung* bei Kommunen und bei den Professionellen gekennzeichnet. Sie weist damit eine *höhere Gestaltungsdyna-*

mik und mit der vorherrschenden Beschäftigung von „Socionomer" in den Sozialbüros und auch in den Leitungsfunktionen der Sozialdienste günstige professionale
Rahmenbedingungen für *personenbezogene soziale Dienstleistungen* und für *pädagogische
Interventionen* auf. Eine „aktivierende Sozialpolitik" – nicht nur arbeitsmarktbezogen
– sondern umfassender *lebenslagen- und lebenlaufbezogen* scheint damit in Schweden in
den „fördernden" wie auch in „fordernden" Elementen weitergehend entwickelbar
als in Deutschland. Die Befunde sind in der folgenden Tabelle im Überblick ab-
schließend zusammengefasst und ergeben ein „typisches Profil", das im Fazit eine
Lebenslaufpolitik skizziert, wie sie sich ausgehend von der Perspektive sozialer
Interventionen in der kommunalen Sozialhilfe und Sozialverwaltung für beide
Wohlfahrtsstaaten abbildet.

Im Ergebnis des Städte- und Ländervergleichs unterscheiden sich somit die
Organisationsformen, die sozialberuflichen Handlungsmuster und die Kontakt-
und Interaktionsmuster der schwedischen Sozialhilfe in einigen Dimensionen doch
erheblich von der deutschen Sozialhilfe, obwohl im Bereich der Normen und Leitbilder sowie in einigen zentralen rechtlich normierten Grundsätzen und auch in
manchen institutionellen Designs ebenso Ähnlichkeiten beider Sozialhilferegimes
festzustellen sind. Die unterschiedlichen Profile einer jeweils spezifisch zentralstaatlich *und* kommunal gestalteten aktiven Lebenslaufpolitik werden im Resümee
jedoch eindeutig erkennbar.

Tabelle 23

Profile wohlfahrtsstaatlicher *und* kommunaler Lebenslaufpolitik in der Sozialhilfe (Deutschland und Schweden im Vergleich)		
Institutionelle Arrangements und biografischer Bezug sozialer Interventionen	**Deutschland**	**Schweden**
Arbeitsmarktpolitik: *(Erwerbsbiografie)*	• Rechtlich *hohe* Regelungsdichte • Trend zu monetärer Anreizssteuerung • Segmentierung von Arbeitsmarktpolitik und Bildungspolitik • Ausbau und Förderung der Verhaltenssteuerung ergänzend zu strukturellen Maßnahmen • *mäßige Dynamik* in den Programmen der Arbeitsmarktintegration, da u.a. vergleichsweise lange Laufzeiten. • Teil-Optimierung der Schnittstellen zur Sozialhilfe durch verregelte und teil-aktive Zusammen*arbeit*	• Rechtlich *hohe* Regelungsdichte • Trend zu monetärer Anreizsteuerung • Integration von aktiver Arbeitsmarktpolitik und Bildungspolitik („Arbeits- und Kompetenzlinie") • Erhalt der Kontextsteuerung bei Ausbau und Förderung der Verhaltenssteuerung • *hohe Dynamik* in den Programmen der Arbeitsmarktintegration bei *kurzen Laufzeiten* und Programmvielfalt. • Umfassende Optimierung der wohlfahrtsstaatlichen und kommunalen Schnittstellen durch aktives, experimentelles Zusammen*wirken (Samverkan)*

| Sozialhilfe und Sozialverwaltung: *(Sozialhilfekarriere)* | • Rechtlich *hohe* Regelungsdichte und weitgehende Regelungstiefe bei weitgehender Standardisierung
• Sozialhilfe konzipiert als „Sozialverwaltungshandeln" und praktiziert als vorrangig monetäre Transferleistung
• *Pädagogische* Interventionen professional „im Hintergrund, wenn die Zeit dazu reicht"
• Ausbau von Projekten und Förderung *ökologischer* Interventionen, ausgelagert in Eigenbetriebe, intermediär oder auch vergeben an kommerzielle Dienstleisten (z.B. Maatwerk)
• Trend zu direkter administrativ geprägter Verhaltenssteuerung über Fallmanagement, Förderpläne und Mitwirkungspflichten sowie Sanktionen und „Kürzung in der Reserve". | • Rechtlich *geringe* bzw. *„gestaltungsoffene"* Regelungsdichte bei gleichzeitig standardisierter monetärer Grundleistungen („Riksnorm")
• Sozialhilfe konzipiert als integrierter Fachsozialdienst im Arrangement der Sozialarbeit praktiziert als Sozialarbeit
• *Pädagogische* Interventionen professional dominant und zeitlich „offen" und durchgängig aktiv angeboten
• Ausbau von Projekten und Förderung *ökologischer* Interventionsformen meist in kommunaler Trägerschaft
• Dienste intermediärer Träger als die Sozialhilfepraxis ergänzend nutzend.
• Trend zu vorrangig indirekter pädagogischer Verhaltenssteuerung, ggf. erweitert um direkte Verhaltenssteuerung: durch Handlungspläne, direkte Sanktionen, jedoch Kürzung nur im äußersten Notfall bei weiteren Angeboten persönlicher Hilfe |

Soziale Dienste und Soziale Arbeit: *(Sucht- oder Schuldenkarriere)*	• Ausbau der Angebote bis Mitte der 1990er Jahre, dann Stagnation,	• Ausbau der Angebote und weitere Förderung auf hohem Niveau,
	• bei bisher weitgehender Autonomie der Träger, mit Reformen der 1990er Jahre kontraktmäßige Anbidung an die Verfahren der Sozialhilfe/Grundsicherung	• bisher meist ebenfalls kommunal im Rahmen der Monopolstellung auf hohem Leistungs- und Qualitätsniveau
	• *Ökonomische* Anreizsysteme und Leistungsvereinbarungen	• Geringe externe Einflüsse der Sozialhilfe auf Handlungsmuster anderer sozialer Dienste und Akteure, so dass Verhaltenssteuerung bezogen auf Bürger insofern weitgehend unverändert ist.
	• Stärkung von *Verhaltenssteuerung* durch Hilfeplanung, Fallmanagement usw., die Akteure und Bürger sozialhilfeübergreifend „verpflichten".	
Profil einer Lebenslaufpolitik/Fazit in der Verlaufs- und Handlungsperspektive:	• Der deutsche Sozialstaat sichert *föderal* geregelt im Rahmen der kommunalen Sozialhilfe eine *teildynamische* und stark *separiert* organisierte Lebenslaufpolitik bei mäßig entwickeltem Lebenslagenbezug und bei nur implizitem Bezug auf die Lebensqualität der Bürger. Die Leistungen werden erbracht über *mäßig aktive* kommunale und intermediäre soziale Dienstleistungen bei gleichzeitig hohem Niveau der öffentlichen monetären Transferleistungen.	• Der schwedische Wohlfahrtsstaat sichert *zentral* und leistet kommunal eine umfassende und *dynamische,* dabei eher *integriert* gestaltete aktive Lebenslaufpolitik verbunden mit einer ausgeprägten Lebenslagenpolitik und einem expliziten Bezug auf die Lebensqualität der Bürger. Die Leistungen werden erbracht durch *aktive* kommunale soziale Dienste auf hohem Niveau, bei gleichzeitig eher mäßig hohen bis hohen Niveaus der monetären Transferleistungen.
	• Grundmuster einer „*teildynamischen monetären Lebenslaufsicherung".*	• Grundmuster einer „*dynamischen und umfassenden Lebenslaufsicherung und – förderung".*

Wählt man den *Diskurs einer „aktivierenden Sozialpolitik"* als Ausgangs- und Bezugspunkt, so lässt sich für *Schweden* in hohem Grad ein *arbeitsmarktbezogener* und verstärkt auch ein *bildungsbezogener Aktivierungsdiskurs* verbunden mit entsprechenden policies belegen. Im Zentrum dieser neuen Programme standen ab 1996 in Schweden vor allem junge Arbeitslose im Alter zwischen 16 und 24 Jahren. Inzwischen werden „aktivierende policies" auch stärker auf alle Arbeitslosen bezogen, wobei hinsichtlich speziell ausgewählter Gruppen organisational und konzeptionell auch differenzierte und stärker institutionell vernetzte Programme der neuen „Aktivierungs- und Kompetenzlinie" entwickelt wurden, etwa bezogen auf Einwanderer. Typisch für Schweden ist ab Mitte/Ende 1990er Jahre eine stärker gruppenbezogene und damit auch selektiver und somit weniger universell konzipierte Sozialpolitik, die mit Vorteilen, aber auch mit dem Risiko von „Creaming-Effekten" verbunden ist. Tendenziell lässt die Expertenbefragung darauf schließen, dass in Göteborg vorrangig diejenigen institutionell „aktiviert" werden, die ohnehin noch gute Chancen auf eigene Wege aus dem Sozialhilfebezug haben, und Gruppen mit eher geringen Chancen auf eigene Wege aus Arbeitslosigkeit und Sozialhilfebezug werden tendenziell vernachlässigt. Vergleichbar weitgehende Deutungen waren für Bremen nicht möglich. Das *Risiko des „Aktivierungsparadoxons"* dürfte sich aber dort ähnlich entfalten.

Diese Studie belegt *im empirischen Ergebnis* somit ausgehend von Sozialhilfe und Sozialverwaltung *deutliche Unterschiede in den Profilen einer Lebenslaufpolitik* der beiden Wohlfahrtsstaaten. Danach entspricht die *deutsche Sozialhilfe* auch in ihren Schnittstellen zur Arbeitsmarktpolitik und zu sozialen Diensten idealtypisch betrachtet einem Grundmuster, das auf eine *"teil-dynamisch gestaltete monetären Lebenslaufsicherung"* abzielt. Demgegenüber kann bezogen auf die *schwedische Sozialhilfe* zusammenfassend vom Grundmuster einer *„zumeist dynamisch gestalteten umfassenden Lebenslaufsicherung und -förderung"* gesprochen werden. Nachfolgend wird diese Typisierung genauer in ihren Merkmalen belegt.

Auch und gerade in der Perspektive auf die kommunale Sozialhilfe, die in beiden Ländern als nachrangige Lebenslaufpolitik fungiert, gibt diese um so präziser ein Abbild des vorrangigen wohlfahrtsstaatlichen Leistungssystems und der darin bestehende Defizite. Generell stellt sich dabei die Frage, ob und was genau die Befunde aus *einer* Fallstudie in Göteborg über den Wohlfahrtsstaat Schweden und das schwedische Lebenslaufregime aussagen, wenn die institutionellen Details der Sozialhilfe und der ihr angrenzenden wohlfahrtsstaatlichen Institutionen in einer Verlaufs- und Handlungsperspektive in den Mittelpunkt einer vergleichenden Untersuchung gestellt werden? Ausgehend von der Fallstudie Göteborg lässt sich in einer auf die Verlaufs- und Handlungsdimension fokussierenden Perspektive beispielsweise zeigen, dass Maßnahmen einer aktiven kommunalen Arbeitsmarktpolitik in Schweden insgesamt betrachtet *dynamischer* gestaltet sind als das für die „Hilfen zur Arbeit" in der deutschen Sozialhilfe galt. Beispielsweise waren die arbeitsmarktpolitischen Maßnahmen in Göteborg tendenziell mit *kürzeren Laufzeiten* von zumeist sechs, maximal neun Monaten versehen, wohingegen in der Sozialhilfe in Bremen arbeitsmarktpolitische Maßnahmen meist *längere Laufzeiten* von zwölf Monaten aufwiesen. In beiden Sozialhilferegimes dienten die Maßnahmen vor allem

787

auch formal dazu, einerseits den Zugang zu Leistungen des vorrangigen Systems der Arbeitslosenversicherung über den *Aufbau von Anwartschaftszeiten* zu ermöglichen, so dass sich auf kommunaler Ebene tendenziell ein „Verschiebebahnhof" entwickelte, wodurch sich das *Risiko eines „Rundganges"* durch kommunale und staatliche Maßnahmen für die Bürger erhöhte. Dieses Risiko war in Göteborg stärker ausgeprägt als in Bremen. Ferner ging es in den Programmen *direkt erwerbsbiografisch bezogen* auch darum, den Teilnehmern eine „formale Aufbesserung" ihrer beruflichen Lebensläufe durch Referenzen und Bescheinigungen zu ermöglichen. Soweit die Programme überhaupt vergleichbar waren, ließen sich ausgehend von der Fallstudie Göteborg im Kontrast zu Bremen in den *kommunalen* arbeitsmarktpolitischen Maßnahmen ferner unterschiedliche Formen und Muster sozialer Interventionen und auch ein je spezifischer „Interventionsmix", etwa im Zusammenwirken der Institutionen erkennen. Dieser jeweilige Interventionsmix lässt nicht nur in erwerbsbiografischer Perspektive je besondere Profile einer aktiven wohlfahrtsstaatlichen erkennen, sondern auch eine kommunale Lebenslaufpolitik.

Ein weiteres Beispiel dieser *unterschiedlichen Interventions- und Leistungsdynamiken* bilden die Regelungen und die Praxis von *Schuldensanierungsverfahren*, die in beiden Ländern im Verlauf der 1990er Jahre neu eingeführt wurden. Im Rahmen der Sozialhilfe und des kommunalen Sozialdienstes werden in beiden Ländern Schuldenregulierungsverfahren sozialarbeiterisch vorbereitet und begleitet, um arbeitslosen überschuldeten Sozialhilfebeziehenden Wege aus dem Sozialhilfebezug zu ermöglichen bzw. diese zu fördern. Die Dienstleistungsstandards und Voraussetzungen für diese soziale Dienstleistung waren in Göteborg wesentlich günstiger entwickelt als in Bremen. So waren auch die Wartezeiten für soziale Hilfen in Göteborg kürzer. Während dann ein Entschuldungsverfahren selbst in Schweden bereits *nach fünf Jahren abgeschlossen* ist, waren entsprechende Verfahren in Deutschland zunächst auf sieben Jahre und sind inzwischen auf *sechs Jahre* konzipiert. Das Gesamtverfahren einschließlich Vorbereitung und außergerichtlicher Einigungsversuche dauert jedoch in Deutschland tendenziell in der Praxis *eher acht bis neun Jahre* und weist damit ebenfalls deutlich *längere Laufzeiten* auf als das in Schweden für ein vergleichbares Verfahren gilt. Auch in diesem Feld zeigen sich somit regimespezifisch unterschiedliche Dynamiken sozialer Interventionen und damit auch unterschiedliche Profile einer mehr oder weniger aktiven Lebenslaufpolitik. Im Bereich der Suchtberatung und -hilfen könnten ähnliche Fragen bezogen auf Therapiezeiten und Behandlungsdauern untersucht werden. Es zeigt sich, dass die Verlaufs- und Handlungsperspektive extrem aufschlussreich ist, um Formen und Muster sozialer Interventionen und Profile einer Lebenslaufpolitik genauer im wohlfahrtsstaatlichen Vergleich zu ermitteln.

Auch die Regelungsmuster und die *Praxis der Sozialhilfe für allein Erziehende* ist in dieser Hinsicht für Aussagen über typische Profile einer aktiven wohlfahrtsstaatlichen und auch kommunalen Lebenslaufpolitik aufschlussreich. Erkennbar wurde, dass allein Erziehende sich in Schweden nur *relativ kurzzeitig* auf die Sozialhilfe verlassen können, wohingegen in Deutschland der Sozialhilfebezug von allein Erziehenden gewissermaßen auch *länger andauernd* eine institutionelle Akzeptanz findet. Sozialpolitisch werden diese Verlaufsmuster durch entsprechende gesetzliche Regelungen und durch mangelnde strukturelle Angebote im Bereich der Kinderbetreuung und am Arbeitsmarkt letztlich begünstigt bzw. beeinträchtigt. Die schwedische Sozialpolitik und auch die kommunale Sozialhilfe stützen, fördern oder „erzwingen" – je nach politischer Ideologie – völlig andere Erwerbskarrieren von Frauen als die deutsche Sozialhilfe. Während in Schweden zentralstaatliches Recht und eine aktive Arbeitsmarktpolitik sowie der kommunal beeinflusste Versorgungsgrad mit Einrichtungen der Kinderbetreuung die Lebensläufe von *allein Erziehenden* mehr oder weniger direkt in Form von nur kurzzeitigen Familienphasen und möglichst kontinuierlicher Erwerbsbiografien „steuert", bedeutet die Lebenssituation von allein Erziehenden im deutschen Sozialstaat zumeist eine mehrjährig auch wohlfahrtsstaatlich und rechtlich unterstützte „Erziehungsphase" verbunden mit Beeinträchtigungen der Erwerbsbiografie. Während allein Erziehende, die in Schweden im Sozialhilfebezug stehen, bereits nach spätestens fünfzehn Monaten wieder „aktiv" werden (müssen), gewährt und sichert das deutsche Sozialrecht eine bis zu dreijährige Erziehungsphase. Diese wird im deutschen Sozialstaat zudem über ein für allein Erziehende „generös" gestaltetes Niveau in den *monetären* Leistungen der Sozialhilfe zusätzlich unterstützt, in dem etwa „Mehrbedarfszuschläge" gewählt werden. Die *„Übergangsphasen"* von der Kinderbetreuung zurück in das Erwerbsleben und damit auch die Erwerbsbiografien generell sind insoweit im deutschen und im schwedischen Wohlfahrtsstaat von unterschiedlicher Dynamik gekennzeichnet.[825]

Auch in der *institutionellen* und *organisationalen* Ebene und in der Schnittstellenpolitik wohlfahrtsstaatlicher Institutionen lassen sich unterschiedliche Reformstrategien erkennen, die auf verschiedene Profile in der Lebenslaufpolitik verweisen. Im Zusammenhang mit den Programmen und Arbeitsweisen einer aktiven Sozialhilfepraxis findet in Göteborg und allgemein in Schweden bereits seit Mitte der 1990er Jahre die Verbesserung des Zusammen*wirkens (Samverkan)* bzw. die Bildung netzwerkbasierter Verwaltungsorganisationen im Reformdiskurs besondere Aufmerksamkeit. Auch in Deutschland wurde im Verlauf der 1990er Jahre *die zentrale* „neue Steuerungsressource" einer verbesserten Zusammen*arbeit* von Sozial- und Arbeitsämtern entdeckt und findet seit 2005 mit der Einrichtung von Job-Center/"ARGEN" ihre Umsetzung. In der Lebenslaufperspektive bedeuten diese Reformansätze, dass Erwerbslosenkarrieren, Sozialhilfekarrieren, Schuldnerkarrie-

---

[825] Dies bestätigten auch die empirischen Studien von Buhr (1999) und von Gustafsson (2000).

ren und ggf. auch Patientenkarrieren aufgrund veränderter Schnittstellen und einer weitergehenden Vernetzung der Institutionen und Organisationen künftig möglichst kooperativ und koproduktiv institutionell „bearbeitet" werden. Auch in diesem Reformbereich gehen die Modellprojekte in Göteborg/Schweden weiter als bisher in Bremen/Deutschland. Während in Schweden mit der FRISAM- und der SOCSAM-Gesetzgebung seit Anfang/Mitte der 1990er Jahre praktisch ein nationales Programm zum Zusammenwirken von Arbeitsmarktpolitik, kommunaler Sozialhilfe und Gesundheitsdiensten aufgelegt wurde, wodurch insbesondere multiple Problemlagen „aus einer Hand" in Projektform bearbeitet werden, begrenzen sich die Ansätze in Deutschland noch weitgehend auf die Schnittstellen von Arbeitsvermittlung und -beratung und der Sozialhilfe/Grundsicherung etwa mit der Einrichtung der Job-Center. Vor allem der Bereich personenbezogener sozialer Dienstleistungen erfährt in Deutschland in den Ansätzen der intensivierten Zusammenarbeit bislang kaum eine Berücksichtigung. Auch hierin zeigt sich, dass eine Lebenslaufpolitik in Schweden eher *ganzheitlich* und *lebenslagenbezogen* die Problembewältigung fördert, wohingegen sie sich in Deutschland stärker *segmentiert* und nach wie vor eher *fragmentiert* zeigt, in dem etwa personenbezogene soziale Dienstleistungen nicht in vergleichbarer Weise in die Reformkonzepte eines institutionellen Zusammenwirkens einbezogen werden.

Idealtypisch lässt sich interventionstheoretisch anschließend an Marshall (1950) außerdem feststellen: Wenn es um die *monetäre* Transferleistung der Sozialhilfe geht, ist das Recht und sind rechtliche Interventionsformen im Sinne von Anspruchs- und Schutzrechten in beiden Wohlfahrtsstaaten stark entwickelt, in Deutschland zudem detaillierter gestaltet. Soziale Teilhabe- und Schutzrechte sind in der *materiellen* Ebene in beiden Ländern auf hohem Niveau institutionalisiert. Soweit es aber um die *immateriellen* und *personenbezogenen* Funktionen der Sozialhilfe, etwa in Form pädagogischer Hilfen zur Bearbeitung akuter Krisen oder in Form der persönlichen Begleitung und Förderung von „Übergängen" geht, sind diese Leistungsformen rechtlich in beiden Wohlfahrtsstaaten nur begrenzt als Anspruchsrechte abgesichert und kaum normiert. In Schweden jedoch aufgrund des ausgebauten Systems personenbezogener sozialer Dienstleistungen auf höherem Niveau und mit besseren Standards institutionalisiert. Das schwedische System setzt auch insoweit stark *gleichzeitig* auf ökonomische *und* ebenso auf fördernde pädagogische Interventionsformen, wohingegen das deutsche System bislang primär auf die materielle Sicherung des Lebenslaufs ausgerichtet ist und in der „Reserve" auch personenbezogene und fördernde Hilfen anbietet – jedoch weniger institutionalisiert und auf niedrigerem Niveau als in Schweden.

Die dargestellten Befunde zu den regimespezifisch unterschiedlich ausgeprägten Formen und Mustern sozialer Interventionen und zu je spezifischen Profilen einer Lebenslaufpolitik in der Sozialhilfe verweisen schließlich auf die Frage, inwieweit die Interventionsvarianten auch zu unterschiedlichen Effekten oder zu einer unterschiedlich zu bewertenden „Effektivität" beider Sozialhilferegimes beitragen. Grundsätzlich gilt, dass verschiedene Wege oder unterschiedliche Profile einer wohlfahrtsstaatlichen und kommunalen Lebenslaufpolitik *nicht* quasi automatisch auch zu unterschiedlichen Ergebnissen und Effekten in der Wohlfahrtspolitik führen müssen. Wie die früheren quantitativen Längsschnittuntersuchungen zum Sozialhilfebezug und zur „Effektivtät" der beiden Sozialhilferegimes zeigen, ist offenbar nur schwer zu sagen, welches der beiden Sozialhilferegime als „effektiver" zu betrachten ist.[826] Es bestätigt sich mit der hier durchgeführten institutionenbezogenen Fallstudie „Göteborg" im Kontrast zu Bremen unter Berücksichtigung bereits vorliegender quantitativer Befunde der dynamischen Armutsforschung, dass unterschiedliche Lebenslaufregimes mit unterschiedlichen institutionellen Arrangements auf der lokalen Ebene sich in den Effekten der Sozialhilfe nicht zwangsläufig unterscheiden müssen. Während sich in der *institutionellen Ebene* beträchtliche Unterschiede fanden, zeigten die empirischen Befunde der dynamischen Armutsforschung hinsichtlich des Ausmaßes von Sozialhilfebezug, der Bezugsdauern und Struktur von Sozialhilfebezug in den 1990er Jahren für Göteborg und Bremen durchaus Parallelen. Unterschiedliche wohlfahrtsstaatliche Arrangements führen in der Verlaufs- und Handlungsperspektive betrachtet in den Ergebnissen also nicht zwangsläufig zu unterschiedlichen Effekten.

Die Untersuchung bestätigt dabei für Deutschland und Schweden auch im genaueren Blick auf die Sozialhilfe und im Blick auf die kommunalen Arrangements zugleich Befunde von Kaufmann (2003: 30), wonach hinsichtlich der Entwicklungen von Wohlfahrtsstaaten von einem *„integrationsbezogenen Eigensinn"* der nationalen Traditionen wohlfahrtsstaatlicher Entwicklungen auszugehen ist. Der Wohlfahrtsstaat Schweden ist jedoch inzwischen keinesfalls mehr als hochgradig „universell" ausgerichteter und allumfassender Versorgungsstaat zu typisieren, der dabei noch in dem erhöhten Risiko stünde, die Bürger durch die umfassend ausgebauten sozialen Dienstleistungen und monetären Transferleistungen zu „passivieren". Dieses Bild war allenfalls zeitlich begrenzt in einem bestimmten historischen und ideologisch-interpretativen Kontext möglich, und auch nur bedingt zutreffend. Vielmehr zeigt sich *lebenslauftheoretisch, interventionstheoretisch* und in einer *armuts- und kommunalpolitischen Perspektive* empirisch, dass sich der schwedische Wohlfahrtsstaat als in hohem Maße „dynamisch" konzipiert erweist, und dass er vor allem auf die personenbezogene Förderung von Bildung und Eigenaktivitäten sowie auf die Selbstversorgung der Bürger über Arbeit ausgerichtet ist. Auch in demokratietheoretischer Hinsicht bilden Zentralstaat und Kommunen in Schweden im Kontext von Verwaltungsreformen mit den Ansätzen zur Förderung des Bürgerengagements und

---

[826] Vgl. Buhr (1999) und Behrendt (2002).

mit bereits aktiv genutzten Instrumenten der Nutzerbeteiligung eher ein institutionelles Arrangement, das dem Bild eines „aktivierenden Wohlfahrtsstaates" durchaus nahekommt. Eine stark ausgeprägte Selbstverwaltung der Kommunen, die Selbststeuerung in Stadtteilausschüssen und eigenaktive Bürger, die zwar sowohl in materieller wie auch in personenbezogener Hinsicht eine *hohe Erwartungssicherheit* bezogen auf soziale Hilfen haben, aber dennoch – bzw. umso mehr – ihre Lebensläufe vorrangig selbst gestalten bzw. selbst gestalten müssen. Der Umbau des Wohlfahrtsstaates, wie etwa von Pierson (1996) dargestellt, vollzieht sich nach den Befunden zur Sozialhilfe in Schweden im Kontrast zu Deutschland nicht nur in den Institutionen sondern ebenso in Mustern und Formen sozialer Interventionen. Nicht allein die Frage der Rechte und Pflichten ist dabei zu beachten, sondern verbunden damit sind die neuen Konfigurationen sozialer Interventionen ebenfalls zu untersuchen, etwa in der Frage, ob und inwieweit bei Veränderungen der Rechte und Pflichten begleitend auch pädagogische und ökologische Interventionen ausgebaut, umgebaut oder abgebaut werden. Eine Folgerung dieser Untersuchung ist: Lebensläufe in modernen Wohlfahrtsstaaten werden zwar primär, jedoch nicht ausschließlich über soziale Teilhabe- und Schutzrechte abgesichert und gerahmt. Weitergehend werden sie aber auch durch andere Formen und Muster sozialer Interventionen gerahmt, beeinflusst und gestaltet. Lebensläufe im modernen Wohlfahrtsstaat werden zudem nicht nur „individualisiert" und „globalisiert", sie werden gleichzeitig ganz wesentlich auch „kommunalisiert" und kommunalpolitisch wie sozialberuflich mehr oder weniger aktiv gerahmt, gestaltet und direkt beeinflusst. Hiermit ist ein allgemeiner Trend wohlfahrtsstaatlichen Wandels und ein Wandel sozialer Interventionen abgebildet, der für bestimmte Bevölkerungsgruppen und bezogen auf bestimmte Lebenslagen stärker oder weniger stark zu verzeichnen ist, und der sich in verschiedenen Wohlfahrtsstaaten unterschiedlich zeigt. Künftige Reformstrategien wie auch Analysen zur Sozialpolitik im Wohlfahrtsstaat werden zwar weiterhin die Einnahme- und Ausgabenniveaus, -entwicklung und -arten zu betrachten haben und sich genauer mit der Ausgestaltung sozialer Anspruchs- und Schutzrechte befassen. Ebenso und stärker als bisher sind jedoch auch die *Relationen verschiedener sozialer Interventionsformen zueinander* und ihre *Gestaltungsmuster* im Zusammenhang mit einer veränderten Schnittstellenpolitik unterschiedlichster wohlfahrtsstaatlicher Institutionen zu berücksichtigen.

8. Schlussbemerkung:

Die Untersuchung erwies sich in den theoretischen Grundlagen, die hier zur Analyse sozialer Interventionen in zwei Wohlfahrtsstaaten im Bereich der Sozialhilfe/Grundsicherung berücksichtigt wurden, als ausgesprochen ertragreich und weiterführend. Die Institutionentheorie ermöglichte ein analytisches und sozialwissenschaftliches Verständnis der Sozialhilfe und ihrer Verwaltung als „wohlfahrtsstaatliche Institution" und trug damit zu einer systematischen Analyse von normativen, rechtlichen, organisationalen, professionalen und interaktionalen Zusammenhängen bei. Erweitert um die vorliegenden eher allgemeineren Grundlagen einer Theorie sozialer Interventionen wurde damit ein institutionenbezogener Untersuchungsansatz für eine vergleichende Untersuchung zur Praxis wie auch zu den Reformstrategien in der Sozialhilfe möglich. Institutionentheoretisch und interventionstheoretisch geleitet wurde so eine Fallstudie zur Sozialhilfe durchgeführt, die einerseits auf zwei Wohlfahrtsstaaten fokussierte, zugleich aber auch vertiefend die kommunale Ebene der Sozialpolitik und die Relationen zwischen zentralstaatlicher und kommunaler Sozialhilfepolitik in den beiden wohlfahrtsstaatlichen Arrangements genauer betrachten ließ.

Die institutionen- und interventionstheoretischen Grundlagen waren ferner hilfreich, um das Verständnis sozialer Interventionen und der Leistungsmerkmale wie auch der Wirkungsbezüge der Sozialhilfe über die rein ökonomischen Transferleistungen hinausgehend zu erweitern, womit der Sozialhilfe in ihren vielfältigen Funktionen angemessen entsprochen wurde. Ein allgemeiner Befund der Studie liegt darin, dass Sozialhilfe und Systeme der materiellen Grundsicherung – kommunal, national und vor allem auch im internationalen Vergleich – völlig unzulänglich betrachtet werden, wenn sie allein in ihrer monetären Transferleistungsfunktion untersucht werden, die rechtlichen, pädagogischen und ökologischen sowie präventiven Interventionsformen jedoch nicht mit beachtet werden. Nur in der Berücksichtigung der Interventionsbreite und eines „Interventionsmix" lassen sich typische Sozialhilferegimes in ihren Merkmalen, in Unterschieden wie auch in Gemeinsamkeiten ermitteln und genauer bestimmen. Dabei kam dem *lebenslauftheoretischen* Ansatz, aus dem abgeleitet die *Verlaufs- und Handlungsperspektive* institutionenbezogen auf die Sozialhilfe übertragen wurde, eine zentrale Bedeutung zu. Vor allem in der Perspektive von „Zeit" und „Handeln" ließen sich so die Merkmale sozialer Interventionen in der Sozialhilfe in beiden Wohlfahrtsstaaten erstmals genauer bestimmen. Es wurde deutlich, dass die Sozialhilfe in hohem Maße dynamische Interventionsformen beinhaltet und auch erfordert, um Armut zu vermeiden und wirksam Wege aus dem Sozialhilfebezug zu ermöglichen.

Die sozialwissenschaftlichen theoretischen Grundlagen erwiesen sich zudem als besonders hilfreich, um die detaillierten Befunde einer Fallstudie zur Sozialhilfe in Göteborg im Kontrast zu den Befunden aus Bremen soziologisch zu generalisieren. Dabei wurde vor allem die Bedeutung der theoretischen Grundlagen zu den Merkmalen, Voraussetzungen und Bedingungen einer Koproduktion sozialer Dienstleistungen wie auch die praktische Bedeutung dieser Faktoren für das Verständnis und für die Ausgestaltung und Entwicklung der Sozialhilfe im Sinne einer aktiven personenbezogenen sozialen Dienstleistung erkennbar. Insbesondere hinsichtlich des seit Mitte der 1990er Jahre veränderten Verhältnisses zwischen Staat bzw. wohlfahrtsstaatlichen Institutionen und den von Armutslagen und kritischen Lebensereignissen betroffenen Bürgern, wie auch hinsichtlich der Interaktionen und dem Zusammenwirken verschiedener wohlfahrtsstaatlicher Institutionen und Organisationen an ihren Schnittstellen ergab die Untersuchung eine Reihe erweiterte Befunde. Diese Befunde können möglicherweise Anregungen zu einer kritischen Begleitung und Weiterentwicklung der Sozialhilfe/Grundsicherung auf dem Weg zu einer wirksamen personenbezogenen sozialen Dienstleistung in beiden Wohlfahrtsstaaten wie auch in den beiden Wohlfahrtsstädten Bremen und Göteborg bieten. Dies war ein Hauptanliegen der Untersuchung.

Die Untersuchung ergab dazu eine Bestätigung für beide Wohlfahrtsstaaten, dass die Sozialhilfe deutlich besser ist als ihr Ruf. Dies gilt vor allem in ihrer Funktion als monetäre Transferleistung. Sofern sie diese aktiv übernimmt, sichert sie ihrem Niveau nach in beiden Wohlfahrtsstaaten zumindest für begrenzte Zeiträume zufriedenstellend gegen das Risiko der Einkommensarmut ab. Allerdings zeigte sich im Kontext mit dem neuen Leitbild einer „aktivierenden Sozialpolitik", das die bisher gegebenen institutionellen Rahmenbedingungen, insbesondere die Verbindung monetärer und persönlicher Hilfen einer grundlegenden Veränderung bedürften. Interventionstheoretisch und -praktisch betrachtet sind die Kopplungen und die Abhängigkeiten ökonomischer und pädagogischer Interventionsformen, wie sie traditionell in beiden Sozialhilferegimes bestehen und mit dem Leitbild und den Programmen einer „aktivierenden Sozialpolitik" fortgeschrieben und intensiver gestaltet werden, im Grunde für eine „koproduktive" Form der Leistungserbringung ganz überwiegend kontraproduktiv. Neben den vor allem in Bremen/Deutschland – weniger in Göteborg/Schweden – krisenhaften strukturellen und fiskalpolitischen Rahmenbedingungen ist die bisherige sozialhilfeinterne enge Verbindung monetärer und pädagogischer Interventionsformen, wie sie die Sozialhilfe in beiden Wohlfahrtsstaaten kennzeichnet und prägt, nur sehr begrenzt geeignet, die notwendigen Bedingungen und Voraussetzungen für eine Koproduktion sozialer Dienstleistungen zu gewährleisten. Genau diese Koproduktion zwischen wohlfahrtsstaatlichen Institutionen und dem Bürger wird aber mit dem Leitbild und über Programme einer „aktivierenden Sozialpolitik" möglichst „zeitnah" und möglichst „handlungs-aktiv" zum Sozialhilfeantrag erwartet oder auch gefordert. Damit zeichnet sich ein grundlegender institutioneller Reformbedarf ab, der einen normativen, rechtlichen, organisationalen wie auch professionalen Umbau nicht nur der Sozialhilfe beinhalten würde. Ausgangspunkt und Ziel wäre es somit, die Sozialhilfe sehr stringent an den Bedingungen und Voraussetzungen einer Koproduktion sozialer Dienstleistungen ausgerichtet zu modernisieren, da nur unter Einhaltung dieser Kriterien einerseits die personelle Situation der in der Sozialhilfe beschäftigten Mitarbeiterinnen und Mitarbeiter, andererseits auch die Kontaktmuster zum Bürger, die eigen-aktive Mitwirkung der Bürger an der Problembearbeitung und -lösung und die Wirksamkeit institutioneller Problembearbeitung optimiert werden können.

Ein solcher Umbau ist bisher in Deutschland mit den Bemühungen einer Verwaltungsmodernisierung und auch mit der Sozialhilfereform und der Einführung von SGB II und SGB XII nicht erfolgt. Ähnlich zeichnet er sich für Schweden im Nachgang zu gesetzlichen Veränderungen im Sozialdienstgesetz von 1998 und 2002 und auch gegenwärtig über Reformen im öffentlichen Sektor nicht ab. Indirekt können Hoffnungen für einen solchen Umbau aus dem Demokratiediskurs und aus dem Qualitätsdiskurs gezogen werden, die beide in Schweden weitergehend und aktiver geführt werden als bislang in Deutschland und wo sich Anregungen für die deutsche Reformdiskussion finden lassen.

Institutionentheoretisch lässt sich bezogen auf die bisherigen Reformstrategien fragen, ob es sich bei einem Wandel wohlfahrtsstaatlicher Institutionen sowie beim erkennbaren Wandel der Interventionsformen um einen tiefergreifenden *Strukturwandel* oder um einen weniger weitreichenden *Funktionswandel* handelt. Diese Frage ist bezogen auf die je besonderen und auch ähnlichen Entwicklungen und Veränderungen in der Sozialhilfe und Sozialverwaltung in Deutschland und Schweden, nur tendenziell und kaum abschließend zu beantworten.

Tendenziell lässt sich für Schweden eine hohe Konstanz und „Pfadtreue" oder eine „Pfadabhängigkeit" in der Entwicklung der kommunalen Sozialhilfe, Sozialdienste und Sozialverwaltung erkennen: Kennzeichen hierfür sind etwa die weiterhin ausgeprägte Selbstverwaltung der Kommunen, der Fortbestand der Rahmengesetzgebung, die beträchtlichen Gestaltungsfreiräume in der Sozialhilfe bei Mängeln in der Rechtssicherheit und Rechtmäßigkeit, die kommunale Experimentierfreude und auch die Dominanz der Sozialarbeit als Profession in der Sozialhilfe. Insoweit wäre eher von einem Funktionswandel zu sprechen. Allerdings deuten einige Entwicklungen auch auf einen Strukturwandel hin. Die neuen Organisationsformen der Vernetzung von Behörden und des institutionellen Zusammenwirkens

(Samverkan), die veränderte Schnittstellenpolitik zur Sozialhilfe in Form einer „aktivierenden" Arbeitsmarkt- und Bildungspolitik, in der Gesundheitspolitik und in der Integrationspolitik für Einwanderer können ebenfalls als Indizien für einen Strukturwandel gedeutet werden. Vor allem aber schließlich die neuen Formen einer „kommunalen Lebenslaufpolitik", die sich seit Mitte/Ende der 1990er Jahre im Zusammenhang mit einer Denzentralisierung und Kommunalisierung wohlfahrtsstaatlicher Aufgaben und Leistungen konkret in der Fallstudie zu Göteborg erkennen ließen, deuten ebenfalls auf einen Strukturwandel hin. Danach zieht sich der zentrale Wohlfahrtsstaat tendenziell auf seine Funktionen der Gesetzgebungskompetenz, auf Aufsichtsfunktionen, auf begrenzte Ausgleichsfunktionen und auf eine begrenzte finanzielle Förderung von Innovationen und Modellprojekten zurück, und die eigentliche Dienstleistungsproduktion verbunden mit erweiterter Selbststeuerung der Kommunen und der Bürger wird auf diese übertragen. Das Bild vom schwedischen Wohlfahrtsstaat als umfassend agierenden und „Wohlfahrt" produzierenden Versorgungsstaat war vermutlich empirisch nie wirklich passend, und es erweist sich seit der Krise der 1990er Jahre und bei inzwischen durchaus veränderten institutionellen Arrangements als zunehmend weniger passend. Wird der Wohlfahrtsstaat weiterhin „kommunalisiert" und bleiben die Förderung von Eigenverantwortung und Selbststeuerung der Bürger wie der Kommunen – verbunden mit einer Krise der öffentlichen Finanzen – weiterhin zentralstaatlich verfolgte Ziele künftiger Sozialpolitik, so bedeutet dies auch in Zukunft eine vermutlich weiter wachsende Bedeutung – nicht nur der Sozialhilfe, sondern generell der kommunalen Sozialpolitik und der sozialen Dienste. Dies gilt jedenfalls, solange die Kommunen in der „letzten Verantwortung" für die Absicherung des Lebenslaufs durch die staatliche Sozialpolitik stehen. Auch dies ist in Schweden weitergehend der Fall als im deutschen Sozialstaat.

In Deutschland setzten Anfang bis Mitte der 1990er Jahre ein beträchtlicher vor allem fiskalpolitisch bedingter Veränderungsdruck und eine weitreichende Reformdynamik in den Sozialverwaltungen und in der kommunalen Sozialhilfe ein. Der Ausbau der kommunalen arbeitsmarktpolitischen Maßnahmen erfolgte auf einem zuvor nicht gekannten Niveau. Personenbezogene soziale Dienstleistungen wurden ebenfalls kommunal bis Ende der 1990er Jahre weiter ausgebaut und vielfach da finanziert, wo eigentlich die Bundes- und Länderebene Verantwortungen aktiv wahrzunehmen hatten. Im Bereich der Arbeitsmarktpolitik und in der materiellen Absicherung der Bürger gegen Armutsrisiken übernahmen die deutschen Kommunen nicht immer gezwungenermaßen, sondern zum Teil auch selbst-aktiv die Rolle des „Wohlfahrtsstaates in der Reserve" und die Rolle von Initiatoren neuer Reformstrategien. Mit dem KGST-Modell einer Neuen Steuerung wurden völlig neue Orientierungsmuster und Kriterien für das öffentliche Verwaltungshandeln und die kommunale Dienstleistungsproduktion eingeführt. Die intensivierte Zusammenarbeit von Sozialämtern und Arbeitsämtern drückt auch für die deutschen Entwicklungen eine in Teilbereichen veränderte Schnittstellenpolitik wohlfahrtsstaatlicher Institutionen aus. Insoweit könnte von einem Strukturwandel in den institutionellen Arrangements wie auch in den Interventionsmustern gesprochen werden.

Gleichzeitig erweisen sich die institutionellen Arrangements in Deutschland in ihrer Entwicklung ebenfalls als relativ „pfadtreu" oder „pfadabhängig". Die Gestaltungsspielräume, sowohl rechtlicher wie auch ökonomischer Art wurden für die deutschen Kommunen kaum positiv verändert, sondern in der bisherigen Tradition eher noch weiter eingeengt. Soziale Interventionen sind geprägt durch die traditionell gewachsene und im Bereich der Sozialhilfe besonders entwickelte „formalisierte Regelungskultur", die im Rahmen des bisherigen Umbauprozesses kaum abgemildert wurde, um darüber neue Gestaltungsmöglichkeiten und Formen der Selbststeuerung zu erschließen. Die geringe materielle Wertschätzung personenbezogener sozialer Dienste – sowohl in der Kommunalpolitik allgemein, wie auch in der Personalpolitik der Kommunalverwaltungen und fehlende Professionalisierungsstrategien, wie sie mit im Grunde für moderne Sozialdienste unzumutbaren Rahmenbedingungen, extrem hohen Fallzahlen und mit Arbeitsunzufriedenheit, Frustration und Fluktuation ihren Ausdruck finden, bilden in Deutschland eher Kontinuitäten ab, als dass sie auf einen Strukturwandel verweisen würden.

Offenbar paart sich in beiden Wohlfahrtsstaaten ein Strukturwandel, der sich in bestimmten Erbringungszusammenhängen für öffentliche soziale Dienstleistungen vollzieht, mit einem Funktionswandel in anderen Leistungszusammenhängen und Bereichen des öffentlichen Sektors, und es sind auch Kontinuitäten erkennbar. Wohin steuert also die Sozialhilfe/Grundsicherung in den beiden hier ausgewählten Wohlfahrtsstaaten? Einerseits lässt sich der von Kaufmann (2003: 30) formulierte *Eigensinn wohlfahrtsstaatlicher Entwicklungen und Reformen* auch für die „Sozialhilferegimes" und in ihren Mustern einer Lebenslaufpolitik erkennen, in dem etwa in Schweden die „kooperative Kontaktkultur" der wohlfahrtsstaatlichen Institutionen mit dem Ansatz des Zusammenwirkens wohlfahrtsstaatlicher Institutionen und Organisationen *(Samverkan)* fortgeführt und zusätzlich gestärkt wird. Die starke Stellung der Sozialarbeit als Profession wird im Bereich der schwedischen Sozialhilfe erhalten, neue Steuerungsformen werden weiterhin experimentell und eher „regel-offener" in die Sozialverwaltung und Sozialdienste eingeführt als in Deutschland. Soziale Interventionen sind in Schweden bislang in zeitlicher und handlungsbezogener Hinsicht von einer größeren Dynamik sowie von einer expliziten Ausrichtung an dem Ziel einer verbesserten Lebensqualität gekennzeichnet als in Deutschland.

In Deutschland scheint sich hingegen die „formalisierte Regelungskultur" in veränderten Formen fortzuschreiben, etwa mit dem KGST-Modell der „Neuen

Steuerung", das in den Instrumenten möglichst regelgetreu eingeführt wurde. Vielleicht ist eine Neue Steuerung genau deshalb in den Sozialverwaltungen schnell an die Grenzen ihrer Einführung und Umsetzung gestoßen, weil mit der extremen Regelorientierung die besonderen Anforderungen einer Steuerung von personenbezogenen sozialen Diensten und sozialberuflichen Handlungsformen übergangen wurden. Auch die Zusammenführung der Sozialämter und Arbeitsämter erfolgt in Deutschland ebenfalls vor allem streng regelgeleitet und richtliniengemäß, kaum hingegen „experimentell" und in Formen einer Selbststeuerung der Akteure und Organisationen vor Ort. Zudem scheinen selbst die neueren sozialberuflichen Handlungsformen der Sozialhilfepraxis und die Instrumente wie das Fallmanagement und die Hilfeplanung nach streng formalisierten Regeln entwickelt und eingeführt. In diesem Verständnis würde sich dann die Tradition und Entwicklung der deutschen Sozialhilfe/Grundsicherung wenn auch als weniger „passives" so aber doch weiterhin als nunmehr „aktives Verwaltungshandeln" ebenfalls fortsetzen und die Chancen, sie zu einer personenbezogenen und bürgerfreundlichen sozialen Dienstleistung zu entwickeln, welche die Bedingungen und Voraussetzungen einer Koproduktion auch erfüllt, wären gering.

Mir scheint, trotz aller zu erwartenden Widerstände sollte weiterhin in beiden Wohlfahrtsstaaten über die insoweit konsequentere *Variante einer institutionellen und organisatorischen Trennung monetärer Transferleistungssysteme* in Form einer *materiellen* Grundsicherung einerseits und einer *personenbezogenen sozialen Dienstleistung* andererseits, die beratende, betreuende und *pädagogische Interventionen*, Dienste und Leistungen bereithält und aktiv anbietet, nicht nur nachgedacht werden. Vielmehr sollten entsprechende Initiativen zu einem solchen Umbau des nachrangigen Systems wohlfahrtsstaatlicher Leistungen und Dienste eingeleitet werden. Auch dies wäre in Form von Modellprojekten in begrenzter Weise lokal durchaus möglich, sowohl in Deutschland als auch in Schweden. In Schweden liegen zu dieser hier nur angedeuteten Reformstrategie mit dem Modell eines Sozialversicherungszuschusses *(SOFT-Modell)* weitergehende *kommunale* Erfahrungen vor als sie mit der ähnlichen, jedoch begrenzten Variante eines Sozialzuschlags im System der deutschen Alterssicherung unmittelbar nach der deutschen Einigung in den ostdeutschen Bundesländern gemacht wurden.

Während *monetäre* Transferleistungen detailliert rechtlich geregelt und über Recht, Richtlinien und Verfahren gewissermaßen ideal „gesteuert" werden können, gilt für pädagogische Interventionsformen, dass sie als Voraussetzung ihrer Wirksamkeit und ihrer Qualität sowie in ihren Verlaufs- und Handlungsmustern geradezu auf besondere Gestaltungsfreiräume und regelungsfreie Räume angewiesen sind, um eine Koproduktion und Partizipation, um Kompetenzerwerb und Lernprozesse und damit die aktive Mitwirkung und „Aktivierung" der Bürger in der Bearbeitung und Lösung sozialer wie individueller Probleme zu ermöglichen. Ein Leitbild der

„aktivierenden Sozialpolitik" wie auch eine Modernisierungsstrategie für den öffentlichen Sektor, die diese grundlegenden Befunde nicht berücksichtigen, werden auf Dauer weder beim Bürger noch kommunal Akzeptanz finden und sich vermutlich auch wohlfahrtsstaatlich relativ schnell verbrauchen.

In keinem der beiden hier untersuchten Wohlfahrtsstaaten ließ sich der skizzierte Entwicklungspfad im Zusammenhang mit den „Reformen" seit Mitte/Ende der 1990er Jahre und ist auch nicht absehbar. Erkennbar wurde vor allem für Deutschland, weniger deutlich für Schweden, dass das System der Sozialhilfe, weiterhin verkürzt verstanden als primär monetäre Transferleistung künftig stärker ausdifferenziert wird und in verschiedenste Teilsysteme aufgegliedert wird, ohne dass es zu einer dringend notwendigen „armutsfesten" Gestaltung der vorrangigen wohlfahrts*staatlichen* Sicherungssysteme kommt. Aus der Armenfürsorge entstanden, bildet sich über die bisherige Sozialhilfe ein immer weiter ausdifferenziertes System nicht mehr nur *einer* Sozialhilfe, sondern mehrerer materieller Sozialhilfen, etwa für Asylbewerber und Flüchtlinge, für Arbeitslose, für Alte und Erwerbsunfähige, in Form besonderer Systeme und Regelungen für allein Erziehende usw. Damit einher geht eine zunehmend weiter spezialisierte und selektive Problembearbeitung und Armutsverwaltung, die als Gruppenpolitik bezeichnet werden kann und organisatorisch auch in Schweden erkennbar wurde. Ein solcher sozialpolitischer Reformansatz liegt völlig quer zum Ansatz einer aktiven Lebenslagen- und Lebenslaufpolitik, denn soziale Probleme wie Arbeitslosigkeit, Armut, Überschuldung, Krankheit, Sucht usw. sind nicht in erster Linie über gruppenbezogene Definitionen und Regelungssysteme effektiv, effizient und bürgerfreundlich zu bearbeiten, sondern grundsätzlich über möglichst *universell* gestaltete Systeme der materiellen und sozialen Absicherung gegen Risikolagen. Erst wenn die universell gestalteten Systeme versagen und in präziser Abstimmung mit diesen Systemen erweisen sich selektive Leistungssysteme als vorteilhafter. Soziale Probleme treten zudem im Zeitverlauf in unterschiedlichsten Lebensphasen, Lebenslagen und in unterschiedlicher Dauer und Häufigkeit auf, und die Probleme überlagern sich zum Teil auch zeitgleich. Genau in diesen multiplen Funktionen und im Anspruch einer möglichst „ganzheitlichen" an der Person des Einzelnen ausgerichteten Bearbeitung unterschiedlichster sozialer Probleme liegt die Stärke der Sozialhilfe. Diese gilt es zu bewahren und weiterzuentwickeln, vorrangig über eine möglichst universell ausgerichtete aktive Politik der Armutsvermeidung, die sowohl strukturell, gruppenbezogen wie auch lebenslaufbezogen zu konzipieren ist, und nachrangig über eine kommunale Sozialhilfe, die als *personenbezogene* soziale Dienstleistung als eines der wenigen Leistungssysteme in der Lage ist, extrem vielfältige und stets „ganzheitlich" ausgerichtete soziale Interventionen nicht nur zu erbringen, sondern auch individuellen Bedarfen gemäß und damit lebenslaufbezogen passend miteinander zu verbinden. Die Sozialhilfe müsste nicht abgeschafft, sondern lediglich in einem solchen Verständnis „modernisiert" werden, damit sie ihre Stärken weitergehend zur Geltung bringen kann.

Bibliographie

Abrahamson, Peter (1998): Efter velfærdsstaten: Ret og pligt til aktivering, in: Nordisk Sosialt Arbeid, Nr. 3/1998, S. 133-143.

Abrahamsson, Kenneth (1993): Modborgaren i samhällsdialogen. Om kunskapssyn, byråkrati och välfärd, Stockholm: Fritzes.

Abrahamsson, Kenneth/Björklund, Ulla (1995): Den lillla samhällsdialogen. Forskning om medborgarkontakter, yrkeskompetens och kunskapsstöd i en decentralicerad förvaltning, Stockholm: Regeringskansliet, Civildepartementet, Reihe Ds: 1995: 39.

Ackermann, Rolf (2001): Pfadabhängigkeit, Institutionen und Regelreform, Tübingen: Mohr Siebeck.

Adamaschek, Bernd (Hrsg.) (1998): Interkommunaler Leistungsvergleich Sozialwesen. Eine Dokumentation zu dem Projekt des Deutschen Beamtenbundes und der Bertelsmann Stiftung „Grundlagen einer leistungsfähigen Kommunalverwaltung", Gütersloh: Verlag Bertelsmann Stiftung.

Agevall; Lars/Klasson, Torgny (Hrsg.) (2000): Demokrati i praktiken, Lund: Studentlitteratur.

Ahrne, Göran/Roman, Christine/Franzén, Mats (1996): Det sociala landskapet. En sociologisk beskrivning av Sverige från 50-tal till 90-tal, Göteborg: Bokförlaget Korpen.

Allmendinger, Jutta (1995): Die sozialpolitische Bilanzierung von Lebensverläufen. In: Berger, Peter A./ Sopp, Peter (Hrsg.) (1995): Sozialstruktur und Lebenslauf, Opladen: Leske + Budrich, S. 179-201.

Allmendinger, Jutta (1999): Bildungsarmut: Zur Verschränkung von Bildungs- und Sozialpolitik. In: Soziale Welt, 50. Jg., S. 35-50.

Allmendinger, Jutta/Leibfried, Stephan (2002): Bildungsarmut im Sozialstaat. In: Burkart, Günter/Wolf, Jürgen (Hrsg.) (2002): Lebenszeiten, Erkundungen zur Soziologie der Generationen, Opladen: Leske + Budrich, S. 287-315.

Anderson, Karen M. (2001): Wohlfahrtsstaat und Arbeitsmarkt in Schweden und den Niederlanden. Ergebnisse und Erfahrungen aktueller Reformen. In: Zeitschrift für Sozialreform, 47. Jg., Ausg. 4/2001, S. 407-436.

Andersson, Mats/Bahrmark, Gunnel/Salonen, Tapio (1990): Flyktingarna och socialtjänsten, Skriftserie Sekretariatet för Socialer Studier Nr. 1/1990, Malmö Socialförvaltningen.

Andreß, Hans-Jürgen (1994): Steigende Sozialhilfezahlen. Wer bleibt, wer geht und wie sollte die Sozialhilfeverwaltung darauf reagieren? In: Zwick, Michael (Hrsg.) (1994): Einmal arm, immer arm? Neue Befunde zur Armut in Deutschland, Frankfurt/New York: Campus, S. 75-105.

André, Günter (1994): SozialAmt. Eine historisch-systematische Einführung in seine Entwicklung. Weinheim/Basel: Beltz Verlag.

Arbetsmarknadsstyrelsen AMS (2000): Arbetsmarknadspolitiska program, Årsrapport 1999, Stockholm: Arbetsmarknadsstyrelsen, Serie: Apra 2000:1.

Badura, Bernhard/Gross, Peter (1976): Sozialpolitische Perspektiven. Eine Einführung in Grundlagen und Probleme sozialer Dienstleistungen, München: R. Piper & Co. Verlag.

Badura, Bernhard/Pfaff, H. (1989): Streß, ein Modernisierungsrisiko? Mikro- und Makroaspekte soziologischer Belastungsforschung im Übergang zur postindustriellen Zivilisation. In: Kölner Zeitschrift für Soziologie und Sozialpsychologie, 41. Jg., S. 644-668.

Bäcker, Gerhard/Heinze, Rolf G./Naegele, Gerhard (1995): Die Sozialen Dienste vor neuen Herausforderungen, Münster: LIT Verlag.

Bäcker, Gerhard/Bispinck, Reinhard/Hofemann, Klaus/Neagele, Gerhard (2000): Sozialpolitik und soziale Lage in Deutschland. 2 Bände, Wiesbaden: Westdeutscher Verlag.

Bäcker, Gerhard/Naegele, Gerhard/Bispinck, Reinhard/Hofemann, Klaus/Neubauer, Jennifer (2008): Sozialpolitik und soziale Lage in Deutschland. Band 2: Gesundheit, Familie, Alter und soziale Dienste, 4. Auflage, Wiesbaden: VS-Verlag.

Baldwin, Peter (1990): Die sozialen Ursprünge des Wohlfahrtsstaates. In: Zeitschrift für Sozialreform, Ausg. 11/12/1990, S. 677-692.

Bandemer, Stephan von (1999): Der aktivierende Staat: Konturen einer Modernisierungsstrategie von Staat und Gesellschaft. In: Institut Arbeit und Technik: Jahrbuch 1998/1999, S. 64-75.

Banner, Gerhard (1991): Von der Behörde zum Dienstleistungsunternehmen. Die Kommunen brauchen ein neues Steuerungsmodell. In: Verwaltung – Organisation – Personal, Ausg. 1/1991, S. 6-11.

Banner, Gerhard (2001): Kommunale Verwaltungsmodernisierung. Wie erfolgreich waren die letzten zehn Jahre? In: Schröter, Eckhard (Hrsg.) (2001): Empirische Policy- und Verwaltungsforschung, Opladen: Westdeutscher Verlag, S. 279-304.

Bartelheimer, Peter (2001): Sozialhilfe als Dienstleistung – Widersprüche einer Dienstleistungsorientierung im Sozialamt. In: Nachrichtendienst des Deutschen Vereins für öffentliche und private Fürsorge NDV), Ausg. 6/2001, S. 188-193.

Bauer, Petra/Otto, Ulrich (Hrsg.) (2005): Mit Netzwerken professionell zusammenarbeiten. Band II: Institutionelle Netzwerke in Steuerungs- und Koooperationsperspektiven. Tübingen: DGVT.

Bauer, Rudolph (2001): Personenbezogene Soziale Dienstleistungen, Begriff, Qualität und Zukunft, Wiesbaden: Westdeutscher Verlag.

Beck, Ulrich (1986): Risikogesellschaft. Auf dem Weg in eine andere Moderne, Frankfurt a.M.: Edition Suhrkamp.

Behrendt, Christina (2002a): Die Effektivität der Sozialhilfe bei der Vermeidung von Armut in vergleichender Perspektive. In: Archiv für Wissenschaft und Praxis der sozialen Arbeit, Ausg. April/2002, S. 3-13.

Behrendt, Christina (2002b): At the Margins of the Welfare State. Social assistance and the alleviation of poverty in Germany, Sweden and the United Kingdom, Hampshire/Burlington: Ashgate.

Berg, Frank/Nageschmidt, Martin/Wollmann, Hellmut (1996): Kommunaler Institutionenwandel. Regionale Fallstudien zum ostdeutschen Transformationsprozeß, Opladen: Leske + Budrich.

Berger, Peter L./Luckmann, Thomas (1970): Die gesellschaftliche Konstruktion der Wirklichkeit. Eine Theorie der Wissensoziologie, Frankfurt a.M.: Fischer Verlag.

Bergmark, Åke (1990): Etik och socialbidrag. In: Pettersson, Ulla (Hrsg.) (1990): Etik och socialtjänsten, Stockholm: Gothia, S. 65-75.

Bergmark, Åke (1998): Nyckelbegrepp i socialt arbete. Lund: Studentlitteratur.

Bergmark, Åke (2000a): Arbete med socialbidrag – organisation, metoder och insatser. In: Puide, Annika (Red.) (2000): Socialbidrag i forskning och praktik, Centrum för utvärdering av socialt arbete, Stockholm: Verlag Gothia, S. 147-163.

Bergmark, Åke (2000b): Med vilken måttstock? Om valet av kriterier vid utvärdering av arbete med socialbidrag. In: Puide, Annika (Red.) (2000): Socialbidrag i forskning och praktik, Centrum för utvärdering av socialt arbete, Stockholm: Verlag Gothia, S. 187-204.

Bergmark, Åke/Lundström, Tommy (1998): Socionomens Forsknings-Supplement Nr. 9: Socialhögskolorna och metoder i socialt arbete. In: Socionomen, Ausg. 2/1998, S. 67-81.

Berner, Frank (2009): Der hybride Sozialstaat. Die Neuordnung von öffentlich und privat in der sozialen Sicherung. Frankfurt/Main: Campus.

Berner, Frank/Leisering, Lutz (2003): Sozialreform „von unten". Neue Wissenssysteme in der kommunalen Sozialhilfeverwaltung – Ergebnisse einer bundesweiten Erhebung. In: Nachrichtendienst des Deutschen Vereins für öffentliche und private Fürsorge, Ausg. 5/2003, S. 186-193.

Bertelsmann Stiftung (1999): Beschäftigungsorientierte Sozialpolitik in Kommunen: Strategien zur Integration von Sozialhilfeempfängern in das Erwerbsleben. In: Empter, Stefan/Frick, Frank (Hrsg.) (1999), Gütersloh: Verlag Bertelsmann Stiftung.

Bertelsmann Stiftung/Bundesanstalt für Arbeit/Deutscher Landkreistag/Deutscher Städtetag/ Deutscher Städte- und Gemeindebund (Hrsg.) (2001): Handbuch zur Kooperation von Arbeitsämtern und Kommunen. Gemeinsam für die Integration in den Arbeitsmarkt. Texte, Beispiele, Materialien, Gütersloh: Verlag Bertelsmann Stiftung.

Bertelsmann Stiftung/Hans-Böckler-Stiftung/KGSt (Hrsg.) (2002): Netzwerk Kommunen der Zukunft. Produkte und Netzwerkarbeit, Band 14: Lokale Beschäftigungsförderung – Aufgaben der Kommunen – Fallmanagement, Frankfurt a.M.: VAS-Verlag.

Billquist, Leila (1999): Rummet, mötet och ritualerna. En studie av socialbyrån och klientskapet, Göteborgs Universitet, Institutionen för socialt arbete (1999: 4), Göteborg: Kompendiet AB.

Billquist, Leila/Framme, Gunilla/Rönnmark, Lars (1995): Dagens socionomstudenter och välfärden. In: Nordisk Sosialt Arbeid, Ausg. 1/1995, S. 41-54.

Billquist, Leila/Gustafson, Gerd (2002): En oreflekterad omorganisation. In: Socionomen, Forsknings-Supplement, Ausg. 8/2002.

Björklund, Anders/Edebalk, Per Gunnar/Ohlsson, Rolf/Söderström, Lars (1998): Välfärdspolitik i kristid – håller arbetslinjen? Välfärdspolitiska rådets rapport, Stockholm: SNS Förlag.

Björkstedt, Claes (1998): Kommunal styrning och ledarskap. Praktisk handledning på kommunalrättslig grund, Högenäs: Kommunlitteratur.

Blanke, Bernhard/Bandemer, Stephan von/Nullmeier, Frank/Wewer, Göttrik (1998): Handbuch zur Verwaltungsreform, Opladen: Leske + Budrich.

Blanke, Bernhard/Bandemer, Stephan von (1999): Der „aktivierende Staat". In: Gewerkschaftliche Monatshefte, Ausg. 6/1999, S. 321-330.

Bleses, Peter/Vobruba, Georg (2000): Institutionelle Normen und individuelle Handlungsoptionen im sozialstaatlichen Wandel. In: Metze,Regina/Mühler, Kurt/Opp, Karl-Dieter (Hrsg.) (2000): Normen und Institutionen: Entstehung und Wirkungen, Leipzig: Leipziger Universitätsverlag, S. 269-296.

Blom, Björn (1998): Marknadsorientiering av socialtjänstens individ- och familjeomsorg: om villkor, processer och konsekvenser, Dissertation, Umeå Universitet, Institutionen för socialt arbete.

Blom, Björn (2000): Kan socialtjänsten fungera som en marknad? In: Nordisk Sosialt Arbeit, Ausg. 3/2000, S. 149-157.

Bock, Marlene (1992): Das halbstrukturierte-leitfadenorientierte Tiefeninterview. Theorie und Praxis der Methode am Beispiel von Paarinterviews. In: Hoffmeyer-Zlotnik, Jürgen (Hrsg.) (1992): Analyse verbaler Daten. Über den Umgang mit qualitativen Daten, Opladen: Westdeutscher Verlag, S. 90-109.

Bodström, Cecilia/Jällhage, Lenita (2001): Maxtaxa gör dagiskön för lång. Bericht auf der Basis von Daten der nationalen Schulbehörde (Skolverket). In: Dagens Nyheter, 19. Okt. 2001, S. A6, Stockholm.

Bogason, Peter (1998): Changes in the Scandinavian Model. From Bureaucratic Command to interorganizational Negotiation. In: Public Administration, Vol. 76, Ausg. 1/1998, S. 335-354.

Bogner, Alexander/Littig, Beate/Menz, Wolfgang (Hrsg.) (2002): Das Experteninterview. Theorie, Methode, Anwendung, Opladen: Leske+Budrich.

Bogner, Alexander/Menz, Wolfgang (2002): Das theoriegeleitete Experteninterview. Erkenntnisinteresse, Wissensformen, Interaktion. In: Bogner, Alexander/Littig, Beate/Menz, Wolfgang (Hrsg.) (2002): Das Experteninterview. Theorie, Methode, Anwendung, Opladen: Leske+Budrich, S. 33-70.

Boos, Margarete/Fisch, Rudolf (1987): Die Fallstudie in der Organisationsforschung. In: Windhoff-Héritier, Adrienne (Hrsg.) (1987): Verwaltung und ihre Umwelt: Opladen. Westdeutscher Verlag, S. 350-375.

Born, Claudia/Krüger, Helga (Hrsg) (2001): Individualisierung und Verflechtung. Geschlecht und Generation im deutschen Lebenslaufregime. Reihe: Statuspassagen und Lebenslauf (Hrsg. Walter R. Heinz), Bd. 3, Weinheim: Juventa.

Bradshaw, Jonathan/Terrum, Lars Inge (1997): How Nordic is the Nordic Model? Social Assistance in a Comparative Perspective. In: Scandinavian Journal of Social Welfare, Vol. 6, S. 247-256.

Bronke, Karl/Hoppensack, Hans-Christoph/Kriebisch, Friedhorst (1987): Neuorganisation kommunaler Sozialdienste in Bremen. In: Theorie und Praxis der Sozialen Arbeit, Ausg. 7-8/1987, S. 268-277.

Brorström, Björn (1999): Institutioner och institutionell förändring. Perspektiv, teori och tillämpning på kommunal utveckling. Universitet Göteborg: Förvaltningshögskolans rapporter Nr. 22.

Brorström, Björn/Siverbo, Sven (2001): Institutioner och individer. Om utveckling i framgångsrika kommuner. Lund, Studentlitteratur.

Brülle, Heiner (1996): „Public Management" – auf dem Weg zur „postbürokratischen Verwaltung"? In: Nachrichtendienst des Deutschen Vereins für öffentliche und private Fürsorge (NDV), Ausg. 6/1996, S. 185-193.

Brülle, Heiner/Reis, Claus (2001): Neue Steuerung in der Sozialhilfe. Sozialberichterstattung, Controlling, Benchmarking, Casemanagement, Neuwied: Luchterhand.

Brunsson, Nils (1989): The Organization of Hypocrisy: Talk, Decisons and Actions in Organizations. Chichester et al.: Wiley.

Brunsson, Nils/Olsen, Johan P. (1993): The Reforming Organizaton. Chichester et al.: Wiley.

Buestrich, Michael (2003): Arbeitsmarktpolitische Reformvorhaben an der Schnittstelle von SGB III und BSHG. Ämterkooperation und die Konvergenz von Arbeitslosenhilfe und Sozialhilfe. In: Nachrichtendienst des Deutschen Vereins für öffentliche und private Fürsorge (NDV), Ausg. 1/2003, S. 9-16.

Buhr, Petra (1995): Dynamik von Armut. Dauer und biografische Bedeutung von Sozialhilfe, Opladen: Westdeutscher Verlag.

Buhr, Petra (1997): Sozialhilfe im internationalen Vergleich. Ein Rezensionsessay. In: Nachrichtendienst des Deutschen Vereins für öffentliche und private Fürsorge (NDV), Ausg. 12/1997, S. 384-390.

Buhr, Petra (1998): Armut im Wunderland? Wege in die und aus der Sozialhilfe in Schweden und Deutschland, Arbeitspapier Nr. 51, Sonderforschungsbereich 186 der Universität Bremen, Statuspassagen und Risikolagen im Lebensverlauf, Projekt „Sozialhilfekarrieren".

Buhr, Petra (1999): Vorbild Schweden – Armut und Sozialhilfe in unterschiedlichen Wohlfahrtsstaaten. In: Leviathan, Ausg. 2/1999, S. 218-237.

Buhr, Petra/Gangl, Markus/Rentzsch, Doris (1998): Wege aus der Sozialhilfe – Wege in den Arbeitsmarkt? Chancen zur Überwindung des Sozialhilfebezugs in Ost- und Westdeutschland. In: Walter R. Heinz u.a. (Hrsg.) (1998): Was prägt Berufsbiographien? Lebensläufe und Institutionenpolitik. Beiträge zur Arbeitsmarkt- und Berufsforschung (BeitrAB 215), Institut für Arbeitsmarkt- und Berufsforschung der Bundesanstalt für Arbeit: Nürnberg, S. 291-316.

Bundesregierung (2001): Lebenslagen in Deutschland. Der erste Armuts- und Reichtumsbericht der Bundesregierung, Band I und Band II (Anhang/Materialband), Berlin.

Burmann, Norbert/Sellin, Christine/Trube, Achim (2000): Ausstiegsberatung für Sozialhilfeempfänger: Konzepte, Instrumente und Ergebnisse eines vergleichenden Modells. Frankfurt/M.: Eigenverlag des Deutschen Vereins für öffentliche und private Fürsorge, Reihe: Texte u. Materialien TM 16.

Bundesanstalt für Arbeit (1997): Blätter zur Berufskunde: Diplom-Sozialarbeiter/Diplom-Sozialpädagoge, Bielefeld: Verlag W. Bertelsmann.

Byberg, Ingrid (1998): Arbetsmetoder och socialbidrag. En studie av olika faktorers betydelse för kommunernas socialbidragskostnader, SoS-rapport 1998: 11, Stockholm: Socialstyrelsen.

Byberg, Ingrid (2002): Kontroll eller handlingsfrihet? – en studie av organiseringens betydelse i socialbidragsarbete, Stockholms Universitet, Institutionen för socialt arbete, Socialhögskolan, Edsbruk: Akademitryck AB.

Centrum för utvärdering av socialt arbete CUS (1999): Uppsalamodellen och socialbidragstagarna. En effektutvärdering, CUS-skrift 1999: 1, Stockholm.

Con_sens (2002): Hilfeplanung in der Hilfe zum Lebensunterhalt. Erfahrungen und Reflexionen der 16 deutschen Großstädte. In: Zeitschrift für das Fürsorgewesen, Ausg. 6/2002, S. 126-131.

Dahme, Heinz-Jürgen/Wohlfahrt, Norbert (Hrsg.) (2000): Netzwerkökonomie im Wohlfahrtsstaat. Wettbewerb und Kooperation im Sozial- und Gesundheitssektor, Berlin: Edition Sigma.

Dahme, Heinz-Jürgen/Otto, Hans-Uwe/Trube, Achim/Wohlfahrt, Norbert (Hrsg.) (2003): Soziale Arbeit für den aktivierenden Staat, Opladen: Leske + Budrich.

Damkowski, Wulf (1969): Die Entstehung des Verwaltungsbegriffs. Eine Wortstudie, Köln/Berlin/Bonn/München: Carl Heymanns Verlag KG.

Damkowski, Wulf/Precht, Claus (1995): Public Management. Neuere Steuerungskonzepte für den öffentlichen Sektor, Stuttgart/Berlin/Köln: W. Kohlhammer.

Danermark, Berth (2000): Samverkan – himmel eller helvete? En bok om den svåra konsten att samverka, Stockholm: Gothia.

Danermark, Bert/Kullberg, Christian (1999): Samverkan – Välfärdsstaten nya arbetsform, Lund: Studentlitteratur.

De Swaan, Abram (1988): Der sorgende Staat. Wohlfahrt, Gesundheit und Bildung in Europa und den USA der Neuzeit, Frankfurt/New York: Campus.

Dellgran, Peter (2000): Skuldproblem, ekonomisk rådgivning och skuldsanering. In: Puide, Annika (Hrsg.) (2000): Socialbidrag i forskning och praktik, Centrum för utvärdering av socialt arbete CUS, Stockholm: Gothia, S. 244-276.

Dellgran, Peter/Höjer, Staffan (2000): Kunskapsbildning, akademisering och professionalisering i socialt arbete, Göteborg: Kompendiet.

Denvall, Verner/Jacobson, Tord (Hrsg.) (1998): Vardagsbegrepp i socialt arbete. Ideologie, teori och praktik. Stockholm: Norstedts Juridik.

Deutscher Städtetag (1999a): Kommunale Beschäftigungsförderung. Ergebnisse einer Umfrage von 1999, Köln.

Deutscher Städtetag (1999b): Gemeindefinanzbericht 1999. In: Der Städtetag, Ausg. 4/1999.

Deutscher Verein für öffentliche und private Fürsorge (2002): Anforderungen an eine Reform der Sozialhilfe, Empfehlungen und Stellungnahmen des Deutschen Vereins für öffentliche und private Fürsorge. In: Nachrichtendienst des Deutschen Vereins für öffentliche und private Fürsorge, Ausg. 7/2002, S. 238-251.

Dießenbacher, Hartmut (1986): Der Armenbesucher: Missionar im eigenen Land. Armenfürsorge und Familie in Deutschland um die Mitte des 19. Jahrhunderts. In: Sachße, Christoph/Tennstedt, Florian (Hrsg.) (1986): Soziale Sicherheit und soziale Disziplinierung, Frankfurt a.M.: Edition Suhrkamp, S. 209 – 244.

Dietl, Helmut (1993): Institutionen und Zeit, Tübingen: J.C.B. Mohr/Paul Siebeck.

Ditch, J./Bradshaw, J./Clasen, J./Hubz, M./Mooodie, M. (1997): Comparative Social Assistance. Localisation and Discretion. Ashgate Publishing Ltd. Athenaeum Press, Ltd., Gateshead, Tyne & Wear.

Drøpping, Jon Anders/Hvinden, Björn/Vik, Kirsten (1999): Activation policies in the Nordic countries. In: Kautto; Mikko, u.a. (Hrsg.) (1999): Nordic Social Policy. Changing Welfare States, Routledge. S. 133-158.

Eardley, Tony u.a. (1996): Social Assistance in OECD-Countries, Volume I: Synthesis Report, Volume II: Country Reports. A study carried out on behalf of the Department of Social Security and the OECD by the Social Policy Research Unit, London: HMSO.

Edebalk, Per Gunnar (1996): Välfärdstaten träder fram. Svensk socialförsäkring 1884-1955, Ystad:Arkiv förlag.

Edvardson, Bo/Karlsson, Peter/Lindström, Anna (1997): Qualitätskarten – eine Methode der Qualitäts- entwicklung in der Gemeinde Norrköping. In: Riegler, Claudius H./Naschold, Frieder (Hrsg.) (1997): Reformen des öffentlichen Sektors in Skandinavien, Baden-Baden: Nomos, S. 149-165.

Einerhand, Marcel/Eriksson, Ingemar/Van Leuvensteijn, Michel (2001): Abhängigkeit von Sozialleis- tungen und Dynamik des Wohlfahrtsstaates: Ein Vergleich zwischen Schweden und den Nieder- lande. In: Internationale Revue für Soziale Sicherheit, Bd. 54, 1/2001, S. 3-20.

Ekholm, Mats (2003): Bildung und Lernen in Schweden. Herne: Adademie Mont-Cenis.

Elder, Glenn (1974): Children of the Great Depression. Chicago: University of Chicago Press.

Elder, Glenn (1998): The Life Course and Human Development. In: Lerner, Richard M. (Hrsg.) (1998): Handbook of Child Psychology. Vol. 1: Theoretical Models of Human Development. New York: Wiley & Sons, S. 939-991.

Ellström, Per-Erik/Gustavsson, Bernt/Larsson, Staffan (Hrsg.) (1996): Livslångt Lärande, Lund: Studentlitteratur.

Elmér, Åke/Blomberg, Staffan/Harrysson, Lars/Petersson/Jan (2000): Svensk socialpolitik. Lund: Studentlitteratur, 20. Auflage.

Endress, Martin (2002): Vertrauen, Bielefeld: Transkript Verlag.

Endruweit, Günter/Trommsdorft, Gisela (1989): Wörterbuch der Soziologie, Stuttgart: Ferdinand Enke Verlag.

Erlander, Tage (1973): Tage Erlander 1940-1949. Autobiografie, Stockholm: Tidens Förlag.

Esping-Andersen, Gøsta (1990): The Three Worlds of Welfare Capitalism, Cambridge u.a.: Polity Press.

Esping-Andersen, Gøsta (1998): Die drei Welten des Wohlfahrtskapitalismus. Zur Politischen Ökono- mie des Wohlfahrtsstaates. In: Lessenich, Stephan/Ostner, Ilona (Hrsg) (1998): Welten des Wohl- fahrtskapitalismus. Der Sozialstaat in vergleichender Perspektive, Frankfurt/New York: Campus Verlag, S. 19-56.

Esser, Hartmut (2000): Soziologie, Spezielle Grundlagen, Band 5: Institutionen, Frankfurt/New York: Campus.

Etzioni, Amitai (1975): Die aktive Gesellschaft: eine Theorie gesellschaftlicher und politischer Prozesse, Opladen: Westdeutscher Verlag.

Eurostat (2000): Europäische Sozialstatistik: Sozialschutz, Ausgaben und Einnahmen 1980-1998, Ausg. 2000. Brüssel: Eurostat.

Evers, Adalbert (2000): Aktivierender Staat – Eine Agenda und ihre möglichen Bedeutungen. In: Mez- ger, Erika/West, Klaus W. (Hrsg.) (2000): Aktivierender Sozialstaat und politisches Handeln, Marburg: Schüren, S. 13-29.

Federico,Ronald C. (1980): The Social Welfare Institution. An Introduction, Lexington/Massa- chusetts/Toronto: D.C. Heath and Company.

Fisch, Stefan (2000): Verwaltungskulturen – Geronnene Geschichte. In: Die Verwaltung, Jg. 33, Ausg. 4/2000, S. 303-349.

Flick, Uwe (2000): Qualitative Forschung. Theorie, Methoden, Anwendung in Psychologie und Sozial- wissenschaften, 5. Auflage, Reinbek: Rowohlts Enzyklopädie.

Flora, Peter (Hrsg.) (1986): Growth to Limits. The Western European Welfare States Since World War II, Volume 1: Sweden, Norway, Finland, Denmark, Volume 2: Germany, United Kingdom Ire- land, Italy. Berlin/New York: Walter De Gruyter.

Flora, Peter/Noll, Heinz-Herbert (1999): Sozialberichterstattung und Sozialstaatsbeobachtung. Indivi- duelle Wohlfahrt und wohlfahrtsstaatliche Institutionen im Spiegel empirischer Analysen, Frank- furt/New York: Campus.

Försäkringskassan (2000): Samverkan FRISAM – förteckning maj 2000, Göteborg: Västra Götalands läns allmänna försäkringskassan, Länskontoret, Försäkringsavdelningen.

Föst, Ulrich (1997): Kommunale Sozialpolitik und Gemeindefinanzen. Zur Begründung kommunaler Steuerungsprobleme der Sozialpolitik. Aachen: Shaker Verlag.

Foucault, Michel (1977): Überwachen und Strafen, Frankfurt a.M.: Edition Suhrkamp.

Franzén, Eva (1997): Socialbidrag och invandrare. In: Socialvetenskaplig Tidskrift, Årgang 4, S. 279-304.

Franzén, Eva (2000): Socialbidrag bland invandrare. In: Puide, Annika (Hrsg.) (2000): Socialbidrag i forskning och praktik, Centrum för utvärdering av socialt arbete CUS, Stockholm: Gothia, S. 122-146.

Fraser, Nancy/Gordon, Linda (1994): A Genealogy of Dependency: Tracing a Keyword of the US-Welfare State. In: Journal of Women in Culture and Society, S. 339-336.

Fred, Görel/Olsson, Kicki (2002): Socialbidrag i ett systemteoretiskt perspektiv, Stockholm: Gothia.

Fretschner, Rainer/Hilbert, Josef/Stöbe-Blossey, Sybille (2003): Der aktivierende Staat und seine Implikationen für die Soziale Arbeit. In: Dahme, Heinz-Jürgen/Otto, Hans-Uwe/Trube, Achim/Wohlfahrt, Norbert (Hrsg.) (2003): Soziale Arbeit für den aktivierenden Staat, Opladen: Leske+Budrich, S. 37-56.

Freytag, Dieter (2000): Zusammenführung von Aufgaben- und Finanzverantwortung in der Sozialhilfe im kreisangehörigen Raum – Aspekte des Finanzausgleichs und der Personalausstattung. In: Günther, Albert (Hrsg.) (2000): Verwaltungsmodernisierung. Anforderungen – Erfahrungen – Perspektiven, Baden-Baden: Nomos, S. 135-158.

Fridberg, Torben, u.a. (Hrsg.) (1993): On Social Assistance in the Nordic Capitals, Kopenhagen: The Danish National Institute of Social Research and Nordic Council of Ministers.

Friebertshäuser, Barbara (1997a): Feldforschung und teilnehmende Beobachtung. In: Friebertshäuser, Barbara/Prengel, Annedore (Hrsg.) (1997): Handbuch Qualitativer Forschungsmethoden in der Erziehungswissenschaft, Weinheim und München: Juventa, S. 503-533.

Friebertshäuser, Barbara (1997b): Interviewtechniken – ein Überblick. In: Friebertshäuser, Barbara/Prengel, Annedore (Hrsg.) (1997): Handbuch Qualitativer Forschungsmethoden in der Erziehungswissenschaft, Weinheim und München: Juventa, S. 371-395.

Friedrichs, Jürgen (1980): Methoden empirischer Sozialforschung. Opladen: Westdeutscher Verlag.

Fuchs, Petra/Schulze-Böing, Matthias (1999): Hilfen zur Arbeit und kommunale Beschäftigungspolitik. Zwischenbilanz und Perspektiven einer Fachtagung des Deutschen Vereins für öffentliche und private Fürsorge, Frankfurt a.M./Stuttgart: Verlag Kohlhammer.

Fuchs-Heinritz, Werner/Lautmann, Rüdiger, u.a. (1994): Lexikon zur Soziologie, Opladen: Westdeutscher Verlag

Fürstenberg, Friedrich/Mörth, Ingo (1986): Zeit als Strukturelement von Lebenswelt und Gesellschaft, Linz: Trauner-Druck.

Fürstenberg, Frank (1986): Zeit als Strukturdimension soziologischer Analyse. In: Fürstenberg, Frank/Mörth, Ingo (Hrsg.) (1986): Zeit als Strukturelement von Lebenswelt und Gesellschaft, Linz: Universitätsverlag R. Trauner, S. 23-26.

Fürstenau, Peter (1964): Zur Psychoanalyse der Schule als Institution. In: Das Argument, 29. Jahrgang.

Furåker, Bengt (1997): Arbetslinjen, socialbidrag och massarbetslöshet. In: SoS-rapport 1997:5: 11 röster om socialbidrag – En antologi, Stockholm, S. 35 – 46.

Gangl, Markus (1997): Der Arbeitsmarkt als Weg aus der Sozialhilfe. Eine empirische Analyse auf der Grundlage der Bremer Längsschnitt-Stichprobe von Sozialhilfeakten, Universität Bremen, Sfb 186, Statuspassagen und Risikolagen im Lebensverlauf, Arbeitspapier Nr. 347.

Gebhard, Thomas (1999): Von den USA lernen? Neue Ansätze zur Arbeitsmarktintegration von Sozialhilfeempfängern, Abschlussbericht des gleichnamigen Forschungsprojekts, gefördert von der Hans-Böckler-Stiftung (Projekt-Nr. 98-17-4), Universität Bremen: Zentrum für Sozialpolitik.

Gehlen, Arnold (1961): Anthropologische Forschung (Hrsg.: Ernesto Grassi), München: Verlag Rowohlt.

Geißler, Karlheinz A. (1998): Zeit „Verweile doch du bist so schön!", Weinheim/Berlin: Belz Quadriga.

Gerdmann, Peter (2000): Kvalitetsutveckling – socialbyråkratins mantra. In: Socionomen, Ausg. 4/2001, S.45-48.

Geremek, Bronislaw (1991): Geschichte der Armut. Elend und Barmherzigkeit in Europa. München: DTV.

Gerhardt, Uta (1986): Patientenkarrieren. Eine medizinischsoziologische Studie, Frankfurt a.M.: Suhrkamp.

Giddens, Anthony (1997): Jenseits von Links und Rechts, Edition Zweite Moderne (Hrsg.: Ulrich Beck), Frankfurt a.M.: Suhrkamp.

Giddens, Anthony (1999): Der dritte Weg. Die Erneuerung der sozialen Demokratie, Edition Zweite Moderne (Hrsg. Ulrich Beck), Frankfurt a.M.: Suhrkamp.

Giddens, Anthony (2001): Die Frage der sozialen Gerechtigkeit. Edition Zweite Moderne (Hrsg. Ulrich Beck), Frankfurt a.M.: Suhrkamp.

Giertz, Anders (1998): Arbete. In: Denvall, Verner/Jacobson, Tord (Hrsg.) (1998): Vardagsbegrepp i socialt arbete. Ideologie, teori och praktik, Stockholm: Norstedt Juridik AB, S. 193-206.

Giese, Dieter (1993): Die Änderungen des Sozialhilferechts durch das Gesetz zur Umsetzung des Föderalen Konsolidierungsprogramms. In: Zeitschrift für das Fürsorgewesen, Ausg. 7/1993, S. 145-163.

Gilbert, Neil/Gilbert, Barbara (1989): The Enabling State. Modern Welfare Capitalism in America, New York/Oxford: Oxford University Press.

Gilbert, Neil (2002): Tansformation of the Welfare State.The Silent Surrender of Public Responsibility, New York: Oxford University Press.

Göhler, Gerhard (Hrsg.) (1997): Institutionenwandel. In: Leviathan, Zeitschrift für Sozialwissenschaft, Sonderheft 16/1996, Opladen: Westdeutscher Verlag.

Goffman, Erving (1961): Asyle. Über die soziale Situation psychiatrischer Patienten und anderer Insassen. , deutschrachige erste Auflage 1973, Frankfurt a.M.: Edition Suhrkamp.

Goffman, Erving (1963): Stigma. Über die Techniken der Bewältigung beschädigter Identität, deutschsprachige erste Auflage 1975, Frankfurt a.M.: Edition Surhrkamp.

Gould, Arthur (1988): Conflict and Control in Welfare Policy. The Swedish Eperience, London/New York: Longman.

Gould, Arthur (2001): Developments in Swedish Social Policy. Resisting Dionysus, Houndmills/Basingstoke/Hampshire and New York: Palgrave.

Grell, Britta (2008): Workfare in den USA- Das Elend der US-amerikanischen Sozialhilfepolitik, Berlin: Transcript Verlag.

Grimlund, Bengt E./Gustafsson, Agne/Zanderin, Lars (1997): Förvaltning i stat, kommun och landstig. En introduktion, Stockholm: Rabén Prisma.

Grunow, Dieter (1988): Bürgernahe Verwaltung. Theorie, Empirie, Praxismodelle, Frankfurt/New York: Campus.

Grunow, Dieter (1991): Development of the Public Sector: Trends and Issues. In: Kaufmann, Franz-Xaver (Hrsg.) (1991): The Public Sector – Challenge for Coordination and Learning, Berlin/New York: Walter de Gruyter, S. 89-116.

Grunow, Dieter/Hegner, Friedhart (1978): Die Gewährung persönlicher und wirtschaftlicher Sozialhilfe: Untersuchungen zur Bürgernähe der kommunalen Sozialverwaltung, Projektgruppe Verwaltung und Publikum an der Universität Bielefeld, Schriftenreihe der Forschungsgruppe „Sozialplanung und Sozialverwaltung" e.V.

Grunow, Dieter/Wollmann, Hellmut (Hrsg.) (1998): Lokale Verwaltungsreform in Aktion: Fortschritte und Fallstricke, Basel: Birkhäuser.

Gurgsdies, Erik (2006): Schweden. Zivilgesellschaft im universalistischen Wohlfahrtsstaat. In: Meyer, Thomas (Hrsg.) (2006): Praxis der Sozialen Demokratie, Wiesbaden: VS Verlag, S. 47-129.

Gustafsson, Björn (1985): En bok om fattigdom. Lund: Distribution Studentlitteratur.

Gustafsson, Björn (1989): Som ett isberg? Om underutnyttjande av socialbidrag. In: Nordiskt socialt arbete, Ausgabe 3/1987.

Gustafsson, Björn (1998): Armut in Schweden. Veränderungen in Struktur und Dynamik im Zeitraum von 1975 bis 1993. In: Zeitschrift für Sozialreform, 44. Jg., Ausg. 4,5/1998, S. 278-294.

Gustafsson, Björn (2000): Socialbidrag i Sverige och några andra EU-Länder. In: Puide, Annika (Red.) (2000): Socialbidrag i forskning och praktik, Centrum för utvärdering av socialt arbete (CUS), Stockholm: Gothia, S.87-121.

Gustafsson, Björn/Hydèn, Lars-Christer/Salonen, Tapio (1990): Beslut om socialbidrag i storstäder, Malmö: Skriftserie Sekretariatet för Sociala Studier, Nr. 4:90.

Hadenius, Axel (1986): A Crises of the Welfare State? Uppsala: Almqvist & Wiksell.

Häußermann, Hartmut/Siebel, Walter (1995): Dienstleistungsgesellschaften. Frankfurt a.M.: Edition Suhrkamp.

Hagen, Christine/Niemann, Heike (2001): Sozialhilfe als Sequenz im Lebenslauf? Institutionelle und individuelle Bedeutung der Übergänge aus der Sozialhilfe. In: Sackmann, Reinhold/Wingens, Matthias (Hrsg.) (2001): Strukturen des Lebenslaufs: Übergang, Sequenz, Trajekt, Weinheim: Juventa, S. 77-103.

Hagström, Tom (1985): Aktivering till arbete: en beskrivning och diskussion av olika program och metoder, Stockholm: Verlag Solna: Arbetsmarknadsstyrelsen, enheten för yrkesinrktad rehabilitering (1985:3).

Halleröd, Björn (1991): Den svenska fattigdomen. En studie av fattigdom och socialbidragstagande, Lund: Arkiv avhandlingsserie 36, Studentlitteratur.

Halvarson, Arne/Lundmark, Kjell/Staberg, Ulf (2000): Sveriges Statsskick. Fakta och Perspektiv. Stockholm: Verlag Liber (11. Auflage).

Hanesch, Walter (2000): Sozialer und wirtschaftlicher Wandel verlangt einen Umbau des Sozialstaates. Nationale und globale Trends erfordern eine neue strategische Ausrichtung sozialer Dienstleistungen. In: Blätter der Wohlfahrtspflege, Heft 1+2/2000: 13-16.

Hanesch, Walter (2001): Arbeit statt Sozialhilfe nach US-Vorbild? Zur aktuellen Sozialhilfereform-Diskussion. In: Kritische Justiz, 34. Jg., Heft 4/2001, S. 384-404.

Hanesch, Walter/Stelzer-Orthofer, Christine/Balzter, Nadine (2001): Activation Policies in Minimum Income schemes. In: Heikkilä, Matti/Keskitalo, Elsa (Hrsg.) (2001): Social Assistance in Europe. A comparative study on minimum income in seven European countries, Synthesis Report, Helsinki: STAKES National Research and Development Centre for Welfare and Health, S. 122-151.

Hansen, Henning (2001): Arbejde, aktivering og arbejdsløshed – integration id e hele liv, Frederiksberg: Samfundslitteratur.

Harrach, Eva-Maria von/Loer, Thomas/Schmidtke, Oliver (2000): Verwaltung des Sozialen. Formen der subjektiven Bewältigung eines Strukturproblems, Konstanz: UVK Universitätsverlag.

Harrysson, Lars/Petersson, Jan (2000): The Swedish Labour Market/Welfare State in Transition – Workfare a Call for Work Obligations as a Mere Moral Device., Ms., Vortrag, Lund University, European Research Seminar: "The Activating Welfare States. New Ways of Fighting Poverty and Social Exclusion in Europe", 27th and 28th October 2000.

Hartmann, Helmut (1981): Sozialhilfebedürftigkeit und „Dunkelziffer der Armut“, Bericht über das Forschungsprojekt zur Lage potentiell Sozialhilfeberechtigter, Schriftenreihe des Bundesministerium für Jugend, Familie und Gesundheit, Band 98, Stuttgart: W. Kohlhammer.

Hartmann, Helmut (1985): Beziehungen zwischen Klienten und Sachbearbeitern auf dem Sozialamt. In: Theorie und Praxis der Sozialen Arbeit, 36. Jg. Ausg. 9/1985, S. 289-295.

Hartmann, Helmut (2000): Arbeitslosenhilfe und Sozialhilfe. In: BAG-SB Informationen, Fachzeitschrift für Schuldnerberatung, Bundesarbeitsgemeinschaft Schuldnerberatung e.V., Kassel, Heft 4/2000, S. 41-44.

Hartmann, Helmut (2001): Benchmarking in der kommunalen Sozialhilfe. In: Zeitschrift für das Fürsorgewesen, Ausg. 6/2001, S. 121-129.

Hasse, Raimund/Krücken, Georg (1999): Neo-Institutionalismus, Bielefeld: Transcript Verlag.

Hauriou, Maurice (1925): Die Theorie der Institution und zwei andere Aufsätze, Berlin.

Heikkilä, Matti/Keskitalo, Elsa (Hrsg.) (2001): Social Assistance in Europe. A comparative study on minimum income in seven European countries, Synthesis Report, Helsinki: STAKES National Research and Development Centre for Welfare and Health.

Heinze, Rolf G./Strünck, Christoph (2001): Aktivierender Staat – Politik zur Entfaltung des bürgerschaftlichen Engagements. In: Theorie und Praxis der Sozialen Arbeit, Ausg. 5/2001, S. 163-166.

Henningsen, Bernd (1986): Der Wohlfahrtsstaat Schweden, Baden-Baden: Nomos.

Hermodsson, Anne (1998): Klientdemokratie – vision och verklighet. En studie i fem kommuner, Stockholm: Universitet Stockholm, Institutionen för socialt arbete, Socialhögskolan, Rapport i socialt arbete Nr. 86-1998.

Herriger, Norbert (1997): Empowerment in der sozialen Arbeit: eine Einführung, Stuttgart: W. Kohlhammer.

Hertzler, J.O. (1946): Social Institutions. Nebraska: Lincoln; University of Nebraska Press.

Hielscher, Volker/Ochs, Peter (2009): Arbeitslose als Kunden? Beratungsgespräche in der Arbeitsvermittlung zwischen Druck und Dialog. Berlin: Edition Sigma. Sonderband 32, Reihe: Modernisierung des öffentlichen Sektors.

Hild, Paul (1997): Netzwerke der lokalen Arbeitsmarktpolitik. Steuerungsprobleme in theoretischer und empirischer Hinsicht, Berlin: Edition Sigma.

Hinrichs, Karl/Merkel, Wolfgang (1987): Der Wohlfahrtsstaat Schweden: Was bleibt vom Modell? In: Aus Politik und Zeitgeschichte, Ausg. B 51/87, S. 23-38.

Hinte, Wolfgang (1999): Zukunftsmodell „Amt für Arbeit, Einkommen und Existenzsicherung". In: Theorie und Praxis der Sozialen Arbeit, Ausg. 5/1999, S. 175-180.

Hjertner-Thorén, Katarina (2002): Swedish Activation Policy in Street-Level Practise: A Policy Politics Approach. Preliminary findings from a study of two municipalities (unveröffentl. Manuskript), School of Health Science & Social Work, Växjö University, Sweden.

Hodgson, Geoffrey M. (1988): Economics and Institutions. A manifest for a modern institutional economics. Oxford: Polity Press.

Högberg, Camilla (1999): Brukarnas erfarenheter och synpunkter på introduktionen för nyanlända flyktingar 1996, Studie från Handelshögskolan/Göteborgs universitet på uppdrag av Göteborgs stadskanli, flytktingverksamheten.

Hoffmann, Susanne (2002): Beratung als zentrales Element der Sozialhilfe im aktivierenden Sozialstaat. Sozialpolitische Bedeutung und Konsequenzen für die Gestaltung sozialer Dienste. In: Nachrichtendienst des Deutschen Vereins für öffentliche und private Fürsorge (NDV), Ausg. 3/2002, S. 86-92.

Hoffmann-Riem, Wolfgang (Hrsg.) (1979): Bürgernahe Verwaltung? Analysen über das Verhältnis von Bürger und Verwaltung, Neuwied/Darmstadt: Luchterhand.

Hombach, Bodo (1998): Aufbruch. Die Politik der Neuen Mitte, München: Econ Verlag.

Hombach, Bodo (1999): Die Balance von Rechten und Pflichten sichern. Der aktivierende Sozialstaat – das neue Leitbild. In: Soziale Sicherheit, 48. Jg., Heft 2/1999, S. 41-44.

Horgby, Per-Johan/Wittkau-Horgby, Annette (1998): Das Beispiel Schweden. Freie Wohlfahrtspflege in einem dominanten Wohlfahrtsstaat. In: Soziale Sicherheit, Ausg. 2/1998, S. 57-61.

Hucke, Jochen/Wollmann, Hellmut (1980): Methodenprobleme der Implementationsforschung. In: Mayntz Renate (Hrsg.) (1980): Implementation politischer Programme. Empirische Forschungsberichte, Königstein/Ts.: Athenäum/Hain/Scriptor/Hanstein, S. 216-235.

Hübinger, Werner (1996): Prekärer Wohlstand: neue Befunde zu Armut und sozialer Ungleichheit, Freiburg: Lambertus Verlag.

Hultgren, Marianne/Norinder, Claes (1991): 5 år med EGT. Erfarenheter av förenklat socialbidrag i Malmö. Skriftserie (6/91), Sekretariatet för Sociala Studier, Socialhögskolan, Universitet Lund.

Huntford, Roland (1973): Wohlfahrtsdiktatur. Das schwedische Modell, Frankfurt/M. /Berlin/Wien.

Hurrelmann, Klaus (1990): Plädoyer für die Kooperation medizinischer und psychosozialer Dienste für Kinder und Jugendliche. In: Prävention, Ausg. 13/1990, S. 115-122.

Hvinden, Björn (1994): Divided against itself, Oslo: Scandinavian University Press.

Hvinden, Björn (1999): The Diverse Meanings of "Activation" in Western Europe of the 1990s, Paper on the European Research Seminar "The Activation Welfare States – New Ways of Fighting Poverty and Social Exclusion in Europe", Universität Lund, Sozialhochschule, 27. bis 28. Okt. 2000.

Hydén, Lars-Christer/Kyhle-Westermark, Pia/Stenberg, Sten-Åke (1995): Att besluta om socialbidrag. En studie i 11 kommuner, Centrum för utvärdering av socialt arbete, Stockholm: CUS-skrift 1995:1.

Hydén, Lars-Christer (2000): Att samtala om socialbidrag. In: Puide, Annika (Red.): Socialbidrag i forskning och praktik, Centrum för utvärdering av socialt arbete, Göteborg: Gothia, S. 224-243.

IAB Institut für Arbeitsmarkt- und Berufsforschung (2001): „Jump", das Jugendsofortprogramm. Unterschiede in den Förderjahrgängen 1999 und 2000 und Verbleib der Teilnehmer nach Maßnahmen, Nürnberg, IAB Werkstattbericht 3/2001.

Illich, Ivan (1979): Entmündigung durch Experten. Zur Kritik der Dienstleistungsberufe, Reinbek: Rowohlt.

Info also (2001): Dokumentation zur Reform der Arbeitsförderung – Eckpunkte für ein JOB-AQTIV-Gesetz. In: Informationsdienst zum Arbeitslosen- und Sozialhilferecht, Ausg. 3/2001, S. 185-193.

Integrationsverket (2000): Beroende av bidrag? Socialbidragsberoendet 1998 bland ett urval av 1995 års mottagna flyktingar, Norrköping: Integrationsverkets Rapportserie 2000: 21.

Integrationsverket (2001): Kommunernas mångfaldsarbete. En sammanställning av en enkätundersökning våren 2001, Norrköping: Integrationsverkets Rapportserie 2001: 10.

Integrationsverket (2002): Rapport "Integration 2001", Norrköping.

Jacobson, Bengt (Hrsg.) (1994): Organisationsexperiment i kommuner och landsting. Stockholm: Nerenius & Santérus Förlag.

Jacobs, Herbert (1996a): Evaluierung von Maßnahmen der „Hilfen zur Arbeit" in Bremen, Frankfurt a.M.: Eigenverlag des Deutschen Vereins für öffentliche und private Fürsorge, Reihe DDD Nr. 33.

Jacobs, Herbert (1996b): Hilfe ist möglich – Hilfeplanung als neuer Ansatz der Hilfe zur Selbsthilfe in der Sozialhilfe. In:Blätter der Wohlfahrtspflege, Ausg. 6/1996, S. 164-166.

Jacobs, Herbert (2001): Sozialhilfe im Dilemma, Sozialhilfereformen zwischen sozialpolitischer Notwendigkeit und Sparzwang, Frankfurt a.M.: Eigenverlag des Deutschen Vereins für öffentliche und private Fürsorge.

Jacobs, Herbert/Ringbeck, Anna Elisabeth (1994): Hilfen zur Überwindung von Sozialhilfebedürftigkeit, Abschlussbericht zum Projekt „Hilfen zur Überwindung von Sozialhilfebedürftigkeit", Hrsg: Bundesministerium für Familie und Senioren, Stuttgart: W. Kohlhammer.

Jaeggi, Urs (1974): Institution – Organisation. In: Wulf, Christoph (Hrsg.) (1974): Wörterbuch der Erziehung, München/Zürich: Verlag R. Piper & Co, S. 308-313.

Jann, Werner (1983): Staatliche Programme und Verwaltungskultur. Bekämpfung des Drogenmißbrauchs und der Jugendarbeitslosigkeit in Schweden, Großbritannien und der Bundesrepublik Deutschland im Vergleich. Opladen: Westdeutscher Verlag.

Jann, Werner (2000): Verwaltungskulturen im internationalen Vergleich. Ein Überblick über den Stand der empirischen Forschung. In: Die Verwaltung. Zeitschrift für Verwaltungsrecht und Verwaltungswissenschaften. 33. Band, Heft 4/2000, S. 325-349.

Jennings, Ivor W. (1968): Die Theorie der Institution. In: Schnur, Roman (Hrsg.) (1968): Institution und Recht, Darmstadt: Wissenschaftliche Buchgesellschaft, Reihe: Wege der Forschung, Band CLXXII, S. 99-117.

Jochem, Sven (1998): Die skandinavischen Wege in die Arbeitslosigkeit. Kontinuität und Wandel der nordischen Beschäftigungspolitik im internationalen Vergleich. Opladen: Leske+Budrich.

Jochem, Sven (1999): Sozialpolitik in der Ära Kohl: Die Politik des Sozialversicherungsstaates, Universität Bremen: Zentrum für Sozialpolitik, ZeS-Arbeitspapier Nr. 12/99.

Jönson, Håkan (1995): Utvärdering och kvalitetssäkring i socialt arbete – Rapport från FORSA-symposiet, 14-16. September 1995, Universitet Lund: Meddelanden från Socialhögskolan, Nr. 1995: 2.

Johannesson, Jan (1999): Schwedische Arbeitsmarktpolitik: Eine Politik, die ihre Grenzen überschritten hat? In: Riegler, Claudius H./Schneider, Olaf (Hrsg.) (1999): Schweden im Wandel – Entwicklungen, Probleme, Perspektiven. Beiträge zur Wirtschafts- und Gesellschaftspolitik, Berlin: Verlag Arno Spitz, S. 287-302.

Johansson, Hjördis/Petersson, Astrid (1975): Hamna på fattighuset. Göteborg: Avantförlaget.

Johansson, Håkan (1998): Att organisera välfärden – Institutionella nyordningar i de svenska välfärdssystemen under 1990-talet, Universität Lund, Reihe Meddelanden från Socialhögskolan, Nr. 1998: 10, Lund.

Johansson, Håkan (2001): I det sociala medborgarskapets skugga. Rätten till socialbidrag under 1980- och 1990-talen. Lunds Studies in Social Welfare, Lund: Arkiv förlag.

Johansson, Staffan/Löfström, Mikael/Ohlsson, Östen (2000): Projekt som strategie för lärande och förändring – en analys av utvecklingsprojekt inom socialtjänsten,Stockholm: SNS-förlag.

Jonsson, T.B. (1997): Institutionalized strategies in face-to-face encounters – rehabilitation workers and clients in a social insurance office. In: Scandinavian Journal of Social Welfare, Vol. 6/1997, S.24ff.

Jordansson, Birgitta (1998): Den goda människan från Göteborg. Genus och fattigvårdspolitik i det borgerliga samhällets framväxt. Lund Studies in Social Welfare XIX, Lund: Arkiv förlag.

Josefsson, Christina (2001): Kompetensmodell i Göteborg där ansvar och efarenhet avgör, in: SSR-tidningen, Zeitschrift des Verbandes schwedischer Sozialarbeiter (Sveriges Socionomers Riksförbund), Ausgabe 2/2001, S. 8-10.

Julkunen, Ilse (1993): Social Welfare Agencies in the Nordic Captials. In: Fridberg, Torben u.a. (Hrsg.) (1993): On Social Assistance in the Nordic Capitals, Socialforskningsinstitutet/Nordisk Ministerråd, Copenhagen, S. 53-66.

Junge, Matthias (1996): Individualisierungsprozesse und der Wandel von Institutionen. Ein Beitrag zur Theorie reflexiver Modernisierung. In: Kölner Zeitschrift für Soziologie, 48. Jg., Heft 4/1996, S. 728-747.

Kantel, Diether (2002): Die repressive Pädagogik des aktivierenden Sozialstaats – Das Beispiel Arbeitslosigkeit. In: Theorie und Praxis der Sozialen Arbeit, Heft 1/2002, S. 5-11.

Karlsson, Dan (2001): Har vi fått en avslagskultur på socialbyrån? In: Socionomen, Ausg. 6/2002, S. 14.

Karlsson, Dan (2002): En restriktiv socialbidragshandläggning. Vad är det? Vem drabbas? Synpunkter på det gångna årtiondets orättfärdiga socialpolitik. In: Socionomen, Ausg. 1/2002, S. 30-33.

Karlsson, Ulf/Sundell, Knut (1995): Att bryta rundgången? Effekter av ökad samverkan för att minska långtidsarbetslöshet, FoU-Rapport 1995: 22, Stockholm Stad: Socialtjänstförvaltningen, Forsknings- och Utvecklingsenheten.

Karlsson, Ulf/Sundell, Knut (1999): Vem bryta rundgången? En treårsuppföljning av 544 långtidsarbetslösa, FoU-Rapport 1999: 7, Stockholm Stad: Socialtjänsten, Forsknings- och Utvecklingsbyrån.

Karlsson, Urban (1999): Uppsalamodellen: från solidaritet till individmoral. Dissertation, Universitet Umeå, Institutionen för socialt arbete.

Kaufmann, Franz-Xaver (1972): Zum Verhältnis von Sozialarbeit und Sozialpolitik. In: Hans-Uwe Otto und Siegfried Schneider (Hg.): Gesellschaftliche Perspektiven der Sozialarbeit, erster Halbband, Neuwied/Berlin: Luchterhand, S. 87-104.

Kaufmann, Franz-Xaver u.a. (1979): Bürgernahe Sozialpolitik. Planung, Organisation und Vermittlung sozialer Leistungen auf lokaler Ebene, Frankfurt/New York: Campus.

Kaufmann, Franz-Xaver (1982): Elemente einer soziologischen Theorie sozialpolitischer Intervention. In: ders. (Hrsg.): Staatliche Sozialpolitik und Familie, München/Wien: R. Oldenbourg, S. 49-85.

Kaufmann, Franz-Xaver (1986): Steuerungsprobleme der Sozialpolitik. In: Heinze, Rolf G. (Hrsg.): Neue Subsidiarität: Leitidee für eine zukünftige Sozialpolitik, Opladen: Westdeutscher Verlag, S. 39-64.

Kaufmann, Franz-Xaver/Majone, Giandomenico/Ostrom, Vincent (Hrsg.) (1986): Guidance, Control and Evaluation in the Public Sector. Berlin/New York: Verlag de Gruyter.

Kaufmann, Franz-Xaver (1988): Steuerung wohlfahrtsstaatlicher Abläufe durch Recht. In: Grimm, Dieter/ Maihofer, Werner (Hrsg.) (1988): Gesetzgebungstheorie und Rechtspolitik, Schriftenreihe: Jahrbuch für Rechtssoziologie und Rechtstheorie, Opladen: Westdeutscher Verlag, S. 65-108.

Kaufmann, Franz-Xaver (1997): Herausforderungen des Sozialstaates. Frankfurt a.M.: Edition Suhrkamp.

Kaufmann, Franz-Xaver (1998): Zur historischen und aktuellen Entwicklung des europäischen Staates. In: Bandemer, Stephan von/Blanke, Bernhard u.a. (Hrsg.) (1998): Handbuch zur Verwaltungs-Reform, Opladen: Leske+Budrich, S. 11-18.

Kaufmann, Franz-Xaver (1999): Konzept und Formen sozialer Intervention. In: Albrecht, Günther, u.a. (Hrsg.) (1999): Handbuch sozialer Probleme, Opladen/Wiesbaden: Westdeutscher Verlag, S. 921-940.

Kaufmann, Franz-Xaver (2000): Der deutsche Sozialstaat als Standortbelastung? Vergleichende Perspektiven. In: Leibfried, Stephan/Wagschal, Uwe (Hrsg.) (2000): Der deutsche Sozialstaat. Bilanzen – Reformen – Perspektiven, Frankfurt/New/York: Campus, S. 171-198.

Kaufmann, Franz-Xaver (2001): Der deutsche Sozialstaat im internationalen Vergleich. In: Bundesministerium für Arbeit und Sozialordnung und Bundesarchiv (Hrsg.) (2001): Geschichte der Sozialpolitik in Deutschland seit 1945, Baden-Baden: Nomos, S. 805-989.

Kaufmann, Franz-Xaver (2002): Sozialpolitik und Sozialstaat: Soziologische Analysen, Opladen: Leske + Budrich.

Kaufmann, Franz-Xaver (2003): Varianten des Wohlfahrtsstaats. Der deutsche Sozialstaat im internationalen Vergleich. Frankfurt a.M.: Edition Suhrkamp.

Kautto, Mikko/Heikkilä, Matti/Hvinden, Björn/Marklund, Staffan/Ploug, Niels (1999): Nordic Social Policy. Changing Welfare States, London/New York: Routledge.

Kazepo, Yuri/Sabatinelli, Stefania (2001): How Generous are Social Assistance Schemes? In: Heikkilä, Matti/ Keskitalo, Elsa (Hrsg.) (2001): Social Assistance in Europe. A comparative study on minimum income in seven European countries, Synthesis Report, Helsinki: STAKES National Research and Development Centre for Welfare and Health, S. 63-106.

Kelle, Udo/Kluge, Susann (1999): Vom Einzelfall zum Typus. Fallvergleich und Fallkontrastierung in der qualitativen Sozialforschung, Opladen: Leske + Budrich.

Kessl, Fabian/Otto, Hans-Uwe (2002): Aktivierende Soziale Arbeit – Anmerkungen zu neosozialen Programmierungen Sozialer Arbeit. In: Neue Praxis, Heft 5/2002, S. 445-457.

KGST (1995): Kommunale Gemeinschaftsstelle für Verwaltungsvereinfachung: Das Neue Steuerungsmodell: Erste Zwischenbilanz, Bericht Nr. 10/1995, Köln.

KGST (1997): Kommunale Gemeinschaftsstelle für Verwaltungsvereinfachung: Steuerung der Sozialhilfe, Bericht Nr. 11/1997, Köln.

Kildal, Nanna (Hrsg.) (2000): Den nya sociala frågan – om arbete, inkomst och rättvisa. Göteborg: Daidalos.

Kitterer, Wolfgang (Hrsg.) (1990): Sozialhilfe und Finanzausgleich, Heidelberg: R.v. Decker's Verlag.

Klages, Helmut (1995): Verwaltungsmodernisierung durch „neue Steuerung"?. In: Archiv für Kommunalwissenschaften, 34. Jg., 1995, S. 203-228.

Klasson, Torgny, 2000: Medborgardeltagande, brukarinflytande och konsumentanpassning. Tre idealmodeller av medborgerligt deltagande i och inflytande över kommunal serviceproduktion. In: Lars Agevall und Torgny Klasson (Hrsg.) (2000): Demokrati i praktiken, Lund: Studentlitteratur, S. 34-55.

Klausen, Kurt Klaudi/Ståhlberg, Krister (Hrsg.) (1998): New Public Management i Norden. Nye organisations- och ledelsesformer i den decentrale välfärdsstat, Odense: Universitetsförlag.

Klevan, Terje/Floris, Toini S./Granberg, Mikael/Montin, Stig/Rieper, Olaf/Vabo, Signy Irene (2000): Renewal of Local Government in Scandinavia: Effects for Local Politicians. In: Local Government Studies, Vol. 25, No. 2/2000, S. 93-116.

Koch, Max (2003): Arbeitsmärkte und Sozialstrukturen in Europa. Wege zum Postfordismus in den Niederlanden, Schweden, Spanien, Großbritannien und Deutschland, Wiesbaden: Westdeutscher Verlag.

Kohli, Martin (1985): Die Institutionalisierung des Lebenslaufs: Historische Befunde und theoretische Argumente. In: Kölner Zeitschrift für Soziologie und Sozialpsychologie, 37. Jg., S. 1-29.

Korte, Hermann/Schäfers, Bernhard (Hrsg.) (1992): Einführung in Hauptbegriffe der Soziologie, Opladen: Leske+Budrich.

Krage, Carsten (1990): Einführung in das schwedische Kommunalrecht, Stuttgart/Berlin/Köln: W. Kohlhammer.

Krieger, Ingrid/Pollmann, Birgit/Schläfke, Bernd (1989): „So wie Sie hingehen, so wie sie auftreten, so werden Sie verdammt noch mal behandelt": Die Realität der Armutsverwaltung. In: Neue Praxis, Ausg. 1/1989, S. 24-37.

Kristiansson, Anna/Tidqvist, Ann (1999): VESTTID – en bra åtgärd för ungdomar?, Abschlussbericht einer Evaluation zum kommunalen arbeitsmarktpolitschen Programm in Göteborg, Göteborgs Universitet: Förvaltningshögskolan.

Kühn, Dietrich (1994): Jugendamt – Sozialamt – Gesundheitsamt. Entwicklungslinien der Sozialverwaltung in Deutschland, Neuwied/Kriftel/Berlin: Luchterhand.

Kühn, Dietrich (1995): Neue Steuerungsmodelle der Sozialverwaltung – Chancen und Gefahren. In: Neue Praxis, Ausg. 4/1995, S. 340-348.

Kühn, Marianne/Scherpner, Martin (2003): Psychische Belastungen im Sozialamt – insbesondere von Verwaltungsfachkräften mit Publikumsverkehr. In: Nachrichtendienst des Deutschen Vereins für öffentliche und private Fürsorge, Ausg. 9/2003, S. 385-389.

Kuhlmann, Tobias (1999): Mit anderen Augen: Schweden bildet Einwanderer als Journalisten aus. In: Die Zeit vom 10.06.1999.

Kuhnle, Stein (1989) Skandinavien im Wandel. In: Journal für Sozialforschung, 28. Jg., Ausg. 1/1989, S. 21-46.

Kulawik, Teresa (1992): Die Krise des produktivistischen Universalismus. Zur Zukunft wohlfahrtsstaatlicher Politik in Schweden. In: Zeitschrift für Sozialreform, 38. Jg., Ausg. 11+12/1992, S. 746-786.

Kuntz, Roger (1999a): Hilfeplanung im Sozialamt – ein wichtiges Instrument für die Erreichung von mehr Effektivität und Effizienz in der Sozialhilfe. In: Nachrichtendienst des Deutschen Vereins für öffentliche und private Fürsorge, Ausg. 3/1999, S. 71-75.

Kuntz, Roger (1999b): Gesprächsführung in der Beratung vor dem Hintergrund von Hilfeplanung und Fallmanagement im Sozialamt. In: Nachrichtendienst des Deutschen Vereins für öffentliche und private Fürsorge, Ausg. 12/1999, S. 397-403.

Kurpjoweit, Karin (1997): Gleichstellung in Schweden. Zur Frauen und Bildungsforschung in der EU. Oldenburg: Bilbiotheks- und Informationssystem der Universität Oldenburg.

Kurpjoweit, Karin (2004): Das schwedische Schulsystem. Oldenburg: Didaktisches Zentrum (diz), Oldenburger Vordrucke.

Kvist, Jon (2001): Der Wohlfahrtsstaat und der Arbeitsmarkt: Die Erfahrungen Skandinaviens in den 1990ern. In: Zeitschrift für Sozialreform, 47. Jg., Ausg. 4/2001, S. 378-406.

Lamnek, Siegfried (1995): Qualitative Sozialforschung, Band 2: Methoden und Techniken, 3. korrigierte Auflage, München: Beltz-Psychologie Verlags Union.

Lane, Jan-Erik, 1990: Institutional Reform. A Public Policy Perspective, Aldershot: Dartmouth.

Lau, Else (1978): Interaktion und Institution, Berlin/München: Duncker und Humblot.

Lawsson, Roger (1987): Gegensätzliche Tendenzen in der Sozialen Sicherheit: Ein Vergleich zwischen Großbritannien und Schweden. In: Zeitschrift für ausländisches und internationales Arbeits- und Sozialrecht, Ausg. 1/1987, S. 23-44.

Leibfried, Stephan (1976): Armutspotential und Sozialhilfe in der Bundesrepublik. Zum Prozeß des Filterns von Ansprüchen auf Sozialhilfe. In: Kritische Justiz, Jg. 1976, S. 376-393.

Leibfried, Stephan (1977): Vorwort. In: Piven, Frances F./Cloward, Richard A. (1977): Regulierung der Armut. Die Politik der öffentlichen Wohlfahrt. Frankfurt a.M.: Suhrkamp, S. 9-67.

Leibfried, Stephan/Tennstedt, Florian, (Hrsg.) (1985): Politik der Armut und Die Spaltung des Sozialstaates, Frankfurt a.M.: Suhrkamp.

Leibfried, Stephan (1990): Sozialstaat Europa. Integrationsperspektiven europäischer Armutsregimes. In: Nachrichtendienst des Deutschen Vereins für öffentliche und private Fürsorge, 70. Jg., S. 295-306.

Leibfried, Stephan/Leisering, Lutz, u.a. (1995): Zeit der Armut. Lebensläufe im Sozialstaat, Frankfurt a.M.: Suhrkamp.

Leisering, Lutz (1992): Selbststeuerung im Sozialstaat. Zur Verortung der Rentenreform 1992 in der Sozialpolitik der 80er Jahre. In: Zeitschrift für Sozialreform 38. Jg., S. 3-39.

Leisering, Lutz (1998): Sozialstaat und Invidualisierung. In: Friedrichs, Jürgen (Hrsg.): Die Individualisierungsthese, Opladen: Leske+Budrich, S. 65-78.

Leisering, Lutz (2001): Wissenskulturen im lokalen Sozialstaat. Wissen als Steuerungsressource in der Reform der kommunalen Sozialhilfeverwaltung. In: Brülle, Heiner/Reis, Claus (Hrsg.) (2001): Sozialhilfe effektiv steuern – zwischen Wunsch und Wirklichkeit. Neuwied: Luchterhand, S. 19-34.

Leisering, Lutz (2003): Die Kreativität des lokalen Sozialstaats. Die Modernisierung der kommunalen Sozialhilfeverwaltungen in Deutschland (1990-2000) und internationale Reformerfahrungen, Opladen: Leske und Budrich (mit Beiträgen von Bernhard Hilkert, Frank Berner, Uwe Schwarze u.a.) (unv. Manuskript, Universität Bielefeld, Lehrstuhl f. Sozialpolitik, Prof. Dr. Lutz Leisering).

Leisering, Lutz/Voges, Wolfgang (1992): Erzeugt der Wohlfahrtsstaat seine eigene Klientel? Eine theoretische und empirische Analyse von Armutsprozessen. In: Leibfried, Stephan/Voges, Wolfgang (Hrsg.) (1992): Armut im modernen Wohlfahrtsstaat, Opladen: Westdeutscher Verlag (KZfSS, Sonderheft 32), S. 446 – 472.

Leisering, Lutz/Buhr, Petra/Gangl, Markus (1997): Kleine Revolution. In: Die Mitbestimmung. Magazin der Hans-Böckler-Stiftung, Ausg. 10/1997, S. 39-42.

Leisering, Lutz/Leibfried, Stephan (1999): Time and Poverty in Western Welfare States. United Germany in Perspective, Cambridge University Press.

Leisering, Lutz/Hilkert, Bernhard (2000): Von Großbritannien lernen? Wohlfahrtsstaatsreform im Zeichen des dritten Weges – Das Beispiel aktivierender Sozialhilfepolitik unter Blair. Anglo German Foundation for the Study of Industrial Society, 17 Bloomsbury Square, London WC1A 2LP.

Leisering, Lutz/Hilkert, Bernhard (2001): Strategien des Umbaus im lokalen Sozialstaat. Chancen und Risiken der kommunalen Sozialhilfereformen (Hilfe zum Lebensunterhalt) unter besonderer Berücksichtigung neuer Informationssysteme, Abschlussbericht des Projekts Nr. 98-53-4 der Hans-Böckler-Stiftung, Universität Bielefeld, Fakultät für Soziologie.

Leisering, Lutz/Müller, Rainer/Schumann, Karl F. (Hrsg.) (2001): Institutionen und Lebenslauf im Wandel. Institutionelle Regulierungen von Lebensläufen, Weinheim: Juventa, S. 11-26.

Lepsius, Rainer Mario (1990): Modernisierungspolitik als Institutionenbildung: Kriterien institutioneller Differenzierung. In: ders. (Hrsg.) (1990): Interessen, Ideen und Institutionen, Opladen: Westdeutscher Verlag, S. 53 ff.

Lepsius, Rainer Mario (1997): Institutionalisierung und Deinstitutionalisierung von Rationalitätskriterien. In: Göhler, Gerhard (Hrsg.) (1997): Institutionenwandel, Opladen: Westdeuscher Verlag, S. 57-69.

Lessenich, Stephan (2003): Dynamischer Immobilismus. Kontinuität und Wandel im deutschen Sozialmodell, Frankfurt/New York: Campus.

Lessenich, Stephan/Ostner, Ilona (Hrsg.) (1998): Welten des Wohlfahrtskapitalismus. Der Sozialstaat in vergleichender Perspektive, Frankfurt/New York: Campus.

Lidström, Anders (1996): Kommunsystem i Europa. Stockholm: Norstedts Juridik.

Lindbeck, Assar/Molander, Per/Persson, Torsten/Petersson, Olof/Swedenborg, Birgitta (2000): Politisk makt med oklart ansvar. Ekonomirådets rapport 2000, Stockholm: SNS förlag.

Lindbom, Anders (2001): Dismantling the Social Democratic Welfare Model? Has the Swedish Welfare State Lost Its Defining Characteristics? In: Scandinavian Political Studies, Vol. 24, No. 3/2001, S. 171-193.

Lindqvist, Tuija (1998): Kann aktivering vara ett gott socialt arbeite? In: Nordisk Socialt Arbeid. Tidskrift for sosialarbeidere i Norden, Nr. 3/1998, S. 165-169.

Lindqvist, Rafael/Marklund, Staffan (1995): Forced to work and liberated from work. A historical perspective on work and welfare in Sweden. In: Scandinavian Journal of Social Welfare, Vol. 4, S. 224-237.

Lipp, Wolfgang (1998): Institution. In: Schäfers, Bernhard (Hrsg.) (1998): Grundbegriffe der Soziologie, Band 2, Stuttgart: Ferdinand Enke Verlag.

Lipsky, Michael (1980): Street-Level Bureaucracy. Dilemmas of the individual in public services, New York: Russel Sage Foundatio

Lißner, Lothar/Wöss, Josef (1999): Umbau statt Abbau. Sozialstaaten im Vergleich: Deutschland – Österreich – Schweden, Frankfurt a.M.: Bund-Verlag.

Lødelmel, Ivar/Schulte, Bernd (1992): Social assistance: a part of social security of the Poor Law in dew disguise?. Yearbook. European Institute of Social Security, Leuven.

Lødemel, Ivar/Trickey, Heather (2000): "An offer you can't refuse". Workfare in international perspective, Bristol: The Policy Press.

Lødemel, Ivar/Trickey, Heather (2001): Ein neuer Vertrag für die Sozialhilfe? In: Stelzer-Orthofer, Christine (Hrsg.) (2001): Zwischen Welfare und Workfare. Soziale Leistungen in der Diskussion, Linz: Gesellschafts- und sozialpolitische Texte, Institut für Gesellschafts- und Sozialpolitik, Johannes Kepler Universität in Zusammenarbeit mit der Sozialwissenschaftlichen Vereinigung, Band 14, S. 123-165.

Loeser, Roman (1994): System des Verwaltungsrechts, Allgemeine Lehren, Methoden und Techniken, Band 1, Baden-Baden: Nomos.

Loewenberg, Frank M./Dolgoff, Ralph (1972): The practise of social intervention: Roles, goals and strategies. A book of readings in social work practise. Illinois: F.E. Pecock Publishers, Inc. Itasea.

Luckmann, Thomas (1986): Zeit und Identität: Innere, soziale und historische Zeit. In: Fürstenberg, Friedrich u.a. (Hrsg.) (1986): Zeit als Strukturelement von Lebenswelt und Gesellschaft, Linz: Trauner-Druck, S. 135-174.

Ludwig, Monika (1996): Armutskarrieren: zwischen Abstieg und Aufstieg im Sozialstaat, Opladen: Westdeutscher Verlag.

Luhmann, Niklas (1970): Institutionalisierung – Funktion und Mechanismus im sozialen System der Gesellschaft. In: Schelsky, Helmut (Hrsg.) (1970): Zur Theorie der Institution, Düsseldorf: Bertelsmann Universitätsverlag, S. 28-41.

Luhmann, Niklas (1968): Vertrauen. Ein Mechanismus der Reduktion sozialer Komplexität, Stuttgart: Ferdinand Enke Verlag.

Luhmann, Niklas (1973): Formen des Helfens im Wandel gesellschaftlicher Bedingungen. In: Otto, Hans-Uwe/Schneider,Siegfried Schneider (Hrsg.) (1973): Gesellschaftliche Perspektiven der Sozialarbeit, Band 2, Neuwied/Darmstadt: Luchterhand, S. 21-43.

Luhmann, Niklas (1975): Soziologische Aufklärung 2. Ansätze zur Theorie der Gesellschaft, Opladen: Westdeutscher Verlag.

Luhmann, Niklas (1987): Der Wohlfahrtsstaat zwischen Evolution und Rationalität. In: ders. (1987): Soziologische Aufklärung 4. Beiträge zur funktionalen Differenzierung der Gesellschaft, Opladen: Westdeutscher Verlag, S. 104-116.

Maaß, Volker (2001): Experimentierklauseln für die Verwaltung und ihre verfassungsrechtlichen Grenzen. Berlin: Duncker & Humblot.

Maier, Konrad/Spatscheck, Christian (2010): Erneute Expansion der Sozialen Arbeit nach dem Ende des Wohlfahrtsstaates? In: Nachrichtendienst des Deutschen Vereins für öffentliche und private Fürsorge, Ausg. 10/2010, S. 428-433.

Malinowski, Bronislaw (1951): Die Dynamik des Kulturwandels, Wien/Stuttgart.

Malinowski, Bronislaw, 1975: Eine wissenschaftliche Theorie der Kultur. Frankfurt a.M.

March, James G./Olsen, Johan P. (1989): Rediscovering Institutions. The organizational Basis of politics, New York: The Free Press, A Division ov Macmillan, Inc.

Marshall, Thomas Humphrey (1950): Citizenship and Social Class. In: ders. (1964): Citizenship and Social Development, Garden City, NJ: Doubleday, S. 65-122.

Marstedt, Gerd/Milles, Dietrich/Müller, Rainer (Hrsg.) (1999): Gesundheitskonzepte im Umbruch. Lebenslaufpolitik der Unfall- und Krankenkassen, Bremerhaven: Wirtschaftsverlag NW, Schriftenreihe „Gesundheit – Arbeit – Medizin", Band 24.

MASQT (2000): Endbericht zum Modellprojekt „Sozialbüros NRW", Hrsg.: Ministerium für Arbeit und Soziales, Qualifikation und Technologie (MASQT) des Landes Nordrhein-Westfalen, Referat Presse- und Öffentlichkeitsarbeit, 40190 Düsseldorf.

Mattsson, Hans/Hjelm, Hans-Erik/Stridsman, Kjell (1984): Den goda förmyndaren, Stockholm: Liber Förlag.

Matuschewski, Anke (1996): Stadtentwicklung durch Public-Private-Partnership in Schweden. Kooperationsansätze der achtziger und neunziger Jahre im Vergleich. Kiel: Selbstverlag des Geographischen Instituts der Universität Kiel, Band 92.

Mayntz, Renate (1997): Soziale Dynamik und politische Steuerung. Theoretische und methodologische Überlegungen. Frankfurt/New York: Campus Verlag.

Mayring, Philipp (1990): Einführung in die qualitative Sozialforschung. Eine Anleitung zum qualitativen Denken, München: Psychologie Verlags Union.

Meeuwisse, Anna (1991): Projekttillvaro – en processanalys av ett socialbyråprojekt, Universitet Lund: Socialhögskolan, Meddelanden från Socialhögskolan (1991:1).

Mehde, Veith (2000): Neues Steuerungsmodell und Demokratieprinzip, Berlin: Duncker & Humblot.

Meidner, Rudolf (1994): Modell Schweden – Erfolge, Schwächen und Zukunftsperspektiven der schwedischen Gewerkschaftsbewegung. In: SWI-Mitteilungen, 47. Jg., Ausg. 1/1994:. 1-12.

Meidner, Rudolf (1999): Manifest för full sysselsättning – med Ekonomernas manifest mot arbetslösheten i EU, Stockholm: Atlas Bokförlag.

Meidner, Rudolf/Hedborg, Anna (1984): Modell Schweden. Erfahrungen einer Wohlfahrtsgesellschaft, Frankfurt/New York: Campus.

Merchel, Joachim/Schrapper, Christian (Hrsg.) (1996): „Neue Steuerung". Tendenzen der Organisationsentwicklung in der Sozialverwaltung, Münster: Votum Verlag.

Merriam, Sharan B. (1994): Fallstudien som forskningsmetod. Lund: Studentlitteratur.

Merton, Robert K. (1972): Insiders and Outsiders: A Chapter in the Sociology of Knowledge. In: American Journal of Sociology, Vol. 78, S. 9-47.

Meuser, Michael/Nagel, Ulrike (1991): Experteninterviews – vielfach erprobt, wenig bedacht. Ein Beitrag zur qualitativen Methodendiskussion In: Gartz, Detlef/Kraimer, Klaus (Hrsg.) (1991): Qualitativ-empirische Sozialforschung. Konzepte, Methoden, Analysen, Opladen: Westdeutscher Verlag, S. 441-471.

Meuser, Michael/Nagel, Ulrike (1997): Das ExpertInneninterview – Wissenssoziologische Voraussetzungen und methodische Durchführung. In: Friebertshäuser, Barbara/Prengel, Annedore (Hrsg.) (1997): Handbuch Qualitativer Forschungsmethoden in der Erziehungswissenschaft, Weinheim und München: Juventa, S. 481-491.

Mezger, Erika /West, Klaus-W. (Hrsg.) (2000): Aktivierender Sozialstaat und politisches Handeln, Marburg: Schüren.

Michelsen, Kai (1995): Schweden: Luxussanierung des „Volksheims"? In: Bieling, Hans-Jürgen (Hrsg.) (1995): Arbeitslosigkeit und Wohlfahrtsstaat in Westeuropa. Neun Länder im Vergleich. Bericht der Forschungsgruppe Europäische Gemeinschaften (FEG). Studien Nr. 7, Universität Marburg, S. 169-198.

Minas, Renate/Stenberg, Sten-Åke, 2000: På tröskeln till bidrag. Mottagningen av nya socialbidragsansökningar på sju socialkontor i Sverige. Socialstyrelsen, Centrum för utvärdering av socialt arbete, CUS-Skrift 2000:1, Stockholm.

Mingionem, Enzo/Marco, Oberi/Pereirinha, José (2002): Cities as local systems. In: Saraceno, Chiara (Hrsg.) (2002): Social Assistance Dynamics in Europe. National and local poverty regimes, Bristol: The Policy Press, S. 35-80.

Möhlenbrock, Sigurd (1965): Göteborg – Stad i förändring. Data och synpunkter i kommunalpolitiken. Göteborg: ABF:s.

Möller, Gustav (1936): Kampen mot arbetslösheten. Hur den förts och hur den lyckats, Stockholm: Tiden förlag.

Montin, Stig (1993): Swedish Local Government in Transition. A matter of rationality and legitimacy. Örebro: University of Örebro, Örebro Studies No. 8.

Montin, Stig (1998): Nytt offentlig lederskap och politikerrollen. In: Klausen, Kurt Klaudi/Ståhlberg, Krister (Hrsg.) (1998): New Public Management i Norden. Nye organisations- och ledelsesformer i den decentrale välfärdstat, Odense: Universitetsförlag, S. 91-110.

Montin, Stig (2002): Moderna Kommuner, Malmö: Liber Förlag.

Mosesson, Matts (1998): Intervention. In: Denvall, Verner/Jacobson, Tord (Hrsg.) (1998): Vardagsbegrepp i socialt arbete, Ideologi, teori och praktik, Stockholm: Norstedts Juridik, S. 223-240.

Mosesson, Matts/Jönsson, Leif R. (1998): Socialbidragshantering – metoder och modeller. Tre undersökningar av arbetet med socialbidrag. Universität Lund: Meddelanden från Socialhögskolan Nr.1998:6.

Mückenberger, Ulrich (1985): Die Krise des Normalarbeitsverhältnisses. In: Zeitschrift für Sozialreform, Jg. 31, S. 415-434 und 457-475.

Mückenberger, Ulrich (1998): Die Stigmatisierung der Arbeitslosigkeit und der gesellschaftliche Wertewandel. In: Mattfeld, Harald/Oppolzer, Alfred/Reifner, Udo (Hrsg.) (1998): Ökonomie und Sozialstaat. In memoriam Helmut Fangmann, Opladen: Leske + Budrich, S. 113-125.

Mühlfeld, Claus u.a. (1981): Auswertungsprobleme offener Interviews. In: Soziale Welt, Jg. 32, S. 325-352.

Müller-Kohlenberg, Hildegard/Münstermann, Klaus (Hrsg.) (2000): Qualität von Humandienstleistungen. Evaluation und Qualitätsmanagement in Sozialer Arbeit und Gesundheitswesen, Opladen: Leske + Budrich.

Münder, Johannes (Hrsg.) (1988): Zukunft der Sozialhilfe, Sozialpolitische Perspektiven nach 25 Jahren BSHG, Münster: Votum Verlag.

Nagel, Ulrike (1992): Sozialarbeit als Krisenmanagement. In: Meuser, Michael/Sackmann, Reinhold (Hrsg.) (1992): Analyse sozialer Deutungsmuster. Beiträge zur empirischen Wissenssoziologie, Pfaffenweiler: Centaurus.

Naschold, Frieder/Oppen, Maria/Wegener, Alexander (Hrsg.) (1997): Innovative Kommunen. Internationale Trends und deutsche Erfahrungen, Stuttgart/Berlin/Köln: W. Kohlhammer.

Naschold, Frieder (1997): Umstrukturierung der Gemeindeverwaltung: eine international vergleichende Zwischenbilanz. In: Naschold, Frieder/Oppen, Maria/Wegener, Alexander (Hrsg.) (1997): Innovative Kommunen. Internationale Trends und deutsche Erfahrungen, Stuttgart/Berlin/Köln: W. Kohlhammer, S. 15-48.

Naßmacher, Hiltrud und Karl-Heinz (1999): Kommunalpolitik in Deuschland, Opladen: Leske + Budrich.

Nedelmann, Birgitta(Hrsg) (1996): Politische Institutionen im Wandel, Opladen: Westdeutscher Verlag.

Niedermeier, Renate (1999): Vom „Verwalten" zum „Gestalten"? Neue Steuerungskonzepte und gewandeltes Selbstverständnis in der Gesetzlichen Krankenversicherung – Ergebnisse einer Expertenbefragung zur Lebenslaufpolitik der Krankenkassen. In: Marstedt, Gerd/Milles, Dietrich/Müller, Rainer (Hrsg.) (1999): Gesundheitskonzepte im Umbruch, Bremerhaven: Wirtschaftsverlag NW/Verlag für neue Wissenschaft GmbH, S. 64-98.

Niedermeier, Renate (2000): Von der Krankheitsverwaltung zur Gesundheitsgestaltung? Organisationale Lernprozesse in der Gesetzlichen Krankenversicherung. Dissertation, vorgelegt an der Universität Bremen, Sonderforschungsbereich 186, Statuspassagen und Risikolagen im Lebensverlauf.

Nilsson, Lennart/Westerståhl, Jörgen (1997a): Lokal självstyrelse i Sverige. In: Jönsson, Sten, u.a. (Hrsg.) (1997): Decentraliserad Välfärdstad. Demokrati, effektivitet och service, Stockholm: SNS Förlag, S. 9-28.

Nilsson, Lennart/Westerståhl, Jörgen (1997b): Göteborg – decentraliserad kommun. In: Jönsson, Sten, u.a. (Hrsg.) (1997): Decentraliserad Välfärdstad. Demokrati, effektivitet och service, Stockholm: SNS Förlag, S. 29-46.

Nilsson, Åke (1999): Invandrare – 500.000 eller 1,7 miljoner? In: VälfärdsBulletinen Nr. 4/1999, S. 18-19, Stockholm: Statistiska Centralbyrån.

Norstedts Ordbok (1996): "Tysk-Svensk/Svensk-Tysk", 2. Auflage, Stockholm: Norstedts Förlag AB.

Norström, Carl/Thunved, Anders (1999): Nya Sociallagarna med kommentarer, lagar och författningar som de lyde den 1 Januari 1999, Tolfte Upplagan, Stockholm: Norstedts Juridik.

North, Douglass C. (1990): Institutionerna, tillväxten och välfärden, Stockholm: SNS Förlag.

Nunes, José Ferraz (2001): Samhällsekonomiska perspektiv vid analys av tre DELTA Projekt, Utvärderingsrapport, Delta-Projekt, Göteborg-Hisingen.

Nygren, Rolf (1998): Vad är egentligen "riktigt svenskt" i den svenska rätten? In: Svensk Jurist Tidning, Jg. 83, S. 103-109.

OECD (1998): The Battle against Exclusion. Social assistance in Australia, Finland, Sweden and the United Kingdom, Paris.

Oevermann, Ulrich (2000): Dienstleistungen der Sozialbürokratie aus professionalisierungstheoretischer Sicht. In: Harrach, Eva-Maria von/Loer, Thomas/Schmidtke, Oliver (2000): Verwaltung des Sozialen. Formen der subjektiven Bewältigung eines Strukturkonflikts, Konstanz: UVK Universitätsverlag, S. 57-78.

Ohlmarks, Åke/Behrendtz, Nils Erik (1999): Svensk Kulturhistoria. Svenska Krönikan, Eskilstuna: Fokförlaget Forum AB.

Olauson, Berethe (1999): Från klient till resurs. Slutrapport i uppdraget från kommunstyrelsen att kartlägga, utvärdera och utveckla den kommunala introduktionen för nyanlända flyktingar i Göteborg. Göteborg Stad, flyktingverksamheten.

Olk, Thomas (2000a): Weder Rund-Um-Versorgung noch „pure" Eigenverantwortung – Aktivierende Strategien in der Politik für Familien, alte Menschen, Frauen, Kinder und Jugendliche. In: Mezger, Erika/West, Klaus-W. (Hrsg.) (2000): Aktivierender Sozialstaat und politisches Handeln, Marburg: Schüren, S. 105-124.

Olk, Thomas (2000b): Der „aktivierende Staat". Perspektiven einer lebenslagenbezogenen Sozialpolitik für Kinder, Jugendliche, Frauen und ältere Menschen. In: Müller, Siegfried u.a. (Hrsg.) (2000): Soziale Arbeit. Gesellschaftliche Bedingungen und professionelle Perspektiven. Neuwied/Kriftel: Luchterhand, S. 99-118.

Olsson, Eric (1993): Naiv teori i socialt behandlingsarbete. In: Nordisk Social Arbete, Ausg. 3/1993, S. 3-17.

Oppen, Maria (1995): Qualitätsmanagement. Grundverständnisse, Umsetzungsstrategien und ein Erfolgsbericht: die Krankenkassen, Berlin: Edition Sigma.

Oscarsson, Ionie (1997): Varför göra de fattigas försörjning till den viktigaste frågan för kommunalt självstyrelse? In: Socionomen, Ausg. 2/1997, S. 4-6.

819

Otter, Casten von (1999): Öffentlicher Sektor im Wohlfahrtsstaat. In: Riegler, Claudius H./Schneider, Olaf (Hrsg.) (1999): Schweden im Wandel – Entwicklungen, Probleme, Perspektiven. Berlin: Verlag Arno Spitz, S. 85-109.

Otte, Casten/Dietrich-Antskog, Ann-Marie (1997): Soziale Arbeit in Schweden. In: Puhl, Ria/Maas, Udo (Hrsg.): Soziale Arbeit in Europa, Organisationsstrukturen, Arbeitsfelder und Methoden im Vergleich. Weinheim/München: Juventa.

Otto, Hans-Uwe, u.a. (1988): Professionelle und administrative Voraussetzungen präventiver Jugendhilfe. In: ders. (1988): Arbeits- und Ergebnisbericht des Sonderforschungsbereiches 227 „Prävention und Intervention im Kindes- und Jugendalter", Januar 1986 – Juni 1986, Universität Bielefeld, S. 223-259.

Parsons, Talcott (1951): The Social System. Clencoe: Free Press.

Parsons, Talcott (1964): The Problem of Controlled Institutional Change. In: Parsons, Talcott (1964): Essays in Sociological Theory, Revised Edition, New York: The Free Press, S. 238-274.

Paul, Reinhard (2001): Professionelles Arbeiten im Sozialamt – § 102 BSHG -. In: Zeitschrift für das Fürsorgewesen, Ausg. 4/2001, S. 73-81.

Persson, Lena (1999): Arbete istället för Socialbidrag. En studie utifrån ett deltagarperspektiv och graden av måluppfyllelse, Universität Lund: Sozialhochschule (unv. Manuskript vom 10.04.1999).

Peters, B. Guy (1999): Institutional Theory in Political Science. The "New Institutionalism", London/New York: Continuum.

Petersson, Gisela (1997): Wohlfahrtsstaat ade? Das „Modell Schweden" im Umbau, Hamburg: VSA-Verlag.

Petersson, Olof (1998): Svensk politik, Tredje upplagen, Stockholm: Norstedts Juridik.

Pettersson, Ulla (1990): Etik och socialtjänsten, Stockholm: Gothia.

Pettersson, Ulla (2001): Socialt Arbete, Politik och Professionalisering. Den historiska utvecklingen i USA och Sverige. Stockholm: Bokförlaget Natur och Kultur.

Pierson, Paul (1996): The New Politics of the Welfare State. In: World Politics Vol. 48, S. 143-179.

Pierson, Paul, (Hrsg.) (2001): The New Politics of the Welfare State. Oxford/New York: Oxford University Press.

Pihlgren, Gunnar/Svensson, Arne (1989): Målstyrning. 90-talets ledningsform för offentig verksamhet, Stockholm: Liber Förlag.

Piorkowsky, Michael-Burkhard (2001): Armutsprävention durch Bildung für Haushalt und Familie. Ausgangssituation und Ansatzpunkte für Maßnahmen der Armutsprävention bei Privathaushalten. In: BAG-Informationen. Fachzeitschrift für Schuldnerberatung, Ausg. 1/2001, S. 41-43, Kassel: Bundesarbeitsgemeinschaft Schuldnerberatung.

Ploug, Niels/Kvist, Jon (Hrsg.) (1994): Recent Trends in Cash Benefits in Europe. Social Security in Europe 4. Copenhagen: The Danish National Institute of Social Research.

Portz, Norbert/Lübking, Uwe (1997): Kommunale Selbstverwaltung und Sozialsystem in Schweden. In: Stadt und Gemeinde, Zeitschrift des Deutschen Städte- und Gemeindebundes, Ausg. 10/1997, S. 288-292.

Priester, Tom/Klein, Peter (1992): „Hilfen zur Arbeit" – Ein Instrument für die kommunale Arbeitsmarktpolitik, Augsburg: Maro-Verlag.

Prigge, Rolf/Prange, Martin/Bovenschulte, Andreas (2000): Die Modernisierungspolitik der Stadtstaaten. Bedingungen und Strategien der Modernisierung in Berlin, Hamburg und Bremen. In: WSI Mitteilungen, Ausg. 10/2000, S. 681-692.

Puide, Annika/Minas, Renate (2001): Recipients of Social Assistance. In: Heikkilä, Matti/Keskitalo, Elsa (Hrsg.) (2001): Social Assistance in Europe. A comparative study on minimum income in seven European countries, Synthesis Report, Helsinki: STAKES National Research and Development Centre for Welfare and Health, S. 37-62.

Putz, Friedrich (2000): Anmerkungen zum Entwurf einer Musterrechtsverordnung zur Durchführung von Modellvorhaben zur Pauschalierung der Sozialhilfe. In: Info also, Ausg. 1/2000, S. 5-12.

Rauhut, Daniel (2002): Fatigvård, socialbidrag och synen på fattigom i Sverige 1918-1997. Lunds Studies in Economic History, Stockholm: Almqvist& Wiksell International.

Regeringskansliet (1997): Regeringens proposition 1996/97: 63: Samverkan, socialförsäkringens ersättningsnivåer, och administration, Stockholm, Socialdepartementet.

Regeringskansliet/Socialdepartementet (1999): Samverkan för färre bidrag och fler i jobb, Stockholm: Regeringskansliet, Reihe DS 1999: 54.

Regeringskansliet/Näringsdepartementet (2000): Regeringens Propostion 1999/2000: 98: Förnyad arbetsmarknadspolitik för delaktighet och tillväxt, Stockholm.

Rehberg, Karl-Siegbert (1973): Ansätze zu einer perspektivischen Soziologie der Institutionen. Dissertationsschrift, Aachen: Rheinisch-Westfälische Technische Hochschule, Philosophische Fakultät.

Rehberg, Karl-Siegbert (1994): Institutionen als symbolische Ordnungen. Leitfragen und Grundkategorien zur Theorie und Analyse institutioneller Mechanismen. In: Göhler, Gerhard (Hrsg.) (1994): Die Eigenart der Institutionen: Zum Profil politischer Institutionentheorie, Baden-Baden: Nomos, S. 47-84.

Reheis, Fritz (1997): Zeit lassen! Entschleunigung in der Sozialen Arbeit. In: Neue Praxis, Jg. 27, Ausg. 2/1997, S. 169-176.

Reichard, Christoph (1992): Kommunales Management im internationalen Vergleich. In: Der Städtetag, Ausg. 12/1992, S. 843-849.

Reichard, Christoph/Schuppan, Tino (2000): Wie ernst ist es der Bundesregierung mit dem Thema „Aktivierender Staat"? – Anmerkungen zum Konzept der Bundesregierung zur Staats- und Verwaltungsmodernisierung. In: Mezger, Erika/West, Klaus W. (Hrsg.) (2000): Aktivierender Sozialstaat und politisches Handeln, Marburg: Schüren, S. 81-98.

Reiners, Anna (1999): Mehr Chancen für junge Erwachsene (Beitrag zum arbeitsmarktpolitischen Programm 'U27' in Bremen). In: Socialmanagement, Ausg. 3/1999, S. 21-25.

Reinert, Adrian (1988): Wege aus politischer Apathie? Organisierte Formen gesellschaftspolitischer Aktivierung als Problem der Sozialdemokratie in Schweden und der Bundesrepublik Deutschland, Frankfurt a.M./Bern/New York/Paris: Verlag Peter Lang.

Reinhold, Gerd/Lamnek, Siegfried/Recker, Helga (1997): Soziologie-Lexikon, München/Wien: R.Oldenbourg.

Reis, Claus (1997a): „New Public Management" im Rahmen der Produktion von Dienstleistungen – Das Konzept der „Leistungskette" als Alternative zur „Produktorientierung". In: Nachrichtendienst des Deutschen Vereins für öffentliche und private Fürsroge, Ausg. 10/1997, S. 318-323.

Reis, Claus (1997b): Hilfevereinbarungen in der Sozialhilfe, Zu Voraussetzungen und Struktur lebenslageorientierter Beratung. In: Archiv für Wissenschaft und Praxis der Sozialen Arbeit, 28 Jg., Ausg. 2/1997, S. 87 ff.

Reis, Claus (2002a): Die Weiterentwicklung „aktivierender Instrumente" als Kernelement der (geplanten) Sozialhilfereform. In: Archiv für Wissenschaft und Praxis der sozialen Arbeit, Heft 1/2002, S. 38-61.

Reis, Claus (2002b): Personenbezogene Dienstleistungen als Element der Sozialhilfe. In: Nachrichtendienst des Deutschen Vereins für öffentliche und private Fürsorge, Ausg. 8/2002, S. 284-289.

Rentzsch, Doris/Olk, Thomas (2002): Ergebnisse der Lebenslagenuntersuchung ehemaliger Sozialhilfeempfänger(innen) in Halle/Saale. In: Zeitschrift für Sozialreform 48. Jg., S. 279-305.

Revstedt, Per (1995): Motivationsarbete, Stockholm: Verlag Liber Utbildning.

Rhodes, R.A.W. (1991): Interorganizational Networks and Control: A Critical Conclusion. In: Kaufmann, Franz-Xaver (Hrsg.) (1991): The Public Sector – Challenge for Coordination and Learning, Berlin/New York: Walter de Gruyter, S. 525-534.

Rieger, Elmar (1992): Die Institutionalisierung des Wohlfahrtsstaates, Opladen: Westdeutscher Verlag.

Riegler, Claudius/Naschold, Frieder (Hrsg.) (1997): Reformen des öffentlichen Sektors in Skandinavien. Eine Bestandsaufnahme, Baden-Baden: Nomos.

Riegler, Claudius H./Schneider, Olaf (Hrsg.) (1999): Schweden im Wandel – Entwicklungen, Probleme, Perspektiven. Beiträge zur Wirtschafts- und Gesellschaftspolitik. Berlin: Verlag Arno Spitz (Nordeuropäische Studien; Bd. 15).

Riksförsäkringsverket/Socialstyrelsen (1999): SOCSAM – visar vägen? En lägesrapport. Finansiell Samordning 2000:1, Stockholm: Riksförsäkringsverket.

Ringbeck, Anna Elisabeth (1993): Beratung von Sozialhilfeempfänger/-innen durch die Sozialverwaltung bei der Gewährung wirtschaftlicher Sozialhilfe – Bedingungen und Perspektiven, Hamburg/Mün-ster: Lit. Verlag.

Ringqvist, Margareta (1996): Om den offentliga sektorn, Stockholm: Fritzes.

Rönnlund, Eileen (1992): Socialt Arbete – att se möjligheter, Fallköping: Almqvist & Wiksell Förlag.

Roer, Dorothee/Maurer-Hein, Renate (2002): Biographie und Soziale Arbeit. Vom theoretischen Konstrukt zur Grundlage praktischen Handelns. In: Neue Praxis, Ausg. 6/2002, S. 583-594.

Rombach, Björn (1991): Det går inte att styra med mål! En bok om varför den offentliga sektorns organisationer inte kan målstyras, Lund: Studentlitteratur.

Rosa, Hartmut (2005): Beschleunigung. Die Veränderung der Zeitstrukturen in der Moderne, Frankfurt a.m: Suhrkamp.

Roth, Günter (1999): Die Institution der kommunalen Sozialverwaltung. Die Entwicklung von Aufgaben, Organisation, Leitgedanken und Mythen von der Weimarer Republik bis Mitte der neunziger Jahre, Berlin: Duncker & Humblot.

Rothkegel, Ralf (2000): Die Strukturprinzipien des Sozialhilferechts. Bestand, Bedeutung und Bewertung, Baden-Baden: Nomos.

Rothstein, Bo (1994): Vad bör staten göra. Om välfärdsstatens moraliska och politiska logik. Stockholm: SNS Förlag.

Rothstein, Bo (Hrsg.) (1997a): Politik som organisation. Förvaltningspolitikens grundproblem, Stockholm: SNS Förlag.

Rothstein, Bo (Hrsg.) (1997b): Demokrati, förvaltning och legitimitet. In: Rothstein, Bo (1997): Politik som organisation. Förvaltningspolitikens grundproblem, Stockholm: SNS Förlag, S. 47-91.

Rothstein, Bo (1998): Just institutions matter. The moral and political logic of the universal welfare state, Cambridge University Press.

Rubenson, Kjell/Tuijnman, Albert/Wahlgren, Bjarne (2000): Från Kunskapslyftet till en Strategi för Livslångt Lärande. Ett perspektiv på svensk vuxenutbildningspolitik, Reihe Statens offentliga utredningar, SOU: 1999: 141, Stockholm: Norstedts.

Sachße, Christoph/Tennstedt, Florian (1980): Geschichte der Armenfürsorge in Deutschland. Band 1: Vom Spätmittelalter bis zum 1. Weltkrieg. Stuttgart, 2. Erw. Auflage 1988.

Sachße, Christoph/Tennstedt, Florian (1983): Bettler, Gauner und Proleten. Armut und Armenfürsorge in der deutschenGeschichte, Reinbek: Rowohlt.

Sachße, Christoph (1986): Mütterlichkeit als Beruf. Sozialarbeit, Sozialreform und Frauenbewegung, Frankfurt a.M.: Edition Suhrkamp.

Sachße, Christoph/Tennstedt, Forian (1986): Soziale Sicherheit und soziale Disziplinierung, Frankfurt a.M.: Edition Suhrkamp.

Sackmann, Reinhold/Wingens, Matthias, 2001: Theoretische Konzepte des Lebenslaufs: Übergang, Sequenz und Verlauf. In: Dieselben (Hrsg.): Strukturen des Lebenslaufs – Übergang – Sequenz – Verlauf, Weinheim/München: Juventa, S. 17-48.

Salonen, Tapio (1993): Margins of Welfare. A study of modern functions of social assistance. Kristianstad: Hällestad Press.

Salonen, Tapio (1995): Socialbyråns Sorti. In: Socionomen, Ausg. 7/1995, S. 7-13.

Salonen, Tapio (1997): Övervältringar från socialförsäkringar till socialbidrag. Universitet Lund, Socialhögskolan: Meddelanden från Socialhögskolan, Nr. 1997: 8.

Salonen, Tapio (1998a): Klient. In: Denvall, Verner/Jacobson, Tord (Hrsg.): Vardagsbegrepp i socialt arbete. Ideologi, teori och praktik, Stockholm: Norstedts Juridik, S. 45-55.

822

Salonen, Tapio (1998b): Malmö Longitudinella socialbidragsstudie, Arbetsrapport 7, Universitet Lund, Socialhögskolan.

Salonen, Tapio (1999): Den främre parantesen och socialbidraget. Universitet Lund, Socialhögskolan,: Meddelanden från Socialhögskolan, Nr. 1999: 5.

Salonen, Tapio (2000a): Hundra år av understöd. In: Puide, Annika (Hrsg.) (2000): Socialbidrag i forskning och praktik, Centrum för utvärdering av socialt arbete CUS, Stockholm: Gothia, S. 31-60.

Salonen, Tapio (2000b): Om outsiders och aktivering i svensk arbetsmarknadspolitik. In: Lindberg, Ingemar (Hrsg.) (2000): Den Glömda Krisen. Om ett Sverige som går isär, Stockholm: Agoras årsbok 2000, S. 160-176.

Salonen, Tapio (2001): Sweden – between Model und Reality. In: Alcock, Peter/Craig, Gary (Hrsg.): International Social policy: Welfare Regimes in the Developed World, Macmillan Press Ltd.

Salonen, Tapio/Johansson, Håkan (1999): The Development Guarantee Programme – A case study of youth unemployed policies in Sweden. The Swedish Contribution to the project SEDE, WP3 (working paper from 30.04.1999). University of Lund.

Salonen, Tapio/Angelin, Anna (2000): En på hundra. Utvecklingsgarantins tredje år, Ungdomsstyrelsens Utredningar, Stockholm: Ungdomsstyrelsen.

Saraceno, Chiara/Garcia, Marisol/Gustafsson, Björn/Mingione, Enzo/Oberti, Marco/Pereinha, José/ Voges, Wolfgang (1998). ESOPO. Evaluation of Social Policies at the Local Urban Level: Income Support for the Able Bodied. Final report. Brüssel, EU-Commission XII.

Schäfers, Bernhard, u.a. (1989): Grundbegriffe der Soziologie, Opladen: Leske+Budrich.

Scharpf, Fritz W. (1987): Sozialdemokratische Krisenpolitik in Europa, Frankfurt/New York: Campus.

Scharpf, Fritz W./Reissert, Bernd/Schnabel, Fritz (1976): Politikverpflechtung: Theorie und Empirie des kooperativen Föderalismus in der Bundesrepublik. Kronberg/Ts: Scriptor Verlag.

Scharpf, Fritz, W/Schmidt, Vivien (2000): Welfare and Work in the Open Economy. Volume 1. From Vulnerability to Competitiveness, Oxford University Press.

Schedler, Kuno/Proeller, Isabella (2000): New Public Management, Bern/Stuttgart/Wien: Verlag Paul Haupt.

Schelsky, Helmut (Hrsg.) (1970): Zur Theorie der Institution. Düsseldorf: Bertelsmann Universitätsverlag.

Scherer, Wolfgang (1988): „Wie Sozialämter Hilfebedürftige abschrecken", Fachhochschule Frankfurt am Main, Fachbereich Sozialwesen.

Schmalz-Bruns, Rainer (1989): Ansätze und Perspektiven der Institutionentheorie. Eine bibliographische und konzeptionelle Einführung, Wiesbaden: Deutscher Universitätsverlag.

Schmidt, Manfred G. (1998): Sozialpolitik in Deutschland. Historische Entwicklung und internationaler Vergleich, Opladen: Leske+Budrich.

Schmitt, Christiane (1997): „Am Material": Auswertungstechniken für Leitfadeninterviews. In: Friebertshäuser, Barbara/Prengel, Annedore (Hrsg.) (1997): Handbuch Qualitativer Forschungsmethoden in der Erziehungswissenschaft, Weinheim/München: Juventa, S. 544-568.

Schnur, Roman (Hrsg.) (1968): Institution und Recht, Darmstadt: Wissenschaftliche Buchgesellschaft, Reihe: Wege der Forschung, Band CLXXII.

Schönig, Werner/Ruiss, Dirk (2000): Verdeckte Armut. Forschungsstand in einer Grauzone der Armutsforschung. In: Sozialer Fortschritt, Ausg. 5/2000,S. 122-124.

Schönig, Werner (2003): Zur Rolle der Kommunen in der Arbeitsmarktpolitik. In: Zeitschrift für Sozialreform, 49. Jg., Ausg. 2/2003, S. 197-215.

Schülein, Johann August (1987): Theorie der Institution. Eine dogmengeschichtliche und konzeptionelle Analyse, Opladen: Westdeutscher Verlag.

Schütte, Wolfgang (2001): Modernisierung von innen? Auf dem Wege zu einem anderen Sozialstaat. Verwaltungsreformen und ihre Folgen für öffentliche Dienstleistungen. In: Archiv für Wissenschaft und Praxis der Sozialen Arbeit, 32. Jg., Nr. 2/2001, S. 52-75.

Schulte, Bernd (1991): Die Folgen der EG-Integration für die wohlfahrtsstaatlichen Regimes. In: Zeitschrift für Sozialreform, 37. Jg., Ausg. 9/1999, S. 548-580.

Schulze-Böing, Matthias (1998): Leitbild „Aktive Stadt" – Konzepte zur aktivierenden Sozialpolitik und Arbeitsförderung auf kommunaler Ebene. In: Mezger, Erika/West, Klaus-W. (Hrsg.) (1998): Neue Chancen für den Sozialstaat. Soziale Gerechtigkeit, Sozialstaat und Aktivierung, Marburg: Schüren, S. 33-41.

Schulze-Böing, Matthias (2000): Leitbild „Aktivierende Stadt" – Konzepte zur aktivierenden Sozialpolitik und Arbeitsförderung auf kommunaler Ebene. In: Mezger, Erika/West, Klaus-W. (Hrsg.) (2000): Aktivierender Sozialstaat und politisches Handeln, Marburg: Schüren, S. 51-63.

Schumann, Karl F. (1998): Institutionenpolitik und Lebenslauf, Vortrag in Kooperation mit Lutz Leisering und Rainer Müller vom 2. Nov. 1998, Sonderforschungsbereich 186, Universität Bremen (unveröffentl. Manuskript.)

Schuppert, Gunnar Folke (1998): Die öffentliche Verwaltung im Kooperationsspektrum staatlicher und privater Aufgabenerfüllung: Zum Denken in Verantwortungsstufen. In: Die Verwaltung. Zeitschrift für Verwaltungsrecht und Verwaltungswissenschaft, 31. Band, 1998: 415-447.

Schwarze, Uwe (1993): Einkommensarmut und Privatverschuldung in Schweden. Sozialhilfe und haushalts-ökonomische Beratung, dargestellt am Beispiel der Stadt Malmö. Diplomarbeit, erschienen in der Reihe DDD Nr. 25, Frankfurt a.M.: Eigenverlag des Deutschen Vereins für öffentliche und private Fürsorge.

Schwarze, Uwe (1994): Sozialhilfe und Klientel – Zur Relevanz von Zeit- und Handlungsdimensionen in der Sozialhilfepraxis. Ergebnisse einer empirischen Analyse anhand von Experteninterviews. Abschlussbericht, Universität Bremen: Sonderforschungsbereich 186 (unveröffentl. Manuskript).

Schwarze, Uwe (1996a): Die neue Armut in Schweden. In NORDEUROPAforum, Zeitschrift für Politik, Wirtschaft und Kultur, Ausg. 1/1996, S. 55-58.

Schwarze, Uwe (1996b): Schweden auf dem Weg zur Spaltung des Wohlfahrtsstaates. In: Theorie und Praxis der Sozialen Arbeit, 47. Jg., S. 12-18.

Schwarze, Uwe (1998): Das Schuldensanierungsgesetz in Schweden und die Gründung eines Berufsverbandes der Budget- und SchuldnerberaterInnen. In: BAG-SB Informationen – Informationsdienst der Bundesarbeitsgemeinschaft Schuldnerberatung e.V., Fachzeitschrift für Schuldnerberatung, Kassel, 13. Jg, Febr. 1998, S.29-32.

Schwarze, Uwe (1999a): Schuldnerberatung – Profession zwischen Armenfürsorge und Insolvenzmanagement. In: Archiv für Wissenschaft und Praxis der sozialen Arbeit, 29. Jg., S. 32-52.

Schwarze, Uwe (1999b): Schuldnerberatung in unterschiedlichen Verläufen von Schuldnerkarrieren. In: BAG-SB Informationen. Informationsdienst der Bundesarbeitsgemeinschaft Schuldnerberatung e.V., Fachzeitschrift für Schuldnerberatung, Kassel, Ausg. 2/1999, S. 40-55.

Schwarze, Uwe (2000a): Standardisierung des Tätigkeitsfeldes Schuldnerberatung – eine historisch-sozio-logische Betrachtung. In: Arbeitsgemeinschaft Schuldnerberatung der Verbände (AG-SBV): Schuldnerberatung – eine neue Profession? Dokumentation einer Fachtagung am 14./15.Dez. 1999, im Katholischen Sozialen Institut, Bad Honnef [erhältlich über SKM-Deutschland e.V., Ulmenstraße 67, 40476 Düsseldorf].

Schwarze, Uwe (2000b): Die Kommune als ArbeitsMarktPlatz – Kommunale Arbeitsmarktpolitik in Schweden. In: Die Mitbestimmung, Magazin der Hans-Böckler-Stiftung, Ausg. 9/2000, S. 46-48.

Schwarze, Uwe (2001): Aktivierende Sozialpolitik. Zur Konvergenz von personenbezogenen Dienstleistungen in Sozialhilfe und Gesetzlicher Krankenversicherung. In: Leisering, Lutz/Müller, Rainer/Schumann, Karl F. (Hrsg.) (2001): Institutionen und Lebensläufe im Wandel. Institutionelle Regulierungen von Lebensläufen, Weinheim: Juventa, S. 119-154.

Schwarze, Uwe (2002a): Das Zusammenwirken lokaler Institutionen im Sozialstaat: Kriterien, Qualität und Wirkungen – Eine Analyse aus institutionen- und lebenslauftheoretischer Perspektive. In: Dokumentation der Fachtagung „Welche Beratung brauchen Arbeitslose? Behördliche und unabhängige Beratung im Miteinander und Gegeneinander", 14. Nov. 2001 in Bremen: Hrsg.: Aktionsgemeinschaft Arbeitsloser Bürgerinnen und Bürger (AGAB) und Arbeitslosenprogramm der Bremischen Evangelischen Kirche, KDA, Holler Allee 75, 28209 Bremen.

Schwarze, Uwe (2002b): Der Aktivierende Sozialstaat – Chancen und Grenzen. Tagungsbericht einer internationalen Fachtagung des Senators für Arbeit, Frauen, Gesundheit, Jugend und Soziales und der Universität Bremen am 6.9.2001. In: Zeitschrift für Sozialreform, 48 Jg., Ausg. 1/2002: 101-108.

Schwarze, Uwe (2002c): Wirksamkeit von Schuldnerberatung in Bremen. Entwurf für ein Forschungskonzept (unveröffentl. Manuskript), erhältlich an der HAWK, Fakultät Soziale Arbeit und Gesundheit, Hohnsen 1, D-31134 Hildesheim.

Schwarze, Uwe (2006): Das neue "Pensionsportal" in Schweden – Säulenübergreifende Altersvorsorge-informationen als Element der Alterssicherungspolitik. In: Deutsche Rentenversicherung, 61. Jg., Ausg. 1/2006, S. 11-23.

Seibert, Winfried (1996): Individuelles Fallmanagement in der Sozialhilfe – ein Versuch der Hilfe zur Selbsthilfe. In: Nachrichtendienst des Deutschen Vereins für öffentliche und private Fürsorge, Ausg. 5/1996, S. 162-167.

Semmler, Otto (1998): Das Arbeitsamt 2000, Dezentralisierung und Regionalisierung. In: Soziale Sicherheit, 47.Jg., Ausg. 12/1998, S. 401-404.

Simmel, Georg (1908): Der Arme. In: Georg Simmeel (1908): Soziologie – Gesammelte Werke, Berlin: Duncker & Humblot, 2: 345-374.

Sköld, Per Edvin (1918): Den nya fattigvårdslagen med inledande historik, Malmö: Aktiebolag framtidens bokförlag.

Skrodzki-Rösemann (1992): Steuerungsprobleme kommunaler Sozialpolitik, Dissertation an der Universität Bochum, Institut für sozialmedizinische Forschung, Bahnhofstrasse 7a, Herne.

Socialdepartementet (1986): Socialbidrag – en faktaredovisning och probleminventering. Delrapport från en arbetsgrupp i socialdepartementet. Stockholm: Socialdepartementet Nr. DsS 1986:7.

Socialdepartementet (1999): Samverkan för färre bidrag och fler i jobb, Stockholm: Regeringskansliet: Nr. Ds 1999: 54.

Socialdepartementet, 2000: Regeringens proposition: Ny socialtjänstlag m.m. (Nr. 2000/01: 80), Stockholm, Socialdepartementet.

Social Handbok (Jg. 1999, 2000, 2001, 2002, 2003 und 2010): Grafika Förlag AB/Bok-Marknaden, Simrishamn [Jährlich erscheinendes Handbuch zu Regelungen des schwedischen Sozialrechts]

Socialstyrelsen (1977): Social samverkan. Försöksverksamhet i Falun, Linköping, Ljusdal, Reihe Socialstyrelsen redovisar, Stockholm.

Socialstyrelsen (1978): Socialvården och helhetssynen – social samverkan. Reihe: Socialstyrelsen redovisar Nr. 1978:11, Stockholm.

Socialstyrelsen (1990): På väg från socialbyrån – att ge människor alternativ till socialbidrag, SoS-rapport 1990: 6, Stockholm.

Socialstyrelsen (1995a): Socialtjänsten och de nya styrsystemen. Reihe: Socialstyrelsen följer upp och utvärderar Nr. 1995: 1, Stockholm: Modin-Tryck.

Socialstyrelsen (1995b): Att utveckla kvalitet i socialtjänsten. En introduktion. Stockholm: Socialstyrelsen, SoS-rapport 1995: 19.

Socialstyrelsen (1997): Social Rapport 1997, SoS-Rapport 1997: 14, Stockholm: Norstedts.

Socialstyrelsen (1999): Socialtjänsten i Sverige 1999 – Behov – Insatser – Utveckling, Stockholm: Modin-Tryck.

Socialstyrelsen (2000a): Handbok om ekonimiskt bistånd, Stockholm.

Socialstyrelsen (2000b): SOCSAM – visar vägen? En lägesrapport, Finansiell Samordning 2000: 1, Socialstyrelsen och Riksförsäkringsverket, Stockholm.

Socialstyrelsen (2000c): Lönsam samverkan för individ och samhälle. Samverkan inom rehabiliteringsområdet. Tredje lägesrapporten 1 juli 2000, Stockholm: Socialstyrelsen.

Socialstyrelsen (2001a): Samverkan för särskilt utsatta. Utvärdering af frivillig samverkan FRISAM. Stockholm: Socialstyrelsen.

Socialstyrelsen (2001b): Samarbete – en arbetsform för de särskilt utsatta? Stockholm: Socialsyrelsen.

Socialstyrelsen (2002): Social Report 2001. The National Report on Social Conditions in Sweden, Compiled by Centre for Epidemiology and The National Board of Health and Welfare. In: International Journal of Social Welfare, Vol. 11, Supplement, S16-S40, Oxford/Bosten: Blackwell.

Spindler, Helga (2001): Benchmarking und Sozialhilfe passen nicht zusammen. In: Zeitschrift für das Fürsorgewesen,Ausg. 7/2001,S. 145-152.

Spindler, Helga (2002): Rechtliche Rahmenbedingungen der Beratung in der Sozialhilfe. In: Nachrichtendienst des Deutschen Vereins für öffentliche und private Fürsorge, Ausg. 10/2002, S. 375-363.

Statens Offentlig Utredningar (SOU) (1990): Demokrati och makt i Sverige, Stockholm: Allmänna förlaget (Reihe SOU 1990: 44).

Statens Offentliga Utredningar (SOU) (1995): Kompetens och kunskapsutveckling – om yrkesroller och arbetsfält inom socialtjänsten. Delbetänkande av Socialtjänstkommittén (SOU 1995: 58), Stockholm: Socialdepartementet.

Statens Offentliga Utredningar (SOU) (1996a): Invandrarpolitiska Kommiteens Förslag (SOU 1996: 55), Stockholm.

Statens Offentliga Utredninga (SOU) (1996b): Kommunala förnyelseproblem. En statsvetenskaplig betraktelse (SOU 1996: 169), Stockholm.

Statens Offentliga Utredningar (SOU) (1999a): Socialtjänstutredningen (SOU 1999: 97): Socialtjänst i utveckling, Del A, Stockholm: Socialdepartementet.

Statens Offentliga Utredningar (SOU) (1999b): Socialtjänstutredningen (SOU 1999: 97): Överväganden och förslag, S. 181-318, Stockholm.

Statens Offentliga Utredningar (SOU) (1999c): Från Kunskapslyftet till en Strategi för Livslångt Lärande. Ett perspektiv på svensk vuxenutbildningspolitik (SOU: 1999), Stockholm: Utbildningsdepartementet.

Statens Offentliga Utredningar (SOU)/Socialdepartementet (2000a): Välfärd vid vägskäl. Delbetänkande av Kommiteen Välfärdsbokslut, Stockholm.

Statens Offentliga Utredningar (SOU) (2000b): Kunskapslyftet – det livslånga lärandet (SOU 2000: 28): Stockholm, Utbildningsdepartementet.

Statistiska Centralbyrån (2000): New Cronos Labour Force Survey, Employment rate in the EU-Member States 1999, Stockholm.

Stelzer-Orthofer, Christine (Hrsg.) (2001): Zwischen Welfare und Workfare. Soziale Leistungen in der Diskussion, Linz: Gesellschafts- und sozialpolitische Texte, Institut für Gesellschafts- und Sozialpolitik, Johannes Kepler Universität in Zusammenarbeit mit der Sozialwissenschaftlichen Vereinigung, Band 14.

Stenberg, Rebecca (2000): Organisationslogik och Samverkan. Konsten att organisera samverkan i en imaginär organisation av offentliga aktörer. Doktorsavhandling, Psykologiska Institutionen, Universitet Stockholm.

Stenberg, Sten-Åke (1998): Unemployment and Economic Hardship. A Combined Macro- and Micro-level Analysis of the Relationship between Unemployment and Means-Tested Social Assistance in Sweden. In: European Sociological Review, Vol. 14, Ausg. 1/1998, S. 1-13.

Stern, Charlotta (1999): Nyinstitutionell organisationsteori. In: Ahrne, Göran/Hedström, Peter (Hrsg.) 1999): Organisationer och samhälle. Analytiska perspektiv. Lund: Studentlitteratur, S. 77-89.

Storstadsdelegationen (2000): Årsrapporten 1999/2000, Stockholm, Regeringskansliet, Nov./Dez. 2000.

Strandberg, Urban (1998): Debatten om den kommunala Självstyrelsen (1962-1994), Hedemora: Gridlunds Förlag.

Strunck, Andreas (1999): Das Sozialamt als lernende Verwaltung im Neuen Steuerungsmodell. In: Nachrichtendienst des Deutschen Vereins für öffentliche und private Fürsorge, Ausg. 9/1999, S. 299-304.

826

Stucke, Niclas (1998): Die neuen Steuerungsmodelle in den deutschen Städten 1995-1996: Umfrageergebnisse des DST. In: Grunow, Dieter/Wollmann, Hellmut (Hrsg.) (1998): Lokale Verwaltungsreform in Aktion, Fortschritte und Fallstricke, Basel/Boston/Berlin: Birkhäuser, S. 179-187.

Stumpfögger, Nikolaus/Wiethoff, Ulrich (1989): Armutsverwaltung: Kritik und Perspektiven der Sozialhilfe, Berlin: Edition Sigma.

Sunesson, Sune (1981): När man inte lyckas. Om hinder, vanmakt och oförmåga i socialt arbete, Stockholm: Almqvist & Wiksell Förlag.

Sunesson, Sune (1991): Att vara beroende…Om ett besvärligt begrepp, Manuskript, Universität Lund: Sozialhochschule.

Sunesson, Sune/Blomberg, Staffan/Edebalk, Per Gunnar/Harrysson, Lars/Magnusson, Jan/Meeuwisse, Anna/Petersson, Jan/Salonen, Tapio (1998): The flight from universalism. In: European Journal of Social Work, Vol. 1, No. 1/1998, S. 19-29.

Svenska Institutet (2002): Kinderbetreuung in Schweden, Informationsschrift erschienen in der Reihe „Tatsachen über Schweden", TS 86k Ohfb, Stand Mai 2002, Stockholm.

Svenska Kommunförbundet (1998): Kommunal Service. Kvalitet för framtiden. Svenska Kommunförbundets aktiviteter inom kvalitetsområdet, Stockholm: Svenska Kommunförbundet.

Svenska Kommunförbundet (1999): Kommunerna i arbetsmarknadspolitiken – en enkätundersökning 1998. Skriftserie "Kommunen – Tillväxten – Sysselsättningen", Nr. 2 (1999-03-18), Stockholm: Svenska Kommunförbundet.

Svenska Kommunförbundet (2000): Vad tycker personalen om samverkan? Redovisning av en enkät till personalen i tio aktiva samverkansprojekt. Stockholm: Svenska Kommunförbundet och Landstingsförbundet.

Svenska Kommunförbundet/Statistiska Centralbyrån (2000): Vad kostar verksamheten i Din kommun? Bokslut 1999, Stockholm: Svenska Kommunförbundet.

Takeda, Kimiko (1999): Kommunale Finanzen und Sozialleistungen in Deutschland. Universität Bremen, Zentrale Wissenschaftliche Einheit ZWE „Arbeit und Region", Arbeitspapier Nr. 35, März 1999, Bremen.

Tengvald, Karin (1997a): Perspektiv på kvalitetssäkring – uppföljning, utvärdering och dokumentation av socialt arbeite. In: Nordisk sosialt Arbeid, Ausg. 1/1997, S. 20-30.

Tengvald, Karin (1997b): Att besluta om socialbidrag – stora variationer i samma ärende. In: Socialstyrelsen (Hrsg.) (1997): 11 röster om socialbidrag, Stockholm: Socialstyrelsen, SoS-rapport 1997:5, S. 106-120.

Teubner, Gunther/Willke, Helmut (1984): Kontext und Autonomie: Gesellschaftliche Selbststeuerung durch reflexives Recht. In: Zeitschrift für Rechtssoziologie, Jg. 6, S. 4-35.

Titmuss, Richard M. (1967): Universal and selective social services. Zuerst erschienen in: New Statesman, Ausg. Sept. 1967, sowie in: ders (1967): Commitment to Welfare, London: George Allen & Unwin, S. 113-123.

Titmuss, Richard M. (1969): Generell och selektiv välfärdspolitik. In: Tidens ideserie 2 (1990), Ideer om Välfärd, Stockholm: Tidens förlag, S. 105-119.

Titmuss, Richard M. (1972): The philosophy of welfare: selected writings of Richard M. Titmuss, 1. Welfare state. Hg.: Brian Abel-Smith und Kay Titmuss, London/Sydney: Allen & Unwin, 1. Auflage erschienen 1987.

Trube, Achim (1996): Sozialhilfe und neue Steuerungsmodelle. Sturzgeburten der Krise oder Sozialbürokratie in epochalem Wandel. In: Nachrichtendienst des Deutschen Vereins für öffentliche und private Fürsorge, 76. Jg., Ausg. 4/1996, S. 122-127 und Ausg. 5/1996, S. 145-149.

Trube, Achim (2001): Organisation der örtlichen Sozialverwaltung und Neue Steuerung. Grundlagen und Reformansätze, Ein Hand- und Arbeitsbuch. Frankfurt a.M.: Eigenverlag des Deutschen Vereins für öffentliche und private Fürsorge.

Trube, Achim/Wohlfahrt, Norbert (2001): „Der aktivierende Sozialstaat" – Sozialpolitik zwischen Individualisierung und einer neuen politischen Ökonomie der inneren Sicherheit. In: WSI-Mitteilungen, Ausg. 1/2001, S. 27-35.

Trube, Achim/Wohlfahrt, Norbert (2003): Das Hartz-Konzept – Konsequenzen für personenbezogene Dienstleistungen. In: Theorie und Praxis der Sozialen Arbeit, Ausg. 3//2003, S. 19-24.

Urban, Manfred (1995): Hilfeplanung in der Sozialhilfe? In: Nachrichtendienst des Deutschen Vereins für öffentliche und private Fürsorge, Ausg. 4/1995, S. 148-151.

Van Santen, Eric/Zink, Gabriela (2003): Der Allgemeine Soziale Dienst zwischen Jugendamt und Eigenständigkeit – Empirische Daten zur organisatorischen Verankerung in den Kommunen. In: Nachrichtendienst des Deutschen Vereins für öffentliche und private Fürsorge, Ausg. 1/2003, S. 25-33.

Vedung, Evert (1997): Utvärdering av offentliga insatser. In: Rothstein, Bo (Hrsg.) (1997): Politik som organisation. Fövaltningspolitikens grundproblem, Stockholm: SNS Förlag, S. 273-320.

Vogel, Martin Rudolf (1966): Die kommunale Apparatur der öffentlichen Hilfe. Eine Studie über Grundprobleme ihres gegenwärtigen Systems, Stuttgart: Verlag Enke.

Vogel, Joachim (1999): Der europäische „Welfare Mix" – Institutionelle Konfigurationen und Verteilungsergebnisse in der Europäischen Union und Schweden. Eine Längsschnitt- und vergleichende Perspektive. In: Flora, Peter/Noll, Heinz-Herbert (Hrsg.) (1999): Sozialberichterstattung und Sozialstaatsbeobachtung. Individuelle Wohlfahrt und wohlfahrtsstaatliche Institutionen im Spiegel empirischer Analysen, Frankfurt/New York: Campus, S. 73-109.

Voges, Wolfgang (1987): Zur Zeitdimension in der Biographieforschung. In: ders. (Hrsg.) (1987): Methoden der Biographie- und Lebenslaufforschung, Opladen: Leske+Budrich, S. 125-141.

Voges, Wolfgang (1999): Missbräuchliche Inanspruchnahme von Sozialhilfe? Auswirkungen von Zugangs- und Verbleibsregeln auf zeitliche Muster des Sozialhilfebezugs. In: Lamnek, Siegfried/Luedtke, Jens (Hrsg.) (1999): Der Sozialstaat zwischen „Markt" und „Hedonismus", Opladen: Leske+Budrich, S. 347-367.

Voges, Wolfgang/Jacobs, Herbert/Trickey, Heather (2000): Uneven development – local authorities and workfare in Germany. In: Lødemel, Ivar/Trickey, Heather (Hrsg) (2000): "An offer you can't refuse". Workfare in international perspective. Bristol: The Policy Press , S. 71-104.

Voigt, Rüdiger (1985/1986): Grenzen des Rechts. Beiträge zu dem Internationalen Symposium „Grenzen des Rechts, Limitations of Law, zur Steuerungsproblematik moderner Industriegesellschaften", Tagung in Bielefeld, Band 1 und 2, erschienen in der Reihe HiMoN-Diskussionsbeiträge 65 und 66, Universität Siegen, sowie 1986: Grenzen rechtlicher Steuerung. Zur Brauchbarkeit des Rechts als Steuerungsinstrument. Reihe HiMoN-Diskussionsbeiträge 72, Universität Siegen.

Walker, Robert (2001): Can Work Work? A preliminary assessment of the "welfare to work" strategy. In: Zeitschrift für Sozialreform, 47. Jg., Ausg. 4/2001, S. 437-463.

Wallenberg, Jan (1997): Kommunalt arbetsliv i omvandling. Styrning och självständighet i postindustriell tjänsteproduktion, Stockholm: SNS-Förlag.

Wallin, Gunnar/Ehn, Peter/Isberg, Magnus/Linde, Claes (1999), Makthavare i fokus, Stockholm: SNS Förlag.

Weber, Max (1904): Gesammelte Aufsätze zur Wissenschaftslehre: Die „Objektivität" sozialwissenschaftlicher und sozialpolitischer Erkenntnis, Hrsg.: Johannes Winckelmann, 1968, Tübingen: J.C.B. Mohr/Paul Siebeck.

Weber, Max, 1964: Wirtschaft und Gesellschaft, Köln (Originalausgabe erschienen 1922).

Wegener, Alexander (1998): Kommunale Verwaltungsrestrukturierung im internationalen Vergleich. In: Grunow, Dieter/Wollmann, Hellmut (Hrsg.) (1998): Lokale Verwaltungsreform in Aktion: Fortschritte und Fallstricke, Basel/Boston/Berlin: Birkhäuser Verlag, S. 337-353.

Weinert, Rainer (1997): Institutionenwandel und Gesellschaftstheorie. Modernisierung, Differenzierung und Neuer Ökonomischer Institutionalismus. In: Göhler, Gerhard (Hrsg.) (1997): Institutionenwandel, Opladen: Westdeutscher Verlag, S. 70-93.

Weisser, Gerhard (1972): Sozialpolitik. In: Bernsdorf, Wilhelm (Hrsg.) (1972), Wörterbuch der Soziologie, Bd. 3, Frankfurt a.M., S. 769-776.

Wendt, Wolf Rainer (Hrsg.) (1995): Unterstützung fallweise. CaseManagement in der Sozialarbeit: Freiburg i.br.: Lambertus.

Wenzel, Angelika (1984): Verstehen und Verständigung in Gesprächen am Sozialamt. Eine empirische Untersuchung, Tübingen: Max Niemeyer Verlag.

Weseråhl, Jörgen (1997): Stadsdelsreformen-Decentralisering och integration i välfärdsstaden. In: Jönsson, Sten u.a. (Hrsg.) (1997): Decentraliserad Välfärdstad. Demokrati, effektivitet och service, Stockholm: SNS Förlag, S.203-224.

Westlund, Peter (1991): Socialbidrag. Mål, organisation och arbetssätt. Lund: Studentlitteratur.

Westlund, Peter (1995): Socialbidrag med kvalitet – en enkätundersökning i sex kommuner, Karlshamn: Blekinge FoU-enhet.

Wetterberg, Gunnar (1997): Kommunerna, Stockholm: SNS Förlag.

Wilking, Katja (2005): Die „Schwachen" vor den „Faulen" schützen? Die Bedeutung von Kriterien der Hilfewürdigkeit in Sozialhilferecht und -praxis. Hamburg: Verlag Dr. Kovac.

Willke, Helmut (1987): Institution. In: Götlitz, A./Prätorius, R. (Hrsg.) (1987): Handbuch Politikwissenschaft, Reinbek, S. 162-166.

Willke, Helmut (1994): Systemtheorie III; Steuerungstheorie, Stuttgart/Jena: Verlag Gustav Fischer, UTB für Wissenschaft.

Willke, Helmut (1999): Systemtheorie II: Interventionstheorie. Grundzüge einer Theorie der Intervention in komplexe Systeme, 3. Auflage, Stuttgart: Lucius & Lucius.

Wilson, Dorothy (1979): The Welfare State in Sweden – A Study in Comparative Social Administration, London: Heinemann Educational Books Ltd.

Windhoff-Héritier, Anette (1980): Politikimplementation. Ziel und Wirklichkeit politischer Entscheidungen. Königstein/Ts.: Hain.

Wirth, Wolfgang (1982): Inanspruchnahme sozialer Dienste. Bedingungen und Barrieren, Frankfurt/New York: Campus Verlag.

Wirth, Wolfgang (1991): Responding to Citizens Needs: From Bureaucratic Accountability to Individual Coproduction in the Public Sector. In: Kaufmann, Franz-Xaver Kaufmann (Hrsg.) (1991): The Public Sector – Challenge for Coordination and Learning, Berlin/New York: Walter de Gruyter, S. 69-85.

Witzel, Andreas (1982): Verfahren der qualitativen Sozialforschung. Überblick und Alternativen, Frankfurt/New York: Campus Verlag.

Witzel, Andreas (1985): Das problemzentrierte Interview. In: Jütteman, Gerd (Hrsg.) (1985): Qualitative Forschung in der Psychologie, Weinheim: Beltz Verlag, S. 227-256.

Wohlfahrt, Norbert (1996): Steuerungsprobleme „neuer Steuerungsmodelle". Welche Rolle spielt die kommunale Politik bei der Modernisierung der Verwaltung? In: Merchel, Joachim/Chrapper, Christian (Hrsg.) (1996): „Neue Steuerung" Tendenzen der Organisationsentwicklung in der Sozialverwaltung, Münster: Votum Verlag.

Wolff, Hans J./Bachof, Otto/Stober, Rolf (1999): Verwaltungsrecht. Ein Studienbuch, Band 1, München: Beck.

Wolff, Stephan (1983): Die Produktion von Fürsorglichkeit, Bielefeld: AJZ Druckerei und Verlag GmbH.

Wollmann, Hellmut (2002): Die traditionelle deutsche kommunale Selbstverwaltung – ein „Auslaufmodell"?. In: Deutsche Zeitschrift für Kommunalwissenschaften, Ausg. 1/2002, S. 24-51.

Wood, Stewart (2001): Labour Market Regimes under Threat? Sources of Continuity in Germany, Britain and Sweden. In: Paul, Pierson (Hrsg.) (2001): The New Politics of the Welfare State. Oxford/New York: Oxford University Press, S. 368-409.

Zänker, Alfred (1998): Der Sozialstaat – Verlockung und Verirrung im Spiegel: Schweden, Frankfurter Institut Stiftung Marktwirtschaft und Politik, Bad Homburg: Kleine Handbibliothek Band 25.

Zastrow, Charles (1978): Introduction to social welfare institutions. Social problems, services, and current issues, Homewood, Illinois: The Dorsey Presss.

Zwick, Michael (Hrsg.) (1994): Einmal arm – immer arm? Neue Befunde zur Armut in Deutschland, Frankfurt a.M./New York: Campus.

Åström, Karsten (1988): Socialtjänstlagstiftningen i politik och förvaltning. En studie av parallela norm-bildningsprocesser, Lund Studies in Law and Society 1, Lund University Press, Lund: Studentlitteratur.

Åström, Karsten (2000): Allmosor, skyldigheter och rättigheter i den sociala lagstiftningens historia. In: Puide, Annika (Hrsg.) (2000): Socialbidrag i forskning och praktik, Centrum för utvärdering av socialt arbete CUS, Stockholm: Gothia, S. 16-30.

Berichte aus Presse und Medien

Dagens Nyheter vom 30.06.1996: Försäkringskassorna i kris, Beitrag von Kristin Gauthier.
Dagens Nyheter vom 18.02.2002: Rapport om integration presenterar mörk bild.
Dagens Nyheter vom 19.02.2002: Arbete är nyckeln.
Dagens Nyheter vom 05.09.2002: Kriscentrum för kvinnor: Jouren blir aktiebolag. Artikel von Caspar Opitz.
Die Zeit, Nr. 41, vom 3.10.1997: „Zeit von den Pflichten zu sprechen!" Ein gewaltsamer Zusammenprall der Kulturen kann vermieden werden. Ein Dossier von Helmut Schmidt zum Entwurf einer allgemeinen Erklärung über die Menschenpflichten.
Göteborgs-Posten vom 13.02.2000: Varannan stadsdelsnämnd skuldsatt. Artikel von Alf Isemo.
SSR-Tidningen, Ausg. 6/2001: Borgerlig privatisering av socialtjänsten i Stockholm – allt inom individ- och familjeomsorg kan konkurrensutsättas.
SSR-Tidningen, Ausg. 17/2001: Många arbetslösa tvingas ta lån – eller begär socialbidrag.
Weserkurier vom 9.4.2003: Konkrete Lösung statt warmer Worte. Über 600 Hortplätze fehlen: Um die Vereinbarkeit von Familie und Beruf ist es in Bremen nicht zum Besten bestellt.

Dokumente

1. Dokumente Stadt Bremen/Deutschland

Stadt Bremen (1994): Personalentwicklungskonzept für den Bereich der Wirtschaftlichen Hilfen, Senator für Gesundheit, Jugend und Soziales: Betr. Wirtschaftliche Hilfen, Sonderausgabe vom 15. Aug. 1994.
Stadt Bremen (1997): Weiterentwicklung des Instruments „Hilfen zur Arbeit". Arbeitsangebot für alle arbeitslosen Sozialhilfeempfänger/innen im Alter von 18 bis unter 27 Jahren (HzA U27). Tischvorlage für die Sitzung der Deputation für Soziales und Jugend am 04.12.1997.
Stadt Bremen (1999a): Senator für Arbeit, Frauen, Gesundheit, Jugend und Soziales: Vorlage Nr. 535/99 für die Sitzung des Senats am 07.12.1999: Ausbau und qualitative Weiterentwicklung des Programms „Hilfe zur Arbeit" in der Stadtgemeinde Bremen im Zeitraum von 2000 bis 2003.
Stadt Bremen (1999b): Senator für Arbeit, Frauen, Gesundheit, Jugend und Soziales: Pressemitteilung vom 21.07.99: Neue Sozialsenatorin zieht Konsequenzen aus Jahresbericht des Rechnungshofes (www.bremen. de/Archiv).
Stadt Bremen (1999c): Kategorienschema für die „Hilfen zur Arbeit", Vorschlag der Projektgruppe für Fallkategorien, Entwurf vom 24.03.1999, Senatorische Behörde für Soziales, Bremen.
Stadt Bremen (1999d): Vorlage Nr. 13/99 für die Sitzung der Deputation für Soziales, Jugend und Senioren am 16. September 1999, Weiterentwicklung der Wirtschaftlichen Hilfen und Städtevergleich zu Personal, Organisationsstruktur und Arbeitsweisen der Sozialämter anderer Städte.
Stadt Bremen (1999e): Programm „Hilfen zur Arbeit" wird bis 2003 auf 2000 Maßnahmen ausgebaut. Pressemitteilung vom 07.12.1999. Freie Hansestadt Bremen, Senator für Arbeit, Frauen, Gesundheit, Jugend und Soziales.
Stadt Bremen (2000a): Projektzeitung „Soziale Bürger-Dienste Bremen", Hrsg.: Amt für Soziale Dienste, Ausg. IV/7/2000.

Stadt Bremen (2000b): Projektzeitung „Soziale Bürger-Dienste Bremen", Hrsg.: Amt für Soziale Dienste, Ausg. V/9/2000.

Stadt Bremen (2001a): Rechnungshof der Freien Hansestadt Bremen: Ergänzungsbericht zum Jahresbericht 2001 (Land) vom 12.3.2001 (Drs. 15/654), Drucksache 15/812, vom 4. Sept. 2001, S. 22.

Stadt Bremen (2001b): Projektzeitung „Soziale Bürger-Dienste Bremen", Hrsg.: Amt für Soziale Dienste, Ausg. VI/09/2001.

Stadt Bremen (2001c): Umsetzung des Neuen Steuerungsmodells in der Freien Hansestadt Bremen. Sachstand und künftige Ausrichtung. Informationen aus der Praxis, NSM-Team-Leitung, Stadt Bremen, März 2001.

Stadt Bremen (2001d): Rechnungshof der Freien Hansestadt Bremen: Jahresbericht 2001 über die Prüfung der Haushalts- und Wirtschaftsführung und der Haushaltsrechnung 1999 für die Freie Hansestadt Bremen (Land), Bremische Bürgerschaft, Landtag 15. Wahlperiode, Drucksache 15/654, vom 12.03.2001.

Stadt Bremen (2001e): Bremische Bürgerschaft, Stadtbürgerschaft: Mitteilung des Senats vom 8. Mai 2001 auf die Große Anfrage der Fraktionen der CDU und SPD: 'Sozialhilfekarrieren verhindern, Durcksache 15/308 S (zur Drs. 15/297 S) vom 08.05.2001.

Stadt Bremen (2002): Projektzeitung „Soziale Bürger-Dienste Bremen", Hrsg.: Amt für Soziale Dienste, Ausg. VII/05/2002.

2. Dokumente Stadt Göteborg bzw. Schweden

DELTA (1997): Underlag för Beslut om Arbetsmarknadskontor och ungdomstorg, Göteborg-Hisingen, vom 31. Oktober 1997.

DELTA (1998): Lägesrapport avseende sjuka socialbidragstagare boende på Hisingen, som inte är sjukpenningsplacerade, November 1998.

DELTA (1999a): DELTA – tredje år [Kurzbericht über die Projekte und ihre Entwicklung]

DELTA (1999b): Dokumentationsstudie i försörjningsstödsärenden inom Hisingens stadsdelsförvaltningar, Studie durchgeführt von Lena Söderberg, vom August 1999.

DELTA (2001a): Studie av DELTAs påverkan på försörjningssystemen, Lägesrapport vom 22.10.2001.

DELTA (2001b): Ekonomihandbok – en beskrivning av ekonomiska flöden inom DELTA, per 1998-11-17, uppdaterad 2001-05-01, erschienen im Mai 2001.

DELTA (2001c): Samhällsekonomiskt perspektiv vid analys av tre DELTA-Projekt, Utvärderingsrapport, von: José Ferraz Nunes, Universität Göteborg, 1. Mai 2001.

DELTA (2001d): Verksamhetsplan 2001.

DELTA-Arbetsmarknadstorget (1999): Budget 1999.

DELTA-Arbetsmarknadstorget (2000): "Så här tycker vuxna arbetssökande om sin kontakt med Arbetsmarknadstorget" (Umfrageergebnisse einer Nutzerbefragung vom 28.01.2000).

Lundby Stadsdelsförvaltningen, Utvärderingsgrupp (1999): Sammanställning av klientstruktur – Arbetsmarknadsgruppen, November 1999, erstellt von Gunlög Olsson, Stadt Göteborg.

Stadt Malmö (1998/99): Budget- och hyresrådgivningen (Arbeits- und Zielbeschreibung, Sektionschef Lars Nöremark).

Göteborg Stad (1989): Dokumentation: "Socialen? Den e la bra?" – eller Historien om hur vi utvecklade en modern socialtjänst i Göteborg [Sammelband, erstellt von Mitarbeitern der Sozialdienste der Stadt Göteborg].

Göteborg Stad (1995): Ekonomihandbok 1995, Första upplagan, Stadt Göteborg, Stadskansliet, Ekonomiavdelningen, S-40482 Göteborg.

Göteborgs Stad (1997): Rapport från Socialbidragskommissionen (interner Bericht vom 28.02.1997)

832

Göteborg Stad (1997): Strategie för att hejda socialbidragsutvecklingen. Rapport från Socialbidrags-kommissionen, vom 28.02.1997.

Göteborg Stad (1997): Johannesson, Britt/Rahm Christensson, Maria: Rapport: "Ekonomi- och Skuldrådgivning Västra Göteborg 1997".

Göteborg Stat (1997b): Statistisk Årsbok Göteborg 1996, Stadskansli Göteborg Stad.

Göteborg Stad (1998a): Financial Report 1997, Stadskansliet.

Göteborg Stad (1998b): Ekonomisk redovisning 1998, Förvaltningsberättelse.

Göteborg Stad (1999): Brukarnas erfarenheter och synpunkter på introduktionen för nyanlända flyktingar 1996, Studie utförd av Camilla Högberg, Handelshögskolan/Göteborgs universitet på uppdrag av Göteborgs stadskansli, flytktingverksamheten.

Göteborg Stad (1999): Från klient till resurs. Slutrapport i uppdraget från kommunstyrelsen att kartlägga, utvärdera och utveckla den kommunala introduktionen för nyanlända flyktingar i Göteborg. Projektledare: Berethe Olauson, Göteborg Stad, flyktingverksamheten.

Göteborg Stad (1999): Författningssamlingen. Föreskrifter angående bistånd. Kommunale Vorschriften und Richtlinien zur Sozialhilfe.

Göteborg Stad (1999): Några former för samverkan i Göteborg, Kurzbericht, verfasst im Projekt FRISAM/Samverkansresurser von Johny Söderlund, Försäkringskassan.

Göteborg Stad (1999): Arbetsmarknadsenheterna, Kurzbericht, verfasst von Inger Nyström, FRISAM/Samverkansresurser, vom 22.11.1999.

Göteborg Stad (1999): Årsbok 1999.

Göteborgs Stad (2000): Ekonomiskt Bistånd 2000. Rätten till försörjningsstöd. Ekonomiskt bistånd – aktuella belopp m.m. (Informationbroschüre zum Recht auf Sozialhilfe).

Göteborg Stad (2000): Författningssamlingen. Föreskrifter angående bistånd. Kommunale Vorschriften und Richtlinien zur Sozialhilfe.

Göteborg Stad (2000b): Socialbidrag 1999 – Jämförelser med tidigare år, National uppföljning, Stads-kansliet, Statistikgruppen.

Göteborg Stad (2000): Metoder och Former för individuella utvecklingsprogram för arbetslösa med särskilda behov av samverkan för rehabilitering, Projektentwurf einer Arbeitsgruppe des Projekts "FRISAM"/Samverkansresurser für die Stadtteile Angered, Gunnared, Lärjedalen u.a..

Göteborg Stadt (2000): Utvärdering av samverkansprocessen i Arbetsmarknadstorget Jan. 1999 – Juni 2000, verfasst von Gunilla Svensson, Arbetsmarknadstorget Göteborg-Hisingen.

Göteborg Stad (2000): "Bemanningsenheten – arbetar där det behövs när det behövs", Informations-broschüre zur "Bemanningsenhet" im Stadtteil Torslanda.

Göteborgs Stad (2001): Årsbok 2000: Förvaltningsberättelse, Ekonomisk redovisning 2000.

Göteborg Stad (2001): Statistik om Stadsdelsnämnder, Folkmängden per delområde, 2001-12-31.

Göteborg Stad (2002): Lundby stadsdelsnämnd, Protokoll Sammanträdesdatum 2002-02-19, Dnr 41.055/02: Utökning av antalet platser inom förskolan.

Göteborg Stad, Stadsdels Torslanda (2003): Föslag på jämställhetsplan 2003.

Göteborg Stad (2011): Statistisk Årsbok.

Stadsmissionen (1999): Verksamhetsberättelse Rådgivningsbyrå 1999.

Anhang

Übersicht zur Auswahl und Struktur der Expertenbefragung					
Göteborg/Schweden *(Fallstudie)*			**Bremen/Deutschland** *(kursorische Befunde)*		
Meta Ebene (Policy-Ebene)	*Profession/ Geschl./Alter*	*Datum*	*Meta-Ebene (Policy-Ebene)*	*Profession/ Geschl./Alter*	*Datum*
1. Sozialministerium:	Socionom/w./ 45-50	28.05.99	1. Arbeitsministerium	Jurist./m./ 50-55	20.01.00
2. Svenska Kommunförbundet	Ökonomen/m. u. w./40-45	28.05.99	2. Deutscher Städtetag	Verwaltungswirt/-beamter /m./50-55	21.01.00
3. Leitungsebene Stadt Göteborg, Sozialdienst	Socionom/w./ 50-55	04.06.99 10.02.00	3. Deutscher Verein für öffentliche und private Fürsorge	Fachreferentinnen im Bereich Sozialer Arbeit a) w./40-45 b) w./50-55	19.04.00
4. Leitungsebene Stadt Göteborg, Projekt DELTA	Socionom/w./ 50-55	03.06.99	4. Leitungsebene Stadt Bremen	Juristin/w./ 50-55	27.01.00
5. Leitungsebene Stadt Stockholm	Socionom/w./ 35-40	31.05.99	5. Leitungsebene Stadt Bremen	Leitender Verwaltungsbeamter m./50-55	13.03.00
6. Leitungsebene Stadt Malmö	Scocionom/m./ 55-60	24.02.99	---	---	---
Meso-Ebene (Leitungsebene)	*Profession/Geschl./Alter*	*Datum*	*Meso-Ebene (Leitungsebene)*	*Profession/Geschl./Alter*	*Datum*
7. Stadt Göteborg, Stadtteil A, Sozialbüro	Socionom/w./ 40-45	16.02.00	6. Stadt Bremen, Amt f. Soziale Dienste „Mitte-West", Leitungsebene Sozialamt	Verwaltungsausbildung /m./50-55	03.12.99 14.01.00
8. Stadt Göteborg	Ökonom/m./ 45-50	17.02.00	7. Stadt Bremen, Amt f. Soziale Dienste „Ost", Leitungsebene	Sozialpädagogin und Verwaltungswirtin /w./50-55	18.05.00
9. Stadt Malmö	Socionom/w./ 45-50	27.05.99	---	---	---

10. Stadt Malmö	Socionom/m./ 50-55	27.05.99	---	---	---

Göteborg/Schweden (Fallstudie Göteborg)			Bremen/Deutschland (kursorische Befunde)		
Mikro-Ebene (Sachbearbeiter-Ebene)	**Profession/ Geschl./Alter**	**Datum**	**Mikro-Ebene (Sachbearbeiter-Ebene)**	**Profession/ Geschl./Alter**	**Datum**
11. Stadt Göteborg DELTA-AMT	Socionom/w./ 30-35	03.06.99	8. Stadt Bremen, Amt f. Soziale Dienste „Bremen Nord", Sozialamt	Verwaltungs-ausbildung, mittlerer Dienst/w./ 25-30	02.12.99
12. Stadt Göteborg DELTA-AMT	Socionom/w./ 40-45	04.06.99	9. Stadt Bremen, Amt f. Soziale „Mitte-West", Sozialamt	Sozialwissen-schaftlerin /w./50 – 55	14.01.00
13. Stadt Göteborg DELTA-AMT	Socionom/w./ 25-30	07.06.99	10.Stadt Bremen Amt f. Soziale Dienste „Mitte-West", Sozialamt	Dipl.-Verwal-tungswirtin /w./30-35	03.02.00
14. Stadt Göteborg DELTA-AMT	Socionom/w./55-60	07.06.99	11.Stadt Bremen Amt f. Soziale Dienste 'Mitte-West', Sozialamt	Kaufm. Ausbil-dung und Verwaltungs-ausbildung /w./40-45	03.02.00
15. Stadt Göteborg DELTA-AMT	Socionom/w./ 40-45	02.06.99	12. Stadt Bremen, Amt f. Soziale Dienste „Mitte-West", Sozialamt	Dipl.-Verwal-tungswirtin /w./30-35	04.02.00
16. Stadt Göteborg DELTA-AMT	Socionom/m./ 35-40	02.06.99	13.Stadt Bremen Amt f. Soziale Dienste „Mitte-West", Sozialamt	Kaufm. Ausbil-dung u. Dipl.-Verwaltungs-wirt/m./35-40	04.02.00
17. Stadt Göteborg, Stadtteil A, Sozialbüro	Socionom/w./ 30-35	25.02.00	14.Stadt Bremen Amt f. Soziale Dienste „Mitte-West", Sozialamt	Dipl.-Verwal-tungswirtin /w./35-40	25.05.00
18. Stadt Göte-borg, Stadtteil A, Sozialbüro	Socionom/w./ 35-40	25.02.00	---	---	---
19. Stadt Göte-borg, Stadtteil A, Sozialbüro	Socionom/w./ 30-35	21.02.00	---	---	---
20. Stadt Göte-borg, Stadtteil A, Sozialbüro	Socionom/w./ 25-30	22.02.00	---	---	---

Relationale Ebene:	Profession/ Geschl./Alter	Datum	Relationale Ebene	Profession/ Geschl./Alter	Datum
21. Stadt Göteborg, Stadtteil A, Sozialbüro	Socionom/w./ 40-45	22.02.00	---	---	---
22. Stadt Göteborg, Stadtteil B, Sozialbüro	a) Socionom/w./ 30-35 b) Socionom/m./ 55-60	28.02.00	---	---	---
23. Stadt Göteborg, Stadtteil B, Sozialbüro	a) Socionom/w./ 40-45 b) Socionom/w./ 30-35	28.02.00	---	---	---
24. Stadt Malmö, Stadtteil Süd, Sozialbüro	Socionom/w./ 30-35	24.02.99	---	---	---
25. Stadt Göteborg Stadskansli, Abt. für Arbeitsmarktpolitik	Leiter/ehem. Arbeitsvermittler/m./55-60	15.02.00	---	---	---
26. Arbeitsamt/-verwaltung Göteborg für Region Västra Götaland	Leitungsebene/Psychologe/m /55-60/seit über 30 Jahren in Arbeitsverwaltung	25.10.00	15. Arbeitsamt Bremen, Leitungsebene	Fachausbildung/-studium Arbeitsverwaltung/m./50-55/m./55-60	28.08.00
27. Projekt FRISAM, (städt. Zusammenwirken mit der Versicherungskasse)	Leitungsebene des Projekts FRISAM mit den drei Leiterinnen: w./w./m./alle drei 45-55	24.02.00	---	---	---
28. Budget- und Schuldnerberatung, Stadt Göteborg,	a) Socionom/w./ 40-45 b) Juristin/w./ 40-45	01.06.99	16. Schuldnerberatung in Bremen, Fachberatung	Sozialpädagoge/Fachreferent/m./ 45-50	25.08.00
29. Stadsmission bzw. Diakonie Göteborg	Socionom/w./ 50-55	18.02.00	17. Schuldnerberatung bei Wohlfahrtsverband	Juristin u. therapeutische Ausbildung/ w./40-45	26.05.00
30. Stadt Malmö Projekt „Gefas"	Soziologin/w./ 35-40	27.05.99	---	---	---
31. Stadt Malmö Budget-/Schuldnerberatung	Socionom/m. / 50-55	02.03.99	---	---	---

VS Forschung | VS Research
Neu im Programm Soziologie

VS Forschung | VS Research
Neu im Programm Politik

Michaela Allgeier (Hrsg.)
Solidarität, Flexibilität, Selbsthilfe
Zur Modernität der Genossenschaftsidee
2011. 138 S. Br. EUR 39,95
ISBN 978-3-531-17598-0

Susanne von Hehl
Bildung, Betreuung und Erziehung als neue Aufgabe der Politik
Steuerungsaktivitäten
in drei Bundesländern
2011. 406 S. (Familie und Familien-
wissenschaft) Br. EUR 49,95
ISBN 978-3-531-17850-9

Isabel Kneisler
Das italienische Parteiensystem im Wandel
2011. 289 S. Br. EUR 39,95
ISBN 978-3-531-17991-9

Frank Meerkamp
Die Quorenfrage im Volksgesetzgebungsverfahren
Bedeutung und Entwicklung
2011. 596 S. (Bürgergesellschaft und
Demokratie Bd. 36) Br. EUR 39,95
ISBN 978-3-531-18064-9

Martin Schröder
Die Macht moralischer Argumente
Produktionsverlagerungen zwischen
wirtschaftlichen Interessen und
gesellschaftlicher Verantwortung
2011. 237 S. (Bürgergesellschaft und
Demokratie Bd. 35) Br. EUR 39,95
ISBN 978-3-531-18058-8

Lilian Schwalb
Kreative Governance?
Public Private Partnerships in der
lokalpolitischen Steuerung
2011. 301 S. (Bürgergesellschaft und
Demokratie Bd. 37) Br. EUR 39,95
ISBN 978-3-531-18151-6

Kurt Beck / Jan Ziekow (Hrsg.)
Mehr Bürgerbeteiligung wagen
Wege zur Vitalisierung der Demokratie
2011. 214 S. Br. EUR 29,95
ISBN 978-3-531-17861-5

Erhältlich im Buchhandel oder beim Verlag.
Änderungen vorbehalten. Stand: Juli 2011.

Einfach bestellen:
SpringerDE-service@springer.com
tel +49 (0)6221 / 345 – 4301
springer-vs.de